二十世紀七朝石經專論

（上）

虞萬里　編著

上海辭書出版社

编著： 虞萬里

参编： 侯金满　馬　濤　徐煒君

郭妍伶　陸駿元　張　濤

目　　録

二十世紀儒家石經研究 …………………………………………… 虞萬里　1

漢熹平石經

宋拓漢石經殘字跋 ………………………………………………… 劉師培　3
漢熹平石經《論語・堯曰篇》殘字跋 ……………………………… 馬　衡　4
漢熹平石經《公羊春秋傳・僖公》《成公》殘石跋 ………………… 羅振玉　7
漢石經及《論語》殘字考……………………………………［日］武内義雄　9
漢熹平石經《周易》殘字跋 ………………………………………… 馬　衡　32
讀漢石經《周易》殘字而論及今文《易》的篇數問題 …………… 錢玄同　35
漢石經《魯詩・小雅》二石讀校記 ………………………………… 方國瑜　43
熹平石經殘字集録序 ……………………………………………… 羅振玉　45
洛陽石經考 ………………………………………………………… 陳子怡　49
漢熹平石經後記真僞考 …………………………………………… 陳子怡　72
漢熹平石經後記真僞考内的自行更正 …………………………… 陳子怡　75
從實驗上窺見漢石經之一斑 ……………………………………… 馬　衡　76
漢石經碑圖叙例 …………………………………………………… 張國淦　84
漢石經《魯詩・唐風》殘字跋 ……………………………………… 羅振玉　127
漢熹平石經《周易》殘字跋 ………………………………………… 劉　節　128
新出僞熹平石經《尚書》殘碑疏證 ………………………………… 吴承仕　143
記梁丘氏《易》 ……………………………………………………… 羅振玉　150
記小夏侯《尚書》 …………………………………………………… 羅振玉　152
熹平石經《魯詩》殘石 ……………………………………………… 郭沫若　154

文于二氏所藏漢熹平石經《周易》殘石校字記 …………………… 胡小石 159
漢石經《周易·家人》至《小過》殘石跋 ………………………… 羅振玉 166
漢石經《周易·繫辭》《文言》《説卦》殘石跋 …………………… 羅振玉 168
新出漢熹平《春秋》石經校記 …………………………………… 王獻唐 169
石經攈考初論 …………………………………………………… 顧培懋 179
漢石經彙考 ……………………………………………………… 余祥森 194
漢熹平石經殘字校記 …………………………………………… 榮　厚 226
漢石經經數爲七補證 …………………………………………… 周治平 235
漢石經《周易》爲梁丘氏本考
——跋張溥泉先生藏漢熹平石經《周易》殘石 ………… 屈萬里 237
漢石經《易》用梁丘本證 ………………………………………… 馬　衡 242
讀熹平石經殘碑記 ……………………………………………… 趙鐵寒 245
漢石經概述 ……………………………………………………… 馬　衡 266
舊雨樓藏漢石經殘字辨僞 ……………………………………… 屈萬里 276
談漢石經 ………………………………………………………… 于大成 284
漢熹平石經《春秋》殘字考 ……………………………………… 吕振端 290
由漢石經殘字看今文《尚書》 …………………………………… 朱廷獻 305
由漢石經殘字看今本《論語》 …………………………………… 朱廷獻 321
漢石經《周易》非善本論初稿 …………………………………… 陳道生 328
新出熹平石經《尚書》殘石考略 ………………………………… 許景元 340
論漢石經 ………………………………………………………… 黄彰健 355
漢魏洛陽故城太學遺址新出土的漢石經殘石
………………………… 中國社會科學院考古研究所洛陽工作隊 381
漢熹平石經《詩經》係用今文本考 ……………………………… 金德建 396
漢熹平石經《春秋公羊傳》殘文考釋 …………………………… 葉程義 398
兩塊未見著録的熹平石經《詩》殘石的校釋及綴接 …………… 范邦瑾 415
新出熹平石經《尚書》殘石研究 ………………………………… 周鳳五 424
漢熹平石經概説 ………………………………………………… 羅福頤 437
洛陽近年出土的漢石經 ……………………………… 王竹林　許景元 447

熹平石經的尺寸及刻字行數補證 …………………… 范邦瑾 455
漢熹平石經與八分書 …………………………………… 施安昌 465
漢熹平石經的新發現及其價值(上) …………………… 邱德修 472
漢熹平石經的新發現及其價值(下) …………………… 邱德修 510
梁丘《易》與漢熹平《周易》石經 ……………………… 徐芹庭 580
漢石經《論語》殘字異文考 ……………………………… 吕振端 630
漢石經《尚書》殘字異文考 ……………………………… 吕振端 647

魏正始石經

魏石經考 ……………………………………………………… 王國維 673
魏三字石經《尚書》殘石跋 ……………………………… 羅振玉 683
魏正始石經殘石跋 ……………………………………… 羅振玉 684
魏正始石經《尚書·多士》及《春秋·文公》殘石跋 …… 馬　衡 687
與于右任論三體石經書 ………………………………… 章炳麟 688
與于右任論三體石經書 ………………………………… 胡樸安 690
與章太炎論三體石經書 ………………………………… 胡樸安 692
洛陽先後出土正始三體石經記 ………………………… 王廣慶 693
三體石經跋尾 …………………………………………… 胡樸安 695
與胡樸安論三體石經書 ………………………………… 蒙文通 697
跋三體石經殘文 ………………………………………… 周正權 699
釋[illegible] ……………………………………………………… 吴承仕 702
與弟子吴承仕論三體石經書 …………………………… 章炳麟 703
書洛陽續出三體石經後 ………………………………… 太　炎 706
與于右任論三體石經書 ………………………………… 章炳麟 707
魏石經殘石考 …………………………………………… 王國維 709
《正始石經殘石考》跋 …………………………………… 羅振玉 742
正始石經《尚書·堯典》殘字跋 ………………………… 羅振玉 743
正始石經《皋陶謨》三殘石存字跋 ……………………… 羅振玉 745

正始石經《尚書》《春秋》跋…………………………………………………… 羅振玉 747
魏正始石經《尚書・堯典》殘字跋……………………………………………… 羅振玉 748
新出三體石經考…………………………………………………………………… 章炳麟 749
《漢魏石經殘字》叙 ……………………………………………………………… 王獻唐 774
論魏三體石經古文之來源並及兩漢經古文寫本的問題……… 孫次舟 781
魏石經概述………………………………………………………………………… 馬　衡 831
石經殘石 …………………………………………………………………………… 白　堅 834
孫氏《魏三字石經集録》校正 ………………………………………………… 商承祚 836
跋顧鼇藏魏正始石經 …………………………………………………………… 金祖同 845
西安市出土的正始三體石經殘石……………………………………………… 劉安國 849
魏石經《尚書・多士》《多方》殘字考………………………………………… 朱廷獻 853
魏石經古文淵源考………………………………………………………………… 邱德修 870
論魏石經,並論《漢書・藝文志》所著録古經及《説文》所謂古文
……………………………………………………………………………… 黄彰健 881
三體石經古文與《説文》古文合證……………………………………………… 曾憲通 939
論孔壁的古文經與説文所謂古文以及魏石經中的古文一體 …… 蘇瑩輝 951
魏石經古文尚書考………………………………………………………………… 朱廷獻 958
魏三體石經《尚書》考述…………………………………………………………… 邱德修 982
一方未見著録的魏三字石經殘石
——史語所藏《尚書・多士》殘石簡介………… 邢義田　陳昭容 1044

唐開成石經

唐石經跋己丑 ……………………………………………………………………… 陳漢章 1053
開成石經公羊文字校例…………………………………………………………… 黄有敏 1056
明拓唐石經考……………………………………………………………………… 周梅泉 1062
唐石經與宋本……………………………………………………………………… 封思毅 1063
談唐石經…………………………………………………………………………… 于大成 1071
唐開成石經補字概述……………………………………………………………… 盧桂蘭 1079

關於《五經文字》…… 施安昌 1089

蜀廣政石經

宋拓蜀石經跋…… 劉體乾 1099
蜀石經《春秋穀梁傳》殘石跋…… 羅振玉 1101
蜀石經《春秋穀梁傳·文公》第六殘葉跋…… 羅振玉 1102
蜀石經殘拓本跋…… 王國維 1103
蜀石經考異叙録…… 吴檢齋 1105
蜀石經殘石跋…… 羅希成 1110
蜀石經和北宋二體石經…… 徐森玉 1113
近代出土的蜀石經殘石…… 周萼生 1120
孟蜀石經殘石…… 袁曙光 1127
孟蜀石經…… 王家祐　李復華 1131
蜀石經述略…… 李志嘉　樊　一 1134

宋嘉祐石經

宋嘉祐石經異説考…… 陳漢章 1147
北宋嘉祐石經《周禮》《禮記》殘本跋…… 羅振玉 1155
汴學石經《禮記·檀弓》殘石初拓本跋…… 羅振玉 1156
汴學石經宋拓殘本跋…… 羅振玉 1157
記開封新收集的北宋石經…… 安金槐 1158
河南開封陳留發現北宋二體石經一件…… 張子英 1165

南宋紹興石經

南宋石經跋戊子…… 陳漢章 1171
舊杭州府學南宋石經考…… 張　崟 1173

宋高宗御書石經…… 于大成 1190
南宋石經考述…… 陳光熙 陳 進 1198

清乾隆石經

乾隆石經考文提要書後…… 傅增湘 1205

綜　　合

談石經…… 張汝舟 1211
《尚書》與歷代石經…… 劉起釪 1223
石經辨疑…… 黄競新 1251

後記…… 1283

二十世紀儒家石經研究

◎ 虞萬里

壹　石經研究與石經學之建立

將儒家石經研究聚焦於二十世紀，是因這一百年之儒家石經，尤其是漢魏石經出土、收藏、傳拓、考證、匯聚、復原和科學考古發掘之轟轟烈烈，爲熹平石經刊刻以來一千七百年中任何一個世紀所不及。遺憾的是，就當石經殘石已經匯聚可以進一步深入研究之際，隨著甲骨卜辭、銅器銘文、簡帛文獻相繼成爲顯學，更以近二十年來儒家簡牘文獻之出土面世，引起一股研究熱潮，而本身作爲儒家經典，且標志著漢魏今古文文本的熹平石經和正始石經殘石，其研究相形之下顯得冷落。究其原委，固與石之殘碎難有整體觀感，經之遭廢多已無人問津，人之趨新皆欲争做預流等主觀因素有關，而石經著作多爲珂羅版或石印，印量極少，石經論文多刊於老舊雜志，一般難以索閱，亦是客觀因素。漢魏石經以後，唐石經文本之來源與明代之補刻，蜀石經注文之來源及與宋刊本之關係，清代蔣衡書寫所據本等等，都是經學與經學史上無法迴避且必須亟待探究之問題。職是之故，搜尋匯集二十世紀七朝石經重要論文刊佈行世，就是將二十世紀學者研究石經之過程與成果重新集中展示，這對當前傳世文本和出土文本互證的經學研究，有不可忽視的借鑒與促進作用。

二十世紀七朝石經研究熱潮，由二十年代洛陽出土漢魏石經殘石所引起，因而也以漢魏石經研究爲重心，其他各朝之石經研究則受此影響而展開。即就漢魏石經研究而言，可分爲發掘傳拓，分頭考釋，匯集復原，深入研究各個階段。各時段間又有交叉重複。兹以時代爲經，石經爲緯，概述其發展脈絡。具體述説以論文爲重心，必要時亦涉及集拓與專著。

一、清代學人對石經之關注與研究

東漢熹平年間刊刻一字隸書石經，曹魏正始年間又鐫刻三體石經，旋即殘損毁棄、改造他用、輾轉遷徙之命運接踵而至，到初唐魏徵糾聚石經，已十不存一，僅有之遺存經盛唐而中唐，已稀如星鳳。即蕭梁所拓摹本，亦僅存十三紙。晚唐板蕩，五代迭更，文物淪喪，星鳳幸而不墜。宋初郭忠恕摹録古文，收入《汗簡》。王文康等又有摹本流傳迭經翻刻。嘉祐間漢魏殘石稍稍出土，好古者争傳，以爲古玩奇物。唯方勺、董逌、趙明誠、婁機等用心考證傳拓，並有文字記録，惜或存或佚，零星不全。迨及南宋洪适將董、趙等成果纂入《隸釋》《隸續》，僅有之殘石文字及形制得以保存。自後五百年中，石經文字除個别書法妙手略予觀摩記録，文人學者尠少問津。

清初顧炎武(1613—1682)著《金石文字記》《石經考》，已辨正史書所載是非，留意校勘漢魏及有唐石經文字，著其異同。唯草創椎輪，難以周全。萬斯同(1638—1702)作《漢魏石經考》《唐宋石經考》，詳細梳理史實。杭世駿(1696—1773)著《石經考異》，意在匡補顧失；瞿中溶(1769—1842)復作《漢石經考異補正》，旨欲糾察杭誤。他如桂馥(1736—1805)、張邦伸(1737—1803)、李兆洛(1769—1841)、徐嵩(1758—1802)、劉傳瑩(1818—1848)、馮世瀛(1794—1867)等各有纂述，然多局限於文獻之搜尋考證。唯清初臧琳(1650—1713)熟稔《尚書》，在《隸續》卷四《三體石經左傳遺字》中析出《尚書·大誥》《文侯之命》《吕刑》三篇，寫入《經義雜記》，可謂鑿破混沌。段玉裁(1735—1815)以之考證《尚書》古文，孫星衍(1753—1818)更進一步離析《遺字》，徵引《汗簡》《古文四聲韻》文字互證，開啓經文復原與文字正誤雙軌研究之路。翁方綱(1733—1818)之《漢石經殘字考》，即專就經文行款復原上用功，先圖示其殘石文字，而後以行世文本校勘其文字異同多寡，留心篇章間空格，著明每行字數。① 孔廣牧(1838—1863)《漢石經殘字證異》則專就文字異同上用力，别白正譌。

開成二年刊刻九經，雖先後有諸儒校正譌謬，玄度復勘字體，當時名儒仍

① 翁方綱《漢石經殘字考》，賈貴榮輯《歷代石經研究資料輯刊》第五册，北京圖書館出版社2005年版，第65—96頁。

“以爲蕪累甚矣”而“皆不窺之”。[①] 經碑雖巋然獨存上千年，明末殘泐損毁，好事者補之而非唐代文本，故錯舛雜陳。顧炎武曾指出石經文字譌誤，乾隆間王朝榘作《唐石經考證》，發現顧氏所指之誤，往往係明人所補，對正確認識石經文本之歷史變化有一定啓迪。錢大昕（1728—1804）、嚴可均（1762—1843）相繼作《唐石經考異》和《唐石經校文》，對石經之磨改、旁注及與宋以後刊本之異同，皆有詳細之描述。魏錫曾作《唐石經圖考》，則專就其各經書寫及其互相連接款式予以描述。

後蜀廣政所鐫石經以注附經，迥異前代。元明以還，不僅殘石希見，即拓本亦難覓，清代學者以是搜尋遺佚，矜爲奇寶。吴騫從黄丕烈處抄得黄樹穀先世所藏《毛詩鄭箋》一卷，取《釋文》、唐石經、毛氏汲古閣及《七經孟子考文》等校之，著《考異》二卷。此殘拓可能傳自樹穀祖上明黄汝亨，清初厲鶚曾見之，有詩紀其事，是知流傳頗廣，嚴杰、王昶、馮登府皆有移録考證。吴氏之後，陳宗彝（1871—1942）著《蜀石經殘字》，收有此卷，並有《左傳》一卷，亦是希珍之物。

嘉祐二體石經，清代稀見。山陽丁晏（1794—1876）於淮安書肆獲得一束，歸而裝褫爲四册，號爲元以前舊拓，遂作記刊行。民國肇建，王秉恩（1845—1928）曾有概述與校記，是爲嘉祐石經唯一研究之著。

乾隆末年以蔣衡所書十三經刻石，彭元瑞（1731—1803）曾校其異同，著《石經考文提要》，由於時間倉促，不無譌誤；而和珅撰《欽定石經考文提要舉正》和《欽定石經改正字樣》二書，立異相駁，争功争寵之意多於學術評判。孫星衍亦作《清石經補考》十二卷，[②]然此皆是當朝之事，猶玄度《九經字樣》，晁公武《蜀石經考異》之比。

以上是以刊行著作概述之，著而未刊，以稿本存世者尚有：吴騫《唐開成石經考異》稿本二卷，徐養原《孟蜀石經考》一卷，楊繼振《蜀石經春秋經注考異》一卷，查禮《嘉祐石經考》二卷，羅以常《宋太學石經考》一卷，翁方綱《宋開封石經》不分卷等。清代關注石經之學者，大多就已所得考校，著成專書，故

① 《舊唐書·文宗紀》云：“時上好文，鄭覃以經義啓導，稍折文章之士，遂奏置五經博士，依後漢蔡伯喈刊碑列于太學，創立石壁九經。諸儒校正譌謬，上又令翰林勒字官唐玄度復校字體，又乖師法，故石經立後數十年，名儒皆不窺之，以爲蕪累甚矣。”

② 王紹曾主編《清史稿藝文志拾遺》據民國黄立猷《金石書目》載此書，謂是刻本，然未見其他著録，更不見其書。

或一經，或二經，唯嘉興馮登府（1783—1841）獨立完成《石經考補》十二卷，對七朝石經文字均皆用相關文獻校正，雖專精或有不逮他人，而博稽則可允稱獨步。

光緒八年（1882），王秉恩在四川尊經書局匯輯顧炎武、杭世駿、翁方綱、孫星衍等十人十部著作爲《石經彙函》，刊佈於世，[①]表明清人對石經之重視。於此前後，陳漢章對錢泳之僞漢石經、唐石經、南宋石經、嘉祐石經都有長短不同的題跋校勘。[②] 然陳氏以前之石經研究，除翁方綱究心於碑式行款外，大多以得拓本而校勘文字，揭示與經本異同爲主。真正開啓石經全面研究，是在晚清器物銘刻之重視，古文字學之展開，及光緒十八（1892）年洛陽發現三體石經《尚書・君奭》殘石之後。今見記述殘石發現較早之文字，是羅振玉、王國維往來書信。1916 年王國維著《魏石經考》，有旁記云，羅振玉告此石是山東賈人范維卿以"五千錢"得之洛陽某村路旁茶肆。因欲知其反面是否有字，覆函詢羅氏。羅覆函云：

> 魏石經乃東估老范（山東濰縣古董商范維卿）即弟所從詢殷墟遺址者，得之洛陽某村路旁小茶肆，面已遭撲擊，范估見其似有字迹，然已僅存筆畫，手撲石背，則確有字迹，乃反轉觀之，即石經也，遂以二千錢購得之。此弟親聞之老范者，則石確是兩面刻也。[③]

羅氏此函作於殘石被發現二十四年之後，云"以二千錢購得之"，至二十年後作《石交録》，更其説云"乃以他石易之"，[④]先言五千錢，復言二千錢，前後不一。1923 年王廣慶著《三體石經記》，謂是洛陽白馬寺人劉克明爲村南龍虎灘黄占鰲治印，在黄家牛棚中發現，復記一説乃黄占鰲父在自家厠牏壁上發現。[⑤] 未審孰是。至其發現之年份，更是歧出不一，有光緒二十年、二十一年等，實皆耳食之言，經考證，當是光緒十八年（1892）在洛陽龍虎灘發現。[⑥] 無

---

① 《中國叢書綜録》標識《石經彙函》輯刻在光緒十六年（1890），而王秉恩《北宋汴學篆隸二體石經跋》云："光緒壬午（八年，1882），秉恩裒國朝考證石經諸書刻之成都，名《元尚居石經彙函》。"或始刻於壬午，而刊成於庚寅，今從跋文年代。

② 分别見《陳漢章全集》第二册，第 221—236 頁；《綴學堂初稿》卷四，第十八册下，第 613—618 頁，浙江古籍出版社 2014 年版。

③ 《羅振玉王國維往來書信》，1916 年 6 月 26 日，東方出版社 2000 年版，第 105 頁。

④ 羅振玉《石交録》卷一，《羅振玉學術論著集》，上海古籍出版社 2012 年版，第三集，第 221 頁。

⑤ 王廣慶《洛陽先後出土正始三體石經記》，上海文明書局 1926 年版，第 1 頁。

⑥ 詳見虞萬里《第一塊三體石經發現時間與地點辨正》，北京大學古典文獻研究中心"經學文獻學國際學術研討會"論文，2017 年 12 月。

論如何，三體石經《尚書・無逸》殘石之被發現，是晚清學界一件大事，儘管它被王國維作爲研究對象，還在二十多年之後。

二、漢魏石經學之奠定（1900—1920）

二十世紀初葉，晚清學者對石經之興趣，多停留在校勘文字與題寫序跋階段，真正使石經成爲一門學問，作全方位研究者，應推二十世紀初葉王國維《魏石經考》。1916年，王國維爲考察甲金文字形之演變，取《説文》籀文加以研究，形成其西土嬴秦用籀篆的觀念，進而欲考察《説文叙》所謂東土壁中書古文。由於《説文》迭經傳抄，其古文之字畫不免存在訛變，乃取證於光緒十八年所發現三體《君奭》殘石上之古文。王國維所取乃楊守敬所印拓本，而楊本即羅振玉1901年所贈，係丁樹楨原拓。[①] 楊守敬得拓本後曾作一跋，對碑制行款略有考述：

> 此碑以其所存之數，核其所亡之字，每行六十字，每字得漢尺一寸二分有奇。每行六十字，當得七尺二寸。其上下餘石八寸，則所云“長八尺”審矣。碑字横寬一寸一分有奇，以廣四尺計之，則一碑約三十二行，當得二千字。計四十八枚，不及十萬字。以《尚書》今文二十八篇一萬餘字，《春秋左傳》十九萬六千餘字，斷非四十碑所能容。則《伽藍記》《西征記》所謂“表裏書”者，當得其實。而此殘石拓本衹一面有字，此則大可疑者。然碑字絶不似僞作，豈所得石又表裏分破者耶？惜未得目驗之。[②]

楊氏所得拓本爲單面，不審其背面字之有無，故嘗致疑，然其已計算得其碑制行款字數。[③] 王國維得楊氏拓本觀摩研探後，於1916年4月21日致函羅振玉，專述自己之發現：

> 一昨忽得一快事，此日本擬考黄縣丁氏所藏三字石經殘字，取楊星

---

① 羅振玉《石交録》卷一云：“辛丑至武昌，以所存一本贈楊惺吾廣文。廣文一見驚詫，亦以真贋爲疑。予以所聞告之，乃謝曰：‘此真寶矣。’此爲正始石經流傳之始。”（第222頁）當時王國維與羅振玉有交往而不專研古經古史。辛亥之後，隨羅東渡寓居日本，始翻然轉向，傾力古學。1916年回滬受哈同之聘，時羅振玉尚在京都，且手邊已無三體殘石《君奭》拓本。楊守敬自得羅氏所贈拓本，補入1909年重新輯印的《寰宇貞石圖》中，故王氏取觀參證之。

② 楊守敬《壬癸金石跋》，《楊守敬全集》，湖北人民出版社1997年版，第八册，第993頁。

③ 楊氏後又小注論其碑數，謂有論者以爲《水經注》四十八碑之説或爲“崩敗之餘”，若此説可信，則《尚書》《春秋》須百枚。

老所印拓本觀之，乃排列其行款，始知每行經文二十字，並三體計之，則六十字。又據此行款以求《隸續》所録殘字，《隸釋》尚未借到，先據馮柳東書推之。亦皆每行六十字，凡《隸續》所存字亦可圖其殘石形狀，惟所存殘石在碑之上或下則不可定耳。《隸續》所載本據蘇望民摹刻之本，字頗有顛倒錯亂，前人皆謂是《左傳》殘字，國朝臧玉林始從其中分出《尚書》，孫淵如復作《考》二卷，此君粗淺，必不佳。今借此書未到。① 擬作《魏石經考》一篇，並附以圖，惟《春秋》尚有若干字不能知其在何處耳。②

此函反映出王國維之研究思路：他原擬考證殘石上文字字形，及取楊守敬拓本觀之，不僅有真切的古文字形，更有一整體之觀感，於是循楊氏思路而欲排列其行款，用《君奭》原文字數校排，得經文二十字三體六十字。由《君奭》殘石形像感知整塊經碑後，進而欲取《隸續》中《三體石經左傳遺字》校核，即以出土材料與傳世文獻合證。因爲《隸續》一時借閲無着，乃依馮登府《魏石經考異》排列，也是三體六十字一行，適相吻合。每行字數一定，則所有字都應該也必須在碑圖的某個位置。於是不僅僅步趨清人在字形上作校勘，而有"擬作《魏石經考》一篇，並附以圖"之設想。③

研究一部石經，必須知道它總共刊刻了多少部經典，所刻經典採用或今或古的哪家文本，用了多少碑石，書寫刊刻之行款如何，篇題如何題寫，使用何種字體，字形結構如何源自何體，以及其拓本如何産生並流傳，等等。只有將以上要素全部梳理清晰，才能復原石經碑圖。然經數、經本、經碑、行款各項又互相依倚，錯綜複雜。抑不僅此，由於漢魏石經"同立於大學，其時相接，其地又同"，魏晋以後戰亂頻仍，經碑幾經遷徙，故"昔人所記，往往互誤"。④欲釐清魏石經歷史，必須連同漢石經一起作考證，所以王氏之《魏石經考》二

① 王氏未借到孫星衍書而云其"粗淺，必不佳"，似失中肯。孫書承臧琳之後，作了更明確的離析排比順次，馮氏在書中屢屢引及，如"孫云""孫氏星衍本""孫本"二十餘次，遠多於臧氏（琳）和段氏（玉裁）之説，可見馮書確以孫書爲基礎，至少很重視孫氏意見。王氏在《魏石經經文考》中云："臧琳《經義雜記》始從其中分出《尚書》殘字，孫氏星衍《魏三體石經殘字考》復以其中《春秋》殘字分繫諸公，馮氏登府《石經考異》又疑其未能盡合。"是其最終已借閲孫書，作出了客觀評介。

② 王國維《書信日記・書信》，《王國維全集》卷十五，浙江教育出版社、廣東教育出版社 2010 年版，第 120—121 頁。

③ 洪适《隸續》僅是照録前人文字，臧琳之離析歸併，已是一大進步，但確實没有從碑圖上考慮。王氏有極强的系統觀念，研究伊始，就萌發恢復碑圖的想法。王説未借到《隸續》，其實《隸續》所録，《左傳》《尚書》夾雜混排，取閲片時，難以有一整體觀。其取觀馮書，遠比《隸續》清晰可據。

④ 王國維《魏石經考一》，《觀堂集林》卷十六《史林八》，《王國維全集》第八卷，浙江教育出版社、廣東教育出版社 2010 年版，第 480 頁。

卷分爲八篇，内容如下：

上卷：漢石經經數石數考

魏石經經數石數考

漢魏石經經本考

魏石經古拓本考

魏石經經文考

魏石經篇題考

下卷：魏石經古文考

魏石經書法考

二卷八篇涉及經數、石數、經本、拓木、經文、篇題、古文、書法八個方面，囊括魏石經所有内容，並兼及漢石經最重要的經數、石數、經本。

王國維認爲："欲考魏石經之經數石數，必自漢石經始矣。"故其率先考證漢石經經數石數。漢石經經數，有五經、六經、七經之説。具體經目如下：

《洛陽記》：《尚書》《周易》《公羊傳》《禮記》《論語》；

《洛陽伽藍記》：《周易》《尚書》《公羊傳》《禮記》；

《隋志》：《周易》《尚書》《魯詩》《儀禮》《春秋》《公羊傳》《論語》；

《隸釋》所載殘石：《詩》《書》《儀禮》《公羊傳》《論語》。

至於石數，又有以下諸説之不同：

《西征記》：四十枚；

《洛陽記》：四十六枚；

《洛陽伽藍記》：四十八枚；①

《北齊書·文宣帝紀》：五十二枚。

王國維以諸家所記碑數與唐石經各經字數互校，再參據宋代漢石經殘石所顯示的空格、校記、題名等核計，考定漢石經經數當以《隋志》所記七種爲準，石數當以《洛陽記》爲確。但《洛陽記》所載西行《尚書》《周易》《公羊傳》二十八碑，南行《儀禮》十五碑，東行《論語》三碑，以字數校核，西行二十八碑當有《魯詩》和《春秋》，方與七經相應。

魏石經石數，《水經注》謂有四十八碑，《西征記》謂三十五碑，《洛陽伽藍記》則僅二十五碑。所刊經數，文獻記載亦不一。《西征記》《洛陽伽藍記》記

① 北魏酈道元《水經注·穀水》以四十八碑爲魏石經。

有《尚書》《春秋》二部,與《隋志》所載三字石經《尚書》九卷(又一部五卷)、《春秋》三卷相合,然新舊《唐志》多三字石經《左傳古篆》十三卷(《新唐志》作十二卷),則多一部《左傳》。據《隸續》録洛陽蘇望所刊魏石經遺字,確有《左傳·桓七年》九字、《桓十七年》二十六字,似《唐志》所載爲實。然《左傳》篇幅龐大,即依《水經注》四十八碑鎸之,亦遠不够盡載。王氏以黄縣丁氏所藏殘石拓本經文每行二十字三體六十字爲基點,參核《西征記》《水經注》所云碑之高廣尺寸,仍用唐石經字數計算,冀求得其實際石數經數。又因魏石經《尚書》是古文,關涉到是三十三篇今文《尚書》的古文本抑是梅賾所獻五十八篇《古文尚書》,兩者字數頗有差異。尤其是《隋志》載"梁有三字石經《尚書》十三卷",適與梅本卷數同,易滋生誤會。王氏曾致函羅振玉云:"唯《尚書》究用何種,殊難斷定,不知先生何以教之。"①當王氏書函甫抵京都,羅振玉於二十七日覆函稱快,第二天二十八日王氏已悟徹了這一難題。亟速致函報喜云:

> 今就殘字觀之,雖不能確定其爲何種,然其中《吕刑》《文侯之命》殘字行數、字數相接,中間無容《書序》之餘地,知此本《書序》與馬、鄭同,仍是别行,可决其非僞孔傳本也。②

《尚書》中《文侯之命》次《吕刑》,今梅本《文侯之命》前有《序》"平王錫晋文侯秬鬯圭瓚,作《文侯之命》"十五字,而從《隸續》析出的《吕刑》篇末"正/中"和"令/民之/咸"數字與《文侯之命》篇首"文侯之命/王若曰/在下唯時/事厥辟粤……"諸殘文相銜接,中間無法容納《書序》十五字,故王氏斷定三體石經用篇前無序文的馬鄭本古文《尚書》。《尚書》經本問題解决,石數經數問題便可迎刃而解。依唐石經經文字數減去古文篇章和序跋、空格等字數字位,行款以行六十字,碑三十五行計,若全刊《尚書》《春秋》《左傳》三經文字,則須一百五十碑,顯然與實際不符。以《隸續》所載遺字中有《桓公》殘字,計《尚書》《春秋》加《左傳》隱桓二公文字,得 133 683 字,《西征記》之三十五碑,可容納 147 000 字,所以王國維認爲魏石經所刊應是《西征記》所載三十五碑。

漢魏石經所刊經本,是二朝石經遺留給後世一份珍貴遺産,然經本關涉今古文和博士師法家法之複雜問題,必須重點研究。王國維曾著《漢魏博士

① 《書信日記·書信》,《王國維全集》卷十五,第 138 頁。
② 《書信日記·書信》,《王國維全集》卷十五,第 140 頁。

考》,熟稔漢魏博士制度,認爲熹平七經,"除《論語》不在經數,不立博士外,餘皆立於學官之經,博士之所講授者也"。[①] 他總結《隸釋》所揭示的經文經本,指出:熹平石經《詩》用《魯詩》,參校齊、韓二家;《公羊傳》用嚴氏本,參校顏氏本;《論語》用某本,兼存盍、毛、包、周諸家異字。推而廣之,《易》《書》《禮》三經校記雖不存,而石經必以一家爲主,並著諸家異同於其後,這是熹平年間刊刻石經的原則和體例。因爲"石經之刊,爲萬世定本,既不能盡刊諸家,又不可專據一家,則用一家之本,而於後復列學官所立諸家之異同,固其所也"。[②] 因爲漢代學官所立皆今文而無古文,所以於今古文異同不復措意。但古文經自後漢以還逐漸興盛,最終可與官學雁行抗衡,史載足徵。迨及曹魏,古文經多立於學官,而太學所矗立之石經仍爲今文經本,故古文經之刊立,勢在必行。《尚書》經本所取,王氏嘗窺測其無序而定爲馬鄭本,此固慧眼卓識,及深入思考,更進而指出:"魏學官所立《尚書》爲馬鄭王三家,故但刊三家所注之三十四篇。其逸篇絶無師説,又不立學官,且當時亦未必存,故不復刊。"立足於官學,而後解釋其所以刊《春秋》《左傳》,而不刊同是古文本的逸《禮》,因爲逸《禮》與逸《書》皆未立於學官故也。[③]

石經之拓本,前人多忽略之。然經碑殘毁之後,拓本爲流傳久遠之媒介。漢魏石經,若非蕭梁所傳拓本(爲《隋志》、兩《唐志》所載者),則鍾紹京、蘇頲、姚崇、馬懷素、褚無量等皆無從見,此後之郭忠恕、夏竦無法録其古文,句中正亦無法别寫《三字孝經》。故王氏特就其拓本詳考源流,而於鍾紹京所見十三紙流傳之迹,尤加垂意,認爲《隸續》所載,即鍾氏所見之十三紙,其説云:

> 余疑其即開元内府之十三紙。何則?《隸續》所録蘇氏刊本,今詳加分析,則《尚書》六段,《春秋》七段,《左傳》一段,共十四段,與開元之十三紙止差一紙,其中當有兩段在一紙上者。且開元十三紙,後周時尚在馬胤孫家,至宋初尚存,郭忠恕見之,句中正亦見之。王文康家之本,當即馬本,蘇氏刊之而遺其跋尾,遂使人昧其所出耳。厥後胡宗愈復據蘇本刊之錦官西樓,洪适於會稽蓬萊閣亦刊數十字。今蘇、胡、洪三刻皆不可

---

① 《魏石經考三》,《觀堂集林》卷十六《史林八》,《王國維全集》第八卷,第485頁。

② 《魏石經考三》,《觀堂集林》卷十六《史林八》,《王國維全集》第八卷,第486頁。

③ 至於《費氏易》《毛詩》《周官》《禮記》《穀梁春秋》等亦立於學官而未見刊刻,王氏另有解釋,以與本文關係不大,暫略。

見，惟《隸續》所録者尚無恙。①

釐清開元十三紙與《隸續·三體石經左傳遺字》之關係，使得臧琳、孫星衍之離析和王國維之復原工作更有實際意義。《魏石經經文考》即在考明《三體石經左傳遺字》來源之後，承繼臧琳、孫星衍、馮登府等人研究而重新離析、歸整，並將之進一步落實到碑圖上。王氏將所分十四段殘文作了如下的描述：

> 以上十四段共爲五碑：第一、第五、第八爲一碑，實《春秋·襄公經第二》；第十一爲一碑，實《尚書·大誥》；第三、第六、第十爲一碑，實《春秋·宣公經第四》；第七、第九、第十三爲一碑，實《尚書·吕刑》《文侯之命》；第十四自爲一碑，實《春秋左氏桓公傳》。《隸續》所録次第陵躐，當係碑斷裂後所拓。而蘇氏重刊時又不免有所錯亂，故致於此。②

因爲王氏已認定魏石經是三十五碑，故可將具體内容大致落實到某一碑圖，這較之清代學者臧、孫、馮等研究，無疑又跨進一大步，儘管，具體殘文在第幾碑以及正反面，尚無法考定。

石經殘文在第幾碑及其正反面如何考定，還關係到篇章之篇題如何書寫，占位多少等，於是王氏又作《魏石經篇題考》一篇。此篇係王國維從其先前發現《隸續》遺字中《文侯之命》和《吕刑》間無法容納書序地位切入，復從熹平石經刊刻今文經而正始石經所鎸是古文經，推想必有"古文"二字，故擬定《尚書》篇題應是：古文尚書文侯之命弟厶厶周書。用同樣方法，從《春秋》桓公和莊公之間所容字數和實際字數，以及熹平石經《春秋》用今文經而正始石經用古文經，推測必有"古文"二字，因而擬定《春秋》篇題是：古文春秋經莊公弟三。

以上六篇爲上卷，從經數、石數、經本、拓本、經文、篇題六個方面考定漢石經經數、經本及魏石經之形態與内容。下卷則考論其文字和書法。

王國維撰《魏石經考》時，僅見丁氏所藏《君奭》殘石，尚存古文三十六字，除重複得三十一字。《隸續》所載《石經遺字》有古文二百五十一，除自身重複和與《君奭》殘石重複者得一百四十字，兩者相加有一百七十一字。殘石字形

① 王國維《魏石經考四》，《觀堂集林》卷十六《史林八》，《王國維全集》第八卷，第491—492頁。

② 王國維《魏石經考·魏石經經文考》，賈貴榮輯《歷代石經研究資料輯刊》，北京圖書館出版社2005年版，第六册，第146頁。

真，但字數少，不足以展現魏石經古文之面貌。《隸續》字多，但幾經傳抄，已失其真。故王氏綜合兩者，參以《汗簡》《古文四聲韻》以及殷周古文、《説文》古文、籀文等，一併予以疏證。疏證後認識到，“《隸續》所録雖寫刻多訛，猶足證其與丁氏殘石同一脈絡”。而對魏石經中古文性質，王國維的結論是：“魏石經古文上多同許氏古文，下多同未改字《尚書》，蓋壁中書之支流，而爲梅賾(引按，當作頤)之所竊取者。其於古代文字，則與殷周古文相去頗遠，而去戰國文字較近，亦與《説文》古文同。”説石經古文與《説文》古文、隸古定古文“多同”，言下之意還是有所不同。於是最後作《魏石經書法考》，考定“魏石經殘字之豐中鋭末或豐上鋭下者，乃依傍科斗之名而爲之，前無此也。自此以後所謂古文者，殆專用此體”。[①] 亦即郭忠恕之後，句中正、吕大臨直至有清《西清古鑑》等皆承此字體。他説“郭忠恕輩之所集，決非其所自創，而當爲六朝以來相傳之舊體也”，這從字形和歷史上肯定了《汗簡》和《古文四聲韻》等書中古文的真實性，是對乾嘉以還錢大昕、段玉裁等人觀點的否定。

王國維深受西學影響，有極强的系統觀念，在漢魏石經尚未大批出土之前，僅憑一塊一百十字的殘石，從其文字、行款推想經碑形製，由經碑形製推考經數、石數、經本，更從殘存的篇題隙縫中推考其書式，從文字形體來考定其淵源與流變。《魏石經考》二卷八篇，從經數、石數、經本、拓本、經文、篇題、古文、書法八個方面對魏石經作了全面考證。

從歷史角度考察，漢魏石經之經數、石數，六朝以還文獻多有記載而歧出不一，漢石經經本，洪适《隸釋》依據殘石校記略有涉及，而魏石經殘文，雖經臧琳離析，孫星衍推演，却始終不及經本問題。王國維善於綜合前人成果觀點，能將經數、石數參互相證，以《尚書》殘石隙縫不容序文而定魏石經用馬鄭本，更從唐石經字數作爲直接依據，來定魏石經石數。至於拓本、篇題、書法，均是出人意表或發前人所未發，由此形成一個石經研究的基本模式。儘管五六年後新的殘石不斷出土，他原來的計算與推測未必與事實相符，故其在編纂《觀堂集林》時，删去《魏石經經文考》《魏石經篇題考》《魏石經古文考》三篇，蓋以《經文考》中《隸續》殘文排列雖有糾正孫星衍處，仍有不盡合符者；篇題之推測，已與出土殘石《無逸》和《春秋》異樣，故刊落不收。《古文考》之删，似别有考慮。

① 王國維《魏石經考五》，《觀堂集林》卷十六《史林八》，《王國維全集》第八卷，第493頁。

《魏石經考》二卷八篇二萬字，附圖六幅，不僅專考魏石經，亦兼考漢石經之經數、石數及經本，更將魏石經殘文以碑圖形式進行復原圖示，雖然由於殘石、殘文過於稀少，某些結論和復原圖未免欠妥，但從唐傳十三紙，到北宋翻刻流傳，有清離析考訂，都只是局部而有限的工作，唯有王國維之《魏石經考》面世，真正的漢魏石經之學遂始奠基。近一百年來石經學研究，皆循《魏石經考》所劃定之範圍不斷深入，不斷接近真實。王著刊出翌年，羅振玉將《君奭》殘石拓本影印梓行，流傳始廣。

二十世紀初葉，在王國維《魏石經考》之前有王秉恩《北宋汴學篆隸二體石經跋》。丁晏在淮安書肆得二體石經一束，黏綴爲四大册，撰成《北宋篆隸二體石經記》一篇，一時傳爲佳話，何紹基賦詩記其事，丁晏復賡和之，葉名澧又爲之跋。然丁氏之記，雖云"暇日因取諸經覈對，小有異同，足資考證"，而取校異文，多泛泛而談，未曾精細。王秉恩作跋，自述先前匯輯《石經彙函》，僅刊丁晏記文，拓本未嘗寓目。及居滬上，始見劉世珩所藏拓本，"因不揣媕陋，就各經文字，參考群籍，斠其是非"，①並論北宋二體石經刊刻與宋初篆學之荒蕪，其於丁晏所獲拓本，不啻爲第一篇研究論文。

貳　漢熹平石經研究

一、漢魏石經殘石之發現與發掘

儘管 1892 年已發現魏石經殘石，然以片石真僞見疑於學界，且數年之後，敦煌洞開，殘卷驚世；殷墟坼裂，甲骨駭俗。人情學問，趨新若騖，石經價值，遂少問津。雖有王國維《魏石經考》發表，而侷居一角，傳播有限。及至魏石經《尚書》《春秋》巨碑出土，始轟動一時，爲世所重。由此引發洛陽村民群相發掘，冀藉此發財致富，而魏石經殘石及漢熹平石經殘石、大碑始破土而出。

（一）《論語》殘石之發現與認定

方當魏石經巨碑出土，洛陽掀起發掘殘石高潮。1923 年 5 月 7 日羅振

① 王秉恩《北宋汴學篆隸二體石經跋》，賈貴榮輯《歷代石經研究資料輯刊》，北京圖書館出版社 2005 年版，第八册，第 520 頁。

玉致函王國維謂有洛陽之遊，云"弟洛遊專爲訪古，他無所爲，擬廿三啓行，由津浦開徐洛往，月末定返津。此行乃與馬叔平、徐森玉同行，即此可知其無所爲矣"。所謂廿三啓行，是三月廿三，陽曆爲 5 月 8 日。然最終臨時有事未能偕往。馬、徐此次洛陽之行，獲得一批熹平石經殘石。同年 7 月，馬衡於在《國立北京大學國學季刊》上刊發《漢熹平石經〈論語・堯曰篇〉殘字跋》，《堯曰》殘石由兩塊先後出土之小石組成，拼接後形製如下：

馬跋揭示兩點，一是從殘文考定其爲《堯曰篇》文字，文云："存字四行：第一行存'繼絶世'三字，第二行存'惠而不費勞而不怨'之'費勞而'三字，第三行存'斯不亦泰而不驕乎'之'亦泰而'三字，第四行存'謂之有司'之'司'字，'司'下著一圓點，又其下存半字。《隸釋》所録《堯曰篇》殘字，即在此石之下方。"二是定"司・"下半字爲"凡"字，"凡"下所闕爲"二章"二字。又因殘石《堯曰篇》爲僅《堯曰》和《子張》二章，無第三章"子曰不知命"一章，參據文獻所記《論語》齊、魯、古三家之分章，定殘石爲《張侯論》。[①] 從時間上看，馬衡於 5 月獲得殘石，7 月即發表考證文章。此跋是上世紀二十年代洛陽發掘出漢魏石經殘石後所刊第一篇文字，也是繼王國維《魏石經考》之後第一篇考定石經《論語》爲《張侯論》文章，可以説對推動當時漢石經研究有一定作用。

《國學季刊》同期緊隨馬跋之後者是羅振玉《魏正始石經殘字跋》，故羅氏顯然看到馬跋。六年後，他在《漢熹平石經殘字集録序》中記述當年未能與馬徐同訪洛陽之事云："已而予以事不果，乃語徐君：正始石經與魏文《典論》並列，石經既出，《典論》或有出土者，此行幸留意。徐君諾之。既抵洛，郵小石墨本，詢爲《典論》否。閲之，則漢石經《論語・堯曰篇》殘字也。亟移書請更搜尋，遂得殘石十餘，此漢石經傳世之始。"[②]十年後，他在《石交録》卷一中又

① 馬衡《漢熹平石經〈論語・堯曰篇〉殘字跋》，《國立北京大學國學季刊》一卷三期，1923 年。
② 羅振玉《漢熹平石經殘字集録・序》，賈貴榮輯《歷代石經研究資料輯刊》，第五册，第 193 頁。

重提此事，且更富感情記之云："既抵洛，郵寄小石墨本數字，詢是否爲《典論》。予閲之，乃漢石經《論語·堯曰篇》殘字也，爲之狂喜。"[①]先後重述此事，似乎有意告知當年是自己率先發現熹平石經《論語》殘石。文素松獲讀《集録》後，亦認爲是"吴興徐鴻寶、四明馬氏衡訪古洛陽，以殘石墨本示於上虞羅氏振玉，審之爲漢石經《論語·堯曰篇》殘字，此爲近代發現之始"。[②]《集録》與《石交録》是馬衡《漢石經集存》必需參考書籍，馬或亦明白羅氏記述意圖。在《集存》此石下，仍云"余昔見'繼絶世''亦泰而'一石，以'司'字下存'凡'字之首，斷爲當作'凡二章'，定石經所刻爲《魯論》"。[③] 並回憶自己二進洛陽尋訪過程，仍未及《堯曰篇》殘石發現與羅氏關係。[④] 在洛陽之當事人郭玉堂曾記其事曰："民國十一年(1922)冬，玉堂初見，未及注意。明年春，故宫博物院院長鄞縣馬衡叔平及徐鴻寶森玉，由北京至洛，見此石有《論語·堯曰篇》'費勞而'等字，囑以重價購之，謂此後多多益善。玉堂始知爲漢石經也。嗣此，出土者甚多，金石家著録引據亦繁，而馬、徐兩氏則最初鑒定之人也。"[⑤]馬衡自 1934 年 4 月起任故宫博物院院長，則郭記此段文字必寫於此後，前距馬、徐訪洛有十餘年之隔。從郭在洛陽而言，其所接觸發現者自是馬、徐。是否當時已有誰爲最先發現者傳聞，已無可稽考。然今人重新記述此事，提出羅氏著記是暗示其爲漢石經鑒定發現者，而馬、徐之學術涵養何以不能判别人人熟知之《論語》問題。[⑥] 筆者於此蓄疑甚久，嘗臆測認爲：馬、徐隻身赴洛，在田野或某場合與農民、商賈(或者即是郭玉堂)交易，匆倉之際，未必一眼即知，而墨本寄至天津，羅氏沉研其文字，却容易指實。更可進而分析，《堯曰》殘石爲先後出土之二小石拼接者，馬、徐亦先後獲得是事理之常。倘先獲一小石，即刻墨拓郵寄天津，羅氏識别後狂喜見告。而馬、徐定心沉思或有所識，後再獲一石拼接之，更增見識；或得羅函，再獲小石拼接，亦自許新見：此在羅、馬二氏，固皆可自謂發現者。近讀羅振玉佚文一首，證實前所臆測，不無邏輯理路。羅氏於 1923 年撰寫《漢熹平石經論語殘石跋》云：

---

① 羅振玉《石交録》卷一，《羅振玉學術論著集》，第三集，第 206 頁。

② 文素松《漢熹平周易石經殘碑録》，林慶彰主編《民國時期經學叢書》第二輯，臺灣文聽閣出版，第六十册，第一葉。

③ 馬衡《漢石經集存》，科學出版社 1957 年版，第五十五葉 B。

④ 見陳夢家轉述馬衡記事，《漢石經集存》，第五十八葉 A。

⑤ 郭玉堂《洛陽出土石刻時地記》，大象出版社 2005 年版，第 4 頁上。

⑥ 柳向春《徐森玉先生與漢魏石經》，七朝石經學術研討會論文集，上海交通大學 2014 年。

熹平石經亡佚已久，宇内所傳，僅黄小松司馬所藏宋拓殘本，爲人間星鳳。吴中錢氏所摹，乃集合宋著録殘字，集合依托，非其真也。去年冬，洛賈以新出魏石經見示，言大石外，尚有殘字，今（按，疑爲“令”字）爲我訪求，久無以報。已而於春明，以語吴興徐君森玉。徐君言，殘石未能得，然得墨本中，有無古篆，而但有隸書者。予疑是《典論》，索觀拓本，徐君檢之不得，乃相約同至洛下，爲訪古之游，及徐君往而予以事不果。逾旬徐君既歸都門，以所得殘石本見贈，計存字二行，第一行存‘亦泰而’三字，次行存‘司下空一格子’二字，細審之，乃知爲熹平石經《論語・堯曰篇》中殘字，與小松先生所藏宋拓《堯曰篇》殘字，正在一章之中，爲之狂喜。書法厚勁寬博，爲黄初《受禪表》之濫觴，與華嶽廟刻不同，殆非中郎手也。此五字外，聞尚有殘石，多至十餘字者，異日以得見爲幸，固不必藏石而後爲可快也，亟書以告徐君，幸再搜求之。並書紙尾，以記眼福。癸亥四月九日。[①]

癸亥四月九日，爲 1923 年 5 月 24 日。依羅氏自編文集，當編入《松翁近稿》，今檢《近稿》及《松翁未焚稿》皆不收。讀“並書紙尾，以記眼福”，知江氏所引，當録自拓本題跋，而爲《近稿》失收。跋文所記遠較《殘字集録序》和《石交録》爲詳，然亦略有不同。所詳者，記羅氏與徐森玉前後對答之語境脉絡極爲清晰，當非憑空落筆。所不同者，《集録序》似謂徐從洛陽郵寄拓本，此跋則謂歸都門而見贈。唯云所贈《堯曰》殘石拓本爲二行，即今所拼接之左半塊。以“亦泰而”及“司・子”五字殘石，確實令人一時難以辨識爲《論語》抑《典論》，蓋以今存《典論》爲不全本也。羅氏所以能辯識，亦藉黄易所藏《堯曰篇》殘字比拼而得。然其所以釋“・”下一字爲“子”字，以其時熹平殘石甫出一二，不知爲何家之本。比照今本下一章爲“子曰不知命無以爲君子也”，以“子”起接，故爾。從其五月二十四日前馳書以告徐氏，圈内學者固當知之。若馬氏得聞羅説，又從殘石中檢得“費勞而”及“繼絶世”（按，“繼”字可辨，“世”字仍靠臆測）半塊，拼接爲一。鑒於羅氏誤以“・”下是“子”字，而馬氏則以位置定爲“凡”字上半，無“不知命”章，復據《論語》齊、魯、古三本異同，定熹平石經用《魯論》，此實一大發現，故自撰一跋刊於七月出版之《國學季刊》，不提羅説。

① 此跋見於江俠菴《先秦經籍考》中册武内義雄《漢石經及論語殘字考》末江俠菴按語所引載，商務印書館 1933 年版，中册，第 67—68 頁。

羅雖辨識殘石爲《堯曰》文字，而“子”字實誤判。甚或因此不將此跋收入《松翁近稿》，而作爲“已焚稿”。然其確是首先發現《堯曰》殘石者，故於《集録序》《石交録》中屢屢提及“予閲之，乃漢石經《論語·堯曰篇》殘字也，爲之狂喜”語，不再云具體文字。無論如何，《堯曰篇》殘石之發現，確定了熹平石經所用《論語》文本，揭開漢石經殘石研究之序幕。

馬跋之後，學界由聚焦於魏石經而拓展關注漢魏石經，光緒至民國間書坊紛紛影印清代黄易、阮元等所藏之宋清勾摹拓本。遠在東瀛之武内義雄，即著長文《漢石經及〈論語〉殘字考》。[①] 此文依王國維《魏石經考》每行七十三字之思路，以爲王氏在字數計算上有不確之處，因取清代孫承澤、黄易、阮元及翁方綱《兩漢金石記》所載之摹拓本，排列圖示，希冀復原漢石經碑式。

武内氏據宋清相傳《論語》殘字，復原第一碑陽面《學而》《爲政》《八佾》《里仁》四篇下截（第四十五字至六十七字前後）、第三碑陰面《微子》《子張》《堯曰》三篇下截（第四十五字至六十七字前後）之圖，並取其文字與唐石經和傳世何晏本校核，著其異同，並作考證，以定其所據文本。武内碑圖大致依仿翁方綱摹刻排列，其從《堯曰篇》四行殘文“不亦威而不猛乎”之下，今本尚有“子張曰何謂四惡”等四十三字，及“子曰不知命”一章二十七字，計七十字。從行數排之，可容此一行，而殘石此行旁有校記文字，無法容納“子曰不知命”一章文字，遂據陸德明《釋文》“魯論無此章”之説，定殘石以《魯論》爲底本。

武内據清儒殘文排定《堯曰》文字，正文與馬衡《〈堯曰篇〉殘字跋》幾同，[②]説明相傳宋清諸儒翻刻本基本按照嘉祐出土殘石形製。唯校記及空行有異，蓋當時校記殘石出土很少，而武内又獨重清儒摹刻本文字也。然其於清儒所存校記之考證亦有所取，如“賈諸賈之哉包□□□”條，引敦煌本鄭注作“沽”；“蓋肆乎其肆也□周□□□”條，證“肆”即“徹”；“而在於蕭墻之内盍包毛周無於□”，“毛”非錢泳所謂“毛詩”，而當是傳《論語》之學者等。不僅如此，更由此總結云：“唯此一條（引按，指“盍毛”字）則張侯本與包周本之有異同。”進而云：

① 其文先刊於《狩野還曆紀念支那學論叢》（昭和二年二月版），後收入《論語研究》，江俠菴編譯收入《先秦經籍考》，商務印書館 1933 年版，中册。

② 武内義雄 1919 年留學中國，1923 年任日本東北大學教授，撰此文在 1927 年，從年份上説，允能看到馬衡跋文。此文先刊於狩野直喜之還曆紀念集，狩野與王國維爲學術至交，《國學季刊》完全有可能傳至彼邦。

以上材料甚爲缺乏，然同一《魯論》中仍有不少出入，定當首肯，從而何晏所謂包、周據張侯論作章句，當知其必不墨守張禹本也。[1]

據熹平殘石有限異文資料，推論出東漢經師不墨守師法家法之迹象，值得肯定。由熹平殘石文字推而廣之，武内又比較中日《論語》鈔刻本異同。相對而言，日本《論語》鈔本助詞較多，唐石經則較少。阮元曾以爲是日人所加。楊守敬在日與森立之談話，舉阮説衡論，而森氏以宋版玄應《音義》注文多"也""之""乎""哉"爲據，楊氏始悟阮説之非。武内以爲，經文如此，殆若顔之推所説爲江南、河北本之異，而注文如此，則抄寫者抄雙行小注時未能細核字數，乃無端加入虚詞。他因此例舉數例，引徵文獻，以證六朝抄本與唐石經本之不同。最後他總結云：

要之洪适所録漢石經之《論語》殘字，凡九百七十一字，不足全書十分之一，雖極少之資料，但比較於現行《論語》而考究時，可能想像現行本改竄之徑路，得判斷其是非之點甚多。現行諸本中，特異之經本爲唐石經與日本傳鈔之舊本，當以此兩種經本之相異點，對照於漢石經殘字而考之，蓋唐石經經唐朝儒者之論定而整理，失其舊面目之點，必然不少。反之，舊抄本有攙入無批判異文之缺點，然其中不見於唐石經之佳處尚存，從而兩種經本相差之點，其中爲古材料在焉，吾人不可以不加考究也。[2]

此雖就漢石經殘石文字而比較唐石經與日抄本、傳世本文字異同而言之，然對於董理古籍、校勘異同之思想方法頗有啓迪意義。

武内氏文章由江俠菴編譯，收入《先秦經籍考》，於 1933 年出版。此前數年，羅振玉循王國維之石經研究路數，將所見所收《論語》殘石二十八石，拼接爲二十二石，得字一百九十一；校記二石，得字二十七。依碑式行款，一一著録，明其篇題各占一行，每章首空一格加點；識其每行字數爲七十四，間有七十一至七十八字者；並勾摹殘石字形附後。[3] 至 1938 年，羅氏又將新得殘石補入而重新寫定，計得《論語》殘石四十石，併爲二十九石，二百五十一字，校

① 武内義雄《漢石經及〈論語〉殘字考》，江俠菴編譯《先秦經籍考》，中册，第 53 頁。
② 武内義雄《漢石經及〈論語〉殘字考》，江俠菴編譯《先秦經籍考》，中册，第 66—67 頁。
③ 見羅振玉 1930 年合編本《漢熹平石經殘字集録序》，中州古籍出版社 2014 年影印本，第一册，第五葉。

記四石二十二字，較前多出正文九石六十字，校記二石五字。十多年後，馬衡總括三十多年辛勤搜集之殘石拓本，編爲《漢石經集存》，其《論語》部分有殘石文字三百五十四字，並録洪适《隸釋》一千零二十三字，都凡一千三百七十七字。[①] 新獲殘石亦與羅氏《集録》互有出入。馬衡在《集存・論語説明》中謂校記"張盍/歸厚包/徹・既/乎周"殘石，從羅振玉説，定爲"張"字，謂"以是知後漢博士所授，石經之所刻，確爲魯論也"。[②] 此一結論，實已修正其最初《〈論語・堯曰篇〉殘字跋》中定張侯論之説。

1974年，朱廷獻取《隸釋》所存新出《論語》殘石文字與《釋文》和何晏《集解》本對勘，著其異同，總結出三點：一、漢石經爲張禹二十篇本，該本係合齊、魯二《論》，去《問王》《知道》二篇，名爲《張侯論》。其與今存《集解》本異文甚多。二、漢石經屢經遷徙，終至盡毀，而適逢何晏《集解》成書，何解博採衆説，經文較石經本通暢，注文亦較拓本完善，故正好取代之。三、陸氏著《釋文》時，尚能見多種古本，故其所揭櫫之異文多與石經相同。[③]

當朱廷獻在校勘《論語》殘石異文之前，同門吕振端已在導師屈萬里教授指導下撰寫碩士論文《漢石經論語殘字集證》。該文遵式導師屈萬里《漢石經尚書殘字集證》體例，分論證、校文及復原碑圖三部分。其可揭櫫者在於：一、據《論語》校記"張盍/歸厚包/徹・既/乎周"殘石，其"張"字存左半"弓"旁，從羅振玉説定爲"張禹"，並在馬衡《集存》基礎上，結合《堯曰篇》章節、殘石尾記之篇數和殘石異文，更明確重申："漢石經《論語》所據者爲魯本，可斷然無疑也。"[④]二、碑圖文字排列，行數與張國淦碑圖基本相同，唯每行字數位置與張氏有所不同。三、在具體異文校勘中，綜合羅振玉、張國淦、馬衡諸家意見，時而有自己獨特見解。然認識有隨知識之增而不斷改變者，吕氏在二十多年後又專取其異文撰《漢石經論語殘字異文考》，更徵引《史》《漢》和《韓詩外傳》《論衡》《五經文字》《七經孟子考文》，以及中日《論語》異本匯而校勘，以明其異同。是乃補充其碩士論文中僅校唐石經本説明羨欠之不足也。

---

① 字數據吕振端《漢石經論語殘字異文考》，《南大語言文化學報》第二卷第二期，1997年，第165頁。按，吕振端在其碩士論文《漢石經論語殘字集證》中統計爲三百四十八字，但小注云："此數不甚確實。蓋馬氏於殘字筆劃不全者，亦臆爲釋之。"其實對殘文計不計數，各家多有不同，故無絶對之字數可言。

② 馬衡《漢石經集存》，第五十六葉A。

③ 朱廷獻《由漢石經殘字看今本論語》，《中華文化復興月刊》第七卷第一期，1974年，第41頁。

④ 吕振端《漢石經論語殘字集證》，雪蘭莪潮州人邑會館學術出版基金會，1975年版，第52頁。

（二）群相發掘與科學考古

最初漢石經殘石多是私自發掘所得。1923年《堯曰篇》殘石爲羅振玉、馬衡、徐森玉發現認定，與之同時有一批碎石流出。據馬衡記述，其與徐森玉初赴洛陽收集殘石，係通過郭玉堂代爲尋覓。郭字翰臣，鋪號墨景堂，居室號十石經齋，洛陽東北孟津縣平樂鎮劉坡村人。清末民初，專以碑刻誌石之調查、收集、椎拓爲業。洛陽盜墓掘地所得，大多以其爲中介轉手買賣。[①] 馬、徐從郭氏手中轉覓熹平殘石，可見都是私人發掘。馬衡云初次赴洛，計獲漢魏石經二百塊，其中含有不少魏石經殘石。1928年編《集拓新出漢魏石經殘字》初集，有漢石經七十二石，馬、徐之外，分藏吴寶煒、柯昌泗、陳承修等。之後孫壯與徐森玉編第二集、吴寶煒編第三集、許氏編第四集，前後總計數百塊。

熹平殘石中形製最大、字數最多者當數《周易》，1930年在曾發掘出三體石經《尚書》《春秋》大碑之朱疙瘩村又發現《周易》殘碑一大段，計九百七十餘字。賈人亦以石大轉運不便，剖而爲二，以居奇抬價。後上段存四百九十六字，歸文素松；下段存四百八十字，歸于右任。其次是1934年在同地出土之《春秋》殘石，計六百多字，轉手歸李杏村。經藏匿遷徙，最後爲臺灣歷史博物館所藏。其他如1924年發現之所謂熹平殘石《後記》一石二面，存一百五十八字，吴維孝《新出漢魏石經考》著録。至1930年，北平圖書館又從洛陽收得《後記》殘石一段，存一百四十餘字，出土地點亦在朱疙瘩村。[②] 可知幾塊巨碑大石多出於該村。

其雖非有意挖掘，而係無意掘得者，如1962年偃師縣佃莊公社東郊大隊社員劉松照在社員栗萬卷屋後西北地刨挖紅薯窖時，得《尚書》校記殘石（六二七八號）一塊，存字八十。六年後，在同地由社員陳老虎在刨挖桐樹根時，掘得《尚書》殘石（六八七四號）一塊，存字七十七。二塊殘石先後交由考古所洛陽工作隊收藏。1984年，同地村民電工韓德朝在取土時發現一兩面有字的《春秋》經殘石。1985年，洛河南地北側原棉專隊村民張松照在挖墓坑時，掘得漢石經及其後記殘石五塊，計《詩經》一石兩面，《儀禮》一石，《公羊傳》一石兩

① 郭玉堂所經手碑刻殘石，恒皆椎拓存真，並記述其出土時地，後匯成《洛陽出土石刻時地記》，保存了二十世紀洛陽地區出土石刻之時地資料，對石刻考證頗有價值。

② 一九三〇年《山東教育行政週報》第八十一期曾爲之刊登廣告，題“北平圖書館購獲漢熹平石經”。

面,《後記》頌碑二石三面。韓、張亦先後將殘石捐獻給偃師縣文管會收藏。以上雖皆係有出土地點、時間、方式明確可稽者,然却皆非科學發掘所得。

洛陽村民各自刨地掘土,冀獲石經,藉此牟利發財,因有挖坍房屋之事。1928年中研院史語所成立伊始,董作賓在河南,擬考察安陽和洛陽各半月,尋訪兩地人士,探尋甲骨和石經情況。① 其後史語所因將主要精力傾注於安陽發掘,石經事也就不了了之。北平圖書館自1930年收藏《後記》殘石後,曾有對洛陽進行考古發掘計劃。據1936年10月29日傅斯年、李濟致袁同禮函,云:

> 守和吾兄左右:前承我兄面示貴館有發掘洛陽漢魏石經之計劃,囑本所加以協助,並云,發掘以石經爲限,故無礙本所將來工作。……貴館發掘石經,誠爲盛事,所命協助一端,敢不同聲相應?玆與同人等擬成辦法四項,另紙寄呈。②

傅所説擬成辦法四項,有兩項直接關涉石經及其歸屬。一是石經發掘,由北平圖書館主持,史語所派人員作技術協助,不得讓其他機構參與加入。二是出土石經歸北平圖書館所有,石經以外之古物,則歸史語所所有。兩家雖有計劃和協議,最後也未付之實施。

真正在太學村進行的科學發掘,是1973年以後,經多次考古調查,確定太學村西北約三十五米處爲魏晋太學舊址,於是1980年四月在太學村圍墻北面開探發掘,於瓦礫中發現七塊石經殘石,其中三塊有字,而後擴大範圍,開探38.5平方米,共出土石經殘石六百六十多塊,其中有字殘石九十六塊。熹平殘石非科學發掘者有五百餘塊,多不知具體地層及出土情況。此之發掘所得雖少,却明確知道每一塊殘石地層坑位。

此次發掘所得,最大者長寬17釐米,最小者長4.2釐米,寬1釐米。殘石可以自相拼接者,如八〇〇九號與八〇七一號兩塊,八〇二五與八〇六五號兩塊。有雖不能拼接,却左右或上下相連者,如八〇〇二①號與八〇六一號,八〇一八號與八〇八二號等。亦有可與馬衡《集存》所收連綴者,如八〇二七號與《集存》三九九號可綴合,八〇一七號與《集存》三九五號及劉松照

① 王汎森、潘光哲、吴政上主編《傅斯年遺札》,"中研院"史語所2011年版,第一册,第140頁。
② 王汎森、潘光哲、吴政上主編《傅斯年遺札》,第二册,第743—744頁。

《儀禮·士喪》相綴合。有三塊保留陰陽兩面,厚度在16.3—16.5釐米之間,與北平圖書館所藏《後記》殘石相仿佛。

九十六塊有字殘石内容涉及《魯詩》《春秋》《儀禮》《論語》四經,尤以《儀禮》爲多。《魯詩》有《南有嘉魚》《節彼南山》《生民》《鴻鴈》《谷風》,《春秋》有《襄公》,《儀禮》有《昏禮》《士喪》《既夕》《士虞》《特牲》《少牢》《有司徹》《燕禮》《大射》《聘禮》《公食》《喪服》,《論語》有《八佾》等。更有《魯詩》和《儀禮》之校記。[①]

值得關注者,此次發掘所得有二十二塊有字殘石爲經碑邊緣殘塊,其中屬左右邊緣者十五塊,上部邊緣者五塊,下部邊緣者二塊。碑石頂部所留出之寬度在十釐米左右,而下部插入碑座者亦在十釐米左右,與《集存》所録殘石比較,加深了對碑制的認識。由於有邊緣的殘石較多,校核文字内容,可以推測各碑原載文字之行數頗不一致,亦即各碑寬窄並非一律,這與早年流散村内之石經碑座碑槽長度不一,正可互相印證。由此對張國淦復原碑圖之碑數行數,都將提供進一步思考之空間。

自第一塊《堯曰》殘石之發現,至考古所洛陽工作隊之科學發掘,前後整一個甲子有餘,共計出土過多少殘石文字,一直未有一個精确之數據。此蓋因各家所計殘石字數,不僅有見與未見之石,更有捨殘字而計者,有取殘字而計者,甚者有計入推測之字者,故互有出入。今僅列出羅振玉二次《集録》合訂本數據,雖未能統括所有殘石字數,亦可大致包含。

	周易	尚書	魯詩	儀禮	春秋	公羊傳	論語	序記	
集録 1930	10石 604字	9石 112字	101石 1 299字	22石 347字	41石 434字	28石 422字	24石 218字	14石 349字	250石 3 785字
集録 1938	19石 1 365字	15石 200字	153石 1 430字	49石 696字	62石 1 291字	37石 493字	33石 283字	21石 390字	390石 6 163字

至於馬衡《集存》謂有八千多字,蓋其囊括洪适《隸釋》所録二千一百多殘字一併作計,若略洪録仍是六千多字。且馬氏在録文時,往往將殘筆及推測文字一併録出,致殘字數略多於他書,故無法精确計算。羅福頤在《漢熹平石經概説》一文亦有統計,經核即羅振玉最後合訂本《集録》之數據。

① 以上均據中國社會科學院考古研究所洛陽工作隊《漢魏洛陽故城太學遺址新出土的漢石經殘石》(段鵬琦執筆),《考古》1982年第4期。

二、熹平石經經本之推定

熹平石經所刊經數，文獻記載有五經、六經、七經之異説，至其所刊經本，更鮮所論及。北宋趙明誠校核殘石異同，於《詩》僅言其多與今本《毛詩》不同。南宋洪适《隸釋》移録熹平殘石文字，始據校記“齊、韓”殘文和《隋志》所載“石經魯詩六卷”，定石經用《魯詩》；又據《公羊》校記“顔氏”，定《公羊傳》用嚴彭祖本。[①] 其《尚書》雖存五百餘字，校以傳世孔本，而未指明爲歐陽或大小夏侯本，《易》則不見殘文，更無從言其文本。及至熹平殘石再次出土，學者乃據殘石文字推考其文本。

（一）熹平石經《周易》文本推測

北宋嘉祐間出土熹平石經殘石不少，然據《隸釋》所載，竟無《周易》，故熹平《周易》面貌一直隱在謎中。洛陽大塊《周易・家人》至《歸妹》卦與《文言》《説卦》殘石出土，引起學者探究其所據文本之興趣。1929 年，孫壯將此殘石拓本贈與馬衡，衡著一跋，探討其文本歸屬。

馬跋先校每行文字多寡，得整行七十三字，然碑陽第五、第八、第十行各盈一字，第十二行盈二字。碑陰第一行絀二字，第二、第九行各絀一字，第三行絀四字，第五行盈一字，第十二行盈二字，第十五行盈五字。由此顯示今本與熹平經本文字多寡，不在少數。繼列兩本十一條異文，徵引文獻，别其形音義之異同。進而謂後漢《易》有施、孟、梁丘、京四家，從二條異文考證石經所據爲京氏本。一是“坎”字。《説卦》“坎者，水也”，石經作“欿”。《釋文》於《坎》卦“習坎”下云“京、劉作欿”，馬衡謂石經《魯詩》“坎坎伐輪”亦作“欿”，推論石經《周易》之“坎字皆作欿矣”。二是“劓劊”。《困》卦“于赩硊”，石經作“于劓劊”。《釋文》出“劓刖”，云：“荀、王肅本‘劓刖’作‘赩硊’，云‘不安貌’，陸同。鄭云‘劓刖當爲倪伔’。京作‘劓劊’。”京《易》“劊”與石經同，而“劓”則不同。但馬衡輒轉牽合，而謂“此一家果誰氏乎？以此石證之，蓋用京氏本也。陸氏謂坎，‘京、劉作欿’；又劓刖，京作‘劓劊’。此本悉與京氏合，是用京氏本無疑矣。其碑末校記中，當著施、孟、梁丘之異同，如《詩》《公羊》《論語》

① 洪适《隸釋》卷十四，中華書局 1985 年影印本，第 152 頁上。

之例,又可斷言也”。[1] 言之鑿鑿,似爲定論。

其實此結論本有反證。馬衡所列《家人》卦“終吝”之“吝”,石經作“吝”,《釋文》於《説卦》“爲吝”下云:“京作遴。”許慎《説文》自稱用孟氏《易》,而在“遴”下引“以往遴”,“吝”下却引作“以往吝”,前後不同。段玉裁謂許氏或引别本,或孟《易》有異文,但至少京氏作“遴”,與石經不同。馬衡却一筆带過不作深論。由於此文是第一篇討論熹平石經文本文章,又刊發在北大刊物,當時正值古史辨思潮興起的數年中,故響應者不少。

錢玄同從馬衡處見《周易》殘石拓本,並讀到馬跋“坎,京、劉作欿”,疑熹平刻石係用京氏《易》一説,即刻表示,“我認爲馬先生的意見是狠對的”。[2] 從而在《論觀象制器的故事出京氏〈易〉書》一文中云:“惟熹平石經爲京氏《易》,除‘劓劊’二字外,尚有一字更爲重要者,即‘坎’字作‘欿’是也。京氏作‘欿’,陸氏《釋文》已明言之,石經適與京符,其爲京《易》更無疑義矣。”[3]顧頡剛雖未直接説是從馬衡之説,然亦云“至於《周易》經傳的本子因京房之學日盛,遂使他的本子成爲定本,新出漢石經可見”,[4]所引證據即馬跋所揭示之二例,故而馬説在二十年代末有一定影響。

1933 年,國内學界著名學者爲蔡元培六十五歲撰文祝壽,馬衡撰《從實驗上窺見漢石經之一斑》以獻。其論《周易》經本爲京氏本,更增前説云:

> 近出《周易》殘石,表刻《家人》迄《小過》二十六卦,凡二十八行;裏刻《繫辭下》《文言》《説卦》,凡二十一行。《蹇卦》“大蹇朋來”之“朋”作“崩”;《困卦》“于臲卼”作“于劓劊”;《説卦》“坎者水也”之“坎”作“欿”:與《釋文》所舉京本合(“崩”見《復卦》,“欿”見《坎卦》)。余前跋此石,定其本爲京氏。又《釋文·繫辭下》“洗心”條曰:“京、荀、虞、董、張、蜀才作‘先’,石經同。”既於四家之中獨舉京氏,而又言石經與之同,是於上舉諸證之外,又得一鐵證矣。[5]

---

[1] 馬衡《漢熹平石經〈周易〉殘字跋》,《北大圖書部月刊》一卷二期,1929 年 12 月,第 30—33 頁。

[2] 錢玄同《讀漢石經〈周易〉殘字而論及今文〈易〉的篇數問題》,《古史辨》第三册,上海古籍出版社 1979 年影印本,第 74 頁。原載《北大圖書部月刊》一九二九第一卷第二期,第 115 頁。

[3] 錢玄同《論觀象制器的故事出京氏〈易〉書》,《古史辨》第三册,第 74 頁。原載《燕大月刊》,1930 年第六卷第三期。

[4] 顧頡剛《論〈易〉繫辭傳中觀象制器的故事》,《古史辨》第三册,第 68 頁。

[5] 馬衡《從實驗上窺見漢石經之一斑》,《慶祝蔡元培先生六十五歲論文集》(上册),《歷史語言研究所集刊外編第一種》,國立中央研究院 1933 年版。第 67 頁。

此文補證“洗心”一條，以堅前説。劉節爲熹平石經《周易》巨石作跋，胡小石爲作校字記，亦皆贊同馬衡之説，並在馬衡基礎上，又益石經與京本同字數例，以證其説。① 張國淦撰《漢石經碑圖叙例》，雖見後記有“梁□施氏”云云，仍從《釋文》異文循馬衡思路云“似係用京本也”。②

羅振玉在1929年11月初見《文言》《説卦》殘石時，也已注意到“欿者，水也”文，其作校云：“‘欿者，水也’，今本‘欿’作‘坎’，《習卦》釋文‘習坎’注：‘本亦作欿，京、劉作欿。’石經與京本合。”③並未説熹平石經所據爲京本。及至1932年11月獲得“革去故/濟男之/易經梁”殘石，遂云“乃後題‘易經’下有‘梁’字，知《易》用梁邱氏本矣”。④ 嗣後作《記梁丘氏〈易〉》一文，更言“嗣觀往歲所出序記殘石，亦有‘易梁’字，又有‘施氏’‘郎中孫進’及‘𢿱合異同，各隨家法，是正五經□□’當是‘文字’二字語，益知《易》用梁丘氏本，而參以施氏諸家本也”。⑤ 因梁丘《易》亡於晋永嘉之亂，故陸德明《釋文》不載其佚文。羅氏校核殘石與今傳王弼本文字異同三十二則，遂謂“凡此異同，皆晋以後治《易》家所未及知，幸於殘石中得之，可謂一字千金矣”。羅氏著此文時，時間上可見馬跋，然文中未予提及。

1944年，屈萬里從國民黨元老張溥泉處獲漢熹平石經《周易》一殘石拓本，正反兩面，正面爲經文，存二十八字，反面爲校勘記，存二十四字（其中“四童”兩字殘泐，漫漶不清）。碑式文字如下：

（正面）

蒙吝六五童
吉上六入于穴
從王事无成
左次无咎六五
二比之自内貞

（反面）

□施京氏□
四童牛之告
革●孟施京氏
盈諸滿皆言盈
養●孟施京氏

① 劉節《漢熹平石經〈周易〉殘字跋》，《燕京學報》第十一期。胡小石《文于二氏所藏漢熹平石經〈周易〉殘石校字記》，《國風》半月刊，1934年五卷二期。

② 張國淦《漢石經碑圖叙例》，遼寧關東印書館1931年版，第6頁下。

③ 羅振玉《漢熹平石經殘字集録三編》，賈貴榮輯《歷代石經研究資料輯刊》，第五册，第448頁。按，羅氏《三編序》作於一九二九年仲冬四日，時在1929年12月4日，應該尚未見到馬衡1929年12月出版的《北大圖書部月刊》。

④ 羅振玉《漢熹平石經集録續補》，賈貴榮輯《歷代石經研究資料輯刊》，第五册，第742頁。

⑤ 羅振玉《記梁丘氏〈易〉》，《松翁未焚稿》，《羅振玉學術論著集》，第十集，第433頁。

上列反面文字亦關涉到熹平石經《周易》所據文本問題。屈萬里先列叙山東省立圖書館所藏，亦爲羅振玉《漢熹平石經殘字集録續補》所著録之"易經梁"殘石，指出羅氏曾推測爲梁丘氏本，唯無其他佐證，學者未之信。而馬衡著跋之後，"錢玄同、顧頡剛、胡適之皆和之"，①馬衡復又在《從實驗上窺見漢石經之一斑》更舉例證以加强其説。② 屈氏得新殘石之證，遂就馬氏所列四證逐條駁之：

一、坎，陸氏《釋文》謂京本作"欿"，而《説文》引《易》作"欿"，許慎用孟喜《易》，是先於京房之孟喜《易》已作"欿"，非京氏特點。且《詩・伐檀》"坎坎"字，漢石經亦作"欿"。

二、朋，石經《蹇卦》九五爻辭"大蹇朋來"之"朋"作"崩"，京氏《易・復卦》卦辭"朋來無咎"之"朋"作"崩"，兩者非同一文句之異文。

三、漢石經《困卦》上六爻辭"劓劊"，虞翻、王弼諸本皆作"臲卼"，而《釋文》所謂京作"劓劊"者，乃九五爻辭"劓刖"之異文，二者非同一事。

四、"洗"字作"先"，《釋文》既著"京氏"，又著"石經"與之同，適足以證明石經非京氏本，否則毋庸復舉。

屈氏以爲以上四證，皆非石經爲京氏本究極之證，相反，他提出二證，《艮卦》初六爻辭"不拯其隨"，京氏作"承"，而石經作"抍"；《釋文》於《説卦傳》"爲吝"下云"京作遴"，今出土石經却作"吝"：是皆漢石經《周易》非京氏本之證。於是他據新見殘石文字云：

> 今此石反面之《校記》，寥寥二十四字中，"孟施京氏"語凡三見(其首行"施京"兩字上雖殘缺，然可斷其必"孟"字無疑)，乃有京氏而無梁丘。後漢《周易》之立於學官者，既僅施、孟、梁丘、京四家，校記中既已出施、孟、京三家，則其主本必梁丘氏本，斷然無疑。復證以山東圖書館藏石，其《校記》開首爲"易經梁"三字，知其語當爲"《易經》梁丘氏本"之意，又必無疑也。③

① 按屈氏所指三人文章是，錢玄同《讀漢石經〈周易〉殘字而論及今文〈易〉的篇數問題》，顧頡剛《論〈易〉繫辭傳中觀象制器的故事》，和胡適之《論觀象制器的故事出京氏〈易〉書》三篇。但其指爲胡適之的一篇，仍是錢玄同之文，署"疑古玄同"。此當是屈氏誤記。

② 屈萬里《漢石經〈周易〉爲梁丘氏本考——跋張溥泉先生藏漢熹平石經〈周易〉殘石》，原載《國立中央圖書館館刊》復刊第一號，收入《書傭論學集》(《屈萬里先生全集》之十四)，聯經出版事業公司1984年版，第4頁。

③ 屈萬里《漢石經〈周易〉爲梁丘氏本考》，《書傭論學集》，第5頁。

屈氏此文寫於1945年3月5日，而刊出已在1947年3月。然馬衡《凡將齋金石叢稿》有《漢石經〈易〉用梁丘本證》一文，未署作年。自謂“余曩著《從實驗上窺見漢石經之一斑》一文……其關於經本者，……至《易》之爲京氏，則以《易》之殘石異文多與陸德明《經典釋文》所引之京氏合（見余所著《漢石經〈周易〉殘字跋》），亦爲假定之說，較《論語》之爲《張侯論》，證據尤爲薄弱。前爲蔡孑民作紀念論文時，論及本經，以《易》之殘字發見不多，捨此又別無他說，姑取此以備吾一說，不敢謂之定本也。今直接證據發見，而前說果被推翻，於此益見考證之難也”。[①] 馬衡所謂直接證據，即屈萬里所考《周易校記》殘石，謂“校記雖僅二十餘字，而兩見孟、施、京氏字，是可證《易》用梁丘，正可糾正前此之誤”。[②] 讀此似覺馬衡見新獲殘石而糾正前說。此文未著撰作年月，文中云“一九四二年李涵初（培基）以拓本見寄，久而未至。今年春，復寄一本來，而媵以他經小凷拓本二紙……其一爲《易》上經《蒙》至《比》卦及《易·校記》，存五十四字”。李培基（字涵初）曾任國民政府銓敘部部長、考試院秘書長，1942年1月任河南省政府主席，馬衡謂1942年李以拓本見寄，應是李在省政府主席任上所得之拓本。1942年適值河南發生大饑荒，李在任瞞報，國民政府於10月派張繼（溥泉）和張厲生赴河南視察調查，張溥泉很可能在與李培基交談時獲得《周易》校記殘石，而於1944年轉贈屈萬里。以此年月推之，似馬衡撰文在屈萬里之前。然從馬衡此文後重申其原舉四例異文與京本同，不得謂毫無根據，則又似針對屈萬里文章之批評而發。若然，則馬文似在見到屈文之後而作。屈氏1961年著《漢石經〈周易〉殘字集證》，又增四事以堅其說，云：

> 今所見殘字較多，更有四事，可證漢石經《周易》非京氏本。《小畜》上九“尚德載”，吕氏《古易音訓》引晁氏云：“德，子夏作得；京、虞翻同。”而漢石經殘字《象傳》云：“德積載也。”明漢石經德不作得。一也。《豫》六三“盱豫悔”，盱，《釋文》云：“京作汙。”而漢石經殘字《象傳》云：“疛豫有悔。”是漢石經作疛不作汙。二也。《繫辭上》“可與酬酢”，《釋文》云：“酢，京作醋。”而漢石經殘字作酢不作醋。三也。《雜卦傳》“謙輕而豫怠

① 馬衡《漢石經〈易〉用梁丘本證》，《凡將齋金石叢稿》，中華書局1977年版，第228頁。
② 馬衡《漢石經〈易〉用梁丘本證》，《凡將齋金石叢稿》，第228頁。

也”，怠，《釋文》云：“京作冶。”而漢石經殘字作怠不作冶。四也。[1]

徐芹庭繼屈萬里之後，撰《梁丘〈易〉與漢熹平〈周易〉石經》，承屈説而又補證四事：

> 《革》九五“大人虎變”，熹平石經“變”作“辯”，而京作“辨”，《古易音訓》引晁氏云：“變，京作辨，不同。”而漢石經“變”皆作“辯”，其不同又一也。《蹇》卦，漢石經“蹇”皆“寋”，《釋文》云：“兑宫四世卦。”此引京氏易也，而不載京之異文，則京亦作“蹇”也。此其不同者又二也。《家人》九三“婦子嘻嘻，終吝”，吝，漢石經作“吝”。朱震《漢上易傳》引京房《易》，不載“吝”。京作“遴”，以此推之或當作“遴”，不然則作“吝”。此其不同者又三也。豐，漢石經作“豊”，《釋文》云：“坎宫五世卦。”此京氏之説也，而不云京氏作“豐”，是京氏亦作“豐”。此其不同者又四也。[2]

徐氏所舉四例，雖猶如默證，然結合屈氏所舉，亦有參考價值。無論如何，熹平石經《周易》所據文本，經馬衡、羅振玉、屈萬里、徐芹庭反復論證，其爲梁丘氏本已斷然無可懷疑。

（二）《尚書》文本推測

《隸釋》所載《尚書》殘石十篇五百四十七字，與今存孔傳本相校，石經多十字，少二十一字，不同者五十五字，借用者八字，通用者十一字，更有文句有無及前後錯亂者。[3] 雖有異同，因無相關文字，無法確定其爲何家文本，唯皮錫瑞曾於《今文尚書考證》中屢屢言及漢石經用夏侯本。[4] 洛陽所出《尚書》殘石，有校記二石二十餘字，仍無法推知其所本。

1924年，洛陽出土記述石經之殘石二塊。先存北京教育部某氏，後歸北平圖書館收藏。吴維孝稱之爲“石經表叙”，以其“叙”之殘字中有“小夏侯□□”，遂謂“今是刻石稱郎中孫人名進尚書小夏侯，則石經《尚書》爲小夏侯氏學，將無疑義”。[5] 張國淦著《歷代石經考》，尚云：“新出石經有校記，《魯

---

① 屈萬里《漢石經〈周易〉殘字集證》，“中研院”史語所專刊之四十六，1961年版，第三十一—三十一葉。

② 徐芹庭《梁丘〈易〉與漢熹平〈周易〉石經》，《易經深入（二）》，桃園中壢善賢出版社1991年版，第552頁。又《漢易闡微》第六章，中國書店2010年版，上册，第197頁。按，四也，原作“五也”，據文義改。

③ 見洪适《隸釋》卷十四，中華書局1985年影印晦木齋刻本，第151頁上。

④ 皮錫瑞《今文尚書考證》卷七、卷三十等。中華書局1989年版，第217、479—482頁。

⑤ 吴維孝《新出漢魏石經考》卷一，上海文瑞樓書局1927年影印本，第二十葉。按，其摹本見該書第三葉。

詩》校記有齊韓言……《易》《書》《禮》未見，僅《後記》有《易》梁施氏、《尚書》小夏侯字，未知以何家本爲主，亦無從得諸家異同之説，未敢以臆推斷也。”[①]及起草《碑圖叙例》，雖傾向吴説云“似係用小夏侯本”，[②]而言下猶有疑惑。1930年，北平圖書館入藏此石經殘石，定名爲“漢熹平石經後記”。同年，陳子怡在《女師大學術季刊》上刊《漢熹平石經後記真僞考》，辨其爲僞石，並將拓本同時刊出，由此盡爲學界所知。從時間與地域衡論，錢玄同應看到《後記》拓本並陳文，然在爲方國瑜點校康有爲《新學僞經考》作序時，對此石置之不理，而直接分析《漢志》所載大小夏侯《經》皆爲二十九篇，且其《章句》和《解詁》卷數與《經》同。唯歐陽氏《經》爲三十二卷，而《章句》則爲三十一卷。王引之、陳壽祺雖各有解釋，錢玄同皆以爲非。錢氏據新出《書序》殘石，梳理歐陽、大小夏侯卷次之不同云：

> 《漢志》叙大小夏侯《經》《章句》及《解詁》皆二十九卷，必是如此。漢石經分《盤庚》爲三，則三十一；又加《書序》，則三十二。歐陽《經》的卷數適與漢石經相同，故疑漢石經所用是歐陽經。至於歐陽《章句》三十一卷，則因不爲《書序》作訓之故。[③]

錢氏從石經《盤庚》一分爲三入手，佐以習歐陽《尚書》之楊彪引《盤庚序》，證歐陽本有序，皆與《漢志》卷次相合來梳理，認定石經爲歐陽本，有其合理性。故馬衡在稍後所撰《從實驗上窺見漢石經之一斑》文，雖亦整理北平圖書館所藏《後記》甲乙碑人名，並製爲校理人名表，於“尚書小夏侯”數字不加理會，論及石經《尚書》文本，舉錢説爲是。至其彙聚殘石編《集存》，仍持錢氏觀點。[④]

羅振玉在獲睹《後記》拓本，並收入《集録》後，寫下《記小夏侯〈尚書〉》一文，謂《後記》殘石存“易施氏，郎中孫進；尚書小夏侯，郎中□□”字樣，“以是知石經《尚書》乃用小夏侯本”。羅氏簡略叙述漢代《尚書》傳授，而云“故至熹平刻石仍用小夏侯本”。然後比勘出土《尚書》殘石與傳世本文字異同八則，

---

① 張國淦《歷代石經考・漢石經》，賈貴榮輯《歷代石經研究資料輯刊》，第四册，第52頁。

② 張國淦《漢石經碑圖叙例》，第6頁下。

③ 錢玄同《重論經今古文學問題》，《錢玄同文集》第四卷《文字音韻・古史經學》，中國人民大學出版社1999年，第153頁。按，錢氏此文作於1931年11月16日，係爲方國瑜點校《新學僞經考》之序言，後經增改，刊於1932年北京大學《國學季刊》第三卷第二號。又，錢氏所持歐陽《章句》三十一卷者爲《盤庚》分三篇，云三十二卷者，並序一篇計，此論實發自王先謙。見王氏《尚書孔傳參證》。

④ 馬衡《漢石經集存》，第二十五葉。

《隸釋》所録《尚書》殘石與傳世本文字異同四十九則,云:“小夏侯、歐陽學説久絶于晋永嘉之亂,今于熹平石經竟得窺見一斑。且前人治《尚書》者,採石經異字,知爲大、小夏侯,歐陽遺説,而不能確知爲小夏侯,則又于今日所見序記知之。古刻片文隻字裨益至宏,豈不重可寶哉。”①羅氏所謂前人,當指陳壽祺、陳喬樅父子等,文章並未提出確鑿證據,推理過程與其《記梁丘氏〈易〉》相近。後余祥森撰《漢石經彙考》時儘管未見羅説,猶云:“予以吴、張二氏之説,較有根據,然亦不能十分斷定也,以參加者楊賜父子與張馴皆習歐陽《尚書》也。”②片言之間,仍猶疑不定。

與余文相先後,陳夢家在西南聯大時撰《尚書通論》講義,認爲《隸釋》所録《盤庚》殘字“建乃家　般□既”之間僅空一格,以示《盤庚》中、下兩篇之分别,可證漢石經並未將《盤庚》分爲三篇,仍是合爲一卷,與歐陽本三十一卷不符。且“石經的《尚書》没有《康王之誥序》,所以必不是歐陽經本,亦不是鄭注本。東漢時,大小夏侯和歐陽的《尚書》都是三十三篇。大小夏侯經二十九卷,歐陽《章句》三十一卷,石經《尚書》至少是夏侯氏的”。③ 及至其整理馬衡《集存》,知馬衡左袒錢玄同説,然在《通論》增訂本中仍未改變以往觀點。

有鑒於《尚書》文本紛亂,出土石經殘字僅八百字許,整理未能到位,持論亦各相異,屈萬里於上世紀六十年代初撰《漢石經〈尚書〉殘字集證》,冀能徹底解决從碑式行款到文本所據問題。屈氏仍從漢代今文《尚書》三家篇卷分析入手。錢玄同謂《隸釋》所録《盤庚》中下篇中空格是分篇標志,屈氏否定之,以爲此僅是區隔段落而非分篇,漢石經《尚書》仍爲二十九篇。既爲二十九篇,則三十一卷之歐陽本自在排除之例。歐陽本之分三十一篇,亦非錢氏所説是《盤庚》分爲三篇,而是其《泰誓》分爲三篇(此從皮錫瑞説)。其次,出土《尚書》殘石有“酒誥第十六”篇題,而《尚書·盤庚》《泰誓》皆在《酒誥》前。無論歐陽本將《盤庚》或《泰誓》分爲三篇,其《酒誥》都將順此成爲“第十八”,與殘石《酒誥》第十六相左。再次,屈氏援據 1924 年出土之石經表叙殘石中“尚書小夏侯”文句,而從吴維孝説,定漢石經《尚書》爲小夏侯本。④ 屈氏書

① 羅振玉《記小夏侯〈尚書〉》,《松翁未焚稿》,《羅振玉學術著作集》,第十集,第 445 頁。
② 余祥森《漢石經彙考》,《真知學報》第三卷第一期,1943 年,第 9 頁下。
③ 陳夢家《尚書通論》,中華書局 1985 年版,第 97 頁。
④ 屈萬里《漢石經〈尚書〉殘字集證序》及卷一《漢石經〈尚書〉爲小夏侯本》,“中研院”史語所專刊之四十九,1963 年版第四葉、第三十八葉至四十一葉。

作爲"中研院"史語所專刊之四十九,1963 年在臺灣發行,時值大陸學術沉寂之時,故只有屈氏學生朱廷獻在 1973 年和 1987 年分别撰《由漢石經殘字看伏生所傳〈尚書〉》《漢石經今文〈尚書〉考》二文,[①]演述乃師觀點。

正當屈氏撰著《尚書殘字集證》時,河南洛陽城南郊太學遺址附近徵集到兩方熹平殘石,一編號爲六二七八,一編號爲六八七四。前者 1962 年冬在偃師縣佃莊公社東大郊大隊第十生産隊社員栗萬卷屋後西北地出土,後者 1974 年發現於村南社員陳老虎牛欄墻角,據言是 1968 年社員刨地時出土。由於時值"文革",無人重視,故直至 1981 年始有許景元撰文刊布於《考古學報》。兩塊殘石文字近三百字,是二十世紀二十年代以還出土《尚書》文字最多一次。尤其重要者是,六二七八殘石陰面爲《舜典》《皋陶謨》《益稷》校記。校記共十六行,其中有九行涉及漢石經《尚書》文本,録如下:

第四行:皋陶大小

第七行:震敬六德大

第八行:斯食大小夏

第九行:根食大夏侯言口

第十行:粉米大夏侯言粉

第十二行:是好敖虐是作大夏

第十三行:時乃工大小夏侯言

第十四行:於予擊石大夏侯無

第十五行:簫韶九成小夏侯

以上九例,言"大夏侯"者三,"大夏"者一,由前者推衍,後者當亦是"大夏侯"。言"大小夏侯"者一,"大小夏"者一,"大小"者一,由前者推衍,後二者當亦是"大小夏侯"。言"小夏侯"者一。言"大"者一,此例有可能爲"大夏侯",亦有可能爲"大小夏侯"。許景元據此而云:"足見《尚書》石經絶不是夏侯氏本,當然是歐陽氏經本,這是確實無疑的事實。"[②]

許文傳到臺灣,周鳳五率先作進一步研究。周氏根據殘石校記,做出一

---

① 朱廷獻於一九七三年撰《由漢石經殘字看伏生所傳尚書》,刊於中興大學《文史學報》第三期(第 139—156 頁),後改題爲《由漢石經殘字看今文尚書》,收入其《尚書研究論文集》,臺灣華正書局 1975 年版,第 15—41 頁。《漢石經今文尚書考》見載於《尚書研究》(臺灣商務印書館 1987 年版,第 77—99 頁),與前文仍多相似,唯關於石經《尚書》用小夏侯本改原來引述師説爲概括述説。

② 許景元《新出熹平石經〈尚書〉殘石考略》,《考古學報》1981 年第 2 期,第 194 頁。

個簡略的復原圖,並對内容文字進行考證,揭示殘石"光"字作"横",從出土文獻來證明戴震"光被四表"古本有作"横被四表"考證之正確。然其最重要的是表示對《尚書》文本之傾向。周鳳五爲屈氏學生,看到六二七八殘石校記多處"大小夏侯"後,對乃師二十多年前之觀點又有重新思考:

> 今本《盤庚》分爲上中下三篇,漢石經則一徑接寫,而於中、下兩篇之前各空一格,加圓點以爲標識。翼鵬師因此主張漢石經《盤庚》不分篇,且以殘石有"酒誥第十六"字樣,推測其爲二十九篇之小夏侯本。然漢代三家今文《尚書》,就篇數分合言之,雖有二十九篇(大小夏侯)與三十二篇(歐陽)之别,而篇目實同爲二十九,故所謂"酒誥第十六"者,蓋三家皆然,不足以證其必屬小夏侯本。[1]

事實確如周氏所説,《隸釋》所載《盤庚》中下篇之間僅是加點,並未另起一行立標題,故不能作爲《盤庚》分篇標志。若三家皆同,則實際經文皆二十九篇,推而論之,《酒誥》皆在第十六,不足以證明其爲小夏侯本。餘下佐證屈氏觀點者,只有殘石表叙"尚書小夏侯"一句,周氏以爲證據未免單薄。但周氏既已否定石經《盤庚》三篇之間加點不屬於分篇,却又認爲有分篇之作用,較之大小夏侯二家《盤庚》不分篇接連而寫,則其空格加點又有分篇之作用,"據此,則熹平石經《尚書》既有書序一卷,又分《盤庚》爲三篇,則其爲三十二篇的本子,應該可以定論了"。[2] 此猶似將《盤庚》分段不分篇作了巧妙的解釋,看似有矛盾,亦即歐陽本,却藴含啓迪意義。

後於周氏數年,周之好友邱德修發表《漢熹平石經的新發現及其價值》上、下兩篇長文,繼周鳳五之後對屈氏觀點予以否定,云:"由此可見熹平石經《尚書》並非採自大、小夏侯氏經本,而是完全根據歐陽氏經本的事實,透過新出土《尚書》殘石《校記》及經文的印證,可以完全得到證實。據此事實,則可證屈翼鵬先生主張'漢石經《尚書》所據者爲小夏侯本'的説法恐怕不能成立了。"[3]周係屈氏弟子,故行文委婉,邱之言辭相對質直。繼周、邱之後,屈氏另一弟子程元敏撰文捍衛師説,指六二七八號殘石爲僞刻。他從殘石文字鈔

---

① 周鳳五《新出熹平石經〈尚書〉殘石研究》,《幼獅學誌》第十九卷第三期,1987 年,第 123 頁。
② 周鳳五《新出熹平石經〈尚書〉殘石研究》,《幼獅學誌》第十九卷第三期,第 126 頁。
③ 邱德修《漢熹平石經的新發現及其價值(上)》,《"國立"編譯館館刊》第十九卷第一期,1990 年 6 月,第 48 頁。

寫今本《尚書》文字,用唐以後本誤改《尚書》經文,僞作者不曉《尚書》今古文字異同,録訓詁字、訛誤字乃至妄改經文以示異於今本《尚書》,誤用漢、清人説以致誤校《尚書》經文、甚至顛倒經文校語次序,摭拾尋常通用字以校經字、杜撰校記,殘石行書字數與整碑不合等七項,以證其僞,而云:"既證確六二七八號漢石經殘石字經文及校記皆後代僞作,則許、邱二先生所依持之最有力證據——所謂校記中之'大夏(侯)''大夏侯言''大夏侯無''大小夏侯言''小夏侯'諸語,一切仍歸於零,即公元1978年此殘石公開於世之前。"①程文所舉七項,不無商榷餘地。殘石出土情况比較明確,作僞可能性較小。鑒於《尚書》五碑、四碑之争和其校記排列方式尚須進一步探討,故《尚書》文本之最後確定還需深入研究。

三、熹平石經校勘與研究

(一)《魯詩》的校勘與研探

《魯詩》殘石小者多僅數字,然其關涉四家《詩》之異同者亦不少。1929年7月,羅振玉編成《漢熹平石經殘字集録》一卷《補遺》一卷,旋有王國維學生趙萬里寄贈墨本百餘紙,羅氏揀其明晰者寫定《續編》一卷,其中有《小雅·角弓》《菀柳》殘石,拓本如下:

① 程元敏《六二七八號熹平漢石經尚書殘石字甄僞》,蔣秋華、馮曉庭主編《宋代經學國際研討會論文集》,"中研院"文哲研究所2006年,第53頁。

羅振玉云：首兩行均七十字，依行七十字計之，第三行（應説第四行）之末當是“行歸于周”之“歸”字，此時僅以《毛詩》字數計算，尚未圖示，故不免有誤。唯其云“第四行與前行‘不’字齊列者，當爲《都人士》‘于周’之‘于’。今與‘不’齊列之字存‘戈’旁，而《都人士》篇無從戈之字，唯有‘我不見兮’‘我心不説’兩‘我’字，距‘行歸于周’又二十餘字，則四行非《都人士》篇，惜此行僅存半字，不能知爲何篇矣。”①此確實揭示出《小雅・魚藻之什》魯、毛之不同。方國瑜讀到羅振玉《集録》文字，頗覺有誤。乃作校記云：

> 《角弓》《菀柳》《都人士》殘文。據《毛詩》字數，首二行並七十字，第三行（引按，實際應爲第四行）以七十字計之，則末爲“出言有章”之“章”字（羅先生謂“第三行之末當是‘行歸于周’之‘歸’字”，稍誤）；其第四行與第三行“不”字並列者，當是“行歸于周”之“行”字；今殘存戈旁，殊不類。②

因爲首二行相距皆七十字（章節數“其一”等以一字計，“・”亦占一字），故第三行羅、方仍皆以七十字計。羅謂第三行（實際應爲第四行）末是“歸”字，方校閲之認爲應是“章”，羅誤計。但主要問題是與“不”字平行者，依《毛詩》排列應如方説爲“行”，今則僅見“戈”脚，故羅氏詫異。方氏則據陳喬樅所引鄭玄、服虔、孔穎達説，認爲漢代三家詩無《都人士》首章，是逸詩，直到孔所見之《韓詩》尚是如此。故方氏去《都人士》首章排列，與“不”字並列者正是“我”字，此則將殘石“戈”脚落到實處。於是云“戈旁爲‘我’字殘存無疑，此可證漢石經與鄭、服所見《魯詩》合也”。③

方文刊於 1931 年，而羅氏在 1930 年合編《集録》時，前面“歸”字未改正，“戈”脚則已從馬裕藻説修正，説云：

> 四明馬君裕藻言，《毛詩正義》謂《韓詩》無首章，石經殆始次章。案，馬説是也。《禮記・緇衣》引《都人士》首章，鄭注此詩毛氏有之，三家則亡……據《禮記》注，似三家無《都人士》全詩，據《詩正義》，則《韓詩》但無首章。今以此殘字證之，則《魯詩》亦但無首章，非全詩俱亡也。④

① 羅振玉《漢熹平石經殘字集録續編》，賈貴榮輯《歷代石經研究資料輯刊》，第五册，第 364 頁。
② 方國瑜《漢石經〈魯詩・小雅〉二石讀校記》，《師大國學叢刊》第一卷第一期，1931 年，第 47 頁。
③ 方國瑜《漢石經〈魯詩・小雅〉二石讀校記》，《師大國學叢刊》第一卷第一期，1931 年，第 48 頁。
④ 羅振玉《漢熹平石經殘字集録》，1930 年合編本，第一册，第二十五葉 A。

何錫予之雖無予之路車乘馬又何予之玄袞及黼其一觱沸檻泉言采其芹君子來朝言觀其旂其旂淠淠鸞聲嘒嘒載驂載駟君子所屆其二赤芾在股邪幅在下彼交匪紓天子所予樂只
君子天子命之樂只君子福祿申之其三惟柞之枝其葉蓬蓬樂只君子殿天子之邦樂旨君子萬福攸同平平左右亦是率從其四泛泛楊舟紼纚惟之樂只君子天子葵之樂只君子福祿膍
之優哉遊哉亦是戾矣其五采菽五章章八句●騂騂角弓翩其反矣兄弟昏姻無胥遠矣其一爾之遠矣民胥然矣爾之教矣民胥傚矣其二此令兄弟綽綽有裕不令兄弟交相為瘉其三民
之無良相怨一方受爵不讓至於已斯亡其四老馬反為駒不顧其後如食宜饇如酌孔取其五毋教猱升木如塗塗附君子有徽猷小人與屬其六雨雪瀌瀌見晛日消莫肯下遺式居婁驕
其七雨雪浮浮見晛日流如蠻如髦我是用憂其八角弓八章章四句●有菀者柳不尚息焉上帝甚蹈無自暱焉俾予靖之後予極焉其一有菀者柳不尚愒焉上帝甚蹈無自瘵焉俾予靖
之後予邁焉其二有鳥高飛亦傅於天彼人之心於何其臻曷予靖之居以凶矜其三菀柳三章章六句●彼都人士狐裘黃黃其容不改出言有章行歸于周萬民所望其一彼都人士台笠緇
撮彼君子女綢直如髮我不見兮我心不說其一彼都人士充耳琇實彼君子女謂之尹吉我不見兮我心苑結其二彼都人士垂帶而厲彼君子女卷髮如蠆我不見兮言從之邁其三匪伊
垂之帶則有餘匪伊卷之髮則有旟我不見兮云何盱矣其四都人士五章章六句●終朝采綠不盈一匊予發曲局薄言歸沐其一終朝采藍不盈一襜五日為期六日不詹其二之子於狩言

羅振玉校讀圖示

何錫予之雖無予之路車乘馬又何予之玄袞及黼其一觱沸檻泉言采其芹君子來朝言觀其旂其旂淠淠鸞聲嘒嘒載驂載駟君子所屆其二赤芾在股邪幅在下彼交匪紓天子所予樂只
君子天子命之樂只君子福祿申之其三惟柞之枝其葉蓬蓬樂只君子殿天子之邦樂旨君子萬福攸同平平左右亦是率從其四泛泛楊舟紼纚惟之樂只君子天子葵之樂只君子福祿膍
之優哉遊哉亦是戾矣其五采菽五章章八句●騂騂角弓翩其反矣兄弟昏姻無胥遠矣其一爾之遠矣民胥然矣爾之教矣民胥傚矣其二此令兄弟綽綽有裕不令兄弟交相為瘉其三民
之無良相怨一方受爵不讓至於已斯亡其四老馬反為駒不顧其後如食宜饇如酌孔取其五毋教猱升木如塗塗附君子有徽猷小人與屬其六雨雪瀌瀌見晛日消莫肯下遺式居婁驕
其七雨雪浮浮見晛日流如蠻如髦我是用憂其八角弓八章章四句●有菀者柳不尚息焉上帝甚蹈無自暱焉俾予靖之後予極焉其一有菀者柳不尚愒焉上帝甚蹈無自瘵焉俾予靖
之後予邁焉其二有鳥高飛亦傅於天彼人之心於何其臻曷予靖之居以凶矜其三菀柳三章章六句●彼都人士台笠緇撮彼君子女綢直如髮我不見兮我心不說其一彼都人士充耳
琇實彼君子女謂之尹吉我不見兮我心苑結其二彼都人士垂帶而厲彼君子女卷髮如蠆我不見兮言從之邁其三匪伊垂之帶則有餘匪伊卷之髮則有旟我不見兮云何盱矣其四都
人士五章章六句●終朝采綠不盈一匊予發曲局薄言歸沐其一終朝采藍不盈一襜五日為期六日不詹其二之子於狩言韔其弓之子於釣言綸之繩其三其釣惟何惟魴及鱮惟魴及

方國瑜校讀圖示

此條雖有方氏指正，而羅氏已從馬衡兄長馬裕藻有所修正。亦有自己前後補充者，如《唐風·杕杜》《鴇羽》“之督/不佽/黍父/常其□鴇羽”係四拼一殘石，著《集録》初編時，僅對“鴇羽”之“鴇”的異體左從“丮”，引敦煌唐寫本來與石經殘石印證。合編時説仍其舊。其後又獲一“黍/常”殘石，文字與前同，上亦有餘石，遂乃重作考證。

先獲《鴇羽》殘石

後獲《鴇羽》殘石

謂以前曾見《杕杜》《鴇羽》四拼一殘石，復又見此《鴇羽》小石，因其重複，曾疑後見者非，然仔細推勘後謂“此刻書法寬博，與他殘字同；彼（引按，指前獲殘石）則數勢偪促方峭。且此刻‘杰’字，彼刻作‘黍’，考宋洪氏著録《魏風》殘字‘碩鼠毋食我黍’字正作‘杰’”，又引近出《小雅·信南山》和《周頌·良耜》之“黍”皆同，故云“今詳校二石，知此爲漢石原刻，彼乃後刻也”。從而又推測後刻殘石之原因云：“漢季當魏晋代嬗，洛陽數被兵，此石必是經兵燹淪失後人爲之補刊。至補刻時代，以書迹驗之，正與今中州所出晋人墓誌同，殆出典午之世。”①又《晋書·裴頠傳》謂頠爲國子祭酒，奏修國學刻石寫經，復疑裴氏所補刻。此一推測，對西晋經碑動蕩歷史不無參考價值。

羅振玉在一年多時間裏不厭其煩地纂輯十次，主要受制於殘石之難以彙聚，即使合編之後，仍有遺漏。張國淦在復原碑圖時，大多依據羅氏《集録》所

① 羅振玉《漢石經〈魯詩·唐風〉殘字跋》，撰寫時在1931年6月，《松翁未焚稿》，《羅振玉學術論著集》，第十集，第463頁。

收殘石排列。

羅氏《集録》是隨得隨編，雖後得新拓，對前編有所補證，然很難有整體觀。如《初編》收録《韓奕》《篤公劉》“國因以其伯/一□篤公劉于”殘石（見左拓本）：

《初編》著録

《續編補遺》著録

就此發現《生民之什》之《公劉》和《蕩之什》之“韓奕”前後相次，揭示了魯、毛篇次又一處錯亂。然其無法確證二篇“《魯詩》在《生民之什》抑在《蕩之什》耳”。[①] 及至《續編補遺》，已將“實墉實/□斯原”（見右拓本）一石拼接，云“前編載《大雅》殘石《韓奕》《公劉》二篇相接，此石亦然”，[②]然未有新見。

羅氏《集録》初編又收集到以下一塊殘石：

① 羅振玉《漢熹平石經殘字集録》，賈貴榮輯《歷代石經研究資料輯刊》，第五册，第 203 頁。
② 羅振玉《漢熹平石經殘字集録續編》，賈貴榮輯《歷代石經研究資料輯刊》，第五册，第 365 頁。

以上左石爲《瞻印》《假樂》殘文。羅氏云:"案《毛詩》《假樂》在《生民之什》,《瞻印》則在《蕩之什》。石經則《瞻印》在前,與毛不同。此刻第三行'句·生','句'乃《假樂》四章章六句末一字,'生'乃'生民之什'首一字,是以知《魯詩·瞻印》亦在《生民之什》,下接《假樂》,《假樂》即《生民之什》之末篇也。"①此其第一次發現魯、毛篇次不同,印證了趙明誠篇第小異之説,可謂鑿破混沌。之後在《初編補遺》時又得"賊蝥疾靡有"殘石(見上圖右邊拓本),發現《桑柔》《瞻印》相次,更補充云:"案今《毛詩》篇次《桑柔》之後,《瞻印》之前尚有《雲漢》《崧高》《烝民》《韓奕》《江漢》《常武》六篇,據此知《魯詩·桑柔》之後即接《瞻印》。"②由此得熹平《魯詩·大雅》之《桑柔》《瞻印》《假樂》三篇相次。其《集録四編》又著録"章章/爾酒既"一殘石,拓本如下:

羅氏據此石考定《魯詩》《既醉》《鳧鷖》《民勞》三篇相次。又《集録四編補遺》新增一石(爲清晰完整起見,右附《集存》拓本):

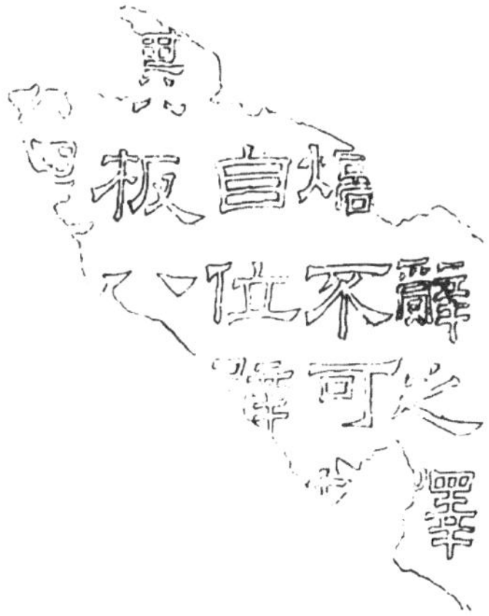

① 羅振玉《漢熹平石經殘字集録》,賈貴榮輯《歷代石經研究資料輯刊》,第五册,第 201—202 頁。
② 羅振玉《漢熹平石經殘字集録補遺》,賈貴榮輯《歷代石經研究資料輯刊》,第五册,第 320 頁。

此石表明,《魯詩》《民勞》之後接以《板》詩。經羅氏前後數次集録,《魯詩·生民之什》所集篇目已漸漸明晰。即前有《既醉》《鳧鷖》《民勞》《板》相接,後有《桑柔》《瞻印》《假樂》相接。

以上拓本載“板”後一行尚有字迹,羅振玉在《四編補遺》時對此有過懸測,云:“末行尚有二殘字,依行次考之,當爲《洞酌》‘民之攸塈’之‘攸塈’。然觀其殘畫殆不爾,殆又魯、毛篇次之殊耶。”[①]《板》後接《洞酌》“民之又塈”,不僅篇次不連,殘文筆勢亦完全不類。及至其合編後,對此有新的認識,云“前五行爲《既醉》《鳧鷖》,後數行則爲《民勞》《板》。案今《毛詩》之次《鳧鷖》之後爲《假樂》《公劉》《洞酌》《卷阿》,以後乃爲《民勞》《板》”。更重要的是,他認爲“末行二殘字乃‘女興是力’之‘興是’二字”,即《蕩》第二章末句,於是産生一個更大編次問題,魯、毛《大雅》篇什有多少:

> 今《毛詩·板》爲《生民》之卒章,《板》八章章八句,後有“生民之什十篇六十五章四百三十三句”十六字,以後爲《蕩之什》。今以《蕩》接《板》,删去“生民之什”十六字,直以《蕩》接《板》,則下行“興是”二字正與前行殘字相齊。是《魯詩》無《板之什》,而《假樂》殘石六句二字下空一字,有“生”字,乃“生民之什”後題。疑《毛詩·蕩之什》爲《魯詩》所無,《魯詩》但有《生民之什》矣。[②]

將羅氏前後編録考定和認識之改變,用毛、魯篇次對照排列如下:

《毛詩·生民之什》:《生民》《行葦》《既醉》《鳧鷖》《假樂》《公劉》《洞酌》《卷阿》《民勞》《板》。

《魯詩·生民之什》:《生民》《行葦》《既醉》《鳧鷖》《民勞》《板》《蕩》(原擬《洞酌》)《桑柔》《瞻印》《假樂》。

羅氏如此編列,不僅《魯詩·生民之什》十篇内容與《毛詩》不同,更牽涉到《魯詩·蕩之什》之名已不可能存在。張國淦依羅説將此數塊殘石排於第十一面,而在《板》之後接以《洞酌》《卷阿》,再續以《桑柔》《瞻印》《假樂》,如此便成爲十二篇。當時此種排列僅是一種假設,是否《魯詩》原貌,無可徵信。後許景元、王竹林又公佈一塊編號爲八五〇一之正反殘石,其背面六行十五字,分

① 羅振玉《漢熹平石經殘字集録四編補遺》,賈貴榮輯《歷代石經研究資料輯刊》,第五册,第626—627頁。

② 羅振玉《漢熹平石經殘字集録》,1930年合編本,第一册第二十八葉。

别是：馳/强禦/國斂怨/蜩如唐如/有言顛/其訓。第六行"其訓"二字是《抑》"四方其訓之"一句。經復原，則知《板》《蕩》《抑》三篇相連。許、王因此云："蓋此魯詩將《蕩之什》的《蕩》《抑》兩篇移入《生民之什》，使《板》《蕩》《抑》三篇相次爲序，這是《魯詩》與《毛詩》篇次的一大差異。由於篇次之變易，則其諸卷之分什當然也會有所變更，蓋《蕩》《抑》兩篇是《蕩之什》一卷中的點題的重要篇章。且無《蕩》《抑》諸篇，焉有《蕩之什》嗎？"①是八五〇一殘石文字再次證實了羅振玉當年的推測。

郭沫若在日本看到《集録》和《碑圖》，曾著有校録一篇，收録在《古代銘刻彙考》中。他先從阿維越致《漢熹平石經》中舉出一小塊殘石，拓本如下：

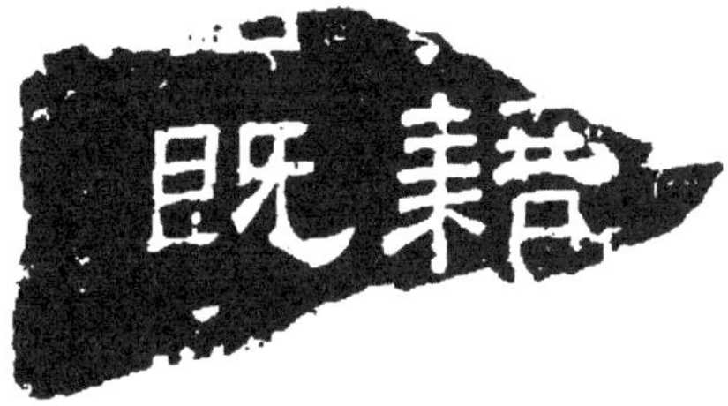

郭沫若考證"既"上一字雖殘，其下部如"田"之半，應是"蕃"字，蕃、繁通用，即《公劉》"既繁既順"殘文。兩字對應《大雅·韓奕》"實畝實藉"和《公劉》"既繁既順"語。此殘石羅振玉《集録》未收，張國淦亦未圖示。然張圖將"實畝實藉"置於第十二面末行（第三十九行），"既繁既順"置於第十三面第一行，顯然未能妥帖。馬衡《集存》將殘石文字録成"土/實藉/蕃既順"，已有將殘筆補足之嫌，陳夢家等整理時，仍云"此石在碑圖第十二面第三十八至三十九行，惟蕃既順在第十三面第一行"，②當是承襲郭説和碑圖而未之思也。

郭沫若又針對羅振玉因"國因以其伯/一□篤公劉于"殘石而有《韓奕》《公劉》在《生民之什》抑是《蕩之什》之疑惑，乃云："余案此二篇《魯詩》不得在《生民之什》，知者，以《魯詩·生民之什》後三篇爲《桑柔》《瞻印》《假樂》，中四篇爲《既醉》《鳧鷖》《民勞》《板》，益以首篇《生民》，已得其八，而左列一石，《板》題章句尚有二殘文可辨。"③郭氏所謂左列殘文，即羅氏先疑爲《泂酌》，後疑

① 許景元、王竹林《洛陽近年出土的漢石經》，《中原文物》1988年第2期，第15頁。
② 馬衡《漢石經集存》，第十四葉，殘石編號一一六。
③ 郭沫若《熹平石經〈魯詩〉殘石》，《郭沫若全集·考古卷（十）》，科學出版社1992年版，第252頁。

爲《蕩》者。郭認爲“此二殘文，上字當是右旁從斤之字，不得爲‘興’，下字亦不得爲‘是’也。此二殘文在今《毛詩・大雅》諸篇中無可比附者，蓋魯、毛文字相異之故”。[①] 而對張國淦循羅振玉思路，將《生民之什》排成十二篇，亦不以爲然，云“於是《魯詩・生民之什》遂得十二篇而失《蕩什》之名，案此亦絶不爾”，蓋所謂“什”，即以十篇而名。既以十篇而名什，則相連之《韓奕》《公劉》也就不可能同在《生民之什》，殆若兩篇在其什，則成十一篇。[②] 張國淦碑圖將《韓奕》《公劉》置於不知名之什（即原編之“第之什”），次於《烝民》詩後，而將“實畝實藉”與“既繁既順”分置於兩面，仍未最後解决問題。

出土殘石上殘筆的認定，和詩篇之接續休戚相關，羅振玉考定很多殘筆原字和《魯詩》篇章之連接與錯轉，極大地展示出沉埋地下一千八百多年前《魯詩》樣貌，其功不可没。然就中仍有不少可以進一步推敲研討之餘地。相對於羅氏，張國淦排列之功多而考訂之功少，然碑圖排列後可以反過來佐助認識文字、篇章考訂中存在之問題。

金德建著《經今古文字考》，專以分别經典今古文字，其有一節專論熹平石經《詩》用今文本問題。按理，熹平石經用《魯詩》文本，自是今文，毋庸置言。金氏所以用力於此，蓋以其認爲漢代《詩經》行用古文本，金氏依次徵引文獻，分析解説，謂“漢代《詩經》從司馬遷所見，四家所傳，直到東漢末年盧植、鄭玄時候，基本上用部份古文的本子”，[③]所以立此章節，用鄭玄《儀禮注》所説今古文、《周易釋文》所説京氏今文《易》及《説文》《顔氏家訓》等互證，[④]來證明熹平石經文字用今文字，亦不無參考價值。

繼金氏之後但却與金著同時刊出的范邦瑾《兩塊未見著録的熹平石經〈詩〉殘石的校釋及綴接》，公佈兩塊上海博物館所藏熹平《魯詩》殘石，並對此作綴合復原工作。[⑤] 該文拼接所得圖形，與張國淦《碑圖》基本符合。但范氏當年未能校核、比勘上世紀八十年代洛陽考古發掘所得殘石，不知新出《大雅・蕩》《抑》殘石文字與張國淦碑圖不符。張氏在復原《大雅・生民之什》時，因未見新出殘石，故對舊有殘石中疑點也無法解釋，復原亦自然非原石面

① 郭沫若《熹平石經〈魯詩〉殘石》，《郭沫若全集・考古卷（十）》，第253頁。
② 郭沫若認爲《小雅・魚藻之什》有十四篇，《蕩之什》有十一篇，是因爲處於二雅之末，是“承納餘篇之尾閭，乃是列外”。同上引書，第253頁。
③ 金德建《論漢代〈詩經〉行用古文本》，《經今古文字考》，第115頁。
④ 金德建《漢熹平石經〈詩經〉係用今文本考》，《經今古文字考》，第117—119頁。
⑤ 范邦瑾《兩塊未見著録的熹平石經〈詩〉殘石的校釋及綴接》，《文物》1986年第5期。

貌。由是近有著文反證上博所藏《魯詩》殘石係僞刻。[1] 據筆者對上博所藏殘石字體辨識,其筆畫、筆勢與方若公佈其他僞刻熹平石經基本相同,可以認定爲同一批拓本。

(二)《周易》殘石之校勘與研究

熹平大塊《周易》殘石出土,馬衡率先作跋定爲京氏本,錢玄同隨即附和,並論其篇數問題。錢氏要辨别之問題,是因《論衡·正説篇》載宣帝時河内女子發老屋,得《易》《禮》《尚書》各一篇,《隋志》云秦焚書,《易》失《説卦》三篇,清戴震乃謂《説卦》《序卦》《雜卦》三篇爲孔門所傳述。康有爲更進而指爲劉歆竄入並臆測西漢《周易》原貌是《彖》《象》與卦、爻辭相連。錢氏據新出《周易》殘石《彖》《象》不與卦、爻辭連,且已有《文言》和《説卦》傳,於是駁斥康説,重申戴震觀點,云:

> 西漢初年田何傳《易》時,只有上下經和《彖》《象》《繫辭》《文言》諸傳。
>
> 西漢中葉(宣帝以後),加入漢人僞作的《説卦》《序卦》《雜卦》傳三篇。[2]

其實熹平石經《周易》殘石之出土,從年代上只能證明康有爲所謂《彖》《象》附經之謬説,無法證明《説卦》三篇確定是西漢經師僞作。錢氏本是疑古先鋒,所以文中亦多偏激之辭。

文素松自得殘石,遂作録文、剪裱本,又作校勘記。然其所作校記相對較簡單,大略多用通行本(所謂"今本")對校,著其異同而已。其章次之異同,略著於序言中。最後附以拓本,1931 年在上海文氏思簡樓印行之。[3] 文氏《殘碑録》出版,劉節或嫌其簡略,遂作《漢熹平石經〈周易〉殘字跋》,自謂就今本經文及《釋文》、李鼎祚《集解》、朱震《漢上易傳》等相關文獻重新校録。劉氏作跋時,雖張國淦碑圖已印行,然其還是先從碑陽二十八行到碑陰二十五行一一標識其每行字數,現存字數,以及第幾字至第幾字爲文氏所藏,第幾字至

① 見馬濤《上博藏漢石經〈魯詩·生民之什〉殘石甄僞》,《第二届七朝石經學術研討會論文集》,上海交通大學、洛陽師範學院歷史文化學院,2016 年 11 月。

② 錢玄同《讀漢石經〈周易〉殘字而論及今文〈易〉的篇數問題》,《北京大學圖書部月刊》,第一卷第二期,1929 年 11 月。第 115 頁。

③ 文素松《漢熹平〈周易〉石經殘碑録》,民國二十年上海文氏思簡樓印本。

第幾字爲于氏所藏。經其對行款校勘,得到以下信息:

> 碑陽二十八行,大率以七十三字上下爲度;碑陰二十五行,以今本經文校之,參差殊甚。其中第二十四行,多至八十字;第十一行,以今本核之,實僅七十字。因得白氏《文言》一石,知"亢"字爲第十行最末一字,則十一行中缺三字,以是知此行古本必多三字。《説卦》章節亦與今本不同,今本"窮理盡性以至於命"爲一章,石經連下;今本"蓋取諸此也"連下,石經止此爲一章;因是可推知《文言》二傳之文句章節,必有與今本不同者矣。①

由此可見,石經與今本字句、章節都有差異。劉氏繼而詳細校勘文字,利用上述《釋文》《集解》等之外,更重要者是他用了很多甲骨文和殷周器物文字,如亨敦、父乙殘敦、白者君盤、豐兮敦、邾公華鐘、魯侯敦、虢季子敦中字形,漢魏碑刻、南北朝隋唐碑刻,如漢梁相費汎碑、成陽令唐扶頌、漢太尉橋公碑、劉寬碑、漢元初三公山碑、劉修碑、丁魴碑、陳球碑、魏温泉頌、東魏李仲璇修孔廟碑、北周寶泰寺碑、隋陳叔毅修孔廟碑、唐孔子廟堂碑等等中字形,來與石經《周易》文字相校核,以證其是非差異。當然還用了大量經史文獻和小學著作如《説文》《爾雅》《廣雅》《玉篇》《干禄字書》《五經文字》《九經字樣》《廣韵》《漢隸字原》等,以佐證其形音義。最後他總結出殘石三個特點:

一、石經所刊雖稱今文經本,然其中如《詩》魯氏、《易》京氏,皆於古文爲近。

二、石經與各本文字之異同,究其原委,大半爲同聲假借之故,非關文義之不同。

三、吾國文字自殷周以來,即偏旁互用,異體雜陳。漢代改篆行隸,作者往往昧於偏旁,詭更正文,嚮壁虚造。

劉跋是《周易》殘石出土以來最深入認真全面的一次校勘,不僅用今本,還偶用常熟瞿氏藏北宋本《周易》,其對殘石面貌之揭示無疑也多於他人。

稍後於劉氏者有胡小石,亦對文、于兩氏藏石作校記。胡以殘石卦爻辭與彖、象傳分行,是費氏(王弼用費《易》)外皆如此。其所用校勘文獻,以李鼎祚《集解》爲主,亦兼用經史小學著作,並涉及漢碑如衡方碑、冀州從事張表

① 劉節《漢熹平石經〈周易〉殘字跋》,《燕京學報》第十一期,1932年6月。

碑、西嶽華山碑、吴樺國山碑等。於其文本,亦從馬衡京氏本説。[1]

羅振玉對石經最爲關心,其叙述大塊《周易》殘石云是縣人張氏所藏,一石表裏數百言。羅氏得拓本在 1932 年夏,作跋記之已在 1936 年 7 月,之前其曾作《記梁丘易》,故在校勘文字時,凡與經本同者,亦不言其爲京本也。

屈萬里《漢石經〈周易〉殘字集證》一書,既是以往研究之總結,亦是新研究體式之開創。繼《集證》之後,易學大家徐芹庭在《易學闡微》中專辟一章,全面介紹、闡述梁丘《易》與漢石經關係。[2] 文分十一節,第一節梁丘賀父子與梁丘《易》之傳承,梳理梁丘《易》傳承淵源。第二節梁丘《易》之書及版本,因梁丘《易》亡於永嘉之亂,後人多未能道其體式特點。徐氏舉出馬國翰《玉函山房輯佚》和胡薇元《漢易十三家》二書中輯有佚文,自己亦補輯十餘條。今又得熹平《周易》殘石,可供研究梁丘《易》之資。第三節梁丘氏《易》學之淵源,與第一節近同。第四節漢熹平《周易》石經即梁丘氏《易》,歷述自殘石出土伊始,羅振玉、屈萬里相繼定爲梁丘《易》,唯馬衡則謂出京氏《易》。作者用例證,再次證明是梁丘氏《易》而非京氏《易》。第五節漢熹平《周易》石經之鎸刻與毁亡,重述熹平石經刊刻過程。第六節漢熹平《周易》石經之發現與著録,概述 1922 年洛陽朱疙瘩村發現殘石及屈萬里檢出方若舊雨樓藏漢石經拓本之經過,馬衡、羅振玉、吴寶煒、文素松、張國淦、方若、屈萬里等著録、研究之文獻。以上爲談梁丘《易》所不可或缺,然前人也多有涉及,可參考之文獻不少。自此以下,表揭出一位專家眼光中的梁丘《易》。

第七節漢熹平《周易》石經之價值。作者先例舉考訂漢《易》,尤其是梁丘《易》之基本或言必要之文獻,首先是陸德明《經典釋文》、晁説之《易詁訓傳》、吕祖謙《古易音訓》、朱震《漢上易傳》《叢説》《卦圖》,以及李鼎祚《周易集解》、史徵《周易口訣義》、張惠言《易義别録》等,謂從以上文獻略可窺見梁丘《易》一斑,結合新出一千三百餘字殘石,乃可考見其大概。梁丘《易》之價值可得而言者,有以下幾點:一、可正易家諸本異文之失。[3] 如,《繫辭上》"有功而不德",《釋文》云:"鄭、陸、蜀才作'置',鄭云:置當爲德。"今梁丘《易》正作

---

① 胡小石《文于二氏所藏漢熹平石經〈周易〉殘石校字記》,《國風》半月刊五卷二期,1934 年。

② 徐氏八十年代在所著《易學源流》肆《西漢——易學之黄金時代》九《榮顯之梁丘易》、十《漢熹平周易石經即梁丘〈易〉》二節,乃增删此文移録,亦可參覿。

③ 作者所談第一點是"可止當時諸儒因章句異文不同之紛争",筆者以爲此乃東漢朝廷刊刻官立文本,雖目的在於息紛争,而選擇某家爲刊刻文本却非某家可自定,此非屬於其價值,故略之。

"德"。蓋置、德形近易誤，非熹平殘石文字，不足證鄭説之確。二、可考定古易十二篇之真面目。《漢志》載《易經》十二篇，師古曰"上下經及十翼，故十二篇"。自費氏以十翼解説上下經，荀爽、馬融、鄭玄承之，至王弼遂將《彖》《象》《文言》附於上下經，傳習千餘年，世人遂安於所習而莫所知漢《易》原貌。南宋吕祖謙離析《彖》《象》《文言》，釐爲十二篇，以復古本之舊，然亦只是一家之言。非熹平《周易》殘石出土，無以證吕氏離析之確；得殘石《易經》，古易面貌展露無遺。三、可正諸本章目之失。今《繫辭上》據孔穎達云分十二章，而馬融、荀爽、姚信等分十三章，虞翻分十章。徐氏謂："以熹平《周易》殘石考之，作十二章較洽。唯'天一地二'一小節，當並於大衍章之中，非章首也。第十章之章首宜以'子曰：夫易何爲者也，夫易冒天下之道如斯而已者也'，而第九章之起首則宜以'易有聖人之道四焉'爲首。'子曰：知變化之道者其知神之所爲乎'，宜從虞翻作爲大衍章之結語。"①四、可定諸本之錯簡。《繫辭上》"天一地二"及"大衍之數五十"二節，歷來各家文本多錯轉不一，使人莫知所從。徐氏以漢石經梁丘《易》考之，謂其次序宜以"大衍之數五十"爲始至"再扐而後卦"，下接"天一地二"至"天九地十"，下接"天數五地數五"，直至"子曰知變化之道者其知神之所爲乎"止，此爲漢代《繫辭》之正文。又《説卦傳》"八卦廣象"一章，傳世本次序爲：乾坤震巽坎離艮兑，而據殘石復原後次序爲：乾坤震坎巽艮離兑。徐氏以爲此乃古易真面貌。五、可杜郭京《周易舉正》之妄。唐代郭京《周易舉正》自言得王弼、韓康伯手寫真本，對傳世本經文多所改易，宋儒多有信之者。徐氏援據《周易》殘石文字，例舉十證，以却郭氏之妄改。六、可却先儒之疑。宋蔡元定、蔡沈父子疑《雜卦》次序有誤，因取反對之意改易次序。及《周易》殘石出土，可證《雜卦》原本如此，並未錯簡。

第八節論梁丘易學之特色。概括而言，梁丘易爲古易之嫡傳，且兼融今古文，其訓詁多用假借字，簡明扼要而歸本於人事。第九節論其影響，作者對漢魏六朝易學史有極深之探研，故將梁丘易與京房、馬融、鄭玄、荀悦、荀爽等九家、王肅、王弼、韓康伯、孔穎達等諸家易學比勘，揭櫫其相同之點，以證明梁丘易對後世之影響。第十節將清人輯佚和出土殘石之梁丘易文字匯集整比，共得四千四百餘字，依古易十二篇形式排列，補足闕文，略予闡釋。

第十一節爲熹平《周易》殘石復原圖。作者是易學大家，精研易理，其復

---

① 徐芹庭《漢易闡微》第六章，上册，第202頁。

原工作在屈萬里碑圖基礎上展開。屈氏以殘石文字爲主，而補以唐石經文字。徐氏知漢石經與唐石經用字不同，故先列出其異同之字，如爻之作肴、眚之作省等五十例，凡十二篇唐石經文字中涉及此五十字者，在字旁標識“×”，標明此當依漢石經用字。關於碑石每行字數，羅振玉謂每行六十九字至七十五字不等。屈萬里則謂每行恒定七十三字，凡有差異，是今本有衍奪之文。徐芹庭調停二説，謂每碑行書參差不等，每行字數多以七十三字爲準，間亦有超出或少於七十三字者。徐氏雖未重新寫定碑圖文字，然依據其所定體式和後所附校記，儼然已自成一種碑圖。

二十世紀以來，用二進制數學來研究易理者不乏其人，丁超五是前半葉之代表。而陳道生亦從數理校讀研究易學，發表一系列論文。其《漢石經〈周易〉非善本論初稿》一文刊於 1974 年。讀其文，知其因屈萬里《漢石經〈周易〉殘字集證》一書曾獲中山學術奬，且刊布後影響甚大。而自撰之《重論八卦的起源》《八卦及中國文字起源的新發現》等雖有新發現，却未曾獲得學術資助。因而用數理眼光，審視新出熹平《周易》殘石。認爲漢石經《周易》缺乏數理上的邏輯，其傳人未得到任何象數知識，不如費氏易蘊含極深的易理。石經《説卦》之次序很混亂，也是作者未明易理所致。他通過數學對立原理，分析石經《周易》和今本《周易》異同，得出結論：一、漢石經《周易》實非善本，二、今本《易經》尚保有古文的真正次序，寓有易學至高原理。陳氏撰作此文帶有一定情緒，且不明先秦兩漢《易經》文本形成過程和漢代象數學流派異同，以及漢代今古文界畫和熹平石經官辦性質，恪守一隅，貽笑大方。

（三）《春秋公羊傳》殘石研究

《隸釋》所載《公羊傳》殘字僅三百七十餘，《春秋》闕如。羅振玉歷年所編，《公羊傳》得四百餘字，《春秋》亦得四百餘字。1934 年，仍在洛陽城東之牌樓莊朱疙瘩村出土《春秋》殘石。殘石初出，掘獲者以高價售於金村古董商王道中，消息傳至平津，日人陰告願以四萬元收購，王氏不敢以文物外流而拒之。嗣後程潛、于右任皆有意購置而未洽。1939 年，卒以一萬五千元讓與霑化李杏村，時李正任河南省第十區（洛陽）行政督察專員兼保安司令也。旋以日寇陷洛陽，李氏藏石於熊耳山榛莽間，幸免其難。抗戰勝利，密運抵西安。胡適曾請李培基説項，欲購存北大，李氏隸籍山東利津，故決意捐獻給山東省立圖書館而婉拒之。國民政府遷臺，李氏盡棄身外長物，獨抱殘石赴臺。在臺各機構如臺灣大學、歷史博物館及國外美日考古機構和私人古董商販等皆欲購藏,均未克諧。年復一年,山東圖書館館長王獻唐已於1960年過世,李氏捐獻故里宿願無法得償。1964年,李氏年過古稀,乃由前河南大學校長王廣慶居間説項,政務委員葉公超贊助,"教育部長"黄季陸玉成,以有值方式贈與臺灣歷史博物館,成爲該館鎮館之寶。①

殘石正面殘存二十行,三百三十二字,起自僖公十三年至三十三年;背面殘存十八行,二百九十二字,起自昭公三年至二十一年。都計六百二十四字。②《春秋》殘石爲近代出土之碩大者,與《周易》二段鼎足而三,故最爲學者所注意。李氏得此瑰寶,首先椎拓贈送給王獻唐。王氏於1942年撰《新出漢熹平〈春秋〉石經校記》一文刊於《説文月刊》。王氏博學,其叙經典文本源流清晰,甚可據信。其謂"兩漢《春秋》經傳,本各單行,分經比傳,起於後漢。因凡石經,經皆單刻,傳亦單刻。天水以來,傳世《公羊傳》文殘石可證,此即彼時單刻之經也"。此先定其爲單刻文本,次乃分析《漢志》所載《春秋》古經十二篇,經十一卷。謂《志》凡稱"古"者皆古文書,稱"篇"乃中秘所藏以竹木簡册書者也,而稱"卷"則以縑素書者也。以此衡論,《漢志》所謂古經十二篇,乃《春秋》古文簡書,經十一卷,則指今文縑書。《漢志》經十一卷下有《公羊》《穀梁》二家今文經本,其後併入《公羊傳》《穀梁傳》;劉歆推崇《左傳》,以古文簡書並《左傳》而行,杜預又分經入傳:是以今古文三種經本,分别編入《公羊》《穀梁》《左氏》三傳中。東漢十四博士,有《公羊》而無《穀梁》和《左氏》,故熹平石經刊《公羊傳》,殘石即《公羊傳》之經文也。王氏將殘石取校《三傳》之經文,非唯有異於《左傳》和《穀梁》,抑亦不同於《公羊》。由此更進而别其異同流變云:

> 《公羊》自胡毋子都,遞傳至眭孟。孟傳嚴彭祖、顔安樂,有嚴、顔之學。西漢祇立《公羊》博士,不分嚴、顔,東漢兼立嚴、顔二家。洪氏《隸釋》載石經《公羊校記》,每稱顔氏云云。知用嚴氏本,别以顔本異同校附。嚴、顔同出眭孟,經本分傳,久或有異。顔氏更有泠任之學,有筦冥

① 殘石出土及輾轉移徙捐贈情況,參見臺灣歷史博物館1981年出版之《漢熹平石經》一書。

② 按,此殘石正背字數,各家統計有差異。王獻唐率先統計成正面三百五十八字,背面二百九十六字,都計六百五十四字。趙鐵寒統計爲正面三百三十二字,背面二百九十二字。葉程義統計正面三百卅二字(殘廿七字),背面二百九十二字(殘十七字)。蓋以空格加"·"及殘字計入與否而有差也。兹謹據臺灣"國立"歷史博物館出版之《漢熹平石經》統計數。

> 之學。即顏氏一家，亦未必劃一。石經《公羊》傳文既用嚴本，經必從同。今本經傳出于何邵公，何氏兼採嚴、顏二本。凡石經與今本不合者，皆爲嚴本，而何殆顏本也。其與《左》《穀》合者，亦皆嚴本，非兼參《左》《穀》也。①

文本源流既明，文字異同乃可理解。王氏謂經文之異，類異於字形，不殊於字音，此蓋文由經師口授，弟子聽音而所記各異，求之今讀即或不合，求之古音殆無不合也。其下逐條疏證，精彩紛呈。如"弒""殺"二字，經傳異文舛亂，難以綜理。段玉裁嘗云："凡《春秋傳》於弒君或云'殺'者，述其事也；《春秋經》必云'弒'者，正其名也。'弒'者，臣殺君也。……漢《公羊》經傳假'試'爲'弒'，斷無有假'殺'爲'弒'者也。凡三經三傳之用'殺'爲'弒'者，皆譌字也。"②言之鑿鑿，似無可辯駁。王氏轉從歷史眼光審視之，曰"合形與音，知殺弒一義。初有讀音爲殺者，即用殺；有讀音爲弒者，即用弒。弒猶殺，殺亦猶弒。"針對有人以爲《春秋》正名之書，弒殺當有別，王氏云：

> 先時此人讀殺，書殺于竹帛。後時他人讀弒，見此竹帛之殺，並讀爲弒。因之《釋文》、字書，殺字亦有弒音。先時此人讀弒，書弒于竹帛。後時他人讀殺，見此竹帛之弒，並讀爲殺。因之《釋文》、字書，弒字復有殺音。其證不勝枚舉。

並云，弒殺初爲一義，東周以後漸起分別，然經書仍舊有互用，秦漢以後始嚴。既別而嚴之後，乃見著録臣殺君者，從而改弒，然改又難盡，致使弒殺歧出。唐立石經，始畫一改竄，至今奉爲圭臬。又云，以後代改定之經傳，律古經傳，以後世弒殺之書法，律古書法，偶有弗合，即紛紛辯難，曲爲辭說。宋元明清諸儒似此者固甚多也。雖未直指段氏之名，其實亦已隱含之矣。回歸《春秋》殘石弒、殺異文，總結之云：

> 由前經傳異同求之，彼時君殺臣可稱弒，臣弒君可稱殺，殺、弒一事。楚公子比殺其君虔，三傳作弒固可，石經作殺亦可。三傳作弒，古本殆有作殺，後世改使一律者矣。石經作殺，即在熹平時刊定之本，尚未改盡，

① 王獻唐《新出漢熹平〈春秋〉石經校記》，《說文月刊》第三卷第八期，1942 年，第 59 頁。下文引同。

② 段玉裁《春秋經殺弒二字辯別考》，《經韻樓集》卷四，江蘇古籍出版社 2010 年版，第 63 頁。又同卷有《晉里克弒其君之子奚齊》《君母殺君當書弒論》二篇，其旨意相同，第 66、67 頁。

留在經中者也。①

比觀其前後所論，可謂層層鞭辟，委曲人情事理。弑殺特其紛亂難理者，其他亦多能用歷史眼光，以形音義參互求之。是乃疏證殘石異文最爲深切精到者。

王氏爲考釋《春秋》殘石之第一人。之後李氏携此殘石赴臺，及其有償捐贈給臺灣歷史博物館，趙鐵寒得拓本，撰寫《讀熹平石經殘碑記》，其文則借"記"而追溯闡述熹平石經刊立始末、流傳收藏，最後取殘石文字與《穀梁》《左傳》歧異者，兼參唐石經字形，詳爲疏證。② 繼趙文之後，吕振端亦作《漢熹平石經〈春秋〉殘字考》，吕文依遵屈萬里《集證》體式，分爲概述、校文、《春秋》經部分復原圖。然文章僅刊出概述和校文，内容亦逸出李杏村所藏殘石之外。其後任教新加坡，乃增補著成《漢石經〈春秋〉殘石集證》一書。

1981 年，歷史博物館乃用王錫範所藏王道中精拓本，剪裱成册，附以釋文，用于右任生前題辭，館長何浩天作序，並附屈萬里、趙鐵寒生前題記，印製成一紀念册，③是爲最精緻之印刷品。此册印行後，葉程義以趙鐵寒文尚可補苴，再作《漢熹平石經〈春秋公羊傳〉殘文考釋》，文前略著"概説"和"作者"，而主要則在對文字之考釋。④ 葉氏著此文，未見王獻唐和吕振端二文，故針對趙文，或是或非，予以補充。其所徵引，亦頗豐贍，新意獨見，亦可參考。每條後附以語譯，俾讀者完整理解。

四、熹平殘石之匯聚與碑圖復原

（一）殘石匯聚與碑圖復原

太學村鄉人家家自爲發掘，散賣與湧入洛陽之學者商賈，商賈復又轉手買賣，故石經殘石散於四方，難以匯聚。1928 年，陳承修發起漢魏石經拓本匯聚倡議，後由孫莊和馬衡編輯蒇事，此即《集拓新出漢魏石經殘字初

① 王獻唐《新出漢熹平春秋石經校記》，《説文月刊》第三卷第八期，1942 年，第 65 頁。

② 趙鐵寒《讀熹平石經殘碑記》，《中原文獻》第三卷第二期，1975 年。

③ 參見臺灣歷史博物館編輯委員會編《漢熹平石經》，1981 年版。

④ 葉程義《漢熹平石經〈春秋公羊傳〉殘文考釋》，《"國立"歷史博物館館刊》第二卷第三期，1984 年，第 72—85 頁。

集》,之後馬衡、吴寶煒等續有編輯。羅振玉是漢魏石經轉賣、傳拓與研究之中心人物,曾屬意王國維對熹平石經作一完善考訂,不意王氏於 1927 年自沉,漢石經考訂幻爲泡影,於是自奮而勇爲之,於 1929 年 7 月開始編纂《漢熹平石經殘字集録》,至 1930 年 6 月先後八次編輯,隨即又將前此所編合爲一書,便於查檢,然此後仍有續得,乃再有續編之舉,最後在 1938 年再合編成二卷。前後十年十多次編集,收録殘石文字達六千一百六十三言。匯編之價值,不僅在展示上世紀二十年代以來洛陽出土熹平殘石之數量,更重要者,通過羅氏悉心排比校核,對熹平刻石七經書寫行款形式有一較爲全面而明晰之揭示:

《周易》,分上下經、十翼,爲十二篇。上、下經中,諸卦文蟬聯書之。每卦首畫卦象,當一字,不空格。每篇題占一行,《文言》《説卦》每章首空一格,復加點識之。行七十三字,間有六十九至七十八字者。

《尚書》,篇題占一行,行七十三字,間有七十至七十六字者。

《魯詩》,二《南》,《國風》,大、小《雅》,三《頌》篇題各占一行。每章末側注章次,曰"其一""其二",兩字當一格,即篇僅一章者,亦側注"其一"字。每篇末章句下空一格,加點以别之。其每什後題亦空一格,接書於章句之下。二《南》至《小雅》行七十二字,間有七十至七十四字者。《角弓》以後至三《頌》則七十字,間有六十八至七十四字者。

《儀禮》,每兩章銜接處,於兩字間加點,而不空格。行七十三字,間有七十至七十六字者。

《春秋》,每易一年,空格,加點以别之。行七十字,間有六十八至七十四字者。

《公羊傳》,每歲冠以某年,其上空一格,加點。至每事,則於首末兩字間加點而不空格。行七十三字,間有六十九至七十四字者,中有一行至百四十一字。成公八年以後則七十一字,間有七十字者。

《論語》,每篇題各占一行,每章首空一格,加點。行七十四字,間有七十一至七十八字者。

以上雖未必是熹平石經之原式,但却是羅氏比勘今本,在殘石中尋覓揣摩,悉心整理所得,在石經研究史上功不可没。王國維在《魏石經考》中復原魏石經碑圖,對熹平石經碑式有所觸及而未能有一概觀。熹平石經大批出土顯世,羅、王有約,"擬就前籍所記經石之數及石之高廣以求行字之數,寫定碑圖”,[1]故王氏逝世前,已有漢石經《論語》首末未成碑圖二幅。[2]及至羅振玉七經書寫款式甫定,適值張國淦《歷代石經考》殺青付梓,於是張氏毅然承擔起復原漢石經碑圖之重任,起草刊布其復原碑圖之叙例。

熹平經碑距今一千七百餘年,殘毁沉埋,早已形製無存,要恢復圖示其原型,勢所難能。張氏在清儒及羅、王、馬、吴等人已取得之成果基礎上,設計一可行方案。其涉及經文次序者,有諸經次第、一經中篇次、一篇中章次;而涉及碑制者,有每行字數、每碑行數、各經碑數、每碑陰陽面書法,而最爲繁雜者是今古文文本之字形。

關於經文次序。歷來有古文經序例和今文經序例,《漢志》《隋志》所記《易》《書》《詩》《儀禮》《春秋》《公羊》皆古文經序例,唐石經依之。熹平石經如何排列,《西征記》和《洛陽伽藍記》所記互有顛倒。而《洛陽記》記:西行《周易》《尚書》《公羊傳》二十八碑,南行《禮記》(即《儀禮》)十五碑,東行《論語》三碑。張氏根據王國維考證,西行失記《魯詩》及《春秋》二種,以今文次序排列:西行:《魯詩》《尚書》《周易》《春秋》《公羊傳》,南行:《儀禮》,東行:《論語》。

關於諸經各自篇次。既是今文經,自當以今文經排列。如《魯詩》,八百年前趙明誠説殘石與《毛詩》篇第不同,嗣後成爲懸案,及殘石出土,經羅振玉排列得知:“《鄭風·山有扶蘇》上非《有女同車》,《小雅·彤弓》之後爲《賓之初筵》,《吉日》之後爲《白駒》,案:又有《瞻彼洛矣》之後爲《湛露》。《大雅·旱麓》之後爲《靈臺》,《鳧鷖》之後爲《民勞》,《韓奕》之後爲《公劉》,《桑柔》之後爲《瞻卬》《假樂》,又《卷阿》在《文王》之前。”等等。此僅就已有殘字者言之,其未有殘石者,只能暫依《毛詩》次序。《尚書》依今文本,合《舜典》於《堯典》,合《益稷》於《臯繇謨》,《盤庚》三篇合一,合《康王之誥》於《顧命》等。《周易》既用今文本,則與今傳王弼本不同,當是《上經》第一、《下經》第二、《上彖》第三、《下彖》第四、《上象》第五、《下象》第六、《上繫》第七、《下繫》第八、《文言》第九、《説卦》第十、《序卦》第十一、《雜卦》第十二。《儀禮》因有“鄉飲酒第十”殘石出土,知用大戴本,與今鄭注之劉向本不同,其序次爲:《冠禮》第一、《昏禮》第二、《相見》第三、《士喪》第四、《既夕》第五、《士虞》第六、《特牲》第七、《少

① 見羅振玉一九三〇年閏六月所撰《漢熹平石經殘字集録序》,《漢熹平石經殘字集録》,第一册,第一葉 B。

② 參見張國淦《漢石經碑圖叙例》所述。

牢》第八、《有司徹》第九、《鄉飲酒》第十、《鄉射》第十一、《燕禮》第十二、《大射》第十三、《聘禮》第十四、《公食》第十五、《覲禮》第十六、《喪服》第十七。《春秋》,今本《春秋公羊》以傳附經,係後人合併重分。漢代官學《春秋》《公羊》當如《漢志》所記十二公爲十一卷,殆以《閔公》文少而附於《莊公》。《論語》從尾題已知用《魯論》,則爲二十篇。

關於一篇中章次。羅振玉在《集録》中已揭示:《魯詩·式微》二章,第一第二章章次互倒;《黄鳥》三章,《魯詩》“中行”在“鍼虎”後;《都人士》無首章。《儀禮·鄉飲酒》之記文,與今本多寡懸殊。《尚書·毋逸》,據《隸釋》“祖甲”三十八字在“中宗”之上。《論語·堯曰》無最後“子曰不知命”一章。

關於碑制行款。文本確定後,便是如何安排書寫,即按何種行款復原。前據羅振玉《集録》考定,各經每行字數,甚至一經前後每行字數亦不相同,而大致在七十三字上下,多者達七十八字,少者僅六十八字。如殘石文字上下有餘石者,表明該字爲一行之最上或最末之字,即以之爲基準,如其上下有跨行殘石文字連接,即可證石經文本與傳世文本文字之多寡。如無餘石之殘石文字,只能暫按羅振玉排定之字數排列,以冀續得有可依據之殘石文字來修正。

關於行數碑數。王國維在《魏石經考》中曾約略定漢石經每碑三十五行。張氏用新出殘石校核,每有扞格,無法安排。受羅福頤“石經碑兩旁餘石,例寬建初尺五分,已見殘石可證”説啓發,即以兩旁有餘石者定其行數,餘石在左者爲碑面之末行(按,原作“首行”,誤,今正),在右者爲碑面之首行(按,原作“末行”,誤,今正)。即此找出二十餘塊或左或右或左右皆有餘石之殘石,以定其碑之行數。其他未有餘石爲定點者,只能按前後行字平均計算。即使如此小心翼翼,仍有好多不可解之餘石現象。字數行數大致有定,經碑碑數方始能言。王國維曾謂《洛陽記》所言四十六碑爲漢石經確數。張氏基於以上所説餘石計算之,《魯詩》每面約卅二至卅四行,應是十八面九碑;《尚書》每面約廿六至卅一行,應是十面五碑;《周易》每面約卅七至卅九行,應是八面四碑;《儀禮》每面約廿七至卅五行,應是卅面十五碑;《春秋》每面約廿七至卅八行,應是六面三碑;《公羊傳》每面約卅六至卅九行,應是十二面六碑;《論語》每面約卅六至四十七行,應是六面三碑。

關於經碑陰陽面書法。《西征記》和《洛陽伽藍記》皆言“表裏隸書”,然出土殘石表裏皆存字者僅《魯詩》二碑、《周易》一碑、《春秋》一碑,《公羊傳》二碑,共六碑,其他皆只單面文字。經研考,經碑陽面自右向左書寫,陰面自左向右書寫,每經自爲起訖,各經不相連續。

以上看似複雜,尚可總結前人成果,得其契入之方案,而最爲繁雜無定者是文字。諸經文字與其所用何家文本緊密相連。東漢立十四博士,《詩》有魯、齊、韓三家,《書》有歐陽、大小夏侯三家、《禮》有大小戴二家,《易》有施、孟、梁丘、京四家,《春秋公羊傳》有嚴、顔二家。截止張氏撰碑圖時,已可確定《詩》用《魯詩》,《禮》用大戴,《公羊》用嚴彭祖,《論語》用《魯論》。至於《尚書》用歐陽還是大小夏侯,《易》用梁丘還是京氏,尚無定説。張氏傾向於小夏侯《尚書》和京氏《易》。① 於是他首先在所有出土殘石中剔除他認爲之僞石,取其文字與傳世本對校;摘出石經用字,取證於段玉裁、顧廣圻、馮登府、李富孫、吴大澂之説及漢碑字形,將殘石字形在本經中推衍運用。如《詩·葛屨》"維是褊心",出土殘石《魯詩》"維"作"惟",張氏云:"新出《魯詩》亦作惟。此經凡'惟'字具當作'惟'。《尚書》'惟'作'維',《論語》作'惟',又作'唯'。"共計摘出殘石用字二百五十九個(包含《隸釋》殘石異文),又遵從臧琳意見,將張參《五經文字》所列"上《説文》,下石經"中之八十四例石經文字摘出,更將經史注疏或後人輯録之明言誰家之文及雖未明言而僅言"今文"者,一併運用到相應經文中,並用符號加以識别。凡新出石經殘字,旁加"。";《隸釋》殘字旁加"◎";諸家引用今文旁加"·",俾其所改可以按覆。各經標題書寫格式及章節空格加點與否之例,悉從羅振玉所示。

張著還有兩點值得一提:一是按照其本原意圖,欲將碑圖所涉殘石拼接後照原拓影印,分别注明某面某行,俾與碑圖互相對照。後作輟相間,竟未抵其成,留下一段遺憾。二是碑圖既成,正反面行字位置隨之而定,就所定之碑石,四十八碑中有三十八碑皆有新出殘字,由此對《隋書·經籍志》《封氏聞見記》所載後魏神武帝將石經徙鄴一事應重新省思。

張氏碑圖復原之前提,多得《隸釋》所記,清儒所考,尤其是殘石出土後王國維、羅振玉、馬衡等學者精研成果之助,然縱觀此一浩繁舉措,亦足見其工

① 當時羅振玉傾向《書》用小夏侯,馬衡考訂《易》用京氏。張氏云:"若《尚書》後記有'郎中孫進尚書小夏侯'字,似係用小夏侯本;《周易》後記有'梁□施氏'字,然據《釋文》'坎,京作欿。鼿甈,京作劓劊。洗心,京作先'。晁氏公武云'其形渥,京作刑剭',與石經同,似係用京本也。"蓋《易》《書》之校記殘石尚未出也。

程之大，用功之深。屈萬里曾謂張著碑圖"理繁治劇，厥功甚偉"，[①]信然。儘管張撰碑圖遺留不少矛盾與遺憾，後人亦多有修正改易，然大多不得不在其碑圖基礎上進行細研深討。故張撰碑圖既是二十世紀前三十年漢石經集大成之著，也是一部石經學上里程碑式著作。張著付梓行世二十年後，由馬衡積三十年收藏之富而撰著，陳夢家、陳公柔主持整理的《漢石經集存》面世。《集存》在每塊殘石釋文下仍一一標注張著碑圖位置，雖偶有改易，而大體遵行，後附所有拓本。此從某一角度而言，正是張氏欲做而未及完成之工作，其價值可見一斑。至屈萬里著《漢石經〈尚書〉殘字集證》，謂張氏《尚書》碑圖或二十六行，或四十行，差異太大，經研究調整爲每碑三十七至三十九行，全書占四碑八面，[②]修正張説。與屈氏相反，許景元在考證洛陽新出熹平《尚書》殘石時，看到《尚書》校記甚多，推算《堯典》《舜典》校記占九至十行，《皋陶謨》《益稷》校記占十三四行，而復原後校記左邊已近邊緣，肯定容不下夏、商、周二十多篇校記。許氏此時該未見屈氏"四碑八面"之説，而對張國淦"五碑十面"説提出質疑，[③]以爲可能會更多。凡此矛盾和異説，都爲後人留下了研究空間。

（二）碑式行款尺寸與字體

熹平石經刊成後，樹於太學，四方學子競相摹寫，而未關注其形制。世傳言石經碑制者，最早見於《後漢書》。李賢《後漢書・儒林傳》注引楊佺期《洛陽記》載有朱超石《與兄書》云："石經文都似碑高一丈許，廣四尺，駢羅相接。"出土東漢之尺，一尺在 23 釐米至 24.5 釐米之間。[④] 則一丈許當在 230 釐米至 245 釐米左右，廣四尺在 92 釐米至 98 釐米左右。即以楊佺期兩晋時出土銅骨尺長度計之，高廣亦不足 245 釐米與 98 釐米。[⑤] 然以實物毀棄，無從驗證。王國維著《魏石經考・漢石經經數石數考》，以朱説爲準，參以傳世宋拓本行款字數，謂縱得七十餘字者，橫當得三十餘字，並推定每碑三十五行左

① 屈萬里《漢石經〈尚書〉殘字集證》卷一，第八葉 B。

② 屈萬里《漢石經〈尚書〉殘字集證》卷一，第八葉 B。

③ 許景元《新出熹平石經〈尚書〉殘石研究》，《考古學報》1981 年第 2 期。

④ 參見丘光明《中國歷代度量衡考》，科學出版社 1992 年版，第 56—57 頁。

⑤ 丘光明《中國歷代度量衡考》載西晋尺長者爲 24.53 釐米，短者爲 24.15 釐米。參見該書第 69 頁。

右。[①] 馬衡據石經字體大小尺寸,謂每碑容三十九行至四十行。[②] 後張國淦、屈萬里定每碑行數,皆未能與高廣尺寸及行間距離相互關聯考慮者也。後日人塚田康信定碑石尺寸爲高約 300 釐米,寬約 120 釐米。[③] 不知其所據。1981 年,許景元以新出熹平《尚書》殘石爲基點,考定《尚書》第一面碑文爲三十五行,從而云:

> 現從新出的經文來推算,直行經文每十字爲 23.5 釐米,正合東漢的"建初尺"一尺整,横排經文每十字約 24.3 釐米,折合一尺有餘。面寬三十五行,加上兩側邊寬,共約 88 釐米,合"建初尺"的三尺七寸,碑文長度(按七十五字計算)約 176 釐米,折合七尺四寸,長寬爲二比一,恰好是竪行倍於横排,這與《水經注·穀水》記載"石長八尺,廣四尺"大致相合。又《洛陽記·朱超石與兄書》:"碑高一丈許,廣四尺,駢羅相接。"這裏所説的碑高一丈,應該還要加上碑首空額、碑底留空的尺寸和碑座的高度,這樣才與記載的相符。[④]

此從獨立一碑而言,自成款式。然許氏又云其所見碑座有十四方。其長度(即碑身之寬度)狹者 92 釐米,寬者 137 釐米,寬狹相差 45 釐米,預示各碑之寬狹不相一致,則每碑行數亦有一定差異。范邦瑾曾就上海博物館所藏幾方大塊《周易》殘石,以論證熹平石經原碑尺寸及刻字行數。碑石之寬度,范謂《周易·繫辭》原石無界格,行與行間距一般不到 0.5 釐米。兩側邊緣部分餘石寬達 1.5—1.8 釐米,推知原碑寬度當爲 94 釐米。"正合建初尺四尺,與《洛陽記》載'廣四尺'完全相符"。碑石之長度,范謂每行刻字 73 至 74 字,實測兩石,每 10 字約爲 23.5 釐米,74 字當爲 174 釐米;碑頂 11—12 釐米,則碑身露出部分高約 196 釐米。[⑤] 加碑座 35 釐米,總高 231 釐米。"合建初尺九尺八寸强,與《洛陽記》載'碑高一丈許'亦相近"。[⑥] 范邦瑾以《周易》碑石寬

---

① 王國維《魏石經考》,《觀堂集林》卷十六《史林八》,《王國維全集》第八卷,第 481 頁。

② 馬衡《從實驗上窺見漢石經之一斑》,《慶祝蔡元培先生六十五歲論文集》,上册,第 69 頁。

③ 塚田康信《熹平石經之研究》,載《西安碑林之研究》,日本福岡教育大學 1983 年版,轉引自范邦瑾《熹平石經定尺寸及刻字行書補證》,見本書所收。

④ 許景元《新出熹平石經〈尚書〉殘石考略》,《考古學報》1981 年第 2 期。

⑤ 按,范氏原文云:"據 1980 年出土殘石,碑頂完整者二石,邊寬皆爲 10 釐米;碑下端亦出有二石,但皆殘,其中一石邊殘寬爲 10.6 釐米,以《漢石經集存》所收殘石補之,可知其完整者寬當爲 11—12 釐米。那麼這塊原石高約 196 釐米,"10 字 23.5 釐米,74 字則 173.9 釐米,加上碑頂以 12 釐米計,當是 185.9 釐米,近 186 釐米,不知范氏何以計算成 196 釐米。

⑥ 范邦瑾《熹平石經的尺寸及刻字行數補證》,《文物》1988 年第 1 期。

94 釐米、長 196 釐米與許景元《尚書》碑石寬 88 釐米、長 176 釐米相較，以爲許景元所謂與《水經注》記載"石長八尺，廣四尺"相合，實則《水經注》所計乃魏石經而非漢石經。他認定熹平石經之碑石長與寬當依《洛陽記》"碑高一丈許，廣四尺"爲準，每碑在 35 至 38 行左右，而懷疑許景元所展示之碑座中有曹丕《典論》等其他碑石之碑趺混入其中。

按，范文所論之《周易》殘石中混有方若僞刻殘石在，方若僞刻即依據張國淦復原之碑圖定製，故原石實際行數未必就是 38 行。由此審思許景元所展示之十四方碑座，其 100 釐米者一，117 釐米者四，119 釐米者一，137 釐米者一，計七方，而曹丕《典論》僅三碑，雖可容有他碑雜厠其間，究無實物可證。料想東漢採石，亦未必能長寬劃　，寬狹差别，亦在所容許，故原碑之寬度，尚須進一步探究。但施安昌據馬衡所捐三體石經《尚書》《春秋》大碑測量，總高 180 釐米，横寬 98 釐米，加上天墜周邊和碑趺，當在高 2.4 米，寬 1.2 米。他認爲"三體石經是仿照漢石經建的，所以漢石經碑石大小應與此相同或相近"。①

至於字體，石經爲一字隸書，此無疑義。亦謂之八分。八分之名，相傳出於王次仲，然次仲爲秦人，爲漢人？在章帝時，抑靈帝時？衆説紛紜；八分之體，二篆八隸，抑取勢八字，亦莫衷一是。施安昌通過對漢石經殘石文字仔細測量，謂漢石經文字以漢尺度量，正好在八分左右，②施又謂漢代碑刻和摩崖，字形小則寸半，大則三四寸以上，而石經適值八分，别具一格，遂引《唐六典》卷十"八分，謂石經碑碣所用"爲據，證所謂八分，即漢石經文字。③ 更以此爲基點，梳理漢隸演變痕迹，贊同啓功之説，謂漢魏之際，書體嬗變，新體下筆之頓勢、收筆之波折漸漸失去，形成一種新俗體、新隸書，亦即真書之雛形。"既有了新隸字，於是舊隸字必須給予異名或升格，才能有所區别，所以稱之爲八分"。此依據漢石經字形分寸大小立説，當是一種很有參考價值的見解。

五、熹平殘石辨僞

隨著三體石經、熹平石經相繼出土，商賈、學者及研究機構争相收購，殘

---

① 施安昌《漢熹平石經與八分書》，《故宫博物院院刊》1989 年第 4 期。

② 施安昌列出東漢銅尺和骨尺，漢石經字體在 8.4 分左右，以亳縣元寶坑一毫漢墓牙尺度量，在 8.5分許。

③ 施安昌《漢熹平石經與八分書》，《故宫博物院院刊》1989 年第 4 期。

石身價驟然上升，僞刻隨之産生，流入市場，真僞混雜，於是有人著文辨别。

伴隨熹平殘石之出土，有一塊記載刻石事宜之殘石，1924年出土，吴維孝收録，並介紹云："石係斜斷，截作三角，表裹鎸刻，隸書。甲子秋，洛陽出土。石出爲兩段，竝合施氈，得表敘殘字各一石。今存北京教育部某氏家。"[①]吴氏定其名爲"表敘"，"與五經博士"一面存字七十四，"郎中孫進"一面存字八十四。1930年，北平圖書館又從洛陽收得一塊《後記》殘石，原石寬尺餘，長二尺許，兩面有文，一面有"張鉉、周達、尹弘"等名，一面有"孟郁"等名，共存一百四十餘字。[②] 北平圖書館獲購後刊登廣告，謂洗刷後即摹拓，以廉價餉世，因而傳播甚廣，學者多據之考説熹平石經。唯陳子怡於其拓本甫傳之際，即在《女師大學術季刊》上刊發《熹平石經後記真僞考》，翌年又有《漢熹平石經後記真僞考内的自行更正》之補證。開首言"北平圖書館近自洛陽運來漢石一枚，定名《漢熹平石經後記》，石兩面刻字；字之大小，各與俗所云《石經序》者相等。"[③]

殘碑兩面刻字。陳文先將殘石文字與《後漢書·儒林傳》《吕强傳》相校核，如謂"□字摩滅，解落靈脱□……章言考覆紛紜家殊……猾吏以人事相陰陽，或競……留心稽古汲汲以觀校序文……雜與光禄勳劉寬五官中郎將堂谿□……"，與《後漢書·吕强傳》"諸博士試甲乙科，争第高下，至有行賂定蘭台漆書經字，以合其私文者，迺白帝與諸儒共刻五經於石；於是詔蔡邕等正其文字"云云文義相符；又反面如"□三雍……濟濟乎藝，孜孜匪忯，令聞不已，厲化萬□……"此與《儒林傳》"初建三雍……濟濟乎！洋洋乎！盛於永平矣"合。由此認定此乃《水經注》載陸機所言《太學贊碑》内容。然若是《太學贊碑》，當亦是大碑，而殘石正反兩面皆八行短作，且正面字大，背面字小，此疑點之一。從作文紀事體式而言，其先後皆有一定次序，殘石却顛倒錯亂，不符常規，此疑點之二。從文字考之，其云"經本各一通"，"本"非漢時所用之辭，此疑點之三。從"《論語》即詔所校定"，陳謂漢代五經，不數《論語》，邊韶是著作東觀，而非校書東觀。此疑點之四。從碑石位置考慮，漢時立於太學門外，

---

① 吴維孝《新出漢魏石經考》卷一，賈貴榮輯《歷代石經研究資料輯刊》，第三册，第515頁。

② 參見1930年《山東教育行政週報》第八十一期《教育簡訊》"北平圖書館購獲漢熹平石經"一則。同年《江蘇革命博物館月刊》第七期亦刊登此則廣告，謂："至於熹平石經，則更爲舉世所珍。昔有出土，多係碎石，僅存一二字而拓本價已至昂。若此石者允稀世之寶。"

③ 陳子怡《漢熹平石經後記真僞考》，《女師大學術季刊》第一卷第一期，1930年，第161頁。按此文署"陳自怡"，不知是否誤植，抑或筆名，今統作"陳子怡"。

《後漢書·靈帝紀》《蔡邕傳》、謝承《後漢書》、袁宏《後漢紀》解云"立石太學門外(之前)",至晋時始移至開陽門外講堂前。殘石"列置講堂"云云,殆是後世位置,此疑點之五。殘石稱"巡欲鑿石正書,立於太學",雖史稱李巡"清忠,不争威權",然其文墨之事未必擅長,此疑點之六。殘石云"隆暑炎赤,非倉卒所成,可須秋凉收……",陳謂石經始鎸於熹平四年,至光和七年而成,"豈秋凉後可竟其業耶"? 此疑點之七。凡此云云,皆足見其僞而已。又加此石厚僅營造尺五寸五分,未免過薄,難以支撑高八尺寬四尺之大碑。[①] 陳氏所揭疑點,有足可辯者,如李巡雖宦官,却曾注《爾雅》,於文墨未必不擅長。陳氏於翌年刊出《漢熹平石經後記真僞考内的自行更正》,撤銷其所説漢代無"本"之説,舉劉向較讎,"一人持本"爲證。[②] 然其他所致疑者,足以引起我們致思深慮。馬衡於1931年撰《從實驗上窺見漢石經之一斑》,應見陳氏之文,而仍將《後記》殘石所載張玹、周達、尹弘、孫進、傅彌、陳懿等列入"校理人名表",[③] 表明其仍信其爲真。

即當陳氏撰文辨證《後記》殘石之僞時,洛陽又新出一塊《尚書》殘碑。殘石表裏刻字,表面十二行,前《大誥》七行二百四十六字,中空一行,爲《康誥》篇題,後刻《康誥》四行八十九字。裏面十一行,爲《洛誥》二百四十字。表裏都計五百七十五字。殘石甫出傳至北京,吴承仕即撰《新出僞熹平石經〈尚書〉殘碑疏證》,[④]以證其僞。吴氏認爲,宋代洪适《隸釋》所載,《盤庚》字數最多,才百七十二字,而《多方》僅五字。今新出殘石,大多一二字,至多不足三十字。此石竟有六百字至多,且文句相承有三十字以上者,爲宋以來所未見。此見雖有其理據,然大塊《周易》殘石出土,其文字遠多於此,以此推之亦不無可能。但吴氏復又從文字異文比例及今古文文字上考訂辨證之。其比較《隸釋》所載《尚書》殘石與傳世《孔傳》本文字異同如下:

殘石文字	與孔傳本相異文字
《盤庚》十九條百七十二字	三十三字
《高宗肜日》一條十五字	一字

① 陳子怡《漢熹平石經後記真僞考》,《女師大學術季刊》第一卷第一期,1930年,第161—164頁。

② 陳子怡《漢熹平石經後記真僞考内的自行更正》,《女師大學術季刊》第二卷第一期,1931年,第1016頁。

③ 馬衡《從實驗上窺見漢石經之一斑》,《慶祝蔡元培先生六十五歲論文集》,上册,第72頁。

④ 吴承仕《新出僞熹平石經〈尚書〉殘碑疏證》,《國學叢編》1932年第5期,第三至第十葉。

《牧誓》兩條二十四字	一字
《洪範》十二條百八字	九字
《多士》四條四十四字①	五字
《無逸》九條百三字	十五字
《君奭》二條十一字	一字
《多方》五字	零字
《立政》八條五十六字	十三字
《顧命》四條十七字②	四字

吴氏以此統計,漢石經殘字平均六七字中,必有一字與孔傳本相異。③ 若以此推算,所出《大誥》《康誥》《洛誥》殘石五百七十五字,當有八十四字有異文,然今經吴氏校核,僅有異文六字,懸殊太大。雖説異文多少,不能以比例求之,但總體不應相差過多。何以如此判斷? 吴氏云:

> 孔傳古文,梅氏所獻爲隸古定本,訖范寧而改爲今文集注,已非隸古之舊。陸元朗所謂"宋齊舊本,徐李所音,所有古字,今亦無幾者",是也。唐天寶間,衛包又悉改爲今字,則更非陸氏所見之舊,其去隸古定本益遠矣。今謂三家之傳,乃下與衛包改字之本相應,有是理乎?④

此確爲一極有理據之事實判斷。他進而又列出殘石與孔傳本的六組異文:嗚呼—於戲;殪—壹;丕—不;享—亨;監—鑒;士—土;惇—敦。就此六組異文觀之,常見異文"於戲"外,皆是點畫稍異之字。即如《隸釋》中憸民—散民;無侮老成人—毋翕侮成人等悉皆無有,未免無法取信於人。

再從行款審視,就《隸釋》所録殘文及漢人所述,至大小夏侯、歐陽三家經文不僅與古文本大異,即三家内部亦互有歧出。今殘石有《大誥》《康誥》《洛誥》三篇,其殘石文句字數竟與孔傳本無大差異,亦非事理之常態。最後他以傳世文獻與前儒經説中之今古文用字與文義來甄别其僞。如:

殘石《大誥》"允蠢鰥寡",鰥寡是常用詞,《無逸》有"惠鮮鰥寡",《隸釋》所見《無逸》殘石"鰥"作"矜",似漢代今文作"矜",以此推之,《大誥》此處應作

① 按,原文作"多方",係誤植,今據《隸釋》改正。
② 按,洪适在《隸釋》卷十四中總述十篇計五百四十七字,今統計得五百五十五字。
③ 按,五百五十五字中有異文者八十二字,故每六點七六八字中有一異文。
④ 吴承仕《新出僞熹平石經〈尚書〉殘碑疏證》,《國學叢編》1932年第5期,第四葉。

“允蠢矜寡”。

又，殘石《康誥》“宅心知訓”，江聲云“今文‘宅’皆作‘度’。”《隸釋》録《立政》篇殘字“宅心”亦作“度”。今同孔傳本作“宅”，是不知古今文之不同也。

經吴承仕疏證，此石係僞刻應確鑿無疑。故羅振玉合訂定本《集録》和馬衡《集存》皆不收。屈萬里撰《集證》，亦棄置不予圖示。其録文隨吴承仕文同時刊於《國學叢編》外，不再有人論及。

漢石經僞刻之最大宗者，當數方若之藏石。方若字藥雨，1933 年、1934 年著《舊雨樓漢石經殘字記》《續記》《再續記》，徵引者不多，其藏石與拓本流傳亦不廣。抗戰勝利後之 1946 年，教育部令中央圖書館接收僞政府内政部長陳群之澤存書庫，檢尋所藏，發現一部剪裱本石經殘字拓本，書名題“舊雨樓藏漢石經”，共計四册。内容遍及七經，字數約在一萬二千許。嗣後拓本作爲善本隨中央圖書館遷運至臺。1961 年，屈萬里撰著《漢石經〈周易〉殘字集證》，開列著録漢石經《周易》之著作，列有“方若《舊雨樓藏漢石經》，七卷，集拓本”一種，並云：“《漢石經集存》最後出，除方氏藏石爲馬氏所未見外；其他諸書中之資料，馬氏書中已盡收之。故欲覘漢石經《周易》殘字者，但備有方、馬兩氏之書，即不必更置他本矣。”①故其著碑圖，亦將方氏藏石文字圖示之。翌年，撰《漢石經〈尚書〉殘字集證》，已從河北博物院畫刊上查得 1935 年 8 月出版之院刊上刊載方若所藏拓本，心知其僞，云：“至於舊雨樓本漢石經殘字，予於撰《〈周易〉殘字集證》時曾疑之，而無以確證其僞；今已知其實爲贋鼎。”②屈氏何以撰寫《〈尚書〉殘字集證》時會發現其僞刻。殆以張國淦復原《尚書》碑圖爲五碑十面，其每碑行數有二十六行與四十一行之差異。屈氏調整爲三十七至三十九行，經此整比，舊雨樓殘石之行款呈顯一石而在兩碑上，蓋方氏殘石即仿張氏碑圖而製作者也。數年後，屈氏撰《舊雨樓藏漢石經殘字辨僞》，③專文揭其僞迹。

僞迹之一是字體不合。自洪适以還，遍觀深研漢石經者，咸知石經各經字體不同，非蔡邕一人所書。洪氏曾言：“史云：邕與堂谿典、楊賜、馬日磾、張訓、韓説、單颺等正定諸經，今《公羊》《論語》之後惟堂谿、日磾二人姓名尚

---

① 屈萬里《漢石經〈周易〉殘字集證》卷一，第十七葉。
② 屈萬里《漢石經〈尚書〉殘字集證序》，第八葉。
③ 屈萬里《舊雨樓藏漢石經殘字辨僞》，《書目季刊》第二卷第一期，1967 年，第 53—57 頁。

存,别有趙賊、劉弓几、張文蘇、傅楨、左立、孫表數人。竊意其間必有同時揮毫者。"[1]羅振玉亦云:"今目驗諸經殘字,果筆迹各異。"[2]然觀方氏所藏殘石,其筆迹完全出於一手,與原石筆迹相左。僞迹之二是《尚書》碑數不合。張國淦復原《尚書》碑圖爲五碑十面,舊雨樓殘石復原後與張氏碑圖行款一致,而屈氏認爲漢石經《尚書》應是四碑八面,故指方氏殘石爲僞刻。僞迹之三是殘石部位不合。此係由前一點引申而顯現者。由五碑十面改易爲四碑八面,方氏殘石就會出現一塊殘石文字分顯在兩碑上。(圖略)僞迹之四是錯改經文。張國淦碑圖中丕、享、格、鰥等字,舊雨樓殘石改易爲不、亨、假、矜。屈氏認爲此等移易,改猶未改。筆者以爲,聯繫前述吴承仕辨《尚書》僞石所指出之異文組,可以推測,舊雨樓殘石係吸取吴承仕指出之今文文本字形而作僞。鑒於方氏精於鑒别,是一位有鑒賞能力的收藏家,故屈氏推測,舊雨樓殘石是方氏精心設計之僞刻,若係轉賣,以方氏之鑒别能力,不可能被蒙騙。同時又指出,《河北博物院畫刊》上所刊登者多小塊殘石,其大塊石經之刻,很可能已在抗戰期間。依屈氏之推想,方氏在張國淦碑圖行世後,不斷在依仿碑圖作僞,此一推想可從下面一組數據對比中得到點滴啓示。屈文將携至臺灣之剪裱本字數統計後列於文中,後羅福頤在上世紀八十年代亦開列僞石七經字數,兹排列對照如下:

	屈萬里統計	羅福頤統計
易	約三二〇〇字	三石六面,三七〇八字
書	約一一〇〇字	二石四面,一〇九二字
魯詩	約二八〇〇字	六石十面,三三一〇字
儀禮	約一二〇〇字	一石二面,一一六七字
春秋	約一七〇〇字	一石二面,一六六九字
公羊傳	約一二〇〇字	二石四面,二七八一字
論語	約一二〇〇字	七石十面,一六九五字[3]
小計:	**一二四〇〇字**	**一五四二二字**

屈氏所計爲約數,羅氏似已精確計算其字數。其中《書》《儀禮》《春秋》三經所

① 洪适《隸釋》卷十四,第156頁上。
② 羅振玉《漢熹平石經殘字集録序》,第四葉。
③ 羅福頤《漢熹平石經概説》,《文博》1987年第5期,第10頁。

計相去不遠,是剪裱本與羅福頤所見拓本(或剪裱本)相同。而《易》《魯詩》《公羊傳》《論語》四經,羅氏所見遠多於屈氏所計,羅家收藏石經拓本之富,舉世公認,是否方氏在剪裱本之後又有造作,今尚未能確知。筆者從天津博物館及其他單位收集,已有二十多面,散在公私藏家篋中當亦有之,容繼續搜訪,俾作一完善之考證。[①]

屈氏之後,撰文辨正僞石者,即是其弟子程元敏對洛陽新發現的六二七八《尚書》校記殘石。然此石之發現亦有其發掘來源,就中細節尚待進一步研究。綜而言之,一百年來,熹平殘石出土不少,僞刻更多,羅振玉、馬衡在彙集時已有辨正,而散在民間之傳拓本亦真僞雜糅,其中有真而被指爲僞,亦有僞而轉認爲真者,故石經辨僞工作尚有待深入。

參　魏正始石經研究

王國維《魏石經考》首刊於哈同主辦的上海倉聖明智大學所印行之《廣倉學宭叢書》中,當時因銷量無多,傳播有限,除滬上學人以地緣之便得見,在全國學界影響不大。六年後,洛陽出土了一千多年來最大的經碑,驚動官方,轟動學界,一時間掀起發掘、收藏、傳拓熱,由此開啟二十年左右的石經學研究。

一、三體石經殘石之發現

1922 年 12 月,洛陽朱疙瘩村出土一大塊三體石經,兩個月後,洛陽碑估郭玉堂向同鄉王廣慶口述出土經過。謂牌樓莊朱疙瘩鄉人朱姓村民取蔓根製藥,在棉田中掘地四五尺,得一巨石,修廣約三尺許,下半殘斷,表裏刻《尚書》《春秋》文[②],驚爲異物,一時間奔走相告,傳遍學界。當郭傳語與王時,王廣慶正因事赴滬,無暇前往,即屬郭轉告石主,令勿售於外人,同時致函張鈁,請設法籌款,欲保存此石。未幾,洛陽人謝榮章購得此石,以石重不便轉運,

① 對於方氏僞刻殘石,筆者將著專文詳細考證,此不展開。

② 郭玉堂《洛陽出土石刻時地記》云:"民國十一年十二月,其南岸鄉人於棉田中復出巨石一方,字亦三體,下半已斷,表裏刻《尚書·多士》《無逸》《君奭》篇文,及《春秋·僖公》《文公》經文。"河南大象出版社 2005 年版,第 6 頁上。

而分售可獲倍利，遂請白姓石工乘夜鑿而爲二。已而事聞於省，傳檄洛陽令上交，而張鈁赴洛，與孫經武、劉維屏、董天章、李肯堂等協議，擬建亭城西北隅關岳廟貯石保護，終以經費短絀而事不諧。[①]

當巨石未剖之前，曾令象莊村拓工趙道椎拓十四份，[②]已剖之後，分拓四紙，連同同時出土《多士》小石，共爲六張。由於石已一分爲二，故原拓整張身價百倍。郭玉堂云王廣慶捷足先登，曾以五十元購得一張，之後即數百元亦難得藏弆。郭氏在圈子之内，尚且云數百元而難得。羅振玉則多係從古董商處轉手而得，曾云原石爲“藏石者索萬元”，其拓本之價可以想見，[③]足見居奇待賈之一斑。

巨碑未裂時，《尚書》一面刻三十四行，《春秋》一面刻三十二行。原碑每行六十字，殘碑每行存二十餘字至三十餘字不等。《尚書・無逸》自“周公曰：嗚呼，厥亦惟起”至篇終。《君奭》篇目獨占一行，另行自篇首“周公若曰”起，至“有殷嗣天滅威”之“殷”字止。《春秋》自僖公二十八年“不卒戍刺”之“戍”字起，至文公二年“晋及秦師戰於彭衙秦師敗績”之“敗”字止。中間“文公第六”自爲一行。已剖之後，文字殘泐。鑿者以“君奭”篇題只二字，遂從此鑿鍥，故《尚書》一面第十八行“君奭”篇題古篆隸六字全無。第十七行損七字，第十九行損十一字。《春秋》一面第十六行損二十六字，第十五行損四字，第十七行損十七字，第十八、十九、二十行皆有個别字殘損。

同出小石《尚書・多士》存十一行，行存三字至十六字不等，自“在今後嗣王”起，至“予一人惟聽用德”之“惟”字止。《春秋・文公》存十行，行存三字至十五字不等，自九年“晋人殺其大夫先都”之“夫“字起，至“十有二年”之“十”字止。

《無逸》《僖公》和《多士》《文公》殘石出土之後，拓本先在古董商與學者間流傳。羅振玉從古董商處獲睹，章太炎則由李根源、于右任、張鈁等名流贈送，開啓一輪研究歷程。

---

① 參王廣慶《洛陽先後出土正始三體石經記》，上海文明書局 1924 年版。

② 關於第一次所拓份數，學林傳説亦各不同。十四本係郭玉堂《洛陽石刻時地記》所記，王壯弘《增補校碑隨筆》（上海書畫出版社 1981 年版，第 179 頁）從之。羅振玉所聞謂拓十份，見《正始石經〈尚書〉〈春秋〉跋》，又見羅氏所著《石交録》卷一。馬衡謂拓十二本，見許稚璜所藏裝裱拓本題識，參馬寶山《書畫碑帖見聞録・魏三體石經》，《碑林集刊》第九輯，第 357 頁。馬子雲亦從馬衡所説謂“在田間傳拓十二份”，見《碑帖鑒定》，廣西師範大學出版社 1993 年版，第 94 頁。

③ 《羅振玉王國維往來書信》，第 559 頁。

二、三體石經殘石之研究

上世紀二十年代三體石經和熹平石經出土，圍繞殘石研究亦漸成互相交流之學術圈，一是章太炎、于右任、胡樸安、吴承仕等學術圈，一是羅振玉、王國維、馬衡等學術圈，亦有個人獨自研究者。

（一）章太炎、胡樸安、吴承仕學術圈

王廣慶係太炎學生，既得新出拓本，自當奉贈乃師。1923 年 4 月，張鈁送二份拓本與王，王贈于右任並請以一份轉章太炎，由此引起太炎石經研究之興趣。先是，太炎曾從李根源處得光緒十八年發現之《君奭》殘石剪標本，又獲睹此巨碑拓本，相與對質，謂兩塊上下銜接，珠聯璧合，乃始作《新出三體石經考》。

當太炎從于右任處獲得殘石拓本之初，尚不明其來歷，于右任亦僅以傳聞失實、張冠李戴之言相告。[①] 後函詢張鈁，方知實情。[②] 太炎對殘石之興趣，最先在於古文字形和碑式行款。其對古文之辨認考釋，後成爲《新出三體石經考》之主體，而對於碑式之認識，却歷經一段曲折認識。其初得拓本六張，乃是已剖拓本，因不知其爲剖本，誤以每面十五行行三十三字，計其碑正反兩面爲九百九十字。後在《國學周刊》上發表《與于右任論三體石經書》，較前説略異，云：

> 按，今所謂碑石皆中斷，每面各十五行，每行只三十餘字。就本經文字對質，原石一行當有六十字。碑面各十五行，則千八百字，而三體相除則一碑只經文六百字也。《春秋》萬八千字，已須三十石，益以《尚書》二十九篇，當得六十餘石。且皇祐蘇望所摹，今見於《隸續》者，《春秋》亦兼

---

① 太炎記述于右任相告之言曰："去歲有人在洛陽厠牖中，見其石壁有古篆文，設法壞壁，得一石，以示人，知爲三體石經。洛陽居民轉相傳告。或云：某廟某寺亦有石壁，文字相近。因共壞之，復得二石。此即得石後所拓也。其石或入官，或歸富人，分散矣。"得之厠壁之説，乃指光緒十八年《君奭》殘石，可見傳聞失實，真僞參半。見章太炎《章太炎論魏正始三體石經書》，《國學叢刊》第一卷第三集，1923 年，第 153 頁。

② 章太炎《新出三體石經考》述張鈁告之云："民國十一年十二月二日，洛陽東南碑樓莊下朱圪塔邨民勵藥，得石經於土中，爲巨石一，其文表裏刻之，以其重，斲爲二，他碎石亦一散於公私。"《章太炎全集》，上海人民出版社 2018 年版，第四册，第 537 頁。

有傳，左氏全傳十七萬言，合之《春秋》《尚書》，當三百餘石矣。[①]

太炎原以三十多字計，只就殘石數之，此云一行當有六十字，則是“就本經文字對質”而得，符合實情。然知其中斷，而忽其豎剖，故仍以十五行計。一面九百，故云正反面一千八百字，一字三體，一碑只經文六百字。又信蘇望之言有《左傳》全本，故云當須三百餘石。同時又提出，其古文爲邯鄲淳所書，《書》源出壁中，《春秋》則張蒼所獻，皆漢世秘府所藏，故特爲希珍。

太炎書函公佈後，遭到胡樸安之質疑。胡從南社同仁陳去病處得已剖拓本，以《水經注》所載“石長八尺，廣四尺”較量拓本寬窄，十五行寬度僅得其半，謂“當得三十行以上，斷不止十五行矣”。抑更進者，審視已剖拓本邊緣殘字，可知有十六行或十七行，故云“不知太炎何所據而云十五行也”。胡氏以太炎之法計算，謂當得一百八十三石。然其又對三體石經《左傳》提出質疑，云三體石經《左傳》見兩《唐志》及蘇望所摹，“論者謂《左氏傳》當未刻竟，或僅刻至桓公。若據是説，則與《水經注》至四十八碑不相上下。此説雖無確證，然頗爲可信”。胡氏所謂“論者”“此説”，殆即王國維及《魏石經考》之説，蓋胡居滬上，易見《廣倉學宭叢書》也。[②] 針對太炎以古文爲邯鄲淳書之説，胡氏例舉顧炎武《石經考》援據衛恒《書勢》、馮登府《石經考異》援引《晋書·衛恒傳》、萬斯同《漢魏石經考》援據胡三省《通鑒注》，皆已否定爲邯鄲淳書。胡又分析“夏”字形體，不同意太炎將之解爲四時之正字。但他獲知太炎有長篇考證，故“不敢有所論列”，敬請于右任轉呈太炎，冀有以教之。于氏轉呈胡函，太炎在《華國月刊》創刊號刊出《新出三體石經考》之一，同時致函于氏，對自己前説有所修正，云“前示胡君樸安論三體石經書，以事多未理。其云每面至少當三十行者，是也”，自謂“前得拓本時，以紘先(引按，指王廣慶)述之不詳”。故改云“大致以每面三十三行，以百六十餘碑容《尚書》《春秋》經、傳，與樸安説不甚異”。[③] 但胡樸安獲讀太炎《新出考》一文，不久又幸睹于右任所示未裂拓本，對自己前説和太炎改説又有不同看法，乃直接致函太炎，一抒己

---

① 章太炎《與于右任論三體石經書》，《國學週刊》，1923年6月7日。

② 胡樸安《與于右任論三體石經書》，《國學周刊》，1923年8月15日。按，胡函後又云光緒間發現之《君奭》殘石，爲濰縣范某在某村路旁茶肆以五千錢得之，此即王國維《魏石經考·魏石經經數石數考》夾注之文，王説乃聞之於羅振玉，後羅氏亦曾改口，可證胡氏確實讀過王文。參見筆者《第一塊三體石經發現時間與地點辨正》。

③ 章太炎《與于右任論三體石經書》，《華國月刊》第一卷第四期，1923年，第44頁。按，十年後，錢玄同爲之抄録時，改爲“每面三十二行”，見章炳麟《新出三體石經考》，《章太炎全集》，第四册，第538頁。

見。先前兩人計算碑石數，皆以石經所書爲孔壁古文。至是，胡氏以爲魏立三體石經時，《僞古文尚書》尚未發見，而孔壁古文已亡佚《汩作》《九共》《寶典》《肆命》《原命》等十三篇，故字數多寡無由稽考，即使確知每碑行數每行字數，亦不能據以推算。指出太炎名義上以《尚書》二十九篇推算，實際却以《僞孔傳》五十八篇二萬四千五百三十八字當之，故其所云三百餘碑和已説一百八十餘碑皆不符史實。又據論者（實乃王國維説）謂《左傳》僅刻至桓公止，故轉而相信年代接近刊立時的《水經注》四十八碑説。[①] 稍後，胡氏又在爲于右任所示未裂拓本上著跋重新申述，自我檢討，云："今知魏石經所書之《尚書》非《僞孔傳》，據《僞孔傳》字數推算魏石經都數，無異囈語。此事太炎誤於前，余復誤於後，偶一不慎，即致乖謬。急表而出之，以見考古者不可率爾從事。"[②]只因太炎《新出考》雖從胡説，猶以爲魏石經有一百六十餘碑，故其筆鋒一轉，指出《新出考》三誤。一是太炎謂每碑三十三行，實際應是三十四行；二是仍據二十九篇推算字數，與魏石經不符；三是雖以二十九篇爲準，字數却用五十八篇。

蒙文通在《國學周刊》和《華國月刊》上看到章太炎與胡樸安有關三體石經之討論，有其自己獨特之看法，於是致函胡氏，提出異見。一、太炎意三體石經爲邯鄲淳書，蒙氏據劉孝標《世説新語注》引嵇紹序和《晋書・趙至傳》，謂魏石經爲嵇康所寫，至少是"叔夜殆與於從事也"。二是三體石經所立不止《尚書》和《春秋》，當是六經具備。其所據爲張參《五經文字序》，以漢石經即三體石經，不限於《尚書》《春秋》，並參稽郭忠恕《汗簡》、夏竦《古文四聲韻》中六籍皆有石經。以上兩點，嵇康所書，前人已有論略否定。[③] 至以漢石經即三體石經，則純爲范曄所惑。蒙氏博學一生，亦失察一時也。其云欲取蘇望所刻八百餘字，"察經文，省碑勢，排句比字而爲之圖。則古碑斷爛之髣髴，又略可睹"，此實善意明見，自謂當時困於旅途，已作而中輟，無法了此心願，然其亦不知王國維八年前已導夫先路矣。

對於三體石經所刻爲孔壁古文抑僞孔傳文本，蒙氏亦有自己獨見。他雖持晋世《古文尚書傳》爲王肅所作之見，但其所揭示之現象却不無思考價值，

① 胡樸安《與章太炎論三體石經書》，《國學周刊》第二十九期，1923年11月。
② 胡樸安《三體石經跋尾》，《國學周刊》第三十三期，1923年12月19日。
③ 自朱彝尊輯録《世説》文獻，劉傳瑩、俞復等主之，而姚晋圻、田明昶等謂是摹寫而非書石經。

蒙氏云：

> 魏博士不可考，惟《晋書・職官志》云："晋初承魏制，置博士十九人。及江左初減爲九人。"蓋九人即十九人中之舊在學官者。《荀崧傳》言，江左中興，簡省博士，九人中有《尚書》鄭氏古文、《尚書》孔氏。九人中有孔氏《尚書》，即十九人中亦有孔氏古文《尚書》可知。况崧奏復云："故事，太學有石經古文，先儒訓典，賈、馬、鄭、杜、孔、服、王、何、顔、尹之徒，章句傳注，衆家之學，置博士十九人。"是亦足徵魏晋十九博士有孔氏《尚書》。設使當時學官所立，徒有壁中古文，而無安國之《傳》，則鄭氏之外，何必更立孔氏一家？則古文《尚書》孔氏，其爲《僞孔》無疑。從丁儉卿説，《孔傳》之作爲王子雍，則魏晋學官亦得有《孔傳》。……則出於子雍之《尚書孔傳》，宜得立於學官，而古文勒石，非魯壁之真審矣。①

蒙氏不同意章氏、胡氏所主三體石經用孔壁本，而認爲是僞孔傳本。何以言其然？蓋"使正始石經爲《九共》《汩作》等之五十七篇，則舊書煌煌共見，彼僞作《孔傳》者，將何所售其欺？逮梅賾奏上，斯時石經存者當衆，豈難校知非是？故謂正始石經，亦如馬鄭注《書》，止於二十九篇猶可，若以爲所刻爲《九共》《汩作》等五十七篇，則難釋然也"。假使石經刊刻孔壁本，則梅賾奏上古文《尚書》時，石經尚未毁棄，必有人出來校核指責，所以一定是馬鄭古文二十九篇。蒙氏未見王國維《魏石經考》，此結論則與王氏殊途同歸。而其所謂江左中興，鄭氏《尚書》與孔氏《尚書》同時立爲官學，更可引起研究古文《尚書》真僞者之深思。

章太炎《新出三體石經考》萌毓於初睹三體石經拓本時，經與于右任、胡樸安等書函討論，探索其碑式行款、古文形體和書寫者(已見前述)，略作修正後分期刊於《華國月刊》。刊出之後，復又與吴承仕討論，續有修訂，1933 年由弟子錢玄同用隸書重新繕寫，收入《章氏叢書續編》。初，太炎與于右任書，謂三體石經爲邯鄲淳書，經胡樸安駁斥，乃又徵文考獻，梳理邯鄲淳之行歷年世甚詳，以爲正始之時，"淳宜已前卒，雖在亦老髦不能書丹"，然即使已前卒或在世而不能書，由於其時"去博士授經之時未遠，其弟子見淳寫經，親承指畫者甚衆，因移書上石"，是其退而守三體石經爲邯鄲淳弟子"據淳所書真本，

① 蒙文通《與胡樸安論三體石經書》，《國學周刊》第四十四期，1924 年 3 月。

書丹入石”之説，謂“雖書勢不逮，其字形則無異”。[①] 至於所鎸經數和碑數，其由先前誤以每碑十五行計得三百餘碑，經胡樸安糾正並見未裂原拓本，最後以每面三十二行，行六十字計。他依據《唐書・藝文志》有《三字石經〈左傳〉古篆書》十二卷和《左傳正義》所引石經古文，以及蘇望所摹寫之《左傳》文字，斷定正始石經有《左傳》，然若以三體刻《尚書》《春秋》和《左傳》，必須一百六十餘碑方可竣其事。酈道元《水經注》所云四十八碑，當是“《左傳》施工未畢”，並推測“晋惠帝時，裴頠復請刻石寫經，蓋亦以繼正始之緒也”。[②] 承認六朝時酈道元等人所見爲實，因轉而思考所謂裴刻晋石經或許是繼正始之鴻業。

《新出考》重點還是在對三體石經古文之考釋。故史實考證之後，挹取一百多個古文字形，首取《説文》之古文籀文字形比勘，繼取銅器銘文字形之構件、筆畫參互爲説，更參以戴震、段玉裁等清儒之説，溯其源流演變之迹。今校《華國月刊》所刊與《章氏叢書續編》錢玄同抄本，知後者頗多增益改易。且因書由弟子吴承仕覆校，兼亦附有吴承仕説。[③]

（二）羅振玉、王國維、馬衡學術圈

殘石拓本一經流傳，羅振玉最早取校作跋。乃其先云“此石以壬戌秋出於距洛陽東三十里之大郊東朱家古墩”，謂在秋季，與王廣慶、郭玉堂説在“十二月”者不同。郭本親歷，羅係傳聞，自當以冬季爲準。羅氏又云“乃農家耕地得之，以售於賈人，賈欲密運入城，而石重大，懼爲人所知，乃中剖爲二，以便轉携，致損字一行”，依稀仿佛，似是而非，較之王氏所記，知皆傳言。羅氏此時所得拓本，乃中剖本而非全本，故所謂“損字一行”，亦非客觀。唯其所作跋文有三點值得揭櫫：一是殘石行款。由於羅氏知王國維《魏石經考》頗關心石碑書寫行款，故亦揭其異同云：“其款式，《春秋》每易一年皆空一格（合三體計三字），而一年中之事則蟬聯書之。‘文公元年’之前，標題作‘文公第六’，單爲一行，至今本每年之上皆署干支，此全無之。”石經不書干支，值得注意。二是再次肯定《汗簡》與《古文四聲韻》之價值。王國維曾特别指出郭、夏

① 章太炎《新出三體石經考》，《章太炎全集》，第四册，第 545—546 頁。

② 章太炎《新出三體石經考》，《章太炎全集》，第四册，第 559 頁。

③ 章太炎對三體石經之認識、考證與成就，詳見拙文《章太炎對三體石經的認識與研究》，香港單周堯教授七秩國際學術研討會論文，2017 年 12 月 8—10 日。

二書之價值。羅氏經與傳世本校勘後，謂石經古文與郭、夏二書"所載十合八九，知郭、夏實有本原"。[①] 相反，石經篆文可訂正許書者，不一而足。三是可定石經書法，並謂石經三體中以篆文爲最精。餘則取校傳本，著其異文，記其羨欠。此跋作於 1923 年 2 月，亦即郭玉堂傳言王廣慶之時，可見羅氏捷足而得風聲之先。

稍後於羅振玉，馬衡亦在獲得拓本後，爲與巨碑同時出土之《多士》殘石作跋，取校今本，著其異同，記其羨欠。馬氏揭示一古文異同，即傳世梅賾本"不敢有後"之"後"，接以"無我怨，惟爾知惟殷先人有册有典，殷革夏命"。而殘石"後"下有"王曰繇"三字。馬衡云："觀石本知'無我怨'以下乃王三呼多士而告之，意周且摯，今本佚之者非也。"[②]以每行二十字排列，石本此處確實多六字，後王國維排列《尚書·多士、無逸》碑圖，此處補"王曰繇告爾多士"七字，而云："今本無此句。繇，即今本上文'猷告爾多士'之'猷'。《大誥》：'王若曰：猷，大誥爾多邦。'釋文：'馬本作"大誥繇爾多邦"。'知今本'猷'字馬本並作'繇'。"[③]此應是與馬衡同一思路。

並非僅因王國維寫過《魏石經考》，而是王氏之邏輯思維和研究系統性更能把握對象之本質，故羅振玉每獲新資料，總會複製出示給王國維，此從兩人往返書函中觸目可見。羅氏獲睹巨碑拓本，未幾將拓本轉致王氏。王國維從四五月間得拓本開始研究殘碑。六月七日致羅振玉函云：

> 昨日將《多士篇》殘石照《尚書》字數一排，知是《無佚篇》殘碑前一碑。自第一行起至第十一行止，下所闕字正得二十三行，正得三十四行，其上自《多士篇》首起闕一百八十四字，則在"今"以上闕四字也。《春秋》亦排出，乃自第二十五行至第卅四行止，其"趙""敖""宋"三字，則在第二十一、二十二、二十三三行也，所排之稿爲叔平持去抄録矣。叔平處之拓本似漢石經，乃"邱""來"二字。直列。又一石有"後""醢"二字可識。横列。明日當見叔平，即行索之。[④]

---

① 羅振玉《魏正始石經殘石跋》，《松翁近稿》，《羅振玉學術論著集》，第十集，上海古籍出版社 2011 年版，第 53—55 頁。按，羅氏此跋自署"癸亥(1923)二月"。

② 馬衡《魏正始石經〈尚書·多士〉及〈春秋·文公〉殘石跋》，《凡將齋金石叢稿》，中華書局 1977 年版，第 250 頁。按，馬衡此文後自署"癸亥(1923)四月九日"。

③ 王國維《魏石經殘石考》，《王國維全集》第十一卷，浙江教育出版社、廣東教育出版社 2010 年版，第 28 頁。

④ 《書信日記·書信》，《王國維全集》第十五卷，第 547 頁。

排出《多士》文字，其爲《無逸》殘碑之前一碑，可見《無逸、君奭》當然已排出。至此，王氏已在撰寫《續考》。信函提及碑圖稿爲馬衡持去抄録，須當一表王、馬關係。王、馬1916年前後同居上海，來往不多。1919年馬避學潮回滬省親，拜訪王氏請教石刻銅器銘文，自後聯繫漸頻。及王氏北上執教清華，兩人過從甚密。馬衡爲復原《無逸》《春秋》巨碑，頻頻書函往返，屢屢登門造訪，時時析疑商討，並請王氏題詩，自己作跋，最終製成二張二十世紀石經出土以來最完美的魏石經拓本。[①] 王氏多深居簡出，馬衡則利用工作之便，數進洛陽，搜集殘石，凡有所獲，多拓贈王氏。故非唯兩人共同成就完美之魏石經拓本，即其他小石和漢石經殘石，亦多有切磋商討之樂。[②] 漢魏石經之研究成績，羅王可謂你中有我，我中有你。王氏進京，馬衡加入，形成一個石經研究學術圈，而王氏是其核心。此外，《石經彙函》編者王秉恩之子王文燾，上海陳乃乾等，皆與王氏有書函討論。當時王文燾亦在從事魏石經復原工作，兩人多次書翰往返，討論石經。1923年，静安尚未獲睹三體石經《春秋·文公》九至十一年和《多士》殘石，文燾曾摩示自己所寫圖録寄呈。[③] 静安作覆云：

> 昨奉手教並摩示石經，正在發熱，不能作覆，至以爲歉。敝藏二紙，其異同略能記者，《君奭》"其終出于不祥"，"終"作"崇"；"我道惟寧王德延"，"道"作"迪"，均與《釋文》所引馬融本同。而尊摩《多士篇》"猷"字作"繇"，憶《大誥》"猷"字，馬亦作"繇"，然則魏石《尚書》實用馬本也。[④]

由終、崇，猷、繇異文，推測石經用馬融本，此王氏所發現，而分享於同仁。不久文燾見報載宫中火災，更致函静安，先論溥儀最先發現火災，指揮救火之事。而後云："承示新出石經又見三方，倘可尋覓，狠求代各覓一紙。近聞金陵亦有一方，爲一宦洛陽者所有，已托人往覓，倘可多得，當以一分奉上。"讀此文字，可見文燾於石經信息極爲關心，所以然者，蓋"文燾正撰《魏石經圖考》，此四石俱獲，可望蕆事，敬當繕呈，敬祈指誨"。其亦在作正始石經之圖

① 王、馬二人往來討論綴補殘石過程，見拙文《王國維與馬衡的石經之緣》，未刊稿。

② 參見拙文《王國維與馬衡的石經之緣》，未刊稿。

③ 今《國家圖書館藏王國維往還書信集》中有王文燾《魏正始三體石經〈春秋·文公〉殘字》（分兩段景橅）和《魏正始三體石經〈尚書·多士〉篇殘字》（分兩段景橅）十葉，即係文燾摹寫手筆。後有兩跋，略有考證。末云"静安先生未得此拓，囑命景橅，因竝録識語，敬祈誨正。宣統十五年孟夏莘陽王文燾識于杶蔭宧"。是即静安所索要者。中華書局2017年版，第六册，第2533—2542頁。

④ 王國維《致王文燾》，《王國維全集》第十五卷《書信日記·書信》，第600頁。

考,“故亟欲一睹此三殘石文字”。接此有求於静安云:“先生如已蔓得拓本,可否景橅一紙,先惠《益稷》行款,尤爲新穎。”[①]静安接函,先告宫中火災内情,復告以《益稷》(皋繇謨)“禹/四”殘石文字與形製。[②] 由此知羅、馬之外,静安學術交往與所獲拓本之另一途徑。

陳乃乾在獲得正始石經拓本後,著手編輯《魏正始石經》一書,故與王氏書函往來討論之。《魏正始石經》載有王氏致陳書函一通,可以見兩人討論之一斑:

> 昨晚接手書,敬悉一切。三字石經,其行款有二種:一《尚書》首數碑作品字式,皆每行七十四字,與漢石經行款同。每碑約廿五六行;又一種則每碑卅餘行,每行六十字。品字式現所出已有六七小塊,皆《皋陶謨》之文。石經無《益稷篇》,合於《皋陶謨》。而又有“女”“説”二字並列。二字石,則非品字式,而與《多士》《無逸》《君奭》二碑同式。此“女”“説”二字,或釋爲“予違女弼”及“庶頑讒説”之“女”“説”二字,以行款校之却合。如“女”“説”二字果係此經,則以字數計之,《尚書》首二碑爲品字式,第三碑以後即改爲三字直下式也。此二種行款雖異而碑之高廣則同,因品字式者字較小故也。承問“言”字,乃《皋陶謨》“朕言惠,可底行”之“言”。此處碑本比今本少一字,而《益稷》篇題則古文所本無,故不必計也。弟於此碑新有考證,約得三十紙,而尚未定稿,且冀續有所見,故現不能發表也。[③]

王氏研究之伊始,尚未見直下式《堯典》《皋繇謨》,故認爲“《尚書》首二碑爲品字式,第三碑以後即改爲三字直下式”,但“女/説”殘石似非品字式,該石藏家周進釋爲“予違女弼”及“庶頑讒説”二語,一時亦無從徵信。此時《殘石考》已有三十紙,然以很多問題尚無定見,故不能發表。《殘石考》至王氏逝世,始終未定稿。[④] 但其分碑圖、經文異同、古文三部分,爲此後同類著作之主幹。

由於巨碑之出現,使得三體石經之碑式已無盲人摸象、妄意猜測之虞。但因王氏未見直下式《堯典》殘石,云“此次所出魏石經中最可注目者,則《尚

---

① 王文燾《致王國維》,《國家圖書館藏王國維往還書信集》第六册,第 2526—2527 頁。
② 王國維《致王文燾》,《王國維全集》第十五卷《書信日記・書信》,第 602 頁。
③ 《書信日記・書信》,《王國維全集》卷十五,第 701 頁。又陳乃乾《魏正始石經殘字》二卷前附此翰,文字略同(1923 年十月陳乃乾影印本,第五葉)。然校核陳乃乾所編之《王静安先生遺墨》,《全集》等有脱字,今據《遺墨》校正。華東師大出版社 2014 年影印本,第 251 頁。
④ 參見拙文《王國維〈魏石經殘石考〉撰作年月辨正》,未刊稿。

書·皋陶謨》十七石中與《高宗肜日》以下諸石行款不同是也”,[①]誤以爲魏石經碑石前後不同,故《殘石考》首列十二碑圖,前兩碑《堯典》《皋繇謨》是品字式,第三碑之後始是直下式之《金縢》《康誥》《梓材》《尚書·多士、無逸》《無逸、君奭》《君奭、多方》《多方、立政》《立政、顧命》和《春秋·莊公》《僖公·文公》(二塊)。品字式與漢石經相近,每行七十四字,每碑在二十六七行左右,而直下式有每碑三十四和三十二行二種,每行則恒定爲六十字。關於石經書法,他不僅認爲品字式和直下式非一人所書,即二種碑式之三體亦有所不同,“品字式者,古文、篆、隸三體似出一手;直下式者,則三體似由三人分别書之。而書品字式古文與書直下式古文者,亦非一手。不獨書人不同,即文字亦不畫一”。[②] 因爲若“克”“帝”“予”等字,“攴”“水”等偏傍,《尚書》與《春秋》、《尚書》各篇之書法各不相同,因而推測當時雖有古文原本,而上石時決非一一照摹。

其次是校核經文之異同。經一定款式復原後之碑圖文字,與傳世今本文字不免形成些許差異。其中有字形之異同,此或爲一字多形,傳抄不同;或爲師説各異,導致文字多寡不同,或羨或欠,最終形成不同文本。如《君奭》“我迪惟寧王德”,今本“迪”作“道”。《釋文》云:“道,馬本作迪。”此與馬本同。王氏云:“《釋文》此篇出馬本異文二科,石經均與之同。又《多士》篇‘繇’字亦與馬本《大誥》同。”由此得出“知石經所用與馬、鄭本極近”之結論。[③] 更有文句前後舛亂者,如《無逸》篇述殷三宗之次序,三體石經和今傳古文《尚書》是中宗、高宗、祖甲,而宋代出土之熹平石經是祖甲、中宗、高宗,今古文之異,造成千餘年之紛争不息。[④]

在殘石零星,全靠文字多寡數量來推測碑式前提下,《尚書》《春秋》篇題之占位很值得關注。王氏著《魏石經考》時,比照熹平石經款式和傳世本古文《尚書》篇題,以爲今文、古文之篇題確有不同,推測三體石經《尚書》是“古文尚書文侯之命弟ㄙㄙ周書”,《春秋》是“古文春秋經莊公弟三”。及至巨碑出土,發現“君奭”篇題下無“弟幾”字樣,亦不題“周書”,乃云:

---

① 按,一九三〇年羅振玉《正始石經殘石考跋》云:“近日又出殘石數十字,爲公所未見。又得《堯典》殘字,古文、篆、隸三體蟬聯書之者,知以前於古文之下側注篆隸書者爲别本也。”

② 王國維《魏石經殘石考》,《王國維全集》第十一卷,第25頁。

③ 王國維《魏石經殘石考》,《王國維全集》第十一卷,第31—32頁。

④ 參見拙文《〈尚書·無逸〉篇今古文異同與錯簡》,臺灣“中研院”《史語所集刊》第八十七本第二分。

今本每篇之首"厶厶第幾厶書",與以《書序》分冠篇首,皆《僞孔》所爲。至《序》後復出篇題,除僞書二十四篇外,皆原本也。馬、鄭本篇題蓋亦如是。其云《虞》《夏》二十篇、《商書》四十篇、《周書》四十篇者,乃鄭君注《書序》之説,未必每篇之下題某書某書。《正義》所云鄭本《湯誓》第二十九、《粊誓》第九十七,亦以《序》中百篇之次言,未必署第幾也。①

以上由熹平石經、三體石經和傳世本異同而推測之言,雖未經古本證實,然對漢魏篇題文本之變遷確有啓迪意義。

再次是古文字形之疏證。王氏在《魏石經古文考》中疏證丁氏所藏殘石古文三十一字,《隸釋》所載古文一百四十字,總計一百七十一字。《殘石考》則疏證《皋陶謨》十二字,《康誥》一字,《多士》二十一字,《無逸》六十三字,《春秋》五十二字,計一百四十九字。《殘石考》一如《魏石經考》,疏證古文多以《説文》古文校核,其次則以《汗簡》《古文四聲韻》對照。再次則參以鐘鼎銘文字形,旁涉《玉篇》《廣韻》《集韻》及清儒如段玉裁諸家之説。尤其是其對郭忠恕和夏竦二書之運用,可以説是繼清代孫星衍、馮登府之後,最重視郭、夏二書實際價值者。

王氏自沉後,羅振玉將《殘石考》未定稿編入《海寧王忠慤公遺書》,匆促間不免有誤。1930 年,羅振玉曾對其中失誤有所指正,其中有王氏原稿之誤,亦有校印未及刊正者,②校印之誤,直到新版《王國維全集》仍有未改正者。王氏之誤,有當時未見殘石者,亦有考證未達一間者。如王氏謂魏石經未見直下式《堯典》,遂謂前後碑式不同。其謝世後,直下式《堯典》《皋繇謨》殘石出土,羅振玉作跋云:"以前建德周氏藏《皋陶謨》,'女''説'二隸書作大字平列。吾友王忠慤公曩撰《魏石經殘石考》,以與所見《皋陶謨》書式不同爲疑。今依每行二十言爲之圖,則'女'字爲'以出納五言女聽'之'女','説'字爲'庶頑讒説'之'説'。'女'字在《皋陶謨》第十二行,'説'字在十三行。二字正平列,于是益證明正始《尚書》皆三體蟬聯書之,非有二式。"③又《堯典》"夔

① 王國維《魏石經殘石考》,《王國維全集》第十一卷,第 30 頁。

② 參見羅振玉《正始石經殘石考跋》,《羅振玉學術論著集》第十集《遼居乙稿》,上海古籍出版社 2011 年版,第 362 頁。《正始石經〈尚書·堯典〉殘字跋》二篇和《正始石經〈皋繇謨〉三殘石存字跋》二篇,以及《正始石經〈尚書〉〈春秋〉跋》一篇,《羅振玉學術論著集》第十集《遼居乙稿》,第 382—386 頁。

③ 羅振玉《正始石經〈尚書·堯典〉殘字跋》,《國立北平圖書館館刊》第五卷第一期,1931 年。收入《遼居乙稿》,《羅振玉學術論著集》第十集,第 382—386 頁。

曰/允帝/登庸”品字式殘石出,“登庸”今本作“徵庸”,此亦王國維所未見,故其碑圖未能標示。羅振玉得此拓本作跋云:“亡友王忠慤公據今所傳殘字定爲每行三十七字,則‘登庸’之‘登’應低于前行‘允’字二格,今‘登’字與‘允’平列,是‘惟允’以下,‘登庸’以前,石經較今本少二字也。”又據敦煌《尚書釋文》殘卷,證唐寫本作“登庸”,與石經同。① 至王氏所誤者,如《皋陶謨》“惇/帝/丂”殘石,最後一字王氏録作“巧”。羅振玉云:“《説文》‘丂’注:‘丂,古文以爲亏字,又以爲巧字。’今殘字正作‘丂’,可爲許説之證。往歲忠慤撰《正始石經殘石考》,誤録‘丂’作‘巧’,故爲訂正之。”②

馬衡對魏石經亦嘗深研有得,《凡將齋金石叢稿》有《魏石經概説》一文,不具年月,文中論及經碑記數殘石,知乃 1937 年以後所作。文章雖短,却頗有新見。其對記數經碑記數處有一説法,云“刊刻記數處,適當碑之最下層,陷入碑趺處。蓋每行有二十格,每格直書三體,距末格約三寸處,畫一平行横綫,當係碑趺之高度。此綫以下陷入碑趺,即有文字,亦不可得見”,此雖人人意中所有,却未經道出。至由此記數碑而計算出魏石經《尚書》《春秋》二十八碑之説,馬衡有自己獨特思考,他與王國維共同以小殘石復原巨碑,對《君奭》《無逸》及《春秋》僖公文字最爲熟悉,曾作出如下推算:《尚書・君奭》以下共有二百二十八行,以每碑三十四行計,七碑固足以容之。而《春秋》自僖公二十八年以上,並隱至僖五公篇題在内,共得二百五十四行,假定容以七碑,則必二碑爲三十七行,五碑爲三十六行,行款未免太密。且第六、第七兩碑皆有殘石存在,第七碑分明爲三十二行,與第八碑相同。減去第七碑三十二行,餘下二百二十二行,平分六碑,每碑爲三十七行。由此行數差異,使其頓生疑慮,云:

> 凡此疑竇,實爲記數石與二殘石之矛盾。過信記數石,則《春秋》最前五碑與以後各碑行款不能相應,若益一碑,則記數石即須推翻。此不能解决之問題,衹可留待將來解决矣。③

以《無逸、君奭》和《僖公》巨碑之三十四、三十二行衡之,固有疏密差池,然因

① 羅振玉《正始石經〈尚書・堯典〉殘字跋(二)》,《羅振玉學術論著集》第十集《遼居乙稿》,第 384 頁。

② 羅振玉《正始石經〈皋陶謨〉三殘石存字跋》,《羅振玉學術著作集》第十集《遼居乙稿》,第 386 頁。又《正始石經〈尚書〉〈春秋〉跋》一篇,亦有指正王説者。見 386—387 頁。

③ 馬衡《魏石經概述》,《凡將齋金石叢稿》,第 222 頁。

少見實物，只能作爲一種思路存疑。及至“第十七”殘石出土，方可調整思維，重新認識，惜馬氏已逝世。

對於王國維謂《左傳》刊至桓公説，馬衡亦以爲“殊嫌牽强”。因爲桓七年傳所存“君子曰善”三體殘文九字，桓十七年傳所存“疆事也於是齊人疆來公曰”三體殘文二十六字，兩段文字皆一行直下且無前後行文字闌入。就石碑斷裂之石勢而言，不可能裂成如此狹長一條，故馬衡“知其非正式經文也”，於是提出一大膽設想，魏石經不同於漢石經，魏石經刊刻時有刻工試刻文字。因漢代通行隸書，人人所習，刊刻熟練，而古文、小篆二體，非所素習，不能不以他石先行試刻。此一推想可由下列殘石證明：

> 一、試刻之文多爲古、篆二體，或古文一體，罕見三體完具者；二、試刻之文不必爲《書》與《春秋》，……三、此類試刻之單詞隻句，大多不按每行六十字排列，隨宜書寫，如《高宗肜日》之“宗雊惟”爲每行五字，《多方》之“之克開于民之”爲參差不等之行款；四、刻於他石者如《禹貢》篇首之三行，石作半圓形，必非經碑，其刻於經碑之隱蔽處者，如《君奭》、僖公碑之下截陷入碑趺者，除刻記數之字外，尚有不成文之殘字是也。①

緣此，馬衡認爲《左傳》兩段殘文雖三體具備，仍應屬於試刻文字。馬氏僅著眼於一體、二體及單詞隻句，而最大之疑慮乃是一代之大制作，何以有品字式與直下式之不同。羅振玉曾提出補刻説，謂要不出於晋以後，很可能出自晋永嘉亂後補刻。② 而章太炎則認爲決是後人僞刻，曾與吴承仕書中譏羅、王信以爲真，是“不辨篆法工拙”，③而與王廣慶書更謂是金元人書或土人炫奇贋作欺人。④ 八九年後，他在《新出考》定本中仍堅持此一觀點，謂其“篆書肥俗”，比之宋嘉祐石經之篆書猶不如，云“魏世石經既立無幾，梅氏僞古文作，今石經出於洛陽，而僞作三體以衒賈者旋起，所謂巫者效禹步而已”，⑤更意其爲今人所僞作。對此能作比較合理之解釋者，莫過於王獻唐。王氏爲屈萬里整理之《漢魏石經殘字》作序時曾云：

---

① 馬衡《魏石經概述》，《凡將齋金石叢稿》，第 223 頁。

② 參見羅振玉《正始石經〈尚書・堯典〉殘字跋》，《遼居乙稿》；《魏正始石經〈尚書・堯典〉殘字跋》，《車塵稿》，皆見《羅振玉學術著作集》第十集，第 384 頁，第 556 頁。

③ 章太炎《與吴承仕書》之四十五，《章太炎全集》第十二册《書信集》，第 440 頁。

④ 章太炎《與王宏先書》之二，《章太炎全集》第十三册《書信集》，第 1051 頁。

⑤ 章太炎《新出三體石經考》，《章太炎全集》第四册，第 653 頁。

品式古文冠上，獨占一格，兩旁縻餘空石。初意爲此，所以標重古文，後時或以費石，及行列不整，改爲三體直行。今存品式經文，爲《堯典》《咎繇謨》殘石，當屬《尚書》起首二碑，知其刻石在前。而館藏直行三體二石，亦爲《堯典》，品式既有《堯典》，曷爲複刊？此或後日以品式不合，廢而未用，復從《堯典》更刻，故經文重出，未必三體直行，接從品式二碑遞刻也。①

由品字式之費石或不齊整而更易爲直下式，就現今出土直下式有完整《尚書》《春秋》而品字式僅《堯典》《皋陶謨》兩碑而言，應是最爲合理之詮釋。更由直下式和品字式之更易，可對馬衡一體、二體之試刻說有進一層理解。

馬衡又提出一他人未經意者，即魏石經之補綴痕迹。指出"半截大碑《春秋・僖三十二年》及《文二年》文中即各有一處"用小石補綴者，文字約占四字地位，蓋高八尺廣四尺之碑材，難免有石質鬆軟之病。然此非浸淫於殘石之深之久者不易發現也。而無獨有偶，羅振玉亦反覆摩挲殘石，指出《多士》殘石"在今後嗣王"，古文"後"下空三格，失書"後"之篆隸二文及"嗣"之古文，《春秋・僖公廿八年》"天王狩于河陽"，"狩"字古文下空一格，失書篆文。《文公元年》"公孫敖會晋侯于戚"，"敖"字篆書上空一格，失書古文。諸如此類，羅氏以爲"殆因刻時書丹漫滅之故，然遂亦不補刻"，②以上兩點雖是細枝末節，無關鴻旨，然正始石經爲一代巨製，竟有補綴與空缺不刻之字，亦可反映出當時鎸刻大事之疏略。此與前所論述試刻、補刻等，與工程之籌措組織乃至政治之穩定與動盪之關係，值得進一步探討。

（三）王照、高步瀛一體三體之争

與章、王學術圈同時而不得不提者，是王照與高步瀛關於三體石經時代之争。照字黎青，又字小航、筱航，近代倡導拼音文字、制訂"官話字母"者。步瀛字閬仙，桐城古文殿軍吴汝綸弟子。高博極群書，世所罕比。魏石經巨碑顯世，轟動學界，故鄧毓怡（字和甫，號拙園）致函高步瀛，詢問漢魏石經差别及其時代。高裁書作答，謂自己雖未留意金石之學，然因石經源流，關乎考據甚切，而漢魏石經，尤爲考據家一大公案，故亦嘗稍稍瀏覽及之。高歸納石

① 王獻唐《漢魏石經殘字叙》，《漢魏石經殘字》，海嶽樓金石叢編之二，第三葉。
② 羅振玉《正始石經〈尚書・春秋〉跋》，《羅振玉學術論著集》第十集《遼居乙稿》，第387頁。

經聚訟要點有三：一爲一體三體之别，二爲經數，三爲石數。正對鄧氏所問，敬告云一字石經爲後漢熹平石經，三字石經爲魏正始石經。此經清儒以至王國維《魏石經考》止，已無可再争之事實。魏石經殘石出土，需要進一步研究者是碑數、行款及經本等問題。唯鄧氏雖亦爲桐城高足，與高氏同門，却持高氏之書轉以求證於王照。王照遂作書答和甫並示高君。王氏之邏輯，是碑無年號，自以載籍爲據；載籍歧異，自以正史爲重；正史歧異，則以成書在先見聞較切者爲重。在此前提下，又分特書與旁及，特書者，鄭重紀實，旁及者，一時不經意之筆。王氏以此邏輯，謂《魏志》無特筆紀載，《後漢書》則鄭重寫實，批評高説所引衛覬《書勢》"半語"相及，而爲高氏當作依據。於是指爲"錯中復錯，不可思議"，"是蟬翼爲重，千鈞爲輕"並大加撻伐。高再覆書和甫，謂："若以陳壽不言，遂斷魏無石經，則後唐長興諸經鏤板，歐陽文忠《五代史》亦不載，以此爲例，將以歐史爲據遂謂後唐無鏤經之事乎？復陳歐二書皆良史也，而皆簡略，不得以其一事不載，遂謂非良史，亦不得以其不載，遂謂當時無有此事也。"[①]高氏讀王函，頗覺其意氣特盛，鬥志昂揚，復與鄧書云"弟則謂此等事極無謂。昔孫淵如與謝藴山辨湯陵，至以文移往來。孫盛氣相争，謝後不與校，而後世論者皆左謝右孫，以所持果是，天下後世自有公論，不在一時嘵嘵争勝也。"[②]王氏於此又作"兩説根據比較表"，羅列六朝文獻，加以案語。並匯聚往返書函，更在高書下肆意批注，横加責難，刊印行世，時在 1923 年冬小寒。

此後數年中，王氏又有與人論三體石經書，如甲子夏復李彰久書，甲子冬復彰久書，丙寅陽月致侯疑始書，丙寅臘月致疑始書，又致疑始書，答袁江橘逸書。及至 1926 年日人岡井慎吾《〈五經文字〉〈九經字樣〉箋正》一書出，著者贈送王氏，王氏覆函又論其書中關於"唐人雜採漢魏，此序不及魏石經者，姑從省舉"云云直陳胸臆，云："愚意以大曆開成尊經時代，張、唐兩儒恭膺簡命，爲考訂之領袖，其兩書皆進呈御覽之作，故文體質樸沈實，語語俱慎重周詳之意，豈有於此大節目含糊省略，指鹿爲馬者哉？必不然矣！"[③]遂又將各

① 王小航《三體石經時代辨誤》所附高步瀛《致和甫第二書》，《民國時期經學叢書》第五輯第六十册，臺灣文听閣圖書有限公司 2009 年，第 25 頁。

② 王小航《三體石經時代辨誤》所附高步瀛《致和甫第二書》，《民國時期經學叢書》第五輯第六十册，第 23 頁。

③ 王小航《增訂三體石經時代辨誤》，《歷代石經研究資料輯刊》第六册，第 654 頁。

書匯聚，加前所作《三體〈尚書〉異字注》，作爲《時代考》之下卷，於 1930 年重新刊布，名爲《增訂三體石經時代辨誤》。

漢刻一字石經，魏鎸三體石經，此非唯在今日成爲常識，即在清末民初，亦已爲學人所共曉。高氏博學，其致鄧函，已開列一批石經專著，中亦有王國維《魏石經考》，讀之本可了無疑義。乃鄧毓怡多事，轉致小航，滋生紛争。高步瀛致鄧氏第二函之末，已云："夫趙德甫、洪景伯乃宋人中長於鑒别者，而顧亭林、朱竹垞、全謝山、錢辛楣、孫淵如諸先生又皆清儒之眉目，而筱航以不通目之，此而不通，天下安有通者？即近人王静安、章太炎其學皆不可侮，其於漢一字、魏三字考之甚詳，而筱航概屏其書而不觀。嗚呼，吾復何言？筱航如有後函，請勿相示！"高淵融而高蹈，以此口實相争，無謂也。而觀王氏對高氏書函之評語，可謂極盡挖苦貶損之能事，其於古人今人之觀點，亦多苛求嚴責。騁辭逐意，可謂譊譊好辯者也。此巨碑出土後所引起之一場無謂之争，結集爲一本可以借鑒之書。所以附論於此者，蓋以見學術之争，當平心而細思，兩觀而自省，徒逞口舌之鋒，適足自損其格。

（四）其他個人研究

方當章太炎、于右任、胡樸安等討論於東南，羅振玉、王國維、馬衡研求於北平之時，河南潢川吴寶煒已輯著《魏三體石經録》一書行世。正編著録朱疙瘩村所出巨碑《尚書》《春秋》及《多士》殘文，並附光緒十八年《君奭》殘石文字，《續録》補收《多士》《多方》《春秋》小殘石。是書依仿孫淵如《魏三體石經異字考》體式，摘録殘石字句，校以今本，著其字句異同及殘石古、篆、隸缺損、字形清晰模糊狀況。書前有序，綜述吴氏對三體石經之看法。就其所論，所參考之清代著作，多常見如朱彝尊《經義考》、杭世駿《石經考異》等書，不知臧琳已分出《隸續》中《尚書·大誥》《文侯之命》《吕刑》及《春秋》等，猶自重新釐析，而謂"洪氏誤於蘇君得《左氏傳》搨本數紙之言，又未審其間有《尚書》殘句，目之爲《左傳》遺字，實非也"。[①] 又以魏三體石經爲嵇康所書云云，知其似亦未見王國維之《魏石經考》及同時章太炎、胡樸安等討論文字。唯其云：

> 洪氏《隸釋》一體《尚書》有《無逸》篇"人乃訓變亂正刑""嗣王監於

① 吴寶煒《魏三體石經録叙》，1923 年石印本，《歷代石經研究資料輯刊》第六册，第 218 頁。

> 兹”等句，注云：孔“變”上有“之乃”字，“正”上有“先王之”字，“監”上有“其”字。今三體石經此數句乃同於洪氏所注，爲孔氏之文，得因以論定一體爲伏生《尚書》，三體爲孔安國《尚書》。此即可證立碑之先後，而漢魏自不相同也。①

一體、三體之屬漢屬魏，固前人早已論定，然以二種殘石相校而論其漢魏與先後，爲他人所未道。吴氏於金石皆有造詣，此亦其興趣之所致，自謂此乃“爲不厭之學，作千秋事業”者也。

西充白堅曾得《春秋》僖公二年一殘石，其著《魏正始三體石經五碑殘石記》，詳記五碑文字起訖、藏家及文本字數行數等等，書成於 1936 年，故於前此學者諸説雖未正面評述，亦有針對而獨抒己見者。如魏石經究竟刊刻幾經，其行款究竟如何安排，多不無主見。堅嘗計算《尚書》古文廿九篇字數爲一萬七千三百五十九，《春秋》爲一萬六千八百九十三，蓋《尚書》字數多於《春秋》四百六十六。此與王國維計算《尚書》一萬八千六百五十字，《春秋》一萬六千五百七十二字，《尚書》多於《春秋》二千零八十字者略有差異。然白氏從《尚書》每碑三十四行，《春秋》每碑三十二行思考，以爲“《春秋》每面三十二行者，冀與《尚書》平分碑面故也”。《尚書》字多，《春秋》字少，《春秋》“雖有餘地可留竟不留之，豈非正始石經於《尚書》《春秋》之外不及他經歟”。由此更進而云：“今之究正始石經字數碑數，每舉《隸釋》所引之《左氏傳》，於是終莫能究詰石數與夫刊經何所止，遂以未畢工斷定之，斯説爲無據矣。”②因白氏認爲，既已發現《春秋·莊公》殘石，其必從隱公開始刻，正反相表裏，則其與《尚書》必同時書刊。但其校核已出殘石碑行數，雖以《洛陽伽藍記》二十五碑爲近，却仍無法確定其碑數。方當白堅 1936 年秋季印行《殘石記》之後不久，於十一月四日遊日本大阪淺野竹石山房，獲睹魏正始三體石經“第廿一”和“第八”正反兩面適相切合之殘石拓本。“第廿一”上方爲《尚書·君奭》篇殘字，“第八”上方係《春秋·僖公廿八年》殘字，於是恍然有悟石經碑數而云：

> “第廿一”云者何也？識《尚書》至此之碑數也；“第八”云者何也？識《春秋》至此之碑數也。由此第廿一石上之文，排比至第廿八之碑，則古

---

① 吴寶煒《魏三體石經録叙》，1923 年石印本，《歷代石經研究資料輯刊》第六册，第 215—216 頁。

② 白堅《魏正始三體石經五碑殘石記》丙子石印本，丙子新秋西充白氏與石居印，《民國時期經學叢書》第五輯第六十册，第 34 頁。

文《尚書》廿九篇爲有終也。《尚書》完於第廿八碑，其陰爲《春秋》經之所始，於《春秋》爲第一碑。由《春秋》第一碑排比至此，爲第八碑，其陽當《尚書》碑之第廿一。《春秋》與《尚書》平分碑面，則其終篇必第廿八碑，其陽當《尚書》第一碑也。由此獲審正始三體石經碑石之數矣。[1]

白氏此行日本之收穫，是魏石經研究中最爲重要之發現，其推算魏石經石數，亦是第二版《殘石記》最有價值之文字。不僅解决了《春秋》《尚書》互爲表裏之碑數行數問題，也將品字式、二體甚至一體殘石排斥在正規魏石經之外。[2]前述馬衡提出記數石與前後碑石行款之矛盾，至 1957 年 6 月西安出土《尚書·梓材》殘石下部鎸刻“第十七石”四字得到印證，可解决二點，一是魏石經確爲二十八碑，二是每碑行數確實不衡定爲三十四行和三十二行。

西安出土二塊殘石報道後，臺灣吕振端、邱德修、黄彰健幾乎是同時在思考魏石經碑圖行款。邱氏或未見原石拓本，故其復原圖略有舛誤，[3]黄彰健已指出。[4] 黄氏利用殘石文字，僅是排列二十字一行之款式，尚未安置到具體第幾碑。吕振端復原圖則置於第十七碑下部第一行至第十一行，背面《春秋·成公》文字則置於第二十四至三十三行，正反相對。[5] 黄氏著論魏石經時，未見吕振端已在復原魏石經碑圖，然其得見西安殘石，已洞見其每碑行數不會固定，云：

今由《春秋》殘石看來，《春秋》經既可有三十二、三十三、三十四行的不同，則論《尚書》碑文每碑行數自亦不必執著，而認爲每碑應爲三十四行。[6]

黄氏衝破巨碑行款值得肯定，然還停留在孫海波復原之思路中。而先黄氏已在排列碑圖行款之吕氏，在所著《魏三體石經殘字集證》論及經數與碑數時，亦已打破巨碑所示《尚書》三十四行與《春秋》三十二行之模式。吕氏《尚書》碑圖以三十四行爲常，而《堯典》分爲三十一行，《酒誥》《梓材》三十一行，《梓

① 白堅《魏正始三體石經五碑殘石記》丁丑石印本，丁丑之春白氏與石居第二版，《民國時期經學叢書》第五輯第六十册，第 42 頁。

② 只是白氏對二體、一體及《高宗肜日》等殘石來源尚未之思，前述馬衡指爲試刻，當即繼白説深思而出者。

③ 邱德修《魏石經復原圖稿》，《孔孟學報》第 39 期，1980 年，第 109—136 頁。

④ 黄彰健《論魏石經並論〈漢書·藝文志〉所著録古經及〈説文〉所謂古文》，《經今古文學問題新論》，“中研院”史語所專刊之七十九，1982 年版，第 512 頁。

⑤ 吕振端《魏三體石經殘字集證》，臺灣學海出版社 1981 年版，第 309、332 頁。

⑥ 黄彰健《論魏石經並論〈漢書·藝文志〉所著録古經及説文所謂古文》，《經今古文學問題新論》，第 512 頁。

材》《召誥》三十二行，《君奭》《多方》三十三行；《春秋・隱公》三十四行，《桓公》至《莊公、閔公、僖公》皆三十七行，《僖公》《僖公、文公》三十二行等等，[①]皆是根據已出殘石作出之調整，並不强求一律，應該講更接近或符合原碑面貌。尤其應該揭櫫者，吕氏因《顧命》殘石文字横跨三行之"伯/呼/審"，若置於二十四碑，則成三十五行，故其將之置於《秦誓》之前，成爲第二十七碑之第二三四行，此屬於一個大變動，雖然碑圖較爲整齊，然至今尚無殘石文字來支撑證明。

朱廷獻係屈萬里早期弟子，專攻《尚書》，承其師説，嘗致力於碑圖之復原。先撰《由魏石經殘字看古文〈尚書〉》，旨在溯古文《尚書》之淵源，據殘石復原其碑圖，更用唐石經文字與之勘同，以爲兩本出入不大，乃推知"僞孔本與魏石經有淵源關係，謂其部分之篇出於魏石經古文本亦無不可"。[②] 繼又作《魏石經〈多士〉〈多方〉殘字考》，更以拓本剪貼方式復原兩篇，重其古文字形，仍以唐石經文字校核，結論是：魏石經古文源於孔壁古文，梅本二十九篇與魏石經相同，或即杜林一系傳下之馬鄭本。其後得見西安出土之《尚書》"第十七"序數殘石，又增補《由魏石經殘字看古文〈尚書〉》一文爲《魏石經古文〈尚書〉考》，收入後出之《尚書研究》中。[③]

邱德修在漢魏石經上亦曾下功夫。其在碩士階段，受林尹、周何之指導，已著有《説文解字古文釋形考述》(1974)，對古文有較深專研。讀博期間(1975—1982)，先後著成《魏石經古文釋形考述》(1977)，《魏石經初探》《魏石經古篆字典》(1979)，翌年又撰《魏石經復原圖稿》。《考述》僅考釋魏石經古文九十四字，尚未畢功。其後竟未續作。1994 年又撰《魏三體石經〈尚書〉考述》，有些章節内容多與《初探》相同。蓋邱氏極爲勤奮，每著一書，力求窮盡資料，其抄撮、纂輯，於石經學資料之匯集，頗有貢獻。

(五) 從孫壯、孫海波到吕振端之傳拓與匯集

1927 年春，北京商務印書館經理孫壯(字伯恒)提議，欲集馬衡、徐森玉及諸家所藏傳拓匯爲一編，王國維聞知，竭力促成其事。孫等於是先後

① 吕振端《魏三體石經殘字集證》，第 41—52 頁。
② 朱廷獻《由魏石經殘字看古文〈尚書〉》，《尚書研究論集》，華正書局 1975 年版，第 78 頁。
③ 朱廷獻《魏石經古文〈尚書〉考》，《尚書研究》，商務印書館 1987 年版，第 100—142 頁。

鳩集八家所藏都計一千零九十八字(包括漢魏一體三體石經殘石),由傳拓高手周康元椎拓三十份,於 1928 年拓成,馬衡爲之編次撰序。此後羅振玉、吴寶煒等相繼編集,使漢魏石經拓本相對集中,爲孫海波《集録》之成書奠定了基礎。

在巨碑殘石歸屬落定,各家所藏亦逐漸集中之 1937 年冬,孫海波出版其《魏三字石經集録》一書。清以還考證石經之著其别有三:萬斯同《漢魏石經考》、劉傳瑩《漢魏石經考》等是考其源流;孫星衍《魏三字石經遺字考》、馮登府《石經考異》乃至王國維《魏石經殘字考》、章太炎《新出三體石經考》雖有考證書人、求證碑圖行款等,仍重在文字考釋;陳乃乾《魏正始石經殘字》則以拓本爲重。孫書意在包羅各家,作一完整之著作,故分爲拓本、源流、碑圖、文字四部分。孫氏擅長在文字,故文字考釋多引證銅器銘文字形。更"引石經古文以考壁中書,知壁中書實六國人之寫經"。其拓本部分,自謂僅得十八,尚須拾遺補缺。源流部分,據新出殘石與最新研究成果,作出總結性結論,並提出新見解。

如王國維《魏石經考二》云:"《隸續》録洛陽蘇望所刊魏石經遺字,除《尚書》《春秋》外,亦有左氏桓七年傳九字,桓十七年傳二十六字,……蓋所刊《左氏傳》當至莊公中葉而止。"①孫察其殘字,云"據桓十七年傳文二十六字,乃係一行直下,石之崩裂作一長行者,似無此理。此石之真贋以否尚屬疑問,所惜原石不存,無從考知耳。"②因碑圖形製已完全清晰,故對不符碑式行款之殘石文字重新省視而提出質疑。

魏石經碑數多少一直困擾學界,《西征記》云三十五碑,《水經注》云四十八碑,《洛陽伽藍記》云二十五碑。後人惑於三體石經有《左傳》,字數龐大,故劉傳瑩推測須二百碑;章太炎先後推測爲三百餘碑和一百六十餘碑,胡樸安曾計算須一百八十三碑;唯王國維《魏石經考》已考出《左傳》近刻至桓公,故信從《西征記》之説定爲三十五碑。至魏石經直下式、品字式殘石陸續面世,其著《魏石經殘石考》,僅云首二碑爲品字式,以下爲直下式,而不再云總有幾碑,且所作碑圖稿也未標明每碑恒定幾行。王氏逝世後十年間,不僅直

① 王國維《魏石經考二》,《觀堂集林》卷十六,《王國維全集》第八卷,第 483—484 頁。

② 孫海波《魏三體石經集録・二源流》,臺灣藝文印書館影印本,1975 年,第一葉 B。按,孫氏提出此見應早於馬衡,馬説見前。

下式《堯典》《禹貢》殘石出土，更有白堅自日本所得碑數序號之殘石，故孫海波總結云：

> 今山東圖書館藏三字直下式《堯典》《禹貢》諸石，知三字直下式自爲一列，而品字式不與矣。……故吾謂居今日而欲測知魏石經之石數，當以三字直下之經文爲攷證之資。然則三字直下式之碑果若干石乎？余於丙子之春日獲見刊刻碑數之殘石拓本二紙，適爲一石表裏所刊之字。一面爲書《君奭》篇之經文，刊號曰"第廿一"；他面爲《春秋·宣公》經文，刊號曰"第八"，因就此排其碑圖，適得二十八石之數。①

所謂"丙子之春日"，正白堅第二版《殘石記》印行之時，則孫所獲見，當即《殘石記》。② 若此則孫氏《集録》中所演示之二十八碑碑圖及推算文字，蓋是將白氏觀點作一種具體之衍展。孫又據王國維碑圖之例，將二十八碑中已出殘石文字與補出文字用不同字體圖示，第一次奠定了魏正始石經之樣式。而對前人疑惑之品字式、二體、一體等殘石，以及它們與直下式之關係，孫氏亦提出己見云：

> 依余考之，正始石經乃數次所刊刻，其第一次刊立之石，爲《尚書》《春秋》二經，款識則三行直下，石數爲二十八枚，而品字式以下諸體，當爲以後續刻，此説雖爲前人所未發，然驗之實物，其證甚多。③

其續刻之説，雖與羅振玉晋世續刻相近，然孫是在排定直下式二十八碑之前提下立論，似非漫言。然就直下式和品字式而言，王獻唐之推測更符合邏輯。

孫書之出，在當時無疑可與羅振玉《漢熹平石經殘字集録》、張國淦《漢石經碑圖》比並鼎足而三。然孫將書寄贈商承祚，商氏即撰成《孫氏〈魏三字石經集録〉校正》一文，分爲體例不一，誤收僞刻及標題誤貼、篇目未提行、割棄餘字，附録中品字式石經未加序次及誤入篇名，各體辨注之誤及非石經字，碑圖標注拓本中有遺出者，品字碑圖行款正誤，目録碑圖誤植之字與古文之寫失七項，逐項予以舉例、批評、指正。④ 商氏於篆文、古文深有研究，且皆有著

① 孫海波《魏三體石經集録·二源流》，第四葉。

② 孫海波於"碑圖"下亦云："石歸白堅，係由日本購歸者。"《魏三體石經集録·三碑圖》，第一葉 B。

③ 孫海波《魏三體石經集録·三碑圖》，第一葉。

④ 商承祚《孫氏魏三字石經集録校正》，原載《清華學報》第十三卷第二期《大學三十周年紀念號》，收入《商承祚文集》，中山大學出版社 2004 年版，第 155—166 頁。

作。所作評判，自有其尺度，如爲品字式石經編列表格，標其序次，記其異文，確實一目瞭然。唯執持一碑之中，“決無一石同經”之見，指《君奭》《多方》殘石爲僞刻。此實懷疑過度。①

繼孫氏《集録》而作者，當屬吕振端之《魏三體石經殘字集證》。吕氏1970年從屈萬里讀碩士，依仿乃師《周易》《尚書》殘字集證體式撰《漢石經論語殘字集證》，嗣從李孝定攻讀博士，更撰《魏三體石經殘字集證》爲其博士論文。《集證》體式仍尊師説，分爲三卷：論證、校文、魏石經碑復原圖。

魏石經經數、碑數及其排列，是自王國維《魏石經考》以來皆無法繞開之大關節。而此關節又與品字式、直下式糾結在一起，即品字式是否算在經碑之内。吕氏認同王獻唐先刻品字式後改易爲直下式之説，故其碑圖排列成：陽面始自直下式《堯典》，而後《皋陶謨》《禹貢》，至二十八碑爲《顧命》《秦誓》；以第二十八碑陰面自《春秋・隱公》起始，至第三碑（即《皋陶謨》之陰面）刻完哀公；第二、第一碑陰面乃是品字式《堯典》及《堯典》《皋陶謨》。其用意乃是先刻品字式《堯典》《皋陶謨》二碑，後作廢，乃從陰面再從《堯典》刻起。以上爲南行《尚書》《春秋》和品字式《尚書》，其北行列《左氏傳》七碑，正反排列至《桓公》止，蓋吕氏信魏石經刊刻至《左傳・桓公》而止也。魏石經何以僅刊《尚書》《春秋》及《左傳》，自來頗少論及。吕氏爲作推測云：

> 然則魏何以僅刻二經一傳，史既未載，實難揣測。所可知者，明帝崩後，政權寖歸司馬懿，曹氏君權旁落，一如建安局面。據此，則正始間之刊二經一傳，或有其政治目的。蓋《尚書》《春秋》《左氏傳》，深含儒家政治思想，或言王道，或正名分，乃封建專制主義具體之典型，亦爲儒家所强調之王道及君臣名分之政治思想之具體表現。而曹魏政權或欲借此以貶司馬氏之勢力，似亦可能也。②

由今古文經學之消長上升到政治高度，從政權層面詮解刊刻《尚書》《春秋》之原因，亦可自備一説。儘管作者云“然乏堅證，未敢遽斷，謹致所疑如此”，却不失爲一種研究思路。

吕氏繼踵屈萬里考證漢石經《周易》《尚書》之方法，以唐石經文字校《尚

---

① 近年趙立偉撰有《孫海波〈魏三字石經集録〉所收〈君奭〉〈多方〉殘石真僞辨》，已從文字字形上糾正商説，見《平頂山學院學報》，2010年第1期。

② 吕振端《魏三體石經殘字集證》，臺灣學海出版社1981年版，第62頁。

書》《春秋》，著其異同，計其羨欠，於今古文意義上較用唐石經校漢石經更有價值，蓋以熹平石經係今文本，而正始石經與唐石經皆古文本也。且其不僅分篇逐句校勘，更先附拓本，下標序數與釋文，在考釋中説明某家某家著録，使可按覆。《集證》之碑圖，以每行二十字（三體六十字）圖示兩經一傳之文字，凡有殘石之文字者，加標竪綫於左，此又較孫氏僅圖示有殘石文字者更直觀。唯最後圖示《左傳》之七碑，僅能標示《隸續》録存之十餘字三體十餘字，是猶信正始曾刻《左傳》，蓋未見馬衡《魏石經概述》所揭試刻之説故也。[①] 又，吕氏撰著時，西安所出兩塊三體石經已由劉成國報道，觀《集證》收録1957年《梓材》《成公元、二年》一塊，而遺却《康誥》殘石，或當時兩岸睽隔，疑其未見《人文雜志》文章，而從日本《書道全書》輾轉獲得。

三、新出三體石經殘石

三體石經巨碑出土之後，陸續有碎石出土，先後被孫壯、馬衡、吴寶煒等《集拓漢魏石經》所匯集。上世紀三十年代，山東圖書館王獻唐收得直下式《堯典》，西充白堅自日本獲得記數殘石，孫海波撰《集録》囊括之。此後便是1957年劉成國在《人文雜志》報道的兩塊。1945年，在西安許士廟街小學附近出土一塊《康誥》殘石，高23釐米，寬17釐米。六行三十五字，第一行“帝休天”，第二行“惟時”，第三行“虖封女”，第四行“敷求于”，第五行“心智訓”，第六行“裕乃身”，背面無《春秋》文字。1957年，在西安青年路西段挖地四尺三寸處出土一塊三體石經殘石，高41釐米，寬31釐米，厚16.5釐米，表裏都有文字。正面刻《尚書・梓材》十一行三十三字，涉及“人/予/民/以容/古王/爲/材既/德懷/邦/德/欲”等文字。反面刻《春秋・成公元年、二年》殘文十行五十字，涉及“無冰/師敗/四月/績六/率師/齊師/于袁/田冬/丙/郲”等文字。至關重要的是，表面《尚書》文字右下部刻有“第十七”三字，左下有小字“始二年三”，後者可獲知三體石經刊刻于正始二年三月前後，前者則將《梓材》落定在第十七碑。有第八、第十七、第廿一三塊殘字，可以鎖定魏石經正面刻《尚書》，背面刻《春秋》，共二十八碑，不雜《左傳》。此基點一定，則每碑行數肯定

① 按，吕振端於1975年前後撰寫博論，馬衡《凡將齋金石叢稿》1977年始由中華書局印行，馬衡《概述》未在刊物上發表，吕氏未見，故思不及此。

不一，先前囿於《無逸》《僖公》巨碑行數一律之概念至此徹底破除。

繼《康誥》《梓材》之後，是邢義田、陳昭容合撰《一方未見著録的魏三字石經殘石》，據介紹，該殘石深藏在史語所倉庫，1998 年由負責倉庫工作人員發現。殘石略呈梯形，上寬 9 釐米，下寬 23 釐米，殘高 22.5 釐米。上刻《尚書・多士》殘文共九行，古、篆、隸完整者四十二字，不完整者十五字，其中三字僅存少許，一字難辨。此石與前所發現的兩段《多士》正好上下相接。此石雖非新出土，却是新發現。據查史語所《總目録》，係 1973 年由李光宇移交何世坤，溯其確切入藏時間，當在 1946 年 12 月。更追溯其來歷，可能是劉體智藏品，但也無確實證據。① 因爲入藏時間正好在抗戰勝利之際，諸事紛擾，竟不爲專家著録考訂。此次刊出，邢、陳兩人做了較爲審慎的推證，爲《多士》的復原增加了可靠的材料。

四、三體石經古文研究

王國維著《魏石經考》，即是由考釋《説文》籀文、古文而關注魏石經古文，進而撰寫此文。石經古文不僅是字形問題，更關涉到古文經寫本以及今古文經本異同，故爲學者所重。章太炎著《新出三體石經考》，亦重在其古文字形之疏證。孫海波、吕振端集成魏石經殘石作綜合研究，亦專辟古文考釋一章。

王國維《魏石經考・魏石經古文考》共收録考釋古文字形一百七十一，及至編入《觀堂集林》，删去《古文考》，究其原因，蓋其時已獲睹新出三體石經殘石，欲增益匯總作完善之考證也。今就其遺稿《魏石經殘石考》統計，僅一百五十二字，以其僅就《皋陶謨》《康誥》《多士》《無逸》《春秋》諸篇加以考釋，其前丁藏殘石與《隸續》所録古文未收録，即此亦可知《殘石考》决是王氏心中之未定稿。章太炎著《新出三體石經考》，亦重在古文字形，計所釋古文一百二十七字，此亦不收《隸續》與丁石。王、章二氏互有出入。孫海波《集録》收三百八十字，係將《隸續》、丁石、巨碑及後出大小殘石中古文悉數收入之故。②

① 參見邢義田、陳昭容《一方未見著録的魏三字石經殘石——史語所藏〈尚書・多士〉殘石簡介》，《古今論衡》1999 年第 2 期，1999 年第 4 期(補白)。

② 孫所收三百八十字，商承祚謂有二十八字爲僞石，參孫次舟《論魏三體石經古文之來源並及兩漢經古文寫本的問題》五《魏三體石經古文之來源》所見商氏批注本標識。然商氏所指僞石未必正確，故今仍以原書統計數標出。

吕振端《集證》作於《集録》後四十年，期間殘石又續有發現增益，然其所收古文字形僅三百六十九，反較孫海波所收略少，蓋擇取原則有所出入故也。與吕氏同時，邱德修撰《魏石經古文釋形考述》，因迫於時間，僅考釋九十四字，[①]未能竟其全功。是書摘録王國維、章太炎、孫海波、商承祚四家之説，而後加按考述。二年後，邱氏出版《魏石經初探》，後附《魏石經古篆字典》，收録四百七十五字，[②]然此乃包含一定數量之石經篆文，非純粹之古文。

二十世紀初葉王國維、章太炎考釋古文時，因甲骨文、銅器銘文出土不多，故兩人引證亦少，時用郭忠恕《汗簡》和夏竦《古文四聲韻》中字形以證魏石經古文。孫海波 1933 年著《古文聲系》，1934 年出版《甲骨文編》，故其《集録》後考釋古文，多用甲金文印證。吕氏師從甲骨專家李孝定，於李著《甲骨文字集釋》可恣意採獲，故疏證中時引諸家之考釋。邱氏亦以甲金文、《説文》學名家，所用資料，每有度越前人之處。

王國維《魏石經考》之考釋，僅列古文字形，至《殘石考》時，在古文字形下加標楷書，然皆不注篇名文句，使人難明該字所出。章太炎《新出考》先出文句，然後舉出古文字形，若由二句三句作同一字形者，亦皆標出。孫海波《集録》先出古文，標明篇名，再注楷書。至吕振端《集證》，始以古文字形、楷書、篇名、文句方式列前，轉行加以考釋，眉目清楚，以後出而體例臻善也。

魏石經殘石最爲學界所重者是其古文，故王、章、孫、吕等多辟專章考釋。然亦有學者對石經古文持極端否定之意見，若即墨孫次舟者是。次舟師從顧頡剛，以疑古爲治學之本，曾以屈原是弄臣一説引起軒然大波。所著《論魏三體石經古文之來源並及兩漢古文寫本的問題》，即對兩漢古文經寫本大加駁斥。前言中自述撰作緣起，謂因傅斯年認爲漢代流傳之經古文寫本必有先秦舊本，絶非經師向壁虚造，更非僞自劉歆。傅氏此説顯然針對疑古思潮而發。而深受疑古思潮影響之孫氏"頗受啓發，因思著爲文字，略吐所懷"，所謂啓發，實啓不敢苟同之懷，而欲發久已藴蓄胸中之兩漢古文寫本問題。及後乃借孫海波《集録》出版、商承祚批判孫書中僞石之機緣，著此長文。

此文先論西漢經古文寫本之發現及流傳。謂西漢自武帝時鋭意搜求，藏書漸次豐富。其所搜集，大多爲篆隸寫本，偶有古文經本。然古文經本一經

① 邱德修《魏石經古文釋形考述》，臺灣學生書局 1977 年版。
② 邱德修《魏石經初探》，臺灣學海出版社 1979 年版。

傳授,即爲今隸寫本。古文本入於秘府,外人不得見。孔安國雖得古文《尚書》,其只譯寫逸書十六篇,並未另立古文家法,故西漢有古文寫本,但無經古文家。直至劉歆在秘府發見古文寫經,求立學官,仍只是寫本古今文字之争,並無古文家。自王莽延攬好古異能之士,助其篡位,復古行周禮,影響所及,使古學誕生。及王莽失敗,赤眉焚燒長安,西漢秘府古文寫本盡行毀滅。

次論東漢"古學"之興與經古文寫本。謂東漢"古學"成家,而經古文寫本已經蕩然無存,故博士争論,只及經義而不及文字。他認爲東漢所立古學,大半出於僞託,孔安國只傳逸篇且無解説,《毛詩》也是今文,其言云:

> 東漢諸儒,受歆、莽之影響,多好"古學"。但斯時所傳經本,則均爲由西漢傳來之今字寫本,至於西漢中秘所藏之古文寫經,雖在王莽時代,學人亦少得見;至赤眉一火,更無由獲覩矣!以是東漢"古學"大師,乃一面從事於經文之訓解,一面則私逞胸臆,更改經字,以求與今文經本立異。以此,而東漢之經古今文寫本,乃與西漢者大異其趣。西漢經今文寫本,雖亦偶有文字之歧異(出於今文家抄寫之誤),但多數寫經,其與古文寫本之别,只一爲古字,一爲今字而已,並無異文。但至東漢,經古今文之分野,乃不在文字之今古,而在經本多異文。此兩漢經今古文寫本特異之點,不容混淆爲一者也。

東漢今古文經分野不在文字之今古,而在經本多異文。按,今古是指隸書與六國古文,不在今古而在異文,此異文從何而生?孫又謂"東漢之經古文寫本,係古學家據今文本更易文字而成。爲隸書,非古文"。西漢今文已是隸書文本,東漢古文家爲何要改易文字?且更易成非古文之"隸書",就隸書改成隸書,有何必要?是隨心所欲而改,抑依據文本而改,若依據文本而改,所依文本爲何?又云:"東漢末年,學者崇尚書法,由隸書之練習,上及篆書,於是乃有集古字以寫經典者。"此集古字以寫經,是據東漢已改文本,抑據西漢未改文本?皆莫名所以。

次論兩漢古文寫本之文字樣式。孫謂西漢中秘古文不可見,其字樣無由揣測。但據出土字形而論之,先秦古文因時代各異,亦有種種不同作勢。他對王國維東西土文字異同論提出修正意見。謂在戰國時代,秦人文字謂王朝正統,但作勢亦變,近於漢人所言之"籀文";至於東方諸國,係承受春秋以還之王朝文字而大有繁省，其作勢並不盡與漢人所言之"古文"同也。所以他認爲"古文""籀文"等名稱，皆漢人之誤謬稱謂，先秦無有也。

最後論魏三體石經古文之來源。孫謂魏石經古文，並非先秦古經寫本或西漢所傳中古文文本。因東漢許慎著《説文》，已盡量收録古文古字，故孫氏"頗疑邯鄲淳所傳古文《尚書》，乃據許氏《説文》所録古文、篆文，配合書寫，蓋猶吴大澂之拼合鐘鼎偏傍，羼以小篆而寫《孝經》《論語》者焉。故其書雖僞，而單字則多有根據也"。"魏石經古文，其來源除《説文》一書外，亦容採用當時流傳之僞古字，不惟魏石經如此，即《説文》所收古文亦然"。更由此推衍而曰："由魏石經古文之作僞，遂啓東晋人之作僞古文《尚書》。"①

通觀前後所論，有符合史實、深中肯綮者，然多有直逞胸臆，大膽解釋，不加求證之説，②甚且不免前後矛盾、扞格抵牾之詞。

邱德修亦嘗論及魏石經之古文淵源，然其所論之重點在古文本之傳承，而對於魏石經何以三體並書，在章太炎擬測之基礎上，更推衍之，謂西漢初，小篆猶流行於民間乃至官府，與隸書並行，故民間古文家以小篆附於古文下以教授之。武帝以後，隸書風行，小篆式微，昔日古文與小篆之文本亦不易通讀，故經師又附漢隸於下，以資對照，以便教授。降及東漢，所有古文經均係古、篆、隸三體一本之形式。曹魏所刻，即是此種文本。③ 此説雖貌似有歷史延續性，而實際只是一種想象性推測，無法徵實。

能從理論與實踐相結合而説明三體石經古文之性質與淵源者，應數曾憲通之《三體石經古文與〈説文〉古文合證》。曾文雖後出，但其是在獲睹和總結大量出土文字前提下，深研許慎、段玉裁、張行孚、王國維、黄侃等人學説基礎上，作出的最接近於事實的結論性説法。

《説文》古文之數量，各家統計不一。作者據段玉裁對《説文》"今叙篆文，合以古籀"體例之詮釋，其通例是：以小篆爲正字，凡與小篆異者，則於篆文下重出古、籀别體，並加注明；其變例是：先出古、籀爲正字，下别出篆文爲重文。故《説文》古文包括在重文與正字中。曾氏總結識别《説文》古

① 以上引文皆見孫次舟《論魏三體石經古文之來源並及兩漢經古文寫本的問題》一文，《齊魯大學季刊》新第一卷鉛印本，1939 年。

② 孫氏《〈説文〉所稱古文釋例》與此文相表裏，亦謂許慎《説文》誤以古文寫經之異文爲古文，剌録以入《説文》。而昧者乃持與先秦古字等量齊觀。《金陵齊魯華西三大學中國文化研究彙刊》，1942 年第 2 卷，第 223 頁。

③ 邱德修《魏石經古文淵源考》，《中華文化復興月刊》1978 年第 11 卷第 12 期，第 35 頁。

文之七項條件：一、於篆文下别出古文形體，注明古文；二、古文形體與篆文差異較大，則注明古文所從及其意義；三、古文頗加省改則爲篆文，然亦有古文比篆文簡約者，則注明“古文”“古文某省”“古文某省某”；四、古文中有象形、會意、形聲而難明者，則注明其形、意、聲之所在；五、古文所從爲另一古文之體，則注明古文所從及其意義；六、古文中引自某經或某通人之説以説解者，則注明其所從出；七、古文中只知其形體不明其結構者，則注以“古文某如此”。以此七項標準統計《説文》古文，得四百二十九，異體五十三，總四百八十二字。歸納七項以求《説文》正字中古文：一、正字下别出篆文和籀文，則正字爲古文；二、正字下别出篆文，則正字非籀文即古文；三、正字下别出籀文，則正字兼有古、篆。由於各家對此判别標準之不同，故統計即呈多寡。

作者統計自宋皇祐癸巳（1053）、光緒十八年（1892）、[①]1922 年、1945 年、1957 年歷次出土三體石經之古文，得 1 033 字。汰其重複，得 440 字。以之與《説文》和甲金文、六國字形比較：

1. 與《説文》古文同者 70 字，占 16％；
2. 與《説文》篆文同者 155 字，占 35％；
3. 與甲金文同者 87 字，占 20％；
4. 與六國文字同者 56 字，占 13％；
5. 石經古文形體訛别不知所從者 65 字，占 15％。

由此説明石經與《説文》古文是導源於商周而通行於戰國之文字，現存《説文》中之古文遠非戰國古文之全部。[②]

石經古文與《説文》古文同源同體，在流傳中漸生差異，作者將不同形體古文作比較，得出：古文來源不限於壁中書，《説文》篆文中多古文，而古文中亦多假借字，某些看似奇詭的古文形體仍可尋其嬗變形迹。古文與戰國文字同源一家，隨著近數十年竹簡之不斷出土，很多古文形體與《説文》籀篆、商周文字之關係等到充分的呈現。這對三體石經古文以及《汗簡》《古文四聲韻》中的石經古文價值的肯定，無疑有積極作用。

---

① 作者標爲 1895，蓋亦從王廣慶《殘石記》所説，今改。參見拙文《第一塊三體石經發現時間與地點辨正》，未刊稿。

② 曾憲通《三體石經古文與〈説文〉古文合證》，《古文字研究》第七輯，中華書局 1982 年版，第 372—385 頁。

肆　唐開成石經研究

一、對清代唐石經研究之修正

唐初雖有顏師古正定五經文字，孔穎達總纂五經義疏，欲以之爲科令準式。奈以幅員遼闊，士子星播，傳經仍以手抄，所據難以一統，且顏、孔文本所據不同，亦互有出入，士子即使參照，亦無所適從。降及中唐，經典文本之字形益歧出不一，所謂"既字带或體，音非一讀，學者傳授，義有所存，離之若有失，合之則難並，至當之餘，但朱發其傍而已"。[①] 至大曆間乃有國子司業張參主持，再次正定經典文字，書於泥壁，復撮其流俗通行之疑文互體，衡以《説文》《字林》與熹平石經，爲之規整解説，都三千二百三十五字，勒爲三卷一百六十部。字有正俗，音有異讀，皆一一辨析考定。參之此書雖曰"五經文字"，其所主持書壁之經典則有《易》《書》《詩》《禮記》《春秋左傳》五經及《周禮》《儀禮》與《公羊》《穀梁》，蓋以三傳釋《春秋》，三禮同爲禮書故也。[②] 歷六十年而泥壁污穢，易以木版，更以土木圮剥易毁，乃有鄭覃勒石之舉。經碑始鐫於太和七年(833)，刊成於開成二年(837)。九經之外，復增《孝經》《論語》《爾雅》，共一十二部，並張參《五經文字》、玄度《九經字樣》一同刻石，立於國子監講論堂兩廊。經石一百十四塊，兩面刻字，都計六十五萬零二百五十二字。既而藩鎮割據，朝代鼎革，碑石數經移易，方始回復原地。旋以萬曆地震，損毁殘闕。由唐歷明，經碑文字幾經修整，所謂修改於乾符，補刊於後梁，添注於北宋，謬補於朱明者，此其大較，而真正添注之年代，更當深入研討。

清初顧亭林初得墨本，詳校經本，見《易·謙》"君子以裒多益寡"，"裒"誤作"褎"；《繫辭下》包蒙、包荒、包承、包羞、繫于包桑，"包"皆作"苞"；《尚書·盤庚中》"乃祖乃父丕乃告我高后曰，作丕刑于朕孫"，乃父，誤作"先父"，"孫"上多一"子"字，以爲"繆戾非一"，而信劉昫"名儒不窺""蕪累甚矣"之評"不

① 張參《五經文字序例》，叢書集成初編本，商務印書館 1935 年版，第 4 頁。

② 按，以唐石經字數計之，九經都六十萬零一百三十四字(各家統計略有出入)，而張參《五經文字序例》有"經典之文六十餘萬"云云，且其注解中有《穀梁》一見，《公羊》四見，《周禮》一百四十六見(不包括别出《考工記》字樣)，《禮經》四十九見，是知所書確係九經也。予《唐開成石經序》(刊《中國文化》總四十九輯及天津古籍出版社出版《唐開成石經》前)尚以爲不包括二傳二禮，蓋失考，當以此爲正。

誣”也。[①] 後嚴可均博徵文獻，折中其是，若“《蒙》苞蒙”下云：“各本苞作包，《釋文》苞如字。毛居正《六經正誤》以苞爲誤，是宋本原作苞，後人依毛説改作包，非是。”[②]其於“裒”字更作詳細考證云：

> 各本褎作裒，……《金石文字記》云：“裒誤作褎。”按，《説文》有褎無裒，《五經文字》亦但有褎字，毛居正《釋文正誤》謂裒作褎誤，是宋監本《釋文》正作褎，與石經合。《釋文》：荀、董、蜀才作捊。褎從衣，保省聲。采與孚同。是褎與捊通。《藝文類聚》卷廿一引《詩》“原隰褎矣”，《玉篇》《説文繫傳》引作“捊矣”，此褎與捊通之證，不誤。[③]

由嚴説，知亭林僅就通行本校勘之疏。亭林之後，王朝渠、錢大昕、嚴可均等皆專事於唐石經之校勘，厥功至偉，嘉道以後，乃偃息無繼。迨及清季，陳漢章撰《唐石經跋》，深知錢竹汀、王西莊、武授堂駁亭林之誤，而其獨舉數例陳自認爲唐石經必誤者，如：《易・小畜》九三：“輿説輻，夫妻反目。”陳謂唐石經作“輻”不作“輹”，當是誤字。其所據爲：“不知輻非可脱之物。輹者，車伏兔也，有革縛之，故可脱。”以爲石經明白作“輻”，非乾符重修、朱梁補刻及北宋旁注者，實乃唐石經之誤。此不知諸本皆作“輻”，本屬假借字。朱駿聲集康成、嗣輔義云：“輻當作輹，伏兔也。謂輿下縛木，與軸相連，鉤心之木是也。”[④]蓋漢魏間經師皆作“輻”，固不可指爲誤字。

《尚書・泰誓》“予有亂臣十人，同心同德”，唐石經作“予有亂”，旁注“臣”字。又《左傳・昭廿四年》“余有亂十人”，“亂”下旁添“臣”，錢大昕云：“此宋人所添。石刻先有‘臣’，後磨改。”[⑤]又《論語・泰伯》“予有亂十人”，“亂”下亦旁添“臣”字。《釋文》云：“本或作‘亂臣十人’，非。”而《左傳・襄公廿八年》“武王有亂十人”，下不添“臣”字，而今本有之。故陳漢章云：“亦未必然”。[⑥]

又云：“《毛詩》《禮記》並用鄭氏本，即改其字。‘凉曰不可’，用箋義改‘諒’；‘之其所親愛而辟焉’，用注義改‘譬’，非誤字。”按，《桑柔》“凉曰不可”，

---

① 顧炎武《金石文字記》卷五，《石刻史料新編》第一輯，臺灣新文豐出版公司，第十二册，第 9269—9270 頁。

② 嚴可均《唐石經校文》卷一，《歷代石經研究資料輯刊》第七册，第 217 頁。

③ 嚴可均《唐石經校文》卷一，《歷代石經研究資料輯刊》第七册，第 220—221 頁。按，錢大昕亦以爲褎與捊通，見《唐石經考異》，《嘉定錢大昕全集》第一册，江蘇古籍出版社 1997 年版，第 2 頁。

④ 朱駿聲《六十四卦經解》卷二，中華書局 1958 年版，第 45 頁。

⑤ 錢大昕《唐石經考異》，《嘉定錢大昕全集》，第一册，第 94 頁。

⑥ 陳漢章《唐石經跋》，《陳漢章全集》第十八册，浙江古籍出版社，第 614 頁。

鄭玄注："我諫止之以信。"是以"諒"釋"凉"，故唐石經作"諒曰不可"。《大學》"之其所親愛而辟焉"，鄭注云："辟猶喻也。"《釋文》："辟，音譬。下及注同，謂譬喻也。"故唐石經作"之其所親愛而譬焉"。此六朝人多用漢魏經師注文易經文之顯例也。

亭林之誤以明人補刻文字作唐石經原文予以指責，多爲乾嘉諸老所嗤。王昶嘗引武億之言曰：

> 鄭覃創立石壁九經，舊史詆其蕪累。近顧亭林校此本，亦云謬戾非一。余嘗按《金石文字記》，輒即顧氏所摘誤字，少爲推證，使世知石經所書，其與今異者，必多得之古通義，或亦有晋宋舊本，非盡可訾也。①

陳漢章謂諸老所嗤者，亦有失誤。如《月令》正月之節"日在虚，昏昴中，曉壁中"。勘核石經，"曉壁"二字已殘泐，今"曉壁"字乃明人所補刻。王昶《金石萃編》亦作"壁中"。陳漢章引《御覽》引《唐月令》作"曉心中"，李林甫注云："曉時心星正當午位。"由此推測唐石經必作"曉心中"。因責王氏"不自見其睫"。讀此，知陳氏乃在讀《萃編》時而爲此跋。

陳跋在考證與唐石經相關之第一次校勘時間上，頗見精彩。張參《五經文字序》云"十年夏六月，有司以職事之病，上言其狀，詔委國子儒官勘校經本"，"十年"上殘泐。明末補以"貞觀"兩字。萬斯同謂張參校定在天寶，書壁在大曆。王昶遂云："此十年謂天寶十載也。"②陳氏參據朱彝尊、萬斯同、錢大昕各家引用資料，謂此序但作"十年"，所謂"貞觀""天寶"，皆爲妄添之字。又辯卷下"乾符三年孫毛詩博士自牧以家本重校勘定"一語，係張參孫自牧，而非萬斯同所言另有一人姓孫名自牧，皆博辯有據。此跋開二十世紀研究校勘唐石經之先河。

方當漢魏石經出土，學者紛紛傳拓考證之際，少有論及唐石經者。直至上世紀四十年代，始有黄有敏《開成石經公羊文字校例》面世。黄氏有感於顧亭林受明人世俗裝潢本之欺，於唐石經"揚劉晌之焰，横加訾毁"，雖見駁於錢大昕、武億等，而猶未徹底，乃遍徵王朝榘、嚴可均、馮登府、魏錫曾等著作，專就《公羊傳》一經仔細校勘，將所作校記分類寫出，計其所分者有：諸本所訛

① 王昶《金石萃編》卷一〇九，陝西人民美術出版社 1990 年影印本，第二册，第十三葉 A 下。
② 王昶《金石萃編》卷一一二，第三册，第十八葉 A 下。

唐石經獨正例、諸本所奪唐石經獨存例、諸本所有唐石經獨無例、誤始於唐石經例、誤不始於唐石經例、原刻訛誤磨改訂正例、原刻不誤磨改致誤例、磨改從今本例、唐石經有不及注疏本例、唐石經異文例，共十類，以爲發凡。

黄文所業，並取校閩本，爲清人所略。其取證亦有較清人詳盡者，如《公羊・文公十三年》"周公用白牡"，錢大昕未出校，嚴可均云："監本、毛本牡誤作牲。"①黄氏校閱閩本、監本、毛本同誤，並引證云："案《史記・三王世家》云：周公祭天命郊，故魯有白牡騂剛之牲。《禮記・明堂位》云：以禘禮祀周公於太廟，牲用白牡。諸本作白牲，形近而訛。"證據確鑿。按，黄引《史記》文下，裴駰集解云："案《公羊傳》曰：魯祭周公牲用白牡，魯公用騂剛。何休曰：白牡，殷牲也；騂剛，赤脊，周牲也。"更可證漢末何休作注、南朝宋裴駰集解時猶作"牡"也。

二、唐石經與宋刊本之關係

鄭覃據太和本校勘上石，刊成開成石經，故嚴可均云："石經者，古本之終，今本之祖。"②欲明其爲古本之終，須疏通兩漢今古文及六朝傳本之脉絡，自來論者蓋少。而於今本之祖，自清以來多取校宋元明清善本，以明其源流是非。然於就中因襲脉絡，多語焉不詳。于大成云："唐石經則是唐初《五經正義》頒行以後的又一次標準本，而爲宋以後群經鏤板之所自出，其影響於後世經學者最大。"③于説固近事實，然其影響之利弊，經學學者與校勘名家所持亦多不同。封思毅之《唐石經與宋本》，即專論唐石經與宋本關係。其先纂録《唐會要》《五代史》及王明清《揮麈録》、晁公武《石經考異》等所記，揭櫫唐石經與五代、北宋經典雕版之承襲關係，然後從諸家善本題跋中，專取各經具體之因襲形式揭之於端，兹擇取數例於下：

瞿鏞《鐵琴銅劍樓藏書目録》"《春秋經傳集解》——宋刊本"云："此宋槧小字不全本……分卷同唐石經。"又"《春秋穀梁傳》——宋刊殘本"云："原書十二卷，每公爲一卷，與唐石經同。"又"《毛詩》——宋刊本"云："此南宋巾箱

① 嚴可均《唐石經校文》卷七，《景刊唐開成石經附賈刻孟子嚴氏校文》第四册，中華書局 1997 年版，第 3096 頁上。

② 嚴可均《唐石經校文序》，《景刊唐開成石經附賈刻孟子嚴氏校文》第四册，第 2995 頁上。

③ 于大成《談唐石經》，《孔孟月刊》，第九卷第十二期，1971 年，第 18 頁。

本,分卷與唐石經同……是本勝處,往往與唐石經及宋小字相臺本合。"

丁丙《善本書室藏書志》"監本《附音春秋穀梁注疏》"云:"經傳不别,與石經合。"

潘宗周《寶禮堂宋本書録》"《春秋公羊傳解詁》"云:"《公羊注疏》,傳者均二十八卷,此分十二卷,猶是唐石經之舊。"

陳鱣《經籍跋文》校宋本《周易》《尚書》《周禮》《儀禮》等經典,亦屢言與唐石經合。

非唯言其本出於唐石經或太和本,即其文字,亦多以同唐石經爲古。如瞿鏞《鐵琴銅劍樓藏書目録》"《周易》宋刊本"下云:"是卷凡'無'字,除引經'无妄'等,皆不作无,與唐石經合,視岳本更爲近古。"

唐石經文本及其價值是否如佞宋者所奉之佳?何以《舊唐書》譏爲"名儒不窺""蕪累甚矣"?封氏以爲開成石刻所以遭譏,有以下四點:

一、唐玄宗喜增改古書,文宗因循未能是正;

二、經典文字有今古不同,是卷往往以俗字易舊文;

三、版本不用古本,而採用通行之經注本;

四、官學、私學互相争鬥,餘波未息。

由此四因,加之後梁、北宋各對石經續有補刊、添注,更失舊觀。及至南宋,晁公武校石經,其經文誤者有三百餘處,清萬斯同復加詳校,又得二百數十處,封氏因之云:"石經本身之脱誤,既如上述,設復經先後失校、臆改之類疏謬,面目更非;則宋本雖云上據石經刻印,非盡可據。"持此見而形諸文字者,如楊紹和《楹書隅録》"宋本《周禮》"云:

> 惓翁云:"開元所書五經,往往以俗字易舊文。五季而後,鏤版傳印,經籍之傳雖廣,而點畫義訓,訛舛自若。"蓋宋時刊書,多出坊賈,俗文破體,大抵類然。①

以俗字易舊文,是唐代乃至歷代不得不爾之失,蓋每一朝代,其科令、科舉皆當有一標準之文本,因文字正俗、通假屢變屢易,爲求統一而失古本之真,實亦不得已之舉措。宋本再承襲石經,則如島田翰所云:

> 予見宋本多矣,大抵諸經以唐開成石經爲藍本,而編注之用貞觀定

① 楊紹和《楹書隅録》卷一,齊魯書社2002年版,上册,第47頁。

> 本。是故校之於開成石經，經文之異同多相若，而注語則互不相同（唐之定本注語則無刻石，故傳寫互不相同）。至於若夫諸經之有甚異同者，則是入梓時，依臆所校改，非始如此也。①

島田翰所云，是對客觀之描述。然褒貶之見，歷代不乏。王昶云："從前（按，指隋唐以前）謬本，間存於世，學士大夫，喜新厭故，猶多尊而信之，即注疏、定本，亦可私意點竄，鄭覃所云：博士相沿，難爲改正者，至是始請勒石，永爲準則。迨至孟蜀、趙宋刊刻石經，尚承開成之舊，則是刻之有功經學，政非淺鮮"②是立足於一統之功而言，故嚴可均云："縱不足與復古，以匡今繆有餘也。"③至江瀚則謂"唐開成石經所校，未盡精審，世多朱梁補刻，及明人補字之訛。宋張淳校刻浙本，去取復據臆見"，④此承顧炎武一路從石經負面立言，亦自有其理。總之，宋本沿襲唐石經是事實，期間關係微妙變化，錯綜複雜，是以封氏總結云："石經所存，久有變動，故先宜審校石經無誤之處，而後以之論定宋本，再推而讎正其他版刻，庶幾乎可。"憑校勘以推尋古本者，猶須慎重梳理其來龍去脈，不當輕議是非。

三、唐石經補刻管窺

嘉靖三十四年至三十七年之關中大地震，開成石經遭受重大損失。萬曆初年，亦或有修整，至萬曆十六年，前布政使、寧夏巡撫姚繼可主政首唱，⑤督工修復。"凡點畫失真者正之，苔蘚污者新之，泐而欲斂者理之，文義斷闕者稽群書補之"。翌年，立《重修孔廟石經記》紀其事。此次補刻九十六塊，其中十七塊雙面刻字，計一百十三面。自後所傳，多爲補刻後之拓本，清初顧亭林所見即是，故校勘多爲補刻之字所欺。王朝榘、錢大昕、嚴可均等校勘唐石經，雖皆利用補刻文字，然未有專門研究統計，且對開成以後的重刻、補刻等，

① 島田翰《古文舊書考》卷二《宋槧本考序》，北京圖書館出版社 2003 年影印本（改名爲《漢籍善本考》），第 245 頁。

② 王昶《金石萃編》卷一一〇，第三册，第二葉。

③ 嚴可均《唐石經校文叙例》，第四册，第 2995 頁上。

④ 江瀚《儀禮石經校勘記四卷》，《續修四庫全書提要・經部》下册，中華書局 1993 年版，第 1314 頁下。

⑤ 姚繼可字光父，號又軒，河南襄城人。髫齡向學，嘉靖甲子舉於鄉，乙丑成進士。《明史》無傳，見過庭訓《本朝分省人物考》卷八十七。

僅錢大昕説過"自開成初刻以後,幾經後人之手,乾符修改一也;後梁補闕二也","乾符修改與初刻本互有得失,當分别觀之"。① 其於《儀禮》下云:"《士昏禮》《燕禮》二篇皆後梁重刻,而《燕禮》篇尚存元刻五六行。《鄉射禮》重刻者三之一,《聘禮》重刻者大半。此外皆元刻也,而書法較之他經稍劣。然監本、毛本此經多脱文,賴有石刻,後人得以校補,厥功亦偉矣。"②評騭其優劣價值,極爲中肯。

1982年,劉最長、朱捷元撰《"開成石經"校勘記》,即循錢大昕思路,對錢所提及的《儀禮》《春秋》等碑石進行仔細校勘。指出《士昏禮》和《聘禮》一石兩面,《鄉射禮》篇尾和《燕禮》一石兩面,《春秋左傳・宣公》和《穀梁・成公第八》《襄公第九》一石兩面,均爲後來重刻。這幾塊重刻經碑"書體大小不一,行間距離差錯,字迹瘦削鬆散",與原碑差異很大。他們從文字避諱考察,諱"信"諱"成",知其避朱全忠祖朱信、父朱誠之諱,乃知爲後梁重刻。又發現《爾雅》第三和《左傳・桓公第二》正反兩面一石之碑座上刻有《士昏禮》文字,是此碑已改成碑座,更證現行豎立之《士昏禮》爲後梁補刻。但他們又發現,《鄉射禮》和《燕禮》一石,"碑上字行間隔的劃綫特别明顯;後面光滑色新","靠邊處有十釐米的寬邊處未刻文字,亦與其他碑石很少留空邊的形式特殊"。且此碑不避"成"字,却避"純"字,聯繫《五經文字》末"乾符三年孫毛詩博士自牧以家本重校勘定"云云,定其爲乾符重刻。③ 此較錢大昕説更切實。

接續開成石經之殘缺與補刊,劉、朱又合撰《關於"開成石經"文字的改鎸與添注的問題》一文,整理歸納出一些規律性問題。如關於文字改鎸形式,有改鎸字之偏傍或上下半截者,有改鎸整個單字者,亦有改鎸某一詞彙甚至段落者。而改鎸之方法則有:磨改原碑文字重刻,不磨改原字而加改筆畫,亦有對殘泐文字予以整飭者。依據碑石,比照拓本,發現此三類改鎸共有七百十九處,一千一百五十一字,遠較乾隆時王朝渠所發現的多。凡此改鎸,經分類分析,有改刻於唐代乾符時,亦有改刻於北宋之時。至於明代補刻,則以九十六塊補字石爲主,兼有文字之修飾整飭。就今所見之旁注字而言,顧炎武、

① 錢大昕《潛研堂金石文跋尾》卷九,《嘉定錢大昕全集》第六册,第220—221頁。
② 錢大昕《潛研堂金石文跋尾》卷九,《嘉定錢大昕全集》第六册,第224頁。
③ 以上引文均見劉最長、朱捷元《"開成石經"校勘記》,《考古與文物》1982年第6期。

錢大昕、王朝榘等都有統計，該文統計最全，計散落在《易》《書》《詩》《左傳》《論語》五部經典上一百零二處一百三十字。此中有乾符所添注，也有北宋所添注。[①] 劉、朱兩位之校勘所揭示出來的問題，爲今後開成石經之深入研究，作出了良好開端。

開成石經之殘缺、重刻、磨改、添注等，必需實地考察和覆核拓本，此爲探索刊刻時和刊成後數百年間之歷史。至於明代地震所造成之損毀和嘉靖間之補刻，則又是一個專門課題。盧桂蘭《唐開成石經補字概述》對地震後補刻文字作了初步研究。[②] 補刻九十六塊一百十三面文字究竟有多少，原云約五萬三千許。盧文對每經補字都作統計，除年久漫漶無法辨認者外，計得所補字《周易》九百〇四，《尚書》一千六百九十七，《詩經》一千八百十九，《周禮》三千五百八十八，《儀禮》四千三百三十五，《禮記》四千六百九十六，《左傳》二萬一千八百〇五，《公羊傳》六千二百四十一，《穀梁傳》三千九百九十一，《孝經》三百三十四，《論語》二千二百八十二，《爾雅》九百六十五，《五經文字》二百十一，《九經字樣》八，總計所補五萬二千八百七十六字（漫漶者不計），與史籍所載相近。僅就補刻字數而論，《左傳》損毁最嚴重，《九經字樣》最幸運。然筆者以經典原著字數與損毁字數約計，則《周易》損毁約3.7%，《尚書》損毁約6.3%，《詩經》損毁約 4.5%，《周禮》損毁約 7.2%，《儀禮》損毁約 7.6%，《禮記》損毁約 4.7%，《左傳》損毁約 11%，《公羊傳》損毁約 13.9%，《穀梁傳》損毁約 9.5%，《孝經》損毁約 16.6%，《論語》損毁約13.8%，《爾雅》損毁約8.9%，《五經文字》損毁約 6.5%，《九經字樣》損毁約1.9%。就此損毁比例而言，《孝經》損毁最鉅，《公羊傳》次之，《論語》又次之，《左傳》次居其四，仍是《九經字樣》損失最小。

今所見補刻之石，分别鑲嵌於碑石東西兩側，東邊三堵，西邊八堵，據碑林檔案，此係 1937 年 4 月至 1938 年 3 月陝西省政府主持修正時安置。對照各經，往往與所補文字無法呼應。盧文根據石經補字刻石、拓片及石經原文相互對照，整理出各經補字之石數、順序及現今安放位置，列表注明，便於按覆查閲。

---

① 劉最長、朱捷元《關於"開成石經"文字的改鎸與添注的問題》，《考古與文物》1989 年第 3 期。

② 盧桂蘭《唐開成石經補字概述》，西安碑林博物館編《碑林集刊》第三輯，三秦出版社 1995 年版，第 90—97 頁。

伍　蜀廣政石經研究

正始石經繼熹平石經後六七十年再次刊刻，殆因今文經式微而古文經勃興，朝廷官學已由古文經主持，是乃不得不爾之舉措。廣政石經繼開成石經後一百年再次刊刻，時已無所謂經今古文之争，原因爲何，少有論及。

開成、廣政兩石經皆淵源於唐太和本，唐石經經鄭覃校勘，文字當較太和本規範，然僅刊經文，而蜀石經則兼刻注文，此其最大不同。唐代文化之於五代，仍可謂是籠罩性影響。方當馮道、李愚等重經學，雕印版，亦不得不參據唐石經文本。《册府元龜》載長興三年（932）四月敕云"近以遍注石經，雕刻印板，委國學每經差專知業博士儒徒五六人勘讀並注"。[①] 所謂"遍注"，《經義考》引作"編注"，[②]無論是"遍注"抑是"編注"，均是在開成石經文本上用功。《會要》云："後唐長興三年三月，中書門下奏：請依石經文字刻九經印版。敕：令國子監集博士儒徒，將西京石經本各以所業經本，句度鈔寫注出。"[③]《册府元龜》又云："敕下儒官田敏等考校經注，敏於經注長於《詩傳》，考訂刊正，援引證據，聯爲篇卷，先經奏定而後雕刻。"[④]可見在編注（遍注）石經時，亦兼考校注文。之所以兼校注文，是徒有經文，畢竟難以推廣。

主持蜀石經刊刻之毋昭裔，隨孟知祥入蜀，於長興刊版原委，自是知之甚悉。毋氏少貧賤，嘗因借《文選》《初學記》而睹人難色，自恨"貧不能力致"，發誓"異日若貴，當板以鏤之，以遺學者"。[⑤] 及其爲蜀相，信宿願可酬，奏請版刻九經，印行流傳。由於起自貧賤的個人遭際，加之長興刊版兼編注文之事因，於是捐俸首倡，鎸刻經注兼全之蜀石經。石經經始於廣政元年（938），至廣政二十八年（965）國亡，計刻《孝經》《論語》《爾雅》《周易》《毛詩》《尚書》《儀禮》《禮記》《周禮》及《春秋左傳》十七卷。北宋一方面繼續校勘九經，整理單疏，一方面則續刻石經，將《左傳》刻完，並補刻《公羊》《穀梁》及《孟子》。其中《左傳》完成年份失考，《公》《穀》成於皇祐元年（1049）九月，《孟子》則更至宣

---

① 《册府元龜》卷六〇八，中華書局1960年版，第7304頁。
② 朱彝尊《經義考》卷二九三，上海古籍出版社2010年版，第10册，第5301頁。
③ 王溥《五代會要》卷八。
④ 《册府元龜》卷六〇八，第7304頁。
⑤ 王明清《揮麈録餘話》卷二，中華書局1961年版，第309頁。

和六年(1124),上距始刻之年,經歷了漫長的一個多世紀。

孟蜀石經刊成之後,宋人多引之而不及唐石經,全祖望以爲是因唐石經無注而蜀石經有注,且南渡後唐石經阻於陝不至江左之故。蜀石經石數逾千,矗立於成都學府,可謂壯觀,惜其竟隨南宋之亡而湮滅無聞。蜀石經既爲南宋學人廣泛引用,其拓本流傳必然很廣。尤袤《遂初堂書目》開首即著録“成都石刻九經”。[①] 元末明初,尚有拓本傳世。明初永樂年間移南京藏書至北京,正統間楊士奇等綜理舊籍,有石刻《周易》《尚書》等十三部一百册,另有晁公武《石刻考異》一册。[②] 至萬曆中尚稱完好,及至光緒中編《内閣大庫存書檔册》,已無可著録,僅羅振玉等在廢紙堆中檢得殘卷數葉而已。

在晚明萬曆内庫所存,至光緒編册之前,大内蜀石經拓本先後流散民間。據劉體乾所記,乾隆間所見者有:

吴縣陳芳林有《左傳》卷二十三十五行

黄松石有《毛詩・召南》及《邶風》一萬二千五百餘字

趙晋齋有《周禮・夏官》三十六行

以上太平天國後不知所終,但陳雪峰曾將《毛詩》《左傳》影寫刻木。至宣統二年(1910),市面有出現蜀石經拓本殘葉:

陶榘林有《左傳》卷十五一册五十三葉,《周禮》卷九、卷十七十五葉又半葉

陳詒重有《穀梁》卷九二葉(楊繼振舊藏,經張叔憲、李希聖而歸陳)

陶、陳所藏,先後歸劉體乾所有。劉於1912年又購得陳慶鏞舊藏《周禮》卷十二計二十二葉、《公羊傳》卷二計十九葉,都計四萬六千四百餘字。[③]

羅振玉云,楊繼振曾藏有《周禮》卷九卷十、《左傳》卷十六、[④]《穀梁》卷九三種,撰有《蜀石經考異》三卷,後拓本皆歸劉體乾。方劉氏未得時,羅曾影照《穀梁》一種,後與陳雪峰所刊《毛詩》《左傳》一同刊入《吉石庵叢書》。羅氏嘗

① 尤袤《遂初堂書目》,《叢書集成初編》,第1頁。按明陶宗儀《説郛》卷十下引作“成都石刻《論語》《九經》《孟子》《爾雅》”。

② 楊士奇《文淵閣書目》卷十三,《國學基本叢書》,商務印書館1937年,第159頁。

③ 以上見劉體乾1916年所寫《宋拓蜀石經跋》。

④ 應是卷十五,此羅氏誤記。

從大内殘籍中檢得《穀梁文公傳》五行,亦曾撰跋記之。① 1925 年,此殘葉亦歸劉體乾,次年,劉氏遂結集爲《孟蜀石經殘存》行世。

當劉氏結集之後,王國維即作一跋,②叙其源流,推測蜀石經"碑石毁於蒙古寇蜀之役"。復證各家所藏無論有無"東宫書府"方印,皆從内閣流出,謂"蜀石經一綫之傳,皆出於明内閣也"。更追考"東宫書府"一印之來源,辨明"内閣蜀十三經均係北宋末舊拓"。③ 繼王國維之跋,吴承仕更作《蜀石經考異》,其《考異》稿本未見,有《叙録》一篇,先叙刊刻源流,次則比較趙抃《成都記》與曾宏父《石刻鋪叙》所記各經經傳、經注字數,次溯殘存各經起訖字數及藏家遞藏流傳印迹,頗爲詳細。由此知吴氏《考異》必考校精審,有功蜀刻非淺,唯以未嘗梓行爲憾。

蜀石經殘存《毛詩》《周禮》《左傳》《公羊》《穀梁》五經,劉體乾所集,獨缺《毛詩》,清趙晋齋所藏《周禮·夏官》亦未囊括,不無缺憾。④ 抗戰期間,羅希成僕人劉某供役黔中,覓得蜀石經《毛詩》殘石一方,蓋亦出於趙所藏,劉所未能輯録者,因而彌足珍貴。⑤

至黄樹穀廣仁義學所藏《毛詩》殘卷,黄氏謝世,義學圖書星散,殘卷先後歸仁和趙昱、太倉王溥、仁和魏錻,期間佚散《周南》十一篇。繼而爲黄丕烈士禮居所藏,轉歸嘉興程文榮。二十世紀五十年代,上海市文物保管委員會從程家後人徵集而得,徐森玉職司文管會,因以撰文介紹。徐文從宋拓蜀石經仍避唐代"淵""世""民"之諱,證實蜀石經主要依據唐太和本。清阮元率群賢作《校勘記》,於蜀石經不甚看重。徐文舉《江有汜》"之子歸",蜀石經作"之子于歸";《何彼襛矣》"曷不肅雝",蜀石經作"曷不肅雍";《柏舟》"以敖以遊",蜀石經作"以遨以遊";《雄雉》之"泄泄其羽",蜀石經作"洩洩其羽":以爲並非蜀石經之誤,"而是有其一定依據",因而"應被看作《毛詩》的一個重要别本而給予重視"。⑥ 按《顔氏家訓》所言,河北、江南寫本,之乎者也虚詞,往往或有

① 參見羅振玉《蜀石經〈春秋穀梁傳〉殘石跋》《蜀石經春秋穀梁傳文公第六殘葉跋》二文。

② 洪國樑《王國維著述編年提要》謂此乃得劉氏拓本後之跋文,臺灣大安出版社 1989 年版,第 132 頁。

③ 王國維《蜀石經殘拓本跋》,《實學》1927 年第 7 期,第 15—18 頁。收入《王國維遺書》本《觀堂集林》卷二十,《王國維全集》本《觀堂集林》未收。

④ 趙魏藏本後歸汪繼培,見趙坦《蜀石經殘字三種跋》,《續修四庫全書》第 184 册,第 461 頁。

⑤ 參見羅希成《蜀石經殘石跋》,《説文月刊》第二卷第四期,1940 年。

⑥ 徐森玉《蜀石經和北宋二體石經》,《文物》1962 年第 1 期。

或無,《江有汜》之"于",或亦有六朝寫本痕迹。至"泄泄"之作"洩洩",仍是避唐太宗"世"之諱。

蜀石經拓本流傳稀少,殘石更是難睹鱗甲。周萼生云抗戰期間,日人飛機空襲成都,人民紛紛往郊外躲避,造成城門擁擠,遂將老南門的城門洞拆除以利疏散,竟發現蜀石經殘石約十片,出土後星散各處。蜀中大收藏家江鶴笙藏有多片,江因顔其居曰"孟蜀石經廔"。江所藏有《毛詩》,係一石兩面,通高 29 釐米,寬 22.5 釐米,一面爲《鄭風》,存字八行,一面爲《曹風》,存字七行。四川省博物館所藏《毛詩》殘石較江氏所藏爲大,高 37 釐米,寬 23.5 釐米,一面爲《周頌》,存字十行,一面爲《魯頌》,存字十行。重慶市博物館藏有《儀禮》一石,通高 27.5 釐米,寬 21.5 釐米,兩面均爲《特牲饋食禮》,文字亦略有異同。最使人詫異者,出土殘石有録《毛詩》疊字而係以傳文者,周氏懷疑是張臬之《石經注文考異》,現只能存疑。周萼生從此次成都城門拆除所見蜀石經殘石,推斷蜀石經之亡佚與成都修城工事有關。①

王家祐、李復華介紹四川博物館所藏六塊蜀石經殘石,分别爲:《毛詩·周頌、魯頌》、《周易·中孚》、《周易·履、否》、《尚書·君奭、説命中》、《尚書·禹貢》、《古文尚書·禹貢、多士》。詳記殘石尺寸,經注文字起訖字數。所記亦與周氏有出入。②

對蜀石經記述最詳細者,應爲李志嘉、樊一所撰之《蜀石經述略》一文。該文將蜀石經鎸刻經過、特點、存佚(包括蜀石經亡佚年代、蜀石經拓本、蜀石經原石等)都盡可能準確記述。對劉體乾《孟蜀石經殘存》所收經卷殘葉字數,均作統計,計約一百八十三葉,存經注約五萬字,占蜀刻"十三經"全部經注字數百分之三强。前人記述所闕,亦盡力補正,如周萼生文只提及江鶴笙之《毛詩·鄭風、曹風》,此文補述,1965 年,江鶴笙家屬捐贈出《尚書·禹貢》一石、《周易·中孚》一石、《周易·履、泰、否》一石,可知江氏所以名其樓爲"孟蜀石經廔"之含義。至此,知四川省博物館所藏六塊殘石,三塊爲江鶴笙所捐,《毛詩·周頌、魯頌》爲羅希成 1951 年捐贈,《尚書·君奭、説命》一石,《古文尚書·禹貢》一石爲陳達高 1951 年捐贈。他如江鶴笙所藏《毛詩·鄭

① 周萼生《近代出土的蜀石經殘石》,《文物》1963 年第 7 期,第 46—49 頁。
② 王家祐、李復華《孟蜀石經》,《四川文物》1992 年第 6 期。

風、曹風》一石，疑爲宋張㮚所著《石經注文考異》二石，以及新都王氏藏《毛詩》二石，計五石，至今不明下落。

關於蜀石經之亡佚原因，馬衡與周萼生等都持毁碑築城之説，李文謂蜀石經原碑數可逾千，搗碎築城，其數驚人。成都城垣如今已全部拆除，不聞有繼出殘石，故此説難以盡信，更當别求他因深入研討。其次，今出蜀石經殘石，皆係碎片，所存拓本，亦是剪裱成册者，無法探究其碑制原大形狀，此亦寄望於新發現也。①

陸　北宋嘉祐石經研究

嘉祐石經之刊刻始於北宋慶曆元年（1041），上距蜀石經始刊之年亦剛過一個世紀，而此時蜀石經《公羊》《穀梁》尚未刊成，何以又興此工役？夷考熹平石經爲一字隸書，用當時通行字體；正始石經用古文、篆、隸，冀呈顯經典發展各階段字體及古文經學文本；開成石經用楷書，是唐代經典文字標準本。因前三種石經無注文，故廣政石經兼刻傳注，以保存漢魏經師師説。趙氏一統寰宇，功烈遠過孟蜀一隅之偏安，儒家經典經從景德以來一再校勘，自以爲超邁前修，故其欲使文本上接秦漢，再樹標本。然漢魏以下已難以找到全部古文經經本，宋初雖有郭忠恕、夏竦頗知古文，亦無法恢復全部經典，故只能用篆書、真書二體書寫刻石。

唯其用真、篆二體刻石，故其刊刻年代絶非全祖望、葉名灃所謂始於至和元年（1054）者。② 全、葉所據，當是誤解《玉海》所記。《玉海》卷四三有"至和石經""嘉祐石經"二節，前則云：

> 〔至和〕元年八月十六日己酉，命皇姪右屯衛大將軍克繼書國子監石經。以上所寫石經《論語》，求書石國子監。帝欲旌勸宗室，特從其請。二年九月十五日功畢上之，賜銀幣。

後則云：

> 仁宗命國子監取《易》《詩》《書》《周禮》《禮記》《春秋》《孝經》爲篆、隸

① 李志嘉、樊一《蜀石經述略》，《文獻》1989 年第 2 期，第 209—221 頁。

② 葉名灃《北宋汴學二體石經跋》謂"考汴學刊石奉詔於仁宗至和元年，畢工於嘉祐六年，凡九經"，《歷代石經研究資料輯刊》第八册，第 515 頁。

> 二體，[1]刻石兩楹。至和二年三月五日，判國子監王洙言："國子監刊立石經至今一十五年，止《孝經》刊畢，《尚書》《論語》見書鎸未就，乞促近限畢工，餘經權罷。"從之。[2]

仁宗即位於1023年，其下詔刊刻篆、隸二體石經不知在何年。據王洙所言，以至和二年(1055)上推十五年，當在慶曆元年(1041)。[3] 以此觀之，"善楷書，尤工篆隸"之趙克繼，在至和元年上請其所寫《論語》刻石，是否自告奮勇要以所書刊入二體石經？然據王應麟所記，其所書至二年九月十五日方始畢工，而王洙言二年三月《論語》已書就而未鎸，則克繼所書誠如仁宗之意，只是"欲旌勸宗室"而"特從其請"，並非將其所書納入嘉祐石經計劃。王應麟所謂"至和石經"，只是北宋諸多經典石刻之一種而已，或與嘉祐石經無涉。

如上王應麟所述如實，則仁宗詔刊嘉祐石經是唐定五經加《周禮》和《孝經》。《孝經》敦化民風，自唐以來即提倡，可以理解。何以刊刻《周禮》而不刊《儀禮》，鎸刊《周禮》與後來王安石三經新義之《周官新義》有何政治聯繫，猶可研討。然嘉祐六年所完成之石經又增《論語》《孟子》，《論語》在至和二年五月已書就，準備刊刻，則《孟子》當是後補。[4] 由此也顯出《論語》《孝經》以及《孟子》之治國化民作用，在五經之外更受統治者重視。

嘉祐石經在元初元貞年間，尚堆積在太學舊址，但已"殘缺漫剥"，元人曾修繕補刻，明代則已圮毁，至今則零落依稀。石經拓本，清初亭林未見，唯吴

---

① 安金槐謂"'隸'字恐係'楷'字之誤。因爲至今還没有發現篆隸二體的北宋石經。或者是仁宗時原打算把石經書爲篆隸二體，因故未成，即改爲篆楷二體了"。見《記開封新收集的北宋石經》，《文物》1962年第10期。按，朝廷大著作一定是經奏疏詔敕而定，不可能更改，頗疑王應麟僅據文獻或耳食之言而誤。

② 王應麟著、武秀成校證《玉海藝文志校證》上册，鳳凰出版社2013年版，第419—420頁。

③ 張國淦《歷代石經考·北宋石經》録全祖望、葉名灃説而按云："至和二年，王洙言國子監刊定石經，至今一十五年，考仁宗至和二年以前十五年，爲仁宗慶曆元年，是宋石經在慶曆元年業已經始，至至和二年《孝經》刊畢，又至嘉祐六年乃工竣也。"(《歷代石經研究資料輯刊》，第四册，第464頁。)顧永新亦持此説法，見所著《經學文獻的衍生和通俗化》第三章《其他系統或載體的經學文獻》，北京大學出版社2014年版，下册，第690—691頁。

④ 嘉祐石經《孟子》後補時間文體，諸家各有猜度，參見顧永新《嘉祐石經叢考·補刻孟子》，《經學文獻第衍生和通俗化》下册，第698—700頁。顧氏謂《癸辛雜識别集》所引羅志仁元貞二年(1296)在汴學所見"九經石板堆積如山"可作爲《孟子》補刻之下限(當然這裏所謂"九經"不是漫語)。筆者以爲，王應麟紀載嘉祐石經時未及《孟子》，則《玉海》卷四十二著成之時可爲《孟子》補刻時間之上限(《玉海》編成於宋末而刊刻於元至元六年)。更進而考之，元李師聖《汴梁泮宫修復石經記》仍提及《論語》《孝經》而謂"《孟子》七篇猶闕遺焉"，李文作於至元二十四年(1287)至二十八年(1291)内(顧文所考)，則《孟子》補刻很可能在此之後，羅志仁所見之前。王應麟卒於元貞二年，則《孟子》補刻時已垂垂老矣，即使知其補刻，亦或不增改《玉海》其文也。

玉搢曾見《書》《周禮》五碑，朱彝尊、畢沅、孫星衍見《周禮》，馮登府則見《周禮》《禮記》，《尚書》僅一條。雖多零星，亦略有記述。清季丁晏在咸豐七年(1857)於書肆覓得嘉祐石經《易》《書》《詩》《春秋》等元以前拓本，矜爲秘寶，裝裱之後，傳示學林，何紹基、葉名澧等皆有題辭。丁氏撰《北宋汴學二體石經記》，僅叙拓本所得原委，並略考文字異同、石經書者等。及王秉恩撰《北宋汴學篆隸二體石經跋》，始分經校勘，兼加案語，開二十世紀嘉祐石經研究之先河。

與王氏相先後，陳漢章有《宋嘉祐石經異説考》，就石經移置燕京和沉没河水兩説，重新分類輯録顧亭林、萬斯同、杭世駿、朱彝尊、王昶、馮登府、丁晏以至羅振玉等所論，最後剖析丁晏所藏《尚書》石經之"晰""烏乎"等字結構，以爲其"所得殘拓有未可信爲真本已"。[1] 此爲二十世紀以來對丁晏藏本最爲獨特的看法。

羅振玉在民國初年跋其所得嘉祐石經《周禮》《禮記・檀弓、中庸》和《孝經》殘本三篇。羅氏取彭元瑞所藏之《周禮》校核，一是知彭所記行數略有小小舛誤，二是歷經百數十年，《周禮》拓本又有損泐。羅先得之《檀弓》係《攈古録》所著録，所能辨識者僅六十行，磨滅不可辨者又三分之一，而《中庸》五十行、《孝經》四十一行則是前人所未見者。羅氏曾將《周禮》《禮記》二種印入《吉石庵叢書》三集。未幾又得《檀弓》初拓本整張，凡六列，每列三十三行，除去不可辨識者，尚有一百三十餘行，復又印入《吉石庵叢書》四集。繼此之後，復又獲丁氏所藏宋拓複葉《易》八行，《書》五十行，《詩》十六行，《禮記》六十行，《周禮》七十行，再跋而印行之，保存了多份珍貴拓本。

在洛陽漢魏石經陸續出土同時，開封地區亦偶爾出土二體石經，1922 年在開封文廟街府學崇聖祠發現《孝經》殘石一塊，現存於河南省博物館石刻院内。嗣後至 1954 年 8 月，在開封北城門外發現《禮記》一塊，同時，座落在文廟舊址上的開封市第二中學在擴建時，亦發現《周易》殘石兩塊，《尚書》殘石一塊。安金槐實地調查以上五塊殘石，並對《禮記》《孝經》二塊殘石之形製、文字有所描述。安氏是考古學家，故能聯繫都城沿革予以思考。他徵引《汴京遺迹志》卷三和《開封勝迹志》等叙明宋金元明開封太學之移徙變遷，乃云："北宋石經之損毁，當以金貞祐、元至元和明洪武三個時期中的損毁較爲嚴

[1] 陳漢章《宋嘉祐石經異説考》，《陳漢章全集》，浙江古籍出版社 2014 年版，第十八册，第 229 頁。

重。”周密所説開封汴學九經石板堆積如山,表明已經損毁,“到了明代由於黄河決口,湮没開封,石經的損毁就更爲嚴重了”。[①] 根據這一思路,安氏提出今後可以在太學舊址,即今之曹門附近關注北宋石經,又因嚴可均所記嘉慶間曹門出土《重修觀音堂記》碑之石材與嘉祐石經《禮記》相同,其他《易》《書》之殘石也都是府學舊址附近發現,所以,今後探索嘉祐石經應該從以上遺址及附近其他地點多方面入手勘探。

1982年,開封陳留公社農機修造廠在基建施工中又發現一塊較爲完整的二體石經《周禮》第一塊碑。殘長1.76米,寬0.85米,厚0.2米,正反兩面刻字。每面六列,每列三十行,每行十字,字徑2釐米。張子英取此殘石與先前之殘石比較,唯《尚書》每列三十四行,《周禮》皆三十行,推論嘉祐石經每石六列,每列三十行爲常,每行十字,字徑2釐米,先篆後楷,大致以此爲例。[②]

柒　南宋紹興石經研究

嘉祐石經之《穀梁》和《公羊》至皇祐元年(1049)始刻成,而《孟子》則遲至宣和六年(1124)告竣。何以單騎泥馬倉皇,半壁江山甫安之紹興年間,復又刊刻石經?此殆以南宋石經之性質,與其他諸刻微有不同。

北宋太宗登基,聿開文治治國策略,搜集圖書,運載京城,詔李昉等編輯大型類書。其《太平御覽》煌煌千卷,令日進三卷,一年中竟讀八百多卷。臣下恐聖躬疲倦,太宗却云“朕性喜讀書,頗得其趣”。[③] 即此同時,置翰林侍讀,以吕文仲任其職。由此開經筵之講讀。經筵之制,至真宗、仁宗而日益完善制度化。真宗在東宫時,邢昺已爲之講《孝經》《禮記》《論語》《書》《易》《詩》《左氏春秋》等經典。[④] 及登基,喜談經,嘗命馮元談《易》。[⑤] 由此詔下展開大規模之經典校勘工程,此皆與其經筵講讀有關。范祖禹爲哲宗講經,有《進〈家人卦〉解義札子》,此君臣切磋講論,日新其德,蔚然成爲一種風氣。此種文治策略下親近經典之風,歷仁宗、英宗、神宗直至南宋高宗而不衰。

---

① 安金槐《記開封新收集的北宋石經》,《文物》1962年第10期。

② 張子英《河南開封陳留發現北宋二體石經一件》,《文物》1985年第1期。

③ 錢若水《宋太宗實録》卷二七,四部叢刊三編本。

④ 李燾《續資治通鑒長編》卷七三所記。彭百川《太平治迹統類》卷二七云:“昺爲侍講,嘗遍講九經,書亦有三五過,或十餘過者。”

⑤ 見釋文瑩《玉壺清話》卷二,中華書局1984年版,第16頁。

天水一朝，帝王多親翰墨，太宗於雍熙間即親灑宸翰，頒賜臣下。又嘗寫《禮記·曲禮》章節，雖未頒賜，却爲張方平在祕閣曝書過程中發現，張云：

臣猥以譾材，忝職文館，因睹秘閣曝諸圖書，内有太宗皇帝御書一函。臣竊發一軸觀之，字爲行書，乃《曲禮》首篇四句，曰："敖不可長，欲不可縱，志不可滿，樂不可極。"深惟太宗皇帝英叡多材，自天攸縱，萬機之暇，秘殿間燕，移聲伎觀游之樂，於經籍文史之間，下筆習書，意存勸戒。①

以經典格言警示策勵，作爲帝王，自是難能。更有一事，可見宋初皇帝對儒家經典之重視：

淳化三年十月，遣中使李懷節以御草書《千字文》一卷付秘閣。李至請於御製《秘閣贊》碑陰摸勒上石。帝曰："《千字文》偶然間寫，因令勒石，李至更欲鐫勒，且非垂示立教之文。《孝經》一書，乃百行之本，朕當親爲書寫，勒在碑陰可也。"②

周興嗣《千字文》書家恒多手書。淳化三年上距蜀石經之刊刻才數十年，群僚殷勤，求摹勒上石，固在情理中。而太宗以爲"非垂示立教之文"，欲改書《孝經》，其立身垂教之意，已開宋代帝王親近、書寫經典之先河，此亦與其設翰林侍讀、開經筵之制互相吻合，並爲歷朝繼位者所模仿承襲。天禧中，仁宗尚在東宮，寫"寅亮天地，弼予一人"(《書·周官》)、"日新其德"(《易·大畜》)賜張士遜。即位後，孫奭、馮元爲講《論語》。他曾命王洙寫《無逸》，命蔡襄寫《無逸》及《孝經·天子》《孝治》《聖治》《廣要道》四章，置於邇英閣；③徽宗命大書法家米芾書《周官》於御屏，④多是經筵講論所衍生之印迹。

南宋高宗甫登大寶，即承繼太宗所創御書經典之風。嘗與輔臣云："學寫字不如便寫經書，不惟可以學字，又得經書不忘。"⑤建炎二年九月，即御書《通鑒》第四册賜宰相黄潛善，手寫《孟子》論治道文於絹屏，御書《旅獒》《無

---

① 張方平《近四箴狀(一)》，《樂全集》卷三四，《文淵閣四庫全書》第1104册，第372頁。

② 程俱《麟臺故事校證》卷二，中華書局2000年版，第255頁。

③ 徐松輯，劉琳、刁忠民、舒大剛、尹波等點校《宋會要輯稿》崇儒六《御書》，上海古籍出版社2014年版，第五册，第2870頁。

④ 當然，徽宗與米芾相與切磋互賞者在於書法精妙而非聖賢訓誡，但其書《周官》，足見北宋中後期經筵制度影響下之朝風。

⑤ 徐松輯，劉琳、刁忠民、舒大剛、尹波等點校《宋會要輯稿》崇儒六《御書》，上海古籍出版社2014年版，第五册，第2872頁。

逸》二篇及《大有》《大畜》二卦於屏風。紹興二年八月，出所寫《孝經》《詩》《書》篇章宣示宰執。五年四月，書《無逸》篇爲圖設於講殿。九月，賜趙鼎御書《尚書》一部。十月，御書《車攻》詩賜趙鼎。十三年二月，將御書《左氏春秋》《史記列傳》送秘書省。六月，寫出《周易》。十四年正月，寫出《尚書》，十月，寫出《毛詩》。十六年六月，又寫《春秋左傳》。① 不僅書寫文字，更且圖畫於屏，所謂“書聖賢垂範之言置諸座右以自警”。紹興十二年十二月庚辰曾對臣下云：“朕一無所好，惟閲書作字，自然無倦。《尚書》《史記》《孟子》俱寫畢。《尚書》寫兩過，《左傳》亦節一本。”②而每書寫畢，或宣示群僚，或頒賜近臣。示之不能遍，頒之難以周，於是乃有刻石之舉，冀能摹拓遍賜，紹興石經由此而成。因其多高宗手書，故亦稱高宗御書石經。然其中亦間有皇后吴氏手筆者，此乃題外絮語。③

南宋紹興石經非有計劃地鎸刻全部儒家經典，而是以高宗書寫者爲主。計有《易》《書》《詩》《春秋左氏傳》《論語》《孟子》以及《禮記》中之《中庸》《大學》《學記》《儒行》《經解》五篇，顯示出極强之時代性。《易》《書》《詩》所寫年月或即《宋會要》載記，其不寫《公》《穀》而獨寫《左傳》，與兩宋重《左傳》，經筵講《左傳》有關係。寫《孟子》，是以《孟子》論治道於治國極有益處，且蜀石經亦已將《孟子》上石。

不寫《禮記》全部，而獨獨挑寫其中五篇，亦與祖宗傳統和經筵有關。太宗時期，已有賜新進士慣例。淳化三年，“以新印《儒行》篇賜中書、樞密院、兩制、三館、御史中丞、尚書丞郎、給諫等，人各一軸”。④ 景德四年(1007)，邢昺將《中庸》篇掛於龍圖閣上，爲真宗言天下國家有九經之語，講述《中庸》大義，敘修身尊賢之理，爲真宗嘉納。⑤ 天聖五年(1027)，仁宗賜新及第進士御詩及《中庸》篇各一軸。⑥ 紹興七年汪應辰榜，言者請賜新進士《儒行》和《中庸》二篇。⑦

---

① 以上皆見《宋會要輯稿》崇儒六《御書》，上海古籍出版社 2014 年版，第五册，第 2869—2872 頁。

② 李心傳《建炎以來繫年要録》卷一四七，中華書局 1988 年版，第 2373 頁。

③ 葉紹翁《四朝見聞録》卷二乙集云：“高宗御書六經，嘗以賜國子監及石本於諸州庠，上親御翰墨，稍倦，即命憲聖續書，至今皆莫能及。”

④ 程俱著、張富祥輯《麟臺故事輯本》卷四，中華書局 2000 年版，第 185 頁。又李燾《續資治通鑑長編》卷三三：“時詔刻《禮記・儒行》篇賜近臣，及京官受任於外者並以賜。”

⑤ 見范祖禹《帝學》卷三，《文淵閣四庫全書》第 696 册，第 746 頁下。

⑥ 見范祖禹《帝學》卷四，《文淵閣四庫全書》第 696 册，第 749 頁下。

⑦ 李心傳《建炎以來繫年要録》卷九三，第 1549 頁。按，後高閲言“《儒行》詞説夸大，類戰國縱横家之學，蓋出於漢儒雜記，望止賜《中庸》”，從之。

《大學》至遲在元祐五年(1090)已在經筵中講論,劉唐老云:"伏睹《大學》一篇,論入德之序,願詔經筵之臣訓釋此書上進,庶於清燕之閒,以備觀覽。"[①]後范祖禹在《帝學》中認爲《大學》就是帝王之學,對此篇大加發揮。《學記》一篇,"自始學積而至於大學,自小成充之至於大成,從微至著,積習有漸",[②]《經解》一篇,入國觀教,乃儒者深於六藝之説,皆爲宋代君臣所重。

綜而言之,南宋石經之刻,是北宋太宗以還以經典頒賜臣下,經筵講論君臣切磋,以及趙宋帝王親近翰墨等多方面因素所促成。然經歷八百年之風雨剥蝕,亦多殘泐毁圮。清季學人雖有記述,亦多語焉不詳,但記所存八十餘塊,終未推計原刻究有多少。二十世紀於南宋石經用力考證者,當以張崟《舊杭州府學南宋石經考》爲最。

張氏自述作文緣起,是因爲1933年省立杭州師範學校選定文廟爲黌舍,作者乃與夏定域前往踏勘考察,此時"石經雖尚嵌壁,而漫漶殘泐,於今益烈矣",乃"披衰草踐瓦礫,捫碑循視,提槧握鉛,約略記其起訖字句碑數行列等",次年又携阮元《兩浙金石志》再度前往勘驗,退而檢尋文獻,草成此文。[③]

南宋高宗石經,葉紹翁《四朝聞見録》謂六經,《元史·申屠致遠傳》謂九經,今所存實《易》《書》《詩》《春秋左傳》《論語》《孟子》以及《禮記》中之五篇,故謂之六經可,嚴格而言當是七經。張氏檢尋《玉海》《康熙錢塘縣誌》《杭州府誌》等有高宗書《孝經》石刻,而實地勘察,不見有《孝經》。[④] 所刊各經行列,微有不同。張氏勘實之後,列表著明其異同,兹移録於下:

---

① 李燾《續資治通鑒長編》卷四四六,《文淵閣四庫全書》第321册,第727頁下。

② 王觀國《學林》卷十,中華書局1988年版,第345頁。

③ 張崟《舊杭州府學南宋石經考》,《浙江圖書館館刊》第四卷第一期,1935年,第1—21頁。下引此文皆出此雜志,不再標注。

④ 《民國杭州府誌》卷九六"高宗御書石經"夏引《錢塘縣誌》云:"紹興二年,宋高宗御書《孝經》《詩》《書》《春秋左傳》《論語》《孟子》《中庸》《大學》《樂記》《儒行》《經解》五篇。内有憲聖代書。詔刻石太學,孝宗建閣藏之,曰光堯石經之閣。"此記年代有誤,《樂記》亦爲《學記》之誤。民國李格等按語有辨證(1922年刊本)。又據《玉海》卷三四載:"〔紹興〕九年六月辛丑,書《孝經》賜秦檜。十三日庚戌(一云辛酉),秦檜乞以上所賜御書真草《孝經》刻之金石,以翼扶世教。上曰:十八章乃聖人精微之學,從之。十三年,頒御書《孝經》《周官》《中庸》《羊祜傳》于天下州學。十四年七月辛未,詔諸州以御書《孝經》刊石。"今《湖北金石志》卷十一、《歷代石經考》卷下引録宋建康府學、湖州學、常州學皆有御書《孝經》刻石,于大成文又云今四川遂寧、廣東南海、湖北陽新亦有之,皆可與《玉海》"詔諸州以御書《孝經》刊石"相印證,可見當時確曾刻石,第或非在紹興石經之列。

	易	書	詩	春秋左傳	論語	孟子	中庸
每石列數	四	四	四	四	四	四	五
每列行數	五六	四二	四五	四五	二七	二八	四〇
每行字數	一八	二七	二八	一八	十五、十六不等	十五、十六、十七不等	十四
字體	楷書	楷書	楷書	楷書	行書字較大	行書字較大	行書字較論孟略小

關於高宗石經碑數，楊一清記作：《易》二，《書》七，《詩》十，《春秋》四十八，《論》《孟》《中庸》十九，計八十六碑。朱彝尊《經義考》與楊記微有不同：《易》二，《書》六，《詩》十二，《左傳》四十八。《論》《孟》《中庸》十九，具體到《論語》七，《孟子》十一，《中庸》一。如此則多一塊爲八十七碑。[①] 張國淦以爲當以八十六塊爲是。然諸家較論現存之碑，皆未推考其原有碑數。張崟通過對文本之勘核，著明每碑文字起訖，每經原初當有幾碑，今存屬第幾碑，殘佚碑數及所屬順序。經其與原文逐碑校核統計，《易》應有六碑，今佚其四；《書》應有十碑，今佚其三；《詩》應有十三碑，今佚其三；《論語》應有十碑，今佚其三；《中庸》及《大學》《儒行》等五篇應有三碑，今佚其二；《孟子》應有二十二碑，今佚其十一；《春秋左傳》應是六十三碑。今佚其十五；計原當有一百二十七碑，今佚其四十一碑。後列《南宋石經今昔碑次比較簡表》《南宋石經存佚簡表》及《明清以來南宋石經存數異説表》三種，扼要將南宋石經八百年流傳存佚異説作了概括。

六十多年後，陳光熙、陳進合撰《南宋石經考述》，備述石經現存實物狀況。云石經存八十五石，核准少《孟子》一石（今存十石）。推算石經總碑數，與張崟略有出入，張計算《易》爲六石，今佚四石，陳以爲需用七石，今佚其五；對《中庸》碑數計算，張崟以《禮記・中庸》等五篇一並核計，前後相連，故云三石；陳文則忽略此點，以爲《中庸》一碑占二石，而其他《大學》《學記》《儒行》《經解》各占一石，計四石。乃云："由此可以準確的估算出南宋石經至今缺失四十六石，也即南宋石經總數當爲現存八十五石加缺失四十六石，共計一百

① 以上楊一清説亦見朱彝尊《經義考》卷二九〇，上海古籍出版社2010年版，第十册，第5271頁、第5273頁。按，朱彝尊《杭州府學宋石經跋》所記同《經義考》，《曝書亭集》卷五一，《四部叢刊》影印清康熙本。

三十一石。”[①]此數字與張崟統計有所不同。就碑石而言,較爲完整者有二十七石,經過拼補者有五十八石;就字迹而言,較爲清晰者有三十石,殘泐甚至漫滅者有三十餘石。

于大成未必見張崟之文,其於《宋高宗御書石經》一文中揭示高宗對翰墨之興趣與造詣,紹興五年以來頒賜臣下御書經典翰墨之對象。然對《玉海》提及紹興五年賜汪應辰以下之御書石刻,認爲應該是御筆翰墨而非刻石。[②]

關於紹興石經刊刻起訖時間,大致起始於紹興,畢工於淳熙,具體經文刊石時間,文獻所記互有不同,張文、于文、陳文所稽,亦各持一見,未能取得一致,尚有進一步探討之空間。

捌　清乾隆石經研究

乾隆石經之刊刻上距南宋高宗石經已近六百年,比之開成、廣政、嘉祐三部石經先後繼踵而成,似乎早已該鎸刊。然此中有一疑問始終困擾筆者,即何以蔣衡在乾隆初年進呈所寫楷書十三經經文,好大喜功之乾隆帝竟置之不多問?既然不加置理,又何以在五十年後忽而大興工役,以數年時間刊成一百九十碑之乾隆石經?[③] 尋索史實,多有因緣。

乾隆石經以蔣衡所書爲底本。蔣衡(1672—1743)字湘帆,號江南拙老人,後改名振生,金壇人。蔣超之姪,王潔之婿。[④] 衡之書十三經,有其因緣,蓋其少從鐵函齋主人楊賓學書,楊以爲湘帆小楷爲己所不及,[⑤]然其困頓場屋,仕途偃蹇,乃一意於書法。及其遊歷關中,親睹開成石經,以爲不精。雍正五年(1727),以過天命之年[⑥],發誓手寫十三經,都六十餘萬字,歷十二年而成。揚州馬曰璐費數千金爲之裝潢,盧見曾見而賞之,大學士高斌爲奉進,

① 陳光熙、陳進《南宋石經考述》,《浙江學刊》1998年第1期,第86頁。

② 于大成《宋高宗御書石經》,《孔孟月刊》第十八卷第十期,1980年,第36頁。

③ 清昭槤《嘯亭續録》卷一《石經》云:“雍正中,有生員蔣衡字湘帆者,善書法,立志書十三經,十餘年乃成,於乾隆初上之。特賜國子監學正,藏其書於大内。乾隆庚戌,上念衡尊經之功,未忍磨滅,乃命刊其書於太學中,乙卯春告成。筆力蒼勁,燦然兩廡間,士大夫過者,無不摩挲賞鑒焉。”所謂“念衡尊經之功未忍磨滅”乃場面之語,並非實情。中華書局1980年版,第385頁。

④ 潔之兄源,源字崑繩,方苞《四君子傳》中“四君子”之一也。見《閻潛邱先生年譜》康熙七年下程鴻詔案語。

⑤ 清震鈞《國朝書人輯略》卷三,光緒三十四年刻本。

⑥ 雍正五年蔣衡五十五六歲,吴振棫《養吉齋叢録》卷三謂“乾隆間,江南布衣蔣衡六十後手寫十三經”,乃傳聞不實之言。

時在乾隆四年(1739)八月。[1] 原委如下:

> 大學士鄂爾泰等議覆:總河高斌奏稱:江南鎮江府金壇縣貢生蔣振生,依石經式手書十三經正文,計三百册,共五十函。謹先進《易經》二函,可否將全册五十函進呈。臣等查十三經,現奉旨命武英殿儒臣詳加校閱。今蔣振生進呈之《易經》二函,字畫尚屬端楷,應令高斌將全册五十函送交武英殿,再加校定。如經文果無訛誤,字畫一律端好,臣等再行具奏請旨。從之。[2]

所云三百册五十函,殆即馬氏爲之裝潢者。先進《易經》二函,得乾隆首肯,更將其餘四十八函再呈。匯齊之後,擬送交武英殿儒臣"再加校定"。蔣衡以石經式手書十三經,固然冀望像開成石經一樣鎸刻上石,然議覆處置意見是兩條:一是"大學士等以該生年近七旬,志在尊經,請賞給國子監學正職銜",一是"其手書十三經請用棗木板鎸刻印刷,以備頒發"。迨及疏入報聞之後,第一條立即實施,第二條用棗木板鎸刻事,就此擱置。究其原因,應與武英殿校勘刊刻十三經、二十一史有關。

早在康熙年間,國子監祭酒王士禛疏言明代南北兩雍皆有《十三經註疏》《二十一史》刻板,然已漫漶殘缺,請及時修補。上從之而未見落實。[3] 至高斌進呈蔣衡十三經寫本前之乾隆三年(1738)九月,又舊事重提。《乾隆帝起居注》云:

> 乾隆三年歲次戊午九月……大學士等議:國子監奏,太學所貯十三經注疏、二十一史板片年久模糊,請詳加校正,重新刊刻,以垂久遠。……應令國子監購覓原本各一部,分派編檢等官校閱,交武英殿繕寫刊刻,進呈御覽,即將板片交國子監存貯,以備刷印。[4]

國子監啓奏此事後,經磋商籌備後,由張廷玉和福敏於十二月十五日正式上奏,以爲"重刊經史,必須參稽善本,博考群書,庶免舛訛"。此役於乾隆四年

---

① 亦有謂在乾隆五年者,如《國朝宫史續編》卷九五載《聖製石刻蔣衡書十三經於辟雍序》云:"蓋此經爲蔣衡手書獻於乾隆庚申者",庚申爲乾隆五年。

② 《清高宗實録》卷九十九,中華書局1987年影印本,第10册,第492下—493頁上。

③ 見《清文獻通考》卷六五《學校考三》,浙江古籍出版社1988年影印本,第5458頁下。

④ 中國第一歷史檔案館編《乾隆帝起居注》,廣西師範大學出版社2002年版,第363頁。

(1739)五月由方苞充任總裁,苞即提出具體校勘事宜。[①] 然不一年,方被革職"專在三禮館修書",經史館管理和辦事人員變動不居,校刊事雖依方苞提出之程式進行,時間却延宕推遲,直至十一年十二月始竣事。更就具體經典而言,《周易》於四年校畢,五年刊刻完成,《禮記》則讎對再三,遲至十年方始刊刻。由此回看高斌進呈蔣衡五十函十三經寫本時,正值經史館人事變動、工作凌亂進行之際,此時若將工作重心轉爲以不能作爲一種版本的蔣寫本爲主,勢必會使剛開始的十三經校勘工作無所適從。然皇上旨意又不敢違背,所以做了通融處理。

時過半個世紀,乾隆太平盛世的文治武功都已充分顯現,尤其是至五十五年,費工費時舉世矚目的《四庫全書》已基本完成,該年五月高宗爲嘉惠士林,頒諭江浙兩省准許士子鈔閱《四庫全書》。此時取十三經來勒石紀功可謂適得其時。但高宗日理萬機,未必深謀遠慮到一切都在計劃之中,一等《四庫全書》寫成之日就刊石樹碑。此中亦有因緣際會。據李斗《揚州畫舫録》在記述蔣衡寫本被高斌進呈後云:

> 翰林勵宗萬以序石經,校勘一過,記其異同,書成一册,今庋之懋勤殿書閣上。乾隆五十七年,因敕纂《石渠寶笈》,及于此册,特命刊石立學官。[②]

李斗爲戲曲家,生於乾隆十四年(1749),所記蔣衡、勵宗萬書藏懋勤殿,固是傳聞所得,然受命參與石經之役的沈初曾說:"懋勤殿列架書,自武英殿版諸書而外,可備檢查者略備。架首列函弆蔣衡書十三經。辛亥歲,上命勒石於辟雍。"[③]沈應親見其書,可證此傳聞屬實。勵宗萬何許人?彼乃《康熙字典》纂修官勵廷儀之子,康熙六十年進士,卒於乾隆二十四年。蔣書進呈時,勵正坐事爲武英殿行走。既然當時確有"用棗木板鎸刻印刷"動議,蔣書本又必須校勘,因著宗萬專任此事。今觀宗萬所校一册數百條,僅讎對唐石經文字,不及其他宋元善本。[④] 直録唐石經一句,下云寫本作某,簡單而無價值。宗萬

① 詳見方苞《奏重刊十三經二十一史事宜札子》,《方苞集集外文》卷二,上海古籍出版社 1983 年版,第 565—568 頁。

② 李斗《揚州畫舫録》卷二,江蘇廣陵古籍刻印社 1984 年版,第 48 頁。

③ 沈初《西清筆記》卷一《紀典故》,叢書集成初編本,第 2966 册,第 5 頁。

④ 參見勵宗萬《陜搨十三經考異》,海南出版社 2000 年影印本。勵又有《蔣衡書十三經考異》,與此書側重不同,今藏臺北故宫博物院。勵此書落款爲乾隆十一年,上距蔣衡進呈寫本時已過多年。

擅書法，在武英殿與張昭齊名，嘗與張合寫武英殿《毛詩考證》案語，《陝搨十三經考異》薄薄一册，顯然是其副業成果，且亦拖沓到十一年方始完成。宗萬校完此書，武英殿十三經亦校刊完成，時過境遷，故連木刻一事也告吹。

李斗謂五十七年因要編纂《石渠寶笈》發現勵校蔣書校勘記，於是觸發刊立石經之工程，符合事態發展情理。但石經是五十六年啓動，何以李記在五十七年？《石渠寶笈》二編成書於五十八年，其敕纂固當早於此年。考阮元在乾隆五十六年二月以大考爲翰詹第一，升授詹事府少詹事，旋奉旨南書房行走，修纂内府各書畫爲《石渠寶笈》。[①] 可見始纂《寶笈》確在五十六年，李氏記年有誤。然二月以後在懋勤殿發策得勵書，由此上奏，往復經月，至十一月二十一日壬辰上諭内閣云：

> 自漢、唐、宋以來、皆有石經之刻，所以考定聖賢經傳，使文字異同歸於一是，嘉惠藝林，昭垂奕禩，甚盛典也。但歷年久遠，率多殘缺，即間有片石流傳，如開成、紹興年間所刊，今尚存貯西安、杭州等府學者，亦均非全經完本。我朝文治光昌，崇儒重道。朕臨御五十餘年，稽古表章，孜孜不倦。前曾特命所司創建辟雍，以光文教，並重排石鼓文，壽諸貞珉。而十三經雖有武英殿刊本，未經勒石。因思從前蔣衡所進手書十三經，曾命内廷翰林詳核舛訛，藏弆懋勤殿有年。允宜刊之石版，列於太學，用垂永久。[②]

上諭中所謂“曾命内廷翰林詳核舛訛”，當即著勵宗萬校核也，而“藏弆懋勤殿有年”者，恍然已半個世紀矣。“允宜刊之石版，列於太學，用垂永久”者，若謂所書確實“允宜”刊刻，則當時已上石鐫刻，唯其猶須校對以至無誤方可上石，而武英殿校書一時未能有定本，故藏弆有年也。如此解讀，有《聖製石刻蔣衡書十三經於辟雍序》爲據：

> 蓋此經爲蔣衡手書，獻於乾隆庚申者。其間不無少舛訛，爰命内翰詳核，以束之懋勤殿之高閣，至於今五十有餘年，亦既忘之矣。昨歲命續集《石渠寶笈》之書，司事者以此經請，乃憬然而悟曰：“有是哉？是豈可

① 張鑑等撰、黄愛平點校《阮元年譜》(原名《雷塘庵主弟子記》)，中華書局1995年版，第10頁。

② 王先謙《東華續録(乾隆朝)》乾隆一百十四，清光緒十年長沙王氏刻本，《續修四庫全書·史部》第374册，上海古籍出版社2000年版，第244頁上。《清續文獻通考》卷九六《學校考三》、《國朝宫史續編》卷九五所載同。

與尋常墨迹相提並論，以爲幾暇遣玩之具哉？是宜刊之石版，列於辟雍，以爲千秋萬世崇文重道之規。①

李斗云"特命刊石"，吴振棫云"辛亥命以之校刊石經"等等，皆不言先後原委，唯高宗可直言"亦既忘之矣"。得此御製序文，可知確是因續編《寶笈》而發現蔣衡寫本，舊事重提，興工開役，一切皆是偶然中之必然。

方當蔣衡西遊關中，直觀開成石經之時，未必當下即能感悟其文字之舛訛不正，多半是其字體不類歐、虞而聯想到劉昫"蕪累甚矣"以及顧炎武指責之誤，從而立志要重寫十三經。然蔣衡在書寫之時，既不能一窺天禄琳琅之秘籍，能見之北監本多漫漶殘泐，毛本亦未必盡是，雖憑一己學識擇善而從，斷不能期於正確無誤。其歷經十二年所寫之十三經，仍須校勘後方可上石，此在高宗與群下儒臣，固是心知肚明之共識。勵宗萬一卷之校，豈足盡十三經之異同？當年擱置，事出有因，今重提舊事，高宗仍不忘"著派和珅、王杰爲總裁，董誥、劉墉、金簡、彭元瑞爲副總裁。並派金士松、沈初、阮元、瑚圖禮、那彦成隨同校勘"。總裁雖有六人，而彭氏實司其責，此有彭氏《恭謝命充石經總裁摺子》爲證。② 蓋名儒大臣多僅掛虚名，未必實幹，然卷帙繁多，高宗恐數人不敷辦理，因再諭"著總裁等再行遴派三人，以足八員之數爲校勘諸臣等。其悉心研辦，務臻完善，以副朕尊經右文至意"。③ 所增派三人爲侍讀學士劉鳳誥、祭酒汪廷珍和侍講邵晋涵。④ 據阮元《與劉端臨書》有云："今邵侍講晋涵分校《三傳》，汪司成廷珍分校《周禮》《論語》《孝經》，其餘皆金少宰士松、沈少宰初、瑚司成圖禮、那侍講彦成分校。"以上述分校推之，金、沈兩人當職司《易》《書》《禮記》《孟子》等校勘。

今金、沈諸人文集筆記不見有校勘印迹留存，阮元分得《儀禮》一經後，確實用心精校寫成《儀禮石經校勘記》。邵晋涵固以博學聞名當世，所輯《舊五代史》，所著《爾雅正義》，皆已馳譽學林，三傳本經史，自在其治學範圍。汪廷珍，李斗《揚州畫舫録》卷三云："任大椿……其弟子汪廷珍，字瑟菴，山陽人，

---

① 《國朝宫史續編》卷九五，《故宫珍本叢刊》第三册，海南出版社 2000 年影印本，第 362 頁上。

② 見彭元瑞《恩餘堂經進續藁》卷十六，《清代詩文别集彙編》第 374 册，上海古籍出版社 2011 年版，第 372 頁。

③ 王先謙《東華續録(乾隆朝)》乾隆一百十四，《續修四庫全書・史部》，第 374 册，第 244 頁上。

④ 《清高宗實録》卷一三九一，第二十六册，第 690 頁上。

己酉榜眼。官祭酒，充石經館纂修官，分校《論語》，多所考證。”①兼校數經，亦有實績。據張鑑云：“那祭酒文毅以《爾雅》石經，彭大司空文勤以《毛詩》石經屬先生襄理，亦多所商正。”②若那文毅需要阮元襄助，則瑚圖禮亦未必能獨立承擔。參悟諸説，知大臣雖掛名校理，實亦多請後進才俊協助其事。

實司校勘者外，還有行政協調及輔助等工作，如出任收掌詳覆官之洪亮吉，充任提調之阿厚蕣。洪以五十五年一甲二名及第，授編修，充國史館纂修官，“明年，又充石經收掌詳覆官”。③ 阿隸籍正白旗漢軍，本姓劉氏。亦“充石經館提調”。④ 輔助工作當然不止洪、阿。洪氏有《八月八日貴吏部徵家太守梧招同阿克當阿鹺使梅花嶺雅集》詩，提及貴徵、洪梧、阿克當阿諸人。詩云：“玉節近趨天北闕，石經同領殿東頭。”自注云：“四人曾同時掌文淵閣石經。”蓋所司職責相同，故招飲雅集。

具體展開蔣衡書迹實況。阮元之《儀禮》校勘記可資證明，他自謂：“臣今總漢石經殘字、陸德明《釋文》、唐石經、杜佑《通典》、朱熹《經傳通解》、李如圭《集釋》、張淳《識誤》、楊復《圖》、敖繼公《集説》、明監本、欽定義疏、武英殿注疏諸本，以及内廷天禄琳瑯所收諸宋元本、曲阜孔氏宋本，綜而核之，經文字體擇善而從，録成四卷，用付經館，以待總裁加勘。”⑤參據資料不可謂不多。今四卷校勘記俱在，可以按覆。據焦循轉述阮元評蔣衡寫本：

> 若蔣衡工於書法，疏於字體，以‘墉’代‘墉’，省‘篋’成‘篋’，如斯之類，舛誤實多。自奉詔後，冬寒夏暍，退直餘閑，臚列諸本，反覆經義，審擇得平。⑥

所據有書法字體之異，亦確有形體差誤，至於版本異同錯訛等，俱見阮、彭之書。阮氏《儀禮石經校勘記》僅一經，而彭元瑞《石經考文提要》十三卷，則容納所有校記。然十三卷《提要》，是彭氏獨著，抑融匯上述金士松、沈初、瑚圖

---

① 李斗《揚州畫舫録》卷三，第 65 頁。

② 張鑑等《雷塘庵主弟子記》卷一，第 11 頁。

③ 江藩著、漆永祥箋釋《漢學師承記箋釋》卷四，上海古籍出版社 2006 年版，上册，第 453 頁。按，當時加派必不止此數人，據洪亮吉《上石經館總裁書》云：“本日復派亮吉等四人預司其事。”至少後來陸續有增。《更生齋詩續集》卷九，《洪亮吉集》，中華書局年版，第 1827 頁。

④ 劉鳳誥《存誨齋集》卷一《阿厚蕣鹺使六十壽集千字文》：“往者恭勒皇朝石經，先是，充石經館提調，五載蔵功。”道光十七年刻本。

⑤ 阮元《儀禮石經校勘記序》，《揅經室一集》卷二，中華書局 1993 年版，上册，第 41 頁。

⑥ 焦循《儀禮石經校勘記後序》，阮元《儀禮石經校勘記》前，《歷代石經研究資料輯刊》，第三册，第 3 頁。

禮、那彦成、邵晋涵、汪廷珍及阮元諸人之成果？今阮記雖存，可資比勘，然所據版本多同，彭、阮校勘難以區别，其他諸種校記不存，更無從勘驗，留下一道值得研究之課題。

乾隆石經所可研究者，當然不僅僅只有《提要》這一課題，而二十世紀整整一百年，觸及乾隆石經者，竟只有寥寥幾篇，其中傅增湘《乾隆石經考文提要書後》考索刊刻始末，和、彭恩怨，頗有價值。

傅增湘所藏《石經考文提要》係彭元瑞手校副本，石經專家楊幼雲繼振所藏，上有彭、楊印璽多方，故彌足珍貴。傅参取《實録》《宫史》及姚元之《竹葉亭雜記》、吴振棫《養吉齋叢録》所載，作跋一篇，附於書後。[①] 統觀跋文，記述石經刊刻緣起及《提要》撰著前後，而主要歸結爲二事，一爲和珅争功進讒，尋隙、挑剔彭氏《提要》而作《舉正》一書，一爲洪亮吉《上石經館總裁書》，提出二十四則有益於校勘之意見，爲彭氏所從，以成《提要》之精審。兹稍展開討論。

和珅之争功進讒，是在石經刊成高宗頒賞之後。乾隆五十九年(1794)九月十七日高宗諭旨：

> 石經館總裁等校勘石經，現在將次完竣。和珅等與彭元瑞均係總裁。和珅等所管事務較繁，衹能總其大綱，酌加參閲；至於校訂釐正，皆係彭元瑞專司其事。彭元瑞著加太子少保銜，並賞大緞二匹，以示獎勵。若校定之文或有紕繆不經之處，將來披覽所及，經朕指出，亦惟彭元瑞是問。[②]

此係石經刊成之際所諭。蓋彭氏較讎衆本，折中以定字之是非，而後改易蔣本，上石鐫刻，厥功甚偉，故高宗褒諭嘉獎之。然後云“若校定之文或有紕繆不經之處，將來披覽所及，經朕指出，亦惟彭元瑞是問”，此在高宗，或乃人君平息臣僚互妒之高超語言技藝，本無足深究。須知彭氏折中是非所改文字，融入到六十餘萬字中，原無從檢驗其“紕繆不經”。不意高宗在一月後之十月十六日，乃就《考文提要》一書六册再下詔諭。此諭前有一段文字，當係石經館館臣奏疏，而爲上諭引述轉説者，文如下：

> 諭：昨九月間，石經館司事大臣等奏，士子所讀經書，多係坊本。即

① 傅增湘《乾隆石經考文提要》，載傅增湘著、傅熹年編《藏園群書題記》卷一，上海古籍出版社 1989 年版，第 43—47 頁。

② 《高宗實録》卷一四六一，第二十七册，第 513 頁上。

考證之家，亦止憑前明監本。然監本中魚豕之舛訛，字句之衍缺，不一而足。我朝文治光昭，聖祖仁皇帝御纂四經及欽定三禮、武英殿官刻十三經勘讎精核，已久頒發黌序，嘉惠藝林。但各書卷帙繁多，草茅寒素艱於購覓，未必盡人能讀。近因刊刻石經，出内府所弆天禄琳琅宋版各經，古今流傳舊本，莫不薈萃。蒙命臣等詳悉校對，與武英殿官刻諸書參稽印證，逐條摘出，釐訂成編。書不過六册，而俗本相沿訛謬，靡不開卷瞭然。擬名《考文提要》，請頒行天下，俾士子人人得窺中秘精華，不復襲别風淮雨之陋。但恐爲期過促，僻遠地方，傳佈尚有未周，請於乙卯科鄉試爲始。俟三科後，考試四書五經題文，俱照頒發各條，敬謹改正。倘再有沿用坊、監本以致舛誤者，將考官及士子分别議處停科。朕已允行。[1]

原石經館司事所奏之意，是天下讀書士子所讀多係坊本、監本，石經雖然刊成，京城外人難以看讀；御纂四經三禮及武英殿官刊十三經雖精核，寒素草茅無力購置；天禄琳琅雖有宋版秘本，外人更是終生無緣一睹。亦即花費大量物力人力，其普及仍有局限。故館臣設想，彙總此次鎸刻石經之校勘成果，“請頒行天下，俾士子人人得窺中秘精華，不復襲别風淮雨之陋”，原意善美。許宗彦轉述阮元之言云：“石經列在太學，鄉曲之士或不能盡見，而正訛補脱，略具《提要》中，使學者先見此書，不至爲坊本所惑，由是以窺石經之涯涘，亦高宗純皇帝嘉惠士林之至意也。”[2]乾隆五十九年，阮元僅是一名及第不數年之狀元，且自五十八年六月奉旨出任山東學政，一直在山東各地典試。五十九年九、十月在山東議修鄭玄墓、出試沂州、祭祀孔廟。知其與許之言，乃事後轉述石經館老師宿儒之意。《實録》所謂九月間，應是在石經刊成褒諭之後。可以推想彭元瑞在得到褒奬之後，益思有以圖報，若其出此建議，得到部分總裁、副總裁和金、沈等認可，將諸人校記匯集擇要寫出，容可在十月中旬進上。其深謀遠圖，是冀望將來科考有統一文本，而不至爲坊本所誤。上諭謂“朕已允行”，知館臣之奏在此之前，高宗以爲甚善，故允行。及至《考文提要》繕寫進上御覽之後，即出綸言云：

茲該館書成呈覽，抽閲數條，不過字句書體間有異同，於聖賢經義初

① 《高宗實録》卷一四六三，第二十七册，第544—545頁上。
② 許宗彦《石經考文提要跋》，《歷代石經研究資料輯刊》第2册，第283頁。

無出入。在總裁等校刊石經，自應折衷善本，援據精詳。而士子等自束髮受書以來，父師授受，循誦習傳，若限以三科，遽令通行遵改，似屬强以所難。且恐鄉閭村塾，傳布難周，未能家置一編，熟習貫串。或應試者因一二字句舛誤被斥，或考官等偶不及檢，遂干處分。似此繁例科條，轉非朕嘉惠士林稽古右文之意。聖賢垂教之義，原不在章句之末，即流傳古本，儒先各守經師家法，未必無習誤承訛，士子等操觚搆藝，惟期闡發經旨，亦不必以一二字之增損、偏旁之同異爲去取也。另著該總裁等詳繹此旨，折衷妥議具奏。①

表面讀此諭旨，一爲天下士子考慮，皇恩普照，入情在理。然若以滿人英和所記云"和珅乃集翰林之能文者數人，成《提要舉正》一書，大意以'鄉僻士子難責以概從宋本'爲辭，上亦允所請"一事思之，②諭旨確實以和珅"鄉僻士子難責以概從宋本"之讒言爲主調。③ 就和珅妒情著眼，他確因石經刊成高宗獨獎彭元瑞心懷不滿而夾雜不可告人之私意。然從科舉事理考慮，窮鄉僻壤確實難覓善本讀書：此亦足見和珅進讒有竅，迎旨善容有術。傅增湘及後來論者多以爲乾隆九月十七日與十月十六日前後兩諭"詞旨顯有矛盾，蓋當時已入和珅之讒，王言亦竟反汗矣"。④ 其實未必然。乾隆在"亦允所請"之後，英和又記述云：

和珅必欲將《提要》銷燬，上顧而笑曰："此時不刊行，留爲將來經生聚訟之端，亦無不可。"和珅乃取旨將《舉正》繕寫三本，一存懋勤殿，一存翰林院，一存國子監，而《提要》竟不刊行，並石經内挖從坊本者甚夥。

和珅之計連環而進，《提要》既不實用，則請銷毀。乾隆風趣，竟云"留爲將來經生聚訟之端"。《清史稿・和珅傳》述和珅毁彭擅作其書，言"非天子不考文"，乾隆語云："書爲御定，何得目爲私書耶？"皆可見其御臣之有術。《考文提要》奉旨准刊後，後有多種刊本。傅增湘謂"和相所刻《舉正》一書，早已湮

---

① 《高宗實録》卷一四六三，第二十七册，第545頁。

② 英和《恩福堂筆記》卷上，北京古籍出版社1991年版，第36頁。

③ 《清史稿・和珅傳》記此事云："五十六年，刻石經於辟雍，命爲正總裁。時總裁八人，尚書彭元瑞獨任校勘，敕編《石經考文提要》。事竣，元瑞被優賚。和珅嫉之，毁元瑞所編不善，且言非天子不考文。上曰：'書爲御定，何得目爲私書耶？'和珅乃使人撰《考文提要舉正》以攻之，冒爲己作進上，訾《提要》不便士子，請銷毁，上不許。館臣疏請頒行，爲和珅所阻，中止，復私使人磨碑字，凡從古者盡改之。"所謂"訾《提要》不便士子"，與上諭一致。

④ 英和《恩福堂筆記》卷上，第36頁。

滅無存”,此實不然。《舉正》當時繕寫三份,分别藏於懋勤殿、翰林院和國子監。今懋勤殿本已由海南出版社影印出版。

石經館開館,五十五年庚戌科副榜洪亮吉被指派爲石經收掌詳覆官,洪有感於當時“旬日之間,義例仍難畫一”之混亂狀況,乃撰《上石經館總裁書》二十四條,備述校刊應加注意之方方面面。傅增湘謂洪例“深切著明”,以爲“同時總裁正副雖六人,而文勤奉旨實專其任。稚存所陳,多從其説”。[①] 然據江藩所云則又不然。江云:

> 藩是時館總裁王文端公第,君手定條例,屬藩呈之,公是其説。彭文勤主其事,以爲不然,文端不能與之争也。後文勤自作凡例,文端命藩勘定,駮其秕謬者數十條。文勤大怒,謂藩與君互相標榜。嗟乎!直道之不行也久矣。[②]

江藩館王杰家,親歷其事,當不至無中生有。且《洪北江年譜》乾隆五十六年下有“十月,石經館開派充收掌及詳覆官。時至國子監監視刻石。以蔣衡所書十三經字多訛俗,有《上石經館總裁書》,欲一一更正,不能從也”之記述,[③] 可與江説相參證。

王杰是名義總裁,彭元瑞是實際主事,洪亮吉則是後進新翰林,其間人事矛盾如何認識理解?按理校勘一事,非著書立説可各執一端,其條例當有一致性。兹移録洪亮吉所上石經校勘條例如下:

> 一、經注參錯,宜正也;二、前後倒置,宜正也;三、脱文,宜補也;四、又有因數字之脱而上下不貫者,宜補也;五、衍文,宜去也;六、又有因一句之衍而文義不續者,宜削也;七、因一字之别而本義全乖者,宜改也;八、前後宜畫一也;九、偏旁宜急削也;十、字有誤自魏晋以前者;十一、字有誤自唐宋以前者;十二、字雖非俗而亦當定從本字者;十三、同一俗字當酌去其已甚者;十四、經不可改從注也;十五、此經有可以彼經改者;十六、此經有必不可以彼經改者;十七、有因上下文而誤者,亦當改正也;十八、前代之制,宜改也;十九、漢石經有急宜從者;二十、唐石

① 傅增湘《乾隆石經考文提要書後》,《藏園群書題記》,上海古籍出版社 1989 年版,第 40 頁。

② 江藩《漢學師承記》卷四,上册,第 453 頁。

③ 吕培等《洪北江先生年譜》,《北京圖書館藏珍本年譜叢刊》第 116 册,北京圖書館出版社 1999 年版,第 401 頁。

經有宜酌從者;二十一、兩宋石經有可從可不從者;二十二、唐宋石經外刊本,宜搜羅也;二十三、字當以《説文》爲本,而從否亦當斟酌者;二十四、本當以《釋文》爲據而録取亦當鑒别者。①

洪氏於每例之下皆舉例説明。觀其條例,極用心思;原其本意,不謂不善;然若要遵而行之,則又極其困難。若全部依洪例而行,非唯將經改得面目全非,抑且隨校勘者之認識不同,無法畫一校勘,尤所亟切者,依其條例,有些文字當下難有結論性意見,故時間上也無法保證。因此,洪、江皆以爲必須依行,王杰不與實事,亦感覺善美。而彭元瑞承擔實際工作,便會感覺無法操作。至洪氏以收掌詳覆官身份,擬此校勘條例,似有代庖越廚之嫌,是否欲藉此一展才華,躋身校勘官行列,不敢妄臆。然彭尚書收到如此棘手一書,無怪乎其難以操作而大怒。緣此,傅氏跋文謂洪例深切著明可,謂彭尚書“多從其説”,則恐非當時實情。

由於乾隆石經之底本爲蔣衡手寫,版本上没有依據,加之漢魏石經殘石陸續出土,故二十世紀對乾隆石經之研究格外冷落。傅氏得彭文勤《石經考文提要》副本,一時矜爲奇寶,伯絅、蟄雲、蟄人、紫綸等皆有題詩,②然皆非學術論文。另有甘鵬雲《石經考文提要書後》,③亦演述英和《恩福堂筆記》所記,無所深發。

玖　餘　論

二十世紀一百年的石經研究,雖有清前期之石經文獻考訂,仍應歸結爲得益於乾嘉時期考訂學與中晚期金石學之研究,亦即對經學文獻文字之考證而關注漢魏石經文字,從而轉向專門的石經文字研究。清末發現之三體石經殘石,是一個偶然契機,而王國維因追蹤三代古文而考證《説文》籀文,進而涉及三體石經古文,終至奠定石經學這門學科。

而真正推動二十世紀石經學研究、發展者,無疑是二十年代洛陽漢魏石經發掘與傳拓。因傳拓而考訂文字,因考訂文字而匯集成果,因匯集成果而

① 洪亮吉《上石經館總裁書》,《卷施閣集・甲集》卷七,中華書局 2001 年版,第一册,第 160—164 頁。

② 俱見《雅言》卷八《詩録》,1942 年第 2 期。

③ 見甘鵬雲《潛廬續稿》,《近代中國史料叢刊》第一輯,文海出版社 1966 年版,第 964 册。

復原碑圖,因復原漢魏石經碑圖而拓展到唐、蜀、兩宋石經。就時間而言,上半葉主要對象在漢魏石經,王國維、羅振玉、張國淦、孫海波四人之著作是漢魏石經奠基、總結與開創的重要成果。下半葉初期出版的馬衡《集存》,則是前期重要成果的集中體現。臺灣屈萬里在完成《周易》《尚書》二部漢石經殘石著作後,指導學生對其他五部經典依式重新集證,推進了漢石經研究。二十年代洛陽集中出土後,仍不斷有零星殘石發現與發掘出土,隨之亦有介紹與研究論文發表,從不同角度補充、修正了前賢之不足。相對而言,其他各朝石經,除傅增湘和張崟二文,多是五十年代以後受到漢魏石經研究影響和其他因素而產生,其中介紹出土和徵得殘石的文章是其大宗,稍涉研究者僅限於個別。

進入二十一世紀,七朝石經研究展現出新的局面,從文獻梳理、文字考訂到碑圖復原都有新的成果。既有利用新出土、新徵集到的殘石修正舊説者,也有重新拼合殘石復原碑圖者。由於簡牘鈔寫形製日益清晰,更有結合簡牘形製、殘石文字錯位以追溯、恢復今古文經文本異同與流傳者。但筆者本文是針對所選論文,專門概括述説二十世紀七朝石經研究,故無法攬入這些新世紀的新學説。所有二十一世紀的新成果,將在《石經學概論》中鋪展、分析與評述。

石經研究相對於當今之甲骨卜辭、銅器銘文、簡牘帛書而言,顯得落寞。七朝石經是七朝經學的標準文本,對於研究漢及漢以後儒家經典,不僅在博士官學、經典文本、文字變遷,乃至在政治、科舉與文字政策、書法等方面,都有相當重要之價值。筆者纂輯《二十世紀七朝石經專論》,冀望學術界正視石經,重視石經,共同深挖藴藏在石經中的政治、文化、歷史内涵,真正凸顯儒家經典在傳統文化中的主導地位。

漢熹平石經

宋拓漢石經殘字跋

◎ 劉師培

井研龔君熙臺出示宋拓漢石經九段本，竊以石文同異，清儒勘定綦詳，其以石文據歐陽《尚書》亦不易之説。石文於《盤庚》"建乃家"下間字爲區，清儒據之以《漢志》歐陽經三十一卷，係析《盤庚》爲三篇，此則鑿空之説也，試即石文之例言之。《詩》及《論語》章必間字，《公羊傳》歲首亦然，又每詩篇末必云"某篇幾章章幾句"語，則篇首起行篇末總計章數，拓本具在，可覆審也。使《盤庚》果析三篇，則"建乃家"以下當揭"盤庚中"三字，"盤庚既遷"以下亦必起行示別，今兩文相距僅間一字，與《詩》《論語》分章例同，是則章段之分，非分篇也。若然，則歐陽經三十一卷乃《盤庚》之卷析一爲三，亦非三十一篇也。《漢志》之例，今文經計卷，古文捨《毛詩》《左傳》外，恒以篇計。以篇計者，如古文《尚書》之屬，弗必篇各一卷。則今文以卷計者，亦弗必卷各一篇。今《書》二十九篇，漢儒以之應星象，説見《論衡》。歐陽傳伏生之説，使析《盤庚》爲三篇，則數有增益，弗與星象相準，博士家法當弗然也。據孔穎達《書疏》謂"鄭玄于伏生二十九篇内分出《盤庚》二篇"，是《盤庚》分篇始自古文。如清儒説，則是紊今文師法，兼蔽石經之例，慮滋世惑，因附辨之。

原載《劉申叔遺書・左盦外集》

漢熹平石經《論語·堯曰篇》殘字跋

○ 馬　衡

堯曰咨爾舜天之曆數在爾躬允執其中四海困窮天禄永終舜亦以命禹曰予小子履敢用玄牡敢昭告于皇皇后帝有罪不敢赦帝臣不蔽簡在帝心朕躬有罪毋以萬方萬方有□在朕躬（以上第一行）

周有大賚善人是富雖有周親不如仁人百姓有過在予一人謹權量審法度脩廢官四方之政行焉興滅國繼絶世舉逸民天下之民歸心焉所重民食喪祭寬則得衆敏則有功公則説（以上第二行）

子張問於孔子曰何如斯可以從政矣子曰尊五美屏四惡斯可以從政矣子張曰何謂五美子曰君子惠而不費勞而不怨欲而不貪泰而不驕威而不猛子張曰何謂惠而不費子曰□民之（以上第三行）

所利而利之斯不亦惠而不費乎擇可勞而勞之又誰怨欲仁而得仁又焉貪君子無衆寡無小大無敢慢斯不亦泰而不驕乎君子正其衣冠尊其瞻視儼然人望而畏之斯不亦威而不猛乎（以上第四行）

子張曰何謂四惡子曰不教而殺謂之虐不戒視成謂之暴慢令致期謂之賊猶之與人也出内之吝謂之有司·凡二章（以上第五行）

洛陽城東三十里朱家圪墻，近出魏正始石經，皆古文、篆、隸三體，又有隸書者數石，皆漢熹平石經也。其地爲漢魏之太學，即《洛陽伽藍記》所謂勸學里者是也。

右二石先後出土，爲《論語·堯曰篇》殘字，存字四行：第一行存“繼絶世”三字，第二行存“惠而不費勞而不怨”之“費勞而”三字，第三行存“斯不亦泰而不驕乎”之“亦泰而”三字，第四行存“謂之有司”之“司”字，“司”下著一圓點，又其下存半字。《隸釋》所録《堯曰篇》殘字，即在此石之下方。據何晏《集解》本《堯曰篇》“謂之有司”下有“孔子曰不知命無以爲君子也”一章，今此半字既非“孔”字，又不類“子”字（朱子《集注》本無“孔”字），必非此章之文。惟《經典釋文》云，“《魯論》無此章，今從《古》”。依《八佾》《陽貨》等篇（見《隸釋》）計章之例，此半字當是“凡”字；“凡”字下所闕，當爲“二章”二字，以此篇僅《堯曰》《子張問》二章也。

按《論語》有《齊》《魯》《古》三家：《魯論》二十篇；《齊論》多《問王》《知道》二篇，爲二十二篇，其二十篇中章句多於《魯論》；《古論》分《堯曰》下章《子張問》以爲一篇，凡二十一篇。《釋文》於此章下採《魯》《古》，不言《齊論》之有無。《玉函山房輯齊論語》言：“《齊論語》，齊人所傳。董仲舒，廣川人，地屬齊，《漢書》本傳對策及所著《春秋繁露》多引《論語》，與《魯》《古》不同，而與王吉（吉傳《齊論》）所引有合，確爲《齊論語》。”又輯其對策所引“孔子曰不知命亡以爲君子”句，云：“無作亡，無也字，又與《古》少異，是董用《齊論語》之確證。”質以“二十篇中章句多於《魯論》”之語，其説似當可信。漢石經《論語》所用何本，史無明文，今曰此石無《不知命》一章；又《隸釋》所録校語有凡廿篇之文，與《魯論》篇數合，則石經用《魯論》本宜可確定。然《校語》中無“魯”“古”等字，而有盍、毛、包、周異同之説。按何晏《集解叙》曰：“安昌侯張禹，本受《魯論》，兼講《齊》説，善者從之，號曰《張侯論》，爲世所貴；包氏、周氏章句出焉。”《漢書·張禹傳》亦言禹“爲《論語章句》……最後出而尊貴……由是學者多從張氏，餘家寖微”。蓋自《張侯論》出而《齊》《魯》不分，傳至東漢，盛行已久，而三家益微矣。石經校語既有盍、毛、包、周之説，盍、毛今不可考，而包、周所傳則皆《張侯論》章句。是石經所用之本爲《張侯論》，殆無疑義。張氏以《魯論》爲本，兼采《齊》説，擇善而從。此篇末無《不知命》一章者，必仍爲《魯論》之舊也。且《張侯論》在東漢時疑亦有《魯論》之目。鄭玄之爲《論語注》也，何晏《集解叙》謂“就《魯論》篇章考之《齊》《古》”，《隋志》謂“以《張侯論》爲本參考《齊論》《古論》”，《釋文叙録》則謂“就《魯論》張、包、周之篇章考之《齊》《古》”。鄭氏所據，實爲《張侯論》，而何、陸並稱爲《魯論》，是東漢之所謂《魯論》者，即《張侯論》矣。然則石經所用之本，雖謂之《魯論》，亦無不可。或以爲《漢志》“《魯安昌侯説》二十一篇”，石經之本凡廿篇，篇數不相侔，疑其非是。然《隋志》言：“禹本授《魯論》，晚講《齊論》，後遂合而考之，删其煩惑，除去《齊論·問王》《知道》二篇，從《魯論》二十篇爲定。”序述較詳，當必不誤。劉寶楠《論語正義》疑《漢志》“一”字誤衍；又以爲經二十篇，説一篇，《志》連經言之，得有二十一篇。説亦近是，不得以此而疑之也。

今依今本《論語》寫定全文，用王昶《金石萃編》之例，以大字寫其存字，而以小字録其佚文。所以知篇首必提行者，以洪氏録《八佾》《陽貨》等篇，其下不接書《里仁》《微子》等篇也。所以知行七十三字者，以洪氏録《儀禮・大射儀》六行七十三字也。惟第一、第三、第四等行多出一字，或文有不同，不足異也。其圓點介於篇末及凡若干章之間者，所以别計章之文於正文也。推之《八佾》《陽貨》等篇當亦如是。洪氏並不言及，賴此知之。

原載《國立北京大學國學季刊》一九二三年第一卷第三期

漢熹平石經《公羊春秋傳・僖公》《成公》殘石跋

◎ 羅振玉

漢熹平石經《公羊春秋傳・僖公》《成公》殘石拓本，合肥孔氏得之西安。《僖公》存字十行，行存一字至九字不等，有傳無經。據洪氏《隸釋》所載《公羊傳》殘字及此石，知每年之首冠以某年，至每月則削而不書。今就拓本存字以今本補之，知每行當是七十三字。惟第一行較今本多三字，二行多一字，五行多二字，七行則較今本少至六十八字，知與今本不同處甚多。至存字中"又將寡人之圖"，今本作"又將圖寡人"。姚寬《西溪叢語》謂，《公羊》當時無他本，其文與今文無異。然洪氏《隸釋》所載云，以今本校之，易四字，省四字，是確有異同。此石至一行中相差六十八字，全傳可知。《叢語》之言，殆不然矣。且熹平石經每經皆有《校記》，《隸釋》所載，《公羊傳》有顔氏言三條，尤可證。姚氏當時《公羊》無他本之説，全出臆度也。《隸釋》所載《公羊傳》，洪氏亦言有傳辭而無《春秋》經文。近年洛陽新出《春秋》殘石，知經與傳乃分刻。故《隋書・經籍志》載：一字石經《春秋經》一卷，一字石經《公羊傳》九卷。近洛陽所出有《春秋經》，足爲《隋志》左證也。

《成公》殘字八行，行存二字半至九字，在《僖公》殘字之陰。以今本校之，文字無異同。就拓本存字補以今本，知每行七十一字，惟第三、四行均七十字，知此二行文中較今本多二字也。《僖公傳》每行字七十三，此則七十一，知各石行字無一定矣。第三行"十年"上空一格，以點識之，知每易一年必空一格。《僖公》殘石第四行"里克"之"里"字上有"●"，知每月文字蟬聯處于兩節中間作點識之，而不空格也。

洛陽漢魏石經屢經遷徙。自東魏孝静帝武定四年，由洛移鄴，周静帝大象元年，復由鄴移洛，逮隋文帝開皇六年，又載入長安。故宋人著録熹平石經均出洛陽，惟《西溪叢語》謂有公羊碑一段在長安，蓋累次遷移未嘗盡徙，故今日洛陽城南開陽門外漢太學故墟出土殘石有《魯詩》,有《春秋經》,有《士禮》,有《論語》。此拓本得自關中,則必出關中。《隋志》載:“後魏之末,齊神武執政,自洛陽徙于鄴都,行至河陽,值岸崩,遂没於水。其得至鄴者,不盈大半。”河陽故城在今孟縣西南之河陽墅,安得好古家更於彼求之,當有所得。今洛下關中殘石既先後並出,吾人益不能無“得隴望蜀”之思矣。丙寅暮春。

原載《鼎臠》一九二六年總四十一期

漢石經及《論語》殘字考

◎［日］武內義雄

一、對於漢石經之諸問題

漢石經者，乃刻經籍於石最先而極著名之事。因其碑石早亡，對此而諸書之記載亦缺一致，後世學者之間，惹起種種之争論焉。《後漢書·靈帝紀》曰：

熹平四年，春三月，詔諸儒正五經文字，刻石立於太學門外。

《盧植傳》曰：

時始立太學石經，以正五經文字。植與諫議大夫馬日磾，議郎蔡邕、楊彪、韓説等並在東觀，校中書五經記傳。

《宦者傳》曰：

時宦者汝陽李巡，以爲諸博士試甲乙科，争第高下，更相告言，至有行賂定蘭臺漆書經字，以合其私文者，乃白帝，與諸儒共刻五經文於石，於是詔蔡邕等，正其文字。自後五經一定，争者用息。

由此觀之，漢石經者，似是刻五經而已。又《蔡邕傳》云：

蔡邕字伯喈，陳留圉人。……拜郎中，校書東觀。遷議郎。邕以經籍去聖久遠，文字多謬，俗儒穿鑿，疑誤後學，熹平四年，乃與五官中郎將堂谿典、光禄大夫楊賜、諫議大夫馬日磾、議郎張馴、韓説、太史令單颺等，奏求正定六經文字。靈帝許之，邕乃自書丹於碑，使工鐫刻，立於太學門外。於是後儒晚學，咸取正焉。

又《張馴傳》云：

張馴字子儁，濟陰定陶人也。……辟公府，舉高第，拜議郎。與蔡邕共奏定六經文字。擢拜侍中。

由右兩條觀之，則漢石經爲六經。同在《後漢書》中，而有"五經説"與"六經説"，而《隋書・經籍志》曰：

後漢鐫刻七經，著於石碑，皆蔡邕所書。

則又更增一經，而成爲"七經説"。是就漢石經之經數，諸書闕一致之點。次《後漢書・蔡邕傳》注引《洛陽記》云：

太學在洛城南開陽門外，講堂長十丈，廣二丈。堂前石經四部。本碑凡四十六枚，西行，《尚書》《周易》《公羊傳》十六碑存，十二碑毀。南行，《禮記》十五碑悉崩壞；東行，《論語》三碑，二碑毀。

所謂《洛陽記》者，據《隋志》有無名氏《洛陽記》四卷，陸機《洛陽記》一卷。《後漢書・儒林傳》注有引晉楊龍驤《洛陽記》。（楊龍驤，名佺期，嘗爲龍驤將軍，故有此稱。）《元和郡縣圖志》引華延儁《洛陽記》。《兩唐志》録戴延之《洛陽記》一卷。（戴延之《洛陽記》，不見於《隋志》。《隋志》有戴延之《西征記》二卷，《水經・洛水注》名曰"戴延之《從劉武王西征記》"。《西征記》被引於《太平御覽》五八九，文中有石經記事，《西征記》或即《洛陽記》之異名歟？）《蔡邕傳》注所引之《洛陽記》爲何人撰述，殊不明瞭。《光武紀上》有引《洛陽記》之首三句，指爲陸機之文，則此文全體，想爲陸機《洛陽記》之遺文。而酈道元《水經注》"穀水"條下，載洛陽石經之記事，其中有：

陸機言《太學贊》别一碑，在講堂西。下列石龜，碑載蔡邕、韓説、堂谿典等名。《太學弟子贊》復一碑，在外門中。

一節，此一節亦是陸機《洛陽記》中之遺文。即此一節中，"《太學贊》，别一碑"、"《太學弟子贊》，復一碑"，上舉《洛陽記》之文，是對於"石經本碑四十六枚"語。其本碑，是刻經籍之文者。《太學贊》碑與《弟子贊》碑，是記太學之緣起、石經之刻立之事由者。後漢石經，其本碑四十六枚，别碑二枚，共記由四十八枚而成立。

然楊衒之《洛陽伽藍記》云：

開陽門外，御道東，有漢國子學堂。堂前有三種字石經二十五碑，表裏刻字，寫《春秋》《尚書》二部，作篆、科斗、隸三種，漢右中郎將蔡邕之遺迹也，猶有十八碑，餘皆殘毁。復有石碑四十八枚，亦表裏隸書，寫《周易》《尚書》《公羊》《禮記》四部，又讀書碑一所，並在堂前。魏文帝作《典論》六碑，至太和十七年，猶有四存。

據右文，是漢石經二十五碑，魏石經四十八碑，而《太平御覽》五八九引《西征記》之文，則云"魏石經三十五枚，漢石經四十枚"。是對於漢石經之碑數，諸記録不一致之點。

次《後漢書・儒林傳》云：

熹平四年，靈帝乃詔諸儒正定五經，刊於石碑，爲古文、篆、隸三體書法以相參檢，樹之學門。

漢石經爲古文、篆、隸三體，如右所記。《北史・劉芳傳》與楊衒之《洛陽伽藍記》之説同。又《晉書・衛恒傳》云：

魏初傳古文者，出於邯鄲淳。至正始中，立三字石經，轉失淳法，因科斗之名，遂效其形。

酈道元《水經注》云：

漢靈帝光和六年，刻石鏤碑載五經，立於太學講堂前，悉在東側。……今碑上悉銘刻蔡邕等名。魏正始中，又立古、篆、隸三字石經。……魏初傳古文出邯鄲淳，石經古文轉失淳法，樹之於堂西。

如右説，以三體字者，爲魏石經。然則漢石經是一體字乎？抑三體字乎？諸記載欠一致之點。

以上記載：(一）爲漢石經之經數。五經乎？六經乎？七經乎？是其一問題。(二）石數。四十八乎？二十五乎？四十乎？爲第二問題。(三）字體。一種字乎？三種字乎？爲第三問題。此三問題，爲論石經者必須先行考究之問題。蓋古來學者間，甲論乙駁，殆無定説者也。

二、問題之解决

以上三問題中，最後之字體問題，據宋洪适獲得當時出土之石經斷片，載於《隸釋》中，可解之。洪适所録之殘字甚多，就中有：

> (上闕)谿典諫議大夫臣馬日磾臣趙䧘議郎臣□□臣劉弘郎中臣張文臣蘇陵臣傅楨雜(下闕)

等文字。其斷片，據陸機《洛陽記》所謂：

> 《禮記》碑上有諫議大夫馬日磾、議郎蔡邕名。《後漢書·蔡邕傳》注引。

又酈道元《水經注》有：

> 蔡邕以熹平四年，與五官中郎將堂谿典、光禄大夫楊賜、諫議大夫馬日磾、議郎張馴、韓説、太史令單颺等，奏求正定六經文字。靈帝許之。邕乃自書丹於碑，使工鐫刻，立於太學門外。……今碑上悉銘刻蔡邕等名。

合而考之，"谿典"上之闕文，爲"五官中郎將臣堂"字，"議郎臣"下之闕文二字，爲"蔡邕"，或"張馴"，或"韓説"之一。而其殘石有此等大儒之名留存，則其爲漢石經無疑。此等殘石，皆爲隸書之碑字，絶無古文及篆字，則漢石經是一種字體，可以證明。又據《晉書·衛恒傳》謂魏石經之古文，失邯鄲淳之法，是其中顯然有古文矣。從而《水經注》所云"魏正始中，刻三字石經"者，乃確當不易之説。《洛陽伽藍記》謂漢三體字，魏一體字者，乃顛倒之論。《後漢書·儒林傳》而謂"立三體之碑"者，乃魏石經之傳説，而誤移於漢石經者無疑。

漢石經既爲一體字，則三體者當然爲魏石經。《伽藍記》説蔡邕筆迹，三種字石經二十五碑者，實爲魏石經。别隸寫《周易》《尚書》《公羊》《禮記》四部之石碑，有四十八枚者，當爲漢石經。合《伽藍記》及《洛陽記》之文而考之，是楊衒之襲陸機之説，取魏石經爲漢石經，形迹顯然。楊衒之所謂四十八碑，即陸機之所謂石經本碑四十六枚，合《太學贊》《太學弟子贊》二碑而數之耳。果然，則漢石經爲四十八碑，是陸、楊當時之通説，不容置疑。而戴延之《西征記》所謂漢石經四十枚，魏石經三十五枚者，據王静安《魏石經考》，魏石經正是三十五枚。《伽藍記》於三十五之"三"字，誤作"二"字。《西征記》之記事，謂漢石經四十枚者實於"四十"之下，脱去"八"字耳。

次《洛陽記》舉石經之經數，爲《周易》《尚書》《公羊》《禮記》四部，以及《論語》共有五種。而宋初出土之斷片中，五者之外，尚有《儀禮》與《魯詩》。《隋志》著録一字石經，爲《周易》《尚書》《魯詩》《春秋》《公羊傳》《儀禮》《論語》之五經二傳。後漢時所稱爲"禮記"者，實在皆指《儀禮》。陸機與襲陸機之記事者，彼所謂"禮記"，實爲《儀禮》甚明。又《毛詩正義》有"三傳之文不與經連，故石經書《公羊傳》皆無經文"之語，宋初出土之《公羊》殘石中，獨闕《春秋》經文，《公羊傳》既已立石，不應《公羊傳》以上之《春秋經》獨闕，《隋志》載一字石經《春秋經》一卷，當無錯誤。漢石經既證明有《春秋經》，而《易》《書》《禮》《春秋》此四經既已刻立，不應闕《詩》，宋初出土之斷片中，明有《魯詩》之文，《隋志》亦録一字石經《魯詩》一卷，則漢石經有《魯詩》之事，已不容疑。從而漢石經之經數，爲《易》《書》《詩》《禮》《春秋》之五經，與《公羊》《論語》二傳，已無疑異。而《後漢書・靈帝紀》《盧植傳》《宦者傳》等稱曰"五經"，則唯舉經而略二傳。又《蔡邕傳》《張馴傳》名曰"六經"者，當時立於學官之《公羊傳》亦數作一經。《隋志》則總稱"五經二傳"，而名曰"七經"。然則"五經""六經""七經"者，僅稱謂之不同，而其内容不外上述之五經二傳。但目睹石經，而作《洛陽》之陸機，獨不提及《魯詩》與《春秋》，寧無奇怪之感？然陸機明言石經已有一半歸於崩壞，則《魯詩》與《春秋》之碑，想全部毁損，而無完石，則逸此二經，亦非全無理由。以上對照於文獻而想定之結論也，最近殉節之王静安氏，從經籍之字數與碑石之字數而勘定之，證明石數以《洛陽記》爲正，經數以《隋志》爲正云。

王氏曰，從宋拓本之《尚書》《論語》之斷片，而推定漢石經每行爲七十三四字，更載於楊佺期之《洛陽記》。據朱超石《與兄書》，俠菴按：《後漢書・儒林傳》"正定五經刊於石碑"句下注引朱超石《與兄書》云："石經文都似碑，高一丈許，廣四尺，駢羅相接。"則漢石經之碑，高丈許，廣四尺，每行七十餘字。由此比例而推定之，一面之行數，想爲三十餘行。假如碑一面，三十五行，行七十五字，一面之字數爲二千六百二十五字，一碑表裏二面之字數，推測爲五千二百五十字左右。而《洛陽記》云："西行《周易》《尚書》《公羊傳》十六碑存，十二碑毁。"當爲二十八碑。唐石經之字數，《易》二萬四千四百三十七字，《公羊》傳文二萬七千五百八十三字，《尚書今文》三十四篇，一萬八千六百五十字，（後漢時僞古文未出，據《尚書正義序》："今文則歐陽、夏侯二家之所説，蔡邕碑石刻之。"又同《正義》中有"蔡邕所刻《尚書》止今文三十四篇"。由是則漢石經之《尚書》可以判定其爲三十四篇。）共計不過七萬六百七十字。漢石經與唐石經雖有多少出入，總字數當無大差，只《易》、《書》、《公羊》傳文大體十四碑足以容之，從而西行二十八碑中，除上記之經外，尚餘其半，今假定《春秋經》一萬六千五百字，《詩》四萬八百四十字，共計五萬七千四十八字，俠菴按：實五萬七千三百四十。略爲十一碑字數，以校異題名之字若干而配之，略合於十四碑之數。西行之經，凡爲《周易》《尚書》《魯詩》《春秋經》《公羊傳》之五部。又《洛陽記》云："南行《禮記》十五碑。"《小戴記》四十九篇之字數九萬八千九百九十九字，十五碑不足以容之，《儀禮》五萬七千一百十二字，合之校語，則數已相合。最後《洛陽記》云："東行《論語》二碑，二碑毁。"劉邠謂下之"二碑"乃"一碑"之誤。顧炎武謂上之"二碑"當改爲"三碑"，由四十六枚之總碑石數，乃由《論語》之總字數而算之，顧炎武之説正當明矣。

以上王静安氏《魏石經考》所論之大略，從《洛陽記》所述之本碑四十六枚，《隋志》所著録《周易》《尚書》《魯詩》《春秋》《公羊傳》《儀禮》《論語》之七經，可以證明其事之確實。王氏之説明，實爲冰釋千古之疑問，精當不易之言。但故意求其缺陷，則漢石經之字數之算定，亦有不確實之點已。

三、漢石經之淪没與出土

據《後漢書》正定石經之詔出於熹平四年，《水經注》謂其竣功在光和六年，《魏志・王肅傳》引《魏略》云："魏黄初後，掃除太學灰炭，補舊石經之缺壞。"自光和至黄初之頃，石經遭火甚明，其間洛陽火災，不外獻帝初平元年，董卓焚洛陽宫殿時，石經遭劫而崩壞歟？顧陸機《洛陽記》解釋石經之存毁，爲黄初修補再崩之事，據《魏書・孝静本紀》武定四年八月有"移洛陽漢魏石經於鄴"，《隋志》云："此時行至河陽，值岸崩，遂没於水。其得至鄴者，不盈大半。"然《北齊書・文宣紀》謂石經尚存有五十二枚，俠菴按：《北齊・文宣紀》天保元年八月詔云："往者文襄皇帝所運蔡邕石經五十二枚，即宜移置學館，依次修立。"而《隋志》記事，謂"不盈大半"，未免失於誇大。俠菴按：漢魏石經共八十三枚，今存五十二枚，實有十分之六七也。次《周書・宣帝紀》曰："大象元年二月辛卯，詔徙鄴都石經於洛陽。"《隋書・劉炫傳》曰："開皇六年，運洛陽石經至京師。"由此則石經曾一次移於鄴都，再還洛陽，而後移於長安矣。俠菴按：《隋志・小學部》云："至隋開皇六年，又自鄴京載入長安。"是《隋志》脱却大象元年由鄴移洛陽之一節。然其後因長安兵亂，艱辛運回之石經亦亡。俠菴按：《隋志》云："置於秘書内省，議欲補緝，立於國學，尋屬隋亂，事遂寢廢，營造之司，因用爲柱礎云。"貞觀初，秘書監臣魏徵始收聚之，十不存一，其相承傳拓之本，猶在秘府。俠菴按：以上六句《隋志》之文。隋、唐《志》皆有著録，而微有不同，《隋志》一字石經《周易》一卷，《尚書》六卷，《魯詩》六卷，《儀禮》九卷，《春秋》一卷，《公羊傳》九卷，《論語》一卷。《唐志》：《尚書》五卷，《儀禮》四卷，餘悉同。黄伯思《東觀餘論》"唐開元中，此等墨本，押以開元小印者，與法書名畫，同其寶貴"云。其後所著之墨本，想亦亡於唐末之亂矣。

漢石經之碑石墨本既亡，其後原石之斷片出土，董逌《廣川書跋》云：

> 趙綽曰："唐造防秋館時，穿地多得石經。故洛中人士，逮今有之。"考當時所得，已是漢世所遺没而得者。國初開地唐御史府，得石經十餘石，此又唐末淪没之所得也。

又曰：

> 石經今廢不存，或自河南御史臺發地得之，蓋《論語》第一篇并第十四篇爲一碑，亡其半矣。其可識者，字二百七十。又自第十八篇至第二十一篇爲一碑，破缺殘餘，得五之一，其存字爲三百五十七。

邵氏《聞見後録》云：

> 近年洛陽張氏發地得石十數，漢蔡伯喈隸《尚書》《禮記》《論語》，俱已缺壞。

黄氏《東觀餘論》記"石經與今文不同"條曰：

> 此石刻在洛陽，本在洛宫前御史臺中，年久摧散，洛人好事者，時時得之。……張燾龍圖家有十版，最多，張氏壻家有五六版，王晉玉家有小塊。

此等皆出土時所傳之消息也。但頗有奇異者，石經是隋時運至長安者，乃宋代出土斷片，從長安得者，僅有《公羊傳》一塊《西溪叢話》，其他皆自洛陽得來。雖然，凡從洛陽所得者，大概是未移至長安以前早已崩壞所遺之斷片，由此推想，則《隋書》記事，亦無如何之矛盾也。

此石經斷片發現之時，定必即行搨拓，以分致於好事之家，是應有之事。而此等好事家，搜集此種拓本，而試行模刻，亦屬理所當然。今從文獻之所記載者，能認出二種之模刻。

第一種模刻爲胡元質宗愈本,據《石刻鋪叙》云:

漢石刻今不易得,好古者所藏,僅十數葉,蜀中又以翻刻入石。

胡元質跋又云:

兹來少城,得墜刻於一二故家,雖間斷不齊,然殘圭裂璧,亦可寶也。因以鑱之錦官西樓,庶幾補古之缺文云爾。

宇文紹奕跋云:

内翰胡公,每以天下自任,推六經精微,寓諸日用,至於屋壁所藏,殘編斷刻,收拾無遺。常嘆石經隸書最古,旁搜博訪,合諸家所藏,得蔡中郎石經四千二百七十字有奇,以楷書釋之。又得古文、篆、隸三體石經遺字八百一十九,並鑱諸石 ,永貽不朽。

據右諸跋文,其大略情形,可以想像,顧炎武《金石文字記》謂"成都兵火之後,此石恐已不存,亦未見拓本"云云,今果不存,如顧之云矣。

第二翻刻本,爲洪适本《隸釋》云:

石經之散亡久矣,本朝一統時,遺經斷石,藏於好事之家,猶崑山片玉,已不多見。今京華鞠爲氈罽之鄉,殘碑日益鮮矣。予既集《隸釋》,因以所有,鑱之會稽蓬萊閣。

洪适跋曰:

蔡中郎石經,在承平時已不多見,今京雒雍鬲,慮其遂泯没不傳也。予既輯《隸釋》,因以所得《尚書》《儀禮》《公羊》《論語》千九百餘字,鐫之會稽蓬萊閣,凡八石,庶幾見者,有跫然之喜。

吾邱衍極賞洪刻本,雖破缺磨滅之迹,真不異於古碑,可惜今已不傳。但《隸釋》中録彼所輯殘字全部,得爲考證之資,猶可謂不幸中之幸矣。

胡元質、洪适之翻刻本亦亡,今僅從《隸釋》所録,知其内容而已。清朝學者間喧傳宋拓本之斷簡,由此以窺漢石經之式樣。顧炎武《金石文字記》曰:

予見此本,一於鄒平張氏,一於京師孫氏,《尚書·盤庚篇》三十餘字,《論語·爲政篇》七十餘字,《堯曰篇》三十餘字。

顧氏所云“京師孫氏”者，據孫退谷《庚子銷夏記》云：

> 宋初開地唐御史府，得石經十餘石。又嘉祐中，居民治地得碎石，洗視乃石經，此本蓋彼時所搨也。

即是也。孫退谷誇爲宋代出土殘石之原拓本，何義門以此爲越州石氏之摹本，所謂“越州石氏”者，即會稽石邦哲熙明，其傳記見於《會稽志》。《續隸》云：“石氏極好古碑，從洪适之子祖禮借材料，而編纂此書。”而翁方綱《兩漢金石記》云：“據徐壇長《圭美堂集》謂此本在越州石氏刻帖内，經朱彝尊審定，誤以爲原拓本。”翁方綱又曰：“乾隆丁酉秋八月，黄易得與孫本同部分之拓本，且比於孫本，在《盤庚》斷片末，多‘凶德綏績’四字。《爲政篇》斷片内，有《隸釋》所缺之‘女’字。由此觀之，則不是石本，亦不是洪氏翻本甚明。但果爲原石之拓本，不能遽定。”而阮元又從蔡松原得同部分之拓本三段，是清初拓本亦有幾本皆同部分者也。然乾隆五十年，金匱錢泳號楳溪自稱得漢石經他部分之雙鉤本，特翻刻之，以頒於友人之好事家。錢泰吉《曝書雜記》録錢泳之文曰：

> 乾隆五十年乙巳，余館於吴門陸端夫上舍家。七月初二日，天氣漸凉，偶步至元妙觀前，見書肆中有明刻《管子》十五卷，批勘甚精，卷首有徐樹丕名印，乃購以歸。次日披閲，書中有零星片紙，皆漢隸雙鉤，再三尋繹，知是熹平石經殘字，喜不自勝，取洪景伯《隸釋》考之，皆與符合。凡得《尚書·洪範篇》七十八字，《君奭篇》十一字，《魯詩·魏風》七十三字，《唐風》三十一字，《儀禮·大射儀》三十七字，《聘禮》二十八字，《公羊·隱公四年傳》十八字，《論語·微子篇》百七十字，《堯曰篇》三十九字，又盍、毛、包、周有無不同之説，及博士左立姓名十八字，合五百餘字。課徒之暇，親自刻石，三月始成，遂搨三百餘本，寄張芑堂、陸貫夫諸君，從此流傳海内。後北平翁閣學方綱，摹石於南昌學宫；長白李太守亨，特摹石於紹興學宫；而如皋姜氏、吴門劉氏，亦有摹本，皆從余家刻本再模者也。徐樹丕，字武子，長洲人，少補諸生。姚公希孟器重之，妻以女，善楷書，兼工八分。國變後，隱匿不出，自號牆東老人，康熙初尚存，此本或其所藏耶？

此文詳記雙鉤本之由來，而錢泰吉更爲之補叙曰：“乾隆五十八年，錢泳再從《管子》中得石經殘字三十八字，合而觀之，《學而篇》之斷片，‘抑與之與’作‘意與之與’，與洪适所載合，更爲刻石。翁覃溪爲賦七言古詩以貽之，尚未補刻於南昌學宮。”由此錢泳得雙鉤本之徑路，頗似得到明瞭。然大正二年民國二年，羅振玉氏在大阪博文堂影印錢泳本熹平石經，是用墨本，中有錢氏初時之校語云：

余得漢石經殘字，宋拓本凡十三紙，《尚書》三，《毛詩》二，《公羊》一，《儀禮》二，《論語》四，又《論語》《毛詩》合刻，並題名一。

據此校語，則錢泳之所得者，是宋拓本，而非雙鉤本。其斷片之數目，亦與《曝書雜記》所引錢泳之文不同，而此影印本之内容，與最初之校語不合，却與《曝書雜記》之説一致，頗爲奇怪。然觀羅氏所加之跋文，可以明之。據稱：

光緒乙巳三十一年，予在蘇州，忽見梅溪得石經之年小象立幀於肆中，頗疑但得勾本，何必畫象，以識得意？知其所得必墨本，詢之骨董客，試探錢氏後人，則對以果有之。然已售去，詢以售之何人，則靳不以告。及前年國變，南中故家所藏，大半流入賈肆。常熟翁氏所藏，亦多爲好事者之所得。廬江劉健之得是本，亟移書假觀，則《叢話》所記勾本之祖也。梅溪自題凡十三紙，而但存九紙，翁跋謂其後人佚去，細檢之，則所佚正是《尚書》一，《論語》三，始知錢氏當日所得實拓本，而恐勢家奪之，又貧不能久守，乃割其諸家所有之四紙售之，自留其九紙，均海人士所未得見之孤本。而托但得勾本之説，以示同好。觀卷中《論語》一紙，首行“以萬方”以上割裂之迹宛然，則翁氏謂子孫失之，殆不免爲梅花亭長所詒笑矣。頗疑阮氏本即梅溪藏本中割出者，以紙墨與此卷正同也。江鄭堂跋阮本，謂蔡松原家，殆梅溪既售之文達，而請其勿洩，文達遂托辭以告鄭堂，彼本□無蔡氏一字一款，是未必果出蔡氏之證也。

彼此對照考之，應認羅氏之説得當。余乃據影印錢氏本，以考漢石經文字之布置，即就洪适録中，而想像其殘字安排之大略。

四、論語殘字之排列

錢本《洪範》之斷片中，橫排同列者，爲"鴻極鹹作厥之毋天而"九字，求之於今本《尚書》中每字間之字數，皆得七十二字。俠菴按：今本《尚書》"鯀陻洪水"之"洪"字，至"建用皇極"之"極"字，七十三字。又至"作鹹"之"鹹"字，七十四字。又至"作聖"之"作"，字六十四字。又至"惟時厥庶民"之"厥"字，七十二字。又至"下惟皇之極"之"之"字，七十三字。又至"下無有作惡"之"無"字，七十七字。又至"下天子作民"之"天"字，七十三字。又至"下害于而家"之"而"字，八十字。據今本《尚書》則亦不盡七十二字也。此漢石經之《尚書》每行七十三字之證。同以此方法，而檢《魯詩》之斷片，亦爲每行七十三字，《儀禮》之斷片，亦得同一之結果。由此推定，一般之漢石經畢竟每行七十三字。

次查《魯詩》之斷片，每詩篇則後交接處，空一格以別之。見於《隸釋》之《論語》殘字，此章與彼章，亦空一格。總之漢石經於章與章之間，必空一格，可能斷定。

次錢本《堯曰篇》之斷片，最初一行爲"以萬方萬方有罪在朕躬"十字，可以想定，其在此篇首行之下方。再精查其墨本，此行之右方可決定其無文字，由此則漢石經於篇題，當費一行。篇題之下，全無字。而輓近出之魏石經拓本，亦見其於《尚書》篇名，占却一行，則余之此想像，諒無錯誤。

次董逌之《廣川書跋》在河南御史臺地方，所出之漢石經《論語》殘字，有記云："第一篇并第十四篇爲一碑，亡其半矣。其可識者，字二百七十。又自第十八篇至第二十篇爲一碑，破缺殘餘，得五之一，其存字爲三百五十七。"今載於《隸釋》之《論語》殘字，自《學而》至《里仁》一類，與自《陽貨》下半至《堯曰》末爲一類，分而爲二。照上引《廣川書跋》考之，《廣川書跋》所謂自"第一篇并第十四篇"者，乃"第一篇至第四篇"之誤。又謂"自第十八篇至第二十篇"者，此"八"字乃"七"字之誤。

次錢本之影印本，其《論語》之斷片，但存《堯曰》四十餘字而已。此外孫氏本、黄氏本、阮氏本尚有《爲政篇》之斷片一，《微子》之斷片一，《堯曰》之斷片一，共成四片。翁方綱合此等斷片，模刻於南昌學宮。余未得見翁氏模本，但翁氏於《兩漢金石記》載此四斷片文字之布置，今以此四斷片之布置爲基礎，從上列諸條之式樣，而安排《隸釋》之文字，因得下列之結果。

漢石經論語排列表

右第一碑表面下截

論語里仁第四　論語八佾第三　論語爲政第二　論語學而第一　1–6

勞以小也造者　吾者塞以其於知曰與曰　也子曰乎庾以孫民　告慎王其次習上　45
而貫人　次能　何吾門松羊二也起對人　周曰何異哉別問免　諸於之政交乎者　46
不之懷子必好　以未管殷我代知予曰而　因書爲端人　孝而　往言道求言子鮮　47
怨哉土曰於人　觀嘗氏人愛郁其商不不　於云則斯焉子於無　而就斯之而曰矣　48
　曾君民是能　之不亦以其郁說也能仁　殷孝民害庾夏我恥　知有爲與有道不　49
子子子之顛惡　哉得樹柏禮乎者始子如　禮於服也　問我道　來道美意信千好　50
曰曰懷過沛人　　見塞周　文之可曰禮　所惟孔已子孝對之　者而小予雖乘犯　51
父唯刑也必　凡也門人子哉於與嗚何　損孝子　曰子曰以　　正大之曰之上　52
母子小各於子　二從國以曰吾天言呼人　益友對子溫曰毋德　子焉由與未國而　53
在出人於是曰　十者君栗事從下詩曾而　可於曰曰故色違齊　曰可之子學敬好　54
不門懷其　苟　六見爲曰君　也已謂不　知兄舉由而難樊之　不謂有贛吾事作　55
遠人惠黨子志　章之兩使盡周其矣暴仁　也弟直誨知有遲以　患好所曰必而亂　56
遊門　觀曰於　　出君民禮子如子山如　其施措女新事曰禮　人學不夫謂信者　57
遊曰子過我仁　　曰之戰人入示曰不樂　或於諸乎可弟何有　之已行子之節未　58
必何曰斯未矣　　二好栗以大諸夏如何　繼有枉知以子謂恥　不矣知溫學用之　59
有謂於知見無　　三有子爲廟斯禮林林　周政則之爲服也且　已子和良矣而有　60
方也於仁好惡　　子反聞諂每乎吾放放　者是民爲師其子格　知轅而恭子愛也　61
　曾利矣仁　　何坫之也事指能乎問　雖亦服知矣勞曰子　患曰和儉曰人君　62
子子而　惡子　　患管曰　問其言　禮　百爲舉之子有生曰　不夤不讓君使子　63
曰曰行子不曰　　於氏成定或掌之子之　世政枉不曰酒事吾　知而以以子民務　64
三夫多曰仁富　　喪亦事公曰　杞曰本　亦奚措知君食之十　也無禮得不以本　65
年子怨朝者與　　乎有不問孰祭不君子　可其諸爲子先以有　凡諂節之重時本　66
無之　聞好貴　　天反說君謂如足子曰　知爲直不不生禮五　十富之夫則　立　67
改道子道仁是　　下坫遂使鄹在徵無大　　爲則知器饌死而　五而亦子不子而　68
於忠曰夕者人　　之管事臣人祭也所哉　子政民是　會葬志　章無不之威曰道　69
父恕能死無之　　無氏不臣之神殷爭問　曰也不知子是之乎　　驕行求學弟生　70
之而以可以所　　道而諫事子如禮必禮　非　服也贛以以學　　何也之則子孝　71
　已禮也上欲　　也知既君知神吾也與　其子　　問爲禮州　　　　也　　弟　72
　　　之也　　久禮往如禮在　射　鬼曰季子　孝祭　73

三三三三三三三二二二二二二二二二二二一一一一一一一一一一
六五四三二一〇九八七六五四三二一〇九八七六五四三二一〇九八七六五四三二一　行次

右第三碑裏面下截

									論														論										論			1
									語														語										語			2
									堯														子										微			3
									曰														張										子			4
									第														第										第			5
									二														十										十			6
									十														九										八			
□		□	□	凡	而	而	世	帝		也	君	贛	仲	陳	上	與	木	爲	工	何	夏		□	武	惠	也	四	避	焉	輿	焉		誰	義	之	45
□		□	□	□	不	不	舉	有		凡	子	曰	尼	子	失	並	區	謗	居	其	之		章	入	少	君	體	人	長	歌	往		養	爲	通	46
□		□	□	章	驕	怨	逸	罪		□	一	無	子	禽	其	爲	以	已	肆	距	門			於	連	臣	不	之	沮	而	而		也	盜	喪	47
□		□	□		乎	欲	民	不		□	言	以	服	問	道	仁	别	矣	以	人	人			漢	降	之	勤	士	曰	過	不		近	子	也	48
□		□	□	□	君	而	天	敢		章	以	爲	景	子	民	矣	矣	子	成	也	問			少	其	禮	五	豈	夫	孔	三		之	贛	予	49
□		□	□	□	子	不	下	赦			爲	也	伯	贛	散	曾	君	夏	其	子	交			師	志	如	穀	若	執	子	黜		則	曰	也	50
□		□	□	凡	正	貪	之	帝			知	仲	以	曰	久	子	子	曰	事	夏	於			陽	辱	之	不	從	車	曰	枉		不	君	有	51
□		□	賈	二	其	泰	民	臣			一	尼	告	仲	矣	曰	之	大	君	曰	子			擊	身	何	分	避	者	鳳	道		遜	子	三	52
□		□	諸	十	衣	而	歸	不			言	不	子	尼	如	吾	道	德	子	雖	張			磬	矣	其	孰	世	爲	兮	而		遠	有	年	53
□		□	賈	篇	冠	不	心	蔽			以	可	贛	焉	得	聞	焉	不	學	小	子			襄	言	廢	爲	之	誰	鳳	事		之	惡	之	54
□		□	之	萬	尊	驕	焉	蕳			爲	毁	子	學	其	諸	可	踰	以	道	張			入	中	之	夫	士	子	兮	人		則	乎	愛	55
詔		□	哉	五	其	威	所	在			不	也	贛	子	情	子	誣	閑	致	必	曰			於	倫	也	子	哉	子	何	何		怨	子	於	56
書			包	千	瞻	而	重	帝			知	他	曰	贛	則	人	也	小	其	有	子			海	行	欲	置	櫌	路	而	必			曰	其	57
與		言	周	七	視	不	民	心			言	人	辟	曰	哀	未	有	德	道	可	夏				中	潔	其	不	曰	德	去		子	有	父	58
博		而	□	百	儼	猛	食	朕			不	之	諸	文	矜	有	始	出	子	觀	云			周	慮	其	杖	輟	爲	之	父		曰	惡	母	59
士		在	□	一	然	子	喪	躬			可	賢	藩	武	而	自	有	入	夏	者	何			公	其	身	而	子	孔	衰	母		年	稱		60
臣		於	□	□	人	張	祭	有			不	者	宮	之	勿	致	卒	可	曰	焉	對			謂	斯	而	耘	路	丘	也	之		册	人	子	61
左		蕭		字	望	曰	寬	罪			慎	丘	賜	道	喜	也	者	也	小	致	曰			魯	以	亂	子	以	曰	往	國		見	之	曰	62
立		牆	蓋		而	何	則	毋			也	陵	之	未		者	其		人	遠	子			公	乎	大	路	告	是	者			惡	惡	飽	63
郎		之	肆		畏	謂	得	以			夫	也	藩	隧	子	必	唯	子	之	恐	夏			曰	謂	倫	拱	子	魯	不	齊		焉	者	食	64
中		內	乎		之	惠	衆	萬			子	猶	及	於	贛	也	聖	斿	過	泥	曰			君	虞	君	而	憮	孔	可	景		其	惡	終	65
臣		盍	其		斯	而	敏	方			之	可	肩	地	曰	親	人	曰	也	是	可			子	仲	子	立	然	丘	諫	公		終	居	日	66
孫		毛	肆		不	不	則	萬			不	踰	窺	在	紂	喪	乎	子	必	以	者			不	夷	之	止	曰	與	也	待		也	下	無	67
表		包	也		亦	費	有	方			可	也	見	人	之	乎		夏	文	君	與			施	佚	仕	子	鳥	曰	來	孔		已	而	所	68
□		周	□		威	子	功	有			及	仲	室	賢	不	曾	子	門	子	子	之			其	隱	也	路	獸	是	者	子			訕	用	69
工		無	周		而	曰	公	罪			也	尼	家	者	善	子	夏	人	夏	不	其			親	居	行	宿	不	是	猶	曰		凡	上	心	70
陳		於	□		不	因	則	在			猶	日	之	志	如	曰	曰	小	曰	爲	不			不	放	其	殺	可	知	可	若		二	者	難	71
興			□		猛	民	説	朕			天	月	好	其	是		仕				可			使	言	義	鷄	與	津	追	季		十	惡	矣	72
刻		□			乎	之		躬			之	也	夫		其		而	子		也	者			大	身		爲	同	矣	也	氏		六		哉	73
		□																			距												章			
三六	三五	三四	三三	三二	三一	三〇	二九	二八	二七	二六	二五	二四	二三	二二	二一	二〇	一九	一八	一七	一六	一五	一四	一三	一二	一一	一〇	九	八	七	六	五	四	三	二	一	行次

右較大之一號體，排於正中者，乃是見於《隸釋》之漢石經殘字。其較小之一號，排於右方者，乃從現行《論語》以補之之字。第三碑第三十五行，特置空行者，從《兩漢金石記》。第三十二行以下之位置乃所以連絡磨滅文字之位置而安排之耳，實非正確也。

五、漢石經之樣式與《論語》之底本

吾人前據《尚書》《魯詩》《儀禮》之斷片，而得證漢石經每行七十三字，今據安排《論語》殘字之結果，而知每面是三十六行，從而石經一面之能容字數，爲二千六百二十八字，一碑兩面，爲五千二百五十六字。王静安氏想定一碑之字，爲五千四百五十字，算出碑石之數與經數，可以證明其大體無誤。

以上只是式樣問題，吾人從安排《論語》殘字之結果，得證明石經《論語》實以《魯論》爲底本，即右所舉第三碑裏面第三十一行末"不亦威而不猛乎"之下，據今本《論語》連續有四十三字之文，與《不知命》章二十七字，合計有七十字。今第三十二行，大體應有此等文字之充填。今檢錢本之斷片，末行之左可判斷其無文字者，是第三十二行與三十一行連續，而終於四十三字，則無"孔子曰不知命無以爲君子也"一章無疑。查陸氏《釋文》此章之下注曰："《魯論》無此章。"由此考之，則漢石經以《魯論》爲底本無疑。

據何晏《集解叙》説"初《論語》經文有《魯論》《齊論》《古論》三種，安昌侯張禹，本受《魯論》，兼稱齊説，善者從之，號曰'張侯論'，爲世所貴"云，由時勢考之，漢石經爲張禹《魯論》，略可想像。更就《堯曰篇》末，無《不知命》章一事，更足以證之。又據何晏《集解叙》云，包咸、周氏，均據《張禹論》而作章句。想包、周本，大體與張禹本同樣，然據石經之終，有包、周本之異文，則雖同由《張侯論》出，仍有多少出入可知，即如篇末校語之第一條云：

賈諸賈之哉包□□□

《子罕篇》："子貢曰：'有美玉於斯，韞匵而藏之，求善賈而沽諸？'子曰：'沽之哉！沽之哉！我待賈者也。'"此"沽"字石經作"賈"，《集解》本之包咸注有"沽之哉，不衒賣之辭也"，包本作"沽"甚明，敦煌出土鄭注亦作"沽"，蓋鄭注是本於周氏本而加校正者，則周氏本亦作"沽"字矣。從而石經校異之語，包、周之下，其剥落三字當是"賈作沽"矣。果然，則包、周本雖根據張禹本，猶加以多少之校改者，敦煌出土鄭注《論語》此注有"《魯論》不重'沽之哉'，今从古"之語，鄭玄之所謂《魯論》，爲周氏本。包咸注不重"沽之哉"，石經標出之字亦不重"沽之哉"，則《魯論》一般不重此三字無疑。次：

蓋肆乎其肆也□周□□□

一條，現行本《論語》無之，古來學者亦無説明，恐即《顏淵篇》"哀公問於有若曰：'年饑，用不足，如之何？'有若對曰：'盍徹乎？'曰：'二，吾猶不足，如之何其徹也'"之"盍徹乎其徹也"。"盍"字往往作"蓋"，"肆"與"徹"古音近而通用，《公羊·莊公二十二傳》有云"肆何？跌也"，《釋文》注曰："肆音四，本或作佚。""肆"有跌之解釋，且一本作"佚"，則無"四"音，而音"跌"。《漢書·揚雄傳》"爲人簡易佚蕩"，此"佚蕩"即《穀梁文公十年傳》之"佚宕"，與《後漢書·孔融傳》之"跌蕩"同義同音，此場合當讀爲ラッタウ，固不在言。俠菴按：日本音讀"ラッタウ"即"跌蕩"也。從而與"佚"通用之"肆"可得讀之爲"ラッ"，《魯論》是假借"肆"字以代"徹"字，而《集解》本於此章之下，載鄭注云："周法，十一而税謂之徹。徹，通也。"則鄭本爲"徹"字，鄭本之根據，即周氏本，陸氏《釋文》已有明文，則周本作"徹"無疑。然則石經此條所缺之字，當爲"包、周肆作徹"，不難想定。果然，則此條之《張禹論》，乃與包、周本相異之證據。次：

而在於蕭牆之内盍毛包周無於□

"盍毛"二字之意義不能知。錢泳校語，謂石經此等校語，乃合刻《論語》《毛詩》之校文也。雖然，以此條"盍毛"之"毛"解作"毛詩"之"毛"，義不足取。蓋石經此等校語，乃録從前《論語》之異文，與《詩》無關係也。要之，"盍毛"是傳《論語》之學者，其生平事略，則不能知。唯就此一條，則張侯本與包、周本之有異同，可以充分證明之。

以上材料甚爲缺乏，然同一《魯論》中仍有多少出入，定當首肯，從而何晏所謂包、周據《張侯論》作章句者，當知其必不墨守張禹本也。

石經殘字與今本異文之點，清朝學者，對於石經考異之作頗多，俠菴按：考源流者，有杭世駿之《石經考異》二卷；考文字者，有馮登府之《石經補考》十二卷（載於《皇清經解》者只六卷），其餘詳於《書目答問》中。今無庸多贅。頃據此等殘字之排列，可舉既失部分。想像其與今本歧異之點出來，試舉一二例以明之。如第一碑第十四行，從"子曰'由誨女'"之下，本節石經文只有"子曰"及"女"三個字，本行之

末,石經有一“子”字,自“女”字下至“子”字,其間空缺者,有十五格,由今本《論語》觀之如左:

子曰:“由!誨女知之乎!知之爲知之,不知爲不知,是知也。”

右文有旁圈者,是石經所有之字,自“女”字下“知之”起,至“是知也”止,十六字,連章末一空格,合計須有十七字之地位,乃足以容之,今只有十五個空格,是多出二字,即石經比之現行《論語》少二字甚明,然則其所少者,應爲何字乎?今舉先秦古書句法相類者以明之。

據《韓詩外傳》云:

孔子曰:“由志之,君子知之爲知之,不知爲不知,言之要也。”

又據《荀子·子道篇》曰:

孔子曰:“志之,吾語女。……君子知之曰知之,不知曰不知,言之要也。”

互相比較而觀之,則石經比今行本,於“知之乎”三字中,當缺少“知之”二字,而此句當作“由誨女乎”。此一例也。次第三碑第二十二行之上,所闕部分,據今本《論語》當有五十二字之地位,方足以容之,俠菴按:第二十二行,自“贛曰”以下,爲石經所有,前行之末,石經至“如是其”三字止,據今本《論語》下接“甚也”以下十七字,又接以“子貢曰君子之過”一節廿六字、“衛公孫朝問於子”七字,及每章末空兩格,合計爲五十二字之地位。而石經只有五十字之地位,則今本《論語》比石經多出二字可知,蓋今本《論語》作:

衛公孫朝問於子貢曰:“仲尼焉學?”

然《史記·仲尼弟子列傳》作“陳子禽問子貢曰:‘仲尼焉學?’”,從《史記》之文減少二字,與石經之格數合,則石經想與《史記》同。

次《堯曰》第一行“不蔽簡在帝心”之句上,石經有五十二格,今本《論語》有五十三字,多出一字,俞樾《論語平議》於“予小子履敢用元牡敢昭告於皇皇后帝”條下云:

孔曰:履,殷湯名。樾謹按:古本《論語》疑無“履”字,《尚書·湯誥篇》正義曰:“鄭玄解《論語》云:‘用玄牡者,爲舜命禹事,於時總告五方之帝,莫適用皇天大帝之牲。’”又《詩·閟宫篇》正義曰:“《論語》曰:‘皇皇后帝。'注云:'帝謂大微五帝。'以《論語》説舜受終於文祖,宜總祭五帝。"是鄭康成以此節連上文"舜亦以命禹"讀之,謂是舜禹之事,若使有"履"字,則明著湯名,鄭豈容有此誤乎?《國語·周語》王子晉説伯禹事曰:"皇天嘉之,祚以天下。"韋昭注曰:"祚,禄也。《論語》曰'帝臣不蔽,簡在帝心'是也。"然則韋所見本,尚無"履"字,不然正文方説禹事,何取以湯事爲證也。近世學者,多疑《論語》孔注,是魏晉間人僞作,即此一字,誠有可疑,蓋因《墨子》引《湯誓》與此文相似,而怪鄭語之非,乃於經文依《墨子》增入"履"字,以實其説,其後僞《古文尚書》遂竊此以入《湯誥篇》矣。

今從石經排字考之,石經亦正無"履"字,蓋鄭玄根據《魯論》之周氏本,而加校訂者。鄭玄本無"履"字,則《魯論》本亦無"履"字可知。此僅不過一字之有無,而顛覆《論語》孔注之解釋,同時考定孔注之真僞,均有重大問題存於其中焉。

六、石經殘字與《論語》之異本

自古傳於日本之文籍,於中國板本相異者多,《論語》亦難逃其公例。與中國板本,必有多少出入,完全同一者少,總之是汲唐石經之流,大體相似。然日本之傳本,亦因抄寫之年代而異其傳統,有種種之不同。要之比於中國板本助字較多爲特徵,清儒阮元謂此由日本人任意增加,不可信據,不知中國板本古時比之近世,助字較多。楊守敬游歷日本時,與森立之談話,亦舉阮元之説,以爲由日人所加,嗣森氏以宋版《玄應音義》示之,舉出其注文中,有重"也""之""乎""哉"等字之例,楊氏始悟非日本人之所爲。其所説明者,爲抄者寫雙行之注文時,未嘗細核字數,以致右行略多,乃填入無意味之字於左行,以覆空格,如此則注文助字多之場合,此説明可以收拾矣,若經文則當如何説明乎?《顔氏家訓·書證篇》曰:

> "也"是語已及助句之辭,文籍備有之矣。河北經傳,悉略此字。

據此則助字多者是江南本,少者是河北本,此相差實因流傳之地方不同而起,如此説明,似可以解釋一切矣,然未盡得完全也。

我擇本邦傳本之代表,即有造館之古本《論語》,對校之於開成石經,更比之於漢石經殘字，可以悟出此等相異之起因，試舉二例。古本《論語》：

子曰："君子……敏於事而慎於言，就有道而正焉，可謂好學也已矣。"《學而》

在此章末，重"也已矣"三字，唐石經但作"也已"而無"矣"字，漢石經殘字有"矣"字，無"也"字，由此則《魯論》作"已矣"，《集解》本作"也已"，後以《魯論》校正《集解》本於"也已"之旁，注以"已矣"二字，轉寫之際，攙入於本文，遂成"也已矣"。傳於日本之皇疏舊抄本中，有作"也已矣"者，及作"也矣已"兩種，益爲上之想像説，添有力之證據。而

夫子之言性與天道，不可得而聞也已矣。《公冶長》

漢石經作如何不聞，唐石經但爲"也"字，而無"已矣"字。

然《史記·孔子世家》曰：

夫子之言天道與性命，弗可得聞也已。

《漢書·眭宏夏侯勝等列傳》有：

子贛曰："夫子之文章，可得而聞。夫子之性與天道，不可得而聞已矣。"

《史記》是祖述《古論》者爲多，《漢書》是引《魯論》者爲多，作"也已"者是《古論》，作"已矣"者是《魯論》，而《集解》本只有"也"字，後從《魯論》校正而加"已矣"二字。古本《論語》：

攻乎異端，斯害也已矣。《爲政》〇漢、唐石經并無"矣"字。

其餘不足觀也已矣。《泰伯》〇唐石經無"矣"字。

斯亦不足畏也已矣。《子罕》〇唐石經無"矣"字。

右諸章唐石經皆闕"矣"字，此等皆從異本校對而加之字。而在：

吾末如之何已也矣。《子罕》〇唐石經作"也已"矣。

古本《論語》與唐石經顛倒"已"字之位置，皆對於上之想像説，與一證者。如上所述，古本《論語》之"也已矣"三字，唐石經大抵無"也已"二字。漢、唐石經之

攻乎異端，斯害也已。《爲政》

此"也已"兩字,《晉書·索紞傳》有"攻乎異端,戒在害已",由是考之,單作"已"一字者,不知是否本文。又古本《論語》:

三年學,不至於穀,不易得也已。《泰伯》〇唐石經"也"下無"已"字。

唐石經"也已"只作"也"字,而古本《論語·八佾篇》"樂其可知已",唐石經"已"字作"也"字,是甲之本文作"已",乙之本文得作"也","也已"二字,無非由校注異文時,攙入本文之結果。

次古本《論語》:

曾子曰:"吾聞諸夫子,人未有自致也者,必也親喪乎?"《子張》

漢石經無"夫子"之"大"字,俠菴按:作"吾聞諸子",見第三碑第二十行。與其他古本同。唐石經與邢疏本"也者"二字作"者也",又《後漢書·荀爽傳》引用云"曾子曰'人未有自致者'",無"也"字。王引之《經傳釋詞》云:"也,猶者也。"又曰:"者,猶也也。"謂"也"與"者"得有同意味之使用,其中舉有例證,今再從《論語》考之,《陽貨篇》:"古者民有三疾,今也或是之亡也。""古者"與"今也"相對,明示"者"字與"也"字可得同用之例。而古本《論語》:

君子之至於斯者,吾未嘗不得見也。《爲政》

唐石經"者"作"也",此亦證明"者"與"也"可通用之一。又唐石經:

惡鄭聲之亂雅樂也,惡利口之覆邦家者。《陽貨》

皇疏本"者"作"也",《尹文子》引此語作"惡紫之奪朱,惡利口之覆邦家",而無"者"字及"也"字。由此推想,此處元本是無"者"字及"也"字,後來因合於聲調,或加"者"字,或加"也"字,亦未可知。而古本《論語》:

告諸往而知來者也。《學而》〇唐石經句末無"也"字。

不如丘之好學者也已。《公冶長》〇唐石經無"者"字、"已"字。

從我於陳蔡者,皆不及門者也。《先進》〇唐石經"門"下無"者"字。

凡古本重用"者也",唐石經皆闕其一字。又唐石經:

我待賈者也。《子罕》〇古本末無"也"字。

我未見力不足者也。《里仁》〇古本末無"也"字。

右唐石經重用"者也",古本闕"也"字。合而考之,此"者也"或"也者",乃異本校合之結果，顯然可以想像者。

“子曰：‘視其所以，觀其所由，察其所安。人焉廋哉？人焉廋哉？’”《爲政》諸本皆如右文重兩句，漢石經作“廋哉人焉廋”，俠菴按：見第一碑十三行，其上闕文，原本似作“人焉廋哉人焉廋”。章末無“哉”字，馮登府《石經考異》謂漢石經之脱誤，此爲當代名儒苦心協力校刻之石經，余不首肯馮氏之説。且在同一《論語》中，查其重句之例而觀之，《子罕篇》“沽之哉！沽之哉”句，敦煌本鄭注《論語》云：“《魯論》重‘沽之哉’句，今從古。”是鄭本從《古論》而不重之證。又《鄉黨篇》末“時哉時哉”句，《釋文》注曰單作“時哉”，一本重“時哉”。而《漢·杜欽傳》曰：“孔子曰：‘視其所目，觀其所由，察其所安，人焉廋哉？’”《晉書·阮种傳》曰：“孔子曰：‘視其所以，觀其所由，人焉廋哉？’”據此以推定《論語》此章，可見其是不重“人焉廋哉”四字者。而《八佾篇》末“吾何以觀之哉”句，諸本皆同。《子罕篇》末“夫何遠之有哉”句，古本有“哉”字，唐石經無，此等“何……哉”句，有“哉”字與無“哉”字，亦有同意味之證據。“焉”即與“何”同意，是“人焉廋哉”與“人焉廋”同，想《論語》之舊經文，有兩種，一本單作“人焉廋哉”，别一本作“人焉廋”，恐是張禹折衷兩本《魯論》與《齊論》。爲一時，作“人焉廋哉人焉廋”，而石經即沿用《張侯論》以鑱石，今本兩句齊一者，乃後人增一“哉”者也。果然，則此章重句，亦由異本對校之結果而加，而漢石經殘字，乃偶然暗示其徑路者也。

又古本《論語·雍也篇》：

> 子游爲武城宰，子曰：“汝得人焉耳乎哉。”

其下孔注曰：“焉、耳、乎、哉，皆辭也。”唐石經闕最後之“哉”字，“乎”與“哉”是用同義之字。此章之“乎哉”，疑是由異本對校之結果，存其異文。而古本《論語》之《憲問篇》：

> 子貢方人，子曰：“賜也，賢乎我夫。”

唐石經“我”字作“哉”，皇疏本作“賢乎我夫哉”，“我”字“哉”字兩存，綜合而考之，蓋初時注記“哉”字於“乎”字之旁，後以“哉”字竄入於本文，而成爲“乎哉”。而“乎我”者，即由“哉”字誤作“我”字者也。而“乎哉”與“乎我”因校正而兩存，遂爲皇疏本矣。果然，則“乎哉”是由對校二種之異本而存異文所成。由此例而推論，《雍也篇》之“乎哉”，亦并異文而存者，既“乎哉”由異文而并存,則“焉耳”或“焉爾”,亦由“焉”與“爾”合并,而解釋爲於是,無非由異文而存之結果。又“焉耳”二字,在《孟子·梁惠王章》如“寡人之於國也,盡心焉耳矣”,連續而使用之,是爲“盡心於是而已矣”之意味,與今所説之場合全别。又“乎哉”兩字,在《論》《孟》《莊》書中屢屢用之,“乎”爲疑詞,“哉”爲咏嘆詞,或使用於反語,與今之例不同。如《雍也》章“汝得人焉乎”,文義當是充足。

又古本《論語·述而篇》:

竊比於我於老彭。

此“我”字之上下,皆有“於”字,唐石經無下“於”字,朱子於其本文注云:“‘我’者,親之之辭。”然表親時之“我”,在文法上爲屬格,Genitive CeSe 從《論語》之用例推之,一人稱之屬格,當使用“吾”字,而不使用“我”字,從而此章之本義,不得如朱子所言。據市野迷庵之正平版《論語》札記稱,宗重本(有貞和三年,左中將宗重之跋本,今在東洋文庫)、大永本(今在東洋文庫),及存覺《六要鈔》所引之文等,皆“我”字之上無“於”字,而“我”字之下有“於”字。今在此章之下,有包咸注云:“好述古事,我若老彭。”由此點而推,當以宗重本爲正,乃以宗重本之祖本,與唐石經之祖本對校,實因兩存異文,所以成爲古本《論語》。此等與漢石經,雖無直接關係,然現行本《論語》因兩存校讎之異文,得爲漢石經前舉諸例之援證。

上舉諸例,乃爲現行本《論語》由異本對校時竄入之例證。又在現本中,兩處有類似之本文,往往甲處據乙處類似之本文而校改者,試以現行本與漢石經殘字而比較考究之,可能悟出其故。例如漢石經之《堯曰》第二行有:

寬則得衆敏則有功公則説

大略與古本《論語》一致,唐石經在“寬則得衆”句下,有“信則民任焉”一句,而此句是對照於《陽貨篇》子張問仁章“恭則不侮,寬則得衆,信則人任焉,敏則有功,惠則足以使人”等句,而竄入之文字,皇侃《義疏》及邢昺《正義》無解釋語,翟灝、陳鱣、阮元諸人已悟到此點。又《陽貨篇》:

子貢曰:“君子[亦]有惡乎?”子曰:“有[惡],惡稱人之惡者,惡居下[流]而訕上者。”

現行諸本皆同,漢石經“君子”之下無“亦”字,“子曰有”下無“惡”字,“惡居下”之下無“流”字,其“亦”字、“惡”字之有無,是别一問題。今就“流”字之有無而考之,《玄應音義》所引之《論語》無"流"字(《慧琳音義》有),皇侃《義疏》解釋此句,謂"惡爲人臣下,而毁謗其君上者",是其所見之本無"流"字。又《漢書·朱雲傳》有"小臣居下訕上",《鹽鐵論》有"居下而訕上",皆襲《論語》此章,而無"流"字者也。合而考之,自漢至六朝,本文尚無"流"字甚明,唐以後之經本,始加有"流"字者,是據《子張篇》"是以君子惡居下流"之語而攙入者也(惠棟《九經古義》)。

右二例,是證據於漢石經而得者,其改竄之迹,由此等例而類推之,可知其他尚有改竄者不少。例如《公冶長篇》:

> 子路曰:"願車馬,衣[輕]裘,與朋友共,敝之無憾。"《公冶長》

唐石經是補"輕"字於行旁,《北齊書·唐邕傳》云:"顯祖脱皮裘與邕,曰:'朕意在車馬衣裘,與卿共敝。'"此無疑是根據《論語》此言,則北齊時之《論語》無"輕"字可見。皇侃《義疏》之所見本,亦無"輕"字,俠菴按:由日輸入之根本本《義疏》有"輕"字,但著者所見之古本必無可知。是從《雍也篇》"乘肥馬,衣輕裘"句而校增者也。

又古本《論語·先進篇》:

> 季康子問:"弟子孰爲好學?"孔子對曰:"有顔回者好學,不遷怒,不貳過,不幸短命死矣。今則亡,未聞好學者也。"

唐石經無"不遷怒,不貳過"及"未聞好學者也"二句,而皇侃疏云:"此與哀公問同,而答異。……緣哀公有遷怒貳過之事,故孔子因答以箴之也,康子無此事,故不煩言也。"是皇侃所見本,與石經同之證據。古本《論語》是對照於《雍也篇》而校增者無疑。

要之洪适所録漢石經之《論語》殘字,凡九百七十一字,不足全書十分之一,雖極少之資料,但比較於現行《論語》而考究時,可能想像現行本改竄之徑路,得判斷其是非之點甚多。現行諸本中,特異之經本爲唐石經與日本傳抄之舊本,當以此兩種經本之相異點,對照於漢石經殘字而考之,蓋唐石經經唐朝儒者之論定而整理,失其舊面目之點,必然不少。反之,舊抄本有攙入無批判異文之缺點,然其中不見於唐石經之佳處尚存,從而兩種經本相差之點,其中爲古材料在焉,吾人不可以不加考究也。

《狩野還曆紀念支那學論叢》(昭和二年二月三十日即民國十六年)

俠菴按：羅振玉氏於民國十二年，又有《漢熹平石經論語殘石跋》云："熹平石經亡佚已久，宇内所傳，僅黄小松司馬所藏宋拓殘本，爲人間星鳳。吴中錢氏所摹，乃集合宋著録殘字，集合依托，非其真也。去年冬，洛賈以新出魏石經見示，言大石外，尚有殘字，今爲我訪求，久無以報。已而於春明，以語吴興徐君森玉。徐君言，殘石未能得，然得墨本中，有無古篆，而但有隸書者。予疑是《典論》，索觀拓本，徐君檢之不得，乃相約同至洛下，爲訪古之游，及徐君往而予以事不果。逾旬徐君既歸都門，以所得殘石本見贈，計存字二行，第一行存'亦泰而'三字，次行存'司下空一格子'二字，細審之，乃知爲熹平石經《論語·堯曰篇》中殘字，與小松先生所藏宋拓《堯曰篇》殘字，正在一章之中，爲之狂喜。書法厚勁寬博，爲黄初《受禪表》之濫觴，與華嶽廟刻不同，殆非中郎手也。此五字外，聞尚有殘石，多至十餘字者，異日以得見爲幸，固不必藏石而後爲可快也，亟書以告徐君，幸再搜求之。並書紙尾，以記眼福。癸亥四月九日。"查羅氏於民國二年在大阪博文堂，影印錢泳本熹平石經，並附跋語，説明錢氏所得爲真拓本，至此跋是明白取消前説，然錢本之爲依托，此跋寥寥數字，未有詳細説明。又《蔡邕傳》"邕乃自書丹於碑"，《隋書·經籍志》"後漢鎸刻七經，著於石碑，皆蔡邕所書"，由此則各碑石，除蔡邕外，無别人書可知。今彼乃云"非出中郎手"，對於此點，亦未有以説明，似不能不令人懷疑也。

一九二九年一月於上海

原載江俠菴《先秦經籍考》

漢熹平石經《周易》殘字跋

◎馬　衡

孫伯恒以景印漢熹平石經殘石墨本見貽，云洛陽新出土而轉徙至於上海者。石兩面刻：一面爲《周易·家人》迄《歸妹》十八卦，存二百八十六字；一面爲《文言》《説卦》，存二百有五字。通計存字四百九十有一。此誠曠代之瑰寶矣。蓋宋人録熹平石經，多至千七百餘字，獨未見《周易》，不意後八百年，更得此經數百字。吾輩眼福突過宋人，何其幸歟？

以今本校讀，每行七十三字。惟碑陽第五、第八、第十行各盈一字，第十二行盈二字。碑陰第一行絀二字，第二、第九行各絀一字，第三行絀四字，第五行盈一字，第十二行盈二字，第十五行盈五字。蓋經本有異同也。兹録其存字之異文如下。

《家人》卦，"終吝"之"吝"作"吝"。《釋文》於《説卦》"爲吝"下云："京作遴。"《説文》辵部"遴"下引《易》曰"以往遴"，而口部"吝"下引《易》則作"以往吝"(許君於《易》稱孟氏，而前後所引有異文。段玉裁云"或兼稱他家，或孟《易》有或本，皆未可知")。此不作"遴"而作"吝"，當是"吝"之或體。《廣韻》云"吝，俗作恡"，誤矣。

《蹇》卦之"蹇"皆作"寋"。按"蹇""謇""寋"三字，古多通用。漢《衡方碑》"謇謇王臣"，用此爻辭，字作"謇"。《爾雅·釋樂》"徒古磬謂之寋"，《釋文》云："寋，本或作謇，字同；或作蹇，字非。"是"蹇"亦作"寋"矣。

《益》卦，"利有攸往"之"有"，作"用"。此經屢見"有攸往"，或"利有攸往"之文，他處或皆作"用"歟？

《困》卦，"于臲卼"作"于劓劊"。《釋文》於九五爻辭"劓刖"下云："劓，徐魚器反；刖，徐五刮反，又音月。荀、王肅本'劓刖'作'臲卼'，云：'不安貌。'陸同。鄭云：'劓刖當爲倪仉。'京作'劓劊'。案《説文》，'劊，斷也'。"於上六爻辭“臲𣏾”下云：“臲，五結反；王肅妍喆反；《説文》作‘劓’，牛列反；薛同。𣏾，五骨反，又音月；《説文》作‘𣏾’，云：‘𣏾，不安也’；薛又作‘杌’，字同。”按《説文》“劓”爲“劓”之重文。又出部：“𣏾，槷𣏾，不安也。《易》曰：‘槷𣏾。’”段玉裁據《釋文》於上六“臲𣏾”下引《説文》“劓”“𣏾”二字，以爲此之所引，亦即《困》上六爻辭，而疑“劓”字與今本不同。又小徐於此條引“《易》曰劓𣏾，困于赤芾”。“劓”字與大徐異，而與陸氏合。“困于赤芾”則爲《困》九五爻辭。段玉裁據《釋文》於九五“劓刖”下所引荀王“劓刖”作“臲𣏾”，鄭云“當作倪仉”之文，疑兩爻辭義同。按“劓”與“臲”，“刖”與“𣏾”，皆同紐同韻，本可互通。或此本兩爻同字，未可知也（錢玄同疑九五“劓刖”二字爲衍文，而上六作“劓刖”。但此行字數確爲七十三，似非衍文）。《説文·刀部》“劊，斷也”，“刖，絶也”，其義正同。古音“劊”“刖”又同屬泰部，故“劊”可通“刖”也。

《革》卦，“虎變”之“變”作“辯”。按古音“變”屬寒部，“辯”屬真部，音近可通。故《釋文·易·坤》“由辯”下云：“荀作變。”是二字可通之證也。

《艮》卦，“趾”作“止”。《釋文》云：“荀作止。”“止”“趾”，蓋古今字也。

《文言》，“美在其中”，無“其”字。

《説卦》，“生爻”之“爻”作“肴”。漢《孔彪碑》“《易》建八卦，揆肴繫辭”，與此本同。

又“故《易》六位而成章”，“位”作“畫”，“章”下多“也”字。《釋文》云：“本又作六畫。”

又“嚮明而治之”，“嚮”作“鄉”。漢《曹全碑》兩用此文，字皆作“鄉”。蓋“鄉”“嚮”，古今字也。

又“坤以藏之”，“坤”作“巛”。《釋文》於《坤》卦云：“本又作巛，巛，今字也。”漢碑中凡“乾坤”字皆作“巛”，無作“坤”者，是漢魏間通行之字矣。其字象卦形之三偶，非借“川”字爲之也（“川”字之首筆皆左挑，無作右旋者）。

又“坎者水也”之“坎”作“欿”。《釋文》於《坎》卦“習坎”下云：“京、劉作欿。”知此本“坎”字皆作“欿”矣（石經《魯詩》“坎坎伐輪兮”亦作“欿”）。

後漢博士十四人：《易》有施、孟、梁丘、京氏四家，《書》有歐陽、大小夏侯三家，《詩》有魯、齊、韓三家，《禮》有大小戴二家，《春秋公羊》有嚴、顔二家。熹平石經之例，以一家爲主，而著他家異同於後。《隸釋》所録《詩》有齊、韓《校記》，是以魯爲主也。《公羊》有顔氏有無語，是以嚴爲主也。《論語》有盍、毛、包、周語，余曩據《堯曰篇》殘字考爲《張侯論》，包、周皆習張侯章句，是亦以某氏本爲主而著盉、毛、包、周之異同也。然則《周易》亦必於四家之中以一家爲主，而此一家果誰氏乎？以此石證之，蓋用京氏本也。陸氏謂“坎，京、劉作欿”；又“劓刖，京作劓劊”。此本悉與京氏合，是用京氏本無疑矣。其碑末《校記》中，當著施、孟、梁丘之異同，如《詩》《公羊》《論語》之例，又可斷言也。

原載《北大圖書部月刊》一九二九年一卷二期

讀漢石經《周易》殘字而論及今文《易》的篇數問題

◎ 錢玄同

前幾天,在馬叔平先生那邊,看見漢石經《周易》殘字拓片兩張,一張是《下經》的《家人》至《歸妹》,一張是《文言傳》和《説卦傳》,係一石之兩面,兩張共有四百九十餘字。近幾年來,出土的漢石經殘石很多,裒集之者,有馬叔平先生的《集拓新出漢魏石經殘字》和羅叔言先生的《漢熹平石經殘字集録》及《補遺》,但大都是零星小塊。像這樣的大塊,一經之文字多至四百九十餘者,還是初次遇到。在宋洪景伯(适)的《隸釋》和《隸續》中所載的以後,這又是一次大發現了。更可喜者,竟是《周易》,這是宋代没有發現過的。《周易》殘字,在此次大發現以前,羅先生的《集録》中有四石,爲《上經》的《蒙》《需》《訟》(這三卦的殘字,又見馬先生的集拓中),《臨》《觀》《噬嗑》《賁》《剥》諸卦和《文言》《序卦》兩傳,四石合計,有五十一字。今文《易》的篇數,本有問題;我對于這問題,蓄疑了好幾年,今讀了羅氏《集録》中的四石和這拓片的兩石,使我昭若發矇;歡忭之餘,遂把鄙見寫在下面。

馬先生因爲此殘字中"坎"字作"欿",證以《經典釋文》所云"坎,京、劉作欿",疑熹平刻石時係用京氏《易》;雖然只有一字的證據,但這一個字非常重要,我認爲馬先生的意見是很對的。又,"坤"作"巛",考漢碑,都作"巛",没有作"坤"的,我以爲漢時今文《易》必皆作"巛"。《經典釋文》云"坤,本又作巛,巛,今字也",這本來没有錯字;而盧召弓(文弨)乃云"以'巛'爲今字,其謬顯然",因從雅雨堂本改爲"巛,本又作坤,坤,今字也"。不知這是雅雨堂本所妄改,盧氏依之現在看來,"其謬顯然"。我疑心改"巛"爲"坤"或出於《漢書·藝文志》所謂"與古文同"的費氏《易》,和龔定庵(自珍)所詫爲"空前絶後,迹過如埽,異哉異至於此"的"中古文"《易》。此等古文經,本是劉歆所僞作,掇拾戰國時代破體小寫之文字,拼湊偏旁,號爲"古文",冒充東周以前之文字，故其中儘有比西漢通行的文字（所謂隸書）還要不古的。改較古之“巛”爲較不古之“坤”，本無足奇。盧氏生於極端尊信此等僞古字之世，故覺得必不可“以‘巛’爲今字”耳。

關於此殘字中與今本文字之異同，馬先生另有詳細的考証，不用我來多費話。

我現在要説的，乃是今文《易》的篇數問題。

《漢書·藝文志》：“《易經》十二篇——施、孟、梁丘三家。”這句話，清中葉諸經師，除戴東原（震）以外，是没有人對它懷疑的。但《論衡·正説篇》云：

> 孝宣皇帝之時，河内女子發老屋，得逸《易》《禮》《尚書》各一篇，奏之。宣帝下示博士，然後《易》《禮》《尚書》各益一篇。

又《隋書·經籍志》云：

> 及秦焚書，《周易》獨以卜筮得存，唯失《説卦》三篇，後河内女子得之。

案：《論衡》所云河内女子所得之逸經，惟逸《禮》爲何篇，至今尚未考明。逸《書》，則東漢末之房宏（《尚書正義》卷一引）及《隋書·經籍志》《經典釋文序録》皆云是《太誓》。《太誓》之確爲後得，非伏勝傳《書》所有，今已成爲定案。那麽逸《易》是《説卦》以下三篇（説詳下），亦經《隋志》證明，亦當確定爲後得，非田何傳《易》時所有了。“河内女子發老屋”與“魯恭王壞孔子宅”，雖同樣是不足信之談，然亦同樣可作爲漢人造作僞經之證。故所謂“逸《易》《禮》《尚書》各一篇”者，實均爲西漢人所僞作，無疑也。

首疑《説卦》以下三篇者爲戴東原。（宋人雖有疑之者，但其立場與此下所説者不同，故不舉及。）其《周易補注目録後語》云：

> 武帝時博士之業，《易》雖已十二篇，然昔儒相傳，《説卦》三篇與今文《太誓》同後出，《説卦》分之爲《序卦》《雜卦》，故三篇詞指不類孔子之言。或經師所記孔門餘論，或别有所傳述，博士集而讀之，遂一歸孔子，謂之“十翼”矣。

這明明説《説卦》三篇是後出之文，不與《彖》《象》《繫辭》《文言》同時了。

及康長素（有爲）撰《僞經考》，則云：

> 至《説卦》《序卦》《雜卦》三篇，《隋志》以爲後得，蓋本《論衡·正説

篇》河內後得逸《易》之事。《法言·問神篇》"《易》損其一也,雖惷知闕焉",則西漢前《易》無《説卦》可知。楊雄、王充嘗見西漢博士舊本,故知之。《説卦》與孟、京《卦氣圖》合,其出漢時僞托無疑。《序卦》膚淺,《雜卦》則言訓詁,此則歆所僞竄,并非河內所出。(卷三上。)

康氏又辨《史記·孔子世家》"序彖辭象説卦文言"一句中"説卦"二字爲劉歆所竄入,云:

《隋志》之説出於《論衡》,此必王充曾見武宣前本也。《説卦》:"帝出乎震,齊乎巽,相見乎離,致役乎坤,説言乎兑,戰乎乾,勞乎坎,成言乎艮。"又曰:"震,東方也;離也者,南方之卦也;兑,正秋也;坎者,正北方之卦也。"與焦京《卦氣圖》合。蓋宣帝時説《易》者附之入經,田何、丁寬之傳無之也。史遷不知焦京,必無之,此二字不知何時竄入。至《序卦》《雜卦》,所出尤後,《史記》不著,蓋出劉歆之所僞,故其辭閃爍隱約,於《藝文志》著《序卦》,於《儒林傳》不著而以"十篇"二字總括其間。要之三篇非孔子經文。(卷二。又卷五、卷十、卷十一及《孔子改制考》卷十,亦有關于此問題之駁辨,與此二條大意相同。)

案:康氏直斷《説卦》爲焦、京之徒所僞作,宣帝時説《易》者附之入經,可謂巨眼卓識。至以《序卦》和《雜卦》爲劉歆所僞作,則未必然。我以爲《論衡》所云"逸《易》一篇",和《隋志》所云"《説卦》三篇",其内容實相同,蓋《説卦》與《序卦》《雜卦》,本合爲一篇,故《隋志》雖云三篇,亦但舉《説卦》以賅《序卦》和《雜卦》也。戴東原云"《説卦》分之爲《序卦》《雜卦》",嚴鐵橋(可均)云"漢宣帝時,河内女子得《説卦》一篇,不數《序卦》《雜卦》者,統于《説卦》"(《唐石經校文》卷一),其説甚是。故韓康伯注本,《序卦》和《雜卦》均附《説卦》卷内,直至唐石經還是這樣。康氏謂"《序卦》膚淺",誠哉其膚淺也;然意義膚淺,不能作爲劉歆僞造之證。劉歆造了許多僞經,固是事實,然其學實不膚淺;膚淺之評,惟彼焦、京之徒適足以當之耳。《雜卦》仍是説明卦義,與《説卦》《序卦》性質相同,與訓詁之方法根本有異,説它"言訓詁",實在不對。即使言訓詁,亦不能即斷爲劉歆所作。劉歆以前言訓詁者多矣,《詩》之《魯故》《齊后氏故》《韓故》,《書》之大小夏侯《解故》等等,都是言訓詁的,《春秋傳》(所謂《公羊傳》)中言訓詁處亦甚多。

據上面所説,則《漢志》謂施、孟、梁丘三家之《易》爲十二篇之説就發生了問題。蓋《説卦》三篇既是西漢人所僞作，則三家之《易》似不應有十二篇，因爲三家同出于田何，田何所没有的，似乎三家也不應該有。於是康氏以爲田何所傳之《易》但有《經》上下二篇，而《彖》和《象》都在《經》内，其言云：

> 此志(《漢書·藝文志》)叙周王孫、服光、楊何、蔡公、韓嬰、王同諸《易》先師《傳》，皆二篇，《章句》，施、孟、梁丘氏，各二篇，然則《易》之《卦辭》《爻辭》《彖辭》《象辭》皆合。以其簡帙繁重，分爲上下二篇。(《僞經考》卷三上。)

又云：

> 《彖》《象》與《卦辭》《爻辭》相屬，分爲上下二篇，乃孔子所作原本。(同上，卷十；又見孔子《改制考》卷十。)

至于《繫辭》，康氏則云：

> 蓋《繫辭》有"子曰"，則非出孔子手筆，但爲孔門弟子所作，商瞿之徒所傳授，故太史談不以爲經而以爲傳也。(《僞經考》卷三上；又卷十與《改制考》卷十略同。)

《文言》，則康氏没有提到它。我想，今本《周易》把《彖傳》《象傳》《文言傳》都合在上、下《經》之内，康氏既以《彖傳》和《象傳》合在上、下《經》之内爲原本《周易》之面目，想來他把《文言傳》也算在裏面了。那麽，康氏意中之三家《易》大概是這樣的：經，上下二篇(其内容與今本相同)；傳，《繫辭》(或是一篇；或如今本那樣，分爲上下二篇)。或如崔師所説，他没有把《繫辭傳》算在内(見下)。

康氏所説的三家《易》，其内容的排列和篇數的多少，均與《漢志》絶不相同。如果三家《易》的面目誠如康氏所言，則《漢志》决不能這樣地瞎造謡言。《漢志》本於劉歆《七略》，不可信的地方固然很多，但他造了好幾部僞古文經，説"這是你們没有見過的古本"，那樣説法是可以矇得過人的。他又造了一部僞今文經——《春秋穀梁傳》，那也不會出什麽岔子，因爲那時立於學官的《春秋傳》(《公羊傳》)和他僞造的《穀梁傳》，都没有"今文"之稱，他只説"你們讀的《公羊傳》之外還有你們没有見過的《穀梁傳》，與《公羊傳》或同或異"。但是，他只能在立於學官的書以外去造假書，决不能把立於學官，大家都看得見的書來瞎造謡言，改變内容，增加篇數。假使他竟那樣辦，他的作僞不是立刻就敗露了嗎？劉歆不至於那麽的蠢吧。即使他真那麽蠢，竟想以一手掩蓋天下人之目，瞎造那樣與事實全不相符的謡言，難道東漢的四家《易》博士（施、孟、梁丘、京）人人都是頭等傻子，會齊心協力地遵守劉歆“《易經》十二篇”那樣一句謡言，反將遠有師承的“《易經》上下二篇”這樣一件實事拋棄了嗎？這不是情理上萬不會有的事嗎？還有，《卦辭》《爻辭》是術數，《彖傳》《象傳》是玄理，兩者的思想和文章全不相同，而認爲一個人所作，這也是極講不通的。

所以，先師崔懷瑾適先生起而駁之云：

> 《彖傳》解説《卦辭》，謂與《卦辭》共篇，猶似可通。《大象》與《卦辭》自明一義，已當分篇。《小象》全體用韻，原本必不與《爻辭》共篇。……是則大、小《象》皆當各自爲篇，則《彖辭》可知，而《易經》無從合爲二篇矣。康氏又以《繫辭》……爲孔門弟子所作，……此説誠是也。但《繫辭》縱非孔子手筆，猶是弟子述孔子之言。……若《卦辭》《爻辭》《彖辭》《象辭》爲孔子作，而《繫辭傳》二篇既不得入“《易經》二篇”之内，又不得與周王孫以下六家皆有《易傳》二篇，丁寬《易傳》八篇，同列《班志》之内，此亦事理所必不然者也。惟《文言》亦有“子曰”，則亦孔門弟子所作，亦當爲傳。康氏不言，此由遺漏，姑不待辨。然則《繫辭》《文言》必當在十篇之内，《易經》不止二篇又明矣。（《五經釋要》卷四。）

看了崔師這一段話，則康説之謬自顯然了。

崔師是信任《漢志》的，他認爲“《易經》十二篇”這個數目是與三家《易》相合的。十二篇的算法，則顔師古注曰：“上、下《經》及‘十翼’，故十二篇。”上、下《經》固無問題，所謂“十翼”者，《周易正義》云：

> ……但數“十翼”，亦有多家。既文王《易經》本分爲上下二篇，則區域各别，《彖》《象》釋卦亦當隨經而分。故一家數《十翼》云：《上彖》一，《下彖》二，《上象》三，《下象》四，《上繫》五，《下繫》六，《文言》七，《説卦》八，《序卦》九，《雜卦》十。鄭學之徒並同此説。

據此所説，則十篇傳的分法自來並不一致。這所記的，不過因爲被鄭玄一派所採用，所以自魏晉以來就相沿不改罷了。究竟三家《易》中的十篇傳是不是這樣分的，自然還是問題。

崔師則採康氏之説而略加改變，即屏《説卦》與《雜卦》於十篇之外，而《序卦》則仍列入。其説云：

> 班《志》又曰"孔氏爲之《彖》《象》《繫辭》《文言》《序卦》之屬十篇"者何？曰：此所云十篇者，……案《彖辭》既上下分篇，則大、小《象》亦當上下分篇。若是，則《彖辭》上下各一篇，《大象》上下各一篇，《小象》上下各一篇，《繫辭》上下各一篇，《文言》一篇，《序卦》一篇，適合十篇之數。王充謂河内得"逸《易》"一篇，不言篇名，據班《志》，則知是《序卦》也。《序卦》爲河内所得，并《彖》《象》以下九篇稱十篇，繫之施、孟、梁丘三家；猶《尚書》二十八篇，並教後得《太誓》稱二十九篇，屬之大小夏侯二家也。……是則《釋文》並《説卦》《雜卦》計之，故合大、小《象》各一篇爲"十翼"。班氏未見《説卦》《雜卦》，故分大、小《象》各二篇爲十篇也。（同上。）

崔師此説，驟視之，似若可通；然細按之，則殊不然。(1) 以所謂河内女子所得者爲《序卦》，則與《隋志》不合。《論衡》雖未説河内所得"逸《易》"爲何篇，但《隋志》既有河内得《説卦》三篇之説，則自當以《隋志》解《論衡》爲是；河内得"逸《尚書》"，亦未説爲何篇，而《隋志》及《釋文》皆言河内得《太誓》，則自當解此"逸《尚書》"爲《太誓》也。(2)《隋志》明言河内得《説卦》三篇，今屏除《説卦》和《雜卦》，殆用康氏之説，以《説卦》爲焦、京之徒所作，《雜卦》爲劉歆所作乎！然既以《序卦》爲河内所得，則已經承認它是西漢人所僞作了，《序卦》爲西漢人所僞作而可以繫之三家，則《説卦》亦是西漢人所僞作，何以便不可繫之三家呢？要是因爲只有《序卦》之名見於《漢志》，故惟有以《序卦》繫之三家較爲有據，則我實不敢苟同。因爲《漢志》本於《七略》，於《説卦》以下三篇中獨提《序卦》而不及其他，則只有這篇《序卦》最有劉歆僞作的嫌疑，以最有古文嫌疑者繫之今文之三家，未免太不妥當了。（康氏以《序卦》爲劉歆僞作，其説我固不信；但崔師以《序卦》爲可以繫之今文，乃以其名見於宣傳古文的《漢志》爲證，較康氏之武斷，其毛病更大。）

崔師又云：

> 《漢書·儒林傳》曰："費直治《易》亡章句，徒以《彖》《象》《繫辭》十篇，《文言》，解説上、下《經》。""文言"二字在"十篇"二字之下，似在十篇以外者，義不可解。《釋文》引作"徒以《彖》《象》《繫辭》《文言》解説上、下《經》"無"十篇"二字，則今本《儒林傳》"十篇"二字衍也。

其下説之云：

> 費氏止用《彖》《象》《繫辭》《文言》九篇解説上、下《經》。《序卦》似目録之學，非釋經義，故不用以解經。《説卦》雖説經義，費直不用以解經，班氏不列於此志者，其時與《雜卦》均未附入也。（同上。）

按，費直是僞古文學，豈可引以證今文之三家《易》？《説卦》和《雜卦》，無論是河内所得或是劉歆僞作，没有到了《七略》和《漢志》的時候還未著録之理。若説《雜卦》是劉歆所僞作，則《七略》和《漢志》更應該趕緊著録才是。除非説，這兩篇的出現還在班固以後，是東漢時人僞造的，但這是毫無證據的話。況且，若是東漢時所僞造，則何時繫入本經？繫入今文經，則今文經皆立於學官，不能隨便增竄；若有繫入，則必有記載。繫入古文經，則古文經多爲民間大師所傳授，若忽有增篇，一定也是有記載的。現在，東漢時繫入的證據，完全没有記載可憑，而西漢時繫入的證據，則明明有《論衡》與《隋志》所記爲憑。所以我個人相信《説卦》以下三篇係西漢中葉所僞作，出現之後，即繫之三家《易》本經之後。《漢志》所云之“十二篇”，既不如康氏所説，篇數爲劉歆所改易；也不如崔師所説，只有《序卦》而無《説卦》和《雜卦》；乃是《説卦》《序卦》《雜卦》三篇都在内的。惟這十篇傳究應如何分法，則不可確知：或如《正義》所述之“十翼”那樣；或如崔師所云《大象》《小象》各分上下，而《説卦》三篇則如《論衡》所云，只算一篇；或者還有别種分法。要之都是瞎猜，現在不必去管它。

我的見解如此，所以我認爲康氏過於武斷，且有誤以今本面目爲三家《易》原本面目之謬；崔師過信《漢志》，致有誤據僞古文之失。他們所説，都不合於今文《易》之真相。

現在漢石經《周易》殘字居然發現了。看羅氏《集録》中的《上經》諸卦和此拓片的《下經》諸卦，知道《彖》《象》的確不與《卦辭》《爻辭》相連合，康氏之説自然不能成立了。羅氏《集録》中有《序卦傳》，而此拓片中又有《文言傳》和《説卦傳》，知道《説卦》和《序卦》都繫入今文《易》中，崔師之説自然也應該修正了。熹平刻石是根據當時立於學官的今文經。東漢立於學官的今文經，其師承有自，都是根據西漢立於學官的今文經。所以漢石經的篇數，我們敢斷言，還是西漢中葉的面目。

現在總結幾句：我相信《論衡》和《隋志》的記載，戴東原和嚴鐵橋的解説，認爲——

> 西漢初年田何傳《易》時，只有上、下《經》和《彖》《象》《繫辭》《文言》諸傳。
>
> 西漢中葉（宣帝以後），加入漢人僞作的《説卦》《序卦》《雜卦》傳三篇。

這是今文《易》的篇數之變遷，施、孟、梁丘、京，都是一樣。到了東漢立十四博士時還是不變。

《周易》雖然也有"中古文"和費氏這兩本僞古文經，但篇數和今文一樣——和已繫入《説卦》三篇之今文一樣，因爲這是劉歆們僞造的，那時的今文本中已有此三篇，則僞古文當然也跟着有了。正如《尚書》一樣：今文本中繫入一篇僞《太誓》，則所謂孔壁之《尚書》古文經中也有那麽一篇僞《太誓》。此外倒没有再加僞篇，像《書》《禮》那樣，多出那麽許多僞"逸《書》"，僞"逸《禮》"。

至於《周易》在孔子時，在孟子時，在荀子時，這《説卦》三篇固然不會有；但是否已經和田何時一樣，《彖》《象》《繫辭》《文言》，燦然俱備，那自然還大有研究，像宋之歐陽永叔（修），葉水心（適），清之崔東壁（述）諸人所論，都是這個問題。但不在本文討論範圍之内。本文的目的，專在研究漢代今文《易》的篇數之真相與變遷而已。

一九二九年冬至，於北平

原載《北大圖書部月刊》一九二九第一卷第二期

漢石經《魯詩・小雅》二石讀校記

◎ 方國瑜

—依羅振玉先生寫定本—

弟綽綽	此令兄———有裕
雪瀌瀌	雨———
不尚	——愒焉
我	我不見兮

《角弓》《菀柳》《都人士》殘文。據《毛詩》字數，首二行並七十字，第三行以七十字計之，則末爲“出言有章”之“章”字（羅先生謂第三行之末當是“行歸于周”之“歸”字，稍誤）；其第四行與第三行“不”字並列者，當是“行歸于周”之“行”字，今殘存戈旁，殊不類。羅先生曰“《都人士》無从戈之字，惟有‘我不見兮’‘我心不説’兩‘我’字，距‘行歸于周’又二十餘字，則四行非《都人士》篇，惜此行僅存半字，不能知爲何篇矣”。按：四行戈旁，“我不見兮”之“我”字殘字也。陳喬樅先生曰：“《都人士》首章，《禮記・緇衣》全引，鄭注曰：‘《毛詩》有之，三家則無。’又《左傳・襄十四年》，引‘行歸于周，萬民所望’，服虔注曰：‘逸詩也。’此詩《正義》曰：‘今《韓詩》實無此首章。’時三家列於學官，《毛詩》不得立，故服以爲逸。”則《魯詩》無《都人士》首章也。今去《都人士》首章二十四字計之，則第三行七十字，其第四行與第三行“不”字並列者爲“我不見兮”之“我”字，戈旁爲“我”字殘存無疑。此可證漢石經與鄭、服所見《魯詩》合也。

且碩曾□是不若其—既	既庭———孫———其——方既早
此有滯穗伊寡婦之利	—————————
□止□□如□□韐有	君子至—福禄—茨鞨——奭
□□□□□□□□晞	匪陽不—

《大田》《瞻彼洛矣》《湛露》殘文。據《毛詩》字數，首行七十一字，次行七十二字，第三行以七十二字計之，則第四行與第三行"有"字並列者，當是《裳裳者華》首章"其葉湑兮"之"湑"字，今"晞"，其字不類。羅先生曰"第四行之'晞'，《毛詩》所無，疑即《湛露》之'匪陽不晞'，《魯詩》作'晞'也；……如以《湛露》接《瞻洛》則'晞'上當有十字，此僅七字，字數不合"。按：第三行七十四字正合。"晞"字與"有"字並列，上空八字（七字稍誤），自《瞻彼洛矣》第一章"韎韐有奭"之"奭"字，至《湛露》"湛湛露斯，匪陽不晞"之"晞"字，凡七十四字。《大雅·思齊》亦有當《毛詩》七十四字爲一行者，此石每行數不一，當有與《毛詩》不同，惟不可考也。

十九、四、二十八

原載《師大國學叢刊》一九三一年第一卷第一期

熹平石經殘字集録序

◯ 羅振玉

歷代刊刻石經，肇於漢之熹平。顧史籍所記，實多疏舛。於經數則有五經、六經之殊，於書體則有一字、三字之異。逮《隋書·經籍志》始謂後漢鎸刻七經，著於石碑，又云隋開皇六年自鄴京載入長安，置秘書内省。尋屬隋亂，營造之司用爲柱礎。貞觀初，秘書監臣魏徵始收聚之，十不存一。其相承傳拓之本，猶在秘府，凡一字石經《周易》一卷、《尚書》六卷、《魯詩》六卷、《儀禮》九卷、《春秋》一卷、《公羊傳》九卷、《論語》一卷。始確定經數爲七經，書體爲一字。蓋魏文貞親見長安遺石及秘府臧拓，又與修《隋書》，遂是正前籍之訛。及天水之世，洛陽唐御史臺故址得石經殘石，洪文惠著之《隸釋》。復鑱石於越州蓬萊閣，凡八石，千九百餘字。胡内翰以所得鑱石錦官西樓，凡四千二百七十字。雖倍於洪氏，然皆《尚書》《魯詩》《儀禮》《公羊傳》《論語》五經而已。越歲七百，洛石再出，始具七經。前後所見，總得經文三千餘言，校語及序記五百餘言，其數略絀於胡氏，而視文惠爲贏矣。

予以己巳孟秋迄於季冬，每有所見，輒爲寫定，爲編者四。今年春，重加釐定，合爲一編。經字可合併者併之，寫定有舛誤者正之。復序其端曰：往歲與亡友王忠慤公擬就前籍所記經石之數及石之高廣，以求行字之數，寫定爲碑圖。顧諸經書寫格式不能明晰，致行字無由確定，遂不果作。今七經具出，就其存字以考書式，知《易》分上下《經》、"十翼"，爲十二篇。上下《經》中，諸卦文蟬聯書之。每卦首畫卦象，當一字，不空格。每篇題占一行，《文言》《説卦》每章首空一格，復加點識之。《尚書》亦篇題占一行。《魯詩》則二《南》，《國風》，大、小《雅》，三《頌》篇題各占一行。每章末側注章次，曰"其一""其二"，兩字當一格，即篇僅一章者，亦側注"其一"字。每篇末章句下空一格，加點。其每什後題，亦空一格，接書於章句之下。《儀禮》

每兩章銜接處，於兩字間加點，而不空格。《春秋經》每易一年，空格，加點。《公羊傳》每歲冠以某年，其上空一格，加點。至每事，則於首末兩字間加點而不空格。《論語》每篇題各占一行，每章首空一格，加點。書式既明，行字乃可得而求。雖古今經本不同，文字有增省多寡，行字致有參差，而較其大凡，可得約計。《周易》行七十三字，間有六十九至七十八字者。《尚書》同，間有七十至七十六字者。《魯詩》二《南》至《小雅》行七十二字，間有七十至七十四字者。《角弓》以後至三《頌》則七十字，間有六十八至七十四字者。《儀禮》行七十三字，間有七十至七十六字者。《春秋》行七十字，間有六十八至七十四字者。《公羊傳》行七十三字，間有六十九至七十四字者，中有一行至百四十一字。《成公八年》以後則七十一字，間有七十字者。《論語》行七十四字，間有七十一至七十八字者。此書式行字之可知者也。

洪文惠言以《尚書》石經校孔《傳》，石本多十字，少二十一字，不同者五十五字，借用者八字，通用者十一字。《魯詩》與《毛詩》異者數字。《論語》校以板本，其文有增損者，亦有假借及用古者。今予所見殘石，考之今本《周易》，校今本多一字，少二字，不同者十三字。《尚書》校今本少一字，不同者五字。《魯詩》校《毛詩》多一字，不同者六十五字，得齊、韓異文五字，與《毛詩》一本同者九字。《儀禮》校今本少三字，不同者十字，文顛倒不同者一。《春秋》校今本不同者十五字。《公羊傳》校今本不同者五字，句法不同者二句。《論語》校今本多一字，少一字，不同者六字。此經文古今本多寡異同之可知者也。

趙氏《金石録・跋尾》言以世所傳經本校此遺字，篇第亦有小異，而不言何經。今知爲《魯詩》，與《毛》互勘，則篇第不僅小異。約略舉之，如《鄭風・山有扶蘇》上非《有女同車》，《小雅・彤弓》之後爲《賓之初筵》，《吉日》之後爲《白駒》，《大雅・旱麓》之後爲《靈臺》，《鳧鷖》之後爲《民勞》，《韓奕》之後爲《公劉》，《桑柔》之後爲《瞻卬》《假樂》，又《卷阿》在《文王》之前，並《毛》《魯》不同。至《式微》二章，《魯詩》"泥中"在"中露"之前；《黄鳥》三章，《魯詩》"仲行"在"鍼虎"之後。是又不僅篇次不同，章次亦異。《儀禮・鄉飲酒》殘字，"北面鼓之"前，計其行字亦與今本攸殊。此篇第章次古今本不同之可知者也。

洪氏《隸釋》言《魯詩》有一段二十餘字，其間有齊、韓字，蓋叙二家異同之説，猶《公羊》碑所云顏氏，《論語》碑所云盍、毛、包、周之比也。今予所見七經中,《尚書》《魯詩》《儀禮》《公羊傳》《論語》皆有校記,意《周易》《春秋》亦必有之。又洪氏著録《論語》末有“凡廿篇萬五千七百一□字”,蓋記全經字數。今《魯詩》末存“萬九二字”,殆亦記《魯詩》總字數,意他經亦必有之。又陸機《洛陽記》言《禮記》碑上有諫議大夫馬日磾、議郎蔡邕名。洪氏著録《公羊》碑後有馬日磾、趙䧟等八人名,《論語》碑末有左立、孫表及工陳興名。今《魯詩》末存“郎中”殘字,意每經後亦必有校理諸臣名,特多亡佚,不可見耳。此諸經校記字數,校理諸臣名之可知者也。

唐李陽冰譏中郎以“豊”爲“豐”,今諸經殘字亦間有俗作,如:禾入水爲“黍”,隸書省作“桼”,而《魯詩》“黍苗”作“桼”,从禾下木。“鳧鷖”之“鳧”作“鳬”,从鳥下力。《儀禮·鄉射》“卻手”字當从“卩”,乃誤从“阝”,並爲訛別。然如《魯詩·楚茨》“神保是格”,“格”作“徦”,見師虎敦,“徦”爲正字,“格”爲假借字。《白華》“有鶴在林”,“鶴”作“隺”,“隺”爲初字,增“鳥”爲後起字。《儀禮·鄉飲酒》“奠于篚”之“篚”作“匪”,爲“匡匪”之正字,“篚”爲假字。春秋國名之“莒”作“筥”,从“竹”不从“艸”,與筥小子敦同。並當據以訂今本之失。此文字正俗之可知者也。

范《書》、《隋志》並言石經乃邕自書於碑,宋人謂諸經書法不同,非出邕一人之手。今目驗諸經殘字,果筆迹各異,此又范《書》之訛得據目驗知之者也。

近所出殘石,諸經外別有序記表裏刻之,碑陽字稍大,陰字差小,雖尚存三百餘言,而文字斷續不能暢曉,此宋人所未見。至《周易》編次,後人合《彖》《象》《文言》於上、下《經》中,朱文公撰《本義》,乃本晁、吕二家,更定爲上、下《經》,“十翼”十二卷,以復古《周易》之舊。今所存《周易》殘字,《文言》之後繼以《説卦》,文公所定與石經正符。又《魯詩》中異文,如“于以湘之”之“湘”作“鬺”,“虺虺其雷”之“雷”作“靁”,“既阻我德”之“阻”作“詐”,“哀我填寡”之“填”作“瘀”,“惄焉如擣”之“擣”作“疛”,並與《韓詩》同。知魯、韓二《詩》往往同字。如是之類,並資多聞。

予自遼海索居,見聞苦隘。兹所集録,前數年所出,據往歲北京集拓。近年所出,據武進陶氏及趙君萬里所致洛估拓本。約三百石分售於北京諸家。洛拓至劣,求藏石家精拓本不可得。近稍稍見之,然未及半,間據以增定一二字。比者中州友人又爲致新出《魯詩》《儀禮》《春秋經》《公羊傳》《論語》殘字百數十,並增入之。其成書之難蓋如此。在昔天水之世,洪、胡兩家覆刻之本,洪刻傳宋拓殘本,什才一二;胡刻則一字不存。幸《隸釋》所録,吾人尚得寓目。

金石之壽，有時不如楮墨，今兹殘石散在諸家，懼其久而湮也，倘因是篇而永之，此則私衷所跂望者矣。

庚午閏月，上虞羅振玉書於遼東寓居魯詩堂

原載《遼居乙稿》，《羅振玉學術論著集》第十集

洛陽石經考

◯ 陳子怡

討論洛陽石經的著作，自南宋以來，至於現在，倘若結集起來，準可成一部小叢書。要是衹就外表看起來，似乎已竟發揮無餘蘊，我輩只須好好看讀，不必再倡異説了。但是學貴求真，不能曲附；是者自是，非者自非。有時許多鼎鼎大名的學者，都見不到；竟有一個無名的念書人，獨得真解，亦未可知。查前哲對於洛陽石經的論調以祖述《後漢書》之説，認三體屬漢者爲最下，因現在我們已見着漢代一字石經，有實物在，其説之不可通，自不必深辨。較高一級的，爲一字屬漢，三字屬魏之説，然而未能包括全體，亦衹棄甲曳兵者五十步之比百步耳，若要求是皆未達也。我提出此論，或者以爲説話太膽大不知自量，此固然矣。但學問一道不可以意氣争，當脚踏實地，平心静氣以臨之，庶乎洞見本源也。

以我愚見，洛陽石經所演史迹，自東漢至於後趙，爲原石鐫刻時期；計共七次。在保存上，自西晉以至北魏，在洛京已竟知收集舊刻，而新石則不注意。自東魏至五代晉，其存在地隨京都爲轉移，大有傳國寶之資格焉。石晉國破寶亡，以後遂不知下落。至本地所埋没之殘石，唐時復出，已爲世人所寶，至宋代更大顯。此是因學者研究之故。金元明三代不著，蓋無人注意而廢棄之也。

自清末至於現在，以學術進步之故，凡新出石經殘石，片字足珍，故洛陽趣利者遍地發掘，而大量的石經，一時皆出焉。此篇文字，即是本這種意思，再加詳説的。但我這種論調，和以前人言石經的著作，出入太多。我的説若能成立，舊來許多著作當俱遭破産，這似乎有點嚇人。然而這也無可如何，曩常以此意示友人，他説："這些話太有關係，你下筆時要小心一點。"在我細思，研究舊學術，用不着什麽顧忌，狂妄固然不好，膽怯豈能澈底；爲真理計，還是放開膽説去，較爲好些。

以前言石經的文字太多，既有異同，當然少不了仔細辯正，但每人每條挨次辯正，恐怕又非有幾十頁，或百頁的字寫，不能完畢。這樣一來，不惟閲者討祇，我個人也不耐這種推磨的工作。爲簡捷計，衹有取以下的辦法：（一）我的説明白，彼的錯誤即顯出的，這樣就不加辯正。（二）多人雷同，而其説都不可靠的，辯其一以例其餘。（三）有非辯不可的，此則詳加説明。這樣下去可省去許多繁文，於正文上也不致太苟簡，作者閲者，豈不兩得其便麽？

我先述洛陽石經刻石的歷史：

（甲）東漢一字石經

《後漢書·靈帝紀》：熹平四年，春三月，詔諸儒正五經文字，刻石立於太學門外。

又《蔡邕傳》：蔡邕字伯喈，陳留圉人。……拜郎中，校書東觀，遷議郎。邕以經籍去聖久遠，文字多謬，俗儒穿鑿，貽誤後學，熹平四年，乃與五官中郎將堂谿典，光禄大夫楊賜，諫議大夫馬日磾，議郎張馴、韓説，太史令單颺等奏求正定六經文字。靈帝許之。邕乃自書丹於碑，使工鐫刻，立於太學門外。於是後儒晚學，咸取正焉。碑始立，觀視及摹寫者，車乘日千餘兩，填塞街陌。

又《宦者傳》：（汝陽李巡）以爲諸博士試甲乙科，争第高下，更相告言，至有行賂定蘭台漆書經字，以合其私文者，乃白帝，與諸儒共刻五經文於石，於是詔蔡邕等，正其文字。自後五經一定，争者用息。

又《儒林傳》：黨人既誅，其高名善士多坐流廢，後遂至忿争，更相言告，亦有私行金貨，定蘭台漆書經字，以合其私文。熹平四年，靈帝乃詔諸儒正定五經，刊於石碑，爲古文、篆、隸三體書法以相參檢，樹之學門。

又《張馴傳》：張馴字子儁，濟陰定陶人。……辟公府，舉高第，拜議郎。與蔡邕共奏定六經文字。擢拜侍中。……光和七年，徵拜尚書，遷大司農。

謝承《後漢書》：碑立太學門外，瓦屋覆之，四面欄障，開門於南。河南郡設吏卒視之。

袁宏《後漢紀》：熹平四年春三月，五經文字刻石立於太學之前。

東漢刻石經事,以上云云,記載已備;其他書有轉録此文,别無發明者,如《山堂考索》等,兹爲節省篇幅,以免閲者生厭起見,概從割愛。《後漢書》内尚有一段文字,與此略有關係,且可證三體之謬者;録之於後,以備參考。

《後漢書·盧植傳》:熹平四年,立太學石經,以正五經文字,植乃上書曰:"臣少從通儒故南郡太守馬融受古學,頗知今之《禮記》特多回穴。臣前以《周禮》諸經,發起紕謬,敢率愚淺,爲之解詁,而家乏,無力供繕寫上。願得將能書生二人,共詣東觀,就官材糧,專心研精,合《尚書》章句,考《禮記》得失,庶裁定聖典,刊正碑文。古文科斗,近於爲實,而厭抑俗流,降在小學。中興以來,通儒達士班固、賈逵、鄭興父子,並敦悦之。今《毛詩》《左氏》《周禮》各有傳記,其與《春秋》共相表裏,宜置博士,爲立學官,以助後來,以廣聖意。"歲餘,復徵拜議郎,與諫議大夫馬日磾,議郎蔡邕、楊彪、韓説等並在東觀,校中書五經紀傳。

古文在昔雖曾置博士,觀書中語,人缺不補,當已久矣。這位振興古文的盧植,因太學刻石經事,而上書陳請,所希望的自是把古文刊到碑上,並爲置博士等事。結果,僅得與馬日磾、蔡邕等在東觀校書,而刻石之事,竟不得與謀。其故,蓋以刻石一事,原就學官所講者,立之太學,以示模範,盧植的希望,想以一人之力量,翻轉學風,談何容易?故此次刻石,所有事者,如蔡邕、楊賜等皆今文學家。《後漢書》"詔諸儒正定五經,刊於石碑,爲古文、篆、隸三體書法以相參檢"之説,啓後世許多糾紛者。現在固可由實物以正其謬。再看本書内古文家不得與謀,衹詔今文家爲之,其不爲古文,也很明白。況後來三體刻石,衹有《春秋》《尚書》二書,古文《春秋》文在《左傳》内。爲《左氏》置博士,並無許可之文,不得請可知。故此次刻石,不有古文,乃決然之事,然則《後漢書》爲什麽出此謬論呢?曰此亦有故,范曄是南朝人,對於北方事當然有些不盡清楚,郭忠恕《汗簡》云"後漢中郎蔡邕寫經,邪臣矯嫉,未盈一紀,尋有廢焉"。這話却是可信的,因曹魏補石經事(詳見後)可證。若其不廢壞,何以補爲?《廣川書跋》也説"纔三十年兵火相繼遭,碑亦損缺",誠然大約董卓燒洛陽宫,此碑亦被焚也,因碑在宫城内故(見後),鄭樵《通志》"當漢之末祚,所傳未廣,而兵火無存"即此。又《論語》也是魏時所刻(見後),如是則漢石經甚少,曹魏兩次所刻一字石經爲數特多(詳見後)。范氏知有許多一字石經,是魏人所刻,則三體的不得不歸之於漢,致誤之由,當即在此。

東漢所刻，有幾經呢？史文或六或五，故後世對此亦生疑問，今爲簡明計，取一説以爲討論之資料，其餘皆以此爲例。

《後漢書考證》“《蔡邕傳》奏求正定六經文字”，杭世駿云：“案此與《張馴傳》皆云奏求正定六經文字，而《靈帝紀》云詔諸儒正五經文字；《儒林傳序》云詔諸儒正定五經，刻於石碑；《盧植傳》云時始立太學石經，以正五經文字；《李巡傳》云乃白帝與諸儒共刻五經於石。考《邕傳》注引《洛陽記》，亦祇有《尚書》《周易》《公羊傳》《禮記》《論語》；晉羊欣《筆法》、魏酈道元《水經注》亦祇言五經。意熹平四年邕等所奏求定者六經，暨光和六年，書丹立石祇五經耳。”

自東漢至西晉，洛陽石經，已生變化，降及北魏，又有變化（詳見後），據此所記，以定東漢刻經之數，是不可能的，在南宋時，此種變化，證據已全露出。而昔人竟不加深考，實在可惜。

《隸釋》“今所存諸經字，體各不同；雖邕能分善隸，兼備衆體；但文字之多，恐非一人可辦”云云。

這一段話，明見得一字石經，不是一個人的筆迹。但他却説是一時多人齊書的，獨不思《後漢書》上明明説是“邕乃自書丹於碑”，後人何據，而强分其功於他人？若以碑字太多，一人力有不給爲説，何不想這次寫碑時間，據《後漢書》發起於熹平四年，據《水經注》成功於光和六年。以九年之長期，一人尚不能寫完五經嗎？由現在詳考，知東漢寫石經者，祇蔡邕一人，餘一字石經，皆魏晉後趙人書。（見後）如是，據《洛陽記》《水經注》以定東漢石經之數，怎麼會成功呢？且就《後漢書》本文講，其異同處並無什麽難解，六經，《詩》《書》《易》《禮》《樂》《春秋》也，漢時無專家傳《樂經》者；因而《樂記》文字，祇附入《禮記》之中，學者意在誇張，故稱之以六；詔書謹嚴，止稱實數，故言之以五。其實是一樣的。

（乙）曹魏補刻一字石經

郭頒《魏晉世語》：黄初以後，掃除太學之灰炭，補舊石經之缺壞。

《魏志·王肅傳》注：黄初元年之後，新主乃始掃除太學灰炭，補舊石經之闕壞。

魏補石經，在石經中實占多數，由字迹上尚可辨别。（詳後）因大亂之後，蘭台漆書已失；欲爲東漢之八分篆二分隸的八分書，是不可能，而筆意樸茂，又非正始時人與晉人所能及，且各經每行字數，亦不相同。據此觀察，故得認識之也。曰補舊石經者，曹魏一代有他自己所刻的一字石經故呼漢石爲舊焉（《魏晉世語》著書時期在後），且因此可知其所補的是補漢一字石經（因時在魏初）。此雖寥寥數語，其指示後人處，正不在小。

（丙）曹魏邯鄲淳三字石經

《魏書·江式傳》：陳留邯鄲淳特善《倉》《雅》，許氏字指，八體六書，精究閑理，有名於揖，以書教皇子。又建三字石經於漢碑之西，其文蔚炳，三體復宣。較之《説文》，篆隸大同，而古字少異。

這一種刻石，較正始三字石經爲早，就是《魏書·馮熙傳》所説那"舊三字石經"。前人作考據的，從未見過，故近人不能定其名，而帖賈名曰品字石經，因其寫法作三角形，首一字爲古文，下則雙行，一爲小篆，一爲隸書故。筆法比正始三字石經高古得多，因那一種帶稚氣的定爲正始，這一種高古的自然當屬博古文的邯鄲淳。

（丁）曹魏正始三字石經

《晉書·衛恒傳》：漢武帝時，魯恭王壞孔子宅，得《尚書》《春秋》《論語》《孝經》。時人已不復知有古文，謂之科斗書。漢世秘藏，希得見之。魏初傳古文者，出於邯鄲淳。恒祖敬侯寫淳《尚書》，後以示淳，而淳不別。至正始中，立三字石經，轉失淳法，因科斗之名，遂效其形。

又《趙至傳》：詣雒陽，游太學，遇嵇康於學寫石經。

《世説注》：嵇紹曰："先君在太學寫石經古文。"

陳壽《三國志》於魏人刻石經事，一字不提，幸其他各書，東鱗西爪，凑合起來，尚可知其大概，不然近代所出幾塊舊三字石經，豈不令人摸不着頭緒？此次刻石，古文是嵇中散書的，小篆與隸，不知何人所寫，而寫隸字者，一時又寫一字石經，意其人必學問不高、筆法特佳者，因正始一字石經竟有脱落全行之事，故吾如此云。

（戊）曹魏正始一字石經

《隋書·經籍志》：後漢鐫刻七經，著於石碑，皆蔡邕所書。魏正始中，又立一字石經，相承以爲七經正字。

這一段話有錯誤,是不可諱的,然而不能認爲全誤,正始立一字石經的話,是有所本的,近因研究石經,《詩經》一書,在洛陽曾發現五種不同之本,而且確切不僞,若不分給正始一分,五種東西,就没法排列次序,就字迹論,《商頌》一幅,《公羊》两幅,確是寫正始三字石經隸書的那一位先生寫的,故《隋書》的話,不得不承認一部分是對的。

(己) 西晉一字石經

《晉書·裴頠傳》:轉國子祭酒,奏修國學,刻石寫經。

《唐六典注》:暢晉諸公讚,裴頠爲國子祭酒,奏立國子太學,起講堂,築門闕,刻石寫五經。

晉石經之記載止此認爲一字者,以亦有實物可憑故,《唐六典注》"國子太學"句誤,國子學起於晉代,與太學並存。隋以後國子監始合爲一,故有國子監太學生之稱,《六典注》所云,是以隋以後之名加於晉代也。當以《晉書》爲正,立在國學。

(庚) 後趙一字石經

《晉書·載記·石季龍上》:季龍雖昏虐無道,而頗慕經學,遣國子博士詣洛陽寫石經。

《季龍載記》無年月,故刻石經事不能確定時間,但此文之前有營洛陽長安二宫事,後又有停止二京作投之文,其刻石經當然在修洛陽宫時,書法雖美惡不同;然變隸而幾於楷,時代上是可以看出的。

洛陽石經之刻,至此可算一束結,據此以觀,考證家衹就一字三字,屬漢屬魏上去糾纏的,能站得住嗎?以上所引,並非僻典,昔之人竟同視之而不見的,真令人莫名其妙。我想他的心中一定是説,上文云云,僅有其説,並無其事,不足取爲立論根據,因此輕忽過去,視同閑文。我今既不苟同前人,而取以上各説,則坐實的話,一定是不能少的,雖欲省文,這時真由不得我了。

爲要詳加辨别,處處坐實,故無論那種石刻,皆不能輕撇過去,先説漢石經:漢石經是蔡邕所書,我們要求認識,第一特證,就是"八分書"。我先聲明,我所説的"八分書",並不是普通金石家所指的隸字,乃是蔡邕的女兒文姬所説的,"割程邈字八分而取二分,割李斯篆字二分而取八分"的一種猶帶篆法的字,世傳蔡邕作"八分書",就是這一種字。他爲什麽要寫這一種特異的字呢？這有一定的道理，教他不得不然。

秦時李斯作小篆，程邈作隸書，二人的字，當時是都通行的。乃李斯的篆，誰也見過；程邈的隸，誰也説不曾見過。其實何嘗没有見過？見之而不能認識，故雖熟視而猶若無睹焉。程邈的隸，古人止説是增減大篆體，去其繁複爲之，蓋用筆比大篆較簡者，並没其他特别形式，蠶頭燕尾，乃東漢文字之特色。西漢尚不甚顯明，其初年更無此徵，若以蠶頭燕尾之眼光，去尋找程邈的隸，無怪永遠見不着面。其實秦傳權量之銘，比篆較簡的字，就是當時的隸書，西漢漆書經典文字，亦當如是。以後普通用筆，雖是字隨時轉；而秘府所藏，則永爲古式。蔡邕立石，原爲去聖久遠，字多俗謬而設，字體從古，當然之事。他人不知其意，名曰作"八分書"。這話是不甚妥當的。

蔡邕的書法既明白，辨别漢石經，即當以此爲標準。查一字石經内惟有《公羊傳·隱四年》一石，"晉者何？公子晉也"文内"晉"作晉；《儀禮·聘禮》内"至亦如之"句，"至"作至；猶存篆意，此乃真蔡邕書法，即《魏書·江式傳》，"蔡邕採李斯、曹喜之法，爲古今雜形者"；其餘各石，"晉""至"二字，皆近楷法，非漢石經，即爲正字體而立碑，個人决不能隨便結體，前後歧出：這是很明白的。《隸釋》《多士》殘文内"洛"作"雒"者，底本也是漢石經。因魏晉皆作"洛"也，其餘一字石經，都不是漢人所刻，這是用證據考明的。

曹魏初年，與東漢之末，時代太近，就字迹上區别某石屬於某代，大不容易，猶幸當時有一太不幸事在，在今日却爲吾人辨别石經之門徑，其事維何？就是董卓之亂，蘭台漆書因以散佚，是《後漢書》"董卓移都之際，吏民擾亂，自辟雍、東觀、蘭台、石室、宣明、鴻都諸藏典策文章，競共剖散，……王允所收而西者，裁七十餘乘，道路艱遠，復棄其半矣。後長安之亂，一時焚蕩，莫不泯盡焉"云云。在蔡邕書碑時，舊本猶在，故得以八分上石，曹魏時中秘底本已失；補刻石經，衹得就俗本照抄，因是與東漢之刻石，字形上大可分别。如《公羊春秋·成公九年》"公會晋侯"之"晋"作"晉"，又《成公十七年》"公至自伐鄭"之"至"作"**至**"，顯然與漢石不同。字迹雖尚樸厚，然而非漢所刻，固可據此勘驗出來，近出之《周易·下經》，及《文言》《説卦》一石，亦魏初所爲。因筆法相同，多寫别字又相同，更端處以圓點（·）爲記又相同，所以可判其爲此時期的東西。更有一事可證其决非漢的：漢代傳經，家法極嚴，師説如何，終於如何耳，原本藏之蘭台，不得隨意增減。所以孔壁書出，經安國考定，藏之秘府，衹能算是"逸書"，不爲學官所講授。漢世《易經》，班《志》説"重《易》六爻，作上、下篇，孔氏爲之《彖》《象》《繫辭》《文言》《序卦》之屬十篇”，漢《易》篇目，無《説卦》明甚。此石竟有《説卦》，怎麽能説是漢石呢？當然是蘭石漆書亡後據俗本爲之者，字尚雄渾，比之正始石經，其筆法自不與之相混也。

正始一字石經此可用《公羊·僖公》《成公》兩幅殘石文字，與《詩經·商頌》一幅殘石文字，與正始三字石經相比，即可看出，當以實物爲憑，不必多用言辭去説了。

正始三字石經近由多家考定，指爲此時所刻，説的是很對的。古文、篆、隸，處處俱帶稚氣，良由這時的通行文字，已竟變爲楷書，而寫碑時爲古文，爲篆隸，都是同楷筆造作而來，故不能如漢碑之渾成。《晉書》説他轉失淳法，這話一點也不錯，不與邯鄲淳相比，我們覺他也不壞。近時正始三字石經受人的恭維實在不了，我們也不能説他不配受恭維，但是與邯鄲淳相比，則婢作夫人，終不免於小樣。

正始三字石經既明白，邯鄲淳的三字石經就不必多論了，因除了正始三字石經祇有他的一種罷了，此種殘石，每幅字雖不多，塊數倒是不少；這是我們比先哲徼倖的地幅。

前邊我説《論語》是魏刻，是因何如此判斷呢？（一）東漢刻石，祇有五經，是有明文作證的，此中不能容有《論語》的地位。（二）《論語》隸法，没有八分的形狀，清清楚楚與漢石有别。（三）就筆法論，洪氏《隸釋》也嘗説過："《公羊》《詩》《書》《儀禮》又在《論語》上，劉寬碑陰王曜題名則《公羊》《詩》《書》之雁行也。黄初孔廟碑則《論語》之苗裔也。"這是明明看出《論語》筆法，爲魏初人書的明證。但不敢説他屬於魏人，今就真本驗之，實在比不上東漢舊刻與魏初補石，却相彷佛，較之西晉則渾樸過之，故屬之於魏是很妥當的。（四）東漢刻石，是蔡邕、堂谿典等數人，各各都是有名的人。而《論語》則出於不著名的左立、徐表等之手，分明是又一起人，不能與蔡邕等强拉到一塊兒的。（五）據翻刻本，《論語》文字，與現在傳本，不同者很多，與魏何晏《集解》本却無大異。魏時刻石，以《魯論》爲底本，何晏《集解》以《張侯論》爲底本。不是一本，而文多相同，足徵是魏時普通傳習如是。（《古論》《齊論》皆有《不知命》章，石刻無之，故云爲《魯論》。何用《張侯論》，《序》中已説明白了。）這也是魏刻之一證。由上五證，皆可知其爲魏石，而以之屬漢，則一證也找不出，故我認定他是魏刻。

晉碑傳世太少，故以前金石家，對於此等判斷力太弱，這是環境上的關係。我們現在已有大宗晉碑可讀,要是還不能判斷,豈不大可笑麽? 西晉書法,上承鍾太傅,下開王右軍,風氣所趨,已到妍麗之境。以此種筆作隸自然如十三妹之女俠,外觀雖風骨凜凜,終不免時露妍麗之態,令人一舉而可以判别出來。此外還有一法,可以考其時代的;即各碑大小不同,行數不同是。在《詩經》上爲韻文的關係,文字的數量有定,變化較少,吾今最好由此處考查之。

《詩經》規律較嚴,增損文字,不大容易;故字數較好測度,倘有變化,也易看出。如魏石《大雅》,"王在靈囿"在"文王之母"之上,我們可以測出其篇法排列,《靈台篇》在《思齊篇》之前,每行七十字,而"王在靈囿"上下文,自"靈囿"起,至"文王之母"止,爲七十四字,我們又可以測知《靈台》末章首二句,"於論鼓鐘,於樂辟廱"未全寫出,必止注二句同上,故省去四格。又晉石經自"其君施哉"之"施"(《毛詩》作"其君也哉"),至《黄鳥》首章"殲我良人"之"我"七十二字;自"良"字下推七十二字,至"仲行"之"行",自"行"字下推七十二字,至"隰有六駁"之"隰";我們又可測知,《黄鳥》《毛詩》之二三章,與石刻是相顛倒着的,若在散文,這種情形,很不易看出。但是在散文上,數行平均,也可得其大概。如魏補一字石經,每行當爲七十四字。正始一字石經,每行當爲七十字,晉刻一字石經,每行當爲七十二字,後趙一字石經,每行亦七十二字,雖文字與今本有異同,在統計上尚可知其大概。所不可統計的是,漢石經每行或七十四字,或八十二字,或八十四字,相差太遠,决非文字偶有異同者,必古時碑板原不整齊之故。金文"册"字,率作冊形,以象其參差;當是竹節長短不齊,若要一律,損材必多;且此等料成本太重,不比紙張價廉,故衹就原長作之。漢時漆書,想是仍依此制,故立石經時,對此長短亦不甚講求。近見漢人黄腸石率任意大小;雖相差不多,然却無畫一的規定。東漢石經每石字數不一定相同,必亦以此故。下及魏晉,則大不然。或者紙張興後,册頁齊一,碑板亦受其影響乎?

散文既得略定,韻文亦可據以參考。我們既知漢石經多數爲七十四字,頂多的有八十四字;魏補石經無與此彷彿者,每行衹七十二字。不惟字非八分,並且减筆俗字亦不能免,令人一望而知其非蔡邕筆法。但結構渾厚,精神内斂,自然不與晉代相混,並非正始間人所能及,如原本之《秦風》,翻本之《唐風》與《魏風》,皆此時代物。比之《論語》,如出一手,故可據以爲斷定之標準。

正始一字石經每行衹七十字;在一字石經中是每行字數最少的。然較之正始三字石經尚多十字，正始三字石經，上下尚有空處，其碑與正始一字，大約相等，或是當時規定如此，或是一時習尚，尚待考定。但他的時代性，是很可以看見的，字迹以外，這也是認識的明證。故《詩經》内每行七十字的，如《商頌》一幅，定爲正始一字石經。

晉一字石經方正太甚，已離開古樸而趨入端妍一途，令人一望而知。况與黄初時代，相距較遠，中間又隔了正始的變化，雖亦七十二字，絶不能與黄初相混。故《邶風》一幅，《大雅》一幅，很顯明的也是晉代風流。

至若後趙一字石經，衹有《易》《詩》兩幅，亦七十二字，《易經》每卦相連無空格，《詩經》每篇開首無空格，是其特徵。《易》文字秀而近於楷，《詩》文字勁直與北魏無大分别，蓋非一人所書故如是。是等書法，也很明顯的，現出時代的特性。

以上説一大排話，主意不過證明舊籍所記，各代所刻石經，皆實有其事，從前多數人總想把他抹煞，是不對的。近來洛陽人，因爲賣古玩起見，許多地幅，已被他們翻掘盡了。因之石經殘石，所發現的各樣俱備，我們得據之以作考證，真是幸事。又可惜的，此事不爲公家所作，致掘出各石，散之四方，流落海外，不得聚於一處，令國人共同研究，真是大煞風景。以上所據皆是原石拓片，而確知其不僞者。至近人雙鉤印行之本，時有僞的雜入其中，而不易分别，故暫不引據。

前人翻刻各本，雖亦有失真之處；然其底本確非僞者，在引證上亦有取資；因是詳述於後：

（辛）宋人所刻四種

（1）蘇望所刻：

《集古録》：皇祐中，有蘇望者，得模本於故相王文康家，取其完者而刻之，莫辨其真僞也。在洛陽蘇氏家。

《隸續·三體石經左傳遺字》：古文三百七，篆文二百十七，隸書二百九十有五。有一字而三體不具者，皇祐癸巳年，洛陽蘇君所刻，蘇君有言，近於故相王文康家得《左氏》拓本數紙，其石斷剥，字多亡缺，取其存者摹刻之，凡八百一十九，題曰《石經遺字》。

（2）胡宗愈所刻：

胡宗愈《重刻石經遺文跋》云：兹來少城，得墜刻一二於故家，雖間斷不齊，然殘圭石壁，亦可寶也。因以鑱之錦官西樓，庶幾補古之闕文云爾。

宇文紹奕跋曰：内翰胡公嘆石經隸畫最古，旁搜博訪，合諸家所藏，得蔡中郎石經四千二百七十字有奇，以楷書釋之，並鑱諸石。

《隸辨》石經，宋之翻本有二：洪适本在紹興，胡宗愈本在成都。曾惇《石刻鋪叙》云：漢石經今不易得，好古者所藏，僅十數葉，蜀中於又以翻刻入石，即其本也。

(3) 洪适所刻：

《隸釋》：予既集《隸釋》，因以所有，鑱之會稽蓬萊閣。

(4) 越州石熙明所刻：

徐壇長《圭美堂集》：宋越州石氏刻帖，不載年月姓名。此帖内有石經一段，朱錫鬯不察，認爲中郎原本。石氏名熙明，見施武子《會稽志》。其碑見於《寶刻叢編》。

(壬) 清人所刻二種

(1) 錢泳所刻：

錢泳《石經跋》：右漢石經殘碑五種：《尚書·洪範篇》七十八字，《君奭篇》十三字；《魯詩·魏風》七十三字，《唐風》三十一字；《儀禮·大射儀》三十七字，《聘禮》二十八字；《公羊》隱公四年傳，十八字；《論語·微子篇》百七十字，《堯曰篇》三十九字。又盍、毛、包、周不同之説，及博士左立姓名十八字，合五百餘字。乾隆五十年七月，偶得雙鈎本於舊麓中；不詳何人所摹，惜前後殘缺，僅存此耳。因取洪景伯《隸釋》考之，皆與符合。惟《公羊》十八字，《隸釋》所未備也，爰勒之石，以俟博雅君子。

(2) 翁方綱所刻：

《兩漢金石記》：乾隆丁酉，秋八月，黄司馬易購得漢石經殘字：《尚書·盤庚篇》五行；《論語·爲政篇》八行，《堯曰篇》四行。方綱手摹，屬海鹽張芑堂燕昌勒之石。其後三年，門人吴權堂孝顯摹孫退谷《硯山齋本》，《盤庚篇》多出半行"凶德綏績"四字。又後四年，如皋姜氏重摹退谷硯山齋本，《盤庚》第六行，僅存一"德"字。蓋摹勒有詳略之不同也。又三年始得見金匱錢氏所藏石經，凡十段。以合於前摹之三段，而《論語·堯曰篇》段正與前段上下接筍。珠聯璧合，於是摹爲十二段。時方綱校士江西，乃勒石於南昌學宫。凡爲方石塊，共得六百七十五字。

宋清兩代，翻刻石經的，共有七家。宋刻不易得，清刻者雖經數摹，不如原本之精神。因其文字尚多，足供吾人參考者甚大。故並其源流，一併記之。但是翻刻不及原本，我們在考訂時，也不要忘記。

我在下邊要講石經的存在地幅：現在一提起來當日石經的地點，大約十之八九，是不思索的即答曰"開陽門外太學講堂前"。此説出楊龍驤《洛陽記》，楊衒之《洛陽伽藍記》也是這樣説的，不算無證。我要問東漢時立石經，史書上明説在太學門外，何時跑到講堂前呢？此中必他故，不可不察。我讀《靈帝紀》至"初平四年，冬十月，太學行禮，車駕幸永福城門臨觀其儀，賜博士以下各有差"的文字，想着永福城門一定是距太學很近的。後因討論洛京地理，知道永福城門，漢魏晉洛城並無此門名。惟隋之東都東城南門，曰承福門，唐曰永福門，宋復曰承福門。此門是後代所立，去魏代開陽門已三十多里，漢靈帝決不會變作唐某宗，拿着現在所做的望遠鏡去看太學。史文被後人點竄，顯而易見，晉時明堂、辟雍皆在城南，故太學也在城南，漢時則不然。《東京賦注》德陽殿東有辟雍，西有靈台；謂於其上班教令者曰明堂，大合樂射御者曰辟雍，司曆紀候節氣者曰靈台：是漢時明堂、辟雍皆在城内北宫裏的。在城南者魏時所移，陸機《洛陽記》説得明白。以我所考，東漢京城不過東西七里，南北九里；較之北魏東西二十里，南北十五里者，相差太遠。北魏開陽門外，距漢之京城，在十里以外，若以明堂、辟雍爲例，明堂、辟雍皆在城中，太學爲何屏之郊外？知後人謂漢辟雍、明堂在城外者固非，謂太學在城外者，當也不是。韓退之有"觀經鴻都"之語，前人指爲謬誤者，此時我又覺有理。漢時太學必與鴻都門相近，而皆在南宫，所謂永福城門者，一定是承福殿門之誤，因承福、永福，隋唐宋既互用，自宜被人據此改彼。且洛京城門，除平門一字之名，加城作雙呼外，其餘二字之名，無加城字者。此曰永福城門，於例亦乖。因是推測，知道漢時太學亦在城内，而石經之立，在其門外隙地云。又據《江式傳》云"邯鄲淳以教皇子，又建三體石經於漢碑之西"，他這刻石，是專爲教皇子而設的，豈有教皇子讀書，而在城外十餘里之理？因此連帶，知太學亦當和辟雍、明堂，同在宫城之内，故在此行禮，靈帝得上宫門觀之也。又《續漢志補注》"《漢官典職儀式選用》，五官中郎解，其府對太學"，又"左中郎解，其府次五官府"，此等朝官，皆天子近臣，主執戟衛宫陛；其府解自當在宫陛附近，豈有屏之郊外十餘里之遠之理？又可知漢時石經在太學門外者，必立在宫城以内云爾。

曹魏補刻一字石經，曰掃除太學之灰炭，當然仍在原來地幅。邯鄲淳所刻三字石經，自然也在城中；但曰位在漢碑西方者，却不必立在一塊兒；不過地址在西耳，此意於後邊可以證明：

陸機《洛陽記》：碑凡四十六，《易》《書》《公羊》二十八碑，其十二毁；《論語》三碑，其二毁；《禮記》十五碑皆毁。《禮記》碑後有馬日磾、蔡邕名。

楊龍驤《洛陽記》：太學在洛陽城南開陽門，講堂長十丈，廣二丈（《羊頭山記》作"三丈"），堂前石經四部。本碑凡四十六枚，西行，《周易》《尚書》《公羊》十六碑存，十二碑毁。南行，《禮記》十五碑悉崩壞。東行，《論語》三碑，二碑毁。《禮記》碑上有諫議大夫馬日磾、蔡邕名。

上之作書的，都是晉人。陸機是人所共知的，不必再講。楊龍驤，名佺期，官龍驤將軍，以疾去職，殷仲堪引爲司馬，擢雍州刺史，此書必爲將軍時作，其人與陸氏相距約八十多年。兩人所記，皆是親見的。據其文字，知石經在晉時由城内移至城，因有《論語》在内，知所移者魏補之石，也雜其内，再看邯鄲淳三字石經是什麽情形？

《魏書·馮熙傳》：除車騎大將軍、開府、都督、洛州刺史，侍中、太師如故。洛陽雖經破亂，而舊三字石經宛然猶在。至馮熙與常伯夫相繼爲州，廢毁分用，大至頹落。

《資治通鑑》：初洛陽有漢所立三字石經，屢經喪亂而初無損失。及魏馮熙、常伯夫相繼爲洛州刺史，毁取以建浮屠精舍，遂大致頹落，所存者委於榛莽，道俗隨意取之。

《資治通鑑》的話，有些靠不住，當以《魏書》爲憑。《魏書》曰舊三字石經是指邯鄲淳所立之石經，倘若不信，看以下所述：

《廣川書跋》：朱越石《與兄書》曰："石經文都（闕）碑，高一丈許，廣四尺，駢羅相接。太學在南明門外，講堂長十丈，廣三尺。堂前石經四部：本碑四十六枚。元魏時西行《尚書》《周易》《公羊》十六碑存，十二碑毁；南行《禮記》十五碑悉崩壞；《論語》三碑二毁；《禮記》但存諫議大夫馬日磾、蔡邕名。"

《玉海》：戴延之《西征記》曰："國子堂前有碑刻，南北行，三十五版。

表裏書《尚書》《春秋》二部，大篆、隸、科斗三種字。碑長八尺，今有十八版存，餘皆崩壞。太學前石碑四十版，亦表裏書《尚書》《周易》《公羊》《禮記》四部，石質多崩敗。魏文帝《典論》六碑，四存二毀。”

朱越石無證，《玉海》作超石，超石，東晉末人，朱齡石之弟。如是朱超石、戴延之皆跟過劉裕入洛，乃是一時的人，所見當然一樣。而細審文字，出入太多。據我判斷，朱超石之文，是僞造的。（一）碑“高一丈許”，此太不合。洛陽的石經，碑版雖大小不等，然大約爲今尺六尺許者，其常約合晉尺七八尺。戴氏云八尺，較爲得實。（二）“在南明門外”，洛陽有東明門、西明門，無南明門，此又不合了。（三）“元魏時”云云，魏改元姓，下詔在太和二十年，即遷洛之後一年。然弔比干在太和十八年，即有“元”字，此或是先行試辦，然則決行耳。然所差也不過二三年的事，然距劉裕伐秦尚晚七八十年，此時何得預云“元魏時”？觀文内“石經文都（闕）碑高一丈許”，此明是僞造古帖之物，而後人誤信之耳。此段既不足憑，當憑戴氏所云焉。此時要注意的，是碑在兩處，要認清楚，看到後邊，方不含糊。《述征記》“國學在辟雍東北五里，太學在國學東二百步”，三字石經在國學，一字石經在太學，戴氏説的很明白，再往下看。

酈道元《水經注》：漢靈帝光和六年，刻石鏤碑載五經，立於太學講堂前，悉在東側。蔡邕以熹平四年，與五官中郎將堂谿典，光禄大夫馬日磾，議郎張馴、韓説，太史令單颺，奏求正定六經文字。靈帝許之，邕乃自書丹於碑，使工鐫刻石，立於太學門外。於是後儒晚輩，咸取正焉。及碑始立，觀視及筆寫者，車乘日千餘兩，填塞街陌矣。今碑上悉刻蔡邕等名。魏正始中又立古文、篆、隸三字石經。魏初傳古文者爲邯鄲淳，石經古文，轉失淳法。樹之於堂西，石長八尺，廣四尺，列石於其下。碑四十八枚，魏文帝又刊《典論》六碑，附於其次。陸機言《太學贊》别一碑，在講堂西。下列石龜，碑載蔡邕、韓説、高堂谿名。《太學弟子贊》復一碑，在外門中。今二碑並無，石經東有一碑，是順帝陽嘉八年立，猶存不破。漢石經北有晉辟雍行禮碑，是太始二年立，其碑中折。但世代不同，物不停毁；石經淪缺，殘毁幾半；駕言永久，諒用憮焉。

楊衒之《洛陽伽藍記》：開陽門外，御道東，有漢國子學堂。堂前有三種字石經二十五碑，表裏刻字，寫《春秋》《尚書》二部，作篆、科斗、隸三種字,漢右中郎將蔡邕筆之遺迹也。猶有十八碑,餘皆殘毁。復有石碑四十八枚,亦表裏寫《周易》《尚書》《公羊》《禮記》四部,又讀書碑一所,並存堂前。魏文帝作《典論》六碑,至太和十七年,猶有四存。

元魏情形,比前又不同了。不惟三字、一字石經,同在一處,其位置也與晉不同,並且《論語》毁盡了以外,把《典論》辟雍的碑也都移來,聚於一處,這種一番大收的情形,我們很可以看出來的。惜酈道元、楊衒之兩位先生不是考古家,於此樁事情,不能究其本源,認爲原來即如此立石,是他的美中不足。

《魏志·三少帝紀》注:文帝作《典論》。明帝立,詔三公曰:"先帝昔著《典論》,不朽之格言,其刻石於廟門之外及太廟,與石經並,以永示來世。"《典論》石在太學者尚存,廟門外無之,晉初受禪,即用魏廟,移此石於太學,非兩處立也。

據此,《水經注》《伽藍記》言文帝立《典論》於太學者,其謬可知。但此注亦有小誤:西晉所記,太學並無《典論》,至東晉始有之,則晉用魏廟時並未將《典論》移之太學,祇棄之罷了。迨南渡以後,他人始把《典論》移來,很可看出的。至兩種石經與辟雍行禮碑合置一處,不用説也是後來移聚的。

於此要注意的,就是三字石經東晉存十八版,元魏仍存十八版,一塊也没有少;中間有前所云馮熙、常伯夫相繼爲州,三字石經大致頹落的,當然不是正始三字石經,《魏書》特曰"舊三字石經",邯鄲淳所刻無疑。惜《通鑑》少看一字,致領着後世做夢。著述一事,敢不謹慎嗎?

邯鄲淳石經在漢石經西,因爲不在一塊,所以漢石經晉時移到城外,連帶不着邯鄲淳三字石經,致棄之城内,後來大受元魏人之損毁。也因他在城内,就有人毁他,故太學國學石經,遠在城外,得依然無恙,往後流傳。

正始三字石經後存國學,國學晉人所創,當然也是移來的。起初當和正始一字石經其在一處。晉人特把他移到國學的,或者因爲他有古文。至晉與後趙一字石經,原立何處,没法考查,太學、國學兩處没有,一定也在城中。但是到北魏時,我覺着晉一字石經這時也收在太學裏邊了。因一字石經西晉存四十六板,東晉存四十板,元魏存四十八板;越損越多,話怎樣講?一定是越損越少,各種石經通同收起來了。且晉一字石經至此時一來字是隸書,與漢魏相類;二來毁掉的不多,以缺爲貴,自然人們要存此碩果。

洛陽石經刻石,至後趙止,以後各代對於洛陽石經祇有收集之事。隋唐

《藝文志》並收今字石經，知道東魏移鄴都時，後趙石經也一同收集起來了。唐宋時雖在其本京，皆有刻石經事，然而對於洛陽石經之重視，則與年俱深。據我所知，由東魏至五代，國家對於洛陽石經真是視同九鼎。京都在某處，洛陽石經也就移之於某處，直至石晉被遼兵時，洛陽石經移到北燕，以後不知下落而止。然其重視舊石之開端，又不自東魏始，在西晉已有事實可見。大概自漢以後，各代新立石經初不爲人所寶；經歷多年，殘毀過甚，人始收而寶之。迨寶之之時，已非完璧矣。

西晉時太學衹收漢刻魏補各石經。東晉時國學又收正始三字石經，元魏時則晉代所刻一同收集，前邊已經説過。姚寬《西溪叢語》中有一段話，我很佩其有特見：

《西溪叢語》：《隋書·經籍志》凡言一字石經皆魏世所爲。有一字《論語》二卷，不言作者之名，遂以爲邕所作，恐《唐史》誤。……又，晉石經，隸書，至東魏孝静帝遷於鄴。世所傳一字石經即晉隸書，又非魏碑也。今漢碑不存，晉、魏石經亦謬謂之蔡邕字矣。

這一段話，雖與我所見略殊；但能打破前人一字屬漢舊説，實有眼光，故我説他有特見。而元魏所收集的石經内容可知，初衹收集整者，殘則棄之。吾人現在在洛猶得見石經者，即以此故。隋唐以後，並殘石亦寶貝了。我今因西晉北魏的事，前已説過。在此衹從東魏説起。

《魏書·孝静帝紀》：武定四年八月，移洛陽漢石經於鄴。

《北齊書·文宣帝紀》：天保元年八月，詔往者文襄皇帝所運蔡邕石經五十二枚，即移置學館，依次修立。

《隋書·經籍志》：後漢刻七經，著於石碑，皆蔡邕所書。正始中又立一字石經，相承以爲七經正字。後魏之末，齊神武執政，自洛陽徙於鄴，行至河陽值岸崩，遂没於水，其得至鄴者，不盈大半。

《廣川書跋》：後魏武定四年，移洛陽漢石經於鄴。魏末，齊神武自洛陽徙於鄴，河陽岸崩，遂没於水，其得至鄴者，迨不得其半。

元魏時洛陽石經共計之衹有七十三枚。這次北移，不盈大半，已得五十二枚。是這次所運，總數當在百枚以上。自是前者所集，尚有選擇；這次則不論好壞，兼收併蓄，一概而北了。就洛陽前者所刻石經，那樣的多，這種疑問，是不難解决的。

北周大象中又徙還洛陽，此中原因如何，不得而知。觀其詔書不行情形，或者宣帝别有作用，而目的不得達到，故史亦不詳。

《周書·宣帝紀》：大象元年二月，詔徙鄴城石經於洛。

《廣川書跋》：周大象中，詔徙鄴城石經於洛。時爲軍人破毁，至有竊載還鄴者。船壞没溺，不勝其衆也。其後得者，盡破爲橋基。

這一次還洛，是一部分還了，一部分猶在鄴都，故隋時收集，兩邊一齊動手。

《隋書·劉焯傳》：開皇六年，運洛陽石經至京師，文字磨滅，莫能知者。奉敕與劉炫等考定。

《隋書·經籍志》：石經，開皇六年又自鄴京載入長安，置於秘書内省，議欲補緝之，立於國學。尋屬隋亂，事遂寢。

《廣川書跋》：石經隋開皇六年，自鄴京載入長安，置於秘書省，議於補緝，立於國學。會亂，營造之司，用爲柱礎。

因《劉焯傳》與《經籍志》相歧，故論者疑史文有誤。然觀《廣川書跋》軍人竊載還鄴之文，兩邊都有石經運到長安，是不足異的。由洛運者，或係舊日漫涣所棄，或係運回時磨損，故敕焯、炫審定。鄴京者較爲完善，故無需此種手續，運到長安，與隋煬帝又有一點小關係，現在也把他記出。

元《河南志》：蔡邕石經數十段，後魏末徙置鄴。隋自洛陽徙長安，煬帝爲太子，慳殘缺者，徙至東宫，又轉移將作内坊。(原文誤，略正。)

下邊該説唐朝了，唐朝自刻石經人皆知之，而對於洛京石經如何，言之者少，故我特地要把他送到底。

元《河南志》：東都秘書省蔡邕石經，貞觀四年，秘書監魏徵奏于京師秘書省置，武后復徙於此。

隋朝運到長安，唐朝武后時又運回洛陽了，他們對於石經，何等重視。石至唐朝，損毁雖説過甚，而傳本分量，猶不在少。故學校之中，列入課程即此以觀，原石之貴重可知。

《西溪叢語》：石經隋開皇中又自鄴運入長安，尋兵亂廢棄。唐初魏鄭公鳩集所餘，十不獲一，而傳拓之本，猶有秘府。當時一字石經猶數十卷，三字石經止數卷而已。

《唐六典》：書學博士掌教文武八品已下，及庶人子之爲生者，以石經、《説文》《字林》爲專業，餘字書亦兼習之。石經三體書限三年業成，《説文》二年，《字林》一年。

《唐書・選舉志》：凡書學，石經三體限三歲，……張參曰：今制國子監制書學博士立《説文》、石經、《字林》之學。

如上所云，石經之石，唐時雖不多，其傳拓者除内府藏本外，學校傳摹之本，當不在少。不然何以教人呢？可惜當時未有印刷，經五代之亂，而其書遂絶。致後來鼎鼎大名之歐陽永叔先生，竟將今字今文混爲一談，以誤後人。可知百聞不如一見，在學術上更要如是。

五代梁、唐與晉，都是專會打仗的人。然而他於石經，却要重視，雖書缺有間，據别的文字，亦可測知大概。

《金史・劉彦宗傳》：天會中，大舉侵宋，劉彦宗謂宗翰曰："昔蕭何入關，秋毫無犯，惟收圖籍；遼太宗入汴，載輅車、法服、石經以歸；皆令則也。"二帥納之。

石晉無刻石經事，當然所保存者，爲前代舊物。可知石經自武后移到洛陽以後，下經梁、唐兩代，洛陽雖殘破，石經竟得無恙，良由人皆以爲寶，故加意保護之，特移至汴京時爲梁爲晉則不能知也。洎遼人載入北方，此後一去無消息矣。

此後學者猶得知石經的，則專賴殘石出土耳，前人有疑石經既移他處，洛陽安得復出？予謂此不足異，他移者，移其整者耳，大者耳；殘而小者，尚未被人重視，故猶得退隱土中，以供後人之參考。查記載知《論語》毁壞最早，而出土者亦以《論語》爲最多，此可知其故矣。近人研究石經，對於出土一事，亦不可忽視。今爲述之於後。

《廣川書跋》：趙綽曰(下語出李綽《尚書故實》，趙字誤)：唐造防秋館，穿地多得石經，故洛中人士，逮今有之。考當時所得，已是漢世所遺，没而復得者。國初開地御史府，得石經十餘石，此又唐末淪没之所出也。

方勺《泊宅編》：石經殘碑在洛陽張景元家。又往年洛陽守因閲營造司所棄碑石，識而收之，遂加意搜訪，凡得《尚書》《儀禮》《論語》合數十段，又有《公羊》一段，在長安。

《東觀餘論》：石經本在洛陽宫御史臺中，年久摧散，洛陽好事家，時時得之。今張燾龍圖家有十版，張氏壻家有五六版，王晉玉家有小塊，予皆得其拓本。

趙明誠《金石録》：漢石經遺字藏洛陽及長安人家。

郭忠恕《漢隸分韻》：石經《尚書》《論語》《公羊》在張奎龍圖家(《汴京勼異記》引《祥符舊志》，龍圖張公燾，樞密直學士奎之子也。據此當是張燾龍圖家，奎字誤)。

張舜民《畫墁録》：嘉祐末得石經二段於洛陽城，乃蔡邕隸書。

邵博《聞見後録》：近年洛陽張氏發地，得石十數，蔡伯喈隸書《尚書》《論語》《禮記》，俱已缺壞。

洪适《隸釋》：石經《尚書》殘碑、石經《公羊》殘碑、石經《論語》殘碑。又《隸續》魏三體石經《左傳》遺字，洛陽蘇民望所刻，蘇君言，得於故相王文康家。

《集古録》：石經古文、篆、隸三體。高紳爲湖北轉運使，道中聞砧聲清遠，因得此本於其覆，而已斷裂矣。遂載以歸，完理綴輯續藏之。

唐、宋二代，洛陽石經不斷出土，且爲人士所寶重，故士大夫多收藏之。長安所遺，寶同洛中，宋朝以來，石經猶得在學問中占一地位的，全賴好者護愛之力。金、元、明三代著書者不言石經事。直至近代，石經又復大放光明。金元、明時石經並非不出土，特不遇知己，多就沉毁耳。

吾出此言，似乎厚誣金、元、明三代人；但我舉出事實，可以証明不謬。安陽骨甲，從前人皆認爲龍骨，而取其末以止血，近代有通人知其文字，其物始貴。要是説骨甲至近代始發現可嗎？初端午橋着人在洛陽收漢傳，民間多於厠中找出，若説漢傳至近代始出可嗎？《洛陽舊志》上有一樁可笑的事，就是土産内列有鐘鼎一項；從前洛陽古物出土之多，可以想見。石經分量如此其大，若説金、元、明三代並没一塊出土，誰能信這一套？衹是没人留意，聽其毁滅罷了。光緒間初得之三字石經並不知原出何地，乃在牛圈中發現耳。金、元、明三代，當以此爲例。

近來因研究者之多，並交通之便，洛陽古物大著，而石經亦隨之顯露，據所得知者，述知於後。

> 清光緒間，洛陽黄某在龍虎灘得三字石經《君奭》殘石一枚，一面已磨滅，初不知其所從來，農人置之牛圈，以爲糞欄。黄某惜其有字而收之，乃知是石經，遂拓以贈人。厥後售於骨董客，轉歸周進收藏。
>
> 關伯益《正始石經殘石跋》：此石出土，在今洛陽城東南三十里朱圪塔村。田中農人朱聚福等因掘天花粉，偶觸得之。土花斑爛，文字糢糊，初不知爲石經也。有書估趙金海者，約象莊趙道往拓之，屢加洗剔，文字始見。篝燈搥拓，盡數十紙而止。石旋爲洛賈謝際庚購去。以體重難徙，鑿斵爲二，秘輸洛城，善價待沽。此庚戌十二月中旬事也。癸亥春，官紳偵知，僉以石經爲中原文化典型，不容流於境外。於是知事管君雲程、新安紳張君鈁同向謝氏索石，各獲其半以歸。
>
> 又洛陽於前石同地同時有農民黄某亦掘得三體石經一石，表裏鐫《春秋》《尚書》，字體行款，並於前同。《春秋》爲《文公》，存字九十有六。《尚書》爲《多士》，存字一百三十。亦在洛陽縣署。

前之縣署二枚，現歸中山公園（舊城隍廟）古物保存會收管。在朱圪塔村，近因土人發掘，幾年中所出石經小殘石甚多。愚所得許多拓片，皆此地所出，但近來公家不許外售，得之者率秘藏私賣，故拓片亦不易得。能得者則石皆外走，片亦不多；非有人再爲翻印，在學術上研究者殊感困難。

洛陽石經的歷史，大端已具，若問七次刻石，共刻經書若干部，以我所測，當在三十左右。但不能一一坐實，因我現在所得新證據雖不少，也只能證明，七次刻石，皆實有其事。不似前人之自己不見，即認爲没有，那樣武斷。倘欲再進一步，而知每代刻經幾部，並底本爲某種書，要知道幾樣，目下是可能的；要全知道，恐怕無法取得。今就史志所著録的，比而觀之。

> 《隋書·經籍志》：一字石經《周易》一卷（梁有三卷），一字石經《尚書》六卷（梁有今字石經鄭氏《尚書》八卷，亡），一字石經《儀禮》九卷，一字石經《春秋》一卷（梁有一卷），一字石經《公羊》九卷，一字石經《論語》一卷（梁有二卷），一字石經《典論》一卷，三字石經《尚書》九卷（梁有十三卷），三字石經《尚書》五卷，三字石經《春秋》三卷（梁有十二卷）。
>
> 《舊唐書·經籍志》：今字石經《易》篆三卷，今字石經《尚書》五卷，今字石經鄭玄《尚書》八卷，三字石經《尚書》古篆三卷，今字石經《毛詩》三

卷，今字石經《儀禮》四卷，三字石經《左傳》古篆書十三卷，今字石經《左傳》十卷，今字石經《公羊傳》九卷，今字石經《論語》二卷(蔡邕注)。

《唐書·藝文志》：今字石經《易》篆三卷，今字石經《尚書》本五卷，今字石經鄭玄《尚書》八卷，三字石經《尚書》古篆三卷，今字石經《毛詩》三卷，今字石經《儀禮》四卷，三字石經《左傳》古篆書十三卷，今字石經《左傳經》十卷，今字石經《公羊傳》九卷，蔡邕今字石經《論語》二卷。

這三種書，我看考究洛陽石經，《隋志》最爲可憑。以隋起北方，所收各本，仍北朝遺籍爲多。石經内有《典論》在，且各書卷帙又不甚多，認爲洛陽石經之餘燼，固十之八九而中也。唐時拓片猶存秘府，修《隋書》時可以查考。有實物在，自然判斷也較爲可靠。查其形式，凡洛陽石經，皆列入正文，而以梁石經附入注中，以備參考；在作書者之心目中，寶視洛陽石經，而鄙薄南朝石經，其意是很可看出的。或者當時索虜島夷之成見，久印腦中，而不能消去乎？

《隋志》既有梁石經之注，吾人於此，不得不將正文擱起，而討論此問題。因此問題不解決，正文也没法解決呢，洛陽石經之刻，爲中國雕板之祖。而氈蠟傳拓，其法在隋已流行矣，所傳開皇本《蘭亭》可以證明之。而《隋志》有梁石經之本，或者南北朝時即發明此法。此與造紙墨很有關係，紙墨若好，此法即能施行也。但南朝禁止立碑，此法無所用之，故盛行響拓之法。而北方則石刻甚多，氈蠟之法，當從此產生之。洛陽初刻石經，衹是寫抄傳遠，故用處尚少。迨氈蠟發明，則石刻即傳播文化之利器矣。未有氈蠟時，有模範石刻可傳抄，比從他人借抄，其容易也是很多的。洛陽自漢至後趙，鎸刻石經竟有七次之多，實是當時需要此石甚急，故累朝必行之，非敷衍故事也。迨五代印刷發明，而各朝猶刻石經，如北宋南宋刻石，金人補宋石，清時太學刻石，不過表示一種尊經之意耳，其實無大用處，故不爲人所重視。開成孟蜀石經，在當日猶有急需也。梁刻石經世無所聞。按諸當時文化上之需要，南朝歷世如此其久，則刻石經之舉，亦正不可少之事。觀《隋志》之注，梁刻石經固有明文。而新、舊《唐書》所收各目，如今字各石經，固有洛陽舊刻在内，而誤以隸書爲今字者(今字是楷書)，如今字石經《尚書》五卷當是隋志一字石經《尚書》六卷而佚一卷者。今字石經《儀禮》四卷，當是一字石經《儀禮》九卷而佚五卷者……其餘如今字石經《易》篆三卷，三字石經《尚書》古篆三卷……皆非洛陽所刻，而爲另出之本矣。《易經》既曰今字，而又曰篆，將作何解？必今字《易經》本而以篆文寫之者，如今之《篆文論語》《篆文孝經》是。雖是篆文，非由古傳，乃以今文翻而爲篆者也。又如三字石經《尚書》古篆又作何解？此必三種字本合刻者，如今之《釋名疏證》一帙内有篆、楷二本是。三字古篆者，三體三本合刊，今衹存古篆也。《隋志》梁有一字、三字本石經，此或即其本，或南朝他姓另有刻本，此則不可考矣。

《唐書》所收石經既如此複雜，今考洛陽石經，自當以《隋志》爲憑。《唐書》所録，固有洛石在内；但既混南北爲一談，僅據目録，如何選擇得出，取以參考，未始不可；取以爲證，恐靠不住了。現在討論洛陽石經衹有以《隋志》爲憑耳。雖不必其皆合，但看其作法，是以洛石爲主者。梁既附入注中，南朝石刻不至混入正文明甚。而北方此時他地尚無刻石經之事，故知其所録純爲洛石也。

我這篇文字，到此就算結束了。至在石經上關於小學之事，與我這篇文性質不同，我也不配再去纏那些東西。此外關於石經的軼事我以爲無關宏旨，也没功夫去述他總之，我這篇文字，有我自己的意思。意思維何？就是在歷史上要掃去以前的謬説。或者有人認爲我這話是謬説，而認從前許多的著作皆不謬，亦未可知。但學問不衹討論，可把從前關於石經的論著，仔細再讀一下，找出許多新拓片，再看一看，自然就會明白，自然就有定奪。

我這篇謹守繩墨，分寸不敢大意的文字完了，我的腦汁也絞得快乾了。我在此要放開心懷説幾句話，就是中國舊書，如未開的寶庫；前人經一回手，加上一層封鎖；我們要得真寶貝，須把一切封鎖打開，真寶貝始能現出，爲我所取用。治學的人要不努力拚上去，只會堂下步武，恐怕得不了什麽好處。

洛陽石經考後序

我這篇文字，不是一揮而就的，乃是幾經添補，幾經修改始成功的。回憶民國初年，吾友黄君贈我三字石經拓片一幅，當時高興的如獲至寶。但在態度上，衹是玩古碑帖，尚無考證的興味。及十一年三體石經大碑出，吾始稍稍注意。然因一時名家發表文字頗多，衹有用心細讀而已。十四年吾以事至洛，搜得一字石經拓片多種，所見他人考證，皆不足部署所有拓片，而個人攻治之興始起。當初時自然見聞不廣，考慮不固，錯誤自不能免，特遍查前人著作,出奴入主,各執一詞,在智識上陷於混亂,逼得不得不鼓着勇氣,而爲廓清的功夫。

十七年吾又至洛,所獲拓片較前更多,對於地理上又多留意,考證上自然較前略爲周到。十八年春曾將舊稿修正兩次,後又作《洛京圖考》一稿,此稿現在尚未修好,但地理上的變化,比從前大概明白的多了。考證一事,趕到成功,也要一氣貫注,决非枝枝節節所能站得住的。吾自《洛京圖考》成後,再來研究石經,目光上實較前爲明亮。此册稿子,是由是成功的。考證一事,錯誤實不能免,或者十年所成,一旦覺察不合,盡付一炬,此亦常有之事。故吾此稿實不敢自信皆是。但未發現錯誤以前,亦不承認所執爲非。

學問是公開的,而目的衹在求是。倘個人求之多年,竟不能得者,經他人一言道破,而胸中茅塞頓開,這是多麽高興的事。故個人短處,原不必有意回護。一篇文字出而經人批評,乃是最有益的事。不過批評者也當平心静氣,脚踏實地以臨之。常見有批評他人作品者,竟用"安知非"以爲立言之本,此則太爲玄虚,失科學之精神矣。

此篇文字,原算不得作品,不過個人用功之報告而已。然因腦筋被其沾染太深,頑固恐不能免,舊污洗去,新光大來,談何容易?吾願閲吾文者,本清白之腦筋,無牽無掛,再爲前途之努力。這是學藝界很有盼望的事。

再者考證一事,現在多出前清遺老遺少(是我生捏的名詞)之手,至少總有點反動氣味。我們因别無以代之,雖不能不讀其書,然而讀之終是精神上不大爽快。此是吾黨當急起直追,努力建設的事。因平日實感此苦,故附筆及之。

原載《女師大學術季刊》一九三〇年第一期

漢熹平石經後記真僞考

◎ 陳子怡

北平圖書館近自洛陽運來漢石一枚，定名《漢熹平石經後記》，石兩面刻字；字之大小，各與俗所云《石經序》者相等。《石經序》者，以吾所知，當定名爲《太學贊碑》。《水經注》"陸機言，《太學贊》別一碑，在講堂西，下列石龜，碑載蔡邕、韓説、堂谿典名"。今查石上尚有"五官中郎將堂谿□"可識，故曰是《太學贊碑》。碑字甚佳，結體較大者一面多剥蝕，小者則清晰。蓋大者乃正面也。碑在講堂西，正面東向，故剥蝕特甚焉。石上文字，與《後漢書・儒林傳》言太學歷史相符。如曰"□字摩滅，解落靈脱□……章言考覆紛紜家殊……猾吏以人事相陰陽，或競……留心稽古汲汲以觀校序文……雜與光禄勳劉寬、五官中郎將堂谿□……"；此與《後漢書・吕强傳》"諸博士試甲乙科，争第高下，至有行賂定蘭台漆書經字，以合其私文者，乃白帝與諸儒共刻五經於石。於是詔蔡邕等正其文字"云云，文義實相符合。行文至此，已是後半篇矣，兩面刻字，甲篇之後半，對面即乙篇之前半也。其文如"……郎中孫進，《尚書》小夏侯郎……雜考合異同，各隨家法是正，五……"；此與《儒林傳》"立五經博士，各以家法教授，《易》有施、孟、梁丘、京氏，《尚書》歐陽、大小夏侯，《詩》齊、魯、韓毛，《禮》大小戴，《春秋》嚴顔，凡十四博士"合。又如"□三雍……濟濟乎藝孜孜匪懂，令聞不已，厲化萬□……"；此與《儒林傳》"初建三雍……濟濟乎！洋洋乎！盛於永平矣"合。又如"因緣生姦，無以防絶，每徵□□……"；此與"儒職多非其人，於是詔制公卿，妙選其能"云云合。又如"學官守職畏事，百□……稽古以大學久廢……"；此與"博士倚席不講，……學舍頽敝，鞠爲園疏"云云合。上引《儒林傳序》文皆在前半篇，則此刻之文，亦前半篇也。

今所謂《石經後記》者，果何如乎？既兩面刻字，自然亦是大碑，若兩篇文字皆八行短作，用同號字刻於正面可矣。即刻兩面，正不必有《太學贊碑》正面字大，背面字小之式樣；又不必正背兩文正相對照也。此種效顰伎倆，細思當可察出矣。作文紀事，首重次序；插補之筆，偶一用之可矣，而文字又必有特别組織始通，如此刻經事者，若詳言之：（一）李巡有刻石之奏；（二）帝詔某某共議，並規定底稿；（三）核準頒布；（四）立石某處；此一定之次序也。如是"巡欲鑿石正書經字，立於大學"當居第一；"張鉉……雜議"與"□本《傳記》《論語》即韶所校定以爲可……"當第二；"經本各一通付太常"當第三；而"例置講堂，以參當試"當第四也。此文顛倒錯亂如此，奉詔謹嚴之作，能如是其不可通乎？

再就文字考之，其不通更甚。首曰"經本各一通"；古時簡册連綴曰"篇"，絹帛作書曰"卷"。"篇"亦作"編"，"本"字在漢時亦有"匾"音，如班婕妤《擣素賦》"調非常律，聲無定本，或連躍而更投，或暫舒而長歛"，"本""歛"相叶，自是"編"音，然借爲簡編之"編"則未有也。宋時雕板盛行，書板不編，始改用"本"字，於是有"板本"之名。《宋史》"高麗上言，賜板本《九經書》"，此中國言"板本"之始也。漢時烏得有"經本"耶？又曰，"《論語》即韶所校定"云云，查後漢刻石，止有五經。《五經》，《詩》《書》《易》《禮》《春秋》也，《論語》是黄初刻本。前拙著《洛陽石經考》已證明矣，不得强附漢石也。《後漢書》名韶者有二人：一韓韶，一邊韶也。韓氏無著作。邊氏雖曾著作東觀，《後漢書集解》惠棟曰，《史通》云韶與"大軍營司馬崔實，議郎朱穆、曹壽雜作孝穆、崇二皇，及順烈皇后傳，又增《外戚傳》入安思等后，《儒林傳》入崔篆等人"；固著作東觀，而非校書東觀也。韶校《論語》一語，其妄甚矣！又曰"列置講堂，以參當試"云云，查東漢石經，立於太學門外，非惟石不在講堂内，即講堂前亦不在矣。《後漢書·靈帝紀》"刻石立於太學門外"，《蔡邕傳》"立於太學門外"，謝承《後漢書》"碑立太學門外"，袁宏《後漢紀》"立於太學之前"云云，皆可證也。漢太學在洛陽城内，與五官中郎將署相對，立石門外，與鴻都學相距亦近；唐人"觀經鴻都"之語，並不甚謬也。晉時移於開陽門外，石經位置，始大變更；而立於講堂之前，固有古籍可證也：楊龍驤《洛陽記》"講堂前石經四部"，《水經注》"刻石鐫碑載五經立於太學講堂前"，《洛陽伽藍記》"堂前有三種字石經，復有碑四十八枚"。作僞者，對於歷史不甚了了，所以如此張冠李戴云。又曰"巡欲鑿石正書，立於太學"云云，巡雖宦官，史稱其"清忠，不争威權"，故能扶助諸賢，共成美舉，然文墨之事，豈其所長哉！《史》云"乃白帝，與諸儒共刻五經文於石”，此語最好。若石所詳，則爲巡之獨見矣。末行云“天氣炎熱，非倉卒所成，可須秋凉收□……”。此語於歷史太隔膜矣，石經之立，始於靈帝熹平四年，至光和七年而成，爲期約爲九年，豈秋凉後可竟其業耶？《太學贊》於歷史皆合，此皆不合，衹有稱之曰僞而已。

再就石版論，凡是殘石，由大石殘餘，殘邊皆有殘字。此石正面（即大字之面）末行“又”字之上，與下端第二行“固”字之下，又與第五行“議”字之下，第六行“以”字之下，第八行“收”字之下，皆少有餘地而不見殘字；此是作僞人於小處不經意者。然而僞迹顯露，正在此處可以看出。更有一端，亦足大顯露其僞者，即碑經剥蝕，字畫皆模糊而細；偶有粗者，其模糊必更甚；此石通體皆粗肥清楚，亦古刻所不許矣。

再就原石論之：凡平面上皆土銹敷滿，不露原底，一若真爲形迹渾化，天然致此者。但據理細思，則不合自顯。查金屬之物，多能酸化，故歷時既久，銹色斑爛。石則衹能風化，不能酸化，飽受風雨，表面剥落，此常事也。若入土中，即久亦不變易；殷墟石像，表面依然如故，此可證也。嘗見僞骨一片，外面凝結石灰質一層，以掩其造作之迹：此大概是投之石灰水中，漸漸浸泡而成者。惟造作之法尚無人對予説明。若洛人所作石銹，率以礳石爲末，用鱓或生漆和之，用舊石刻字，輕敷其上，以掩作僞之迹。遠人不知，往往有受其欺者，此石之銹，即是此類。獨不思銹於土中，當各面俱有，豈有衹銹平面之理？證以漢磚漢瓦之銹，仍是土質，洗之以水，即可滌去，若洗之不去者，皆人造銹也，故吾對此石之銹，愈多愈堅而愈以爲僞也。近來作僞之法，有更巧妙者，即取舊石一塊，雙鈎他碑數字刻之；刻後用王水浸蝕其面，渾若天成，辨之甚難也。若僞銹，燒之以火，多作惡臭，便無所逃其奸。至僞蝕，則無法試出矣，非用學術上之眼光，不易辨别也。更有一事亦足注意者，即版片太薄是。此石之厚，約營造尺五寸五分。漢石經碑，疑長短不齊；而最短者亦當在營造尺七尺之譜，加以石趺，立起當有八尺之高，以如許大碑，而其薄如此；在唐以前之立石，幾曾見有如此者乎？

以上列舉多證，容有個人見識不到，不可爲訓者。但有一確實，其僞即無所逃，故吾毅然曰，此石僞也。

原載《女師大學術季刊》一九三〇年第一卷第一期

漢熹平石經後記真僞考内的自行更正

◯ 陳子怡

《季刊》第一期,《漢熹平石經後記真僞考》一文,大體我認爲是對的。但所列各證,中有"再就文字考之,其不通更甚。……漢時烏得有經本耶"此一段文字,站立不住,當取消他。因此一段文,認爲漢世是無"書本"之名的。而劉向《戰國策叙録》有云"以趙爲肖,以齊爲立,如此字者多中書本。"又《太平御覽》引《劉向别傳》云"讎校者,一人持本,一人讀折,若怨家相對,故曰讎也。"此爲漢世有書本之明證,故此一段文字,當該取消。但是此一段文雖取消,而認《漢熹平石經後記》爲僞的效力,仍然存在。因文中所舉證據,原爲多條。不但此條我自行取消,而原文效力仍在。即有人再駁倒幾條,只要有一條不倒,而效力仍然不滅也。其實僞與不僞,我毫無定執。若有人助我,再加上幾條證僞之文,固然可也。即有人駁我,舉出幾條,證明其不僞,亦可也。衹要求得其真,我皆樂於容納焉。

原載《女師大學術季刊》一九三一年第二卷第一期

從實驗上窺見漢石經之一斑

◯ 馬　衡

書籍之版本，莫先於漢之熹平石經。緣其時經籍皆展轉傳寫，文字沿訛，弊端日出。甚至有私行金貨，定蘭臺漆書經字，以合其私文者。當時蔡邕等爲挽救此弊，奏求正定六經文字。經靈帝之特許，刻石立於太學門外，以爲經籍之定本。後儒晚學，咸取正焉。

此巨大之工作，起於熹平四年，訖於光和六年（《水經注》言光和六年，當有所據，疑是刻成之年載在碑文者），凡歷九年而始告成。北魏之初，馮熙、常伯夫相繼爲洛州刺史，廢毁分用，大致頹落（見《魏書·馮熙傳》）。神龜元年，崔光議修補而未果（見《魏書·崔光傳》）。東魏武定四年，自洛陽徙於鄴都，至河陽，值岸崩，遂没於水。其得至鄴者不盈太半（見《隋書·經籍志》）。北齊天保元年尚存五十二枚（見《北齊書·文宣帝紀》）。周大象元年，由鄴城遷洛陽（見《周書·宣帝紀》）。隋開皇六年，又自洛陽遷入長安（見《隋書·劉焯傳》）。其後營造之司又用爲柱礎。唐貞觀初，魏徵始收聚之，十不存一（見《隋書·經籍志》）。漢石經之命運，至是遂告終矣。

訖於北宋，以洛陽爲西京，達官貴人之名園别墅，所在多有，文化猶不甚衰落。好事者往往得石經殘片。南渡以後，不聞更有發見。至於近年，又復絡繹出土。惟兩次之所發見，皆屬洛陽，且仍爲漢魏太學之故址。鄴都與長安，不聞有所發見。頗疑兩次遷徙雖屬事實，但僅就完碑徙之（文宣帝詔書所言之數，或完碑又有殘毁，故併魏碑計之得五十二枚），其殘毁之石固猶存洛陽。岸崩没水之説，恐爲徙石者之詭語，不足信也。

宋時所出殘字，洪适著之《隸釋》，得千九百餘字。近十年間之所出，見於《漢熹平石經殘字集録》者，有三千餘字，其實尚不止此。余所見與《集録》殘石互有出入。今從斷剥亡闕之餘，就其可以考見原刻之真相者略舉如左，或亦留心古籍者之所樂聞歟?

一、字　　體

《後漢書·儒林傳序》謂熹平所立爲古文、篆、隸三體書法,《洛陽伽藍記》亦以《魏石經》之《尚書》《春秋》二部作篆、科斗、隸三種字者爲漢右中郎將蔡邕筆之遺迹。訛謬相沿,貽誤後學,實非淺鮮。酈道元注《水經》,紀載較爲詳明,其言曰:"漢靈帝光和六年,刻石鏤碑載五經,立於太學講堂,悉在東側。……今碑上悉銘刻蔡邕等名。……魏正始中,又立古、篆、隸三字石經。……樹之於堂西。"始以三字屬之於魏,而於漢石經不言字體,是明以一字屬之於漢矣。《隋書·經籍志》録一字石經,有《易》《書》《詩》《禮》《春秋》《公羊傳》《論語》七經,與今所見漢刻悉同。可見一字者爲漢刻,三字者爲魏刻。所謂三字者:一曰古文;二曰小篆;三曰隸書(即當時通行之字體)。古文爲壁中本,其字多不可識,故以小篆及隸書釋之。漢時立於學官者爲今文經,决不能以古文立之太學。魏正始中所以復立古文經者,以當時古文學已盛行,故又以古文本之《尚書》《春秋》二經刻石也。酈道元所見非三字之碑有蔡邕等名,宋黄伯思、洪适等所録之一字《公羊傳》有堂谿典、馬日磾等名,今所見之《後記》亦有堂谿典、劉寬等名,皆與《後漢書》所記諸儒參與熹平立石之事實相符。是可證《後漢書》三體之説爲一時紀載之誤也。

其所以致誤之由,則以漢魏石經皆立於太學,世人每習聞三體之奇,遂並一字者而忽之。以楊衒之身在北朝,親見是碑,尚有此誤,更何論於范曄。余謂耳食者必不如目驗者之親切。楊衒之、酈道元皆似親履其地者,楊謂三字、一字者並在堂前,酈謂漢碑在堂之東側,魏碑在堂西。是酈詳於楊矣。楊記三字、一字之碑數經數,雖較酈爲詳,而於三字碑祇云蔡邕遺迹,似據傳説之辭。酈則云漢碑立於光和六年,碑上悉銘刻蔡邕等名,不但見經碑,且曾尋繹碑文矣。是酈較楊更可信也。近人猶有信《後漢書》而斥《水經注》者,誠所謂以不狂爲狂矣。余謂解答此問題,祇須知漢石經不應有古文,則《後漢書》之誤不攻自破,毋煩他求也。

二、經　　數

昔之言漢石經者,有五、六、七經之不同。其言五經者,《後漢書·靈帝紀》《盧植傳》《儒林傳序》《宦者傳》及《後漢紀》《水經注》《洛陽記》是也。其言六經者,《蔡邕傳》《儒林・張馴傳》是也。其言七經者,《隋書・經籍志》是也。其言諸經之目者,《西征記》(《太平御覽》五八九引)、《洛陽伽藍記》舉《周易》《尚書》《公羊傳》《禮記》四部,《洛陽記》舉《尚書》《周易》《公羊傳》《禮記》《論語》五經,《隋書・經籍志》舉《周易》一卷、《尚書》六卷、《魯詩》六卷、《儀禮》九卷、《春秋》一卷、《公羊傳》九卷、《論語》一卷。諸家所記,以《隋志》所記爲最詳確。其所謂若干卷首,即存秘府之"相承傳拓本"也。《西征記》等之所謂《禮記》者,即《儀禮》也。王静安謂魏晉以前,亦以今之《禮》爲《禮記》也。

宋時出土之經,衹《尚書》《魯詩》《儀禮》《公羊傳》《論語》五經,今日之所見者,除前出五經外,又得《周易》及《春秋經》,故知漢石經之經數,爲一《周易》,二《尚書》,三《魯詩》,四《儀禮》,五《春秋》,六《公羊傳》,七《論語》,其數及目皆與《隋志》合也。

三、經　本

後漢立五經博士十四:《易》有施、孟、梁丘、京氏四家,《書》有歐陽、大小夏侯三家,《詩》有魯、齊、韓三家,《禮》有大小戴二家,《春秋》有嚴、顔二家。諸家各以家法教授,故章句間有異同。石經之立,欲盡刻十四家之章句,其勢有所不能,故以一家爲主,而羅列諸家異同於各經之末。此漢石經之例也。今就其可以考見者臚舉如下:

《易》,京氏。　近出《周易》殘石,表刻《家人》迄《小過》二十六卦,凡二十八行;裏刻《繫辭下》《文言》《説卦》,凡二十一行。《蹇卦》"大蹇朋來"之"朋"作"崩",《困卦》"于臲卼"作"于劓劊",《説卦》"坎者水也"之"坎"作"欿",與《釋文》所舉京本合("崩"見《復卦》,"欿"見《坎卦》)。余前跋此石,定其本爲京氏(見《北大圖書部月刊》第一卷二期)。又《釋文・繫辭下》"洗心"條曰:"京、荀、虞、董、張、蜀才作先,石經同。"既於四家之中獨舉京氏,而又言石經與之同,是於上舉諸證之外,又得一鐵證矣。

《書》,歐陽。　新出《書序》一石:第一行"民"字爲《秦誓》篇末"以不能保我子孫黎民"之"民"字,第二行"廣度"二字(今本作"光宅")爲《堯典序》,第三行"遂與"二字爲《湯誓序》,第四行"堪飢"二字下附一點爲《西伯堪飢序》(今本作"戡黎"),第五行"以箕子"三字爲《洪範序》,第六行"使召公"三字爲

《召誥序》,第七行"周公作君"四字爲《君奭序》,第八行"甫刑"二字爲《甫刑序》(今本作《吕刑》),第九行"同異"二字或爲校記。錢玄同以《漢書·藝文志》叙今文《尚書》之卷數,大小夏侯二家《經》及《章句》皆二十九卷,《解故》二十九篇;而歐陽則《經》三十二卷,《章句》三十一卷,卷數獨多。又據《隸釋》所録石經《尚書·盤庚》殘字中下二篇之間空一字,以爲《盤庚》確分三篇,則總數爲三十一篇。益以此《序》則得三十二篇。《書序》不作訓,故《章句》爲三十一卷,《經》爲三十二卷。據此以證漢石經《尚書》之爲歐陽本。又引陳壽祺之"今文有序"十七證中之第十三證(原文引《後漢書·楊震傳》震曾孫彪引《盤庚序》事),以爲東漢習歐陽《尚書》者引《書序》,不但可證歐陽本有《序》,更可證有《序》之漢石經《尚書》之爲歐陽本。其説是也。

《詩》,魯。　洪适見《鄭風校記》中有"齊""韓"字,斷爲叙二家之異同。今兹所出,《詩》爲最多,《校記》中往往有"齊言""韓言"等字,與《公羊傳》之"顔氏言"同,故斷爲《魯詩》。

《儀禮》,大戴。　最近洛陽出一《儀禮》殘石,有篇題,曰"鄉飲酒第十"。據賈公彦《疏》言大小戴篇次之異同:大戴本《鄉飲酒》居第十;而小戴則同於劉向《别録》之次第,居第四,其第十爲《特牲饋食禮》。以篇第考之,可决其爲大戴也。

《春秋》,公羊。　東漢惟公羊《春秋》立於學官。宋時出土,有傳而無經。

《公羊》,嚴氏。　洪适所録《公羊校記》一段有"顔氏言"及"顔氏有無"字。今兹所出,亦有"顔氏"字。是用嚴氏本之證也。

《論語》,魯。　《論語》有齊、魯、古三家:《魯論》廿篇,《齊論》廿二篇,《古論》廿一篇。洪适所録《論語》篇末有"凡廿篇萬五千七百一□字"等字。是《魯論》之篇數也。近出《堯曰篇》殘石,"謂之有司"句下無《不知命》一章,與《釋文》所稱魯本合,是《魯論》之章句也。然《校記》中無"齊""古"字,而有"盍""毛""包""周"字。余昔跋《堯曰篇》殘字,考爲張禹之《張侯論》(見《國學季刊》一卷三號)。以包、周(《釋文序録》云:"禹以授成帝。後漢包咸、周氏並爲《章句》,列于學官。"盍、毛今不可考)所傳乃張侯本也。《張侯論》在昔疑亦有《魯論》之目。

以上各本,篇章之異同,亦有可得而言者:如《易》分上下《經》,而《彖》《象》不與《卦辭》《爻辭》相連;"十翼"中有《繫辭》《文言》《説卦》《序卦》,知《易》之篇數,當爲上下《經》及"十翼"爲十二篇。《詩》之篇章與毛或異。篇之異者:《小雅》則《采芑》《車攻》《吉日》《白駒》四篇相次,《彤弓》《賓之初筵》相次;《大雅》則《旱麓》《靈臺》《思齊》《皇矣》四篇相次,《生民》《既醉》《鳧鷖》《民勞》四篇相次,《桑柔》《瞻卬》《假樂》三篇相次,《韓奕》《公劉》二篇相次。章之異者:《邶風·式微》首次二章先後互倒;《秦風·黄鳥》次章爲三章;《小雅·楚茨》四章爲五章,《都人士》無首章。《儀禮·鄉飲酒》居第十,其篇第當如賈《疏》所列:《士冠》第一,《士昏》第二,《士相見》第三,《士喪》第四,《既夕》第五,《士虞》第六,《特牲》第七,《少牢》第八,《有司徹》第九,《鄉飲酒》第十,《鄉射》第十一,《燕》第十二,《大射》第十三,《聘》第十四,《公食》第十五,《覲》第十六,《喪服》第十七。《春秋·閔公》附《莊公》後,不提行,不書閔公字,當爲十一篇。《論語·堯曰篇》無《不知命》一章,凡廿篇。至諸經文字之異同則不勝枚舉,當别撰《校文》,非此篇所能詳也。

四、行　　款

漢石經碑無縱横界格,每行字數,各經不同,甚有一經之碑,表裏不同者。今約計之:則《易》行七十三字;《書》約七十三字;《詩·小雅·采菽》以上七十二字,《角弓》以下七十字(碑之表裏疑由此分);《禮》七十三字;《春秋》七十字;《公羊傳》七十三字,自“宣公十二年”以下七十一字;《論語》七十三字。

其每碑行數,以未見完碑,不能確知。但魏之立石經,宜全仿漢碑之式。《水經注》言石長八尺,廣四尺。魏碑之廣當漢尺(即劉歆銅斛尺當〇·二三一米)四尺二寸,與酈説相符。今以漢石經殘字擬之,每一尺四五分可容字十行,則每碑當可容四十行或三十九行也(魏碑容三十四行,漢碑無界格,字又較密,行數必較魏碑爲多)。

書碑之式,各經不同,今所知者:《易》上下《經》卦文銜接,不空格,每卦之首,畫一卦象;“十翼”分章處空一格,加點識之;每篇題各占一行。《書》篇題占一行;《校記》分篇處空格加點。《詩》十五《國風》、二《雅》、三《頌》篇題各占一行;每章末旁注其一、其二等字,占一格,雖篇僅一章者亦注其一字;篇末章句下空格加點;每什後題之上亦空格加點,接書於章句之下;經末總計其字數;《校記》分篇處空格加點。《禮》篇題各占一行,曰“某某第幾”;分章處加點不空格。《春秋》每公篇題各占一行;分年處空格加點。《公羊傳》分年處空格加點,而冠以某年字;每年分事處加點而不空格。《論語》篇題各占一行;分章處空格加點；每篇計其章數；經末計其篇數及總字數；《校記》分篇處空格加點。

若依此寫定，則除《尚書》外，其餘諸經，皆可得其大要矣。

五、石　　數

其石數則各家所記不同：《西征記》曰："太學堂前石碑四十枚，亦表裏隸書。"《洛陽記》曰："碑凡四十六枚。"《洛陽伽藍記》曰："復有石碑四十八枚，亦表裏隸書。"王静安著《魏石經考》，先考漢之石經，以七經之字數排比之，從《洛陽記》之説，决爲四十六碑。余以爲《西征記》之四十，其下當有脱字，而"八"與"六"字形極相似，尤易致誤。惟《洛陽記》於總數之外，並記其方位及存毁之數曰："西行，《尚書》《周易》《公羊傳》，十六碑存，十二碑毁；南行，《禮記》，十五碑悉崩壞；東行，《論語》，三碑(《後漢書・蔡邕傳》注引作"二"，顧炎武《石經考》據總數改作"三")，二碑毁。"確與四十六枚之總數符合。是《洛陽記》所載較爲可信也。

其石之排列，每經當自爲起訖。今所見殘石之兩面有字者，表裏必同爲一經。《後漢書・儒林傳序》引楊龍驤《洛陽記》載朱超石《與兄書》云："石經碑高一丈許，廣四尺，駢羅相接。"其所謂駢羅相接者，當指每經自爲起訖言。如《論語》三碑，書之者當起第一，訖第三，復轉至碑陰，起第三，訖第一。其式當如堵牆，非如唐、清兩朝石經之式也。一九二三年冬，當魏石經出土後一年，余親至其地，調查真相。見魏石經碑趺之呈露土中者，正駢羅相接，南北行，意其地爲講堂之西。時漢石經雖有發見，尚屬少數之小片，意必殘毁後雜於堂西魏石中者。近年漢石始大出，意其地當爲堂之東側，或亦有駢羅相接之碑趺，可供吾人考證也。

又經碑之外，尚有一碑，北京大學研究所國學門及北平圖書館各藏一殘石，亦表裏隸書，一面字較大，而又一面則較小(以下稱大字者爲"後記甲"，小字者爲"後記乙")。字句雖斷續不完，確爲叙述刊立石經之事。其中兩見某年六月字，疑酈道元所謂光和六年者，即據此碑所紀之年月而言。《洛陽記》四十六枚之數，恐不數此碑也。

六、人　　名

據《後漢書・蔡邕傳》言奏求正定文字者，有蔡邕、堂谿典、楊賜、馬日磾、張馴、韓説、單颺等，而《靈帝紀》衹言召諸儒正五經文字。《邕傳》言邕自書丹，而《洛陽伽藍記》《隋書・經籍志》遂皆歸功於蔡邕。以如此巨大之事業，必非少數人所可從事者，邕雖擅書，亦不能以一人之力，書二十餘萬字。況光和元年，邕即以陳災變事獲罪徙朔方，明年，亡命江海，居吴會者積十二年。邕之參與此事，才三四年耳。余觀所出之七經字體，雖面貌相似，而工拙攸分。或人書一經，或一經又分數人，皆未可定。要之校理及書碑之役，必成於衆人之手，可斷言也。今據可以考見之人列舉如左。

校理人名表

姓　名	字	籍	職　官	出　　處
蔡　邕	伯喈	陳留圉	議郎	後漢書本傳
堂谿典	伯并	潁川鄢陵	五官中郎將	公羊碑　後記甲碑　蔡邕傳
楊　賜	伯獻	弘農華陰	光禄大夫	蔡邕傳
馬日磾	翁叔	扶風茂陵	諫議大夫	儀禮碑　蔡邕傳
張　馴	子儁	濟陰定陶	議郎	本傳　蔡邕傳
韓　説	叔儒	會稽山陰	議郎	蔡邕傳　盧植傳
單　颺	武宣	山陽湖陸	太史令	蔡邕傳
盧　植	子幹	涿　涿	議郎	本傳
楊　彪	文光	弘農華陰	議郎	盧植傳
李　巡		汝南汝陽	宦者	後記甲碑　吕强傳
劉　寬	文饒	弘農華陰	光禄勳	後記甲碑
趙　㪤			諫議大夫	公羊碑
劉　弘	子高	南陽安衆	議郎	公羊碑
張　彣			郎中	公羊碑
蘇　陵			郎中	公羊碑
傅　楨			郎中	公羊碑

（續表）

姓　名	字	籍	職　官	出　處
左　立			博士	論語碑
孫　表			郎中	論語碑
張　玹				後記甲碑
周　達			司空兼集曹掾	後記甲碑
尹　弘			司空屬	後記甲碑
孫　進			郎中	後記乙碑
傅　彌			舍人	後記乙碑
陳　懿				後記乙碑

附　刻　工

陳　興			工	論語碑

以上二十五人中，惟陳興爲石工，此外皆爲校理或書碑之人矣。然博士十四人，惟《論語》尚存其名（《論語》不在五經博士之列，而爲專經者所兼習），餘皆不可知。

此稿成於一九三一年二月，爲北京大學研究所國學門月講之稿。時新自洛陽歸來，得見《儀禮・鄉飲酒》殘石拓本，故定《儀禮》爲大戴本，而《尚書》之本尚付闕如也。嗣後又得見《尚書・序》殘石拓本，於是七經之本皆可確定，因增訂潤色而成此篇。

著者附記

原載《慶祝蔡元培先生六十五歲論文集》上册，
《歷史語言研究所集刊外集第一種》

漢石經碑圖叙例

◎ 張國淦

自歲辛酉洛陽漢、魏石經出土後，王氏國維爲《魏石經考》，又爲《魏石經碑圖考》。其漢石經之經數、經本、行字、石數，具詳於《魏石經考》中。今其未刊遺稿，僅見有漢石經《論語》首末未成二碑圖。説者謂其漢石經書寫格式不能明晰，致行字無從確計，遂不果作。然亦由當日漢石出土殘字不如今日之夥，諸經繁重，故不易寫定也。唐宋殘石之字，胡氏宗愈鑱於錦官西樓者，凡四千二百七十字；洪氏适鑱於越州蓬萊閣者，凡二千一百八十餘字。《隸釋·尚書》五百四十七字，《魯詩》百七十三字，又校記一段二十餘字，《儀禮》四十五字，《公羊》三百七十五字，《論語》九百七十一字。《隸續·儀禮》五十六字。胡氏字數雖倍於洪氏，而拓本未見，亦無解説可稽。洪氏則依《尚書》《儀禮》《公羊傳》《論語》各經編列殘字，但直行書寫，而原拓又什不存一，未由知碑面之分合、行字之高下，致可惜也。董氏逌、黄氏伯思、邵氏博衹著《尚書》《論語》，更語焉不詳已。近年以來，殘石陸續出土，就可考者，約得四千四百餘字。羅氏《集録》本，《周易》六百四字，校記十字；《尚書》一百二字，校記十字；《魯詩》千一百四十字，校記百五十九字；《儀禮》三百四十一字，校記六字；《春秋》四百三十四字；《公羊傳》四百二字，校記二字；《論語》百九十一字，校記二十七字。七經共三千二百三十二字，校記共二百四字，序記三百四十九字，共三千七百八十五字。又補遺未刊本六百餘字。此外有《集録》本未收，及氈墨不可辨者。當得四千四百餘字。諸家著録，有孫氏壯《集拓漢魏石經殘字》本、又《集拓二編》本、吴氏寶煒《集拓》本、許氏《集拓》本、羅氏振玉《漢熹平石經殘字集録》雙鈎本，原拓具在。羅氏説又視洪氏加密焉，就其殘字以考證之，昔日所致疑於漢石經者，今已瞭然什之七八矣。

漢石經經數　據《後漢書·靈帝紀》《盧植傳》《宦者吕强傳》《儒林傳序》《魏書·江式傳》、袁宏《後漢紀》、酈道元《水經·穀水注》，俱云五經。《後漢書·蔡邕傳》《儒林傳》俱云六經。《隋書·經籍志》始云七經。《洛陽記》《後漢書·蔡邕傳》注引或云陸機作。所記經目:《周易》《尚書》《公羊傳》《禮記》即《儀禮》。《論語》。戴延之《西征記》、楊衒之《洛陽伽藍記》俱云《尚書》《周易》《公羊》《禮記》。《伽藍記》先《周易》後《尚書》。《隋書·經籍志》始云一字石經《周易》一卷、《尚書》六卷、《魯詩》六卷、《儀禮》九卷、《春秋》一卷、《公羊傳》九卷、《論語》一卷。魏徵收聚石經,十不獲一,此當據秘府傳拓之本言之。蓋漢時立學官者,《詩》《書》《禮》《易》《春秋》五經,《論語》爲專經者所兼習,亦名曰經,故《蔡邕傳》又曰六經,《公羊》則曰傳而不曰經,魏晉以後乃併稱之爲經,故《隋書·經籍志》曰七經。《洛陽記》目有五,《西征記》《伽藍記》目有四,則就當時殘毁外存石之經數計,非石經衹有此數也。《隸釋》所載殘碑,衹《尚書》《魯詩》《儀禮》《公羊》《論語》,今洛陽新出漢石經有《周易》《尚書》《魯詩》《儀禮》《春秋》《公羊傳》《論語》,適符七經之數。此可徵信者一也。

一字、三字之辨　《後漢書·儒林傳序》云:"熹平石碑爲古文、篆、隸三體書法。"邇後《洛陽伽藍記》《北史·劉芳傳》、陸德明《經典釋文》、韋述《西京新記》、竇蒙《述書賦注》、張參《五經文字·序例》、郭忠恕《汗簡》、歐陽棐《集古録目》、司馬光《資治通鑑》、董逌《廣川書跋》、姚寬《西谿叢語》、顧炎武《金石文字記》、萬斯同《漢魏石經考》諸書,俱以三字屬漢。《隋書·經籍志》云:"後漢鐫刻七經,一字石經□□卷。"邇後張彦民《畫墁録》、趙明誠《金石録》、黄伯思《東觀餘論》、邵博《聞見後録》、洪适《隸釋》《隸續》、張縯《石經跋》、朱彝尊《經義考》、厲鶚《樊榭山房集》諸書俱以一字屬漢。今證以新出之石經殘字,則一字屬漢,三字屬魏,更大判明。此可徵信者又一也。

漢石經自靈帝熹平四年刊立於洛陽大學,越八年,至光和六年始成。越七年,至獻帝初平元年,董卓燒宫廟官府,延及大學石經。越三十二年,至魏文帝黄初元年,校補舊石經缺壞。越八十九年,至晉懷帝永嘉五年,王彌、劉曜入洛,又焚毁二學。越一百六十年,至北魏文帝延興□年,姑以元年計。馮熙、常伯夫爲洛州刺史,廢毁分用,大至頹落。嗣後自洛移鄴,自鄴移洛,又自洛移長安,則皆王劉焚毁、馮常頹落之餘也。其殘石在洛陽者,唐中宗嗣聖年間,姑以元年計。東都造防秋館,穿掘多得蔡邕鴻都學石經,距熹平四年,五百十年矣。宋嘉祐末,姑以八年計。洛陽御史臺中得《尚書》《儀禮》《論語》數十段,長安得《公羊》一段,距熹平四年,八百八十九年矣。辛酉洛陽石經出土之歲,距熹平四年,一千七百四十七年矣。在今日一千七百餘年之後,雖所得殘石多於唐宋，而欲寫定一千七百餘年以前之碑圖，若云合符，殆必不可能之事。然於殘缺廢墜之餘，冀得一較量可信者，惟有根據殘字，併採集衆説，所謂獲什一於仟百，未知其有當否也。兹先就石經大體論之。

諸經次第　今本十三經内《周易》《尚書》《毛詩》《儀禮》《春秋》《公羊傳》附經。《論語》，即唐石經古文經本。《隋書·經籍志》叙石經，首《周易》，次《尚書》，次《魯詩》，次《儀禮》，次《春秋》，次《公羊傳》《論語》，今之言漢石經者本此。考《論語·述而》《泰伯篇》"《詩》《書》《禮》"，《禮記·經解篇》"《詩》《書》《樂》《易》《禮》《春秋》"，《荀子·儒效篇》"《詩》《書》《禮》《春秋》"，《莊子·天下》《天運篇》、《春秋繁露·玉杯篇》"《詩》《書》《禮》《樂》《易》《春秋》"，《史記·儒林傳序》"《詩》《尚書》《禮》《易》《春秋》"，是以《詩》爲首，次《書》，次《禮》，次《易》，次《春秋》，今文家説經者宗之。《漢書·藝文志》"《易》《書》《詩》《禮》《樂》《春秋》"，《儒林傳》"《易》《書》《詩》《禮》《春秋》"，《白虎通·五經篇》"《易》《尚書》《詩》《禮》《春秋》"，是以《易》爲首，次《書》，次《詩》，次《禮》，次《春秋》，古文家説經者宗之。《隋書》所叙石經，此古文家説經次第也。唐時崇尚古文，故修《隋書》者改用古文次第。石經雖不可考，《西征記》《尚書》在《周易》前，而《伽藍記》《尚書》在《周易》後，似從當時習見之古文次第改易之，《洛陽記》亦猶是也。《洛陽記》："西行，《周易》《尚書》《公羊傳》二十八碑；南行，《禮記》即《儀禮》。十五碑；東行，《論語》三碑。"王氏國維謂西行失記《魯詩》及《春秋》二種。石經今文，當是首《魯詩》，次《尚書》，次《儀禮》，次《周易》，次《春秋》，次《公羊傳》《論語》。其碑次，則西行《魯詩》《尚書》《周易》《春秋》《公羊傳》，南行《儀禮》，《儀禮》經字多於他經，故别南行。東行《論語》。東行衹《論語》者，以次當是魏石經。非《隋书》石經古文次第也。

諸經篇次　今本《尚書》五十八篇，即僞孔傳古文《尚書》本。石經篇次，依《書序》殘字，當是今文《尚書》廿九篇，《堯典》第一、《舜典》合于《堯典》無"曰粤稽古帝舜"廿八字。《臯繇謨》第二、《益稷》合于《臯繇謨》。《禹貢》第三、《甘誓》第四、《湯誓》第五、《殷庚》第六、三篇合爲一。《高宗肜日》第七、《西伯堪飢》第八、《微子》第九、《大誓》第十、非今本《泰誓》。《牧誓》第十一、《鴻範》第十二、《金縢》第十三、《大誥》第十四、《康誥》第十五、《酒誥》第十六、《梓材》第十七、《召誥》第十八、《雒誥》第十九、《多士》第廿、《毋劮》第廿一、《君奭》第廿二、《多方》第廿三、《立政》第廿四、《顧命》第廿五、《康王之誥》合于《顧命》。《鮮誓》第廿六、在《甫刑》前。《甫刑》第廿七、《文侯之命》第廿八、《秦誓》第廿九，與今本不同。今本《儀禮》十七篇，即鄭注據劉向《别録》本。石經篇次，依《鄉飲酒》第十篇題殘字，當是大戴本，《冠禮》第一、《昏禮》第二、《相見》第三、《士喪》第四、《既夕》第五、《士虞》第六、《特牲》第七、《少牢》第八、《有司徹》第九、《鄉飲酒》第十、《鄉射》第十一、《燕禮》第十二、《大射》第十三、《聘禮》第十四、《公食》第十五、《覲禮》第十六、《喪服》第十七，與今本不同。今本《周易》十二篇，以《彖》《象》合于上下《經》内，以《文言》合于《乾》《坤》兩卦内，係王弼《易》本。王弼《易》本，已非鄭玄《易》本。匪唯漢初田何《易》已亡，即費氏《易》亦不可復得。自朱子撰《周易本義》，據晁、吕二氏，更定爲上下《經》十二卷，始復古《周易》之舊。石經篇次，依《文言》《説卦》兩篇聯接殘字，石經非田何《易》，詳拙編《孔子易叙》。當是《上經》第一、《下經》第二、《上彖》第三、《下彖》第四、《上象》第五、《下象》第六、《上繫》第七、《下繫》第八、《文言》第九、《説卦》第十、《序卦》第十一、《雜卦》第十二，與今本不同。今本《春秋公羊》經傳，以傳附經，十二公廿八卷，係漢以後人所合併加入注疏本。《漢書・藝文志》經十一卷，《公羊傳》十一卷，是經傳各自爲卷。孔氏穎達云："漢世爲傳訓者，皆與經别行。"又《公羊解詁・閔公二年》云："繫閔公篇于莊公下。"《釋文・僖公十六年》云："《七志》《七録》，何《注》止十一卷，《公羊》以閔附莊故也。後人以僖卷大，輒分之爾。"阮元《公羊校勘記》云："《漢志》經及傳各十一卷者，繫《閔公篇》於《莊公》下故也。"據此，知《漢志》《公羊》以閔附莊，衹十一公分卷，故十一卷。石經篇次，依《春秋公羊》經傳别行，又《春秋經・閔公元年》聯接《莊公卅有二年》，無另行《閔公》篇題，第於《元年》上加・殘字，當是《隱公》第一、《桓公》第二、《莊公》第三、《僖公》第四、《文公》第五、《宣公》第六、《成公》第七、《襄公》第八、《昭公》第九、《定公》第十、《哀公》第十一，與今本不同。唐石經原刻《春秋》十二卷，後改爲十一卷，《閔公》第四下添注云"附《莊公》卷"，故《僖公》第五改卷四，《文公》第六改卷五，《宣公》第七改卷六，《成公》第八改卷七，《襄公》第九改卷八，《昭公》第十改卷九，《定公》第十一改卷十，《哀公》第十二改卷十一，與漢石經同，惟以傳附經，與漢石經不同。

一經中篇次　羅氏振玉云："趙氏《金石録・跋尾》言以世所傳經本，校此遺字，篇第亦有小異，而不言何經。今知爲《魯詩》與毛互勘，則篇第不僅小異，約略舉之，如《鄭風・山有扶蘇》上非《有女同車》，《小雅・彤弓》之後爲《賓之初筵》，《吉日》之後爲《白駒》，案：又有《瞻彼洛矣》之後爲《湛露》。《大雅・旱麓》之後爲《靈臺》，《鳧鷖》之後爲《民勞》，《韓奕》之後爲《公劉》，《桑柔》之後爲《瞻卬》《假樂》，又《卷阿》在《文王》之前。"案此據已有殘字言之，其未有殘字之篇次，與已有殘字篇次聯屬處，又無左證。兹姑依殘字排列，如《鄭國》，今本《大叔于田》《清人》《羔裘》《遵大路》《女曰雞鳴》《有女同車》《山有扶蘇》，石經《大叔于田》《遵大路》《女曰雞鳴》《有女同車》《羔裘》《清人》《山有扶蘇》；《小雅・南有嘉魚之什》今本《蓼蕭》《湛露》《彤弓》《菁菁者莪》《六月》《采芑》《車攻》《吉日》，石經《蓼蕭》《菁菁者莪》《六月》《采芑》《車攻》《吉日》《白駒》；《鴻鴈之什》今本《祈父》《白駒》《黄鳥》，石經《頎甫》《黄鳥》；《甫田之什》今本《瞻彼洛矣》《裳裳者華》《桑扈》《鴛鴦》《頍弁》《車舝》《青蠅》《賓之初筵》，石經《瞻彼洛矣》《湛露》《裳裳者華》《桑扈》《鴛鴦》《頍六》《車舝》《青蠅》《彤弓》《賓之初筵》；《大雅・文王之什》今本《文王》《大明》《緜》《棫樸》《旱麓》《思齊》《皇矣》《靈臺》，石經《文王》《卷阿》在《文王》前，俟考。《大明》《緜》《棫樸》《旱麓》《靈臺》《思齊》《皇矣》；《生民之什》今本《鳧鷖》《假樂》《公劉》《泂酌》《卷阿》《民勞》《板》，石經《鳧鷖》《民勞》《板蕩》《泂酌》《卷阿》《桑柔》《瞻卬》《嘉樂》；《蕩之什》今本《蕩》《抑》《桑柔》《雲漢》《崧高》《烝民》《韓奕》《江漢》《常武》《瞻卬》《召旻》，石經《抑》《雲漢》《崧高》《烝民》《韓奕》《公劉》《江漢》《常武》《召旻》，與今本不同。

一篇中章次　羅氏振玉云："《式微》二章，《魯詩》'泥中'在'中露'之前，《黄鳥》三章，《魯詩》'仲行'在'鍼虎'之後。案：又有《都人士》無首章。《儀禮・鄉飲酒》殘字'北面鼓'之前，計其行字，亦與今本攸殊。案：多一百六十九字。《公羊傳》"僖公十有四年"一行亦多六十八字。"又《尚書・毋劮》祖甲在中宗之上。據《隸釋》。《論語・堯曰》無"不知命"末章，與今本不同。

石經大體既如上述，再進而論字數、行數、碑數與每碑陰陽面，分叙如次。

每行字數　洪氏适云："《儀禮》殘碑每行七十三字。"翁氏方綱云："《尚書》每行七十一字至七十九字，《魯詩》七十二三字，《儀禮》七十三四字，《公羊》八十五七字。"王氏國維據傳世宋拓本及《洛陽記》以每行七十五字計，因古本、今本字數不同，故不能決其每行若干字。蓋約略言之。覈以新出殘字字數，幾於各經不同，即一經前後亦各不同。《儀禮・有司徹》"卒爵"與次行"皆拜送"殘字，横列且有參差處。羅氏振玉云："古今經本不同，文字有增省多寡，行字致有參差，而較其大凡，可得約計。《周易》行七十三字，間有六十九至七十八字者；《尚書》同，間有七十至七十六字者；《魯詩》二《南》至《小雅》七十二字，間有七十至七十四字者，《角弓》以後至三《頌》則七十字，間有六十八至七十四字者；《儀禮》行七十三字，間有七十至七十六字者；《春秋》行七十字，間有六十八至七十四字者；《公羊傳》行七十三字，間有六十九至七十四字者，中有一行至百四十一字，《成公八年》以後，則七十一字，間有七十字者；《論語》行七十四字，間有七十一至七十八字者。"兹於每行上下有餘石者，即依餘石，其餘則依每行聯接殘字，無殘字者，則依《周易》《尚書》行七十三字，《魯詩・小雅》以前行七十二字，《角弓》以後行七十字，《儀禮》行七十三字，《春秋》行七十字，《公羊傳》行七十三字，《成公》以後行七十字，《論語》行七十四字，以次排比。此後續得殘字，因古今本而有參差之處，在今日固無從計及也。

每碑行數　前人未有論及此者。王氏國維以一碑三十五行計，蓋亦約略言之。曩編《歷代石經考》，漢石經行數依王氏説定爲三十五行，覈以新出殘字行數，幾於各碑不同。惟每碑究有若干行，苦無標準，無已，仍於新出殘字左右餘石及《隸釋》殘字求之。餘石有二類，一寬建初尺五分，一寬建初尺五分以上。羅氏福頤云："石經碑兩旁餘石，例寬建初尺五分，已見殘石可證。"兹據此以推究之，其寬建初尺五分以上者，每在兩行下段，一行上有篇末字，一行上有篇題；如《魯詩・騶虞》"壹發"，《尚書・堯典》"天工"。間亦有在碑旁者。如《春秋・襄公》"辰朔"，又"兀來"，《昭公》"廿有一年"。然寬在建初尺五分者，其爲碑旁餘石無疑也。今就殘字寬五分餘石在左者，作爲碑面之首行，在右者，作爲碑面之末行。如《魯詩》第二、第三、第五、第七、第八、第九、第十、第十二、第十三面，《儀禮》第六、第十二面，《周易》第二、第七面，《春秋》第二、第三、第四、第五、第六、第七面，《公羊傳》第六、第七面，《論語》第二、第六面，左或右或左右有餘石。《儀禮》第十三、第廿三面，《春秋》第二面，次行左或右餘石一寸五分以上，前後行上有篇題，正可知爲一面首末。其餘則就餘石，以前後行字平均計算。至《隸釋》殘字，亦可依據兩旁字，如《尚書》第三、第四、第七、第八面，《論語》第一、第八面，就此勘合，可得大概。但如《魯詩》第十二面《大雅》"爲則"兩殘字，右有五分寬餘石，距此面首行衹廿行，即就上面殘字互相比計，未能作爲末行，羅氏福頤於《魯詩》行次考之綦詳，以此質之，亦云不得其解，併疑此《抑》篇，殆《魯詩》又有移易。則所未見之殘字，其分合正不知凡幾矣。

各經碑數　就上字數、行數，如無大誤，則碑數乃可得而計。《洛陽記》云四十六枚，《西征記》云四十枚，《水經・穀水注》云四十八枚，此係指漢石經，非魏石經。《伽藍記》亦云四十八枚。洪氏頤煊云："《西征記》'四十枚'，'四十'下脱'六'字。"案：《西征記》與《伽藍記》所記皆同，《西征記》或即爲《伽藍記》所本，疑脱"八"字。王氏國維謂漢石數莫確於《洛陽記》，定爲四十六碑。依新出殘字餘石,《魯詩》每面約卅四行至卌二行,當是十八面九碑;《儀禮》每面約廿七行至卅五行,當是卅面十五碑;《周易》每面約卅七至卅九行,當是八面四碑;《春秋》每面約廿七至卅八行,當是八面四碑;《公羊傳》每面約卅六至卅九行,當是十二面六碑。依《隸釋》殘字,《尚書》每面約廿六至卌一行,當是十面五碑;《論語》每面約卅六至卌七行,當是六面三碑。《廣川書跋》:"《論語》第一篇并第十四篇爲一碑,又有第十八篇至第二十篇爲一碑。"羅氏福頤云:"案《隸釋》所録,自《學而第一》篇至《里仁第四》篇爲一石,知《書跋》所云'十四篇'者,'十'字乃衍文,板本之誤也。其所謂一篇者,乃言此四篇並刻一面之謂,非表裏之一石也。"據《洛陽記》,西南東行是《魯詩》《尚書》《周易》《春秋》《公羊傳》,正合西行廿八碑,《儀禮》正合南行十五碑,《論語》正合東行三碑,共四十六碑,王氏之説,無以易也。新出殘字,又有《後記》二石,疑《洛陽記》四十六枚未計《後記》二石,《水經注》《伽藍記》四十八枚則兼《後記》二石言之,《西征記》若果脱"八"字,則此數書者,並無歧異矣。近有人以《後記》前一石即漢《太學贊》碑者,考《西征記》,《太學讚》碑一所,漢建武中立,《水經注》陸機言《太學贊》别一碑,碑載蔡邕、韓説、高堂谿等名。建武是光武年號,有蔡邕等名者,自是别一碑,《後記》係言石經事,似《太學讚》係言太學事,非即今所謂《後記》也。楊龍驤《洛陽記》"碑高一丈許,廣四尺",就字數,每行僅數字參差,於高一丈許尚無大出入,若行數,少者廿六行,多者卌七行,於廣四尺則徑庭殊甚,然捨此以推定碑數,又無其他左證也。

每碑陽陰面　《西征記》《伽藍記》俱云"表裏隸書"。所得新出殘字,有陽陰面者,衹見數碑。《魯詩》二碑,《周易》一碑,《春秋》一碑,《公羊傳》二碑。初疑陰面接書陽面,一碑自爲起訖,覈以今殘字,如《魯詩》《周易》《公羊傳》有陽陰面者,皆不相符。兹就各經詳考之,陽面皆自左而右,陰面皆自右而左。如《魯詩·邶風》與校記殘字、《節南山之什》與《生民之什》殘字爲一石,一在第一面與第十八面,即《魯詩》第一面與第十八面。一在第八面與第十一面,即《魯詩》第八面與第十一面。以此推定,則《魯詩》陽面自左而右者九面,陰面自右而左者亦九面。《周易·下經·家人》至《小過》與《文言》至《説卦》殘字爲一石,在第卅面與第卅五面,即《周易》第二面與第七面。以此推定,則《周易》陽面自左而右者四面,陰面自右而左者亦四面。《春秋·成公二年》至《十二年》與《十三年》至《十八年》又《襄公元》《二年》爲一石,在第卌面與卌一面,即《春秋》第四面與第五面。以此推定,則《春秋》陽面自左而右者四面,陰面自右而左者亦四面。《公羊傳·僖公》殘字與《成公》殘字、《文公》殘字與《宣公》

殘字爲一石，一在第卅九面與第五十二面，即《公羊傳》第五面與第八面。一在第五十面與第五十面，即《公羊傳》第六面與第七面。以此推定，則《公羊傳》陽面自左而右者六面，陰面自右而左者亦六面。準此，《尚書》雖無新出兩面殘字，據《隸釋》，《般庚》《高宗肜日》與《立政》《顧命》殘字，《牧誓》《鴻範》與《多士》《毋劮》《君奭》《多方》殘字，一在第廿一面與第廿六面，即《尚書》第三面與第八面。一在第廿二面與第廿五面，即《尚書》第四面與第七面。以此推定，則《尚書》陽面自左而右者五面，陰面自右而左者亦五面。《論語·學而》《爲政》與《子張》《堯曰》殘字，在第八十七面與第九十二面，即《論語》第一面與第六面。以此推定，則《論語》陽面自左而右者三面，陰面自右而左者亦三面。若以兩面殘字緊接一石，則前後陽陰面，歧異殊甚，但無其他之證明，故祇假定爲第若干面，不敢即云第若干碑也。

此外如各經校記，均在經文之後，《尚書》有序，校記在序之後。大半所占不及碑之一面。惟依陽陰面殘字排列，《魯詩》校記當有四面，《魯詩》亦有序否，或齊、韓異同，故較他經獨多？《儀禮》校記當有五面。王氏國維云“《儀禮》需十一碑，其餘當爲校記題名”，蓋約略言之。玆經文約廿五面十二碑又半，所餘五面二碑又半，是校記、題名。《論語》盍、毛、包、周異同，祇占數行，亦未敢知其盡是否也。

至若各經書寫格式，羅氏振玉云：“今七經具出，就其存字以考書式，知《易》分上下《經》、‘十翼’，爲十二篇，上下《經》中，諸卦文蟬聯書之。每卦首畫卦象，當一字，不空格。每篇題占一行，《文言》《説卦》每章首空一格，復加點識之。《尚書》亦篇題占一行。《魯詩》則二《南》，《國風》，大小《雅》，三《頌》篇題各占一行。每章末側注章次，曰‘其一’‘其二’，兩字當一格，即篇僅一章者，亦側注‘其一’字。每篇末章句下空一格，加點。其每什後題，亦空一格，接書於章句之下。《儀禮》每兩章銜接處，於兩字間加點，而不空格。《春秋經》每易一年，空格，加點。《公羊傳》每歲冠以某年，其上空一格，加點。至每事，則於首末兩字間加點而不空格。《論語》每篇題各占一行，每章首空一格，加點。”玆依殘字一一具存之，《隸釋》於《魯詩》存字中當章末者不録“其□”，《儀禮》每兩章、《公羊傳》每事兩字間不加·，此則據新出土殘字而後知其書式也。

今以推定所得製爲碑圖，簡明列之如次：

第十八面　《魯詩》第十八面

校記

此面有新出殘字，在第一面之陰。

第一面　《魯詩》第一面

一　周南第一
一三　召南第二
二七　邶國第三
四二　我御窮有洸有潰　四句・旄丘

此面有新出殘字。

第十七面　《魯詩》第十七面

校記

此面有新出殘字。

第二面　《魯詩》第二面

一　之葛子何誕之節　其四　旄丘四章
一〇　庸國第四
二四　衛國第五
三六　背願言思伯使我　服其三　有狐三章

此面有新出殘字，右有餘石。

第十六面　《魯詩》第十六面

校記

第三面　《魯詩》第三面

一　章四句・投我叺　句・衛淇隩
三　王國第六
一五　鄭國第七
三七　齊國第八
四〇　著乎而充耳叺素　日于後株者

此面有新出殘字，左有餘石。

第十五面　《魯詩》第十五面

校記

此面有《隸釋》殘字。

第十四面　《魯詩》第十四面

考之休其一絲衣其　保有厥
駉之什
那第卅
孔安其六殷武六章
校記

一　四　二一　三二

此面有新出殘字。

第十三面　《魯詩》第十三面

既繁既順乃宣而　時語語
清廟之什
臣工之什
閔予小子之什
以開百室百室盈　不鶩胡

一　一三　二二　三一　三八

此面有新出殘字，右有餘石。

第四面　《魯詩》第四面

子在我室亍在我　顛倒裳衣倒
魏國第九
唐國第十
秦國第十一
道阻且長沂游從　之道阻且右

一　九　二〇　三五　四〇

此面有《隸釋》併新出殘字。

第五面　《魯詩》第五面

沂游從之宛在水　其二終南二章
陳國第十二
會國第十三
晉國第十四
豳國第十五
慆慆不歸我來自　于宇蛜蝛在

一　八　一八　二三　二九　三七

此面有新出殘字，左有餘石。

第六面　《魯詩》第六面

室蟰蛸在户町疃　今三年其三我
鹿鳴之什
南有嘉魚之什
翼翼路車有奭簟　隼其飛戾天

一　七　二八　三八

此面有新出殘字。

第十二面　《魯詩》第十二面

閑且馳矢詩不多　翩亂生
口之什
畝實藉獻其貔皮　原既庶

一　一四　三九

此面有新出殘字，右有餘石。

第七面　《魯詩》第七面

亦集爰止方𡬶莅　嘽嘽嘽嘽推
鴻雁之什
節南山之什
亦孔之哀其一日月　憯莫懲其三皇

一　八　二三　三四

此面有新出殘字，左有餘石。

第十一面　《魯詩》第十一面

西顧此惟予度其一　兑帝作
生民之什
媚于天子其七鳳凰　之馬既

一　二　三七

此面有新出殘字，在第八面之陰。

第八面　《魯詩》第八面

父卿士番惟司徒　父孔聖作都
谷風之什
毒大苦念彼共人　其二怒昔我往

一　二五　三八

此面有新出殘字，左有餘石。

第十面　《魯詩》第十面

優哉優哉亦是戾　其三民之
文王之什
子有造古之人無　廓乃春

一　一八　三五

此面有新出殘字，左右俱有餘石。

第九面　《魯詩》第九面

矣日月方奥曷云　穀叺女其四嗟
甫田之什
魚藻之什
子天子命之樂旨　子福禄膍之

一　二一　三三　三六

此面有新出殘字，右有餘石。

第廿八面　《尚書》第十面

捍我于艱若女予
秦誓第廿九
以不能保我子孫
書序
校記

一　二　六　八

此面有新出殘字。

第廿七面　《尚書》第九面

鄉傳重笥席玄紛　階面贅路在阼
鮮誓第廿六
甫荆第廿七

文侯之命第廿八
下民侵戎我國家　于前文人女多

一　一〇　一四　二九　三一

第廿六面　《尚書》第八面

淫昬不克終日勸　割夏邑天維時
立政第廿四
顧命第廿五
入翌室郵度宗丁　雕玉仍几西夾南

一　二一　二三　二六

此面有《隸釋》殘字。

第十九面　《尚書》第一面

堯典第一
臯繇謨第二
維敘臯繇厉祗厥　尹允諧带庸作

一　一九　三一

此面有新出殘字。

第廿面　《尚書》第二面

歌曰勑天之命維　戠帝又歌曰元
禹貢第三
甘誓第四
湯誓第五
殷庚第六
含德不施予一人　作勞不服

一　三　二一　二四　二七　三一

第廿一面　《尚書》第三面

田畝越其罔有黍　乃短長之命爾
高宗肜日第七
西伯堪飢第八
微子第九
大誓第十

一　一五　一八　二一　二六

此面有《隸釋》殘字。

第廿五面　《尚書》第七面

一　無度爾不我動自　　有
五　毋劮第廿一
一四　君奭第廿二
二六　多方第廿三
二七　維五月丁亥王来　戚言于民乃大

此面有《隸釋》殘字。

第廿二面　《尚書》第四面

牧誓第十一
鴻範第十二
曰濟曰涕曰霧曰　從庶民從是之

此面有《隸釋》殘字。

第廿四面　《尚書》第六面

一　劮茲乃永維王正　先哲王迪畏顯
八　梓材第十七
一三　召誥第十八
二四　雒誥第十九
三六　多士第廿
四〇　帝不保降若茲大　予其曰維爾鴻

此面有新出殘字。

第廿三面　《尚書》第五面

一　謂大同而身其康　民逆作内吉
六　金縢第十三
一四　大誥第十四
二四　康誥第十五
三八　酒誥第十六
四一　肇牽車牛遠服賈　祀爾乃自介用

此面有新出殘字。

第卅六面　《周易》第八面

一　故曰成言乎艮・　乎艮故水火相
一〇　席卦第十一
二三　雜卦第十二
二七　濟定也歸妹女之

此面有新出殘字。

第廿九面　《周易》第一面

一　上經第一
三三　下經第二
三九　食有攸往主人有　于天後入于地

此面有新出殘字。

第卅五面　《周易》第七面

而不忘危存而不　言不勝其任也
文言第九
說卦第十
巛兑正秋也萬物　終而所成始也

一　一七　三三　三八

此面有新出殘字，在第卅面之陰。

第卅面　《周易》第二面

䷤家人利女貞初　九悔亡喪馬勿
上象第三
利見大人尚中正　元永貞无咎以

一　三三　三八

此面有新出殘字。

第卅四面　《周易》第六面

崇禮卑崇效天卑　以行其典禮繫
下繫第七
以滅身小人以小　也是故君子安

一　二四　三八

第卅一面　《周易》第三面

剛中也不寧方來　乾是以履虎尾
下象第四
上象第五

一　二二　三八

第卅三面　《周易》第五面

遇主于巷未失道　蹇蹇終无咎也
上繫第七
其静也專其動也　德而黄業也知

一　二六　三七

第卅二面　《周易》第四面

天行健君子以自　也・地勢巛君
下象第六
有家志未辯也六　惡人以辟咎也

一　三〇　三七

第卌四面　《春秋》第八面

柤秋七月庚寅楚　伐邾婁（一）
師伐陳於越入吳（八）

第卅七面　《春秋》第一面

隱公第一（一）
桓公第二（一二）
日有食之・十有（二七）

第卌三面　《春秋》第七面

・廿有二年春齊　猛入于（一）
定公第十（一三）
哀公第十一（三二）
五年春城比夏齊　會吳于（三八）

此面有新出殘字左有餘石。

第卅八面　《春秋》第二面

莊公第三（一）
僖公第四（二五）
大夫荀息夏齊侯　春王三（三五）

此面有新出殘字，右有餘石。

第卌二面　《春秋》第六面

孫遬率師伐邾婁　閭丘來（一）
昭公第九（一七）
廬卒・廿有一年　河乃復（三七）

此面有新出殘字，左有餘石。

第卅九面　《春秋》第三面

月庚午日有食之　公子友（一）
文公第五（二二）
癸酉同盟于新城　人執子（三七）

此面有新出殘字，左右俱有餘石。

第卌一面　《春秋》第五面

侯于沙澤秋晉人　于師秋
襄公第八
晉士匄于柯城武　自會仲

此面有新出殘字，在第卌面石之陰。

一　一二　三八

第卌面　《春秋》第四面

叔姬・十有五年　齊人侵
宣公第六
成公第七
晉侯獳卒秋七月　晉侯衛

此面有新出残字，右有餘石。

一　六　二四　三八

第五十六面　《公羊傳》第十二面

也孛者何彗星也　也曷爲
諸春秋則未知其
校記

此面有《隸釋》併新出殘字。

一　四

第卌五面　《公羊傳》第一面

隱公第一
桓公第二
子之郊諸侯皆有　邑多田少稱邑

此面《隸釋》殘字。

一　三七　三九

第五十五面　《公羊傳》第十一面

人常被兵乎周曰　義不得
定公第十
哀公第十一
及吴子何會兩伯　非禮

一　三　二三　三六

第卌六面　《公羊傳》第二面

何以書記災也・　義形於色奈何
莊公第三
焉者事祖禰之心　可國君一體也

一　二八　三七

第五十四面　《公羊傳》第十面

其母弟故君子謂　・二年
曰不可四分之叔　時邾婁

一
三六

第五十三面　《公羊傳》第九面

元年宋華元曷爲　專封也
昭公第九
爲復貶乎此著柖　不能容

一
三三
三六

此面有新出殘字。

第五十二面　《公羊傳》第八面

使肥者應客是何　盡此不
成公第七
襄公第八

一
一〇
三六

此面有新出殘字，在第卌九面之陰。

第卌七面　《公羊傳》第三面

先君之恥猶今君　紀者紀侯之不
此其言伐何至之　無麥禾諱叺凶

一
三六

第卌八面　《公羊傳》第四面

年造邑也告糴者　脩舊不書此何
僖公第四
言盟于師盟于　桓公救中國而

一
一八
三六

第卌九面　《公羊傳》第五面

攘夷狄卒怗荆叺　濤塗謂桓公曰
伯之罪何甚罪也　師天子在是也

一
三七

此面有新出殘字。

第五十一面　《公羊傳》第七面

非力丕能納也義　丕得專
宣公第六
馬子反乘堙而闚　而秼之

一
九
三八

此面有新出殘字，在第五十面之陰。

第五十面　《公羊傳》第六面

天子在是則曷爲　歸于者罪未定也
文公第五
百乘叺納接菑于　貜且也長郤缺曰

一
一五
三八

此面有新出殘字，左有餘石。

第八十六面　《儀禮》第卅面

第五十七面　《儀禮》第一面

冠禮第一
昏禮第二
側尊甒醴于房中　出于房主人受

一
二九
三二

第八十五面　《儀禮》第廿九面

第五十八面　《儀禮》第二面

醴面柄筵前西北　左降筵北面坐

受摯入主人再拜　出主人送再拜

一
三二

第八十四面　《儀禮》第廿八面

第八十三面　《儀禮》第廿七面

第八十二面　《禮儀》第廿六面

校記

此面有新出殘字。

第五十九面　《儀禮》第三面

相見第三
士喪第四
西末素俎在鼎西　如初有枕卒斂

一
一六
三二

第六十面　《儀禮》第四面

徹帷主人西面馮　人東即位婦人
既夕第五

一
三二

此面有新出殘字。

第六十一面　《儀禮》第五面

既夕哭請開期告　絻袒執功布入
上卒東前而降奠　堩其餘則否車

三三

第八十一面　《儀禮》第廿五面

降其祖也大功布　也年十九至十　一
升有半其冠六升　三〇

第八十面　《儀禮》第廿四面

喪服斬衰裳苴絰　絰齊衰之帶也　一
絶也曾祖父母爲　齊衰三月不敢　三一

第七十九面　《儀禮》第廿三面

坐遷之公與賓皆　炙南醢以西牛　一
覲禮第十六　一四
喪服第十七　二七

此面有新出殘字。

第六十二面　《儀禮》第六面

至道左北面立東　北上巾之弓矢　一
士虞第六　三
某甫饗期而小祥　三二

此面有《隸釋》併新出殘字，右有餘石。

第六十三面　《儀禮》第七面

特牲第七　一
奠進受復位祭酒　于東方之尊阼　三二

第六十四面　《儀禮》第八面

階前北面舉觶于　賓北面荅拜揖　一
少牢第八　一七
長終肺祭三皆刌　俎亦進下肩在　三二

第七十八面　《儀禮》第廿二面

出奉柩送之君弔　命往卒殯乃歸　一
公食第十五　一六
手興叺授賓賓祭　汁西賓北面辭　二七

此面有新出殘字。

第七十七面　《儀禮》第廿一面

介奉幣皮皆入門　儐者辭介逆出　一
哭於館衰而居不　門外介卒復命　三二

此面有《隸釋》殘字。

第七十六面　《儀禮》第廿面

庶子于阼皆上如　叺之公命所賜　一
聘禮第十四　一六
幣儷皮二人贊皆　進梧受其幣上　三二

此面有新出殘字。

第六十五面　《儀禮》第九面

上膚九而俎亦橫　裼衣移袂執葵　一
有司徹第九　二八
皆加于鼎東柄二　宰授几主人受　三二

第六十六面　《儀禮》第十面

二手橫執几揖尸　于筵上左之南　一
拜衆賓門東北面　豆北羊骼一腸　三二

此面有新出殘字。

第六十七面　《儀禮》第十一面

一胃一切肺一膚　宰夫執薦以從　一
主人拜送于廟門　三二

此面有新出殘字。

第七十五面　《儀禮》第十九面

挾一個升自西階　取決興贊設決
拜受荅拜大夫立　洗升自西階獻

一
三五

此面有新出殘字。

第七十四面　《儀禮》第十八面

禮不祭酒卒受者　子設折俎卿坐
人埽侯道司射去　決遂執弓搢三

一
三二

此面有新出殘字。

第七十三面　《儀禮》第十七面

行之唯受爵於公　首公命小臣辭
大射第十三
叺旅大夫于西階　酬如受賓酬之

一
一〇
三三

此面有《隸釋》併新出殘字。

第六十八面　《儀禮》第十二面

鄉飲酒第十
正命奏階貧出至

一
三五

此面有新出殘字，左有餘石。

第六十九面　《儀禮》第十三面

鄉射第十一
乘矢執弓不挾右　耦西南作上耦

一
三二

此面有新出殘字。

第七十面　《儀禮》第十四面

射司射反位上耦　中合足而俟司
退賓堂西主人堂　興反位揖大夫

一
三三

此面有新出殘字。

第七十二面　《儀禮》第十六面

某爲貧射人命貧　冪者升自西階　一

不拜受執散爵者　執散爵者乃酌　三三

此面有新出殘字。

第七十一面　《儀禮》第十五面

進坐亦兼取乘矢　司馬升命去侯　一

燕禮第十二　三〇

士立子西方東面　人請賓公曰命　三三

此面有新出殘字。

第九十二面　《論語》第六面

不樂居處不安故　無所用心難矣哉　一

微子第十八　四

子張第十九　一四

堯曰第廿　二七

子張曰何謂四　三二

校記

此面有《隸釋》併新出殘字，左有餘石。

第八十七面　《論語》第一面

學而第一　一

爲政第二　九

八佾第三　一九

里仁第四　三〇

矣・子曰君子喻　三年無改於父之　三六

此面有《隸釋》併新出殘字。

第九十一面　《論語》第五面

道也・子贛方人　與無乃爲佞乎孔　一

衛靈公第十五　八

季氏第十六　二二

陽貨第十七　三六

聞之・宰我問三　食旨不甘聞樂　四七

第八十八面　《論語》第二面

道可謂孝矣・子　不孤必有鄰　一

公治長第五　三

雍也第六　一七

述而第七　三〇

泰伯第八　四四

子曰泰伯其可謂　偷・曾子有疾召　四五

此面有新出殘字，左有餘石。

第九十面　《論語》第四面

春服既成冠者五　由也曰爲國以禮
顏淵第十二
子路第十三
憲問第十四
也使者出子曰使　懼子贛曰夫子自

一
三
一八
三四
四六

此面有新出殘字。

第八十九面　《論語》第三面

門弟子曰啓予足　貴乎道者三動容
子罕第九
鄉黨第十
先進第十一
禮樂叺俟君子赤　曰莫春者

一
九
二二
三二
四五

此面有新出殘字。

第九十四面

後記

此面有新出殘字。

第九十三面

後記

此面有新出殘字。

第九十六面

後記

此面有新出殘字。

第九十五面

後記

此面有新出殘字。

再進而言諸經文字。石經文字係今文,以立學官者爲主。漢時立學官者,《詩》有魯、齊、韓三家,《書》有歐陽、大小夏侯三家,《禮》有大小戴二家,《易》有施、孟、梁丘、京氏四家,《春秋公羊傳》有嚴、顔二家。石經在此諸家中,就可考者,《詩》校記有齊、韓言,係用魯本;《春秋公羊傳》有顔氏言,係用嚴本;《儀禮》有《鄉飲酒第十》篇題,係用大戴本;《論語》校記有盍、毛、包、周字,論者謂係用《魯論》本。若《尚書》後記有"郎中孫進尚書小夏侯"字,似係用小夏侯本;《周易》後記有"梁□施氏"字,然據《釋文》"坎,京作欿。𩑶𩓋,京作劓劊。洗心,京作先"。晁氏公武云"其形渥,京作刑剭",與石經同,似係用京本也。石經殘字,在洛陽新出殘石以前,僅得見孫氏承澤、黄氏易、蔡氏嘉三拓本,俱《尚書·般庚》五行、《論語·爲政》八行、《堯曰》四行,黄氏本《尚書》末行較孫、蔡二氏本少"凶德熙績"四字,雖未敢斷爲熹平原石,或即洪氏适會稽蓬萊閣本,抑石氏熙明越州本,此外胡氏宗愈成都本,顧氏炎武云未見拓本。靖江王府本,亦未見拓本。然其出諸漢石原本無疑。錢氏泳有《尚書》《詩》《儀禮》《公羊》《論語》殘字雙鉤本。以較《隸釋》殘字,間有出入,又《公羊》多十八字,錢氏併泐之石,顯係贋本。雙鉤本如《魯詩·魏國》"誰知之",《隸釋》"知"下闕一字,此本不闕。又依新出石經每章下旁注"其一""其二""其三"等,此本均無之。《儀禮·大射》"三媵"字,新出石經在此六行下作"騰",鄭注今文"媵"作"騰",《隸釋》作"媵",當是刊本沿今本致誤,此刻似據《隸釋》而未加深考。《論語·微子》八行,新出石經在此五行上有"羣也"、六行上有"爲柔"、七行上有"也道"殘字,俱上有餘石,八行"以次"上有"身中情"又"大臣怨"又"第十"殘字,可知後四行"雞義居親"末字與前四行"氏也矣同"末字齊,此本"雞義"高一字,"居親"高三字。又《公羊·隱四年傳》十八字,《隸釋》未載,在此數行内,《隸釋》有殘字,依《隸釋》殘字,此刻行字太參差,即不依《隸釋》亦不合,又新出《公羊》字每事於兩字中間加點而不空格。此刻"曾者何"上空格,足證其僞。此皆其較著者。新出殘石曾屢見有作僞之本,是則言石經者所不可不先辨者也。兹編所録,依《隸釋》《隸續》殘字,孫、黄、蔡三段,俱在《隸釋》内,《東觀餘論》《廣川書跋》《聞見録》,《尚書》《論語》殘字同《隸釋》,但未全録。及近年洛陽新出殘字之可據者。《集拓》本字,《集録》本大都收入,此後祇續見《魯詩》"贈之"又"炎"二石、《書序》一石、《儀禮·鄉飲酒第十》一石、《周易》"孚威"又"情之"表裏面二石、《公羊傳》"我動"又"大之"二石、《論語》"童子"一石。其文字,石經與今本每有不同。洪氏云:"石經《尚書》殘碑,以《孔氏傳》校之,石本多十字,少二十一字,不同者五十五字;借用者八字,'鴻''艾''劮''猶'之類是也;通用者十一字,'於''戲''毋''女'之類是也。《魯詩》殘碑與《毛詩》異者,如'猗'作'兮'、'貫'作

'宧'、'樞'作'蓲'數字。《公羊》殘碑惟易四字,省四字。《論語》殘碑以今板本校之,其文有增損者,其字亦有假借及用古者,有字異而訓不遠,若置其杖賈之哉者。"新出殘字,羅氏云:"《周易》校今本,多一字,少二字,不同者十一字;《尚書》校今本,少一字,不同者六字;《魯詩》校《毛詩》,多一字,不同者三十九字;《儀禮》校今本,少一字,不同者八字,文顛倒不同者一;《春秋》校今本,不同者八字;《公羊傳》校今本,不同者三字,句法不同者二句;《論語》校今本,多一字,少一字,不同者四字。"洪氏殘字經展轉傳刻,如《尚書》"淫朋"作"淫朋"、"賓"作"責",《儀禮》"騰"作"賸",未免沿誤,又不如新出殘字之真確矣。兹就其不同字、借用字、通用字及筆畫增減有關者,按經文次第,録如次;因習慣用字,手民未能悉改,故複載之,以發其凡。若文句不同,併具圖説,兹不重叙。

今本	石經
維《魯詩·葛屨》"維是褊心"。	惟新出《魯詩》亦作"惟"。此經凡"維"字當俱作"惟"。《尚書》"惟"作"維",《論語》作"惟",又作"唯"。
刺同上"是以爲刺"。	刾《顔氏家訓·書證》:"刺字之傍應爲朿,今亦作夾。"馮氏登府云:"作刾者,隸變也。"
無《陟岵》"夙夜無已"。	毋下"猶來毋死"、《伐檀》"毋食我黍"、《尚書·般庚》"毋翕侮成人毋流"、《鴻範》"毋偏毋黨""毋黨"、《毋劮》"毋兄曰"、《論語》"我對曰毋違"、《堯曰》"毋以萬方"同。
上同上"尚慎旃我"。	尚《儀禮·覲禮》注:"古今尚爲上。"是"上"爲古文,"尚"爲今文。
猗《伐檀》"河水清且漣猗"。	兮
穡同上"不稼不穡"。	嗇《尚書·毋劮》"嗇之艱難"同。新出石經亦作"嗇"。凡"穡"字當俱作"嗇"。
坎同上"坎伐輪兮"。	欿新出《周易》"坎"亦作"欿"。凡"坎"字當俱作"欿"。
黍同上"無食我黍"。	枀馮云:"黍,從禾從雨省。漢碑變從禾,或從米,此又變從木也。"新出《魯詩》作"枀",又作"黍",《論語》作"枀"。
貫同上"三歲貫女"。	宧下"宧女"同。
樞《山有樞》。	蓲
何同上"何不日鼓瑟"。	胡《楊之水》云"胡其憂"同。
揚《揚之水》。	楊

身《尚書・盤庚》"汝悔身何及"。	命
憸同上"相時憸民"。	散馮云:"作散者,即散之隸變。"
惟同上"人惟求舊"。	維《牧誓》"乃維四方",《多士》"維天命",又"予維四方",又"亦維爾",又"維□□共",《立政》"王維厥度心"同。此經凡"惟"字當俱作"維"。
求同上"器非求舊"。	救段氏玉裁云:"古攴、支通用。救即救,即求字。"
汝侮老同上"汝無侮老成人"。	女翕侮下"今女不",又"女何",又"女有近"同。凡"汝"字當俱作"女"。又唐石經作"汝無老侮成人"。案:鄭注古文作"老侮成人",是"老侮"爲古文,"翕侮"爲今文。段云:"翕,蓋狎之假借字。"
弱同上"無弱孤有幼"。	流馮云:"流,本音爲聊。《説文・彡部》:'弱,撓也。'是弱、流音相近。"
恭同上"各恭爾事"。	共《毋劮》"徽桒懿共"同。段云:"共,即供之假借字。"
乃同上"度乃口"。	爾馮云:"爾、乃一聲之轉。"
感同上"保后胥感"。	高馮云:"高、蹙古音相近。"
汝同上"以汝遷"。	爾
邦同上"安定厥邦"。	國《論語・八佾》"國君爲兩君之好",《微子》"何必去父母之國"同。新出石經"邦"亦作"國"。此兩經凡"邦"字當俱作"國"。《魯詩》"邦"仍作"邦"。
稽同上"不其或稽"。	迪馮云:"稽、迪因聲轉而異。"
怒同上"自怒何瘳"。	怨
誕同上"汝誕勸憂"。	永段云:"誕,从延聲。延、永雙聲,皆訓長也。"
丕同上"汝丕克羞爾"。	丕下"高后丕乃",《立政》"受兹丕丕其"同。江氏聲云:"丕,當作不。不乃,猶言毋乃也。"
祟同上"祟降罪疾"。	知
戕同上"汝有戕"。	近
崇弗祥同上"崇降弗祥"。	興丕永馮云:"興與崇協,則有崇聲。今文作興,正見古音如此。"
嗚呼同上"嗚呼今予告汝"。	於戲《毋劮》"公曰於戲君",《立政》"丕丕其於戲"同。新出石經亦作"於戲"。凡"嗚呼"字當俱作"於戲"。
分猷同上"汝分猷念"。	比猶馮云:"分、比以形近而訛。篆文分作,比作。"案:此經今本亦"猶""猷"互用,似當俱作"猶"。

設同上“各設中于乃心”。	翕
盤同上“盤庚既遷”。	股凡“盤”字當俱作“股”。
無戲怠同上“無戲怠”。	罔台民
懋同上“懋建大命”。	勖下“勖莔相爾”同。新出石經作“茂”。凡“懋”字當作“勖”，又作“茂”。
予同上“今予其敷”。	我
嘉同上“嘉績于朕邦”。	綏馮云：“嘉、綏聲之近。”
謂同上“今爾謂朕”。	惠
震同上“曷震動萬民”。	祇
隱同上“尚皆隱哉”。	乘
簡同上“懋簡相爾”。	莔馮云：“是隸變。漢碑從竹字多變從艸。”《魯論·堯曰》亦作“莔”。又《八佾》“管”作“菅”。新出石經“蔿”“笠”“蓿”“芺”“苔”皆是。
孚《高宗肜日》“天既孚命”。	付李氏富孫云：“孚、付一聲之轉。”
壬《牧誓》“厥遺王父母”。	任馮云：“任與壬通。傳本作壬。漢碑書王作壬，書壬作王。壬從人在土，與王相似，故或疑王爲壬，而遂以爲假借字。”
愆同上“不愆於四伐”。	衍《毋劮》“厥衍曰朕”之“衍”同。馮云：“此隸變也。”
陻洪《洪範》“鯀陻洪水”。	伊鴻段云：“孔《傳》本作垔，衛包改爲垔，漢石經作伊。垔、伊雙聲相假借。”凡“洪”字當俱作“鴻”。
汨同上“汨陳其五行”。	白段云：“石經從假借字。”
乂同上“乂用三德”。	艾凡“乂”字當俱作“艾”。
淫朋同上“無有淫朋”。	淫䀠一本作“淫䀠”。此兩字當是傳寫之訛。
僻同上“人用側頗辟”。	辟
謀同上“謀及卿士”。	謀下“謀及庶民”同。馮云：“是隸變。”新出石經《魯詩》《論語》俱仍作“謀”。
人同上“謀及庶人”。	民
無違《多士》“時惟天命無違”。	元
洛同上“作大邑于兹洛”。	雒下“兹雒”同。凡“洛”字當俱作“雒”。
賓同上“罔攸賓”。	賓馮云：“賓，隸變作賓又作賔，今《隸釋》本作賓，誤也。”顧氏廣圻依《漢隸字源》作“賓”。新出石經“賓”字俱作“賔”。

逸《無逸》"乃逸"。	劮下《毋劮》"于遊田"同。凡"逸"字當俱作"劮"。《論語·微子》"夷逸"作"佚"。
諺同上"乃諺"。	憲馮云:"憲、諺聲之譌。"
誕同上"既誕"。	延馮云:"延是誕省文。"
否同上"否則侮厥父母"。	㕻馮云:"古丕、否字衹作不,隸作㕻。"
度同上"天命自度"。	亮
治同上"治民祗懼"。	以馮云:"治、以音近。以古作㠯,作以者,隸變也。"
享同上"肆高宗之享國"。	饗
柔同上"徽柔懿恭"。	𣏾新出石經《魯詩》作"𣏾",《周易》作"𣏾",《隸釋》作"𣏾",似刊誤。凡"柔"字當俱作"𣏾"或"𣏾"。
民同上"懷保小民"。	人
鮮鰥同上"惠鮮鰥寡"。	于矜馮云:"作矜者,通假字也。"凡"鰥"字當俱作"矜"。《論語·子張》"哀矜"作"矜",從令。
淫同上"無淫于觀"。	酒《隸釋》孔作"淫"。馮本作"毋淫于酒"。
供同上"惟正之供"。	共馮云:"供字,古每假共爲之。"
皇同上"無皇曰"。	兄下"則兄曰敬德"同。惠氏棟云:"兄,本古況字。"
聽同上"此厥不聽"。	聖
刑同上"乃變亂先王之正刑"。	井刂馮云:"《説文》刑,剄也;刑,罰辠也。刑爲剄頸重刑,從幵;刑爲刑罰字,從井,今經傳多淆溷。"《論語·里仁》"懷刑"亦作"刑"。
自同上"則皇自敬德"。	曰馮云:"《東觀餘論》仍作自,誤。"
終祥《君奭》"其終出于不祥"。	道詳馮云:"道是遒字之誤。"凡"祥"字當俱作"詳"。
致《多方》"我則致天之罰"。	致馮云:"《説文》:'致,從夊從至',石經從友者,隸變也。《論語·子張》'自致',石經又作致,亦隸變也。"新出石經《魯詩》《周易》作"致",《論語·子張》"喪致"亦作"致"。"似自致"作"致",係刊誤。
準《立政》"準人"。	辟
俊同上"三有俊心"。	會
宅同上"惟克宅厥心"。	度李云:"《説文》:'宅,古文作庑。'庑與度以字形相似而亂。"凡"宅"字當俱作"度"。
此丕丕基同上"此丕丕基"。	玆㔻㔻其馮云:"隸變作㕻,《五經文字》丕作㔻,其乃基之省。"

已徽同上"旦已受之徽言"。	吚徹
在同上"是罔顯在厥世"。	戋馮云:"哉、在一聲之轉。"
耿同上"以覲文王之耿光"。	鮮
太《顧命》"乃同召太保"。	大《論語・八佾》"太廟"作"太"。
達集同上"用克達殷集大命"。	通就段云:"古文達字,今文皆作通。集、就古通用,皆雙聲字。"凡"達"字當俱作"通"。
既同上"兹既受命還"。	即
扆同上"黼扆"。	衣
碏《公羊傳・隱公》"石碏立之"。	踖
昉同上"昉於此乎"。	放凡"昉"字當俱作"放"。
弑同上"何隱爾弑也"。	試凡"弑"字當俱作"試"。新出石經《春秋》"弑"作"殺",《周易》《公羊傳》作"試"。
逮《哀公》"祖之所逮聞也"。	遝凡"逮"字當俱作"遝"。
賸《儀禮・大射》"媵觚于賓"。	媵下兩"媵爵"同。此"媵"字係"賸"字刊誤。新出石經《大射》作"賸"。
抑與《論語・學而》"抑與之與"。	意予凡"意"字當俱作"抑"。新出石經《子張》"抑末"亦作"意"。《公羊傳》"與"亦作"予"。
貢《論語・學而》"子貢曰"。	贛《爲政》"子贛問",《子張》"子贛曰""告子贛曰""贛曰"同。凡"貢"字當俱作"贛"。
于《爲政》"而志于學"。	乎下"書云孝乎"同。
三十同上"三十而立"。	卅凡"三十"字當俱作"卅"。
遲同上"樊遲曰"。	遅馮云:"《説文》:'遲,從辵從犀,籀文從屖作遅。'"是石經作"遅",從籀體也。
矣《里仁》"夕死可矣"。	也
四十《陽貨》"年四十"。	卌凡"四十"字當俱作"卌"。
輿《微子》"夫執輿者爲誰"。	車新出石經《周易》"車"作"轝"。
辟同上"豈若從辟世之士哉"。	避凡"辟"字當俱作"避"。
耰同上"耰而不輟"。	櫌《五經文字》:"櫌,見《論語》。經典及《釋文》皆作耰。"
植耘同上"植其杖而耘"。	置芸
義同上"君臣之義"。	禮
潔同上"欲潔其身"。	絜凡"潔"字當俱作"絜"。

逸同上“夷逸”。	佚
拒《子張》“其不可者拒之”。	距
游同上“子游曰”。	斿凡“游”字當俱作“斿”。
卒同上“有始有卒者”。	卒馮云：“是隸省。”新出石經作“卒”“卒”，又仍作“卒”。
惟同上“其惟聖人乎”。	唯
之同上“不如是之甚也”。	其
墜同上“未墜於地”。	隧
識同上“賢者識其大者”。	志凡“識”字當俱作“志”。
譬之牆同上“譬之宮牆”。	辟諸蘠校記“蕭蘠”同。凡“譬”字當俱作“辟”。
闚同上“闚見室家之好”。	窺
沽《子罕》“沽諸沽之哉”。	賈此見校記。

以上《隸釋》殘字。

逑《魯詩・周南・關雎》“君子好逑”。	仇
覯《召南・草蟲》“亦既覯止”。	遘凡“覯”字當俱作“遘”。
湘《采蘋》“于以湘之”。	鬺
樕《殷其靁》“林有樸樕”。	梀
静《邶風・柏舟》“静言思之”。	竫案：此字見於經者，《秦誓》“諞言”、劉向《九歎注》“諞”作“竫”，《九辯注》作“静”。“竫”、“静”古通用，似石經“静”當作“竫”。《静女》“其孌静”字，石泐，只露末半筆。
舟《柏舟》五章。	月凡“舟”字當俱作“月”。
亡《緑衣》“曷維其亡”。	忘
靁《終風》“虺虺其靁”。	雷凡“靁”字當俱作“雷”。
契《擊鼓》“死生契闊”。	挈
詒《雄雉》“自詒伊阻”。	貽凡“詒”字當俱作“貽”。
厲《匏有苦葉》“深則厲”。	濿此作“濿”，其餘作“厲”。
旭同上“旭日始旦”。	昫
躬閱《谷風》“我躬不閱”。	今説
阻同上“既阻我德”。	詿
露《式微》“胡爲乎中露”。	路

雪《簡兮》"雨雪其霏"。	霅《小雅·角弓》"雨霅瀌瀌"同。凡"雪"字當俱作"霅"。
奥《衛·淇奥》。	隩
緜《葛藟》"緜緜葛藟"。	縣
二十《鄭·緇衣》二十一篇。	廿
還《齊國·還》三章。	旋羅云:"還、旋古通用。"
黍《唐風·鴇羽》"不能蓺稷黍"。	柔《小雅·信南山》"黍苗",《周頌·良耜》作"柔",《論語·微子》亦作"柔"。羅氏振玉云:"黍字分隸作黍,作柔者,黍之别構。"
鴇《鴇羽》三章。	鳵
條《秦風·終南》"有條有梅"。	樤羅云:"條、樤古通用。"
也同上"其君也哉"。	施
惟《黄鳥》"惟此仲行"。	維《訪落》"維予小子"同。此經凡"惟"字當俱作"維"。
隰《晨風》"隰有六駮"。	隰
祋《曹風·候人》"何戈與祋"。	綴
鳲《鳲鳩》"鳲鳩在桑"。	尸
寖《下泉》"寖彼苞着"。	濅羅云:"濅、寖同字。"石經《春秋》"侵"亦作"帰",又作"侵"。
玁狁《小雅·采芑》"征伐玁狁"。	獫允凡"玁狁"字當俱作"獫允"。
奕《車攻》"四牡奕奕"。	驛羅云:"驛、奕古通用。"
矣同上"允矣君子"。	也
祁《吉日》"其祁孔有"。	麎
惸《正月》"憂心惸惸"。	怐
戕《十月》"曰予不戕"。	臧凡"戕"字當俱作"臧"。
填《小宛》"哀我填寡"。	瘵羅云:"隸書从㐱之字皆作尒。"《新臺》"殄"作"殄",《載芟》"畛"作"畛",皆是。
擣《小弁》"惄焉如擣"。	疛
假同上"假寐永歎"。	臨
安同上"我辰安在"。	焉《論語·先進》"安"亦作"焉"。
弁《小弁》。	卞羅云:"小弁作小卞。隸書卞作卞,見孔宙碑及禮器碑側。"凡"弁"字當俱作"卞"。
盱《何人斯》"云何其盱"。	疛凡"盱"字當俱作"疛"。

亨同上“或剥或亨”。	融
祊《楚茨》“祝祭于祊”。	閍
祀同上“祀事孔明”。	我
保格同上“神保是格”。	寶佫
齊同上“既齊既稷”。	茨羅云:“薺、茨古聲近,通用。”
晞《湛露》“匪陽不晞”。	睎凡“晞”字當俱作“睎”。
只《采菽》“樂只君子”。	旨凡“樂只”字當俱作“旨”。
瀌《角弓》“雨雪瀌瀌”。	麃
尚《菀柳》“不尚愒焉”。	常
鶴《白華》“有鶴在林”。	寉羅云:“寉,从冂从隹,鳥之在林冂者,即寉之初字,鶴又增鳥,乃從起之字。”
烈假《思齊》“烈假不瑕”。	廲罟
鳧《鳧鷖》五章。	鳧羅云:“别構字。”
隨《民勞》“毋縱詭隨”。	遀石經《微子》亦作“遀”。凡“隨”字當俱作“遀”。
惛《民勞》“以謹惛怓”。	紛
立《板》“無自立辟”。	位羅云:“立、位古今字。”
穡《桑柔》“稼穡卒痒”。	嗇
蝨《瞻卬》“蝨賊蝨疾”。	蟀羅云:“古蝨、蟀同字。”
厲《瞻卬》“維厲之階”。	廲《周易·家人》《困》《睽》《姤》亦作“廲”。凡“厲”字當俱作“廲”。
弔同上“不弔不祥”。	淑吴氏大澂云:“古文叔作,篆文弔作,形近致訛。”
宜《假樂》“宜君宜王”。	且
籧《周頌·良耜》“載筐及籧”。	筥
饟同上“其饟伊黍”。	餉
疆“□□壽無疆”。	畺此見校記。
祼《文王》“祼將于京”。	灌同上。
茀《卷阿》“茀禄爾康矣”。	芾同上。羅云:“此言芾禄,言上闕一字,非韓則齊也。”此非《魯詩》。
於《文王》“於緝熙敬止”。	于同上。羅云:“此言于緝,言上亦闕一字,不知爲韓爲齊也。”此亦非《魯詩》。
征《常武》“濯征徐國”。	正同上。

右《我將》“既右饗之”。	有同上。羅云：“古右、有通用。”
震《時邁》“薄言震之”。	振同上。
庤《臣工》“庤乃錢鎛”。	偫同上。
功《武》“耆定爾功”。	公同上。
功《尚書・堯曲》“惟時亮天功”。	工
三十同上“三十徵庸”。	卅
邦《康誥》“趙我一二邦以修”。	國
敷《康誥》“往敷求于殷先哲王”。	傅此字石泐，似殘畫是“傅”字。
懋同上“維民其勑懋和”。	茂此字石泐，似殘畫是“茂”字。
宄同上“寇攘姦宄”。	軌凡“究”字當俱作“軌”。
伻《洛誥》“伻從王于周”。	辯凡“伻”“平”字當俱作“辯”。
享同上“四方其世享”。	亨
車《周易・賁》“捨車而徒”。	轝
蹇《蹇》“王臣蹇蹇”。	寋下“往寋”“大寋”同。
用《益》“利用攸往”。	有
笑《萃》“一握爲笑”。	芺凡“笑”字當俱作“芺”。
禴同上“孚乃利用禴”。	瀹
臲卼《困》“困于臲卼”。	劓劊
變《革》“大人虎變君子豹變”。	辯
形渥《鼎》“其形渥”。	刑剭
眚《震》“震行無眚”。	省
趾《艮》“艮其趾”。	止凡“趾”字當俱作“止”。
拯同上“不拯其隨”。	抍
鴻磐《漸》“鴻漸于磐”。	鳿般下九三“鳿”同。羅云：“鳿，本字；鴻，假字。”凡“鴻”字當俱作“鳿”。
衎同上“飲食衎衎”。	衍羅云：“衍、衎古音同部通用。”
妹《歸妹》“歸妹以娣”。	昧羅云：“古昧、妹通。”凡“妹”字當俱作“昧”。
跛同上“跛能履”。	柀
豐《豐》“亨”。	豊
資《旅》“得其資斧”。	齊
頻《巽》“頻巽”。	顛

喜《兑》"介疾有喜"。	憙
覩《文言》"聖人作而萬物覩"。	睹
弑同上"臣弑其君子弑其父"。	試此"試"字與《公羊傳》同。
暢同上"而暢於四支"。	暘羅云:"《説文》:'暘,不生也。从田昜聲。'段氏注:'今之暢,蓋即此字之隸變,石經乃正字也。'"
爻《説卦》"發揮於剛柔而生爻"。	肴凡"爻"字當俱作"肴"。
坤藏同上"坤以藏之"。	巛 臧凡"坤"字當俱作"巛","藏"字當俱作"臧"。
嚮同上"嚮明而治"。	鄉凡"嚮"字當俱作"鄉"。
坎同上"坎者水也"。	欿
光宅《書序》"光宅天下"。	廣度
戡黎同上"西伯戡黎"。	堪飢
吕刑同上"吕刑"。	甫荆
孫《春秋・莊公》"夫人孫于齊"。	遜凡"孫于"字當俱作"遜"。
薛同上"築臺于薛"。	蘖
弑《僖公》"晉里克弑其君卓子"。	殺後"弑"字俱作"殺",此經凡"弑"字當俱作"殺"。
曹同上"宋人伐曹"。	𣊫凡"曹"字當俱作"𣊫"。
二十同上"二十年"。	廿
莒《文公》"向戍奔莒"。	筥後"莒"字俱作"筥"。
鄫《成公》"鄫人盟于蜀"。	繒
堅同上"鄭伯堅卒"。	絙
帥同上"楚公子嬰齊帥師"。	率後"率""帥"同。凡"帥"字當俱作"率"。
蒲同上"晉弑其君"。	滿
段《襄公》"鄭公孫段"。	萬
招《昭公》"陳侯之弟招"。	柖
藏《公羊・文公》"用栗者何藏主也"。	臧
他同上"使若他人然"。	它
昧同上"此晉先昧也"。	眛
與同上"實與而文不與"。	予凡"與"字當俱作"予"。
是《宣公》"唯具是視"。	之
荷同上"有人荷畚"。	何羅云:"何、荷古今字。"凡"荷"字當俱作"何"。

於同上“拔劒於君所”。	于
涖《儀禮·士喪》“宗人受龜涖卜”。	莅凡“涖”字當俱作“莅”。
班《士虞》“明日以其班袝”。	胖
篚《鄉飲酒》“設篚于禁南”。	匪後“匪”字同。羅云:“《説文》:‘匪,似竹篚,从匚非聲。’又‘篚,車笭也,从竹匪聲。’是匪篚二字二義,石經作匪,乃本字本義也。”凡“篚”字當俱作“匪”。
厭介同上“賓厭介介厭衆賓”。	揖个
挩同上“坐挩手”。	帨
遵同上“遵者降席”。	撰
卻《鄉射》“坐横弓卻手”。	郤羅云:“郤,从阝,别構字。”
媵《大射》“公答媵爵者”。	騰凡“媵”字當俱作“騰”。
擯同上“賓擯于賓者”。	儐下“儐者告于公”同。凡“擯”字當俱作“儐”。
辯同上“大夫辯受酬”。	徧羅云:“徧爲本誼,辯乃假字。”凡“辯”字當俱作“徧”。
扑同上“去扑反襲位”。	朴
於《論語·里仁》“士志於道”。	乎
邦《先進》“唯求則非邦也與”。	國
安同上“安見方六七十”。	焉
情《微子》“身中情”。	清
括同上“伯括”。	栝
抑《子張》“抑末也”。	意
邦《季氏》“且在邦域之中矣”。	封此見校記。

以上新出殘字。

又如“不”作“丕”,“以”作“㕥”,“兮”作“亐”,“侯”作“矦”,“來”作“来”,“野”作“壄”,“壹”作“壷”,“桑”作“桒”,“庚”作“庚”,“嶽”作“獄”,“微”作“徵”,“寇”作“寇”,“龍”作“龍”,“飛”作“飛”,亦作“飛”。“吝”作“吝”,“惡”作“悪”,“明”作“明”,“考”作“考”,“罪”作“罪”,亦作“罪”。“罔”作“罔”,“寡”作“寡”,“肯”作“肎”,若此類者,皆今文習用之字,手民亦未能悉改者也。

此外諸家著録,如《尚書正義》引石經《堯典第一》,《釋文》引石經“聖人以此洗心”作“先”,“緑竹猗猗”作“薄”;《公羊解詁》引《大學》“辟雍人以爲菑”作“側”;王氏應麟《詩考》引石經“青青子衿”作“襟”;項氏安世《周易玩辭》引石經"雷電噬嗑"作"電雷";兹據以入録。又吕氏祖謙《讀詩記》載董氏即《東觀餘論》之董氏逌。説引石經異文,如"江有汜"作"洍","擊鼓其鏜"作"鼞","愛而不見"作"僾","芄蘭之支"作"枝","青青子衿"作"裣"、同王氏《詩考》。"挑兮撻兮"作"岦","摻摻女手"作"攕攕","徹彼桑土"作"杜","民之訛"言作"譌"。王氏昶疑爲據漢石經,馮氏登府云"於石經無所依據",兹亦未敢斷定,併存之以俟考。段氏玉裁云:"明人有爲《九經考異》《五經考異》者,其所援石經多不可信,如云'契'石經作'絜',《召誥》'則至于豐'作'即至于豐',《雒誥》'頒'作'攽',《多方》'胥伯'作'胥賦',《立政》'其勿以憸人'作'毋以譣人','在後之侗'作'在夏后之詷','黼裳'作'黼衣',皆或取諸《説文解字》,或取諸《尚書大傳》,而詭云石經以欺世。《顧命》漢石經'黼衣'誤謂'黼裳'之駁文,凡漢石經在《隸釋》之外者,多不可信。如楊用修引石經'婁婁彼有屋'本諸《玉篇》,非見石經也。"據此,則於前人所引用石經,亦有不能不審度者矣。

張氏參《五經文字》所引石經,臧氏琳云:東漢熹平四年所刻石經,自宋洪适《隸釋》、黄伯思《東觀餘論》所載外,遺文隻字,概未之見。唐張參《五經文字》嘗上列《説文》,下列石經,以相參校,雖不能如洪、黄兩家章句相連成文,然其辨别石經體畫頗真,且此爲唐人之書,論世在洪、黄之上,近時所刊《隸釋》《東觀餘論》,訛闕相仍,漸失真矣,耆古之士,欲於洪、黄兩家外,復睹中郎遺迹,則張氏之書,不可不讀也。併録如次:

木部　"冒地而生。從屮,下象根形。"今依石經省作"木"。凡字從木皆放此。新出石經作"木"同。

桃桃　上《説文》,下石經。凡字從兆者皆放此。

築築　上《説文》,下石經。新出石經作"築"同。

樀樀　上《説文》,從啻,下石經。凡"敵""滴""適"之類皆從商。新出石經作"商"同。

樓樓　上《説文》,下石經。

梈　《説文》作"橰",石經作"梈"。

手部　凡在左者,皆依石經作"扌"。新出石經作"扌"同。

指指　上《説文》,下石經。新出《魯詩》"旨"作"㫖","耆"作"耆"。

廾部,牆牆　上《説文》,下石經。《隸釋・論語》作"墻"。

米部,粲粲　上《説文》,下石經。案:《魯詩・唐國》"粲"者當作"粲"。

人部,僑　石經從喬。

彳部，得得　上《説文》，下石經。新出石經作“得”同。

復復　上《説文》，下石經。凡“蝮”“輹”之類皆從復。新出《魯詩》《儀禮》《春秋》《公羊傳》作“復”，《魯詩》又後記“覆”作“覆”。

御，從午從止從卩，石經作“御”。新出《魯詩》《周易》作“御”，又《九經文字》從午，下石泐。據“卸”字石經變“止”作“山”，似是作“御”。

辶部　《説文》作“辵”，從彳從止，今依石經作此“辶”。新出石經作“辶”“辶”。

迂　石經作“迂”。凡從于者皆仿此。

廴部　《説文》從彳引之。今依石經作“廴”。

宀部　害、憲從丰，石經省從士，從工者訛。《隸釋》仍作“憲”，似刊誤。

寡寡　上《説文》，下石經。新出石經作“寡”同。

寂寂　上《説文》，下石經。

宜宜　上《説文》，下石經。

月部，胄　從由下月。胄，裔字從肉。今依石經變“肉”作“月”，與“月”相類。

目部，睘睘　上《説文》，下石經。凡“還”“擐”之類皆從睘。

罒部　《説文》作“网”，今依石經作“罒”。凡從罒仿此。非從四，四從口中八，與罒不同。新出石經“置”“罡”“罪”“罰”同。

罰罰　上《説文》，下石經。

肉部　《説文》“肉”字在左右及下皆作“肉”，與“肉”同。今依石經變“肉”作“月”，偏傍從月者皆放此。新出石經從“月”同。

散散　上《説文》，下石經。《隸釋・尚書》作“散”。

月部，明朙明　上古文，中《説文》，下石經。新出石經作“明”同。

舟部，俞俞　上《説文》，從亼從舟從刂，下依石經變“舟”作“月”。新出《魯詩》作“月”，上泐。

朕朕　上石經，下經典相承隸省。凡“滕”“勝”之類皆從上字。《隸釋》石經作“朕”同。

《丹部》，青青。上《説文》，從生從丹，下石經。凡“清”“請”之類皆從青。新出石經“情”“静”“清”同。

魚部　《説文》作“魚”，今依石經作“魚”。新出石經作“魚”同。

卄部，蔵蔵　上《説文》，下石經。

荅荅　上《説文》,下石經。新出《儀禮》作"荅"。

薛薛　上《説文》,下石經。新出《春秋》作"薛",又"辛"作"辛","辭""辟""糵"、俱從辛。

廿部　"庶"作"庻"同。石經作"庶"。新出《周易》作"庶"。

竹部,篹篡　上《説文》,下石經。

革部,鞏鞏　上《説文》,下石經。

彡部,弱弱　上《説文》,下石經。凡字從弱者皆仿此。新出石經"溺"同。

髟部,長髮猋　猋,從長從彡,今依石經作"髟"。凡從髟者放此。

心部　《説文》作"𢗰",今依石經作"心",其在左者,經典相承隸省作"忄",又作"小"。新出石經俱作"𢗰"。

憝𢡟　上《説文》,下石經。

恐恐　上《説文》,下石經。

犬部　今依石經,凡在左者皆作"犭"。

言部,譱善　上《説文》,下石經。新出石經作"善"同。

阝部,郭郭　上《説文》,下石經。

卩部　《説文》作"卪",今依石經並省點。

卸,從午從止。御字從此,石經變"止"作"山"。

卿卿　上《説文》,從二節相對,下石經。新出石經作"卿"同。

𨸏部　今依石經作"阝"。新出石經作"阝"同。

陰陰　上《説文》,下石經。新出石經作"陰",又作"陰"。

刀部　今依石經作"刀"。凡字在右者皆省作"刂"。新出石經作"刂"。

斤部　"所",石經作"所"。新出石經作"所"同。

戈部,賊賊　上《説文》,下石經。新出《魯詩》作"賊"。

門部　從二户,今依石經作"門"。新出石經作"門"同。

内部,离　《説文》從中從禽省,今依石經作"离"。凡"摛""離"之類皆從离。

巛部,州,從重巛　今依石經作"州"。凡字從州者仿此。

水部,漑漑　上《説文》,下石經。

淳淳　上《説文》,下石經。

淑　石經從尗。

亼部,會會,從曾省　上《説文》,下石經。凡字從會者皆放此。新出石《詩》

作“會”同。“曾”“創”亦同。

舍舍　上《説文》,從中從口,下石經。新出《春秋》《公羊傳》作“舍”。

食部　《説文》從亼從皀,今依石經作“食”。凡字在左者又省一畫作“食”。凡從皀者“鄉”“既”之類皆同。新出石經作“食”同。“鄉”“既”亦同。

饁饁　上《説文》,下石經。

女部,婁婁　上《説文》,從毋從中從女,下石經。凡“數”“樓”之類皆仿此。新出《春秋》“婁”作“婁”,“膢”亦作“婁”。

幸部　《説文》從大從𢆉,今依石經作“幸”。新出石經“報”“𦔻”作“幸”同。

見部,覞　石經作“覞”。

夊部,夋夋　上《説文》,下石經。凡“駿”“峻”之類皆從夋。

夏复　從畐省,從夊。上《説文》,下石經。凡“復”“輹”之類皆從复。

憂憂　上《説文》,從頁從心夊,下石經。凡“櫌”之類皆從此。新出石經作“夏”,“優”亦作“優”。

攵部　《説文》作“攴”,從卜從又。今依石經作“攵”。新出石經作“攵”同。或作“攴”。

又部,叔尗　上《説文》,下石經。凡字從叔者皆仿此。新出石經作“尗”或“尗”。

書書　上《説文》,下石經。

橐部,橐囊　上《説文》,下石經。

一部,丕丕　上《説文》,下石經。《隸釋》作“丕”同。

北丘　上《説文》,從北下一,下石經。新出石經作“丠”。

黽部,黿黿　上《説文》,下石經。

歹部　《説文》作“歺”,今依石經作“歹”。新出石經作“歹”同。

日部,晉晉　上《説文》,下石經。新出石經作“晉”同。錢氏雙鉤本“晉”者何作“晉”,是僞本。

昔昔　上《説文》,下石經。

曰部,朁曹曺　上《説文》,中經典相承隸省,凡字從曹者皆仿此,下石經。新出《春秋》作“朁”,未知他經作“曺”否。

㫃部,旄　石經作“旄”。

虍部,虘虘　上《説文》,下石經。新出《論語》“虘”石泐,當同。

血部,盇盇　上《説文》,下石經。

孫氏愐《唐韻·上聲四十五·厚》云:"斗,《説文》作'㪷',石經作'斗'。"此亦據熹平石經。其他書中當尚有引用者,異日檢得,再續補入。

在石經以外諸家引用今文,《魯詩》如《柏舟》"以畜寡人",《釋文》"魯詩"。《牆有茨》"中冓之言",《漢書注》"魯詩"。《楊之水》"素衣朱綃",《儀禮注》"魯詩"。《澤陂》"陽如之何",《爾雅注》"魯詩"。《湛露》"和鸞雍雍",《後漢書注》"魯訓"。《十月之交》"閻妻扇方處",《漢書注》"魯詩"。《天保》"吉圭惟饎",《周禮正義》"三家詩"。《雨無正》"薰胥以鋪",《漢書注》"齊魯韓詩"。《都人士》首章,《禮記注》"三家則亡"。《嘉樂》"顯顯令德",《禮記正義》"齊魯韓"。《賚》"時周之命於繹思",《釋文》"齊魯韓詩"。《閟宫》"遂憮大東",《爾雅注》"齊魯韓詩"。《長發》"爲下國畷郵",《禮記正義》"齊魯韓詩"。《尚書·堯典》"宅嵎"禺"之誤。鐵,曰柳谷",《股庚》"憂"優"之誤。腎"賢"之誤。陽",《牧誓》"如虎如貔",《説文》歐陽喬説作"离",《文選注》歐陽《尚書》説作"螭"。《君奭》《甫刑》"臏宫劓割頭庶剠",《尚書正義》"夏侯等書"。《甫刑》"墨罰疑赦其罰百率",《周禮正義》"夏侯歐陽説"。《論語》《釋文》"鄭注魯讀某爲某"。併見敦煌唐寫本。此可確知爲《魯詩》、歐陽夏侯《尚書》、《魯論》者。又《尚書·堯典》"平章百姓"、《史記·五帝紀》索隱"今文作辨"。"宅嵎夷"、《夏紀》索隱"今文作禺鐵"。"舜讓于德弗嗣"、《五帝紀》集解"徐廣曰:今文作不怡",索隱同。"惟刑之恤哉"、《五帝紀》集解"徐廣曰:今文云謐哉"。《君奭》"割申勸寧王之德",《禮記注》"今博士讀爲厥亂"。《儀禮》《釋文》"鄭注今文某讀爲某",《周易》《釋文》"坤,本又作巛,巛今字也",衹知爲今文,未注明爲誰氏云云。《春秋公羊傳》則僅有異文而已。如《釋文》某本亦作某。兹於諸家明言爲誰氏者,及不知爲誰氏而明言爲今文者,悉據以入録。後此者,如《魯詩》《尚書》今文、《儀禮》今文、《周易》今文、《春秋公羊傳》異文、《魯論》,自王氏應麟爲《詩考》以後,前儒本此以搜遺輯佚,不下數十種,兹編文字,既以石經今文爲根據,併具録之。《周易》,《説文序》其稱孟氏《易》,皆古文也。孟氏立學官,當亦以今文寫定。康氏有爲云:"馬、鄭、荀爲費《易》適傳,而《説文》皆與之合,然則許慎皆用費《易》,其'孟'字特誤耳。"章氏炳麟説亦同。《春秋公羊傳》無言今古文者,其不同者,當是别本,未詳孰是,兹併存以待識别。邇者石經所得殘字,得此以証明者甚夥,如《魯詩·關雎》"逑"作"仇",《尚書·堯典》"功"作"工"。其亦有仍同今本,而於改本不盡符者,原本具在,自可互爲參稽,惟所改字,俱依前人所論,附詳圖説,未敢妄爲武斷也。

石經自《隋書·經籍志》云:"後魏之末,齊神武執政,自洛陽徙於鄴都,行至洛陽,值岸崩,遂没於水,其得至鄴者,不盈大半。"《封氏聞見記》同。議者每以經石没水，遂不復見於世。今考《魯詩》九碑，皆有新出殘字；《隸釋》殘字併在第四碑。《尚書》五碑，二碑有新出殘字，二碑有《隸釋》殘字。祇一碑未見殘字；《周易》四碑，二碑有新出殘字，祇二碑未見殘字；《春秋》四碑，三碑有新出殘字，祇一碑正見殘字；《公羊傳》六碑，三碑有新出殘字，一碑有《隸釋》殘字。祇二碑未見殘字；《儀禮》十五碑，十一碑有新出殘字，《隸釋》殘字併在第六、第十、第十四碑。祇四碑未見殘字；《論語》三碑均有新出殘字；《隸釋》殘字在第一碑。《後記》均係新出殘字。綜計全碑四十有八，未見殘字者僅十碑，新出殘字，又有未知何經及以後尚有陸續出土者，當或在此未見十碑以内。此其殘石均在洛陽，自是《洛陽記》《西征記》所云殘壞，馮熙、常伯夫相繼廢毁，自唐宋以迄今日，先後見於太學故址，則當日漢石之没於水者，有無不可知，即云有之，不過數碑而已。此可就所得殘字而考見之者也。

兹編據七經全文，益以校記、題名、後記。其新出殘字旁加◦，《隸釋》殘字旁加◎，《尚書正義》《釋文》《公羊解詁》、王氏《詩考》、項氏《周易玩辭》所引石經併加◎。諸家引用今文旁加・以誌之。每碑表裏面，以經文次第計面數，每經自左而右，復自右而左，此經書訖，再接他經。其書寫格式，每面依所排列行數，每行依各經所排列字數。篇題如新出《魯詩》低三格，《尚書》《儀禮》《論語》頂格，《周易》《春秋》《公羊傳》石經無之，姑頂格。《魯詩》經文後計字數，《論語》校記後有題名，他經當有之，未見殘字，併從蓋闕。至《魯詩》每章下有“其一”“其二”“其三”等字，每篇末章句下空格加・，《春秋》《公羊傳》每易年俱空格加・，《論語》每章首亦空格加・，《儀禮》每章、《公羊傳》每事兩字間俱加・，不空格，兹一一加入。後附圖説，標明行數，説石經者行上加◦，與石經有關者加・，以便檢閲。

新出殘字拓本，原名殘闕，萍鄉文氏、關中于氏《周易・文言》《説卦》上下截表裏二石，武進陶氏、上虞羅氏《儀禮・鄉飲酒》二石，不知誰氏《公羊傳・僖公》《成公》表裏一石，羅云：“合肥孔憲廷有拓本。”北京大學《後記》表裏一石，北海圖書館《後記》表裏一石外，大半二三字，多至十數字，或二三十字，有可以一二石合爲一石者，有可以十數石合爲一石者。如《魯詩・邶風》《公羊傳・宣公》。兹編據所有殘字，除自爲一石外，其一二石或十數石凡能合者，依每面每行，萃爲一幅，中間泐字，按漢建初尺分寸空闕之，悉照原拓景印，冀存其真，分别注明某面某行，圖中有◦處，即可檢查景本，某氏所藏亦附誌之。顧屢作屢輟，近家海若弟頗慫恿之，並相助以期具成，稍待時日，當再續印，俾與世之考漢石經者究其原也。

石經文字，非殘石無可左証，所據諸家改字，亦非殘石不能判其當否。自石經出土後，殘石無力購存，即拓本亦不易搜集，拓本得矣，而氈墨工劣，關繫於一筆一畫，及其上下兩旁餘石之廣狹，復往往不易辨識。今幸有集拓本並集拓本外零星拓本，得所依據，每於審核一字，動易數行，審核一行，動易數面，邇後殘字續出，所當更改者，更不知凡幾也。偶有疑難，輒請益於羅氏父子，稿十數易，始克麄成。匪云著作，竊冀世有同好者，補其罅漏，匡其訛誤，茲僅初稿，異時再訂定之，是則私衷所企禱者爾。漢熹平石經刊立後一千七百五十七年蒲圻張國淦識。

原載《國聞週報》

一九三一年第二十二期至一九三一年第四十四期（隔期刊登）

漢石經《魯詩·唐風》殘字跋

◯ 羅振玉

此石存"桼常"二字,平列,上有餘石,知爲每行之首一字也。"桼"字前一行存"不"字首畫少許,"常"下存旁注"其"字少許,"常"後一行存"食"字末筆少許,乃《唐風·鴇羽》"不能蓺稷黍"及"曷其有常"之殘字。前一行之"不"字乃《杕杜》"胡不佽焉",末行之"食"字乃"曷飲食之","常"下之"其"字乃"其七"之"其"也。以前曾見《杕杜》《鴇羽》殘字四行,曰"之杜"、曰"不"、曰"黍父"、曰"常其□鴇羽",與此殘字重複,故曩疑此非《鴇羽》文,今詳校二石,知此爲漢石原刻,彼乃後刻也。此刻書法寬博,與他殘字同;彼則書勢局促方峭。且此刻"桼"字,彼刻作"黍",考宋洪氏著録《魏風》殘字"碩鼠母食我黍"字正作"桼",與此爲一石,在此前十一行。又近出《魯詩》殘字《小雅·信南山》"黍稷彧彧"及《周頌·良耜》"其饟伊黍"之"黍"字,並書作"桼",从禾下木,雖爲別搆,然足證其不作"黍"。此彼爲後刻,此爲原刻之確證矣。漢季當魏晉代嬗,洛陽數被兵,此石必是經兵燹淪失後人爲之補刊。至補刻時代,以書迹驗之,正與今中州所出晉人墓誌同,殆出典午之世。《晉書·裴頠傳》載頠爲國子祭酒,奏修國學,刻石寫經。今晉石經未見一字出土者,意是奏修太學石刻諸經,史氏誤作寫經,重刻之石,或即頠所補耶? 至正始石經《尚書》古文中寫篆隸側注者,其書迹亦似出于晉代裴頠,殆兼修漢魏兩刻也。此雖于前籍無徵,以理驗之,當可信其不誣矣。辛未六月二日。

予既以書勢定原石及補刻,兒子福頤謂以前《集録》所收《大雅·抑》之殘字曰"萬民"、曰"爲則"四字,書勢亦局促;又《春秋·莊公廿九年》至《閔公二年》殘字曰"許"、曰"戎"、曰"于"三字,筆勢亦方峭,與後刻之《杕杜》《鴇羽》殘字尤酷效,此二殘石亦必爲補刻,驗之信然,爰附著之以告世之考石經者。

原載《松翁未焚稿》,《羅振玉學術論著集》第十集

漢熹平石經《周易》殘字跋

◯劉　節

近十餘年來漢石經出土者凡百數十石，皆文字殘蝕，在百字以上一石者已不多觀。萍鄉文氏素松，於民國十八年間得洛陽朱疙疸村所出之漢石經一方，計存字四百九十又六。碑陽二十行，自《下經・家人》至《歸妹》凡十八卦；碑陰十八行，兼《文言》《説卦》二傳，自來出土漢石經字數無多於此者。上虞羅叔言刊《漢熹平石經集録》，曾著之於篇；鄞縣馬叔平先生亦有所考定，文氏素松曾爲碑録及校讀表各一卷。然古今經本不同，字數或異，故諸家校記皆不相合。原此石出土分上下兩截，其上方歸之文氏。其下一石則三原于右任所藏：碑陽凡二十八行，自《家人》迄《小過》；碑陰二十五行，《繫辭》三行，《文言》十五行，《説卦》六行，共計存字二百六十又八；兩石相合，成三角形。自此二石出土之後，於是西充白氏所藏文言一石十五字，及閩縣陳氏所藏《豐卦》至《中孚》一石二十五字，皆有所附麗。（按之蒲圻張國淦《漢熹平石經碑圖》在第十二碑。）白氏《文言》一石在碑陰之右下方，陳氏一石在碑陽左上方。計是碑出土之四石，現分藏四家，共存八百餘字。兹就今本經文及《經典釋文》、李氏《集解》、《漢上易傳》、《録古周易》、《玩辭》諸書中考核所得，跋之如左：

碑　　圖

海寧王先生考漢石經，謂諸經大率每行七十三四字，横得三十餘字。今以一碑三十五行，行七十五字計，則每碑得二千六百二十五字。又漢、魏石經皆表裏刻字，則每碑得五千二百五十字，證之以後出土之漢石經，及諸家考訂所得，知先生之説實不可易。是石上方曾有諸家校記，相出入者甚多。兹更就于氏所藏之石，合其餘三家之石，并作碑圖，説明其行款於下：

碑陽二十八行

第一行：七十三字，存三十六；自第三十至五十六，文氏石；五十六至六十五，于氏石。

第二行：七十三字，存三十五；自第三十一至五十六，文氏石；五十六至六十五，于氏石。

第三行：七十二字，存三十三；自第三十三至五十六，文氏石；五十六至六十五，于氏石。

第四行：七十三字，存三十一；自第三十五至五十六，文氏石；五十六至六十五，于氏石。

第五行：七十三字，存三十；自第三十六至五十六，文氏石；五十六至六十五，于氏石。

第六行：七十四字，存二十九；自第三十七至五十六，文氏石；五十六至六十五，于氏石。

第七行：七十三字，存二十八；自第三十八至五十六，文氏石；五十六至六十五，于氏石。

第八行：七十三字，存二十六；自第四十至五十六，文氏石；五十六至六十五，于氏石。

第九行：七十四字，存二十五；自第四十一至五十六，文氏石；五十六至六十五，于氏石。

第十行：七十二字，存二十四；自第四十三至五十五，文氏石；五十五至六十六，于氏石。

第十一行：七十三字，存二十二；自第四十四至五十五，文氏石；五十五至六十五，于氏石。

第十二行：七十三字，存二十二；自第四十五至五十五，文氏石；五十五至六十六，于氏石。

第十三行：七十三字，存二十；自第四十七至五十五，文氏石；五十五至六十六，于氏石。

第十四行：七十五字，存十九；自第四十八至五十五，文氏石；五十五至六十六，于氏石。

第十五行：七十三字，存十八；自第四十九至五十五，文氏石；五十五至六十六，于氏石。

第十六行：七十三字，存十七；自第五十至五十五，文氏石；五十五至六十六，于氏石。

第十七行：七十三字，存十七；自第五十一至五十五，文氏石；五十五至六十七，于氏石。

第十八行：七十三字，存十六；自第五十二至五十五，文氏石；五十五至六十七，于氏石。

第十九行：七十三字，存十四；自第五十四至五十五，文氏石；五十五至六十七，于氏石。

第二十行：七十三字，存十四；第五十五，文氏石；自第五十五至六十八，于氏石。

第二十一行：七十三字，存十二；第五十七至六十八，于氏石。

第二十二行：七十三字，存十五；自第四十四至四十七，陳氏石；五十八至六十八，于氏石。

第二十三行：七十三字，存十字；自第四十五至四十七，陳氏石；六十至六十六，于氏石。

第二十四行：七十三字，存九字；自第四十五至四十八，陳氏石；六十三至六十七，于氏石。

第二十五行：七十二字，存九字；自第四十五至四十八，陳氏石；六十四至六十八，于氏石。

第二十六行：七十三字，存九字；自第四十四至四十八，陳氏石；六十五至六十八，于氏石。

第二十七行：七十三字，存六字；自第四十五至四十八，陳氏石；六十六至六十七，于氏石。

第二十八行：七十三字，存二字；第四十五，陳氏石；第六十六，于氏石。

碑陰二十五行

第一行：七十四字，存三字；自第六十四至六十六，于氏石。

第二行：七十三字，存五字；自第六十二至六十六，于氏石。

第三行：十九字，缺。

第四行：二字，缺。

第五行：七十二字，存九字；自第五十八至六十六，于氏石。

第六行：七十三字，存十一字；自第五十六至六十六，于氏石。

第七行：七十四字，存十二字；自第五十六至六十六，于氏石。

第八行：七十一字，存十四字；第五十三，文氏石；自第五十五至六十七，于氏石。

第九行：七十一字，存十六字；自第五十二至五十三，文氏石；五十四至六十六，于氏石；第七十，白氏石。

第十行：七十二字，存十八；自第五十一至五十三，文氏石；五十四至六十五，于氏石；六十九至七十一，白氏石。

第十一行：七十三字，存二十一；自第四十九至五十三，文氏石；五十四至六十五，于氏石；六十八至七十一，白氏石。

第十二行：七十四字，存二十三；自第四十八至五十三，文氏石；五十四至六十五，于氏石；六十七至七十一，白氏石。

第十三行：七十三字，存二十；自第四十七至五十四，文氏石；五十五至六十五，于氏石；六十八，白氏石。

第十四行：七十三字，存二十；自第四十六至五十四，文氏石；五十五至六十五，于氏石。

第十五行：七十二字，存二十二；自第四十四至五十四，文氏石；五十五至六十五，于氏石。

第十六行：七十二字，存二十三；自第四十二至五十四，文氏石；五十五至六十四，于氏石。

第十七行：七十三字，存二十四；自第四十一至五十四，文氏石；五十五至六十四，于氏石。

第十八行：七十一字，存二十五；自第四十至五十四，文氏石；五十五至六十四，于氏石。

第十九行：三十七字，缺。

第二十行：二字，缺。

第二十一行：七十四字，存二十九；自第三十六至五十四，文氏石；五十五至六十四，于氏石。

第二十二行：七十四字，存三十一；自第三十四至五十四，文氏石；五十五至六十四，于氏石。

第二十三行：七十三字，存三十三；自第三十二至五十四，文氏石；五十五至六十四，于氏石。

第二十四行：八十字，存三十三；自第三十一至五十四，文氏石；五十五至六十三，于氏石。

第二十五行：七十三字，存三十一；自第三十一至五十四，文氏石；五十五至六十一，于氏石。

上列碑圖説明二則：碑陽二十八行中，大率以七十三字上下爲度；碑陰二十五行中，以今本經文校之，參差殊甚。其中第二十四行，多至八十字；第十一行，以今本核之，實僅七十字，因得白氏《文言》一石，知“亢”字爲第十行最末一字，則十一行中缺三字，以是知此行古本必多三字。《説卦》章節亦與今本不同，今本“窮理盡性以至於命”爲一章，石經連下；今本“蓋取諸此也”連下，石經止此爲一章；因是可推知《文言》二傳之文句章節，必有與今本不同者矣。

校　　記

馬叔平先生《漢熹平石經周易殘字跋》謂石經所據者乃京氏《易》，證之于氏一石，其説可信。然今古文學經本之異同，後世難以校理。海寧王先生考漢時古文本諸經，知當時古文本諸經傳寫之本各不同。況今文經爲漢代最流行之典籍，其傳寫本之多，恐在古文本諸經之上。傳寫既多，文字不能無異同，浸假今古文經本之特點淆亂而不分矣。其間文字異同之故，同聲假借一理足以盡之；則所傳今古文經本文字之異同，不足以當兩家經本之真面目可知矣。今以于氏之石合三家所藏者考之，大抵以今文經爲本，然亦有與今文經不同，而與古文經相同者，臚舉之如次：

嘻嘻　《家人》九三：“婦子嘻嘻。”朱震《漢上易傳》引京氏《易》正作“嘻嘻”，石經同。《釋文》曰：“陸績本作喜喜。”

吝　《家人》九三“終吝”，《解》六三“貞吝”，石經皆作“吝”。《五經文字》曰：“作厺非。”《廣韻・二十一震》：“吝俗作厺。”唐紀國陸妃碑：“由是動悔無厺”，字皆從漢隸“吝”字出。變“文”爲“乂”，變“口”爲“厶”，此六朝以後別體，至唐初始釐定。《釋文》於《説卦》“爲吝”下曰“京作遴”；《説文》辵部“遴”下引《易》曰“以往遴”，而口部“吝”下引《易》作“以往吝”；《汗簡》“吝”本作“遴”，《易經》古文；《漢書・王莽傳》“性實遴嗇”，顔師古曰：“遴讀與吝同。”《廣雅》：

“遴，蹬也。”知當時“遴”“吝”實相通。

蹇　《蹇卦》之“蹇”，石經皆作“蹇”。桓範《政要論·諫爭篇》引《易》曰：“王臣謇謇。”（《群書治要》引）漢梁相費汎碑“蹇鄂質直”，熊君碑“臨朝蹇鄂”，義皆作“謇”；衡方碑“謇謇王臣”，張表碑“謇謇匪躬”，北軍中侯郭仲奇碑“謇謇衎衎”，太尉楊震碑“謇謇其直”，皆用《易》義；足證漢碑“謇”“蹇”“蹇”三字通用。《爾雅·釋樂》“徒鼓磬謂之蹇”，《釋文》曰：“蹇，本或作謇，字同；或作蹇字，非。”證之漢石，其說未確。

拇　《解》九四“解而拇，朋至斯孚”，荀、虞本作“母”，石經與今本同。

用　《益卦》“利有攸往”，石經作“利用攸往”。《易》有“利有”與“利用”一辭。如“利用享祀”“利用禦寇”“利用賓于王”“利用爲大作”；與“利有攸往”，或“有攸往”之義不同。蓋“用”與“有”相通者，雙聲之故也。

次且　《夬》九四，《姤》九三“臀无膚，其行次且”，《新序·雜事》篇引《易》作“臀無膚，其行趑趄”；《集解》引虞氏作“次且”。晁説之《録古周易》曰：“次且，古文。”《釋文》曰：“馬融本作次且。”“次”本亦作“趑”，或作“跌”；鄭及《説文》引作“趀”；馬鄭同爲古文，不相謀，而與石經同。亦足證今古文經本並無絶對分別。

宇　《夬》九四“牽羊悔无。”石經與今本同；《釋文》曰：“子夏傳作掔。”晁氏曰：“掔，古文。”節案：《子夏傳》，《漢志》不箸録，劉向謂“《易傳》子夏，韓嬰氏也”，荀勗《中經簿》曰：“或云丁寬所作。”則是書西漢有傳本，於今文家爲近。《干禄字書》曰：“㸫，俗牽字”；《成陽令唐扶頌》作𤛓，《魏温泉頌》作𤚤，足見石經字體爲六朝别字之源。

包　《姤》九二“包有魚。”項安世《玩辭》引子夏《易傳》作“苞有魚”，引丁寬《易傳》作“苞有魚”，《釋文》曰：“本亦作庖，同白交反，鄭百交反，虞云：白茅苞之，荀作胞。”然則石經作“包”，與鄭義合，與丁氏不合矣。

厲无大咎　《姤》九三“厲无大咎。”石經與今本同，常熟瞿氏所藏北宋本作“厲无咎”。

芺　《萃卦》初六“一握爲笑。”石經作“芺”，《説文》無此字。然口部“咥”下曰：“大笑也”，“啞”下曰：“笑也”，“噱”下曰：“大笑也”；欠部“欣”下曰：“喜笑也”，“欪”下曰：“含笑也”；又引《詩》曰：“咥其笑矣”，引《易》曰：“笑言啞啞”，其於注中可謂屢見，段注定从竹从犬。《玉篇》竹部亦作“笑”；《五經文字》力尊《説文》者也，亦作“笑”，喜也；《九經字樣》始先“笑”後“笑”，引楊承慶

《字統異説》云“从竹从夭，竹爲樂器，君子樂然後笑”；大徐本《説文》曰：“臣鉉等案孫愐《唐韻》引《説文》云：‘笑喜也，从竹从夭’，而不述其義，今俗皆从犬。又按李陽冰刊定《説文》，從竹從夭，義云：‘竹得風，其體，夭屈如人之笑’，未知其審。”節按：楊承慶、李陽冰、徐鉉三説雖不可通，而“笑”字實从竹从夭。漢隸艸、竹兩部甚混，故字亦从艸从夭。《説文》草部有“芺”字，“芺，艸也，味苦，江南食以下氣”。高田忠周《古籀篇》曰：“小篆或作，隸變因與犬混，故漢王政碑時言芺樂，作关，《漢書》省作关，俗又加口作咲。”《干禄字書》曰“咲”通“笑”，其説甚諦。考古書“笑”字又有借“媄”字爲之。《説文》女部：“媄，巧也；一曰女子笑貌。”《詩》“桃之媄媄”从女芺聲。《大戴記》：“子女專曰媄。”木部“枖”下亦引“桃之枖枖”，而毛《詩》作“夭”。是“媄”與“夭”“枖”實通。然則“笑”之从夭，聲義概从“媄”出，故从夭之字皆有柔順美巧壯佼之義。《廣雅·釋訓》：“妖，巧也。”三蒼：“妖，妍也。”又“沃”字有饒衍之義。《書·説命》曰：“啓乃心，沃朕心。”《詩·氓》“其葉沃若”，傳曰：“猶沃沃然。”《隰桑》“其葉有沃”，傳云：“柔也。”《隰有萇楚》“夭之沃沃”，傳：“壯佼也。”則“笑”之本字，其初當作“夭”，然後有“芺”“媄”“笑”諸體。至於漢魏以後，又有作“唉”者。東魏李仲璇修孔廟碑“微唉而□言”，北周寶泰寺碑“唉敬叔之言”，隋陳叔毅修孔廟碑“俯唉陶瀶”，唐孔子廟堂碑“哯爾微唉”，《詩》“嘘浪笑傲”，《釋文》曰：“本又作唉，俗字也。”《廣韻》《集韻》俱以“唉”爲“笑”之俗體。因隸書“笑”字从犬从艸之誤，而楊、李諸家又不得从夭之義，故闡明其底蘊如此。

引　《萃卦》六二“引吉，无咎：孚乃利用禴”，“引吉”，石經作“引吉”。按漢隸“引”字，劉修碑作“引”，丁魴碑作“引”，陳球碑作“引”。《廣韻》《隸釋》并云：“弘同引”；然“引吉”實不辭，應作“弘吉”。殷虚文字有“大吉”“弘吉”之文；書契前編卷五；有合書者，作（第十五葉）；（第六葉），（第十五葉）；偶有分書者，作（卷二第二十二葉）；上官登亦有之文，羅叔言釋爲“弘吉”，則“弘吉”之誤爲“引吉”，顯然在隸變之間。“弘吉”亦大吉之意。《爾雅·釋詁》：“弦，大也。”《書·顧命》：“弘璧。”《詩·南山》：“喪亂弘多。”皆廣大之意。字从弓，厶聲；厶，古文肱字。“弦”“肱”“厶”皆同字。ㄙ，即厶之反文。字在古金文有二體：毛公鼎作，《書》弘觥作，小篆作，故隸變與引混，傳寫易經者因而致誤。其一體則从，如穆公鼎作，父乙鼎作，𥁕弘卣作，隸變後如孔龢、史晨、曹全諸碑并作“弜”，孔彪碑及華山廟碑則作“弘”。於是説者謂隸體"弘""引"二字截然有别矣，其實不然。

允　《升卦》初六"允升，大吉。"朱震《漢上易傳》引施、孟章句作，而《說文》及汗簡引古《周易》亦作，今石經作"允"，與今本同，與施、孟不合矣。

瀹　《升》九二"乃利用禴，无咎"，石經作"乃利瀹"，少"用"字；"禴"作"瀹"，《易·萃卦》釋文："禴，劉本作𤓰，蜀才作躍。"《易·既濟》九五"不如西鄰之禴祭"，《漢書·五行志》作"西鄰之瀹祭"。注曰："瀹祭，謂瀹煮新菜以祭。"《詩·天保》"禴祀蒸嘗"，《禮記·王制》鄭注引作"汋祀烝嘗"；《爾雅·釋天》"夏祭曰礿"，《釋文》："本或作禴。"字亦作鬻，《說文》曰："鬻，内肉及菜湯中薄出之，从䰜，翟聲。"石經作"瀹"，於古文爲近。

亨　《困》九二"利用亨祀。"亨，石經作"亯"。唐石經作"享"。《釋文》："荀氏許兩反。"《大有》九三"公用亨于天子"，《釋文》："亨，獻也，京本作享。"《隨》上六"王用亨于西山"，《釋文》："亨，祭也。京、虞、陸績並同。"《升》九四"王用亨于岐山"，《釋文》："馬、鄭、王肅作享。荀氏許兩反。"據此今古文本《周易》"亨祀"亦有作"享祀"者，故京、虞、馬、鄭、王肅並同，則"亨祀"之字兩漢經本作"享"者多。然漢張公神碑"元亨利貞"，《漢隸字原》云："義當作亨。"又劉熊碑"子孫亨之"，義當作"享"。此風至唐猶然。《唐奉先寺像龕記》"粤以咸亨三年"，張阿難碑"咸亨二年"，皆以"享"字作。則大體言之，似漢以來，凡"元亨"字皆作"享"，"子孫享之"之類，而又作"亨"。考之殷周古器物，實惟"亯"字。在甲骨文字作。古銅器中"用亯""孝亯"諸字，如亯敦作，父乙殘敦作。由是演變者：如白者君盤作，豐兮敦作，郘公華鐘作，魯侯敦作，虢季氏敦作，至小篆變而爲，或作，因而隸變有"享""亨"二體。其字在《說文》曰："从高省；曰，象進熟物形。"从高省之說，必不可通。其字最初作，說者謂宗廟形，亦以後起之制解初文。其字實與"皀"同。《說文》"又讀若香"，實即"亯"字，其爲飲食祭獻之事，則毫無疑義。考此字本義爲獻物之意，而後引申爲烹調之義，更引申爲亨，作嘉會之義。故其字有"許兩""許庚""普更"三音，以許兩切爲最古。在古金文中未有作嘉會之義者。《詩·天保》"是用孝享"，《楚茨》"以享以祀"，《烈祖》"以假以享"，《殷武》"莫敢不來享"，《書洛誥》"汝其敬識百辟享"；其他如"以征不享""克享天心""百辟來享"，皆享祭一義之引申。《儀禮》用之皆作"饗"。作"烹"字義者，如《詩·楚茨》"或剥或亨"，《瓠葉》"采之亨之"，《匪風》"誰能亨魚"，《儀禮·郊特牲》"亨

于門東方”。至於嘉會之義，卦辭以外，始見于《國語》及《春秋左氏傳》。戰國以後，此義日彰，至於漢代，“享”與“亨”二體常相混淆，故易“享祀”之字，又有作“亨”者矣。

劓劊　《困》上六“困于葛藟，于臲卼”，石經作“劓劊”。馬叔平先生所考甚確。《釋文・困》九五“劓刖”下云：“王肅本作臲卼，云不安貌，陸同；鄭云：劓刖當爲倪仉，京作劓劊。”于上六“劓卼”下云：“臲，五結反；王肅妍結反；《説文》作劓，牛列反，薛同；𣂚，五骨反，又音月，《説文》作𣂚；云𣂚，不安也，薛又作杌，字同。”按：《説文》“劓”之重文爲“劓”。又刀部“劊，斷也；刖，絶也”，其義亦同。“劊”“刖”，古音同屬泰部；故“劓劊”即“劓劊”。則今本與古文同，而石經與京本合也。

洌　《井》九五“洌寒泉食”，石經與今本同，《説文》引作“洌”。

辯　《革》九五“大人虎變”，上六“君子豹變”，石經“變”皆作“辯”。晁説之《録古周易》云：“變京作辨，下同。”《釋文・易・坤》“由辯”下云：“荀作變。”《潛夫論》所引同。足證石經从京本，然古書“辯”與“變”常通。《禮運》“大夫死宗廟，謂之變”，注云：“變當爲辯。”《孟子》“則不辨禮義而受之”，音義引丁云：“辨本作變。”《莊子・逍遥遊》“而御六氣之辯”，《釋文》：“本又作變。”《楚辭・九辯》王注云：“辯者，變也。”《廣雅・釋詁》：“辯，變也。”是其義相通矣。

餗　《鼎》九四“覆公餗”，《釋文》：“馬本餗作鬻。”金文有宋公緣餗鼎，餗鼎即鬻鼎。

刑剭　《鼎》九四“其形渥”，石經作“刑剭”，《漢紀》十二，《武帝紀》論引作“刑剭”。晁氏曰：“形渥，九家、京、虞並作刑剭。”鄭“渥”作“剭”，石經从京本。

省　《震》六三“震行無眚”，石經作省，與今本異。經傳中“省”“眚”，常相通。《書・盤庚》“惟干戈省厥躬”，《釋文》：“本作眚。”《周禮・大宗伯》“省牲鑊”，《釋文》：“省，本作眚。”《書・洪範》“王省惟歲”，《史記・宋世家》引作“王眚惟歲”，《書・康誥》“人有小罪非眚”，《釋文》本作“省”。

止　《艮》初六“艮其趾”，石經作“止”，《釋文》云：“荀作止。”“止”與“趾”，蓋古今字。

腓　《艮》六二“艮其腓”，石經作“腓”，與今本同；《釋文》並云：“又作肥。”與《咸卦》同。

抍　《艮》六二：“不拯。”子夏、丁氏《易傳》並作“抍”。《漢上易傳》曰：“馬融本作不抍其隨。”《釋文》作：“承，舉也。”顧炎武《金石文字記》：“博陵太守孔彪碑，其文云‘抍馬者’；《易・明夷》《涣》皆云‘用拯馬壯吉’。拯字，《子夏傳》《説文》《字林》並作抍，音升，一音承，上舉也。漢時所傳如此，而今作拯者，唐開成以後所定也。”

般　《漸》六二“鴻漸于磐”，石經作“般”，與今本異。晁氏曰：“磐，《漢書・郊祀志》作般。孟康曰：‘般，水涯堆也。’説之案：般古文。”《經義述聞》曰：“許氏《説文》稱《易》孟氏，古文也。而其書有般無磐，則古文《周易》作般，不作磐，可知。”節案：《屯》初六“磐桓，利居貞。”漢仲秋下旬碑作“般”，《釋文》云：“本亦作盤。”《尚書・盤庚》，石經作“般”。然則“般”之通“磐”，不限今古文。

衎衎　《漸》六二“飲食衎衎”，石經作“衎衎”，《廣雅・釋詁》：“衎，廣也。”《釋文》引馬注“飲食饒衍也”。“衎”與“衍”，義自相通。

歸眛　歸妹，石經作“歸眛”。《釋名・釋親屬》：“妹，眛也；猶日始入，歷時少，尚眛也。”《易略例》“明微，故見眛”，《釋文》：“眛本作妹，又作沬。”足證經傳“眛”“妹”本亦相通。

豊　《豐卦》，石經作豊。按《易・豐卦》釋文云：“依字作豐，若曲下作豆，禮字耳，非也，世人亂之久矣。”節案：漢碑“豐”字多作“豊”。淮源廟碑“年穀豐殖”，作“豐”；漢魯相史晨祠孔廟奏銘“以祈豐穰”，《隸釋》曰：“豊，即豐。”他如西嶽華山廟碑“禋祀豊備”，酸棗令劉熊碑“□□□豊”，夏承碑“名豊其曆”，自六朝以迄隋唐，此體始得辨正。《説文》引《易》作“豐”。

躋九陵　《震》九二“躋于九陵”，石經少“于”字。

齊斧　《旅》九四“得其資斧”，石經作“齊斧”，與今本異。《釋文》：“得其資斧，《子夏傳》及諸家並作齊斧。”漢太尉橋公碑，蔡邕黄鉞銘“齊斧罔設”，並與石經同。

憙　《兑》九四“介疾有喜”，石經作“憙”，古“喜”字亦作“憙”。《説文》：“憙，説也。”漢鏡銘“有憙宜酒食”，劉寬碑陰“河東郡聞憙”，韓仁銘“前在聞憙”，班氏《地理志》、司馬氏《郡國志》並作“聞喜”。漢元初三公山碑“神憙其位”，漢孔宙碑“逢祈字伯憙”，《史記・周本紀》“無不欣憙”。《漢書・郊祀志》“天子心獨憙”，顔師古讀“憙”爲“喜”。石經與漢碑同。

碑陰二十五行中與今本不同者凡十數處。兹列其與今本不同者如次：

耶　《文言》“上下无常，非爲邪也。”石經作“耶”。《乾卦》上九王注：“則佞邪之道也。”《釋文》云：“邪字又作耶，似嗟反。”漢碑皆如此，史晨孔廟後碑凡"邪"皆作"耶"。綏民校尉熊君碑"厲志疾䣊",戚伯著碑"著横遇䣊",《隸釋》皆以爲"邪"字。

亢　白氏所藏《文言》一石"亢龍"與今本同。《説文》《汗簡》引孟喜並作"忼"。

起　《文言》"聖人作而萬物覩",《釋文》曰:"馬融本作聖人起。"石經與今本同。

愚人　《釋文》云:"《文言》'知得而不知喪,其爲聖人乎',王肅本作愚人。"節案:作"愚人"是。石經與今本同。

試　《文言》"臣弑其君,子弑其父",石經作"試"。《隸釋》所著録之《公羊》殘碑:"何以不書葬? 隱之也;何隱爾? 弑也。"字亦作"試"。《釋文》曰:"本又作殺。"《公羊隱公四年傳》注曰:"弑者,殺也。"《左氏隱公四年經》釋文:"弑本又作殺。"《漢書·五行志》注云:"殺亦讀曰弑,古字通。"《白虎通·誅伐篇》曰:"弑者,試也;欲言臣子之殺其君父,不敢卒;候閒司事,可稍稍弑之。"《荀子·議兵篇》:"威厲而不試。"《鹽鐵論》作"威厲而不殺",足證"弑""試""殺"古籍並通。

美在中　《文言》"美在其中",石經少"其"字。

而　《文言》"含之以從王事",石經"以"作"而"。王念孫曰:"而猶以也。"楊倞注《荀子·彊國篇》曰:"而往,猶已上也。""已"與"以"同,凡書傳中言"而上""而下","而前""而後"者,皆放此。故《繫辭傳》"上古結繩而治",《論衡·齊世篇》引"而"作"以";《左傳·襄公十一年》"和諸戎狄以正諸華",《晉語》"以"作"而";《魏策》"無河山以闌之,無周韓以間之";《史記·魏世家》"以"作"而"。

肴　《説卦》"發揮於剛柔而生爻",石經作"肴"。漢博陵太守孔彪碑"揆肴繫辭",義正作"爻"。

畫　《説卦》:"故易六位而成章",石經位作"畫","章"下多"也"字,自成一節,與今本異。《釋文》曰:"本又作六畫。"與今本異。

巛　坤石經皆作巛,漢碑類此。樊毅修華嶽廟碑"巛靈既定",與石經同。他如孔龢碑"則象乾巛",堯廟碑"乾川見徵",史晨奏銘"乾巛所挺",衡方碑"威肅剥巛",郙閣頌"巛兑之間",魏孔廟碑"崇祀乾巛",造橋碑"乾巛垂極",西嶽華山碑,"乾巛定位",司隸校尉碑、石門頌"惟巛靈定位",足證漢碑中未有作"坤"者。王引之曰:"坤之作巛者,乃借用川字。"《經典釋文》云:"坤本又作巛。巛,今字也。”錢玄同先生以爲漢時今文《易》必作𡿨;而《漢志》所謂古文《易》,必作“坤”,其説可信。《説文》所引多古文,其在上部“坤”下云:“坤,地也;易之卦也;从土,从申,土位在申。”是“乾坤”字正當作“坤”也。

鄉　《説卦》:“嚮明而治”,石經“嚮”作“鄉”。漢曹全碑兩用此文,均作“鄉”;古書“向”“鄉”“嚮”並通用。《易・隨卦》“嚮晦”,《釋文》:“嚮本作向。”僖公二十一年《左氏傳》“其面上嚮”,《釋文》:“嚮本作向。”《詩・摽梅》箋“此夏鄉晚”,《釋文》:“鄉本作向。”《論語・季氏》集解“顔色所趣鄉”,《釋文》:“鄉本作向。”《詩・斯干》傳“西鄉”,《釋文》:“鄉本作嚮。”《禮記・坊記》注“汝嚮卜筮”,《釋文》:“嚮本作鄉。”《儀禮・士冠禮》注“俱升立相鄉”,《釋文》:“鄉本作嚮。”《易・隨卦》“嚮晦”,《釋文》曰:“王肅本作鄉。”是古文作“鄉”也。

欿　《坎卦》,石經作“欿”。《釋文》曰“坎京本作欿”,劉表章句同。《詩》“坎坎伐輪兮”,石經《魯詩》作“欿”。“欿”又與“埳”“坎”同。《爾雅・釋言》釋文並云:“坎本作埳。”《易・説卦傳》曰:“坎,陷也。”《廣雅・釋詁》:“埳,陷也。”則“坎”“埳”“欿”三字並通用矣。

經　本

校讀石經於異文異義之外,不能不考求其經本之流變。錢玄同先生所跋,於《周易》之篇次,已詳爲考論,而於經本原流,未能深究,特附及之。漢石經所據經本,乃西漢以來立於學官今文博士所授之本,此前人所公認之定論也。自宋洪适《隸釋》以來所出土之漢石經,可考知其七經皆有校記。《詩》用魯氏之本,而兼存齊、韓二家;《公羊》用嚴氏之本,而兼存顔氏;《論語》校記有包、周,及盍、毛、包、周語,是亦用某氏本爲主,而兼存盍、毛、包、周之異同也。按後漢博士十四人。《易》有施、孟、梁丘、京氏四家,《書》有歐陽、大小夏侯三家,《詩》有齊、魯、韓三家,《禮》有大小戴二家,《春秋公羊》有嚴、顔二家。則《易》於四家之中必主其一。馬叔平先生因石經“坎”作“欿”,“劓刖”作“劓劊”,與京氏同,斷定石經《周易》乃用京氏之本。今以于氏此石考之,《家人》九三“嘻嘻”與京氏同,《萃》九五“大人虎辯,君子豹辯”,及《鼎》九四“其刑剭”,皆與京本同,則馬先生之説可爲定讞。且西漢傳《易》之家,施、孟、梁丘爲最早;京氏出於孟氏,自成一家;此外見於《漢志》者,有:中古文本及費、高二氏本。其間變遷之迹有關學術源流者,並論之如次:

施、孟、梁丘本　《易》今文經也。三家同出丁寬，寬從田何受《易》，具見《儒林傳》。其見於《漢志》者：《易傳》周氏二篇、服氏二篇、楊氏二篇、蔡公二篇、王氏二篇、丁氏八篇，皆从今文出；又韓氏二篇，亦今文經。《漢書・儒林傳》曰："韓嬰推《易》意，而爲之傳，《韓詩》不如韓氏《易》深。"《蓋寬饒傳》曰："蓋寬饒封事引韓氏《易傳》，言五帝官天下，三王家天下。"《經典釋文叙録》引劉歆《七略》云："漢興，韓嬰傳《易》。"嬰字子夏，後人不察，以爲卜子夏。故《經典釋文》《隋書・經籍志》皆有《子夏傳》。《唐會要》引王儉《七志》曰："《易傳》子夏，韓氏嬰也。"《册府元龜》引荀勗《中經簿》曰："《子夏易傳》四卷，或云丁寬作。"《唐會要》引阮孝緒《七録》曰："《子夏易》六卷，或云韓嬰作，或云丁寬作。"其書在《漢志》凡二篇，而隋唐間有二卷、三卷、四卷，以至有六卷之説，作者有子夏、韓嬰、丁寬三家之異，自當以漢人之説爲最可信。韓氏《詩》屬今文。况荀、阮，皆得見丁、韓二氏書，其傳《易》近三家可知，則韓《傳》二卷，乃據今文經本也。

京氏本　《漢書・京房傳》："房本姓李，吹律自定爲京氏。"《漢志》列《孟氏京房》十一篇，《災異孟氏京房》六十六篇，五鹿充宗《略説》三篇，《京氏段嘉》十二篇；《隋志》《京氏章句》十卷（王鳴盛《蛾術編》疑此爲僞作），又有《占候》十種，凡七十三卷；至《唐書・藝文志》僅存《京氏章句》十卷，及《占候》五種而已。《釋文》引阮孝緒《七録》，京房《章句》而外，又有《雜録》一卷，可知京房一家於易學最爲鉅觀。京房之學出於孟喜。劉向校書考《易》説，以爲諸家皆祖田何、楊叔、丁將軍，大誼略同，唯京氏爲異黨，焦延壽獨得隱士之説，托之孟氏，不相與同。《東觀漢記》言沛國獻王輔善京氏《易》，好言災異。嚴可均《鐵橋漫稿・京氏易叙》："孟喜受易陰陽家，立十二月辟卦，其説本於氣，以準天時，明人事，授之焦贛；焦贛又得隱士説，五行消復，授之京房；京房兼而用之，長於災變，布六十四卦，於一歲之中，卦直六日七分，迭更用事，以風雨寒温爲候，各有占驗，獨成一家。"孟京之不同如此，顯見孟氏出陰陽五行家，爲今文之學，至於後漢古文家，善論災異讖緯，則京房之學實與接近。嚴氏謂："《漢志》：《易經》十二篇，施、孟、梁丘三家。不言京者，承孟小異大同，故舉孟可包京也。"其實不然，《漢志》於《易經》十二篇施、孟、梁丘而外，復有章句，施、孟、梁丘各二篇，及《孟氏京房》十一篇。孟氏經本與京氏自有不同，《孟氏京房》十一篇，應作十二篇，此京氏所傳孟氏《易》，爲孝元以來立於學官，後漢古文家所公用之本也。故許慎《説文解字叙》曰："其稱《易》，孟氏；

《書》,孔氏;《詩》,毛氏;《禮》,周官;《春秋》,左氏;《論語》《孝經》皆古文也。”孟氏之非古文,學者所共知,其所謂古文,實京房所傳之孟氏易也。此段玉裁以迄海寧王先生所未决之問題,並於是論之。

中古文本　中古文之説,自龔自珍以迄崔適,皆謂劉歆所僞作,故獨與絶無師承之費直相同,而不與施、孟、梁丘同。劉師培謂:“《易》之有中古文,與費氏同,或係魯壁及河間所得,獻之秘府,爲《漢書》所缺記,非劉歆所僞作也。”至海寧王先生,始折衷其説曰:“考《漢書·藝文志》,劉向以中古文《易經》校施、孟、梁丘經,或脱去‘旡咎悔亡’,惟費氏經與古文同。案《七略》但云:‘《易經》十二篇,施、孟、梁丘三家。’而古文經與費、高經均未著録。然劉子政用以校四家經,則漢中秘有古文《易》審矣。《易》爲卜筮之書,秦時未焚,其有古文本,亦固其所矣。”節案:先生之説猶有可商者。費、高二家經本不見《漢志》,因其行於民間也,然劉向既以中秘古文校四家,中秘必有此古文本審矣,《漢志》不應失記。否則,龔氏之説,仍未可破。節以爲中古文《易》既無其書,更非劉歆所能僞造,《漢志》所言,蓋古文家有意爲費氏《易》張目者也。

費氏本　《漢志》曰:“惟費氏經與古文同。”《後漢書·儒林傳》曰:“東萊費直,傳《易》,授瑯琊王横,爲費氏學,本以古字號古文《易》。”《隋書·經籍志》曰:“陳元、鄭衆,皆傳費氏之學。馬融又爲其傳,以授鄭玄。玄作《易注》,荀爽又作《易傳》。魏代王肅、王弼,並爲之注。自是費氏大興,高氏遂衰。”《漢書·儒林傳》曰:“高相,沛人,治易與費公同時,其學亦無章句,專説陰陽災異,自言出於丁將軍。傳至相,相授子康,及蘭陵毋將永。繇是《易》有高氏學。高、費皆未嘗立于學官。”《隋志》謂高氏《易》亡於西晉,《舊唐志》著録《費直章句》四卷,則費氏之傳行之最久矣。

準此以論:吾人今日通行所用之《易經》,乃出于費氏,爲最後出之古文經本。石經所據乃京氏本,而京氏上承孟氏,與三家及費、高不同。自元帝以迄後漢中葉,行之最盛。其與孟氏《易》比較,若《穀梁》之與《公羊》;與費氏《易》比較,若《魯詩》之與《毛傳》。此今古文經本蜕變中之必經階段也。

餘　論

吾人今以校記諸條與經本一節所論互相考鏡,所得之意見有三:其一,石經所刊雖稱今文經本,然其中如《詩》魯氏,《易》京氏,皆於古文爲近。如

《夬》之九三"其行次且",與馬融同;《升》之九二"禴"作"瀹";《漸》之六二"磐"作"般";《艮》之九三"拯"作"抍":皆古文經也。而京氏《易》與之相同,足證京氏上承孟氏,下啓費氏,其間文字之異同,初不以學理,蓋因傳寫或異所致也。其二,石經與各本文字之異同,究其原委,太半爲同聲假借之故,非關文義之不同。如:《蹇》卦之作"蹇""謇",《姤》九三"包"字有"胞""苞""庖"之異文,《升》卦九二"禴"字有"瀹""爚""汋""礿""鬻"之異文,《震》卦六三"眚"之作"省","歸妹"之作"歸昧";又如《文言》"邪"之作"耶","弑"之作"試";《説卦》"嚮"之作"鄉","坎"之作"欿":皆一理也。其三,吾國文字自殷周以來,即偏旁互用,異體雜陳,此在甲骨及古銅器中每見之。秦并天下,同一文字。丞相李斯作《倉頡篇》,中車府令趙高作《爰歷篇》,太史令胡母敬作《博學篇》,皆取史籀,或頗省改。自是以後,司馬相如、史游、揚雄諸人皆于小學有所述作,迨許慎《説文解字》篆法始一歸於正,而後吾國文字之第一期蜕變告終焉。漢興,改篆行隸,又失本真,乃開始第二期之蜕變。其間作者,往往昧於偏旁,詭更正文,嚮壁虚造。如石經"笑"之作"芺","爻"之作"肴","吝"之作"吝","享"與"亨"互用,"引"與"弘"或異,皆可證當時雜體未定。蔡邕雖稱刊定五經,而沿襲舊本,並無是正文字之功。以至六朝別體,楷法淆亂已極。李唐統一天下,始有讎校楷書,刊定群經之意。若《顔氏字樣》《干禄字書》《五經文字》《九經字樣》諸書,皆所以正楷法,辨訛體,學者於是取資焉。故唐開成石經其刊定文字之功,實非蔡氏所能及,誠亦吾國文字蜕變中之必經階段也。

一九三一年十二月于文津閣

原載《燕京學報》一九三二年第十一期

新出僞熹平石經《尚書》殘碑疏證

○ 吴承仕

民國二十年某月，洛陽新出熹平石經《尚書》殘碑一段，表裏兩面。表面十二行，《大誥》七行，二百四十六字，中空一行，當爲《康誥》篇題。次《康誥》四行，八十九字。裏面十一行，《洛誥》二百四十字。兩面都五百七十五字。自洪氏《隸釋》所録，有《盤庚》《高宗肜日》《牧誓》《洪範》《多士》《無逸》《君奭》《多方》《立政》《顧命》諸篇。《盤庚》百七十二字，《多方》才五字耳，若摹本及近日所發石本，少或一二字，多亦不盈三十字。此石所列，幾六百字，文句承接，有在三十字以上者，蓋宋以來所不睹。而於末世得之，苟足保信，則三家之緒，古今文同異之故，可得而說。孫星衍、陳喬樅、皮錫瑞之所輯録，中失可得而辨。其有補於經術爲何如邪？然以余觀之，則此石殆淺人所僞作，籍以欺世牟利者耳。今不指斥，足以疑誤後生，故列其疑事而疏通證明之。若夫方聞成學之士，辨厥真僞，若數一二而别白黑，固不俟余之辭費矣。

見行《尚書》僅有僞孔傳本，今欲校計同異，不得不以孔本爲據。《隸釋》録《尚書》十篇，《盤庚》十九條百七十二字，與孔本異者三十三事。《高宗肜日》一條十五字，異者一事。《牧誓》兩條二十四字，異者一事。《洪範》十二條百八字，異者九事。《多方》四條四十四字，異者五事。《無逸》九條百三字，異者十五事。《君奭》二條十一字，異者一事。《多方》五字，與孔本同。《立政》八條五十六字，異者十三事。《顧命》四條十七字，異者四事。無慮漢石經六七字間，必有一事與孔本異者，以是爲率，則今石本五百七十五字，宜有異文八十四事，今數之，才及六事，異同多少之數，何懸遠若是邪？或曰：異文多少，不可以比例求，即使一事不異，正足以證今古文之同，不足以證此石之僞。應之曰：謂異文多少之較，其差不間翲忽，誠不應情實，然大體固不甚相遠也。即如來雖所執，不獨不得爲今古文同之證，適足爲作僞之證。何也？夫孔傳古文，梅氏所獻爲隸古定本，訖范寧而改爲今文集注，已非隸古之舊。陸元朗所謂宋齊舊本，徐李所音，所有古字，今亦無幾者，是也。唐天寶間，衛包又悉改爲今字，則更非陸氏所見之舊，其去隸古定本益遠矣。今謂三家之傳，乃下與衛包改字之本相應，有是理乎？今更就其異文計之，《大誥》"嗚呼"作"於戲"。《康誥》"殪戎殷"，"殪"作"壹"。《洛誥》"弼丕"，"丕"作"不"；"百辟享"，"享"作"亨"；"監我士師工"，"監"作"鑒"，"士"作"土"；"惇宗""大惇"，"惇"皆作"敦"。止此數事而已。"嗚呼"之爲"於戲"，户知之，今不具論。此外異文，皆略依形聲而稍變之，若《盤庚經》"憸民"之爲"散民"，"無侮老成人"之爲"毋翕侮成人"，"保后胥戚"之爲"胥高"，"汝有戕"之爲"有近"，"崇降弗祥"之爲"不永"，諸此事類，今悉無有。蓋漢魏舊文，唐人疏義，孔傳沿革之故，近儒輯録之本，皆非淺人所素習，又他無所據，故依隱衛包改本，且妄易數字以示異，其拙陋如是，斯不學之過也。

近儒考漢石經行數字數者，以今世見行孔本，合《隸釋》所存殘字計之，《盤庚》《洪範》《君奭》等篇，每行在七十三四字間，今以孔書校此石本，每行皆七十四字，然據《隸釋》所録及漢人所述，知三家經本，其文句增省，必不得與見行孔傳，顴若畫一，可斷言也。今石本有《大誥》《康誥》《洛誥》三段，計其殘字及其上下文句，大體與孔本之字數相應，亦非事理所宜有也。

新出石本僞妄之迹，既如上來所論矣，更以今古文義，隨文略辨如左方。

《大誥》肆予告我友邦君第一行"以爾庶邦"。第三行"興我小邦周"。第四行"我友邦君"。第六行"降戾于周邦"。《康誥》第一行"男邦采衛"。第二行"越厥邦"。

段玉裁曰："古文《尚書》'邦'字，今文《尚書》皆作'國'。"所引文證見《撰異》"協和萬邦"條下。皮錫瑞、王先謙等皆從之。石本"邦"字七見，皆與孔本同，無一作"國"者。

又按：《尚書大傳》，《金縢》次《大誥》後，清儒治今文者多從之，雖未敢定其然否，據此石本，則《金縢》在《大誥》前，蓋淺人或未聞《大傳》義耳。

王害不違卜第四行"王曷其"。第五行"肆予曷敢"。

段玉裁曰："害，孔傳如字，蔡傳：'害，曷也。'此經言'曷'者五，而此獨作'害'，古經不當如是，蔡傳最爲得解。須知天寶以前，《尚書》本無'曷'字，皆假'害'爲之，此篇中'曷'字皆作'害'，衛包悉改爲'曷'，獨此'害'字以孔傳不訓'曷',僅存。王莽《大誥》'曷'皆作'害',又此句莽作'帝不違卜',似今文無'害'字。"謂今文無"害"字,陳喬樅、皮錫瑞、王先謙等皆用段說。按:今文有無"害"字,今猶不敢質言,段謂此篇"曷"皆作"害",衛包改其五而遺其一,其説至確,石本亦唯此句作"害"餘並作"曷",正與衛改者同,此非全襲見行孔本之明證邪。

肆予沖人永思艱

莽《誥》"帝不違卜,故予爲沖人長思厥艱",皮錫瑞曰:"今文家以'王不違卜,故予爲沖人永思艱'二句相連爲義,則今文'肆予'下疑多一'爲'之。"按:莽《誥》多"爲"字、"厥"字,或增字以足句耳,皮説恐未足恃。

允蠢鰥寡

《無逸》"惠鮮鰥寡",《隸釋》作"矜",疑今文"鰥寡"皆作"矜寡"。

予造天役遺大投艱于朕身

莽《誥》"予遭天役,遺大解難于予身",陸氏《釋文》引馬云:"造,遺也。"段玉裁曰:"《釋文》'遺'字乃'遭'字之訛。"此馬以今文釋古文也。莽《誥》作"遭",今文尚書也。"投"作"解",或"投"之訓歟?按:"造"字今文或作"遭",或經本作"造"而師讀爲"遭",説皆可通。"投""解"訓義不近,疑今文本不作"投",而爲與"投"形聲相似之字。

寧王惟卜用

皮錫瑞、王先謙並據莽《誥》謂今文無"寧王"字。按:此亦不敢定。

天棐忱辭第六行"越天棐忱"。

段玉裁據《漢書·孔光傳》叙傳及《幽通賦》李注謂:"今文'忱'當作'諶'。"陳、皮、王説並同。

其考我民

莽《誥》"天其累我以民",孫星衍曰:"今文'考'作'累'。"皮、王説同。按:以"累"訓"考",疑師説不同,恐未足爲今文作"累"之據。

予曷其不于前寧人圖功攸終

莽《誥》作"予害敢",皮錫瑞曰:"今文'其'作'敢'。"王説同。按:皮説似未足據。“曷”當作“害”前已具説。

厥子乃弗肯堂矧肯構厥父菑厥子乃弗肯播矧肯穫厥考翼其肯曰予有後弗棄基

《正義》曰:“定本云‘矧弗肯構’‘矧弗肯穫’,皆有‘弗’字。檢孔傳所解,‘弗’爲衍字。”段玉裁讀“矧”爲况,况,益也。按:孔疏引定本與孔傳對校,其必别有所據,甚明,今《釋文》不言此事者,疑開寶間陳鄂删之,此一事也。《正義》曰:“鄭、王本於‘矧肯構’下亦有‘厥考翼其肯曰予有後弗棄基’十二字,蓋先儒謂其脱而妄增之。”王鳴盛、段玉裁、陳喬樅等,皆謂其事既别,理應重出,僞孔以爲重出而妄删之。按:鄭王本宜與今文同,唯僞孔輒删此經以自標異,今《釋文》不言此事者,疑亦陳鄂删之,此又一事也。段玉裁、皮錫瑞等據漢魏人引書五處,“肯堂”“肯構”之“肯”,字皆爲“克”,則今文《尚書》“肯堂”“肯構”“肯播”“肯穫”,皆當作“克”,事在不疑,此又一事也。上來三事,就令近儒所説,不悉審諦,然謂三家真家,無一字不與僞孔相應,雖愚子有以知其不然矣。今石本乃悉與孔本同,其僞妄安待再計决哉?

爾時罔敢易法

莽《誥》“爾不得易定”,王鳴盛曰:“‘定’‘金’古字形近形,故今文作‘定’。”孫星衍、段玉裁、江聲、陳喬樅等説同。皮、王亦從之。

矧今天降戾于周邦

莽《誥》“况今天降定于漢國”,王先謙曰:“今文‘戾’當作‘定’。”按:據段、江、孫説,“戾”“定”訓詁字,則《莽誥》作“定”者,師讀不同,王説似不足據。

敢不于從

莽《誥》“敢不卜從”,江聲據改經文“于”爲“卜”,陳喬樅謂今文“于”作“卜”。皮、王説同。按:“敢不于從”,亦謂“惟卜是從”耳,謂古文作“于”今文作“卜”,疑未足據。

率寧人有指疆土

段玉裁曰:“今經傳作‘指’而《正義》三云‘旨意’,皆作‘旨’,知經傳爲衛包所改,而《正義》則其所未改者也。《莽誥》正作‘旨’,師古訓美,蓋今古文同也。”按：今石本作“指”，明據衛包改本爲之。皮、王並云：“今文‘指’作‘旨’。”似謂古文正作“指”矣。段説明審如此而熟視無睹何邪？

康誥侯甸男邦采衛

皮錫瑞據《史記》述《禹貢》，“男邦”今文當爲“任國”。王説同。按：“邦”字今文例皆爲“國”，“男”作“任”者，史遷以聲訓説經，且《夏書》《周書》，字亦不例，輒定“任”爲今文，恐未足據。

周公咸勤乃洪大誥治

《釋文》云：“一本作‘周公迺洪大誥治’。”皮錫瑞曰：“《釋文》不載石經同異，未可據爲今文。”又《隸釋》録《洪範》殘字，“洪”作“鴻”，疑今文“洪”或爲“鴻”。

壹戎殷

陳喬樅據《記·中庸》以“壹”爲今文。皮、王説同。按：“壹”爲今文，近之。石本作“壹”者，以《中庸》熟在人口故也。易“殪”爲“壹”，所謂非前期而中者邪。

宅心知訓

江聲曰：“今文‘宅’皆作‘度’。”皮、王説同。文證甚多，不煩具引。按：《隸釋》録《立政篇》殘字“宅心”亦作“度”。

《洛誥》汝受命篤第一行“乃汝其悉”。第四行“汝惟沖子”。又“汝其敬識”。第五行末“汝”字。

段玉裁曰：“經典中字皆作‘女’，絶不用‘汝’字，自天寶、開寶兩朝荒陋，《尚書》全用‘汝’字，與群經乖異矣。”又曰：“《釋文》中必有‘女音汝’之文，衛包既改《尚書》之‘女’爲‘汝’，開寶中陳鄂遂删之。”按：《隸釋》載《尚書》“汝”皆作“女”，唐寫《釋文》《堯典》《舜典》殘卷，多有“女音汝”之文，正與段説相應。此稍讀古書者類能言之。今石本“汝”字凡五見，皆從水作“汝”，淺陋如是，乃欲作僞以欺世，多見其不知量耳。

弼不視功載

孔本“不”作“丕”，據孔傳“汝受命篤”爲句，“弼丕”爲句，“視功載”爲句。

據江聲説，則“丕視功載”爲句，皆訓“丕”爲大，今石本作“不”，上屬下屬，義皆不了，蓋淺人略知“不”“丕”聲近通作，故易“丕”爲“不”，而不知其於義無當也。

乃汝其悉自教工

《尚書大傳》：“‘乃女其悉自學功。’悉，盡也。學，效也。”段玉裁據此，謂今文作“學功”。陳、皮、王説同。按：段説近之。

公曰已

《莽誥》“以”皆作“熙”，段玉裁曰：“此今文尚書也，皆即今之‘嘻’字。”王説同。

汝其敬識百辟亨

亨，孔本作“享”。按：亯字，篆文作亯，漢人隸變作“享”、作“亨”，二形通用不别。此作“亨”亦通，然《隸釋》載《無逸》“享國”字作“饗”，則今文用字亦自有例，三家書正作何字，今不可知。

汝乃是不蘉

錢大昕曰：“孔、馬、鄭皆訓爲勉，而《説文》無此字，《釋詁》‘孟，勉也’，《爾雅》所以訓釋六經，‘孟’之訓勉，他未有見。《洛誥》‘蘉’字，當是‘孟’字。”按：此字從侵，義不可説，疑即‘寢’之形訛，以聲近假爲‘孟’也。轉寫隸古本也，辨之不審，乃轉爲此形耳。今文當作何字，雖不可知，要不得下與轉寫之訛本同，可斷言也，作僞者殆不足與語此。

篤序乃正父第十行“乃承序萬年”。

序，孔本皆作“叙”。按：《史記》述《書》及漢人引經皆作“序”。

敦宗將禮第八行“其大敦典殷獻民”。

敦，孔本皆作“惇”。按：《皋陶謨》“惇叙九族”，《禹貢》“終南惇物”，史公述《書》皆作“敦”。

惟公德明光于上下勤施于四方

《大傳》曰：“吾於《洛誥》見周公之德，光明于上下，勤施四方。”皮錫瑞以爲今文"明光"作"光明","施"下無"于"字。王説同。按：皮説疑未足據。

亦未克敉公功

山井鼎引足利古本"敉"皆作"撫"。

鑒我土師工

孔本作"監我士師工",士,事也。師,衆也。工,官也。謂監察我執事之衆官也。後儒亦無異義。此作"鑒",似已非例,"士"作"土",尤不可説,蓋作僞者意謂篆書"士""土"二文,不當以中畫短長爲别,故變爲"土"形以欺惑愚衆。

越乃光烈考武王弘朕恭

莊葆琛曰:"'朕'當作'訓',《説文》'侯'古文以爲'訓'字,《尚書》當本作'侯',後改作'朕'字。"孫星衍曰:"'弘侯'者,大訓也。《大傳》有云:'以揚武王之大訓。'莊説是也。"段玉裁曰:"僞孔訓'恭'爲奉,則其字作'共',衛包改'恭'也。"按:莊、孫、段説皆是也。據《正義》申傳,兩言"恭奉",一單言"奉",不以"恭"爲敬恭字,明《正義》亦本作"共",不作"共"也。今石本作"恭",訛僞迹之彰顯者。

王命作册

馬班及漢人述《書》,"册"皆作"策",皮錫瑞曰:"凡今文作'策',古文作'册'。"

原載《國學叢編》一九三二年第五期

記梁丘氏《易》

◎ 羅振玉

予近得漢熹平石經《周易・雜卦》殘石，其末行後題存“易經梁”三字，知《易》用梁丘氏本。嗣觀往歲所出序記殘石，亦有“易梁”字，又有“施氏”、“郎中孫進”及“攷合異同，各隨家法，是正五經□□”當是“文字”二字語，益知《易》用梁丘氏本，而參以施氏諸家者也。案：田王孫授《易》于施讎及孟喜、梁丘賀，由是《易》有施、孟、梁丘之學。宣帝時，立施、孟、梁丘博士。至後漢，傳梁丘《易》者寖廣，張興弟子著録且萬人，故熹平刻石，《易》遂用梁丘氏本。及晉永嘉之亂，施氏、梁丘之《易》亡，故陸氏撰《經典釋文》不復采及二家。今就殘石所存，得梁丘氏本與王輔嗣本文字異同凡三十有二則，今約舉之。《上經・比》“比之无首”，梁丘氏本無“之”字。《小畜》“月幾望”，梁丘氏本“幾”作“近”。《噬嗑》“捨車而徒”，梁丘氏本“車”作“轝”。《剥》“六三，剥之无咎”，梁丘氏本無“之”字。《下經・蹇》“王臣蹇蹇”，梁丘氏本“蹇”作“寋”，知此卦中諸“蹇”字皆作“寋”。《益》“利有攸往”，梁丘氏本“有”作“用”。《困》“于鼿𡰅”，梁丘氏本“鼿𡰅”作“劓劊”。《萃》“孚乃利用禴”，梁丘氏本“禴”作“瀹”。《革》“大人虎變”，梁丘氏本“變”作“辨”。《鼎》“其形渥”，梁丘氏本作“其刑剭”。《震》“躋于九陵”，梁丘氏本無“于”字；“震行无眚”，“眚”作“省”。《艮》“艮其趾”，梁丘氏本“趾”作“止”；“不拯其隨”，“拯”作“抍”。《漸》“鴻漸于磐，飲食衎衎”，梁丘氏本“磐”作“般”，“衎”作“衍”。《歸妹》“歸妹以娣，跛能履”，梁丘氏本“妹”作“眛”，知此卦三“妹”皆作“眛”。“跛”作“彼”。《旅》“得其資斧”，梁丘氏本“資”作“齊”。《巽》“頻巽吝”，梁丘氏本“頻”作“顛”。《兑》“介疾有喜”，梁丘氏本“喜”作“憙”。《文言傳》“聖人作而萬物覩”，梁丘氏本“覩”作“睹”；“臣弑其君，非一朝一夕之故”，梁丘氏本“弑”作“試”，“故”下有“也”字；“以從王事”，梁丘氏本“以”上有“而”字；“美在其中而暢於四支”，梁丘氏本

“美在”下無“其”字，“暢”作“暘”。《說卦傳》“發揮於剛柔而生爻”，梁丘氏本“爻”作“肴”；“故《易》六畫而成章”，梁丘氏本“章”下有“也”字；“坤以藏之”，梁丘氏本“坤”作“巛”，“藏”作“臧”；“嚮明而治”，梁丘氏本“嚮”作“鄉”。凡此異同，皆晉以後治《易》家所未及知，幸於殘石中得之，可謂一字千金矣。又《漢書·梁丘賀傳》言賀本從大中大夫京房受《易》，後更師田王孫。今考之陸氏《困卦》釋文“劓刖”注：王肅本作“臲卼”，京作“劓劊”。案：《說文》“臬”或从鼻作“劓”，則京本之“劓劊”與梁丘氏本之“臬劊”同。又《鼎卦》“其形渥”，吕祖謙《音訓》引晁氏曰：“形”，九家、京、荀悅、虞作“刑”；“渥”，九家、京、虞作“剭”。亦與梁丘氏本之“刑”“剭”同，此又梁丘初習京《易》之證矣。附記于此，以告當世之治《易》者。

原載《松翁未焚稿》，《羅振玉學術論著集》第十集

記小夏侯《尚書》

○ 羅振玉

漢熹平石經殘石序記殘石存"易施氏""郎中孫進""尚書小夏侯、郎中□□"字，以是知石經《尚書》乃用小夏侯本。案《漢書・儒林傳》，其先夏侯都尉從濟南張生受《尚書》，以傳族子始昌，始昌傳勝，勝傳從兄子建，由是《尚書》有大、小夏侯之學。又《後漢書・儒林傳》載，光武中興，立五經博士，以家法教授《易》，有施、孟、梁丘、京氏，《尚書》歐陽、夏侯，故至熹平刻石仍用小夏侯本。今洛中出土《尚書》少于他經，然考其異同，尚得八則。《堯典》"汝作秩宗"石經無"作"字；"三十徵庸"，"三十"作"卅"；"惟時亮天功"，"功"作"工"。《康誥》"惟民其敕懋和"，"懋"作"茂"；"寇攘姦宄"，"宄"作"軌"。《洛誥》"予齊百工，伻從王于周"及"殷乃引攷，王伻殷"，"伻"均作"辯"。《堯典序》"光宅天下"，"光宅"作"廣度"。《西伯戡黎序》"戡黎"作"堪飢"。《吕刑序》"吕刑"作"甫刑"。再益以宋洪氏《隸釋》所載，又得數十則。《商書・盤庚》"汝悔身何及"，石經"身"作"命"；"相時憸民"，石經"憸"作"散"；"人惟求舊，器非求舊"，石經作"人維舊□□救舊"；"汝無侮老成人，無弱孤有幼"，石經作"女母翕侮老成人，母流□□□"；"保后胥感"，石經"感"作"高"；"今予將試，以汝遷安定厥邦"，石經"汝"作"爾"，"邦"作"國"；"不其或稽，自怒易瘵"，石經"稽"作"廸"，"怒"作"怨"；"汝誕勸憂"，石經"誕"作"永"；"高后丕乃崇降罪疾"，石經"崇"作"知"；"汝有戕"，石經"戕"作"近"；"廸高后丕乃崇降弗祥"，石經"崇降弗祥"作"興降不永"；"嗚呼，今予告汝不易"，石經"嗚呼"作"於戲"；"汝分猷念以相從，各設中于乃心"，石經"汝分猷"作"女比猶"，"設"作"翕"；"無戲怠"，石經作"女罔台民"；"懋建大命"，石經"懋"作"勖"；"今予其敷心腹腎腸"，石經"予"作"我"；"嘉績于朕邦"，石經"嘉"作"綏"；"爾謂朕曷震動萬民以遷"，石經作"今爾惠朕祗動萬民以遷"；"尚皆隱哉"，石經"隱"作"乘"；"予其懋簡相爾”，石經“懋”作“勖”。《周書·牧誓》“昏棄厥遺王父母弟，不廸”，石經“王父”作“任父”。《洪範》“鯀陻洪水”，石經作“□□伊鴻水”；“汨陳其五行”，石經“汨”作“曰”；“乂用三德”，石經“乂”作“艾”；“六三德”，石經無“六”字；“凶于而國人用側頗僻”，石經“凶”上有“而”字，“僻”作“辟”；“謀及庶人”，石經“人”作“民”。《多士》“時惟天命無違”，石經作“□維天命元”；“王曰多士”，石經《多士》作“告爾多□”；“今朕作大邑于兹洛”，石經“洛”作“雒”。《無逸》“厥子乃不知稼穡之艱難乃逸，乃諺既誕”，石經“穡”作“嗇”，“逸”作“劮”，“諺”作“延”；“自度，治民祗懼”，石經作“自亮，以民祗懼”；“肆高宗之享國五十有九年”，石經作“高宗之饗國百年”；“懷保小民，惡鮮鰥寡”，石經作“懷保小人，惠于矜□”；“則其無淫于觀于逸于遊于田，以萬民惟正之供。無皇曰”，石經存“酒毋劮于遊田維□共毋兄曰”諸字；“此厥不聽，人乃訓之，乃變亂先王之正刑”，石經作“□厥不聖，人乃訓，變亂正荆”；“則皇自敬德”，石經“皇自”作“兄”；“曰，嗚呼，嗣王其監于兹”，石經作“於戲，嗣王監于兹”。《君奭》“其終出于不祥，嗚呼”，石經“終”作“道”，“嗚呼”作“於戲”。《立政》“常伯常任準人”，石經“準人”作“辟□”；“謀面用丕訓德”，石經“謀”上有“亂”字；“灼見三有俊心”，石經“俊”作“會”；“文王惟克厥宅心”，石經作“王維厥度心”；“以竝受此丕丕基。嗚呼”，石經作“□□受兹不不其，於戲”；“予旦已受人之徽言”，石經“已受”作“以前”，“徽”作“微”；“不訓于德，是罔顯在厥世”，石經“訓”下無“于”字，“在”作“哉”；“以覲文王之耿光”，石經“耿”作“鮮”。《顧命》“用克達殷集大命”，石經“達”作“通”，“集”作“就”；“狄設黼扆綴衣”，石經“黼扆”作“黼衣”。小夏侯、歐陽學説久絶于晉永嘉之亂，今于熹平石經竟得窺見一斑。且前人治《尚書》者，採石經異字，知爲大、小夏侯，歐陽遺説，而不能確知爲小夏侯，則又于今日所見序記知之。古刻片文隻字裨益至宏，豈不重可寶哉！

原載《松翁未焚稿》，《羅振玉學術論著集》第十集

熹平石經《魯詩》殘石

◎ 郭沫若

其一 《邶風》《匏有苦葉》《習習谷風》

口灑淺則
谷風一陰

右第一行乃《匏有苦葉》“深則濿，淺則揭”之“濿淺則”三字。“濿”字今《毛詩》作“厲”，此雖僅存水旁，然與“貽伊阻則厲□”一石見羅振玉《漢石經殘字》三集補遺一相接，固是“濿”字。

第二行乃《谷風》之首二句中半。羅振玉云“陰上一字雖存少半，拓本亦劣，然可見其大略，不似‘以’字”。《殘字續録》三葉。案乃分明“一”字也。知《毛詩》之“習習谷風，以陰以雨”，《魯詩》實作“一陰一雨”。

又《匏有苦葉》第三章“士如歸妻，迨冰未泮”，石經、《魯詩》當作“迨冰之未泮”，説明如附圖。

其二　《大雅》《韓奕》《公劉》

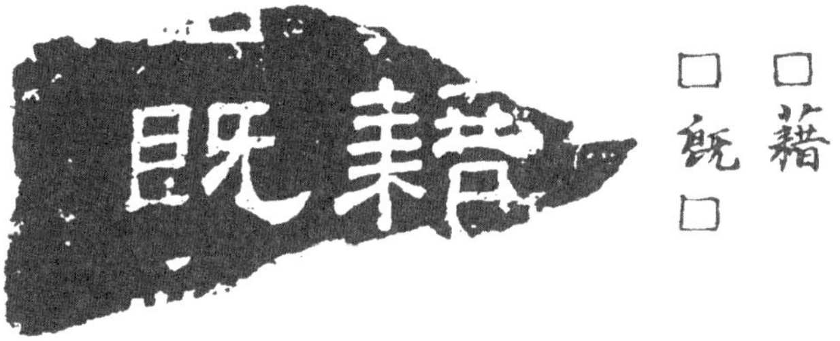

右石羅氏《漢石經殘字集録》四編均未收，阿維越致所輯《漢熹平石經》連收兩紙，《叙》云“未詳”。案乃《大雅・韓奕》《公劉》二詩之殘字也。此由左列二石可證。

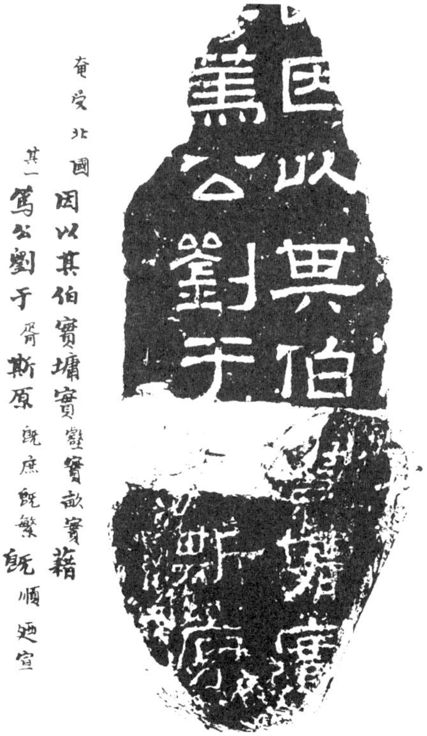

“藉”“既”二字正相比。又“既”下“順”字左旁“川”字之上端尚有殘迹可辨。唯“既”上殘文作“”形與“繁”字絶不類，蓋《魯詩》“繁”字實作“蕃”也。“繁”“蕃”字古每通用，如《大戴禮・禮察篇》“鄉飲酒之禮廢，則長幼之序失，而争鬥之獄繁矣。”《漢書・禮樂志》引作“蕃”。《左傳・定四年》“封父之繁弱”，乃弓名也；《吕覽・具備篇》亦云“今有羿、蠭蒙繁弱於此而無弦”，而《文選・上林賦》云，“彎蕃弱”。注“蕃”與“繁”古字通。又《書・洪範》“庶草蕃廡”。《史記・宋世家》作“庶草繁廡”。此均“繁”“蕃”相通之明證矣。

又案“因以”上一殘文不類“國”字，

此石未見拓墨，僅據羅氏摹本，《殘字集録》四補四。
右側尚有殘文三行，今省去。

横畫上斜者似石華，細審與竪畫竝不相接，疑《魯詩》本作“奄受北邦”也。

《魯詩》篇次與《毛詩》大異，羅振玉已言之矣。羅氏云“特未知此二篇者《魯詩》在《生民之什》，抑在《蕩之什》耳”。《初集》四葉。余案此二篇《魯詩》不得在《生民之什》，知者，以《魯詩・生民之什》後三篇爲《桑柔》《瞻仰》《假樂》，中四篇爲《既醉》《鳧鷖》《民勞》《板》，益以首篇《生民》已得其八，而左列一石，《板》題章句後尚有二殘文可辨。

此二殘字如爲《韓奕》文，則益以《韓奕》《公劉》，恰足十數；然以行次計之，當直《韓奕》二章“以其介圭”之“其介”二字，殘畫絶不類也。《泂酌》“民之攸塈”之“之攸”，《行葦》“嘉殽脾臄”之“殽脾”，亦均不類。張國淦《漢石經碑圖》以爲《蕩》“民興是力”之“興是”字，遂以《蕩》接《板》，更接以《泂酌》《卷阿》，又沿《毛詩》以《行葦》次《生民》，於是《魯詩・生民之什》遂得十二篇而失去《蕩什》之名。案此亦絶不爾。蓋此二殘文，上字當是右旁从斤之字，不得爲“興”；下字亦不得爲“是”也。此二殘文在今《毛詩・大雅》諸篇中無可比附者，蓋《魯》《毛》文字相異之故。殘字之比附未能確知，然其非《韓奕》文固明如觀火。什以十篇而名者,《毛詩·小雅》“《魚藻之什》”十四篇,《大雅》“《蕩之什》”十一篇,以在二雅之末,故爲承納餘篇之尾閭,乃是例外。《韓奕》與《公劉》既相接,用知《生民之什》無容納此二篇之餘地矣。

(説明)

一、凡曲綫中所界者爲石經現存殘片,今就羅振玉《漢石經殘字集録》初、續、三、四諸編,由上而下,由右而左,標其出處如下:“寧謔”石四編七葉三石,“慍于”石同上二石,“竫言”石四又補一葉一石,“雄雉”石四編八葉一石,“泄匏”石續編四葉二石,“泄其”石四又補二葉一石,“母氏”石四編又補一葉二石,“濟有”石四編八葉二石,“淺則”石續編五葉二石,“貽伊”石三編補遺一葉二石,“其陰”石續編三葉二石,“濟盈”石四編又補三葉一石,“逝我”石續編六葉一石,“展矣”石續編四葉三石,“虺其”石初編補遺一葉一石,“不可”石四編七葉一石,“報我”石續編四葉一石,“鳴求”石續編五葉一石,“我有”石四編九葉一石,“旨蓄”石續編六葉二石,“亦以”石三編補遺一葉三石,“鳴雁”石四編又補三葉二石,“宴爾”石四編九葉二石。

二、凡界綫以内字依石經《魯詩》原文。界綫以外字除由石經殘字可以推證者外,如《谷風》“一陰一雨”之一雨,《式微》二章之上下異位等。悉依今本《毛詩》置入。此石每行須得七十二格,第三行依《毛詩》置之“其忘”與“實獲”之間少二字,當是兩“我思古人”句下《魯詩》有“兮”字。第

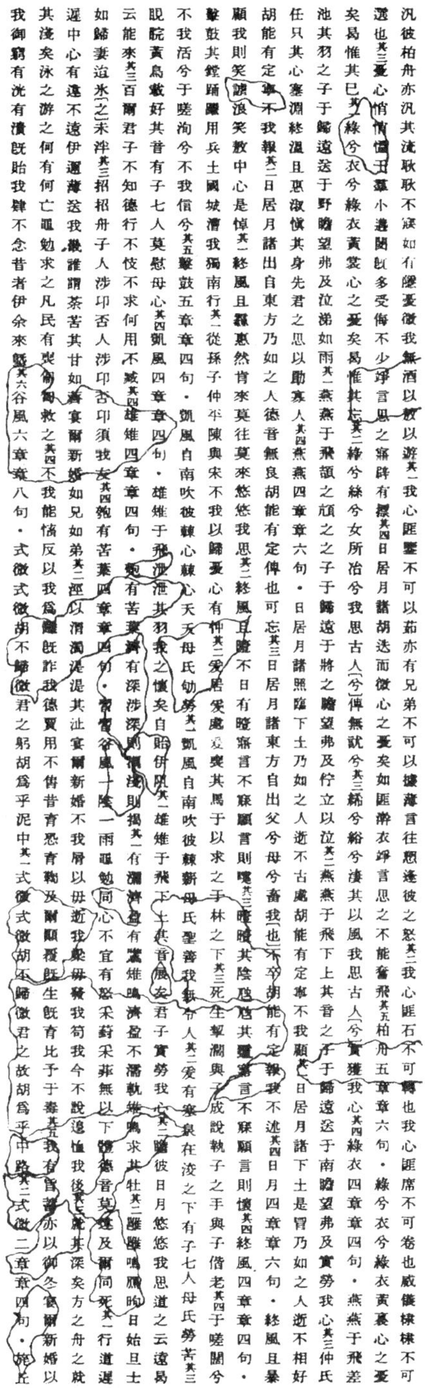

漢石經圖《邶風》之一部分

五行《毛詩》多二字,《列女傳》引《日月》第三章“乃如之人兮”無“兮”字,則首二章亦無“兮”字可知。第六行除去“乃如之人兮”之“兮”字則少一字,蓋《魯詩》於“畜我不卒”句之“畜我”下有“也”字也。第十一行“雁呴”下至次行“否卬”之間,《毛詩》少一字,當是“迨冰未泮”句,《魯詩》作“迨冰之未泮”。凡他石有此參差現象者,均經本字數各有伸縮。

(本篇據《古代銘刻彙考》,日本東京文求堂一九三三年版編入。)

原載《郭沫若全集·考古編(十)》

文于二氏所臧漢熹平石經《周易》殘石校字記

○ 胡小石

萍鄉文氏臧石一

《家人》

經文別行，不與《彖》《象》傳合，惠氏《周易述》、焦氏《易章句》次第均沿此。漢師除費氏《易》外，王弼用費《易》。皆《彖》《象》《文言》傳與卦爻辭別行也。

悔厲　“厲”皆以“厲”爲之。

終吝　“吝”皆作“吝”，从爻。《説文》引孟氏《易》作“遴”，《説卦》“爲吝嗇”，《釋文》：“吝，京作遴。”

《睽》

《蹇》

王臣蹇蹇　王本作“王臣蹇蹇”。漢衡方碑“謇謇王臣”作“謇”，冀州從事張表碑“謇謇匪躬”亦作“謇”，此作“蹇”。《爾雅·釋樂》“徒鼓磬謂之蹇”。《釋文》：“蹇，連也。本或作謇字，同。紀展反。或作蹇字，非。”惠氏《周易述》《蹇卦》字皆作“蹇”，與石經合。

《解》

解而拇　《集解》作“母”，引虞翻曰：“二動時艮爲指，四變之坤爲母，故解而母。”《釋文》引荀亦作“母”。王本作“拇”，與此合。《釋文》云：“拇，茂后反。陸云：足大指。王肅云：手大指。”拇、擘聲近。《爾雅·釋魚》“首大如擘”，疏云：“案郭注‘三蒼’云擘，大指也。《蒼頡篇》以爲足大指。漢注《儀禮》以爲手大指。然則手足大指皆得名擘。故注云‘頭大如人擘’。指又名拇，孫炎云‘頭如拇指’是也。”

君子維有　今本作“維”，《集解》作“惟”。

《損》

《益》

利用攸往　王本作“利有”,《集解》同。引虞翻曰：二利往坎應五,故“利有攸往,中正有慶”也。此作“利用”,與諸本異。初九爻辭言：利用爲大作。

《夬》

《姤》

包有魚　《周易述》作“苞”。《釋文》“包有”云：本亦作“庖”。引虞云：白茅苞之。惠蓋用虞本。王作“包”,與此同。

其行次□　夬九四《釋文》云:“次”,本亦作“趑”,或作“趀”。《説文》及鄭作“趀”。“且”本亦作“趄”,或亦作“跙”。王肅云:“趑趄”,行止之礙也。下卦放此。文作“次”。王同。

《萃》

《升》

允升　《説文》引《易》作“粇”。

《困》

于劓劊　王本上六“困于葛藟,于臲卼”。《釋文》:“臲,五結反。王肅妍喆反。《説文》作劓,牛列反。薛同。”“卼,五骨反,又音月。《説文》作𡰫,云,𡰫,不安也。薛又作杌字,同。”案《説文》刀部：劓,刑鼻也。从刀臬聲。《易》曰：天且劓。或从鼻作劓。出部𡰫,槷𡰫不安也。从出臬聲。《易》曰：槷𡰫。劓下所引爲《睽》六三爻辭。今本用重文作“劓”。又《釋文》于《困》九五“劓刖”下引京作“劓劊”,正與石經此文作“劓劊”合。可推知此文上云“劓刖”,下云“臲卼”,石經必皆作“劓劊”,皆京氏《易》文也。《周易》在東漢立學者,有施、孟、梁丘、京四家。石經所用,乃京氏《易》。如“虎變”作“辩”,“坎”作“欿”,於昔人所引,皆有明徵也。

《井》

《革》

大人虎辩　王本作“虎變”。晁公武《易詁訓傳》:“變”,京作“辨”,此作“辩”,與京合。晁《傳》引經作“辨”,當以碑爲正。

《鼎》

《震》

嚌九陵　王本“躋于九陵”,《釋文》:“躋,本又作隮。”此齊之右闕,不知其爲躋，爲隮。“九陵”上無“于”字，與諸本異。《集解》“于”作“於”。

《艮》

艮其止　王本、《集解》本皆作“趾”。虞翻曰：“震爲趾，故艮其趾矣。”《釋文》“其趾”云：“如字。荀作止。”此文與荀同。

《漸》

《歸妹》

以上碑面

《乾·文言傳》

《乾·文言傳》在上文之碑陰，别行，不附本卦後。近人陶祖光所臧一石廿三字即在此段中。

《坤·文言傳》

《坤·文言傳》接《乾·文言傳》下

臣試其君　《釋文》“臣弑”：“式志反。本或作殺，音同，下同”。此作“試”，與各本異。“試”“弑”古通用，洪氏《隸釋》録熹平《公羊》殘碑“何隱爾試也”。今本作“弑”。《白虎通》引《春秋讖》曰：“弑者，試也。欲言臣子殺其君父，不敢卒，候閒司事，可稍稍試之。”

美在中　王本《集解》本皆作“其中”。

《説卦傳》

《説卦傳》文在《坤·文言傳》後，中空一行，不在《繫辭下傳》後。惠氏《周易述》、焦氏《易章句》次第均沿此。

生肴　王本、《集解》本皆作“生爻”。此作“肴”。《釋文·繫辭上》“爻”者云：“户交反。《説文》云：交也。”不出諸本異文。漢孔彪碑“揆肴”，《繫辭》假“肴”爲“爻”，與此文合。蓋主京氏《易》。

故易六畫而成章也　《集解》“故易六畫而成章”引虞翻曰：“章謂文理。《乾》三畫成天文，《坤》三畫成地理。”王本“六畫”作“六位”，爻所處之位也。此作“六畫”。虞《易》所本“六畫成章”蒙上“六畫成卦”之文。此文“章”下較各本多“也”字。《釋文》：“六位而成章，本又作六畫而成章。”

巛以臧之　《釋文·坤卦》云：“坤本又作巛。巛，今字也，同。困魂反。”漢石門頌“惟巛靈定位”，西嶽華山碑“乾巛定位”並用今字，與此同，“臧”，諸本作“藏”，《説文》所無，《漢書》皆以“臧”爲“藏”。

帝出乎震　吴樺國山碑引作“帝出虖震”，用古“虖”字。

鄉明　《隨·象》:“君子以嚮晦入宴息。”《釋文》云:“以嚮,本又作向,許亮反。王肅本作鄉,音同。”《集解》“嚮明而治”,注文云:“天下向明而治。”用或本,曹全碑用此文作“鄉明而治”。

欿者水也　王本、《集解》本並作“坎”。《釋文》“習坎”云:“本亦作埳,京劉作欿,險也,陷也。”此作“欿”,亦足證爲京本矣。

三原于氏臧石二

校文石畢,復見于石印本,因復校之。此與上本一石而衺判爲二,文得其上;于得其下。

《家人》

《睽》

《蹇》

大蹇崩來　王本、《集解》本均作“朋來”。虞翻説:“睽兑爲朋,故朋來也。”此作“崩”者,《漢書·五行志》引《易》“復朋來無咎”作“崩來”。蓋“倗”“崩”同聲相假。

《解》

《損》

《益》

《夬》

其行次且𦍒羊　《釋文》:“次且,本亦作趑趄,或作跛跙。下卦放此。”此作“次且”,王同。“牽羊”,《釋文》云:“子夏作掔。”此作“𦍒”,即“牽”,同諸本。

《姤》

《萃》

《升》

孚乃利瀹　王本、《集解》本“孚乃利用禴”。虞翻説:“禴,夏祭也。”《萃》釋文云:“禴,蜀才作躍,劉作爚。”《升》下無釋,當與《萃》同。此本“利”下無“用”字。假“瀹”爲“禴”,知《萃》六二文亦當爾。

《困》

利用亯祀　“亯”諸本作“享”。

《井》

井洌寒泉食　《釋文》云:“洌,音列,絜也。《説文》云:水清也。王肅音例。”今本从仌作“冽”。

《革》

君子豹辯　晁公武《易詁訓傳》“變”,京作“辨”,當從作“辯”爲正。

《鼎》

其刑剭　王本作“形渥”。注云:“既覆公餗,體爲渥沾,知小謀大,不堪其任,受其至辱,災及其身。故曰其形渥凶也。”《釋文》:“形渥,鄭作剭,音屋。”晁氏《易詁訓傳》:“‘形’,九家、京、荀、悦、虞作‘刑’;‘渥’,九家、京、虞作‘剭’。石經《周易》用京氏,故正作‘刑剭’。鄭、虞蓋皆从京。”

《震》

震行无省　王本、《集解》本皆作“无眚”。此作“省”,同聲通假字,《周禮·大司徒》“七曰眚禮”,司農注:“掌客職所謂凶荒殺禮也。”是“眚禮”猶言“省禮”矣。

《艮》

不抍　王本、《集解》本“不拯”。此作“不抍”。案:《明夷》六二“用拯馬壯,吉”,《釋文》子夏作“抍”。又《説文》手部“抍”下引《易》曰:“用抍馬壯吉。”此作“不枡”,例與“明夷”同。

《漸》

鳿漸于般飲食衎衎　王本、《集解》本“鴻漸”。虞曰:“鴻,大雁也。”此作“鳿”。《説文》鳥部:“鴻,鴻鵠也。从鳥江聲。”隹部:“琟,鳥肥大琟琟也。从隹工聲。或从鳥作鳿。”石經以“鳿”爲“鴻”,用同聲字。“磐”作“般”。《書》“盤庚”今文作“般庚”。“衎衎”作“衎衎”,《釋文》引馬云“饒衍”,以同聲爲訓。此直作“衎”。

《歸妹》

歸昧以娣　“歸妹”作“昧”。《周易略例》釋文“明昧”:“音妹。本亦作妹,又作沬,皆未貝反。”

尣能履　“跛”作“尣”,用从“尢”之“尣”而字作“兀”,《莊子·德充符》:“魯有兀者王駘。”《釋文》:“兀,五忽反,又音界。李云:刖足曰兀。”以石經“尳”傍作“兀”證之,疑“兀”者本是“尢”者之譌,二字形聲皆近。尢、兀讀均入喉。

《豐》

《旅》

得其齊斧　《釋文》:"資斧,《子夏傳》及衆家並作齊斧。張軌云:齊斧蓋黄鉞斧也。張晏云:整齊也。應劭云:齊,利也。"案"齊"義取斷斬。《釋言》郭注云:"南方人呼翦刀爲劑刀。"《説文》:"翦,齊斷也。"又《攷工記》:"通四方之珍異以資之。"注:"故書資作齊。"是"資""齊"古通。《漢書·王莽傳》:"亡其黄鉞,尋士房楊素狂直,乃哭曰,此《易》所謂'喪其齊斧者也!"注:"應劭曰:齊,利也。亡其利斧,言無以復斷斬也。"蔡邕《黄鉞銘》、齊斧罔設太尉橋公廟碑云"亦用齊斧"。皆以爲"齊斧"爲"黄鉞"。(馨校《漢書》"焉"作"經")

《巽》

顛巽　王本、《集解》本"頻巽"。此似作"顧",从賓。《説文》:"顰",後世俗作"濱"。

《兑》

有熹　王本、《集解》本"有喜",此从心作"憙"。

以上碑面

《繫辭下傳》

舊次在《文言傳》之前。惠焦二氏次弟均沿此。

《乾·文言傳》

次《繫辭下》,傳後間空一行,均在前石之陰。

非爲耶也　"邪"作"耶",漢人書體例如此。

《坤·文言傳》

接《乾·文言傳下》

子試其父　假"試"爲"弑",説見上。

含之而以下缺　"之"下"以"上,視諸本多"而"字。

而暘於四支　"暘"不作"暢"。"暢",唐以來俗字也。

《説卦傳》

次《坤·文言傳》後中空一行。

以至於命昔者聖人之作易也　"昔者"云云,今本别起作節,此不空格,知屬上爲節。惠氏分節與此合。

致役乎巛　"坤"皆作"巛"。説見上。

鄉明而治　"嚮"作"鄉"。説見上。

蓋取諸此也·巛下缺　今本"坤也者"云云,合上"蓋取諸此也"爲節。惠氏亦然。“此也”下空格加·爲識,知别爲節。

勞乎欿　“坎”京本作“欿”,與此合。説見上。宋以來世傳京氏《易》傳“坎”不作“欿”,“君子豹變”不作“辯”,“鴻漸于磐”不作“般”,“飲食衎衎”不作“衍衍”,“得其資斧”不作“齊斧”,“蹇”不作“寋”;“歸妹”不作“昧”。文字皆同王本,無一與石經或他書所引京本合者,其書固難言也。

癸酉八月七日寫竟

原載《國風》半月刊一九三四年五卷二期

漢石經《周易·家人》至《小過》殘石跋

○ 羅振玉

往歲壬戌，洛陽漢太學遺址發見漢石經殘石，然均數字至二三十字而止，未見百名以上者。嗣聞縣人張氏藏《周易》一石表裏凡數百言，苦不得見。壬申夏，滬上友人始爲致墨本，則已折爲二，上截歸萍鄉文氏，下截關中于氏。此本尚是石在張氏未分售時初拓，存《下經·家人》至《小過》廿六卦。

以宋刊朱子《本義》本校其異同，第三行《蹇》卦石經諸“蹇”字均作“寋”。六行《益》“利用攸往”，今本“用”作“有”。十行《萃》卦“一握爲芺”，今本“芺”作“笑”。案：《説文》本“笑”字，段氏據《玉篇》《廣韻》等書補“笑”，云：“從竹從犬。”以六經字樣從夭爲非，而亦不能得從犬之誼。今石經實從大，與犬相似而實非犬。古金從夭之字皆作大，即夭之古文。又隸書從竹從艸之字雖往往不別，而此“芺”字實從艸非竹。許書艸部有芺字，訓苦。芺，艸。雖不以爲言笑字，而“媄”注則云“女子笑貌”，知許書之芺即言笑字，後人誤艸爲竹也。十一行“孚乃利用瀹”，今本“瀹”作“禴”，《漢書·郊祀志》引《易·既濟》“不如西鄰之瀹祭”亦作“瀹”。十三行《困》卦“于劓劊”，今本作“于鮠卼”。《釋文》：“鮠，《説文》作劓，卼，《説文》作魁。”又“劓刖”注：“王肅作鮠魁，京作劓劊。”《説文》劓或從鼻作劓，則京本之劓劊即劓劊，與石經同。十五行《革》卦“大人虎辯”，今本“辯”作“變”。十六行《鼎》卦“其荆剭”，今本作“其刑渥”。《釋文》：“渥”鄭作“剭”。吕氏《音訓》引晁氏曰：“刑”，九家、京、荀悦、虞作“刑”，一行、陸希聲亦作“刑”。“渥”，九家、京、虞作“剭”，一行、陸希聲同。並與石經合。十七行《震》卦“躋九陵”，今本“躋”下有“于”字；“震行無省”，今本“省”作“眚”，眚、省古通，《書·盤庚》釋文：“省”，本作“眚”。其證也。十八行《艮》卦“艮其止”，今本“止”作“趾”。《釋文》：“趾”，荀作“止”。“不抍其隨”，今本“抍”作“拯”。《説文》“抍”注引《易》“抍馬壯，吉”。《明夷》及《渙》釋文並引

《子夏傳》作"拼"。十九行《漸》卦"鳿漸于般",今本"鳿"作"鴻","般"作"磐"。《説文》:"琟,鳥肥大,琟琟然。從隹,工聲。或從鳥,作鳿。"段氏注謂琟即《詩傳》大曰鴻、小曰雁之鴻,本當作"鳿"。"鴻"訓"鵠",假字也。磐,吕氏《音訓》引晁氏曰《漢·郊祀志》作"般"。"飲食衎衎",今本"衎"作"衎"。衎、衎古音同部,通用。《穀梁·襄廿六年》釋文:"衎,本作衎。"廿行《履》卦"尬能履",刊本"尬"作"跛",《釋文》:"跛,依字作尬。"今《釋文》尬誤作"破",盧校作波,今依《音訓》引。《説文·尢部》:尢,尬也。尬,蹇也。尢從大而曲其一足,象人足不良之形,其從足者,俗作也。廿三行《旅》卦"得其齊斧",今本"齊"作"資",《釋文》:"資,《子夏傳》及衆家並作齊斧。"廿四行《巽》卦"顛巽",今本"顛"作"頻",義謂九三之爻,過剛不中,居下之上,必致顛蹶,非能巽也。作頻,則義不可曉。然《釋文》不載作"顛"之本,則"顛"之訛"頻"亦已久矣。

熹平刻經是正文字之功,顧不偉哉。一九三六年七月既望。

原載《貞松老人外集》,《羅振玉學術論著集》第十集

漢石經《周易·繫辭》《文言》《説卦》殘石跋

◎ 羅振玉

《周易·下繫》二行,《文言》十四行,《説卦》五行,總廿一行,在《下經》之陰,與刊本文字,亦有異同。《文言》第五行"聖人作而萬物睹",今本"睹"作"覩",《説文》:"睹,見也。古文從見,作覩。"石經作"睹",用今文也。十二行"臣試其君,子試其父",兩"試"字今本作"弒"。《隸釋》載《公羊·隱公傳》"何隱爾試也",今本亦作"弒"。試君試父,非一朝一夕之故,故言"試"。"試"爲本字,"弒"爲後起之字也。"非一朝一夕之故也",今本"故"下無"也"字。十三行"而以□□□",缺處爲"從王事"三字。今本無"而"字。十四行"美在中",今本作"美在其中"。"而暘於四支",今本作"暢"。《説文》:"暘,不生也。從田,昜聲。"段君注:"今之暢,蓋即此字之隸變。"石經乃正字也。《説卦》首行"□□□剛柔而生肴",今本"肴"作"爻"。次行"故易六畫而成章也",今本無"也"字。三行"巛以臧之",今本"巛"作"坤","臧"作"藏"。《坤》卦《釋文》出"巛"字,注"本又作巛",即巛。四行"鄉明而治",今本"鄉"作"嚮"。五行"欿者水也",今本"欿"作"坎"。《坎》卦釋文"習坎"注:"本亦作埳,京、劉作欿。"石經與劉本合。此均文字異同之可考見者。漢世今文諸經亡于晉永嘉之亂,何意千年以後轉得窺見一斑。古刻之益,顧不重哉!

原載《貞松老人外集》,《羅振玉學術論著集》第十集

新出漢熹平《春秋》石經校記

◎ 王獻唐

洛陽近出漢熹平《春秋》石經，正面殘存二十行，三百五十八字，起僖公十三年至三十三年。背面殘存十八行，二百九十六字，起昭公三年至二十一年。共六百五十四字。石周邊隙損餘半字或一二畫者，正面三十一字，背面二十二字，凡五十二字。行字殘泐不齊，以經文推之，原石每行當爲七十字。文隔一年即作一"·"，石經章節通例如此也。

兩漢《春秋》經傳，本各單行，分經比傳，起于漢後。因凡石經，經皆單刻，傳亦單刻。天水以來，傳世《公羊傳》文殘石可證，此即彼時單刻之經也。經有古文、今文兩支。《漢書·藝文志》載《春秋》古經十二篇，經十一卷。《志》例凡稱古者，皆古文書；稱篇者，乃中秘藏本以竹木簡策書之者也；稱卷者，又以縑素書之者也。今言古經十二篇，指《春秋》古文簡書。經十一卷，指今文縑書。古經因十二公爲十二篇，《公》《穀》合閔公與莊公同卷，則爲十一卷，説見何氏《公羊解詁》。古文出于魯壁，魯恭王壞孔子宅，得古經五種，内有《春秋》。後時曹魏刻三體石經，其古文《春秋》，即據是本。今文傳于西漢經師，班《志》于經十一卷下注云：公羊、穀梁二家，《志》文經十一卷及本注，應提行書。今本誤與《春秋》古經十二篇接連。説詳《四庫全書總目》。蓋有兩本。一傳于公羊，一傳于穀梁，皆十一卷。合以古文，共爲三本。熹平石經所刻，又今文本也。今文《春秋經》，西漢只有《公》《穀》二本。《左氏》爲古文，時僅有傳，并未傳經。班《志》故只著録《左氏傳》三十卷于《春秋經》下，不出左氏，意至明顯。今本《左傳》經文，乃杜預後加。班《志》古經，西漢儲于中秘。劉子駿時掌典藏，既爲《左氏》創通大義傳世，《公》《穀》皆兼傳經，《左》獨無經，欲立學官，又不能無經。殆别取中秘古經，改寫時體，與《左傳》并傳。《左氏》經傳，時或參差，殆由于此，當别詳之。入東漢後，習《左氏》者，因皆有經有傳，《隋書·經籍志》有《春秋左氏長經》二十卷，注云漢侍中賈逵章句。賈、服皆治《左氏》，昭公十一年《公羊經》"齊國酌"，疏謂賈氏作"酌"，服氏及《穀梁》皆作"弱"。知據賈、服二書，皆有經文，與傳并傳。《後漢書·賈逵傳》："明帝令逵自選《公羊》嚴、顔諸生高才者二十人，教以《左氏》與簡紙經傳各一通。"事可見也。惟不合一。杜氏始就并傳之，經分入傳中。清儒類疑《左傳》經文，爲左氏舊傳，即班《志》之古經。古經出于魯壁，《左傳》爲北平侯張蒼所獻，淵源不同。取而并傳，殆出劉氏。《漢書·劉歆傳》："丞相史尹咸……與歆共校經傳。"又言："歆治《左氏》，引傳文以解經。"其經皆指古經，咸亦步參與其事者也。迨後經傳并傳，班《志》于經下不注左氏者，《志》出劉歆《七略》。《七略》書在立學官前，尚未改隸，依中秘藏書録入，班又從而移録耳。古經在魏正始時雖曾刻石，但已殘佚。賈侍中所爲章句諸書又不傳。全文以杜氏比合之力，存于《左傳》。今文兩經，以漢後學者比合之力，存于《公》《穀》二傳。西京今古文三本，迄今數千年，因得傳授未失。宋時有《春秋正經》十二卷，眉山李燾又令潼川謝疇成《春秋古經》十二篇。今雖散佚，以篇卷求之，殆就《左傳》中抽出，非别得單行古經。清段茂堂纂《春秋左氏古經》，亦然。

前此《公羊》經傳，西漢文帝時已早立學官。《穀梁》立于武帝，《左氏》立于平帝。東漢初立《穀梁》《左氏》博士，以二家先師不識圖讖，未幾而罷。故其十四博士，有《公羊》，無《穀梁》《左氏》。迨熹平刊定石經，亦有《公羊》。此殘石即《公羊》經文也。今文經由先師口授，後著竹帛。授者著者，既有二家，二家因有異同。更與古文經本，别有異同。習《公》《穀》者，各遵用本師所傳之經。習《左氏》者，亦遵用本師所傳之經，不相雜厠。今以現行三傳經文，校此石經。有與《公羊》不合，與《穀梁》《左氏》合者，甚或全與不合。《公羊》自胡毋子都，遞傳至眭孟。孟傳嚴彭祖、顔安樂，有嚴、顔之學。西漢只立《公羊》博士，不分嚴、顔，東漢兼立嚴、顔二家。洪氏《隸釋》載石經《公羊》校記，每稱顔氏云云，知用嚴氏本，别以顔本異同校附。嚴、顔同出眭孟，經本分傳，久或有異。顔氏更有泠、任之學，有筦、冥之學。即顔氏一家，亦未必劃一。石經《公羊傳》文，既用嚴本，經必從同。今本經傳出于何邵公，何氏兼采嚴、顔二本。説見王静安《觀堂集林·書春秋公羊傳解詁後》。凡石經與今本不合者，皆爲嚴本，而何殆顔本也。其與《左》《穀》合者，亦皆嚴本，非兼參《左》《穀》也。惟今文經文雖殊，類殊于字形，不殊于字音。文由經師口授，此家記以此字，彼家或記以彼字。所授之音同，所記之字音亦同。求之今讀，即或弗合，征諸古音，殆無不合。間有不合，乃經師音讀有異。如經爲此音，所記之字，通常雖非此讀，彼時經師，則多爲此讀。今校石經異文，即以是爲歸。循其柢根，而明其佐證，古音古義，時發露于行字間。手此殘經，曷啻鴻寶。

傳世熹平石經字數之多，除僞刻不計，此與三原于氏、萍鄉文氏二石，當鼎足而三。隋唐秘府藏熹平《春秋》石經一卷、《公羊》石經九卷，今皆不傳。天吴紫鳳，猶存此石。異日當并其他《春秋》小石校之，傳鴻都之舊規，宣皇漢之遺美，斯其嚆矢也。

公會齊侯宋公陳侯衛侯鄭伯許男曹伯于咸。（第一行。僖公十三年。）

咸，今三《傳》經文皆作“鹹”。

案：鹹從咸聲，同音通假。

〔齊〕〔師〕〔曹〕〔師〕伐厲。（第三行。僖公十五年。經文據今本補入者加匡，下同。）

厲，三傳皆作“厲”。

案：《説文》厲，“從厂，蠆省聲。”又“厲，或不省”。是小篆有二體，一爲省文作“厲”，一不省作“厲”。“厲”從“蠆”，《説文》“蠆”省作“萬”，訓毒蟲，是字可作“厲”。今作“厲”者，广、厂篆隸互用，即其體也。漢校官碑“初厲清肅”，劉熊碑“賞進厲頑”，皆與石經合。“蠆”“萬”本一字，詳徐氏《説文段注箋》諸書。“萬”，金文仲敀作，田盉作，象蝎形。後爲萬千字所假，别從虫造“蠆”，省内作“萬”。漢隸“厲”從省體，因筆畫過繁，結體不便，且與牡蠣之“蠣”易混，故以爲别也。

八月螽。（第三行。僖公十五年。）

螽，《左》《穀》作“螽”。今本《公羊》作螺，移虫于左，與此同。《左傳》釋文：“本亦作螺。”

案：《説文》“螺”爲“螽”或體。《爾雅》釋文：“螽本或作螽”，與石經合。《公羊·桓》五年、宣十五年、哀十三年字“螺”，《左》《穀》皆作“螽”。

季姬歸于繒（第三行。僖公十五年。）

繒，《左氏》及今本《公羊》均作“鄫”。此與《穀梁》同。

案：繒名亦見僖十四年、襄四年、哀七年經傳。《公》《左》作“鄫”，《穀梁》作“繒”，與此無異。惟《左·僖十四年》經，“季姬及鄫子遇于防，使鄫子來朝”，《釋文》：“本作繒。”是《左氏》一本，舊亦作“繒”也。《國語·周語》《荀子·堯問篇》《國策·魏策》《史記·周本紀》及《孔子世家》《漢書·地理志》及

《方術傳》《後漢書·郡國志》字皆作“繒”。漢開母廟石闕銘“杞繒闕罾”并同。是自戰國以下,故書石刻,俱屬一系。此與《穀梁》正其通體也。傳世周鄫伯簠作“曾”,“曾”其初文,從邑作“鄫”,亦見晚周古鑼,爲後起正字,作“繒”則同音通假。石經字體,類與今本《公羊》及《史記》《漢書》合。《左氏》不與石經同者,類與《穀梁》合。此疑《公》《左》舊本,亦皆作“繒”,與石經《穀梁》同。《左氏》釋文“一本作繒”可證。今作“鄫”者,殆“鄫”爲正字,後世所改。經文異同,此類固甚多也。

是月,六鷁退飛,過宋都。(第四行。僖公十四年。)

鷁,今本三《傳》皆同,唐開成石經《穀梁》作“鶂”。

案:《左傳正義》:“鷁或作鶂。”《釋文》:“本或作鶂。”《公》《穀》釋文俱云“六鶂”,《穀梁》注疏同。《説文》“鶂”下及《史記·宋微子世家》《索隱》引《春秋》皆合。是自漢以來,舊有二體,一作“鷁”,一作“鶂”。“鶂”“鷁”古隸歌部,均讀如啊。《説文》有“鶂”無“鷁”,實一字異體。臧氏《經義雜記》謂三《傳》本皆作“鶂”,唐時《左傳》有作“鷁”者,後人據以易二傳。以石經證之,漢代已然,臧説非也。

伐央氏。(第五行。僖公十七年。)

央,三《傳》皆作“英”。

案:英從央聲,同音通假。地在安徽英山縣,今仍書英。

〔戰〕〔于〕儀,(第六行。僖公十八年。)

儀,三《傳》皆作“甗”。

案:“儀”隸歌部,“甗”隸元部,古音相通。如“甗尊”即“犧尊”,“車轙”之“轙”亦作“钀”,《廣雅·釋詁》“鬳,和也”皆可證。“鬳”爲“甗”之初文,《説文》:“鬲屬。”今傳周甗頗多,中有銅制隔器,從以得名。古讀元部,音當如“間”,間者,隔也。讀歌部,當讀如“戈”,即“隔”字古音。今呼“間隔”之“隔”猶若“戈”者,相承之古讀未泯也。儀從義聲,義從我聲,我從戈聲。古音“儀”字,當讀如“戈”,與“甗”正同。知三《傳》之“甗”,石經作“儀”,爲同音通假。説古音者,類以“鬳”入元部,不知別有歌部之音。段氏似知,疑未能定。經苗先麓駁難,沈隱至今。得此一證,宿霾頓啓。且知《春秋》經傳甗地一名,當讀歌部戈音,不讀元部間音,真一字千金矣。

〔二〕〔十〕〔有〕〔二〕年春，伐邾婁。（第九行。僖公二十二年。）

“伐”上，三《傳》皆有“公”字。“邾”下《左》《穀》無“婁”字。此與今本《公羊》同。

案：“公伐邾婁”一語，并見今本《公羊》隱七年、僖三十三年經。此脱“公”字，石經亦時有誤也。經傳時出邾名，《左》《穀》皆只作“邾”，《公羊》俱作“邾婁”。《禮記·檀弓》：“邾婁覆之以矢。”又言“邾婁定公之時”“邾婁考公之喪”，與《公羊》同。傳世邾器，前如邾伯鬲等，“邾”類作“鼄”，爲“蛛”原文，同音通假。後期如邾公釛鐘，則作“邾”。自署只一邾名，不爲邾婁。其稱邾婁者，《公羊釋文》：“邾人語聲後若婁，故曰邾婁。”是異地之人，以其語聲爲呼，合稱邾婁也。趙氏《春秋異文箋》：列國方言有語聲在後者，邾婁是也。有語聲在前者，句吴越是也。《公羊》多齊言，故邾作邾婁。其實邾婁一事，可單稱邾，可單稱婁，可合稱邾婁。溯其淵源，遠起于黄帝以前，爲神農支族名稱。别詳舊著《炎黄氏族考》及《春秋邾分三國考》。

取須朐。（第九行。僖公二十二年。）

朐，《左》《穀》作“句”。此與今本《公羊》同。

案：須朐一名，屢見三《傳》，先後異同，俱與此合。朐從句聲，與句同音通假。《漢書·五行志》：“取須朐。”《水經注》：“濟水又北徑須句城西，故須朐國，風姓也。”酈署“須句”爲地名時體，“須朐”則據經傳。知與班《志》所引，俱與石經及今本《公羊》合。

〔宋〕公慈父卒。（第十行。僖公二十三年。）

慈，《左》《穀》作“兹”。此與今本《公羊》合。

案：慈從兹聲，同音通假。《史記·宋世家》作“慈甫”，與石經及今本《公羊》同，“父”“甫”，古今字。

廿有〔四〕〔年〕。（第十行。僖公二十四年。）

廿，三《傳》皆作“二十”。

〔公〕追齊師至雋。（第十二行。僖公二十六年。）

雋，《左》作“酅”，《釋文》：“本又作巂。”《穀梁》與一本同。今本《公羊》作“巂”。

案：《説文》："雋，肥肉也。從弓，所以射隹。"篆作。王氏《釋例》云："從弓非也，當從短羽之。役之古文，殺之籀文，其字皆從殳。殳從，則即古文也，小篆省一曲耳。雋之在隹下，蓋鳥之尾上肉也。尾肉必肥，故説之曰肥肉，而雋永之義生焉。"丁鼎承先生曰："人臀曰脽，鳥尾肉曰雋，雋、脽同音，皆肥肉也。"以王説求之，今石經作"雋"，字下乃形，正從形變出，爲漢隸通體。後楷書作"雋"，出于小篆；作"雋"，則出于隸也。巂，篆作，《説文》訓周燕，從，象其冠，冏聲。冏聲不近。近人林義光《字説》謂："象枝尾形。古内、冏同字，形近内，因亦訛從冏。"繩以王氏説雋，其下亦爲羽尾，兩字形義正合，此一事也。《公羊》釋文"巂，户圭反，又似兖反"。《集韻》："粗兖切"，音轉凡有數讀。雋則《説文》朱音"徂沇切"，沇有兖、允二音，與粗兖切合。《集韻》"子兖切"，與似兖切合。是兩字音讀亦同，此二事也。合形與音，知"雋""巂"一字異體。字下從冂，亦可從冏，故《集韻》"巂"或作"雋"。是石經之"雋"，今本三《傳》作"巂"作"雋"，皆一事。《左》又作"酅"者，則以地名後又加邑也。

公子遂率師〔入〕〔杞〕。（第十三行。僖公二十七年。）

率，三《傳》均作"帥"。

案："率""帥"古通用。石經"率導"字俱作"率"，三《傳》均作"帥"。《周禮·樂師》注："故書帥爲率。"《儀禮·聘禮》注："古文帥皆作率。"《韓詩》"帥時農夫"，《毛詩》作率。《韓》爲今文，《毛》爲古文，《儀禮》有今古文，《周禮》爲古文。注言故書者，舊本如此。似漢代古文經傳，字類作"率"。以形義求之，兩體皆爲借字。因時書寫，初亦難拘。石經爲今文，字作"率"，即其一證。後時"率導"字書"率"，"將帥"字書"帥"，通屬假借，中又有别矣。

〔天〕〔王〕〔使〕宰周公來聘，公子遂如京師，遂如晉。（第十八行。僖公三十年。）

"宰"字殘存形，左下如撇，與石經筆法不類。"晉"上"如"字右口作，增一小横。或爲殘泐，或後人刻劃，須就原石審其刻法，及深淺情形定之。

鄭伯接卒。（第十九行。僖公三十二年。）

接，《左》《穀》作"捷"。此與今本《公羊》同。

案："接""捷"同音通假。《漢書·古今人表》作"接"，與石經及今本《公羊》合。

公伐邾婁。（第二十行。僖公三十三年。）

四字皆殘泐。“邾”下《左》《穀》無“婁”字，此與今本《公羊》同。

以上石經正面。

〔小〕邾婁子來朝。（第一行。昭公三年。）

異文同上。

獀于紅。（第六行。昭公八年。）

獀，三《傳》皆作“蒐”。《公羊》釋文作“廋”，云“本亦作蒐”。

案：“獀”即“搜”，爲《説文》“獀”字異體。《玉篇》：“獀，秋獵也，字亦作蒐。”又搜，同上。今本經典多作“蒐”。《國語・齊語》：“春以搜振旅。”《禮記・祭義》：“而弟達乎搜狩矣。”《韓詩内傳》：“夏曰搜。”魏大饗碑：周成岐陽之搜。“蒐”“獀”“搜”，三字通用。石經作“獀”，右上以書寫利便，合兩筆爲一，隸體多如此。

仲孫玃如齊。（第七行。昭公九年。）

玃，三《傳》皆作“貜”。

案：“玃”爲“貜”或體，説詳承氏《説文引經證例》。

齊國杓。（第九行。昭公十一年。）

杓，《左》《穀》作“弱”，今本《公羊》作“酌”。

案：《公羊》疏，賈氏作“酌”，服氏及《穀梁》皆作“弱”。賈、服均治《左氏》，《疏》指所傳《春秋》古經，據知賈本與今本《公羊》同。《公羊昭七年經》“齊國酌”，亦與此同。石經作“杓”。“杓”“酌”“弱”，古同音通假。趙氏《春秋異文箋》，謂酌弱音近，《公羊》作酌爲聲誤，非也。

衛北宫它。（第九行。昭公十一年。）

它，三《傳》皆作“佗”。

案：“它”“佗”通用，漢隸多作“它”。

鄭軒虎。（第九行。昭公十一年。）

軒,《左》《穀》作"罕"。此與今本《公羊》同。

案:《公羊》釋文:"軒舊音罕。"罕軒皆從干聲,同音通假。《左·昭四年》"渾罕",《韓非子·外儲説》作"渾軒",是其證。

楚公子比,自晉歸于楚,殺其君虔于乾谿。(第十一行。昭公十三年。)

殺,三《傳》經文皆作"弑"。谿,《穀梁》作"溪"。此與今本《公羊》及《左氏》同。

案:《説文》:"弑,臣殺君也。"《釋名》:"下杀上曰弑。""弑""殺"分用。此當如三《傳》經文作"弑",今作"殺"似誤,其實不爾。以字形求之,契文"杀"象殺人流血形,即"殺"本字。故書古文,因或以杀爲殺。殺以殳,又從殳會意作殺,此一事也。以字音求之,殺在東周以下,《老子》《管子》《晏子》《莊子》《吕氏春秋》諸書,類與祭部字協韻。讀如《論語》"非帷裳必殺"之殺,所界切。音以空間時間不同,亦聲轉如試,復于杀旁加式聲爲弑,此二事也。合形與音,知殺弑一義。初有讀音爲殺者,即用殺。有讀音爲弑者,即用弑。弑猶殺,殺亦猶弑。故《易·坤》:"臣弑其君。"《釋文》:"弑本或作殺。"《論語》:"陳成子弑簡公。"《釋文》:"弑本又作殺。"《禮記·檀弓》:"邾婁定公之時,有弑其父者。"《釋文》:"弑作殺。"是經典通用。説者以《易》《禮》他經詞例未嚴,《春秋》爲正名之書,或不若是。試再證之《春秋》。《公羊隱三年傳》:"莊公馮弑與夷。"《釋文》作"殺"。《昭十三年經》:"楚公子棄疾弑公子比。"傳文與合,《左》《穀》經傳皆作"殺"。《左隱四年經》:"衛州吁弑其君完。"《釋文》:"弑本又作殺。"《公》《穀》與同。《穀梁》釋文則云:"弑舊作殺。"知《春秋》經傳,亦每通用。先時此人讀殺,書殺于竹帛。後時他人讀弑,見此竹帛之殺,并讀爲弑。因之《釋文》、字書,殺字亦有弑音。先時此人讀弑,書弑于竹帛。後時他人讀殺,見此竹帛之弑,并讀爲殺。因之《釋文》、字書,弑字復有殺音。其證不勝枚舉。但論漢讀,班固《西都賦》以殺韻噬,即讀殺爲弑者也。殺、弑一義,初本無分。東周以下,如《左宣十八年傳》:"凡自内虐其君曰弑。"《國語·楚語》:"下虐上爲弑。"漸起分别,惟并不嚴,且不普遍。經傳故書,因仍互用。秦漢以後始嚴,《史記·高祖本紀》:項羽殺義帝江南,漢王爲發喪告諸侯曰:今項羽放殺義帝江南。《漢書·高帝紀》亦云項羽使九江王布殺義帝。《史》《漢》《黥布傳》略同。是由西漢至東漢初年,弑、殺界説,史官尚未悉遵也。嚴則見有著録臣殺君者,謂當作弑,從而改弑。改又難盡,致經傳中弑、殺間出。所改只爲一二本,勢難遍取各地傳本，一一改之。故各地傳本，弑、殺亦兼出。迨至隋代，陸德明取傳世各本，校爲《釋文》，異同燦然大顯。入唐刊立開成石經，重復改竄，一經弑、殺間出者，各依界説劃一。直至今日，奉爲圭臬。以後代改定之經傳，律古經傳，以後世弑、殺之書法，律古書法，偶有弗合，即紛紛辯難，曲爲辭説。宋元明清諸儒，似此者固甚多也。凡一名詞之演變，皆相因相生，由微而顯，由偏而遍，非一蹴可就。如朕、臣二稱，以古音求之，皆今語之咱也。人人可稱咱，即人人可稱朕稱臣。秦别朕爲帝王之稱，臣爲臣下之稱，一時亦難普遍。漢初君對臣或自稱臣，父對子亦或自稱臣，後始逐漸劃分。又如璽印之璽，周代君臣上下，印皆稱璽。秦又别爲帝王之印專稱。漢初臣下用印，仍或署璽，亦未齊一，入後方嚴。此其爲例，與殺、弑正同。經傳不出一時一手，强以逐漸演成之界説，例正在演變或尚未演變之書，已失真諦。更以六經爲孔子手定，以此殺、弑界説，爲孔子褒貶書法，尤爲誣罔。由前經傳異同求之，彼時君殺臣可稱弑，臣弑君可稱殺，殺、弑一事。楚公子比殺其君虔，三《傳》作"弑"固可，石經作"殺"亦可。三《傳》作"弑"，古本殆有作"殺"，後世改使一律者矣。石經作"殺"，即在熹平時刊定之本，尚未改盡，留在經中者也。

晉人執季孫隱如以歸。（第十二行。昭公十三年。）

隱，《左》《穀》作意。此與今本《公羊》同。

案：隱如一名，屢見三《傳》。《左》《穀》皆作"意"，《公羊》皆作"隱"。隱、意一聲之轉，音近通用，例與殷月、殷衣相類。殷從月，月讀于機切，殷讀于身切。月猶意，殷猶隱也。《禮記·中庸》："壹戎衣而有天下。"鄭注："衣讀如殷，聲之誤也，齊人言殷聲如衣。"鄭訓戎爲兵，謂壹戎殷者，壹用兵伐殷也，説殊非是。戎即淮夷徐戎之戎，當時受殷統治。殷以其人并與周戰，周人合稱戎殷。《逸周書·商誓》篇："肆我殷戎。"《世俘解》："謁戎殷于牧野。"即此戎殷也。《國語·周語》單穆公引《大誓》曰："戎商必克。"亦猶戎殷也。殷亦以夷應戰，故《左·昭二十四年》引《大誓》曰："紂有億兆夷人，離心離德。"《逸周書·明堂篇》：周公相武王，以伐紂夷，定天下。紂夷例猶戎殷也。紂非夷，殷商亦非戎，皆周人合稱之詞。《尚書·康誥》："天乃大命文王、殪戎殷，誕受厥命。"據此，則《禮記·中庸》"壹戎衣"，正即殪戎殷。《左傳·宣六年》引，亦爲"殪戎殷"。《逸周書·商誓解》："殪商之多罪紂。"殪意與此同。同篇："予既殛紂，承天命。"殪亦猶殛也，壹即殪之誤。鄭氏讀衣爲殷甚諦，釋戎衣則非。後如朱晦庵等，以戎衣爲甲胄，謂一著戎衣以伐紂。説出《尚書》僞《武成篇》僞孔傳，不俱辨。《吕氏春秋·慎大覽》高注："今兖州人謂殷氏皆曰衣。"朱氏《説文通訓定聲》殷下，今安徽黟縣，猶讀殷如衣。是讀殷如衣，爲漢代齊兖一帶方言。衣猶意，殷猶隱也。月衣與意，部異音通。當時季孫氏之名，音爲意如。齊人讀隱若意，《公羊》先師傳經，因以隱記音。雖爲隱體，仍當讀意也。

晉荀吴率〔師〕〔滅〕〔陸〕〔渾〕〔戎〕。（第十五行。昭公十七年。）

率，三《傳》皆作“帥”。

盜殺衛侯之兄縶。（第十七行。昭公二十年。）

縶，《穀梁》及今本《公羊》作“輒”。此與《左》同。

案：《穀梁》釋文：“輒如字，或云音近縶，非是。”古音縶、輒同讀，故三《傳》通假，非只音近也。《説文》：“㬪，絆足也，讀若輒。”又出“縶”云：“㬪，或從系，執聲”。縶爲㬪異體，㬪讀輒，知縶亦讀輒。

叔座卒。（第十八行。昭公二十一年。）

座，《穀梁》及今本《公羊》作“輒”。《左》作“痤”。

案：陳氏《公羊義疏差繆略》云：輒，《公羊》作“座”，與今本異。所據正同石經。座、痤同音，與輒古同紐，音近通假。

以上石經背面。

原載《説文月刊》一九四二年第三卷第八期

石經摭考初論

○ 顧培懋

第一章　緒　　論

漢儒言經，派别今古，治學之盛，蔚爲大觀，石經之作，遂成巨制，蓋東漢季年，書版之術未作，由結繩而書契而金篆而石刻，在我國文化史上，實爲莫大之進步。石經之出，是何異當世之書版，而爲研究我國古代學術文字版本極重要之材料，而尤爲研究我國考古學必不可少之材料；太學觀碑，又何異前世之身入天禄石渠；而摩挲牙籤玉軸，又何異今日之身入圖書館藏書樓，而流覽書本者，實當時唯一之善本書也。獨惜乎世遠年長，破損殘佚者多，而完存者少，邱陵山谷，滄海桑田，可慨也夫。

石經之刻，所以勒成文字，定爲一體，以傳示來者，使學者知古今文字之原，且藉以校訂訛舛。至考核之者，在唐有陸德明《釋文》，在宋有洪适《隸釋》，並載録石經文字，而大有功於羣經者，故清儒考核石經最精核，大抵咸由此推衍焉，若顧炎武氏之《石經考》，萬斯同氏之《石經考》，杭世駿氏之《石經考異》等，皆備載其源流；其餘如翁方綱氏之《漢熹平石經殘字考》，孫星衍氏之《魏三體石經殘字考》，嚴可均氏之《唐石經校文》，王昶氏之《蜀石經殘字》，丁晏氏之《北宋汴學篆隸二體石經紀》，馮登府氏之《石經考異》《續石經考異》，則並考其文字者。其他散見於各家著録，更不可勝數焉。

咸豐季年，碑學復興，愛好之士，趨而學之，漢魏以下各朝碑刻，大爲世重。迄於今日，承其餘風，發掘之舉日盛，發掘之品日多，而尤以石經一項，大爲世人所珍貴，獲其隻字片石者，率皆奉爲瑰寶，如上虞羅叔言氏振玉得石一百五十有七，爲字一千六百；萍鄉文舟虚氏素松於民國十九年，因公往來洛鄭間，於洛河之南朱疙瘩村，以重價購得漢熹平《周易》石經殘碑一段，作直三角形，兩面刻，計存字四百九十有六；同時三原于右任氏，獲其下截，兩面刻計存字四百五十有五，海内文壇，驚爲奇寶。他如吴興徐鴻寶氏森玉，鄞縣馬叔平氏衡，亦各得九十餘石，都七百餘字，閩中陳淮生氏承修及其餘各家得若干石，計二百餘字，西充白堅氏得十三石計四百餘字，國立北平圖書館得一石計百餘字，合而計之，當不下五六千字，誠近世考古學上一大貢獻也。然此猶據文氏《漢熹平周易石經殘碑録》所載耳，此皆漢熹平一字石經也。他若上虞羅氏另藏有北宋嘉祐真篆二體石經，及某氏所藏魏正始三體石經等，尚不得計其字數，蓋流傳尚未廣也。昔宋鄱陽洪氏所集録者，僅千七百餘字，又胡氏旁搜博訪，合諸家所藏，得漢石經四千二百七十餘字，又得古文篆隸三體石經遺字八百十九，則今世所存者，應遠出五六千字可知，設能集而印之以廣流傳，寧非快事？近人廬江劉健之氏，以珂羅版精印蜀石經八厚册，亦頗有功文獻。西安碑林，亦曾翻刻漢石經百餘字。是則石經之流傳日廣，殆無疑義矣。唐清二朝石經全文尚存。

石經之字體，有一體、二體、三體之不同，其刊行又有歷朝官刻、私刻之不一，而河洛一帶，實爲我國文化發祥之地，且爲東漢帝都，公私發掘，出土日多，吾人處此，宜無好古生晚之嘆矣。雖然，成事在人，地不愛寶，韓陵片石，難以獨尊，若夫正古經之謬字，校書本之訛文，使後世之士，得以摩挲先民手澤，至足樂也。矧時至今日，發掘出土之無窮者乎？近世收藏家得一精槧書，已視爲祕笈，炫爲至寶，則此石經之價值，又當何如乎？然其源流至廣也，其種類至夥也，自昆山顧炎武氏《石經考》一書問世，始有專著，厥後研究之者，實大有人在焉。

第二章　石經之源流及其種類

石經之刊行，據《榆墩集》所載，凡二十次，其文曰：

孔鮒藏經，魯恭王發之，孝平元始元年，王莽命甄豐摹古文《易》《詩》《書》《左傳》於石，此石經初刻也。章帝命杜操增摹《公羊》《論語》古文而釋以章草，此石經之再刻也。靈帝光和六年，命胡毋敬、崔瑗、張昶、師宜官以古人八分，刻《易》《書》《魯詩》《儀禮》《左傳》於太學講堂，此石經之三刻也。熹平四年，諸儒以《左傳》立於劉歆，當廢；《公羊》興於孝武，《周禮》《爾雅》傳於周公，《魯詩》《論語》出於孔子，當與《易》《詩》並刻。又詔蔡邕、楊賜、堂谿典、馬日磾等，純以八分書之，此四刻也。魏虞喜惜古文不傳，言於邵陵厲公，自摹古文於陳留，邯鄲淳以小篆釋之，鍾會注以小楷，刻鄴都學宫，此五刻也。晉惠帝，永熙武庫火，梁武帝索於王志，將漢拓本三種，詔蕭子雲等以小楷刻之金陵，《易》正費直，《書》用姚方興，《詩》用毛，《禮》用小戴，《春秋》用三傳，此六刻也。北魏太武神龜元年，從崔光之請，以漢魏石經在洛鄴者，遭王彌、劉曜之亂，命元暉、于烈、韓毅等補之，此七刻也。周大象之沈，齊高澄之炮，又殘闕矣，隋大業中，取其遺書於秘書省，貞觀六年，魏徵請發而傳之，詔歐陽開補其八分，此八刻也。時孔穎達爲義疏，請以王弼《易》，孔安國《書》，《毛詩》，"三禮"，"三傳"，《論語》，《爾雅》，《孟子》，《孝經》頒天下，爲十三經。開元四年，張説請古《易》、《魯詩》，詔禮部郎中殷仲容摹古文於石，此九刻也。天寶九年，從李林甫請，召侍書徐浩等，以小楷刻九經於長安，此十刻也。蜀孟昶命李仁罕、毋昭裔楷書刻《易》《書》《詩》"三禮""三傳"《論語》《孟子》，十一經，此十一刻也。南唐昇元，以楷書刻十一經，增《孝經》《爾雅》，此十二刻也。宋淳化六年，翻刻蜀十一經於汴，此十三刻也。高宗御書五經於臨安府學，才人吴氏續之，此十四刻也。洪适摹鴻都遺字於利州，此十五刻也。范成大復摹於少城，此十六刻也。天章閣侍制胡元質復摹於成都學宫，並三體列之，此十七刻也。明宣德六年，靖江王又摹於本府，此十八刻也。天順元年，秦府又摹刻，而古《易》、《魯詩》復完，此十九刻也。

方中履曰，十九刻之叙最明，獨不及鄭覃之刻，何耶？按《新唐書·鄭覃傳》，覃以經籍刓謬，博士陋淺，不能正建言，願與鉅學鴻生，共力讎刊，準漢故事，鏤石太學，示萬世法。詔可，乃表周墀、崔球、張次宗、孔温業等是正其文，刻於石。此唐文宗開成二年事，此又在於天寶石刻之後者，然則石經之刻，自漢迄明，凡二十刻矣。

愚按此云自漢迄明，凡二十刻，蓋舉官、私、複刻三者言之，羅列固可謂大備。然尚有私人專刻一經，及割取其經之一部分而刻於石者，猶未列焉。有清一代，更有乾隆五十六年，詔刊十三經於太學之舉，即長洲蔣衡所書是也。勘定立石，一依開成石經，並參以各善本，多所訂正。嘉慶八年，復加磨改，然則不止二十刻明矣。王應麟《困學紀聞》，謂石經有七，蓋指自漢迄宋官刻言之也，故其言曰：

> 石經有七，漢熹平則蔡邕，魏正始則邯鄲淳，晉裴頠，唐開成，中唐元度，後蜀孫逢吉等，本朝嘉祐中楊南仲等，中興高廟御書。

又曰：

> 《唐·儒學傳序》，文宗定五經，鑱之石，張參等是正訛文。按《唐文粹》劉禹錫《國學新修五經壁記》云，初大曆中，名儒張參爲司業，始詳定五經，書于講論堂東西廂之壁。序以參爲文宗時，誤矣，參所定乃書於壁，非鑱石也。

愚按閻若璩云，今關中唐時石刻，張參《五經文字》具在，南渡後榷場中無拓本，故厚齋未之見耳。全祖望云，深寧特謂張參作書，時乃刊壁，非鑱石耳，蓋以正儒學傳之謬，非不見陝本也。全氏又云，宋時石經貴蜀本而賤陝本，故學宫及儲藏家皆蜀本，不特南渡後榷場無陝本也。全氏又云，陝本石經，有《論語》，無《孟子》，陝本在金時嘗補之，但完整其殘闕，非竟失數經而補之也，陝本原無《孟子》，近日曲沃賈撫軍始補之。全氏又云，蜀本今難得，予僅見《毛詩》殘闕一本。屠繼序云，賈撫軍名漢復，康熙七年時。據此，則《儒學傳序》所載，文宗定五經鑱之石，似非誤載。《困學紀聞》又云：

> 舊史文宗紀云，開成二年十月癸卯，宰臣判祭酒鄭覃，進石壁九經一百六十卷。《會要》載是年八月，覆定石經字體官唐元度狀，今所詳覆，多因司業張參五經字爲準。《藝文志》，《唐書》參有《五經文字》三卷，元度有《九經字樣》一卷，文宗時是正訛文，乃元度，非參也。

愚按《舊唐書·鄭覃傳》云，覃故相珣瑜之子，長於經學，稽古守正，累遷尚書右僕射、同平章事，開成初，奏起居郎周墀、水部員外郎孔温業等校定九經文字，旋令立石。《書録解題·經解類》云，《五經文字》三卷，唐國子司業張參撰，大曆中刻石長安太學。據此，則張參既有《五經文字》，庸知是正訛文，非出於張參者耶？厚齋僅據元度《九經字樣序表》，遂以爲是正訛文之舉，乃元度而非參所爲，寧知事有先後乎？《儒學傳序》但云張參等，則以參爲主審矣。鈕琇《觚賸》引趙子函言，論石經事頗詳，蓋即出於《石墨鐫華》者，其言曰：

余既購西安石經全本，而未詳書者姓名，及刊立始末。走書頻陽，詢李子德内翰，李遣其嗣子叔青往盩厔從趙子函家抄示云，漢靈帝光和六年，刻石五經於太學講堂，此初刻也。蔡邕以熹平四年，與五官中郎將堂谿典、議郎張訓韓説、太史令單颺，奏求正定六經文字，帝許之，邕乃書丹刻石，立於太學門外，此再刻也。魏正始中，又立古、篆、隸三體石經，古文用蝌蚪鳥迹體，篆用史籀李斯、胡毋敬體，隸用程邈體，此三刻也。魏世□神龜元年，以王彌、劉曜入洛，石經殘毁，崔光之請補之，此四刻也。唐天寶中，刻九經於長安，《禮記》以《月令》爲首，從李林甫之請，此五刻也。文宗時，鄭覃以經籍刓繆，建石讎刊，準漢故事，太和七年，敕唐言度，復定石經字體，於國子監立石九經，並《論語》《孝經》《爾雅》共一百五十九卷，《字樣》四十卷，開成二年告成，此六刻也。按六朝以前用分隸，今石經皆正書，且多仿歐虞，知其唐人書無疑。《禮記》首《月令》，以尊明皇，諱純字以尊憲宗，又知其非天寶以前人書矣。則今西安府學石經，乃唐文宗敕定，而成於開成時者，舊在務本坊，韓建築新城，棄之於野，朱梁時，劉鄩用尹玉翁請，遷故唐尚書省之西隅，宋元祐中，汲郡吕公始遷今學，明嘉靖乙卯地震，石經倒損，西安府學生員王堯惠等，按舊文集其缺字，别刻小石，立於碑旁，以便摹補。《唐書》謂文宗朝石經，違棄師法不足觀，然其用筆雖出衆人，而法猶不離歐、虞，恐非晚近所及，唯王堯惠等補字，大爲紕繆，今華下東生天豸家，有乙卯以前拓本，庶幾稱善焉。趙子函名崡，啓禎間孝廉，盩厔人，所著有《石墨鐫華》。按光和在熹平後，錢牧齋注杜詩亦云，刻立石經，受詔在熹平，而碑成則光和也，今分初再刻，似誤。

愚按唐元度之元字，而此云言字，似誤，葉昌熾氏《語石》，亦有論石經之文，其文曰：

一曰石經，漢之熹平一字，魏之正始三字，唐之開成，宋之嘉祐，西蜀孟氏，南宋高宗，皆嘗有石經之刻。今惟開成十二經無《孟子》存西安府學，尚爲全本，惟字經後人剜改，其異同詳見烏程嚴氏校文。此外衹存殘石，或僅存殘拓孤本，漢石經據董逌、洪邁所紀，高一丈廣四尺，《後漢書·靈帝紀》《儒林傳》皆云正定五經文字，而《蔡邕》《張馴傳》則云奏定六經，《隋書·經籍志》云七經。顧南原曰，五經者，蓋以《儀禮》《禮記》爲一經，《春秋左氏》《公羊傳》爲一經與《易》《詩》《書》而爲五，實則七經也。

其石久亡，今海内祇存殘字兩本，一爲北平研山齋孫氏藏本，一爲錢梅溪所得雙鈎本。同治初，兩本皆歸川沙沈韻初孝廉，今其售於湖北萬觀察航。然宋時即有兩翻刻洪文惠刻於會稽蓬萊閣，胡宗愚又鑱於錦官西樓，亦未必果爲漢刻。魏正始石經，自宋以來，未聞著録，乙未在會典館，福山王廉生祭酒忽以拓本兩紙見示，一行古文，次篆，次隸各一行，云三體石經也，中州新出土，莫能定其真贋。古文頗似《宋宣和博古圖》所摹鐘鼎文，隸書秀勁，亦與尊號受禪諸碑異。孟蜀石經，其相毋昭裔所造，自熹平迄開成，祇有經文，惟蜀石經有注，據晁公武《攷異序》，《孝經》《論語》《爾雅》廣政甲辰，張德釗書；《周易》，辛亥楊鈞、孫逢吉書；《尚書》，周德貞書；《周禮》，孫朋吉書；《毛詩》《禮記》《儀禮》，張紹文書；《春秋左氏傳》，祥字缺筆，避孟氏諱，亦爲蜀人所書。至宋皇祐中，田元均補刻《公》《穀》二傳，宣和間，席益刻《孟子》，皆正書。明曹學佺《四川名勝志》已云諸刻皆不存，惟《禮記》數段在合州賓館中。國朝乾隆中，錢唐黄小松之父松石先生，得《毛詩》殘字二卷，後歸於小山堂趙氏，一時名流，如全謝山、厲樊榭、丁龍泓諸人，皆有題識。聞之先輩言，一黔人士宦蜀，得殘石携壓歸舶，今不知其尚存否？宋嘉祐石經，章友直、楊南仲與張次立同篆，一行篆字，一行真字，但有《易》《詩》《書》《周禮》殘石數片。孫氏《訪碑録》，尚有《周易》《尚書》殘刻。余曾於滂喜齋得《周禮》殘拓四紙，《書》《易》於廠肆見之，未之藏也。南宋石經，高宗御書，較嘉祐本無《周禮》《孝經》，而有《論》《孟》，《禮記》但有《中庸》《大學》《學記》《儒行》《經解》五篇，高宗又嘗書真草《孝經》，以賜秦檜。孔湔谷云，此別刻石，不在太學石經之列。《易》《詩》《左傳》皆小楷，《論》《孟》結體較大，明嚴訥石經歌，所謂"字形僅比黄庭小"是也。元初楊髡欲取以壘塔，申屠致遠力争而止。然阮文達輯《兩浙金石志》，已祇存八十六石，則散亡已不少矣。其殘石存杭州府學。廣州府學有高宗真草《孝經》一石，五層，層五十二行，行十字，舊在大成殿，後廢爲井牀，嘉慶末，平陽儀克中搜得之，書刻年月别爲石，已亡。

余嘗怪釋氏刻經遍天下，房山雷音洞二千三百餘石，偉矣，中山之法果寺，寶山之萬佛溝，或建石，或摩崖，莫不大書精刻。余所藏《尊勝陀羅尼經》，多至四五百通，《金剛經》亦數十通，《維摩》《華嚴》《首楞嚴》，皆有石本。六經自遭秦火，漢魏唐宋勼刻之外，官私石刻，寥寥天壤。綜所見録而存之，惟《孝經》有兩全本：一爲石臺《孝經》，唐天寶四載明皇御注御書；一爲宋光堯御書，紹興十四年七月辛未上石，在四川遂寧縣初刻本在臨安已佚。孫氏《訪碑録》，有熙寧五年張南軒書《孝經》，南軒爲攷亭弟子，熙寧時安得有其石刻，孫氏未見原石，但據瞿木夫拓本著録，得自傳聞，必有訛舛。李陽冰篆書《謙卦》，皖中有兩本，一在當塗之太平府學，一在蕪湖縣學。葉紹聞《四朝聞見録》云，南屏山興教寺，有司馬温公摩書《家人卦》《禮・中庸》《大學篇》，今尚存湖上，《禮記》無《大學》，而有《樂記》，《易・家人》之外，有《艮》《損》《益》三卦，《損卦》《益卦》在幽居洞，又節録《左傳》晏子語，在太子灣，皆温公八分書也。《家人卦》紹興十九年，温公之曾孫備倅廣西融州，復摹刻於真仙巖之石壁，同年唐召皆令融縣，爲余拓得一本。趙撝叔云，尚有陝、蜀兩本，則未見也。桂林彈子巖，有南軒書《論語》問政章，此外節録經文者，朱子書"《易》有太極"一則，刻石於武陵，"敬以直内，義以方外"八字刻石於道州，諸家著録，祇此而已。元無刻經，上饒有《六經圖》，亦未見拓本。

愚按葉氏所云，並上列各家之說，已足罄石經之原委矣，然各朝刻經之詳，不可不知也，兹於下章分别論之，本章不贅述焉。

第三章　漢熹平一字石經一 書丹年月　立石地址　立石年月　字體異稱

《後漢書・靈帝紀》云：

熹平四年春三月，詔諸儒正定五經文字，刻石立於太學門外。

《蔡邕傳》云：

邕以經籍去聖久遠，文字多謬，俗儒穿鑿，疑誤後學，熹平四年，乃與五官中郎將堂谿典，光禄大夫楊賜，諫議大夫馬日磾，議郎張馴、韓説，太史令單颺等，奏求正定六經文字。靈帝許之，邕乃自書丹於碑，使工鐫刻，立於太學門外，於是後儒晚學，咸取正焉。及碑始立，其觀視及摹寫者，車乘日千餘兩，填塞街陌。

《宦者・吕强傳》云：

時宦者濟陰丁肅、下邳徐衍、南陽郭耽、汝陽李巡、北海趙祐等五人稱爲清忠，皆在里巷，不争威權。巡以爲諸博士試甲乙科，争第高下，更相告言，至有行賂定蘭臺漆書經字，以合其私文者。乃白帝，與諸儒共刻五經文於石，於是詔蔡邕等正其文字。自後五經一定，争者用息，趙祐博學多覽，著作校書，諸儒稱之。

《儒林傳序》云：

（自大初後），游學增盛，至三萬餘生，然章句漸疏，多以浮華相尚，儒者之風蓋衰矣。黨人既誅，其高名善士多坐流廢，後遂至忿争，更相言告，亦有私行金貨，定蘭臺漆書經字，以合其私文。熹平四年，靈帝乃詔諸儒正定五經，刊於石碑，爲古文、篆、隸三體書法，以相參檢，樹之學門，使天下咸取則焉。

注云：

古文謂孔子壁中書；篆書，秦始皇使程邈所作也；隸書，亦程邈所獻也，主於徒隸，從簡易也。謝承《書》曰："碑立太學門外，瓦屋覆之，四面欄障，開門於南，河南郡設吏卒視之。"楊龍驤《洛陽記》載朱超石《與兄書》云："石經文都似，碑高一丈許，廣四尺，駢羅相接。"

愚按范氏成書，正始三體石經已立，范氏不辨，故《儒林傳》有"爲古文、篆、隸三體"云爾。

袁宏《後漢紀》云：

熹平四年春三月，五經文字，刻石於太學之前。

酈道元《水經·穀水注》云：

漢靈帝光和六年，刻石鏤碑載五經，立於太學講堂前，悉在東側。蔡邕以熹平四年，與五官中郎將堂谿典、光禄大夫楊賜、諫議大夫馬日磾、議郎張馴、韓説、太史令單颺等，奏求正定六經文字，靈帝許之。邕乃自書丹於碑，使工鐫刻，立於太學門外。于是後儒晚學，咸取正焉。碑始立，觀視及筆寫者，車乘日千餘兩，填塞街陌。今碑上悉銘刻蔡邕等名。魏正始中，又立有古、篆、隸三字石經。魏初，傳古文出邯鄲淳，石經古文，轉失淳法，樹之于堂西，石長八尺，廣四尺，列石于其下，碑石四十八枚，廣三十丈。魏文帝又刊《典論》六碑，附於其次。陸機言《太學贊》别一碑，在講堂西，下列石龜，碑載蔡邕、韓説、堂谿典等名。《太學弟子贊》

復一碑，在外門中，今二碑並無。

萬斯同《石經考》云：

按太始乃魏廢帝，乃文帝之孫，此言文帝又刻《典論》六碑甚謬，若言又刻文帝《典論》六碑，則當矣。

愚按太始乃正始之誤，廢帝邵陵公芳也，文帝《典論》，蓋追刻也。

洪适《隸釋》云：

《水經》云，光和六年立石於太學，其上悉刻蔡邕名，蓋諸儒受詔在熹平，而碑成則光和年也。

楊慎《丹鉛總録》云：

漢靈帝光和六年，刻石鏤碑，載五經文於太學講堂前，此初刻也。蔡邕以熹平四年與五官中郎將堂谿典，議郎張馴、韓説，太史令單颺，奏求正定六經文字，靈帝許之。邕乃自書丹於碑，使工鎸刻，立於太學門外，此再刻也。

愚按此段所言，與前《觚賸》引趙子函所云相同，則趙氏《石墨鎸華》所云石經一事，必依據此文。杭世駿《石經考異》云，楊慎以光和六年爲初刻，熹平四年爲再刻，《石墨鎸華》因之，是並忘光和在熹平之後，可謂顛倒繆盭矣。朱彝尊《經義考》云“漢熹平刻石，光和立石，先後總屬中郎所書，非再刻也”，是已。蓋熹平四年爲乙卯，而光和六年爲癸亥，首尾相距九年，范史言其初刻，而道元言其已立也。

愚又按《邕傳》謂邕自書丹，傳以邕爲主，不得不專言邕，其實同書而主客耳，如《公羊》殘碑後有馬日磾、趙䮳、張文、傅楨諸名臣，《論語》殘碑後有左立、孫表諸臣名，俱載洪适《隸釋》，又不僅本傳所云堂谿典等六人已。

杭氏《石經考異》曰：

《蔡邕傳》：“與五官中郎將堂谿典，光禄大夫楊賜，諫議大夫馬日磾，議郎張馴、韓説，太史令單颺等，奏求正定六經文字。”堂谿典見《延篤傳》注，馬日磾見《孔融傳》注，張馴在《儒林傳》，韓説、單颺在《方術傳》。洪适《隸釋》：“石碑《論語》殘碑末一行云：‘詔書與博士臣左立，郎中臣孫表’。”黄伯思《東觀餘論》：“石經《公羊》殘碑其末云‘谿典諫議大夫，臣馬日磾，臣趙䮳，議郎臣劉宏，郎中臣張文，臣蘇陵，臣傅楨'，惟'谿'字上缺，當是'谿典'也。"由二碑證之，則當時奏求正定者，祇邕等七人，暨後立石，又有左立、孫表及趙駴等諸人也，范史略之耳。

又曰：

《邕傳》及《水經注》，皆言邕自書丹於石，使工鐫刻。《洛陽伽藍記》亦言三種字石經，漢右中郎將蔡邕筆之遺迹。《隋書・經籍志》亦言後漢鐫刻七經，著於石碑，皆蔡邕所書。董逌《廣川書跋》乃云："石經不盡蔡邕書，如馬日磾輩相與成之。"洪适《隸釋》云："今所存諸經字體各不同，雖邕能分善隸，兼備衆體，但文字之多，恐非一人可辨，竊意其間必有同時揮毫者。"張縯《石經跋》云："今六經字體不一，當是時書丹者亦不獨邕也。"

瞿中溶《漢石經考異補正》云：

漢石經之立，據《後漢書・靈帝紀》，及袁宏《後漢紀》，皆言熹平四年春三月，詔諸儒正定五經文字，刻石立於大學。證以《蔡邕傳》《儒林傳》，皆云熹平四年，惟酈氏《水經注》云，光和六年刻石。洪景伯以爲蓋諸儒受詔在熹平，而碑成則光和年也，則計自熹平四年至光和六年，有二十六年之久矣，當時寫列各經，爲工本鉅，自必陸續告成。

愚按自熹平四年乙卯，至光和六年癸亥，明爲九年，而此云二十六年，蓋瞿氏之疏也，設係二十六年，則將入建安五年庚辰矣。然在當時文物未盛之時，書刻五經全文，需九年之久，亦不爲過。其稱爲熹平石經，因始刊之時爲熹平，猶唐石經之刊於太和，畢於開成，則自其刊成時言之，故曰開成石經也；亦猶蜀石經之刊於廣政，畢於淳祐，因追紀其始刊之時，故曰廣政石經也。然則漢石經將一字歟，抑三字歟，是不可不辨也。

《隋書・經籍志》載一字石經之稱，又注文於"一字石經《尚書》六卷"之下曰："梁有今字石經《鄭氏尚書》八卷，亡。"《舊唐書・經籍志》《新唐書・藝文志》並云"今字石經"，蓋石經有一字之稱者，始見於《隋書・經籍志》，而有"今字"之稱者，亦始見於《隋書・經籍志》，石經本有一字、二字、三字之不同，即所謂一體、二體、三體是也。漢爲一字隸書，唐、後蜀、南宋、清爲一字正書，北宋爲真、篆二體書，魏正始爲古文、篆、隸三體書，然此乃官刻也。《隋書・經籍志》之稱一字，係對於三字言者，當爲專指漢熹平無疑。《後漢書・儒林傳序》云，古、篆、隸三體書法，以相參檢。顧藹吉《隸辨》，以一體爲一字，所謂三字者，古文爲一，篆書爲一，隸書爲一，是一體、二體實沿三體推言之耳。《隋志》注云"梁有今字石經鄭氏尚書八卷"，蓋指熹平石經而言，非指三體石經也。

《隋書·經籍志》，載有"一字石經《周易》一卷，梁有三卷。一字石經《尚書》六卷，梁有今氏石經《鄭氏尚書》八卷，亡。一字石經《魯詩》六卷，梁有《毛詩》二卷，亡。一字石經《儀禮》九卷，一字石經《春秋》一卷，梁有二卷。一字石經《公羊傳》九卷，一字石經《論語》一卷，梁有二卷。一字石經《典論》一卷，三字石經《尚書》九卷，梁有十三卷。三字石經《尚書》五卷，三字石經《春秋》三卷。梁有十二卷。"愚按後漢鎸刻七經，當爲一字，魏正始所刻石經爲三字，惟另刻魏文帝《典論》，則一字也。

杭世駿《石經考異》曰：

> 《儒林傳序》："詔諸儒正定五經，刊於石碑，爲古文、篆、隸三體書法，以相參檢。"《伽藍記》亦稱"漢國子學堂前，有三種字石經二十五碑，表裏刻之，寫《春秋》《尚書》二部，作篆、科斗、隸三種字。"後魏《崔光傳》："爲祭酒，請命博士李郁等，補漢所立三字石經之殘缺。"《劉芳傳》亦云："漢世造三字石經於太學。"《江式傳》亦云："蔡邕採李斯、曹喜之法，爲古今雜形。"歐陽棐《集古録目》亦稱"石經遺字古文、篆、隸三體，凡八百二十九字，蔡邕書"。張舜民《畫墁録》、邵伯温《聞見後録》："乃據雒陽發地所得石經，以爲蔡邕隸書。"趙明誠《金石録》則又以爲"蔡邕小字八分書"，而力辨《儒林傳序》"古文、篆、隸三體"之非，黄伯思見《公羊》殘碑，亦定以爲鴻都一字石經。而《唐書·藝文志》，祇有蔡邕今字石經《論語》，唐以隸爲今字也。張縯又以爲邕不能具三體書法於孔安國三百年之後，或以邕三體參檢其文，而書丹於碑，則定爲隸。《魏書·江式傳》云："魏邯鄲淳建三字石經於漢碑之西，其文蔚炳，三體復宣，校之《説文》，篆隸大同，而古字少異。"《水經注》及《晉·衛恒傳》皆言魏正始中立古文、篆、隸三字石經，獨《隋書·經籍志》，乃言魏正始中又立一字石經，疑於乖謬。然考其目，三字石經祇有《尚書》《春秋》，而一字石經有《周易》，有《尚書》，有《魯詩》，有《儀禮》，有《春秋》，有《公羊傳》，有《論語》，有《典論》，與漢所立者不合，故正始之碑，仍不得遽以三字爲斷。胡三省注《通鑑》，

則又鑿指三字爲魏所立，亦似有理，而顧氏獨不之採。今特取而備論之，其言曰：范蔚宗時，三體石經，與熹平所鐫，並列於學官，故史筆誤書其事，後人襲其訛錯，或不見石刻，無以考正。趙氏雖以一字爲中郎所書，而未見三體者，歐陽氏以三體爲漢碑，而未嘗見一字者，近世方勺作《泊宅編》，載其弟匋所跋石經，亦爲范史、隋志所惑，指三體爲漢字，至《公羊》碑有馬日磾等名，乃示世用其所正定之本，因存其名，可謂謬論。

愚按《新唐書·藝文志》《舊唐書·經籍志》云"今字"者，蓋有二義，一爲以隸字對於古文而言，一爲沿襲《隋志》而云。杭氏以白《典論》爲不合漢時所立，殊不知《水經注》又云"魏文帝又刊《典論》六碑，附於其次"諸語，《論語》雖不入於五經六經，而"五經"、"六經"之稱，蓋言其成數也，其或附刊於後，亦未可知，烏得以爲不合哉。

《魏書·江式傳》云：

後開鴻都，書畫奇能，莫不雲集，於時諸方獻篆，無出邕者。

張懷瓘《書斷》云：

王僧虔云："飛白，八分之輕者，邕在鴻都門，見匠人施堊，遂創意焉。"

李綽《尚書故實》云：

東都頃年，創造防秋館，穿掘多得蔡邕鴻都學所書石經。

愚按李綽，韋絢《劉賓客嘉話録》同作趙綽。

董逌《廣川書跋》云：

蔡邕鐫刻七經，著於石碑，當時號鴻都三字。

又云：

蔡邕奏求正六經文字，自書於碑，大屋覆藏，立太學門外，號鴻都石經。

愚按董氏謂魏一字、漢三字，故云鴻都三字，蓋自范史誤有古文、篆、隸三體之説，諸儒莫辨，互承謬説使然。

黄伯思《東觀餘論》云：

漢石經《論語》，又有《公羊》，此蓋鴻都一字石經。

洪适《隸續》云：

石經《儀禮》，鴻都遺刻，獨此最爲難辨。

又云：

蔡伯喈奉熹平之詔，列鴻都之碑，晚學咸取正，未嘗一字好奇也。

趙均《金石林時地考》云：

漢鴻都門隸書石經殘碑。

杭氏《石經考異》云：

張懷瓘《書斷》，黄伯思《東觀餘論》，晁公武《石經考異》，皆稱鴻都一字石經，非也。按《後漢・靈帝紀》"光和元年始置鴻都門學生"。《蔡邕傳》："初帝好學，自造《皇羲篇》五十章，因引諸生能爲文賦者。本頗以經學相招，後諸生爲尺牘及工書鳥篆者，皆加引召，遂至數十人。侍中祭酒樂松、賈護，多引無行趣埶之徒，並待制鴻都門下。"《陽球傳》："拜尚書令，奏罷鴻都文學曰：伏承有詔，敕中尚方爲鴻都文學，樂松、江覽等三十二人圖象立贊，以勸學者。"又曰："今太學東觀，足以宣明聖化，願罷鴻都之選，以消天下之謗。"按《水經注》"穀水又東逕開陽門南，又東逕國子太學"，則太學在開陽門，與鴻都遠矣，獨怪當時待詔鴻都門下者，若師宜官，若梁鵠，八分皆極一時之選，何以光和六年立石，不令寫經，乃知二人特工蟲篆小技，五經所以正天下訛謬，偏傍增損之間，度非一二俗生可了，故曰"邕自書丹，使工鎸"，誠慎之也。

全祖望《鮚琦亭偶記》云：

《北魏書》江式《表》謂"蔡邕刻石太學，後開鴻都，諸方獻篆，無出邕者"，則鴻都固非太學，而又可見師宜官諸人之盡遜於邕也，邕以劾鴻都學生被遣，而謂石經出於鴻都，真大舛也。

陸機《洛陽記》云：

太學在洛城南開陽門外，講堂長十丈廣二丈，堂前石經四部，碑凡四十六枚，西行《尚書》《周易》《公羊傳》，十六碑存，十二碑毁，南行《禮記》十五碑悉崩壞，東行《論語》三碑，二碑毁。《禮記》碑上有諫議大夫馬日磾、議郎蔡邕名。

楊衒之《洛陽伽藍記》云：

開陽門御道東，有漢國子學堂，堂前有三種字石經二十五碑，表裏刻之，寫《春秋》《尚書》二部，作篆、科斗、隸三種字，漢右中郎將蔡邕遺迹也。猶有十八碑，餘皆殘毀。復有石碑四十八枚，亦表裏隸書，寫《周易》《尚書》《公羊》《禮記》四部，又讀書碑一所，並在講堂。魏文帝作《典論》六碑，至太和十七年，猶有四存，高祖題爲勸學里。武定四年，大將軍遷石經之鄴。

萬氏《石經考》云：

按《洛陽記》，漢石經止有十七碑，餘二十九碑盡毀，此在晉世已然，何以至魏末尚存二十五碑，然此乃楊公所目睹，語必不誣，愚意二十五當是十五之訛，蓋比晉時又損二碑矣。其言有十八碑，餘皆殘毀，亦不可解，上言二十五碑已非，安得又有十八碑。愚意餘字當衍，謂尚有十八碑悉殘毀不全爾。下言四十八碑，則是曹魏所刻，與《水經注》所言正合，無疑也。

愚按此云魏石經四十八碑，與《水經注》所載不合，萬氏云與《水經注》正合者，蓋言其碑數之合，非字體合也。且《洛陽記》載《禮記》碑上有諫議大夫馬日磾、議郎蔡邕名，則當爲漢時所刻無疑。《洛陽伽藍記》云“復有石碑四十八枚，亦表裏隸書《周易》《尚書》《公羊》《禮記》四部”，考魏正始中所刻石經，僅《尚書》《春秋》及《左氏傳》數經，並魏文帝《典論》而已，無《禮記》也，萬氏云陸氏之疏，觀此，萬氏亦不免於疏耳。

萬氏《石經考》又云：

三字之外，復有一字石經，黄伯思謂是鴻都一字石經，夫漢石立於太學，不在鴻都，若鴻都別立石經，是有二石經矣，《漢書》何以不言。

翁方綱《漢石經殘字考》云：

歸安丁小雅杰曰：“以漢太學石經稱鴻都石經者，誤始於唐張懷瓘《書斷》，而宋黄長睿《東觀餘論》，晁公武《石經考異》等書因之。”今參考《靈帝紀》《蔡邕傳》《陽球傳》，及《雒陽伽藍記》《水經・穀水注》《魏書》《北史・江式傳》，漢之待制，與刻石太學，判然兩事，亦判然兩地。且蔡邕以劾鴻都學生被譴，尤不容以邕正字書丹之碑，歸之鴻都也。昌黎《石鼓歌》，洪景盧《漢隸字原序》皆誤，未經核正爾。案光和元年二月始置鴻都門學,而蔡邕諸人書石經,在鴻都未立學之前三年,後人以熹平石經目曰鴻都者,當以丁君此論正之也。

翁氏《蘇齋題跋》云:

蔡邕諸人書石經,在鴻都未立學之前三年,後人以熹平石經目曰鴻都石經者,非也。光和元年二月,始置鴻都門學。

劉傳瑩《漢魏石經考》云:

自《書斷》誤稱熹平石經爲鴻都石經,黄伯思、董逌皆沿其誤,萬季野辨之,全謝山又據江式疏,謂鴻都固非太學,邕以劾鴻都學生被譴,而謂石經出於鴻都,真爲大舛,其辨尤爲明晰。

劉氏《石經考》注引田明昶云:

《靈帝紀》"光和元年,始置鴻都門學",自與大學無涉,但《法書要録》言,時方修飾鴻都門,蔡邕待詔門下,則《書斷》雖與范書不合,亦非創誤也。

張國淦《歷代石經考》云:

案《後漢書·靈帝紀》:"光和元年,置鴻都門學生。"注:"鴻都門名,於内置學,時其中諸生皆敕州郡三公舉召,能爲尺牘、辭賦及工書鳥篆者,相課式,至千人焉。"《魏·江式傳》:"後開鴻都,書畫奇能,莫不雲集。是鴻都在當日極光和間一時之選。"此時刊立石經,鴻都以經學相招,未必無辨難是正之事,以致蔡邕、陽球輩劾罷鴻都,當時即有鴻都三字之號,本董氏説。故唐宋時,如李、董、黄、晁、洪諸人,相沿漢石經爲鴻都石經,且本光和年號,别其稱曰鴻都,亦自文人舊習,非謂石經立於鴻都,鴻都學即太學也。

愚按張氏之説頗是,惟云當時即有鴻都三字之號,此蓋本諸董氏《廣川書跋》者,董氏謂三字者,當係本范書《儒林傳》"古文、篆、隸三體書法"一語,至云"鴻都",則亦據范書《靈帝紀》"始置鴻都門學"一語耳。實則鴻都學别爲鴻都學,太學别爲太學也。刻石經以垂萬世,乃空前大典,决無捨太學而置之鴻都學之理,是漢石經當始刻於熹平四年,立石於光和六年,石成置於太學,而其字體實一字隸書也。(未完)

原載《正風文學院刊》一九三七年第一期

漢石經彙考

◎ 余祥森

金石中，石刻最繁。蓋自周迄清，凡二千餘年，無代無石刻傳世。石刻中聚訟最多者，石鼓以外，當推石經。顧石鼓祇十數，今人論之者多，其最難解決之年代問題，似已解決過半。而石經則漢、魏、唐、宋、蜀、清，皆有新刻，錯雜凌亂，極易混同。尤以漢魏石經最易淆亂，近人對此，多有未甚了了者。不佞於漢石經頗加注意，爰集諸家之説，草此一篇。自知學疏議淺，不免貽笑大方，但意在引玉，故敢獻醜。海内通碩，幸賜斧削。

一、漢石經之時代與地點

《後漢書·蔡邕傳》："邕以經籍去聖久遠，文字多謬，俗儒穿鑿，疑誤後學。熹平四年，乃與五官中郎將堂谿典，光禄大夫楊賜，諫議大夫馬日磾，議郎張馴、韓説，太史令單颺等，奏求正定六經文字，靈帝許之。邕乃自書丹於碑，使工鎸刻，立於太學門外。於是後儒晚學，咸取正焉。及碑始立，其觀視及摹寫者，車乘日千餘兩，填塞街陌。"

是爲樹立石經之緣起。按熹平四年爲公元一七七年，去今已一七六六年。

又《後漢書·靈帝紀》："熹平四年春三月，詔諸儒正五經文字，刻石立於太學門外。"

於此又知，刻經實始於是年春三月。

《後漢書·儒林傳》云："熹平四年，靈帝乃詔諸儒正定五經，刻於石碑，爲古文、篆、隸三體書法，以相參檢，樹之學門，使天下咸取則焉。"

又據《儒林傳序》注引謝丞《書》曰："碑立太學門外，瓦屋覆之。四面欄障，開門於南。河南郡設卒視之。"

陸機《洛陽記》亦云："太學在洛陽城故開陽門外，去宮八里，講堂長十丈，廣三丈。"

酈道元《水經注》亦云："漢靈帝光和六年，刻石鑄碑，載五經，立於太學講堂前，悉在東側。蔡邕以熹平四年，與五官中郎堂谿典，光禄大夫楊賜，諫議大夫馬日磾，議郎張馴、韓説，太史令單颺等，奏求正定六經文字。靈帝許之，邕乃自書於碑。使工鐫刻，立於太學門外。於是後儒晚學，咸取正焉。"

據此，石經實刻於洛陽太學。乃後人關於地點，忽起争執，其誤會生於下文：

《魏書·江式傳》延昌二年，式上疏云："左中郎將陳留蔡邕採李斯、曹喜之法，爲古今雜形，詔於太學立石碑，刊載五經，題書楷法，多是邕書也。後開鴻都，書畫奇能，莫不雲集，於時諸方獻篆，無出邕者。"

按此，明明叙述兩事。刻石經爲一事，在鴻都比賽篆法又爲一事。非謂石經立於鴻都，亦非謂石經之書，雜出於四方書畫奇能者之手也。乃唐張懷瓘於《書斷》中，自作聰明，斷爲立於鴻都。而長於辭章，拙於考古之韓昌黎，於《石鼓歌》中，亦摭張説，而名爲"鴻都石經"。自後黄長睿之《東觀餘論》、洪适之《隸釋》、晁公武之《石經考》皆因之而誤。殊不知光和二年始置鴻都門學，而蔡邕等所立石經已始於熹平四年，其時動工已達四年，何得混二事而爲一。且據《邕傳》，邕自書丹於碑，是就碑書丹也，碑唐物也。既書丹矣，何勞再移。況刻碑之工，必久於書丹之工，以鏤刻難於書寫也。鴻都開時，石經工作已過半矣。此時書丹之工，必久已告竣，何勞再用諸四方書畫奇能者爲？又此輩所獻者爲篆，而漢石經爲"八分體"，絶未見有篆書者，古書所載有提及三體者，提及隸者，提及八分者，絶未見有單提及篆者。是石經之立，與此輩"鴻都學派"何涉？況邕以劾鴻都學生被譴，而謂石經立於鴻都乎？是其説又可不攻自破。

二、石經一字與三字之争

《儒林傳》又云："……乃詔諸儒正定五經，刻於石碑，爲古文、篆、隸三體書法。"蔚宗所以誤魏石經而爲漢石經者，蓋未親見石經歟？《邕傳》則未言明是“三”字抑“一”字。惟《儒林傳》之誤，誤於蔚宗之耳食，而《江式傳》之誤，則誤於後人之錯解。《江傳》所云“採李斯、曹喜之法爲古今雜形”者，蓋指邕等所書之“八分”而言。所謂“八分”，即後人所謂“採隸書八分、篆書二分而成”之書體也。（“八分”是否應作如是解，後當中論之。）故曰雜形。依《式傳》所云，若李斯、若曹喜，皆工於篆者，而非長於古文，若謂漢石經爲三體字，何以式竟未述及善於“古文”者？可知所謂“古今雜形”，並非所謂“古文、篆、隸”三體，乃指雜取古體與今體（指漢末當時之今體）而成之八分而言。

然而後人信三體之説者甚多，如楊衒之《洛陽伽藍記》、《北史·劉芳傳》、陸德明《經典釋文》、韋述《西京新記》、竇蒙《述書賦》注、張參《五經文字·序例》、郭忠恕《汗簡》、司馬光《資治通鑑》、董逌《廣川書跋》皆附和其説，博學如歐陽永叔，尚不敢糾其謬。此皆未曾目擊石經所致。

後《隋書·經籍志》，始載及魏徵所收聚者皆爲一字石經，張舜民《畫墁録》亦云：“嘉祐末，得一字石經二段於洛陽城，乃蔡邕隸書。”於是漢石經一字之説，始爲人所置信。而張舜民以八分類隸，故概稱之爲隸書。

後趙明誠因見石經遺蜕，故《金石録》云：“其字則蔡邕小字八分也。”趙蓋明於“隸與八分”之辨，故直斷曰“八分”。

洪适初得《尚書》《詩》《儀禮》《公羊》《論語》殘拓，皆爲一字者，後又得《左傳》三體遺字，始恍然，因斷定一字爲漢石經，三字爲魏石經。

顧南宋以後，殘存之石經，復佚去無餘，考據漢石經者類皆並遺蜕而未得見，於是有不信《廣川書跋》等書之紀載，而復主漢石經爲三體之説者，如萬斯同之《漢魏石經考》是。顧亭林爲一代通儒，至亦游移不决。

後朱竹垞作《經義考》，乃反覆力言漢石經之爲一字。厲樊榭爲杭堇浦作《石經考異》序，以辟雍所作“側”字，斷定漢石經爲隸書，同時孫退谷、黄秋盦、翁覃溪、錢金匱諸人因及見漢石經拓本，始確定其爲一字。今則新石累累，佐證鑿鑿，更無人再護《儒林傳》之短矣。

三、漢石經共有若干經

此問題初亦大見争執。《靈帝紀》謂是五經（見前文），《蔡邕傳》謂是六經（見前文），《儒林傳》謂是五經（見前文）。《張馴傳》云：“與蔡邕共定六經。”《宦者·吕强》云：“共刻五經於石。”《盧植傳》云：“時始立太學石經，以正五經文字。”

蔚宗本人已自模棱兩可，奚怪後人於此無所適從。

陸機親往洛陽，目擊石經者也，然猶僅述其所及見之《書》《詩》《易》《公羊》《儀禮》《論語》而已。即《江式傳》亦尚謂是五經。

至《隋書·經籍志》始明言曰：“後漢鎸刻七經，著於石碑，皆蔡邕所書。相承以爲七經正字。”

宋胡宗愈因得漢石經殘字甚多，故亦明言：“漢鎸七經，皆蔡邕書。”

是七經之説，信而有徵矣，但言者自言，疑者亦自疑。

黄長睿《東觀餘論》所説較詳，然亦不外叙其所見爲《尚書》《論語》《公羊》三種而已；並未斷定爲幾經。

趙明誠《金石録》則云：“章懷太子汴引《洛陽記》有《尚書》《周易》《公羊傳》《論語》《禮記》。今予所藏遺字有《尚書》《公羊傳》《論語》，又有《詩》《儀禮》。然則當時所立，又不止六經矣。”是趙氏衹疑及不止六經，尚未敢盡信七經之説也。

洪氏《隸釋》亦僅列載其所得諸經殘石之文，而未明言應有幾經。顧氏《石經考》亦惟六經而已，並不加斷語。至翁方綱《兩漢金石記》乃貿然斷定爲六經。其言曰：

> 方綱按《靈帝紀》所云“詔諸儒正五經”者乃渾舉之詞。《蔡邕傳》所云“奏求正定六經”者，則核實之文也。是熹平石經爲《周易》《尚書》《魯詩》《儀禮》《公羊》《論語》六經也。若全謝山以漢刻止有五經，《魯詩》爲黄初所補。杭堇浦以《隋志》言七經者，蓋一字石經有《周易》，有《尚書》，有《魯詩》，有《儀禮》，有《春秋》，有《公羊傳》，有《論語》，却合七經之數。遂斷以爲漢刻七經。此特揣測之論耳。

其實全謝山所云《魯詩》爲黄初所補，係根據魚豢魏《儒宗傳序》，未始無因。但今所發現之《魯詩》殘石並未灰補，或許當時所發現者實有灰補，亦未可知。惟魚豢云灰補石經，乃統指諸經而言，全氏則專指《魯詩》而言。此種揣測未免膠柱。至若杭堇浦所據《隋志》，雖然適逢其會，合於實在之數。但覃溪故意抹殺《春秋》，而硬斥《隋志》爲不當，亦未免過於武斷。覃溪所倡六經之説，半據《邕傳》，半以當時所餘石經殘拓爲斷耳。然石刻佚者自佚，出者自出，前代已然，後代何獨不然。覃溪徒依據現實，而過於輕視前人之紀載，致有此武斷。

今則洛陽新石，時時出土，彙集結果，乃知漢石經實有七經，即《詩》《書》《易》《儀禮》《春秋》《公羊》《論語》是也。蓋漢人初僅認《詩》《書》《易》《禮》《春秋》爲五經；但《論語》爲專經者所兼習，故後亦沿稱曰經。故范書有時稱五經，有時稱六經。若《公羊》則稱傳，而不稱經，魏、晉以後，乃併稱爲經。故《隋書・經籍志》統稱爲七經。

然則漢石經僅此七經乎？

曰：是不敢必！今所發現殘石，或云其文句有非七經者，其字迹有非八分者。是亦難斷七經之外，不無他經。吾人不能再效覃溪，作"短視"之推斷也。

四、漢石經書者共有幾人

此問題亦饒興趣。

《蔡邕傳》云"邕自書丹"，按此，七經似皆出邕一人手。《江式傳》則謂"題書楷法，多是邕書"；蓋已疑不是邕一人書矣。《水經注》亦謂"邕乃自書於碑"，恐不外據范史而言耳。《畫墁録》亦謂"乃蔡邕所書"，要亦隨聲附和而已。胡宗愈因目擊殘字，故發疑語曰："意者當時諸儒何涉筆於其間，未可知也。"黄長睿則喝破曰："經各異其書，不必皆蔡邕也。"洪文惠則不但斷定出於多人之手，而爲之月旦。其言曰：

> 今《公羊》《論語》之後，惟堂谿、曰磾二人姓名尚存。別有趙䛕、劉汎、張文、蘇陵、傅楨□、左立、孫表數人。竊意其間必有同時揮毫者。予詳玩遺字，《公羊》《詩》《書》《儀禮》又在《論語》上。劉寬碑陰、王曜題名，則《公羊》《詩》《書》之雁行也。黄初、孔廟則《論語》之苗裔也，識者當能別之。

窺洪意似《公羊》《詩》《書》之字體爲承當時之衣鉢，而《論語》則開魏晉之先河。《公羊》《詩》《書》一人手筆，意其在邕乎。《儀禮》次之，另有其人，《論語》又次之，另有其人。

顧亭林亦謂："字體不一，當是時書丹者亦不獨邕也。"顧氏此言蓋拾洪氏之餘唾耳。

自是之後，無人敢加斷定，因彼此均未見石經殘拓也。

自新石出土後，羅氏振玉所見最多，故曰：“今目驗諸經殘字，果筆迹各異。”

兹將各經殘字，節取其互有之字，雙鈎於左。其間因缺字關係，不得已取他字補上。

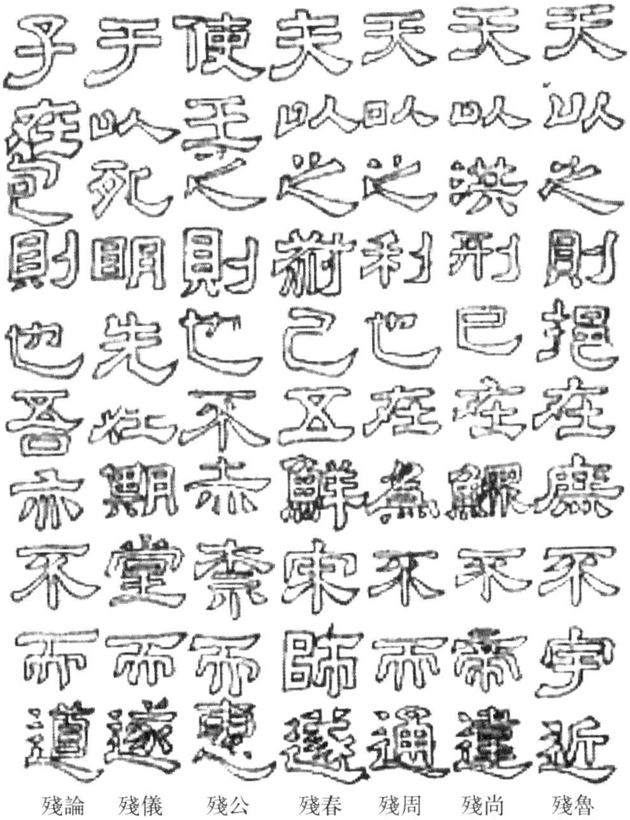

論語殘字　儀禮殘字　公羊殘字　春秋殘字　周易殘字　尚書殘字　魯詩殘字

七經中，《春秋》與《儀禮》字較大，筆劃亦粗。《公羊》《論語》次之。《詩》《書》《易》三經則皆細小清雋。《公羊》與《魯詩》因碑陰較碑陽字數少，故碑陰字亦稍大。《春秋》碑陽字粗於碑陰字。《周易》亦然，惟不如《春秋》之甚。《論語》殘字較少，然可窺其未能整齊也。

就筆道而論，《尚書》《周易》《魯詩》，尚多仍隸法；《公羊》《論語》，便多用側筆書矣。《春秋》與《儀禮》則純以側筆制勝，品斯爲下，然實開魏、晉書法之門，此不可不注意也。

論骨格當首推《尚書》，次《周易》，次《春秋》，又次《儀禮》，《公羊》似亦不惡，《詩》則弱些。

論結構，亦當讓《尚書》，《周易》《魯詩》亦皆純整，《儀禮》《春秋》《公羊》佳處亦不可多得，《論語》予所見皆未甚佳，但黄易存拓二段却不惡也。

論風神，《尚書》《周易》以下，當數《春秋》《儀禮》，《論語》精處或優於斯二者，次則《魯詩》坐於弱也，《公羊》於此最遜色。

予意最重《尚書》，其次《周易》，餘則伯仲之間耳。洪适特喜《公羊》，殊不敢苟同，或許當時適所得拓本爲佳歟？

最後，七經之外，尚有《序記》殘石，其陽字較大，陰字與經文等。予細審其書法，完全同於《尚書》。兹將《序》陽、《序》陰之字雙鈎而出，并取《尚書》殘字相同者附後，以供同好參考。

尚書殘字　序陰殘字　序陰殘字　序陽殘字

審此當知《尚書》與《序記》蓋爲一人所書。

《周易》之字幾與《尚書》相髣髴，但細校其用筆，則另出一人手。其他則字體不同，一望而知各異其書。予故謂八種書，實出七人手筆。

然則邕所書果屬何種？或謂劉寬碑陰與王曜題名皆爲邕書，今二書似皆不傳，無從持與校勘。予意《尚書》其爲邕所書歟？何以知之？據《江式傳》云，當時四方書畫奇能無出邕右。是邕字實獨步一時，此其可據者一也。《式傳》又云，題書楷法多出邕手。今《序記》與《尚書》同爲一人書，則是《序記》亦出邕手，故曰多出邕手，此其可據者二也。

五、漢石經參加者姓名考

石經寫刻，工程浩大，當非一二人所能辦。今所知參加者之姓名，除蔡邕本人外，見於邕本傳者僅五官中郎將谿典，光禄大夫楊賜，諫議大夫馬日磾，議郎張馴、韓説，單颺數〔人〕而已。《盧植傳》則多楊彪一人。華嶠《書》曰："與馬日磾、盧植、蔡邕等著作東觀。"似植亦與於斯役。《東觀餘論》云："《論語》之末，題云詔□書與博士臣左立、郎中臣□"，"書"上"臣"下，皆闕，當是著書者姓名。或云此即蔡邕書，姓名已亡。無以辨之，獨刻者陳興姓名甚完，何其幸歟！《隸釋》於《論語》末紀云："詔書與博士臣左立，郎臣孫表。"據此，又多出左立、孫表及刻者陳興矣。

《東觀餘論》又云："又有一版《公羊》，不知誰氏所得。其末云：'□谿典、諫議大夫臣馬日磾、臣趙䮍、議郎臣劉宏、郎中臣張文、臣蘇陵、臣傅楨□'，'谿'上'楨'下闕，'谿'上當是'堂'，謂堂谿典也。"

是又多出趙䮍、劉宏、張文、蘇陵及傅楨□。按《隸釋》，傅楨之"楨"字下有"雜"字，然則傅楨雜爲姓名歟？

新殘石序記中有孫賢及小夏侯郎中，下缺。則又多出二人矣。

另一序記殘石有"與光禄勳劉寬，中堂將堂□"，下缺。是又多出劉寬一人。

按《後漢書》，除蔡邕有傳，傳中亦敘及石經事外，楊賜、楊彪並附在《楊震傳》中。其敘彪云："熹平中，以博習舊聞，公車徵拜議郎。"其敘賜云："靈帝當受學，詔太傅、三公選通《尚書》桓君章句宿有重名，三公舉賜。乃侍講於華光殿中。遷少府、光禄勳。"自是之後，累官至太尉。中平二年九月進司空，卒於官。是楊氏父子出仕之時，適與石經刻寫之時合。

劉寬亦有傳，中云："靈帝頗好學藝，每引見寬，常令講經。"是寬通於經者也。又云："光和三年復代段熲爲太尉，在職三年。以日變，免。又拜永樂少府，遷光禄勳，以先策黄巾逆謀，以事上聞，封逯鄉侯，六百户。中平二年卒。"石經所紀之時代適與寬傳合，然則寬之校勘石經一事，直又可補范史之缺也。

《張馴傳》云："少游太學，能誦《春秋左氏傳》，以大夏侯《尚書》教授辟公府，舉高第，拜議郎，與蔡邕共奏定六經文字，擢拜郎中，典領秘書，近署，甚見納異，多因便宜，陳政得失。朝庭嘉之。遷丹陽太守，化有惠政。光和七年，徵拜尚書，遷大司農，初平卒於官。"則是馴之於石經勘刻，其功亦不少矣。

《韓説傳》云："博通五經，尤善圖緯之學，舉孝廉，與議郎蔡邕友善。"是説必有與於石經之校勘矣。

《單颺傳》云："以孤特清苦自立，善明天官、算術。"則是颺於《周易》之勘刻，或有相當貢益歟。

《盧植傳》云："少與鄭玄俱事馬融，能通古今學。"古今學者指古文經書與今文經書也。又云："徵拜議郎，與諫議大夫馬日磾，議郎蔡邕、楊賜、韓説等並在東觀，校中書五經記傳，補續《漢紀》。"是植至少必參與五經之校勘，然後此等經文方付書刻也。

他如堂谿典、馬日磾、左立、孫表、趙陔、劉宏、張文、蘇陵、傅楨雜、孫賢諸人，皆未有傳，今乃因石經，而名標千古。然此外當尚有不少肆力於此役之人，其姓名迄今皆不可考。其間殆有幸不幸歟。

綜合上述，約可推知當時參加人及其職務如下：

主校者　議郎蔡邕。

協校者　光禄勳劉寬、中郎將堂谿典、光禄大夫楊賜、諫議大夫馬日磾、趙陔、議郎張馴、韓説、劉宏、單颺、盧植、楊彪、博士左立、孫賢、小夏侯郎中□□、郎中孫表、洪文、蘇陵、傅楨雜及其他……

書丹者　蔡邕及其他。

刻石者　陳興及其他。

六、漢石經諸經次序之研究

漢石經七種孰爲先後，此問題亦關係於今古文五經次序問題。陸機親見石經者也，故其《洛陽記》云："……堂前石經四部。本碑凡四十六枚，西行《周易》《尚書》《公羊傳》，十六碑存，十二碑毁。南行《禮記》十五碑，悉崩壞。東行《論語》三碑，二碑毁。"惜當時《詩》與《春秋》適已崩壞，致機所述，尚未能判明石經之次序。

近人張國淦對此問題最有考究，其言曰：

> 今年十三經内《周易》《尚書》《毛詩》《儀禮》《春秋》(《公羊傳》附經)《論語》，即唐石經古文經本。《隋書·經籍志》叙石經，首《周易》，次《尚書》，次《魯詩》，次《儀禮》，次《春秋》，次《公羊傳》《論語》。今之言漢石經者本此。考《論語·述而》《秦伯篇》：《詩》《書》《禮》。《禮記·經解篇》：《詩》《書》《樂》《易》《禮》《春秋》。《荀子·儒效篇》：《詩》《書》《禮》《春秋》。《莊子·天下》《天運篇》《春秋繁露·玉杯篇》：《詩》《書》《禮》《樂》《易》《春秋》。《史記·儒林傳序》：《詩》《尚書》《禮》《易》《春秋》。今文家説經者宗之。《漢書·藝文志》：《易》《書》《詩》《禮》《樂》《春秋》。《儒林傳》：《易》《書》《詩》《禮》《春秋》。《白虎通·五經篇》：《易》《尚書》《詩》《禮》《春秋》。是以《易》爲首，次《書》，次《詩》，次《禮》，次《春秋》。古文家説經者宗之。《隋書》所叙石經，此古文家説經次第也。唐時崇尚古文，故修《隋書》者改用古文次第。石經雖不可考，《西征記》《尚書》在《周易》前，而《伽藍記》，《尚書》在《周易》後。似從當時習見之古文次第改易之。《洛陽記》亦猶是也。《洛陽記》：西行《周易》《尚書》《公羊傳》二十八碑。王氏國維謂西行失記《魯詩》及《春秋》二種。石經今文，當是首《魯詩》，次《尚書》，次《儀禮》，次《周易》，次《春秋》，次《公羊傳》《論語》。其碑次則西行《魯詩》《尚書》《周易》《春秋》《公羊傳》，南行《儀禮》，東行《論語》。

石經今文，當然以《詩》爲首，次《書》，次則《易》，《公羊》以不附經，當然繼《春秋》後。惟《春秋》反列在《儀禮》之前，似仍東漢末之習尚。質之張氏，以爲何如？

七、漢石經諸經之篇次

石經諸經之篇次，前人均未道及。以所見殘石不多也。近人羅振玉父子、王國維等乃研究及之。關於《詩經》之篇次，張國淦研究最精，其言曰：

> 羅氏振玉云：趙氏《金石録·跋尾》言"以世所傳經本，校此遺字，篇第亦有小異，而不言何經"。今知爲《魯詩》，與《毛詩》互勘，則篇第不僅小異。今略舉之：如《鄭風·山有扶蘇》上非《有女同車》，《小雅·彤丹》之後爲《賓之初筵》，《吉日》之後爲《白駒》。（案又有《瞻彼洛矣》之後爲《湛露》。）《大雅·旱麓》之後爲《靈臺》，《鳧鷖》之後爲《民勞》，《韓弈》之後爲《公劉》，《桑柔》之後爲《瞻昂》《假樂》。又云，《卷阿》在《文王》之前。案此據已有殘字者言之，其未有殘字之篇次與已有殘字之篇次聯屬處，又無佐證，兹姑依殘字排列。如《鄭國》，今本《大叔於田》《清人》《羔裘》《遵大路》《女曰鷄鳴》《有女同車》《山有扶蘇》；石經《大叔于田》《遵大路》《女曰鷄鳴》《有女同車》《羔裘》《清人》《山有扶蘇》。《小雅·南有嘉魚之什》，今本《蓼蕭》《湛露》《彤弓》《菁菁者莪》《六月》《采芑》《車攻》《吉日》；石經《蓼蕭》《菁菁者莪》《六月》《采芑》《車攻》《古日》《白駒》。《鴻雁之什》，今本《祈父》《白駒》《黄鳥》；石經《頎甫》《黄鳥》。《蒲田之什》，今本《瞻彼洛矣》《裳裳者華》《桑扈》《鴛鴦》《頍弁》《車舝》《青蠅》《賓之初筵》；石經《瞻彼洛矣》《湛露》《裳裳者華》《桑扈》《鴛鴦》《頍六》《車舝》《青蠅》《彤弓》《賓之初筵》。《大雅·文王之什》，今本《文王》《大明》《緜》《域樸》《旱麓》《思齊》《皇矣》《靈臺》；石經《文王》《大明》《緜》《域樸》《旱麓》《靈臺》《思齊》《皇矣》。《生民之什》，今本《鳧鷖》《假樂》《公劉》《泂酌》《卷阿》《民勞》《板》；石經《鳧鷖》《民勞》《板》《蕩》《泂酌》《卷阿》《桑柔》《瞻邛》《嘉樂》。《蕩之什》，今本《蕩》《抑》《桑柔》《雲漢》《崧高》《烝民》《韓弈》《江漢》《常武》《瞻邛》《召旻》；石經《抑》《雲漢》《崧高》《烝民》《韓弈》《公劉》《江漢》《常武》《召旻》，與今本不同。

不但此也。《式微》二章，石經"泥中"在"中露"前；《黄鳥》三章，石經"仲行"在"鍼虎"後；《都人士》似無首章，此皆與今本不同。

石經《尚書》亦與今本不同。其篇次《堯典》第一，今本中《舜典》删去"曰若稽古帝舜曰重華協於帝濬哲文明温恭允塞玄德外聞乃命以位"二十八字，併入《堯典》中。《皋繇謨》第二，今本中《益稷》併入其中。《禹貢》第三。《甘誓》第四。《湯誓》第五。《般庚》第六，今本此篇分上中下三篇，今併爲一。《高宗肜日》第七。《西伯堪飢》第八。《微子》第九。《大誓》第十，其文與今本

《泰誓》不同，故張國淦之碑圖，此段空白不録。《牧誓》第十一。《鴻範》第十八。《雒誥》第十九。《多士》第廿。《毋劮》第廿一。《君奭》第廿二。《多方》第廿三。《立政》第廿四。《顧命》第廿五，今本《康王之誥》合其中。《鮮誓》第廿六。《甫刑》第廿七。今本二者次序相反。《文侯之命》第廿八。《秦誓》第廿九。據《隸釋》云，《毋劮》"祖甲"在"中宗"之上。其他因新石發現過少，無從斷定有否異同。

石經《周易》篇次亦與今本不同。今本《周易》十二篇以《彖》《象》合於上下《經》内，以《文言》合於《乾》《坤》兩卦内。石經則分《上經》第一，《下經》第二，《上彖》第三，《下彖》第四，《上象》第五，《下象》第六，《上繫》第七，《下繫》第八，《文言》第九，《説卦》第十，《序卦》第十一，《雜卦》第十二，與今本不同。

石經《春秋》僅十一卷，即《隱公》第一、《桓公》第二、《莊公》第三，《僖公》第四，《文公》第五，《宣公》第六，《成公》第七，《襄公》第八，《昭公》第九，《定公》第十，《哀公》第十一。蓋今本《閔公》元年起，接於《莊公》卅有二年之下，不另分篇，第於元年上加"·"而已，故比今本少一卷。唐石經之篇次亦仍此，故亦僅十一卷。

石經《公羊》，亦從《春秋》例，共爲十一卷，惟傳上不附經，與今本不同。

石經《儀禮》篇次如下，《冠禮》第一，《昏禮》第二，《相見》第三，《士喪》第四，《既夕》第五，《士虞》第六，《特牲》第七，《少牢》第八，《有司徹》第九，《鄉飲酒》第十，《鄉射》第十一，《燕禮》第十二，《大射》第十三，《聘禮》第十四，《公食》第十五，《覲禮》第十六，《喪服》第十七。共亦十七篇，但其篇次，實與今本不同。

石經《論語》篇次，《學而》第一凡十六章；《爲政》第二凡廿四章；《八佾》第三凡廿六章；《里仁》第四凡廿六章；《公冶長》第五凡廿九章，今本僅分廿七章；《雍也》第六凡卅一章，今本僅分二十八章；《述而》第七凡卅八章，今本僅分卅七章；《泰伯》第八凡廿一章；《子罕》第九凡卅一章，今本僅三十章；《鄉黨》第十凡一章；《光進》第十一凡廿三章，今本則分廿五章；《顔淵》第十二凡廿四章；《子路》第十三凡卅章；《憲問》第十四凡四十四章，今本則分四十七章；《衛靈公》第十五凡卅九章，今本則分四十一章；《陽貨》第十七凡廿六章；《微子》第十八凡十二章，今本僅分十一章；《子張》第十九凡二十五章；《堯曰》第二十凡二章，今本則分三章。又，《堯曰》最後一章，其文完全與今本不同。

八、漢石經諸經之書式

石經之書式亦經各一式。

《魯詩》二《南》、《國風》、大小《雅》、三《頌》，篇題各占一行。每章末側注章次，曰“其一”“其二”等字，兩字合占一格。即篇僅一章者亦側注“其一”，每篇末章句下，空一格，加點。其每什後題亦空一格，接書於章句之下。

《易》分上下《經》，“十翼”，共十二篇，前已言之矣。上下《經》中諸卦文，蟬聯書之。每卦首畫卦象，當一字，不空格。每篇題占一行。《文言》《説卦》，每章首空一格，復加點識之。

《尚書》書式同《周易》，篇題占一行，《堯典》下附之《舜典》，《皋繇謨》下附之《益稷》，及三段合併之《般庚》，依《隸釋》中間似空格加點。張圖似未注意及此。

《春秋》每篇題亦另一行。篇中每易一年，空格加點。

《公羊》篇題同《春秋》，篇中每歲冠以某年，其上空一格加一點。至每事，則於首末兩字間，加點而不空格。

《儀禮》篇題亦另一行，但每兩章銜接處，於兩字間加點，而不空格。

《論語》每篇題亦各占一行，每章首空一格，加點。《論語》末有“凡廿篇萬五千七百一□字”，《詩》末殘字有“萬九”二字，殆亦有此種總數記載，他經末殘字未見有此，不知是否亦相同。

各經均先書本文，本文前有否書經之總名“魯詩”或“尚書”等等，以未見殘石，不敢臆斷。《書》本文後有二十九篇之《書序》，次似是跋文，而後校勘記。《周易》本文後未見殘石，《春秋》亦然；二者有否跋文及校勘記則未知。《公羊》本文後爲跋文，後接校勘記。《儀禮》正文後，似無跋文，而緊接校勘記。《論語》則本文後有“盍毛包周異同”文一段，其跋文甚簡，似即接異同後；校勘記似未有，因至此石已盡矣。

九、漢石經所據之經本

石經文字與今本不同，前已言及。然則石經所據之經本，果爲何本？

石經爲今文本，故第就今文本究之。漢時今文立學官者，《詩》有魯、齊、韓三家,《書》有歐陽、大夏侯、小夏侯三家,《禮》有大戴、小戴二家,《易》有施、孟、梁丘、京四家,《春秋·公羊》有嚴、顔二家,《論語》則有齊《論》、魯《論》之分以兼習,未立學官。

石經之詩文與《毛詩》篇次不同,其校勘記中,有“齊言”“韓言”,可決其爲《魯詩》。羅振玉、馬叔平、張國淦、錢玄同均主其説,當是《魯詩》無疑。

《尚書》,吴維孝、張國淦謂是小夏侯本,以序記中有“小夏侯郎中”五字也。羅振玉、馬叔平則未明定從何本。錢玄同於《重論經今古文學問題》中,推定爲從歐陽本。其根據爲:一、《隸釋》所録石經《尚書》殘碑中有“建乃家般□既”數字,以爲《般庚》仍分上、中、下三篇。二、以新出《書序》殘石一段,斷定石經有《書序》,合之其他,共得三十二篇,故推定爲歐陽本。其實錢氏並未多見石經殘石,亦並未見張氏之碑圖,故不知《般庚》並不分三篇,而僅爲一篇,故有此武斷。予以吴、張二氏之説,較有根據,然亦不能十分斷定也,以參加者楊賜父子與張馴皆習歐陽《尚書》也。

《周易》,序記中有“梁□施氏”等字,則非本梁丘氏必本京氏。但據《釋文》“坎”京作“欿”,“鯱琥”京作“劓劊”,“洗心”京作“先”,晁氏云其“形渥”京作“刑剭”,均與石經同。碑圖據京本排行,其出入之字最少,可知京氏之説爲足據,馬叔平倡之,張國淦等和之,固有徵也。又《周易》編次,後人合《彖》《象》《文言》於上下《經》中,朱文公撰《本義》乃本晁、吕二家,更定爲上下《經》、“十翼”,共十二卷,以復古《周易》之舊。今所存《周易》殘字,《文言》之後,繼以《説卦》。乃知文公所定,與石經正符。

《儀禮》,據《欽定四庫全書總目》《儀禮注疏·序》,戴德本凡十七篇,其篇次與石經正同。以石經《鄉飲酒》殘石篇首亦排在第十,與大載《禮》同也。是説羅、張、馬諸人均無異議,當是無誤。

《春秋》《公羊》,今文學官雖僅有嚴、顔二家,但石經所據何本,今人言人人殊。羅未明言,吴則兩提,馬主嚴,錢和之,張則主顔,以校勘記殘字,有顔氏也。阮元《春秋公羊傳注疏校勘記序》所舉校本均未有嚴、顔二家本,蓋早已佚矣。無以,其張説爲稍可據歟?

《論語》,據《論語注疏解經序》:“安昌侯張禹本受《魯論》,兼講齊説,善者從之。號曰張侯論,爲世所貴。包氏、周氏章句出焉。”而石經末有盍、毛、包、周異同説,可知爲張侯本。張國淦斷爲《魯論》,固不如馬叔平衡斷爲張侯本之切當也。

十、漢石經中之字句

石經所本與今本不同，故其字句，每多出入。洪适《隸釋》，以孔傳校其所得石經《尚書》殘字，則謂："石本多十字，少二十一字，不同者五十五字，借用者八字'鴻''艾''劮''猶'之類是也。通用者十一字'於''戲''母''女'之類是也。"以《毛詩》較其所得石經《詩》殘字，則謂："如'猗'作'兮'，'貫'作'宦'，'樞'作'蓲'數字。"謂"《公羊》殘碑惟易四字，省四字"。《論語》殘碑，"以今所行板本(指南宋時)校之，亦不至甚異，其文有增損者，其字亦有借及用古者，有字異而訓不連，若'置其杖''賈之哉'者。"羅振玉集所見新出殘字考之今本謂："《周易》校今本多一字，少二字，不同者十一字。《尚書》校今本少一字，不同者六字。《魯詩》校《毛詩》多一字，不同者三十九字。《儀禮》校今本少一字，不同者八字，顛倒不同者一字。《春秋》校今本不同者八字。《公羊傳》校今本不同者三字，句法不同者二句。《論語》校今本多一字，少一字，不同者四字。"語見羅著《漢熹平石經殘字集録・自序》中。計其所集之石與字，七經共爲二百九十四石，併爲二百九石，總得三千二百三十二字而已。其後著《補遺》一卷，尚有十石六百四十四字，其所異之字句，尚未敘及。

近人治此校讎之工者，羅氏以外，尚有文素松所著《漢熹平〈周易〉石經殘碑録》，其所校勘之石，即上述《周易》大殘石之上段，適足以補羅氏所校勘此石下段之缺。其字句異同，詳是書中。

次則吴維孝所著《新出漢魏石經考》一書，集石二十餘，上述最大之《序記》殘石在焉。其字句之異同，亦詳是書。

集數家之大成者當推張國淦。張氏於其《漢石經碑圖》中，不僅排成碑圖，而且就其所見殘石中不同字、借用字、通用字，及筆畫增減有關者，按經文次第，録成一表，附於《碑圖序》中，計得三百四十餘字。其字句間有與他書進出者則另著《魯詩説》《尚書説》《周易説》《春秋説》《公羊説》《儀禮説》《論語説》，附於篇末。繁徵博引，嘆爲詳贍。

然據張氏自序，亦不外集得四千四百餘字。上述《詩》《書》《儀禮》三大殘石 之殘字似尚未究及。其他續出之殘石，或尚有未經張氏及見者。但石經出土後，古字與今字之殊，不啻得一大根據，後之理國故及治小學者，獲益當非淺鮮。誰謂石經之出，無裨於國故？

十一、漢石經碑文各行字數之研究

吾人既知漢石經之所本，又知其各經之書格，於是進而研究各經碑文各行字數，以爲推知各碑行數之基礎。

前人推究碑文各行之字數者，以宋洪适爲始。然適但知《儀禮》殘碑每行爲七十三字耳。清翁方綱乃竟其志，推斷《尚書》每行七十一字至七十九字，《魯詩》七十二三字，《儀禮》七十三四字，《公羊》八十五字。自後談石經者幾絶響，故對於石經每行字數，亦無人言及。近人王國維乃據傳世宋拓本及《洛陽記》，推計每行平均七十五字。及新殘石出土，近人復争研究及之，乃知每行字數幾於各經不同。郭沫若取《邶風》殘石十餘塊，排之，推得《魯詩》每行七十三字。羅振玉得殘石拓本較多，推得：《周易》行七十三字，間有六十九至七十八字者。《尚書》同，間有七十至七十六字者。《魯詩》二《南》至《小雅》行七十二字，間有七十至七十四字者；《角弓》以後至三《頌》，則七十字，間有六十八至七十四字者。《儀禮》行七十三字，間有七十至七十六字者。《春秋》行七十字，間有六十八至七十四字者。《公羊傳》行七十三字，《成公》八年以後則七十一字。《論語》行七十四字。張國淦則竟羅氏未竟之志，取新舊各殘石，補以今本七經文字，排列成《漢石經碑圖》一書，每行上下有餘石者即依餘石。其餘則依每行聯接殘字，無殘字者，則依《周易》《尚書》行七十三字，《魯詩・小雅》以前七十二字，《角弓》以後七十字，《儀禮》行七十二字，《春秋》行七十字，《公羊傳》行七十三字，《成公》以後行七十字，《論語》行七十四字。

吾人當先記住石經經文與今本經文不同。故不但字有懸殊，而且句有參差。羅、張二氏所謂間有多若干字或少若干字者，即以此。

次則漢碑拓本，予經眼不少，其每碑各行字數除空格或抬頭者外，無不相等者。石經爲經文定本，何等鄭重，蔡邕通儒，其相助爲理者亦多知名之士，費時八載，絶不至草率從事，隨便書丹，而增減字數者。惟各經各有專司，書者既各不同，則甲經與乙經之字數不免懸殊，此不可不注意者也。

今不幸殘石出土者不及全石什百。而邕當時所根據之古本又不傳世，故不得已用今本補上，因不免行間之字數有多少進出。此又不可不注意者也。

予乃將所得各經殘石一一持與張之《碑圖》核對，無不適合，再將新出之殘石而爲張氏所未見者,持與張之碑圖核對,亦無不暗合。至此始悉張之作此圖固已費許多氣力矣。故張氏所謂《周易》《尚書》行均七十三字,《春秋》行七十字,《儀禮》行七十二字,《論語》行七十四字之説,可爲定論。至《魯詩·小雅》以前七十二字,《角弓》以後忽改七十字;《公羊》行七十三字,《成公》以後忽改七十字,似令人懷疑不置,其實《魯詩·角弓》以後在碑陰,《公羊·成公》以後亦在碑陰。但每碑並不分兩人書,因核其字體全同也。事必躬親,而後知其究竟,張氏不成碑圖,何能知此曲折。甚矣,考據之難也!

十二、漢石經各碑行數與面數之研究

漢石經各碑之行數,前人均未道及,惟王國維以每碑三十五行計之。張國淦初依以排定碑圖,覺與新發現之殘字其地位皆不合,乃還就殘石,一一湊合,其結果如左:

《魯詩》

陽	第一面	三十二行	陰	第十八面	□□行
陽	第二面	三十六行	陰	第十七面	三十六行
陽	第三面	四十行	陰	第十六面	□□行
陽	第四面	四十行	陰	第十五面	□□行
陽	第五面	三十七行	陰	第十四面	卅□行
陽	第六面	三十八行	陰	第十三面	三十八行
陽	第七面	三十四行	陰	第十二面	三十九行
陽	第八面	三十八行	陰	第十一面	三十七行
陽	第九面	三十六行	陰	第十面	三十五行

《尚書》

陽	第一面	三十一行	陰	第十面	□□行
陽	第二面	三十一行	陰	第九面	三十一行
陽	第三面	二十□行	陰	第八面	二十六行
陽	第四面	二十□行	陰	第七面	二十七行
陽	第五面	四十一行	陰	第六面	四十行

《周易》

陽	第一面	三十九行	陰	第八面	□□行
陽	第二面	三十八行	陰	第七面	三十八行
陽	第三面	三十八行	陰	第六面	三十八行
陽	第四面	三十八行	陰	第五面	三十七行

《春秋》

陽	第一面	二十七行	陰	第八面	□□行
陽	第二面	三十五行	陰	第七面	三十八行
陽	第三面	三十七行	陰	第六面	三十七行
陽	第四面	三十八行	陰	第五面	三十八行

《公羊傳》

陽	第一面	三十九行	陰	第十二面	□□行
陽	第二面	三十七行	陰	第十一面	三十六行
陽	第三面	三十六行	陰	第十面	三十六行
陽	第四面	三十六行	陰	第九面	三十六行
陽	第五面	三十七行	陰	第八面	三十六行
陽	第六面	三十八行	陰	第七面	三十八行

《儀禮》

陽	第一面	三十二行	陰	第三十面	□□行
陽	第二面	三十二行	陰	第廿九面	□□行
陽	第三面	三十二行	陰	第廿八面	□□行
陽	第四面	三十二行	陰	第廿七面	□□行
陽	第五面	三十三行	陰	第廿六面	□□行
陽	第六面	三十二行	陰	第廿五面	三十行
陽	第七面	三十二行	陰	第廿四面	三十一行
陽	第八面	三十二行	陰	第廿三面	二十七行
陽	第九面	三十二行	陰	第廿二面	二十七行
陽	第十面	三十二行	陰	第廿一面	三十二行

陽	第十一面	三十一行	陰	第二十面	三十二行
陽	第十二面	三十五行	陰	第十九面	三十五行
陽	第十三面	三十二行	陰	第十八面	三十二行
陽	第十四面	三十三行	陰	第十七面	三十三行
陽	第十五面	三十三行	陰	第十六面	三十三行

《論語》

陽	第一面	三十六行	陰	第六面	□□行
陽	第二面	四十五行	陰	第五面	四十七行
陽	第三面	四十五行	陰	第四面	四十六行

《後記》

陽	第一面	□□行	陰	第二面	□□行
陽	第三面	□□行	陰	第四面	□□行

以上,計《魯詩》十八面凡九石,《尚書》十面凡五石,《周易》八面凡四石,《春秋》八面凡四石,《公羊傳》十二面凡六石,《儀禮》三十二面凡十五石,《論語》六面凡三石,共計本文四十六石。

校石經之行數,可援引之根據有三:一是殘石之邊殘石,蓋邊殘石逾建初尺五分,而兩行間之空石則不及五分也。次爲大塊之殘石,其形皆對稱,此即石陽石陰之分,其行數次第,表裏多相適應。又次,上述《魯詩》行七十二字者皆爲碑陽,行七十字皆爲碑陰。《公羊》行七十三字者皆爲碑陽,行七十字者皆爲碑陰。此惟此二經有之,他經則否。

予初未得張氏《碑圖》時,即以此法排定之。方徬徨未决時,適逢紀果庵兄以此書見假,因即就張圖加以校定。其結果如左:

《魯詩》第一面末行、第三面首行及末行均有邊殘石,故一、二、三面行數不錯。第四面首行有邊殘石,故第四面行數不錯。第六面末行、第七面首行有邊殘石,第八面首行及末行有對稱大邊殘石,第九面首行及末行有邊殘石,第十面首行及末行有邊殘石,第十一面末行有邊殘石,且與碑陽第八面有對稱殘石,第十二面末行有邊殘石,第十三面末行有邊殘石。故第七、八、九、十、十一、十二、十三諸面行數皆對。第十四面末數起爲校勘記,因存字過少,無從核計行數,要亦無關緊要,故可不計。今所餘者惟第五面與第六面耳。

二者合計行數已確定爲七十五行。今所欲推斷者惟第五面若干行，第六面若干行耳。但第六面之反面（即碑陰）第十三面爲三十八行，故第六面或亦爲三十八行，所餘第五面即爲三十七行。故張之推斷與予合。

《尚書》各面之行數，予於張氏有二疑點：第一，第五面與第六面爲四十一行，與他面行數相差過遠。第二，《尚書》校勘記空行僅留十行，似嫌過少（《書序》下六行，似跋文，非校勘記）。然排列《尚書》行數實最難，因《尚書》發現殘石過少，所謂第五面首二行殘石"逆卿士……"是否邊殘石，張自不能斷定，因《敘例》每碑行數中，述及邊殘石（張名之爲餘石）時，張獨未提及此石也。不但邊殘石未之見，即文中殘石亦極鮮。張所恃以排定者，《隸釋》所紀之殘字而已。然此等殘拓是否多爲"邊殘石"，張固未之見，但張推斷其中必多爲陰陽石文，因其間多爲對稱式也。此種推斷亦與予合。然則張所排定之《尚書》行數當否？曰未盡當也。蓋予覓有二大殘拓，係對稱式，因斷定爲陰陽石文。陰文爲《雒誥》一中段，凡十行半，陽文爲《大誥》連《康誥》一中段，凡十一行，行字最多者達三十六。此爲張圖所未紀者，意張尚未見之歟。按二拓，陽文在張圖第五面第十七行至第二十七行止，陰文在張圖第六面逆推第六行至第十六行止。此二拓既係陰陽文，則陽文順推首行"大事……"必緊對陰文逆推首行"保文武……"，今竟差至十一行之多，則張圖所推定此二面之行數四十一行，必不合事實，可斷言也。但張圖第七面首十二三適爲《隸釋》所紀之《洪範》連《毋劮》殘文一段，似不可易。予乃從第五面逆推上去，所得推定如左：

陽　第一面　三十一行 與張同。	陰　第十面　三十一行 其首行爲跋文第二行，末行爲校勘記末行，與張不合。
陽　第二面　三十一行 與張同。	陰　第九面 其首行爲篇題"甫刑第廿七"，其末行爲跋文第一行，與張不合。
陽　第三面　約三十八行 末行篇《牧誓》正文第一行，與張不同。	陰　第八面 其首行爲《多士》第二行，末行爲《鮮誓》第二行，中間《隸釋》《立政》連《顧命》一段亦正與陽石中間《隸釋》《般庚》一段相合，與張不同。
陽　第四面　二十八行	陰　第七面　二十七行

其首十行，適當《隸釋》《牧誓》連《鴻範》文一段，其末行爲《金縢》之末第二行，與張不同。	其首十餘行適爲《隸釋》《多士》連《毋劮》之一段，其末行爲《多士》第一行，與張同。
陽　第五面　三十三行	陰　第六面　三十三行
其首行爲《金縢》之末行，其末行適當《酒誥》之末行，與張不同。	其首行爲篇題“梓材第十七”，其末行爲《多士》第四行，與張不同。

上之推定，予亦不敢十分確斷。但較張之推定，稍合情理而已。

《周易》僅八面，凡四石，其邊殘石雖僅有第二面首二十餘行與第七面末二十餘行，但張圖各面之行數均匀整。所發現之殘石雖不多，然尚未有與張圖格格不相入者，予之排定亦不出其右，此經文各面之行數，殆已是定論。惟截至今日止，尚未有《周易》校勘記殘文出現，豈《周易》果真無校勘記乎？

《春秋》亦八面，凡四石，第二面之末行，第三面之首行及末行，第四面之末行，第五面之首行，第六面之首行及末行，第七面之末行，均有邊殘石，故三、四、五、六、七、八面之行數已定。所餘者惟第一面、第二面與第八面耳。第八面僅餘數行，不成問題。故實際不外第一面、第二面耳。張圖第一面廿七行，第二面作卅五行，其陰第七面實卅八行，予意第二面當亦卅八行。第一面僅廿四行，較爲合理。至《春秋》似亦無校勘記，因此類殘石亦均未見也。

《公羊》碑陰碑陽每行字數不等，前已言之矣。故第六面之末行與第七面之首行，已成鐵案。此外第一面之末行有邊殘石，第六面之首末二行均有邊殘石，此二面行數已定。第十二面之首行有邊殘石，其行數亦已定。其餘九面雖尚未能斷定爲若干行，但張之排定極爲匀整，或無大出入歟。

《儀禮》，凡十五石，三十面，而所得殘石比較最少，且無大殘石，又未見有對稱式拓文，故下手亦甚難，予爲此經所費時間不亞於《尚書》。其邊殘石發現者不外第六面之末行，第十二面之首行，第十六面之首行，第十七面之末行，第二十一面之末行耳。故各面之確實行數，實無由斷定。張氏第就其間距離行數，爲之區分而已。予亦百思不得他法，故對於張氏之排行，實不能作强有力之肯否。兹姑妄言之。第一面至第六面不成問題，因其碑陰第二十六面至第三十面實皆校勘記空白地位，即有一二行進出，亦無關大局。第六面卅二行，其陰文僅卅行，其末行餘石必不止建初尺五分許也。第七面陽卅二行，第廿四面陰卅一行，無大差。第八面陽卅二行，第廿三面陰廿七行，第九面陽卅二行,陰廿七行。此二石間既無對稱式之殘石,又無邊殘石之關係,不但此也,其下二石,亦無此關係,似可通下,二陰各改卅二行,較爲合理。或許張氏於此另有見地存焉,亦未可知。第十面陽卅二行與第廿一面陰卅二行,第十一面陽卅一行與第廿面陰卅二行,第十二面陽卅五行與第十九面陰卅五行,第十三面陽卅三行與第十八面陰卅二行,第十四面陽卅三行與第十七面陰卅三行,第十五面陽卅三行與第十六面陰卅三行,均合理。

《論語》文最少,面亦特大。其第一面與第六面不但《隸釋》舊殘文可定其行數,即新出之邊殘石亦足以定之。予早即作此推定。此外第二面首行與第四面首行均有邊殘石。故今所推定者惟第二面與第三面間,及第四面與第五面間之行數。張推定第二面陽卅五行,其陰第五面爲卅七行,第三面陽卅五行,其陰第四面爲卅六行,予無異說。惟有一事,令予不解者,第六面末刻"盍毛包周異同"適盡其石。而羅振玉明言《論語》亦有校記,然則此《論語》校記,究刻在何處,是亦一疑團,不能解決者也。

碑之石數,前已言明四十六枚,此適合《洛陽記》所紀之數。但《水經注》與《伽藍記》所云四十八枚,乃並《序記》二石言之,故亦不錯。惟《西征記》云四十枚,但洪頤煊云,西征記四十枚,"四十"下,脱"六"字。張國淦謂《西征記》與《伽藍記》所記皆同,或即爲《伽藍記》所作,疑脱"八"字。要之,《西征記》不足本,本前述三書已足。

又張圖名"序記"爲"後記",並爲之排定殘文,至四面之多。張何所據而知爲四面,更何所據而知其殘字之孰爲上下,此令予百思不得其解。第定《序記》確爲四面,何以其碑陽之字大於碑陰?予意當時刻經以前,必先校勘經文,所謂"東觀校定六經"者是也。經文既定之後,乃決定刻經。故《序記》必有前後記之分,前記紀"校經"之事,後記紀"刻經"之事,文爲二篇,故字亦有大小之懸殊。惜今不能起邕而問之,留爲懸案可也。至《序記》二石之説,予亦因之,因前述三書之言,固足徵也。

十三、碑之大小厚薄與排列地位

楊龍驤《洛城圖》載朱超石《與兄書》云:"石經都似碑,高一丈許,廣四尺,駢羅相接。"此爲最初紀石經之大小者。今按各經原拓計之:《魯詩》七十二字者,每九字合建初尺九寸一分强,合計七尺三寸;七十字者,每七字合建初尺七寸三分,合計七尺三寸;《尚書》《周易》每字各一寸,七十三字合計七尺三寸;《公羊》行七十三字,每字一寸,共七尺三寸;行七十字者,每七字合七寸三分,共七尺三寸;《春秋》行七十字,每十字合七寸三分;《論語》行七十四字,每四字合四寸弱,合計七尺三寸;獨《儀禮》字較長,行七十二字,每八字合八寸三分强,似不止七尺三寸,而爲七尺六寸。此皆爲每行字數所占之高度。至其上邊餘石,按《魯詩·唐風》殘石、《論語·里仁》殘石與《儀禮·鄉射禮》殘石之拓本,皆爲四寸强,其下邊殘石,則未見有餘石過三寸者,以意推之,上邊四寸加字高七尺三寸,爲七尺七寸,則其下邊餘石當爲三寸,共計碑高八尺,連碑趺約二尺在内,適合朱氏一丈之數,是爲碑之高度。至於每碑之廣度,實有出入。予將各經字横量之,乃知每行所占之地位皆適爲一寸;惟《春秋》稍廣耳。如果三十二行之碑加左右二邊餘石,當約爲三尺三寸强,餘可類推。朱氏第見其駢羅相接,以目測之,約爲四尺,故加形容詞曰"都似"四尺。其實碑之廣度,固因行而異也。至於各碑陰陽二面之行數,甚有相差至四五行者,此問題之解答有二:一當是前後面之字其寬度不一律,一當是所駢接之下爲斜切面。然此疑案難得正確之解答也。

關於碑之高度與厚度,近人萍鄉文素松於其自序《漢熹平周易石經殘碑録》中有云:

> 碑之高度可以比列得之,約爲一米達七,當漢建初尺七尺八寸强,其厚爲十六生的米達,當漢建初尺七寸四分。

蓋文氏因公往來洛鄭間,於洛河以南之朱疙疸村獲漢熹平《周易》殘碑一段。其所云高度,亦不外以字數推得之,非確爲七尺八寸强也。惟其厚度,確爲七寸四分,因文所得爲殘石也。

碑之大小厚薄既知之矣,今乃論及碑之排列地位。按《洛陽記》所云碑數既符事實,則各種石經碑石,當然亦當,即所謂西行《詩》《書》《易》《春秋》《公羊》五種,南行《儀禮》,東行《論語》耳。至於《序記》,列在何處,斯無法知之耳。

關於碑石之駢接,當須注意者,即每種經石實相駢接,但甲種與乙種經石之間并不駢接,甚且其間必留相當隙地,方便人"觀覛及摹寫"。

十四、漢石經之歷劫與其出土

漢石經成於漢光和六年。至獻帝初平元年,董卓燒宫室官府,延及大學石經,距經成之日僅七年。是爲石經所歷之第一劫。魚豢《魏・儒宗傳序》曰:“黄初元年之後,新主(指魏文帝)乃復,始掃除太學灰炭,補舊石經之闕壞。”石經尚而可補,知董火之未燼之也。後八十九年,晉懷帝永嘉五年,王彌、劉曜入洛,又焚毁二學。是爲石經第二劫。然其時石季龍猶遣國子博士,詣洛陽,寫石經。《魏書・太宗紀》:“泰常八年四月,帝至洛陽,觀石經。”又《高祖紀》:“太和十七年九月壬申,幸太學觀石經。”按是年北魏適遷都洛陽,故有此舉。又《馮熙傳》:“高祖即位除車騎大將軍,開府都督洛洲刺史。洛陽雖經破亂,而舊三字石經,宛然獨存。至熙與常伯夫相繼爲州,廢毁分用,大至頽落。”可知此時石經所遭之摧殘,必較董火爲尤烈,是爲石經第三劫。後神龜元年國子監祭酒崔光擬奏請修補石經,不果。語見《崔光傳》。

《孝静帝紀》:“武定四年八月,遷洛陽漢魏石經於鄴。”至是魏石經亦與漢石經同運,而漢石經歷劫四矣。

《文宣帝紀》:“天保元年八月,詔:往者文襄皇帝所運蔡邕石經五十二枚,即宜移置學館依次修立。”然則孝静不過有意運石經,其實至文襄時始起運。而五十二枚之數,疑兼指魏石經而言也。

又《孝昭帝紀》:“皇建元年詔:文襄所運石經,即立施行,列於學館。”延經數朝,始議樹立,石經之遭棄置久矣。

又《隋書・經籍志》云:“後漢鎸刻七經,著於石碑,皆蔡邕所書,相承以七經正字。後魏之末,齊神武執政。自洛陽遷於鄴都,行至河陽。值岸崩,遂没於水,其得至鄴者,不盈大半。”此段紀載搬運之事,即指文襄時之一舉,蓋是時政出高氏,文襄不外尸位而已。據《洛陽記》所紀,漢石經本碑四十六枚,此外當有《序記》二枚,併此已四十八枚,魏石經據《水經注》亦四十八枚,合計當得九十六枚,比到鄴時僅得五十二枚。“不盈大半”之説似是有據。然則石經又厄於水矣。是爲漢石經第五劫。

《周書・宣帝紀》:“大象元年二月辛卯,詔徙鄴城石經於洛陽。”但《隋書・經籍志》又云:“又自鄴載入長安。”據顧炎武云:“失載周大象元年徙洛陽一節,史之疏也。當以《劉焯傳》爲信。”焯《傳》云:“開皇六年運洛陽石經至京師,文字磨滅,莫能知者,奉敕與劉炫等考定。”然則石經自鄴回洛,又自洛徙入長安矣。是爲漢石經所歷之第六劫、第七劫。

《經籍志》下又接云:“置於秘書内省,議欲補輯,立於國學。尋屬隋亂,事遂寑廢。營造之司,因用爲柱礎。”哀哉石經,歷劫重重,至此又與李秀碑同遭刖厄。是爲漢石經第八劫。

《經籍志》下又接云:“貞觀初,秘書監臣魏徵始收聚之什不存一。”石經至是愈式微矣。

李綽《尚書故實》載:“唐造防秋館時穿地多得石經,故洛中人士逮今有之。”按造防秋館乃中宗嗣聖年間事,以此知防秋館於貞觀初實爲秘書内省。内省至是久廢,蓋遭安史之亂。并此不及什一之石經,亦隨之入土。是爲漢石經所歷之第九劫。

然防秋館出土之石經,是爲漢石經第一次出土之見於史乘者。是又不可不紀。此爲徙入長安漢石經之部分。

元張舜民《畫墁録》云:“嘉祐(北宋仁宗年號)末,得石經二段於洛陽城,乃蔡邕隸書。”是爲漢石經第二次出土之記載。然此爲殘留洛中而早已入土之石經部分。神宗時胡宗愈知成都府,得墜刻於一二故家,於此知漢石經殘石有已西携入蜀者矣,不知自長安抑自洛陽往也。是爲漢石經第三次出土之紀載。

北宋末,黄長睿《東觀餘論》紀當時出土之漢石經頗詳,中有一段云:“……此石刻在洛陽,前本在洛陽御史臺中,年久摧散,洛人好事者時時得之。今張燾龍圖學家有十版,最多。張氏壻家五六版。王晉玉家有小塊。洛中所有者止此。”按所謂張燾龍圖學家,即天下碑録所紀張奎龍圖家之誤。其所指之殘石,即方勺《泊宅編》,董逌《廣川書跋》,趙明誠《金石録》,邵博《聞見後録》及洪适《隸釋》等所紀《詩》《書》《儀禮》《論語》諸段之殘石也。是爲漢石經第四次出土之傳載。在洛陽殘石出土史實中,此爲第二次之傳載。

以上四次出土之殘石,至洪适時均已佚去。後來關於石經及發生種種疑案。

南宋迄清,歷七百餘年,都無漢石經新石發現。逮民國十一年,乃同時而有漢石經新殘石之出土。兹分紀於後。

雒城東南十八里有莊曰碑樓,漢太學講堂之舊址也。民國十一年壬戌冬,莊民朱姓掘采蔓根,發地二三尺,獲魏正始三體殘石《尚書・君奭》一段。越二年,甲子民又於其地發漢、魏石經殘石,凡七十餘事。其中最大者即《序記》碑陽“光禄勳劉寬”及碑陰“郎中孫進”一石是,歸當時北京教育部某氏收存,其他殘石散歸各家。然大者亦不過六七字,少則如拳如礫而已。吴維孝峻山盡得其模本,取其字可明何經者,作《新出漢魏石經攷》四卷。

次則萍鄉文素松《漢熹平周易石經殘録·序》中有謂:“民國十一年吴興徐氏鴻寶,四明馬氏衡訪古洛陽,以墨本示於上虞羅氏振玉。審之爲漢石經《論語·堯曰篇》殘字。嗣徐、馬二氏各得九十餘石,共字七百餘。關中陳氏承修及其餘各家得若干石,共字二百餘。西充白氏堅得十三石,共字四百餘。北平圖書館得一石,字百餘。”十八年文氏因公往來洛鄭間,於洛河以南之朱疙疸村獲漢熹平《周易》殘碑一段。即所謂陽面《下經》下段及陰面《文言》連《説卦》一段文字之殘石,其形適爲直角三角形,存字共四百九十六。此殘石下尚有一段,存字共四百十有九,爲三原于右任所得。後會稽顧爕光覔取原拓爲之合影,成爲最大之石經殘石。

上述二處之發現,究竟誰先,實無從斷定。若據阿維越致《漢熹平石經序》,則謂壬辰(光緒十八年)漢石經發現於洛陽,則漢石經之發現又遠在民國前二十年矣。惟當時所發現者爲何殘石,序中並未言及,兹可憾耳。今之言始發現者均推徐、馬二氏,確否尚待考證。

其後陸續發現不少。其中大石除上述《周易》殘石外,足紀者尚有如次:

一、《魯詩》陽面《小雅·節南山之什》及陰面《大雅·生民之什》一段殘石,共得三百零七字,係扁方形。

二、《尚書》陽面《大誥》連《康誥》及陰面《雒誥》一段殘石,共得五百二十餘字,係長直角三角形。

三、《春秋》陽《昭公》陰《僖公》一段殘石,共得五百六十餘字,陽爲不等邊五角形,陰爲不等邊四角形。

四、《公羊》陽面《僖公》及陰面《成公》一段之殘石,共得一百三十六字,係四角形,石似已碎。

五、《儀禮》《論語》均無大殘石。

六、《序記》除上述外,尚有陽面“以經本……”及陰面“孟郁之”一段殘石,共得一百四十五字。

其在百字以下至二十字以上者,略不計。

爲計近年出土殘石之字,據張國淦統計約得四千四百餘字,而上述《魯詩》《尚書》及《春秋》三大殘石,張尚未之見,合計當在六千二百餘字以上。

據碑估云截至事變止,洛陽新出土石經年有所聞,惜予未能一一集得其拓本,致不能得其確數。若合胡宗愈所得之四千二百七十字,洪适所見之二千一百八十餘字計,亦不外萬三千餘字,以視石經全部字數,渺乎小矣。

右爲漢石經第五次出土之紀録。此皆囿於洛陽之殘留部分。至於長安土中與河陽水中之殘石,尚有待於後人之發現也。

十五、石經之舊拓與其翻本

新發現石經之拓本,今猶時時可得,若乃宋以前殘存或出土之石經拓本,則今已成廣陵散矣。

《隋書·經籍志序》魏徵收聚石經,其下又云:"其相承傳拓之本,猶在秘府,一字石經《周易》一卷,一字石經《尚書》六卷,一字石經《魯詩》六卷,一字石經《儀禮》九卷,一字石經《春秋》一卷,一字石經《公羊傳》九卷,一字石經《論語》一卷。"是爲漢石經拓本之最古者,惜今已佚。

又黄長睿自言盡得張王三家之拓本,是爲《詩》《書》《儀禮》《論語》之拓本,想洪文惠猶及見之。自後漢石經舊拓本即成爲千古一大疑獄矣。

至於漢石經翻刻本,最初胡宗愈以其少城(即成都府治)所得之殘石經,藏之錦官西樓者,共四千二百七十字有奇,並以楷書釋之,宇文紹弈爲之作跋。此石刻至南宋時似已毁,其拓本今亦不可得矣。

其次之翻刻本,尚有越州石氏刻本。石氏名熙明,見施武子《會稽志》,聚碑頗富,其碑目有見於《寶刻叢編》者,洪文惠即向其子祖禮假其藏碑,以成《隷釋》《隷續》二書。徐壇長《圭美堂集》曾載云:"宋越州石氏刻帖,首末不載年月姓名,曾見華司農以三十金質之孫北海,此帖内有石經一段。朱錫鬯不察,認爲蔡中郎原本。"據此,則石氏石經刻本實係石氏刻帖之一,今亦並此帖本不見矣。惟此石刻内容乃黄、洪諸人所見之《詩》《書》《儀禮》《公羊》《論語》之殘字,而與胡宗愈所刻者絶不相同也。

又次之拓本爲洪文惠以所得《尚書》《魯詩》《儀禮》《公羊》《論語》等二千一百八十餘字之拓本,鎸之會稽蓬萊閣,凡八石。今其石已佚,拓亦不易得矣。

宋代漢石經翻刻本以上述三本爲最名於世。此外金匱錢氏泳自謂藏有一部雙鈎本,以較《隷釋》殘字,間有出入,又《公羊》多十八字,錢氏併勘之石顯係贋本,不足取也。

清孫退谷嘗得宋紙拓本三枚,一爲《尚書·般庚篇》五行半,《論語·爲政篇》八行,《堯曰篇》四行。自謂是宋嘉祐時所拓。語見《庚子銷夏記》。而何義門云此乃越州石氏摹本。

此外蔡氏澤亦有同隸之拓本三紙。

乾隆丁酉七月黄小松易入都,得董大理元鏡所藏宋拓石經三紙,後持示翁閣學方綱,翁後持與孫氏所藏者對校,字迹完全相同,惟《尚書·般庚篇》末半行"凶德綏績"四半字耳。翁根據義門之説,亦斷黄氏存拓爲石氏之本。

是爲乾嘉間,海内所僅存之宋拓漢石經三殘本。

孫本後轉於華亭王氏,再轉於孫淵如觀察,後遂不知存於何家。蔡本則更不知淪於何人之手。黄氏拓本後歸川沙沈氏,及光緒二十三年,歸漢陽萬氏,神州國光社印行《神州國光集》嘗假之影印行世。《尚書·般庚篇》見第一集,《論語·爲政篇》見第三集,《堯曰篇》見第四集,翁方綱抄下"凶德綏績"四半字,見第六集。予乃持與新出土之《尚書》《論語》諸殘字校之,覺黄拓諸字,字字筆道與風神均與原拓相吻合。予嘗見他碑翻刻本甚多,其佳者輒可亂真,但一與原拓相對,無不醜態畢露,從未見黄拓有如是之肖者。何義門初未見原拓宋殘石經,何所據而知爲石氏刻本,未免過於武斷。如果真爲石氏摹本,則石帖真神乎技矣。予以爲孫、蔡二拓,當係南宋末殘石原拓本,若黄拓其爲元初拓本歟,因少四半字也。

舊拓既經發現,而重摹之事,亦隨之而興。

予嘗得漢石經殘字重摹本原拓一册,裝璜甚精,末附翁、黄諸家詩文跋語原刻甚多,中有一段係翁方綱行書原刻,爲《兩漢金石記》所未載,以其極關當時重摹之掌故,故全録如左:

> 乾隆丁酉秋,錢唐黄秋盦易於京師購得漢石經殘字,《尚書·般庚篇》五行,《論語·爲政篇》八行,《堯曰篇》四行。方綱手摹之,屬海鹽海芭堂燕昌爲勒石於齋壁(張刻三段重摹本第一;編者識),因以"小蓬萊閣"書扁。而秋盦先世貞父先生有小蓬萊閣之號,予亦爲秋盦書此扁,洵墨緣之合矣。其後三年,始聞吾鄉孫退谷所藏本,今在華亭王氏,遂托友人鉤摹其本以見寄。即此本《般庚篇》多'凶德綏績'四字者也。後四年又見如皋姜氏重摹退谷本(姜刻三段重摹本第二;編者識)。又後三年從金匱錢楳溪泳摹得《尚書·洪範篇》十行,《君奭篇》二行,《詩·魏風篇》八行,《唐風》四行,《儀禮·大射儀》七行,《聘禮》六行,《公羊傳》三行,又《論語·爲政篇》八行,《微子篇》八行,《堯曰篇》四行,又《論語》篇末識語三行,因摹鎸於江西南昌縣學舍之壁(翁刻十一段重摹本第三;又號南昌

縣學重摹本;編者識)。而錢君亦摹鐫於會稽郡學(錢刻十一段重摹本第四;又號紹興郡學重摹本;郡守李亨特爲之出資;編者識)。是年黄秋盦聞錢君有會稽之刻,亦屬錢君摹勒此《般庚》《論語》三段於會稽蓬萊,重踐洪景伯之舊盟(錢刻三段重摹本第五;又號紹興蓬萊三段本;編者識)。錢君又於吴郡劉氏齋壁編摹此諸經殘字,尤稱精善(錢刻蘇州編摹本第六;編者識)。以視前此予初從秋盦本,屬芑堂勒於吾齋壁者。芑堂雖精研旬日之久,然其上石刻,仍出工匠之手,不若錢君手自鐫刻。是會稽蓬萊錢君重勒之本,勝於吾齋遠矣。(下略)

區區數段殘字竟有六種重摹本,可見當時金石學之盛,此亦足見昇平之世,士大夫乃有此種閑暇之樂,末世盼念及此,能勿悵然。

以上重摹錢刻十一段紹興重摹本之原拓,與翁刻十一段南昌重摹本之影本,予皆有之。其餘尚未及見,但不知此六種重摹本是否尚在人間也。

十六、餘　　論

予草《漢石經彙考》既畢,因聯想到若干問題。

第一是漢石經諸經所本雖大約如上述,但一經絶對不是專據一家,必有兼採他家之説。因據上述參加刻經者中有楊賜、楊彪父子,便是世代受歐陽《尚書》者,張馴曾以大夏侯《尚書》教授辟公府。由此推知石經雖以小夏侯本爲主,其中不免參入歐陽《尚書》及大夏侯《尚書》之成分。其次石經雖是今文本,其中必定含有古文本氣味。今即以盧植言之。植是通古今學者,而參定六經,則《尚書》必亦滲入古文《尚書》成分,所以世所謂今文《尚書》並無《書序》,而漢石經中却新創一節二十九篇《書序》,此即是一個鐵證。又次石經雖是經學,但其中必更含少許圖緯臭味。因東漢本來最盛行圖緯,而參加者却有"尤善圖緯之學"之韓説。可知圖緯之臭味必有滲入。況蔡邕本人,按其本傳,是一"好辭章、數術、天文、妙操音律"之博學家,而非專習一經或兼通五經之今文學家。是以彼所延攬參加刻經之人物,非其素善如馬日磾、劉寬之人,即此等學不相通之人物。上文所引之經,適爲《尚書》,然則其他諸經,當即不免呈此怪狀。故予可推斷曰,漢石經之内容,必有非後人所能推想而盡者。惜魏徵之存拓,至今不在,不然取而覆按,必見吾言之不謬也。

第二問題是五經之本，至東漢末，必與周末之本大相逕庭。其遠因當然是被王莽佐命之劉歆所竄改。此問題前人如閻若璩、程延祚、惠棟、江聲、王鳴盛、段玉裁、丁晏、錢大昕、俞樾、黄以周、孫詒讓、姚際恒、崔述，尤其爲章太炎、王國維、康有爲諸人研究過。其次漢人舉士不是用考試，而是用推舉。推舉中以明經爲最時髦。西漢已然，東漢更甚。所謂"門生""故吏"是。後者即屬於勳閥，袁氏四世三公，即其明證；前者即屬於學閥，楊震世受歐陽《尚書》，伏生世受《齊詩》，即其明例。加之漢代國有學官，所謂十四家博士是。各家各承口授與傳誦，出主入奴，不肯相下。以致所有經文，或因遺忘，或因竄改，而愈失却本來面目。漢石經之樹立即係因此。試讀《儒林傳》一段紀載：

> 太初元年，梁太后詔曰："大將軍下至六百名，悉遣子就學，每歲輒於鄉射，月一饗會之，以此爲常。"自是游學增盛，至三萬餘生。然章句漸疏，而多浮華相尚，儒者之風，蓋衰哉。黨人既誅，其高名善士，多坐流廢，後遂至忿争，更相言告。亦有私行金貨，定蘭臺漆書經字，以合其私。

可知當時已由"執經問難"而變爲"行貨合私"之作用矣。試問此時五經經文，不成糟粕，更成何物？

第三問題由勘刻漢石經推想當時今文學閥之力量。東漢本來即是今文學閥大本營，因自莽歆失敗後，所有古文學閥，當然銷聲匿迹，今文學閥當然取而代之，故新亡，漢中興，十四家博士全是今文學。肅宗時古文學閥雖欲捲土重來，然而經不起今文學閥之反對，所以古文《尚書》、《毛詩》、《穀梁》、《左氏春秋》始終不得立學官，可知今文學閥力量之大。其次吾人試一檢《儒林傳》。劉昆受施氏《易》，洼丹世傳孟氏《易》，任安受孟氏《易》，楊正受梁丘《易》，張興習梁丘《易》，戴憑習京氏《易》，孫期習京氏《易》。牟長習歐陽《尚書》，宋登少傳歐陽《尚書》，張馴以大夏侯《尚書》教授，尹敏初習歐陽《尚書》，高詡世傳《魯詩》，包咸習《魯詩》，魏應習《魯詩》，伏黯以《齊詩》授兄子恭，任末少習《齊詩》，景鸞能理《齊詩》、施氏《易》，兼受河洛圖緯，薛漢世習《韓詩》，杜撫受業於薛漢，定《韓詩章句》，楊仁習《韓詩》，趙曄詣杜撫受《韓詩》。丁恭習《公羊嚴氏春秋》，周澤少習《公羊嚴氏春秋》，鍾興從少府丁恭受《嚴氏春秋》，甄宇習《嚴氏春秋》，樓望少習《嚴氏春秋》，程曾習《嚴氏春秋》，張玄少習《顔氏春秋》，李商少習《公羊春秋》，何休精研六經，作《春秋公羊解詁》，幾予占却《儒林傳》全席。於此益見今文學閥力量之大。而此輩今文學家，不但各立門户，而且家分派，派分支，年代愈久，孳乳愈多。《易》有施、孟、梁丘之外又有京、費二派，更有所謂高氏學；《尚書》自歐陽高傳夏侯都尉，變成二家，都尉後人，又分大小夏侯；《詩》則有魯、齊、韓，而後更有毛；《禮》則大小戴之外，更有慶氏；《春秋公羊》有嚴、顔二字，而江公傳《穀梁》亦得立博士。門户愈多，成見愈深，五經至此可謂遭一大厄運。

然則漢石經立後，五經之本復歸於正歟？

曰靈帝雖好學，却是昏庸之主；蔡邕雖博學，却是依違兩可、無氣節之學者，其所延聘之士，皆非當時第一流人物，亦不外“御用學者”而已。況當時“高名善士，多坐流廢”，更何來邃於五經之通儒？即使延聘得到，亦各存成見，安能“平心論定”？故可斷言漢石經之内容必不能使五經盡歸於正也。雖然，五經至是由於漢家之力量，總算得一“統一”，故曰“使天下咸取則焉”，故曰“於是後儒晚學，咸取正焉”。予以是謂五經因秦火而一厄，因劉歆竄改而再厄，因漢石經之樹立而三厄。魏晉之黄老與隋唐之復古更無論矣。二程、紫陽所訂定之六經，更從何處得來正本？此所以輓近疑經之士滋益多也。

然則漢石經果不足取歟？

曰是又不然。吾人欲得真正之經本，當然起孔子而問之。如其不能，亦當就正於其薪傳弟子曾參、子夏。如其不能，亦當請益於子思、荀卿之徒。如其不能，亦當召秦漢老博士申培、轅固、韓嬰、伏勝、田何、胡子都而問之。如其不能，祇有取其近古而比較有系統之經本取而質之。漢石經去古爲近，而且爲今文學閥所主持，其對於古文學，當然取深閉固拒之態度，惟其如是，劉歆輩之潛勢力，當然不能十分侵入。故漢石經雖不能十分令人滿意，多少總有可取之處。惟漢人重墨守，而不知疑古，故漢石經亦不免被陰謀派古文學家偷漏進去，《書序》即其明證。現在漢石經殘石發現不多，當然不能窺其全豹，但所已知者與今本諸經究無大出入，可見魏晉以後，談經者已以漢石經爲圭臬。魏晉如是，隋唐無論，宋何能爲。然則謂今之經文，蓋出於漢石經，非無不可；安能謂漢石經不足取？

其次，漢石經殘石之出土對於字學實有莫大之貢獻。研究小學與研究經學固相表裏，但其態度不同，經學辨文之真僞，小學則考字之演變。安陽甲骨發現後，吾人乃知殷時之用字，鐘鼎出土後，吾人乃知兩周及戰國時代用字之演變。李斯之《蒼頡》七章，趙高之《爰歷》六章與胡母敬之《博學》七章，甚至程邈之隸書三千字，姑無論其書之有無，要皆彙取秦時慣用之字而成者，决非李斯輩所能憑空造作也。退一步言，斯等或有整齊劃一之工，而此等字書實多少藉政治力量而推行，但其初必有“相沿成習”之事實在焉，故此等字書，要亦可視爲秦時用字之演變。漢興書籍傳世較多，然經後代之浩劫與竄改，故其書之用字，至今究不甚可靠，兩漢殘碑斷碣之文，乃至彝器、明器、木簡、磚瓦、印璽之字，於今出土者漸多，此實爲研究漢代小學最可寶之史料。今乃得漢石經出土，於是漢代用字之真相至此益見明瞭。況漢石經爲經文，而經文中之用字，勢力最大，以視前此所發現者更爲有力。予故曰漢石經之出土，於中國歷代用字演變之研究，實不啻增一生力軍也。

又次，漢石經之發現對於中國書體之研究亦有相當之貢獻。按中國書體，由甲骨字體演變而爲籀體，由籀體演變而爲篆體，由篆體演變而爲隸體，由隸體演變而爲八分體，由八分體演變而爲魏晉六朝體，由魏晉六朝體演變而爲隋體，由隋體演變而爲唐體。其間如何演變，要皆隨習尚而爲轉移，初非一二人所能杜撰也。其原則不外由繁而簡，由難而易。在書之藝術上言之，不能不視爲退步，在書之應用上言之，不能不謂爲進化，此其大較。前人於書體每多臆造之辭，尤其對於“八分書體”之解釋，每有極可笑之解釋，唐張懷瓘於其《書斷》中所作“八分”之解説，尤足噴飯。後人於此問題雖有種種解答，要相隔靴搔癢，不着邊際，獨翁方綱於其《隸八分考》中，乃有其極精確之見解。惜當時及見所謂“八分”代表字體之漢石經者實極少數，故對於翁之言不理解者半，懷疑者半。今則漢石經殘字相繼出土，吾人若持與翁之言相核，無不恍然大徹大悟，翁之能爲此説，要亦多識秦漢碑碣之所得耳。由是觀之，欲研究中國國故，寧能捨中國金石而不論？予每見今人好聚宋元書版，及種種彙書，以爲恃此可以研究中國國故。殊不知宋元人猶在五里霧中，吾人於此安能撥雲見日？予於中國書體之演變，他日擬草一文，就正於國人，兹不外約略言之耳。

最後，尚有所謂漢“建初尺”發現之後，金石家翁方綱、吴大澂等爲之作考據，而許多疑古家尚有斥爲虚構，其實不然。今持此尺來量漢石經殘字，乃知漢石經殘字每字每行之距離，其適合漢建初尺一寸者釐毫不差，焉有僞造之尺，與後出之漢石經暗合之理？建初尺於此又得一有力之佐證。故附記於此，以告世之疑漢建初尺爲僞者。

原載《真知學報》一九四三年第三卷第一期

漢熹平石經殘字校記

◎榮　厚

熹平石經，成於後漢國家喪亂之際，歷世未久，即遭損毁。一字、三字之别，五經、六經之目，范史蔡邕本《傳》、《儒林傳序》及陸士衡、楊衒之、酈道元數公之記載，均不能言之無誤；其爲世不經見也可知。自唐魏文貞公掇拾於叢殘湮没之餘，益以内府拓本，始定爲七經，而載於《隋書·經籍志》。宋洪文惠舉生平所得著之《隸釋》，再覆刻於越州蓬萊閣。胡宗愈内翰亦鑱石於錦官之西樓，而字數之多至四千餘，較洪氏之數，實倍過之。國朝顧亭林、杭堇浦、萬季野、江鄭堂、馮登府諸先輩各著專書，而阮雲臺相國，且踵洪、胡之後，爲之刊石。余友羅恭敏公(振玉)於此用力尤勤，所爲《熹平石經殘字集録》一書，凡石本每行字數之多寡，及字句、章次、與今本之不同者，無不旁引曲證，詳爲詮釋，視顧、杭、萬、江、馮諸書，可謂别開生面矣。噫，何其盛歟！辛巳歲杪，余獲此册於春明廠肆，册首有縮印小字，一如原式。拓本計《尚書》《魯詩》《儀禮》《論語》四經共十二紙，其《論語》"枉道而事人，何必去父母之國"一紙，及"帝臣不蔽，簡在帝心"一紙，篇幅較大，裱工爲便裝池，截而爲四，遂成十四紙。内惟《儀禮·聘禮篇》自"使者反命"章至"遭所聘國君喪"及"夫人世子喪"章，《公羊·隱公四年傳》"莒人伐杞取牟婁"章二紙，爲洪、羅兩家著録所無，自餘十二紙均見洪氏《隸釋》。然洪氏僅校録其字句之異同，非若羅書之且加疏證也。余於玩索之餘，因略仿羅氏之例，謬爲訓解，藏之篋衍，用示子孫，若云問世，則吾豈敢！

尚　書

《盤庚篇》

其或迪自怨
不其或稽自怒何瘳

今本"迪"作"稽","怨"作"怒",僞《孔傳》云:"不考之先王禍至自怒何瘳差乎?"蔡沈《集傳》云:"利害若此,而不稽察,雖怨疾忿怒,何損於困苦?"任啓運約云:"愚謂不甚或稽,應前卜稽曰,其如台意謂不肯稽之於卜而取禍,非神怒汝,汝實自怒也,曷有瘳乎?"綜觀以上三説,類皆迂曲牽就,求之於本句措詞之方法,則齟齬而不安,律之以前後文意之順序,則捍格而難入。蓋"迪""稽"以聲訛,"怨""怒"以形誤,且此"迪"字應與下文"汝罔能迪""迪"字同解,但僞孔傳及孔穎達《正義》均訓"汝罔能迪"爲汝無能道言,無辭以自解説也。既訓"迪"爲道,復訓"道"爲解説,於義亦有未當。又本書《微子篇》"詔王子出迪",僞《孔傳》謂:"我教王子出合於道。"以一"迪"字而兼括"合於道"三字之義,意雖古言簡樸,亦不至是。自錢曉徵氏訓"迪"爲行,而文義始頓覺顯豁。考"行"有遠行逃避意,如《左・僖二十四年傳》云:"汝其行乎?"乃晉文勸寺人披遠逃以避己害也。《禮記・檀弓篇》云:"然則盍行乎?"乃晉文勸申生遠逃,以避驪姬之禍也。"詔王子出迪"者,乃比干教王子遠行,以避紂而存殷祀也。是"迪"字、"行"字,均有逃避意。本句上文,若"乘舟汝弗濟,臭厥載,爾忱不屬,惟胥以沈",言汝等不願隨我遷都,若乘舟然,汝不肯濟,必致臭其所載,爾之誠心既不屬於共濟,亦惟有相與沈溺,其莫或逃避,彼時雖自悔恨,又何益乎?"自怨者",自悔恨之意。瘳,愈也、益也。《孟子》"太甲居桐,自怨自艾",正與此"自怨"意同。下文之"汝罔能迪"者,亦謂先后成湯,自上罰汝,汝無能逃避也。如此解釋,較爲確切,諸家未見石本,遂至聚訟,乖違之失,均不能免。

之勞爾先予不
予念我先后之勞爾先予丕克羞爾

今本"不"作"丕"。

能迪古我先后
自上其罰汝汝罔能迪古我先后

典降不永於戲

今迪高后丕乃祟降不祥嗚呼今予告汝不易

今本"典"作"祟",四明萬氏《石經考》釋作"興","興"字費解,固不若"典"字順適。"永"作"祥",考石本《尚書》,"吉祥"字作"詳",不作"祥",如《君奭篇》云"我亦不敢知曰,其道出於不詳"是也。若此處果作"祥"字,是一經而二其體例也,然今本何以誤作"祥"? 蓋"祥"爲"羕"之誤字,即"羕"之古文。《詩·廣漢篇》"江之永矣",《韓詩》作"江之漾矣","漾"即"羕"之俗書。又"永"字,盂鼎作"㳄",其形與"祥"之示旁相近,而"羕""祥"二字,又均從羊聲,故今本誤"羕"爲"祥",宜從石本爲是。"於戲"今本作"嗚呼"。

建乃家 般

永建乃家 盤庚既遷

今本"般"作"盤"。

《洪範篇》

伊鴻水曰陳其五行帝

鯀陻洪水汩陳其五行帝乃震怒

今本"伊"作"陻","鴻"作"洪","曰"作"汩"。按"陻"訓"塞",《孟子》"禹抑洪水而天下平","抑"亦"塞"也,石本作"伊"者,蓋"伊""抑"爲同聲相假,"陻""伊"爲陰陽對轉也。"鴻","洪"之假借字。"汩",《説文》:"治水也。從水日聲。"《爾雅·釋詁》:"淈,治也。"郭璞云:"淈,《書序》作汩,音同耳。"桂未谷《説文義證》"汩"字注云:"《詩·泮水》'屈此群醜'篇云:'屈,治也。'《正義》云:'屈、治,《釋詁》文。'按'淈''汩'同聲相假。"《詩》之以"屈"爲"淈",與石經之以"日"爲"汩",其例正同,又今本"汩"皆從"日",與"汨羅"字之從"冥"省者無别,非也。

建用皇極次六曰艾用三德

次五曰建用皇極次六曰乂用三德

今本"艾"作"乂","艾""乂"均爲"嬖"之假借字。

潤下作鹹炎上作苦曲直作

潤下作鹹炎上作苦曲直作酸

食二曰貨三曰祀四曰司空

一曰食二曰貨三曰祀四曰司空

極凡厥庶民無有淫朋人無
錫汝保極凡厥庶民無有淫朋人無有比德

明人之有能有爲使興其行
無虐煢獨而畏高明人之有能有爲使羞其行

今本"興"作"羞",四明萬氏《石經考》亦釋作"羞",但石本略殘闕,諦視之,確爲"興"字。《孝經》云:"陳之以德義,而民興行。"是"興行"爲成語,而"興羞"乃轉聲耳。

路無偏無黨王道蕩蕩
無有作惡遵王之路無偏無黨王道蕩蕩

爲天下王三德一曰
天子作民父母以爲天下王六三德一曰正直

今本"三德"上多"六"字。

家而凶于而國人
其害于而家而凶于而國人用側頗僻

《君奭篇》

道出于不詳於戲君已曰時我
我亦不敢知曰其終出于不詳嗚呼君已曰時我

今本"道"作"終","於戲"作"嗚呼"。按:"終",古文作"冬",與"冬夏"字音讀無别。"冬""道"雙聲,或以音近致誤。"詳""祥"叚借字也。

魯　詩

《魏風》

惟是褊心是以爲刺　葛屨

維是褊心是以爲刺 葛屨二章

今本《毛詩》“惟”作“維”。

汾一曲言采其蕢彼其之子美
彼汾一曲言采其蕢彼其之子美如玉

誰知之蓋勿思園有棘其
其誰知之蓋亦勿思 園有棘其實之食

父兮父兮曰嗟予子行役夙
瞻望父兮父曰嗟予子行役夙夜無已

今本《毛詩》“父兮曰嗟”句無“兮”字。

哉猶來 陟岵三章章
上慎旃哉猶來無死 陟岵三章章六句

兮不稼不嗇胡取禾三百廛
河水清且漣猗不稼不穡胡取禾三百廛兮

今本《毛詩》“漣兮”作“漣猗”,“嗇”作“穡”。

特兮彼君子兮不素食兮 欿
胡瞻爾庭有懸特兮彼君子兮不素食兮 坎坎伐輪兮

今本《毛詩》“欿”作“坎”。

食我黍三歲宦女
無食我黍三歲貫汝

今本《毛詩》“宦”作“貫”,“女”作“汝”。

《唐風》

蟋蟀在堂歲聿其逝今我不樂
蟋蟀在堂歲聿其逝今我不樂日月其邁

句 山有蓲隰有榆子有衣
蟋蟀三章章八句 山有樞隰有榆子有衣裳弗曳弗婁

今本《毛詩》"蓲"作"樞"。

酒食胡不日□□□□喜樂
子有酒食何不日鼓瑟且以喜樂

既見君子□□□□揚
既見君子云何其憂 揚之水白石鄰鄰

按：毛、魯《詩》文字異同，陳碩父著《毛詩傳箋》，疏釋甚詳，不復詮解。

儀　禮

《大射篇》

東北
主人盥洗象觚升酌膳東北面獻于公

卒爵坐奠爵拜執
不拜酒立卒爵坐奠爵拜執爵興

人盥洗升媵觚于賓
主人盥洗升媵觚于賓

上拜受爵于筵前
主人酌膳賓西階上拜受爵于筵前反位

首公答拜媵爵者立
媵爵者作階下皆北面再拜稽首公答拜媵爵者立于洗南

媵爵者執觶待
媵爵者執觶待于洗南

公
公坐取大夫所媵觶興以酬賓

《聘禮篇》

郊請反
使者歸及郊請反命

曰以君命聘于
曰以君命聘于某君

善乎受上介幣
公曰然而不善乎授上介幣

今本“受”作“授”,《説文》:“受,相付也。從𠬪舟省聲。”段氏云:“𠬪者自此言,受者自彼言,其爲相付一也。”“𠬪,落也,上下相付也。從爪,又讀若‘標有梅’”段氏云:“以覆手與之,以手受之,象上下相付。”“授,予也。從手。”“授”“受”同聲,段氏云:“予者,推予。象相予之形。”按商周吉金,有“受”無“授”,許書訓“受”爲相付,訓“授”爲予,相付與予,義仍無别。且“授”字既從手受,則係以手受人之物,而非以物授人也。今訓爲“予”,失其義矣,其爲後人妄加,當無可疑。又“受”,頌敦作“”,盂鼎作“”,正象兩手上下相付形,吴清卿中丞云:“象兩手持舟,舟承尊之器,則以一字而兼二義明矣。”段氏勇於信許,不加糾正,而曲爲之解,故不免牴牾之失。石本以“授”爲“受”,蓋從其朔也。

賜使者幣使者
君使宰賜使者幣使者再拜稽首

上介至亦如之
上介至亦如之

練冠以
主人長衣練冠以受

公 羊 傳

牟□者何
牟婁者何杞之邑也

公曰百姓安子諸侯

謂隱公曰百姓安子諸侯説子盍終爲君矣

之辭也□晉者何公
其稱人何討賊之辭也冬十有二月衛人立晉晉者何公子晉也

今本於"討賊"之辭也下,有"冬十有二月衛人立晉"九字。

論　　語

《爲政》第二

耻道之以德
民免而無耻道之以德

於我我對曰無違樊遲
孟孫問孝於我我對曰無違樊遲曰何謂也

子夏問孝子曰色難有
子夏問孝子曰色難有事弟子服其勞

人焉廋□子曰温故
人焉廋哉子曰温故而知新

端斯害也已子曰□□女
攻乎異端斯害也已子曰由誨汝知之乎

爲則民服孔子對曰
哀公問曰何爲則民服孔子對曰舉直錯諸枉則民服

書云孝于惟孝友于兄
書云孝乎惟孝友于兄弟

今本"孝于"字作"乎",且以"書云孝乎"爲句,阮雲臺相國於此已有疏證,無事重解。

於殷禮所損益可知

周因於殷禮所損益可知也

《季氏》第十六

於蕭藩之内盍毛包周無

吾恐季孫之憂不在顓臾而在蕭牆之内也

今本“於”作“在”,“藩”作“牆”。“盍毛包周無”五字,校記語,解見羅恭敏《漢熹平石經殘字集録》。

《微子》第十八

枉道而事人何必去父母之國

枉道而事人何必去父母之邦

齊景公待孔子曰若季氏

齊景公待孔子曰若季氏則吾不能

今本“國”作“邦”。洪氏《隸釋·論語殘石跋》謂:“漢人作文不避‘國’諱。威宗諱‘志’,順帝諱‘保’,石經皆臨文不易。此石本《論語》‘邦君爲兩君之好’‘何必去父母之邦’,《尚書》‘安定厥邦’,皆書‘邦’作‘國’,疑漢儒所傳如是,非必遠避高祖諱也。”萬氏《石經考》及羅恭敏公《熹平石經殘字集録》亦皆依據洪説,羅並謂:“惠帝諱‘盈’,武帝諱‘徹’,昭帝諱‘弗陵’,和帝諱‘肇’,而《魯詩》《儀禮》《周易》殘字中,均有‘盈’‘徹’‘弗陵’‘肇’等字,《論語》殘字中亦有‘志’字,信如洪氏所言。惟‘邦’之改‘國’,殆因高祖爲開創之君,故特爲之諱,未必漢儒所傳《尚書》《論語》‘邦’字皆作‘國’也。”竊意以爲漢室避諱之字,荀悦《漢紀》記載甚詳,顔師古據之以注班《史》,如“邦”之字曰“國”,“雉”之字曰“野鷄”,“盈”之字曰“滿”,“恒”之字曰“常”之類皆是也。荀之所記,必係本諸當時之功令,然諸經於高帝則諱,於諸帝則不諱者,蓋高祖之世,挾書之禁,尚未解除,經師相傳,專憑口授,故於國諱,不得不敬謹避忌,相沿既久,習爲故常,不復改變。逮至惠帝庚戌四年,始除挾書律,爾後儒者乃得易口傳爲簡札,變默識爲記載,相承臨文不諱之例,而公然無所避忌矣,此所以有諱有不諱也。諸家之論,或有疏略,今恭敏墓木已拱,不得以吾説相稽爲驗,共稽爲決也,惜哉!

原載《同聲月刊》一九四三年第四期

漢石經經數爲七補證

◎ 周治平

漢石經經數、碑數，自來説者紛紜，海寧王氏静安，參伍校定，以《隋志》七經、《洛陽記》四十六碑之數，最爲確當。惟《洛陽記》所載經名，與《隋志》相較，僅有《書》《周易》《公羊傳》《禮記》《論語》，而無《魯詩》與《春秋》，王氏據朱超石《與兄書》，及唐石經字數，以四十六碑能容字數，總核諸經字數，乃知不當脱略二經，其説甚可據，愚乃復就記中所載石碑部位，反覆考之，益信王氏之言誠爲定論。

《洛陽記》云："太學在洛城南開陽門外，講堂長十丈，廣二丈，堂前石經四部，本碑四十六枚，西行《尚書》《周易》《公羊傳》十六碑存，十二碑毁，南行《禮記》十五碑悉崩壞，東行《論語》三碑，二碑毁。"據此則諸碑排布，當與講堂相稱，爲一規矩之形亦横長而從短，其從面一端，置碑宜少，故記云，東行《論語》三碑，他端不置碑，所以利人出入，横面長度應與堂長髣髴，置碑爲多，是以記云南行《禮記》十五碑，今南行既十五碑，則其平行一行碑數，亦當如是，且朱超石《與兄書》云："石經高丈許，廣四尺"，則今所餘二十八碑，計其闊度，已爲十一丈二尺，較之堂長不容置於一行，復據王氏《魏石經考》所記《尚書》《周易》《公羊傳》三經字數約以每碑能容字數，則此三經可共十五碑，不足八千八十字。三經共七萬六百七十字，每碑能容五千二百五十字。《魯詩》《春秋》共十三碑，不足一萬八百三十字。二經共計五萬七千四百二十字。有此不足者，緣於王氏所謂"《魯詩》每章之首，與《公羊傳》每年之首，皆空一格，又經後各有校記題名"之故，《魯詩》分章處較多，故所在十三碑中，不足虚數，自亦較多，由是乃可推得所餘二十八碑，當分二行置之，且與南行對稱，大抵《尚書》《周易》《公羊傳》十五碑在前，《魯詩》《春秋》十三碑在後，惟記中西行疑爲北行而已，如此七經之數既合，堂前石經四部之言，亦由今之四分置碑，確然而可解矣。

至於《洛陽記》不載《魯詩》《春秋》，余則以爲作記者，其視碑之存毁，與夫石經之名，先後分别行之，今《魯詩》《春秋》，位既列後，或者以其不易得見而有此脱略也歟？

附石經部位圖：

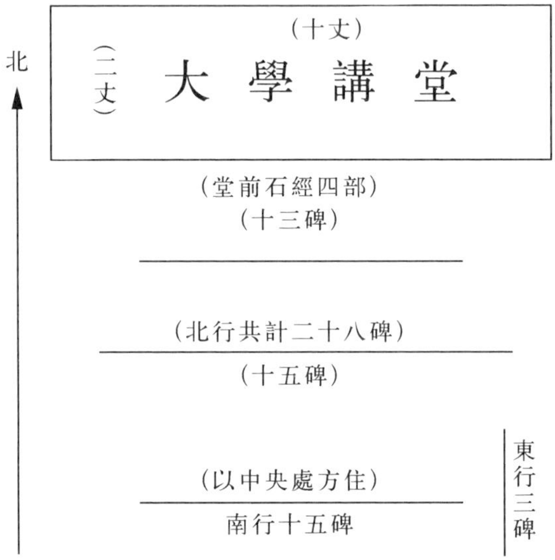

原載《楚南》一九四七第六期

漢石經《周易》爲梁丘氏本考

——跋張溥泉先生藏漢熹平石經《周易》殘石

◎ 屈萬里

客歲張溥泉先生獲漢熹平石經《周易》殘石一，反正兩面。正面爲經文，存二十八字，反面爲校勘記，存二十四字。二十四字中，其二十二字，較然明晰；別有“四”“童”二字，雖微漫泐，細審之亦可辨識。其式如下：

（正面）

蒙吝六五童
吉上六入于穴
從王事无成
左次无咎六五
二比之自内貞

（反面）

□施京氏□
四童牛之告
革●孟施京氏
盈諸滿皆言盈
養●孟施京氏

右石雖僅存五十二字，然其關係則殊巨，因不特可資經文之校勘，且可據以推知漢熹平石經所據以上石者，乃梁丘賀氏本也。蓋自永嘉之亂，以迄隋末，漢魏石經，數罹厄運。崩毀者有之，沉没者有之；甚或碎石分用，又或廢爲柱礎。逮及唐初，已十不存一。其後益復散落，宋元以還，得見數字墨本，即已視同瑰寶。宋洪适《隸釋》及《隸續》中，曾著録熹平石經二千一百餘字，雖不爲不多，然獨不見《周易》片石。近年出土之漢石經，則《周易》獨多。民國十八年所出《家人》迄《小過》（正面），《繫辭傳》迄《説卦傳》（反面）一石，凡四百九十一字，尤爲巨觀。然出土之石雖多，亦僅以供校勘之資而已，尚未能據以斷定熹平石經之《周易》，所據者究爲何本也（時彦多謂熹平石經《周易》爲京氏本，非是，説詳後）。

此石正面，爲經文《蒙》卦至《比》卦之殘字。熹平石經《周易》，每行七十三字，以是推證，知此乃《周易》第一碑經文第五行至九行之殘字也。羅振玉氏《漢熹平石經殘字集録》中，著有"'六'一行'初九'一行'不'一行"一石，爲《蒙》卦至《訟》卦之殘字，其"初九"二字，與此石"蒙吝……"等字爲一行，其"不"字，與此石"……入于穴"等字爲一行。核其在原碑之位置，彼石應在此石之右下方。其式如下：

幾不…如泣血漣如☶蒙亨匪我求童蒙童蒙求我初筮告再三瀆瀆則不告利貞初**六**發蒙利用刑人

用説…**蒙吝六五童**蒙吉上九擊蒙不利爲寇利禦寇☵需有孚光亨貞吉利涉大川**初九**需于郊利用

恒无…**吉上六入于穴**有不速之客三人來敬之終吉☰訟有孚窒惕中吉終凶利見大人**不**利涉大川初

六不…**從王事无成**九四不克訟復即命渝安貞吉九五訟元吉上九或錫之鞶帶終朝三褫之☷師貞

丈人…**左次无咎六五**田有禽利執言无咎長子帥師弟子輿尸貞凶上六大君有命開國承家小人勿

用☷…**二比之自内貞**吉六三比之匪人六四外比之貞吉六五顯比王用三驅失前禽邑人不誡吉上

依右圖勘之，知《需》卦"入于穴"之"穴"字後，《訟》卦"不利涉大川"之"不"字前，今本衍一字(張國淦《漢石經碑圖》，亦知今本衍一字，惟定在"入于穴"句之前，以彼時此石未出，莫由詳勘故也。)，然書缺有間，無從知其所衍者爲何字矣。又惠氏《周易古義》，據《吕氏春秋・勸學篇》注，蔡邕處士圈叔碑，及唐慧苑《華嚴經音義》，以爲《蒙》卦辭"童蒙求我"，應作"童蒙來求我"。今以此石及羅氏《著録》之前石證之，自《蒙》卦"瀆則不告利貞"以前，石經字數與今本適合，無更容此"來"字之餘地。是知石經本《周易》，亦作"童蒙求我"，而無"來"字。凡此皆有資於校勘者也。

其次，更論熹平石經《周易》所據之祖本問題。山東省立圖書館，藏有《比》卦至《履》卦殘石，亦反正兩面，反面爲《雜卦傳》及校記殘字。是石羅振玉氏《漢熹平石經殘字集録續補》，及山東圖書館所編《漢魏石經殘字》中，曾先後著録。其式如左：

（正面）	（反面）
旋 近 六 元 望 比 吉 君 无	易 濟 革 經 男 去 梁 之 故

羅氏因其有"易經梁"三字，曾謂熹平石經《周易》，所據者爲梁丘氏本。惟羅氏無他佐證，學者未之信也。反之，自馬叔平（衡）先生謂熹平石經《周易》所據之祖本爲京氏本後，學者靡然風從，幾成定讞。其所著《漢熹平石經〈周易〉殘字跋》（原文載《北京大學圖書部月刊》第一卷第二期，轉載於《古史辨》第三册上編）云：

> 後漢博士十四人：《易》有施、孟、梁丘、京氏四家，《書》有歐陽、大小夏侯三家，《詩》有魯、齊、韓三家，《禮》有大小戴二家，《春秋》《公羊》有嚴、顔二家。熹平石經之例，以一家爲主，而著他家異同於後。《隸釋》所録，《詩》有齊、韓《校記》，是以魯爲主也。《公羊》有"顔氏有無"語，是以嚴爲主也。《論語》有"盍、毛、包、周"語，余曩校《堯曰篇》殘字，考爲《張侯論》，包、周皆習張侯章句，是亦以某氏本爲主，而著盍、毛、包、周之異同也。然則《周易》亦於四家之中，以一家爲主。而此一家，果誰氏乎？以此石（按即《家人》迄《小過》一石）證之，蓋用京氏本也。陸氏謂"坎"，京劉作"欿"；又"劓刖"，京作"劓劊"。此本悉與京氏合，是用京氏本無疑矣。其碑末《校記》中，當著施、孟、梁丘之異同，如《詩》《公羊》《論語》之例，又可斷言也。

此說既出，於是錢玄同、顧頡剛、胡適之諸先生皆和之（錢氏說，見所著《讀漢石經〈周易〉殘字而論及今文〈易〉的篇數問題》；顧氏說，見所著《論〈易・繫辭傳〉中觀象制器的故事》；胡氏說，見所著《論觀象制器的故事出京氏〈易〉書》，三文並收入《古史辨》第三册上編）。馬氏此文，成於民國十八年十二月，厥後（民國二十年）又撰《從實驗上窺見漢石經之一斑》一文（見《慶祝蔡元培先生六十五歲論文集》），更舉兩事，以爲漢石經《周易》爲京氏本之證，其說云：

> 近出《周易》殘石，表刻《家人》迄《小過》二十六卦，凡二十八行。裏刻《繫辭下》《文言》《説卦》，凡二十一行。《蹇》卦"大蹇朋來"之"朋"，作

> “崩”(里按漢石經實作“朋”,不作“崩”);《困》卦“于臲卼”作“于劓劊”;《説卦》“坎者水也”之“坎”作“飲”,與《釋文》所舉京本合(原注;“崩”見《復》卦,“飲”見《坎》卦)。余前跋此石,定其爲京氏本。又《釋文·繫辭下》“洗心”條曰:“京荀虞董張蜀才作先,石經同。”既於四家之中,獨舉京氏,而又言石經與之同,是於上舉諸證之外,又得一鐵證矣。

馬氏之説,鑿鑿如此。於是世之言漢石經《周易》者,幾無不以爲京氏本矣。

今按執“飲”“崩”“劓劊”及“先”五字,遽斷漢石經《周易》爲京氏本,證據實甚牽強。蓋“坎”字《説文》亦作“飲”,而《説文》乃用孟氏《易》者,是前乎京房之孟喜,其“坎”字亦如此作。况《詩·伐檀》“坎坎”字,漢石經亦作“飲”。此“飲”字不足爲京氏本究極之證,一也。石經“朋”作“朋”,乃下經《蹇》卦九五爻辭“大蹇朋來”之異文;而京氏易“朋”作“崩”者,乃上經《復》卦卦辭“朋來无咎”之異文,兩者迥非一事,况“崩”亦非“朋”。此“朋”字不足爲京氏本究極之證,二也。“劓劊”二字,見於熹平石經者,在《困》卦上六爻辭,此二字虞王諸本皆作“臲卼”;而《經典釋文》所謂“京作‘劓劊’”者(“劓”“劓”同字),乃謂九五爻辭“劓刖”二字之異文,兩者之非一事,其情形與前述“崩”字同。此“劓劊”二字,不足爲京氏本之證,三也。至“洗”字作“先”,《釋文》既著京氏,又著石經,適足以證石經非京氏本;不然,何庸複舉?馬氏之説,正得其反。此“洗”字不足爲京氏本之證,四也。且《艮》卦初六爻辭“不拯其隨”之“拯”,京氏作“承”(見宋咸熙輯本《吕氏古易音訓》引晁氏説),而石經作“抍”。《釋文》於《説卦傳》“爲吝”下云:“京作遴。”而石經“吝”字皆作“吝”,無作“遴”者。凡此,又皆漢石經《周易》非京氏本之明證也。

馬氏云:“熹平石經之例,以一家爲主,而著他家異同於後。”曾列舉《詩》《公羊》《論語》諸經之校記爲證,其説至當不易。且謂熹平石經《周易》,如爲京氏本,則“其碑末校記中,當著施、孟、梁丘之異同,如《詩》《公羊》《論語》之例。”今此石反面之校記,寥寥二十四字中,“孟施京氏”語凡三見(其首行“施京”兩字上雖殘缺,然可斷其必“孟”字無疑),乃有京氏而無梁丘。後漢《周易》之立於學官者,既僅施、孟、梁丘、京四家,校記中既已出施、孟、京三家,則其主本必梁丘氏本,斷然無疑。復證以山東圖書館藏石,其《校記》開首爲“易經梁”三字,知其語當爲“《易經》梁丘氏本”之意,又必無疑也。

熹平石經《周易》爲梁丘氏本之説既定,則由於誤以爲京氏本,又從而引申之，以證《説卦傳》及《繫辭傳》中“尚象制器”一章爲京房之徒所僞作等説（詳見顧頡剛論《〈周易·繫辭傳〉中觀象製器的故事》），其是非亦可以不待煩言而解。然則此蕞爾拳石，其關係之重，有如是者。所謂一字千金，此石蓋可以當之無愧矣。

三十四年三月五日草畢，時寓四川南溪之李莊。

前國立西北圖書館，擬出版週年紀念專刊，函來徵稿，因草成此篇應命。乃紀念刊未及付印，而該館奉令停辦。此稿藏諸行篋，已逾周歲。今復檢出付印，用就正於博聞君子。三十五年八月九日萬里自記，時寓南京中央圖書館。

原載《國立中央圖書館館刊》一九四七年復刊第一期

漢石經《易》用梁丘本證

◎ 馬　衡

漢靈帝時，議郎蔡邕以經籍去古久遠，文字多謬，俗儒穿鑿，疑誤後學，熹平四年，乃與五官中郎將堂谿典，光禄大夫楊賜，諫議大夫馬日磾，議郎張馴、韓説，太史令單颺等奏，求正定六經文字。靈帝許之。邕乃自書丹於碑，使工鐫刻，立於太學門外。於是後儒晚學，咸取正焉。是時立於學官者：《易》有施、孟、梁丘、京氏；《書》，歐陽、大小夏侯；《詩》，齊、魯、韓；《禮》，大小戴；《春秋》，嚴顔，凡十四博士。諸家章句，頗有異同，傳經者又各有其師説。刻石之事，本極繁重，若同時並刻十四家之經，似又爲事理所不許。無已，則惟有每經以一家爲主，而以他家異同列於各經之後，此可以測知者也。今各經多有校記發現，又多在經首數碑之背面。如《詩》有齊言、韓言等字，《春秋公羊傳》有顔氏言及顔氏有無等字，以是知校記必列於諸經之後，《詩》必用《魯詩》，《春秋》必用嚴氏也。

余曩著《從實驗上窺見漢石經之一斑》一文，中有經數、經本二節。其關於經數者，《後漢書》或言五經，或言六經，《隋書・經籍志》則言七經。宋時發現殘石，有《書》、《詩》、《禮》(《儀禮》)、《公羊》、《論語》五種。今所發現者，於五種之外，又有《易》、《春秋》(經文)二種。知熹平所刻，實爲《易》《書》《詩》《禮》《春秋》五經，《公羊》《論語》二種。數經不數傳則稱五經，合《公羊》於《春秋》則稱六經，目二傳亦爲經則稱七經。蓋隋唐以後，不論經傳，皆目之爲經矣。其關於經本者，《春秋經》衹《公羊》一家，而《公羊傳》有嚴、顔二家(七經之中，恐惟《春秋經》無校記)。其有校記可證者，《詩》爲《魯詩》，《公羊》爲嚴氏，已如上述。其餘諸經，皆從旁證参互鈎稽而得者：《易》爲京氏，《書》爲歐陽，《禮》爲大戴，《論語》爲《張侯論》，亦即《魯論》。當時考證，自以爲毫無賸義，未始不躊躇滿志。但旁證鈎稽，全憑推斷，其中如《書》之有序，惟歐陽有之,《禮》之篇次合於大戴,其説或仍不可易。《論語》之篇章與魯合,斷爲《魯論》亦可自信,而以《校記》中有盍、毛、包、周字,即斷爲張禹之《張侯論》(見余所著《漢石經論語堯曰篇殘字跋》),則仍爲假定之説也。至《易》之爲京氏,則以《易》之殘石異文多與陸德明《經典釋文》所引之京氏合(見余所著《漢石經〈周易〉殘字跋》),亦爲假定之説,較《論語》之爲《張侯論》,證據尤爲薄弱。前爲蔡孑民作紀念論文時,論及經本,以《易》之殘字發見不多,捨此又别無他説,姑取此以備吾一説,不敢謂之定本也。今直接證據發現,而前説果被推翻,於此益見考證之難也。

近年洛陽出一《春秋》殘石,一面刻僖十三至三十三年經,一面刻昭三至二十一年經,存六百五十一字。一九四二年春,李涵初(培基)以拓本見寄,久而未至。今年春,復寄一本來,而媵以他經小塊拓本二紙(余昔在洛陽拓漢魏石經,凡遇兩面存字者,必命工拓於一紙之上,俾表裏之文不至分散。墓志之有蓋者亦然。至今洛工尚多遵用此法。此二小塊雖分拓二紙,但《易》與《春秋》錯雜拓於一紙,恐爲拓工之誤)。審之,一爲《春秋》僖十六至二十五年及昭十二至十六年文,存五十一字,即上述大石之下截。其一爲《易》上經《蒙》至《比》卦及《易》校記,存五十四字。校記雖僅二十餘字,而兩見孟、施、京氏字,是可證《易》用梁丘,正可糾正前此之誤。不覺爲之狂喜,亟馳書詢以石之所在。他日當假歸,精拓數本,以廣流傳。

《易》之殘石,有原爲一石,分裂歸諸兩家,其文仍相銜接,一面刻《下經·家人》至《小過》二十六卦,凡二十八行,一面刻《下繫》《文言》《説卦》,凡二十一行。其文與今本異者,多與《釋文》所引之京氏本合,余據以定爲京氏《易》。如《蹇》卦"大蹇朋來"之"朋"作"崩",《復》卦釋文"朋來"條注曰:"如字,京作崩。"《困》卦"于鮠卼"作"于劓劊",《釋文》於"劓刖困于赤紱"之"劓刖"條曰:"荀王肅本劓刖作鮠卼,云不安皃,陸同,鄭云,劓刖當爲倪仉,京作劓劊。案《説文》,劊,斷也。"而於"鮠卼"條曰:"鮠,《説文》作劓,薛同。卼,《説文》作䖴,云䖴不安也,薛又作杌,字同。"荀王肅本"劓刖"作"鮠卼",京作"劓(按《説文》"劓"爲"劓"之重文)劊",則"于鮠卼"之"鮠卼",京亦當作"劓劊"矣。《説卦》"坎者水也"之"坎"作"欿",《坎》卦釋文曰:"本亦作埳,京劉作欿,險也,陷也。"是皆與京本合者。嗣又於《上繫》釋文見"洗心"條注曰:"京、荀、虞、董、張、蜀才作先。石經同。"陸德明所見之石經,當然爲熹平石經,或即《隋書·經籍志》所稱秘府之相承傳拓本。石經所用之本,不外四家。此言與石經同者，四家中獨有京氏，則石經用京氏《易》，不得謂之毫無根據也。

顧考證之事，首重證據。若文獻不足，無由引證者，則亦徒費鈎稽，終無所獲也。陸德明《經典釋文・序録》曰："永嘉之亂，施氏、梁丘之《易》亡。"故《周易音義》中所引祇孟喜、京房之説，而孟説僅十餘條。其《孟喜章句》十卷下注云："無《上經》。《七録》云：'又《下經》無《旅》至《節》，無《上繫》。'"則《孟喜章句》十卷亦非完書。四家之中，亡佚太半，所可得見者祇京氏一家，故用京氏《易》之説，根本不能成立。陸氏所稱與石經同者，必梁丘、京氏二家之偶同，未可據以爲石經用京氏之確證。猶有進者，余昔整理石經殘字，見有"月既望"一石，定爲《周易》(手頭無拓本，僅就記憶所及者舉之，是《歸妹》抑《中孚》之文，亦復不審，皆待他日補之)。今本《歸妹》《中孚》，皆有"月幾望"句，《釋文》於《歸妹》下云，"幾，荀作既"，於《中孚》下云："幾，京作近，荀作既。"(荀爽傳費氏《易》，此作"既"，亦梁丘與費氏偶合者)。石經不作"近"，可謂非京氏之反證矣。此皆昔日考證之疏，故詳辨之以糾前失。幸賴地不愛寶，出此一石以彌補缺憾。今而後諸經之本，皆可確定矣。

原載《凡將齋金石叢稿》

讀熹平石經殘碑記

◎ 趙鐵寒

本文所植第一、第二兩圖，爲漢熹平石經殘碑拓本，民國二十三年出土於洛陽城東南十八里之碑樓莊朱家圪塔，其地當穀水之陰，洛水之陽，正後漢洛陽城開陽門外太學舊址也（參閱插圖三）。蓋自董卓之亂（獻帝初平元年[一九〇年]）石經殘毁以來，沉薶地下者千七百四十五年矣。第一圖爲陽面，石高四九公分，廣四八・五公分。第二圖爲同碑之陰面，石高四八公分，廣四七公分，兩面高低廣狹不同者，蓋崩壞之自然形勢也。陰陽面合度之，得十二公分。其石作青黑色，細膩滋潤而有光。其文爲《春秋公羊經》，碑陽起《僖公》十三年，訖三十三年（前六四七——前六二七），二十行，三百三十二字（殘二十七字），换年空格以・充之者二。碑陰起《昭公》三年，終二十一年（前五三九——五二一），十八行，二百九十二字（殘十七字），换年空格以・充之者四。合而計之，凡字六百二十四（殘四十四字），唐宋以來，石經之出土者，無此鉅觀也。其石出現伊始，掘獲者索高價售與古董商王某，事聞於平津，日人秘以四萬金市之，會抗戰事起，未協而罷，至二十八年，終售於霑化李氏，未幾日軍西犯，陷洛陽，李氏藏之於荒山榛莽中，三十四年，日軍敗降，李氏遂携以來台。此石沉薶千數百年，晦而復顯，神州陸沉，公私收藏石經，蕩然一空，惟此僅存，同於碩果，固石之幸，亦學術藝林史實之鱗爪。昔羅雪堂云："傳古之事，流傳尤亟於考訂。"爰於盥讀之餘，叙其顛末，假本刊尺幅，以廣流傳云耳。

一、刊立始末

蔡邕倡其議，楊賜、馬日磾等附合之，李巡助成之，考合文字，書丹上石，先後預其事者，盧植、劉寬等又若干人，歷九年始畢事。

自光武中興，立五經博士，各以家法講授，《易》施、孟、梁邱、京氏。《尚書》歐陽、大小夏侯。《詩》齊、魯、韓。（《後漢書·儒林傳序》於此衍“毛”字，今從《百官志》，以合十四之數。）《禮》大小戴。《春秋》嚴、顔。凡十四博士，門户既衆，講説不同。順帝擴修黌宇，游學增盛，本初（一四六年）以下，太學生至三萬餘人，於是“章句漸疏，多以浮華相尚。”（《後漢書·儒林傳序》）加以去聖久遠，五經文字多謬，諸博士試甲乙之科，争第高下，時黨錮既興，高名善士，多坐流廢，平闒之輩，遂至紛争，更相言告，以求勝人，至有私行賄賂，定蘭臺漆書經字，以合其私文者。（以上雜見《後漢書·儒林傳序》《蔡邕傳》《宦者·吕强傳》附《李巡傳》。考民國十三年洛陽碑樓莊出土《石經表》及《後序》各一方，其表有云：“□字磨滅，解落霣脱。”“章言考覆，紛紛家殊。”“□學猾吏，以人事相陰陽。”《後序》云“因緣生姦，無以防絶”云云，可證范書所言爲不虚。）議郎陳留蔡邕，時校書東觀，憫俗儒穿鑿，疑誤後學，熹平四年（一七五年），與堂谿典（此從《蔡邕傳》，新出《石經表》同，惟《延篤傳》作“唐谿典”蓋“堂”“唐”一字也。）、楊賜、馬日磾、張馴、韓説、單颺等，奏求正定五經文字，宦者汝陽李廵，亦以上請，靈帝許之，於是開始經營；據《石經表》言“以經本各一通，付太常諸□”，所闕當爲“臣”字，蓋漢制博士屬於太常也。“即詔所校定”，詔疑即邊詔，《後漢書》本傳，“拜大中大夫，著作東觀”。以當時立學官之五經，各以一家爲主，兼存他家之説於後，《易》用施氏（見新出石經《後序》），《尚書》用今文小夏侯（見孔穎達《尚書正義序》及新出石經《後序》），《詩》用《魯詩》，《春秋》用公羊經傳；《論語》不立學官，故用學子通習本。提供底本者，見之新出石經《後序》云：“（上闕）舍人傅彌、易梁（中闕）施氏、郎中孫進，尚書小夏侯郎中（下闕）”参與考合文字者，見之新出《石經表》云：“（上闕）雜與光禄勛劉寛，中郎將堂谿（下闕）”又“（上闕）張玹，司空兼集曹掾周達，屬尹弘”，新出石經《後序》又有孟郁、陳懿之名，不詳所職。刊立石經之目的，既爲正定文字，杜絶紛争，故校定工作，至於鄭重如此也。文字既正，然後書丹上石，命工鐫刻，至光和六年（一八三年）始蕆事，歷時九年之久。在此期間，曾預其事者，尚有多人，洪适《隸釋》載，石經《論語》殘碑左下端有“（上闕）詔書與博士臣左立，郎中臣孫表”，又《公羊傳》殘碑，左下題名云：“（上闕）谿典，諫議大夫臣馬日磾，臣趙陔，議郎臣□□（原注云“闕二字”）臣劉弘，（按黄伯思《東觀餘論》，此處作“議郎臣劉宏”，無闕字，當以《隸釋》爲正）郎中臣張文，臣蘇陵，臣傅楨，雜”，《東觀餘論》於“雜”字下注云：“雜未詳”，按傅楨名下，忽出“雜”字，疑與前引新出《石經表》"雜與光禄勛劉寬"之"雜"字同例，並爲會同協力之義，其下當有闕文也。

石經之書丹，不止蔡邕一人。

以《隸釋》考之，石經每經終了之後，各有題名，《後漢書》章懷注引陸機《洛陽記》，亦有《禮記》碑上有諫議大夫馬日磾，議郎蔡邕名之語，《水經·穀水注》所云亦然。石經刊立，雖出於多人之請求，而以蔡邕爲主，故其名獨彰，至書丹上石，則不止於邕，考《後漢書·邕傳》云："奏請正定六經文字，靈帝許之，邕乃自書丹於碑，使工鎸刻。"《魏書·江式傳》，載式上疏，亦有"左中郎將陳留蔡邕，採李斯、曹喜之法，爲古今雜形，詔於太學立石碑，刊載五經，題書楷法，多是邕書。"南北朝時，謂隸爲楷，故云。至《隋志》，更進而言曰："後漢鎸刻七經，皆蔡邕所書。"其實以傳世殘字證之，《尚書》瘦勁，《公羊》端方，《論語》豐滿，《易經》及新出《石經表》，與《公羊》相伯仲，新出石經《後序》與《尚書》似雁行，可證决非出於一人；唐魏徵已認不盡爲邕書，黄伯思云："經各異手書，不必皆蔡邕也。"(《東觀餘論》)洪适更云："史稱邕自書丹，使工刊刻，今所存諸經字體，各不同，雖邕能分善隸，兼備衆體，但文字之多，恐非一人可辦。史云邕與堂谿典、楊賜、馬日磾、張馴、韓説、單颺等，正定諸經，今《公羊》《論語》之後，惟谿典、馬日磾二人姓名尚有，别有趙䧄、劉弘、張文、蘇陵、傅楨、左立、孫表數人，竊意其間必有同時揮毫者。"又云："余詳玩遺字，《公羊》《詩》《書》《儀禮》，又在《論語》上，劉寬碑陰，王曜題名，則《公羊》《詩》《書》之雁行也，黄初孔廟碑則《論語》之苗裔也。"(《隸釋》)胡宗愈亦云："遺經今存者，體各不同，雖中郎兼備衆體，而篇章之富，未有能辦於一人之手……意者，當時諸儒，同涉筆於其間，未可知也。"(《重刻石經遺文跋》)其論皆是也；且石經創始於熹平四年(一七五年)三月，至光和元年(一七八年)八月，邕即以言事得罪，遠竄朔方，次年四月遇赦，又以宦者搆煽，亡命江海，遁距吴會者積十二年之久，至靈帝崩(一八九年)，董卓强致之京師，時石經已樹立太學門外者六載於兹矣，是中郎親與其事，首尾不過三年有五月，以此偬短之歲月，縱日日操觚爲之，七經都凡二十萬餘言，亦不克卒業，况時當靈帝眷注殷切，屢蒙詔問，備對詳明，又與宦者曹節、王甫等周旋，更與賢者劉郃不平，互有攻訐，更上書言事，(熹平四年，請除三互法，六年諫伐鮮卑，又上封事七條)制作書寫文字，(熹平四年中鼎銘，太尉李公碑，五年伯夷叔齊碑)其不能下帷埋首，

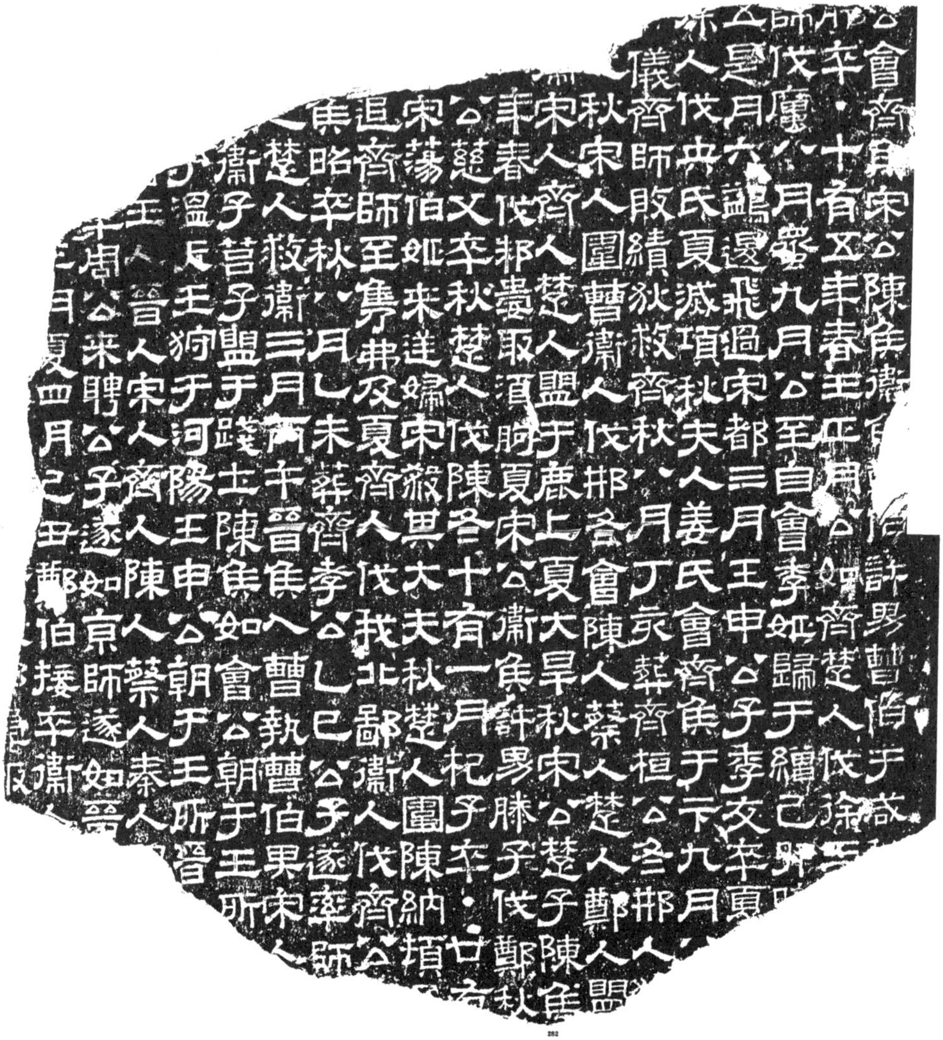

第一圖

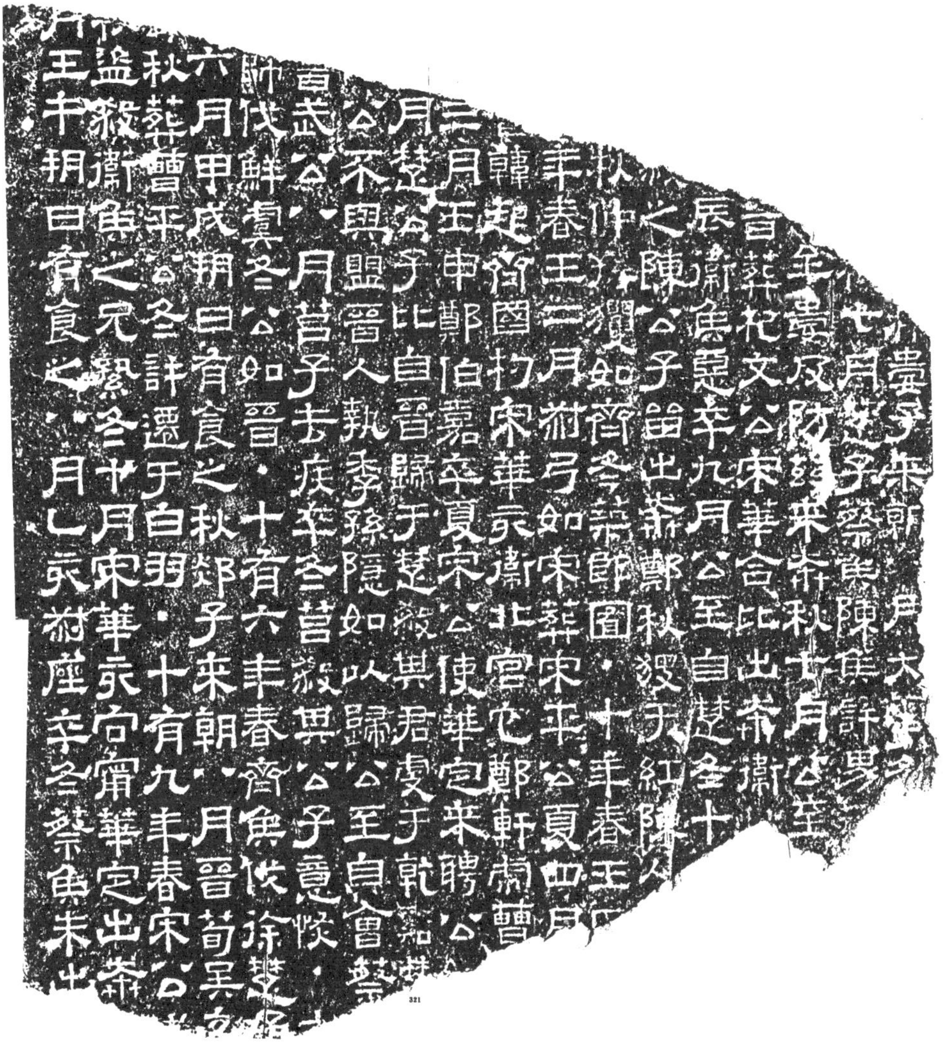

第二圖

專攻書丹者，又彰彰甚明。以意推之，七經之中，有部分出於邕手，自來從《洛陽記》，《洛陽伽藍記》，及《水經注》，以爲碑上有蔡邕名，即斷爲出於邕手之證據，其實石經之事邕實倡之，處於董理之地位，每經終了之後，各列銜名，非無可能，洪适所藏拓本，《公羊傳》後題名，“議郎臣”下闕二字，再下曰“臣列弘”，所闕二字，疑即蔡邕，但縱然如此，亦不足證明《公羊傳》即出於邕所書丹也。

《洛陽伽藍記》總圖

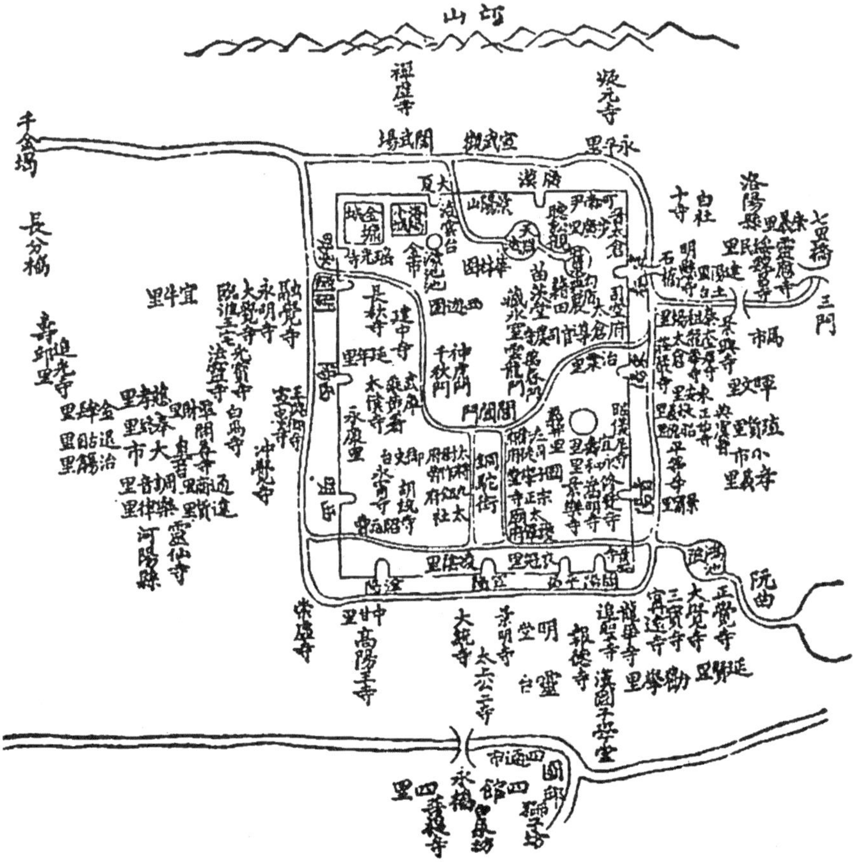

第三圖

此圖采自唐晏《洛陽伽藍記鉤沉》，唐氏自云，據吴若準《伽藍記集證》附圖改正補充而成者。

洪适所藏《論語》，最末一行云“工陳興刻”，此人有幸，千餘年後，姓名獨完，附石經以不朽。以理推之，數十萬字之鐫刻，必非一手一足之列，《論語》雖出陳手，他經則未必盡然，惜無發現，無法知其姓名耳。

石經立於太學,非鴻都學,各家稱鴻都石經者皆非。

《後漢書·靈帝紀》:“光和元年二月,始置鴻都門學生。”章懷注云:“鴻都,門名也,於内置學。時其中諸生,皆敕州郡三公舉召能爲尺牘、辭賦,及工書鳥篆者相課試,至千人焉。”《蔡邕傳》云:“初,帝好學,自造《皇羲篇》五十章,因引諸生能爲文賦者。本頗以經義相召,後改爲尺牘及工書鳥篆者,皆加引召,遂至數千人。侍中祭酒樂松、賈護,多引無行趣勢之徒,並待制鴻都門下,喜陳方俗閭里小事,帝甚悦之,待以不次之位。”又云:“光和元年,遂置鴻都門學,畫孔子及七十二弟子像,其諸生皆敕州郡三公舉用辟召,或出爲刺史太守,入爲尚書侍中,乃有封侯賜爵者,士君子皆耻與爲列焉。”邕與尚書令陽球,先後論之,不省。此鴻都門學之涯略也。

東漢太學在洛陽門外,(《伽藍記》:“南面有三門,東頭第一門曰開陽門,初漢光武遷都洛陽作此門……自魏及晉,因而不改,高祖亦然。”)穀水之南,其地其學,皆與鴻都迥乎不同。石經樹立處所,《儒林傳序》《蔡邕傳》、章懷注引袁宏《後漢紀》,《水經·穀水注》,皆云在太學門外,無云在鴻都門學者。迨魏江式上疏,有“後開鴻都,書畫奇能,莫不雲集,於時諸方獻篆,無出邕者”;《書法要録》,又有“時方修飾鴻都門,蔡邕待詔門下”之説。至唐張懷瓘《書斷》引王僧虔云:“飛白,八分之輕者,邕在鴻都門,見匠人施堊帚,遂創意焉。”以下李綽《尚書故實》,韋絢《劉賓客嘉話録》,不加詳察,遂有鴻都石經之語,宋人承其誤,如董逌《廣川書跋》、黄伯思《東觀餘論》、晁公武《石經考異序》、洪适《隸釋》,皆沿用之,惟清儒全祖望、杭世駿、萬斯同、翁方綱等辨之甚力,兹再補諸家之缺,臚列原委,明其致誤之由如上。

石經所刊,名五經,實包《易》《書》《魯詩》《儀禮》《春秋公羊經》《公羊傳》《論語》七種,故《隋志》名爲七經。

石經所刊,《後漢書·靈帝紀》《儒林傳序》《盧植傳》《宦者·吕强傳》《水經·穀水注》,並云“五經”,《蔡邕傳》《張馴傳》,則云“六經”,《隋書·經籍志》乃云“七經”。洛陽新出石經《後序》,有云:“考合異同,各隨家法,是正五經。”“經”字半泐,惟餘“工”字,但律其句法,是“經”字無疑,是爲當時原稱五經之明證。按所謂五經、六經者,古人泛稱經典之總名,並無嚴格之界説,洪适、趙明誠、全祖望、杭世駿等多人,於此皆有辨論,立説皆難使人信服,惟翁方綱《漢石經殘字考》云“按靈帝紀所云,詔諸儒正五經者,乃渾舉之詞……當日如何綜計,互有措拄,蓋不必鑿求矣”,此言得之矣。

石經中所包諸經,各家所言,亦有不同,《後漢書·書蔡邕傳》章懷注引陸機《洛陽記》,作《尚書》《周易》《公羊傳》《禮記》《論語》。《御覽》五八九引戴延之《西征記》,與楊衒之《洛陽伽藍記》同,作《周易》《尚書》《公羊》《禮記》。(後漢立學官者,有《儀禮》,無《禮記》,《隋志》亦無《禮記》,有《儀禮》;後世出土之殘石,《儀禮》甚多,而《禮記》絶未一見,更爲有力之證明,以上各家,作《禮記》者皆誤,當作《儀禮》。又王國維《觀堂集林·魏石經考》云“魏晉以前,亦以今之《儀禮》爲《禮記》,非指小戴《記》之二十九篇”,不知所據。)迨《隋書·經籍志》乃詳著其目云:“一字石經《周易》一卷、一字石經《尚書》六卷、一字石經《魯詩》六卷、一字石經《儀禮》九卷、一字石經《春秋》一卷、一字石經《公羊傳》九卷,一字石經《論語》一卷,一字石經《典論》一卷。”除《典論》一卷,魏文帝所附刻,不應列入石經之目,可置不論外,實得七經。至本有七經,而以五經、六經名之者,殆如唐開成石經,本有九經,而《新唐書·儒學傳序》,但云“文宗定五經,鐫之石”。張參校勘譌文,著書三卷,亦曰五經文字,蓋《禮》包三《禮》,《春秋》合三《傳》而言之,古之通例也。

凡此七經,其《尚書》《魯詩》《儀禮》《公羊傳》《論語》,已自宋初以來,紛紛出土,見於宋、清各家之著録,《周易》與《公羊經》遲至民國十一年至十三年間,始出現於洛陽,與世人相見。其最爲晚出而文字最爲完好者,爲民國二十三年出土之《公羊經》殘石,即本文所記者也。在此以前,先賢只知有《公羊傳》,有無經文,多持懷疑,孔氏《正義》,謂漢初爲傳訓者,皆與經别行,故石經書《公羊傳》,並無經文。此實不見之蔽,無可奈何者。

經石行數、字數,各家計算不同,翁方綱、王國維、羅振玉,以爲每行自七十一字至八十七字,多寡不等,今據殘石考定《公羊經》,每面三十六行,行七十字。依七十字將碑復原,與殘石斷痕接筍,不差毫釐。(參閲附圖四)其他六經,未經推求,不在此例。

翁方綱《漢石經殘字考》云:“《尚書》三段,以今世所行板本,合此存字,計當日石經全碑,每行字數,則《盤庚》六行,第一行七十一字,第二行七十四字,第三行七十九字,第四行七十六字,第五行七十四字;《洪範》十行,皆七十三字,雖第二行第六行,皆七十四字;《君奭》一行,亦七十四字。《魯詩》魏、唐《風》,皆每行七十二字,惟‘園有棘’一行七十三字。《儀禮》,行皆七十四字。

《公羊》殘碑(按翁所據爲《公羊傳》非經)可計者,第一行八十七字,第二行八十五字,較他經每行多出十許字,而字之大小却無異,不知何也。"王國維《觀堂集林·石經考》云:"《尚書》《論語》,大率每行七十三四字。"羅振玉《漢熹平石經殘字集録·序》云:"以予所見殘字計之,《周易》行七十三字;《魯詩》行七十二字,而《商頌》則行七十字;《儀禮》則自行七十字至七十五字,數不可定;《春秋》七十字;《公羊傳·僖公》行七十三字,而《成公》則七十一字;《論語》則自七十二字至七十八字不等,數亦不可定。蓋每石行字之數,往往小異,即同經異石,亦往往行字不同,而大率在七十字或七十字以上。"以此殘石考之,每行字數高低,縱横排列,均甚整齊,其他各經,據羅氏《殘字集録》觀之,亦無大小高低參差不齊現象,依理推之,石經儀型萬方,國之鉅製,亦不至輕忽草率,至於每行字數不同,各家所云字數不同者,殆由於空格,(如此殘石换筆處皆空一格以·代之,《詩經》《論語》等,三五句一章,空格尤多。)及行世板本文字,與石經互有增减所致,此外則難得正當之理解也。

《春秋經》羅氏據拓本求得每行七十字,筆者就此殘石求之,七十之數不誤。再進而依此殘石陰陽兩面拼合,求其行數,得三十六行,形式如附圖第四。字數、行數既明,則其高廣亦可依據現存殘石推求以得之,按石經每字廣二·五公分,字高亦如之,三十六行,計廣九十公分,七十字計高一七五公分。以晉人所言,碑高一丈許,廣四尺,(《後漢書》章懷注引楊龍驤《洛陽記》——清劉傳瑩作《石經考》改作《洛城圖》,云據《晉書·楊佺期傳》校改,今遍查《佺期傳》,無作《洛陽記》或《洛城圖》之記載——載,朱超石《與兄書》云:"石經都似碑,高一丈許,廣四尺,駢羅相接。")以晉尺每尺折合現行市尺〇·七二三六尺(見吴承仕《中國度量衡史》附《歷代尺度標準變遷表》)計之,晉尺每尺折合二四·〇九五八八公分,四尺共計九六·三八三五二公分,與今日依殘石字體度量所得之九十公分者,相去無幾。惟高丈許,爲疑詞,無法確定,假定以九尺計之,則爲二一六·八六二九二公分,較今日度量所得,强三九公分餘,則分屬於上楣下承矣。字數行數,依殘石推求既皆準,高廣尺寸,據晉尺計算亦仿佛,則《公羊經》碑型,暫可以上述爲定論,惜其他各經,無暇一一考究之耳。

二、流傳收藏

石經碑數,有四十六與四十八兩説,以四十八爲是。

第四圖

此圖僅表示殘石在碑中位置。高廣比例，因行與行間隔過大，與實際不合，不足爲據。依殘石度量，碑高一七五公分，廣九〇公分，厚一二公分。

石經碑數，初見於《後漢書》章懷注引陸機《洛陽記》云："石經四部，本碑凡四十六枚。西行《周易》《尚書》《公羊傳》，十六碑存，十二碑毀；南行《禮記》十五碑悉崩壞；東行《論語》三碑（按此處疑脱一"存"字），二碑毀。"《水經·穀水注》則云："碑石四十八枚……魏文帝又刊《典論》六碑，附於其次。"考《隋志》於一字石經七種之下，又有"一字石經《典論》一卷"，可知《典論》即附於漢石經之後，則四十八枚之數，即指漢石經而言，與餘文所言魏石經者無涉。至《洛陽伽藍記》："復有石碑四十八枚，亦表裏隸書。"其爲漢經，尤爲明白。按陸機記所謂四十六者，由西、南、東三行合計以得之，然依其句法求之，"六"正爲"八"之誤；蓋一則語其西行曰"十六碑存，十二碑毀"，再則語其南行曰"十五碑悉崩壞"，其三不應作"三碑二碑毁"，當是"三碑存，二碑毀"，如此非但於文義爲安，抑且與《水經注》《伽藍記》作四十八枚者相合也。王國維《觀堂集林·魏石經考》以爲漢石經石數，莫確於《洛陽記》者，容有未審，王氏以每碑五千四百五十字計之，以爲非四十六碑不能容七經十九萬九千一百字，今依筆者考正結果，知每碑三十六行，行七十字，表裏合計，得五千有四十字，較王氏所計者，餘二萬餘字，亦非再增二碑，合四十八枚不能容也。至洪頤煊《讀書叢録》，以爲《御覽》五八九所引戴延之《西征記》："太學堂前石碑四十枚"句，四十下脱"六"字，則爲膠柱於陸機四十六枚之説者，自不待論。

石經一毀於董卓焚宫，再毀於永嘉之亂，其後或取以構圖寺，或破爲橋基，或用爲柱礎，李唐而後，遂無完整者。

碑之始立也，"瓦屋覆之，四面欄障，開門於南，河南郡設吏卒視之"。（《後漢書》章懷注引謝承《後漢書》）蓋以"觀視及摹寫者，車乘日千餘兩，填塞街陌"，（《蔡邕傳》）故地方官署設吏卒護持之也。其後，古都洛陽，兵燹迭經，荆棘銅駝，豐碑半委於荒草。陸機入洛，在晉太康之末（約二八九年），去石經之刊立，不過百餘年，所見惟十九枚完整，毀損殘缺者已達二十九枚之多，萬斯同《石經考》論之云："獻帝西遷之後，至陸機作記之年，洛陽無大兵革，而石經碎毀，至二十有九，必董卓焚洛陽宫殿時，延及太學所致。"此論與陸德明《經典釋文》所云"靈帝詔諸儒正定五經於石碑之上，未盈一紀，尋復廢焉"相合，故魏主繼統之後，曾加補葺。《三國志·王肅傳》注引魚豢《魏略》云："黄初元年之後，新主乃始掃除太學之灰炭，補舊石經之缺壞。"其後永嘉之亂（三一一年），"劉曜、王彌入洛，焚燬二學"，（《水經·穀水注》）經石再遭破壞，自在意中。迨宋武帝永初三年(四二二年)北魏陷洛以後,有司多取以構圖寺,直至移都洛陽,官私猶加剥撤,其狀可於《魏書・鄭道昭傳》及《崔光傳》見之;《魏書・鄭羲傳》附子《道昭傳》,載道昭爲國子祭酒,表曰:"漢魏石經,邱墟殘毁,藜藿蕪穢,游兒牧豎,爲之嘆息。"《崔光傳》載光請修《石經表》(早於五一八年)曰:"石經之作,起自炎劉……昔來雖屢經戎亂,猶未大崩,寖如聞往者刺史臨州,多構圖寺,道俗諸用,稍有發掘,基壙泥灰,或出於此,皇都始遷(四九四年)尚可補復,軍國務殷,遂不存檢,官私顯隱,漸加剥撤……播麥納菽,春秋相因,□生蒿杞,時致火燎,是經石彌減,文字增缺。"按此表所云,"往者刺史臨州",指馮熙與常伯夫而言,《魏書・馮熙傳》云:"高祖即位(四七一年)除車騎大將軍,開府都督,洛州刺史……洛陽雖經破亂,而舊三字石經,宛然猶存,至熙與常伯夫相繼爲州,廢毁分用,大至頹落。"(按所謂三字石經,包熹平石經而言,古於正始、熹平兩經分界不清,常相混淆,或舉一字兼包三字,或舉正始以概熹平,猶之乎"三字石經,蔡邕書丹",亦是其例。)《通鑑》於梁武帝天監十七年下亦云:"初洛陽有漢所立三字石經,雖屢經喪亂,而初無損失,及魏馮熙、常伯夫,相繼爲洛州刺史,毁取以建浮圖精舍,遂大致頹落,所存者委於榛莽,道俗隨意取之。"其後高澄徙鄴,既有河陽之厄,隋末大亂,又有取爲柱礎之劫,寖假遂盡歸於破碎。

石經於東魏孝静帝武定四年(五四六年)由洛遷鄴。周静帝大象元年(五七九年)又由鄴遷洛。至隋開皇六年(五八六年),再由洛遷雍。隋末紛亂,遂如鐵船渡海,石牛飲江,杳然不復再見。

石經之遷徙,始於東魏孝静帝武定四年,本記云:"武定四年八月,遷洛陽漢魏石經於鄴。"此次徙鄴,由於高澄,故《伽藍記》徑云:"武定四年,大將軍遷石經於鄴。"此次之徙,又爲石經空前之浩劫,《隋書・經籍志》叙石經云:"後魏之末,齊神武執政,自洛陽徙於鄴都,行至河陽,值岸崩,遂没於水,其得至鄴者,不盈大半。"其幸得抵鄴者,可於《北齊書・文宣帝紀》見之,其紀曰:"天保元年(五五〇年)八月詔:'往者文襄皇帝(即高澄)所運蔡邕石經五十二枚,即宜移置學館,依次修立。'"按酈道元卒於魏孝昌三年(五二七年),在魏都遷洛之後三十五年,猶及見石經尚存四十八枚,至東魏孝静帝武定五年楊衒之著《洛陽伽藍記》成,叙所見熹平石經猶云四十八枚,正始石經猶存十八枚,併魏文帝補刊《典論》,猶存四枚計之,都凡七十枚,高澄所遷,想即此七十枚之數，而抵鄴者止五十二枚，是洛陽岸崩，沉没於水者，遠十八枚之多也。高洋雖有移置學館之詔，似遷延未行，故《北齊書·孝昭帝紀》又云："皇建元年（五六〇年）詔：'文襄皇帝所運石經，即宜施行，列於學館。'"自此十七年後，國亡於周，又二年，周静帝大象元年二月辛卯"詔徙鄴城石經於洛陽"，（《周書·宣帝紀》）此次之徙，又多殘毁，《廣川書跋》云："周大象中，詔徙鄴城石經於洛時，爲軍人破壞，至有竊載返鄴者，船壞沉溺，不勝其衆也，其後得者，盡破爲橋基。"此次劫餘，數目不詳，其不能保持抵鄴時五十二枚之數，則可斷言。

石經在洛，喘息未定，又僕僕上道，西遷長安，時爲隋開皇六年還洛之後七年也。由洛而鄴，由鄴還洛，由洛而雍，四十年間，往復數千里，歷魏、齊、周、隋四代相傳，幾同夏、商、周、秦之九鼎，石經聲價，足以自豪矣。顧入隋之後，仍在艱屯，《隋書·經籍志》云："開皇六年，自鄴載入長安，（按石經早已由鄴還洛，此處徑云自鄴載入長安者誤；《隋書·劉焯傳》云"開皇六年，運洛陽石經至京師"者，是。）置於秘書内省，議欲補葺，立於國學，尋屬隋亂，事遂寢廢，營造之司，因用爲柱礎。貞觀初，秘書監臣魏徵始收聚之，十不存一。"又同書《劉焯傳》云："開皇六年運洛陽石經至京師，文字磨滅，莫能知者，奉敕與劉炫等考定。"是即所謂"議欲補葺"之張本，其後不獨受國亂影響，其事遂廢，而自由洛運陝，至貞觀初魏徵之收集，歷時不過四十二年，竟至十不存一，足證隋唐之交，文物破壞之嚴重。貞觀以後之流傳，述者不多，惟唐韋述《西京新記》云："貞觀中，秘書監魏徵，參詳考驗蔡邕三字石經，凡十數段，請於九成宫秘書監内置之，後天后（指武后），移於著作院。"宋姚寬《西溪叢語》云："唐秘書省内，有蔡邕石經數十段……貞觀四年，魏徵奏於京師秘書省内置，武后徙於著作省。"宋張綸《石經跋》云："貞觀稽古，止得石經數段。"自貞觀而後，消息頓杳，絶不復出，正如晁公武《石經考異序》所云："鴻都石經，自鄴遷雍，遂茫昧於人間。"趙宋以還，片石殘字，流露人間者，大半出土於穀洛二水之間，反不在於長安矣。

洛陽一字石經之出土，唐末已見，惟不詳其流傳，其班班可考者，首次在宋嘉祐末年（一〇六三年），凡數十段，多歸張奎龍圖。二次在民國十一年至十三年，凡碎石數百，分歸徐鴻寶與馬衡。三次在民國十六年至十八年，凡三石各數百字，分歸湘人文氏、孚氏，三原于氏。四次在民國二十三年，凡一石六百餘字，前所未有之鉅觀，歸霑化李氏，即本文所記者。

洛陽漢碑故居，自唐以還，零星出土者，當悉在陸機《洛陽記》所叙崩壞之二十九枚數内，考唐宋人著作，涉及此事者凡八家：其一，不詳收藏者兩家。一云："東都頃年創造防秋館，穿地多得蔡邕鴻都學所書石經，洛中人家往往有之。"（李綽《尚書故實》，韋絢《劉賓客嘉話録》同。）一云："石經今廢不存，或自河南御史臺，發地得之。"（董逌《廣川書跋》）其二，叙明收藏者六家。一云："石經殘碑在洛陽張景元（按張奎，字景元）家。"（方勺《泊宅篇》）一云："漢石經《尚書》《論語》《公羊》，在張奎龍圖家。"（《天下碑録》）一云："此石在洛宫前御史臺中，年久摧散，洛人好事者，時時得之，今張燾龍圖家，有十版最多，張氏壻家有五六版，王晉玉（其人不詳，按《宋史·王珪傳》，珪字禹玉，從兄琪字君玉，此晉玉或亦珪之雁行也）家有小塊，洛中所有止此，予皆得其拓本。"（黄伯思《東觀餘論》）一云："近年洛陽張氏，發地得石十數，漢蔡伯喈隸《尚書》《禮記》《論語》，俱已缺壞。"（邵博《聞見後録》）一云："漢魏石經，堙滅殆盡，往年洛陽守因閱營造司所棄碎石，識而取之，凡得《尚書》《論語》《儀禮》合數十段。"（姚寬《西溪叢語》）一云："嘉祐末，得石經二段於洛陽城，乃蔡邕隸書《論語》。"（張舜民《畫墁録》）此六家中，惟《畫墁録》所記，爲芸叟自得，其餘皆指張奎、張燾龍圖父子而言，（按燾者，奎之子，父子均官龍圖閣直學士，奎曾守河南，並大舉修葺洛陽宫殿，得石經當於此時。《天下碑録》，著作在先，故舉奎，《東觀餘論》著作於奎卒之後，故舉燾。後世忽作奎忽作燾，甚至以爲有所訛誤者，皆非也。又龍圖有作龍學者，則龍圖直學士之簡稱，純是宋人風氣，如太學博士，稱"太博"，大理評事，稱"大評"者是。）張氏殘石，不知所歸，其拓本輾轉流入鄱陽洪氏蓬萊閣，傳世《隸釋》所載之《尚書》《儀禮》《公羊傳》《論語》，完全出於張氏，惟《魯詩》或以趙明誠《金石録》所載石經遺詩爲藍本耳。

民國十一年至十三年洛陽碑樓莊朱某先後掘得碑石數百，《魯詩》《尚書》《儀禮》《論語》四經最多，《公羊經》僅八石，自一字至十六字不等，分屬於徐鴻寶、馬衡、羅振玉、柯昌泗等。民國十一年碑樓莊朱圪塔又出《周易》一石，凡四百九十六字，歸於萍鄉文氏。十八年又出《周易》一石，中斷爲二，上半歸於湘人李氏，下半歸於于右任先生，各得數百字。二十三年出土一石，歸於霑化李氏，石經殘碑，播遷來台者惟此一枚而已。

石經拓本之流傳，難於詳究，姑就所見，略明一斑。

《新唐書·藝文志》云:“王世充平,得隋舊書八千餘卷,太府卿宋遵貴監運東都,浮舟泝河,西致京師,經砥柱舟覆,盡亡其書。”其中可能有諸石經所拓墨本。《隋志》又云:“貞觀初,秘書監臣魏徵始收聚之,十不存一,其相承傳拓之本,猶在秘府。”此秘府藏本,是否隋拓之全,抑係魏氏所收拓,不得而知。《觀堂集林·石經考》,引唐徐浩《古迹記》載:“中宗時,以内府真迹賜安樂公主、太平公主,下至宰相駙馬等,自此府内真迹,散入諸家。”王氏以爲《隋志》所録石經拓本之散失,亦當在此時。至黄伯思續云:“開元中,嘗藏拓本於御府,以開元二字小印印之,與法書、名畫同藏,蓋唐時以前,未録前代石刻,獨此見收,其可寶如此。”(《東觀餘論》)韋絢《劉賓客嘉話録》,所云洛陽造防秋館,掘地所得者,有無拓本流傳,不見記載,《新唐書》卷一一五《鍾傳傳》附《彭玕傳》云:“玕通《左氏春秋》,嘗募求西京石經,厚賜以金,揚州人至相語曰:‘十金易一筆,百金償一篇。’”時在哀帝天祐三年(九〇六年),其珍異已同麟角鳳毛矣。

宋嘉祐出土各石,黄伯思、鄧堯卿、(方勺《泊宅篇》云:“吾友鄧堯卿自洛陽持石經紙本歸,靳然寶之如金石。”)董逌皆得其拓本。黄氏所藏爲《尚書·盤庚》《洪範》《無逸》《立政》《顧命》等篇殘文,合二百三十六字;又《論語·學而》《爲政》《里仁》《微子》《子張》等篇,不著字數;又有不言文字《公羊傳》一段。鄧堯卿所藏爲《尚書》《儀禮》《公羊傳》《論語》四經,皆不明其字數。董逌所藏爲《論語·學而》《憲問》《微子》《子張》《堯曰》等篇,存字六百二十七。至趙明誠《金石録》於《尚書》《儀禮》《公羊傳》《論語》而外,又多《魯詩》,不詳其出處,如是五經,與洪适蓬萊閣重刻所據底本,及婁機《漢隸字源》所載者相合。洪氏本《尚書》凡五百四十七字;《魯詩》百七十三字;《儀禮》四十五字;《公羊傳》三百七十五字;《論語》較黄董二家篇目,又多《八佾》《陽貨》兩篇,合九百七十一字,都凡五經二千一百十一字,超越黄、董者甚多,其流傳授受之迹,不得而知矣。

民國十六年,北平孫壯集拓馬衡、徐鴻寶、柯昌泗、吴寶煒等家所藏一百三十二石,爲《集拓新出漢魏石經殘字》,計收《周易》《魯詩》《儀禮》《春秋公羊經》《公羊傳》《論語》等六經,及《後記》等,都千有九十八字。上虞羅振玉氏,於民國十八年春至十九年夏,連續會合各家收藏殘石拓本,雙鈎摹寫,印行《熹平石經殘字集録》四編八卷,所收《周易》《尚書》《魯詩》《儀禮》《公羊經》《公羊傳》《論語》,如《隋志》碑目之七經俱全,併《石經表》《後序》《校記》等,計石三百一十八枚，計字三千一百五十六，（方之九百年前，胡宗愈據故家拓本重刻於成都西樓之四千二百七十字有奇者，才減千餘字耳。）集海内所藏之大成，除十六年以後所出《周易》三段，並本文所記《公羊經》大段外，莫不網羅無遺，誠此學之鉅製也。

三、異文考釋

《春秋公羊經》，民國十一年來，始與世相見，前所未有，故昔人以爲石經《春秋》，有傳無經，今證以殘碑，既破昔人之惑，又知《公羊經》文字與《左氏》《穀梁》兩經各有不同。

孔穎達《毛詩正義》云："漢初爲傳訓者，皆與經别行，三傳之文，不與經連，故石經書《公羊傳》，皆無經文。"以後儒者，皆從其誤，蓋石經《公羊經》不出，無從定其是非也。民國十年以還，地不愛寶，《公羊經》先後出土於洛陽，古人石經無《春秋經》之説，不攻自破。核其文字，與《左氏》《穀梁》既多不同，與行世板本《公羊》亦有歧異之處，爰爲考釋，詳於下節。

按《春秋》之經，三家各有不同，如唐石經本，《左・襄》五年經："公會晉侯、宋公、衛侯、鄭伯、曹伯、齊世子光，救陳。"而板本《公羊經》作："公會晉侯、宋公、衛侯、鄭伯、曹伯、莒子、邾婁子、滕子、薛伯、齊世子光，救陳。"較《左氏》多"莒子、邾婁子、滕子、薛伯"九字。又板本《公羊經・襄二十一年》，有"十有一月庚子，孔子生。"（按上文有"冬十月庚辰朔"，依杜氏長曆，是年十月庚辰小，十一月己酉大，十一月内無庚子，循甲子求之，庚子乃十月二十一日，《公羊》作十一月者誤；《穀梁經》正作"冬十月庚辰朔……庚子孔子生。"）而《左氏》無之。又隱十一年《經》，較《左氏》多"五月"二字。桓十五年《經》，多"齊侯"二字。《莊十六年經》，多"曹伯"二字。《襄二十二年經》，多"滕子"二字。此外一字之出入者尚多，其尤爲彼此不同者，凡《左》經作"邾"或"小邾"者，《公羊經》必於"邾"下加"婁"字，曰"邾婁"，曰"小邾婁"，兩經各是其是，絶不混淆。依此論之，後世泛以《春秋》之名，總冒三傳者，實有不妥，似應改名《春秋左經》《春秋公羊經》《春秋穀梁經》，以符實際也。

羅雪堂集殘字，於《公羊經》四十八石，三百五十五字中，發現異文八字，爲之驚喜，遂曰："六朝以降諸儒，均不知之矣。"又曰："於此益知古寫本之可貴也。”而此殘碑六百餘言中，異文竟至數十，試爲考釋如下，疏略之處，望明達是正而補充之。

在於碑之陽面者(本文所附第一圖)

“會……于咸”。第一行，僖十三年文。“咸”，唐石經作“鹹”，今板本《左》《公》《穀》三家皆從之。《漢志》東郡濮陽縣下注云：“濮有鹹城，古鹹國。”即其地也。按“鹹”從咸得聲，同音通假。

“(蔡侯)肸卒”。第二行，僖十四年文。“肸”唐石經及《釋文》作“肹”，今板本《左》《公》二家從之，惟《穀梁》作“肸”，同於石經。碑文其字雖泐其上端及右半，而右畔微露“十”字，是“肸”字無疑。阮元曰：“閩、監、毛本作肸，非。”證之石經，閩、監、毛三本皆不誤，唐石經及陸氏《釋文》作“肹”反誤也。

“伐廲”。第三行，僖十五年文。“廲”，唐石經作“厲”，今板本三家皆從之。《説文》，“厲”從厂蠆省聲，是“厲”爲省文，不省則作“廲”也。劉熊碑：“賞進廲頑”與石經合。

“蠡”。第三行，僖十五年文。唐石經從《説文》作“螽”，板本《左》《穀》從之，《公羊》作“蝝”。《爾雅》釋文“螽，本或作蚉”，與石經合，《集韻》“螽或作蝝、蠡”，是螽、蝝、蠡、一字之異文耳。

“季姬歸于繒”。第三行，僖十五年文。“繒”，唐石經作“鄫”，今板本《左氏》《公羊》從之，惟《穀梁》同於石經作“繒”。繒，古國，《漢志》東海郡繒縣，《後漢志》琅邪郡繒縣，《國語・周語》，《史記・夏本紀》《周本紀》《吴世家》《孔子世家》《荀子・堯問篇》，皆作“繒”，周金曾伯簠作“曾”，晚周加邑作“鄫”，後又通假作“繒”，唐石經作“鄫”者，蓋改從正字也。

“是月”。第四行，僖十六年文。唐石經作“是月也”，“也”字旁注，顯係後增，今板本《左氏》從之，而《公》《穀》無也字，同於石經。

“王申”。第四行，僖十六年文。唐石經作“壬申”，板本三家皆從之。按漢隸“王”與“壬”通，壬從人在土，與“王”似，或誤“王”爲“壬”，遂爲假借字，魯竣碑陰“門生平原西平昌壬端子行”書“王”作“壬”，而乙瑛碑“元嘉三年三月二十一日王寅”，又“三月丙子朔二十一日王寅”，及圉令趙君碑“中平五年冬十一月王寅”，皆書“壬”作“王”。白石神君碑“元氏令京兆新豐王翊”，及曹全碑陰，王異、王河、王吉、王理等十一人，又皆作“王”不作“壬”。此殘碑“壬”字凡四見，皆以紀日，書法雖似王，而中横略短，象人在土上甚明，與“王”字三畫依次相長者不同,“壬”與“王”之别,或即在此;惟乙瑛趙君二碑,所書又徑作“王”,與石經異,或經文楷模多士,垂憲四方,書法特從嚴正之故。至漢代“壬”“王”二字通假互用,則又無可懷疑。顧靄吉《隸辨》云,壬即王字,引魯竣碑陰,壬端姓名爲證。又云,《穀梁傳・文七年》,“宋公壬臣卒”,《左氏》及《公羊》作“王臣”,《春秋・文三年》,“壬子虎卒”,唐石經作“王子虎”皆是。是但知“壬”即“王”字,不知“王”亦即“壬”字也。

“伐央氏”。第五行,僖十七年文。“央”唐石經作“英”,今板本三家皆從之。英即今安徽英山縣,其字從艸央聲,與央同聲通假。《九歌》:“浴蘭湯兮沐芳,華采衣兮若英。”英音央;又《管子・地員篇》:“五色雜英,各有異章。”英亦叶音讀央。

“(戰于)儀”。第六行,僖十八年文。“儀”唐石經作“甗”,今板本三家皆從之。按儀隸歌部,甗隸元部,古音相通。王獻唐云:“鬳爲甗之初文,《説文》鬲屬。今傳周甗頗多,中有銅製隔器,從以得名,古讀元部,音當如間,間者隔也。讀歌部,音當如戈,即隔字古音。儀從義聲,義從我聲,我從戈聲,古音儀字,當讀如戈,與甗正同,知三傳之甗,石經作儀,同音通假;且知《春秋》經傳,甗地一名,當讀歌部戈音,不讀元部間音。”其論甚是。

“邢人”。第六行,僖十八年文。“邢”唐石經作“邢”,今板本三家皆從之。按“邢”與“邢”,古文爲二字,《説文》井部,“邢”下云:“鄭他有邢亭”,《玉篇》云:“邢,地名。”《廣韻》《集韻》並云:“音井”。《説文》“邢”下云:“地近河内懷”。拙作《夏代諸帝所居考》(載《大陸雜誌》第九卷第十期)以爲《史記・殷本紀》“祖乙遷於邢”之“邢”字,即“邢”字形近而訛者,非襄國之邢臺(王國維亦有類似之説),而此碑兩見“邢”字,皆作“邢”。春秋邢與衛争,屢見不鮮,其國在今河北省邢臺,向無異説,今石經作“邢”,即通説之邢,非鄭地之邢亭明甚,是邢、邢雖二地,而漢隸通用,向所説,祖乙遷邢,爲“邢”形似而訛之説,實不盡然。唐石經“衛伐邢”,顧亭林曰“誤字也”,是亦執邢不得作邢者也。

“衛人伐邢”。第七行,僖十九年文。其説見上。

“伐邾婁”。第九行,僖二十二年文。按“邾婁”,《左氏》與《穀梁》止稱“邾”,惟《公羊》必於下加“婁”字,今板本《公羊》作“邾婁”同於石經,守其家法者也。戴侗《六書故》云:“邾、鄒同聲之轉,春秋時邾、莒用夷,故邾謂之邾婁。婁有二音,合閭音爲邾,合樓音爲鄒。”《禮記・檀弓》“邾婁覆之以矢”,又云“邾婁定公之時”又“邾婁考公之時”,趙佶《春秋異文箋》云:“列國方言有語聲在後者，邾婁是也。有語聲在前者，句越吳是也。《公羊》多齊言，故邾作邾婁。"考春秋邾、莒兼用夷俗，邾婁殆即鄒之原音，與《戰國策》楚音"申包胥"作"棼冒勃蘇"者相同也。

"取須朐"。第九行，僖二十二年文。"朐"唐石經作"句"，今板本《左》《穀》二家從之，《公羊》則作"眗"。史記建元以來王子侯者年表，《漢書・地理志》皆作"朐"，又《五行志》"取須朐"與石經正同。

"（宋）公慈父卒"。第十行，僖二十三年文。"慈"唐石經作"茲"，今板本《左》《穀》作"茲"，惟《公羊》作"慈"。《史記・宋世家》作"慈甫"，（父、甫一字）與石經同。王筠《說文句讀》云："按本篆從𢆶與石鼓同，蓋草部之茲也。"漢隸茲、慈通用。

"（公）追齊師至巂"。第十二行，僖二十六年文。唐石經"巂"作"酅"，今板本《左氏》從之，《公》《穀》則作"嶲"。按其地有二，一即《春秋・莊三年》："紀季以酅入於齊"者，在今臨淄縣東；一即僖公追齊師弗及者，在今東阿縣西南。其字本爲雋永之雋，諧聲通雋酅，又通肉部之臇，木部之檇，蟲部之蠵，金部之鐫。（見陳立《諧聲孳生述》）

"公子遂率師（入杞）"。第十三行，僖二十七年文。"率"唐石經作"帥"，今板本三家皆從之。按篆文"將帥"字作"衛"，石鼓文："悉衛左右"。"督率"字則作"逵"。"率"又作"帥"，《周禮・樂師》注："故書帥爲率"。《儀禮・聘禮》帥大夫注云："古文帥皆作率。"《覲禮》注："今文帥爲率"。是《儀禮》今古文，"帥"皆假借作"率"，而"率"又爲"衛""逵"之省文也。後世"將帥"字作"帥"不作"率"，"率導"字作"率"不作"帥"，石經"帥師"作"率"者，古義也。

"王申"。第十六行，僖二十八年文。即"壬申"也，說見前。

"鄭伯接率"。第十九行，僖三十二年文。"接"唐石經作"捷"，今板本三家皆從之。《史記》作"踕"。《漢書・古今人表》作"捷"。按接、捷同音通假。《爾雅・釋詁》："接，捷也"。《淮南・本經訓》："接遠厲遠"，注："接，疾也"。《荀子・大略篇》："先事慮事謂之接"，注"接讀爲捷"。

在於碑之陰面者（本文所附第二圖）

"（小）邾婁子來朝"。第一行，昭三年文。"邾婁"說見前。

"狸于紅"。第六行，昭八年文。唐石經作"蒐"，今板本三家皆從之。按蒐假借爲狸，又借爲搜，《公羊》釋文又作"廋"。

"仲孫貜如齊"。第七行，昭九年文。唐石經作"玃"，板本《左氏》從之，

《公》《穀》作“獿”，同於石經。按“獿”爲“玃”之或體。

“齊國杓”。第九行，昭十一年文。“杓”唐石經作“弱”，板本《左》《穀》從之。《公羊》則作“酌”，按《公羊》疏，服虔作“弱”，同於《左氏》，賈逵作“酌”，今板本《公羊》蓋采賈説者。石經作“杓”，與弱、酌同音通假也。

“鄭軒虎”。第九行，昭十一年文。“軒”唐石經作“罕”，板本《左》《穀》從之，《公羊》與石經同作“軒”。按軒、罕皆從干得聲，同音通假。

“王申”。第十行，昭十二年文。即“壬申”也，説見前。

“殺其君虔于乾谿”。第十一行，昭十三年文。“殺”唐石經作“弑”，板本三家皆從之。按，“殺”古文作“杀”，後世加“殳”，以示殺以殳也。“殺”或讀爲“試”，遂作弑音，而存其杀義。經典之文，殺、弑互用，並無名分上下之别，如《左宣二年傳》：“晉趙盾弑其君夷皋。”《漢書・五行志》引作：“殺”。《管子・五倫篇》：“臣不殺君”，注“殺音試”。《論語》“陳成子弑簡公”，《釋文》：“弑本作殺”。《禮記・檀弓》：“邾婁定公之時，有弑其父者”，《釋文》：“弑作殺”。《易・坤卦》：“臣弑其君”，《釋文》：“弑本或作殺”。其例不勝枚舉。春秋以下，弑字漸有專義，其義殆昉於《左宣十八年傳》：“凡自内虐其君曰弑。”《國語・楚語》，亦有“下虐上爲弑”之説。然讀試聲不解其由，遂臆爲之説曰：“弑，伺也，伺間而後得施也。”（見《釋名》）附會牽强，莫此爲甚。其義雖不甚解，其用則爲例漸嚴，魏晉以還，以臣殺君，以子殺父遂無作殺者矣。

“執季孫隱如”。第十二行，昭十三年文。“隱”唐石經作“意”，今板本《左》《穀》從之，惟《公羊》同於石經作“隱”。按隱、意一聲之轉，古齊音讀隱如意，猶之乎讀殷如衣，《禮記・中庸篇》：“壹戎衣而有天下”，鄭玄注：“衣讀如殷，齊人言殷聲如衣。”又《隸釋》所收石經《尚書・洪範篇》：“鯀陻洪水。”“陻”作“伊”，《史記》《孟子》均作“禹抑洪水”，《荀子・成相篇》：“禹有功，抑下鴻水”。陻作伊、抑，與殷作衣同例，是其證矣。

“晉荀吴率（師滅陸渾之戎）”。第十五行，昭十七年文。率，帥之假借字，説見前。

“盜殺衛侯之兄縶”。第十七行，昭二十年文。“縶”唐石經作“縶”，與漢石經同，今板本《公》《穀》作“輒”，《公羊》竟不同於石經，板本當出於後人所改。按古縶、輒同音通假。

“王午”。第十八行，昭二十一年文。即“壬午”也，説見前。

“叔座卒”。第十八行，昭二十一年文。“座”唐石經作“輒”，今板本《左》

《穀》從之。《公羊》作“痤”，座、痤古文一字，與輒同紐，故音近通假也。

上舉異文而外，又有書法與今不同者十餘字。

“卒”作“卒”，“於”作“于”，“佗”作“它”，“退”作“退”，“畀”作“畀”，“逆”作“逆”，“奔”作“奔”，“姬”作“姬”，“侯”作“侯”，“婁”作“婁”，“吳”作“吳”，皆隸書通例，衆所周知者。惟“敗”作“敗”，(第一圖第六行)“救”作“救”，(第一圖第六行第十四行)右旁“支”不作“文”而作“攴”，惠棟乃誤以爲“殳”，曰：“救當從殺”。李富孫亦曰：“古求與救通，聲音相近，石經從殳。”是亦誤“攴”爲“殳”。按石經“殺”字(第一圖十一行，第二圖十行十三行)右旁“殳”作“殳”，與“救”旁之“攴”相似，惠、李二氏，遂誤有此論也。

原載《大陸雜誌》一九五五年第五期

漢石經概述

◎馬　衡

上、漢石經概述

漢靈帝宏之立石經,《後漢書》叙述甚詳,《靈帝紀》《儒林傳序》及蔡邕、盧植、張馴、吕强等傳皆有記載。其動機是:"經籍去聖久遠,文字多謬,俗儒穿鑿,疑誤後學""諸博士試甲乙科,争第高下,更相告言,至有行賂定蘭台漆書經學以合其私文者"。經蔡邕、李巡等奏求正定六經文字,始有刻石太學之舉。"及碑始立,其觀視及摹寫者車乘日千餘兩,填塞街陌","自後争者用息"。蓋自東漢初至熹平間,已歷百餘年,博士傳經,各以家法教授,受業者展轉傳寫,年深月久,流弊滋生。故爲此"一勞久逸"之計以挽救之。石經《後記》殘碑中又有"巡欲鑿石正書經字立於太學"之語,此碑之巡,當即《宦者·吕强傳》之李巡,刻石太學爲巡所主張,亦可與史傳相參證。以其鑿石而成,故當時稱之爲石經;以其創始於熹平四年(一七五年),故後世又稱爲熹平石經。

范曄《後漢書》對此事叙述雖詳,而有一極大錯誤,即《儒林傳序》認石經"爲古文、篆、隸三體書法",致啓後世之紛争。幸酈道元《水經注》總述漢魏石經,謂漢石經在講堂東側,碑上刻蔡邕等名;魏石經在堂西,是古、篆、隸三體。雖不言漢石經之爲一體,但已將三體屬魏,則一字者自當屬漢。范、酈二人同時,范在南朝,未必親見。酈爲河南尹,是洛陽長吏,且所言光和六年(與熹平四年相距八年,可能爲刻成之年)及蔡邕刻名,當爲碑文所載,非親見不能作此語。其後宋代出土殘字,洪适又根據實物辨正其誤。蓋立於學官之十四博士,皆爲今文學;今文者,即當時通行之隸書,爲挽救流弊而立石經,當然用今文,以符合博士教授之本,此天經地義也。

關於所刻諸經之記載，自來有五經、六經、七經之不同。言五經者，爲《後書·靈帝紀》《盧植傳》《儒林傳序》《宦者·吕强傳》及《後漢紀》《水經注》《洛陽記》等；言六經者爲《後書·儒林·張馴傳》及《蔡邕傳》；言七經者爲《隋書·經籍志》。尚有列舉經目者如《西征記》《洛陽伽藍記》舉《周易》《尚書》《公羊傳》《禮記》四部；《洛陽記》舉《尚書》《周易》《公羊傳》《禮記》《論語》五經；《隋書·經籍志》舉《周易》一卷、《尚書》六卷、《魯詩》六卷、《儀禮》九卷、《春秋》一卷、《公羊傳》九卷、《論語》一卷。以上所記，大抵皆根據原碑爲説，惟《隋志》記卷數，乃據"相承傳拓"之本，故較詳。宋時出土者有《詩》《書》《禮》《公羊》《論語》五經，近時所出者於五經之外，又有《易》及《春秋》，其數與目悉與《隋志》相合。故知數五經者不數《公羊》《論語》二傳，數六經者以《公羊傳》合於《春秋》，數七經者舉其全數，要之皆是也。

六經之次序，自來亦有二説：一以《詩》《書》《禮》《樂》《易》《春秋》爲序；一以《易》《書》《詩》《禮》《樂》《春秋》爲序。前者是西漢以前之説，爲今文家之次序；後者是劉歆《七略》之説，爲古文家之次序。自班固作《漢書》，采《七略》入《藝文志》，以《易》爲六經之首，嗣後遂爲定式。漢石經皆今文，其排列之序宜從前者，惜書闕有間，不能確知，惟《後書·蔡邕傳注》引《洛陽記》，言其碑爲四十六枚，並記諸經方位及其存毁之數曰："西行《尚書》《周易》《公羊傳》，十六碑存，十二碑毁；南行《禮記》，十五碑悉崩毁；東行《論語》三碑，二碑毁"。依此計其總數確爲四十六枚，惟諸經中失計《詩》與《春秋》。王國維《魏石經考》一文根據諸經字數約略估計，謂此二經當在西行廿八碑中，而南行之《禮記》實即《儀禮》。如此則西行碑爲《詩》《書》《易》《春秋》及《公羊傳》，南行爲《禮》，東行爲《論語》。於以知講堂東側羅列於北、西、南三面之碑，當以西行各碑爲首，其排列之法是各經自爲起訖，每一經占若干碑，"駢羅相接"如堵牆，經文自第一碑刻起，訖於末一碑，又自末碑之陰直至第一碑之陰止。此二十八碑包括五種經文，則爲牆五堵，每堵以南北爲表裏，表面文西行，裏則東行，《儀禮》文多，折而南行，十五碑自爲堵牆，以東西爲表裏；《論語》三碑又在其南折而東行，以北南爲表裏。正以其爲駢羅相接，故碑側之可見者惟堵牆兩端，其餘碑側皆在隱蔽之處。今所見殘字，有非經文者，大抵皆碑側或碑趺中隱蔽處爲刻工所試刻者，此類殘字，魏石經中最多，漢石經尚不多見。

漢之太學在開陽門外穀水之南，今洛水北徙，穀水遂爲所奪，故太學遺址在今洛水南岸碑樓莊、朱家圪壋、大橋三村之間。一九二二年十二月，鄉人朱姓以取瓜蔞根合藥，掘地四五尺，得巨碑半截，即魏三字石經《尚書・無逸》《君奭》，《春秋・僖公》《文公》殘碑也。其後出土殘石漸多，始發現一字石經。蓋初發現在西頭，其後乃及於東頭，所謂講堂東西之方位亦相符也。聞最先西頭尚存有碑座十餘呈露土中，排列甚爲緊湊，猶可窺見駢羅相接之遺迹，惜爲附近居民移去利用，無一存在矣。

石經既爲"文字多謬，疑誤後學"而立，則十四家博士所授之經本，勢必一一從頭釐正，故第一步爲正定文字，其中當包括校記工作，即每經任擇一家經本刻石，而以他家異同列於校記；第二步爲書丹，其中包括事先之計算字數、行款及其碑數，事後之複校文字；第三步始爲鎸刻。參與此役之人，據《後書・蔡邕傳》所載，有蔡邕、堂谿典、楊賜、馬日磾、張馴、韓説、單颺等七人，此外盧植、楊彪見於《盧植傳》，李巡見於《吕强傳》。似此繁重之工作，豈此十人所能勝任。諸經碑末及新出《後記》甲乙碑，於上述諸人外又載十餘人，其中如光禄勳劉寬、尚書令邊韶，《後書》皆有傳，並不言及參與刻經之事。知記載所遺漏及見於經碑而被湮没者又不知凡幾矣。至諸人如何分工，更無從究詰，但諸經碑末及《後記》甲乙碑所載，尚可窺見一二，如《論語》爲邊所校定，見於《後記》甲碑，而《論語》碑又有博士左立、郎中孫表、刻工陳興等名；《公羊》碑有五官中郎將堂谿典，諫議大夫馬日磾、趙䶵，議郎劉弘，郎中張文、蘇凌、傅楨等名，必皆整理《公羊傳》者。惟《蔡邕傳》以書丹之事歸功於邕一人，洪适已闢其謬。即令邕以善書名家，以一人之力而寫四十六碑兩面之字，事實上恐不可能，況邕於光和元年，以詔對金商門崇德殿陳災變事得罪徙朔方，明年遇赦，亡命江海，居吴會者積二十年。參與石經之事不過三四年，亦不能始終其事。玆將參與此役之人之可考見者列成一表：

姓名	字	籍貫	職官	出處	備注
蔡邕	伯喈	陳留圉	議郎	後書本傳，儀禮碑	儀禮碑見後書注引洛陽記，惟儀禮作禮記
堂谿典	伯并	潁川鄢陵	五官中郎將	蔡邕傳，公羊碑，後記甲碑	
楊賜	伯獻	弘農華陰	光禄大夫	蔡邕傳	
馬日磾	翁叔	扶風茂陵	諫議大夫	蔡邕傳，儀禮碑，公羊碑	儀禮碑同上

(續表)

姓 名	字	籍 貫	職 官	出 處	備 注
張 馴	子儁	濟陰定陶	議郎	本傳,蔡邕傳	
韓 説	叔儒	會稽山陰	議郎	盧植傳,蔡邕傳	
單 颺	武宣	山陽湖陸	太史令	蔡邕傳	
盧 植	子幹	涿涿	議郎	本傳	
楊 彪	文先	弘農華陰	議郎	盧植傳	
李 巡		汝南汝陽	宦者	吕强傳,後記甲碑	
劉 寬	文饒	弘農華陰	光禄勳	後記甲碑	
邊 韶	孝先	陳留浚儀	尚書令	後記甲碑,後記乙碑	
趙 𨻶			諫議大夫	公羊碑	
劉 弘	子高	南陽安衆	議郎博士	公羊碑,後記乙碑	公羊碑稱議郎,而後記乙碑稱博士,或碑刻成時已由議郎而爲博士
張 玆			郎中	公羊碑	
蘇 陵			郎中	公羊碑,後記乙碑	
傅 楨			郎中	公羊碑,後記乙碑	
左 立			博士	論語碑	
孫 表			郎中	論語碑	
張 玹				後記甲碑	上有屬字或爲太常屬
周 達			司空兼集曹掾	後記甲碑	
尹 弘			司空屬	後記甲碑	
孫 進			郎中	後記乙碑	
傅 彌			太子舍人	後記乙碑	
陳 懿				後記乙碑	後書蓋勳傳有金城太守陳懿中平元年爲北地羌胡所殺,不知即其人否?
陳 興			刻工	論語碑	

石經刻成後七年,至獻帝協初平元年(一九〇年),而董卓燒夷洛陽宫廟,遷都長安,太學講堂當被波及,石經亦略有殘損。據《魏略》云:"從初平元年至建安之末,天下分崩,人懷苟且,綱紀既衰,儒道尤甚。至黄初元年(二二〇年)之後,新主乃復始掃除太學之灰炭,補舊石碑之缺壞,備博士之員録。"(見《魏志·王肅傳》注)知魏初所修補,即經董卓之亂所殘損者。但據今所出殘字驗之,《魯詩》《春秋》皆有補刻之字,其餘諸經尚無發見。至北魏之初,馮熙、常伯夫相繼爲洛州刺史,廢毁分用,大致頹落(見《魏書·馮熙傳》)。神龜元年(五一八年)崔光議修補而未果(見《魏書·崔光傳》)。東魏武定四年(五

四六年),自洛陽遷於鄴都,至河陽,值岸崩,遂没於水,其得至鄴者不盈太半。(見《隋志》)北齊天保元年(五五〇年)尚存五十二枚。(見北齊書《文宣帝紀》)周大象元年(五七九年),由鄴城遷洛陽。(見《周書·宣帝紀》)隋開皇六年(五八六年),又自洛陽運入長安。(見《隋書·劉焯傳》)尋屬隋亂,營造之司用爲柱礎。唐貞觀初(六三〇頃),魏徵始收録之,十不一存。(見《隋志》)如上所述,漢石經自刻成至完全毁滅,不及四百五十年,中經一再遷徙,其殘損之程度概可想見。然前人記載,尚多疑點:一、遷鄴時是否包括魏石經也。據《隋志》,遷鄴之年爲武定四年,楊衒之《洛陽伽藍記》同。楊著《伽藍記》爲武定五年,其時"洛陽城郭崩毁,宫室傾覆,寺觀灰燼,廟塔丘虚"。其所記石經,先叙"三種字石經二十五碑,表裏刻之,寫《春秋》《尚書》二部……猶有十八碑,餘皆殘毁"。其後又叙"復有石碑四十八枚,亦表裏隸書寫《周易》《尚書》《公羊》《禮記》四部"。最後叙"武定四年大將軍遷石經於鄴"。玩其詞句,三種字石經之猶有十八碑,似屬親見,其他皆得自傳聞。證以今日尚有半截大碑出現,則當日遷鄴者或衹有漢石經而不包括魏石經也。二、《北齊書》所記之尚存五十二枚之不可信也。漢魏石經碑之總數不過七十四枚,馮熙、常伯夫廢毁分用之後,已非原有之數,又經岸崩没水,得至鄴者不盈太半,焉得尚有五十二枚之多?况魏石遷鄴與否尚是問題耶?三、遷入長安之可疑也。《隋志》叙其遷徙之迹,謂開皇六年,又自鄴京載入長安,置於秘書内省,議欲補葺,立於國學,尋屬隋亂,事遂寢。今據《周書·宣帝紀》及《隋書·劉焯傳》,是大象元年由鄴遷洛,開皇六年又由洛遷長安,中間相距七年爲石經留洛之歲月。宋時及近代兩次出土,皆在洛陽,且仍不離太學故址。言長安出土者有《公羊》碑一段,宋姚寬《西溪叢語》及方勺《泊宅編》皆明言在長安。方勺並言其上有馬日磾等名號,是即《隸釋》著録之《公羊》碑無疑。此編著録之《公羊傳》,一面爲僖公十至十六年,一面爲成公八至十五年,相傳其石亦出自長安,據收藏拓本者言:"石出西安,今不知所在,此爲僅存之拓本"。其言是否有據則不可知。豈遷入長安之石經衹《公羊》一經,其他皆爲營造之司所毁耶?

此外,尚有一事可述者,即碑之行款方式是也。自唐以後,刻經者皆以碑爲起訖,不以經爲起訖。所謂以碑爲起訖者,即每碑分表裏,每面分若干列,每列分若干行,刻完表面,轉入裏面,以次及於第二碑。所以採取此種方式者,以隋唐時已知拓墨之法,以拓本截成若干列,即可裝爲卷子。漢時不知拓墨，衹能如一般碑版之一行直下，且縱横亦無界格。學者除觀視及摹寫外，别無取得碑文之法。此因時代所限制也。《隋志》所謂相承傳拓之本，係以卷計，七經共得卅三卷，豈亦如後世之開條剪裝耶？在今日已無從推知矣。

下、漢石經説明

一、《魯詩》

石經《魯詩》碑之篇題，發見殘石中有“國第六”一石，在《衛風》末篇《木瓜》之後，當爲“王國第六”四字。從《衛風》尾題“衛淇隩”一石及《王國篇》題之右“四章二百”等字排比之，“王國”上尚空三字，若依《書·酒誥》《禮·鄉飲酒》《論語·公冶長》等篇題皆頂格寫之例，則其上應尚闕三字，或爲大小題併書作“詩國風王國第六”。若是則全經之篇題當爲“詩國風周南第一”至“詩國風豳國第十五”；“詩小雅鹿鳴之什第十六”至“詩小雅魚藻之什第廿二”；“詩大雅文王之什第廿三”至“詩大雅□之什第廿五”；“詩周頌清廟之什第廿六”至“詩周頌閔予小子之什第廿八”；“詩魯頌第廿九”；“詩商頌第卅”；至每篇後題則記其篇名、章數及每章若干句，悉與今本《毛詩》同。惟每章之末空一格，旁注“其一”“其二”字，雖篇僅一章者亦必注“其一”字，此則《毛詩》所無。宋時發現殘石當亦有之，而宋人著録又復疏漏，賴今出殘石知之耳。篇後題之後接書次篇，其間空格加點以别之。《國風》每風之後，《雅》《頌》每什之後，必有尾題，今所發現者有《衛風》《鄭風》《曹風》及《大雅·生民之什》與《魯頌》等。《衛風》尾題存“衛淇隩”及“四章二百”等字，其文當作“衛淇隩十篇卅四章二百四句”；《鄭風》存“衣廿一”及“十三章二”等字，其文當作“鄭緇衣廿一篇五十三章二百八十三句”；《曹風》存“曹蜉”二字，當記《蜉蝣》以下四篇之章句依《衛》《鄭》之例；《大雅》篇數，《毛詩》爲卅一篇，其分什則《文王之什》《生民之什》各十篇，《蕩之什》十一篇，今出石經，篇次與《毛》異者甚多，《板》《蕩》二篇相接，其中當無《蕩之什》；而《桑柔》《瞻印》《假樂》之後出一“生”字，當記《生民之什》之篇章句也；《魯頌》後有“四篇廿三”等字，其文當作“魯頌駉四篇廿三章二百四十三句”。以上所述，惟全經篇題出自推斷，尚待證實，其餘皆可肯定者也。

東漢五經博士十有四人，《詩》之立於學官者，有齊、魯、韓三家。宋初發現石經碑後有校記，其間有齊、韓字，蓋叙二家異同之説，猶《公羊碑》所云顔氏,《論語碑》所云盍、毛、包、周之比。洪适以《隋志》有石經《魯詩》六卷,謂此碑既論齊、韓於後,則知《隋志》爲然也。

《魯詩》每行七十二字,自《小雅·采菽》以下轉入碑陰,每行爲七十字。

《魯詩》校記獨多,知三家章句之異同亦復不少。今三家詩皆亡,惟存《毛詩》,以《毛詩》校石經,不特篇次有異,即章次亦有不同。篇次之異者,《鄭風》則《羔裘》《遵大路》《有女同車》相次;《小雅》則《車攻》《吉日》《白駒》相次,《大田》《瞻彼洛矣》《湛露》相次,《裳裳者華》《蓼蕭》相次,《彤弓》《賓之初筵》相次;《大雅》則《旱麓》《靈台》《思齊》相次,《生民》《既醉》《鳧鷖》《民勞》相次,《韓奕》《公劉》相次,《桑柔》《瞻卬》《假樂》相次。《大雅》無《蕩之什》,《假樂》後即接《生民之什》尾題。章次之異者,《邶風·式微》,"泥中"在"中露"之前;《秦風·黄鳥》,"仲行"在"鍼虎"之後;《小雅·都人士》無首章。此皆依據殘石之考證而已知者,其不知者更不知凡幾矣。

二、《尚書》

《書》之立於學官者,有歐陽,大、小夏侯三家。新出殘石於《秦誓》之後有《書序》七行,存《堯典》《湯誓》《西伯堪飢》《鴻範》《召誥》《君奭》《甫刑》等序殘字。亡友錢玄同氏以《漢書·藝文志叙》今文《尚書》之卷數,大小夏侯二家經及章句皆二十九卷(伏生本二十八篇加後得之《泰誓》一篇),解故二十九篇;而歐陽則經三十二卷,章句三十一卷,卷數獨多。又據《隸釋》所録及今出《般庚》殘字上中下三篇之間空一格,以爲《般庚》確分三篇,則總數爲三十一篇。益以此序則得三十二篇。《書序》不作訓,故章句爲三十一卷,經爲三十二卷。據此以證漢石經《尚書》之爲《歐陽》本。又引陳壽祺之"今文有序"十七証中之第十三證,(原文引《後漢書·楊震傳》震孫彪引《般庚》序事)以爲東漢習歐陽《尚書》者引《書序》,不但可証歐陽本有序,更可證有序之漢石經《尚書》之爲歐陽本。其説誠不可易。

《尚書》每行爲七十三字。其篇題之發見者有"酒誥第十六"一石,頂格書,其下當有"周書"字,蓋諸經篇題,多爲小題在上大題在下,若"堯典第一",應書在上,而"虞夏書"應書在下也。《般庚》仍作一篇,而於中下篇不提行,僅空一格加點,如他經之分章然,以示三篇之區分;篇題雖不可見,當爲"般庚第六",下書"商書",此可推知者也。

三、《周易》

《易》之立於學官者有施、孟、梁丘、京四家。今所見《雜》卦殘石,其後有

“易經梁”三字，當指刻石用梁丘本也。又有校記二石：其一校《大畜》等卦，兩見“孟、施、京氏”字；其一校《欿》《震》等卦，有“孟京氏”及“施氏”字。明所校者爲孟、施、京三家之本也。余曩草《從實驗上窺見漢石經之一斑》一文時，此等殘石尚未發現，僅據《下經》及《下繫》《文言》《説卦》之遺文，中有合於京氏者，遂定漢石經《易》用京氏本，可謂輕率武斷。

《漢書・藝文志》著《易經》十二篇，施、孟、梁丘三家。顏師古《注》曰：“上下《經》及‘十翼’，故十二篇”。今所出殘石，有上下《經》，有《上彖》，有《繫辭》下，有《文言》，有《説卦》，有《序》卦，有《雜》卦。十二篇目已具其八，顏説是也。惟篇題尚未發現，當爲“上經第一”“下經第二”“上彖第三”“下彖第四”“上象第五”“下象第六”“上繫第七”“下繫第八”“文言第九”“説卦第十”“序卦第十一”“雜卦第十二”。其大題當爲“易經”二字，以有尾題可證也。

其行款爲每行七十三字。上下《經》於每卦之首畫卦象，占一字之地位，不空格。“十翼”中分章處空格加點，其分章亦不盡同今本。《説卦傳》末説《乾》至《兑》八卦，其次第惟一、二、三、八章是今本次第，其四、五、六、七章則前後移易，與今本不同。

四、《春秋》

《春秋》之立於學官者，祇《公羊》一家，其刻石之經文當即《公羊》家傳習之本，既不似他經之有諸家異同，即無所用其校記。新出殘石，獨無《春秋》校記者，職是故耳。

《漢書・藝文志》“《春秋》古經十二篇，經十一卷”，注云“《公羊》《穀梁》二家”。是古文經十二篇，今文經十一卷。今石經以閔公繫於莊公下，不出“閔公”字，弟於元年上空格加點，亦不提行。是石經確爲十一篇也。殘石中有一“隱”字，較他經爲大，爲碑之首行首字，是必《春秋》“隱公第一”之篇題。其下當爲大題“春秋”二字。

石經《春秋》每行七十字，故字較他經爲大，行款亦較疏朗。

今之三傳皆附經以行，而三家之經各有異同，尤以《公羊經》之異文、衍文獨多。以新出石經校之，除“邾”稱“邾婁”外，其他異文、衍文，有不盡同於今本者。如僖十年“晉里克殺其君卓子”，《左》《穀》二家皆無“子”字，今殘石正作“卓”，同於二家；成十五年“晉侯執曹伯歸之於京師”，今殘石無“之”字，同於二家；昭十一年“春王正月”今殘石作“二月”，同於二家；昭二十年“盜殺衛侯之兄輒”，《公》《穀》皆同，獨《左氏》“輒”作“縶”，今出殘石正作“縶”，同於古文經。除此以外，尚有未見殘石由其他旁證可以糾正其誤者，如文七年“晉先昧以師奔秦”，《左》、《穀》無“以師”二字；又八年“公子遂會伊雒戎盟於暴”，《左》《穀》無“伊”字；襄五年“公會晉侯、宋公、衛侯、鄭伯、曹伯、莒子、邾婁子、滕子、薛伯、齊世子光救陳”，《左氏》無“莒子、邾婁子、滕子、薛伯”九字；今以石經行款推比，以上經文，可確信其同於《左氏》或《左》《穀》二家者也。又今本襄二十五年“冬鄭公孫囆率師伐陳”，《左》《穀》二家並作“公孫夏”，按《左氏襄十九年傳》云：“於四月丁未鄭公孫囆卒，赴於晉大夫范宣子言於晉侯以其善於伐秦也，六月晉侯請於王，王追賜之大路使以行禮也”，囆既卒於襄十九年，故《左》《穀》二家書伐陳者爲公孫夏，今二十五年殘石未出，不能證明伐陳者之爲夏爲囆，而襄二十九年殘石尚有公孫囆之紀載。考其文爲仲孫偈會晉荀盈等城杞之役，今本三傳之經文並作“公孫段”，而石經獨作“公孫囆”。是時距天子賜以大路，已隔十年，能謂諸儒正定五經必無舛誤耶。

五、《公羊傳》

《春秋》之立於學官者，雖衹《公羊》一家，而《公羊春秋》有嚴、顏之學，皆立於學官。二家之本當有異同，《隸釋》所録《公羊傳》殘字，後有顏氏有無語，是石經以嚴氏本刻石，而兼存顏氏異文於校記。

《漢志》“《公羊傳》十一卷”，是傳與經同，閔公亦附莊公之後矣。其行款每行七十三字，自文公十四年轉入碑陰，則爲七十字。其篇題當如經文之“隱公第一”至“哀公第十一”，其下當有大題“春秋公羊傳”。每年之首，先書某年，接書傳文，有年無傳者則闕之。分年處空格加點，分事處加點而不空格。

六、《儀禮》

《禮》之立於學官者有大、小戴二家。今出殘石中有《鄉飲酒》殘石，前有篇題曰“鄉飲酒第十”，與今本篇次在第四者不同。蓋《鄉飲酒》第十爲大戴之篇次，據賈公彦疏云：“劉向《别録》即此十七篇之次是也。至於大戴，即以《士喪》爲第四，《即夕》爲第五，《士虞》爲第六，《特牲》爲第七，《少牢》爲第八，《有司徹》爲第九，《鄉飲酒》第十，《鄉射》第十一，《燕禮》第十二，《大射》第十三，《聘禮》第十四，《公食》第十五，《覲禮》第十六，《喪服》第十七。”石經之刻，蓋以大戴本爲主，而以小戴校之。今發現校記不多，雖有“戴言”字，而上下皆闕，無從依據。此經當亦小題在上，大題在下，其大題當云“禮”或“禮經”，猶《易》之稱“易經”也。

《禮》每行七十三字，篇内分章處加點而不空格。今所見殘石之加點者，其分章與今本迥不相同，且《鄉飲酒》之文有較今本相差二百字者，或亦章次有異同之故歟。

七、《論語》

《論語》爲專經者所兼習，不立博士。《漢書·藝文志》言《論語》有齊、魯、古三家，《古論》二十一篇，《齊論》二十二篇，《魯論》二十篇。洪氏《隸釋》所録《論語》篇末有"凡二十篇萬五千七百一□字"之紀數，是《魯論》之篇數也；今出《堯曰篇》殘石，"謂之有司"下即接"凡二"二字，其下當是"章"字。陸德明《釋文》於《堯曰篇》書"孔子曰不知命無以爲君子也"，注云："《魯論》無此章，今從古"。是《堯曰篇》之二章，亦《魯論》之章數也。然校記中未見"齊古"字，而有"盍毛包周"字。《釋文》序録言"安昌侯張禹受《魯論》於夏侯建，又從庸生、王吉受《齊論》，擇善而從，號曰《張侯論》，最後而行於漢世。禹以《論》授成帝，後漢包咸(字子長，吴人，大鴻臚)周氏(不詳何人)竝爲章句，列於學官。鄭玄就《魯論》張、包、周之篇章，考之《齊古》，爲之注焉"。盍、毛今無可考。校記中有一石，蓋"毛"上有一从弓之字，羅振玉氏謂即張禹之"張"，是校記中又添一家矣。以是知後漢博士之所授，石經之所刻，確爲《魯論》也。

石經《論語》每行約七十四字，以今本校之，異文特多，字數時有盈絀。篇題發現《公冶長》《子張》二篇，皆頂格書，其下當有大題"論語"字。每篇分章處空格加點。每篇之末記其章數曰"凡若干章"。最後記其全經之篇數及字之總數，如《隸釋》所録者是也。

原載《考古學報》一九五五年第十期

舊雨樓藏漢石經殘字辨僞

◯ 屈萬里

一、舊雨樓藏漢石經殘字簡介

一九四六年，國立中央圖書館奉教育部令接收了僞政府内政部長陳群的澤存書庫，闢爲中央圖書館的北城閱覽室。在清理陳逆舊藏的那批圖書時，發現一部剪貼的漢石經殘字拓本，書名標題是"舊雨樓藏漢石經"，共計四册。那是把漢石經殘字的拓片，每行剪成一條，然後截長補短，裝裱成册的。所存的殘字，遍及七經；估計所有的字數約在一萬二千字左右。剪裁裝裱後的形狀如下(《尚書》殘字的一頁)：

舊雨樓藏漢石經《尚書》殘字

漢石經殘字，宋人發現的較多。但胡宗愈重刻於成都的不過四千二百多個字(今已不存)；洪适收入《隸釋》的，僅有二千一百多個字。元明清三代，没有發現過漢石經殘字(清光緒年間曾發現魏石經殘字)。直到一九二二年，漢石經殘字，纔又陸續出土。但所出的都是些零星小塊，最大的一塊，是《周易》殘石，反正兩面，共存九百七十餘字，這已是震驚學林的發現。舊雨樓的漢石經，所存字數，多達一萬以上；如果是新近出土的，那應該是學術界的頭號新聞。但何以泯然不爲世人所知？這是最使人懷疑的一點。可是，我曾請教過不少的方家，都認爲它絶非贋品。

舊雨樓主是什麽人？我曾經問過許多文史學界的人士，竟没有一個人知道。在這部拓片的第四册之末，貼了一張白紙，白紙的左下端，鈐有兩個印記，其一是白文方印，文曰“方若之印”；另一是朱文方印，文曰“劬園是寶”。似乎是收藏這部拓本的人打算作題跋而没有作，僅鈐了兩個印記的樣子。因此，在當時的想法，以爲這部拓本是曾經方若收藏過的；至於收藏原石的舊雨樓，究竟是誰的齋名，那時就無暇稽考了。

一九四九年，“中央”圖書館遷來臺灣。這部漢石經殘字拓片，也隨同館藏的善本圖書，携以俱來。一九六二年，我在作《漢石經〈周易〉殘字集證》時，曾用了這批資料。那時除了由於它的來路不明而感到可疑外，又因爲它的字迹如出一手，越發使我懷疑的程度加深。但除了這兩點現象之外，並没有其他决定性的證據，可以證明它是僞刻的。

次年，我在作《漢石經〈尚書〉殘字集證》時，爲了追尋舊雨樓漢石經的來歷，曾經遍查在臺灣所能見到的資料，結果發現《河北博物院畫刊》從一九三五年八月二十五日出版的第九十五期起，就斷續地刊登漢石經殘字的拓片，拓片旁只標注“本院陳列品”字樣。直到一九三七年五月十日出版的第一百三十六期，及稍後出版的一百三十八期和一百三十九期，才都標明了“方藥雨先生藏石”七個字。我於是恍然大悟，這舊雨樓主人必定就是方若了。

剪裁後而又裝裱成册的《舊雨樓漢石經拓本》，每半葉六行，每行十字(間有五行的)。各經所存的字數，粗略估計如下：

《易》	約三二〇〇字
《書》	約一一〇〇字
《詩》	約二八〇〇字
《儀禮》	約一二〇〇字
《春秋》	約一七〇〇字
《公羊傳》	約一二〇〇字
《論語》	約一二〇〇字

以上七經殘石，共存字約一萬二千多個；真可以説是洋洋大觀了。

然而，這洋洋大觀的漢石經殘石，實際上是全部出於僞刻的。試看下列的證據：

二、舊雨樓漢石經僞迹之一——字體不合

關於辨證舊雨樓漢石經是贋品的文獻，筆者謭陋，至今還没有見到過。查論文索引，知道吴承仕曾著有《新出土僞熹平石經〈尚書〉殘碑疏證》一文，刊載於中國大學《國學叢編》第一册第五期。此文約發表於一九三二年，所論的僞熹平石經《尚書》，是不是舊雨樓所藏的？因未見吴文，不得而知。筆者在所作的《漢石經〈尚書〉殘字集證》裏，曾有一節討論舊雨樓石經是僞刻的問題。現在再就當時推證的結果，作一番比較詳細的叙述。

先説字體問題。《後漢書(卷五十下)·蔡邕傳》叙述建立石經事，説："邕乃自書丹於碑，使工鐫刻。"《隋書·經籍志》也説熹平石經"皆蔡邕所書"。因而後人大都認爲漢石經是蔡邕一個人手寫上石的。但由宋代人的記載和近年出土的漢石經殘字看來，不但這七經的文字，不是一個人所寫；就是同一部經的文字，也不是一個人寫的。《隸釋》(卷十四)説：

> 史稱邕自書丹，使工鐫刻。今所存諸經字體不同，雖邕能分善隸，兼備衆體，但文字之多，恐非一人可辦。史云：邕與堂谿典、楊賜、馬日磾、張訓、韓説、單颺等，正定諸經。今《公羊》《論語》之後，惟堂谿、日磾二人，姓名尚存。别有趙陟、劉弘、張文、蘇陵、傅楨、左立、孫表數人。竊意其間必有同時揮毫者。予詳玩遺字，《公羊》《詩》《書》《儀禮》，又在《論語》上；劉寬碑陰、王曜題名，則《公羊》《詩》《書》之雁行也。黄初孔廟碑，則《論語》之苗裔也。識者當能辨之。

由此可知宋人所見的漢石經殘字，其字體是不同的。洪氏認爲它們不是全部出於蔡邕的手筆，自是確當之論。羅振玉的《熹平石經殘字集録序》(此文收入《遼居乙稿》)也説：

> 宋人謂諸經書法不同，非出邕一人之手。今目驗諸經殘字，果筆迹各異。

現在，我再隨手選幾塊近年出土而確實可信的漢石經殘字，列在下面，以爲洪氏和羅氏的話作證：

漢石經《周易·象傳》殘字

漢石經《周易·説卦傳》及《序卦傳》殘字

漢石經《尚書》殘字

漢石經《春秋》殘字

上舉幾塊殘石的字體,風格各異,一望而知其不是一人的手筆。而且,同是《周易》的殘字,筆法也不一樣。由此可以確知,漢石經是許多人合寫的。然而舊雨樓所藏的殘石,經文遍及七經,字數達一萬二千字左右,則完全出於一手。即此一點,已足以證明舊雨樓所藏的漢石經殘石全部是僞刻的了。

三、舊雨樓漢石經僞迹之二——《尚書》的碑數不合

王國維根據《洛陽記》,推定漢石經共四十六碑,其説可信。張國淦作《漢石經碑圖》,便根據了王氏的説法。舊雨樓藏漢石經殘石,經過復原後,知道它的碑數和行款,完全和張氏碑圖一樣。只是張氏把《尚書》定爲五個碑,連碑陰合計共十面,則大有問題。張氏所定的五碑十面,每碑碑陽和碑陰的行數如下:

次　第	碑陽行數	碑陰行數
第一碑	三十一	未定(因後半幅爲校記,無法推定行數)
第二碑	三十一	三十一
第三碑	二十六	二十六
第四碑	未定(因不知《泰誓》字數)	二十七
第五碑	四十一	四十

由上可知各碑刻字的行數,最少的是二十六行,最多的是四十一行,相差達十五行之多。

按:石經之刻,是一件大事;從《後漢書》有關此事的記載中,可以知道當時辦理此事的慎重情形。那麽,當時選取石材磨琢成碑,必不會讓它們大小各異,參差不齊,這是可以斷言的。宋董逌的《廣川書跋》引朱超石《與兄書》説漢石經:"碑高一丈許,廣四尺。"《水經・穀水注》説魏石經:"石長八尺,廣四尺。"魏石經的寬度既和漢石經相等,它們的高度也可能和漢石經相同。我懷疑《水經注》的話,是專就碑身説的;而朱超石則是連碑趺合計,所以高度有二尺之差。但,不管這樣推測是否合乎事實,而漢石經碑都是同樣大小,則從朱超石的信中,可以得到證實。漢石經的字,都差不多大小,行款的疏密,也大致一樣。那麽,以同樣大小的石碑,大致同樣疏密的行款,刻差不多大小的字,甲碑和乙碑的行數差上一二行,尚不足怪;現在竟差到十五行之多,這顯然是不合理的。

再看漢石經《周易》:它共計是四碑八面,每面刻字大多數是三十八行,最少的是三十七行,最多的是三十九行,不過二行之差。我曾做過漢石經《周易》殘石的復原工作,可以負責證明上述的行數,絶無問題。由此例彼,更可見舊雨樓藏漢石經《尚書》的行數不合。行數既不合,則碑數自然就成了問題。我也曾據漢石經殘字將《尚書》復原,復原的結果,知道《尚書》應該是四碑八面,前七面(四面在碑陽,三面在碑陰)每面刻字三十九行,第八面(在碑陰)除經文和《書序》共占二十二行外,其餘的是校記。校記共有多少文字,雖無法確知;但以前七面的行款證之,它可能是占二十七行。

那麽,由上述《尚書》的碑數和行款看來,也可以證明舊雨樓藏漢石經殘字是僞刻的。

四、舊雨樓漢石經僞迹之三——殘石部位不合

舊雨樓藏漢石經《尚書》部分，既是依照張氏《漢石經碑圖》的行款刻的，而張氏《碑圖》把四碑分爲五碑，於是本來應該分在兩碑的經文，舊雨樓殘石就把它刻在一塊石頭上了。現在看下面的幾個例子：

（一）舊雨樓所藏從《皋陶謨》的"股肱熹哉"到《禹貢》的"百里采二百里"一石，共占十九行。依照張氏《碑圖》，它的位置是在《尚書》第二碑正面（碑陽）第一行到第十九行。但，依照筆者復原的《碑圖》（即分成四碑），這一塊殘石的第一行到第八行，應在第一碑正面的末尾；第九行到十九行，就得在第二碑正面的第一行至十一行。因此，本來分刻在兩碑的文字，舊雨樓石經竟刻在一塊石頭上了。

（二）舊雨樓本從《費誓》的"越逐不復"到《文侯之命》的"其伊恤朕躬"一石，當是上述《皋陶謨》至《禹貢》一石的背面（石經是兩面刻字的），共占二十行。依照張氏《碑圖》，它的位置是在《尚書》第二碑背面（即碑陰）的第十二行到末行。可是依筆者復原的碑圖核之，則前十一行在第二碑碑陰的末尾，後九行就在第一碑碑陰的第一行到第九行。不但把兩碑中的經文，合刻在一石；而且這一塊殘石的經文，大部分應該在第一碑碑陰和第二碑碑陰的頂端，但也有些字必須在碑的下端。一塊殘石，既包括了兩個碑的文字，又能具有碑的頂端和末端的文字，真是豈有此理！

（三）舊雨樓本從《西伯戡黎》的"淫虐用自絶"到《微子》的"我罔爲臣僕"一石，它的位置，是在張氏《碑圖・尚書》第三碑正面之末的中間靠近下端的地方。它的背面，是從《多方》的"因甲于内亂"到《立政》的"我其克灼知厥若丕乃"一段，共占了十七行，它的位置是在張氏《碑圖・尚書》第三碑背面的第一行到第十七行。同一塊石頭，正面只存了六行字，背面却存了十七行，這石頭無論怎樣斷裂（除非人工有意的雕琢），也决不會有這種奇怪現象。至於它和筆者復原圖之不相合，就不必説了。

從上述的情形看來，舊雨樓石經之出於僞刻，也是顯而易見的。

五、舊雨樓漢石經僞迹之四——錯改的經文

漢石經用的是今文家的本子。張國淦作《碑圖》時,意在恢復今文本的原來面目,因而就根據各書所載的今文家引經或説經的話,改换了現在通行本的字。舊雨樓石經又是根據張氏《碑圖》的經文刻石的,所以二者不同的地方絶少。但如果一字不差,就容易使人懷疑。於是舊雨樓就改了一些可以通用的字。以《尚書》爲例,譬如張氏《碑圖》中的"丕""享""格""鰥"等字,舊雨樓本都改作"不""亨""假""矜",這實際上是等於没改的。《禹貢》青州的"厥賦中上",張氏《碑圖》和今本一樣,而舊雨本的"上"字作"下"。這可能是筆誤,因爲兖州的賦已是"中下",青州就不能再是"中下"。此外,還有幾處小出入,姑且不談。而露出作僞破綻的地方,則有下列兩事:

其一,是因襲張氏《碑圖》而誤的。今本《微子》:"小民方興,相爲敵讎。"段玉裁的《古文尚書撰異》(卷十一)認爲"方"字應該作"旁"。殊不知這個"方"字,皮錫瑞在他的《今文尚書考證》(卷九)裏已經推翻了段氏的臆説。皮氏根據《史記·宋微子世家》和《潛夫論·述赦篇》,證明"方"字應該作"竝"。於是舊雨樓本石經就僞迹顯然了。

其二,是舊雨樓本石經妄改而誤的。《吕刑》:"度作刑以詰四方。"在張氏《碑圖》中,這句該和今本相同。舊雨樓石經把"詰"字改作"誥"。按:孫星衍的《尚書今古文注疏》(卷二十七上)説:"詰,一作誥。"又説:"詰作誥,今文《尚書》也。"孫氏這個説法,並没注明出處。皮氏《今文尚書考證》(卷二十六),認爲孫氏是根據《困學紀聞》而誤。皮氏説:

> 錫瑞案……《困學紀聞》云:"費誓,《説文》作粊誓,《史記》作肹,《大傳》作鮮(句)。'度作刑以誥四方',《周禮注》云:'度作詳刑以詰四方。'"……孫又云:"詰作誥,今文《尚書》也。"蓋即以《困學紀聞》引《書》作"誥",與《周禮》鄭注不同,故斷爲今文。然《尚書》不見有作"誥"之本,《紀聞》恐傳寫之誤,未可爲據。

皮氏此説,是很正確的。按:元刻本和清代刻本的《困學紀聞》,都作"度作刑以詰四方","詰"字都不作"誥"。只有明萬曆癸卯莆田吴獻臺刻的《困學紀聞》,才誤作"誥"字。孫氏當是根據了這個誤本,於是説"詰,一作誥"。他又

誤讀了《困學紀聞》,把"大傳作鮮度作刑以誥四方"當作一句讀。《大傳》所述的是今文《尚書》,所以他又説:"誥作誥,今文《尚書》也。"

孫氏一誤再誤,而刻舊雨樓石經的人,没加詳察,便根據了這個謬説,妄改了不錯的經文。刻舊雨樓石經的人,也許還沾沾自喜,而不知只此一字,就暴露了百口難辯的僞迹。

六、舊雨樓石經當是方若所刻

從上舉的證據看來,舊雨樓石經之爲僞刻的,絶無可疑。然則,它到底是什麽人僞刻的呢?

按:方藥雨(若)住在天津,是著名的碑刻收藏家和鑒别家。"中央"圖書館所藏的四册拓片,既有他的印記;《河北博物院畫刊》上,又説明是"方藥雨先生藏石"。以方氏鑒别石刻之精,决不會收買他人所刻的僞石經,因爲僞石經逃不過他的眼睛。由此説來,這批僞石經殘字,必定是他設計製成的。從《河北博物院畫刊》所著録的殘字看來,那時所刻的還是些小塊。大塊石經之刻,可能已到了抗戰期間。所以抗戰期間居住在後方的學人,就都不知道有這一大批石經了。

原載《書目季刊》一九六七年第二卷第一期

談漢石經

◯ 于大成

漢荀悦《申鑒·時事篇》曰:"仲尼作經,本一而已,古今文不同,而皆自謂真本經。古今先師,義一而已,異家別説不同,而皆自謂真古今("真"字從《玉海》四十三引補)。仲尼邈而靡質,昔先師歿而無聞,將誰使折之者?秦之滅學也,書藏於屋壁,義絶於朝野。逮至漢興,收摭散滯,固已無全學矣。文有磨滅,言有楚夏,出有先後,或學者先意有所借定,後進相放,彌以滋蔓,故一源十流,天水違行,而訟者紛如也。"本來,六經皆孔子所傳,文字不當有異同,説義亦不當有歧異。但經過秦始皇的焚書,和項羽的燒秦咸陽宫室三月,先秦舊典,蕩然無存。至漢除挾書之律,力事徵集,簡書又往往出於屋壁,於是已經亡佚了的儒家經典,得以稍稍完具。漢廷之設立五經博士,目的固在於尊崇儒術,但也因此而與民間所傳的古本發生了今古文的問題,彼此争論不休,各是其所是而非其所非。逮鄭玄遍注群經,於經文雜用今古文,這争論了三百年的一大公案,才算告一段落。其實,不但今古文之間的文字有出入,説義有異同,即同是今文,《易》有施、孟、梁丘、京氏四家,《書》有歐陽、大小夏侯三家,《詩》有齊、魯、韓三家,《禮》有大小戴、慶氏三家,彼此亦各不相同。加以古文諸經先後出現,所以自漢成帝河平二年,劉向、歆父子就開始校中秘書,當時與他父子共事斯業者,尚有揚雄、尹咸、班斿、蘇竟諸人。後漢亦有明帝、章帝時的班固、賈逵、傅毅等,安帝時的馬融、劉珍、劉騊駼等,順帝時的伏無忌、黄景等,靈帝時的盧植、蔡邕、楊彪、韓説、馬日磾等的校定中書。但校儘管校,經書却始終未能定出一個標準本以頒行天下,以是學者各就所誦,争論是非,至有行賄以改蘭臺漆書使其合於己本者。《後漢書·儒林傳叙》:

本初元年……自是游學增盛,至三萬餘生。然章句漸疏,而多以浮華相尚,儒者之風蓋衰矣。黨人既誅,其高名善士多坐流廢,後遂至忿争,更相告言,亦有私行金貨定蘭臺漆書經字以合其私文。

又《宦者·吕强傳》:

李巡以爲諸博士試甲乙科,争第高下,更相告言,至有行賄定蘭臺漆書經字以合其私文者。乃白帝,與諸儒共刻五經文於石。於是詔蔡邕等正其文字。自後五經一定,争者用息。

這刊刻石經的工作,據《後漢書·蔡邕傳》云:

邕以經籍去聖久遠,文字多謬,俗儒穿鑿,疑誤後學,熹平四年,乃與五官中郎將堂谿典,光禄大夫楊賜,諫議大夫馬日磾,議郎張馴、韓説,太史令單颺等,奏求正定六經文字。靈帝許之。邕乃自書丹於碑,使工鎸刻,立於太學門外。於是後儒晚學,咸取正焉。

章懷注引《洛陽記》曰:

太學在洛城南開陽門外,講堂長十丈,廣二丈。堂前石經四部,本碑凡四十六枚。西行,《尚書》《周易》《公羊傳》,十六碑存,十二碑毁。南行,《禮記》,十五碑悉崩壞。東行,《論語》三碑,二碑毁。《禮記》碑上有諫議大夫馬日磾、議郎蔡邕名。

《儒林傳叙》注引謝承書曰:

碑立太學門外,瓦屋覆之,四面欄障,開門於南。河南郡設吏卒視之。

又引楊龍驤《洛陽記》所載朱超石《與兄書》云:

碑高一丈許,廣四尺,駢羅相接。

此一石經,依《後漢書·靈帝紀》,謂詔諸儒正定文字刻石太學在熹平四年三月,而《水經·穀水注》則謂"東漢靈帝光和六年,刻石鏤碑,載五經,立於太學講堂前,悉在東側",大約諸儒受詔在熹平,而成事於光和,則碑之成前後凡九年,其慎重不苟,蓋可想見。

《洛陽記》所載,石經本碑共四十六枚,《水經注》引陸機言:"《太學贊》,别一碑,在講堂西,下列石龜,碑載蔡邕、韓説、堂谿典等名。《太學弟子贊》復一碑，在外門中。”是本經四十六碑，别有二碑，共四十八碑。碑兩面刻字，每面大約三十七行至三十九行，每行大約七十三字。至於書體則爲當時通行的隸書。蔡邕傳説“邕乃自書丹於碑”，似乎所有的經文皆出於一人之手。其實，如此繁鉅的工作，不可能由一人任之，《蔡邕傳》注所引的《洛陽記》，説碑上有蔡邕和馬日磾名，《水經注》引陸機言碑載蔡邕、韓説、堂谿典名，而宋人洪适《隸釋》云：

> 史稱邕自書丹，使工鐫刻。今所存諸經，字體各不同，雖邕能分善隸，兼備衆體；但文字之多，恐非一人可辦。史云：邕與堂谿典、楊賜、馬日磾、張訓、韓説、單颺等正定諸經。今《公羊》《論語》之後，惟堂谿、日磾二人姓名尚存。别有趙㼄、劉弘（案石經《公羊》著録作劉弘）、張文、蘇陵、傅楨、左立、孫表數人。竊意其間必有同時揮毫者。予詳玩遺字，《公羊》《詩》《書》《儀禮》，又在《論語》上。劉寬碑陰王曜題名，則《公羊》《詩》《書》之雁行也。黄初孔廟碑，則《論語》之苗裔也。

我們從現存的拓片來審視其書法，書體確有不同，不但此經與彼經之間有不同，即在同一經中，亦有所不同，可證此七經果不盡寫於蔡邕。華山碑據説係蔡邕手筆，今就宋拓本與石經文字相對勘，有相近者，知石經中固有蔡所手書。而開母石闕銘之下一層，有堂谿典嵩高請雨銘（亦稱季度銘）殘石，其隸書亦有與石經書風相近者，則知石經中亦有堂谿典所書。然則《隸釋》所載諸人，當時蓋皆曾參加書丹工作，《後漢書》特以邕領其事，一切屬之邕耳。

此一石經，成於漢靈帝熹平年間，所以後人名之曰漢石經，或熹平石經。又因經文只用隸書一體，故亦稱一字石經。

據《蔡邕傳》説“碑始立，其觀視及摹寫者，車乘日千餘兩，填塞街陌”，可知其影響之大。蓋前此經書無定本，學者可以各是其是，甚至行賂定蘭臺漆書經文以合其私文。今既有了標準本，則一切以是爲準，自然歸於争者用息。可惜當時還不知道墨拓之術，所以大家都至碑下摹寫，苟能如後世之施之氈椎，其影響當更大了。

此熹平石經，雖屬曠古盛事，不幸的是，刻石後七年，即發生獻帝初平元年的董卓之亂，卓既挾帝遷都長安，洛陽付之一炬，石經亦遭波及，所以到《洛陽記》的作者所見，毁者已有二十九枚，在全部四十八碑中，居其大半了。

三國魏廢帝正始元年，又刻三字石經《春秋》《尚書》二部，凡三十五碑，與魏明帝所刻曹丕《典論》六碑，共立於國子學堂前。所謂三字者，是經文用篆、科斗、隸三種字體，故名，亦稱三體石經。又以經刻于魏正始，故一稱魏石經，或稱正始石經。據云是邯鄲淳所書。

漢石經與魏石經，皆在太學堂前，晉懷帝永嘉之亂，漢劉曜、王彌入洛，焚宫廟官府皆盡，漢、魏石經，當亦不能幸免。魏馮熙、常伯夫相繼爲洛州，大建佛寺，所用石材，即取石經舊碑，至是石經又遭厄運。北魏孝静帝武定四年，碑移洛陽漢、魏石經於鄴都，至河陽，值岸崩，碑没于水。其得至鄴者，凡五十二枚(其中有殘缺毁損者)。後周宣帝大象元年，復徙洛陽。隋文帝開皇六年，又自鄴京載入長安，置于秘書内省，議欲補緝立于國學，會隋亂，事寢。營造之司，竟用爲柱礎。到唐太宗貞觀初年，魏徵始加收聚，已十不存一矣。至武后再徙返洛陽。計自熹平之始立，至武后之徙於洛陽，前後不過五百餘年，以戰亂頻仍，東西屢遷，貞珉壽石，亦不能保其長久。而自武后以後，更並此殘存之餘，亦音訊渺然，不聞消息，蓋已廢毁净盡矣。

但武后以後，昔年毁碎沉霾地下者，亦時有出土。在唐代，洛陽修建防秋館時，即多有發現。至宋代，發現更多，大部分皆在洛陽出土。只有姚寬《西溪叢語》記載着，在長安曾出土《公羊》碑一段，大約當武后徙運至洛陽時，此《公羊》殘石早已淪于地下，故未曾隨其他諸石而俱東也。其後元、明、清三朝，迄未再有新出土者。直到一九二二年十二月二日，洛陽鄉民朱某，因取瓜蔞合藥，始於朱疙疸村附近，掘地得魏石經巨碑半截，所刻爲《尚書》及《春秋經》。從此以後，漸有漢、魏石經小塊出土。次年，徐森玉、馬衡在洛陽得數十方。計自一九二二年至一九二四年間，零星出土者不下數百方，自一、二字至十餘字不等。大都入於徐鴻寶、馬衡、羅振玉、柯昌泗、吴寶煒諸人之手。亦有少數爲日本人所得。而體積最大、字數最多的，則有《周易》與《公羊》兩方，皆出土於朱疙疸村。村在洛陽城東南十八里之碑樓莊，其地當穀水之陰，洛水之陽，正東漢洛陽城開陽門外太學舊址。蓋董卓之亂，雜於榛莽，淪于地下，故未隨魏、周、隋、唐之遷運而轉徙，得於一千七百餘年後而再與世人相見也。

《周易》一方，出土于一九三〇年，刻字達九百七十餘。惜古董商爲了牟利，竟將之斷爲兩截，上段四百九十六字，售於萍鄉文素松，下段四百八十字，歸於三原于右任先生。

《公羊》一方，一九三四年出土，表裏凡六百二十四字。掘獲者以高價售予古董商王某。日本人秘欲以四萬金易之。會抗戰事起，遂不果。其後程潛、于右任皆有意價購，然亦卒未成。至一九三九年，終爲霑化李杏村氏以銀元一萬五千元購得。嗣李氏携來臺灣，於一九六三年贈予“國立”歷史博物館。該館嘗於是年十二月舉辦特展，並將拓片兩大張影印行世。

漢石經初刻成，其時未有傳拓之術，故史稱觀視及摹寫者，車乘日千餘輛，填塞街陌。迨後氈椎之術興，故經石雖日漸淪亡，而自梁以來相傳之拓本，隋、唐秘府，皆見著録。到《宋史・藝文志》中，則杳然不可復觀。宋人之所著録，皆土壤埋没之餘，摩滅而僅存者，非復巨觀矣。就因爲此等天壤瑰寶，殘缺之餘，彌益珍貴，所以自宋代以來，就有人加以翻刻，藉求壽永而廣流傳。宋代翻刻者共有三家：第一個從事翻刻的，是胡宗愈，他曾就一己尋訪之所得，合諸家之所藏，共得四千二百七十字有奇，皆以楷書爲釋文，與所得三體石經八百一十九字，刻石成都。其次，南宋初年的石邦哲，在他所刻的《越州石氏博古堂帖》裏，亦有漢石經一段。最後則有洪适，他既集所得石經殘石，著于《隸釋》，復以所有鑱之會稽蓬萊閣。其所翻刻之本今雖無傳，而據《隸釋》所著録，計有二千一百三十餘字。

清代則孫承澤藏有漢石經遺文拓本百十餘字，即石邦哲翻刻之本。此本後歸華亭王氏，其後與黄易藏本同入孫星衍之手。咸豐間，歸於沈樹鏞，至光緒間，爲漢陽萬氏所得。黄易本今在林熊祥先生家。另有蔡松原藏本一種，先後經阮元、南湖漁者鑒藏，最後入于端方之手。此外，更有錢泳所藏的雙鉤本。申兆定曾據黄本摹刻，置於西安碑林。乾隆間翁方綱亦據黄本刻于北京，其後摹得孫本，又得見錢本，因就三本相互參校，摹刻于南昌學宫。光緒間，張之洞則就孫、黄、蔡諸本，摹刻於湖北存古學堂。以上石刻有四本。而道光初年則有陳宗彝之據黄本摹刻刊印成書。蔡本有上海有正書局影印本。

民國以來，出土之殘石既多，集拓影印者遂有多家，其最著者，有顧梅鼎石印整張《周易》殘字未斷本、文素松《漢熹平〈周易〉石經殘碑録》一卷、“國立”歷史博物館影印整張《春秋公羊經》殘石二張、羅振玉《漢熹平石經殘字集録》《續編》《補遺》各一卷、神州國光社石印本五十一葉、馬衡《集拓新出土漢魏石經殘字》四册、吴寶煒《集拓漢魏石經殘字》四册、屈先生翼鵬《漢魏石經殘字》附《校録》三卷，而收字最多者，則有馬衡之《漢石經集存》二册。

此外，别有剪貼本《舊雨樓藏漢石經》四册，今藏“國立中央”圖書館，曾於一九三五年八月二十五日出版的《河北博物院畫刊》九十五期起，連續刊載。

存字一萬二千左右，遍及七經，乃天津收藏家方若所僞刻。屈先生翼鵬有《舊雨樓藏漢石經殘字辨僞》一文，載《書目季刊》二卷一期。

吾人今天所讀的經書，皆漢代經師所傳，但時間經過了兩千多年，一方面輾轉抄刊，一方面又有後人的妄收，以是其中的錯誤愈來愈多。阮元校十三經注疏，最早的材料，也只能用到石臺孝經、唐石經和宋刻本，他雖藏有蔡松原本的漢石經，但存字甚少，比今天所能看到的石經殘字，相去不可以道里計。今天若欲讀漢代經師真本，自然須讀漢石經。但漢石經除《周易》《公羊》二經有大段殘石外，餘皆零星小塊，必須經過綴輯排比，始能應用。所以如何來利用現有的殘字，使其恢復到石經的本來面目，便是今日的當務之急。一九三一年，張國淦氏有《漢石經碑圖》之作，即是企圖恢復漢石經面目的一項工作。但張氏是以今本經文來安排石經殘字，却忽略了今本之中有衍文和脱文，故其所製碑圖，實不可信據。

漢石經所刻，計有七經：《周易》《尚書》《魯詩》《儀禮》《春秋》《公羊傳》和《論語》。屈先生翼鵬的《漢石經〈周易〉殘字集證》《漢石經〈尚書〉殘字集證》二書，都已對《易》《書》二經作了復原圖，還漢代經文之舊。王樹元也對《詩經》作過復原的工作，但其所得的結果，似還不無可商。《儀禮》則陳夢家的《武威漢簡》、劉文獻的《武威漢簡〈儀禮〉校補》、王關仕的《〈儀禮〉漢簡本考證》，皆主於新出土的漢簡。漢簡當是慶氏本，石經乃用大戴本，彼此家法既異，又作者不主於復石經之舊。故至今日爲止，《儀禮》《春秋》《公羊》《論語》四經，猶未能得見漢代碑本之真。並世之治經學者，苟能依屈先生《易》《書》兩集證之例，爲其餘諸經從事復原工作，則勝於阮文達之注疏校勘記遠矣。

原載《孔孟月刊》一九七〇年第十一期

漢熹平石經《春秋》殘字考

◯ 吕振端

凡例：

一、本文僅收臺灣"國立"歷史博物館所藏漢熹平石經《春秋》殘石（南大李光前文物館藏有複製品）及有關本碑殘字，其非屬於本碑之同經殘石，概不及之。

二、本文共分三卷：即概述、校文及《春秋經》部分（即歷史博物館藏陰陽二面殘石）復原圖。[①]

三、校文僅述漢石經殘字與唐石經本、今本（阮刻《十三經注疏》本）及《左》《穀》之異文。

四、校文部分所著殘字，悉據馬衡《漢石經集存》。

五、復原圖之經文，悉依張氏皕忍堂覆刻唐石經本，而將漢石經殘字嵌入，並以朱色書之。

六、復原圖之篇第及分年處加點，悉依漢石經，至於篇之標題，則從張國淦《漢石經碑圖》。

卷一、概　　述

漢承秦火，經籍殆盡，乃掇散佚，用求本原。然書缺簡脱，在所難免，儒者師門，復滯所習，一源十流，異説彌彰。本初以還，游學增盛，太學多至三萬餘生，競尚浮華，章句漸疏，兼以博士試經，争第高下，乃相告言，用求制勝，甚而行賂定蘭臺漆書金字，[②]以合其私文，致經文多有歧異，苟不及早正定，則後

① 編者按：卷三爲原圖，發表時未附原圖。
② 《後漢書·吕强傳》。

儒晚學,必無取正之的。時宦者汝陽李巡、議郎陳留蔡邕,恐俗儒穿鑿經義,貽誤後學,遂於熹平四年(一七五年)與五官中郎將堂谿典,光禄大夫楊賜,諫議大夫馬日磾,議郎張馴、韓説,太史令單颺等,奏求正定六經文字,[1]靈帝許之,乃徵求善本各一,付邕等審核。文字既定,邕乃書丹於碑,使工鎸刻,光和六年,工畢。[2] 凡刻《詩》《書》《易》《春秋》《公羊》《儀禮》《論語》七種,爲碑四十八,[3]樹之洛陽開陽門外太學講堂前,碑高一丈許,廣四尺。"瓦屋覆之,四面欄障,開門於南,河南郡設吏卒視之。"[4]

石經刊成,"觀視及摹寫者,車乘日千餘兩,填塞阡陌",[5]足見其影響之巨矣。碑成八年(獻帝初平元年,一九〇年),董卓倡亂,燬洛陽宫廟陵署,太學文物亦被焚,並波及石經。晉懷帝永嘉五年(三一一年),前趙劉曜、王彌入洛,焚毁二學[6],石經悉多崩毁。北魏延興間(四七一—四七五),馮熙、常伯夫相繼爲洛州刺史,石經迭遭毁取以建浮圖精舍,遂大致頽落,間有存者,或委諸榛莽,或歸於道俗,石益損闕。東魏孝静帝武定四年(五四六年),移洛陽殘餘石經於鄴,舟至河陽,岸崩,多没於水,其得至鄴者,殆不得半[7]。北周宣帝大象元年(五七九年),復由鄴移洛。至隋文帝開皇六年(五八六年),又載入長安,置於秘書省内,議欲補苴,未果,尋屬隋亂,營造之司,用爲柱礎。貞觀初年(六二七年),秘書監臣魏徵特爲收聚,已十不存一。武后時復移返洛陽,爾後即杳不復聞,蓋亦毁廢净盡,良堪浩嘆。

至於殘石之出土,則始於唐代,李綽《尚書故實》云:"東都頃年創造防秋館,穿掘多得蔡邕鴻都學(謹案:鴻都學非,應作太學。[8])所書石經,洛中人家往往有之。"逮乎趙宋,亦時有發現,其於文獻可徵者,如張舜民《畫墁録》、董逌《廣川書跋》、黄伯思《東觀餘論》、邵博《聞見後録》、姚寬《西溪叢語》、方勺《泊宅編》、《天下碑録》等是也。其重刻者,有北宋胡宗愈之成都西樓本,合諸家所藏,得蔡邕石經四千二百七十餘字,鑱之錦官西樓,亦可謂多矣。南宋洪

---

① 按漢熹平石經有五經、六經、七經之目,據洛陽出土石經《後序》云"是正五經",蓋以《論語》未立學官,附經之末;又以《春秋》包《公羊傳》而言,故云五經。

② 蓋爲工至鉅,自必陸續告成。

③ 就七經字數與碑數互校,知爲四十六碑,並《後記》二石計,則爲四十八碑。

④ 謝承《後漢書》(《後漢書》章懷注引)。

⑤ 《後漢書·蔡邕傳》。

⑥ 《水經·穀水注》。

⑦ 《隋書·經籍志》。

⑧ 張國淦《歷代石經考》有説。

适亦刻二千一百卅餘字於會稽蓬萊閣。而越州石氏本、清江王府本,今俱不存。近人著録殘字最富者,當爲馬衡所著《漢石經集存》一書也。

南宋以還,未聞石經之出土,民國十一年後,殘石出土日多,且於洛陽朱瘩疸村得《周易》一巨石,凡九百七十餘字,賈人截爲兩段,分售於三原于氏及萍鄉文氏。

今臺灣臺北市"國立"歷史博物館所藏漢熹平石經《春秋》殘石(南大李光前文物館所藏即此石之複製品),亦朱瘩疸村出土,時爲民國二十三年,屈師翼鵬謂此石於民國廿八年爲霑化李杏村先生購得,抗日戰争勝利後,李氏携石來臺,越十餘年,李氏因年事已高,念此國之鴻寶,藏諸私家,不如讓歸公有,乃贈藏於"國立"歷史博物館,以供衆覽。

一九六九年春,余在臺北,嘗詣歷史博物館參觀,蒙該館何主任浩天慨允,啓殘石鑲架,遂得一睹炎漢故物。此石陰陽兩面,本爲一石,後剖分爲二。碑陽縱四十九公分,横四十八點五公分,重三十八點二公斤,存殘字凡二十行;碑陰縱四十八公分,横四十七公分,重三十二點二公斤,存殘字凡十八行。碑陰陽復合後,至少當厚十一公分,[①]似毋庸置疑,所存殘字都六百廿有四。碑陰以車運顛簸,斷而爲三,幸文字無損。石質經鑒定爲結晶石灰岩。兹就碑陰陽之經文、字體、行款與同碑所得零碎殘字,反覆印證,知其確爲炎漢故物。歷千載而復得,宜學林之幸也。

卷二、漢熹平石經《春秋》殘字校文

此爲僖公十六至廿四年殘石,與襄公廿二年一石互爲表裏。凡八行,下緣餘石極廣,知其位於碑陽之下端。繒,唐本作都。其上殘字爲"申",下爲季姬之"季"。四行"齊"上

① 見校文計算如下:
A+A1=4.7 公分+4.6 公分=9.3 公分
B+B1=6.2 公分+4.7 公分=10.9 公分
C+C1=5 公分+7.5 公分=12.5 公分
D+D1=5.5 公分+5.5 公分=11 公分

存"㇀",乃"于"字也。五行"鄭伯"上爲"蔡侯",下爲"許"。六行殘字僅"月丁"可辨,其下當爲"未及"二字。七行爲"年春王正"四字,末行殘字僅存半體,乃"文"字也。

此爲僖公十二至廿年殘字。係二石合併者,凡八行,與昭公十六至廿一年"大辰"等字一石互爲表裏。石之頂端及右緣餘石甚寬,以碑圖核之,其位置當在碑陽頂端之首八行,則無可置疑。"有食"上乃"日"字也。次行"十"上圓點當爲分年處空格加點,"有"下爲"四"字。三行"鄭"下殘字僅存右上角,當爲"伯"字。四行"伐"上爲"人",五行"秋"下殘字僅存一雁尾,乃隸寫"七"字也。八行殘字存右上角二筆,當爲"廿"字。

此爲僖公十三至卅三年殘石,與昭公三年至廿一年石互爲表裏(見下頁)。此石右緣空白甚寬,當爲碑陽之首二十行。首行"衛侯"下爲"鄭","于咸"下殘字僅存二筆,觀其筆勢,當爲"秋"字。"于咸",唐石十三經本(以下簡稱唐本)及阮元十三經注疏本(以下簡稱今本)並作"于鹹",《左》《穀》二家亦同。《説文・口部》云:"咸,胡監切。"《鹵部》云:"鹹,胡毚切。"古音皆屬七部,當爲同音相假。杜注:"鹹,衛地,東郡濮陽縣東南有鹹城。"《大事表》云:"鹹城在今直隸大名府開州東南六十里。"按文十一年,"得臣敗狄于鹹",是鹹當爲魯地。"肸卒",今本作"盻"。"蠡",唐本及今本作"螽"。陸德明《經典釋文》云(以下稱《釋文》):"本亦作螽。""歸于糸",唐本及今本作"鄫"。《説文》段注云:"姒姓國,在東海。"鄫,從邑曾聲,疾陵切,六部。繒,帛也,從糸,曾陵切,六部。鄫、繒皆從曾聲,乃同音通假。"卯"下爲"晦"字。"六鷁"《穀梁》作"六鶂"。"央氏",唐本及今本並作"英氏",央、英古多通用,《詩・小雅・出車》"旂旐央央",《釋文》云:"本亦作英。"《地理志》云:"皋陶後,偃姓,爲楚所滅。"清劉文淇謂"英"即"偃",二字音相近而轉。舜妃女英,大戴記作女匽。故皋陶之後有英氏,又有偃氏。洪亮吉云:"古英氏城,在今六安州英山縣東北。英山即春秋英氏地也",甚是。"戰于儀",唐本及今本並作"戰于甗",

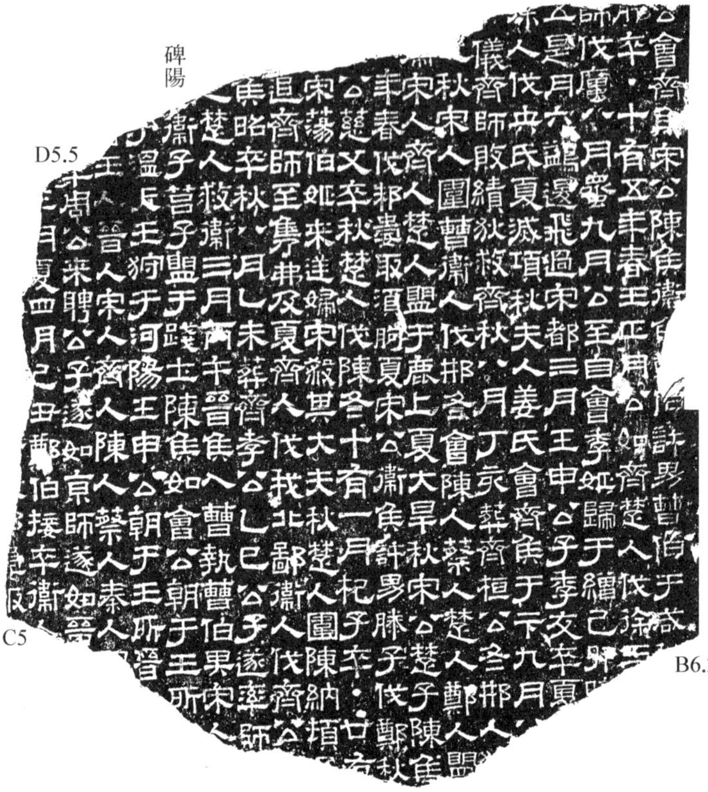

漢熹平石經《春秋》殘石原拓，民國廿三年洛陽漢太學舊址出土，原碑現藏於臺北歷史博物館。

《左》《穀》同。馬衡《漢石經集存》(以下稱《集存》)謂“甗”在金文中多作“獻”，《書・大誥》“民獻有十夫”，《大傳》“獻”作“儀”。“犧尊”亦作“獻尊”，讀爲莎。《周禮・司尊彝》司農注“獻，讀爲儀”，故“獻”亦可通“儀”也。“邢人”下殘字爲“狄”。以唐本校之，自“二月乙亥”至“戰于儀”，唐本衍一字。七行“秋”上殘字爲“之”。“冬會陳人”，唐本及今本會上並有“公”字，是唐本衍一字也。《左》《穀》與石經同。八行“宋人”上乃“衛”字也。“廿二年春伐邾婁”，唐本、今本、《左》《穀》伐上皆有“公”字。“邾婁”，《左》《穀》無“婁”字。“湏朐”，《左》《穀》作“湏句”。“公慈父卒”，《左》《穀》“慈”作“茲”。“納頓”下殘字爲“子”。“公追齊師至雋”，唐本、今本、《穀梁》“雋”皆作“巂”，《左氏》作“阝”。《釋文》云：“巂，户圭反，又似兖反。”《穀梁》釋文云：“巂音攜，又似兖反。”《集存》謂漢三公山碑“攜”作“携”，蓋漢時俗書如此也。《廣韻》亦云：“携，俗攜字。”石經字體謹嚴,仍不免有俗字。“率師”,唐本、今本、《左》《穀》皆作“帥師”。獨於僖十五年“公孫敖率師及諸侯之大夫救徐”不作“帥”耳。“帥”“率”古今字。“楚人救衛”,其上殘字乃“之”字也。“莒”,本作“筥”。《集存》謂漢隸於從竹之字,多變從艸。國名之筥,經典相承,從艸作“莒”,此獨從竹,知本字固當作“筥”,有金文筥小子毁及三字石經可互證也。“天王狩于河陽”,《穀梁》“狩”作“守”。《書·舜典》云:“五載一巡守。”《史記·五帝紀》作“五歲一巡狩”。二字古音相同,乃同音通假也。“温天”上殘字爲“于”。十七行“王人”上殘字右下角作“⅃”,當爲“會”字,“秦人”下殘字右上角存“⅂”,乃“盟”字也。合唐本校之,自“晉人執衛侯”至“公會王人”,唐本衍一字。按廿九年夏六月,《左氏》經六月下無“公”字,石經或同於《左氏》也。“周公來聘”上有殘字,其下部從“干”,應爲“宰”字。十九行“夏四月”,其上殘字乃“正月”二字,衛下爲“人”。以唐本校之,自“遂如晉”至“王正月”,唐本衍一字。末行“婁取”二字清晰可辨,“婁”上三殘字皆殘缺不堪,當爲“公伐邾”三字也。按:自魯僖公十二年至卅二年,唐本較漢石經共衍四字。

此爲文公元年至五年殘字凡五行。首行殘缺已甚,二字並存半體,爲“會晉”二字。次行“侯”上殘字左從“阝”旁,乃“陳”字。三行“人”下殘字僅存上部,其爲“衛”字甚明。末行殘字右從“阝”旁,當爲“都”字也。

此爲文公三年至四年殘字。首行一殘字僅存左邊四横劃,當爲隸寫之“年”字,次行殘字乃“四年”二字也。

此爲文公三至四年殘字。“王”上殘字左下角作“✓”,乃上文“夏五月”隸寫之“月”字。使上殘字右下角存一點及一雁尾,當爲上文“衛侯”之“侯”字也。

此爲文公六至九年殘字，乃二石合併者，凡五行。首行“其”字已殘其半，然猶清晰可辨。次行“侵”上乃“狄”字，三行“盟”上爲“戎”，四行爲“夫人”，末行乃“隧”字也。

此爲文公六至七年殘字。“姑”上殘字，其左從“身”旁，乃“射”字也。“射姑”，《穀梁》作“夜姑”，黄季剛先生謂“射”之聲紐爲神紐，神紐古歸定紐。曾運乾先生謂“夜”之聲紐爲喻紐，喻紐古讀亦如定紐。是“射”“夜”二字古聲同在定紐，古韻皆在五部，同音通假字也。《釋文》云：“夜本或作射。”是皆“射”“夜”相通之證也。自“狐射姑出奔狄”至“狄侵我西鄙”，唐本及今本衍二字。考《左》《穀》二家於“晉先眛以師奔秦”句皆無“以師”二字，疑漢石經亦無，或唐本衍之也。

此爲文公七至九年殘字，凡三行。首行殘字左上角作“亖”，乃“晉”字。次行“復”上殘字下部作“土”，當爲“至”字，末行二殘字亦僅存半體，乃“大夫”二字也。

此爲文公七至八年殘字。"盟"上乃"夫"字,"筥"上殘字僅存半體,觀其殘劃,當爲"戍奔"二字。合唐本校之,自"盟于扈"至"盟于暴",唐本衍一字,考《左》《穀》二家于"公子遂會雒戎盟于暴","會"下並無"伊"字,疑石經亦無,當爲唐本所衍。

此爲文公十二至十三年殘字。以唐本校之,自"葬曹共公"至"秦伯使遂",唐本衍一字。"遂",《左》《穀》並作"術"。按:"遂""術"古韻同在十五部,是二字同音相假也。次行衛上殘字存右下角作"ㅡ",乃"晉"字也。

此爲文公十二至十四年殘字,凡三行。首行殘字存三筆,當爲"有"字。三行"鄭伯"上殘字僅存二筆,乃"侯"字也。合唐本校之,自"冬公如晉衛"至"沓狄侵衛",唐本欠一字,《左》《穀》二家於"衛侯會"下並有"公"字,則《公羊》經似亦有"公"字,且陸德明《公羊》釋文不言與《左》《穀》異,則唐本無"公"字,或脱漏耳。

此石係三石合併者,爲文公十二至十四年殘字,凡四行。首行乃"人"字。次行三殘字位於裂處,"丑"字合併後,至爲完整,其上二字,首字左下角作"丿",當爲"十有二月"之"月",中爲"巳"字。三行"盾"上爲"趙",末行殘字僅存右下角作"丫",乃"齊"字也。

齊侯
殺其君

此爲文公十四年殘字。《集存》著録，然未見其殘石。存以俟考。

此爲文公十四年殘字，左緣餘石甚寬，其爲碑陽之末行殘石，已無可置疑。“單”上殘字下端所存殘畫作“–”，當爲“冬”字。以唐本校之，自“殺其君”至“冬單伯如齊”，唐本欠一字。

此爲文公十四年殘字。“執”下殘字左上角隸寫作“ㄅ”，乃“單伯”之“單”也。按自“文公元年”至“單伯齊人執”，唐本較漢石經本共衍四字，欠二字。

此爲襄公廿至廿一年殘字。右緣餘石盈寸，知其爲碑陰之首行，其左殘字右上角作“ㄥ”當爲“侯”字。

此爲襄公廿一年殘字，雖殘缺不堪，然其爲“侯宋”二字甚明。

宿如宋
伯

此爲襄公廿至廿一年殘字，《集存》著録。按：此石當與碑陽文公十四年之“齊侯”“殺其君”一石互爲表裏。斯二石皆未見其殘石，存以俟考。

此爲襄公廿一至廿六年殘字，乃二石合併者，爲僖公十六年一石之陰，其右緣及下端餘石均甚寬，知其位於碑陰首九行之下端。“涑閭丘來”，唐本及三《傳》皆作“漆”。自“公至自會”至“癸酉朔日”，唐本衍二字。《集存》云：“沙隨之盟”《左氏經》“邾子薛伯”之間無“滕子”二字，《公》《穀》經皆有之，石經所以較今本少二字者，或其文同於《左氏》耳。四行“救晉”下殘字乃“次于雍”之“次”字也。“率師”，唐本作“帥”，《左》《穀》亦作“帥”。按“率”“帥”皆屬十五部，古多通用，如《周禮・樂師》故書“帥”爲“率”，《聘禮》古文皆作“率”，《韓詩》“帥時農夫”，《毛詩》作“率”皆是。八行“喜”上殘字爲“甯”，“殺”，唐本作“弒”，餘無異文。

317

此爲襄公廿三四年殘字。首行乃“晉”字也。次行殘字右上角作“𠂹”，當爲“仲孫羯”之“仲”。

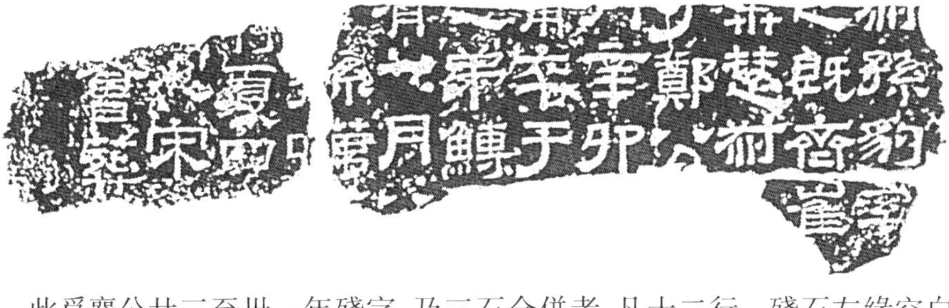

此爲襄公廿三至卅一年殘字，乃三石合併者，凡十二行。殘石左緣空白甚寬，乃襄公篇末之空白也。“叔孫豹率”，唐本“率”作“帥”，前有説。次行“既齊”上殘字作“乀”，乃“之”字也。三“行楚”上殘字爲“奔”。四行“鄭公”上殘字作“𠃌”，乃“壬子”之“子”也。五行“辛卯”上爲“月”，六行“卒于”上爲“甯”，七行“弟鱄”上爲“之”。“鱄”，《穀梁》作“專”，《左氏》與石經同，考“鱄”與“專”皆屬十四部，二字同音通假，作“專”者，蓋用通假字也。九行“孫囆”上爲“公”，下爲“曹”字也。“公孫囆”，唐本及三《傳》“囆”皆作“段”，《集存》云：“公孫段是伯石，公孫蠆是子蟜。羅氏《集録》於襄十五年‘之邾婁’殘字下，言此但存口旁，以襄公廿二年至廿九年殘石考之，知其文當作‘囆’，即指此石而言。但彼石是否口旁，亦難確定。依字數計之，與‘之’字並列者，應爲‘筥’字。羅氏之説，未敢認爲定論。此石從萬之字，當爲《説文》從口蠆省聲之‘囆’，惟《左氏襄十九年傳》云：‘於四月丁未鄭公孫蠆卒赴於晉，大夫范宣子言於晉侯，以其善於伐秦也，六月晉侯請於王，王追賜之大路，使以行禮也。’是公孫蠆已卒於襄十九年，且以晉侯之請而天子賜之大路，則其卒也，不容有誤，而本經於襄廿五年又書‘冬鄭公孫囆帥師伐陳’，《左》《穀》二家並作‘公孫夏’，李富孫《春秋左傳異文釋》云：‘案《左氏傳》曰：子西復伐陳，陳及鄭平。是當作“夏”，《公羊》作“蟜”，則爲子蟜，或所見本異。’李氏竟忘蟜之前卒，此處三家皆作‘公孫段’，而石經復作‘公孫囆’，疑莫能明也。豈諸儒正定之後，猶不免有訛誤耶？”十行“夏四”殘字僅存半體，乃“薳頗來聘”之“聘”字也。合唐本校之，自襄三十年“夏四月”至“人宋”，唐本欠一字。

殺其世
鄭良甯許
朝秋八月大
仲孫偈會晉
偈晉

此爲《襄公》廿六年至廿九年殘字，《集存》著録，惟未見其殘石，當存以俟考。“偈”，唐本及今本並作“羯”，《左》《穀》亦然。餘無異文。按自襄公廿年“孫遬帥師伐邾婁”至卅一年“滕子來會葬”，唐本凡衍二字，欠一字。

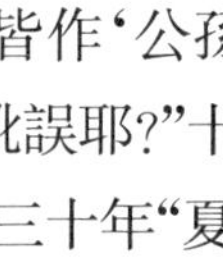

此爲昭公元年至二年殘字。“箴”，唐本及三傳皆作“鍼”。古“箴”“鍼”通用，《風俗通》曰：“衛大夫箴莊子，今《左傳》作鍼莊子。”《禮記·文王世子》注“箴藥所勝”，《釋文》云：“箴，本亦作箴。”次行“春”下殘字當爲“晉侯使韓起來聘”之“晉”字也。

此爲昭公四至八年殘字，凡五行。首行四字皆存半體，就其筆勢觀之，當爲“月乙卯叔”四字也。次行“沈子”下爲“徐人”之“徐”。“陳侯之弟柖殺陳世子”，唐本及三《傳》“柖”皆作“招”，《史記·管蔡世家》索隱曰：“或作苕，又作昭。”蓋“柖”“招”“苕”“昭”皆從召，故皆可通。“陳世”下殘字乃“子”字。末行殘字爲“越殺陳”三字也。

此爲昭公十二至十三年殘字，凡三行。首行殘字爲“二年春”三字，次行“有”上殘字左存一雁尾，“十”字也，有下當爲“十有三年春”之“三”字。末行殘字左存一點及一雁尾，當爲“平”字無疑。

此爲昭公十二至十五年殘字，凡五行。石極完整，然字面殘缺甚多，辨晰頗感費力。石之下端空白甚寬，知其位於碑之下端。首行殘字“復五”及“葬鄭”仍可辨識，“復五”下殘字作“亅”，當爲“月”字。“公子弃疾殺公子比”，唐本及今本“殺”並作“弑”，《左》《穀》作“殺”。《公羊疏》云：“今比亦爲未逾年君見弑。”《彙纂》引汪克寬之言曰：“比未能君楚，故不爲棄疾之君也。”又曰：“《公羊》作‘弑公子比’，弑者，下殺上之辭，故雖里克弑君之子，猶書曰殺，安有書公子某弑公子某之文哉？”據《春秋》書法，本經既云公子比，且又未成其爲君，則當從殺爲正。三行“蔡陳”下殘字當爲“侯吴”。四行爲“春王正月”，末行殘字存右上角作“𠃍”，乃“楚子誘戎曼子殺之”之“殺”字也。

此石爲僖十二至廿年“日有食”等字一石之陰，乃昭公十六至廿一年殘字，凡四行。左緣石寬盈寸，其爲碑陰之末行，當無庸置疑。首行殘字各缺其半，乃“晉秋”二字。次行“大辰”上殘字爲“于”，下爲“楚”。三行“殺其”下殘字從“尹”，乃“君”字也。“殺”，唐本及今本並作“弑”。末行“廿有一年”上無殘字，乃分年處空格加點也。

下圖石爲僖公十四至卅三年之陰，乃昭公三至廿一年殘字，左緣餘石甚寬，上下一致，如刀截然，其爲碑陰之末行，不證可知矣。石存殘字凡十八行，首行“大雩”下乃“冬”字。次行“七月”上爲“秋”，“許男”下爲“頓”。四行“出奔衛”下當爲“秋”字。六行“之陳公子”上爲“殺”。“狩于紅”，唐本及今本“狩”作“蒐”。《釋文》出“廋”字云：“本亦作蒐。”《國語・齊語》注：“春田曰狩。”《御覽》八百三十一引《韓詩内傳》“夏曰狩”。《禮記・祭義》“而第達乎廋狩”，《釋文》：“廋，本又作狩。”《公羊桓四年傳》“秋曰廋”，《釋文》：“廋，亦作蒐。”是“蒐”“廋”“狩”皆可通也。（見馬氏《集存》）七行“十年春王”下殘字存

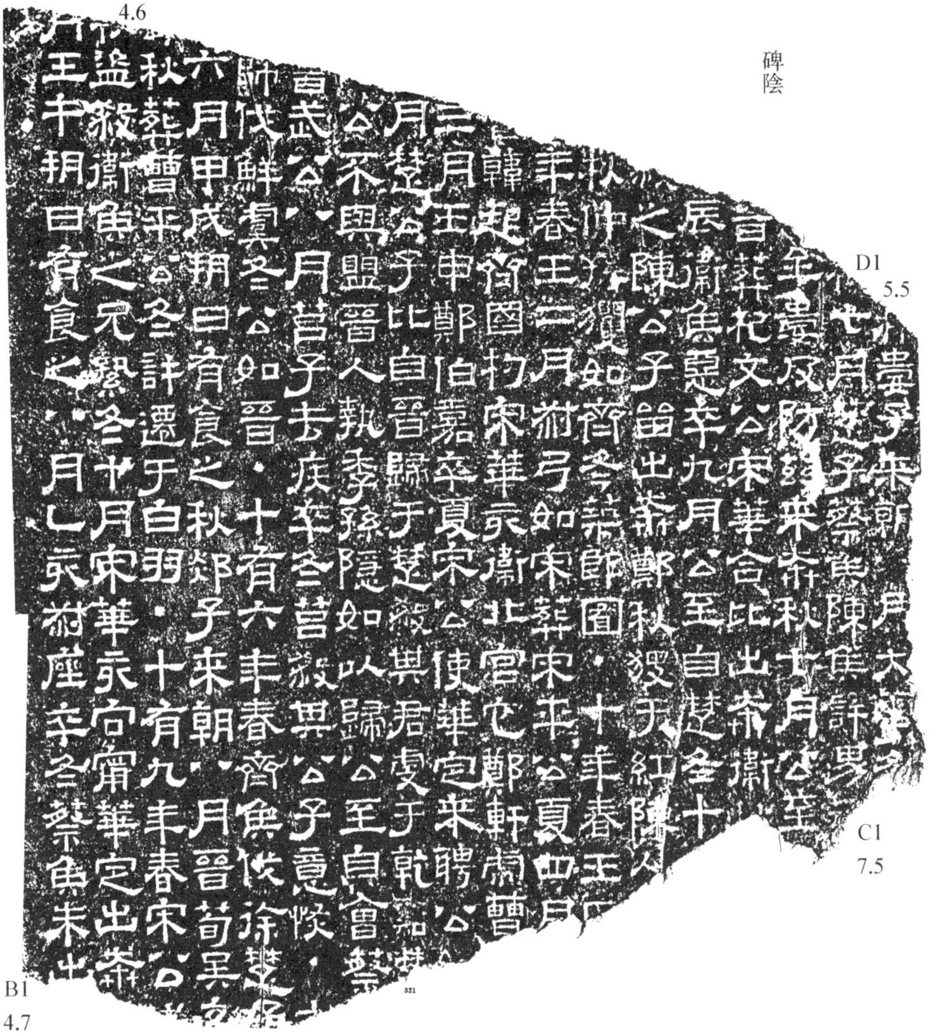

漢熹平石經《春秋》殘石原拓，民國廿三年洛陽漢太學舊址出土，原碑現藏於臺北歷史博物館。

在上角作"ㄏ"，乃"正"字也。"仲孫貜"，唐本及今本貜並作"玃"。《説文》"貜"訓㚘貜，"玃"訓母猴，本爲二字，但從豸之字往往從犬，如"豻"或從犬作"犴"是也。"十有一年春王二月"，唐本及今本二並作"正"，《左》《穀》與石經同，知唐本及今本字誤也。唐陸淳《春秋啖趙集傳纂例》已云："公羊作正月"，是此誤字，唐以來已然矣。《釋文》不云其異同，或陸氏所見本，與《左》《穀》同。九行"韓起"上殘字爲"晉"。"齊國杓"，唐本及今本"杓"作"酌"，《左》《穀》作

“弱”。《詩·周頌·酌》序云:“酌,告成大武也,言能酌先祖之道以養天下也。”《儀禮·燕禮》云:“若舞則勺。”《詩·旱麓》箋“黄金爲勺”,《釋文》云:“勺,本作杓。”知“酌”“勺”“杓”皆可通也。“衛北宫它”,“它”,唐本及今本並作“佗”。“它”“佗”同字。《左》《穀》亦作“佗”。《左氏六年傳》“賈佗”,《國語·晉語》作“賈它”也,是其證。“鄭軒虎”,《左》《穀》“軒”作“罕”。十行“來聘公”下殘字乃“公如晉”之“如”字也。“自晉歸于楚殺其君”,唐本及三《傳》“殺”皆作“弑”。“季孫隱如”,《左》《穀》“隱如”作“意如”,按:“意”“隱”,乃雙聲字。朱珔《説文假借義證》云:“《左氏昭十年傳》《穀梁》作隱如(案《穀梁》亦作意如,《公羊》作隱如),隱當爲意之假借,意、隱聲之轉。”十三行“武公”上殘字爲“曹”,“意恢”下爲分年處空格加點,下爲“十”字。“筥”字,唐本及今本並作“莒”,前有説。十五行“晉荀吴”下殘字上部存“亠”,乃“率”字。十六行“秋葬曹平公”上殘字爲“鄅”,“十有九年春宋公”下爲“伐”。十七行“盜殺衛侯之兄”上殘字爲“秋”。“縶”,《左氏》與石經同,唐本、今本、《穀梁》“縶”皆作“輒”。梁玉繩《瞥記》:“春秋昭二十年盜殺衛侯之兄縶,公穀作輒,且曰兩足不能相過,衛謂之輒,夫縶爲靈公兄,輒爲靈公孫,不應同名,而又因公孟之足不良,遂附會爲説,以輒名者,如衛出公輒,鄭公孫輒,豈皆弱足乎?”洪亮吉《春秋左傳詁》:“按《公羊》縶作輒,今考出公名輒,即靈公之孫,與孟縶服尚近,必不同名,當以左傳爲是。”“甯”,《左》《穀》作“寧”。《禮記·禮運》注“陳靈公與孔甯儀行父”,《釋文》云:“甯,本又作寧。”《史記》甯城亦作“寧”,是“甯”、‘寧’二字通也。“叔座卒”,唐本及今本“座”作“痤”,《左氏》作“輒”,《穀梁》作“輙”。《集存》謂襄公廿六年宋公殺其世子痤,《穀梁》作‘座’。李富孫曰:“按《商君傳》‘事魏相公叔座’,《魏策》作‘公叔痤’,《吕覽·長見》作‘痤’。《漢書·古今人表》任座、范座,師古皆音才戈反,《魏策》、《魏世家》《説苑·善説》並作‘范痤’。《韓世家》楚景座,徐廣作‘痤’。是‘座’、‘痤’音讀同,古通用。”“蔡侯朱”,《左氏》與石經同,《穀梁》“朱”作“東”,餘無異文。

原載《文物彙刊》一九七二年第一期

由漢石經殘字看今文《尚書》

◎ 朱廷獻

一、漢石經爲今文《尚書》

《尚書》有今古文之異，今文者，隸書所寫之經，乃漢代通行之文字；古文者，秦以前東土所通行之文字，其簡書至漢出於山崖屋壁，或偶爾傳自民間者也。古文《尚書》，出自孔壁，爲孔安國所傳。據《史記・儒林傳》云："孔氏有古文《尚書》，而安國以今文讀之，因以起家。逸書得十餘篇，蓋《尚書》滋多於是矣。"《漢書・藝文志》亦云："古文《尚書》者，出孔子壁中。武帝末，魯恭王壞孔子宅欲以廣其室，而得古文《尚書》及《禮記》《論語》《孝經》凡數十篇，皆古字也。……孔安國者，孔子後也，悉得其書，以考二十九篇，得多十六篇。安國獻之，遭巫蠱之難，未列於學官。"是知孔氏所獻之古文《尚書》，較今文多十六篇，而此古文《尚書》，除於平帝時，曾一度置博士外；其餘東西兩漢皆未列於學官。古文《尚書》在漢代既不爲朝廷所尚，蓋民間亦罕有所傳。因此之故，當建武之際，即亡逸《武成》一篇，至永嘉之亂，而其餘十五篇，全部亡佚。是以安國所傳較今文二十九篇，多十六篇之古文《尚書》，文獻不足，後世亦無由考其詳矣。

今文《尚書》，乃伏生所傳。據《史記・儒林傳》云："伏生，濟南人也，故爲秦博士。孝文帝時，欲求能治《尚書》者，天下無有。乃聞伏生能治，欲召之。是時伏生年九十餘，老不能行，於是乃詔太常，使掌故朝錯往受之。秦時燔書，伏生壁藏之。其後兵大起，流亡。漢定，伏生求其書，亡數十篇，獨得二十九篇，即以教於齊魯之間。學者由是頗能言《尚書》，諸山東大師，無不涉《尚書》以教矣。伏生教濟南張生及歐陽生，歐陽生教千乘兒寬，兒寬既通《尚書》，以文學應郡舉詣博士受業，受業孔安國。"又云："歐陽生，字和伯，千乘人也。事伏生。授兒寬。……寬授歐陽生子,世世相傳,至曾孫高一子陽,爲博士。”歐陽高爲武帝時人,爲傳伏生之學者,所傳之本,即世所謂歐陽《尚書》也。漢世又有大小夏侯《尚書》,大夏侯名勝,小夏侯名建,皆於宣帝時立爲博士。夏侯勝爲簡卿弟子,簡卿爲兒寬弟子,寬爲歐陽容弟子,歐陽容乃親受業於伏生者。夏侯建之師爲林尊,尊乃歐陽高弟子,則二氏亦皆傳伏生之學者。由於漢代朝廷尚今文,而輕古文,所立博士多爲今文,則熹平石經之刻,必爲今文《尚書》無疑矣!

二、漢石經《尚書》爲小夏侯本

大小夏侯與歐陽三家之學,雖皆出自伏生,而篇目實不相同。伏生所傳之二十九篇(或合爲二十八篇)據王先謙所著《尚書孔傳參正》云:“《漢書·藝文志》‘《尚書》’下云‘經二十九卷’,班自注‘大小夏侯二家’。顏注‘此二十九卷,伏生傳授者’。先謙案:此一篇爲一卷也。伏生之二十九篇,《堯典》一(王氏原注:連“慎徽五典”以下),《皋陶謨》二(王氏原注:連“帝曰:來,禹”以下),《禹貢》三,《甘誓》四,《湯誓》五,《盤庚》六,《高宗肜日》七,《西伯戡黎》八,《微子》九,《坶誓》十,《鴻範》十一,《大誥》十二,《金縢》十三,《康誥》十四,《酒誥》十五,《梓材》十六,《召誥》十七,《雒誥》十八,《多士》十九,《無佚》二十,《君奭》二十一,《多方》二十二,《立政》二十三,《顧命》二十四,《康王之誥》二十五,《柴誓》二十六,《甫刑》二十七,《文侯之命》二十八,《秦誓》二十九。”

《漢書·藝文志》,著録歐陽經三十二卷,歐陽章句三十一卷;又著録大小夏侯章句二十九卷。王先謙云:“《堯典》一,《皋陶謨》二,《禹貢》三,《甘誓》四,《湯誓》五,《盤庚》六,《高宗肜日》七,《西伯戡黎》八,《微子》九,《太誓》十(三篇同卷),《坶誓》十一,《鴻範》十二,《大誥》十三,《金縢》十四,《康誥》十五,《酒誥》十六,《梓材》十七,《召誥》十八,《雒誥》十九,《多士》二十,《無佚》二十一,《君奭》二十二,《多方》二十三,《立政》二十四,《顧命》《康王之誥》二十五,《柴誓》二十六,《甫刑》二十七,《文侯之命》二十八,《秦誓》二十九。知《顧命》《康王之誥》爲一篇者,僞孔序云‘伏生《康王之誥》合於《顧命》’,《釋文》云‘歐陽、大小夏侯,同爲《顧命》’,此其明證也。既以《康王之誥》合於《顧命》,則二十八矣。仍爲二十九者,王充、房弘皆云‘後得《太誓》,二十九篇始定’。是後漢人見歐陽、夏侯本,皆有《太誓》,合爲二十九篇之明證也。”至歐陽本與大小夏侯本所以不同者，王先謙則云："云歐陽章句三十一卷者，分《盤庚》爲三篇故也。云歐陽經三十二卷者，併經三十一卷，序一卷數之。經三十二卷而章句三十一卷者，西漢人不爲序作解詁也（原注：馬、鄭始爲序作傳注）。"綜上所述，可知伏生所傳之二十九篇今文《尚書》内原無《太誓》篇。至孝宣皇帝之時，河内女子發老屋，得逸《易》《禮》《尚書》各一篇，奏之。宣帝下示博士，然後《易》《禮》《尚書》各益一篇，而此所益之一篇即爲《太誓》。（見《隋書・經籍志》）故今文《尚書》傳至歐陽及大小夏侯之時，即將《太誓》編入伏生所傳今文本之中，但篇目仍爲二十九篇，不過將《康王之誥》合於《顧命》而已。

歐陽高於武帝時立爲博士，大小夏侯皆於宣帝時立爲博士。成帝時使"劉向校中秘書，謁者陳農使使求遺書於天下"，"劉向以中古文校歐陽、大小夏侯三家經文，字之異者七百有餘，脱字數十"。其子歆於哀帝時繼父業校秘書，欲立《左氏春秋》《毛詩》、逸《禮》、古文《尚書》於學官，當時今文博士極力反對，歆於是有"移太常博士書"之作。自孝文帝求治《尚書》，遣太常使掌故鼂錯往濟南伏生處受之，至成帝劉向領校中古秘書時，僅百餘年間之歲月耳，而三家之本竟有如斯之訛誤也。迨至靈帝熹平四年，議郎蔡邕書立石經於太學門外時，其間又經過二百餘年，傳抄之訛，字句之誤，更將甚於劉向校書之時矣！石經之立，既以今文爲準，然今文有伏生所傳之二十九篇本，又有歐陽、大小夏侯增入《泰誓》且併《康王之誥》於《顧命》之本。自宣帝時歐陽、大小夏侯既皆立爲博士，則石經所依據之本，當非伏生之初本，而應爲三家之本，然究係採用歐陽之本，抑或大小夏侯之本，論者不一。馬衡所著《漢石經集存》云："書之立於學官者，有歐陽、大、小夏侯三家。新出殘石於《泰誓》之後，有《書序》七行，存《堯典》《湯誓》《西伯堪飢》《鴻範》《召誥》《君奭》《甫刑》等序殘字。亡友錢玄同氏以《漢書・藝文志》叙今文《尚書》之卷數，大小夏侯二家經及章句皆二十九卷（伏生本二十八篇加後得之《泰誓》一篇），解故二十九篇；而歐陽則經三十二卷，章句三十一卷，卷數獨多。又據《隸釋》所録及今出土《般庚》殘字上中下三篇之間空一格，以爲《般庚》確分爲三篇，則總數爲三十一篇。益以此序，則得三十二篇。《書序》不作訓，故章句爲三十一卷，經爲三十二卷。據此以證漢石經尚書之爲歐陽本。又引陳壽祺'今文有序'十七證中之第十三證（原文引《後漢書・楊震傳》，震孫彪引《般庚》序事），以爲東漢習歐陽書者引《書序》，不但可證歐陽本有序，更可證有序之漢石經《尚書》之爲歐陽本。其説誠不可易。”

屈師翼鵬(以下簡稱屈師)所著《漢石經〈尚書〉殘字集證》云:“漢石經所刻諸經,皆漢代立於學官之本。《尚書》之立於學官者,爲歐陽氏及大小夏侯氏三家。然則漢石經《尚書》所據者,如非歐陽氏本,即大小夏侯本也。漢石經《尚書》校勘記殘字,至今已發現者,僅二石二十一字。就此二十一字,未由推知漢石經《尚書》所據者爲何家之本。見於《隸釋》所著録,清人所傳刻,以及近今所發現之漢石經《尚書》殘字,爲數雖近八百(僞刻者未計),然以三家之本,亡於永嘉之亂,《經典釋文》以下諸書,未見徵引,遂乏校勘之資。清人所輯三家遺説,又皆混而不分,無由確知其爲何家之學。陳喬樅雖有《尚書歐陽夏侯遺説考》之輯,然書僅一卷,資料無多。取以與此八百殘字對勘,竟無足以取證者。則是就目前能見之資料,欲憑文字之異同,以定漢石經爲何家之本,殆無可能也。然就篇數覘之,則可知漢石經《尚書》所據者,當非歐陽氏本。以《書序》殘字,及經文殘字、《酒誥》篇題證之,知漢石經《尚書》爲二十九篇本。按:《漢書·藝文志》著録歐陽經三十二卷(併序一卷數之),大小夏侯各二十九卷;而三家皆以一篇爲一卷。漢石經《尚書》既爲二十九篇,自非歐陽氏本。此義皮氏《今文尚書考證》已先言之(見卷三十第三葉),云:‘孔氏所見石經爲夏侯《尚書》。蓋歐陽《尚書》……分《泰誓》之篇爲三,故較夏侯氏之合爲一篇者,多出二篇耳。’陳氏(夢家)《尚書通論》,亦有此説(見九十七葉):‘石經序附在二十九篇後,即《尚書》序正義所説:伏生二十九卷而序在外。石經的《尚書》没有《康王之誥》序,所以必不是歐陽經本,亦不是鄭注本。大小夏侯和歐陽的《尚書》都是三十三篇。大小夏侯經二十九卷,歐陽章句三十一卷,石經《尚書》至少是夏侯氏的。’按:陳氏承皮鹿門説,以爲漢石經《尚書》乃夏侯氏本者,是;而其立論是頗有可議。蓋河内本《泰誓》未發現之前,歐陽本《尚書·康王之誥》,當獨自爲篇(承伏生本之舊),此河内本《泰誓》既獻,朝廷下示博士而增入《尚書》之後,則歐陽本與大小夏侯本已同將《康王之誥》合於《顧命》。(説見前)故至立石經時,即使所用爲歐陽氏本,亦必不能有《康王之誥》序。則據此以斷漢石經《尚書》非歐陽氏本,自非的論。又歐陽及大小夏侯《尚書》,皆以一篇爲一卷。大小夏侯各二十九篇二十九卷;歐陽經則三十二篇三十二卷(併序一篇一卷在内)。凡此已於前文詳之。然則陳氏謂大小夏侯及歐陽《尚書》皆三十三篇者,亦未合乎事實也。歐陽《尚書》,所以多於大小夏侯《尚書》三卷(即三篇)者,除《書序》一卷外,其餘則或謂歐陽本分《盤庚》爲三篇，或謂其分《泰誓》爲三篇，而《盤庚》《泰誓》俱在《酒誥》之前。二者之一如分爲三篇，則《尚書》篇第至《酒誥》當爲第十八篇。而漢石經《尚書》殘字，尚存《酒誥》篇題，云‘酒誥第十六’。據此知漢石經《尚書·盤庚》《泰誓》皆不分篇。(《盤庚》之不分篇，又可於新出“于厥居”殘石，及《隸釋》所著“其或廸”殘石徵之。)即此一事，可知漢石經爲二十九篇本，亦即夏侯氏本也。復案：民國十三年洛陽出土三角形殘石一，表裏刻字。審之，碑陽當爲奏刻漢石經表殘文(存九行七十四字)，碑陰則爲漢石經叙殘文(存十一行八十四字)。石經叙殘字中，有‘尚書小夏侯’云云，吴維孝《新出漢魏石經考》(卷一)，因謂漢石經所刻爲夏侯建《尚書》。以漢石經《尚書》篇數及此殘字五字互證之，吴氏之説良信。然則漢石經《尚書》所據者爲小夏侯本，蓋斷斷乎無疑矣。”

案：屈師所論甚諦，今以漢石經《書序》殘字核之，再以復原後之碑圖覘之，知漢石經《尚書》確爲二十九篇，《康王之誥》確合於《顧命》，確有後出之《泰誓》，《泰誓》及《盤庚》各爲一篇，而《書序》在外，其刻石所據者，確爲小夏侯本。

三、漢石經殘字與唐石經之比較

漢石經《尚書》殘字

帝曰契百
共工垂拜

有能
不親五
首讓于
女秩宗
曰於
世徵

天工

右《堯典》殘字。以唐石經本(以下簡稱唐本)校之，唐本作“汝作秩宗”，漢石經作“女秩宗”。漢石經“汝”字皆作“女”，唐本“汝”下有“作”字。“天工”二字，乃唐本“時亮天功”之“功”字，段玉裁《古文尚書考異》據《史記·五帝本紀》“相天事”之語證之，謂今文本當作“工”，其説蓋可從。漢石經“世徵”，唐本作“三十”。餘漢石經與唐本同者，不復校叙。

高
山

右“高山”二字疑爲《夏書·禹貢》之殘字，馬衡《漢石經集存》云：“此‘高山’二字，在碑之末行。其前空一行，當爲篇題。七經中篇首有此二字者，惟《尚書·禹貢》。其篇題之前與‘山’字並列者，尚有殘畫，當爲《皋繇謨》之文，惜不能知爲何字？”

屈師翼鵬云：“今覘影本，‘山’字下空白甚大，似已至行末。若屬《禹貢》殘文，則此二字，當在首行之上端，而不在行末。以此言之，殆非《禹貢》殘字也”。案：《禹貢》“奠高山大川”，隸書“大”字出頭較小，疑“高山”爲《禹貢》殘字。

命何及相　散
言曰人維舊　救舊
有志女毋翕侮成人毋流
各共爾事齊乃位度爾口
民之承保后胥高鮮以不浮
試以爾遷安定厥國今女不
永勸憂今其有今罔後女何
于茲高后丕乃知降罪疾曰
民女有近則在乃心我先后綏
絕遠女比猶念以相從各翕中
衆曰女罔台民勛建大命今我
今爾惠朕　㭁動萬民以遷肆上
乘哉予其勛簡相爾念敬我衆朕不
民中絕命民有不若德不聽罪天既付

右《盤庚》至《高宗肜日》殘字，見《隸釋》卷十四。唐本與漢石經文字之異：《盤庚》唐本“汝悔身何及”，漢石經“身”作“命”。“相時憸民”，“憸”，漢石經作“散”。“人惟求舊，器非求舊惟新”，漢石無上“求”字，下“求”字作“救”。“汝無老侮成人（今本‘老侮’作‘侮老’），無弱孤有幼”，漢石經作“女毋翕侮成人”，“弱”作“流”。“各恭爾事”，漢石經“恭”作“共”。“度乃口”，漢石經乃作“爾”。“后胥慼”，漢石經“慼”作“高”。“今予將試以汝遷”，漢石經“汝”作“爾”。“安定厥邦”，漢石經“邦”作“國”。“汝誕勸憂”，漢石經“誕”作“永”。“高后丕乃崇降罪疾”，漢石經“崇”作“知”。“汝有戕”，漢石經作“女有近”。“汝分猷念以相從”，漢石經前三字作“女比猶”。“各設中于乃心”，漢石經“設”作“翕”。“無戲怠，懋建大命，今予……”，漢石經作“女罔台民勖建大命，今我……”。“爾謂朕曷震動萬民以遷”，漢石經“爾”上有“今”字，“謂”作“惠”，“震”作“祇”。“尚皆隱哉”，“隱”，漢石經作“乘”。“予其懋簡相爾”；“懋”，漢石經作“勛”。《高宗肜日》“天既孚命正厥德”，漢石經“孚”作“付”。

于厥居勉出乃
弗可悔。般庚作
般降大虐先王不
之攸困乃咸大不宣
予命女一毋起穢以
民女萬民乃不生
乃父乃祖乃父乃
不吉

右《盤庚》殘字，唐本作“盤”，漢石經作“般”，“女”作“汝”，“毋”作“無”。唐本分爲上中下三篇，漢碑作一篇。而於上篇中篇之間空格加點，示上篇至此終了，蓋一篇而分作三章耳。

其或廸自怨
之勞爾先予不
能廸吉我先后
興降丕永於戲今予
建乃家。般　既
凶德綏績

此《盤庚》殘字，《隸釋》卷十四著録。以唐本校之，“不其或稽，自怒曷瘳”，漢石經“稽”作“廸”，“怒”作“怨”；“予丕克羞爾”，漢石經“丕”作“不”。“崇降弗祥”，漢石經作“興降丕永”。“嘉績于朕邦”，“嘉”，漢石經作“綏”。“嗚呼”字，漢石經通作“於戲”。

厥遺任父母弟不廸乃維四方
不愆于四伐五伐六伐七伐乃
伊鴻水曰陳其五行帝
曰建用皇極次六曰艾用三德
潤下作鹹炎上作苦曲直作
食二曰貨三曰祀四曰司空
極凡厥庶民無有淫朋人無有
明人之有能有爲使羞其行而
路毋偏毋黨王道蕩蕩毋黨
爲天下王三德一曰正直二
家而凶于而國人用　頗辟
乃心謀及卿　謀及庶民

右《牧誓》至《洪範》殘字，見《隸釋》卷十四。以唐本校之，則《牧誓》“厥遺王父母弟不廸”，漢石經“王”作“任”；《洪範》“鯀陻洪水，汨陳其五行”，漢石經“陻”作“伊”，“洪”作“鴻”，“汨”作“曰”。“乂用三德”，“乂”，漢石經作“艾”。“無有淫朋”，漢石經“朋”寫作“朋”。“無偏無黨”，二“無”字漢石經並作“毋”。“六三德”，漢石經無“六”字。“凶于而國”，漢石經“凶”上有“而”字。“人用側頗僻”，漢石經“僻”作“辟”。“謀及庶人”，漢石經“人”作“民”。

逆 士逆庶民逆作內
時燠若

右《洪範》殘字，文字與唐本同。

公
以爲

右《金縢》殘字

說二公及
宜之 出郊
越爾御事
天降畏用
武圖功我
不可

右《金縢》至《大誥》殘字。“降”字下唐本作“威”字，此殘石祇存上下殘畫，蓋是“畏”字。

和會矦
一二國
言往傅

右《康誥》殘字，以唐本校之，“一二邦”，漢石經“邦”作“國”。“往敷求于殷先哲王”，漢石經“敷”作“傅”。

茂和
日至于旬
罪寇攘姦軌
不友于弟維
引惡維
有
維天
肆女小
酒誥第十六
若

右《康誥》至《酒誥》殘字。唐本“惟民其勑懋和若有疾”,漢石經“懋”作“茂”。“寇攘姦宄”,漢石經“宄”作“軌”。“惟”“汝”,漢石經通作“維”“女”。《酒誥》開首唐本“王若曰”,據《釋文》正義,推知漢石經“王”上當有“成”字。

曰女陳時倪事
不 死罔不
人 罪維天
義率

右《康誥》殘字。唐本“汝陳時臬司”,漢石經作“女陳時倪事”。“罔弗憝”,“弗”作“不”。《孟子》引《康誥》,“罔不”上有“凡民”二字,與漢石經及唐本皆不同。是《孟子》所見之本,與後世稍異也。

或荆
女
友子
文

右《康誥》殘字,文字與唐本無異。惟“荆”今經典皆通用“刑”。

知曰
德之
受

右《召誥》殘字,文字與唐本無異。

德王

右《召誥》殘字二,馬氏《漢石經集存》謂,此當爲篇末“越友民,保受王威命明德,王末有成命”之“德王”,其説蓋可從。

手稽首
工辯從

右《洛誥》殘字。唐石經“伻從王于周”,“伻”,漢石經作“辯”。

亨周公拜手
御事篤前
引考王辯

右《洛誥》殘字。唐本“四方其世享”,“享”,漢石經作“亨”。“王伻殷乃承叙”,“伻”,漢石經作“辯”。

維天命朕不敢有
罪時維天命王曰告爾多
茲雒予維四方罔攸賓亦維爾
有年于茲雒爾小子乃興從爾遷王
嗇之艱難乃劮乃憲既延不則侮厥
中宗嚴恭寅畏天命自亮以民祗懼
或怨肆高宗之饗國百年自時厥後
功田徽柔懿共懷保小人惠予矜
酒毋劮于遊田維　共毋兄曰今日
厥不聖人乃訓變亂正刑至于
則兄曰敬德厥愆曰朕之愆允
公曰於戲嗣王監于茲
道出于不詳於戲君　曰時我
恭明德

右《多士》《毋劮》《君奭》殘字,見《隸釋》卷十四。以唐本校之,《多士》“時惟天命無違”,“無違”二字,漢石經但作“元”字;“王曰多士”,漢石經作“王曰告爾多士”;“今朕作大邑于兹洛”,及“爾厥有幹有年于兹落”,兩“洛”字漢石經俱作“雒”。《無逸》“厥子乃不知稼穡之艱難”,“穡”,漢石經作“嗇”。“乃逸乃諺既誕否則”,漢石經作“乃劮乃憲既延不則”。“天命自度治民祇懼”,“度”,漢石經作“亮”;“治”作“以”。“肆高宗之享國五十有九年”,“享”,漢石經作“饗”;“五十有九年”作“百年”。漢石經下文徑接“自時厥後”云云,而無“祖甲”一段。“懷保小民惠鮮鰥寡”,“民”,漢石經作“人”;“鮮”,作“于”;“鰥”,作“矜”。“……淫于觀于逸于遊于田,以萬民惟正之供”,漢石經作“……酒毋劮于遊田,惟……共”;“無皇曰”,漢石經作“毋兄曰”。“此厥不聽,人乃訓之”,“聽”,漢石經作“聖”;“訓”下無“之”字。“乃變亂先王之正刑”,漢石經作“變亂正刑”。“則皇自敬德”,“皇自”,漢石經作“兄曰”。“嗣王其監于兹”,漢石經無“其”字。《君奭》“其終出于不祥”,“終”,漢石經作“道”;“祥”作“詳”。

我則致天之
常伯常任辟
亂謀面用
于厥邑其在
有會心以敬事
王維厥度乃心
受茲丕丕其於戲
旦以前人之徵言
訓德是罔顯哉厥世
王之鮮光以揚武王
凡乃　召大保
通殷就大命在
非幾茲即
黼衣

右《多方》《立政》《顧命》殘字,見《隸釋》卷十四。以唐本校之,則《立政》“準人”,“準”,漢石經作“辟”。“謀面用丕訓德”,漢石經“謀”上有“亂”字。“灼見三有俊心”,“俊”,漢石經作“會”。“文王惟克厥宅心”,漢石經無“克”字,“宅”作“度”。“以並受此丕丕基”,“此”,漢石經作“茲”;“基”作“其”。“予旦已受人之徽言咸告”,“已受”,漢石經作“以前”;“徽”作“徵(微)”。“不訓于德”,漢石經無“于”字。“是罔顯在厥世”,“在”,漢石經作“哉”。“以覲文王之耿光”,“耿”,漢石經作“鮮”。《顧命》“用克達殷集大命”,“達”,漢石經作“通”;“集”作“就”。“茲既受命還”,“既”,漢石經作“即”。“狄設黼扆綴衣”,“扆”,漢石經作“衣”。

人之
民
殆哉

右《秦誓》殘字。唐本“以保我子孫黎民”句,《大學》本“保”上有“能”字,以字數核之,漢石經本與唐本同,與大學引本異。

廣度　下
逯興
堪飢
以箕子
使召公
周公作君
甫刑

右《書序》殘字。唐本《堯典》序“光宅天下”,“光宅”,漢石經作“廣度”。《西伯戡黎》序“作西伯戡黎”,“戡黎”,漢石經作“堪飢”。《吕刑》序“作吕刑”,“吕”,漢石經作“甫”。

同異
不施予
作乃劫
不昏作
古我先王暨
世篤

右校勘記殘字。“不施予”蓋即《盤庚》“不惕予一人”；“作乃劫”“不昏作”“古我先王暨”，蓋亦《盤庚》之文。“世篤”或即《盤庚》“世選爾勞”之異文歟！

觀生
曰封
庸
不

右校勘記殘字。“曰封”二字，當是《康誥》《酒誥》《梓材》三篇之校文。“觀生”二字，或即《酒誥》“爾克永觀省”之校文歟！

以上爲文字之異。兹以屈師翼鵬所著之漢石經部分復原圖校之，以見字數之異。《堯典》開首至“舜曰咨四岳”八百餘字中，唐本疑衍七八字。而並下列“帝曰契”殘石互證之，自“五品不遜”至“俞咨垂汝”一段，唐本欠一字。自“殳斨”至“俞咨伯”，唐本衍三字。自“予擊石拊石”至“舜生”，唐本欠一字。此以唐石經本經文爲準，再將漢石經殘字按其所在位置嵌入，而字數之殊如此之甚也。

《盤庚篇》字數之異：自開首至“汝侮命何及”，唐本共衍五字。自“毋起穢以自臭”至“予念我先神后之勞爾先”數語中，唐本欠三字。自“暨予一人猷同心”至“汝罔能廸”數語中，唐本衍一字。自“乃斷弃汝”至“廸高后丕乃崇降弗祥”數語中，唐本共衍六字。自“乃有不吉不廸”至“永建乃家”數語中，唐本衍三字。唐本“人惟求舊”，漢石經本無求字，故唐本衍一字。唐本“無戲怠”，漢石經作“女罔台民”，故唐本欠一字。唐本“爾謂朕”，漢石經本“今爾惠朕”，故唐本亦欠一字。綜計《盤庚篇》唐本較漢石經本共衍十六字，共欠四字。

《洪範篇》字數之異：自“次七”至“土爰稼穡”數語中，唐本衍一字。以下文“三德”上不著“六”字例之，則“一五行”語，漢石經當無“一”字也。自“從革作辛”至“一曰食”，唐本字數與漢石經同。然“二五事”之“二”字，及“三八政”之“三”字，漢石經當並無之。以此按之，唐本既衍二字，復欠二字也。自“五曰司徒”至“錫汝保極”，唐本字數亦同於漢石經。而“四五紀”之“四”，及“五皇極”之“五”，漢石經當俱無之；則是唐本亦衍二字，復欠二字也。自“而邦其昌”至“遵王之路”，唐本衍一字。自“六三德”至“害于而家”，唐本字數與漢石經同；然漢石經“三德”上無“六”字，是唐本衍一“六”字，又另欠一字也。自“而凶于而國”至“謀及乃心”，唐本字數與漢石經字數亦同；然唐本“凶”上無“而”字，又“稽疑”上衍“七”字，是唐本欠一字，復衍一字也。又自“作外凶”至“曰晢（晢，今本作哲）”數語中，唐本衍二字。

《金縢篇》字數之異：以唐本校之，自“周公居東二年”至“乃得周公所自以爲功”數語中，唐本欠二字。自“二公及王”至“我國家禮亦宜之”數語中，唐本欠二字。

《大誥篇》字數之異：自“弗弔”至“予不敢閉于天降威”，唐本與漢石經本字數同。自“天降威用寧王遺我大寶龜紹天命”至“以于敉寧武圖功”，唐本衍二字。自“我有大事休”至“考翼不可征”，唐本衍一字。餘無異文。

《康誥篇》字數之異：以唐本校之，自“侯甸男邦采衛”至“越我一二邦”，唐本欠二字。按《荀子・正論篇》引書有“克明明德”語；《尚書大傳》云：“惟乃丕顯考文王，克明俊德”。是“克明德”語，《荀子》多一“明”字，《大學》多一“俊”字。而《大學》引《康誥》，則與唐本同。未知漢石經多於唐本之二字，究如何也。自“若有疾”至“服念五六日”，唐本欠三字。自“丕蔽要囚”至“凡民自得罪”，唐本欠四字。自“惟朕憝”至“玆義率殺”十餘字中，唐本欠一字。自“亦惟君惟長”至“我惟有及”，唐本欠六字。自“則予一人以懌”至“爽惟天”，唐本衍六字。自“其罰殛我”至“肆女小子封”，唐本衍一字。

《酒誥篇》字數之異：開首“王若曰”上，唐本欠一字。據《釋文》及《正義》，推知漢石經“王”上當有“成”字也。

《召誥篇》字數之異：以唐本校之，自次一“我不敢知曰”至“王其德之用”一段，唐本衍五字。自“祈天永命”至“受天永命”一段，唐本衍一字，餘無異文。

《洛誥篇》字數之異：以唐本校之，自“曰公不敢不敬天之休”至“予齊百工”一段，唐本衍一字。按：《白虎通・禮樂篇》引《書》曰：“肇修稱殷禮祀新邑。”“肇”上無“王”字而下有“修”字。“祀”下無“于”字。較唐本多一字而少二字，與漢石經字數同。

《多士篇》字數之異：以唐本校之，自“時惟天命無違”至“非予罪”，唐本欠五字；而“無違”二字，漢石經作“元”，則較唐本少一字。自“王曰多士”至“予惟四方罔攸賓”，唐本亦欠五字。而“王曰多士”，漢石經作“王曰告爾多士”，較唐本多二字。並此二字計之，則此七十餘字中，唐本共欠七字也。自“亦惟爾多士”至“爾厥有幹有年于玆洛”，唐本衍三字。

《無逸篇》字數之異：自“侮厥父母”至“治民祇懼”一段，唐本欠三十八字。自“治民祇懼”至前“自時厥後”，唐本多“其在祖甲”一段四十三字，另又衍二字。而“五十有九年”，漢石經作“百年”，較唐本少三字。合而計之，則是唐本除多“祖甲”一段四十三字外，復另多五字也。《隸釋》(卷十四)云：“孔氏叙商三宗，以年多少爲先後。此碑獨缺祖甲，計其字蓋在中宗之上，以傳序爲次也。”段玉裁《古文尚書撰異》(卷二十二)云：“考《殷本紀》：太甲稱太宗，太戊稱中宗，武丁廟爲高宗。《漢書》王舜、劉歆曰：‘於殷大甲曰大宗，大戊曰中宗，武丁曰高宗。周公爲毋逸之戒，舉殷三宗，以勸戒成王。’儻非《尚書》有‘太宗’二字，司馬、王、劉不能臆造。賈誼曰：‘顧成之廟，稱爲太宗。’景帝元年申屠嘉等議曰：‘高皇帝廟宜爲太祖之廟，孝文皇帝廟宜爲太宗之廟，實本《尚書》。’據此今文《尚書》‘祖甲’二字作‘太宗’二字，其之次當云：昔在殷王太宗，其在中宗，其在高宗，不則今文家末由倒易其次序也。”余著《尚書異文集證》，竊疑古文《尚書》係以殷王饗國由多及寡之次序排列之，故首中宗，次高宗，再次爲祖甲；而漢石經係以饗國由少及多之次序排列之，故首太宗，次中宗，再次爲高宗。因列高宗於太宗、中宗之前，故將享國之五十九年，與其生年計之爲百年。如謂享國爲百年，則連其生年計之將近百三四十歲矣，稽諸事實，恐不可能。史公書爲五十五年(五，疑係九之誤)蓋得其實。由此更可推知漢石經之太宗享國三十三年，中宗之享國七十五年，皆爲在位之年，否則享國三十年，安可言壽乎？……驗之漢石經復原圖，推知其首爲太宗(祖甲)、次中宗(祖乙)、再次爲高宗(武丁)，此今文經如此也。若以生之先後言之，則高宗、太宗、中宗也。自前“自時厥後”至“惠鮮鰥寡”一段，唐本衍十五字。段氏《撰異》據《漢書·鄭崇傳》《論衡·語增篇》及《後漢書》荀爽對策，證知後“自時厥後”四字，今文本作“時”一字。皮錫瑞《今文尚書考證》(卷二十)據《中論·夭壽篇》，謂今文《尚書》，不重“生則佚”三字。然《中論·夭壽篇》引《無逸》，“自時厥後”語固重出。殆歐陽及大小夏侯本，亦自有異文也。倘重出之“自時厥後”四字，漢石經但作一“時”字，而“生則佚”語亦不複出，則唐本較漢石經仍溢出近十字。自“自朝至于日中昊”“今日耽樂”，唐本字數與漢石經同。然“……淫于觀于逸于遊于田，以萬民惟正之供”十六字，漢石經作“……酒毋劮于遊田，維……共”十字；則是唐本溢出六字，另又欠六字也。自"今日耽樂"至"至于小大"，唐本衍一字。然"人乃訓之"，漢石經無"之"字。"乃變亂先王之正刑"，漢石經作"變亂正刑"。則二句中唐本多五字。合而計之，是唐本共衍六字，又另欠五字也。自"至于小大"至"朕之愆允若時"，唐本欠九字。自"朕之愆允若時"至"是叢于厥身"，唐本欠三字。

《君奭篇》字數之異：自"已曰時我"至"嗣前人恭明德"，唐本衍一字。

《立政篇》字數之異：自"謀面用丕訓德"至"用協于厥邑"一行，爲七十五字。而唐本無"亂"字；是漢石經多一"亂"字，而唐本亦衍一字也。自"其在四方"至"灼見三有俊德"，唐本衍一字。自"文王惟克厥宅心"至"以並受此丕丕基"，唐本衍一字；而漢石經無"克厥宅心"之克字，合而計之，是唐本當衍二字也。自"嗚呼孺子王矣"至"予旦以前人之徽言咸告"，唐本欠一字。自"丕訓于德"至"以覲文王之耿光"，唐本衍二字；而漢石經無"丕訓于德"之于字，合而計之，是唐本當衍三字也。

《顧命篇》字數之異：以唐本校之，自"乃同召太保奭"至"用克達殷集大命"，唐本欠一字。

《秦誓篇》字數之異：自開首至"其如有容"一段，唐本欠二字。按：《禮記·大學篇》引《秦誓》，"有容"下有"焉"字。疑漢石經亦有"焉"字；而又另多唐本一字也。又"以保我子孫黎民"句，《大學》本保上有"能"字。以字數核之，漢石經本與唐本同，而與大學引本異。

以上爲漢石經殘字嵌入唐本之復原圖，而所得各篇字數異同之大要也。

《書序》字數之異：今以唐本校之，漢石經《書序》但有二十九篇（有《泰誓》，無《康王之誥》），而非百篇。字數與唐本頗參差。自"將遜于位"至"升至陑"，唐本字數雖與漢石經合，然"作大禹皋陶謨益稷"句，疑漢石經無"大禹"及"益稷"四字。若然，則唐本當欠四字也。自"遂與桀戰于鳴條之野"至作"西伯戡黎"，唐本衍四字。蓋"作高宗肜日高宗之訓"句中，漢石經殆無"高宗之訓"四字也。自"殷既錯天命"至"殺受立武庚"，唐本欠二字。自"作洪範"至"使召公先相宅"，唐本欠三字。按：《金縢》序"武王有疾"句，《釋文》云"馬本作有疾不豫"，《史記·魯世家》亦云"武王有疾不豫"，疑漢石經本多"不豫"二字。又：《大誥》序"將黜殷"句，《詩·豳風譜》正義引作"將黜殷命"。疑石經本亦有"命"字也。自"作召誥"至"周公作君奭"，唐本欠一字。

四、由漢石經殘字推知伏生所傳今文《尚書》之梗概

由漢石經殘字"酒誥第十六"及"尚書小夏侯"云云，證知漢石經確爲二十九篇之小夏侯本，夏侯建爲傳伏生之學者，其二十九篇之中確有後來增入之《泰誓》在内，但爲一卷(篇)，《盤庚》亦爲一卷三章耳。《康王之誥》確實合於《顧命》，而《書序》係在二十九篇之外。因此推知伏生所傳今文二十九篇之中無泰誓在内，而將顧命、康王之誥各自爲篇耳。

以漢石經殘文八百餘字與唐石經(僞孔本)作一比較，文字之異，字數之殊，比比皆是。昔"劉向以中古文校歐陽、大小夏侯三家經文，字之異者七百有餘，脱字數十"，推知伏生所傳殆爲口授，否則字異文殊爲何若斯之甚也。又張守節《正義》云:"衛宏詔定古文《尚書》序云:'徵之，老不能行，遣太常使掌故鼂錯往讀之。年九十餘不能正言，言不可曉，使其女傳言教錯，齊人語多與潁川語異，錯所不知者，凡十二三，略以其意屬讀而已。'"所謂徵之者，即孝文帝欲求能治《尚書》者，天下無有，乃聞伏生能治，欲召之。是時伏生年九十餘，老不能行，於是乃使太常使掌故鼂錯往受之。又因老不能正言，使其女傳言教錯，而齊人語多與潁川語異，故鼂錯所受之今文《尚書》，亦即伏生教濟南張生及歐陽生，歐陽生教千乘兒寬之本，字句大異於唐本也。唐石經雖以僞孔之五十八篇本勒石，而爲後人所誹議。竊謂僞孔本除二十五篇贗品外，餘與今文相同之二十九篇(除《太誓》。歐陽、大小夏侯本中之《太誓》亦僞)蓋出自山崖屋壁或傳自民間之本也，其本雖有傳抄之訛誤，然較伏生口授之本尚爲佳也。故歐陽及大小夏侯三家之學，並亡於永嘉之亂後;馬融、鄭玄、王肅三家之學又漸式微;至唐太宗時，幾無善本《尚書》，故孔穎達不得不據僞孔傳而撰正義。

由漢石經殘字，證知《書序》爲二十九篇，而非百篇。且小夏侯爲傳伏生之學者，其本《書序》既在二十九篇經文之外，則伏生之原本亦必有書序。清陳壽祺著《今文尚書有序說》，以爲伏生所傳之二十九篇，其中一篇，即爲《書序》。王先謙氏以爲伏生二十九篇不括《書序》，亦謂今文自有序，與古文不同。其論證爲《尚書大傳》所述，有超出二十九篇以外之斷簡殘篇與三數篇名。今以石經殘字驗之，王氏之説蓋可從。而陳氏謂二十九篇，其中一篇即爲《書序》，恐未的。竊疑伏生本之《書序》，亦必在二十九篇經文之外也。

原載《尚書研究論集》

由漢石經殘字看今本《論語》

◎ 朱廷獻

漢石經爲漢朝靈帝熹平四年所立。當時爲何有立石刻經之舉，乃是由於經書自秦火之後，篇章不完，字句訛誤；加以傳授不同，抄寫錯謬，使讀者無所適從；甚至"博士試甲乙科，争第高下，更相告言，至有行賂定蘭臺漆書經字以合其私文者"，於是有識之士，認爲有刻建石經，以爲定本之必要，乃上書靈帝，帝從所請，於熹平四年春三月，詔諸儒正定六經文字，刻石立於太學之門外，以爲天下讀書人之取則。關於立碑之經過情形，《後漢書・蔡邕傳》有如是之記載："建寧中，……校書東觀，遷議郎。邕以經籍去聖久遠，文字多謬，俗儒穿鑿，疑誤後學；熹平四年，乃與五官中郎將堂谿典，光禄大夫楊賜，諫議大夫馬日磾，議郎張馴、韓説，太史令單颺等奏求正定六經文字，靈帝許之，邕乃自書丹於碑，使工鎸刻，立於太學門外，於是後儒晚學，咸取正焉。及碑始立，其觀視及摹寫者，車乘日千餘輛，填塞街陌。"又《盧植傳》云："時始立太學石經以正五經文字，植乃上書曰：臣少從通儒故南郡太守馬融受古學，頗知今之《禮記》特多回穴。臣前以《周禮》諸經發起粃謬，敢率愚淺爲之解詁，而家乏，無力供繕寫上。願得將能書生二人共詣東觀，就官財糧，專心研精，合《尚書》章句，考《禮記》失得，庶裁定聖典，刊正碑文。……歲餘，復徵拜議郎，與諫議大夫馬日磾，議郎蔡邕、楊彪、韓説等並在東觀，校中書五經記傳。"據此得知蔡邕等所奏立之石經，盧植觀後有不滿意之處，故上書靈帝，奏請重校。

石經所刻之經書共有幾種，歷來説者不一，聚訟紛紜。《水經注》云："漢碑五經立於太學講堂前悉在東側，碑上悉刻蔡邕等名。魏正始中又立古、篆、隸三字石經，魏初傳古文出邯鄲淳，石經古文轉失淳法，樹之於堂西，石四十八枚，廣三丈，魏文帝又刊《典論》六碑，附于其次。"所云漢碑五經立於太學堂前，據《蔡邕傳》當爲六經。而此六經爲何，據章懷太子注引

《洛陽記》所載有:《周易》《尚書》《公羊傳》《論語》《禮記》。宋趙明誠《金石録》所藏遺字有《尚書》《公羊傳》《論語》及《詩》《儀禮》等。明顧炎武著《石經考》引洪适《隸釋》所列漢石經出土者有:《尚書》殘碑、《魯詩》殘碑、《儀禮》殘碑、《公羊》殘碑、《論語》殘碑。因此亦可推知未出土之一經,當爲《周易》無疑也。《洛陽記》所載之《禮記》即《儀禮》也。依王國維考證尚有《春秋》,共七經。

漢石經爲通行之隸書寫成,據《蔡邕傳》云:"邕乃自書丹於碑,使工鎸刻,立於太學門外。"蔡邕之善書法,後世無人不知。然其一人之力,而畢書六經之文,恐非其精力所能勝任。關於此一問題,顧亭林先生亦有同様之見解。《石經考》云:"史稱邕自書丹,使工鎸刻,今所存諸經字體各不同,雖邕能分善隸兼備衆體,但文字之多,恐非一人所辦。史云邕與堂谿典、楊賜、馬日磾、張馴、韓説、單颺等正定諸經,今《公羊》《論語》之後,惟堂谿、日磾二人姓名尚存,别有趙㦸、劉弘、張文、蘇陵、傅楨、左立、孫表數人,竊意其間必有同時揮毫者。予詳玩遺字,《公羊》《詩》《書》《儀禮》又在《論語》上,劉寬碑陰王曜題名,則《公羊》《詩》《書》之雁行也,黄初孔廟碑,則《論語》之苗裔也,識者當能别之。"

熹平石經鎸刻完畢,不久即遭變亂遷移。據《雒陽伽藍記》云:"武定四年(案即孝静帝紀武定四年八月)大將軍遷石經于鄴。"《北齊書·文宣帝紀》:"天保元年八月,詔往者文襄皇帝所運蔡邕石經五十二枚,即宜移置學館依次修立。"《隋書·經籍志》謂:"後魏之末,齊神武執政,自洛陽徙于鄴都,行至河陽,值岸崩,遂没于水,其得至鄴者,不盈大半。至隋開皇六年,又自鄴載入長安。置於秘書内省,議欲補緝立於國學,尋屬隋亂,事遂寢廢,營造之司因用爲柱礎。貞觀初秘書監臣魏徵始收聚之,什不存一,其相承傳拓之本猶在秘府。"又《劉焯傳》云:"運雒陽石經至京師,文字磨滅莫能知者,奉敕與劉炫等考定。"由上所述可知石經由洛陽遷徙于鄴都時僅存五十二枚。(按:《水經注》《伽藍記》所列碑數東二五,西四十八,共七十三枚。而《北齊書》所紀在鄴者五十二枚,則已毁損二十一枚矣。)再由鄴都遷至長安,其損壞情形當甚於前者,不然,爲何"營造之司因用爲柱礎"耶?

熹平石經屢次遷徙,或碎於途中,或没於河陽水中,而最後所存者復用爲柱礎,已至蕩然無存,珍貴資料甚爲可惜。惟石經殘碑,後世屢有出土,雖碎石隻字,收藏家莫不珍保。姚寬《西溪叢語》云:"漢魏石經堙滅殆盡,往年雒陽守因閲營造司所棄碎石識而取之，凡得《尚書》《論語》《儀禮》合數十段；又有《公羊》碑一段。在長安《尚書》《論語》之文今多不同，獨《公羊》當時無他本，故其文與今本無異，然皆殘缺已甚。”張舜民《畫墁録》云：“嘉祐末得石經二段於雒陽城，乃蔡邕隸書。”邵氏《聞見後録》云：“近年雒陽張氏發地得石十數，漢蔡伯喈隸《尚書》《禮記》《論語》，俱已壞缺。”趙明誠《金石録》云：“余所藏遺字有《尚書》《公羊傳》《論語》，又有《詩》《儀禮》。”蓋石經殘字歷代屢有發現，而詳加考釋著成專書者，有洪适《隸釋》、顧炎武《石經考》、翁方綱《漢石經殘字考》，及近人某氏之《漢石經集存》等。兹依上項殘字資料，加以排列整理，單以《論語》殘碑與今本《論語》作一校對，字句之間時有不同。爲便於比較研究，特將《論語》殘碑臚列於後，並以今本校之。

鮮矣不好犯上而好作（下闕）本本立（闕而字）道生孝（下闕）曰道千
乘之國敬事（下闕）使民以時　子曰弟子（下闕）而有信雖曰未
學吾必謂（下闕）君子不重則不威學則（下闕）與意（今本作抑）予之與
（予字今本作與）子贛（今本作貢）曰夫子（闕五字）以得之夫子之求之也（下闕）道斯爲
美小大由之有所不行知（闕五字）禮節之亦不（今本有可字）行（下闕）焉可
謂好學已矣（今本作也已下闕）而無諂富而無驕（下闕）告諸往而知來
（下闕）人之不（下闕）章（已上學而篇）
免而無恥道之以德齊之（下闕）乎（今本作于）學世（下闕）孫問孝於我
我對曰毋違樊遲（闕一曰字）何（下闕）曰生（下闕）葬之以禮祭（下闕）以別
子夏問孝子曰色難有（下闕）勞有（下闕）孝（下闕）廋哉人焉廋
（今本有哉字）子曰温故而知（下闕）子（下闕）器子贛問（下闕）乎異端斯害也
已　子曰（下闕）子（下闕）曰何爲則民服孔子對曰（下闕）之（下闕）子
曰書云孝于（今本作乎）惟孝友于兄（下闕）也周因於殷禮所損益可
知（下闕已上爲政篇）
曰人而不仁如禮何人而不仁如樂何　林（闕十一字）與（下闕）與對
曰不能子曰（闕五字）山不如林放（闕九字）也射（下闕）曰起予（今本有者字）商也
始可（下闕）子曰（下闕）殷禮吾（下闕）也知其説（闕三字）天下也其（闕一字）示

右石經《論語》殘碑九百七十二字，屬於《論語》中前四篇與後四篇之文也。每篇必計其章，終篇又總其字，又載盍、毛、包、周有無不同之説。是知蔡邕等所書之《論語》經文，係以一本爲藍本，而又以毛、包、周三種不同之本校之，故在漢世之末《論語》已有抄本之殊矣。考《論語》一書，爲孔子應答弟子及時人所言，或弟子相與言而接聞於夫子之語，當時弟子各有所記。夫子

諸斯乎(下闕)如神在(下闕)於二代郁郁乎(下闕)太廟(下闕)子知禮
(下闕)禮(下闕)也(下闕)以柏周人以栗曰使民(下闕)往(下闕)門國(今本作邦)君
爲兩君之好有反(闕一字)管民(下闕)知禮(下闕)吾未嘗不得見也
從者(闕二字)出曰(下闕)無道也久(下闕)觀之哉　凡廿六章(已上八佾篇)
人　子曰苟志於仁矣無惡(今本有也字)子曰富與貴是人之所
欲也(下闕)顚沛必於是　子(闕二字)未見好仁(今本有者字)惡不仁者好
仁者無以尚之(下闕)過也各於其黨(闕二字)斯知仁矣　子曰
早聞道多可死也(今本作矣下闕)子懷刑小人懷惠　子曰放於利
而行多怨　子曰能以禮(下闕)曰唯子出門人問曰何謂也
曾子曰夫子之道忠恕而已(下闕)曰父母在不遠遊遊必有
方　子曰三年無改於父之(下闕)(已上里仁篇)
有三年之愛於(闕一字)父母(今本有乎字)子曰飽食終日無所用心難
矣哉(下闕)君子(今本有亦字)有惡乎子曰有(今本有惡字)惡稱人之惡者惡
居下(今本有流字)而訕上者惡(下闕)之則不孫遠之則怨　子曰年
卌(今本有而字)見惡焉其終也已　凡廿六章(已上陽貨篇)
枉道而事人何(闕一字)去父母之國(今本作邦)(闕一字)景公待孔子曰
若季氏(下闕)子曰鳳兮鳳兮何而(今本無而字)德之衰也(今本無也字)往
(闕二字)可諫也(今本無也字)來者猶可追也(今本無也字下闕)執車(今本作輿)者爲誰
子(今本無子字)子路曰爲孔丘曰是魯孔丘與曰是(今本有也曰二字)是知津
矣(下闕)若從避(今本作辟)世之士哉櫌(今本作耰有而字)不輟子路(今本有行字)以告

子(今本子上有夫字)憮然曰鳥獸不可與同(下闕)穀不分孰爲夫子置
(今本作植)其杖而耘(今本作芸)子路拱而(闕一字)止子路宿殺雞(下闕)禮
(今本作義)如之何其廢之也(今本無也字)欲絜(今本作潔)其身而亂大倫君子
之仕也行其義(下闕)志辱身矣言中倫行中慮其斯以乎(今本作其斯而已矣)
謂虞仲夷佚(今本佚作逸)隱居(下闕)少(闕一字)陽擊磬襄入于海
周公謂魯公曰君子不施其親(下闕)(已上微子篇)
交於子張子(闕一字)曰子夏(闕一字)何對曰子夏曰可者(闕五字)者距
(今本作拒下闕)子夏曰雖(闕五字)觀者焉致遠恐泥是以(下闕)其事君子
學(下闕)子夏曰小人之過(下闕)曰(下闕)子夏曰大德(闕五字)出入可
也　子斿(今本作游闕六字)子(下闕)君子之道焉可(闕二字)有(闕一字)有卒者其
唯聖人(今本唯作惟下闕)仕而(下闕)曾子曰吾聞諸(今本有夫字)子人未有
自致也者(今本作者也)必也親喪乎(闕一字)子曰(下闕)如得其情則哀矜
而勿喜子贛(今本作貢)曰文武之道未隧(今本作墜)於地在人賢者志
(今本作識)其(下闕)告子贛(今本作貢)贛曰(今本貢上有子字)辟諸(今本作譬之)宮牆(今本作牆)賜之
牆(闕二字)窺見室家之好夫(下闕)尼不可毀(闕二字)人之賢者丘陵
也(闕三字)踰也仲尼日月也(下闕)一言以爲不知言不可不慎也
夫子之不可及也猶天之(下闕)(已上子張篇)
不蔽簡在帝心朕躬有罪毋(今本作無)以萬方有罪(闕一字)在朕(下闕)
歸心焉所重民食喪(闕一字)寬則得衆敏則有功(闕一字)則說(下闕)
不驕威而不猛子(闕一字)曰何謂惠而不費子曰(闕一字)民之(下闕)
冠尊其瞻視儼(闕三字)而畏之斯不亦威而不猛乎(下闕)(已上堯曰篇)

凡廿篇萬五千七百一(闕一字)字

賈(今本作沽)諸賈之哉包周(闕四字)蓋肆乎其肆也(闕一字)
周(下闕)曰言(闕一字)而在於蕭牆之内盍毛包周無於(下闕)

詔書與博士臣左立郎中臣孫表
工陳興刻

既終，微言已絶，弟子恐離居以後各生異見而聖言永滅，故相與論撰謂之“論語”，其性質猶今之所謂“言論集”也。暴秦焚書坑儒，聖道幾絶。漢興傳《論語》者有三家，劉向《别録》所謂“魯人所學，謂之《魯論》；齊人所學，謂之《齊論》；孔壁所得，謂之《古論》”。《魯論》二十篇，或謂魯人扶卿所傳。《齊論》二十二篇，多《問王》《知道》兩篇，或謂齊人盧勝所傳，與《魯論》同屬今文。《古論》二十一篇，分《魯論・堯曰篇》“子張問”以下，别爲一篇，有兩《子張篇》。《桓譚新論》謂：“《古論》文字與《魯論》不同者，凡四百餘字。”《古論》亡於隋唐之際。西漢末年，安昌侯張禹本習《魯論》，《隋書・經籍志》謂其“晚講《齊論》，後遂合而考之，删其繁惑，除去《齊論・問王》《知道》二篇，從《魯論》二十篇爲定”。其篇數雖依《魯論》，而章節字句，未必盡同，故時人有“欲爲論，念張文”之語。張禹於漢元帝時始由博士遷光禄大夫。成帝即位，拜相，封安昌侯，後因王氏以外戚專政，乞歸，尋病終。從張禹卒至東漢靈帝熹平四年石經之立，其間蓋有一百八十年之久。自西漢末雖皆以《張侯論》爲定本，然屢經傳抄，其中字句必不相同。至東漢末年傳《論語》者，據陸德明《經典釋文》云：“後漢包咸（字子長，吴人，大鴻臚）、周氏（不詳何人）並爲章句，列于學官。鄭玄就《魯論》張、包、周之篇章考之《齊》《古》，爲之注焉。魏吏部尚書何晏集孔安國、包咸、周氏、馬融、鄭玄、陳群、王肅、周生烈之説並下己意，爲《集解》，正始中上之，盛行於世，今以爲主。”案石經《論語》殘字《堯曰篇》末有“凡廿篇”字樣，知其當時仍以張禹二十篇本爲依據，而校以毛、包、周不同之本。毛氏不詳何人，包咸與周氏二家之注語，均爲《何晏集解》所收録。然何氏集解其經文與今四書集注本同，其篇目亦爲二十篇，與漢石經同，爲何其字句與石經《論語》殘字異耶？蓋熹平石經爲當時之標準本，天下讀書人皆取正於此。後因變亂，石經盡毁，適何晏《論語集解》問世，何氏本盛行而石經本遂式微矣。

唐初陸德明作《經典釋文》，所見之古本較多。兹以《釋文》與《論語》殘字作一比較。《學而篇》殘字“意予之與”，《釋文》作“抑與”。殘字有“子贛”，《釋文》作“子貢”，云“本亦作贛，音同”。《爲政篇》殘字有“書云孝于惟孝友于兄”，《釋文》作“孝于”，云“如字，一本作孝乎”。《微子篇》殘字有“櫌不輟”，《釋文》作“櫌作耰”。殘字有“置其杖而耘”，《釋文》“置”作“植”，“耘”作“芸”。云“音云，多作耘字，芸，香草也”。《子張篇》殘字有“距”字，《釋文》作“距”，云“本今作拒”。殘字有“未隧”，《釋文》作“未墜”。由上比較觀之，陸氏作《釋文》時所見之古本，其字多與石經殘字相同者。

何晏《論語集解》，其經文爲唐石經及朱熹《集注》所本。何氏之原本究竟如何，今不可詳考，惟中華書局聚珍仿宋版印本與《四書集注》本同耳。今再以《集注》本與石經《論語》殘碑作一校對，以窺其相異之處。《學而篇》殘字有“意予之與”，《集注》本作“抑與之與”。殘字有“子赣曰”，《集注》本作“子貢曰”。殘字有“亦不行”，《集注》本作“亦不可行”。殘字有“可謂好學已矣”，《集注》本作“可謂好學也已”。《爲政篇》殘字有“乎學”，《集注》本作“于學”。殘字有“人焉廋”，《集注》本作“人焉廋哉”。殘字有“子曰書云孝于惟孝友于兄”，《集注》本作“子曰書云孝乎惟孝友於兄”。《八佾篇》爲殘字有“曰起予”，《集注》本作“曰起予者”。殘字有“國君爲兩君之好”，《集注》本作“邦君爲兩君之好”。《里仁篇》殘字有“子曰苟志於仁矣無惡”，《集注》本作“子曰苟志於仁矣無惡也”。殘字有“未見好仁惡不仁者好仁者無以尚之”，《集注》本作“未見好仁者惡不仁者好仁者無以尚之”。殘字有“子曰朝聞道夕死可也”，《集注》本作“子曰朝聞道夕死可矣”。《陽貨篇》殘字有“父母”，《集注》本作“父母乎”。殘字有“君子有惡乎子曰有惡稱人之惡者惡居下而訕上者”，《集注》本作“君子亦有惡乎子曰有惡惡稱人之惡者惡居下流而訕上者”。殘字有“子曰年卌見惡焉其終也已”，《集注》本作“子曰年四十而見惡焉其終也已”。《微子篇》殘字有“去父母之國”，《集注》本作“去父母之邦”。殘字有“鳳兮鳳兮何而德之衰也”，《集注》本作“鳳兮鳳兮何德之衰”。殘字有“往者不可諫也來者猶可追也”，《集注》本作“往者可不諫來者猶可追”。殘字有“執車者爲誰子子路曰爲孔丘”，《集注》本作“執輿者爲誰子路曰爲孔丘”。殘字有“曰是魯孔丘與曰是是知津矣”，《集注》本作“曰是魯孔丘與曰是也曰是知津矣”。殘字有“若從避世之士哉”，《集注》本作“若從辟世之士哉”。殘字有“櫌不輟子路以告子憮然曰”，《集注》本作“耰而不輟子路行以告夫子憮然曰”。殘字有“置其杖而耘”，《集注》本作“植其杖而芸”。殘字有“禮”字，《集注》本作“義”。殘字有“如之何其廢之也”，《集注》本作“如之何其廢之”。殘字有“欲絜其身”，《集注》本作“欲潔其身”。殘字有“其斯以乎”，《集注》本作“其斯而已矣”。殘字有“謂虞仲夷佚”，《集注》本作“謂虞仲夷逸”。《子張篇》殘字有“者距”，《集注》本作“者拒”。殘字有“子斿”，《集注》本作“子游”。殘字有“其唯聖人”，《集注》本作“其惟聖人”。殘字有“曾子曰吾聞諸子人未有自致也者”，《集注》本作“曾子曰吾聞之夫子人未有自致者也”。殘字有“子赣”，《集注》本作“子貢”。殘字有“文武之道未隧於地”，《集注》本作“文武之道未墜於地”。殘字有"賢者志其",《集注》本作"賢者識其"。殘字有"告子贛贛曰辟諸宮藩",《集注》本作"告子貢子貢曰譬之宮牆"。《堯曰篇》殘字有"蕳在帝心",《集注》本作"簡在帝心"。殘字有"毋以萬方",《集注》本作"無以萬方"。石經殘字最後有"賈諸"二字,《集注》本當作"沽諸"。

綜上所述,可得如下之結論:甲、漢石經爲張禹二十篇本,該本係合齊、魯二論,去《問王》《知道》二篇,名爲《張侯論》者。而蔡邕等寫碑時又以毛、包、周三家不同之本校之。故漢石經之《論語》雖定爲當時之標準本,然民間仍流傳若干不同之抄本,其篇目雖同爲二十,而字句時殊,觀《經典釋文》所載本或作某,可得而知矣。漢石經殘字爲數不及一千,而《論語》二十篇據殘字所載有一萬五千七百餘字,由不及一千之殘字,與何晏《集解》本作一校對,字句之不同比比皆是,其他篇字句之異,當可推想而知。故漢石經《論語》與何晏所傳之《論語》,篇目相同,而字句不同也。乙、漢石經屢經遷移,終至盡毁。此時適逢何晏《論語集解》著成,該書博採衆説,校以衆本,經文既較石經本爲通暢,而注解亦較他本爲完善,其流傳於後世,實非偶然。唐石經《論語》及朱熹《論語集注》皆以何氏爲藍本也。丙、陸德明著《經典釋文》時,所采用《論語》之古本甚多,其云本亦作某者,又多與漢石經殘字合,蓋陸氏猶及見石經之流傳本也。

原載《中華文化復興月刊》一九七四年第一期

漢石經《周易》非善本論初稿

◯ 陳道生

本文爲筆者以"二進位數學"研究《易經》的一系列發現及例證之一。從《説卦》石經本内"震爲雷、爲龍"以下六節，乾、坤後以"震、坎、艮、巽、離、兑"爲次序，和今本以"震、巽、坎、離、艮、兑"爲次序的不同，譯出二進數後，發現今本的次序，係依照嚴密的數序和易理而排列；而石經的排列則零亂而毫無數序可尋，且其次序由種種可能理由推測，都無一能合；因而證明漢刻的石經《周易》，實非善本。並由而證明《易經》真義，在漢代即已失傳。

一、前　例

筆者自一九六五年春間，撰《重論八卦的起源》一文，於一九六六年九月發表於《孔孟學報》第十二期。當時在該文指出：這項結論，依照科學方法的原則，還要經過實際應用的一步印證手續，如果在實際的應用上確實有效，確實能用來解決同類的問題，才能成爲一項真理。當即用於研究數學史，發現我國錯畫系統的數字，均爲上古遺留的二進記數字。證明我國遠在使用十進法之前，久已使用長時期之二進記數法。按我國數學史中，前此只知殷代即使用十進法，從來没有知道這項事實的。筆者此項發現，實已爲我國在世界數學史中，添上光榮的一頁。只是目前國人尚未識别其重要性而已！①

筆者除應用該文發掘的知識和原理，於研究我國數學史獲得新發現外。乃進一步應用於研究我國文字的起源，亦得到明顯的證據。證明我國文字係

---

① 陳道生：《新數學和舊光榮》，《復興中華文化論文專輯》，頁一七一三一，臺北女師專，臺北市，一九七一。

由“爻”“文”“字”“文字”的階段發展而來，最早的階段爲爻象的時期，連爻象如何變爲“文”的法則，實例都清清楚楚地找到了。使過去否定我國文字源於八卦的説法，(如章太炎一系及其他學者等)和日本學者板津七三郎“埃漢文字同源”的説法，都不攻自破。解决了中外學者一直不能解决的這個有關我國文化歷史的重要問題。(試比較董作賓先生《中國文字的起源》一文，自知作者的發現具有明確性。)①

筆者又撰《解開易數九六的秘密》一文，探源索隱，解開八卦陽爻稱九、陰爻稱六的秘密。由而直證殷易、夏易。不但得出原理法則，並即附以應用實例，使理論不止於空談，事理兼備。②

筆者年前再發表《中庸和二進記數的隱秘關係》一文，由複雜之造字案例，證明筆者恢復之易圖，實爲我國正統哲學思想之根源。而我國政治的最高原理及最普遍的處世哲學——“中庸”的真正意義，乃得而發現。其於我國哲學上文字學上的重要性，自可想見。此爲筆者發現的各種原理法則的又一實用印證——用於研究哲學思想。③

筆者應用其新發現的易理，來解决上述各項問題，均一再得到圓滿的效果，其具體事實，均見上述各文。今再用其學理於研究版本上，讀者當能看出其證明《周易》版本的優劣和解决今古文的問題上，亦有出人意外的效果。

二、漢石經《周易》的發現和整理結果

漢代刊刻《周易》石經，根據史書紀傳和其他資料來推斷，大約在靈帝熹平、光和的中間。刊刻的原因，除“經籍去聖久遠，文字多謬。俗儒穿鑿，疑誤後學”(《後漢書》卷五十下《蔡邕傳》)外，似乎和靈帝的愛好書法也有關係。(參看筆者《東漢鴻都門學考實》一文，《大陸雜誌》三十三卷、五期)石經刊成以後，只有幾年就遭到了董卓之亂。以後即陷入三國、二晉、南北朝的長期戰亂，歷經摧毁，自唐以後即未見有人提及。後來出土的殘石，在一九二三年以前著録的，都没有《周易》石經。至於拓本，除《隋書·經籍志》及《唐志》著録

① 陳道生：《八卦及中國文字起源的新發現》，臺北女師專學報第一期，頁一〇七——一二三，臺北市，一九七二。

② 《女師專學報》第二期，頁二〇三——二一五，臺北市，一九七二。

③ 《女師專學報》第三期，頁三五——五〇，臺北市，一九七三。

“梁三卷”“隋一卷”外，其後也就湮没無聞。一九二三年後，《周易》殘石陸續發現出土，收集成書的有方若氏《集拓舊雨樓藏漢石經》七卷、馬衡氏影印《漢石經集存》二册，最爲完備。二書共收《周易》石經殘字四千四百餘字，已達《周易》全書五分之一弱。對研究易學實爲可貴的資料。①

屈萬里先生根據上項資料，由哈佛燕京學社支助，著《漢石經〈周易〉殘字集證》一書。(《“中央”研究院歷史語言研究所專刊》之四十六)自叙該書主要貢獻有四：一爲因此四千餘字，證明了吕東萊恢復的《周易》古本篇第没有錯。二爲證明了漢石經《周易》爲梁丘氏本，而非馬叔平推斷的京氏本。三爲發現今本王氏所傳章次，與漢石經本章次不同。四爲今本與漢石經比較，今本衍文六十九字，奪文十二字。此外，經文尚多異字、及字的異體。屈先生曾以語體翻譯書經及對石經的研究獲得中山學術獎，徐世大氏著《説易解頤》(一九六六年作者自印)亦曾參考《〈周易〉殘字集證》一書，可見士林對本書的看重。

《漢石經〈周易〉殘字集證》之得到看重，乃係人之常情。一般人總會以爲：越古老者越可靠可信。而且石經爲官定本，集王朝學者之全力整理而成，改正了謬文穿鑿(見《邕傳》)。還有是：石經是官學數家當中選出來的，是權威當中的權威。有了這幾點理由，在常識上，石經自然就容易被人看重。《集證》一書做了石經復原的工作，自然也會因而得到看重，自係人之常情。同年筆者研究易學各文，也蒙“國立”臺灣師範大學孫校長亢曾師推薦中山學術獎之選。各文均曾發掘失傳易理，其中特别指出《説卦》一篇的章次實據有高深的數理。其次序的安排，實乃依照一項極嚴密的數序爲組織法則。② 惟此項隱密的法則，有二千餘年之久未爲人知，至今才被發現，並且又非具有二進數學知識者所易了解。故雖使這一失傳學術重新公之於世人之前，亦因未能瞭解其内容，不能獲得學術研究上的助益。其實漢代刻的《周易》石經，在常識層次上分析，可以看出並不一定是好的本子，因爲：

(一) 漢代《易經》有數家的本子，後來立於官學的，即有施、孟、梁丘、京氏四家，民間尚有費氏。要知道那一家好，一定要有一個評判的“標準”。好像：要知道輕重，一定要有秤；要知道短長，一定要有尺一

① 屈萬里：《漢石經周易殘字集證》，卷一，頁一—一七，“中央”研究院歷史語言研究所，臺北市，一九六一。惟屈先生又於《書目季刊》二卷一期撰一文謂“舊雨樓藏漢石經爲方氏僞刻”。

② 陳道生：《解開易數九六的秘密》，《臺北女師專學報》第二期，頁二一〇—二一二，臺北市，一九七二。

樣。但從這種雜亂的情形來看，顯然在漢代早已失去了衡度易學的天秤和尺子，[①]没有標準的選擇，怎能選出必好的一家呢？

（二）在書上失去了選擇的標準，尚可照當時人具有的易學知識來選擇。但《史記·龜策列傳》等告訴我們，易學的原理早已失去。筆者在今本發現的奥秘（詳後），假如當時能被發現，則費氏《易》不但能立官學，並且將凌駕各家之上，獨占易學的王座無疑。可惜費氏在書上獲得傳本，但不瞭解它的内容奥秘。劉向校閲的結果，雖然發現費氏本比較别家完備，但也不能發現内容上的這項奥秘，無法支持費氏易。所以處處證明漢代學者，早已失去易學的"真知"。既然對易學也没有足够的知識，怎能選出那一家好呢？

既然在漢代即已失去易學的選擇標準和能力，那末，漢代石經從數家中選一家上石，就無法肯定一定會是最好的本子。而根據筆者的分析，石經之所以選梁丘《易》的緣故，也就最易明白。因爲既然無一定的標準和知識，從同等的官學中去選一家，那就只有憑"常識"來選擇。在"常識"的層次上講，梁丘《易》實有一較好的條件，那就是梁丘賀除從田王孫得到今文《易》的正傳外，又曾從楊何弟子京房學《易》。梁丘《易》兼有二家的知識，在"常識"上判斷，自比其他只有一家的知識者要優。所以本例又可證漢人研究《周易》成果的缺乏，使人知道不必過份相信漢易。

三、易學源流與今古文版本

要研究今本和漢石經的優劣，尚須分清易學傳授源流和今古文版本的不同。漢代易學實有政府官學和民間私學的不同。政府官學爲今文，民間費氏則爲古文。漢石經實爲今文《易》的代表，今本則多傳自費氏，爲古文《易》的代表。在傳授上，官學已遭自然淘汰，古文已經戰勝今文。故筆者發掘的易理，和本文的研究，兼可使人對今古文問題，有一重新估價的標準。其於學術上的重要可知。

（一）正統官學的源流。根據史籍記載：《易》自宓戲氏（一作伏犧）畫卦，

① 古文《易》的不爲當時學者採信，實已證明當時大家不知那一種本子好。

文王重卦,孔氏作傳十篇,六傳至田何。田何之後,傳授有明確記載,實無可疑之處。田何傳王同、丁寬、周王孫、服生四人。王同傳楊何,漢初立楊氏博士;丁寬傳田王孫。田王孫傳施讎、孟喜、梁丘賀,宣帝時《易》立施、孟、梁丘三家博士,是爲《易》官學的正傳。

漢代《易》官學又有京氏一支,京氏所傳乃是梁人焦延壽的焦氏《易》。焦氏没有師承,自謂:"嘗從孟喜問《易》。"不過孟氏的學生不肯承認他的學説與孟氏有關,或又謂得自隱者。焦氏的特點,爲"以陰陽災異説《易》",實本"聖人以神道設教"一觀念,而自創的"機祥派"。元帝時《易》立京氏博士,所以前漢傳京氏的人很多,段嘉、姚平、乘弘都做到郎博士。後漢傳京氏易學的有戴馮、孫期、魏滿等。是爲《易》官學的别傳。

梁丘賀本先從楊何弟子太中大夫京房學《易》,後又改從田王孫。所以梁丘《易》兼有京氏、田氏的學説,實爲官學中的混合派。這一派易學,由梁丘賀傳給他的兒子臨,臨傳給充宗、王駿。充宗傳給士孫張、鄧彭祖、衡咸。後漢傳梁丘《易》的有范升,范升傳給楊政。又有張興也傳梁丘《易》,《後漢書·儒林傳》謂,張興習梁丘《易》,聚徒教授,著録萬人。可見梁丘《易》在後漢傳習的盛况。

(二)民間易學的流傳。漢初有東萊費直用古字本《周易》傳授,號爲"古文《易》"。費氏講《易》也没有師承,除書用古文本外,專以《彖》《象》《文言》解釋上下《經》文。費傳琅邪王璜,於是《易》有費氏一支。後漢傳費氏的有京兆陳元、扶風馬融、河南鄭衆、北海鄭玄、潁州荀爽。三國時魏王肅、王弼並注費氏《易》,於是費氏大爲興盛。(以上俱見《隋書·經籍志》)鄭玄本先從第五元學京氏《易》,改從馬融後,又傳費氏《易》義。《四庫總目》謂鄭氏實出入於二家。然其大旨,要以費義居多,爲傳《易》之正脈。(藝文本頁六四)西晉永嘉之亂以後,各家的《易》都先後散失,只有鄭康成、王輔嗣二家盛行。唐時撰《五經正義》,《易》經採用王弼注本。自此以後,王本爲各家採用,流傳最廣的《朱子本義》也採用王本。王本乃變成自唐以來,流行千餘年的孤本,是爲今本。所以現在流行的《易經》本子,實爲費氏所傳的古文易學。《四庫總目》謂:"費氏學,自陳元、鄭衆、馬融、鄭玄以下,遞傳以至王弼,是爲今本。……孟、京二家之學,當歸術數。然費氏爲象數之正傳。"也看出:今本是費氏所傳的古文《易》。費氏《易》一直在民間流傳,並未獲立官學。不料在自然淘汰中,竟能戰勝官學石經。按:經書中其他各經,只見今文戰勝古文的例子。惟有《易經》,却是古文戰勝今文。實乃耐人尋味的問題。

漢代民間易學,尚有高相一支。高氏也是專以陰陽災異説《易》,自謂傳自丁將軍。相傳給他的兒子康及蘭陵毋將永,乃有高氏《易》。又謂高氏《易》乃傳自費氏,傳入王璜。(見《隋書·經籍志》)如此,則高氏實仍爲費氏學的支裔。

四、漢石經《周易》非善本例證

屈翼鵬先生在《漢石經〈周易〉殘字集證·自序》中謂:"知此四千餘字(按指石經《周易》殘字),關係易學至巨。要而言之,則有以下數事……(按指:篇第、本别、章次、衍奪文字,異文異體。)"屈先生所謂"至巨"當係指石經之貢獻,乃就"正"的價值方面而講。本文則證明石經《周易》實非善本,其價值反遠在今本之下,實出乎大家意料之外。

要證明一件東西的好壞,一件事實的對錯,一定先要有客觀的標準,足够的知識爲基礎才可。否則,必會變成公説公有理,婆説婆有理,是非難明的境地。今就以有客觀數理根據的章次部分來考查,讀者就可以看出今本《易經》實優於石經的明顯事實。

圖一　漢石經《周易·説卦》殘石

屈先生整理石經《周易》的結果，發現傳自王氏的今本《易經》與漢石經，在章次上有不同之處，其中"《説卦傳》'震爲雷、爲龍'以下六節（按在今本第十一章），王本以震、巽、坎、離、艮、兑爲序，漢石經本則以震、坎、艮、巽、離、兑爲序……"（見屈著《漢石經〈周易〉殘字集證·自序》頁四、正文卷二、頁四五—四六經文、校語）。《周易》今本章節次序既由費氏傳來，自爲古文《易》原來的次序。此項次序實含有高深的數理，即"象數"的"數"的部分，惜自漢儒以來，空有"象數"之名，而實不知象數之"數"爲何物！（除陳摶、邵雍一系數人外）費氏本人自然也不知道，否則不但費氏必能早立官學，並且會凌駕官學各家成爲易學主流，那是毫無疑問的。

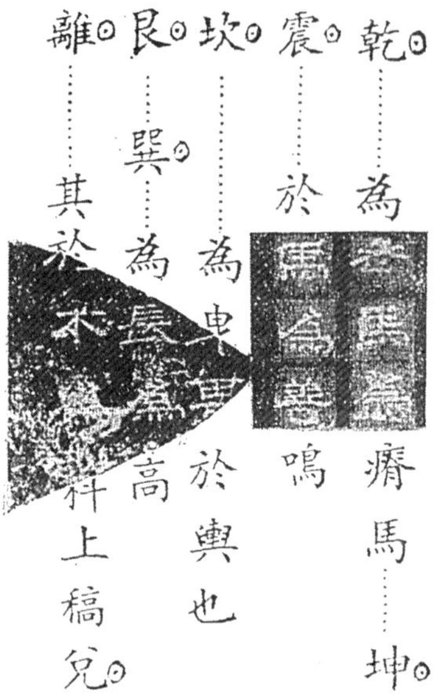

圖二　漢石經碑《周易》部分復原圖《説卦》章次不同部分。

照屈先生著周易殘字集證卷二頁四五、四六，卷三第八葉及上圖集補。

甲、從數序和標點上來分析

今本《易經·説卦傳》中，同時提到八個卦的，共有八章，除第三章"天地定位"和第五章"帝出乎震"特殊的二章外，其他六章都照"震、巽、坎、離、艮、兑"的次序。這一次序，我們利用"數序"和"標點"二者的幫助，來加以分析，就能清楚地看出其中的奥妙。

一般人在標點時，都以頓號（、）將八個卦分開，這是還没有瞭解它們的含義；它們實應成對地被分開，連乾坤一對分成"乾、坤，震、巽；坎、離，艮、兑"。爲什麽要成對分呢？這就是嚴密組織的道理所在，把它畫成卦以後，就很容易看出它的道理來：

圖三

從卦形的表面，我們就可以看出：它們由每二個相反的卦組成一對，共爲四對。乾、坤一對：乾由三陽爻組成，坤就剛好由不同的三陰爻組成。震、巽一對：震的初爻爲陽爻，相反的巽的初爻就爲陰爻；震的中爻既爲陰爻，巽的中爻就相反的爲陽爻；上爻在震巽二卦中，也是一樣的相反。細察坎、離二卦，艮、兑二卦，也有同樣的情形。即二卦中：一卦爲陽爻處，另一卦的對應處必爲相反的陰爻。反之一卦爲陰爻的地方，另一卦對應的地方定必爲陽爻。

上面只是從卦形的表面現象來看，經指出後，看來就非常明顯。但標點的時候仍會點錯，因爲在表面現象看來，他們每對都是獨立平等的，那就應標點成下式：

乾，坤。震，巽。坎，離。艮，兑。　第一式

實在這是錯誤的，因爲在八個卦的内涵實質上，它們是八個二進數字，即：七(一一一)、〇(〇〇〇)、一(〇〇一)、六(一一〇)、二(〇一〇)、五(一〇一)、四(一〇〇)、三(〇一一)(參看筆者《重論八卦的起源》一文)。從這八個譯出的二進數字中，作精細嚴密的觀察(這是很難的一步)，就可看出：它們是以"對"①爲基礎，作了三重"交反"的嚴密組織，最後變成一個大整體。兹分析如下：

第一重組織：每二卦構成相反的一對：

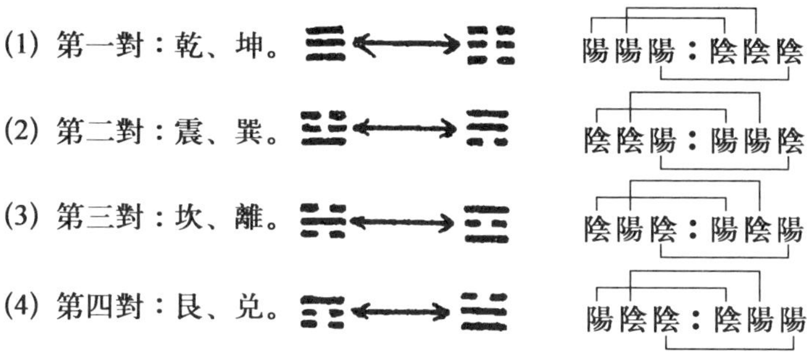

依照這第一重組織，我們只能看出二卦之間成對的關係。對與對之間看不出有什麽關係，它們似乎只是平等的各别的對而已。這時的標點方式，就要照以上第一式：二卦之間用"逗點"分開，每對之後用"句點"點斷即可。(事實上，决不是這樣，詳後。)

① 和爲"七"的對，即"七、〇""一、六""二、五""四、三"各對，其和均爲"七"。二進數讀法，一般讀者可參看李約瑟著《中國之科學與文明》第二册，頁第五六二，商務印書館。卦中以陽爻爲一，陰爻爲〇代入即得。

第二重組織：每二對構成一大對(相反的)。

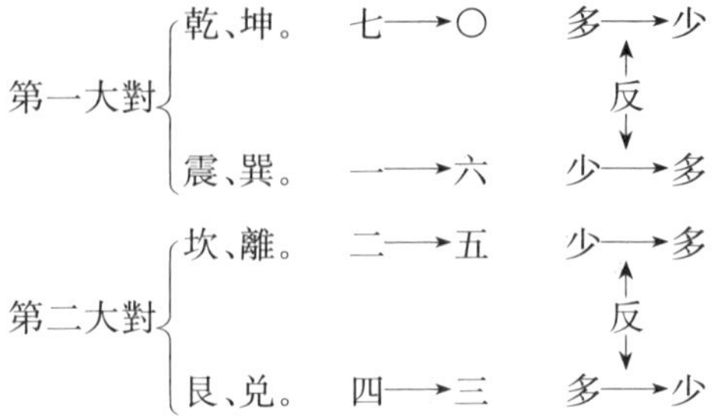

乾、坤、震、巽、坎、離、艮、兑八卦，依次爲二進記數的七、○、一、六、二、五、四、三等八個數已見拙作各文及上述。乾坤一對，先乾後坤，在數上是先由乾七的多數説到坤的零(少)。假如照這項順序，第二對就應從巽説起，成巽震的六一。事實上是從震説起，成震巽的一六。爲什麽呢？因爲它們要構成相反的對。第一對既從乾七到坤零——從多到少。第二對就要從震一到巽六——從少到多。它們由二對之間的交反，構成一大對——第一大對。坎離和艮兑二對，也由二對之間交反的同一原則，構成另一大對——第二大對。這時就可看出乾坤一對和震巽一對的關係密切，坎離一對和艮兑一對的關係密切。惟二大對之間尚看不出有何關聯。這時的標點方式就要變了：乾坤一對和震巽一對之間，坎離一對和艮兑一對之間，就不能用"句點"點斷，只能改用分號。這時就應改標成下式：

乾，坤；震，巽。坎，離；艮，兑。　第二式

實在，這一標點方式，仍是錯誤的。看了下面第三重組織的現象時，就會明白。

第三重組織：由二大對之間的相反，構成一個大整體。

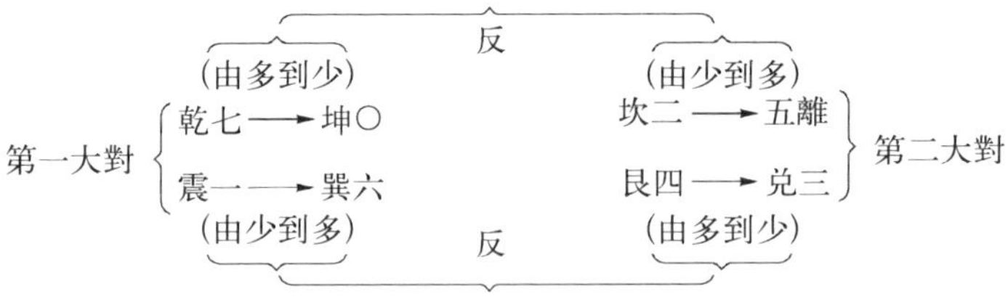

由上面分析的情形，可以明白的看出：由於第一大對和第二大對之間的交反(第三度)，八卦構成了一個大整體的總對。其中，第一大對第一對乾坤的由多到少，第二大對第一對的坎離，就剛好和它相反——由少到多。第一大對

第二對震巽的由少到多,第二大對第二對的艮兑,也剛好和它相反——由多到少。這時就可以整個的明白過來,今本説卦的章次,竟是含有這樣複雜高深的易理,説話的先後,都不是隨便的偶然的。八卦之間,既顯示出了這樣複雜的關聯;第二式的標點方式,自然也不對了。第一大對乾坤震巽,和第二大對坎離艮兑之間,也不能用"句點"點斷了。所以"乾、坤""震、巽""坎、離""艮、兑"每對的二卦之間要用頓號(、);"乾坤""震巽"二對之間,和"坎離""艮兑"二對之間,均應用逗點(,);"乾坤震巽"和"坎離艮兑"二大對之間,才用分號(;);最後才用句點(。)終結,如下式:

"乾、坤,震、巽;坎、離,艮、兑。" 第三式

説卦傳章節的次序,竟含有這樣高深的學理,這就難怪自漢以來,無人能懂。研究經學的人,連標點都無法點對了! 因爲這是二千餘年以來,集第一流才智的學者(試想研究《易經》的包括鄭康成、王輔嗣、程伊川、朱晦庵,那一人不是第一流才智者?),不能發現的道理。這並不是筆者隨意誇張,因爲這是真理的問題,舉新舊事實的例子來比較,才更能明瞭,才更客觀,學術界實應珍惜同行的新發現新知識才對!

由上面分析的結果,明白看出自費氏古文《易》傳來的今本,含有王官失守以前的失傳學理。漢石經《周易》這部分既然和今本不同,自然就不會有相同的學理。所以屈先生説"可述""關係易學至巨"的這一部分,適足證明石經的散亂。而漢代官學諸《易》、家説大義略同(劉向校書語),就使人想到:"今文"傳授的官學《周易》,都没有好的本子。亦足證明自漢以來,易學一直没有真正被發掘過。

漢石經《周易》章次和今本不同的這一部分,又究竟有没有任何特殊的含意呢? 我們仍應加以嚴格的考查和分析,才能進一步地加以瞭解。我們仍舊照前例,將乾坤一起加在"震、坎、艮、巽、離、兑",然後把他們畫出來:

圖四

從上圖看來,從形狀上實已找不到八個卦的任何一貫性變化。而依次由它們代表的數:七、〇、一、二、四、六、五、三來看,也找不到任何一貫性的法則組合。從這些現象上看:可見石經本的傳人,未得到任何象數的知識,那是毫無疑問的。而集王朝的學者選本上石,竟會有這樣的現象,可見"易理"

早在漢代即已失傳了。

乙、石經《説卦》章次理由的否定

對石經《説卦》的章次，前人找出的惟一解釋，係在它們代表的内容，發現："三男居前，三女從後。"即乾父坤母之後，依次前三名爲：震長男、坎中男、艮少男，後三名爲巽長女、離中女、兑少女的所謂"六子求索"次序。初看，覺得這種解釋雖還不如今本的理論嚴密有一貫性，但也頗似有理。其實，支持這種説法的這項理由是不够的。我們從下列問題，就可看出它的矛盾處：

第一，既然依六子求索先後爲次序，爲什麽在第十章專講父母求索六子時，却不用本項次序（按也用和今本相同之"乾、坤、震、巽、坎、離、艮、兑"次序），而要在雜説各物的本章才用呢？

第二，既然本章依六子求索先後次序，特别爲異於其他各章而排列；則六子與本章應有特别重要的關係，每節都要有它代表的六子之一，甚或把父母六子置於各該節之首才對。而事實上，本章無一以六子爲首；甚且坎一節不講中男：

> 坎爲水，爲溝瀆、爲隱伏，爲矯震、爲弓輪；其於人也，爲加憂、爲心病、爲耳痛、爲血卦、爲赤；其於馬也，爲美脊、爲亟心、爲下首、爲薄蹄、（爲自鳴、爲震足）爲曳；其於輿也，爲多眚、爲通、爲月、爲盜；其於木也爲堅多心。

按："坎再索而得男，故謂之中男"，本節不言六子，且連坎本身代表的"中男"也未提到。

艮一節不講"少男"：

> 艮爲山、爲徑路、爲小石、爲門闕、爲菓蓏、爲閽寺、爲指、爲狗、爲鼠、爲黔喙之屬；其於木也，爲堅多節。

按："艮三索而得男，故謂之少男"，本節也不言及六子，連本身代表的"少男"，都没有提及。如果是照"六子求索"爲序的話，這些都是不合理的。

第三，《説卦》最後有五章，其他四章今本和石經同以"乾、坤、震、巽、坎、離、艮、兑"爲序，惟石經從本章第六節起發生不同。照真理的一貫性來看，石經若照此項次序排列，則其他四章也應照此項次序排列，前後互相一致才合。總各章而看，石經這項現象，顯然不合真理的一貫性，而今本則合。

第四，《説卦》最後五章，今本都是首乾次坤，石經也相同。只有這一章，乾坤之後石經呈現紊亂。證以前面各項問題，可知要不是因"家説"立異，就是錯誤所致。若係前一原因，則又證明筆者發掘的易理，在漢代即已失去。否則，必不敢捨精深就粗淺。而且別家亦會指出，不會永遠錯下去。

五、總　　結

筆者以數理的精密客觀標準，對漢石經《周易》和今本《周易》，作科學的分析、比較和深入的研究。其重要收獲約有下列幾項：

(1) 證明漢石經《周易》實非善本，使易學界不致走入研究的錯誤途徑。

(2) 證明今本《易經》，尚保有古文的真正次序。寓有易學的至高原理。實比石經爲優。

(3) 由於今本《周易》傳自費氏古文《易》，而石經爲今文《易》。今在今本中發現了這些高深的原理法則。對過去獨重今文、懷疑古文的態度，將使學者重新檢討，有助於將來學術研究當無疑。

(4) 將易學的高深原理，用例子發揚出來，更客觀、更明白，並提示了科學研究的方法和態度。

筆者本項研究的學理，實已在數年前，《孔孟學報》十二期發表的《重論八卦的起源》一文中即已介紹，惜國人不能看出它的重要性。筆者此項研究成果，若在漢清之際有經學的時候，有第一流的學者如漢儒賈董馬鄭、宋儒程朱、明儒王陽明能認識的時候，能在太學博士中占一席，必能被承認爲易學的一宗派無疑。(讀者可想想筆者有否浮誇?)

筆者研究的成果，既然對國内學術界無所幫助，爲什麽不送到國外去發表呢？有人這樣問，也有的學者(包括大學校長、系主任)建議筆者這樣去做，惟筆者認爲國人研究的成果，總以先貢獻自己的國家爲合，且不能讓人家和後世笑我們一代"識者無人"！①

原載《臺北市立女子師範專科學校學報》一九七四年第五期

① 惟《重論八卦的起源》一文，原稿由張師基瑞推介給當時主編《孔孟學報》十一期的蔣院長慰堂師，張師得復函謂："確有創見，惟本期稿件已足，交下期編輯委員會審查"。該文於《孔孟學報》十二期發表後，曾約農先生閲後來函謂："……以二進法解釋伏羲畫卦之形成與秩序，雖由德儒萊布尼兹發其端；而演成全套學説，自成系統，實台端之發明，至爲精湛。……"但國内經學界毫無反應影響，知經學界尚未能認識此項以科學方法發掘的新知。

新出熹平石經《尚書》殘石考略

◎ 許景元

一、石經出土情况

近年來，我們在漢魏洛陽城南郊太學遺址的附近村莊徵集了熹平石經多方，其中有《尚書》殘石二方。一石（編爲六二七八號）系一九六二年冬出土，地點在今偃師縣佃莊公社東大郊大隊第十生産隊（亦稱太學村）社員栗萬卷屋後西北地，當時是九隊社員劉松照在此地刨挖紅薯窖時，離地深約一・七米，發現於瓦礫堆積層裏，於一九七八年夏送交考古研究所洛陽工作隊收藏。殘石兩面皆有經文，石厚十六・五釐米，陽面長約二十釐米、寬三十二釐米，上端是九・五釐米的空額，下爲《堯典》《舜典》兩篇經文，自右而左共十二行；每行多者五個字，少的一二字，都能辨識，共三十七字；陰面約長三十一釐米，寬三十六釐米，比陽面略大，字數也多，上端爲十釐米的空額，下爲校記，經過勘校是《舜典》《皋陶謨》《益稷》的部分校記，共十六行，每行上下多者八字，少則二三字，計有八十四字，大部分能辨識，少數已經泐損，筆迹不清（圖一）。

另一石（編爲六八七四號），於一九六八年冬出土，地點同前，約在村南社員陳老虎屋後的西北地，北距六二七八號殘石出土地點約百米，當時是十隊社員在此苗圃地挖泡桐樹根時發現的，出土於離地深約一米的瓦礫堆積層，後被砌入牛圈的墻角下，一九七四年冬從墻角中刨出來。石厚十六・五釐米、陽面約長二十七釐米、寬三十一釐米，左側有邊，只有一釐米多，係《皋陶謨》《益稷》《禹貢》三篇的部分經文，共十一行，其中因篇末和篇首各空留一行，實刻九行，每行多者十二字，少則三五字，筆迹清晰，共七十七字。陰面約長二十四釐米、寬三十八釐米，係《秦誓》篇末經文二行，《書序》六行和校記一行，按其篇幅應有九十餘字，可惜都已泐損，只能辨識二十餘字，如《秦誓》篇末的“哉人之有技……”和《書序》的下半段并排的“康叔”“爲保”“竝興”諸字(圖二;三,1)。

1

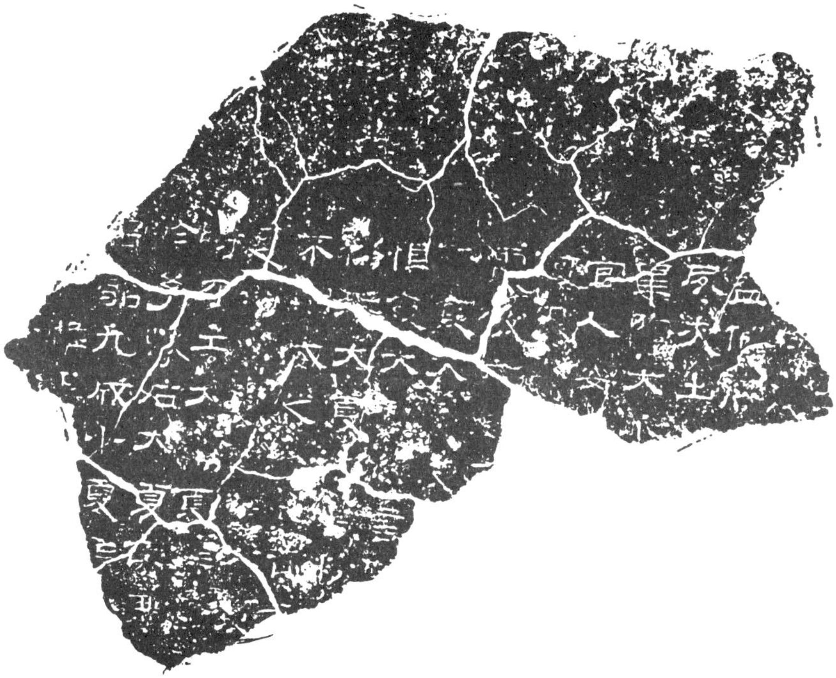

2

圖一　六二七八號殘石

1. 陽面,《堯典》《舜典》經文　2. 陰面,《舜典》《臯陶謨》《益稷》校記

1

2

圖二　六八七四號殘石

1. 陽面,《皋陶謨》《益稷》《禹貢》經文　2. 陰面,《秦誓》經文、《書序》和校記

1

2

圖三

1. 六八七四號殘石　2. 石經碑座

《尚書》石經過去出土較少。自唐宋出土後洪适收編《隸釋》《隸續》兩書，近代只是零星地發現一些殘字，馬衡先生已將全部彙編於《漢石經集存》一書。此次新出的二石，約三百字，比近代出土的《尚書》殘石字數的總和還多，尤其是《虞夏書》過去出土得更少，這也算是一次重要的發現。上述二方殘石應是《尚書》石經的第一石，正面的經文字迹清晰，背面的字迹大部分已泐損不清，看起來它除受自然剥蝕外，更是被人爲的嚴重破壞所致。

我們還可以從殘石經文的編排次序，行款字數以及新出的《書序》和校記，展望《尚書》石經的碑數及其排列的概貌，對於進一步復原經碑，提供了可靠的依據。

二、經文校勘與考釋

新出的《尚書》經文殘石與今通用的阮氏《十三經注疏·尚書正義》本互相對照，其中經句各有差异，兹録文勘校于下：

（一）六二七八號殘石的正面經文十二行。

第一行“明揚”二字，爲《堯典》“明明揚側陋”。今文《尚書》作“明揚明側陋”。①

第二行“五典五典”四字，爲《舜典》“慎徽五典，五典克從”。

第三行“以齊七政遂”五字，爲《舜典》“在璿璣玉衡以齊七政，肆類於上帝”。《史記·五帝紀》《漢書·王莽傳》引此句，“肆”皆作“遂”。

第四行“三帛二牲一”五字，爲《舜典》“修五禮，五玉，三帛，二生，一死，贄”。

第五行“車服以庸”四字，爲《舜典》“明試以功，車服以庸”。

第六行“于羽山四”四字，爲《舜典》“殛鯀于羽山，四罪而天下咸服”。

第七行“難任人蠻”四字，爲《舜典》“而難任人，蠻夷率服”。

第八行“后稷”二字，爲《舜典》“汝后稷，播時百穀”。

第九行“帝曰”二字，爲《舜典》“帝曰，俞。咨垂，汝共工”。

第十行“三禮”二字，爲《舜典》“帝曰，咨四岳，有能典朕三禮”。

第十一行“克諧”二字，爲《舜典》“八音克諧，無相奪倫，神人以和”。

第十二行“庶”字，爲《舜典》“三載考績，三考，黜陟幽明，庶績咸熙”。

① 張國淦《漢石經碑圖説》八頁下。

（二）六八七四號殘石的正面經文十一行

第一行"有無貨居"四字，爲《益稷》"懋遷有無化居"。

第二行"俞帝曰臣作"五字，爲《益稷》"禹曰，俞。帝曰，臣作朕股肱耳目"。

第三行"聲八音七始滑以"七字，爲《益稷》"予欲聞六律，五聲，八音，在治忽，[1]以出納五言，汝聽"。這可能是金文中"七"與"在"的字形相近，引起舛誤。又漢時人常用"桼"代"七"字，例如王莽侯鉦銘重"五十桼斤"。[2] 或可能是因易形致誤爲"來"和"采"字。[3] "始"與"治"，形聲相近，亦致僞異。"七始"見於《尚書大傳・虞夏傳》中"定以六律五聲，八音七始"。

第四行"俞哉帝横天之下至"八字，爲《益稷》"禹曰：俞哉，帝！光天之下，至於海隅蒼生，萬邦黎獻"。

第五行"鄂罔水舟行風淫于家"九字，爲《益稷》"罔晝夜頟頟，罔水行舟，朋淫於家"。甲骨文的朋風（鳳）字形相近，古讀風如朋，如孫星衍《尚書今古文注疏》："朋讀爲風，放也。"因此，"朋淫"爲"風淫"，乃是同聲通假。

《後漢書・樂成靖王傳》引安帝詔曰："風淫于家，娉取人妻"，可見漢安帝的詔書引用了《尚書》經句，誠爲當時社會上所通用。

第六行"曰迪朕德時乃工維序皋"十字，爲《益稷》"帝曰，迪朕德，時乃功維叙。皋陶方祗厥叙"。《史記・夏本紀》引此句，"迪"作"道"，"叙"作"序"。

第七行"予擊石拊石百獸率舞庶尹"十三字，爲《益稷》"夔曰：於！予擊石拊石，百獸率舞，庶尹允諧"。

《尚書・益稷》篇有"夔曰：於！予擊石拊石"一句，《史記・夏本紀》所引無此八字，因此有人認爲是衍文或是錯簡。

第八行"首明哉股肱良哉庶事康哉又"十二字，爲《益稷》"乃賡載歌曰：元首明哉，股肱良哉，庶事康哉。又歌曰"。

第九行爲《益稷》篇末的空行。

第十行爲《禹貢》篇題下的空行。

第十一行"黑恒衛既從大陸既作鳥夷皮"十二字，爲《禹貢》篇首行，"厥賦

① 《史記・夏本紀》作"來始滑"。《索隱》引古文《尚書》作"在始忽"，今文《尚書》作"采政忽"。《集解》引鄭玄本作"在治曶"。又《漢書・律曆志》作"七始詠"，《隋書・律曆志》作"七始訓"，還有"七始華"等。

② 見《武威漢簡》一二六頁"桼十"等。

③ 同①。

惟上上錯，厥田惟中中。恒衛既從，大陸既作，島夷皮服”。新出土的石經作“鳥夷皮服”，《史記・夏本紀》和《漢書・地理志》敘述冀州、揚州時皆作“鳥夷皮服”，可見漢朝的《禹貢》也應作“鳥夷皮服”。

但是，奇異的是這裏出現一“黑”字，經查勘今古文經本，皆不見此字。現今《禹貢》篇中提到“黑”字的，只有“厥土黑墳”“華陽黑水惟梁州”“黑水西河惟雍州”“道黑水”四處，但它都不能作爲一句的最後一個字。因此有人認爲這個“黑”字的出現，是否可以説明東漢熹平石經的碑文中也有衍字。

今按經文句讀，或是“厥賦惟上上、錯，厥田惟中中、黑”。這“錯”與“黑”兩字的前後應是相對而言，從其文義來説亦可通，却是這段經文對冀州的敘述是“先賦後田”，恰與他州的敘述文理相反。這個奇特異文，仍有待於考究。

（三）六八七四號殘石的背面經文二行。

第一、二行是《秦誓》篇末的部分經文，由於泐損太甚，筆迹不清，僅見右上角的“哉人之有技……”等字，爲《秦誓》篇的“亦職有利哉，人之有技”。孫星衍《尚書今古文注疏》“職”亦作“尚”。《論衡・刺孟》引作“黎民亦尚有利哉”，可見今文職應作“尚”。

三、《書序》篇目考釋

過去出土的《書序》殘石是上半段的七行，收編於《漢石經集存》第二二四條，計有《堯典》《湯誓》《西伯堪飢》《洪範》《召誥》《君奭》《甫刑》等篇序文，新出的《書序》殘石是下半段的六行序文。

從第三行起是《書序》，按其上下篇幅有十五個字，僅能辨識“隨山”和“任”三字，係《禹貢》序文，下接《甘誓》序文，字迹不清。

第四行計有十四字，筆迹不清，按其篇目次序，應是《高宗肜日》序文。

第五行計有十一字，僅見“牧野”二字，係《牧誓》序文。

第六行計十字，僅見“殷餘”“康叔”四字，係《康誥》《酒誥》《梓材》三篇的序文。

第七行計九字，中間有一句點斷開上下篇序文，上文只見“公”“劮”兩字，係《毋劮》序文。下文僅見“爲保”兩字，係《君奭》序文。

第八行計八字，僅見“禽”和“徐夷竝興”五字，係《費誓》序文。

今按上下兩段《書序》殘文爲依據，將《尚書》序文的篇次及其篇數，試作復原（圖五）。

虞書

堯典第一

曰若稽古帝堯曰放勳欽明文思安安允恭克讓光被四表格于上下克明俊德以親九族九族既睦平章百姓百姓昭明協和萬邦黎民於變時雍乃命羲和欽若昊天曆象日月星辰敬授
人時分命羲仲宅嵎夷曰暘谷寅賓出日平秩東作日中星鳥以殷仲春厥民析鳥獸孳尾申命羲叔宅南交平秩南訛敬致日永星火以正仲夏厥民因鳥獸希革分命和仲宅西曰昧谷寅
餞納日平秩西成宵中星虛以殷仲秋厥民夷鳥獸毛毨申命和叔宅朔方曰幽都平在朔易日短星昴以正仲冬厥民隩鳥獸氄毛帝曰咨汝羲暨和朞三百有六旬有六日以閏月定四時
成歲允釐百工庶績咸熙帝曰疇咨若時登庸放齊曰胤子朱啟明帝曰吁嚚訟可乎帝曰疇咨若予采驩兜曰都共工方鳩僝功帝曰吁靜言庸違象恭滔天帝曰咨四岳湯湯洪水方割
蕩蕩懷山襄陵浩浩滔天下民其咨有能俾乂僉曰於鯀哉帝曰吁咈哉方命圮族岳曰异哉試可乃已帝曰往欽哉九載績用弗成帝曰咨四岳朕在位七十載汝能庸命巽朕位岳曰否德忝帝
位曰明明揚側陋師錫帝曰有鰥在下曰虞舜帝曰俞予聞如何岳曰瞽子父頑母嚚象傲克諧以孝烝烝乂不格姦帝曰我其試哉女于時觀厥刑于二女釐降二女于嬀汭嬪于虞帝曰欽哉慎
徽五典五典克從納于百揆百揆時敘賓于四門四門穆穆納于大麓烈風雷雨弗迷帝曰格汝舜詢事考言乃言底可績三載汝陟帝位舜讓于德弗嗣正月上日受終于文祖在璿璣玉衡
以齊七政遂類于上帝禋于六宗望于山川徧于群神輯五瑞既月乃日覲四岳群牧班瑞于群后歲二月東巡守至岱宗柴望秩于山川遂覲東后協時月正日同律度量衡修五礼五玉
三帛二牲一死贄如五器卒乃復五月南巡守至于南岳如岱礼八月西巡守至于西岳如初十有一月朔巡守至于北岳如西礼歸格于藝祖用特五載一巡守群后四朝敷奏以言明試以功
車服以庸肇十有二州封十有二山濬川象以典刑流宥五刑鞭作官刑扑作教刑金作贖刑眚災肆赦怙終賊刑欽哉欽哉惟刑之恤哉流共工于幽洲放驩兜于崇山竄三苗于三危殛鯀
于羽山四罪而天下咸服二十有八載帝乃殂落百姓如喪考妣三載四海遏密八音月正元日舜格于文祖詢于四岳闢四門明四目達四聰咨十有二牧曰食哉惟時柔遠能邇惇德允元而
難任人蠻夷率服舜曰咨四岳有能奮庸熙帝之載使宅百揆亮采惠疇僉曰伯禹作司空帝曰俞咨禹汝平水土惟時懋哉禹拜稽首讓于稷契暨皋陶帝曰俞汝往哉帝曰棄黎民阻飢汝
后稷播時百穀帝曰契百姓不親五品不遜汝作司徒敬敷五教在寬帝曰皋陶蠻夷猾夏寇賊姦宄汝作士五刑有服五服三就五流有宅五宅三居惟明克允帝曰疇若予工僉曰垂哉
帝曰俞咨垂汝共工垂拜稽首讓于殳斨暨伯與帝曰俞往哉汝諧帝曰疇若予上下草木鳥獸僉曰益哉帝曰俞咨益汝作朕虞益拜稽首讓于朱虎熊羆帝曰俞往哉汝諧帝曰咨四岳有能典朕
三礼僉曰伯夷帝曰俞咨伯汝作秩宗夙夜惟寅直哉惟清伯拜稽首讓于夔龍帝曰俞往欽哉帝曰夔命汝典樂教冑子直而溫寬而栗剛而無虐簡而無傲詩言志歌永言聲依永律和聲八音
克諧無相奪倫神人以和夔曰於予擊石拊石百獸率舞帝曰龍朕堲讒說殄行震驚朕師命汝作納言夙夜出納朕命惟允帝曰咨汝二十有二人欽哉惟時亮天工三載考績三考黜陟幽
明庶績咸熙分北三苗舜生卅徵庸卅在位五十載陟方乃死

虞書

皋陶謨第二

曰若稽古皋陶曰允迪厥德謨明弼諧禹曰俞如何皋陶曰都慎厥身修思永惇敘九族庶明勵翼邇可遠在茲禹拜昌言曰俞皋陶曰都在知人在安民禹曰吁咸若時惟帝其難之知人則
哲能官人安民則惠黎民懷之能哲而惠何憂乎驩兜何遷乎有苗何畏乎巧言令色孔壬皋陶曰都亦行有九德亦言其人有德乃言載采采禹曰何皋陶曰寬而栗柔而立愿而恭亂而
敬擾而毅直而溫簡而廉剛而塞彊而義彰厥有常吉哉日宣三德夙夜浚明有家日嚴震敬六德亮采有邦翕受傅施九德咸事俊乂在官百僚師師百工惟時撫于五辰庶績其凝無教逸
欲有邦兢兢業業一日二日萬幾無曠庶官天工人其代之天敘有典勅我五典五惇哉天秩有礼自我五礼有庸哉同寅協恭和衷哉天命有德五服五章哉天討有罪五刑五用哉政事懋
哉懋哉天聰明自我民聰明天明畏自我民明威達于上下敬哉有土皋陶曰朕言惠可底行禹曰俞乃言底可績皋陶曰予未有知思曰贊贊襄哉帝曰來禹汝亦昌言禹拜曰都帝予何言予
思曰孜孜皋陶曰吁如何禹曰洪水滔天浩浩懷山襄陵下民昏墊予乘四載隨山刊木暨益奏庶斯食予決九川距四海濬畎澮距川暨稷播奏庶根食斯食懋遷有無貨居烝民乃粒萬邦作
乂皋陶曰俞師汝昌言禹曰都帝慎乃在位帝曰俞禹曰安汝止惟幾惟康其弼直惟動丕應徯志以昭受上帝天其申命用休帝曰吁臣哉鄰哉鄰哉臣哉禹曰俞帝曰臣作朕股肱耳目予
欲左右有民汝翼予欲宣力四方汝為予欲觀古人之象日月星辰山龍華虫作會宗彝藻火粉米黼黻絺繡以五采彰施于五色作服汝明予欲聞六律五聲八音七始滑以出納五言汝聽
予違汝弼汝無面從退有後言欽四鄰庶頑讒說若不在時侯以明之撻以記之書用識哉欲並生哉工以納言時而颺之格則承之庸之不則威之禹曰俞哉帝橫天之下至于海隅蒼生萬邦
黎獻共惟帝臣惟帝時舉敷納以言明庶以功車服以庸誰敢不讓敢不敬應帝不時敷同日奏罔功無若丹朱傲惟慢遊是好傲虐是作罔晝夜鄂鄂罔水舟行風淫于家用殄厥世予創若
時娶于塗山辛壬癸甲啟呱呱而泣予弗子惟荒度土功弼成五服至于五千州十有二師外薄四海咸建五長各迪有功苗頑弗即工帝其念哉帝曰迪朕德時乃工維序皋陶方祇厥敘方施
象刑惟明夔曰戛擊鳴球搏拊琴瑟以詠祖考來格虞賓在位群后德讓下管鼗鼓合止柷敔笙鏞以間鳥獸蹌蹌簫韶九成鳳皇來儀夔曰於予擊石拊石百獸率舞庶尹允諧帝庸作歌曰勅
天之命維時維幾乃歌曰股肱喜哉元首起哉百工熙哉皋陶拜手稽首颺言曰念哉率作興事慎乃憲欽哉屢省乃成欽哉乃賡載歌曰元首明哉股肱良哉庶事康哉又歌曰元首叢脞哉
股肱惰哉萬事墮哉帝拜曰俞往欽哉

夏書

禹貢第三

禹傅土隨山刊木奠高山大川冀州既載壺口治梁及岐既修太原至于岳陽覃懷底績至于衡漳厥土惟白壤厥賦惟上上錯厥田惟中中黑恒衛既從大陸既作鳥夷皮服夾右碣石入于

圖四 《尚書》石經第一石碑陽復原

圖五　《尚書》石經第一石碑陰復原

圖四、五中的方框説明:"明揚……""無貨……""哉人……""□□……"爲此次出土殘石;"帝曰……""有能……""天工""高山"爲以前出土的;餘爲據此次出土校記訂定的。

圖四方框"有能……"無"作"字,此誤。

序文排列的格式，首刊“書序”篇題兩字，隔一空格，下爲：一、《堯典》序　二、《皋陶謨》序　三、《禹貢》序　四、《甘誓》序　五、《湯誓》序　六、《盤庚》序　七、《高宗肜日》序　八、《西伯堪飢》序　九、《微子》序　十、《泰誓》序　十一、《牧誓》序　十二、《洪範》序　十三、《金縢》序　十四、《大誥》序　十五、《康誥》《酒誥》《梓材》三合篇序　十六、《召誥》序　十七、《洛誥》序　十八、《多士》序　十九、《毋劮》序　二十、《君奭》序　二十一、《多方》序　二十二、《立政》序　二十三、《顧命》序　二十四、《費誓》序　二十五、《甫刑》序　二十六、《文侯之命》序　二十七、《秦誓》序，凡二十七，計二十九篇。[①]上下篇序文皆用句點斷開。

由此可見《尚書》石經將二十七篇序文，彙集於二十九篇經文之後，另立一篇爲《書序》，這與馬融、鄭玄本一樣地將古文百篇序文另立一卷。正如孔穎達《尚書序》正義中説“伏生二十九卷，而序在外”，[②]此伏生應指東漢的今文本，這裏孔穎達定是見到石經本與古本，才能下了這個結論的。

東漢初期《尚書》立於學官者，有歐陽、大小夏侯三家，這已成了定論。但其卷數，在西漢時已是衆説紛紜莫衷一是，到了東漢究竟是多少篇卷，古籍中没有提及，更是無人知曉的事。新出的《書序》殘石，它不僅可以説明“《書序》不作訓”，且不能列入經文，而目另立了一篇附於經文之後，同時我們可從序文的篇數來推算經文的篇數，這樣得到了確實的依據。

歐陽、大小夏侯的《尚書》經文各有異同。漢宣帝時三家都立於學官，到了東漢初年三家“并立學官”，且三家經文皆傳伏生本，但其經文章句互有同異，所以到漢章帝建初四年（七九年）詔令諸儒論五經異同於洛陽都城白虎觀，并親自主持了這個會議的討論。會後“詔令（賈逵）撰歐陽、大小夏侯《尚書》古文同異，逵集爲三卷，帝善之”。[③] 可見當時對經文的正訂是非常重視的。

四、校記考釋

六二七八號殘石背面是《舜典》《皋陶謨》《益稷》三篇的部份校記，共十

① 因《康誥》《酒誥》《梓材》序文合在一起，經文分爲三篇。詳見《漢石經集存》第二一七條，有《酒誥》第十六出土。

② 亦見陳夢家《尚書通論》九七頁。

③ 見《後漢書·賈逵傳》。

六行。

第一行,有兩字,筆迹不清。

第二行“益伯成”三字,不知何篇。

第三行“夙夜出”三字,係《舜典》篇末的“夙夜出納朕命,惟允”。

第四行“皋陶大小”四字,“皋陶”兩字擬是《皋陶謨》篇的校記題首,“大小”兩字應指大小夏侯氏而言。

第五行“官人安”三字,係《皋陶謨》篇的“知人則哲,能官人,安民則惠,黎民懷之”。

第六行“何畏□”三字,係《皋陶謨》篇的“何畏乎,巧言令色孔壬”。

第七行“震敬六德大”五字,係《皋陶謨》篇的“日嚴祗敬六德,亮采有邦”。

第八行“斯食大小夏”五字,係《益稷》篇的“暨益奏庶鮮食”。《集解》引孔安國曰:“鳥獸新殺曰鮮。”“斯食”應是“鮮食”,“鮮”與“斯”聲近,蓋齊魯間的方言,將“鮮”讀作“斯”。[①]《史記·夏本紀》引此作“與益予衆庶稻鮮食”。

第九行“根食大夏侯言□”七字,係《益稷》篇的“暨稷播,奏庶艱食鮮食”。《史記·夏本紀》引此,“艱食”作“難得之食”。馬融本作“根食”,指根生之物爲百穀。《説文》“艱”字重文作“囏”,“囏”“饎”同聲,故得通用。《儀禮·士虞禮》《特牲饋食禮》注曰:“炊黍稷爲饎,熟食也。”“根食”與“鮮食”相對。

第十行“粉米大夏侯言粉”七字,係《益稷》篇的“藻火粉米”一句,這裏顯然是用大夏侯氏的經句來作校勘。

第十一行“不則威之禹曰俞哉”八字,係《益稷》篇的“否則威之。禹曰:俞哉,帝!光天之下,至于海隅蒼生”。

第十二行“是好敖虐是作大夏”八字,係《益稷》篇的“無若丹朱傲,惟慢游是好,傲虐是作”。

第十三行“時乃工大小夏侯言”八字,係《益稷》篇的“帝曰:迪朕德,時乃功惟叙”。石經“功”作“工”,“惟叙”作“維序”。所謂的“大小夏侯言”,顯然地也是採用大小夏侯氏的經句來校勘。

第十四行“於予擊石大夏侯無”八字,係《益稷》篇的“夔曰:於,予擊石拊石”。這裏明白地説大夏侯氏無此經句,按:《史記·夏本紀》也無此一句,因此過去有人疑是衍文或是錯簡。

---

① 參見《詩·小雅·瓠葉》“有兔斯首”。

第十五行"簫韶九成小夏侯"七字,按:《益稷》篇的經文,此句應在"擊石拊石"的上文。

第十六行"維□"二字,係《益稷》篇末的"維時維幾"一句,未知當否。

《尚書》石經於《書序》後又節録了歐陽、大小夏侯三家互異的經句,新出土的校記和過去出土他經校記的行款格式完全一樣。熹平石經的每經刻本都是立於學官的五經,每經只刻一家章句,定爲標準本,并以諸家的異同列爲校記,刻於經文之後,以供參校。正如《易經》以梁丘氏爲本,校記是施、孟、京房氏諸家章句;《詩經》以《魯詩》爲本,校記裏反復出現有齊言、韓言所校勘的章句;《春秋經》用嚴氏本,在校記裏常見有顔氏言及顔氏有無等語。由於《尚書》石經過去出土得較少,而在校記裏偶爾見到小夏侯氏的校勘章句,因此曾有人認爲是夏侯氏本,這是誤解。

新出的校記,共十六行。前三行是《舜典》以前的校記,從四至十六行全是《皋陶謨》《益稷》兩篇校記,就在這十三行裏提到大小夏侯氏的校記有九處,其中大夏侯五處,小夏侯一處,大小夏侯三處,如第九行"根食大夏侯言",十行"粉米大夏侯言粉",十三行"時乃工大小夏侯言",這裏明白地説是以大小夏侯經本來校勘,再如第十四行"於予擊石大夏侯無",這裏更明確地指出大夏侯無此經句,而六八七四號正面第七行有"夔曰於予擊石拊石"一句,足見《尚書》石經絶不是夏侯氏經本,當然是歐陽氏經本,這是確實無疑的事實。

新出校記只有《舜典》《皋陶謨》《益稷》三篇校記,今按復原圖推算,其中《堯典》《舜典》兩篇校記占約九至十行,《皋陶謨》《益稷》兩篇占約十三至十四行,其左至碑邊只剩下三至四行,實在不足容納他篇校記,况且還有《夏書》《商書》《周書》二十多篇的校記,必須另刻他石。據《漢石經集存》已經收編的第二二五條就是《商書·盤庚》"古我先王暨"等五行校記,又第二二六條是《周書·酒誥》的校記。《尚書》經文歷來聚訟紛紜,新出的經文與今古文本都有很多異文,校記顯然較多,可以預言《尚書》校記除此一面碑石外,肯定要有另石書刻,因此,對《尚書》石經持"十面五碑"之説,顯然是需要再斟酌的一個問題。

五、經文排列與碑座

新出的《尚書》殘石,兩面隸書,由右至左,按序排行,先刻經文,後列《書序》和校記，每經自爲起訖。經文的書體工整，係標準的“蠶頭燕尾式”的漢隸書法，《書序》和校記的書法也很工整，但筆迹細，字體略小，每字的間距略大，因此表裏行文基本對稱。

今文《尚書》的經文約一萬八千六百五十字，[1]一般都認爲是“十面五碑”。據《漢石經碑圖》曰：“依《隸釋》殘字，《尚書》每面二十六至四十一行，當是十面五碑，……每行七十一至七十九字。”根據王國維推算，“今以一碑卅五行，行七十五字計，則每碑得二千六百二十五字，又漢魏石經皆兩面刻字，則每碑得五千二百五十字。”[2]按此推算還應加上每篇經文的篇題和篇末的空行。今從新出土的《尚書》殘石，有《堯典》《皋陶謨》《禹貢》三篇經文[3]，并在《禹貢》首行的左側，只有一釐米多就是本碑的邊側，這是《尚書》石經第一石的第一面碑文，計三十五行，每行七十三或七十四字，還有七十六字，恰好與王國維推算的基本相符。馬衡也説：“尚書首碑當爲三十五行，‘高山’兩字可證也。”[4]

全碑體積，因迄今未見全碑出土，還不能確知。現從新出的經文來推算，直行經文每十字爲二十三·五釐米，正合東漢的“建初尺”一尺整，横排經文每十字約二十四·三釐米，折合一尺有餘。面寬三十五行，加上兩側邊寬，共約八十八釐米，合“建初尺”的三尺七寸，碑文長度（按七十五字計算）約一百七十六釐米，折合七尺四寸，長寬爲二比一，恰好是竪行倍於横排，這與《水經注·穀水》記載“石長八尺，廣四尺”大致相合。又《洛陽記·朱超石與兄書》：“碑高一丈許，廣四尺，駢羅相接。”[5]這裏所説的碑高一丈，應該還要加上碑首空額、碑底留空的尺寸和碑座的高度，這樣才與記載的相符。

我們按照石經的兩面經文列碑復原（圖四、五），發現每篇經文的排列版面略有不同。例如正面的《堯典》第一，篇題和經文是頂額行書，而《皋陶謨》第二的篇題頂額，經文行書低了一格；《禹貢》第三的經文和《堯典》一樣是頂額行書。背面的行文格式和正面一樣，如《秦誓》第二十九篇末二行經文是頂額，《書序》的行文就低一格，校記又是頂額行書。總之，篇與篇之間，以差一

① 王國維《觀堂集林》四。
② 同上。
③ 今文《尚書》將《舜典》合於《堯典》，《益稷》合於《皋陶謨》。
④ 《漢石經集存》五六頁，附録。
⑤ 《後漢書·儒林傳序》引《洛陽記》。

格相區别,這種行書格式可能是爲了醒目。

石經碑座共見十四方。一九二三年冬,馬衡先生親臨漢魏洛陽故城南郊的朱家圪壋崗上村考察,“見所謂太學遺址者,已淪爲丘墟,僅有碑趺十餘,呈露於瓦礫叢中而已,然按其方位,與《洛陽記》《水經注》《洛陽伽藍記》諸書所載正相符合,知北宋及近代之所出者,皆在漢魏立碑之故處”。[①] 我們此次調查,共見十四方(見附表)。關於石經的遷移問題,迄今還無頭緒。根據古籍記載,漢魏石經碑石應該是很多的,只是碑座發現得還很少。

碑座係青石制作,長方形,盝頂,底平整,無紋飾,古樸大方,正中有一通槽,應是插碑的榫眼(圖三,2)。所出碑座,邊廓整齊有棱角,做工細緻,寬高尺寸完全一樣,只是長度各有不同,據表統計大約可分四種尺寸(以“建初尺”折算),即九十二—九十三釐米(約四尺)、一百釐米(四尺三寸)、一百十七—一百十九釐米(五尺)和一百三十七(五尺九寸)釐米。總之,碑座的長短大小與碑身的寬度相對應。它們的出土位置,由於時間久遠,附近村民各説不一。

碑座和石經同出一地,且漢魏二種石經皆能插入碑座,這樣孰漢孰魏,是很難確定的。現在根據二種石經的碑面排行來推算,三體石經每碑都有嚴格的規劃,每行劃二十格,每格直書一字三體,每面的碑文約三十二至三十四行,字體稍大,間距較寬,横排每十字約二十八・五釐米,每面碑文以三十四行計算,加上邊側空地,共約一百〇五釐米,它與上述四種長度的碑座皆不相宜。相反地,熹平石經的每碑行數實不相同,這批碑座的出土有可能就是熹平石經的碑趺。這個問題,仍需繼續探究。

六、結　　語

《尚書》是研究我國古代史的一部重要的經典史籍,也是當時王室的典誥和史實的記録,二千多年來爲我國學者研究古代史和原始社會的一部極爲重要的文獻資料。自從漢朝立《尚書》於學官後,研究的人就多起來,出現了所謂今古文不同學派,這樣在當時流傳的《尚書》經本頗爲複雜,其經文章句互有差異。東漢建初四年,章帝親自召集了“白虎觀”會議,詔令諸儒專論五經

① 《漢石經集存》編輯後記。

同異。靈帝熹平年間，爲了釐正經文，召令蔡邕等人正訂五經文字，書丹於碑，使工鎸刻立於太學門外，史稱熹平石經。嗣後不久，由於戰火紛亂，波及太學，致使石經淪落散失。

此次新出的《尚書》殘石二方，陽面有《堯典》《舜典》《皋陶謨》《益稷》《禹貢》篇的部分經文，陰面是《秦誓》篇末的經文和《書序》、校記。它説明了《尚書》經文的排比，也是按序循行，每篇自爲起訖。由於過去《尚書》經石出土較少，新出的經文近三百字，他是《隸釋》《隸續》兩書問世後的一次重要的發現。從其經文篇次、《書序》、校記、行款排列以及長廣尺寸，爲今後復原碑石提供依據。

漢代傳習伏生《尚書》經的以歐陽、大小夏侯三家爲代表。對《尚書》石經的文本，一般都認爲以歐陽氏爲本，其他二家的經本對照勘校，但也有人認爲以夏侯氏爲本的。我們從新出的校記裏多次見到了夏侯氏本的校勘經句，如在校記中多次見到“大夏侯言”“大小夏侯言”“大夏侯無”等校文，這與《易經》《魯詩》《春秋公羊傳》《儀禮》等經所見到的校記完全一樣。再從其行文和叙述方法看也是完全相同的，這進一步證實了《尚書》經文采用的是歐陽氏本，已是確鑿無疑的了。

新出的《書序》凡廿七，計其經文爲廿九篇。因爲經文將《康誥》《酒誥》《梓材》分爲三篇，[①]而序合一。《書序》不作訓，雖然已另立一篇，但不能羼入經文篇數，這就澄清了過去考據經篇時所出現的許多混亂。正如《尚書大傳·定本序》所説：“終漢之世，獨傳廿九篇而已。”[②]

過去陳壽祺推論東漢的《尚書》石經有序。近代出土的《書序》殘字，已見《漢石經集存》。新出《書序》殘字六行，恰好是整篇序文的上下款，文理貫通。對於有無《書序》問題，再次得到了證實，可見蔡邕所勒的熹平石經確實有《書序》一篇。

① 《漢石經集存》二一七條，有“酒誥第十六”。
② 《尚書大傳》一頁下，四部叢刊本。

石經碑座登記表　　（單位：釐米）

編號	長	寬	高	盝頂				通槽			現存狀況
				底寬	頂寬	邊高	斜邊	長	寬	深	
1	117	72	35	72	47	28	14	117	17	11.2	考古所洛陽工作站陳列室，有裂痕
2、3	117	72		72	47		14	117	17		東大郊二隊現壓在晉辟雍碑下，正立
4、5											東大郊一隊李進財房基下，倒立
6	100	72	35	72	48	28	15	100	17	11.2	東大郊合作社門口屋檐下，倒立
7	92	72	35	72	47	28	14	92	17	12	東大郊八隊何武生家門口西側，缺角，倒立
8	93	72	34	72	47	27	14	93	17	11.5	東大郊十六隊何西紅院内，倒立
9	119	72	35	72	47	28	15	119	17	11.2	東大郊十一隊陳均照家門外水井西側，倒立
10、11											東大郊二隊李雙燦家門口
12											東大郊五隊黄六定家門口
13	117	72	34	72	47	28	15	117	17	11.2	朱圪塇二隊朱松林門外水井東側，側立
14	137	殘 44	35			28	14	137	殘 14	9	朱圪塇二隊倉庫南側，殘半，側立

注：10—12 號碑座，作者未見到。

原載《考古學報》一九八一年第二期

論漢石經

○ 黄彰健

許慎《説文》所引經，已與今存經文多出入。

在漢成帝時，劉向以中古文校正《書經·酒誥》《召誥》脱簡，文字異者七百有餘。劉向以中古文《易經》校施、孟、梁丘經，或脱去"无咎悔亡"，惟費氏經與古文同。劉向對《禮經》亦有校定。《别録》所定《儀禮》十七篇篇次，即與大戴小戴本不同。他還可能改正了《喪服傳》的錯簡，可參看本書[①]第三章所論。

在漢光武時，薛漢爲《韓詩》博士，受詔校定圖讖。在漢明帝永平元年，長水校尉樊儵"與公卿雜定郊祠禮儀，以讖記正五經異説"。在漢章帝時，賈逵之傅合圖讖，及《白虎通》之以讖斷，即均受此不良影響。

在漢章帝時，賈逵奉詔撰歐陽、大小夏侯《尚書》與古文《尚書》同異，及齊魯韓毛同異。賈逵又作《春秋三家經本訓詁》十二卷，校三家《春秋》經文異同。見本書第七章及第十一章所論。

在漢和帝永元十三年(一〇一年)，帝以"五經義異，書傳意殊"，令"逵修理舊文"，而許慎之"遵修舊文，而不穿鑿"，其引經以證字義，當受賈逵的影響。惜賈逵即死於永元十三年。

安帝永初四年(一一〇年)鄧太后以"經傳之文多不正定"，乃選"謁者劉珍，使與校書劉騊駼、馬融及五經博士，校定東觀五經諸子傳記百家藝術，整齊脱誤，是正文字"，"各校讎家法"，而"令蔡倫典其事"[②]。既然説"各校讎家

---

① 編者按："本書"皆指《經今古文學問題新論》，"中央研究院"歷史語言研究所 1992 年版。

② 語見《後漢書·文苑傳·劉珍傳》，及《宦者列傳·蔡倫傳》。《後漢書·安帝紀》："永初四年，詔謁者劉珍及五經博士校定東觀五經諸子傳記百家藝術，整齊脱誤，是正文字。"《和熹鄧皇后紀》："后從曹大家受經書，兼天文算術，晝省王政，夜則誦讀，而患其謬誤，懼乖典章，乃博選諸儒劉珍等及博士議郎、四府掾史五十餘人，詣東觀，讎校傳記。"《馬融傳》："永初四年，拜爲校書郎中，詣東觀，典校秘書。"（轉下頁）

法”，則與賈逵之校書不同。這可能受了和帝永元十四年徐防請“博士及甲乙策試，宜從其家章句”的影響。

《後漢書・伏湛傳》：順帝永和元年（一三六年），詔侍中屯騎校尉伏無忌與議郎黄景校定中書五經、諸子百家藝術。

《後漢書・崔寔傳》：（桓帝時），寔“徵拜議郎，復與諸儒博士共雜定五經。會梁冀誅，寔以故吏免官，禁錮數年。”段熙仲《禮經十論》即據《桓帝紀》，延熹二年（一五九年）八月誅冀，而謂寔之校定五經，其始事當在此年以前。《儀禮・有司徹》：“兄弟之後生者與觶于其長”，鄭玄注：“古文觶皆爲爵，延熹中詔校書，定作觶。”段氏據此而謂，鄭玄注《儀禮》所據今文即延熹中校定本。由段熙仲所舉《儀禮》鄭注此一例證，則桓帝時校書亦曾參照古文，並不完全遵守家法，而與安帝時不同①。

漢和帝永元十四年，令博士及甲乙策試，從其家章句。而其時印刷術未發明，各家章句所載經文在傳寫時也不易免除錯誤，而這在考試時可引起争執，而黠者遂想辦法賄改蘭臺漆書經字，以與他私有的經本相合。因有此流弊，故在漢靈帝時，朝廷乃刻石經。《後漢書・宦者列傳・吕强傳》説：

> 巡（李巡）以爲諸博士試甲乙科，争第高下，争相告言，至有行賂定蘭臺漆書經字，以合其私文者，乃白帝，與諸儒共刻五經文於石，於是詔蔡邕等正其文字。自後五經一定，争者用息。

《後漢書・蔡邕傳》説：

> 邕以經籍去聖久遠，文字多謬，俗儒穿鑿，疑誤後學。熹平四年，乃與五官中郎將堂谿典，光禄大夫楊賜，諫議大夫馬日磾，議郎張馴、韓説，太史令單颺等，奏求正定六經文字。靈帝許之。邕乃自書丹於碑，使工鐫刻，立於太學門外。於是後儒取學，咸取正焉。

蔡邕此一建議是在漢靈帝熹平四年，透過宦官李巡的進言，而獲得靈帝允許。

（接上頁）《宦者列傳》：“迺選謁者劉珍及博士良史詣東觀，各讎校家法。”王先謙《後漢書集解》：“惠棟曰：孫愐云，良姓，《左傳》鄭大夫良霄，鄭穆公之子子良之後。”彰健按：“良史”係“郎史”之誤，“史”即“掾史”之“史”。惠棟釋良史爲人名，恐非。《漢書・儒林傳》：“大夫博士郎吏爲許氏學者”，此處“郎”“吏”二字連文，“良史”亦可能係“郎吏”二字之訛。

① 段熙仲《禮經十論》（《文史》第一輯，頁五）説：“自來校經注者，無考《寔傳》《桓紀》以證明此事者。盛庸三欲改爲延熹而有疑。盧紹弓直謂爲熹平之誤。阮氏校勘記最有識度，疑與熹平爲兩事。……鄭君作注時所據本，以此得知爲此校定之本，固宜爲熹平四年書石所從。”

而當時之刊立石經，那只是爲了給博士弟子以經文定本，免去其課試甲乙時，因所據經文不符合家法，而引起爭執。

《吕强傳》説："共刻五經文於石"；《蔡邕傳》説："正定六經文字。"五經與六經均係泛稱。《隋書·經籍志》説："後漢鐫刻七經"，此七經則爲實數，指《易》《書》《詩》《儀禮》《春秋經》《公羊傳》及《論語》。而民國時所出土漢石經殘石正有這七經的殘石。

熹平石經所用的本子，《易經》係用梁丘氏本。羅振玉曾指出：今存《易·雜卦》殘石第三行"易經梁"三字，乃《易經》之尾題，記其所用本爲梁丘氏本。羅氏並指出石經後記殘石提到"易梁"二字。其後馬衡見漢石經《易經》殘石遺文有合於京氏者，遂謂漢石經《周易》用京氏本。及漢石經《易經·校記》殘石發現，有"施孟京氏"等字，屈萬里先生遂爲文指出：漢石經《易經》係用梁丘氏本，而漢石經刻石時所用以校勘之本則爲施、孟、京三家本①。馬衡《漢石經集存》遂承認其前此所立説"輕率武斷"。

皮錫瑞《經學歷史》説，漢石經《尚書》係用的小夏侯本，皮氏未説明理由。吴維孝《新出漢魏石經考》及張國淦《漢石經碑圖》則以漢石經後記殘石提到《尚書》小夏侯，而謂漢石經《尚書》係用的小夏侯本。羅振玉也有此一意見。

錢玄同《重論經今古文學問題》則認爲漢石經《尚書》係用歐陽氏本。錢氏不過見《漢書·藝文志》所著録《尚書》歐陽經三十二卷，大小夏侯各二十九卷，歐陽經的篇數多，而漢石經《盤庚》殘石正於《盤庚》上篇、中篇之間的空格加點"·"，遂以爲漢石經《盤庚》亦分三篇，故認漢石經所用的《書經》爲歐陽氏本。

馬衡《漢石經集存》仍從錢説。而屈萬里先生《漢石經〈尚書〉殘字集證》則據《漢石經集存》所著録《酒誥》篇題"酒誥第十六"，指出，如漢石經將《盤庚》分爲三篇，或將《泰誓》分爲三篇，則《酒誥》篇題當爲第十八。今《酒誥》篇題爲第十六，故據此可定，漢石經《盤庚》《泰誓》皆不分三篇，而漢石經《尚書》

① 參看屈萬里先生《漢石經〈周易〉殘字集證》，卷一，頁二十五。屈氏《石經〈周易〉爲梁丘氏本考》刊佈於國立中央圖書館刊復刊第一號，民國三十六年三月出版。頃讀馬衡《凡將齋金石叢稿》，見其中有馬氏所著《漢石經〈易〉用梁丘本證》一文。該文説："一九四二年春，李涵初（培基）以拓本見寄。……今年春復寄一本來，而賸以他經小晝块本二紙。……其一爲易校記，……而兩見孟施京氏字，是可證易用梁丘，正可糾正前此之誤説。……亟馳書詢以石之所在。……"似馬氏此文亦《易經·校記》殘石初發現後不久所作。該文在馬氏生前未刊佈，當以屈文發表在先故。該文用公元紀年，不用民國正朔，疑係馬氏死後、整理馬氏遺稿的人所改。

當爲二十九篇，亦即小夏侯本。

彰健最初亦信從屈先生此説。頃讀《考古學報》一九八一年第二期許景元所撰《新出熹平石經〈尚書〉殘石考略》一文，知後來大陸新出石經《尚書·校記》有“大夏侯言”“大小夏侯言”“夏侯无”等校文，許氏遂據以推斷熹平石經《尚書》係據歐陽本刻石。許氏此説甚是。而歐陽本《尚書》篇題“酒誥第十六”，則可用以證明歐陽本《尚書》分篇分卷有西漢本東漢本的不同，此留待本書第十六章論今文《尚書》的篇數卷數時再討論。

《隋書·經籍志》著録“一字石經魯詩六卷”。宋洪适《隸釋》發現漢石經《詩經》殘石經文後有校記，“其間有齊韓字，蓋叙二家異同之説。猶《公羊》碑所云顔氏，《論語》碑所云，盍、毛、包、周之比”。洪氏遂據《隋志》，謂漢石經《詩經》所用本爲《魯詩》。

漢石經《儀禮》殘石有“鄉飲酒第十”篇題。故羅振玉、張國淦及馬衡均謂漢石經《儀禮》係用的大戴本。

在漢靈帝時，《春秋》之立於學官者，只公羊一家，則其刻石所用之《春秋》經文，當即公羊家傳習之本。現在還未發現《春秋經》校記殘石。

在漢靈帝時，《公羊春秋》有嚴、顔二家之學，立於學官。宋洪适《隸釋》(卷十四)所録石經《公羊傳》殘字，後有顔氏有無語，故馬衡認爲，漢石經以嚴氏本刻石，而兼存顔氏本異文於校記。

馬衡《漢石經集存》説：

> 《論語》爲專經所兼習，不立博士。《漢書·藝文志》言，《論語》有齊、魯、古三家。《古論》二十一篇，《齊論》二十二篇，《魯論》二十篇。洪氏《隸釋》所録《論語》篇末有“凡二十篇萬五千七百一□字”之紀數，是《魯論》之篇數。
>
> 今出《堯曰篇》殘石，“謂之有司”下，即接“凡二”二字，其下當是“章”字。陸德明《經典釋文》於《堯曰篇》出“孔子曰：不知命，無以爲君子也”，注云：“《魯論》無此章，今從古”，是《堯曰篇》之二章，亦《魯論》之章數。
>
> 然校記中未見“齊古”字，而有盍、毛、包、周字。《釋文·序録》言：“安昌侯張禹受《魯論》於夏侯建，又從庸生、王吉受《齊論》，擇善而從，號曰《張侯論》，最後而行於漢世。禹以論授成帝，後漢包咸、周氏竝爲章

句,列於學官。……鄭玄就《魯論》張、包、周之篇章,考之齊古,爲之注焉。"盍、毛今無考,校記中有一石,盍毛上有一從弓之字,羅振玉謂即張禹之張,是校記中又添一家矣。以是知後漢博士之所授,石刻之所刻,確爲《魯論》矣。

宋洪适《隸釋》著録漢石經殘石,係以《尚書》《魯詩》《儀禮》《公羊》《論語》爲次。及民國時,發現《易》及《春秋經》殘石,各家著録漢石經殘石,遂依《易》《書》《詩》《禮》《春秋》《公羊傳》《論語》此一次序。如:

馬衡《集拓新出漢魏石經殘字》,民國十七年拓本。

羅振玉《漢熹平石經殘字集録》初編、二編、三編、四編,民國十八年、十九年印本。

吴寶煒《集拓漢魏石經殘字》,民國十九年集拓本。

即均如此。

及民國二十年,張國淦著《漢石經碑圖》,他根據《新學僞經考》,指出數經典次序,在漢代有今文家、古文家的不同。他説:

諸經次第……考《論語·述而》《泰伯篇》,《詩》《書》《禮》;《禮記·經解篇》,《詩》《書》《樂》《易》《禮》《春秋》;《荀子·儒效篇》,《詩》《書》《禮》《春秋》;《莊子·天下篇》《天運篇》,《春秋繁露·玉杯篇》,《詩》《書》《禮》《樂》《易》《春秋》;《史記·儒林傳序》,《詩》《書》《禮》《易》《春秋》。……今文家説經宗之。

《漢書·藝文志》,《易》《書》《詩》《禮》《樂》《春秋》;《儒林傳》,《易》《書》《詩》《禮》《春秋》,……古文家説經者宗之(叙例,頁一)。

他認爲:

石經今文,當是首《魯詩》,次《尚書》,次《儀禮》,次《周易》,次《春秋》,次《公羊傳》《論語》。

其碑次,則西行《魯詩》《尚書》《周易》《春秋》《公羊傳》,南行《儀禮》(《儀禮》經字多於他經,故别南行),東行《論語》。

他排列漢石經碑次,將《儀禮》列於《公羊傳》後,與漢代今古文家經説均不同,這是由於他尊重陸機《洛陽記》的記載。《洛陽記》:

> 石經四部(按:指《洛陽記》下文所説《尚書》《周易》《公羊傳》《禮記》),本碑凡四十六枚。西行《尚書》《周易》《公羊傳》,十六碑存,十二碑毁;南行《禮記》十五碑,悉崩壞;東行《論語》三碑,二碑毁。(《後漢書·蔡邕傳》李賢注引)

張氏是爲了尊重漢石經碑石原有次第,故列《儀禮》於《春秋公羊傳》之後。

熹平石經既係今文,"當是首《魯詩》",則没有理由不依今文經説排列諸經次第。張氏既指出:《禮記·經解篇》係以《詩》《書》《樂》《易》《禮》《春秋》爲次,故民國二十三年屈萬里先生著《漢魏石經殘字》,民國二十七年羅振玉著《漢熹平石經殘字集録》增訂本,著録漢石經殘石,即改依《經解篇》,《詩》《書》《易》《禮》《春秋》此一次序。

馬衡《漢石經集存》則指出:

> 以《詩》《書》《禮》《樂》《易》《春秋》爲序,是西漢以前之説,爲今文家之次序。
>
> 以《易》《書》《詩》《禮》《樂》《春秋》爲序,是劉歆《七略》之説,爲古文家之次序。
>
> 自班固作《漢書》,採《七略》入《藝文志》,以《易》爲六經之首,嗣後遂爲定式。
>
> 漢石經皆今文,其排列之序宜從前者(按即指今文家説)。惜書缺有間,不能確知。(《集存·概述》,第一頁)

故馬氏仍從《洛陽記》,列《儀禮》於《春秋公羊傳》後。

馬氏説,今文家數經典次序係《詩》《書》《禮》《樂》《易》《春秋》,其説與張國淦同,而與屈、羅二氏之依《經解篇》者不同。馬氏顯不以屈、羅所排列爲然。今按:五經博士係漢武帝所設,司馬遷《史記·儒林傳》記漢代五經博士事迹,係依《詩》《書》《禮》《易》《春秋》此一次序,當與漢武帝時所定五經博士官制相合①。《史記·儒林傳》所記此一次序,既與董仲舒《春秋繁露·玉杯篇》相合,自係漢代今文家説。而《禮記·經解篇》説:"入其國,其教可知也",係先秦人語氣。《經解篇》顯然撰於先秦,恐不足據以論漢代今文經説,而謂漢代今文經説數諸經次第亦依《禮記·經解篇》。

① 《史記·儒林傳》:"余讀功令"。《索隱》:"即今之學令"。

西漢今文家數六藝次第，以《詩》《書》《禮》《樂》《易》《春秋》爲序，此應與《禮記・王制》："順先王《詩》《書》《禮》《樂》以造士，春、秋教以《禮》《樂》，冬、夏教以《詩》《書》"有關。《易經》係言天道，《春秋》則有微言大義，《易》與《春秋經》均較《詩》《書》《禮》《樂》爲深奥，故用以教人應在教以《詩》《書》《禮》《樂》之後。故《論語》記孔子所雅言，《詩》、《書》、執禮，僅提到《詩》《書》《禮》，不提《易》與《春秋》。而漢代古文家數諸經次第，將《易經》列於諸經之首，與舊説不同，此則與劉歆《七略》所説"《易》爲道之原"有關。

唐陸德明《經典釋文・序録》論及五經次第説：

《周易》文起周代，而卦肇伏羲，故《易》爲七經（《易》、《書》、《詩》、三《禮》、《春秋》）之首。……

古文《尚書》，既起五帝之末，理後三皇之經。……

《毛詩》既起周文，又兼三《頌》，故在堯舜之後。……

三《禮》，《周》《儀》二禮竝周公所制，宜次文王。……

《春秋》，既是孔子所作，理當後於周公。

《論語》，此是（孔子）門徒所記。

陸氏論經典次第則以撰著先後爲次。劉歆《七略・六藝略》以《易》《書》《詩》《禮》《樂》《春秋》爲次，恐亦隱含有此意。而劉歆所説，"《易》爲道之原"，其理由極冠冕堂皇。其爲《白虎通》、《漢書・藝文志》、《漢書・儒林傳》、《後漢書・儒林傳》、阮孝緒《七録》及《隋書・經籍志》所遵從，這是不足怪的。

《白虎通・五經篇》説：

五經何謂？《易》《尚書》《詩》《禮》《春秋》也。

《白虎議奏》係在漢章帝時，經章帝親臨，稱制裁決。其時參與議奏五經同異者，雖以今文家爲多，而對五經次序已改依古文家説。章帝"顧命史臣，撰爲通義"，而《白虎通》即係班固奉詔撰著。班固《漢書》在班固死時尚未完成，《漢書・儒林傳》《漢書・藝文志》之撰寫，已在著《白虎通》以後，故《漢書・藝文志》記六藝次第，《漢書・儒林傳》叙五經博士事迹，即遵依章帝所定這一次第，而自此以後，論六藝次第，遂以《漢書・藝文志》所記爲定式。

《漢書・杜周傳》："前主所是著爲律，後主所是疏爲令。"五經次第既經章帝裁定，而班固《漢書》亦係奉詔撰著，則漢靈帝時之刻石經，其於經典次第，没有理由不依從《白虎通》及《漢書・藝文志》所記。

而且漢石經《後記》殘石説：

> □□□子舍人傅彌易梁
>
> □□施氏郎中孫進尚書小夏侯郎中
>
> □雜考合異同各隨家法是正五經(羅振玉《漢熹平石經殘字集録》戊寅增訂本，卷下，頁三十六，及張國淦《漢石經碑圖》，頁四十七)

此處即先叙《易經》，然後才提《尚書》，則漢石經諸經次第，係依古文家説，應無疑義。

馬衡《漢石經集存》第一章《概述》已提到石經《後記》甲乙二碑。但該書却失收石經《後記》甲乙二碑的拓片及釋文。馬衡認爲：漢石經排列次序應依今文家説，惟"書缺有間，不能確知"，馬氏即未據石經《後記》殘石深考。

張國淦及馬衡依據《洛陽記》排列石經次序，以《魯詩》爲首，即與石經《後記》牴觸。張氏《漢石經碑圖》所復原漢石經原碑次序，即需據石經《後記》更正。

陸機《洛陽記》記漢石經，遺漏《詩》及《春秋經》未計；其謂"西行《尚書》《周易》《公羊傳》"，以《尚書》列於《周易》之前，亦與石經《後記》不符；其謂"南行《禮記》十五碑"，其所記《儀禮》碑數亦與《儀禮》實在碑數不符(詳後)。陸機係三國時吴人，其入洛已在晉武帝平吴以後。王國維先生《魏石經考》曾疑《後漢書・蔡邕傳》注所引《洛陽記》非陸機所作，王氏所疑亦頗有理由。總之，論漢石經次第，斷當以漢石經後記所記爲正。

一字石經爲漢石經，三字石經爲魏石經，范曄《後漢書》誤以靈帝時所刻石經爲古文、篆、隸三體，這一點已經宋儒張舜民、趙明誠、洪适等人糾正。《隋志》著録一字石經，係以《易》《書》《詩》《禮》《春秋》《公羊傳》《論語》此一次序。《隋書・經籍志》提到：石經原碑於隋代運入長安，"置於秘書省，議欲補緝收聚之，立于國學，尋屬隋亂，事遂寢廢。營造之司，因用爲柱礎。貞觀初，秘書監臣魏徵始收聚之，十不存一。其相承傳拓之本，猶在秘府"。《隋書・經籍志》所著録，來源有自。所著録石經拓本次序必有所本。我們不可將其次序輕易改易。

《隋書・經籍志》著録：

> 一字石經《周易》一卷，梁有三卷。

一字石經《尚書》六卷。

一字石經《魯詩》六卷。

一字石經《儀禮》九卷。

一字石經《春秋》一卷，梁有一卷。

一字石經《公羊傳》九卷。

一字石經《論語》一卷，梁有二卷。

按《隋書·經籍志》所謂“梁有”，是指任昉、殷鈞《四部目録》及《文德殿目録》，及阮孝緒《七録》有此書。而梁朝所有，至唐初已有殘缺失亡，故《隋書·經籍志》遂説某書梁有多少卷，今亡。而於唐初仍存及卷數未減少者則不注明。

《隋書·經籍志》此處説，“一字石經《春秋》一卷，梁有一卷”。姚振宗《〈隋書·經籍志〉考證》疑“梁有一卷”的“一”字係“十”字的錯字。屈萬里先生《漢石經〈周易〉殘字集證》（頁十）説：

（《隋志》）《春秋》，梁一卷，隋一卷。

《隋志》已著録之石經，而未言梁有若干卷者，蓋《隋志》之疏。

屈氏即未慮及：“梁有一卷”的“一”字係因傳抄刊刻而有的錯字。屈氏説“《隋志》未言梁有若干卷者，蓋《隋志》之疏”，屈氏似未明《隋書·經籍志》體例。

羅振玉著録漢石經殘字時，已注意漢石經每行字數，及漢石經書寫格式，如篇題占一行，經文上篇中篇之間加點“·”等等。他更觀察殘字餘石，以確定殘字在碑中的位置。張國淦則進一步根據今本經文，參據這些殘石，企圖將漢石經諸碑畫圖復原。張氏曾注意到：今存殘石有些兩面有字，在復原時需使這兩面有字的經文正在復原的碑圖的正面及背面，而位置也要恰合。爲了要適合這一條件，他遂發現：漢石經係每經自爲起訖；經文自該經第一碑正面刻起，刻到正面第末一碑，然後又自末碑背面刻起，直至第一碑的背面爲止；而該經的碑數及該經所附校記占據碑的位置，亦因此可以確定。

在張國淦著《漢石經碑圖》時，漢石經殘石表裏都刻有字的，計《周易》一石、《魯詩》二石、《春秋經》一石、《公羊傳》一石。故《漢石經碑圖》所考出的石經碑數：《周易》四碑、《魯詩》九碑、《春秋經》四碑、《公羊傳》六碑，此四經碑數均確鑿可信。

漢石經《尚書》殘石未發現表裏刻字的。《洛陽記》説，“西行《尚書》《周易》《公羊傳》十六碑存，十二碑毁”。王國維在所著《魏石經考》中，討論漢石經碑數，謂漢石經西行者應有《詩經》在内，故張國淦遂以西行二十八碑，減去《周易》四碑、《魯詩》九碑、《春秋經》四碑、《公羊傳》六碑，而定《尚書》碑數爲五碑。

張氏所復原《尚書》碑圖，其第三碑正面背面經文均爲二十六行，第五碑正面爲四十一行，背面爲四十行，行數相差過鉅。故屈萬里先生《漢石經〈尚書〉殘字集證》將張氏所復原《尚書》碑數改爲四碑。其經文行數較張氏復原的爲整齊，但因無《尚書》表裏刻字殘石，不知《尚書》校記究竟占碑的多少位置，故《尚書》碑數，嚴格説，仍無法確定。以西行碑數減去《周易》《詩》《春秋經》《公羊傳》碑數，亦因《洛陽記》所記數字本身有問題，此所得碑數也並非完全確鑿可信。

《洛陽記》説，"南行《禮記》十五碑"。王國維先生《魏石經考》曾指出：此《禮記》十五碑，非四十九篇之小戴《禮記》。因四十九篇字數九萬八千九百九十九字，非十五碑所能容。而東漢魏晉已以今之《儀禮》爲《禮記》，"如鄭君《詩・采蘩》箋引《少牢饋食禮》，郭璞《爾雅・釋詁》引《士相見禮》，《釋言》注引《有司徹》，《釋草》注引《喪服傳》，皆云'禮記'。"

在張國淦著《漢石經碑圖》時，《儀禮》殘石表裏刻有字的尚未見著録，故張國淦遂依從《洛陽記》，謂《儀禮》十五碑。

至羅振玉《漢熹平石經殘字集録》戊寅增訂本，及馬衡《漢石經集存》始著録《儀禮》表裏刻字殘石。其一碑文陽面刻《既夕禮》，背面刻《聘禮》及《公食大夫禮》，故劉文獻《漢石經〈儀禮〉殘字集證》遂據以重繪《儀禮》碑圖，定石經《儀禮》爲十一碑。

此因有表裏殘石爲證，故所考得碑數應較張圖及《洛陽記》所記爲可信。

《洛陽記》遺漏《春秋經》及《詩經》未舉；其所記《儀禮》碑數，又與現存實物不符。故我們對《洛陽記》所記漢石經碑的次序及碑數，實不必太尊信。

如依王國維之説，謂西行有《尚書》《周易》《公羊傳》，南行有《禮記》，此恐亦與漢石經《後記》諸經次序不符。在王國維考漢石經碑數時，此《儀禮》表裏刻字殘石及石經《後記》，可能均尚未發現，故王氏只能據《洛陽記》立論。

王國維認爲《禮記》十五碑，可能包括漢石經《儀禮》校記及題名。健按：漢石經每經自爲起訖，每經碑末已包含校記及題名在内。《儀禮》只十一碑，並無十五碑。至於漢石經《後記》二碑，則鄙意，當位於漢石經《論語》碑後，不在南行碑數之内。古人尚右，故碑的排列次序係自東而西，然後向南，然後折而向東,故《論語》碑的位次最後。而漢石經《後記》碑應在《論語》碑之後。

漢石經《論語》亦未發現表裏刻字殘石,故其碑數,張國淦仍從《洛陽記》所記,定爲三碑。在目前,我們對漢石經《論語》的碑數,仍只能如此處理。

《後漢書・蔡邕傳》説,漢石經"立於太學門外",而《水經・穀水注》則謂"立於講堂前,悉在其東側",並説"邕乃自書丹於碣,使工鎸刻,立於太學門外"。今考漢石經《後記》提到"列置講堂",此亦當以石經《後記》殘石所記爲正。

漢石經碑石總數,《太平御覽・文部》引《西征記》云四十枚,《洛陽記》云四十六枚,《洛陽伽藍記》云四十八枚。今可確知者,《易》四碑,《詩》九碑,《儀禮》十一碑,《春秋經》四碑,《公羊傳》六碑,《論語》或爲三碑,《尚書》仍不能確定其碑數,外加石經《後記》二碑。我們仍無法確定漢石經碑的總數。《西征記》諸書所記漢石經碑數均不足據。

前人利用漢石經殘石,與今本經文對校,其研究成績,今擇要簡述於下:

《漢志》著録《易經》十二篇。其篇題當爲《上經》第一,《下經》第二,《上彖》第三,《下彖》第四,《上象》第五,《下象》第六,《上繫》第七,《下繫》第八,《文言》第九,《説卦》第十,《序卦》第十一,《雜卦》第十二。其大題爲《易經》。

漢石經《説卦》分章與今本不同。由《説卦》殘石看來,乾至兑八卦之次第當爲:乾爲天第一,坤爲地第二,震爲雷第三,坎爲水第四,艮爲山第五,巽爲木第六,離爲火第七,兑爲澤第八。馬衡認爲,依此排列,則諸殘字皆可通讀。

《書經・無逸篇》説:

> 周公曰:嗚呼!我聞曰,昔在殷王中宗,嚴恭寅畏,天命自度,治民祗懼,不敢荒寧,肆中宗之享國,七十有五年。
>
> 其在高宗,時舊勞于外,爰暨小人。作其即位,乃或亮陰,三年不言。其唯不言,言乃雍。不敢荒寧,嘉靖殷邦。至于小大,無時或怨。肆高宗之享國,五十有九年。
>
> 其在祖甲,不義惟王,舊爲小人。作其即位,爰知小人之依,能保惠于庶民,不敢侮鰥寡。肆祖甲之享國,三十有三年。
>
> 自時厥後,立王生則逸,……惟耽樂之從。自時厥後,亦罔或克壽。

或十年,或七八年,或五六年,或四三年。

此係依中宗、高宗、祖甲爲次,予以叙述。

在宋朝發現漢石經《無逸篇》殘石,洪适《隸釋》據以與今存僞孔傳本《無逸篇》對校。洪氏發現"殘石闕祖甲,計其字蓋在中宗之上",而殘石説高宗饗國百年,亦與孔傳本作"五十九年"不同。

清段玉裁《古文尚書撰異》對此一問題曾作進一步的研究。他説:

(《史記》)《魯世家》:"其在祖甲,不義惟王,久爲小人於外,知小人之依,能保施小民,不侮鰥寡,故祖甲饗國三十三年。"其文在"高宗饗國五十九年"之下,與古文《尚書》同。而漢石經"高宗饗國百年""自時厥後",《隸釋》所載殘碑緊接,不隔一字,……是今文《尚書》與古文《尚書》大異也。考《殷本紀》,太甲稱太宗,太戊稱中宗,武丁廟爲高宗。《漢書》(《韋玄成傳》)王舜、劉歆議曰:"於殷大甲曰太宗,大戊曰中宗,武丁曰高宗,周公毋逸之戒,舉殷三宗勸戒成王。"儻非《尚書》有"太宗"二字,司馬(遷)、王(舜)、劉(歆)不能臆造。賈誼曰:"顧成之廟,稱爲太宗。"景帝元年,申屠嘉等議曰:高皇帝廟宜爲太祖之廟,孝文皇帝廟宜爲太宗之廟,實本《尚書》。據此,則今文《尚書》"祖甲"二字作"太宗"二字,其文之次當云"昔在殷王太宗""其在中宗""其在高宗"。不則今文家末由倒易其次第也。

今本《史記》同古文《尚書》者,蓋或淺人用古文《尚書》改之。

《殷本紀》曰:"帝甲淫亂,殷復衰",與《國語》"帝甲亂之,七世而隕"相合。太史公既依《無逸篇》云太甲稱太宗,則其所謂"淫亂,殷復衰"者,必非古文《尚書》之祖甲可知也。

王肅注古文《尚書》而曰:"祖甲,湯孫太甲也。先中宗,後祖甲,先盛德,後有過",此用今文家説注古文。而不知從今文之次,則太宗爲湯孫太甲;從古文之次,則祖甲爲祖庚之弟帝甲,各不相謀也。

從王肅及僞孔叢子之曲説,則(《無逸篇》)後文,"自殷王中宗及高宗及祖甲及我周文王",豈先盛德,後有過之云乎?故知"自殷王中宗及高宗及祖甲",今文《尚書》必云"自殷王太宗及中宗及高宗",此無可疑者。

此條今文實勝古文。古文祖甲在高宗之後,則必以帝甲當之。帝甲非賢主,雖鄭(玄)君之注,亦不得不失之誣矣。

民國時，張國淦著《漢石經碑圖》，遂據段玉裁説，將《無逸篇》“祖甲”二字，均改爲“太宗”，並將“祖甲不義惟王”至“享國三十有三年”移接於“昔在殷王”下，而於“中宗嚴恭寅畏”上加“其在”二字。他並將“自殷王中宗及高宗及祖甲”亦改爲“自殷王太宗及中宗及高宗”。他認爲這就是漢代的今文《尚書·毋劮篇》。

屈萬里先生《漢石經〈尚書〉殘字集證》亦以段説爲然，但屈氏所復原《尚書》碑圖，於《無逸篇》，則於“昔在殷王”及“中宗嚴恭寅畏”之間保留空白三十八字。而對《無逸篇》所説：“自殷王中宗及高宗及祖甲及我周文王”，此祖甲二字却仍寫作“祖甲”，未改爲“太宗”，也未將其挪於“中宗”二字之前，與段説不符，與張國淦所復原《碑圖》亦不同。

彰健按：段氏此説尚可商榷。

《書序》説：

> 成湯既没，太甲元年，伊尹作《伊訓》《肆命》《徂后》。
>
> 太甲既立，不明，伊尹放諸桐，三年復歸於亳，思庸，伊尹作《太甲》三篇。

《史記·殷本紀》説：

> 帝太甲元年，伊尹作《伊訓》，作《肆命》《徂后》。
>
> 帝太甲既立三年，不明，暴虐，不遵湯法，亂德，於是伊尹放之桐宫。……
>
> 帝太甲居桐宫三年，悔過……於是伊尹迺迎帝太甲而授之政。
>
> 帝太甲修德，諸侯咸歸殷，百姓以寧。伊尹嘉之，迺作《太甲訓》三篇褒帝。太甲稱太宗。

由於漢石經《書經》僅有二十九篇的序，並無百篇《書序》，故知上引《殷本紀》自“帝太甲元年”起，至“作《太甲訓》三篇褒帝”止，係依據古文《書序》。

太史公從孔安國問故，遷書載《堯典》《禹貢》《洪範》等篇多古文説，則《魯世家》據古文《尚書》徵引《無逸篇》，自亦順理成章之事，恐不能説是後人竄改。

孔壁本《尚書》較伏生本多十六篇，中有《伊訓》而無《太甲》，則太史公所説“太甲稱太宗”，當非據《伊訓》，也非據《太甲訓》。

古文《尚書》《無逸篇》係作“祖甲”，而非“太宗”，則《史記》説“太甲稱太宗”，亦非據古文《尚書》《無逸篇》。

今文《尚書》祖甲既在中宗之前，而《史記》釋中宗爲太戊。在太戊之前殷代君主稱“甲”者僅太甲及小甲，而小甲無事可叙，則很可能漢代今文《尚書》經師即以此釋祖甲爲太甲。其稱之爲太宗，很可能在伏生《尚書大傳》即已據舊説而如此解釋。

劉歆爲古文經師。其所見古文《尚書》《無逸篇》叙“祖甲”事，已在“高宗”之後，而劉歆仍釋“祖甲”爲太甲，稱之爲太宗，其理由很可能是由於《殷本紀》所記殷王，在高宗之後僅有帝甲稱甲，而《史記》説，“帝甲淫亂，殷復衰”；《國語》説，“帝甲亂之，七世乃隕”，帝甲非賢君，故劉歆仍從今文經師釋此祖甲爲太甲，爲太宗。

就古文《尚書》來説，既先叙中宗、高宗而後叙及祖甲，並説“自時厥後，立王生則逸”，則經文顯係依照這三個王在位的時間先後叙述，而且《無逸篇》下文説“自殷王中宗及高宗及祖甲及周文王”，亦顯係依時代先後次序，故劉歆釋祖甲爲太甲，爲太宗，顯然與古文《尚書》《無逸篇》經文不符。

因此，《史記・魯世家》集解引馬融、鄭玄曰：

> 祖甲，武丁子，帝甲也。

孔穎達《尚書正義》引鄭玄曰：

> 祖甲，武丁子帝甲也。有兄祖庚賢，武丁欲廢兄立弟，祖甲以此爲不義，逃於人間，故云“久爲小人”。

馬融、鄭玄即不從劉歆所釋。

王肅好賈逵、馬融之學，而喜與鄭玄立異，故王肅釋古文《尚書》此處仍説祖甲爲太甲；僞《孔傳》所説多同王肅，僞《孔傳》説《無逸篇》先叙中宗高宗，次叙祖甲，係以“德優劣及立年多少爲先後”。這種解釋顯與古文《尚書・無逸篇》，“自時厥後，立王生則逸”不合。

劉歆、王肅釋祖甲爲太甲，主要係因《國語》説，“帝甲亂之，七世乃隕”，帝甲非賢主，故周公應不致在《無逸篇》中稱贊帝甲。其實，《國語》所説與《無逸篇》所説並不牴觸。《無逸篇》主要是説此諸人在位，不耽樂是從，不敢荒寧，故享國久長。不耽樂是從，勤政愛民，這只是賢君的必需條件，而非充足條件。明代亡國之君崇禎帝也可以説是勤政愛民,不耽樂是從,但崇禎爲政仍多缺失,仍然是亡國之君,明朝之亡,他仍負很大的責任。《國語》説,“帝甲亂之,七世乃隕”,這只是指他有亂政,政治措施有不宜處,此與其憂勤不敢荒寧,並不一定牴觸。董作賓先生根據甲骨文,指出殷代禮制有新派與舊派,而祖甲爲新派之創始者,董先生此説正可爲拙説佐證。

段玉裁改“其在祖甲”爲“昔在殷王太宗”,並將祖甲“不義惟王”這一段挪到前面,並改“自殷王中宗及高宗及祖甲及我周文王”爲“自殷王太宗及中宗及高宗及我周文王”。如今文《尚書》原本如是,則今文《尚書》此處已文從字順,則劉歆、馬融、鄭玄即無改從古文《尚書》的理由。

以情理來判斷,今文《尚書》此處係有錯簡,誤將祖甲“不義惟王”這一段録於“中宗嚴恭寅畏”之前。由於今文《尚書》仍然説:“自殷王中宗及高宗及祖甲及我周文王”,故孔壁本《尚書》出,古文經師馬融、鄭玄得據以判定今文《尚書》有錯簡,馬融遂對“祖甲”二字提出新解,釋祖甲爲帝甲,而其説遂爲鄭玄所本。

古文經師釋經,講究“玩經文”,需與經文相合,並不一定要遵守師説,故馬融、鄭玄此處所解與劉歆有異,而王肅亦與馬鄭有異。太史公在劉歆之前。太史公録《無逸篇》於《魯世家》。在太史公時,古文《尚書》經説對祖甲的解釋可能仍釋爲太甲,不必説太史公《史記》此處爲後代淺人竄亂。

《無逸篇》所説中宗,王國維《殷卜辭中所見先公先王續考》已據殷墟卜辭及古本竹書紀年指出,應指祖乙,不指太戊。《史記》釋爲太戊,這是錯的。而此一問題則與漢代今古文學派的争執無關。

《史記·夏本紀》《殷本紀》《周本紀》敘述夏商周三代事,係依據古文《書序》。對《尚書·書序》問題,清儒因未見漢石經《書序》殘石,故所論多誤。對《書序》問題,留待後文再討論。

對漢石經《詩經》殘石,羅振玉、馬衡等人發現:《魯詩》與《毛詩》不僅篇次有異,即章次亦不同。馬衡《漢石經集存》説:

> 篇次之異者,《鄭風》則《羔裘》《遵大路》《有女同車》相次;《小雅》則《車攻》《吉日》《白駒》相次,《大田》《瞻彼洛矣》《湛露》相次,《裳裳者華》《蓼蕭》相次,《彤弓》《賓之初筵》相次;《大雅》則《旱麓》《靈臺》《思齊》相次,《生民》《既醉》《鳧鷖》《民勞》相次,《韓奕》《公劉》相次,《桑

柔》《瞻卬》《假樂》相次;《大雅·無蕩之什》,《假樂》後即接《生民之什》尾題。

章次之異者,《邶風·式微》,"泥中"在"中路"之前;《秦風·黃鳥》,"仲行"在"鍼虎行"後;《小雅·都人士》無首章。(《釋文》,頁二十一)

《魯頌》《閟宫》分章,魯與毛異。(《釋文》頁十五)

《儀禮·鄉飲酒禮》殘字如據以復原,則今本《儀禮·鄉飲酒禮》有一六八字無法列入所復原碑圖。羅振玉、馬衡疑《儀禮》章次,古、今文亦有異同。

今考張國淦及劉文獻所復原漢石經《儀禮》碑圖,《鄉飲酒禮》計三十五行,每行七十三字。而碑圖中所列三十五行,已有三十一行發現殘字,則今本所多一六八字不可能在《鄉飲酒禮》别的行内。《儀禮》鄭注已參據今古文,鄭玄未説此處今古文有異。頗疑此處多出百餘字,應在漢石經《儀禮》校記内,爲大戴本所無,而爲小戴本所有。

馬衡《漢石經集存》説:

今之三《傳》皆附經以行,而三家之經各有異同,尤以《公羊經》之異文、衍文獨多。以新出石經校之,除"邾"稱"邾婁"外,其他異文、衍文有不盡同於今本者。如僖十年,"晉里克殺其君卓子",左、穀二家皆無"子"字,今殘石正作"卓",同於二家。成十五年,"晉侯執曹伯歸之於京師",今殘石無"之"字,同於二家。昭十一年"春王正月",今殘石作"二月",同於二家。昭二十年,"盜殺衛侯之兄輒",公、穀皆同,獨左氏"輒"作"縶",今出殘石正作"縶"。……

又今本襄二十五年冬,"鄭公孫囆率師伐陳",左、穀二家並作"公孫夏"。按:《左氏襄十九年傳》云:"於四月丁未,鄭公孫囆卒,赴於晉,大夫范宣子言於晉侯,以其善於伐秦也。六月晉侯請於王,王追賜之大路,使以行禮也",囆既卒於襄十九年,故左、穀二家書伐陳者爲公孫夏。今二十五年殘石未出,不能證明伐陳者之爲夏爲囆,而襄二十九年殘石尚有公孫囆之紀載。考其文爲仲孫偈會晉荀盈等城杞之役,今本三傳之經文並作公孫段,而石經獨作公孫囆。是時距天子賜以大路,已隔十年,能謂諸儒正定五經,必無舛誤耶?

石經《公羊傳》係用的嚴氏本,而以顔本異同附入校記。洪适《隸釋》著録《公羊傳》校記殘石:

有。傳桓公二年顏氏有所見異辭所聞異
何以書記災也。卅年顏氏言君出則已入
顏氏無伐而不言圍者非取邑之辭也。十

今本何休《春秋公羊經傳解詁》桓公二年《傳》正有“所見異辭所聞異辭”，何氏本與顏氏本同。

“何以書？記災也”，王國維先生認爲：“何”上當闕“顏氏言”三字；又此條下空一格有“卅年”字，則此條當爲僖公二十年傳“西宫災，何以書？記異也”之校語。校語既作“災”，則其本文當作“異”；唐石經《公羊傳》作“災”，與顏氏本合；宋十行本作“異”，則與嚴氏本合。

“卅年，顏氏言君出則已入”，何休《解詁》僖公卅年《公羊傳》文與顏氏本同。

顏氏無“伐而不言圍者非取邑之辭也”。何休《解詁》襄公十二年傳文正有此十二字，與嚴本同。故王國維據此，遂謂：

> 劭公之本，實兼採嚴、顏二家，與康成（鄭玄）注《禮經》《論語》體裁略同。知後漢之季，雖今文家亦尚兼綜，而先漢專己守殘之風一變，家法亦不可問已。（《觀堂集林》卷四《書春秋公羊傳解詁後》）。

王氏謂，何本兼採嚴、顏。然考今本《公羊昭公二十五年傳》説：

> 諸大夫皆哭，既哭，以人爲菑。

何休《解詁》：

> 菑，周埒垣也，所以分别内外，爲威儀。今大學辟雍作“側”字。

是何休作《解詁》時，已參考熹平石經。何休此處傳文不從石經作“側”而作“菑”。由於何氏僅説大學辟雍作“側”，未分别嚴、顔，是嚴、顔經本此處皆作“側”。而何休作“菑”，何氏所據應係另一本。

何休《春秋公羊經傳解詁序》對嚴、顔二家曾備致不滿，序文説：

> 説者疑惑(《公羊疏》:“説者”謂……嚴彭祖、顔安樂之徒)，至有倍經任意，反傳違戾者(《公羊疏》：春秋有三世異辭之言，顔安樂以爲從襄公二十一年之後孔子生訖，即爲所見之世，是任意。……宣十七年言日不言朔者，是二日明矣。而顔氏以爲十四日日食，是反傳違戾)。……是以講誦師言，至於百萬，猶有不解(《公羊疏》……嚴顔之徒，解義不是。……)。時加釀嘲辭，援引他經，失其句讀，以無爲有(《公羊疏》：公羊經傳本無以周王爲天囚之義，而公羊説及嚴、顔之徒，以周王爲天囚)，甚可閔笑者，不可勝記也。

何休序文並説他自己“依胡毋生條例，多得其正”，則何休於經文傳文很可能亦參據胡毋生這一派人所傳的本子，故昭公二十五年《傳》文作“菑”，不作“側”，與石經不同。

馬衡《漢石經集存》説:“《公羊傳》僖公十至十六年，今本竟多出六十餘字。”何休本亦應有所據。此所多出六十餘字，亦可能見於石經《公羊傳》後所附校記，爲顔氏所有，而爲嚴本所無。上引襄公二十九年經文，石經作“公孫囆”，而何休本作“公孫段”，亦可能顔本作“段”，見於校記；亦可能何休作“段”，源出於胡毋生本。因石經校記殘缺，對此問題只好缺疑不論。

《漢書・儒林傳》説：

> 胡毋生，字子都。……齊人。治《公羊春秋》，爲景帝博士，與董仲舒同業。仲舒著書稱其德。年老，歸教於齊。齊之言《春秋》者宗事之，公孫弘亦頗受焉。而董生爲江都相，自有傳。弟子遂之者，蘭陵褚大，東平嬴公，廣川段仲，温吕步舒。……唯嬴公守學，不失師法，爲昭帝諫大夫，授東海孟卿，魯眭孟，孟爲符節令，坐説災異誅，自有傳。嚴彭祖……與顔安樂俱事眭孟……各持所見，……由是《公羊春秋》有嚴、顔之學。

《後漢書・儒林傳》説：

> 《前漢書》：胡毋子都傳《公羊春秋》，授東平嬴公，嬴公授東海孟卿，孟卿授魯眭孟，孟授東海嚴彭祖、魯人顔安樂。

《後漢書》謂嚴、顔之學出於胡毋子都，即係誤解《前漢書・儒林傳》此處文義。嚴、顔之學出於董仲舒，應以《漢書・儒林傳》所記爲正[①]。

《後漢書・儒林傳》於丁恭、周澤、鍾興、甄宇、樓望、程曾諸人，俱言其"習嚴氏《春秋》"，於張玄則言其習顔氏《春秋》，於李育則未言其習嚴氏或顔氏，於何休則言"（休）與其師博士羊弼，追述李育意，以難二《傳》，作《公羊墨守》《左氏膏肓》《穀梁廢疾》"。劉師培認爲，何休之學源出於胡毋子都及李育，[②]劉説蓋可信。而羊弼爲嚴氏博士，抑顔氏博士，則無考。

《晉書・荀崧傳》：

> 太學有石經古文，先儒典訓，賈、馬、服、鄭、杜、孔、王、何、顔、尹之徒，章句傳注衆家之學，置博士十九人。

此中何指何休；顔即顔安樂；尹即尹更始，爲穀梁經師。荀崧未提嚴彭祖。很可能嚴氏《春秋》之長處已被何休吸收，故魏晉時立博士，即省嚴彭祖一家，而以何休代替，頗疑何休之師羊弼當爲嚴氏博士。

《隸釋》所著録石經《公羊傳》殘石附有校記，記嚴顔異同，而《春秋經》則尚未發見校記殘石。在漢代，施、孟、梁丘之《易》均出於田何，歐陽、大小夏侯《尚書》均出於伏生，而《易經》《尚書》均有校記殘石，則《春秋公羊傳》有嚴、顔二家，而其經文仍可能有傳寫及師讀改字所引起的歧異。馬衡《漢石經集存》説，"《春秋經》之立於學官者，祇公羊一家，無所用其校記。"馬氏此説恐不可信。

漢石經僅列舉五經經文、《公羊傳》文及《論語》經文各家異同，而不判斷這些異同的是非高下。假如像賈逵奉詔撰歐陽、大小夏侯與古文《尚書》同異，於《洪範》經文"曰弟"，奏定從今文，作"曰圛"；像桓帝時校《儀禮》，定從今文作"觶"，這需敘述理由，恐非碑石所能容。而且奏定從某，也不易得到學者一致的同意。故石經所附校記僅列舉同異，而不加判斷抉擇，這是非常明智的措施。石經《後記》説：

---

① 劉師培，《左庵集》卷三，《書魏默深古微堂集後》。
② 同上。

□□□子舍人傅彌易梁
□□施氏郎中孫進尚書小夏侯郎中
□雜考合異同各隨家法是正五經

“考合異同”即指石經附以校記；而“各隨家法是正五經”，即命令博士弟子各隨其家法，如嚴氏《春秋》博士弟子，其經文、傳文即以碑所刻正文爲正；顔氏弟子則以碑本所附經文、傳文校記爲正。朝廷並不分辨嚴、顔二本的是非優劣高下，而博士弟子課試仍以碑本所載他的家法所用的本子爲正，以免除争端。

在漢安帝時，曾令五經博士各隨家法，是正五經文字。《儀禮·有司徹》鄭注：“古文觶皆爲爵，(桓帝)延熹中，詔校書，定作觶。”安帝之後爲順帝、冲帝、質帝、桓帝，桓帝之後爲靈帝，如依“後主所是疏爲令”此一觀點，則漢靈帝時刻石經，應以桓帝時的校本爲定本。而由漢石經《後記》正可證明段熙仲的此一推測——石經係據桓帝時校本上石，合於當日史實。而漢靈帝時博士弟子之賄改蘭臺漆書經字，此一蘭臺漆書經本，亦應指桓帝時所校定之此一經文定本。

石經《後記》説：

□□□□實則虚僞
□□□□與五經博士
□□□字摩滅解落霣脱
□□章言考覆紛紛家殊人
□學猾吏以人事相陰陽或競
舊聞留心稽古汲汲秘觀校序文
□石雜與光禄勳劉寬五官中郎將堂谿
□□□□□□□實無相奪倫願

《後記》又一石：

□□□□□□□□以經本各一通付大常諸
□□□□□□□字疵毀所不知書策解難固必
□□□□□本及傳記論語卽詔所校定以爲可
□□□列置講堂以參當試壹勞而永逸暫費而

《後記》殘石即提到“祕觀”及“以經本各一通付大常諸(博士)”。《後記》説：“本及傳記、《論語》,即詔所校定”;以《後記》上文提到“經本各一通”,故知“本及傳記”的“本”字上缺一“經”字。由於石經《後記》殘石有一處提到：

尚書令邊
□穿鑿飾

(羅振玉,《漢熹平石經殘字集録》戊寅增訂本,頁三十六)

故知“(經)本及傳記、《論語》即詔所校定”,是説五經及傳記、《論語》均爲邊韶所校定,而所謂“傳記”即指《公羊傳》。

《後漢書·文苑傳》:

> 邊韶,字孝先,陳留浚儀人也。以文學知名,教授數百人。……弟子私嘲之曰:“邊孝先,腹便便。五經笥,但欲眠。”韶潛聞之,應時對曰:“邊爲姓,孝先字。腹便便,五經笥。但欲眠,思經事。寐與周公通夢,静與孔子同意。師而可嘲,出何典記?”嘲者大慚。韶之才捷皆此類也。
>
> 桓帝時,爲臨潁侯相,徵拜太中大夫,著作東觀,再遷北地太守,入拜尚書令,後爲陳相,卒官。著詩、頌、碑、銘、書、策,凡十五篇。

邊韶以“腹便便,五經笥”自詡,是其人亦博通五經。《隸釋》卷三有邊韶所撰《老子銘》説：

（桓帝）延熹八年（一六五年）八月甲子，皇上尚德弘道，……夢見老子，尊而祀之。于時陳相邊韶典國之禮，……敢演而銘之。

是邊韶在桓帝時爲尚書令，在桓帝延熹八年時即已出爲陳相，其後卒於官。《後漢書·孝明八王列傳》："熹平二年國相師遷追奏前相魏愔與（陳王）寵共祭天神，希冀非常"，則邊韶之爲陳相卒官，應在桓帝時。靈帝熹平四年（一七五年）刻石經，邊韶不可能參預其事。段熙仲已據《儀禮》鄭注指出"古文'觶'皆爲'爵'，延熹中，詔校書，定作'觶'"，而邊韶在爲尚書令前，曾著作東觀，而其事亦在桓帝延熹八年以前。邊韶爲尚書令在桓帝時，石經《後記》説，"尚書令邊"，"經本及傳記、《論語》即韶所校定"，則其校定五經及《公羊傳》《論語》應係桓帝時事，而熹平石經正係據桓帝時邊韶校定本上石。

馬衡《漢石經集存》據石經《後記》，知《論語》爲邊韶所校定，而不知五經及《公羊傳》亦邊韶所校定。馬氏將邊韶校《論語》，説爲漢靈帝刻熹平石經的第一步工作，視爲漢靈帝時事。馬氏即未據《後漢書·文苑傳》及《隸釋》老子銘深考。①

段熙仲知漢石經係據漢桓帝延熹時崔寔所校本上石。今由漢石經《後記》殘石，知延熹校定本實由尚書令邊韶主持，並予以完成。②

邊韶於桓帝延熹中校書，已據古文參校，並對異文判定其取捨。但靈帝時刻石經，主要係爲了課試博士弟子，需提供博士弟子以經文定本，需令其"各隨家法是正五經文字"。古文經既未立學，故漢石經所附校記無列舉古文經異文的必要；既係令學者，據石經正文及其校記，各隨家法是正五經文字，則石經所附校記亦僅列舉各家異文，而無判定這些異文是非高下的必要。故漢石經雖據邊韶校定本刻石，而這些地方仍與邊韶校定本不同。這也可説是漢石經不如邊韶校定本處。

漢石經僅係爲了應付博士弟子考試需要，而未列舉古文經異文，這對追求真理來説，畢竟是一缺憾。故在漢靈帝時，盧植即上疏要求參據古文經典，刊正碑文。

《後漢書·盧植傳》：

---

① 參看馬衡《漢石經集存》第一章《概述》，以文繁不引。

② 《後漢書·崔寔傳》："與邊韶、延篤等著作東觀，出爲五原太守。……以病徵拜議郎，復與諸儒博士共雜定五經，會梁冀誅，寔以故吏，免官禁錮。"崔寔僅係參與校定之一人。

盧植,……少與鄭玄俱事馬融,能通古今學,好研精而不守章句。……靈帝建寧(一六八—一七二)中,徵爲博士。……

熹平四年,九江蠻反。四府選植才兼文武,拜九江太守,蠻寇賓服。以疾去官。作《尚書章句》《三禮解詁》。

時始立太學石經,以正五經文字。植乃上書曰:"臣少從通儒故南郡太守馬融受古學,頗知今之《禮記》,特多回穴。臣前以《周禮》諸經,發起粃謬,敢率愚淺,爲之解詁。而家乏無力供繕寫上。願得將能書生二人,共詣東觀,就官財糧,專心研精,合《尚書》章句,考《禮記》得失,庶裁定聖典,刊正碑文。古文科斗,近於爲實。而厭抑流俗,降在小學。(李賢注:"古文謂孔子壁中書也,形似科斗,因以爲名。《前漢書》謂文字爲小學。"《後漢書集解》:"惠棟曰:古文科斗,謂《尚書》《毛詩》《周禮》《左傳》也。能通古文,則知古訓,故云近於爲實。漢世儒者不信古文,爲流俗所抑,僅備六書之一體,故云降在小學。")中興以來,通儒達士,班固、賈逵、鄭興父子並敦悦之。今《毛詩》《左氏》《周禮》各有傳記,其與春秋共相表裏,宜置博士,立爲學官,以助後來,以廣聖意。"

會南夷反叛,以植嘗在九江,有恩信,拜爲廬江太守。……歲餘,復徵拜議郎,與諫議大夫馬日磾,議郎蔡邕、楊彪、韓説等並在東觀,校中書五經記傳,補續《漢記》。

帝以非急務,轉爲侍中,遷尚書。……

中平元年(一八四年),黄巾賊起,……拜北中郎將,……征之。

盧植説:"今之禮記,特多回穴",此"禮記"二字亦指《儀禮》。《後漢書》李賢注:

回穴,猶紆曲也。

按:《漢書敘傳》載班固《幽通賦》:

畔回穴其若兹兮,北叟頗識其倚伏。

顔師古注:

畔,亂貌也。回穴,轉旋之意也。

《後漢書·仲長統傳》論:

用明居晦，回沉於曩時。

李賢注：

回沉，猶攜互不齊一也。

《盧植傳》"回穴"二字恐應讀爲"回沉"，釋爲"攜互不齊一"，其意蓋説，《儀禮》所記與《周禮》不齊一，故需據《周禮》發《儀禮》的粃謬。盧植此一意見與鄭玄不同，此留待下文論鄭玄與古文經學時再討論。

盧植欲利用古文《尚書》及《周官》刊正碑文，而漢石經之刻石，始事於熹平四年（一七五年）秋，自非短短一年所能完成。《水經・穀水注》説，"光和六年（一八三年）刻石鏤碑"，故洪适《隸釋》説，諸儒受詔刊經在熹平四年，而碑成則在光和六年，計歷時九年。健按：何休卒於光和五年，其著《公羊解詁》已言《大學・辟雍》作"側"字，則石經《春秋公羊經傳》至遲在光和初年即已刻成。《公羊傳》後，即爲《論語》三碑。如依《水經注》説，光和六年，全經刻成，其説恐與史實不符。

盧植在靈帝熹平四年後不久，上疏要求刊正碑文，但旋即拜廬江太守。其後雖在東觀校書，但歷時極短暫，即轉爲侍中、尚書。由今存石經殘石看來，他的利用古文經典刊正碑文的主張並未爲朝廷所接受，而這也就是曹魏要刻三體石經，將古文經典另行刻石的主要原因。

《後漢書・劉陶傳》：

陶明《尚書》《春秋》，爲之訓詁，推三家《尚書》及古文，是正文字三百餘事，名曰《中文尚書》。頃之，拜侍御史，靈帝宿聞其名，數引納之。

《後漢書集解》引惠棟曰：

"三百"，北宋本作"七百"。《漢書・藝文志》云："劉向以中古文校三家經文，文字異者七百有餘。"蓋古文與今文異者，本有此數，故從而是正也。

漢成帝時，劉向以中古文《尚書》校歐陽、大小夏侯三家《尚書》，發現異文七百有餘。漢章帝時，賈逵受詔撰三家《尚書》與古文《尚書》同異，成書三卷。而劉陶以《中文尚書》校三家，是正文字三百餘事。劉陶對經本異文的去取與解釋，很可能與劉向、賈逵不完全相同。

劉陶著《中文尚書》,似亦在靈帝時。靈帝中平二年(一八五年),劉陶坐直言,下獄死。其著此書,疑亦與靈帝熹平四年刻石經,石經《尚書》校記未列舉古文《尚書》異文有關。劉氏此書,惜已不傳。《隋書·經籍志》即未著録劉氏此書。

《後漢書·徐防傳》説:

> (防)上疏曰……臣以爲博士及甲乙策試,宜從其家章句。……五經各取上第六人。《論語》不宜射策。……詔書下公卿,皆從防言。

《後漢書》李賢注引《東觀記》:防上疏曰:"試《論語》本文章句,但通度,勿以射策。冀令學者務本,有所一心,專精師門,思核經意。"則《論語》仍用以考試,惟不策問。故漢石經《論語》仍附校記。

漢靈帝未將《孝經》刻石。按《漢書·藝文志》:"《孝經》一篇,十八章,長孫氏、江氏、后氏、翼氏四家,各自名家,經文皆同,唯孔氏壁中古文爲異。"漢制,博士弟子需通一藝,而《論語》《孝經》則需兼習。古文經未立學,而今文《孝經》各家"經文皆同",這也許是漢靈帝時,刻石經,未將《孝經》刻石的原故。謹誌於此,以俟詳考。

《後漢書·安帝紀》:

> 延光二年春正月,詔選三署郎及吏人能通古文《尚書》、《毛詩》、穀梁《春秋》各一人(健按:"毛詩"下疑脱"左氏"二字)。

《質帝紀》:

> 本初元年四月庚辰,令郡國舉明經,年五十以上,七十以下,詣太學。自大將軍至六百石皆遣子受業。歲滿課試,以高第五人補郎中,次五人太子舍人。又千石六百石四府掾屬三署郎,四姓小侯先能通經者,各令隨家法,其高第者上名牒,當以次賞進。

《靈帝紀》:

> 光和三年六月,詔公卿選能通古文《尚書》,《毛詩》,左氏、穀梁《春秋》各一人,悉除議郎。

按:漢章帝建初八年令群儒選高才生受學左氏、穀梁《春秋》、古文《尚書》、《毛詩》。漢安帝時,令五經博士校五經,各依家法。漢靈帝刻石經,命博士弟子各隨家法是正五經，又命公卿選能通古文《尚書》、《毛詩》、左氏、穀梁《春秋》者，此正沿襲章帝、安帝所定。靈帝雖刻今文經於石，並不意謂今文經學盡善盡美。盧植請立古文《尚書》《毛詩》《左氏》《周官》於學官，其不爲靈帝所接受，是由於靈帝尊重西漢及東漢先帝所定制度。漢平帝時，古文《尚書》、《毛詩》、《逸禮》及《左傳》曾立於學官，但平帝時，王莽專政，而王莽後來又篡位，故漢平帝時所定制度不爲東漢諸帝所尊重。

原載《經今古文學問題新論》，《中研院歷史語言研究所》專刊之七十九

漢魏洛陽故城太學遺址新出土的漢石經殘石

◎ 中國社會科學院考古研究所洛陽工作隊

河南省偃師縣佃莊公社東大郊大隊太學村，地當漢魏洛陽故城開陽門外御道東，是漢魏時期太學所在地①。一九七三年以來，經多次考古調查和發掘，終於在該村西北約 35 米處，找到了魏晉以降的太學舊址（圖一）。一九八

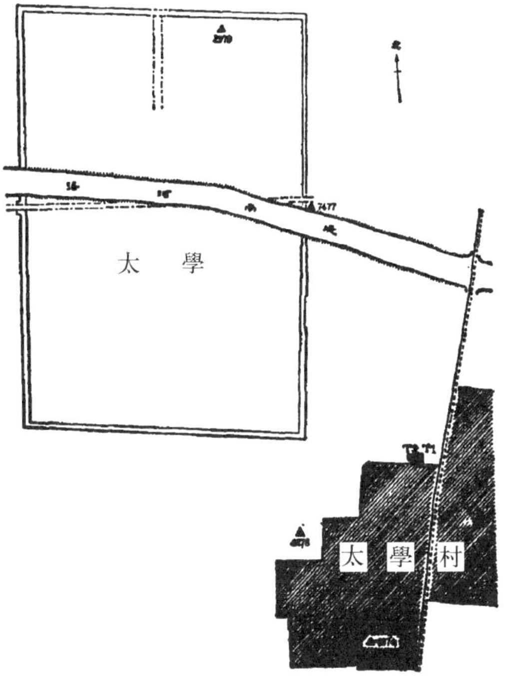

圖一　一九八〇年春發掘探方位置圖

① 《後漢書・蔡邕傳》注引《洛陽記》："太學在洛城南開陽門外。"《洛陽伽藍記》卷三"報德寺"條："開陽門御道東有漢國子學堂。"

○年四月，在太學村圍墻北邊探到數處瓦礫堆積。爲瞭解地下情況，我們選擇中段的一處瓦礫堆積，開了一米見方的探坑進行發掘。挖至80釐米時，於瓦礫層中發現七塊石經殘石，其中三塊有字。隨後擴大發掘範圍，發掘面積共約38.5平方米，清理瓦礫堆積兩處，出土石經殘石六百餘塊（圖二），是太學遺址發掘的重要收穫之一。

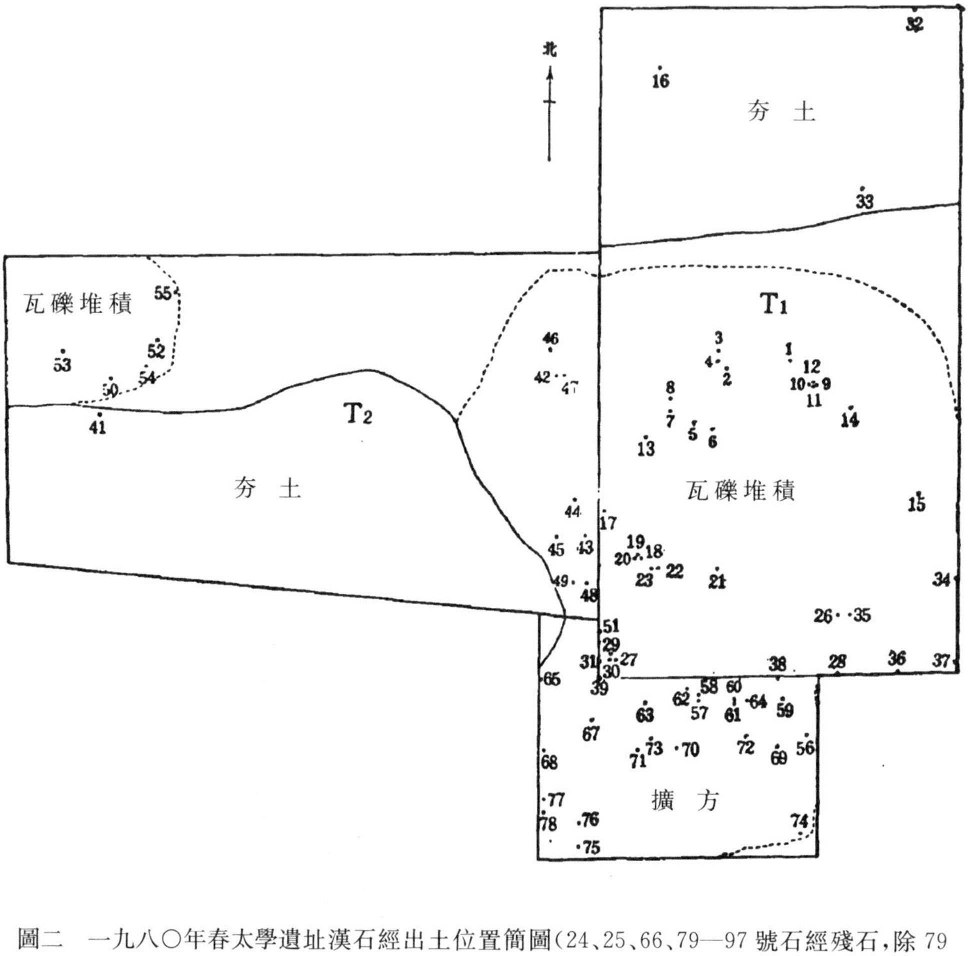

圖二　一九八〇年春太學遺址漢石經出土位置簡圖（24、25、66、79—97號石經殘石，除79號外均因殘破過甚，個體小，多無整字，具體座標未在圖中標出。據記録，25號石出於T_1第二層，24、66、80—97號石出於T_1第三層，79號石出於T_2第三層。）

一、地層堆積

地層堆積可分爲四層(圖三):

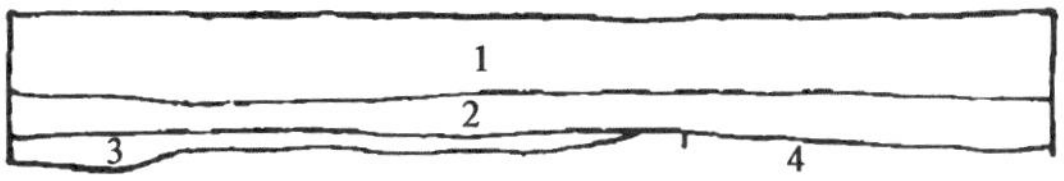

圖三　一九八〇年春 T_1 西壁剖面圖

第一層,耕土層。包括現代墊土層在内,厚約 40—50 釐米。

第二層,紅褐色土層,厚 15—30 釐米,土質較硬。出土物有殘素面方磚、殘長方磚、籃紋繩紋板瓦碎片、陶瓮殘片及五銖錢(圖四)、鐵釘等。有少量石經殘石。

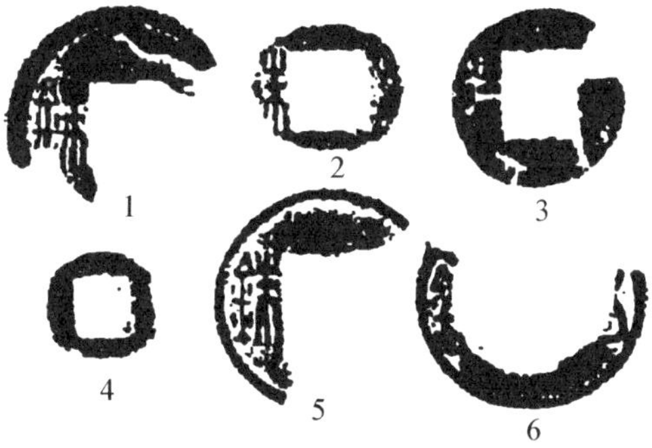

圖四　五銖錢拓本

第三層,瓦礫堆積層,由碎磚瓦及石經殘石構成。厚 10—20 釐米不等,出土物除與第二層同者外,還有少許盆、瓮等陶器殘片及垂帳紋殘石、五銖錢。

該瓦礫堆積層中的瓦片和陶器片,碎小而少棱角;堆放有較明顯的層次;磚瓦間所夾地層土,硬度甚大,似爲夯打所致;T_1 南部之瓦礫堆積,表層高度與其北側之夯土接近,面上并有路土殘迹。這表明,瓦礫堆積層的磚瓦、碎石(包括殘石經),原是用以墊地的,爲使地基堅實,填方時采取了逐層鋪平、夯打的做法。

第二、三兩層所出磚瓦種類略同,其形成年代理應接近,大約屬於同一歷史時期的前後兩次堆積。所出繩紋板瓦、繩紋筒瓦係漢晉辟雍遺址習見之物;另有數量甚多的籃紋板瓦,則爲辟雍遺址所無,足見其時代較辟雍遺址爲晚。但由於第二、三層中未見花頭板瓦、蓮花瓦當、獸頭瓦當等北魏遷洛後出現之典型遺物,説明其時代的下限不會晚至北魏都洛時期。因此,第二、三層堆積的年代,約當西晉末至北魏前期。

第四層,夯土層。所有夯土,只發掘到夯土面,夯土呈黄褐色或紅褐色,未作解剖。據鏟探,夯土厚度不一,最厚可達 2 米。所出遺物不多,只在夯土表層撿得繩紋瓦片數塊。因出土物太少,夯土形成年代不明。

二、漢石經有字殘石

這次發掘所出石經殘石六百六十一塊,内有字殘石九十六塊,占殘石總數的14.5%。其餘五百六十五塊無字,其中的八十七塊,爲經碑的邊、角殘塊,分别保存了經碑的一至四個面,也有一定的資料價值。限於篇幅,這裏着重介紹有字殘石,其他殘石,不作專門叙述。

九十六塊有字殘石,六塊出自第二層,餘皆出於第三層。殘石之最大者,長、寬(指石之竪、横最大徑)各 17 釐米;最小者,長 4.2、寬 1 釐米。有三塊(8002、8003、8021 號)保留經碑之陽陰兩面,另九十三塊,僅存經碑之一面。從三塊保留經碑陽陰兩面的殘石得知,不同經碑的厚度或略有出入。該三石皆爲《儀禮》,8002、8003 號石厚度相同,爲 16.3 釐米,8021 號石稍厚,爲 16.5 釐米。絶大多數有字殘石石面保存較好,字迹清晰,個别腐蝕較甚,文字不易辨識。

這些殘石,有些可以相互粘對。如 8009 號石可與 8071 號石粘對;8025 號石可與 8065 號石粘對(圖五、六)。有些雖不能直接粘對,但從内容看,它們在經碑中原是彼此鄰接的。如 8002(1)號石與 8061 號石左右相鄰;8018 號石與 8082 號石上下連接。有的殘石,還可與以前出土之殘石綴合。如 8027 號石可與《漢石經集存》所載之三九九號殘石連綴;8017 號石可與一九七四年當地社員劉松照發現之《儀禮・士喪》殘石及《漢石經集存》所載之三九五號殘石綴合。

圖五　石經殘石

8002(1)、8003(1)(2).《儀禮·聘禮》　8009、8071.《儀禮·特牲》　8011.《儀禮·燕禮》　8012.《儀禮·公食》　8017.《儀禮·士喪》　8018、8022、8033.《儀禮·既夕》　8022.《儀禮·士虞》　8084.《儀禮·有司徹》

圖六　石經殘石

8004.《魯詩・南有嘉魚》　8014.《魯詩・生民》　8030.《魯詩・鴻雁》　8048.《魯詩・節彼南山》　8039.《春秋・襄公》　8025、8065.《論語・八佾》　8001.《儀禮》校記　8020.《魯詩》校記　8015.贊碑

各殘石所存字數多少不等，保存最多者，如 8003 號石，陽陰兩面共二十六字；一般保存數字或十數字；有些只存一筆或數筆。皆隸書。共存三百六十六字，其中字體完整及字體雖不完整但可確切辨識者約二百九十三字。初步查對，殘石所載内容，包括《儀禮》《春秋》《魯詩》《論語》以及《儀禮》校記、《魯詩》校記、《太學贊》碑等，而以《儀禮》占絶大多數。所見各經篇目是：《儀禮》之《昏禮》《士喪》《既夕》《士虞》《特牲》《少牢》《有司徹》《燕禮》《大射》《聘禮》《公食》《喪服》；《魯詩》之《南有嘉魚》《節彼南山》《生民》《鴻雁》《谷風》；

《春秋》之《襄公》;《論語》之《八佾》。詳見表一。

表一　春太學遺址出土漢石經有字殘石簡表

項目 編號	出土層位	經目篇次	殘存文字	備注
8001	$T_1$③	儀禮・校記	祝|戴言|爵・先北面|相迎於門|主人	
8002(1)	$T_1$③	儀禮・聘禮	堂上|牢米百|揖	其左鄰 8061
8002(2)	$T_1$③	儀禮・士虞	猶|辭	
8003(1)	$T_1$③	儀禮・士虞	於中鼎升腊左胖|外北面佐食無事則|鄉口降階	
8003(2)	$T_1$③	儀禮・聘禮	立大夫|之聘亨問大	
8004	$T_1$③	魯詩・南有嘉魚	公有|於大原文|三千師干之	
8006	$T_1$③	儀禮・聘禮	三|帷少|面蹌	
8007	$T_1$③		丁|(空行)|刻	
8008	$T_1$③		曰|足	
8009	$T_1$③	儀禮・特牲	在西壁|卒執|墉下南|正脊	接於 8071 之下
8010	$T_1$③	儀禮・昏禮	北|贊	
8011	$T_1$③	儀禮・燕禮	與大夫|升歌鹿|君與射則爲|燕腾爵曰臣	
8012	$T_1$③	儀禮・公食	字|(空行)|賓朝服	
8013	$T_1$③		爵	
8014	$T_1$③	魯詩・生民	類聽|民之	
8015	$T_1$③	贊碑	大夫劉|錢百萬募工	
8016	$T_1$②		二|不	
8017	$T_1$③	儀禮・士喪	止於廟|升公卿	可與社會發現之士喪殘石及《集存》三九五號石綴合
8018	$T_1$③	儀禮・既夕	攝服其它皆|於下室・莚|入升|東北	其下鄰 8082
8019	$T_1$③	魯詩・谷風	母|罪|采	
8020	$T_1$③	魯詩・校記	・疹|韓言	

（續表）

項目 / 編號	出土層位	經目篇次	殘存文字	備注
8021(1)	$T_1$③	儀禮・有司徹	受|西	
8021(2)	$T_1$③	儀禮・大射	命|公	
8022	$T_1$③	儀禮・士虞	食北|如初屍|如初降	
8023	$T_1$③	儀禮	受歸	
8024	$T_1$③	儀禮	北面|設	
8025	$T_1$②	論語・八佾	曰夏|塞門|君子|不敬臨	接在 8065 下
8027	$T_1$③	儀禮・既夕	命|前輅北	可與《集存》三九九號石綴合
8028	$T_1$③		舉	
8029	$T_1$③	魯詩・節彼南山	司徒	
8030	$T_1$③	魯詩・鴻雁	四|不可|邦家|竹包|斯	
8031	$T_1$③	儀禮・大射	自|北面	
8033	$T_1$②	儀禮・既夕	既|既	
8034	$T_1$③	魯詩・校記	言|漏	
8035	$T_1$③		擯	
8036	$T_1$③	魯詩・校記	言婚	
8037	$T_1$③	儀禮・大射	在|祭	其左接 8079
8038	$T_1$③	儀禮・少牢	末鹽	
8039	$T_1$③	春秋・襄公	孫偈|盈齊高|・卅年春王|殺良宵冬|仲	
8041	$T_2$②		年	
8043	$T_2$③	儀禮・喪服	嫁從|繼	
8044	$T_2$③		於	
8045	$T_2$③	儀禮・聘禮	獻再拜|右房立|大	
8046	$T_2$③	儀禮・校記	戴言|爵	
8047	$T_2$③		先	
8048	$T_2$③	魯詩・節彼南山	念昔	
8049	$T_2$③	魯詩・節彼南山	大戾|茂爾惡	
8050	$T_2$③		坐	
8051	$T_2$③		彌使	

（續表）

項目／編號	出土層位	經目篇次	殘存文字	備注
8053	$T_2$③		冬	
8055	$T_2$③	儀禮・士喪	命|之西	
8056	擴③		西	
8058	擴③		無	
8059	擴③	儀禮・有司徹	以授	
8061	擴③	儀禮・聘禮	夫|賓當|辭	其右鄰 8002(1)
8062	擴③		之	
8063	擴③		於	
8065	擴③	論語・八佾	對|君樹|曰	接於 8025 之上
8066	擴③	儀禮・大射	以|以	
8067	擴③		仇	
8068	擴③	儀禮・士喪	之門|階丈夫	
8069	擴③	儀禮・有司徹	次賓	
8071	擴③	儀禮・特牲	壺於禁|饎爨在|授尸	接於 8009 之上
8072	擴③		迎	
8074	擴③	儀禮	如|如	
8075	擴③	魯詩・節彼南山	之柢	
8076	擴③		觶	
8077	擴③	儀禮・公食	羹定	
8079	擴③	儀禮・大射	設於|其|於	其右接 8037
8081	擴③	儀禮・大射	皆|羞	
8082	擴③	儀禮・既夕	如|冢	其上鄰 8018
8083	$T_1$③		初	
8084	$T_1$③	儀禮・有司徹	司受	
8086	$T_1$③		言	
8088	$T_1$③		祭	
8090	$T_1$③		飲	
8094	$T_1$③	魯詩	夭	字體較小

注：殘石之文字殘且不可識者，此表未録。

各石所存經文，字體大小相若，廣約 2.1—2.4 釐米、高約 1.4—1.9 釐米。唯贊碑字體稍大，廣 2.5—3 釐米、高 1.7—2.6 釐米。與殘字在字體大小上所表現的統一傾向相反，它們在藝術風格上都存在明顯差異，這種差異且同所書經目之不同有密切關係，應係由多位書法家分別擔任不同經目的書丹工作所致。

有字殘石中，有二十二石爲經碑邊部殘塊。其中，左、右邊部殘塊十五石，各保留了經碑的一邊；上邊部殘塊五石，有二石保留了碑的頂端；下邊部殘塊二石，下端面均已不存。(詳見表二)從這些殘石可以看出：

表二　一九八〇年春太學遺址出土有字殘石經碑邊部殘塊情況一覽表

項目／編號	在碑中部位	邊寬(釐米)	保留側面狀況	所屬經目
8004	左邊	1.2	平面	魯詩・南有嘉魚
8012	左邊	1.2	平面	儀禮・公食
8026	左邊	1.0	平面	
8057	左邊	1.1	磨光	
8068	左邊	1.0	平面	儀禮・士喪
8077	左邊	1.2	殘	儀禮・公食
8094	左邊	1.7	磨光	
8096	左邊	1.2	平面	
8010	上邊	10	平面	儀禮・昏禮
8033	上邊	殘		儀禮・既夕
8037—8079	上邊	10	平面	儀禮・大射
8081	上邊	殘		儀禮・大射
8097	上邊	殘		
8002(1)	右邊	1.0	平面	儀禮・聘禮
8009—8071	右邊	1.7	平面	儀禮・特牲
8018	右邊	1.0	平面	儀禮・既夕
8019	右邊	殘	平面	魯詩・谷風
8029	右邊	1.7	平面	魯詩・節彼南山
8036	右邊	1.5	磨光	魯詩・校記
8064	右邊	1.0	磨光	
8063	下邊	殘		
8074	下邊	10.6(殘)		

第一,經碑不同側面的加工工藝有所不同。碑頂端和左右旁面的多數,表面平整但不磨光,面上佈滿了排列均匀的淺細鑿痕。少數左右旁面,石面與經碑陰陽面相同。人眼看不到的碑頂和不外露的左、右旁面較粗糙;人眼可以經常看到的經碑暴露於外的左、右旁面則較精細。看來,經碑周邊的不同處理,是適應石經經碑"駢羅相接"的排列方式的。

第二,不同經碑的周邊的寬度大體一致。據表二統計,左、右邊部的寬度都在1至1.7釐米之間。碑頂部寬度較大,两例均爲10釐米。下端寬度從8074號石字下空白推斷,約10.6釐米以上。另據對兩塊無字殘石測量得知,經碑插入碑座的部分,高度超過9.5釐米。

此外,在四塊有字殘石(8002、8011、8021、8084號)上,發現有人爲破壞痕迹。8002號石的上斷面、8021號石的下斷面、8011號石的右斷面,皆爲鐵鑿截出之斜面,面上殘留有粗深鑿痕,鑿痕損壞了碑文。8084號石的右邊緣,呈較規則的圓弧形,邊緣内側有一條與之平行的陰刻弧綫,石右側之斷面上也留下了排列較爲整齊但甚粗糙的深鑿痕(圖五)。證明破壞者并非胡亂敲砸,而是將舊石經當作普通石材,有計劃地進行鑿鑿切割,改作他用時遺留下來的。

三、幾點看法

據記載,殘石經之出土始於唐代①。此後,還有兩次大量出土的時期,一次在宋初嘉祐年間②;一次在二十世紀二十至三十年代③。除此而外,便數這次發掘,出土石經殘石數量最大,内容也最爲豐富,而且是科學發掘資料。

這次發掘所獲六百餘塊漢石經殘石,集中出之於瓦礫堆積。另據瞭解,

---

① 《尚書故實》云,東都頃年創造防秋館,穿掘多得蔡邕鴻都學所書石經,洛中人家往往有之。又,《廣川書跋》云,唐造防秋館時穿地多得石經,故洛中人士逮今有之。

② 《廣川書跋》云,國初開地唐御史府得石經十餘石。又云,洛陽昔得石經《尚書》段殘《盤庚》《洪範》《無逸》《多方》《多士》,總二百三十六字。又云,石經今廢不存。或自河南御史臺發地得之,蓋《論語》第一篇并第十四篇爲一碑,亡其半矣,其可識者字二百七十;又自第十八篇至第二十篇爲一碑,破闕殘餘得五分之一,其存字爲三百五十七。又,《畫墁録》云,嘉祐末得石經二段於洛陽城,乃蔡邕隸書《論語》。又見《隸釋》《隸續》。

③ 據太學村一帶老年社員講,一九二二年冬當地老鄉挖藥材,偶於野地得魏三體石經一大塊,獲利甚巨。消息傳開,"刨字風"席卷而起。每值農隙,人們便從四面八方會集太學遺址,挖坑尋找經石。這種情況一直延續到三十年代初。所得殘石多已賣出,流散各地。出土殘石究有多少,無從詳知,僅爲各家收藏者數已相當可觀。詳見《漢石經集存》等專著。

二十世紀二十至三十年代，當地老鄉在太學遺址"刨字"，掘得之大量有字、無字石經殘石，絶大部分也係瓦片坑所出。可見，在太學一帶，殘石經與瓦礫伴存是一種普遍現象。

由清理瓦礫堆積知道，這些石經殘石是同碎磚瓦一起用來墊地的，在它們中間，至少有相當一部分，顯然是碑石被有計劃地鑿鑿切割、改作他用時遺棄的渣石。地層堆積還進一步證明，無論是以殘石經墊地或改作他用，都是發生在北魏都洛以前的事。

根據史籍記載，自漢末以來，漢石經屢遭破壞。永嘉之後，漢石經之崩壞者已逾大半①。經十六國時期戰亂的摧殘，至北魏遷洛之前，魏三字石經雖"宛然猶在"②，漢石經恐已殘毁殆盡了。正值此時，馮熙與常伯夫相繼爲洛州刺史，竟公然毁取石經"以建浮圖精舍"，其"所存者，委於榛莽，道俗隨意取之"。此事，《魏書》中的《崔光傳》《外戚·馮熙傳》及《資治通鑒·梁紀四》都有記載③。史籍文字所强調的雖是"宛然猶在"的魏三字石經，但漢石經之殘存者，當也不免於難。鑒於這段史實在時間和情節上，與發掘資料所揭示的那場浩劫十分吻合，是否可以認爲，它即是那場浩劫的記録呢？

其次，關於漢石經經碑駢羅相接的排列方式，古文獻中有所記載，近代學者曾對此作過考證④。這次發掘出土的石經殘石，在這方面又提供了一些新的物證。

關於經碑之寬度、高度，古文獻也有記載⑤。所記尺寸經常被人引用，至於其是否完全合乎實際，似乎并未引起注意。爲了弄清這一問題，我們整理發掘資料時注意搜集了與此有關的各項數字，如字體大小、經碑厚度、經碑諸邊部寬度等，具體情況已在前面説明。經碑周邊寬度的數字，多係從《儀禮》碑殘石測得，屬其他經者只有《魯詩》碑之左邊部(8004 號石)。爲驗證這些

① 參見《後漢書·蔡邕傳》注引《洛陽記》及《太平御覽》五百八十九引《西征記》文。

② 《魏書·崔光傳》，光表云"尋石經之作，起自炎劉，……昔來雖屢經戎亂，猶未大崩侵如。聞往昔刺史臨州，多構圖寺，道俗諸用，稍有發掘，基蹠泥灰，或出於此"。又，同書《外戚傳·馮熙傳》云："洛陽雖經破壞，而舊三字石經宛然猶在，至熙與常伯夫相繼爲州，廢毁分用，大至頹落。"又，《資治通鑒·梁紀四》云："初洛陽有漢所立三字石經，雖屢經喪亂而初無損失，及魏馮、熙常伯夫相繼爲洛州刺史，毁取以建浮圖精舍，遂大致頽落，所存者委於榛莽，道俗隨意取之。"

③ 同上。

④ 見《漢石經集存·概述》《漢熹平石經殘字集録·序》。

⑤ 《後漢書·儒林傳》序注引楊龍驤《洛陽記》，朱超石《與兄書》云："石經文都似，碑高一丈許，廣四尺，駢羅相接。"

數字是否符合《儀禮》之外各經的實際，我們查閱了《漢石經集存》，就其中編者指明文爲首行、末行的殘石以及編者雖未指明但可確定爲碑之諸邊部者，作了個簡單統計，發現該書所載殘石(包括《尚書》《周易》《儀禮》《魯詩》《春秋》《公羊傳》《論語》)，屬碑左、右邊部者，邊寬皆在 1 至 1.5 釐米之間；屬碑頂部者，邊寬多在 9.5 至 10 釐米之間，與我們根據發掘資料測得的數字相符。屬碑下端者，共見三例，一爲二〇號石(《魯詩》)，碑座以上部分寬 11 釐米；一爲三六八號石(《公羊傳》)，碑座以上部分寬 11—12 釐米；另一例三〇九號石(《春秋》)，碑座以上部分同插入碑座部分界限不清。據此，則經碑下端的完整寬度約爲 11—12 釐米。這個數字，不但與根據發掘資料測得之數字毫無矛盾，而且彌補了後者的不足。

《漢石經集存》中，另有兩塊碑上邊部殘石(一九二、一九三號)，邊寬分别爲 11.8 和 11 釐米，比一般經碑上邊部的寬度爲大。查殘石内容，均爲《魯詩》校記，説明校記碑上邊寬或與一般經碑有所不同。

這套數字，無疑爲復原漢石經經碑所必需。

然而，據有左、右邊部殘石出土的一些經碑來看，各碑原載文字的行數頗不一致，碑與碑之間至有相差數行的。且據早年流散村内之石經碑座統計(其中可能有魏石經碑座混入)，碑槽長度有多種數據[①]。由此可以推斷，漢石經經碑寬度，很可能是寬窄不一的。文獻中碑廣四尺的記載看來并不完全符合實際。

第三，張國淦著《漢石經碑圖》(以下簡稱《碑圖》)是迄今爲止我國學者復原漢石經的唯一專著，據之與這次出土之有字殘石對照，發現其中有不少與實物相左處。除經文中個别文字彼此不同外，還有以下四類：

第一類，殘石文字的横向對應關係與《碑圖》不同。此類例子甚多，如 8002(1)、8003、8006、8009、8011、8017、8018、8025、8027、8037—8079、8039、8061、8071 等等均是(圖五、六)。其篇目包括《儀禮》中的《士虞》《士喪》《既夕》《特牲》《聘禮》《燕禮》《大射》；《魯詩》中的《南有嘉魚》；《春秋》中的《襄公》；《論語》中的《八佾》。殘石文字與《碑圖》相異之狀，可於第二類舉例中見之。

第二類，殘石經所見一碑之首尾與《碑圖》不同。此類共三例：8002(1)、

① 見《考古學報》一九八一年第二期《新出熹平石經〈尚書〉殘石考略》一文附《石經碑座登記表》。

8071—8009、8033 號石。8002(1),爲《儀禮・聘禮》殘石,原居經碑右邊部,其右行"堂上"二字,應是經碑首行之殘字,而在《碑圖》中被列於七十七面(《儀禮》第十碑陰面)之十一行。8071—8009,爲《儀禮・特牲》殘石,原居經碑右邊部,其右行"壺於禁"三字,係經碑首行殘字,而在《碑圖》中,被列於六十四面(《儀禮》第八碑陽面)之十行(圖七、八)。8033 號殘石,爲《儀禮・既夕》篇篇首,石面二"既"字并列,一爲篇題,一爲經文首行首字。在《碑圖》中,篇題被置於六十面(《儀禮》第四碑陽面)末行,經文首行被置於六十一面(《儀禮》第五碑陽面)首行。

揖	牢	
	米	堂
	百	上

8002(1) 號石

揖	牢	堂
	米	上
	百	

《碑圖》七十七面十一—十三行

圖七

				壺
			饎	於
		授	爨	禁
		尸	在	
	墉	卒	西	
正	下	執	壁	
脊	南			

8071和8009 號石

				壺
				於
			饎	禁
			爨	
			在	
		授	西	
		尸	壁	
	墉	卒		
正	下	執		
脊	南			

《碑圖》六十四面十一—十四行

圖八

第三類,同一殘石之陰陽兩面文字,《碑圖》將其分置於不同經碑。此類共三例:8002(2)和 8002(1)本爲一石之陽陰兩面,在《碑圖》中,8002(2)之殘文(《士虞》)置於六十二面,即《儀禮》第六碑陽面,而 8002(1)之殘文(《聘禮》)却被置於七十七面,即《儀禮》第十碑陰面;8003(1)和 8003(2)本爲一石之陽陰兩面,在《碑圖》中,8003(1)之殘文(《士虞》)置於六十二面,即《儀禮》

第六碑陽面，而 8003(2)之殘文(《聘禮》)却被置於七十七面，即《儀禮》第十碑陰面；8021(1)和 8021(2)本爲一石之陽陰兩面，在《碑圖》中，8021(1)之殘文(《有司徹》)置於六十六面，即《儀禮》第十碑陽面，而 8021(2)之殘文(《大射》)，却被置於七十三面，即《儀禮》第十四碑陰面。

第四類，出土殘石中有《儀禮・喪服》殘石一(即 8043 號石)，存兩行共三字：右行"嫁從"；左行"繼"。在《碑圖》中，這相鄰的兩行殘字，分列於八十二面的十二行和二十行，其間是大段傳文。可見，漢石經《儀禮》所據經本《喪服》篇是無傳文的，與《碑圖》所據之今本《儀禮》不同。

殘石經與《碑圖》間上述四類相左的實例，除第四類外，在《漢石經集存》中具可找到。屬第一類者爲數甚多，恕不詳計。屬第二類者四例，一例爲《魯詩》，三例爲《儀禮》。屬第三類者四例，《魯詩》《儀禮》各二例。

殘石經和《碑圖》相左處的出現，説明《碑圖》對諸經的復原不同程度地存在失實。由所列資料來看，其中尤以《儀禮》最爲突出。據我們根據上述資料所作的初步研究，可以肯定，《碑圖》對《儀禮》碑數和每碑行數的復原都是不恰當的。造成這種結果的根本原因，一方面是由於所據經本本身的缺陷，另方面是由於在缺乏實證的情況下，復原工作中産生了重大技術性失誤。因此，在重新考慮《儀禮》的復原問題時，必須從這兩方面作出更大的努力。

執筆者　段鵬琦

原載《考古》一九八二年第四期

漢熹平石經《詩經》係用今文本考

◯ 金德建

漢熹平石經《詩經》遺文，殘碑文字保存在洪适《隸釋》里。馮登府《石經考異》所集漢石經《詩經》異文，依《隸釋》録十四條，並附《經典釋文》及王應麟《詩考》所引二條，補洪氏未及，凡十六條。這是一個今文本的《詩經》，可以拿下列七條來做證明。其中今文有六條，古文僅一條。漢代《詩經》確實用古文本，今文本《詩經》要遲到熹平年代的石經上纔出現。現在證明如下：

夙夜無已　漢石經"無"作"毋"。

無食我黍　漢石經"無"作"毋"。

按鄭玄以作"無"字爲古文，作"毋"字爲今文。詳前七十二頁①。知漢石經《詩經》作"毋"字，應爲今文《詩經》。

上慎旃哉　漢石經"上"作"尚"。

按《儀禮・覲禮》鄭注云："古文'尚'作'上'。"鄭玄以作"上"字爲古文，作"尚"字爲今文。據此類推，知漢石經《詩經》作"尚"字，應爲今文《詩經》。

不稼不穡　漢石經"穡"作"啬"。

按《尚書・無逸》云："稼穡之艱難。"《隸釋》載漢石經《尚書・無逸》"穡"作"啬"。漢石經《尚書》係用今文本，則知作"啬"字爲今文，作"穡"字爲古文。據此類推，知漢石經《詩經》作"啬"字，應爲今文《詩經》。

坎坎伐輪兮　漢石經"坎"作"欿"。

---

① 編者按：指《經今古文字考》第七十二頁，齊魯書社一九八六年版。

按《周易》"習坎",《經典釋文》云"京作欿"。漢世京房《易經》爲今文本。詳後第十節[1]則知作"欿"字爲今文,作"坎"字爲古文。據此類推,知漢石經《詩經》作"欿"字,應爲今文《詩經》。

是以爲剌　漢石經"剌"作"刾"。

按《顔氏家訓·書證篇》云:"剌史之傍應爲'朿',今亦作'夾'。"顔之推以作"剌"字爲古文,作"刾"字爲今文。據此類推,知漢石經《詩經》作"刾"字,應爲今文《詩經》。

緑竹猗猗　《經典釋文》云:"《韓詩》竹作薄,《石經》同。"臧琳《經義雜記·漢石經遺字》條云:"陸氏隋、唐間人,此所指《石經》,東漢熹平石刻。"馮登府《石經考異》同。

按《説文》屮部毒字下云:"莇古文毒。"許慎以作"毒"字爲今文,作"莇"字爲古文。據此類推,知漢《石經詩經》作"薄",省即"毒"字,應爲今文《詩經》。今本作"竹",或"莇"字省。

維是褊心　漢石經"維"作"惟"。

按《尚書·盤庚》云:"人惟求舊。"《隸釋》載漢熹平石經《尚書·盤庚》"惟"作"維"。漢石經《尚書》係用今文本,則知作"維"字爲今文,作"惟"字爲古文。據此類推,知漢石經《詩經》作"惟"字,應爲古文《詩經》。

原載《經今古文字考》

① 編者按:指《經今古文字考》第十節,版本同前。

漢熹平石經《春秋公羊傳》殘文考釋

◎ 葉程義

一、概　　説

東漢靈帝熹平四年(一七五年),蔡邕以漢儒講經,各以家法傳授,門户既衆,解説不同;加以去聖久遠,文字多謬,更有竄定蘭臺漆書經字,以合其私文者。邕憫俗儒穿鑿,恐誤後學,乃與堂谿典、楊賜、馬日磾、張訓、韓説、單颺等諸大儒,奏准正定五經文字,而以徵求所得之五經善本各一通,付諸博士,就大中大夫邊韶所共同審核。凡有疑義,又有光禄勛劉寬,司空掾周達等若干人,參與議論而後定。文字既正,然後書册上石,命工鐫刻,經營九年,至光和六年(一八三年),始克蕆事。計校定《易》《書》《魯詩》《儀禮》《春秋》《公羊傳》《論語》等七經。(按史謂石經五經,蓋以《論語》未立學官,附經之末;又以《春秋》包《公羊》而言,故曰五經。)爲碑四十有六,乃吾國經籍之首次刻本,亦國定經學教本刊刻之始也。石經刊成,樹於洛陽開陽門外太學前(如附圖三、圖四),四方觀視及摹寫者,車乘日千餘輛,填塞街陌,其受當世之重視,可見一斑也。惜以石經好景不常,其楷模士林者,不足十年,至獻帝初平元年(一九〇年),董卓倡亂,洛陽宫殿焚毁,石經半遭波損。至晉懷帝永嘉五年(三一一年)之禍,劉曜、王彌入洛,石經再遭兵燹。魏延興間(四七一——四七五),馮熙、常伯夫,相繼爲洛州刺史,以建浮屠寺廟,曾毁石經分用。孝静帝武定四年(五四六年),移殘餘石經於鄴;舟至河陽,適值岸崩,没於水者大半。周宣帝大象元年(五七九年),復自鄴移返洛陽。至隋開皇六年(五八六年),又載入長安。尋屬隋亂,營造之司,用爲柱礎。迨唐貞觀初,魏徵收聚之,已十不存一。武后復以毁之石移洛,爾後遂杳不復聞,殆毁損净盡矣。殘石之出土,見於載籍者,始於唐李綽《尚書故實》。至宋則時有發現,且數經傳刻。北宋胡宗愈曾刻四千二百七十餘字於成都，南宋洪适亦刻二千一百卅餘字於會稽蓬萊閣。越州石邦哲，亦曾摹刻，其時約稍前於洪氏，而字數未詳。今此複刻之碑，既皆片石無存；即傳拓之本，至清亦僅存越州石氏本《尚書・盤庚》殘文卅餘字，及《論語・爲政》《堯曰》兩篇殘字些許。其非摹刻傳拓，而但録殘文於書者，則以洪氏《隸釋》及《隸續》所著録爲最富，然亦僅二千餘字而已。南宋以還，大地愛寶，石經不與世見。迄於民國，交通發達，文物流傳速而且廣，殘石出土者乃日多。自民國十一年至十三年，零星碎石出世者，不下數百方，其大小自一字至十餘字不等。大部入於徐鴻寶、馬衡、羅振玉、柯昌泗諸氏之手。其中少數散之東瀛，日人老生宿儒把玩於書案塵几之間，列爲清供，珍若拱璧。至偶一出現之鴻方鉅製，則絶未外傳。最早雜於碎石群中之巨無霸，爲《周易》一方，得四百九十六字，歸於萍鄉文氏。十八年，又出《周易》一石，中裂爲二，上半歸於湘人李氏，下半屬於三原于右任先生手，各得數百字。民國廿三年，再出千二百年來前所未見之巨石，入於霑化李氏。此石出於洛陽城東南十八里之碑樓莊朱家圪塔，其地當穀水之陰，洛水之陽，正東漢洛陽城開陽門外太學之舊址。當係董卓之亂所崩壞，沈霾地下達千七百四十五年，始重見天日。其文爲《春秋公羊經》，表裏鎸刻，凡六百廿四字（如附圖一、圖二）。千載以還，石經之出土者，以此爲重擘，播遷來臺者，惟一碩果而已，現藏於"國立"歷史博物館，可謂鎮館之一寶，吉光片羽，彌足珍貴。吾人不僅可據以研究訂正諸經文字，亦可明東漢一代之經學也。

二、作　　者

公羊壽，齊人，高之玄孫。高爲子夏弟子，傳《春秋》，四傳之壽。景帝時，與弟子胡母子都，著《春秋傳》於竹帛，漢何休作《解詁》，其書遂大傳，迄今仍行於世。《公羊傳》，《漢志》題齊人公羊子撰，顔師古《注》曰名高，本諸《春秋説題辭》之説"傳我書者，公羊高也"。徐彦《疏》引戴宏《序》曰："子夏傳與公羊高，高傳與其子平，平傳與其子地，地傳與其子敢，敢傳與其子壽，至漢景帝時，壽乃與齊人胡母子都著於竹帛。"徐彦又曰："《公羊》、《穀梁》出自卜商，不題曰卜氏傳者，子夏口授公羊高，至壽，乃共胡母生著竹帛，胡母生題親師，故曰公羊，不曰卜氏。《穀梁》亦是著竹帛者，題其親師，故曰穀梁也。"《公羊傳》曰："隱十一年冬十有一月，公薨。何以不書葬？子沈子曰：君弑，臣不討賊，非臣也；不復仇,非子也。又宣公五年冬,齊高固及子叔姬來。子公羊子曰：其諸爲其雙雙而俱至者歟？顧炎武曰:“‘《公羊傳》子沈子曰’,《注》云:‘子沈子,後師,明說此意者,沈子稱子,冠氏上者,著其爲師也。’不但言‘子曰’者,辟孔子也,其不冠‘子’者,他師也。按《傳》中有公羊子,而又有子沈子,子司馬子,子女子,子北宫子,何後師之多與？然則此傳不盡出於公羊子也明矣!”《四庫提要》曰:“今觀傳中有‘子沈子曰’,‘子司馬子曰’,‘子女子曰’,‘子北宫子曰’,又有‘高子曰’,‘魯子曰’,蓋皆傳授之經師,不盡出於公羊子。《定公元年傳》‘正棺於兩楹之間’二句,《穀梁傳》引之,直稱‘沈子’,不稱‘公羊’,是併其不著姓者,亦不盡出於公羊子,且併有‘子公羊子曰’,尤不出於高之明證,知《傳》確爲壽撰,而胡母子都助成之,舊本首署高名,蓋未審也。”傅隸樸曰:“公羊高直接子夏之傳,當時既無子沈子其人,而高之先人又未有習《春秋》者,《傳》中之子公羊子,即使不爲公羊高,亦當爲其傳經之子孫;如係高,則未有自引自說,並自稱爲子之理;如係其子孫,則更無以尊者稱晚輩爲子之理,故作《傳》者定係公羊壽,子沈子當係漢初習公羊之學者,子公羊子當即指公羊高。”其説是也。

三、考　　釋

《春秋公羊》殘石,原爲一方,出土後剖分爲二,於是碑陰陽各爲一石。合而度之,厚 12 公分。兩面高低廣狹不同者,蓋崩壞之自然形勢也。斯碑存字凡六百廿四(殘四十四字),石質爲結晶石灰岩,作青黑色,細膩滋潤而有光澤。屈翼鵬師就其經文、字體、行款、殘字位置,反覆推斷,證知確爲炎漢故物。

甲、碑陽(圖一)

碑陽起僖公十三年,訖卅三年(前六四七—六二七),廿行,三百卅二字(殘廿七字),换年空格以・充之者二。石高四九公分,廣四八・五公分。兹依拓文按年分行考釋如次：

(一) 僖公十有三年(前六四七年)

1. “(公)會齊矦、宋公、陳矦、衛(矦)、(鄭)伯、許、男、曹伯于咸。”右第一行文,括弧内者,爲殘闕字,據藝文景印阮校宋刊本補,以下皆同,恕不復贅。“矦”與“咸”：阮校《左》《公》《穀》三家本,“矦”皆作“侯”,“咸”作“鹹”,唐石經亦同。矦、侯古今字,咸、鹹同音通假。《漢志》東郡濮陽縣注云:“濮有鹹城,古鹹國。”在今河北省濮陽縣東南六十里。本段語意爲：魯僖公同齊矦、宋

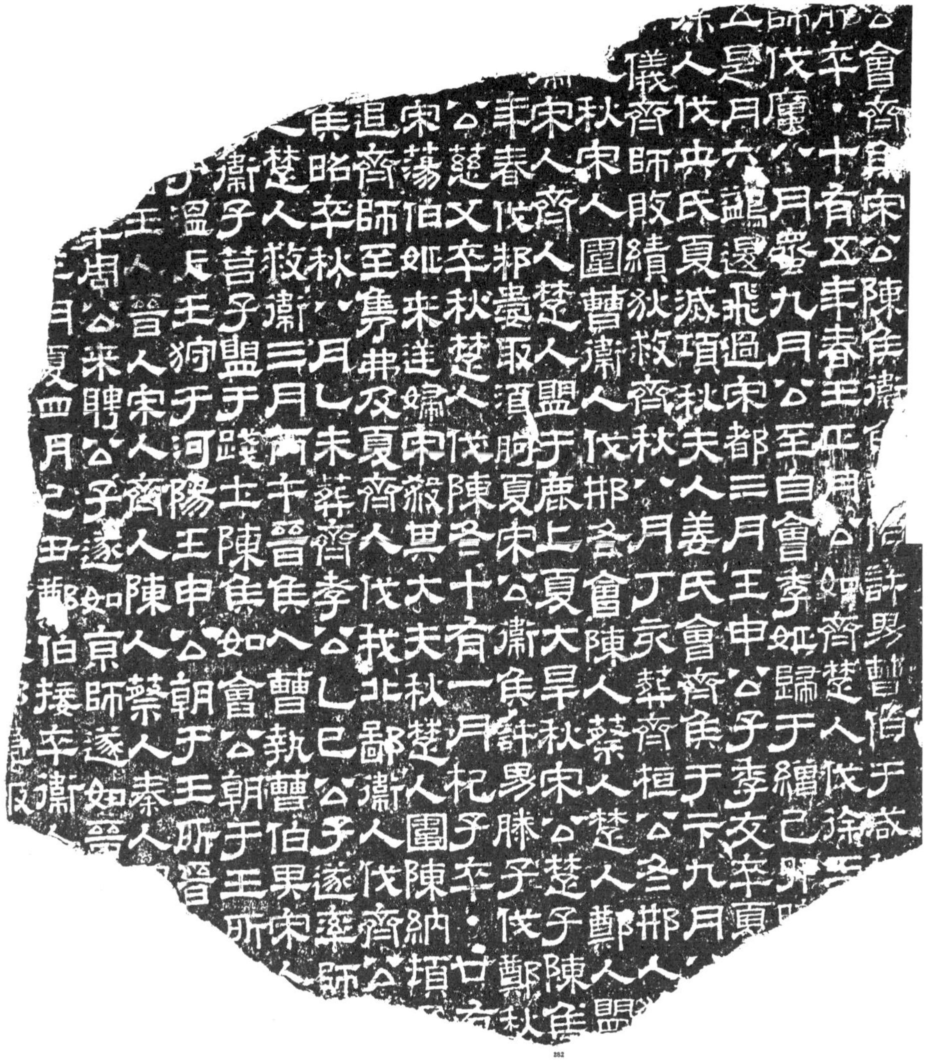

圖一　熹平石經殘片(碑陽)

公、陳侯、衛(侯)、(鄭)伯、許男、曹伯,在鹹這地方開會。

(二) 僖公十有四年(前六四六年)

2. “(冬,蔡侯肸)卒。”右第二行文,“冬蔡侯”全闕,“肸”上半闕。“肸”:唐石經及《釋文》作“肸”,阮校本《公羊》作“肹”,《左》《穀》作“肸”,與漢石經同。碑文其字雖泐其上半,而右下角微露“丁”字,非“十”字,亦非“兮”字,是“肸”字無疑。阮校曰:“《釋文》、唐石經‘肹’作‘肸’,閩、監、毛本作‘肹’非。”證之漢石經,核對館藏碑文及原拓,應作“肸”爲是。趙鐵寒云:“閩、監、毛三本皆不誤，唐石經及陸氏《釋文》作'肸'反誤也。"(見《大陸雜誌》第十卷第五期《漢熹平石經殘碑記》頁一五四)趙説欠妥。本段語意爲：(冬天，蔡侯肸)死了。

(三) 僖公十有五年(前六四五年)

3. "十有五年，春王正月，公如齊。楚人伐徐。三(月，公會齊侯、宋公、陳侯、衛侯、鄭伯、許男、曹伯，盟於牡丘，遂次于匡。公孫敖率師及諸侯之大夫救徐)。"右第二行文，"三"以下文皆闕。"矦"：阮校《左》《公》《穀》三家本"矦"皆作"侯"，爲古今字，下不復贅。本段語意爲："魯僖公十五年春天的正月裏，魯僖公到齊國去。楚國人討伐徐國。三月(魯僖公同齊侯、宋公、陳侯、衛侯、鄭伯、許男、曹伯，在牡丘這地方會盟，軍隊駐在匡這地方。魯大夫公孫敖率領軍隊同諸侯的大夫去救徐國)"。

4. "(秋，七月，齊師、曹)師，伐厲。八月，螽。九月，公至自會。季姬歸于繒。己卯(晦，震夷伯之廟)"右第三行文。"厲"：唐石經及阮校三家本，"萬"皆作"厲"。《説文》，"厲"从厂蠆省聲，是"厲"爲省文，不省則作"厲"也。《劉熊碑》"賞進厲頑"，與漢石經合。"厲"：楚與國，義陽隨縣北有厲鄉，位今湖北省隨縣北四十里，在厲山下。"螽"：唐石經从《説文》，"螽"作"蠡"，阮校《左》《穀》本同，《公羊》本作"蝝"。《爾雅・釋文》："蠡本或作螽"，與漢石經合。《集韻》："蠡或作蝝螽"。是蠡、蝝、螽一字之異文，義爲蝗蟲。《詩經・七月》："五月斯蠡動股"。陸璣《毛詩草木鳥獸蟲魚疏》："斯蠡，蝗類，長而青，或謂之蚱蜢。""繒"：唐石經作"鄫"，阮校《左》《公》本同，《穀》本作"繒"。趙鐵寒云："繒爲古國，《漢志》東海郡繒縣，《後漢志》琅邪郡繒縣，《國語》《周語》，《史記・夏本紀》《周本紀》《吴世家》《孔子世家》，《荀子・堯問篇》，皆作'繒'。周金曾伯簠作'曾'，晚周加邑作'鄫'，後又通假作'繒'，石經作'鄫'者，蓋改从正字也。"其説甚是。本段語意爲：(秋天的七月裏，齊曹)兩國軍隊聯合討伐厲國。八月，魯國發生蝗蟲的災害。九月，魯僖公从開會回來。季姬嫁到鄫國。九月己卯卅日，(天氣昏暗，雷電打壞了夷伯的祖廟)。

(四) 僖公十有六年(前六四四年)

5. "(春王正月戊申朔，賈石于宋五)是月，六鷁退飛過宋都。三月壬申，公子季友卒。夏(四月丙申，鄫季姬卒)。"右第四行文。"是月"：唐石經作"是月也"，"也"字旁注，顯係後增者，今《左》《公》《穀》三家本皆無"也"字。阮校云："石經'月'下旁增'也'字，是後人妄加。"驗之漢石經，其言然也。"鷁"：阮氏云："案《公羊》《穀梁》，'六鷁'作'六鶂'。《釋文》云：'本或作鶂'。《説文》引《傳》亦作'鶂',《史記·宋微子世家·索隱》引同。然則三《傳》經文本皆作'鶂'字。按《說文》作'鶂',引'六鶂退飛'無'鷁'字。鷁水鳥,李善注《文選·兩都賦》引作'鶂水鳥也'。"衡諸碑文作"鷁",阮説未妥。"退":今作"退",書法之異體耳。"王申":唐石經作"壬申",阮校《左》《公》《穀》三家本皆然。趙鐵寒云:按漢隸"王"與"壬"通,"壬"从人在土上,與"王"似,或誤"王"爲"壬",遂爲假借字。魯峻碑陰"門生平原西平昌壬端子行",書"王"作"壬",而乙瑛碑"元嘉三年三月廿一日王寅",又"三月丙子朔廿一日王寅",及圉令趙君碑"中平五年冬十一月王寅",皆書壬作王。白石神君碑"元氏令京兆新豐王翊",及曹全碑陰,王異、王河、王吉、王理等十一人,又皆作"王",不作"壬"。此殘碑"壬"字凡四見,皆以紀日,書法雖似王,而中横略短,象人在土上甚明,與"王"字三畫依次相長者不同,"壬"與"王"之别,或即在此;惟乙瑛、趙君二碑,所書又還作"王",與石經異,或經文楷模多士,垂憲四方,書法特从嚴正之故。至漢代"壬""王"二字通假互用,則又無可懷疑。顧靄吉《隸辨》云:"壬即王字。"引魯峻碑陰"壬端姓名"爲證。又云:《穀梁傳》文七年,"宋公壬臣卒",《左氏》及《公羊》作"王臣"。《春秋》文三年,"壬子虎卒",唐石經作"王子虎"皆是。是但知"壬"即"王"字,不知"王"亦即"壬"字也。其説誠然。本段語意爲:(春日正月戊申初一這天,天上落下五塊隕石,掉在宋國)。在這個月裏,有六隻水鳥迎風高飛而過宋國都城。三月壬申這天,魯莊公的弟弟公子季友死了。夏天(四月丙申這天,魯國嫁到鄫國的季姬死了)。

(五) 僖公十有七年(前六四三年)

6. "(春,齊人、)徐人,伐央氏。夏,滅項。秋,夫人姜氏會齊侯于卞。九月,公(至自會。)"右第五行文。"央":唐石經作"英"。阮校《左》《公》《穀》三家本皆然。英在今安徽省六安縣西近英山縣,其字从艸央聲,英、央同音通假。《九歌》"浴蘭湯兮沐芳,華采衣兮若英","英"音央。又《管子·地員篇》"五色雜英,各有異章","英"亦叶音讀央。此从趙鐵寒氏之説也。"卞":在今山東省泗水縣東五十里。"項":古國,在今河南省項城縣東北六十里。本段語意爲:(春天,齊國人)同徐國人討伐英氏國。夏天,滅了項國。秋天,夫人姜氏在卞這地方跟齊桓公會見。九月,魯僖公(从開會回來)。

(六) 僖公十有八年(前六四二年)

7. "(五月戊寅,宋師及齊師戰于)儀,齊師敗績。狄救齊。秋,八月丁亥,葬齊桓公。冬,邢人、狄人伐衛。"右第六行文。"儀":唐石經作"甗",阮校《左》《公》《穀》三家本皆然。趙鐵寒云:"按儀隸歌部,甗隸元部,古音相通。"王獻唐云:"鬳爲甗之初文,《説文》鬲屬。今傳周甗頗多,中有銅製隔器,从以得名,古讀元部,音當如間,間者,隔也。讀歌部,音當如戈,即隔字古音。儀从義聲,義从我聲,我从戈聲,古音儀字,當讀如戈,與甗正同,知三《傳》之甗,石經作'儀',同音通假;且知《春秋》經傳,甗地一名,當讀歌部戈音,不讀元部間音。"其説甚是。按甗在今山東省歷城縣。"邢":唐石經作"邢",阮校《左》《公》《穀》三家本皆然。趙鐵寒云:"按'邢'與'邢',古文爲二字。《説文》邢部,'邢'下云:'鄭地有邢亭。'《玉篇》云:'邢,地名。'《廣韻》《集韻》並云:'音井。'《説文》邢下云:'地近河内懷'。"趙氏著《夏代諸帝所居考》(見《大陸雜誌》第九卷第十期),以爲《史記·殷本紀》"祖乙遷於邢"之"邢"字,即"邢"字形近而訛者,非襄國之邢臺(王國維亦有類似之説),而此碑兩見"邢"字皆作"邢"。春秋邢與衛争,屢見不鮮,其國在今河北省邢臺,向無異説,今石經作"邢",即通説之"邢",非鄭地之邢亭明甚,是邢、邢雖二地,而漢隸通用,向所説,祖乙遷邢,爲邢形似而訛之説,實不盡然。唐石經"衛伐邢",顧亭林曰"誤字也",是亦執邢不得作邢者也。其説成理。本段語意爲:(五月戊寅這天,宋國軍隊同齊國軍隊)在甗這地方作戰,齊國軍隊崩潰了。狄人救齊國。秋天的八月丁亥這天,安葬了齊桓公。冬天,邢國人(同狄國人討伐衛國)。

(七) 僖公十有九年(前六四一年)

8. "秋,宋人圍曹。衛人伐邢。冬,會陳人、蔡人、楚人、鄭人,盟(于齊。)"右第七行文。"邢":在今河北省邢臺縣西南。漢隸"邢"、"邢"通用,説如上述不贅。本段語意爲:秋天,宋國人包圍了曹國。衛國人討伐邢國。冬天,魯僖公同陳國人、蔡國人、楚國人、鄭國人,(在齊國)盟誓。

(八) 僖公廿年(前六四〇年)—全闕

(九) 僖公廿有一年

9. "宋人、齊人、楚人,盟于鹿上。夏,大旱。秋,宋公、楚子、陳侯(蔡侯、鄭伯、許男、曹伯會于霍,執宋公以伐宋。)"右第八行文。"鹿上":宋地,在今安徽省太和縣西。本段語意爲:宋國人同齊國人、楚國人,在鹿上這地方盟誓。夏天,魯國鬧大旱災。秋天,宋襄公同楚子、陳侯(蔡侯、鄭伯、許男、曹伯在霍這地方開會。楚子乘機把宋襄公抓起來,楚國就討伐宋國都城)。

(十) 僖公廿有二年(前六三八年)

10. "(廿有二)年,春,伐邾婁,取須朐。夏,宋公、衛侯、許男、滕子伐鄭。

秋，(八月丁未，及邾婁人戰于升陘。)”右第九行文。阮校《左》《公》《穀》三家本，春下皆有“公”字，碑文無，疑後人妄增也。“邾婁”：《左》《穀》本皆作“邾”，無“婁”字。《公羊》本作“邾婁”，與碑文同，守其家法者也。戴侗《六書考故》云：“邾、鄒同聲之轉，春秋時邾莒用彝，故邾謂之‘邾婁’，‘婁’有二音，合閭音爲邾，合樓音爲鄒。”《禮記·檀弓》：“邾婁覆之以矢。”又云：“邾婁定公之時。”又云：“邾婁考公之時。”趙信《春秋異文箋》云：“列國方言有語聲在後者，邾婁是也。有語聲在前者，句越吴是也。《公羊》多齊言，故邾作邾婁”。趙鐵寒云：“考《春秋》邾莒兼用夷俗，‘邾婁’殆即‘鄒’之原音，與《戰國策》楚音‘申包胥’之作‘棼冒勃蘇’者相同也。”“朐”：唐石經作“句”，阮校《左》《穀》本皆同，《公羊》則作“朐”。《史記·建元以來王子侯者年表》《漢書·地理志》皆作“朐”，又《五行志》“取須朐”，與石經同。須朐：國名，在今山東省東平縣東北。本段語意爲：(魯僖公廿二)年春天，魯僖公討伐邾婁國，占領了須朐國。夏天，宋襄公同衛侯、許男、滕子討伐鄭國。秋天(八月丁未這天，魯國同邾婁人在升陘這也方打仗。)

(十一) 僖公二十有三年(前六三七年)

11. “(夏五月庚寅，)宋公慈父卒。秋，楚人伐陳。冬十有一月，杞子卒。”右第十行文。“慈”：唐石經作“兹”，阮校《左》《穀》本亦同，《公羊》作“慈”。《史記·宋世家》作“慈甫”(父甫一字)，與漢石經合。王筠《説文句讀》云：“按本篆从茲與石鼓同，蓋草部之兹也。”漢隸“兹”“慈”通用。本段語意爲：(夏五月庚寅這天，)宋襄公死了。秋天，楚國人討伐陳國。冬天十一月，杞國的君主死了。

(十二) 僖公二十有四年(前六三六年)

12. “廿有(四年)。”右第十行文。“廿”：今阮校《左》《公》《穀》三家本“廿”皆作“二十”，碑爲雙十合文，兩者相通。有者，又也。本段語意爲：魯僖公廿(四年)。

(十三) 僖公二十有五年(前六三五年)

13. “宋蕩伯姬來逆婦。宋殺其大夫。秋，楚人圍陳，納頓子(于頓)。”右第十一行文。“逆”：今阮校《左》《公》《穀》三家本皆作“逆”，此書法之異體耳。“頓”：國名，在今河南省商水縣東南。本段語意爲：宋國蕩伯姬來迎接她的兒媳婦。宋國殺他的大夫。秋天，楚人包圍了陳國都城，把頓子送回(頓國)。

(十四) 僖公二十有六年(前六三四年)

14. “(齊人侵我西鄙。公)追齊師至巂，弗及。夏，齊人伐我北鄙。衛人伐齊。公(子遂如楚乞師)。"右第十二行文。"雋":唐石經"雋"作"酅",今阮校《左》本作"酅",《公》本作"雋",《穀》本則作"巂",在今山東省東阿縣西南。趙鐵寒云:"按其地有二:一即《春秋・莊三年》:'紀季以酅入於齊'者,在今臨淄縣東;一即僖公追齊師弗及者,在今東阿縣西南。其字本爲'雋永'之'雋',諧聲通'雋'、'酅',又通肉部之'臇',木部之'檇',蟲部之'雋',金部之'鐫'。"(見陳立《〈說文〉諧聲孳生述》)本段語意爲:(齊國人侵略魯國西邊)。魯僖公追齊國軍隊到雋這地方,没有趕上。夏天,齊國人討伐魯國北邊。衛國人討伐齊國。公子(遂到楚國去要求派遣軍隊幫助)。

(十五)僖公二十有七年(前六三三年)

15."(夏,六月庚寅,齊)矦昭卒。秋,八月乙未,葬齊孝公。乙巳,公子遂率師(入杞)。"右第十三行文。"率":唐石經作"帥",今阮校《左》《公》《穀》三家本皆然。趙鐵寒云:"按篆文將'帥'字作'衛',石鼓文:'悉衛左右'。'督率'字則作'逹'。'率'又作'帥',《周禮・樂師》注:'故書帥爲率'。《儀禮・聘禮》帥大夫注云:'古文帥皆作率。'《覲禮》注:'今文帥爲率。'是《儀禮》今古文,'帥'皆假借作'率',而"率"又爲'衛''逹'之省文也。後世'將帥'字作'帥'不作'率','率導'字作'率'不作'帥',石經'帥''師'作'率'者,古義也。"本段語意爲:(夏日六月庚寅這天,齊)孝公死了。秋日八月乙未這天,給齊孝公舉行安葬禮。乙巳這天,公子遂率領軍隊(進入杞國)。

(十六)僖公二十有八年(前六三二年)

16."(公子買戍衛,不卒戍刺)之。楚人救衛。三月丙午,晉矦入曹,執曹伯,畀宋人。"右第十四行文。"救":今阮校《左》《公》《穀》三家本"救"皆作"救"。右旁"攵"不作"文"而作"攵",惠棟乃誤以爲"殳",曰:"救當从殺。"李富孫亦曰:"古求與救通,聲音相近,石經从殳。"是亦誤"攵"爲"殳"。按:石經"殺"字右旁"殳"作"㕟",與"救"旁之"攵"相似,惠、李二氏,遂誤有此論也。"畀":今阮校《左》《公》《穀》三家本皆作"畀",此書法之異體耳。本段語意爲:(公子買戍守衛國,戍守還没有結束就被殺了)。楚國人救衛國。三月丙午這天,晉矦進入曹國都城,把曹伯抓起來,送給了宋國人。

17."(五月癸丑,公會晉矦、齊矦、宋公、蔡矦、鄭伯、)衛子、莒子,盟于踐土。陳矦如會。公朝于王所。"右第十五行文。"盟":今阮校《左》《公》《穀》三家本皆作"盟",此書法之異體耳。"踐土":在今河南省廣武縣西北十五里。本段語意爲:(五月癸丑這天,魯僖公同晉文公、齊侯、宋公、蔡矦、鄭伯、)衛子、莒子,在踐土這地方舉行盟會。陳侯到會裏去。魯僖公到周王住的地方去朝見。

18. “(冬,公會晉侯、齊侯、宋公、蔡侯、鄭伯、陳子、莒子、邾婁子、秦人,)于温。天王狩于河陽。王申,公朝于王所。晉(人執衛侯歸之于京師)。”右第十六行文。“温”:周地,在今河南省温縣西南三十里。“河陽”:在今河南省孟縣西三十里。“王申”:今阮校左、公、穀三家本皆作“壬申”,見前第(四)5.說明。本段語意爲:(冬天,魯僖公同晉侯、齊侯、宋公、蔡侯、鄭伯、陳子、莒子、邾婁子、秦人,)在温這地方開會。壬申這天,魯僖公到周王住的地方去朝見。晉人(抓住了衛侯,把他送到京城去。)

(十七) 僖公二十有九年(前六三一年)

19. “(夏,六月,公會)王人、晉人、宋人、齊人、陳人、蔡人、秦人,(盟于狄泉。)”右第十七行文。“狄泉”:在今河南省洛陽縣東北二十五里。本段語意爲:(夏天六月,魯僖公同)周王的人、晉人、宋人、齊人、陳人、蔡人、秦人,(在狄泉這地方會盟。)

(十八) 僖公三十年(前六三〇年)

20. “(冬,天王使宰)周公來聘。公子遂如京師,遂如晉。”右第十八行文。“京”:今阮校《左》《公》《穀》三家本皆作“京”,此書法之異體耳。本段語意爲:(冬天,周天子派遣周卿士)周公閲來魯國聘問。公子遂到周天子都城去,也就到了晉國。

(十九) 僖公三十有一年(前六二九年)—全闕。

(二十) 僖公三十有二年

21. “(春王)正月。夏四月己丑,鄭伯接卒。衛人(侵狄。)”右第十九行文。“接”:唐石經作“捷”,今阮校《左》《公》《穀》本作“捷”,《公羊》本作“接”。《史記》作“啑”,《漢書·古今人表》作“捷”。趙鐵寒云:“按接、捷同音通假。《爾雅·釋詁》:‘接,捷也。’《淮南·本經訓》:‘接遠厲遠。’注:‘接,疾也’。《荀子·大略篇》:‘先事慮事謂之接,’注:‘接讀爲捷’。”本段語意爲:(春天周王)正月。夏天四月己丑這天,鄭伯名叫接的死了。衛人(侵略狄國。)

(二十一) 僖公三十有三年(前六二七年)

22. “(公伐邾)婁取(叢)。”右第廿行文。“叢”:今阮校《左》本作“公伐邾取訾婁”,《公羊》本作“公伐邾婁取叢”,《穀梁》本作“公伐邾取訾樓”,唯《公羊》本與碑文合。邾邑,在今山東省濟寧縣東。本段語意爲:(魯僖公討伐邾)婁，占領了(叢這地方)。

乙、碑陰(圖二)

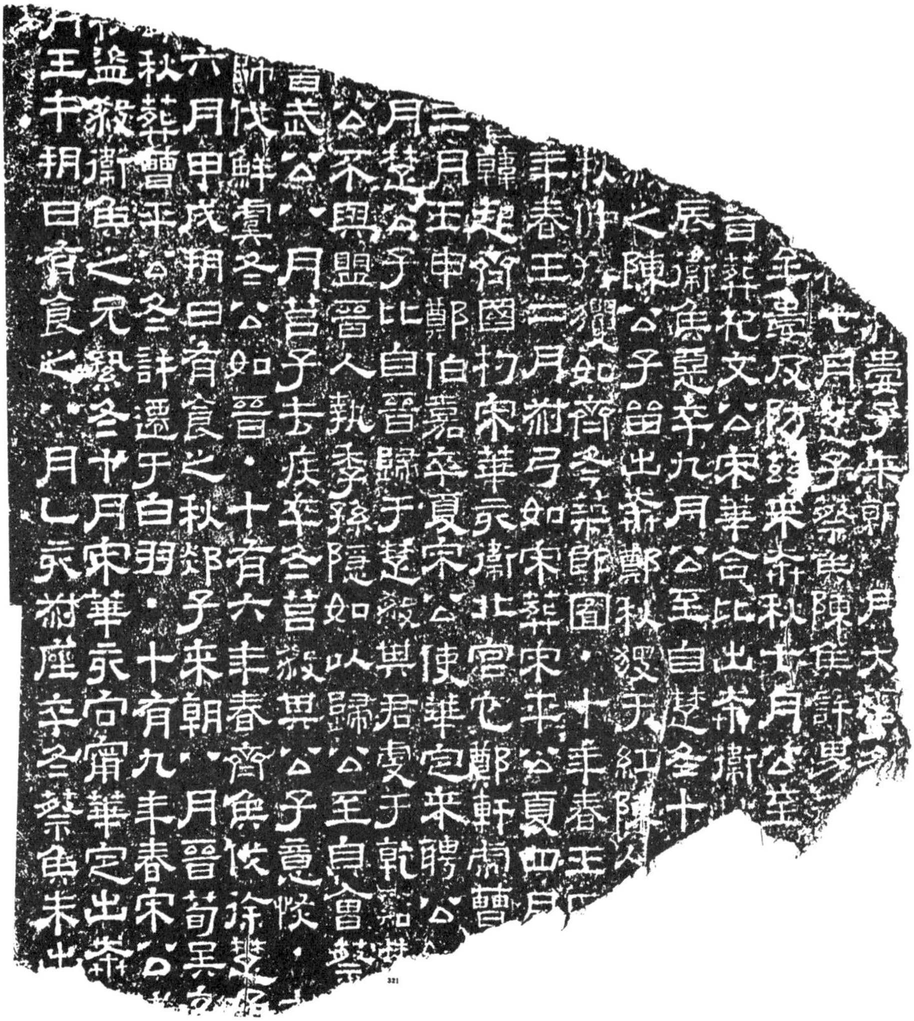

圖二　熹平石經殘片(碑陰)

碑陰起昭公三年，迄二十一年(前五三九—五二一)，十八行，二百九十二字(殘十七字)，换年空格以·充之者四。石高四八公分，寬四七公分。以車運顛簸，斷而爲三，幸文字無損。兹依拓文按年分行考釋如次：

(一) 昭公三年(前五三九年)

1. “(秋，小)邾婁子來朝。八月，大雩。冬(大雨雹。)”右第一行文。

"婁"：今阮校《公羊》本作"婁"，《左》《穀》本無"婁"字。"来"：三家本作"來"。此皆書法之異體耳。本段語意爲：(秋天，小)邾婁子來魯國朝見。八月，魯國行求雨的典禮。冬天(魯國天空降下很大的雨雹。)

(二) 昭公四年(前五三八年)

2. "秋，七月，楚子、蔡侯、陳侯、許男、頓(子、胡子、沈子、淮夷，伐吴，執齊慶封殺之。)"右第二行文。本段語意爲：秋天七月，楚子同蔡侯、陳侯、許男、頓(子、胡子、沈子、淮夷，討伐吴國，逮捕了齊國的慶封，把他殺了。)

(三) 昭公五年(前五三七年)

3. "(夏，莒牟夷以)牟婁及防兹來。秋，七月，公至自晉。"右第三行文。"牟婁"：莒地，在今山東省諸城縣西十五里之董家崖頭村。"防兹"：防，莒地，在今山東省諸城縣東北。兹，莒地，在今山東省莒縣東北。本段語意爲：(夏天，莒國的牟夷用)牟婁同防、兹三個地方，逃奔到魯國。秋天七月，魯昭公從晉國回來。

(四) 昭公六年(前五三六年)

4. "(夏，季孫宿如)晉，葬杞文公。宋華合此出奔衛。"右第四行文。"奔"：今阮校《左》《公》《穀》三家本皆作"奔"，此書法之異體耳。本段語意爲：(夏天，季孫宿到)晉國去，給杞文公行安葬禮。宋大夫華合比逃奔到衛國去。

(五) 昭公七年(前五三五年)

5. "(秋八月戊)辰，衛侯惡卒。九月，公至自楚。冬，十(有一月癸未，季孫宿卒。)"右第五行文。本段語意爲：秋日八月戊辰這天，衛襄公名叫惡的死了。九月，魯昭公從楚國回來。冬天，十(一月癸未這天，魯大夫季孫宿死了。)

(六) 昭公八年(前五三四年)

6. "(楚人執陳行人于徵師殺)之。陳公子留出奔鄭。秋，獀于紅。陳人(殺其大夫公子過。)"右第六行文。"獀"：唐石經作"蒐"，今阮校《左》《公》《穀》三家本皆然。按"蒐"假借爲"獀"，又借爲"搜"，《公羊釋文》又作"廋"。"紅"：魯地，在今山東省泰安縣西南。本段語意爲：(楚國把陳國的行人官于徵師逮捕，並殺掉)他。陳國的公子留，逃奔到鄭國去。陳國人(把他們的大夫公子過殺了。)

(七) 昭公九年(前五三三年)

7. "秋，仲孫玃如齊。冬，築郎囿。"右第七行文。"玃"：唐石經同。今阮校《左》《公》《穀》三家本皆作"貜"，"玃"爲"貜"之或體。"築"：三家本皆作

“築”。此書法之異體耳。“郎囿”：魯地，在今山東省曲阜縣東南。本段語意爲：秋天，魯大夫仲孫貜到齊國去。冬天，修築郎囿這個城邑。

（八）昭公十年（前五三二年）

8.“十年，春王正（月）。”右第七行文。本段語意爲：魯昭公十年春天，周王正（月）。

（九）昭公十有一年（前五三一年）

9.“（十有一）年，春王二月，叔弓如宋，葬宋平公。夏，四月（丁巳，楚子虔誘蔡侯般殺之于申。）”右第八行文。“二月”：今阮校《左》《穀》本皆作“二月”，與碑文同，唯《公羊》本作“正月”，與碑文異。當以《左》《穀》爲是。本段語意爲：（魯昭公十一）年，春天，周王二月，魯大夫叔弓到宋國去，給宋平公行安葬禮。夏日四月（丁巳這天，楚子虔引誘蔡侯般，把他殺在申這地方。）

10.“（秋，季孫隱如會晉）韓起、齊國杓、宋華亥、衛北宫它、鄭軒虎、曹（人、杞人，于屈銀。）”右第九行文。“杓”：唐石經作“弱”。今阮校《左》《穀》本皆作“弱”，《公羊》本作“酌”。“它”：三家本皆作“佗”，此隸書通例，書法之異體耳。“軒”：唐石經與《左》《穀》本皆作“罕”，與碑文異，唯《公羊》本作“軒”，與碑文合。按：“軒”“罕”皆从干得聲，同音通假。本段語意爲：（秋天，魯大夫季孫隱如同晉大夫）韓起、齊國杓、宋國華亥、衛國北宫它、鄭國軒虎、曹（人、杞人，在屈銀這地方開會。）

（十）昭公十有二年（前五三〇年）

11.“三月王申，鄭伯嘉卒。夏，宋公使華定來聘。公（如晉，至河乃復）。”右第十行文。“王申”：今阮校《左》《公》《穀》三家本皆作“壬申”，詳見碑陽第（四）5.說明。本段語意爲：三月壬申這天，鄭簡公名叫嘉的死了。夏天，宋公派遣華定來魯國聘問。魯昭公（到晉國去，到了黄河邊上就回來了）。

（十一）昭公十有三年（前五二九年）

12.“（夏，四月），楚公子比自晉歸于楚，殺其君虔于乾谿。楚（公子棄疾殺公子比）。”右第十一行文。“殺”：唐石經作“弑”，今阮校《左》《公》《穀》三家本皆然。趙鐵寒云：“按‘殺’古文作‘杀’，後世加‘殳’，以示殺以殳也。‘殺’或讀爲試，遂作弑音，而存其杀義。經典之文，‘殺’、‘弑’互用，並無名分上下之别。如《左宣二年傳》：‘晉趙盾弑其君夷皋。’《漢書・五行志》引作：‘殺’。《管子・五俌篇》：‘臣不殺君’。注：‘殺音試’。《論語》：‘陳成子弑簡公’。《釋文》：‘弑本作殺’。《禮記・檀弓》：‘邾婁定公之時，有弑其父者。’

《釋文》:‘弑作殺’。《易·坤卦》:‘臣弑其君’。《釋文》:‘弑本或作殺。’其例不勝枚舉。春秋以下,‘弑’字漸有專義,其義殆昉於《左宣十八年傳》:‘凡自内虐其君曰弑。’《國語·楚語》亦有‘下虐上爲弑’之説。然讀試聲不解其由,遂臆爲之説曰:‘弑,伺也,伺間而後得施也。’(見《釋名》)附會牽强,莫此爲甚。其義雖不甚解,其用則爲例漸嚴。魏晉以還,以臣殺君,以子殺父,皆言弑,遂無作殺者矣。”“乾谿”:楚地,在今安徽省亳縣東南七十里,今阮校《左》《公》本皆作“乾谿”,唯《穀》本作“乾溪”,“谿”“溪”同音通假耳。本段語意爲:(夏天四月),楚國公子比從晉國回到楚國,把他的君主虔在乾谿這地方殺了。楚(公子棄疾又殺掉公子比)。

13.“(八月甲戌,同盟于平丘)。公不與盟,晉人執季孫隱如以歸。公至自會。蔡(矦廬歸于蔡)。”右第十二行文。“隱”:唐石經作“意”。今阮校《左》《穀》本作“意”,異於碑文;唯《公羊》本作“隱”,同於碑文。趙鐵寒云:“按‘隱’‘意’一聲之轉,古齊音讀隱如意,猶之乎讀殷如衣。《禮記·中庸篇》:‘壹戎衣而有天下。’鄭玄《注》:‘衣讀如殷,齊人言殷聲如衣。’又《隸釋》所收石經《尚書·洪範篇》:‘鯀陻洪水。’陻作伊。《史記》《孟子》均作‘禹抑洪水’。《荀子·成相篇》:‘禹有功,抑下鴻水。’‘陻’作‘伊抑’,與‘殷’作‘衣’同例,是其證矣。”本段語意爲(八月甲戌這天,在平丘會同盟誓)。昭公不參加盟誓,晉國人把魯大夫季孫隱如逮回晉國去了。昭公在開過會後回到魯國。蔡(侯名叫廬,他回到蔡國)。

(十二) 昭公十有四年(前五二八年)

14.“(秋,葬)曹武公。八月,莒子去疾卒。冬,莒殺其公子意恢。”右第十三行文。本段語意爲:(秋天),給曹武公舉行安葬禮。八月,莒國的君名叫做去疾的死了。冬天,莒國人殺了他們的公子意恢。

(十三) 昭公十有五年(前五二七年)

15.“十(有五年)。”右第十三行文末字。本段語意爲:魯昭公十五年。

16.“(秋,晉荀吴帥)師伐鮮虞。冬,公如晉。”右第十四行文。本段語意爲:(秋天,晉大夫荀吴率領)軍隊討伐鮮虞國。冬天,昭公到晉國去。

(十四) 昭公十有六年(前五二六年)

17.“十有六年,春,齊矦伐徐。楚子(誘戎曼子殺之)。”右第十四行文。本段語意爲:“魯昭公十六年,春天,齊矦討伐徐國。楚子(引誘戎曼子到楚國,把他殺了)。”

（十五）昭公十有七年（前五二五年）

18.“（夏）六月甲戌朔，日有食之。秋，郯子來朝。八月，晉荀吳率（師滅賁渾戎）。”右第十五行文。“吳”：今阮校《左》《公》《穀》三家本皆作“吴”。書法異體，隸書通例。“率”：三家本作“帥”，同音通假，詳見碑陽第（十五）15.説明。本段語意爲：夏天，六月甲戌初一這天，魯國有日蝕。秋天，郯國的君主來魯國上朝。八月，晉大夫荀吳率領（軍隊，滅了賁渾戎）。

（十六）昭公十有八年（前五二四年）

19.“秋，葬曹平公。冬，許遷于白羽。”右第十六行文。“白羽”：楚地，在今河南省内鄉縣。本段語意爲：秋天，給曹平公舉行安葬禮。冬天，許國被遷到白羽這地方。

（十七）昭公十有九年（前五二三年）

20.“十有九年，春，宋公（伐邾婁）。”右第十六行文。本段語意爲：魯昭公十九年，春天，宋公（率領軍隊討伐邾婁）。

（十八）昭公二十年（前五二二年）

21.“秋，盜殺衛侯之兄縶。冬，十月，宋華亥、向寧、華定，出奔（陳）。”右第十七行文。“縶”：漢唐石經皆作“縶”，今阮校《左》本亦作“縶”，唯《公》《穀》本作“輒”，“縶”“輒”同音通假。《公羊》不同於碑文，版本疑後人所改。本段語意爲：秋天，强盜殺了衛侯的哥哥名叫輒的。冬天，十月，宋國的大夫華亥、向寧、華定，逃奔到（陳國去）。

（十九）昭公二十有一年（前五二一年）

22.“（秋，七）月，王午朔，日有食之。八月，乙亥，叔座卒。”右第十八行文。“王午”：今阮校“左”“公”“穀”三家本皆作“壬午”，詳見碑陽第（四）5.説明。“座”：唐石經作“輙”，今阮校《左》本作“輒”，《公》本作“痤”，《穀》本作“輙”。古文“輒”“輙”同文，“座”“痤”一字，“痤”與“輒”同紐，故音近通假也。本段語意爲：（秋天，七）月，壬午初一這天，魯國有日蝕。八月，乙亥這天，魯大夫叔痤死了。

23.“冬，蔡侯朱出（奔楚）。”右第十八行文。“朱”：今阮校《左》《公》本皆作“朱”，與碑文合，唯《穀》本作“東”。並云：“東者，東國也。何爲謂之東也？王父誘而殺焉，父執而用焉，奔而又奔之。曰東，惡之而貶之也。”衡諸文義，蔡侯名朱，《左》《公》是也；《穀》稱東者，惡而貶之。本段語意爲：冬天，蔡侯朱（逃到楚國去了）。

圖三　熹平殘石於原文位置圖

四、結　語

《春秋公羊》殘石，不僅可破昔人以爲石經《春秋》有傳無經之惑，亦可明《公羊經》文字與《左氏》《穀梁》兩經之不同也。唐孔穎達《毛詩正義》云："漢初爲傳訓者，皆與經别行，三傳之文，不與經連，故石經書《公羊傳》，皆無經文。"以後儒者，皆从其誤，蓋石經《公羊經》不出，無从定其是非也。民國十年以還，地不愛寶，《公羊經》先後出土於洛陽，古人石經無《春秋》之説，不攻自破。核其文字，與《左氏》《穀梁》既多不同，與行世版本《公羊》，亦有歧異之處。昔羅雪堂集殘字，於《公羊經》四十八石，三百五十五字中，發現異文八字，爲之驚喜，遂曰："六朝以降諸儒，均不知之矣。"欣慰之情，溢於言表。又曰："於此益知古寫本之可貴也。"而此殘碑六百餘言中，異文竟至數十，寧非學林之厚幸歟？其有助於學術之研究，概可想見矣！

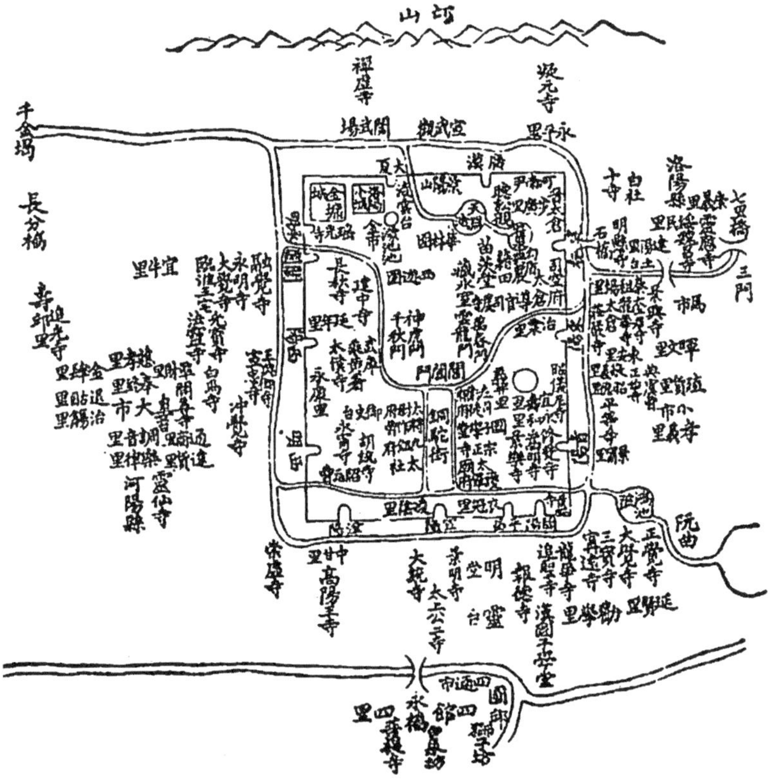

圖四　洛陽城簡圖

原載《"國立"歷史博物館館刊》一九八四年第三期

兩塊未見著録的熹平石經《詩》殘石的校釋及綴接

○ 范邦瑾

一

熹平石經，又稱漢石經、一字石經。漢靈帝熹平四年（一七五年）蔡邕等奏求正定六經文字，由蔡邕親自書丹於石碑，使工匠雕刻，樹立於東都太學前①。碑隸書，共刻有《易》《詩》《書》《禮》《春秋》《公羊》及《論語》共七經。自隋唐後，原碑湮没無聞，不可迹尋②。至宋代，始發現有《詩》《書》《禮》《公羊》和《論語》五經殘石，共二千一百六十七字，收録於洪适《隸釋》《隸續》二書中。到本世紀二三十年代，河南洛陽東偃師朱家圪壋村東漢太學故址，又有該石經較多殘石出土，引起了當時學術界的極大注意，著名學者羅振玉、馬衡、張國淦、錢玄同、胡小石等都作了不少影印和研究考釋工作③。及至建國後，馬衡先生著《漢石經集存》，匯爲八千數百餘字，并加考訂，最稱完備。

上海博物館藏有兩塊熹平石經《詩》殘石，皆殘缺甚大，很不規整。一石（甲石）殘高約二五、寬約三一、厚約一六釐米，正、背面刻字，共十九行，行一

---

① 關於熹平石經建立之起因、經過，范曄《後漢書》叙之甚詳，見《靈帝紀》《蔡邕傳》《盧植傳》《吕强傳》《張訓傳》及《儒林傳》等。

② 熹平石經立後不久即遭破壞，後又屢經遷動：東魏時徙鄴，後周間重還洛陽，隋開皇中又遷長安，營造司用爲柱礎，及至唐貞觀初魏徵收聚殘碑，已十不存一，其後殘破更甚。分見《後漢書·儒林傳》《周書·宣帝紀》及《隋書·經籍志》《劉焯傳》等。

③ 主要成績略而舉之，專著有：羅振玉《漢熹平石經殘字集録》及補遺補正，張國淦《漢石經碑圖》，吴維孝《漢魏石經考》，山東省立圖書館《漢魏石經殘字校録》等；影印拓本有：白堅《漢石經殘石集》，吴寶煒《集拓新出漢魏石經殘字》，郭玉堂《漢魏石經殘字拓本》等；專論有：羅振玉《漢石經殘字跋尾》，馬衡《凡將齋金石叢稿》石經部分，劉節《漢熹平石經周易殘字跋》，錢玄同《讀漢石經周易殘字而論及今文易的篇數問題》，陳子怡《熹平石經後記真僞考》等。

至十一字，總計一百三十四字（圖一、二）；另一石（乙石）殘高約二一、寬約二〇・五、厚約一六・五釐米，正、背面刻字，共十六行，行二至九字，總計一百零五字（圖三、四）。經廣泛查證，知二石均未曾見於著録，流傳情況不明。以熹平石經殘石發現的情況推測，估計出土於本世紀三十年代前後，可能因先藏於民間而未及著録，後輾轉運至上海，轉入孫實君手中。解放初由上海市文物保管委員會購自修文堂書店，藏於上海博物館。

這兩塊殘石是目前所發現的熹平石經殘石中較大的兩塊，不僅對《熹平石經》本身是重要的補充，而且對《詩經》的研究也有很高的價值。因《詩》傳至漢代大致有四家：即今文的《齊》《韓》《魯》三家和古文的《毛詩》一家。據《漢書・藝文志》，今文"三家皆列於學官"，尤以"《魯》最爲近之"。現據已發現的熹平石經《詩》校記殘石來看，其中屢有"齊言""韓言"等字，可知石經《詩》正是《魯詩》無疑。經魏晉至唐宋，今文三家《詩》均相繼失傳，唯古文《毛詩》流傳至今。歷代學者，從南宋王應麟《詩考》到晚清王先謙《詩三家義集疏》，都曾對已佚的三家《詩》作了很多輯録、考訂和整理工作，成績顯著。這兩塊熹平石經《詩》殘石的發現，爲《詩經》的版本研究，提供了一批新的實物資料。

本文試就此兩石的文字與今本《毛詩》及唐人陸德明《經典釋文》有關文字互校，并參以漢魏碑刻文字、古籍文獻資料及一九七七年阜陽出土的漢簡《詩經》[①]，對兩石中的異字略加考釋；最後對此二石的相互間關係作一探討，以求教於讀者。

爲行文便於稱述，現將此二石分別編爲甲石與乙石，并於各石每行刻字上自右至左加以編號，注明篇名章節，以醒眉目。

二

甲石

正面（圖一）：爲《詩・小雅》中《節南山》與《正月》兩篇，共六行，行三至

① 阜陽漢簡《詩經》，一九七七年出土於安徽阜陽雙古堆西漢汝陰侯墓，所存殘簡主要爲《國風》，《小雅》僅《鹿鳴》和《伐木》小部分，《大雅》不存。其所存篇章雖與此二石内容無直接關聯，但個別文字亦可參考。詳見《文物》一九七八年第八期《阜陽雙古堆西漢汝陰侯墓發掘簡報》，一九八三年第二期《阜陽漢簡簡介》，一九八四年第八期《阜陽漢簡〈詩經〉》。

七字，計三十一字（其中殘七字，分章小字二字）。每章間不空格，而以小字“其”加數字隔開，占一格地位（以下諸石同此，不再注出）。校釋如下：

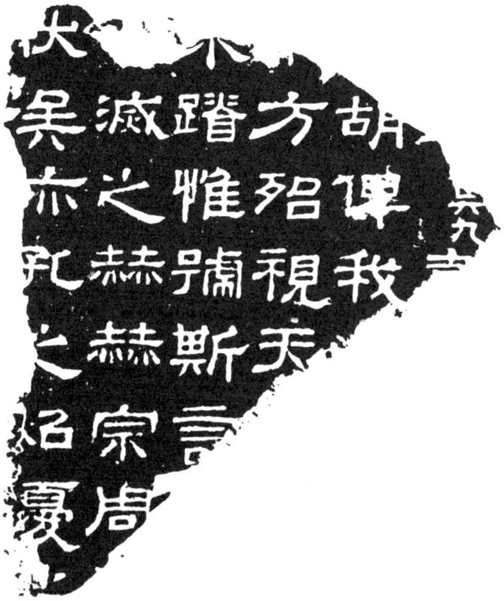

圖一　甲石正面拓片

《節南山》，行一。

行一，十章“嘉〔父作誦〕”（爲詩句完整，〔　〕號内據今本《毛詩》補入，下同）。“嘉”，今《毛詩》作“家”。案：蔡邕《朱公叔議》云：“周有仲山甫、伯陽嘉父，福老之稱也。”據《漢書·古今人表》稱嘉父與譚大夫、寺人孟子并列中上。《儀禮·士冠禮》“永受保之，曰伯某甫仲叔季”，鄭玄《注》：“周大夫有嘉甫……甫字或作父。”可見“嘉父”爲專用名詞，非通用名詞，石經爲正字。

《正月》行二至行六。

行四，六章“〔不敢〕不蹐”，今《毛詩》同。許慎《説文解字》（以下簡稱《説文》）走部引《詩》“不敢不趚”。案：《説文》：“蹐，小步也。”“趚，側行也。”又《玉篇》：“趚，小行貌。”二字音同義近，古通用。

行四，六章“惟號斯言”。“惟”，今《毛詩》作“維”，《列女·楚野辨女傳》引《詩》則作“惟號斯言”，同石經。查《魯詩》皆作“惟”，《毛詩》皆作“維”，《論語》皆作“唯”。古文《尚書》作“惟”，同《魯詩》；今文《尚書》作“維”，同《毛詩》。今石經爲《魯詩》，當以“惟”爲正。

行六，十一章"亦孔之炤"，今《毛詩》同。《禮記·中庸》引《詩》"亦孔之昭"。案："炤""昭"皆形聲字，以"召"爲聲，同聲旁假借，《經典釋文》亦作"炤"，同石經。

背面(圖二)：爲《詩·大雅》中《桑柔》《瞻卬》《假樂》三篇，共十三行(其中殘一行)，行一至十一字，計一百零三字(其中殘十三字，分章小字五字)。此石篇序與今本《毛詩》有較大不同：石經《桑柔》《瞻卬》《假樂》三篇相連爲序。今本《毛詩》於《桑柔》後爲《雲漢》《崧高》《烝民》《韓奕》《江漢》及《常武》等六篇，然後才是《瞻卬》，以上均屬《蕩之什》；而《假樂》則爲《生民之什》十篇中的第五篇，列在《桑柔》與《瞻卬》之前。關於石經《大雅》的篇次問題，羅振玉《漢熹平石經殘字集録》一書已有論及，可參見。又，從原石來看，此石面右邊斷面劃一，截面平齊，顯爲原碑之邊緣。其文字校釋如下：

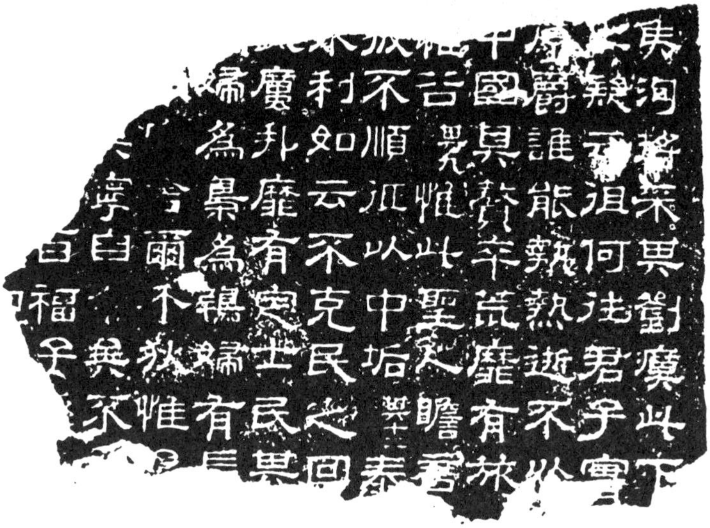

圖二　甲石背面拓片

《桑柔》，行一至行七。

行一，一章"〔其下〕㑪洵"。今《毛詩》作"侯旬"。案："侯"，漢桐柏廟碑與魏三體石經隸體皆作"㑪"，近石經，是隸變如此。"洵"，《爾雅·釋言》"均也"，郝懿行曰："洵者，旬之假借也。""旬"，《毛詩》鄭玄注曰："言陰均也。"古多假"旬"爲"均"。王先謙考"洵""旬""均"三字較詳："《説文》：洵，過水中也；均，平遍也，言水中則四面水皆平遍，故引申爲均。均以土喻，洵以水喻，其取義亦同。凡《詩》之洵皆當訓均。"①

行五，九章"〔進退〕惟谷"，《十章》"惟此聖人"。"惟"，今《毛詩》皆作"維"。據《文選》班固《幽通賦》曹大家注引《詩》："進退惟谷"，《韓詩外傳》卷五引《詩》："惟此聖人"，均作"惟"，同石經。又此石同面行十《瞻卬》五章："惟予〔胥忘〕"，"惟"，今《毛詩》亦作"維"。

《瞻卬》，行八至行十一。

行八，一章"〔降此〕大厲"。今《毛詩》作"大厲"。查漢碑皆不省"虫"，同石經，是漢隸如此。

行九，三章"爲梟爲鴟"。"鴟"，今《毛詩》作"鴟"。"鴟"爲隸變字。

行十，五章"舍爾不狄"。"不"，今《毛詩》作"介"。漢校官碑、侯成碑及魏三體石經隸書皆作"不"，近石經，是漢隸如此。"狄"，今《毛詩》與《經典釋文》皆同。王先謙因《集韻》引《説文》"詩曰：舍爾介逖"，注云："三家狄作逖。"②現據此石，《魯詩》實作"狄"。

行十一，七章"寧自今矣"。今《毛詩》同。王先謙引《列女・嚴延母傳》："《詩》云：心之憂憂，寧自全矣"，認爲"《魯》今作全"③，但據此石，《魯詩》實作"今"。

《假樂》，行十二、十三。

行十三，四章"〔民之攸〕呬"。"呬"，今《毛詩》作"塈"。"呬""塈"古音同屬十五部，當爲同聲部假借。

乙石

正面(圖三)：爲《詩・小雅》中《節南山》與《正月》兩篇，共七行(其中殘一行)，行四至九字，計四十八字(其中殘十字，分章小字四字)。校釋如下：

《節南山》，行一，行二爲題尾。無異字。

《正月》，行三至行七。

行三，二章"憂心瘐瘐"。今《毛詩》作"憂心愈愈"。案：《爾雅・釋訓》："瘐瘐，病也。"郭璞《注》："皆賢人失志懷憂病也。""瘐""愈"古通用。

行七，十二章"〔又有〕嘉殽"。今《毛詩》同。案：《説文》："肴，啖也。"

---

① 見王先謙《詩三家義集疏》卷二十三。
② 同上。
③ 同上。

圖三　乙石正面拓片

“殽，相雜錯也，從殳肴聲。”經典“肴”多作“殽”。

背面（圖四）：爲《詩・大雅》中《桑柔》與《瞻卬》兩篇，共九行（其中殘一行），行二至九字，計五十七字（其中殘九字，分章小字一字）。此石篇序同甲石背面，如上文所述。文字校釋如下：

圖四　乙石背面拓片

《桑柔》,行一至行七。

行二,《四章》"憂心隱〔隱〕"。"隱",今《毛詩》作"慇"。"慇""隱",古音同聲部,可通。又,《説文》:"慇,痛也。""隱,蔽也。"《詩》此句蓋言憂之於心深切,當以"慇"爲正字,石經"隱"爲借字。

行四,八章"民人所瞻"。今《毛詩》同。漢校官碑引"民人所彰","瞻"作"彰"。案:《毛詩》"瞻望",一九七七年阜陽出土漢簡《詩經》作"章望",胡平生、韓自强兩同志考曰:"章、瞻,古音聲紐相同,都是章母,但韻部并不相同。章是陽部字,瞻是談部字。雖然在《詩經》和《楚辭》里都有陽部和談部押韻的例子,可是像章、瞻這樣直接通假的例子,以前還没有見過。"[①]又《説文》"彰","從彡從章,章亦聲"。是"彰"同"章",通假作"瞻"。

行五,十章"〔覆狂〕以熹"。今《毛詩》作"以喜"。二字聲同義近,古通用。

行五,十章"胡此畏〔忌〕"。"此",今《毛詩》作"斯"。案:《爾雅·釋詁》:"斯","此也"。二字漢人同入十六部韻,可通。《漢書·賈山傳》引《詩》亦作"胡此畏忌",同石經。

《瞻印》,行八,行九,無異字。

三

從以上所校兩塊殘石的篇目、文字等内容來看,這兩塊殘石聯繫密切,文字可連接;從石色來看,二石斷面均呈灰色,表明石質相同,可認爲是原碑的上、下段。此外,據羅振玉《漢熹平石經殘字集録》和馬衡《漢石經集存》所載已發現的殘碑中,另有五石與此兩石的綴接密切相關。現以前述的甲、乙石爲主,將有關的五石分别編爲子至辰石,考出各石間位次與聯繫如下(圖五):

正面:《詩·小雅》。

子石:刻字八行三十九字,爲《節南山》二至十章,《正月》二至八章。與甲石正面重合五行,其中二行相吻合;與丑石重合五行,其間空格七至十一字。

丑石:刻字五行六字(其中第五行"莠"字泐甚,計行不計字),爲《節南山》二至十章,《正月》二章。與乙石正面重合三行,其間空格二字。

① 胡平生、韓自强《阜陽漢簡〈詩經〉簡論》,載《文物》一九八四年第八期。

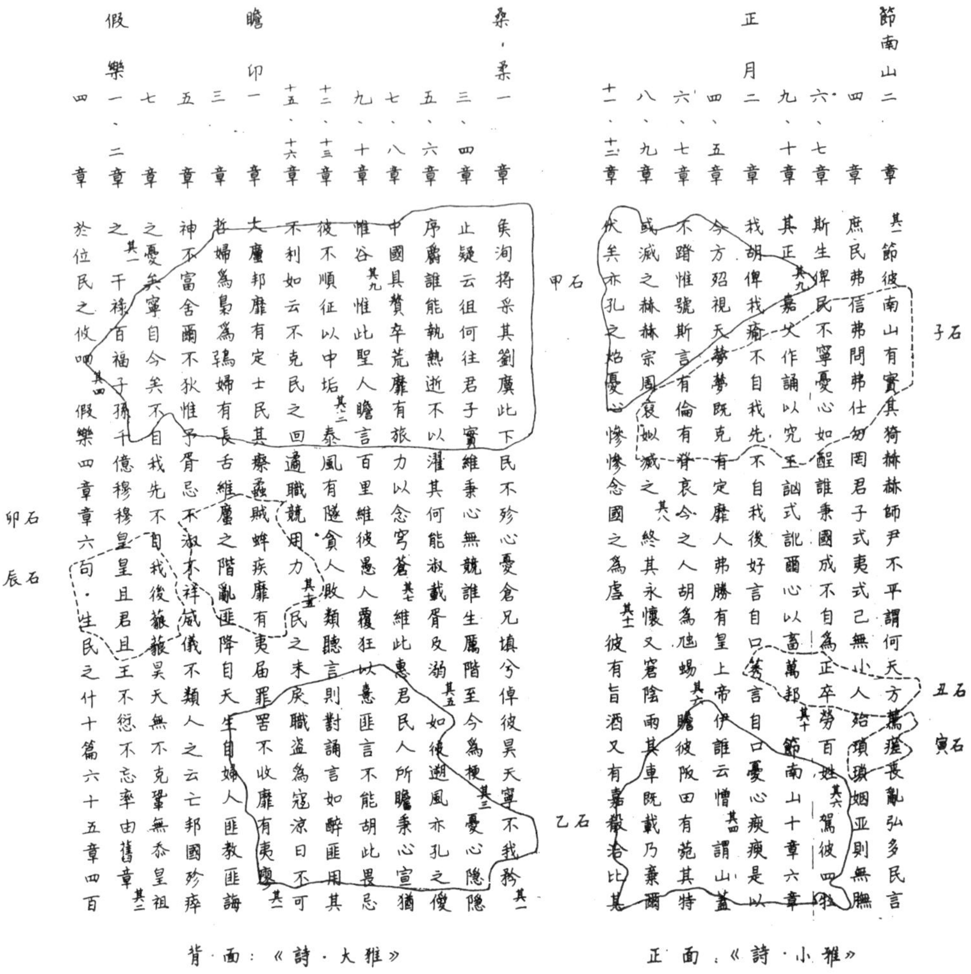

圖五　熹平石經部份殘石綴接（背面第一行“廙”字應作“瘼”）

寅石：刻字二行三字，爲《節南山》二、四章。與丑石重合二行，其中一行相吻合。

背面：《詩·大雅》。

卯石：刻字四行十八字，爲《桑柔》十五章，《瞻卬》一至五章。與甲石背面重合四行，其間空格二至三字；與乙石背面重合三行，其間空格三字。

辰石：刻字三行十二字，爲《瞻卬》七章，《假樂》二章及《生民》題尾。與甲石背面重合三行，其間空格四至七字。

將上述空格以今本《毛詩》有關文字填入，即可得出殘石的整個拼圖，如

圖五所示。

這裏需説明的是，圖中末行《生民之什》的“十篇六十五章四百”等具體數目字均據今本《毛詩》，因分章差異，與石經原石數字肯定不同；此外，各殘石間所填文字亦全據《毛詩》，未據後人所考《魯詩》文字改動。作圖目的僅爲考察兩塊殘石間的聯繫，而非對原碑的復原。

原載《文物》一九八六年第五期

新出熹平石經《尚書》殘石研究

○ 周鳳五

前　　言

兩年前，我曾撰寫《讀牟默人〈同文尚書〉》一文，以紀念先師屈翼鵬先生（原載《書目季刊》十八卷二期，後收入《屈萬里院士紀念論文集》），文中有一節指出牟默人解《尚書・堯典》"光被四表"爲横被四表，讀光爲横，與戴東原闇合而引證微有不同，以見清儒考據之學謹嚴細密，各家論證殊途同歸，猶如現代科學實驗之能在不同時地，由不同的人依同一原理反覆進行而百不失一。最近，我看到許景元《新出熹平石經〈尚書〉殘石考略》一文，[①]發現《皋陶謨》"光天之下"，殘石作"横天之下"，這個"横"字的出現，爲清儒讀光爲横的假設增添了直接有力的第一手證據。此外，熹平石經《尚書》本子的家數、碑圖的復原、經文的異同、篇卷的分合等，歷來所不詳或未有定論者，都因殘石的出土而得到解答或進一步的資料。翼鵬師二十五年前著《漢石經〈尚書〉殘字集證》一書，[②]於上述諸問題俱有深入的研究，兹更據新出殘石續爲探討，文中部分見解與師説或有異同，非敢訾説立異，但求仰企先師追求真理、服膺真理之精神耳。

一、殘石出土概況

新出熹平石經《尚書》殘石二方。其一編號六二七八，（圖一）一九六二年冬出土於河南省偃師縣太學村，原埋在離地深約一米七的瓦礫堆積層中，爲

---

① 見《考古學報》一九八一年第二期，頁一八五——九七。以下所引許景元説皆出此，不另注明。
② 《漢石經〈尚書〉殘字集證》，一九六三年，《"中央"研究院歷史語言研究所專刊》第四十九。

農民刨挖紅薯窖時發現，一九七八年送交考古工作人員。石厚十六點五釐米，正面長二十七、寬三十二釐米，存《堯典》經文十二行，三十五字；背面約長三十一、寬三十六釐米，存《堯典》《皋陶謨》二篇[①]校記十六行，八十二字。

(1)

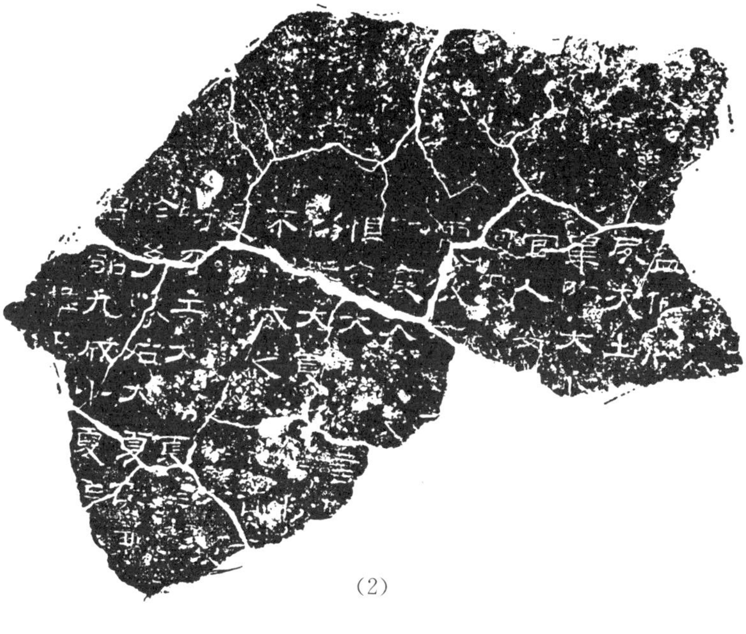

(2)

圖一　六二七八號殘石

(1) 正面，《堯典》經文；(2) 背面，《堯典》《皋陶謨》校記。

① 本節所述參考許景元文，惟許文於《尚書》篇目採僞孔傳本，故有《舜典》《益稷》等篇名。玆據翼鵬師《尚書集釋》所録二十九篇爲準，以符漢代今文經本之實。

另一石編號六八七四,(圖二)一九六八年冬出土,地點同前,北距六二七八號殘石出土處約百米,爲農民挖泡桐樹根時發現,原埋在離地深約一米的瓦礫堆積層中,後被砌入牛圈的牆角下,一九七四年冬從牆角刨出來。石厚十六點五釐米,正面約長二十七、寬三十一釐米,存《皋陶謨》《禹貢》二篇經文九行,八十字;背面約長二十四、寬三十八釐米,存《秦誓》經文一行、《書序》六行、校記一行,字迹大部分泐損,估計約有八十餘字。

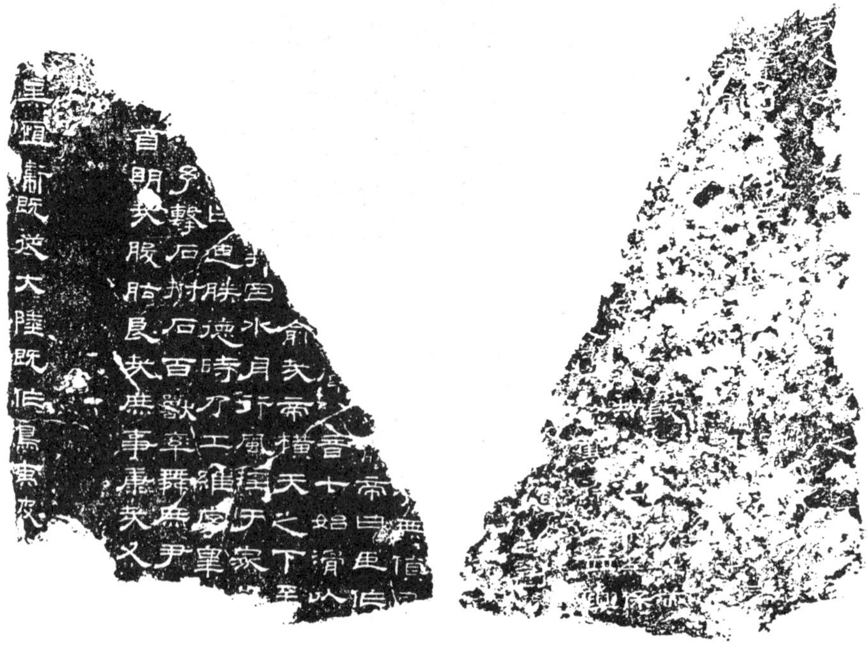

(1)　　(2)

圖二　六八七四號殘石

(1) 正面,《皋陶謨》《禹貢》經文;(2) 背面,《泰誓》經文、《書序》和校記。

總計兩方殘石存字約二百八十左右,比近代出土的《尚書》殘石字數的總和還多,尤其《虞夏書》過去很少出土,這兩方殘石是熹平石經《尚書》的第一石,正屬《虞夏書》部分,可以彌補歷來的缺憾。

二、殘石文字的辨讀

熹平石經《尚書》殘石存字甚多,玆據拓本所見,參照許景元釋文,依原款式移録於左：

（一）六二七八號殘石

明揚
典五典
以齊七政遂
三帛二牲一
車服以旂
于羽山四
難任人
后稷
帝曰
三禮
克諧
庶

右正面《堯典》經文十二行。

□□
益伯成
夙夜出
皋陶大小
官人安
何畏乎
嚴敬六德大
斯食大小夏
根食大夏侯言艱
粉米大夏侯言粉
不則威之禹曰俞
是好傲虐是作大夏
時乃工大小夏侯言
於予擊石大夏侯無
簫韶九成小夏侯
維□

右背面《堯典》《皋陶謨》二篇校記共十六行。

（二）六八七四號殘石

有無貨居
俞帝曰臣作
聲八音七始滑以
俞哉帝横天之下至
鄂罔水舟行風淫于家
帝曰迪朕德時乃工維序皋
於予擊石拊石百獸率舞庶尹
首明哉股肱良哉庶事康哉又
（此處空行）
（此處空行）
黑恆衞既從大陸既作鳥夷皮

右正面《皋陶謨》《禹貢》二篇經文九行，空行二行，共十一行。

哉人之□□□□□□□人之彥□□
州隨山□川任土□□□□□□□□□
而雒□□□□□□□□□□□□□
□□□□□□□□□□□□□
□□□□殷餘□□康叔
公作□[illegible]。召公爲保
禽□□□徐夷並興
□□劉
（此處空行）

右背面《秦誓》經文一行，《書序》六行，校記一行，空行二行，共十行。

三、殘石碑圖的復原

熹平石經《尚書》與其他各經相同，都是由右至左，按序排列，先刻經文，各篇自爲起訖，篇題和篇末都有空行，最後刻《書序》和校記。新出殘石兩方都屬《尚書》的第一石，許景元的復原圖，大抵正確，但部分經文略有錯誤，兹修訂如左(圖三、圖四)。

許景元復原殘石，有一項極重要的發現，即各篇經文版面的天頭是高低相錯的，他説：

> 例如正面的《堯典》第一，篇題和經文是頂額行書，而《皋陶謨》的篇題頂額，經文行書低了一格；《禹貢》第三的經文和《堯典》一樣是頂額行書。背面的行文格式和正面一樣，……總之，篇與篇之間，以差一格相區别，這種行書格式可能是爲了醒目。

這種參差的款式是歷來研究熹平石經者不曾發現的；值得我們重視。我曾依一般頂格齊頭的款式來復原殘石，然而與殘石無法密合，可見許景元的推測是正確的。

四、殘石内容的研究

西漢今文《尚書》,有歐陽、大小夏侯三家,永嘉之亂,三家經文散佚不存。清代學者陳壽祺、陳喬樅、皮錫瑞等,[1]搜輯群書,比勘異文,孜孜於今文經本、經説之考證。而新出殘石存字約二百八十,吉光片羽,至可寶貴。兹舉其重要者,略加考辨:

(一) 六二七八號正面

第一行“明揚”,見《堯典》“明明揚側陋”。段玉裁《古文尚書撰異》云:

> 此句孔《傳》……以舉訓揚,在二“明”字之間,與經文不合。考《史記》“堯曰悉舉貴戚及疏遠隱匿者”,“悉舉”訓“明揚”,“貴戚”訓“明”,“疏遠隱匿”訓“側陋”,是蓋今文《尚書》作“明揚明側陋”。[2]

皮錫瑞《今文尚書考證》(卷一)引述段説,並加案語謂“蔡邕瑯琊王傅蔡公碑曰‘揚明德於側陋’與段説似相合,然無確證”。段氏勇於自信,皮氏態度較爲矜慎。考《史記》引用《尚書》多易以漢時淺近語體,不盡遵其原文,段氏執以立説,似嫌武斷。蔡邕所謂“揚明德”,不妨視爲以揚訓明,然則其所據本子似當作“明明揚側陋”。今殘石正作“明揚”。

第三行“以齊七政遂”,見《堯典》“在璿璣玉衡以齊七政,肆類于上帝”。《史記·五帝本紀》《封禪書》,《漢書·王莽傳》引經皆作“遂類于上帝”,與此正合。

第四行“三帛二牲一”,見《堯典》“修五禮,五玉,三帛,二生,一死,贄”。皮錫瑞説:

> 《史記·封禪書》《漢書·郊祀志》《風俗通·山澤篇》《續漢書·祭祀志》載光武封禪刻石文皆作“牲”,《史記·本紀》《白虎通》作“生”,疑後人改之。

段玉裁《古文尚書撰異》説同,唯引證小異。今據殘石知漢代今文本作“牲”。

---

① 陳壽祺著《尚書大傳輯校》,陳喬樅著《今文尚書經説考》《尚書歐陽夏侯遺説考》,皮錫瑞著《尚書大傳疏證》《今文尚書考證》。

② 見《皇清經解》卷五六七。

第八行“后稷”，見《堯典》“汝后稷，播時百穀”。皮錫瑞歷引《列女傳》、《論衡》、《尚書》鄭注、《詩》鄭箋等，以推論今文《尚書》作“居稷”，今知其非是。

（二）六八七四號正面

第三行“聲八音七始滑以”，見《臯陶謨》“予欲聞六律、五聲、八音，在治忽，以出納五言，汝聽”。此處“七始滑”，歷來相傳異文甚多，如：

> 來始滑（《史記・夏本紀》）
>
> 在治曶（同前，集解引鄭玄本）
>
> 在治忽（同前，索隱引古文《尚書》。今僞孔傳本《尚書》）
>
> 采政忽（同前，索隱引今文《尚書》）
>
> 七始訓（《漢書・律曆志》《隋書・律曆志》。《漢志》本作“詠”據段玉裁説改）

按：據《尚書大傳・虞夏傳》“定以六律五聲，八音七始”，知漢代今文本作“七始”。“七”“在”二字古文形近易訛；“七”，東漢繁體作“桼”，稍訛而爲“來”，爲“采”。“始”“治”二字形近，“政”疑唐人諱治改。“滑”“忽（曶）”音近，作“訓”則由忽（曶）而訛（忽、曶古文作，訓作）。參校各本，其沿訛之迹宛然在目，《史記・夏本紀》與《漢志》較能存真，若索隱則訛中之訛，不可復識矣。

第四行“俞哉帝横天之下至”，見《臯陶謨》“禹曰：俞哉，帝。光天之下，至于海隅蒼生”。“光”作“横”，與戴東原解《堯典》“光被四表”爲“横被四表”之説合。戴氏云：

> 《堯典》古本必有作“横被四表”者。横被，廣被也。正如記所謂“横于天下”，“横于四海”，是也。横四海、格上下對舉。……横轉寫爲桄，脱誤爲光。追原古初，當讀“古曠反”，庶合充霩廣遠之義。[①]

後來錢大昕、姚鼐、段玉裁等人，陸續在兩漢古籍中找到許多證據，支持他“横于四海”的假設。現在我們看到“光天之下”殘石作“横天之下”，這是東漢人刊刻的石經，是直接的，第一手的本證，真可謂“一字千金”，彌足珍貴！同時也證明了乾嘉考據之學獨造精微的成就，是值得尊重，值得繼承發揚的。此外，我們還可以再補充一個見於熹平石經的證據。《堯典・序》云：“昔在帝

① 本節有關“光”字的訓詁，參考胡適《清代學者的治學方法》一文，載《胡適文存》第一集卷二，頁四〇九—四一二。

堯,聰明文思,光宅天下。將遜于位,讓于虞舜,作《堯典》。”熹平石經《書序》殘石有“廣度”二字,與“光宅”文義相應,碑圖復原位置亦相當,因知漢代今文本《書序》作“廣度天下”,正合戴東原所謂“充霩廣遠之義”。於是光被四表、光天之下、光宅天下的“光”字,在音、義兩方面的疑惑都渙然冰釋了。胡適之先生《清代學者治學的方法》一文曾引述“這一個字的考據的故事”,他說:

> 假使這個“光”字的古本作“橫”已無法證實了,難道戴震就不敢下那個假設了嗎?我可以斷定他仍是要提出這個假設的。如果一個假設是站在很充分的理由上面的,即使没有旁證,也不失爲一個很好的假設。但他終究只是一個假設,不能成爲真理。後來有了充分的旁證,這個假設便陞上去變成一個真理了。

現在,由於殘石的出土,證實了戴東原的假設,我們可以正式宣布:戴東原有關《尚書·堯典》“光”字的假設,已經“陞上去變成一個真理了”!

第五行“鄂罔水舟行風淫于家”,見《皋陶謨》“惟慢遊是好,傲虐是作,罔晝夜頟頟;罔水行舟,朋淫于家”。孫星衍(《尚書今古文注疏》)、皮錫瑞(《今文尚書考證》)都據《潛夫論·斷訟篇》“晝夜鄂鄂,慢遊是好”二語,推斷漢代今文《尚書》作“鄂鄂”,殘石證實了這個假設。皮錫瑞又據《後漢書·樂安靖王傳》載安帝“風淫于家,娉取人妻”的詔語,主張“今文一作‘風淫于家’”,現在也得到了證實。

第七行“予擊石拊石百獸率舞庶尹”,見《皋陶謨》“夔曰:於!予擊石拊石,百獸率舞,庶尹允諧”。司馬遷《史記·五帝本紀》引述《尚書》無“夔曰於予擊石拊石”八字,孫星衍曾疑今本此八字爲衍文,今據殘石知漢代今文經如此,是否衍文,尚待考證。

第十一行“黑恒衛既從大陸既作鳥夷皮”十二字,見《禹貢》“厥賦惟上上錯,厥田惟中中。恒衛既從,大陸既作,島夷皮服”。惟殘石此處“黑”字,不合《禹貢》文例,與上下文又不相應,許景元疑爲衍文,其説甚是,這也是目前所見熹平石經《尚書》衍文惟一可能的例證。另外,《史記·夏本紀》《漢書·地理志》《説苑》《大戴禮記》都作“鳥夷”,與殘石同,今本作“島夷”當係後人所改。

(三)六八七四號背面

第一行泐損大半,據拓本及許景元復原碑圖,知當爲“哉人之有技冒疾以惡之人之彦聖而"等字，見《秦誓》，爲《尚書》最末一篇。殘石第二行爲空行亦可據爲《尚書》篇末之旁證。

第三行亦泐損大半，據拓本及許景元復原碑圖，考知爲《禹貢》《甘誓》兩篇書序。此處有一事極關重要，即許景元發現熹平石經《尚書》各篇經文排列的版面是高低相錯的。根據他的假設，《秦誓》篇次第二十九，應該頂格，其次爲《書序》，則低一格。據此以復原石經碑圖，似乎没有太大的破綻。此外，許景元在《書序》與校記上端都加上標題，據復原圖看來，應該也是合理的。

第七行上半存"公作□劮"，爲《無逸篇》序。《隸釋》卷十四著録熹平石經《尚書》殘石有"酒毋劮于遊田維□共毋兄曰今日"，[①]即《無逸》"無淫于觀、于逸、于遊、于田，以萬民惟正之供。無皇曰今日耽樂"，文字與今本略有出入。而"逸"作"劮"，則同殘石。《廣雅・釋詁》三："婬、愓、嬉、劮、遊、敖、契，戲也。"

(四) 六二七八號背面

第四行"臯陶大小"，當係《臯陶謨篇》校記，"大小"爲"大小夏侯"殘文。此以大小夏侯二家經文參校，知熹平石經《尚書》用歐陽本（詳下）。

第七行"震敬六德大"，爲《臯陶謨》"日嚴祇敬六德，亮采有邦"校記，大，指大夏侯。據此知熹平石經作"震敬六德"，與今本不同。

第八行"斯食大小夏"，爲《臯陶謨》"暨益奏庶鮮食"校記。《詩經・小雅・瓠葉》"有兔斯首"鄭箋以斯爲白，正義云："齊、魯之間，其語鮮、斯聲相近"。熹平石經作"斯食"，可爲此説之佐證。

第九行"根食大夏侯言艱"，爲《臯陶謨》"暨稷播奏庶艱食、鮮食"校記。《經典釋文》引馬融本《尚書》作"根食"，與此同。馬注根食爲"根生之食，指百穀"。

第十四行"於予擊石大夏侯無"，爲《臯陶謨》"夔曰：於！予擊石拊石"校語。據此知大夏侯本《尚書》無此六字，《史記・五帝本紀》無"夔曰"云云八字，可與此參照。

第十五行"簫韶九成小夏侯"，爲《臯陶謨》"簫韶九成"校記。今僞孔本此四字在"於予擊石拊石"前，而石經出校於此，甚覺可疑。若據校記次第，則《臯陶謨》經文碑圖無法復原。姑記此以俟考。

---

① 據馬衡《漢石經集存》轉引。

五、漢石經《尚書》爲歐陽本

西漢今文《尚書》立於學官者，有歐陽、大小夏侯三家。熹平石經《尚書》所據本子，歷來有二説，其一主歐陽本，見馬衡《漢石經集存》引錢玄同説：

> 新出殘石於《秦誓》之後，有《書序》七行，存《堯典》《湯誓》《西伯堪飢》《鴻範》《召誥》《君奭》《甫刑》等序殘字。亡友錢玄同氏以《漢書・藝文志》叙今文《尚書》之卷數，大小夏侯二家經及《章句》皆二十九卷（伏生本二十八篇加後得之《秦誓》一篇），《解故》二十九篇；而歐陽則經三十二卷，《章句》三十一卷，卷數獨多。又據《隸釋》所録及今出《盤庚》殘字上中下三篇之間空一格，以爲《盤庚》確分三篇，則總數爲三十一篇。益以此序，則得三十二篇。《書序》不作訓，故《章句》爲三十一卷，經爲三十二卷。據此以證漢石經《尚書》之爲歐陽本。又引陳壽祺之“今文有序”十七證中之第十三證（原文引《後漢書・楊震傳》震孫彪引《般庚》序事），以爲東漢習歐陽《尚書》者引《書序》，不但可證歐陽本有《序》，更可證有《序》之漢石經《尚書》之爲歐陽本。其説誠不可易。

錢氏以《盤庚》殘字上中下三篇之間空一格，主張《盤庚》確分三篇，從而推測熹平石經《尚書》爲三十二篇之歐陽本，可謂持之有故。其二主小夏侯本，見翼鵬師《漢石經尚書殘字集證》：

> 然就篇數覘之，則可知漢石經《尚書》所據者，當非歐陽氏本。以《書序》殘字及經文殘字《酒誥》篇題證之，知漢石經爲二十九篇本。……漢石經《尚書》既爲二十九篇，自非歐陽氏本。（卷一）

此以篇數爲證。翼鵬師又云：

> 歐陽《尚書》，所以多於大小夏侯《尚書》三卷（即三篇）者，除《書序》一卷外，其餘則或謂歐陽本分《盤庚》爲三篇，或謂其分《泰誓》爲三篇。而《盤庚》《泰誓》俱在《酒誥》之前，二者之一如分爲三篇，則《尚書》篇第至《酒誥》當爲第十八篇。而漢石經《尚書》殘字，尚存《酒誥》篇題，云：“酒誥第十六”。據此知漢石經《尚書・盤庚》《泰誓》皆不分篇。（《盤庚》之不分篇，又可於新出“于厥居”殘石，及《隸釋》所著“其或廸”殘石徵之）

即此一事，可知漢石經爲二十九篇本，亦即夏侯氏本也。（卷一）

按：今本《盤庚》分爲上中下三篇，漢石經則一逕接寫，而於中、下兩篇之前各空一格，加圓點以爲標識。翼鵬師因此主張漢石經《盤庚》不分篇，且以殘石有“酒誥第十六”字樣，推測其爲二十九篇之小夏侯本。然漢代三家今文《尚書》，就篇數分合言之，雖有二十九篇（大小夏侯）與三十二篇（歐陽）之别，而篇目實同爲二十九，故所謂“酒誥第十六”者，蓋三家皆然，不足以證其必屬小夏侯本。翼鵬師又云：

民國十三年洛陽出土三角形殘石一，表裏刻字。審之，碑陽當爲奏刻漢石經表殘文，（存九行七十四字）碑陰則爲漢石經叙殘文（存十一行八十四字）。石經叙殘字中，有“尚書小夏侯”云云，吴維孝《新出漢魏石經考》（卷一），因謂漢石經所刻爲夏侯建《尚書》。以漢石經《尚書》篇數及此殘文五字互證之，吴氏此説良信。（卷一）

按：吴維孝所見石經叙殘石確有“□□郎中孫進尚書小夏侯郎□”殘字一行，（圖五）唯僅據“尚書小夏侯”五字，遂推斷熹平石經《尚書》必屬小夏侯本，證據似嫌不足。[1] 熹平石經《尚書》爲歐陽本，今可以新出《尚書》校記殘石考知。六二七八號殘石背面存《堯典》《皋陶謨》校記有云：

臯陶大小（夏侯）
嚴敬六德大（夏侯，或小夏侯）
斯食大小夏（侯）
根食大夏侯言艱
粉米大夏侯言粉
是好傲虐是作大夏（侯）
時乃工大小夏侯言
於予擊石大夏侯無
簫韶九成小夏侯

以熹平石經校記體例推之，《詩》用《魯詩》，校記屢見“齊”“韓”而不見“魯”字；《易》用梁丘氏，校記屢見“施”“孟”“京”而不見“梁丘”；《公羊》用嚴氏，校記則有

① 石經叙殘石所見經師家數與人名，可能係負責校勘之各家學者。

“顔氏有無”之語;《論語》用《魯論》,校記則見“盍”“毛”“包”“周”之名;《儀禮》校記僅存“戴言”,無從區别其爲大戴或小戴;唯《春秋經》無别本,故亦無校記。

總而言之,凡出現於石經校記的家數,必非經文所據之本。《尚書》校記既屢見大小夏侯,其經文必非大小夏侯本,而確爲歐陽本無疑。至於前述《盤庚》中、下兩篇篇前空格圓點,與其以爲不分篇,不如視之爲分篇的證據。蓋既同屬一篇,共一“盤庚”篇題,不分篇之大小夏侯可能一逕接寫不留空格,而歐陽以空格加圓點爲之區分,雖不提行頂格,而實有分篇的作用。據此,則熹平石經《尚書》既有《書序》一卷,又分《盤庚》爲三篇,則其爲三十二篇的本子,亦即歐陽本,應該可以定論了。

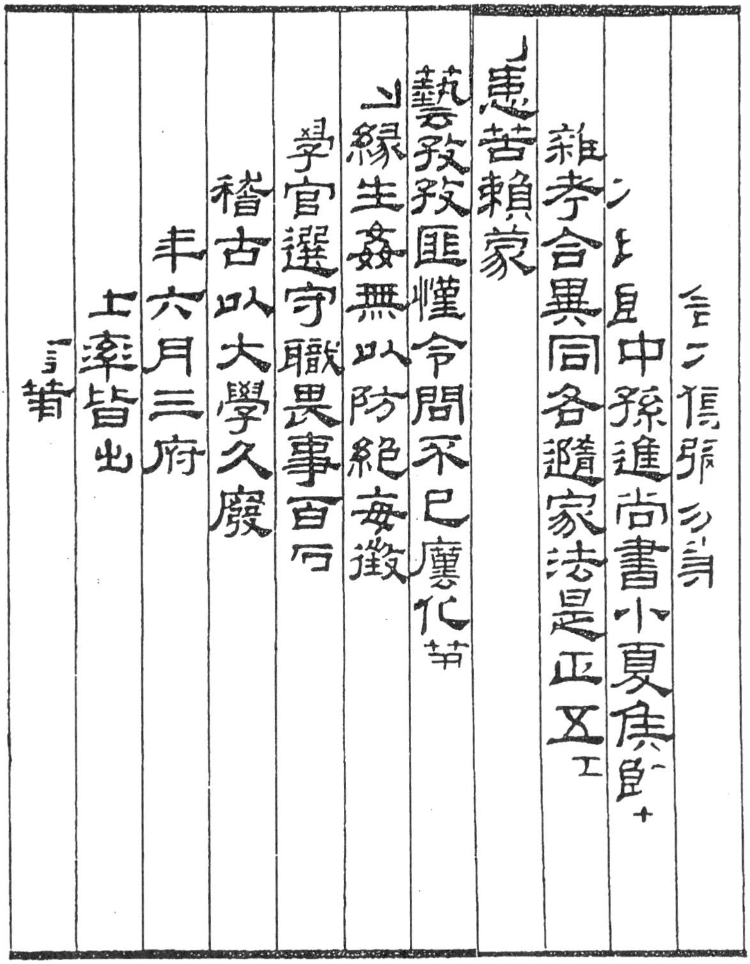

圖五　石經叙殘石

六、結　　語

新出熹平石經《尚書》殘石二方，爲石經《尚書》的第一石，殘存《堯典》《皋陶謨》《禹貢》《秦誓》的部分經文與《書序》以及《堯典》《皋陶謨》的校記等，共約二百八十字，比近代出土的漢石經《尚書》殘字的總和還多。由於殘石的出土，我們發現石經各篇經文版面的天頭是高低相錯的，這是歷來學者所不曾注意的一個特殊現象。在經文方面，殘石提供了大量的漢代今文《尚書》的資料，可供學者進行輯録研究，其中如"來始滑""横天之下""斯食""根食"等，都是非常寶貴的第一手資料。至於漢石經《尚書》所用的本子，因殘石校記屢見"大小夏侯"云云，可以確定其取大小夏侯本以資參校，則其爲歐陽本可無疑義。

原載《幼獅學誌》一九八七年第三期

漢熹平石經概説

○ 羅福頤

漢熹平石經傳世的史迹

漢熹平石經創建的歷史已如上述①，北魏時石經雖然"猶未大崩"(《北史・崔光傳》)，但已不被重視，其後歷經變亂，慢慢荒廢，漢石經碑開始變爲殘石。唐時起，後人才逐漸領悟到它的歷史價值，開始收集漢石經殘石，其經過可分爲兩個階段，述之如下。

甲、唐宋人對熹平石經殘石記載

過去對漢熹平石經殘石的記載，最早的是唐長孫無忌等修《隋書・經籍志》：

> 後漢鐫刻七經著於石碑，皆蔡邕所書。魏正始中又立一字石經，相承以爲七經正字，後魏之末(宋董逌《廣川書跋》作武定四年)齊神武執政，自洛陽徙於鄴都，行至河陽值岸崩，遂没於水，其得至鄴者不盈太半。(宋董逌《廣川書跋》此間有"周大象中詔徙鄴城石經於洛，時爲軍人破毁，至有竊載還鄴者，船壞，没溺不勝其衆也，其後得者盡破爲橋基"四十三字。)至隋開皇六年，又自鄴京載入長安，置於秘書内省，議欲補緝立於國學，尋屬隋亂，事遂寢廢，營造之司因用爲柱礎。貞觀初，秘書監臣魏徵始收聚之，十不存一，相承傳拓之本猶在秘府。

宋董逌《廣川書跋》記載説：

> 趙綽曰，唐造防秋館時，穿地多得石經，故洛中人士逮今有之。考當

① 編者按：本文原爲五個部分，一九八七年在《文博》發表時，編輯删去了第一部分。

時所得，已是漢世所遺没而得者，國初開地，唐御史府得石經十餘石，此又唐末淪没之所出也。

宋張舜民《畫墁録》説：

嘉祐末得石經二段於洛陽城，乃蔡邕隸書《論語》。

又宋大觀戊子黄伯思《東觀餘論》上載“石經與今文不同”條説：

此石刻在洛陽，本在洛宫前御史臺中，年久摧散，洛人好事者時時得之，若騏驥一毛，虬龍片甲。今張燾龍家有十版最多，張氏壻家有五六版，王晉玉家有小塊，洛中所有者止此，予皆得其拓本。……開元中嘗藏拓本於御府，以“開元”二字小印印之，與法書名畫同藏。蓋唐世以前未録前代石刻，獨此見收，其可寶如此。

以上是唐宋人記載漢熹平石經碑殘毁的歷史和殘石的搜集，到了宋乾道三年，洪适《隸釋》卷十四著録他所看見的漢石經殘石，總結其數字如下：

《尚書》殘石：《般庚》百七十二字；《高宗肜日》十五字；《牧誓》二十四字；《洪範》一百零八字；《多士》四十四字；《無逸》一百零三字；《君奭》十一字；《多方》五字；《立政》五十六字；《顧命》十七字；共五百四十七字。

《魯詩》殘石：存百七十三字，魏、唐《國風》數篇。

《儀禮》殘石：存四十五字，《大射儀》《聘禮》八行，《士虞禮》十行。

《公羊》殘石：存三百七十五字，隱公四年至成公元年及哀公十四年。

《論語》殘石：存九百七十一字。

以上是宋代著録漢熹平殘石的總數，傳説北宋神宗時，胡宗愈有重刻石經遺文跋説：

兹來少城得墜刻於一二故家，……因以鑱之錦官西樓，庶手補古之缺文云爾。

又宇文紹奕跋説：

内翰胡公，合諸家所藏，得蔡中郎石經四千二百四十七字，有寄以楷書釋之，鑱諸石永貽不朽。

又南宋乾道中,洪适曾合所見殘石覆刻於石,見《隸釋》跋説:

蔡中郎石經,在承平時已不多見,今京雒雍鬲,慮其遂泯没不傳也,予即輯《隸釋》,因以所得《尚書》《儀禮》《公羊》《論語》千九百餘字,(《蘇齋題跋》作宋乾道中)鐫之會稽蓬萊閣,凡八石,庶幾見者有跫然之喜。

《隸辨》説:

宋之翻本有二:洪适本在紹興,胡宗愈本在成都。

以上就是唐宋人對漢熹平石經殘石的記載概略,至宋人覆刻本今亦不傳了。

乙、近代漢熹平石經殘石的存在

距宋代出石經八百年,在公元一九二一年,河南洛陽又開始發現漢熹平石經的殘石,據專家的研究,近二十年來陸續所知見的殘石和拓本的約有五百二十七石(可并爲三百九十五石),其上的字數有六千一百六十多字,細目統計如下:

《易》殘石:二十九塊(可并爲十九石),一千三百六十五字。

《書》殘石:十八塊(并爲十四石)一百九十字。《校記》一石,十字。

《魯詩》殘石:一百七十四塊(并爲一百十五石),一千三百字。《校記》四十石(并爲三十八石),一百三十字。

《禮》殘石:五十二塊(并爲四十八石),六百九十字。《校記》一石,六字。

《春秋經》殘石:八十二塊(并爲六十二石),一千二百九十一字。

《公羊傳》殘石:五十九塊(并爲三十六石),四百九十一字。《校記》一石,二字。

《論語》殘石:四十塊(并爲二十九石),二百五十一字。《校記》四石,二十二字。又附經文後者十字。

《校記》殘石:四十七塊(并爲四十五石),一百八十字。

《後記》殘石:二十四塊(并爲二十一石),三百九十字。

以上就是近代漢熹平石經存在的約數,由這亦可看出宋代人發現漢熹平石經只是五經(《書》《詩》《禮》《公羊》《論語》),近代發現全面到七經(《易》《書》《詩》《禮》《春秋》《公羊》《論語》)外,尚有《後記》,這是宋代人所未及知見的。

熹平石經對古文字和文化史的貢獻

祖國的古典文學《易》《書》《詩》《禮》《春秋》《公羊》《論語》在舊社會所謂“七經”,經過數千年綿遠的歲月,以致現在版本上的字句篇章,是不免有訛誤和顛倒的。明清以來校勘學者所以尊重宋元版爲善本,也不過是取其能糾正現在通行本的訛誤字句。我們現在把校勘宋元版的方法,提高到漢熹平石經上去,它的收效自能遠勝於宋元版的校勘。

先從宋代著録的漢石經殘石而言,據洪适著《隸釋》載石經存字及異同字數如下:

《書》殘石:存五百四十七字,與今本異同字有六十七字。

《詩》殘石:存一百七十三字,與今本異同字有九字。

《禮》殘石:存四十五字,未見異同字。

《公羊傳》殘石:存三百七十五字,與今本異同字有七字。

《論語》殘石:存九百七十一字,與今本異同字有四十字。

以上是宋代考漢石經殘石收穫異同字的約計,而現在存在的漢石經殘石,由專家們考訂的成果,各經異同字的統計約略如下:

《易》殘石:二十九石,存一千三百六十五字。

1. 經本章次　漢石經《易經》的章次與朱熹《周易》本《易》合,録目如下:

上經第一　下經第二　上象第三　下象第四　上象第五　下象第六　上繫第七　下繫第八　文言第九　説卦第十　序卦第十一　雜卦第十二

2. 書法格式　每篇題占一行,每卦首畫卦象當一字不空格,《文言》《説卦》每章首空一格,復加點識之。

3. 行款碑數　每碑約三十八行,行七十三字,共約四碑。

4. 異同的字數　校今本多一字,少二字,不同者十一字。

《書》殘石:十八石,存一百九十字,《校記》一石,十字。

1. 經本章次　係漢代流行的今文《尚書》,版本久失傳,只知其中多《泰誓》一篇,與清段玉裁的《古文尚書撰異》略同。

2. 書法格式　每篇題占一行。

3. 行款碑數　每碑約三十五行,行七十三字,約五石。

4. 異同的字數　校今本少一字,不同者六字。

《魯詩》殘石:一百七十四石,存一千三百字。《校記》四十石,一百三十字。

1. 經本章次　《魯詩》今久佚,現從殘石上看出大致同於《毛詩》,而也有篇次不同的,如《鄭風·山有扶蘇》上不是《有女同車》;《小雅·彤弓》之後爲《賓之初筵》,《吉日》之後爲《白駒》;《大雅·旱麓》之後爲《靈臺》,《鳧鷖》之後爲《民勞》,《韓奕》之後爲《公劉》,《桑柔》之後爲《瞻卬》,《假樂》《卷阿》在《文王》之前。也有章次不同的,如《式微》二章,"泥中"在"中露"之前;《黄鳥》三章,"仲行"在"鍼虎"之後。

2. 書法格式　二《南》、《國風》、大小《雅》、三《頌》篇題各占一行,每章末側注章次,曰其一、其二,兩字當一格,即篇僅一章者,亦側注其一,每篇末章句下空一格,加點,其每什後題亦空一格,接書於章句之下。

3. 行款碑數　每碑約四十二行,二《南》至《小雅》行七十二字,《角弓》以後至三《頌》則七十字,約七碑。

4. 與《毛詩》的異字　多一字,不同者三十九字。

《禮》殘石:五十二石,存六百九十字,《校記》一石,六字。

1. 經本章次　由《鄉飲酒》殘石見題作第十推之,知石經篇次同於《大戴禮》,録目如下:

士冠禮第一　昏禮第二　士相見禮第三　士喪禮第四(今本作第十二)　既夕禮第五(今本作第十三)　士虞禮第六(今本作第十四)　特牲饋食禮第七(今本作第十六)　有司徹第九(今本作第十七)　鄉飲酒禮第十(今本作第四)　鄉射禮第十一(今本作第五)　燕禮第十二(今本作第六)　大射第十三(今本作第七)　聘禮第十四(今本作第八)　公食大夫禮第十五(今本作第九)　覲禮第十六(今本作第十)　喪服禮第十七(今本作第十一)

2. 書法格式　篇題占一行,每章均蟬聯書之,章首不空格,而在兩字之間加點,以斷上下文。

3. 行款碑數　每碑約三十二行,行七十三字,約十三碑。

4. 異同字數　校今本少一字,不同者八字,顛倒不同者一字。

《春秋》殘石：八十二石，存一千二百九十一字。

1. 經本章次　石經的經傳分刻，是與今日通行本大異處。

2. 書法格式　每公元年皆另行起訖，題占一行(惟閔公元年無題，不另起行，元年上但加點，殆以閔公止二年，故特殊)，每年首均空一格加點。

3. 行款碑數　每碑約三十五行，行大率七十字，約四碑。

4. 異同字數　校今本不同者八字。

《公羊傳》殘石：五十九石，存四百九十一字，《校記》一石，二字。

1. 經本章次　據《隸釋》説，石經《公羊傳》用嚴氏本，而記顔氏的異文，《漢石經考異補正》説，漢宣帝時有嚴彭祖爲博士一人，殆即其人。

2. 書法格式　其每公起首疑無前題，止在元年上加點，底五格書，公第△△是年或無事亦書年加點，每一事則於首末兩字間加點。

3. 行款碑數　每碑大率三十六行，每行約七十三字，成公以後則七十一字，共六碑。

4. 異同字數　校今本不同者三字，句法不同者兩句。

《論語》殘石：四十石，存二百五十一字。《校記》四石，二十二字，又附經文後者十字。

1. 經本章次　經本未詳，未記盍、毛、包、周四家異文。

2. 書法格式　每篇題占一行，每章首空一格，加點以間之，每篇文末附記凡幾章，上亦空格加點。

3. 行款碑數　每碑約三十六行，行大率七十四字，約三碑。

4. 異同字數　校今本多一字，少一字，不同者四字。

《校記》殘石：四十七石，存一百八十字，據現所見七經中有五經(《書》《魯詩》《禮》《公羊傳》《論語》)均有《校記》，記各家異同的字句。推想《易》同《春秋》兩經一定也有《校記》，尚未發現殘石爾。

《後記》殘石：二十四石，存三百九十字，石經有《後記》兩面一碑，總録當時校理的人名和請建立石經的表奏，這正是後世敕撰書籍，前有進書表，後附臣工人名的先河了。

以上就是近三十年漢熹平石經殘石出土後由專家研究所得的總結，它對古典文學上的貢獻是：

《易》 宋朱熹《周易本義》的章次能同它冥合，足徵朱熹所謂復古《周易》之舊不是妄語，後人合《彖》《象》《文言》於上下《經》，是由唐開成石經已是如此了。

《尚書》 漢代流行的今文《尚書》本，從唐以來就失傳了，現在居然能由漢石經殘石上，有見它的一斑半豹，證明了它是與《尚書大傳》是大同小異的。

《魯詩》 《魯詩》是自唐以來久佚的書，現在由漢石經殘石上能看到它的一小部分，證明了它與《毛詩》是不僅有文字的不同，而且篇章的排類，也有多少及先後的殊異。

《禮》 由漢石經篇題的次第瞭解到，漢人《禮經》是同於現存《大戴禮》的篇次的。

《春秋》 由漢石經殘石上，證明了古代的經、傳，抄寫是各自起訖的。

《公羊傳》 用嚴彭祖本，由漢石經殘石上可看出古人經、傳分刻的體例。

《論語》 漢代《論語》有三本，皇侃本二十一篇，《齊論》二十二篇，《魯論》二十篇，石經用某氏本未詳。然未識諸家異文，有盍、毛、包、周四家，《東觀餘論》説《論語》未見有盍氏、毛氏書。

以上是七經的大概，此外還瞭解到，漢石經的體例是用某氏一家本爲主，而每經之末均附識各家不同的異文字句，正是後代校勘記方式的始祖。餘如漢石經碑的大小，行款字數的大概，這總是宋元以來學者所未及知道的。現在由專家們的研究，闡明了一切，從實際上貢獻給我們，補充我們前所未知的知識，這就不僅是對古文字和古典文學上有貢獻，而且對我們祖國文物的知識上，對過去文化史上，也有絶大的貢獻。

關於漢石經殘石有關文獻的介紹

祖國文物知識範圍的廣大，正象徵着偉大的祖國，過去書籍浩瀚無涯，没有明確指導的提出，是有無從着手的困難。現在把研究漢石經的文獻書籍分爲主次，介紹目録如下：

甲、主要文獻

《隸釋》二十七卷：宋鄱陽洪适著，清乾隆四十三年錢塘汪氏刻本。

《隸續》二十一卷：宋鄱陽洪适著，同上刻本。此二書中記載宋人所見的漢石經殘石。

《漢熹平石經殘字》二卷，《集録》一卷，又《補遺》一卷：共四册，先人著，家刻本。

《漢熹平石經殘字集録》二卷：同上著，《貞松老人遺稿》本，此爲最後訂本，比較的完備。

《漢石經碑圖》一卷：張國淦著，民國二十年鉛印本。

《集拓新出漢魏石經殘字》四册：鄞縣馬衡編次，民國十六年集拓本。

《歷代石經略》二卷：曲阜桂馥著，光緒九年陳州郡齋刊本。

《歷代石經考第一編》：蒲圻張國淦著，民國十九年燕京大學刊本。

《漢熹平石經遺字》一册：漢陽萬中立藏，光緒二十七年石印。

《漢熹平石經殘字》一卷：三山陳宗彝撫刻，《百一廬金石叢書》本。

乙、次要文獻

《石經考》一卷：清崑山顧炎武輯，《石經彙函》本。

《石經考異》二卷：清仁和杭世駿撰，《石經彙函》本。

《漢石經考異補正》一卷：清嘉定瞿中溶著，《適園叢書》本。

《漢石經殘字證異》二卷：清曲阜孔廣牧著。

《石經補考》十一卷：清嘉興馮登府纂，《石經彙函》本。

《漢魏石經考》一卷，《唐宋石經考》一卷：清鄞縣萬斯同輯，《昭代叢書》本。

以上就是研究漢熹平石經殘石的書籍的大概。

結　論

總結以上的記載，可以把熹平石經的來龍去脈有一個初步瞭解。若要進一步的深造，就必須參考上述的文獻，才能提高到理性認識。

我國過去舊社會裏，造成古董商作僞的風氣，要知他們的技術是相當之高的，能糊弄一般的人。現在拿所作的僞刻來看，他們做的多爲大塊多字，不仔細研究很可能誤認爲是真石刻，然經過專家們的考驗和與真本的核對，它就原形畢露了。這也是我們研究漢石經殘石必須有的知識。今將僞刻石數、字數抄目於下：

《易》：三石，六面，三千七百零八字。

《尚書》：二石，四面，一千零九十二字。

《魯詩》：六石，十面，三千三百一十字。

《儀禮》：一石，二面，一千一百六十七字。

《春秋》：一石，二面，一千六百六十九字。

《公羊》：二石，四面，二千七百八十一字。

《論語》：七石，十面，一千六百九十五字。

由上面統計的數字可以看出，現代僞刻的漢熹平石經殘字，共一萬五千四百多字，同原刻殘石字數比較起來，幾乎將近三倍，這也足以説明了過去作僞的手段，是可驚異的。這些僞石經現在全在天津歷史博物館，可供參考。圖一爲石經真品，是《詩·小雅·采芑》《車攻》等篇的殘石，而圖二、三亦《詩小雅·采芑》《車攻》的刻石，但是僞品，其字數較真品多出許多倍。這可作爲僞刻的標本來認識，對於我們當是不無小補的。

圖一

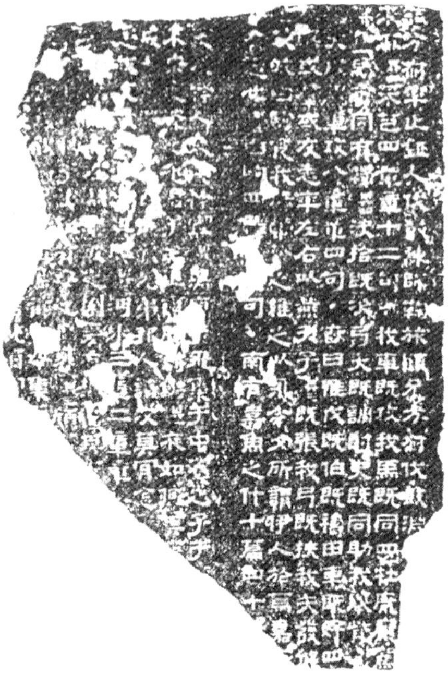

圖二

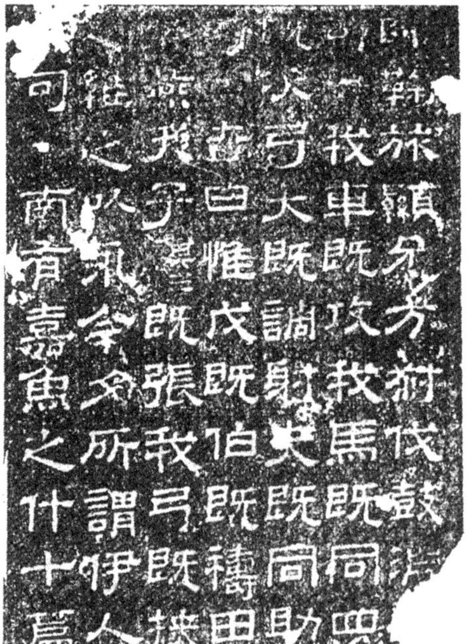

圖三

原載《文博》一九八七年第五期

洛陽近年出土的漢石經

◯ 王竹林　許景元

自八十年代以來，漢魏洛陽故城南郊的太學遺址内陸續發現漢魏石經殘石多起。一九八四年冬東大郊村電工韓德朝在晉太學遺址範圍的北側，即距一口老井的北側取土時發現漢石經一石兩面爲《春秋經》；又第二年冬村民張松照家在洛河南堤北側，原棉專隊的東南方向，今南北大路的東側，依着河堤北側挖墓坑時，離地約四尺深的灰土層中，發現漢石經及其後記殘石五塊，計有《詩經》一石兩面、《儀禮》一石一面、《公羊傳》一石兩面、後記頌碑二石三面。

韓德朝、張松照已將漢石經捐獻給偃師縣文管會收藏。本文現將這二起出土的漢石經六石十面，共約二百字的經文，按其經篇考釋於下。

一、《春秋經》一石兩面（編號八四八六：1—2），殘石高 16、寬 22.5、厚約 16.5 釐米（圖一、圖二）。

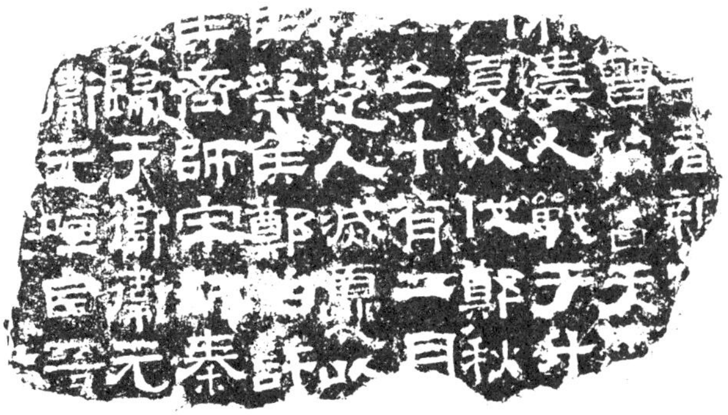

圖一　《春秋》石經正面拓片

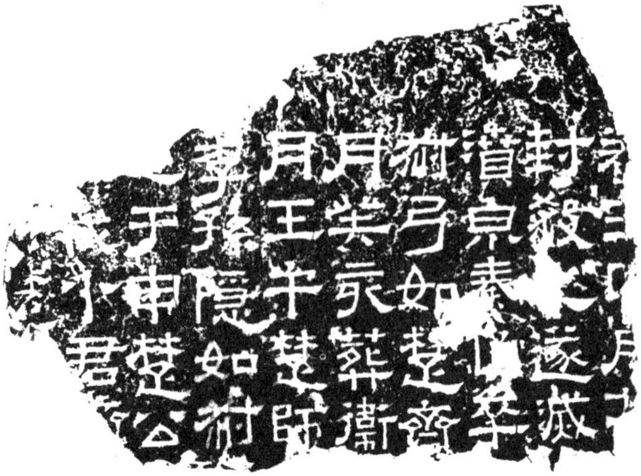

圖二 《春秋》石經背面拓片

正面十一行五十八字，僖公廿年至卅年

廿年春	年春新作
廿一年秋	曹伯會于霍
廿二年八月	邾婁人戰于升陘
廿四年夏	月夏狄伐鄭秋
廿五年冬	公冬十有二月
廿六年秋	秋楚人滅夔以
廿七年冬	侯蔡侯鄭伯許
廿八年夏四月	侯齊師宋師秦
廿八年六月	復歸於衛衛元
廿八年秋	衛元咺自晉
卅年春	·卅

經文第二行"會于霍"，今本"霍"作"盂"，《公羊傳》作"霍"，《左傳》作"盂"。霍、盂春秋時係兩國異地。第六行"楚人滅夔"，今本作"夔"，《公羊傳》作"隗"，《左傳》作"夔"。隗——周國名，楚同姓，居夔子城。隗、夔兩字音同義近，古通用。

此石在張國淦《漢石經碑圖》第三十九面第八行至十八行。它右與馬衡《漢石經集存》二八一號經文緊相接，下與二八二、二八三號經文上下相連貫。

背面十行四十七字，昭公四年至十二年

四年春正月	春王正月大
四年秋七月	封殺之遂滅
五年秋七月	濆泉秦伯卒
六年冬	叔弓如楚齊
七年十二月	月癸亥葬衛
八年冬十月	月壬午楚師
十年秋七月	季孫隱如叔
十一年夏四月	之于申楚公
十一年九月	葬我小君齊
十二年五月	公楚

經文第三行“叔弓率師敗莒師于濆泉”，今本“濆泉”作“蚡泉”。《公羊》《左傳》《穀梁》皆作“濆泉”。蓋蚡泉即濆泉，係同音異字。《公羊傳》曰：“濆泉者何？直泉也。直泉者何？涌泉也。”按此濆泉不是直指的專用地名。第七行“季孫隱如”，今本作“季孫意如”，《公羊傳》作“季孫隱如”，《穀梁傳》作“季孫意如”。蓋意隱兩字音近，又同切韻而轉訛。季孫隱如係魯莊公弟季友的五世孫。

此石在《漢石經碑圖》第四十二面第二十一行至三十行。它下與《漢石經集存》三二一、三二二號經文上下相連接。

二、《魯詩》一石兩面（編號八五〇一：1—2），殘高 7、寬 13、厚 16.5 釐米（圖三、四）。

圖三　《魯詩》石經正面拓片

圖四　《魯詩》石經背面拓片

正面五行十四字　《小雅・節南山・苕之華》《雨無正》《小旻》三篇

苕之華第三章
雨無正第一章
雨無正第四章
雨無正第六章
小旻第一章

三
居・莫
遂曾我
可使怨及
沮謀藏不

經文第一行應是"三"字殘筆。蓋《魚藻之什》的《苕之華》有"三星在罶"一語，其章句字數排列正相合。《節南山》的《十月之交》，也有"擇三有事"一語，但其章句字數與此不合，并且間隔二行。故知《魯詩》與《毛詩》篇次各異。第二行爲《雨無正》篇之"正大夫離居，莫知我勩"一語。這裏在居、莫二字之間有一圓點。按《詩經》碑石爲分篇記號，其間空一格，加圓點以别之，此處獨有圓點，又無空格，惜未知章句有何原由，有待查證。其他經文章句，《魯詩》石經與今本同。

此石在《漢石經碑圖》第八面第三行至七行。它下與《漢石經集存》六五、六六兩石經文上下相連貫。每行經文各七十二字。

背面六行十五字，《大雅・生民之什》的《板》《蕩》《抑》三篇

板第八章
蕩第二章
蕩第四章
蕩第六章
蕩第八章
抑第二章

馳
强御
國斂怨
蜩如唐如
有言顛
其訓

經文第一行"馳"字殘存一半，蓋是《板篇》第八章"無敢馳驅"一語。第二行"强禦"二字，係《蕩篇》第二章"曾是强禦"一語，《毛詩》和今本"强"作"彊"，彊即强，古所習用。第四行"如蜩如唐如沸如羹"，今本作"螗"，漢石經"螗"作"唐"，蓋音同而省略。第六行，應是《抑篇》第二章"四方其訓之"一語。蓋此《魯詩》將《蕩之什》的《蕩》《抑》兩篇移入《生民之什》，使《板》《蕩》《抑》三篇相次爲序，這是《魯詩》與《毛詩》篇次的一大差異。由於篇次之變易，則其諸卷之分什當然也會有所變更，蓋《蕩》《抑》兩篇是《蕩之什》一卷中的點題的重要篇章。且無

《蕩》《抑》諸篇，焉有《蕩之什》嗎？馬衡先生在《魯詩》的結語中說："《大雅》無《蕩之什》，《假樂》後即接《生民之什》尾題。"①今出漢石經，《板》《蕩》《抑》三篇相次，信而有徵矣。但是《毛詩·蕩之什》卷中還有《行葦》《雲漢》《崧高》等諸多篇章是如何歸宿問題，仍有待於今後石經的陸續出土後予以證實。

此石在《漢石經碑圖》第十一面二十七行至三十二行。它與《漢石經集存》一〇六、一一〇兩石經文上下相連貫。每行七十字。

三、《儀禮》一石一面（編號八五〇二），殘高 8.5、寬 10.5 釐米，厚度已殘（圖五）。

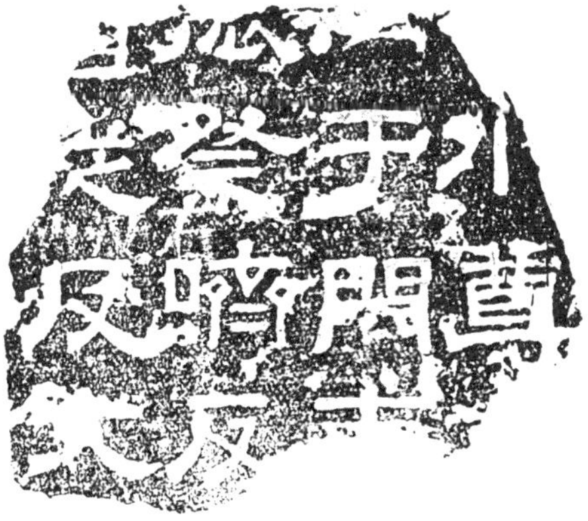

圖五 《儀禮》石經拓片

正面四行十五字，《士虞》第六

皆	振	位	
從	祭	於	水
及	嚌	門	尊
大	反	東	在

石經文與今本同。

此石在《漢石經碑圖》第六十二面第二十六行至二十九行。它左與《漢石經集存》四〇四緊相接，下與四〇二、四〇三兩石經文上下相連貫。每行經文七十三字、七十四字不等。

四、《公羊傳》一石兩面（編號八五〇三：1—2），殘高 10.5、寬 10、厚約 16 釐米（圖六、七）。

① 見馬衡《漢石經集存》二十一頁下。又説"《大雅》篇數，《毛詩》爲卅一篇，其分什則《文王之什》《生民之什》各十篇，《蕩之什》十一篇。今出石經，篇次與毛異者至多。《板》《蕩》二篇相接，其中當無《蕩之什》；而《桑柔》、《瞻卬》、《假樂》之後出一'生'字，當記《生民之什》之篇章句也"。

圖六 《公羊傳》石經正面拓片

圖七 《公羊傳》石經背面拓片

正面四行十字，桓公二年至三年

致	正		
得	也	矣	
	此	然	爲
	其	則	

《公羊傳》經文與今本同。第一、二行爲桓公二年，三、四行爲桓公三年。

此石在《漢石經碑圖》第四十六面第三行至六行。每行七十三字，前三行字數不等。

背面五行十八字，哀公六年至八年

			之	廢
		乞	化	正
	內	曰	我	而
益	大	此	也	立
	惡	君	諸	不

《公羊傳》經文與今本同。第一、二、三行爲哀公六年。第四行爲哀公七年。第五行只存一字爲哀公八年。

此石在《漢石經碑圖》第五十五面第三十行至三十四行。每行七十字，第一行字數多出三字。

五、《後記》一石兩面(編號 8504：1—2)，殘高 17、寬 14、厚約 18 釐米

(圖八)。

圖八　《後記》正面拓片

正面五行十四字(中空一行),字大,每行之間較寬疏。

德舒
□雨澤嫌
臣訓臣賜臣球
□宮

背面二行七字,字小於正面,左下空無字。

又無表識
書報許

六、《後記》一面(編號八五〇五),殘高13.5、寬13釐米,厚度已殘。字大,每行之間較寬疏(圖九)。

熹平五□
尚書己丑
□十五年
□□

圖九　《後記》背面拓片

這類後記敘文,有的人稱爲序記,文籍記載稱爲頌碑或贊碑之類。它記述了自建武五年興太學的過程。《水經注》"穀水條"中記載讚頌太學立碑者有三:一在石經東,漢順帝永建六年九月詔書修太學刻石記;二在太學外門中的太學弟子贊;三是太學贊别一碑,立於講堂西,下列石龜,碑載蔡邕、韓説、堂谿典等名。據《後漢書·蔡邕傳》載曰,其時參與校經和書碑者,有蔡邕、堂谿典、楊賜、馬日磾、張馴、韓説、單颺等七人。如此繁重艱巨的工程,豈止數人所能勝任?馬衡遺著《漢石經集存》中依據《公羊傳》《論語》碑末及後記甲乙碑所載參與此役者列成一表,凡二十五六人。而始終其事者,恐不止此。

新出石經後記有“臣訓臣賜臣球”,據《後漢書·靈帝紀》記載熹平五年位至三公的,就有許訓、楊賜、陳球和陽球。“熹平五年夏五月,太尉陳耽罷,司空許訓爲太尉”,又“秋七月衛尉陳球爲司空”,“冬十月……司徒袁隗罷,十一月丙戌光禄大夫楊賜爲司徒”。又“光和元年九月太尉張景罷,太常陳球爲太尉”,“光和五年冬十月太常楊賜爲太尉”。在靈帝熹平五年至光和中許訓、楊賜、陳球三人先後任職太尉、司徒、司空,皆居三公顯職高官,所以從社會地位上來説,他們參與了太學石經的創業工程,這與後記碑文所載是相吻合的。

至於後記碑文是何時何年所立的?據《後漢書·靈帝紀》記載:“光和二年冬十月甲申,司徒劉郃、永樂少府陳球、衛尉陽球、步兵校尉劉納,謀誅宦者,事泄皆下獄死。”由此推論立後記碑的年限,下限應在光和二年(一七八年)十月以前,上限是熹平四年(一七五年)以後,介於熹平末年至光和初年的三四年之間。

總之,這批漢石經的出土,豐富和充實了漢石經研究的資料,對於每塊經碑的復原也提供了難得的實物資料。正如《詩經》,過去出土的數量雖不算少,但大都是碎小塊,且一石兩面的經文俱無。有幾塊兩面有字的殘石,也是一面經文,一面校記,要想復原原碑的排列,根本無法進行。一九八六年五期《文物》刊載了上海博物館范邦瑾先生的《兩塊未見著録的熹平石經〈詩〉殘石的校釋及其綴接》一文,才首次見到一石兩面經文的原碑。這次出土的一石兩面經文,正面是《小雅》,背面是《大雅》,從考釋中得知《魯詩》石經與《毛詩》在篇次上有很大的差異;新出土的二石三面的後記碑文,儘管字數不多,但它記述了幾個年號和社會人物,這些都是極有價值的。

原載《中原文物》一九八八年第二期

熹平石經的尺寸及刻字行數補證

◯ 范邦瑾

一、引　　言

熹平石經①自東漢靈帝熹平四年(一七五年)刻立後②,經南北朝因戰亂遷移③,至隋末"用爲柱礎",到唐貞觀初,原碑已"十不存一"④。唐以後雖陸續有此碑殘石出土⑤,但均極爲零碎,大塊的很少。由於實物資料的缺乏,關於熹平石經原石的尺寸和每碑的刻字行數難以稽考,成爲疑案。碑石這些主要數據的缺乏,使今天的石經復原工作發生了困難。

從文獻資料和前人的研究來看,最早記録熹平石經碑石尺寸的是東晉時的楊佺期。他的《洛陽記》⑥載朱超石《與兄書》云:"碑高一丈許,廣四尺。"但所記是否可靠,頗有人懷疑。最近日本學者塚田康信教授著《熹平石經之研究》⑦,定碑石尺寸爲高約 300、寬約 120 釐米,但未説明以何爲據。至於熹平石經每碑的刻字行數,似未見有古人論及,近代因殘石相繼出土,始引起人們的注意。王國維的《魏石經考》⑧先考熹平石經,推定爲一碑三十五行;馬衡

---

① 熹平石經又稱漢石經、一字石經,隸書,刻寫有《魯詩》《尚書》《周易》《春秋》《公羊》《儀禮》及《論語》共七經,正文四十六碑,校記二碑。

② 刻立之起因經過,詳《後漢書》中《靈帝紀》《蔡邕傳》《盧植傳》《吕强傳》和《儒林傳》等。

③ 東魏遷鄴,後周還洛,隋又遷長安。分見《周書・宣帝紀》、《隋書》的《經籍志》和《劉焯傳》。

④ 《隋書・經籍志》。

⑤ 殘石出土始於唐,見李綽《尚書故實》,後又有三次較大的發現:一爲宋代,發現殘石刻字共兩千一百六十七字,收録於洪适《隸釋》《隸續》二書中;一爲本世紀二、三十年代,以馬衡《漢石經集存》所録最爲完備,共存八千餘字;一爲一九八〇年,中國社會科學院考古研究所洛陽工作隊在漢魏太學故址發掘出土殘石六百餘塊,見《考古》一九八二年第四期《漢魏洛陽故城太學遺址新出土的漢石經殘石》一文。

⑥ 原書佚,轉引自《後漢書・儒林傳》注,原楊佺期作楊龍驤,蓋因楊佺期曾任龍驤將軍一職而名,見《隋書・經籍志》。

⑦ 載《西安碑林之研究》,日本福岡教育大學一九八三年版。

⑧ 載《觀堂集林》卷二十,見《王國維遺書》上海古籍書店一九八三年版。

《從實驗上窺見漢石經之一斑》①，據石經字體尺寸，擬定爲一碑三十九至四十行；張國淦以本世紀二三十年代新出殘石爲據，作《漢石經碑圖》，考出每碑行數爲二十六至四十七行，但張氏自己也感到與《洛陽記》所載"廣四尺則逕庭殊甚，然捨此以推定碑數，又無其他佐證也"②。懸案仍未解決。

近年中國社會科學院考古研究所許景元同志據建國後新出的熹平石經《尚書》殘石的經文、書序及校記，作《尚書》石經第一石復原，考出原碑寬約88、碑文行長約176釐米，陽面刻字三十五行③。這一考證以實物爲據，糾正了張國淦《漢石經碑圖》中的幾處失誤，比以前諸説前進了一大步，爲今後碑石的復原工作提供了重要的依據。但許景元同志同時發現了十四方熹平石經的碑座，其長度(即所立碑石的寬度)從92至137釐米，似又與他推算的原碑寬88釐米不合，這就産生了一些問題，即熹平石經原碑的尺寸是否一致，《洛陽記》所載是否可信，碑石尺寸上的差距又與每碑的刻字行數有什麽關係等等。

本文試通過對熹平石經的另一塊碑石——《周易》原石的部分復原，再來探討一下這些問題，以作補證，并求教於讀者。

二、一塊《周易》石經的部分復原

上海博物館藏有兩塊熹平石經《周易》殘石，屬現存此石經所有殘石中較大的兩塊，是進一步推考石經原碑的尺寸和刻字行數的寶貴實物資料。現將此兩石編爲甲石和乙石，分述於下：

甲石，呈直三角形，殘高約65、寬約49、斜長約78、厚約16.5釐米。碑陽與碑陰兩面刻字。陽面(圖一)爲《周易・下經》中《家人》至《歸妹》十八卦，共二十行，二百八十五字(其中殘十五字)；陰面(圖二)爲《周易》的《文言》和《説卦》兩傳，共十八行，二百零二字(其中殘十八字)，兩傳間空两行，當爲《文言傳》末行和《説卦傳》篇題。全石兩面刻字總計四百八十七字(其中殘三十三字)。此石一九二五年出土於河南洛陽東偃師大郊以北里許，初歸張定業，一

① 載《凡將齋金石叢稿》，中華書局一九七七年版。
② 張國淦：《漢石經碑圖・叙例》，燕京大學國學研究所一九三一年版。
③ 許景元：《新出熹平石經〈尚書〉殘石考略》，《考古學報》一九八一年第二期。本文凡引許景元同志所説皆出此文，不再出注。

九三〇年轉歸文素松[1],建國後藏於上海博物館。此石有拓本和影印本流傳,羅振玉、馬衡等學者皆有著録和考釋[2]。

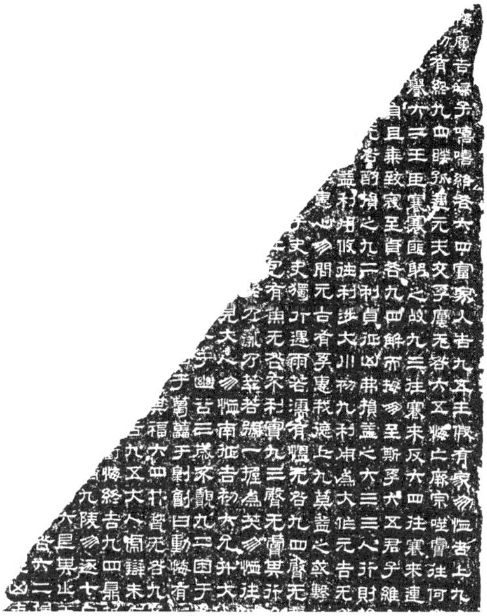

圖一　甲石碑陽

圖二　甲石碑陰

乙石,不甚規整,殘高約 67、寬約 38、厚近 17 釐米。碑陽與碑陰亦兩面刻字。陽面(圖三)爲《周易・下經》中《巽》至《未濟》八卦及《上彖》,共十五行,二百五十六字(其中殘二十五字),其《下經》與《上彖》間空隔一行,當爲《上彖》篇題;陰面(圖四)爲《周易・繫辭》下傳,共十五行,二百五十一字(其中殘二十一字)。全石兩面刻字總計五百零七字(其中殘四十六字),略多於甲石。此石經多方查證未見著録,出土與流傳情況不明,估計爲本世紀三十年代中後期出土,一九五一年上海市文物保管委員會購自金鐵芝,藏入上海博物館。

從上述兩石的内容與馬衡《漢石經集存》所録的殘石及今本《周易》的文字對照來看,這兩塊殘石之間關係密切,是可以拼接復原的。《漢石經集存》

① 郭玉堂:《洛陽出土石刻時地記》,大華書報供應社一九四一年版。

② 略舉之,有羅振玉《漢熹平石經殘字集録》,張國淦《漢石經碑圖》,馬衡《漢石經集存》及上海金佳石好樓一九三三年影印本。

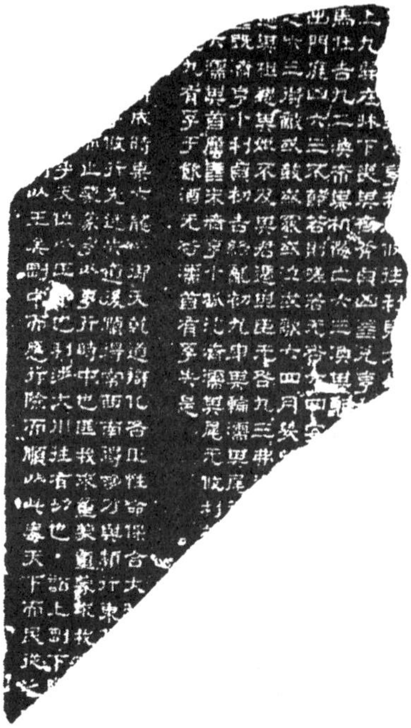

圖三　乙石碑陽

圖四　乙石碑陰

中有六塊殘石與此兩石的拼接復原有關。爲便於稱述，現將此六石分别編爲子至巳石，以今本《周易》文字并參考張國淦《漢石經碑圖》補其空缺，考出各殘石與甲乙兩石的關係及其相互間聯繫分别如下。

碑陽（圖五、七）

子石[①]爲《周易・下經》中《家人》至《小過》二十六卦，刻字二十八行。其中《家人》至《歸妹》十八卦二十行與甲石吻接。此石於一九二九年冬出土，地點同甲石，文字内容及斷裂痕迹亦全相吻合，兩石實爲原碑之上下段，人們歷來也多將此兩石并作一石來拓印和研究[②]。此石初歸王道中，後屬于右任，曾運至南京[③]，現存西安碑林。

丑石[④]爲《周易・下經》中《歸妹》《豐》《旅》《巽》四卦，刻字五行。與

① 馬衡：《漢石經集存》編號二三七，圖版八八，下半部分，科學出版社一九五七年版。

② 略舉之，有羅振玉《漢熹平石經殘字集録》，張國淦《漢石經碑圖》，馬衡《漢石經集存》及上海金佳石好樓一九三三年影印本。

③ 郭玉堂：《洛陽出土石刻時地記》，大華書報供應社一九四一年版。

④ 馬衡：《漢石經集存》編號二三八，圖版三六。

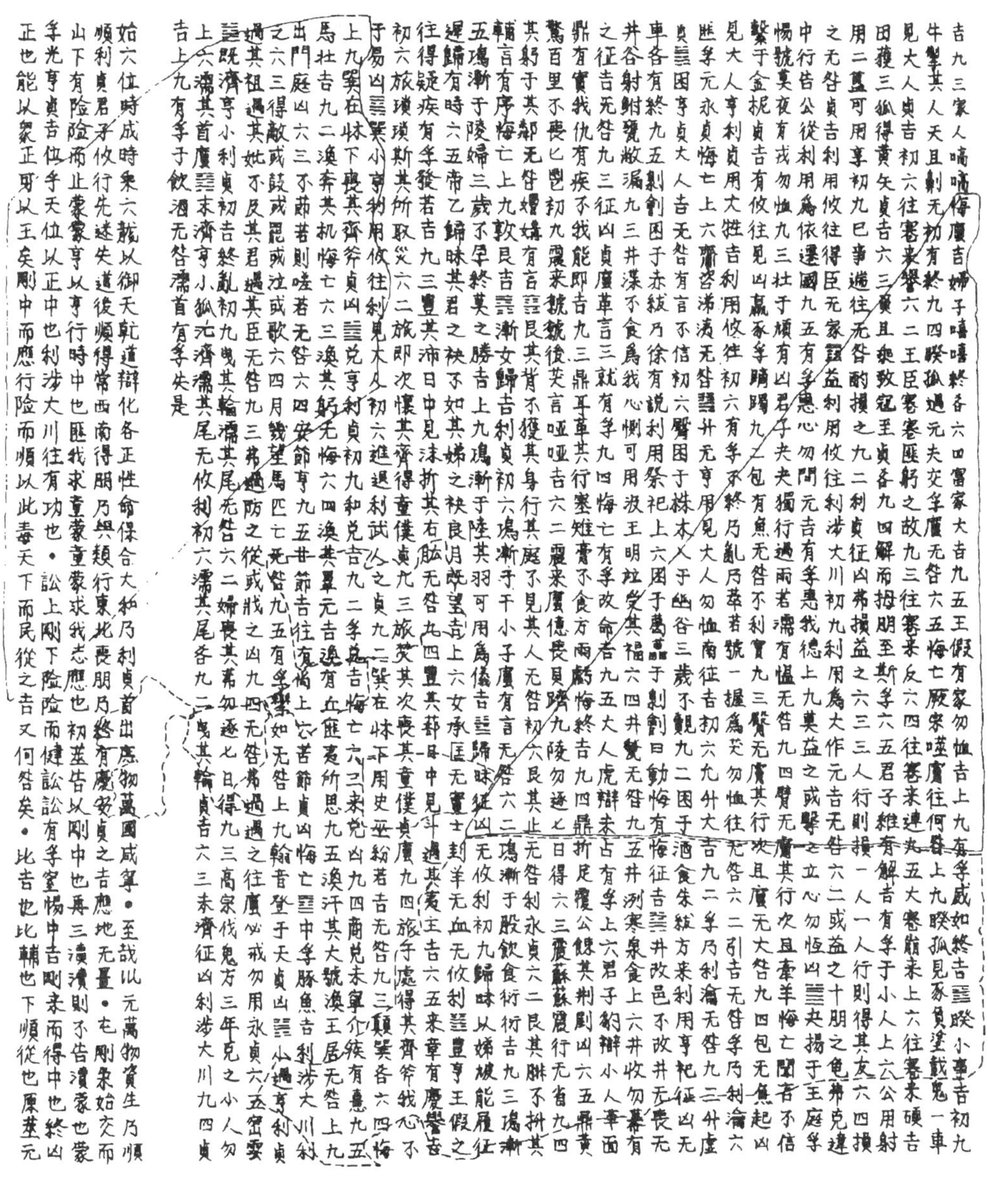

圖五 《周易》石經之一碑陽的部分復原

圖六　《周易》石經之一碑陰的部分復原

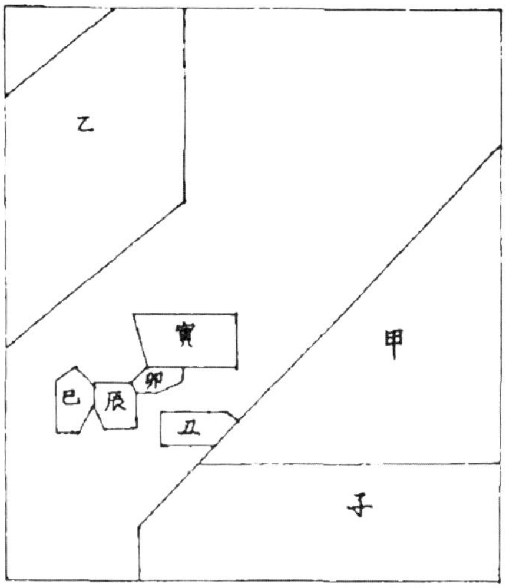

圖七　《周易》石經之一碑陽各殘石位置示意圖

甲石吻接一行,與子石重合四行,其間空格一至七字。

寅、卯兩石可并作一石[①],爲《周易·下經》中《歸妹》至《中孚》八卦,刻字八行。與乙石重合五行,中間空格四至六字;與丑石重合四行,中間空隔三至五字。

辰、巳兩石亦可并作一石[②],爲《周易·下經》中《小過》《既濟》《未濟》三卦及《上象》,刻字六行,其間空二行,當爲《未濟》卦末行與《上象》篇題。六行皆與乙石重合,其間空格三至九字;并與卯石相吻合。

碑陰(圖六、八)

除子石外,目前尚無新見殘石可供拼接,但它與甲乙兩石的聯繫仍顯而易見。

子石爲《周易·繫辭》下傳及《文言》《說卦》兩傳,刻字二十五行(包括空隔四行爲轉章的篇題與末行)。其中《文言》與部分《說卦》共十八行與甲石吻合;《繫辭》下傳二行又與乙石重合,其間空格分别爲二十八字和二十六字。拼接復原與碑陽的各石位次完全對稱,如圖六所示。

由以上碑陽與碑陰殘石的文字内容并結合甲乙兩石的石質、石色及刻字

① 馬衡:《漢石經集存》編號二三九,圖版三六。
② 馬衡:《漢石經集存》編號二四〇,圖版三七。

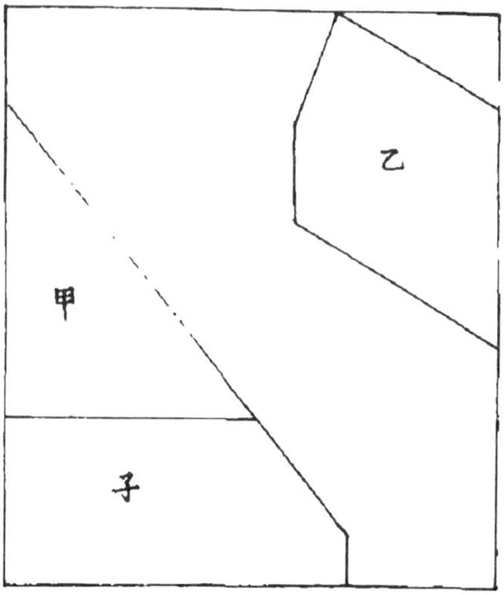

圖八　《周易》石經之一碑陰各殘石位置示意圖

痕迹分析，上海博物館藏的這兩塊殘石確屬熹平石經的同一塊原碑。這一復原雖限於資料，上下段仍有殘缺，不能得到完整的全碑，但無疑是目前考察石經原碑尺寸和刻字行數的又一新的物證。這塊經部分復取的《周易》石經原碑實測寬約 94、高近 140、厚 16.5 釐米强，陰陽兩面刻字各三十八行。

三、熹平石經原碑尺寸和刻字行數

現在，我們根據這塊經過部分復原的熹平石經《周易》碑石，結合一九八〇年出土的石經殘石部分數據，并對照許景元同志所復原的《尚書》石經第一石，重新探討一下熹平石經的尺寸和刻字行數問題。

碑的寬度從所復原的《周易》石經看，每字間排列緊密，無界格，行與行間距一般不到 0.5 釐米，相當規整。同時甲乙兩石的外緣平直，斷截面整齊，邊緣部分餘石寬達 1.5—1.8 釐米，與一九八〇年出土的殘石凡左右邊部皆在 1.0—1.7 釐米相合①，且均無刻字痕迹，可確定正是原碑的左右邊緣。由此可知，這塊《周易》石經原碑寬當爲 94 釐米，比許景元同志復原的《尚書》石經

① 中國社會科學院考古研究所洛陽工作隊：《漢魏洛陽故城太學遺址新出土的漢石經殘石》，《考古》一九八二年第四期。

寬"約88釐米,合建初尺的三尺七寸"多6釐米,正合建初尺四尺,與《洛陽記》載"廣四尺"完全相符。

碑的高度因原石殘缺,上下兩端無法復原,只能大致推算。以現存的石經殘石文字與今本《周易》勘比,可推出此碑原每行刻字約爲七十三至七十四字,按甲乙兩石實測,每十字約爲23.5釐米,正合建初尺一尺,則七十四字約當174釐米。但此僅是刻字碑文的長度,原碑上下端應另留空。據一九八〇年出土殘石[①],碑頂完整者二石,邊寬皆爲10釐米;碑下端亦出有二石,但皆殘,其中一石邊殘寬爲10.6釐米,以《漢石經集存》所收殘石補之,可知其完整者寬當爲11—12釐米。那麽這塊原石高約196釐米,加上碑座高35釐米,則整塊碑石竪立後從地面到碑頂通高達231釐米左右,約合建初尺九尺八寸强,與《洛陽記》載"碑高一丈許"亦相近。許景元同志推考《尚書》石經"碑文長度約176釐米,折合七尺四寸,"并認爲"這與《水經注·穀水》記載'石長八尺,廣四尺'大致相合"。這裏的前一尺寸與本文推算近似,但所引《水經注》的記載,查原書,酈道元實指魏石經的尺寸而言,并非熹平石經。

由於原碑左右邊緣和寬度已能確定,原碑的刻字行數亦可推知。這塊熹平石經《周易》原碑陰陽兩面刻字行數一致,皆爲三十八行,比許景元同志考定的《尚書》石經第一石陽面刻字三十五行多三行。

四、餘　　論

綜合上述,我們可以看到:熹平石經的選石標準并不十分嚴格統一,原碑尺寸的大小是略有不同的;并且依碑石的寬窄,每碑的刻字行數亦相應有所增減,兩者當成正比。但這些差異又不會太大,其尺寸基本上仍合於《洛陽記》所載"碑高一丈許,廣四尺",每碑的刻字行數則在三十五至三十八行左右。

那麽,爲什麽許景元同志調查發現的十四方熹平石經碑座的長度會從92至137釐米,相差45釐米之多呢?竊疑這十四方碑座實并非全屬熹平石經,因據《水經注》,在洛陽太學除了漢、魏石經外,"魏文帝又刊《典論》六碑,

① 中國社會科學院考古研究所洛陽工作隊:《漢魏洛陽故城太學遺址新出土的漢石經殘石》,《考古》一九八二年第四期。

附於其(魏石經)次。陸機言《太學贊》别一碑,在講堂西,下……《太學弟子贊》復一碑,在外門中,今二碑竝無,石經東有一碑,是漢順帝陽嘉八年立[①]。”這些碑石皆立太學,與熹平石經相距不遠,經千餘年後再發現,難免魚龍混雜。許景元同志將發現的十四方碑座按長度分作四類,其中僅第一類即92—93釐米(約四尺)與經過復原的石經碑石相合,可肯定有熹平石經的碑座在内,其餘三類則有可能是曹丕的《典論》等其他碑石的碑趺。這一問題可再作探討。

此外,前引日本學者塚田康信所定的熹平石經碑高約300、寬約120釐米,大大超出了現經復原的石經碑石尺寸,但不知出於何據,可能是以《洛陽記》載“高一丈許,廣四尺”推算的。據傳世與出土的現存古尺并結合文獻記載,自東漢到魏晉間一尺合今制皆在23—24釐米左右[②],塚田康信此處以一尺合今30釐米計,則或是由隋唐尺誤推。以石經建立的年代和經過復原的碑石來看,此處當爲東漢建初六年(八十一年)銅尺,一尺合今23.5釐米[③],張國淦、羅福頤及前引許景元同志皆以此爲準[④]。爲免今後再因古今尺度换算致誤,附辯於此。

原載《文物》一九八八年第一期

① 酈道元:《水經注》卷十六《穀水》,王國維校本,上海人民出版社一九八四年版。
② 見國家計量總局主編《中國古代度置衡圖録》,文物出版社一九八一年版。
③ 矩齋:《古尺考》,《文物參考資料》一九五七年第三期。
④ 張國淦:《漢石經碑圖·敘例》,燕京大學國學研究所一九三一年版。

漢熹平石經與八分書

◎ 施安昌

一、石經的建立

東漢靈帝熹平四年(一七五年),蔡邕、李巡等奏求正定儒家經典,并鑿石立於洛陽太學,經過八九年時間,四十六通石碑聳立於講堂東側,上刻《周易》《尚書》《詩經》《儀禮》《春秋》《公羊傳》《論語》七經,以隸體字書寫,遂爲定本(圖一)。對這件震動社會的大事,史書多有記載:

《後漢書·靈帝紀》:熹平四年春三月,詔諸儒正五經文字,刻石立於太學門外。

《後漢書·蔡邕傳》:邕以經籍去聖久遠,文字多謬,俗儒穿鑿,疑誤後學。熹平四年,乃與五官中郎將堂谿典,光禄大夫楊賜,諫議大夫馬日磾,議郎張馴、韓説,太史令單颺等,奏求正定六經文字。靈帝許之,邕乃自書丹於碑,使工鐫刻立於太學門外。於是後儒晚學,咸取正焉。及碑始立,其觀視及摹寫者,車乘日千餘两,填塞街陌。

《後漢書·吕强傳》:巡以爲諸博士試甲乙科,争第高下,更相告言。至有行賄定蘭臺漆書經字,以合其私文者。乃白帝,與諸儒共刻五經文於石,於是詔蔡邕等正其文字,自後五經一定,争者用息。

據《漢書》和石經殘碑上的校經後記所載,參與校經立石者除上面提到的蔡、李、堂、楊、馬、張、韓、單八人外,還有議郎盧植、議郎楊彪、光禄勛劉寬、尚書令邊韶、諫議大夫趙陾、議郎博士劉弘、郎中張文、郎中蘇陵、郎中傅楨、博士左立、郎中孫表,司空兼集曹掾周達、司空屬尹弘、郎中孫進、太子舍人傅彌及陳懿、張玹以及《論語》碑刻工陳興等。

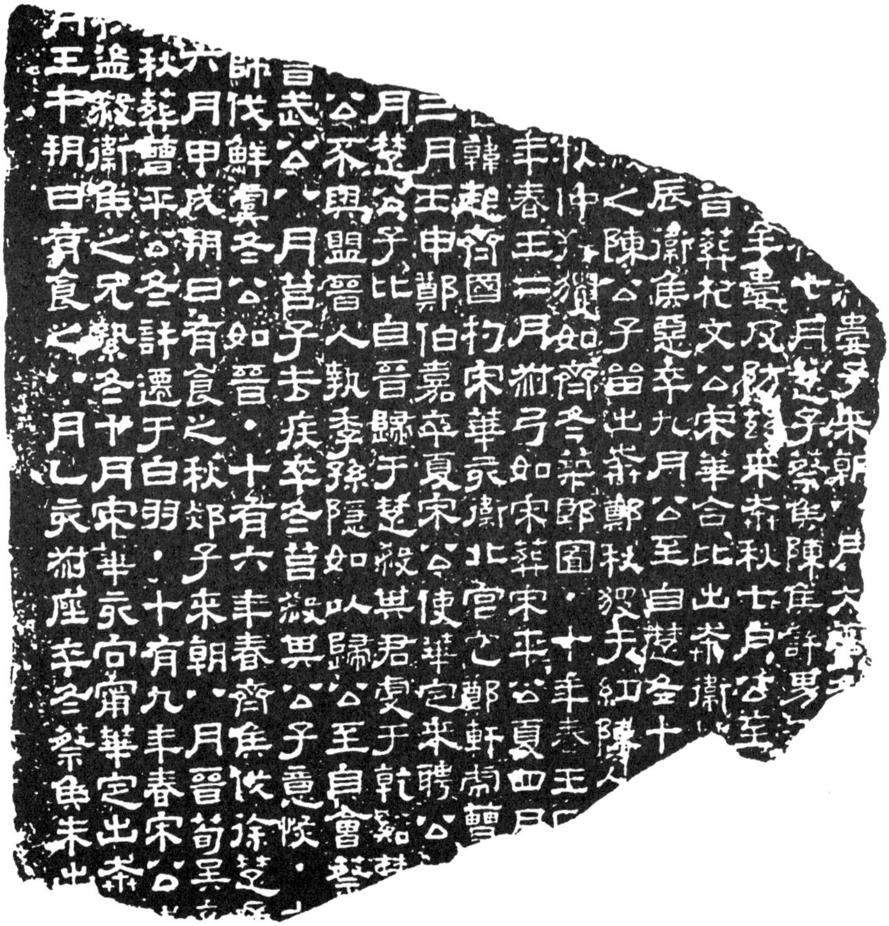

圖一　熹平石經《春秋》殘石

校刻石經工作相當繁重艱難。第一步爲正定文字。十四家博士所授經本，從頭至尾一一釐正。每經擇一家經本刻石，而以他家異同説明於校記。第二步爲書丹，包括事先計算字數、行款及其碑數，事後復校文字。第三步才是鎸刻。

石經刻成七年，獻帝初平元年（一九〇年），董卓焚燒洛陽宫廟遷都長安，石經遭到損壞。魏初有所修補，以後一再遷徙，屢屢廢毁。至唐貞觀初魏徵收聚經石，已十不存一了。

關於熹平石經的排列情況，晉陸機《洛陽記》（見《後漢書・蔡邕傳》注），北魏酈道元《水經注》曾作簡略記述，近代馬衡諸學者在考察遺址和殘石之後得到詳細情況,認爲四十六碑分别樹於講堂東的北、西、南三面。“當以西行各碑爲首,其排列辦法是各經自爲起訖,每一經占若干碑,‘駢羅相接’如堵墻,經文自第一碑刻起,訖於末一碑;又自末碑之陰直至第一碑之陰止。此二十八碑包括五種經文(《詩》《書》《易》《春秋》《公羊傳》),則爲墻五堵,每堵以南北爲表裏。表面文西行,裏則東行。《儀禮》文多,折而南行,十五碑自爲堵墻,以東西爲表裏。《論語》三碑又在其南,折而東行,以北南爲表裏。”①

三國魏齊王正始年間(二四〇—二四八),在洛陽太學講堂西側仿漢石經又建經碑,上刻《尚書》《春秋》《左傳》。每字以古文、小篆、隸書三體寫出。其中隸書字的大小與漢石經相同。歷史上稱此爲正始石經或三體石經。

關於熹平石經碑石的大小,史籍不曾記載,而整碑又未發現。一九二三年秋,馬衡先生自洛陽購得三體石經殘石拓本兩張,一是《尚書·無逸》《君奭》殘碑未斷本,另一是該石的背面《春秋·僖公》《文公》殘碑。以此爲據,馬衡校對、計算,繪制出兩幅經碑圖,并將同碑的碎石拓片一一拼補於上,最後裝裱成軸。這一對軸現收藏於故宫博物院。碑圖縱 180 釐米,横 98 釐米。這只是碑上的文字部分,如果加上天地周邊和碑趺,那麽大概高 2.4 米,寬 1.2 米。三體石經是仿照漢石經建的,所以漢石經碑石大小應與此相同或相近。

太學石經制作之艱巨,規模之浩大,氣勢之宏偉,皆屬史無前例。始皇泰山、嶧山尚不能比,孔廟史晨、禮器更難企及。中國銘刻史上,以整篇經典文獻爲内容的大規模的刻石群體由此揭開序幕。接踵而來的儒家經典銘刻有魏正始石經、唐開成石經、五代孟蜀石經、北宋嘉祐石經、清乾隆石經。釋家經典銘刻有北朝泰山,鐵山、崗山摩崖刻經,而隋唐以下經碑、經幢、經版遍及各地。釋家碑刻著名者如北京房山雲居寺石經,創於隋末唐初,訖於清初,刻經一千餘部,經版一万五千塊,藏於石洞。可謂“善歌者使人繼其聲,善作者使人紹其功”,對於弘揚文化,保存古籍,其意義不可估量。

二、以古尺驗經字及經碑大小

石經在書丹刻石之前,要作出周密的規劃,確定每字的大小并畫出界格。

① 參見馬衡:《漢石經集存》,科學出版社一九五七年版。

每字大小基本一致，平均長寬各爲 2 釐米，略小於界格。（界格大小可以測出：以每豎行的長度除以含字數，得界格之長；以每横排長度除以含字數，得界格之寬；均爲 2.3 釐米。）字的大小，如以近年考古發掘中陸續出土的東漢、三國、西晉三代古尺分别測量一下，其結果如下表一①：

表一

時　代	器名	長度（單位：釐米）	出土時間	地　　點	經字大小（單位：古尺分）
東漢	銅尺	23.75	1954	合肥烏龜墩	8.4
東漢	骨尺	23.7	1970	洛陽唐寺門	8.4
東漢	銅尺	23.75	1972	南昌施家窑	8.4
東漢	牙尺	23.5	1976	亳縣元寶坑 1 號漢墓	8.5
東漢末—三國	骨尺	23.8	1955	遼陽三道壕 1 號壁畫墓	8.4
三國·魏	骨尺	23.8	1972	嘉峪關新城 2 號墓	8.4
三國·魏	骨尺	23.8	同上	同上	8.4
吴	竹尺	24.2	1979	江西南昌	8.2
吴	銅尺	23.5	1964	南昌壇子口 1 號墓	8.5
西晉	牙尺	24.15	1965	北京八寶山	8.2
西晉	骨尺	24.47	1954	洛陽澗西 22 號墓	8.1
西晉	骨尺	24.3	1956	洛陽舊唐屯村北	8.2
西晉	木尺	24.5	1974	南昌東湖區 1 號墓	8.1

上表説明：以保存於地下的古尺測石經字，恰合八分。晉王愔講：“字方八分，言有模楷”（張懷瓘《書斷》），與實物完全吻合。《唐六典》卷一〇“校書郎正字”條下説“八分，謂石經碑碣所用”，也切合實際。

再以古尺測經碑，高是古尺十倍，寬爲五倍，也就是碑高 1 丈，寬 5 尺。

漢代供人觀瞻的碑刻與摩崖，字都比較大，小則寸半，大則 3—4 寸以上。而石經字只有八分，别具一格，於是成爲區别於其他漢碑的明顯特徵。古代社會生活中，一種事物名稱往往反映了該事物區别於其他事物的明顯的、直觀的特徵，都很明白、淺顯。鳥蟲書、蝌蚪書、草書、飛白書、刻符書、摹印書、

① 表内前四項根據《中國古代度量衡圖集》，文物出版社一九八一年版。

金錯書、懸針書、垂露書等字體名稱，皆由此出。一個名稱只有當大家容易理解、接受的情况下才能叫得開，傳得久，否則就被淘汰了。

三、八分書再辨

對八分書名稱的由來歷史上爭議頗多。如關於王次仲飾隸爲八分的傳説及神話故事。又如唐張懷瓘《書斷》説："楷隸初制，大範幾同，故後人惑之，學者務之，蓋其歲深，漸若'八'字分散，又名之爲八分。"宋代周越假托蔡文姬之名，説她講過："臣父造八分，割程隸八分取二分，割李篆二分取八分。"郭忠恕以爲是"八體之後，又分此法"。清代劉熙載、康有爲等認爲八分不是定名，小篆取大篆八分，漢隸取小篆八分，今隸取漢隸八分。上述種種意見多從書法演變史去解釋，曲意求深，而與八分本義相去甚遠。現代學者已有辯駁[①]。

《古文苑》卷一七：魏聞人牟準《衛敬侯碑陰文》講："《尊號奏》，鍾元常書。《受禪表》，覬并金針、八分書也"。《上尊號奏》《受禪表》上面的字遠大於八分，而這時也稱八分書，可見八分的含義并非固定不變。起初專指石經上的隸體字，後來就超越了"字方八分"的界限而泛指一切隸書了。這一變化在三國以前已經發生了。

那麽，爲什麽"八分"在那時發生了變化呢？

漢魏之際，書體嬗變。啓功先生説："這時字體出現了一種新風格：其筆劃更較輕便。例如漢碑中字横劃下筆處下垂的頓勢，所謂'蠶頭'，收筆處上仰的捺脚樣子，所謂'燕尾'，都没有了。這些字實是後世真書的雛形。這是當時新俗體、新隸書，因爲漢魏的正式碑版上并不見這類字。既有了新隸字，於是舊隸字必須給予異名或升格，才能有所區别，所以稱之爲八分。"[②]這是一方面。

另一方面，隨着新隸書的廣泛流行，舊隸書便逐步從社會日常交際中消退下來，人們只有從漢代碑版上才能看到正規的、古樸的舊隸書了。頻繁的戰爭和自然的破壞，使漢碑日漸減少。酈道元在《水經注》中，已録散落各地

① 唐蘭：《中國文字學》一七〇頁，上海古籍出版社一九四九年版；裘錫圭：《文字學概要》，商務印書館一九八八年版。

② 啓功：《古代字體論稿》，文物出版社一九六一年版。

的漢代刻石不足百件。在這樣的環境下,惟獨漢石經宏篇鉅制,矗立於東京洛陽的最高學府,群賢畢至,少長咸集,在一代又一代的士人心目中樹立着它的權威,擴大着它的影響。於是,石經八分書便在人們的觀感上、心理上成爲漢隸的楷模與旗幟,并把其他一切漢隸和摹仿漢隸的作品都集結於旗幟之下,易名也就是名與時會,舊符新桃的事了。《魏書·江式傳》云:“太學立碑,刊載五經,題書楷法,多是邕書”,此言與上引王愔語都反映出石經書法在當時人們心目中的地位之高。因此,取代隸書名稱的是“八分”,而不是“左書”“史書”。

名稱有時與長短大小有關,古代常有。“尺一”爲詔版代稱。《後漢書·陳蕃傳》云:“尺一選舉。”李賢注:“尺一,謂板長尺一以寫詔書也。”“尺牘”爲古代書寫的木簡。《漢書·陳遵傳》“與人尺牘,主皆臧去以爲榮”,後相沿爲書信通稱。“尺素”,陸機《文賦》:“函綿邈於尺素。”古時用絹帛書寫,帛高一尺,故稱寫文章的短箋爲尺素。“尺八”,爲古樂器,因管長一尺八寸而得名,亦稱簫管。以上以長短尺寸命名例,見於漢魏文獻。後來講的“寸楷”,也屬這類。

四、錯書與傳拓的推測

看過碑的人會知道:向陽一面的字容易看清,背陰一面的字難以看清。石經四十六碑表裏刻文,有多一半文字處在陰面。密密麻麻的小字,有的分佈在高處,有的在低處,要使衆人得以觀看、抄録,自然會有困難。建立石經勢必要解決這一問題。辦法有二:

一是鋪紙捶拓,觀拓本便一目了然。《隋書·經籍志》載一字石經、三體石經殘卷,説:“其相承傳拓之本,猶在秘府。”這裏是否有漢代拓本?或言漢紙粗糙,何以拓字!然一九八六年三月甘肅天水放馬灘護林站發掘的秦漢古墓葬群,内有一幅西漢早期地圖,繪有河流、山川、道路,紙質薄而軟,紙面光滑平整,係以植物纖維造成。① 漢初既有如此良紙,漢末傳拓石經就有可能了。

二是刻字後填色,如填金色,即謂金錯書或金針書。“錯”是塗飾的意思,

① 《中國文物報》,一九八九年八月一日。

"針"是以針比喻字劃。金錯書於先秦時代已見於酒器、兵器、刻符等器物。王愔《文字志目》舉古書三十六種中便有金錯書體。前引《衛敬侯碑陰文》:"《受禪表》,覬并金針、八分書也。"金針、八分是兩種書,合而爲一,故有"并"字。石經填色、燦然鮮明,更顯尊嚴。當然顔色不能長久保持,年代一久,自然消失。《受禪表》今在許昌,正是這樣。關於石經當初的填色與傳拓,史料無載,現依情理推測,以後或能得到證明。

原載《故宫博物院院刊》一九八九年第四期

漢熹平石經的新發現及其價值(上)

◎ 邱德修

一、前　　言

石經是我國經學官定的標準課本,天下士子均以是爲模範,其重要性可想而知。今天我們想要研究經學也非涉獵有關石經的知識不可,畢竟它是現存有關經學方面極爲貴重的實物資料,也是經籍字句的"活化石";没有了它,遂失依憑根據;没有了它,實在無法正本清源,追根究柢了。

大體而言,我國歷代刊刻的石經有漢熹平石經、魏正始石經、唐石經、五代蜀石經、北宋石經、南宋石經以及清石經等。另外尚有晉石經、魏太武石經、金太學石經[①]等,因其非正統,流傳不廣,影響不大,也就不太受學術界重視。本文所要介紹的是關於熹平石經方面,至於其他部分,留待以後有機會再作發表。至於作者才疏學淺,資質駑劣,力有未逮之處,尚祈學者方家有以正之,是所企禱!

二、熹平石經概説

熹平,是東漢靈帝劉弘的年號。所謂熹平石經,就是指刊始於漢靈帝熹平四年的漢石經。關於靈帝立石經的事情,於史有徵,兹舉例如左:

《後漢書・靈帝紀》云:熹平四年春三月,詔諸儒正定五經文字,刻石立於太學門外。

① 《歷代石經考・七朝以外石經附考》,五四九—五五二頁。

袁宏《後漢紀》云：熹平四年春三月，五經文字刻石立於太學之前。

《後漢書·蔡邕傳》云：熹平四年，乃與五官中郎將堂谿典，光禄大夫楊賜，諫議大夫馬日磾，議郎張馴、韓説，太史令單颺等，奏求六經文字，靈帝許之。邕乃自書丹於碑，使工鎸刻，立於太學門外。

據此可知，漢石經是在熹平四年(一七五年)由蔡邕書丹，鳩工鎸刻，立石於太學門外。至於何以有刻立石經的需要，史書亦有説焉，例如：

《後漢書·儒林傳序》云：自本初後，游學增盛，大學至三萬生。然章句漸疏，多以浮華相尚，儒者之風益衰。黨人既誅，其高名善士，多坐流廢，後遂致忿争，更相告言；每有私行金貨，定蘭臺漆書經字，以合其私文。

《後漢書·宦者吕强傳》云：時宦者汝陽李巡，以爲諸博士試甲乙科，争第高下，更相告言；至有行賂定蘭臺漆書經字，以合其私文者。

《後漢書·蔡邕傳》云：邕以經籍去聖久遠，文字多謬，俗儒穿鑿，疑誤後學。

由此可知，漢靈帝所以刊刻石經，是爲了諸博士參試甲乙科的時候，爲了争取等第高下，形成糾紛；甚至爲了争取高分，去賄賂蘭臺，塗乙漆書經字，企求謀合試卷上的文字；所想出的杜弊防賄的好辦法。既然是利禄之所在，衆所必趨，往往無所不用其極，爲了平息紛争，於是刊刻石經，有個國定的課本，公諸於世，取信於天下儒生。如此一來，於是“後儒晚學，咸取正焉。碑始立，觀視及摹寫者，車乘日千餘两，填塞阡陌。”①可謂盛况空前，當然石經也産生了預期的效果，“自後五經一定，争者用息”②了。

至於漢石經有諸多名稱，分述如下。

一曰熹平石經，所以稱它做熹平石經，那是因爲它刊始於東漢熹平年間，遂以爲稱。張國淦説：

案：漢石經自熹平四年(一七五年)，至光和六年(一八三年)，計九年。因刊始在熹平，故通稱爲：熹平石經；唐石經刊於大和，畢於開成，自其刊成時言之，曰：開成石經；此則自刊始時言之。亦如蜀石經刊於廣政，畢於淳祐，而追紀其始，曰：廣政石經也。③

① 《後漢書·蔡邕傳》。
② 《後漢書·宦者吕强傳》。
③ 《歷代石經考·漢石經》，二頁。

二曰一字石經或一體石經，此爲方便與魏三體石經區別而言。魏三體石經是經文一字而有三種字體書法並存的石經，書寫經文的字體分别是古文、篆字、隸書三種之多[①]。相對地，那時，漢石經則僅以當代流行的字體——隸書——刊刻，所以叫它做今字石經、一字石經或一體石經，稱做一字石經的，又見於《隋書・經籍志》。[②] 關於這個問題，討論至爲綦詳的要推張國淦，他説：

> 案：石經言一字者始此，石經有一字、二字、三字（即一體、二體、三體）之别：漢一字隸書，唐、後蜀、南宋、清一字真書，北宋二字篆、真書，魏三字古、篆、隸書。今以一字對於三字言者，專屬漢。《後漢・儒林傳序》：古文、篆、隸三體書法；顧藹吉《隸辨》：一體爲一字。所謂"三字"者，古文爲一，篆爲一，隸爲一。曰一體、二體者，蓋沿三體而推言之。[③]

儘管石經文字有"一字"與"一體"之説，但皆異名同實，悉指漢隸的書體而言，顧藹吉所謂"一體爲一字"的説法，是非常正確的。

三曰今字石經，今字是與古文相敵而言，主要是爲了方便與古文經區别而設的。稱呼漢石經爲今字石經，始於《舊唐書・經籍志》與《隋書・經籍志・注》二書。所以洪适《隸釋》説：

> 新舊《唐志》有今字石經七種，而注《論語》云：蔡邕作。……蓋唐史以隸爲今字也。[④]

唯以今字石經稱呼漢石經則未盡周延，是故張國淦曾作評論説：

> 案：《唐志》亦以篆爲今字，非盡漢時一字。[⑤]

又説：

> 案：今字有篆、古文，又有晉魏以後隸書，均是一字，非盡漢時一字。[⑥]

他的説法是正確的，兹採其説以糾正新舊《唐志》與《隋書・經籍志・注》不正確的説法。

四曰鴻都石經或稱鴻都一字石經，這個稱呼始自兩宋學者，例如：

---

① 詳拙作《魏石經初探》，五一一三頁。
② 《歷代石經考・漢石經》，二二頁。
③ 《歷代石經考・漢石經》，一六頁。
④ 《隸釋》，卷一四，十四頁；收入《石刻史料新編》第九册中。
⑤ 《歷代石經考・漢石經》，一六頁。
⑥ 《歷代石經考・漢石經》，一七頁。

董逌《廣川書跋》云：蔡邕奏求正六經文字，自書於碑，大屋覆藏，立太學門外，號鴻都石經。

晁公武《石經考異序》云：鴻都石經，自遷徙鄴雍，遂茫昧於人間。

洪适《隸續》云：石經《儀禮》，鴻都遺刻，獨此最爲難辨。……蔡伯喈奉熹平之詔，列鴻都之碑，晚學咸所取正，未嘗一字好奇也。

黄伯思《東觀餘論》云：經石經《論語》，又有《公羊》，此蓋"鴻都一字石經"。

以上都是稱呼漢石經爲鴻都石經或鴻都一字石經的例子。至於爲什麽有這種稱呼，張國淦曾加以説解，他説：

案：《後漢·靈帝紀》："光和元年，始置鴻門學生。"注："鴻都，門名，於内置學。時其中諸生，皆敕州、郡、三公，舉召，能爲尺牘、辭賦，及工書鳥篆者，相課試，至千人焉。"《魏·江式傳》："後開鴻都，書畫奇能，莫不雲集。"是鴻都在當日極光和間一時之選。此時正刊立石經，鴻都以經學相招，未必無辨難是正之事。以致蔡邕、陽球輩，劾罷鴻都，當即有"鴻都三字"之號(原注：本董氏説)。故唐宋時，如：李(綽)、董(逌)、黄(伯思)、晁(公武)、洪(适)諸人，相沿漢石經爲鴻都石經，且本光和年號，别其稱曰"鴻都"，亦自是文人舊習。①

鴻都石經係緣自鴻都門而來，其名典雅，淵源有自，且與經學研究關係深厚；所以用鴻都石經來稱謂漢石經固未嘗不可。

總而言之，漢石經有四個名稱：一曰熹平石經，二曰一字石經或一體石經，三曰今字石經，四曰鴻都石經。稱謂雖多，但都是同指刊始於漢靈帝熹平四年、立石於光和六年②的石經文字，則諸家並無異議，爲大家所僉同的了。

漢石經所刊刻的經數，爲今文經中的《周易》《尚書》《魯詩》《儀禮》《春秋》五經，以及《公羊傳》《論語》兩傳③。關於這個問題，史籍有數種記載，一曰五

① 《歷代石經考·漢石經》，二〇頁。

② 《歷代石經考·漢石經》，一四頁。

③ 漢儒以《論語》爲傳，不屬於經的範疇。王國維曾説："劉向父子作《七略》，六藝一百三家，於《易》《書》《詩》《禮》《樂》《春秋》之後，附以《論語》《孝經》《小學》三目。六藝與此三者，皆漢時學校誦習之書；以後世之制明之，小學諸書者，漢小學之科目；《論語》《孝經》者，漢中學之科目；而六藝，則大學之科目也。"(《漢魏博士考》，收入《觀堂集林》卷四，六頁下—七頁上)王氏又云："漢石經經數當爲《易》《書》《詩》《禮》《春秋》五經，並《公羊》《論語》二傳。"(《魏石經考一》，《觀堂集林》卷二十，二頁下—三頁上)由此可見，在兩漢時代，《論語》並非六藝之眷屬，而是傳記的流亞。

經之説，例如：

> 《後漢書·靈帝紀》云：熹平四年，詔諸儒正五經文字。
>
> 《後漢書·盧植傳》云：時始立太學石經，以正五經文字。
>
> 《後漢書·宦者吕强傳》云：李巡白帝與諸儒共刻五經文於石。
>
> 《後漢書·儒林傳序》云：靈帝詔諸儒正定五經。
>
> 《後漢記》云：五經文字刻石。
>
> 《魏書·江式傳》云：五經題書楷法，多是邕書。

以上諸文獻俱云漢石經所刊刻爲五種經書的説法。

二曰六經之説，例如：

> 《後漢書·蔡邕傳》云：邕等奏求正定六經文字。
>
> 《後漢書·儒林傳》云：馴與蔡邕共奏定六經文字。

以上諸文獻俱云漢石經所刊刻爲六經的説法。

三曰七經之説，例如：

> 《隋書·經籍志》云：一字石經《周易》一卷，一字石經《尚書》六卷，一字石經《魯詩》六卷，一字石經《儀禮》九卷，一字石經《春秋》一卷，一字石經《公羊傳》九卷，一字石經《論語》一卷。
>
> 王國維《觀堂集林》云：然則以碑數與經文字數互校，漢石經經數，當爲《易》、《書》、《詩》、《禮》（原注：儀禮）、《春秋》五經，並《公羊》《論語》二傳，故漢時謂之"五經"，或謂"六經"，《隋志》謂之"七經"。除《論語》爲專經者所兼習，不特置博士外，其餘皆當時博士之所以教授也。其石數當爲四十六碑。而《洛陽伽藍記》所舉之《禮記》（原注：後魏時專謂四十九篇者爲《禮記》）、《隋志注》之梁時鄭氏《尚書》八卷、《毛詩》二卷，既非博士所業，又增此三種，則與石數不能相符。此皆可決其必無者。①

以上文獻都説漢石經所刊爲七經的説法。

綜觀以上三種説法，張國淦以七經之説爲然，他説：

> 要之，《洛陽記》《西征記》《伽藍記》所説不同者，就其存者數之也。《隋志》《隋志注》《唐志》所記不同者，魏晉以後石刻又有增益也。漢爲一

① 《魏石經考一》，收入《觀堂集林》卷二十，二頁下一三頁上。

字,魏爲三字,其中又有古、篆、隸分書,或古、篆分書者,魏晉以後石刻,或拓本、或臨摹本,非蔡邕經也。《詩》《書》《禮》《易》《春秋》五經,並數《論語》,亦曰六經,《論語》《公羊》爲傳,唐時亦曰經,故有九經之稱。此曰七經,魏晉以後並《論語》《公羊》兩傳亦稱之爲"經"也。王氏國維《魏石經考》,以漢石經經數莫確於《隋志》,兹從王氏。①

至於馬衡則調停衆説,加以折中,以爲"五經説""六經説""七經説"等三種説法都有道理,他説:

關於所刻諸經之記載,自來有五經、六經、七經之不同。言"五經"者,爲《後書・靈帝紀》《盧植傳》《儒林傳序》《宦者吕强傳》,及《後漢記》《水經注》《洛陽記》等;言"六經"者,爲《後書・儒林張馴傳》及《蔡邕傳》;言"七經"者爲隋唐《經籍志》。尚有列舉經目者:如《西征記》《洛陽伽藍記》舉《周易》《尚書》《公羊傳》《禮記》四部;《洛陽記》舉《尚書》《周易》《公羊傳》《禮記》《論語》五經;《隋書・經籍志》舉《周易》一卷、《尚書》六卷、《魯詩》六卷、《儀禮》九卷、《春秋》一卷、《公羊傳》九卷、《論語》一卷。

以上所記,大抵皆根據原碑爲説,惟《隋志》記卷數,乃據"相承傳拓"之本,故較詳。宋時出土者,有《詩》《書》《禮》《公羊》《論語》五經;近時所出者,於五經之外,又有《易》及《春秋》,其數與目悉與《隋志》合。故知數"五經"者,不數《公羊》《論語》二傳;數"六經"者,以《公羊傳》合於《春秋》;數《七經》者,舉其全數;要之皆是也。②

比較張、馬二家之説,以馬説爲最詳審而有實證,尤其他能據出土實物而立説,益足證明熹平石經所刊刻確係七經,亦即《詩》《書》《禮》《易》《春秋》《公羊傳》《論語》③七種經文,似已成定讞,無庸置疑。

最後,談一談熹平石經的遷毁及其出土經過。

熹平石經鎸刻成後的第七年,至漢獻帝劉協初平元年(一九〇年),董卓燒夷洛陽宫廟,遷都長安,太學講堂勢必遭受波及,石經亦必略有殘損缺壞。今據《魏略》云:

---

① 《歷代石經考・漢石經》,一七頁。
② 《漢石經集存・釋文》,一頁。
③ 此六經次第係依今文家者,以下同,不另作注。

> 從初平元年至建安之末,天下分崩,人懷苟且,綱紀既衰,儒道尤甚。至黄初元年之後,新主乃復始掃除太學之灰炭,補舊碑之缺壞,備博士之員録。①

由是可知,魏初所修補、所掃除者,即是經過董卓之亂所殘損缺壞的部分。馬衡以爲"但據今所出殘字驗之,《魯詩》《春秋》皆有補刻之字,其餘諸經尚無發現。"②然熹平石經迄今出土尚屬有限,未必可據此而謂董卓之亂後,熹平石經並無毁損缺壞。此爲第一次遭受人禍所致。

至北魏之初,馮熙、常伯夫相繼爲洛州刺史,視之爲敝履,廢毁分用,大致頹落③。此爲第二次遭受人禍所致。神龜元年(五一八年)崔光有修補石經之議而没有結果④。又到了東魏武定四年(五四六年),自洛陽遷徙於鄴都,至河陽,值岸崩,漢石經遂没於水。其得以平安抵達鄴都的已"不盈太半"⑤。此爲第三次遭受人禍所致。北齊天保元年(五五〇年),清點石經碑數尚存五十二枚⑥。北周大象元年(五七九年),由鄴都再遷返洛陽⑦;隋開皇六年(五八六年),又自洛陽遷入長安⑧。在此遷徙往返的過程中,勢必又遭受人爲殘損缺壞,此爲第四次遭受人禍所致。尋屬隋亂,文物蕩然無存,尤其是熹平石經爲營造之司搗毁用爲柱礎,遭遇之慘烈,再也無逾此者。此爲第五次遭受人禍所致。大唐貞觀初(六三〇年頃),魏徵始收聚之,清點一下漢石經,結果已經十不存一了⑨。

如上所述,漢石經自刊刻成功至於完全毁滅,不及四百五十年,中經一再遷徙,一再人爲的破壞,使其遭受殘損缺壞,分崩離析之程度概可想見。由於人類的私欲和無知,使國家瑰寶再三遭受浩劫,而且歷史是一再重演,良可痛惜,令人扼腕。

至於熹平石經的出土,則其殘石在洛陽者,唐時建造防秋館穿地立基多有所獲,李綽曾説:

---

① 《魏志·王肅傳》注。
② 《漢石經集存·釋文》,一頁。
③ 《魏書·馮熙傳》。
④ 《魏書·崔光傳》。
⑤ 《隋志》。
⑥ 《北齊書·文宣帝紀》。
⑦ 《周書·宣帝紀》。
⑧ 《隋書·劉焯傳》。
⑨ 《隋志》。

東都頃年,創造防秋館,穿掘多得蔡邕鴻都學所書石經,洛中人家往往有之。①

這是熹平石經首次出土的記録。

到了趙宋嘉祐中,洛陽御史臺中出土《尚書》《儀禮》《論語》數十段;長安一地得《公羊》一段;私人收藏,則張燾家有十版、張氏壻家有五六版、王晉玉家有小塊石經,今皆亡佚而不存。兹將前賢之説,抄録於左,或可證余説並非子虛烏有了。

《畫墁録》云:嘉祐末,得石經二段於洛陽城,乃蔡邕隸書《論語》。

這是關於宋嘉祐年間在洛陽城出土漢石經《論語》的記載。

《泊宅編》云:石經殘碑在洛陽張景元家(修案:張燾,字景元,奎子,邠州人。),魏石經近世猶存,五代湮滅殆盡。往年洛陽守因閱營造司所棄碎石,識而收之,遂加意搜訪,凡得《尚書》《儀禮》《論語》合數十段;又有《公羊》碑一段,在長安,皆殘闕已甚。

這裏所謂的魏石經係誤會以一字爲曹魏刊刻所致,則這裏所云魏石經實即漢石經(詳拙作《魏石經初撢》,五一十三頁)。從此可以窺知,有宋出土漢石經有《尚書》《儀禮》《論語》《公羊》等四種經文。到了董逌的《廣川書跋》對於唐宋出土的漢石經叙述綦詳,他説:

趙綽曰:唐造防秋館時,穿地多得石經,故洛中人士逮今有之。② 考當時所得,已是漢所遺没而得者。國初開地,唐御史府得石經十餘石,此又唐末淪没之所出也。……

洛陽昔得石經《尚書》段,殘破不屬。蓋《盤庚》《洪範》《無逸》《多士》《多方》,總二百三十六字。……

石經今廢不存。或自河南御史臺發地得之。蓋《論語》第一篇並爲第十四篇爲一碑,亡其半矣。其可識者,字二百七十。又自第十八篇至第二十篇爲一碑,破闕殘餘得五之一,其存字爲三百五十七。

這裏所説的《論語》二碑,就是《畫墁録》二段隸書《論語》;至於這裏所提

① 《尚書故實》。

② 修案:趙綽是隋開皇時人,李綽唐代人,此"趙綽"是"李綽"之誤,董氏引文當係出自李綽《尚書故實》而非趙綽所爲。

到的《尚書》云云，則是《畫墁録》所未記載。私人收藏的文獻，則可自以下數條引文，得見其梗概。

孫承澤《庚子銷夏記》云：宋初開地，唐御史府得石經十餘石。嘉祐中，居民治地得碎石，洗視乃石經。

此僅言及居民治地出土石經，並未言及何人所得，落入誰家。明言張奎（或燾）、張氏壻家、王晉玉等私人收藏石漢經者，則有以下數種文獻，可供參考：

《天下碑録》云：漢石經《尚書》《論語》《公羊》，在張奎龍圖家①。

《東觀餘論》云：此石刻在洛陽，本在洛宫前御史臺中。年久摧散，洛人好事者，時時得之。今張燾龍圖學家有十版最多，張氏壻家有五六版，王晉玉有小塊。洛中所有者止此。又有一版《公羊》，不知誰氏所得。

《聞見後録》云：近年洛陽張氏發地得石十數。漢蔡伯喈隸《尚書》《禮記》《論語》，各已壞闕，《論語》多可辨。

這裏所謂"洛陽張氏"亦即《東觀餘論》所說的"張燾"。至於張氏所獲得，亦不過是一些小塊碎石而已，所以張國淦說：

案：宋時所得，《畫墁録》有《論語》二段；《廣川書跋》得十餘石，有《尚書》段，又《論語》二碑。《泊宅編》：石經殘碑在洛陽張景元家。洛陽守得《尚書》《儀禮》《論語》合數十段，長安得《公羊》碑一段。是張氏殘碑，似即洛陽守所得者，亦即《廣川書跋》御史府所得者。《東觀餘論》此石刻在洛陽，本在洛宫前御史臺中，年久摧散，兩張氏家、王晉玉有若干版，則御史臺殘石摧散後，歸張氏家可知。但較《畫墁録》《廣川書跋》又增《儀禮》，並長出所得《公羊》耳。《東觀餘論》並言洛中所有者止此。是洛陽御史臺以外，别無殘石也。《聞見後録》：張氏發地得石十數；《隸辨》以爲在御史府十餘石之外。果爾，則當時洛陽殘石有二：一在御史臺發地得之；一在張氏發地得之。而所得者同係十餘石，又同係《尚書》《儀禮》《論語》，此必無之事。張氏即有所得，亦不過小塊碎石，如《庚子銷夏記》所云也。②

① 修案：張奎即張燾之父，奎與燾確爲父子關係，所以史稱張燾龍圖，或稱張奎龍圖，則同指一事，均不誤。

② 《歷代石經考・漢石經》，五九頁。

以上是關於唐宋時代漢石經出土的概況。唯在那個時候,只出土了《尚書》《儀禮》《論語》《公羊傳》四種經文而已。

晚近漢石經之出土,以一九二二年所發現者爲最著名,出土的始末,馬衡曾作這樣的記載:

一九二二年十二月,鄉人朱姓以取瓜蔞根合藥,掘地四五尺,得巨碑半截,即魏三字石經《尚書·無逸》《君奭》,《春秋·僖公》《文公》殘碑也。其後出土殘石漸多,始發現一字石經。蓋初發現在西頭,其後乃及於東頭,所謂講堂東西之方位亦相符也①。聞最先西頭尚存有碑座十餘,呈露土中,排列甚爲緊湊,猶可窺見駢羅相接之遺迹,惜爲附近居民移去利用,無一存在矣。②

這次出土自洛陽故城的漢石經殘石,大都散入公私收藏之中,根據張國淦的估計,約有殘石三百二十二塊,他説:

北京大學二石,吴興徐鴻寶四十四石,鄞馬衡十六石,固始吴寶煒二石,膠柯昌泗三石,閩陳承修二石,大興黄某一石,不知誰氏二石,共殘石七十二塊。又北海圖書館二石,馬衡一石,柯昌泗十五石,上虞羅振玉五石,建德周進四石,武進陶祖光十五石,不知誰氏八石,又二百七十二石。共殘石三百二十二塊。③

此後洛陽又陸續出土漢石經殘石,例如一九二八年冬出土一批石經殘塊,其數目不下二百,羅振玉云:

聞去歲(修案:一九二八年冬)洛陽所出殘石,不下二百。陶君所贈及予所見墨本才一斑耳。大要歸吴興徐氏、四明馬氏、潢川吴氏。此數君者,其傳古之志,必不後於人;必能如往歲之集拓,以楮墨延貞石之壽年。此不僅予之所望,海内人士,亦跂足拭目以俟之矣。④

天津《大公報·文學副刊》亦記載此事,云:

① "講堂"是指漢太學講堂,當時太學在洛陽城開陽門外穀水之南,今洛水北徙,穀水遂爲所奪,故太學遺址在今河南省洛水南岸碑樓莊、朱家圪壋與大橋三村之間。詳拙作《魏石經初撢》圖版三及本文圖版五。

② 《漢石經集存·釋文》,一一二頁。

③ 《歷代石經考·漢石經提綱》,二頁。

④ 《漢熹平石經殘字集録·後序》。

> 去冬(修案：一九二八年),有人自中州來,云：新出漢石經小塊甚多,現尚居奇待售。①

至馬衡著《漢石經集存》得《魯詩》《尚書》《周易》《春秋》《公羊》《儀禮》《論語》七經殘石共五百二十石,存經文八千數百多字,已是集其大成之作,該書《編輯後記》云：

> 三十年來,公私收藏熹平石經殘石拓本,雖有流傳,而皆不齊全。此書集録五二〇石,存字八千數百餘字,出土殘石,雖尚有少數未盡者,而十九在此矣。一千八百餘年以前最古之官定經典,雖僅殘存八千餘字,然由此可考見大略,其在學術上之價值,豈僅版本校訂而已。②

然則該書出版於一九五七年十二月③,僅收羅在這以前出土的漢石經。至於此後出土的殘石,或新發現的殘石則未被收録,學者莫不引以爲憾。本文所討論就是以《集存》所未收的漢石經爲主要的對象,非但刊載其經文内容,而且進一步作深入的研究,或可供同好參考之用。

三、漢熹平石經的新發現

本文所謂的"新發現",是指自一九六〇年以後所發現的漢石經新資料爲主,至於在此之前的材料,則有待來兹,再做研究。我們首先介紹這些新發現熹平石經的資料,或可供研究石經的學者以及關心經學的朋友採擇之資。文内兹依《魯詩》《尚書》《周易》《春秋》《公羊》《儀禮》《論語》以及"其他"的次序,條分縷析,枝分節解,分别論述如左,然後再作深入探討,藉以明白漢石經的真相。

(一) 魯詩石經

1. 上海博物館收藏魯詩石經

No. 521④ 魯詩石經甲石

---

① 《天津大公報·文學副刊》第六十一期。

② 《漢石經集存·附録(四)·編輯後記》,五八頁。

③ 《中國考古學文獻目録(一九四九—一九六六)》云:"《漢石經集存》(考古學專刊乙種第三號)馬衡著,科學社出版,一九五七年十二月,三開綫裝,一函二册,六五九頁,圖版八七頁。"臺灣翻版本有藝文印書館本與聯貫出版社本,均未載該書原始資料,今據《文獻目録》補注於此。

④ 此編號與《漢石經集存》的編號相互銜接,《集存》的編號始於一,終於五二〇號,本論文則自五二一號始,以接續《集存》的編號。

收藏始末：出土於二十世紀三十年代前後，可能因先藏於民間而未及著録，後來轉輾運至上海，轉入孫實君的手中。後由上海市文物保管委員會購自修文堂書店，今藏於上海博物館。

形狀：殘石，殘缺頗甚，很不規整。正、反兩面刻字。

尺寸：殘高約二五公分，寬約三一公分，厚約十六公分。

行字：正反兩面刻字共十九行，行一至十一字，總計一百三十四字(圖一、二)。

内容：

a 正面者：

其九（其九，小字偏右）嘉
胡俾我
今方殆視天
不蹐惟號斯言
或滅之赫赫宗周
伏矣亦孔之炤憂心

b 反面者：

侯洵將采其劉瘼此下
止疑云徂何往君子實
序爵誰能執熱逝不以
中國具贅卒荒靡有旅
惟谷其九（其九，小字偏右）惟此聖人瞻言
彼不順征以中垢其十二(其十二，小字偏右)泰
不利如云不克民之回
大癚邦靡有定士民其
哲婦爲梟爲鴟婦有長
富舍爾不狄惟
寧自今矣不
百福子
哂①

① 范邦瑾《兩塊未見著録熹平石經〈詩〉殘石的校釋及綴接》，《中原文物》一九八五年第五期，一一六頁。

No. 522 魯詩石經乙石

收藏情况：同甲石。

形狀：同甲石。

尺寸：殘高約二一公分，寬約二〇・五公分，厚約十六・五公分。

行字：正反面刻字，共十六行，行二至九字，總計一百零五字（圖三、四）。

内容：

a 正面者：

姓其六（其六，小字偏右）駕彼四牡

節南山十章六章

口憂心痗痗是以

伊誰云憎其四（其四，小字偏右）謂山蓋

瞻彼阪田有菀其

其車既載乃棄爾

嘉殽洽比其

b 反面者：

不我

其三（其三，小字偏右）憂心隱

如彼遡風亦孔之

惠君民人所瞻秉心宣

以憙匪言不能胡此畏

則對誦言如醉匪用

戾職盜爲寇涼日不

罪罟不收靡有夷瘳①

---

① 范邦瑾《兩塊未見著録熹平石經〈詩〉殘石的校釋及綴接》，《中原文物》一九八五年第五期，一一六頁。

2. 洛陽故城太學遺址出土魯詩石經

出土情況：河南省偃師縣佃莊公社東大郊大隊太學村，地當漢魏洛陽故城開陽門外御道東，是漢魏初期的太學所在地點①。一九七三年以來，經中社科院考古所洛陽工作隊多次考古調查和發掘，終於在該村西北約三五公尺處，找到了魏晉以降的太學舊址(圖五)。

一九八〇年四月，考古隊在太學村圍墻北邊探到數處瓦礫堆積。爲了了解地下情況，選擇中段的一處瓦礫堆積，開了一公尺見方的探坑進行挖掘。挖至八十公分時，於瓦礫層中發現七塊石經殘石，其中三塊有字。隨後擴大發掘範圍，發掘面積共約三八・五公尺，清理瓦礫堆積兩處，出土石經殘石六百六十六塊，内有字殘石九六塊，占殘石總數 14.5%。其餘五六五塊無字，其中的八七塊爲經碑的邊、角殘塊，分別保存了經碑的一至四個方面，也有一定的資料價值。

No. 523 魯詩・谷風石經(出土編號：八〇一九)

采 罪 毋

No. 524 魯詩・南有嘉魚石經(出土編號：八〇〇四)

三 于 公
千 大 有
師 原
干 文
之

No. 525 魯詩・鴻雁石經(出土編號：八〇三〇)

斯 竹 邦 不 四
包 家 可

No. 526 魯詩・節彼南山石經(出土編號：八〇二九)

司
徒

No. 527 魯詩・節彼南山石經(出土編號：八〇四八)

念
昔

① 《後漢書・蔡邕傳》引《洛陽記》云："太學在洛城南開陽門外"；又《洛陽伽藍記》卷"報德寺條"云："開陽門御道東有漢國子學學堂。"(四頁下)

No. 528 魯詩・節彼南山石經(出土編號：八〇四九)

茂 大
爾 戾
惡

No. 529 魯詩・節彼南山石經(出土編號：八〇七五)

之
柢

No. 530 魯詩・生民石經(出土編號：八〇一四)

民 類
之 聽

No. 531 魯詩・？石經(出土編號：八〇九四)

夭
①

No. 532 魯詩・石經校記(出土編號：八〇二〇)

韓 ・
言 疹
②

No. 533 魯詩・石經校記(出土編號：八〇三四)

漏 言

No. 534 魯詩・石經校記(出土編號：八〇三六)

言
婚
③

以上《魯詩》石經經文殘存文字共計三十八字，石經校記殘存文字爲七字。

3. 洛陽近年出土魯詩石經

No. 600 魯詩・石經(出土編號:八五〇一)

出土情況：民國一九八四年冬天，洛陽東大郊村電工韓德朝在晉太學遺址範圍的北側，即距一口老井的北側取土時發現漢石經一石兩面爲《春秋

① 本殘石的字體較其他《魯詩》石經殘石爲小。

② "疹"字之上的"・"號，是原石經的句讀，究其作用係用以分隔章節或年分(如《春秋經》)不同(如No. 535，圖十一)，以下同此，不另作注。

③ 中社科院考古所洛陽工作隊《漢魏洛陽故城太學遺址新出土的漢石經殘石》，《考古》一九八二年第四期，三八一—三八九頁。自 No. 523—598 之相關資料，詳《附録》。

經》;又第二年(一九八五)冬天,村民張松照家在路河南堤北側,原棉專隊的東南方向,今南北大路的東側,依着河堤北側挖墓坑時,離地面約四尺深的灰土層中,發現漢石經及其《後記》殘石五塊,它們是《詩經》一石兩面、《儀禮》一石一面、《公羊傳》一石兩面、《後記》二石三面。總計出土《漢石經》與《後記》六石十面,共約二百餘字。①

收藏地點:韓德朝、張松照已將漢石經捐獻給偃師縣文管會收藏。

尺寸:殘高七公分,寬十三公分,厚十六・五公分。

行字:正面五行十四字,反面六行十五字,總計二十九字(圖二七、二八)。

内容:

a 正面者:

三(苕之華第三章)
居・莫(雨無正第一章)
遂曾我(雨無正第四章)
可使怨及(雨無正第六章)
沮謀臧不(小旻第一章)

b 反面者:

弛(板第八章)
強御(蕩第二章)
國欲怨(蕩第四章)
蜩如唐如(蕩第六章)
有言顛(蕩第八章)
其順(抑第二章)②

(二) 尚書石經

1. 劉松照發現者

No. 601 尚書・堯典、舜典石經(出土編號:六二七八)

出土情況:中社科院考古所在漢魏洛陽城南郊太學遺址的附近村莊徵

① 王竹林《洛陽近年出土的漢石經》刊於《中原文物》年第二期,一四——八頁。

② 王竹林《洛陽近年出土的漢石經》刊於《中原文物》一九八八年第二期,一五頁。

集了熹平石經多方。其中有《尚書》殘石二方。其一(出土編號：六二七八)係在一九六二年冬天出土，地點在今偃師縣佃莊公社東大郊大隊第十生産隊(亦即太學村)社員栗萬卷屋後西北地，當時是九隊社員劉松照在此地刨挖紅薯窖時，離地面約 1.7 公尺發現於瓦礫堆積層裏，於一九七八年夏送交考古所洛陽工作隊收藏。

收藏地點：考古研究所洛陽工作隊。

尺寸：石厚十六・五公分，正面長約二〇公分，寬約三二公分，上端是九・五公分的空額；反面長三一公分，寬三六公分，上端空額爲一〇公分，比陽面略大。

行字：正面空額下爲《堯典》《舜典》兩篇經文，自右而左共十二行；每行多者五個字，少者一、二字，都能辨識，共三十七字；反面空額下爲校記，屬於《舜典》《臯陶謨》《益稷》的部分《校記》，共十六行，每行上下多者八字，少則二、三字，計有八十四字。大部分能辨識，少數已經泐損，筆迹含糊不清。

內容：

a 正面者：

明揚
五典五典
以齊七政遂
三帛二牲一
車服以庸
于羽山四
難任人蠻
后稷播
帝曰
三禮
克諧
庶

b 反面者：

□□
益伯□
夙夜出
臯陶大小
官人安
何畏乎
震敬六德大
斯食大小夏
根食大夏矦言艱
粉米大夏矦言粉
不則威之禹曰俞
是好傲虐是作大夏
時乃工大小夏矦言
於予擊石大夏矦無
簫韶九成小夏矦
維□①

2. 陳老虎室後發現者

No. 602 尚書・臯陶謨、益稷、禹貢石經(出土編號：六八七四)

出土情況：一九六八年冬天，在太學村村南社員陳老虎屋後的西北地，

① 許景元《新出熹平石經〈尚書〉殘石考略》，《考古學報》一九八一年第二期，一八五—一九七頁。

北距 No. 601 號殘石出土地點約百公尺的地方,當時是十隊社員在此苗圃地挖掘泡桐樹根時發現的。石經出土於離地面深約一公尺的瓦礫堆層,後被砌入牛圈的墻角下,一九七四年冬天從墻角中刨出來,使國家瑰寶得重見天日。

收藏地點:考古研究所洛陽工作隊。

尺寸:石厚十六・五公分;正面約長二七公分,寬約三一公分,左側有邊,只有一公分多;反面約長二四公分,寬三八公分。

△行字:正面係《皋陶謨》《益稷》《禹貢》三篇的部分經文,共十一行,其中因篇末與篇首各空留一行,實刻文字九行,每行多者十二字,少則三、五字,筆迹清晰,共七十七字;反面係《秦誓》篇末經文二行,《書序》六行與校記一行,按其篇幅應有九十餘字,可惜都已泐損過甚,只能辨識二十多字,令人痛心疾首,惋惜不已。

内容:

a 正面者:

無貨居
帝曰臣作
磬八音七始滑以
曰俞哉帝橫天之下至
鄂罔水舟行風淫于家
曰迪朕德時乃工維序皐
予擊石拊石百獸率舞庶尹
首明哉股肱良哉庶事康哉又
(空行)
黑恒衞既大陸既作鳥夷皮

b 反面者:

哉人之有技冒疾以惡之人之彥聖而
(空行)
隨山濬川任土作貢・啓與有扈戰于
而蜼祖已訓諸王作高宗肜日・殷始
三百兩虎賁三千人與紂戰于牧
叔蔡叔以殷餘民封康叔
公作無劮・召公爲保
禽宅曲阜徐夷竝興①

① 許景元《新出熹平石經〈尚書〉殘石考略》,《考古學報》一九八一年第二期,一八五——九七頁。

(三) 周易石經

1. 張定業收藏者

No. 603 周易石經甲石

出土情況：本塊石經是在一九二五年出土於河南洛陽東偃師大郊以北里許，初歸於張定業，一九三〇年則轉歸文素松所有。[①] 後收藏於上海博物館。

收藏地點：上海博物館。

形狀：石經呈直三角形。

尺寸：殘高約六五公分，寬約四九公分，斜長約七八公分，厚約一六・五公分。

行字：正面爲《周易・下經》中《家人》至《歸妹》凡一八卦，共二〇行，二八五字；反面《周易》的《文言》與《説卦》兩傳，共十八行，二〇二字（其中殘十八字），兩傳間空二行，當爲《文言傳》末行和《説卦傳》篇題。全石兩面刻字總計四八七字（其中殘三三字）。

內容：

a 正面者：

悔厲吉婦子嘻嘻終吝六四富家大吉九五王假有
家勿恤吉上九有
初有終九四睽孤遇元夫交孚厲无咎六五悔亡厥
宗噬膚往何咎
譽六二王臣蹇蹇匪躬之故九三往蹇來反六四往
蹇來連九
負且乘致寇至貞吝九四解而拇朋至斯孚六五君
子維有
无咎酌損之九二利貞征凶弗損益之六三三人行
則損
䷩益利用攸往利涉大川初九利用爲大作元吉
无咎
孚惠心勿問元吉有孚惠我德上九莫益之或擊之
子夬夬獨行遇雨若濡有慍无咎九四臀天膚
二包有魚无咎不利賓九三臀无膚其行次
不終乃亂乃萃若號一握爲笑勿恤往无
用見大人勿恤南征吉初六允升大吉
入于幽谷三歲不覿九二困于
困于葛藟于劓劊曰動悔有
受其福六四井甃无咎九
吉九五大人虎辯未
虧悔終吉九四鼎
躋九陵勿逐七[②]

① 郭玉堂《洛陽出土石刻時地記》，大華書報供應社一九四一年版。

② 范邦瑾《〈熹平石經〉的尺寸及刻字行數補證》，《中原文物》一九八八年第一期，五八—六四頁。

b反面者：

也
人作而
也終日乾
道乃革飛龍在
發揮旁通情也時乘
易曰見龍在田利見大
咎夫大人者與天地合其德
亡知得而不知喪其唯聖人乎
不善之家必有餘殃臣試其君子
德不孤直方大不習无不利則不疑其
言謹也君子黃中通理正位居體美在中
(空二行)
剛柔而生肴和順於道德而理於義窮理盡性以至
畫而成卦分陰分陽迭用柔剛故易六畫而成章也
·天
艮以止之兌以說之乾以君之川以臧之帝出乎震
齊乎巽
也者明也萬物皆相見南方之卦也聖人南面而聽
天下鄉明
薄也飲者水也正北方之卦也勞卦也萬物之所歸
也故曰勞乎①

2. 金鐵芝收藏者

No. 604 周易石經乙石

出土情況：未詳。可能是在本世紀三十年代中後期出土，一九五一年上海文物保管會購自金鐵芝，然後藏入上海博物館。

收藏地點：上海博物館。

形狀：不很規整。

尺寸：殘高約六十七公分，寬約三十八公分，厚近十七公分。

行字：正面爲《周易·下經》中《巽》至《未濟》八卦及《上彖》部分，共十五行，二百五十六字(其中殘二五字)，其《下經》與《上彖》間空隔一行，當爲《上彖》篇題；反面爲《周易·繫辭》下傳，共十五行，二百五十一字(其中殘二十一字)。全石兩面刻字總計五〇七字(其中殘四六字)，略多於甲石。

内容：

① 范邦瑾《〈熹平石經〉的尺寸及刻字行數補證》，《中原文物》一九八八年第一期，五八—六四頁。

a 正面者：

小亨利用攸往利見大人
上九巽在牀下喪其齊斧貞凶䷹兌亨利
馬壯吉九二渙奔其机悔亡六三渙其躬无
出門庭凶六三不節若則嗟若无咎六四安
之六三得敵或罷或泣或歌六四月幾望
過其祖遇其妣不及其君遇其臣无咎九三弗過
䷾既濟亨小利貞初吉終亂初九曳其輪濡其尾
无
六濡其首厲䷿未濟亨小狐汔濟濡其尾无攸利
初
九有孚于飲酒无咎濡首有孚失是
（空行）
時成時乘六龍以御天乾道辯化各正性命保合大
和
子攸行先迷失道後順得常西南得朋乃與類行東
北
而止蒙蒙亨以行時中也匪我求童蒙童蒙求我志
乎天位以正中也利涉大川往有功也・訟上剛下
險
可以王矣剛中而應行險而順以此毒天下而民從
之①

b 反面者：

其亡繫于芭桑子曰德薄而位尊知小而謀大力小
先見者也君子見幾而作不俟終日易曰介于石不
復行也易曰不遠復无祇悔元吉天地絪縕萬物化
子脩此三者故全也危以動則民不與也懼以語則
民
陰陽合德而剛柔有體以體天地之撰以通神明之
也大其旨遠其辭文其言曲而中其事肆而隱因貳
之脩也益德之裕也困德之辯也井德之地也巽德
以制禮復以自知恒以一德損以遠害益以興利
以度外內使知懼又明於憂患與故无有師保
本末也初辭擬之卒成之終若夫雜物撰德辯
之爲道不利遠者其要无咎其用柔中也三與
非它也三才之道也道有辯動故曰肴肴有
物不廢懼以終始其要无咎此之
有詳象事知器占②

① 范邦瑾《〈熹平石經〉的尺寸及刻字行數補證》，《中原文物》一九八八年第一期，五八—六四頁。
② 同上。

(四) 春秋石經

1. 考古隊發掘者

出土情況：一九八〇年四月，考古隊在太學村圍墻北邊瓦礫堆積發掘出土。

No. 535 春秋・襄公石經(出土編號：八〇三九)

孫偈
盈齊高
・卅年春王
穀良宵
多
仲

No. 536 春秋・? 公石經(出土編號：八〇四一)

年

No. 537 春秋・? 公石經(出土編號：八〇五三)

多

No. 538 春秋・? 公石經(出土編號：八〇五八)

無

No. 539 春秋・? 公石經(出土編號：八〇六七)

仇

No. 540 春秋・? 公石經(出土編號：八〇八三)

初
①

以上《春秋》石經經文殘存文字共計一九字。

2. 韓德朝發現者

No. 605 春秋・僖公、昭公石經(出土編號：二八四八六)

出土情況：一九八四年冬天，東大郊村電工韓德朝在晉太學遺址範圍的北側，即距一口老井的北側取土時發現一石兩面的《春秋經》。

尺寸：殘高十六公分，寬約二二・五公分，厚約十六・五公分。

行字：正面十一行五八字，爲魯僖公廿年至卅年之經文；反面十行四七

① 王竹林《洛陽近年出土的漢石經》刊於《中原文物》一九八八年第二期，一四——八頁。

字，是魯昭公四年至十二年的經文。

内容：

a 正面者：

年春新作（廿年春）
曹伯會于霍（廿一年秋）
邾婁人戰于升陘（廿二年八月）
月夏狄伐鄭秋（廿四年夏）
公多十有二月（廿五年多）
秋楚人滅夔以（廿六年秋）
侯蔡侯鄭伯許（廿七年多）
侯齊師宋師秦（廿八年夏四月）
復歸于衞衞元（廿八年六月）
衛元咺自晉（廿八年秋）
·卅（卅年春）①

b 反面者：

春王正月大（四年春正月）
封殺之遂滅（四年秋七月）
潰泉秦伯卒（五年秋七月）
叔弓如楚齊（六年多）
月癸亥葬衞（七年十二月）
月壬午楚師（八年多十月）
季孫隱如叔（十年秋七月）
之于申楚公（十一年夏四月）
葬我小君齊（十一年九月）
公楚（十二年五月）②

（五）公羊石經

No. 606 公羊·桓公、哀公石經（出土編號：八五〇三之：1—2）

出土情形：一九八五年冬天，大郊村村民張松照家在洛河南堤北側，原棉專隊的東南方向，今南北大路的東側，依着河堤北側挖墓坑時，離地面約四尺深的灰土層中發掘出土。

收藏地點：張松照已將漢石經捐獻給河南偃師縣文管會收藏。

尺寸：殘高一〇·五公分，寬一〇公分，厚約十六公分。

行字：正面四行一〇字，爲魯桓公二年至三年傳文；反面五行十八字，係魯公六年至八年傳文。

---

① 王竹林《洛陽近年出土的漢石經》刊於《中原文物》一九八八年第二期，一四—一八頁。
② 同上。

内容：

a 正面者：

爲
矣然則
正也此其
致得①

b 反面者：

廢正而立不
之化我也諸
乞曰此君
內大惡
盆②

(六) 儀禮石經

1. 考古隊發掘者

出土情況：中社科院考古所洛陽工作隊於一九八〇年四月，在太學村圍墻北邊(即古太學舊址)瓦礫堆積中，發掘出土。

No. 541 儀禮・昏禮石經(出土編號：八〇一〇)

北
贊

No. 542 儀禮・燕禮石經(出土編號：八〇一一)

與大夫
升歌鹿
君與射則爲
燕賸爵曰臣

No. 543 儀禮・大射石經(出土編號：八〇二一)

命
公

No. 544 儀禮・大射石經(出土編號：八〇三一)

自
北面

No. 545 儀禮・大射石經(出土編號：八〇三七)

在
祭③

No. 546 儀禮・大射石經(出土編號：八〇七九)

設于
其
于

① 王竹林《洛陽近年出土的漢石經》刊於《中原文物》一九八八年第二期，一四——八頁。
② 同上。
③ No. 545 與 No. 546 二殘石之文字係左右相銜接者，可以綴合爲一。

No. 547 儀禮・大射石經(出土編號：八〇六六)

以
以

No. 548 儀禮・大射石經(出土編號：八〇八一)

皆
羞

No. 549 儀禮・聘禮石經(出土編號：八〇〇二①)

堂上
牢米百
揖①

No. 550 儀禮・聘禮石經(出土編號：八〇六一)

夫
賓當
辭

No. 551 儀禮・聘禮石經(出土編號：八〇〇三②)

立大夫
之聘享問大

No. 552 儀禮・聘禮石經(出土編號：八〇〇六)

三
帷少
面蹌

No. 553 儀禮・聘禮石經(出土編號：八〇四五)

獻再拜
右房立
大

No. 554 儀禮・公食石經(出土編號：八〇一二)

字
(空行)
賓朝服

No. 555 儀禮・公食石經(出土編號：八〇七七)

羹定

---

① No. 549 與 No. 550 二殘石之文字爲左右相銜接者，可以綴合。

No. 556 儀禮・喪服石經(出土編號：八〇四三)

嫁從
繼

No. 557 儀禮・士喪石經(出土編號：八〇一七)

止于廟
升公卿①

No. 558 儀禮・士喪石經(出土編號：八〇五五)

命
之西

No. 559 儀禮・士喪石經(出土編號：八〇六八)

之門
階大夫

No. 560 儀禮・既夕石經(出土編號：八〇一八)

攝服其它皆
于下室・茲
入升
東北

No. 561 儀禮・既夕石經(出土編號：八〇八二)

如
冢

No. 562 儀禮・既夕石經(出土編號：八〇二七)

命
前輅北

No. 563 儀禮・既夕石經(出土編號：八〇三三)

既
既

No. 564 儀禮・士虞石經(出土編號：八〇〇二②)

猶
辭

① No. 557 與偃師縣佃莊公社社員發現之《士喪》殘石及《集存》三九五號殘石爲可以相互綴合者。

No. 565 儀禮·士虞石經(出土編號：八〇〇三①)

于中鼎升腊左胖
外北面佐食無事則
□又鄉尸降階

No. 566 儀禮·士虞石經(出土編號：八〇二二)

食北
如初尸
如初降

No. 567 儀禮·特牲記石經(出土編號：八〇七一)

壺於禁饌
饎爨在
授尸

No. 568 儀禮·特牲記石經(出土編號：八〇〇九)

在西壁
卒執
墉下南
正脊①

修案：No. 567 與 No. 568 二石正好上下文互相銜接，殘銘曰：

壺於禁饌
饎爨在西壁
授尸卒執
墉下南
正脊

No. 569 儀禮·少牢石經(出土編號：八〇三八)

末鹽

No. 570 儀禮·有司徹石經(出土編號：八〇二一①)

受
西

No. 571 儀禮·有司徹石經(出土編號：八〇五九)

以授

① No. 567 與 No. 568 二殘石之文字爲上下相銜接者，可以綴合爲一。

No. 572 儀禮・有司徹石經(出土編號：八〇六九)

次
賓

No. 573 儀禮・有司徹石經(出土編號：八〇八四)

司
受

No. 574 儀禮・? 篇(出土編號：八〇二三)

受
歸

No. 575 儀禮・? 篇(出土編號：八〇二四)

設 北
　 面

No. 576 儀禮・? 篇(出土編號：八〇七四)

如 如

No. 577 儀禮・? 篇(出土編號：八〇一三)

爵[1]

No. 578 儀禮・? 篇(出土編號：八〇二八)

舉

No. 579 儀禮・? 篇(出土編號：八〇三五)

擯

No. 580 儀禮・? 篇(出土編號：八〇四四)

于

No. 581 儀禮・? 篇(出土編號：八〇四七)

先

No. 582 儀禮・? 篇(出土編號：八〇五〇)

坐

No. 583 儀禮・? 篇(出土編號：八〇五六)

西

① No. 577—587 諸殘石爲作者依《儀禮》慣用文字判斷，將它們歸納在《儀禮》石經方面者。

No. 584 儀禮・？篇(出土編號：八〇六二)

之

No. 585 儀禮・？篇(出土編號：八〇六三)

于

No. 586 儀禮・？篇(出土編號：八〇七二)

迎

No. 587 儀禮・？篇(出土編號：八〇七六)

觶

No. 588 儀禮・石經校記(出土編號：八〇〇一)

祝
戴言洗
爵・先北面
相迎于門
主人

No. 589 儀禮・石經校記(出土編號：八〇四六)

戴言
爵①

以上《儀禮》石經經文(包括《記》)殘存文字共計一百八十三字,石經校記殘存文字爲十七字。

2. 張松照發現者

No. 607《儀禮・士虞》石經(出土編號：8502)

出土情況：一九八五年冬天,大郊村村民張松照家在洛河南堤北側,原棉專隊的東南方向,今南北大路的東側,依着河堤北側挖掘墓坑時,離地面約四尺深的灰土層中發掘出土。

收藏地點：張松照已將漢石經捐獻給偃師縣文管會收藏。

尺寸：殘高八・五公分,寬一〇・五公分,厚度已殘,數據未公布。

行字：正面四行十五字,係《士虞》第六的經文;反面已殘,不見文字。

內容：

---

① 中社科院考古所洛陽工作隊《漢魏洛陽故城太學遺址新出土的漢石經殘石》,《考古》一九八二年第四期,三八一—三八九頁。自 No. 523—598 之相關資料,詳《附録》。

正面者：

水尊在
位于門東
振祭嚌反
皆從及大①

(七) 論語石經

出土情況：中社科院考古所洛陽工作隊於一九八〇年四月，在太學村圍墻北邊(即古太學舊址)瓦礫堆積中，發掘出土。

No. 590 論語・八佾石經(出土編號：八〇六五)

對
君樹
曰②

No. 591 論語・八佾石經(出土編號：八〇二五)

曰夏
塞門
君子
不敬臨

修案：No. 590 與 No. 591 二石正好上下文互相銜接，殘銘曰：

對曰夏后
君樹塞門
見曰君子
不敬臨③

以上《論語・石經》經文殘存文字共計十三字。

(八) 其他

1. 不知屬於何經者

出土情況：中社科院考古所洛陽工作隊於一九八〇年四月，在太學村圍墻北邊(即古太學舊址)瓦礫堆積中，發掘出土。

No. 592? 經(出土編號：八〇〇七)

丁
(空行)
刻

① 中社科院考古所洛陽工作隊《漢魏洛陽故城太學遺址新出土的漢石經殘石》，《考古》一九八二年第四期，三八一—三八九頁。自 No. 523—598 之相關資料，詳《附録》。

② No. 590 與 No. 591 兩殘石正好可以上下互相銜接，可以綴合爲一。

③ 中社科院考古所洛陽工作隊《漢魏洛陽故城太學遺址新出土的漢石經殘石》，《考古》一九八二年第四期，三八一—三八九頁。自 No. 523—598 之相關資料，詳《附録》。

No. 593? 經(出土編號：八〇〇八)

足 曰

No. 594? 經(出土編號：八〇一六)

不 二

No. 595? 經(出土編號：八〇五一)

彌
使

No. 596? 經(出土編號：八〇八六)

言

No. 597? 經(出土編號：八〇八八)

祭

No. 598? 經(出土編號：八〇九〇)

飲
①

以上不知屬於何經殘石殘存文字共計十一字，由此它們僅殘存一至二字，無從復原於其本經之内，只得歸類於此，以俟後之君子將其歸入原位。

2. 石經贊碑

出土情況：中社科院考古所洛陽工作隊於一九八〇年四月，在太學村圍墻北邊(即古太學舊址)瓦礫堆積中，發掘出土。

No. 599 石經贊碑(出土編號：8015)

盧 于
大夫劉
錢百萬募工
②

以上石經贊碑殘存文字共計一〇字。

① 中社科院考古所洛陽工作隊《漢魏洛陽故城太學遺址新出土的漢石經殘石》，考古一九八二年第四期，三八一—三八九頁。自 No. 523—598 之相關資料，詳《附録》。

② 同上。

3. *石經後記*

出土情況：一九八五年冬，大郊村村民張松照家在洛河南堤北側，原棉專隊的東南方向，今南北大路的東側，依着河堤北側挖掘墓坑時，離地面約四尺深的灰土層中發掘出土。

收藏地點：張松照已將石經後記捐獻給偃師縣文管會收藏。

No. 608 石經後記(出土編號：八五〇四：1—2)

尺寸：殘高十七公分，寬十四公分，厚約十八公分。

行字：正面五行十四字(中空一行)，字體大，行與行間較爲寬疏明朗；反面二行七字，字體小於正面，左下空曠無字。

内容：

a 正面者：

德舒
□雨澤嫌
臣訓臣賜臣球
□宮①

b 反面者：

又無表識
書報許②

No. 609 石經後記(出土編號：八五〇五)

尺寸：殘高十三·五公分，寬十三公分，厚度已殘，數據未公布。

行字：正面字體碩大，波磔流暢，四行十四字(包含殘四字)；反面已殘，文字已遭破壞，無從知悉。

内容：

a 正面者：

熹平五年
尚書己丑
安十五年
□□相言③

① 王竹林《洛陽近年出土的漢石經》刊於《中原文物》一九八八年第二期，一四——八頁。
② 背面二行凡七字，字體小於正面者，碑之左下空無一字，惟碑文拓本未見刊布，至爲可惜。
③ 王竹林《洛陽近年出土的漢石經》刊於《中原文物》一九八八年第二期，一四——八頁。

b 反面者：殘損未詳。

四、新發現漢石經的價值

(一) 石經《尚書》採自夏侯氏本説不可信

整理出新發現的漢石經，我們可以看出東漢刊刻的石經有：(一)《魯詩》，(二)《周易》，(三)《尚書》，(四)《春秋》，(五)《公羊傳》，(六)《儀禮》，(七)《論語》，凡七經。由於過去《尚書》石經出土得少，所以在歐陽、大小夏侯三家中，究竟採用那一家，後人之説互有異同，例如張國淦則以爲"今無可考"，他説：

> 諸經皆當時學官所立，以一家本爲主，兼存諸家異同於後。《易》，有施、孟、梁丘、京氏四家；《書》，有歐陽、大小夏侯三家；《禮》，有大小戴二家；今無可考。其可考者，《詩》用魯詩本，有齊、韓二家異字；《公羊傳》用嚴氏本，有顔氏異字；《論語》用某本，有盍、包、周諸家異字。[1]

又説：

> 案：新出漢石經殘字，《魯詩·校記》有齊、韓言；《公羊傳·校記》有顔氏；《易》《書》《禮》未見，僅《後記》有"易·梁、施氏""尚書·小夏侯"字，未知以何一家本爲主，亦無從得諸家異同之説，未敢以臆推斷也。[2]

此張氏取"其於所不知，蓋闕如也"的謹慎態度，於是有"未敢以臆推斷"的結論。

後來屈萬里先生研究漢石經，撰成《漢石經尚書殘字集證》一書，則主漢石經《尚書》所依據的本子是"小夏侯本"，並表示"斷斷乎無疑"的自信與肯定，他説：

> 按：陳氏(修案：指陳夢家)承皮鹿門説，以爲漢石經《尚書》乃夏侯氏本者，是。……
>
> 歐陽《尚書》，所以多於大、小夏侯《尚書》三卷(即三篇)者，除《書序》一卷外，其餘則或謂歐陽本分《盤庚》爲三篇，或謂分《泰誓》爲三篇。而

① 《歷代石經考·漢石經提綱》，一頁。
② 《歷代石經考·漢石經》，二一頁。

《盤庚》《泰誓》俱在《酒誥》之前。二者之一如分爲三篇,則《尚書》篇第至《酒誥》當爲第十八篇。而漢石經《尚書》殘字,尚存《酒誥》篇題,云:“酒誥第十六”。據此知漢石經《尚書·盤庚》《泰誓》皆不分篇。(原注:《盤庚》之不分篇,又可於新出“于厥居”殘石,及《隸釋》所著“其或迪”殘石徵之。)即此一事,可知漢石經爲二十九篇本,亦即夏侯氏本也。

復按:民國十三年洛陽出土三角形殘石一,表裏刻字。審之,碑陽當爲《奏刻漢石經表》殘文,(存九行七十四字);碑陰則爲漢石經叙殘文,(存十一行八十四字)。石經叙殘字中,有“尚書小夏侯”云云,吴維孝《新出漢魏石經考》(卷一),因謂漢石經所刻爲夏侯建《尚書》。以漢石經《尚書》篇數及此殘文五字互證之,吴氏之説良信。然則漢石經《尚書》所據者爲小夏侯本,蓋斷斷乎無疑矣。①

屈先生對自己的看法頗爲自信,遂有“斷斷乎無疑”的用語,後人多表贊同,迄今而無異説。但自新發現漢石經《尚書》殘石文字證之,則先生之説恐不然矣。

另外一派的主張,卻認爲漢石經《尚書》是採自歐陽本。主張這一派説法的人是以馬衡爲代表,他説:

《書》之立於學官者,有歐陽、大小夏侯三家。新出殘石於《秦誓》之後,有《書序》七行,存《堯典》《湯誓》《西伯堪飢》《鴻範》《召誥》《君奭》《甫刑》等序殘字。亡友錢玄同氏以《漢書·藝文志》叙今文《尚書》之卷數,大、小夏侯二家經及《章句》皆二十九卷(原注:伏生本二十八篇,加後得之《泰誓》一篇),《解故》二十九篇;而歐陽則經三十二卷,章句三十一卷,卷數猶多。又據《隸釋》所録及今出《盤庚》殘字上、中、下三篇之間空一格,以爲《盤庚》確分三篇,則總數爲三十一篇。益以此《序》,則得三十二篇。《書序》不作“訓”,故章句爲三十一卷,經爲三十二卷。據此以證漢石經《尚書》之爲歐陽本。又引陳壽祺之“今文有序”十七證中之第十三證(原注:原文引《後漢書·楊震傳》:震孫彪引《盤庚序》事。),以爲東漢習歐陽《尚書》者引《書序》。不但可證歐陽本有序,更可證有序之漢石經

---

① 《漢石經尚書殘字集證》卷一,三九頁下—四一頁。

《尚書》之爲歐陽本。其説誠不可易。[1]

由此可見,錢玄同、馬衡均主漢石經《尚經》爲採自歐陽本的説法。

由於洛陽太學遺址新出土石經《尚書》殘石兩方,陽面刊鎸有《堯典》《舜典》《皋陶謨》《益稷》《禹貢》等篇的部分經文,陰面則是《秦誓》篇末的經文和《書序》《校記》之類的文字。它充分地説明了《尚書》經文的排比方式,也是和其他各經石刻一般按序循行,秩序井然,每篇自爲起訖,毫無例外。由於過去《尚書》石經經石出土較少,如今新出土的經文文字已逼近三百字大關,它是自《隸釋》《隸續》兩書問世後的第一次重要發現。

由於漢代傳習伏生《尚書》經的本子是以歐陽、大夏侯、小夏侯三家爲代表者。對《尚書》石經的採用本子,一般人都是根據推測而認爲係以夏侯氏爲藍本,其他二家的經本則只供對照勘校之用。(本文前引諸家之説,即是一個著例。)至於錢玄同、馬衡二家主張採用歐陽本之説,也是推測而來,未有明確的實證。他們都是囿於《尚書》殘石出土太少之故。但是,我們這次從新出土的《校記》殘石裏多次看到了夏侯氏本的校勘經文的句子,例如在校記中多次見到"大夏侯言""大小夏侯言""大夏侯無"等校文之實例。這種現象,與《易經》《魯詩》《春秋公羊傳》《儀禮》等石經所見到的校記是完全一樣的。再以其行文體例與叙述方法看來,也可以説是完全相同的。這種事實,已可進一步證實了石經《尚書》經文所採用的是"歐陽氏本",絶非"大夏侯本"或"小夏侯本",已是鐵案如山,確鑿無疑的了。[2] 是故許景元認爲:

> 《尚書》石經于《書序》後又節録了歐陽、大小夏侯三家互異的經句,新出土的校記和過去出土他經校記的行款格式完全一樣。熹平石經的每經刻本都是立於學官的五經,每經只刻一家章句,定爲標準本;並以諸家的異同列爲校記,刻於經文之後,以供參校。正如《易經》以梁丘氏爲本,校記是施、孟、京房氏諸家《章句》;《詩經》以《魯詩》爲本,校記裏反復出現有"齊言""韓言"所校勘的《章句》;《春秋經》用嚴氏本,在校記裏常見有"顔氏言"及"顔氏有無"等語。……

新出的校記,共十六行。前三行是《舜典》以前的校記,從四至十六

① 《漢石經集存·釋文》二四頁下—二五頁上。

② 證明屈先生之説爲不然,周鳳五教授已有論文發表,見《新出熹平經尚書殘石研究》,刊於《幼獅學誌》第十九卷第三期,一〇七——二六頁。

> 行全是《皋陶謨》《益稷》兩篇校記。就在這十三行裏提到大、小夏侯氏的校記有九處,其中"大夏侯"五處、"小夏侯"一處、"大小夏侯"三處,如第九行"根食大夏侯言"、十行"粉米大夏侯言粉"、十三行"時乃工大小夏侯言";這裏明白地説是以大、小夏侯經本來校勘。再如第十四行"於予擊石大夏侯無",這裏更明確地指出"大夏侯"無此經句,而六八七四正面第七行有"夔曰於予擊石拊石"一句。足見《尚書》石經絶不是夏侯氏經本,當然是歐陽氏經本,這是確實無疑的事實。①

由此可見熹平石經《尚書》並非採自大、小夏侯氏經本,而是完全根據歐陽氏經本的事實,透過新出土《尚書》殘石校記及經文的印證,可以完全得到證實。據此事實,則可證屈翼鵬先生主張"漢石經《尚書》所據者爲小夏侯本"的説法恐怕不能成立了。

(二)熹平石經《後記》研究

關於熹平石經是刊始於漢靈帝熹平四年,立於光和六年(一八三年)②之説,已可確立,無庸再考。唯獨《後記》碑文是在何時何年所立的,則迄今尚無定論。兹不揣翦陋,考證於下,或可供研究熹平石經學者參考。

所謂《後記》碑文,即《後記叙文》,但有的人稱爲《序記》,文獻上的記載稱它爲《頌碑》或《贊碑》之類,不一而足。雖其名不一,而所指卻是同樣的東西。爲了叙述的方便,本論文稱它作"後記碑文"。它的内容是記述了自東漢建武二十七年(五十一年)興建太學的過程及有關熹平石經方面的問題。

本論文所收《後記》碑文凡三面:

一曰:□德舒
　　□雨澤嫌
　　□臣訓、臣賜、臣球
　　□宫(圖四二);

二曰:□又無表識
　　□書報許③;

三曰:□熹平五年

---

① 《新出熹平石經〈尚書〉殘石考略》,《考古學報》一九八一年第二期,一九四頁。

② 漢石經刊始之年,係根據《後漢書·靈帝紀》、《後漢書·蔡邕傳》、《後漢書·宦者吕强傳》、《後漢書·儒林傳》、袁宏《後漢紀》之説而來;立石之年,則是本諸酈道元《水經·穀水注》、洪适《隸釋》的見解。

③ 此碑文拓本未見發表,只有釋文而已。

□尚書己丑

□十五年

□相言(圖四三)。

從這些《後記》碑文,非但對我們研究《後記》碑文有所啓示,而且亦可與傳世史料相互印證,而得到若干結論。我們根據《水經注》"穀水條"中有關贊頌太學而立碑者凡三:

一在石經東有一碑,是漢順帝陽嘉八年(西元一三九年)立。[1] 碑文云:

> 建武二十七年(修案:五十一年)造太學,年積毁壞。永建六年(修案:一三一年)九月,詔書修太學,刻石記年,用作工徒十一萬二千人。陽嘉九年(修案:一四〇年)八月作畢。
>
> 碑南面刻頌,表裏鏤字,猶存不破。[2]

一在太學外門中,復有一碑,爲《太學弟子贊》。[3]

一在太學講堂西,爲《太學贊别》碑,下列石龜,碑文載蔡邕、韓説、堂谿典等人名字。[4]

據此可知,《水經注》的作者酈道元當時還看過大學堂側所樹立有關贊頌的碑文,是不容置疑的。試查一下《後漢書·蔡邕傳》,可以知道那時參與校經和書碑的人士有:蔡邕、堂谿典、楊賜、馬日磾、張馴、韓説、單颺等七人。像如此繁重艱巨的工程,豈止寥寥數人所能勝任?所以金石家馬衡在他的《漢石經集存》中,依據《公羊傳》石經、《論語》石經碑末及《後記》甲乙碑所載參與這項工作者列成一表,得二十六人。[5] 但這只是就目前所及知者,至於始終其事,參與工作者,恐怕不止這區區二十六人而已。

話又説回來,《後漢書·蔡邕傳》所羅列的工作人士是否可信,由於前引新出石經《後記》悉巧記有"臣訓、臣賜、臣球"等人。這裏的"臣賜"應該是《蔡邕傳》裏的"楊賜",恐怕没有問題。以此而證彼,知道該傳的叙述爲可信據。至於"臣訓"與"臣球"又是誰呢?我們可以就《後漢書》來查考:根據《靈帝紀》在熹平五年位至三公的人物,就有"許訓""楊賜""陳球"和"陽球"四個人,

① 修案:陽嘉八年即漢順帝永和四年(一三九年)。
② 見永樂大典本《水經注》卷七,一七頁下。
③ 同上。
④ 同上。
⑤ 《漢石經集存·釋文·概述》,一頁下。

史載:“熹平五年夏五月,太尉陳耽罷,司空許訓爲太尉”;又説:“秋七月,衛尉陳球爲司空”;“冬十月,…… 司徒袁隗罷;十一月丙戌,光禄大夫楊賜爲司徒。”又説:“光和元年九月,太尉張景罷,太常陳球爲太尉”;又説:“光和五年冬十月,太常楊賜爲太尉。”根據上述資料可知,在靈帝熹平五年至光和五年中,“許訓”“楊賜”“陳球”三個人先後曾任職太尉、司徒、司空的要職,皆屬於三公級的顯職高官。所以從社會地位的着眼點來看,他們參與太學石經的創業工作,是不無可能的。那麽,石經《後記》碑文上的“臣訓”就該是《靈帝紀》裏的“許訓”,“臣球”也就該是“陳球”了。這樣一來,《後記》碑文的内容,與《後漢書・靈帝紀》《後漢書・蔡邕傳》所載的内容是互相吻合的。今天根據《後記》碑文的出土,則可證《後漢書》關於石經記載確爲可採信的史料。

至於《後記》碑文是何年所樹立的,也是值得我們探討的課題。據《後漢書・靈帝紀》的記載:

> (光和)二年冬十月甲申(修案:一七九年),司徒劉郃、永樂少府陳球,衛尉陽球、步兵校尉劉納,謀誅宦者,事泄,皆下獄,死。①

再據《後記》碑文背面所載:“熹平五年,…… 尚書己丑…… 建安十五年……▨相言▨。”依此記載得到三個年代的資訊:

一、熹平五年,即一七六年;

二、己丑,即東漢獻帝建安十四年,就是二〇九年;

三、建安十五年,就是二一〇年。

根據《靈帝紀》所云,及《後記》碑文所載,可以推論得到立碑的年限:其上限是漢獻帝熹平四年乙卯以後,其下限則是漢獻帝建安十五年庚寅以前,前前後後凡卅五年左右。② 由是可見,熹平石經的的確確是項大工程,經歷三十五年之久,經之營之,然後完成應有的成果。由此可見,熹平石經之樹立,是我國歷史上文化大建設之一,深值我們加以珍惜與研究的對象。

原載《“國立”編譯館館刊》一九九〇年第一期

① 點校本《後漢書・孝靈帝紀》册一,三四三頁。

② 至於王竹林謂“立後記碑的年限,下限應在光和二年(一七八年)十月以前,上限是熹平四年(一七五年)以後,介於熹平末年至光和初年的三、四年之間。”(《中原文物》,一九八八年第二期,一八頁)此説未考慮到《後記》碑文反面之文字記載,恐只憑臆測,似未可信從。

漢熹平石經的新發現及其價值(下)

◯ 邱德修

三、熹平石經殘碑的綴合及其復原

我曾在拙作《魏石經初撢》一書中成功綴合了魏石經《尚書》第二十一碑及魏石經《春秋經》第八碑①,這是我綴合石經之始。有了這種經驗,凡是出土的熹平石經殘碑自然也可以加以綴合。由於過去出土不多,過於零散,也許辦不到;但今天出土的實物較爲集中,發表的論文也多了,而且成塊的殘石日積月累也漸漸地多了起來,自然條件比過去好得太多了。本論文試就《魯詩》《尚書》《周易》爲例,舉證如左,或可供有志復原熹平石經的學者參考之用。

1. 熹平石經《周易》殘石綴合與復原

本文利用上海博物館典藏兩塊熹平石經《周易》殘石爲藍本(編號六〇三、六〇四號),我們分别稱它"甲石"(編號六〇三號)和"乙石"(編號六〇四號)。然後與馬衡《漢石經集存》所收録的殘石與今本《周易》的文字相互對照,彼此比勘,發現是可以將它們拼接綴合,恢復漢石經碑文原貌的。現在我們在《漢石經集存》找到六塊殘石(子石:《集存》編號二三七,圖版八八;丑石:《集存》編號二三八,圖版三六上;寅石、卯石:《集存》編號二三九,圖版三六下,已拼合;辰石、巳石:《集存》編號二四〇,圖版三七上,已拼合。),再以今本《周易》文字,並參考張國淦《漢石經碑圖》②,補充其空缺部分,並考出各殘石與甲、乙兩殘石的關係,及其相互間之系聯,得到以下的結果:

---

① 詳拙作《魏石經初撢》,圖版一二一一三。
② 張國淦《漢石經碑圖》《周易》一六頁上及一六頁下。

(1) 碑正面(圖四四)

這個碑陽面,屬於甲乙兩石的正面,並可以利用它們與子、丑、寅、卯、辰、巳諸石加以綴合,恢復熹平石經《周易》的原貌。

説明:① 子石屬於《周易·下經》中《家人》至《小過》二十六卦,刻字殘存二十八行。其中《家人》至《歸妹》十八卦二十行與甲石相銜接,互吻合。該石於一九二九年冬出土,地點與甲石同;甚至文字字體、内容及其斷裂痕迹也都相互吻合,可見兩石原本就是原碑之上下段,爲一家眷屬,後來遭損毁,以致斷裂爲二。現代學者也多將這兩殘石併作一石來拓印,來研究,[①]可見彼此之意見頗爲一致,其爲一石斷裂爲二的事實,已被公認。這塊石經(子石)初歸王道中所有,後來歸屬于右任,曾輾轉運徙到南京[②],現在保存在"西安碑林"[③]。

② 丑石的内容爲《周易·下經》中《歸妹》《豐》《旅》《巽》四卦,刻字五行,而與甲石右一行相銜接,與子石重合四行,其間空格一至七字不等。

③ 寅、卯兩石可併作一石[④],屬於《周易·下經》中《歸妹》至《中孚》八卦,刻字八行,與乙石重合五行,中間空格四至六字不等;與丑石重合四行,中間空格三至五字不等。

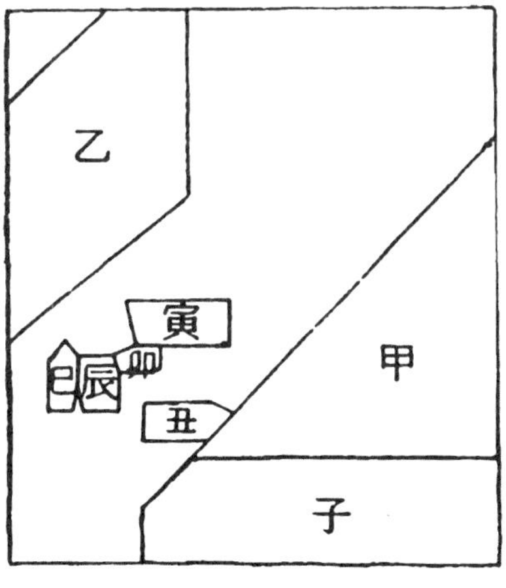

説明:
甲、乙石=上海博物館藏石。
子石=西安碑林藏石;《集存》二三七號,pl. 88;《碑林》pl. 14。
丑石=《集存》二三八號,pl. 36a。
寅石、卯石=《集存》二三九號,pl. 36b。
辰石、巳石=《集存》二四〇號,pl. 37a。

---

① 大略言之,例如:
(1) 羅振玉《漢熹平石經殘字集録》;
(2) 張國淦《漢石經碑圖》;
(3) 馬衡《漢石經集存》;
(4) 上海佳石好碑樓刊行影印本,民國二十二年版;都是很好的例子。

② 郭玉璞《洛陽出土石刻時地記》,大華書報供應社,民國三十年刊本。

③ 日文版《西安碑林》,圖版第一四、一五。日本講談社,昭和四十一年(一九六六年)限定版。

④ 《漢石經集存》已綴合拼作一石。

④ 辰、巳兩石亦可併作一石[1]，屬於《周易・下經》中《小過》《既濟》《未濟》三卦及《上象》，刻字六行，其間空二行，當爲《未濟》末行與《上象》篇題。六行皆與乙石重合，其間空格三至九字不等；並與卯石相互吻合。

爲了清楚起見，試將甲石、乙石與子石、丑石、寅石、卯石、辰石、巳石之間之系聯關係，用簡圖表示如上，以供參考。

（2）碑背面（圖四五）

這個碑陰面，屬於甲、乙兩石的反面，並可以利用它們與子石加以綴合，恢復熹平石經《周易》的原貌。

説明：截至目前爲止，除了子石外，尚無新出土殘石可供拼合，但無可否定地它與甲、乙兩石的系聯關係仍然是顯而易見，其本爲一石之斷裂，誠毋庸置疑的。

子石的内容爲《周易・繫辭》下傳及《文言》《説卦》兩傳，刻字凡二十五行（包括空隔四行，屬於轉章的篇題與末行的空隙）。其中《文言》與部分《説卦》共十八行與甲石相互吻合；《繫辭》下傳二行又與乙石重合，其間空格分别是二十八字和二十六字不等。經過我們的拼接復原與前述碑陽的各石部位秩序完全對稱，如圖四四所示者頗爲一致。

爲了清楚起見，試將甲石、乙石與子石之間的系聯關係，用簡圖表示如下，以供參考。

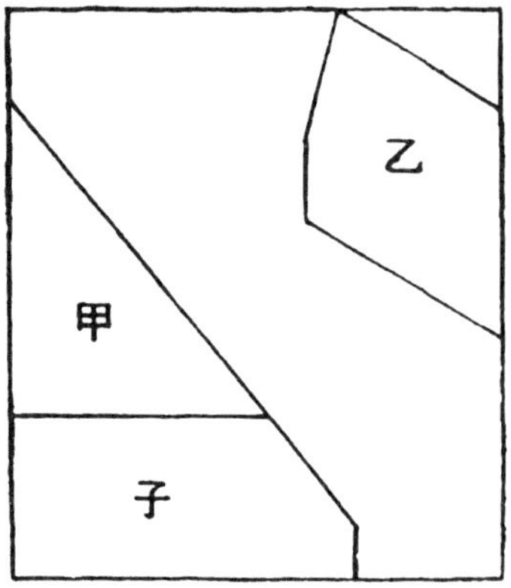

説明：
甲、乙石＝上海博物館藏石。
子石＝西安碑林藏石；《集存》二三七號，pl. 88；《碑林》pl. 15。

本文將熹平石經《周易》透過殘石的綴合復原工作，可以清楚地看出碑陽殘石與碑陰殘石本是一家眷屬，由於遭受兵燹的洗禮以及人爲的破壞，才使它

① 《漢石經集存》已綴合拼作一石。

分崩離析,四分五裂,加上不是同時出土之物,以致使它們散在各地。今天得有機會將它們收拾在一塊,約略可以恢復它的原貌,乃是得力於綴合的理念之實現。其次,張國淦的《漢石經碑圖》,由於所見材料有限,其中值得商榷的地方猶多;但他對《周易》石經碑圖之復原,卻具有絶對的公信力,將碑陽面的八塊殘石綴合拼成一石時,正可以證明他的真知灼見,已到了絲毫未爽、毫釐不差的地步。從此亦可看出他在這方面所付出的心血,以及所做出的貢獻,是可以不朽的。如果再用碑陰面將三塊殘石的拼合結果,與張氏的《周易碑圖》相印證,也可以看出他所做的碑圖與實物若合符節,已可徵信。在數十年後的今天,再回顧張氏的研究成績,不能不爲他的精確性、縝密性,發出贊嘆不已的驚訝!

總之,透過《周易》石經殘石的綴合與復原,我們可以得到一個啓示:做學問惟有脚踏實地,才會有被後人肯定的一天;否則,只有花拳繡腿,雖是好看,但終會露出破綻的,不是嗎?

2. 熹平石經《詩經》殘石綴合與復原

熹平石經《詩經》殘石綴合與復原的例子,也是拿上海博物館所典藏兩塊熹平石經《魯詩》殘石爲基礎,我們分别稱它們爲甲石(編號爲五二一號)和乙石(編號五二二號);然後再從羅振玉《漢熹平石經殘字集録》與馬衡《漢石經集存》所刊載已發現的殘碑中,找到另外五塊殘石,可以和甲、乙兩石綴接密合;由知,這七塊殘石原本是一家眷屬,後來因遭兵燹與人禍,斷碎成塊,散落各地。今得有機會將它們綴合復原,得以窺見《魯詩》石經之一斑。現在試以甲、乙兩石爲主,將相關的五塊殘石,分别編號爲子石、丑石、寅石、卯石、辰石爲輔,研究出它們之間的位次,及綴合成圖,並説明如下:

(1) 碑正面——《魯詩・小雅》(圖四六)

利用甲、乙兩石的正面爲骨幹,先確定其位置,然後將它們定位之後,再把子、丑、寅三殘石鑲嵌在其中,遂成爲熹平石經《魯詩・小雅》的綴合復原圖。

爲了清楚起見,兹將它們的關係位置説明如下,以供參考。

説明:① 子石:石上刻字凡八行三十九字,屬於《節南山》二至十章、《正月》二至八章的内容。它與甲石正面重合五行,其中有二行相銜接,互吻合;它與丑石重合五行,其間空格有七至十一字不等[①]。

② 丑石:石上刻字凡五行六字(但其中第五行"莠"字泐甚,只計行不計

① 採自《漢熹平石經殘字集録》。

字)，屬於《節南山》二至十章、《正月》二章的内容。它與乙石正面重合三行，其間空格二字[1]。

③ 寅石：石上刻字二行三字，屬於《節南山》二、四章的内容。它與丑石重合二行，其中一行相銜接，互吻合[2]。

爲了清楚起見，試將甲、乙兩石與子、丑、寅三石之間的系聯關係，用簡圖表示如下，以供參考。

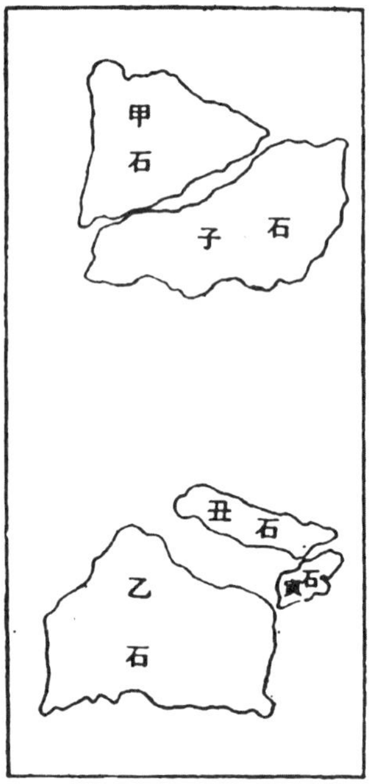

説明：
甲、乙石＝上海博物館藏石。
子石＝《漢熹平石經殘字集録》。
丑石＝《集存》六〇號左，pl. 11。
寅石＝《集存》六〇號右，pl. 11。

(2) 碑背面——《魯詩・大雅》(圖四七)

利用甲、乙兩石的背面爲骨幹，先確定其位置，然後將它們定位之後，再把卯、辰二殘石鑲嵌在其中，就成爲熹平石經《魯詩・大雅》的綴合復原圖了。爲了清楚起見，兹將它們的關係位置説明如下，以供參考。

説明：① 卯石：石上刻字四行十八字，屬於《桑柔》十五章、《瞻印》一至五章的内容。它與甲石背面重合四行，其間空格二至三字不等；與乙石背面重合三行，其間空格三字[3]。

---

① 採自《漢石經集存》圖版一一，六〇左；修案馬氏已將丑、寅二石綴合成爲一塊。
② 採自《漢石經集存》圖版一一，六〇右。
③ 採自《漢石經集存》圖版二〇，一一八右。

② 辰石：石上刻字三行十二字，屬於《瞻卬》七章、《假樂》二章及《生民》題尾的内容。它與甲石背面重合三行，其間空格四至七字不等①。

爲了清楚起見，試將甲、乙兩石與卯、辰兩石之間的系聯關係，用簡圖表示如下，以供參考。

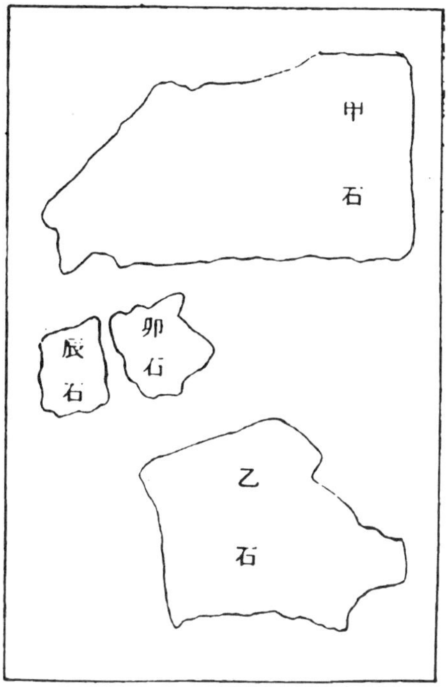

説明：
甲、乙石＝上海博物館藏石。
卯石＝《集存》一一八號右，pl. 20。
辰石＝《集存》一一八號左，pl. 20。

總之，透過本論文的綴合與復原，可爲張國淦《漢石經碑圖》補充更多的殘石資料，即《魯詩》第七面而言，即增加了甲、子、寅、乙四塊殘石②；即《魯詩》第十二面而言，亦增添了甲、乙兩塊殘石③。非但使他的《碑圖》内容豐富了許多，而且也足證他的《碑圖》的復原是信而有徵，值得信賴的著作。

3. 熹平石經《尚書》殘石綴合與復原

本文利用一九六一年冬出土熹平石經《尚書》殘石(原編號六二七八號，本文編號六〇一號)與一九六八年冬出土熹平石經《尚書》殘石(原編號六八七四號，本文編號六〇二號)爲藍本，然後與馬衡《漢石經集存》所收録的殘石

① 採自《漢石經集存》圖版二〇，一一八左。
② 見張國淦《漢石經碑圖》，《魯詩・小雅》是在他的《碑圖》的第七面，七頁，該圖只登録"丑石"一殘碑而已。
③ 是在張氏《碑圖》的第一二面，七頁下，該圖只登録卯、辰兩殘石而已。

與今本《尚書》的文字相互對照，彼此比勘，我們發現可以將它們拼接綴合，恢復漢石經碑文的原貌。現在我們簡稱六二七八號(即本文編號六〇一號)殘石爲甲石，簡稱六八七四號(即本文編號六〇二號)殘石爲乙石；又在《漢石經集存》找到二〇三(省稱子石)、二〇四(省稱丑石)、二〇五(省稱寅石)、二二四號(省稱卯石)殘石，可與甲、乙兩石彼此綴合，恢復熹平石經《尚書》第一石碑的原貌。兹將綴合系聯的結果，介紹如下，以供同好參考。

(1) 碑正面——《尚書・堯典、皋陶謨、禹貢》(圖四八)

這個碑正面屬於甲、乙兩石的正面，並可以利用它們與子、丑、寅三石相互綴合，好恢復熹平石經《尚書》第一石碑陽面的原貌。

説明：① 子石屬於《尚書・堯典》經文的殘石，原石本係殘斷爲二，馬衡《漢石經集存》將它們拼合在一起，編號爲二〇三・一與二〇三・二號。二〇三・一號爲二行六字，與甲石正面重合二行，相隔三、四字不等。二〇三・二號爲六行十五字，每行兩、三字不等，與二〇三・一號重合二行，間隔二字[①]。

② 丑石，係《集存》二〇四號殘石，屬於《尚書・堯典》經文倒數第二行“天工”二字，上距二〇三・二號爲四十九字的距離[②]。

説明：
甲石＝一九六一年出土，原編號六二七八號(即六〇一號)。
乙石＝民國五十七年出土，原編號六八七四號(即六〇二號)。
子石＝《集存》二〇三・一號，二〇三・二號，pl. 29。
丑石＝《集存》二〇四號，pl. 29。
寅石＝《集存》二〇五號，pl. 29。

① 採自《漢石經集存》圖版二九，二〇三・一號加二〇三・二號圖。
② 採自《漢石經集存》圖版二九，二〇四號。

③ 寅石,係《集存》二〇五號殘石,屬於《尚書·禹貢》經文首行的“高山”二字。下距乙石正面有四十四字的距離[①]。

爲了清楚起見,試將甲、乙兩石正面與子、丑、寅三石的系聯關係,用簡圖表示如下,以供參考。

(2) 碑背面——《尚書·秦誓、書序、校記》(圖四九)

這個碑背面屬於甲、乙兩石的反面,並可利用它們與《漢石經集存》二二四·一號與二二四·二號兩殘石(省稱卯石)相綴合,好恢復熹平石經《尚書》第一石碑陰的原貌。

説明:卯石,係屬於《漢石經集存》圖版三二第二二四·一號與二二四·二號兩殘石,馬衡將它們併合爲一,全文凡十行二十九字,與乙石背重合八行,下距乙石三十六至四十四字不等[②]。究竟它的内容,則是屬於《尚書·秦誓》《尚書·書序》《尚書·校記》三種内容。尤其《校記》的標題爲“歐陽、大小夏侯《尚書》同異”,爲首度出現,確係綴合、復原工作的一項重大發現。

爲了清楚起見,試將甲、乙兩石背面與卯石之間的系聯關係,用簡圖表示如下,以供參考。

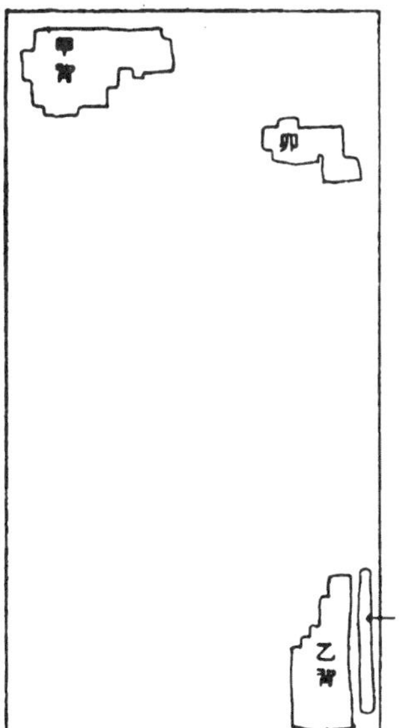

説明:
甲石＝民國五十年出土,原編號六二七八號(即六〇一號)。
乙石＝民國五十七年出土,原編號六八七四號(即六〇二號)。
卯石＝《集存》二二四·一號,二二四·二號,pl. 32。

① 採自《漢石經集存》圖版二九,二〇五號。
② 採自《漢石經集存》圖版三二,二二四·一號加二二四·二號圖。

總之,透過這次《尚書》碑圖的綴合與復原,得到一個重要的啓示,那就是《書序》有百篇之説爲不可信。屈萬里先生非但相信《書序》有百篇之説,而且主張百篇《書序》成就於戰國中葉,漢儒所見爲孔壁中所出者,他説:

按:百篇《尚書》之説,盛傳於前後漢之際。《法言・問神篇》云:"古之説書者序以百,而《酒誥》之篇俄空焉;今亡矣夫!"《論衡・正説篇》云:"按百篇之序,空闕遺者七十一篇",又云:"至孔安國書出,方知有百篇之目。"《漢書・藝文志》亦謂孔子纂《書》"上斷於堯,下迄於秦,凡百篇。"是皆因見《尚書》有百篇之《序》,故有此説也。

據《論衡》之説,孔安國書未出以前,世人不知有百篇之《序》。故戴東原《古今文尚書辨》謂"《序》爲伏生所無";王鳴盛《尚書後案》亦謂"百篇之《序》亦從屋壁中得"。惟陳壽祺著《今文尚書有序説》,以爲伏生所傳之二十九篇,其中一篇,即爲《書序》。王先謙氏雖以爲伏生二十九篇,不括《書序》;然亦謂今文自有《序》,與古文不同。今按其論證,衹不過可以證明《尚書大傳》所述,有超出二十九篇以外之斷簡殘篇與三數篇名耳,固未能確然證明伏生曾見《書序》也。然則《書序》者,果孔壁中所出也。至於《書序》著成時代,大抵不能早於戰國末葉。……觀乎《湯征》及《太甲》兩序,皆襲《孟子》爲説,則其著成時代,不得上至戰國中葉,可以斷言。然則所謂百篇《尚書》之形成,亦必在此時也。①

雖曰伏生《尚書》二十九篇爲今文經,孔壁《尚書》百篇爲古文經,然則兩種《尚書》同有《書序》,是互不軒輊的,是並有而不悖的。今得《集存》二二四・一號與二二四・二號兩殘石與乙石背面(原編號六八七四號,即本文六〇二號)相綴合,互印證,得悉今文《尚書》的《書序》是置於《秦誓》之末,《校記》之前。屈先生既知熹平石經《尚書》爲今文經的眷屬,而殘石之出土與發現,正可以證明今文《尚書》亦有《書序》之存在,則伏生所傳二十九篇本今文自亦有《書序》在焉。它不必待壁中古文《尚書》的供應而後始有之。從《書序》内容,亦可以知道歐陽本今文《尚書》的内容是:

一、堯典　二、皋陶謨(包括大禹、皋陶謨、益稷)　三、貢(即禹貢)　四、甘誓　五、湯誓　六、盤庚　七、高宗肜日　八、西伯戡飢　九、誥

① 見屈先生《尚書釋義・叙論》,四頁;一九七二年增訂版。

父師少師(即微子) 十、泰誓 十一、牧誓 十二、洪範 十三、金縢 十四、大誥 十五、康誥 十六、酒誥 十七、梓材(十五—十七三篇合一序) 十八、召誥 十九、洛誥 二十、多士 二十一、無劮(逸) 二十二、君奭 二十三、多方 二十四、立政 二十五、顧命 二十六、費誓 二十七、甫刑(即吕刑) 二十八、文侯之命 二十九、秦誓

由上所述,得知歐陽本《尚書》有《書序》二十七篇,而《尚書經》則有二十九篇①。今天得到《書序》之復原,可以確知歐陽本今文《尚書》的篇目及其内容之概要。同時,亦可證今文《尚書·書序》爲今文本原有,不必待壁中古文《尚書》而後始有之也。由是可證,屈先生之説,爲未必盡然矣。

其次,透過《尚書》石經的復原,得到一個寶貴的資訊,那就是歐陽本今文《尚書》每篇經文的排列版面的天頭是高低不同,篇與篇之間是相參差的,許景元説:

> 我們按照石經兩面經文列碑復原,發現每篇經文的排列版面略有不同。例如:正面的《堯典》第一,篇題和經文是頂額行書,而《皋陶謨》第二的篇題頂額,經文行書低了一格;《禹貢》第三經文和《堯典》一樣是頂額行書。背面的行文格式和正面一樣,如《秦誓》第二十九篇末二行經文是頂額,《書序》的行文就低一格,《校記》又是頂格行書。總之,篇與篇之間,以差一格相區别,這種行書格式可稱是爲了醒目。②

我想歐陽本今文《尚書》篇與篇之間以差一格的行款相區别的方式,恐怕是源於《尚書》原文簡册的書寫格式與歐陽家家法的傳承,到了書經上石也就按照原有的家法規格加以書寫,絲毫未敢變亂,家法的精神完全體現在石經碑文上。這種經文篇與篇之間參差的款式是歷來研究熹平石經者所不曾發現的現象,頗值得我們重視。過去一般學者曾依一般頂格齊頭的款式來復原殘石③,然而殘石之文與今本經文無法彌合,反而産生參差齟齬的現象。這一

① 修案《書序》二—四之《大禹》《皋陶謨》《益稷》三篇名目,在碑文標題合稱作"《臯謨陶》第二"而已,顯然經文已合《書序》之三爲一,而《書序》亦僅以一則叙述;至於十七—十九爲《康誥》《酒誥》《梓材》三篇,雖《書序》只合作一則叙述,而經文内容則是三篇分别獨立,不可混爲一談。此從《漢石經集存》第二一七號(圖版三一)殘石有"酒誥第十六"一語,足以證明歐陽本《尚書》分篇爲:《康誥》第十五,《酒誥》第十六,《梓材》第十七的篇目秩序是可以據此推知而加以確定的。

② 許景元《新出熹平石經〈尚書〉殘石考略》,《考古學報》一九八一年第二期,一九五頁。

③ 如張國淦《漢石經碑圖》,即是著例。

事實告訴我們,許景元的推測是正確的,因而他所做的復原圖也較張國淦的《碑圖》要精確得多了。

最後,我們必須提出來的是熹平石經《尚書》雖有《校記》,但就碑經文來觀察,依舊還是百密一疏,存在着"衍文"的問題。《禹貢》碑文云:"黑,恒衛既從,大陸既作。鳥夷作",查今本《尚書》全文爲"厥土惟白壤,厥賦惟上上錯,厥田惟中中。恒衛既從,大陸既作,鳥夷皮服"①,兩相對照,石經碑文"黑"字有了問題,所以許景元説:

> 但是,奇異的是這裏出現一"黑"字,經查勘今古文經本,皆不見此字。現今《禹貢》篇中提到"黑"字的,只有"厥土黑墳""華陽黑水惟梁州""黑水西河惟雍州""道黑水"四處,但它都不能作爲一句的最後一個字。因此有人認爲這個"黑"字的出現,是否可以説明東漢熹平石經的碑文中也有"衍字"。②

他這種主張,周鳳五教授也表贊同,他説:

> 惟殘石此處"黑"字,不合《禹貢》文例,與上下文又不相應,許景元疑爲衍文,其説甚是。這也是目前所見熹平石經《尚書》衍文惟一可能的例證。③

由此看來,古今之理,一也。校書有如掃除秋天的落葉,難得一掃就可以全部乾净的,今天如此,古代亦然。熹平石經《禹貢》出現"黑"字衍文,即是一個著例。至於石經碑文他處是否尚有"衍文"之例,則有待地下文物早日出土,當可拭目以待,及早發現。

四、熹平石經《論語》爲魯論本及《論語・八佾》殘石復原圖

在本節中,第一,我們要研究的是熹平石經《論語》所根據的版本是《古論》《齊論》《魯論》,抑或是《張侯論》。大家都知道漢熹平石經所刻諸經,都是

---

① 屈先生《尚書釋義・叙論》,二七頁;一九七二年增訂版。
② 許景元《新出熹平石經〈尚書〉殘石考略》,《考古學報》一九八一年第二期,一九〇頁。
③ 周鳳五教授《新出熹平石經尚書殘石研究》,刊於《幼獅學誌》第十九卷第三期,一二〇頁。

當時立於學官的本子[①]。那時《論語》流行於官方或民間者共有四個本子,那就是《古》《齊》《魯》三家以及《張侯論》。《張論》既混同古今文之學而不加以區别,至於另外三家的本子後來又已亡佚而不傳,幸清儒諸多考輯,迄今尚可一窺其概略。然則漢石經《論語》所根據者,究竟爲那一家的本子呢? 宋翔鳳《師法表》以爲是用《張論》,他説:

> 《張論》合《齊》《魯》兩家之學,特其篇章與《魯論》同,故多以《張論》爲《魯論》。後漢熹平石經即用《張論》。

據此,則東漢刻於石碑者,係屬於張侯《論語》。然而,宋氏所云,未詳何所據,似乎就《論語》的源流而加以臆斷而來,恐未足徵信。

今考漢石經《論語》校勘記殘字,迄目前可見者凡七百三十三字;至於《論語》經文殘石見於《隸釋》所録者以及近代所發現的《論語》殘字,字數已有一千三百有奇。其於徵引校勘,探究石經《論語》版本的真相,不無助益。本文試作研究,論述如下,以供參考。

首先,從篇數來説,可知漢石經《論語》所據者,必定不是《齊》《古》的本子。以《堯曰篇》末端殘石所載:

> 凡二十篇,萬五千七百一□(闕)字。[②]

由此證之,則知漢石經《論語》爲二十篇本,二十篇本乃《魯論》的篇數;《漢志》明載:《古論語》二十一篇,《齊論語》二十二篇。今《論語》殘石既明云"二十篇",自非《齊》《古》的本子,是可論斷。

其次,就章數而論,《堯曰篇》殘石"謂之有司"的下面,即接"凡二"二字,"二"之下必爲"章"字。陸德明《經典釋文》於《堯曰篇》之末云:

> 孔子曰:不知命,無以爲君子也。

原注云:"《魯論》無此章,今從《古》。"[③]據此可知:《堯曰篇》僅收二章的本子,就是《魯論》的章數,所以馬衡認爲:

---

① 翁注《困學紀聞》卷八引閻若璩説,云:"《孟子題解》云:'孝文皇帝,欲廣游學之路,《論語》《孝經》《孟子》《爾雅》,皆置博士。'後罷傳記博士,獨立五經而已。朱子謂此事在《漢書》無考,余謂劉歆《移太常博士》云:孝文皇帝,《尚書》初出屋壁,《詩》始萌芽;天下衆書,往往頗出,皆諸子傳説,猶廣立學官,爲置博士,非岐説之所本乎? 第史文不備耳。"(卷八下,十九頁)據此由知,熹平所刻諸經,莫不爲當時立於學官的本子。

② 《隸釋》卷一四,一三頁所載。

③ 通志堂本《經典釋文·論語音義》,二二頁。

> 余昔見“繼絶世”“亦泰而”二石，以“司”字下有“凡”字之首，斷爲當作“凡二章”，定石經所刻爲《魯論》，嗣後見後出之“凡二”等字一石，居然若合符契，何快如之！①

由馬氏之説，可證拙説爲不誣也。

第三，就《校記》殘石證之，《校記》七殘石中，有“盍”“毛”“包”“周”②等字，皆清晰可辨；惟“齊”“古”等字則未見。陸氏《釋文》謂張禹受《魯論》，復受《齊論》，擇善而從，爲世所貴。考兩漢《論語》之學，包、周兩家之章句列入學官之中。至於《校記》殘石中，有一石“盍毛”上有從“弓”的殘字，羅振玉認爲即“張禹”的“張”的殘泐；果爾，則石經《校記》的名單中又多添了一家。但是馬衡《熹平石經周易殘字跋》云：

> 熹平石經之例，以一家爲主，而著他家異同於後。

根據這則凡條，核諸《周易》《魯詩》《公羊》，屢試不爽，莫不皆然。今就《論語》而言，齊、古二字於殘石中迄今雖未得見著，又安知其無存者耶？勢必待考古發掘，必可以證明。石經《論語》的篇章既從《魯論》的本子，《校記》又存有“張、盍、毛、包、周”各家之言，是又石經所刻爲《魯論》之一確證了。

第四，試以輯佚《魯論》來校石經《論語》，也可以證明石經的本子就是《魯論》。清儒所輯《魯論》章句甚多，然可採之與《論語》殘石印證者，有以下數條，例如：

《學而篇》“意予之與”，唐本及今本俱作“抑與之與”。

> 案：《述而篇》“抑爲之不厭”，《鄭注》云：“《魯》讀‘抑’爲‘意’，今從《古》。”正和、嘉曆、建武諸本皆同。是《古論》“意”作“抑”字，今出土石經《學而篇》“意予之與”的“意”字，不作“抑”，則其爲《魯論》本可以確知。

微子篇，《古論》“往者不可諫兮”句，《魯論》作“往者不可諫也”③；一作“兮”，一作“也”，試核之石經殘石作“也”字是也。

微子篇，《古論》“行中清”句，《魯論》作“行中情”；一作“清”，一作“情”，試核之石經殘石作“情”字爲然。

---

① 馬氏《漢石經集存・釋文》，五五頁下。

② 包，即包咸，《後漢書・儒林傳》中有傳；周，爲周氏，已不可考；至於盍、毛二家未詳。

③ 馬國翰《論語》古注輯佚，收在《玉函山房輯佚書》内。

《論語·校記》殘石中,有"賈諸賈之哉"句,《古論》作"沽之哉",與《校記》不同。

案:此句"賈諸賈之哉",當爲《子罕篇》之《校記》。《校記》顯然出《魯論》,以明其與《古論》之不同。

以上從《石經·校記》殘石也可以證明石經所採用的是《魯論》的本子。

最後,漢石經《論語》的篇第與今本相同,也可以證明石經是採用《魯論》的本子。今試就《論語》石經殘字核之,則與《魯論》篇第次序相同,灼然可知①:

學而第一　爲政第二　八佾第三　里仁第四　公冶長第五　雍也第六　述而第七　泰伯第八　子罕第九　鄉黨第十　先進第十一　顔淵第十二　子路第十三　憲問第十四　衛靈公第十五　季氏第十六　陽貨第十七　微子第十八　子張第十九　堯曰第二十　凡二十篇。

綜上所論,則可知漢石經《論語》所據者爲《魯論》的本子,似已無疑問,所以馬衡説:

後漢博士之所授、石經之所刻,確爲《魯論》也。②

由此可證,馬氏之説,已確然成爲定論了。

本節第二,我們想利用一九八〇年在漢魏洛陽故城太學遺址新出土的漢石經殘石中的《論語·八佾》殘石(圖八十)③,和吕振端教授《漢石經論語殘字集證》④所製作的碑圖復原如右,以供研究《論語》學的學者

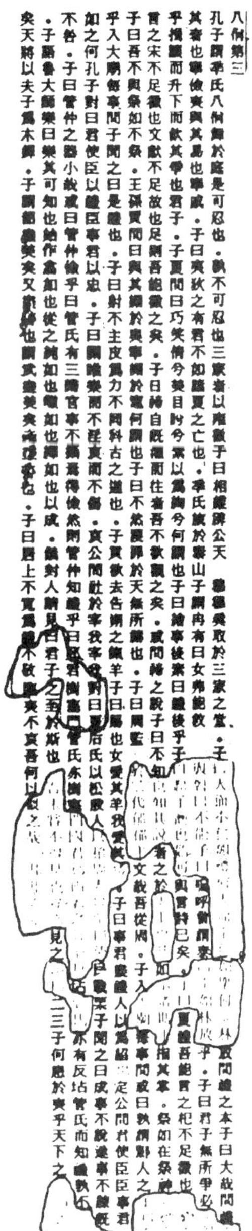

① 可參考吕振端教授《漢石經論語復原圖》。

② 馬氏《漢石經集存·釋文》,五十六頁。

③ 中社科院考古所洛陽工作隊《漢魏洛陽故城太學遺址新出土的漢石經殘石》,《考古》一九八二年第四期,三八一—三八九頁。自五二三號至五九八號之相關資料,詳《附録》。

④ 吕振端教授《漢石經論語殘字集證》,新加坡東藝印務公司,一九七五年版。

參考。

五、熹平石經《儀禮·聘禮》殘石輯存及其復原圖

熹平石經《儀禮》殘石中,以《聘禮》所見獨多,本文試將其輯在一起,並加以釋文;然後利用這些素材把它復原,成就爲《聘禮》碑圖,以供研究《儀禮》學的人參考。

圖五十:此石在《碑圖》①第七十六面第二十五行至二十六行:

如亨禮
几三

案:"亨",今本作"享",古本一字。

圖五一:此石在《碑圖》第七十六面第二十八行至三十行:

面負
三退
稽

圖五二:此石在《碑圖》第七十六面第二十九行至三十一行:

牽馬右
君辭拜也君
出許上

案:"牽"字,《説文》從牛,漢隸多從手:漢《唐扶頌》作"掔",石經雖經諸儒正定,仍不免存有俗字,此石即是其例。

圖五三:此石在《碑圖》第七十六面第三十一行至三十二行:

上介奉
出擯者
及□

案:"及"字下有殘字,已看不清楚。

① 《碑圖》爲張國淦氏《漢石經碑圖》的省稱,下同。

圖五四：此石在《碑圖》第七十六面第二十一行至二十二行：

拜
□賓

案:“賓”字下尚殘存有“告”字的殘畫。

圖五五：此石在《碑圖》第七十七面第二行至三行：

□
取幣
公

案:“取”字的右側殘字疑似“稽”字,不知然否? 俟後來君子考證。

圖五六：此石在《碑圖》第七十七面第十一行至十五行：

以出賓
死牢牢十車
稽首受無擯
行室于
夫

案：依此碑殘石係在碑頂,而《碑圖》將它卻置於碑中。這種不相吻合的現象,所以段鵬琦批評説:“殘石經和《碑圖》相左處的出現,説明《碑圖》對諸經的復原不同程度地存在失實。由所列資料來看,其中尤以《儀禮》最爲突出。據我們根據上述資料所作的初步研究,《碑圖》對《儀禮》碑數和每碑行數的復原都是不恰當的。”①他這種看法是正確的。又案:“室”字,今本作“至”,《説文》:“室,實也。從宀,從至;至,所止也。”小徐《繫傳》:“室,實也。從宀,至聲。‘室’‘屋’皆從至,所止也。”段氏《説文解字注》從小徐説,謂“室”既從至聲,故可通“至”。此《聘禮》石經作“至”,今本《儀禮》作“室”的緣由。

圖五七：此石在《碑圖》第七十七面第二十一行至二十二行：

朝
君使卿
出請賓

① 中社科院考古所洛陽工作隊《漢魏洛陽故城太學遺址新出土的漢石經殘石》,《考古》一九八二年第四期,三八九頁。自五二三號至五九八號之相關資料,詳《附録》。

案："賓"字拓本已殘泐，但依然隱約可辨，所以把它隸定出來。

圖(缺)：此石在《碑圖》第七十七面第二十五行至三十二行：

郊請反
以君命聘子
善乎授上介幣
賜使者幣使者
上介至亦如之
練冠以受聘
哭出祖
食歸

案：此殘石載於《隸續》卷十五。

右石經《儀禮》殘碑一段八行，上下糜碎。行多者六字，少者二字，屬於《聘禮》之文。究其内容，前五行係屬於使者還反命之儀；後三行，是關係出聘遭喪之儀。

圖五八：此石在《碑圖》第七十七面第二十九行至三十行：

退
雍餼

案："退"字已微殘，依今本《儀禮》校對，知確係"退"字之殘泐。又案："雍"，今本作"饔"字，《禮記·聘義》"設雍餼"，陸氏《釋文》云："'雍'字又作'饔'。"[1]以今觀之，作"饔"者爲本字，作"雍"者爲借字。石經用借字，今本用本字。

圖五九：此石在《碑圖》第七十八面第十行至十七行，中空一行，係爲間隔《聘禮》與《公食》兩篇而設的。

某甫皇
獻比歸大禮
事賓請歸凡賓拜
堂楹間釋四皮束錦賓
□(筥)曰緵十緵曰秅四百秉
辱大夫不答拜將命賓再拜

① 《經典釋文·禮記音義》之四，二四頁。

案：此殘石在《既夕禮》石的碑陰。“錦”字，今本作“帛”；“緵”字，今本作“稯”，鄭注：“古文‘稯’作‘緵’”；此注古文作“緵”，由知石經沿用古文經字。

圖六〇：此石在《碑圖》第七十七面第十一行至十六行：

堂上
牢米百
揖
夫
賓當
辭

案：“辭”字，《碑圖》置於第十七行行首，但依石經殘石，當在第十六行末字。

圖六一：此石在《碑圖》第七十七面第二十三行至二十四行：

立大[夫]
之聘亨（享）問大夫

案：石經“享”字作“亨”，漢隸作“亨”，今本作“享”，爲古今字。

圖(缺)：此石在《碑圖》第七十八面第五行至第七行：

三[日]
帷少
面蹌

案：此石銘文拓本未刊，今據《一九八〇年春太學遺址出土漢石經有字殘石簡表》①所列釋文。

圖(缺)：此石在《碑圖》第七十八面第九行至十一行：

獻再拜
右房立
大

案：此石銘文拓本未刊，今據《一九八〇年春太學遺址出土漢石經

① 中社科院考古所洛陽工作隊《漢魏洛陽故城太學遺址新出土的漢石經殘石》，《考古》一九八二年第四期，三八五頁。自五二三號至五九八號之相關資料，詳《附録》。

有字殘石簡表》①所列釋文。

綜上所述,本文所輯得《儀禮·聘禮》石經殘文凡十四塊,試將其殘文鑲嵌在張國淦氏《碑圖》第七十六面至七十八面圖中,成爲《儀禮·聘禮》石經復原圖,如圖六十二所示者,以供研究《儀禮》學的學者參考。

六、熹平石經《春秋·襄公經》殘石輯存及其復原圖

熹平石經《春秋經》殘石中,以《襄公經》所見獨多,本文試將其輯在一起,並加以釋文;然後利用這些素材把它復原,成就爲《襄公經》碑圖,以供研究《春秋》學的人士參考。

圖六三:此石係二石合拼,在《碑圖》第四十一面第十三行至十六行:

壬
師衞甯
小
齊

案:"壬癸"之"壬"字,漢隸末畫特長,與"王"字相似。前一行空者,以有"襄公第八"的篇題。

圖六四:此石係二石合拼,在《碑圖》第四十一面第十六行至十九行:

子□婁
晉秋□月
稻秋大雩
曹

案:"大雩"一石爲宣公十六年"月壬"石的碑陰,□者爲碑文殘泐的部分。

圖六五:此石在《碑圖》第四十一面第十七行至二十二行,中隔一行:

公 七 十 公 氏

案:此在宣公四年至七年"曹歸秦"一石之碑陰。惟第二、三行"公"字與"十"字之間多出九字。考《左傳》經文:"楚公子貞帥師伐陳,公會晉侯、宋公、衛侯、鄭伯、曹伯、齊世子光救陳。"今本《公羊經》曹伯下多"莒子、邾婁子、滕子、薛伯"九字,當係衍文。其文蓋與《左氏經》相同。又

① 中社科院考古所洛陽工作隊《漢魏洛陽故城太學遺址新出土的漢石經殘石》,《考古》一九八二年第四期,三八五頁。自五二三號至五九八號之相關資料,詳《附録》。

案:《碑圖》作"氏公子十十",與石經不符。

圖六六:此石在《碑圖》第四十一面第二十行至二十一行:

婁季孫宿
貞□師

案:"貞"與"師"兩字之間,爲殘泐之文,故用□來表示它。

圖六七:此石係三石合拼(三一一・一、二)[1],在《碑圖》第四十一面第二十三行至三十一行:

小
杞伯
滕子薛
之率師侵
子光筥子
士彭來
人鄭
小邾
己亥

案:以今本校之,一、二行間七十四字。又案:九年伐鄭之役,《穀梁》無杞伯,而會吴于柤之役有之。石經之文,或同於《穀梁》,但仍多出二字。七、八行間七十一字。又按:十四年"衛侯衎出奔齊",《左》《穀》皆無"衎"字,今本《公羊經》較《左》《穀》多字者,石經往往不多,同於《左》《穀》。豈石經亦無此"衎"字耶?"率"字,今本作"帥";"筥",今本作"莒"。

圖六八:此石係二石合拼(三一二・一、二),在《碑圖》第四十一面第二十九行至三十四行:

伐齊人
人滕人
使向戌來
晉侯周
公至自會
秋齊

案:此石用三一二・一號與三一二・二號兩石可以拼合在一起,而成一圖。

圖六九:此石在《碑圖》第四十一面第三十一行至三十二行:

□
之邾婁

案:"之"字之右,僅存殘字之右下角,以字數計之,用《碑圖》來看,當

① 馬氏《集存》拓本所用的編碼,下同。

是“管”字。

圖七〇：此石係二石合拼（三一四·一、二）在《碑圖》第四十二面第一行至第二行：

辰朔
晉侯齊侯宋

案：此石爲《春秋》襄公二十年至二十一年經文。

圖七一：此石在《碑圖》第四十二面第一行至第二行：

宿如宋
伯

案：此爲《春秋》襄公二十年至二十一年經文。

圖七二：此石係五石合拼，在《碑圖》第四十二面第一行至第十二行：

漆閭丘來
公至自
朔日有
叔孫豹率□救晉次
之既齊崔□率師伐
奔楚叔□□如京師
子鄭公□□之率師
月辛卯□甯喜殺其
甯卒于□□□子蔡
之弟鱄
有一月公
公孫噧曹

案：《春秋》襄公二十一年至二十九年經文。此爲僖公十六年一石之陰碑。二、三行間七十二字。考沙隨之盟，《左氏經》“邾子薛伯”之間無“滕子”二字，《公》《穀》經皆有之。石經所以較今本少二字者，或其文同於《左氏傳》耳。“率”字三見，今本皆作“帥”。末行“噧”字，今本作“段”，三傳皆同。

圖七三：此石在《碑圖》第四十二面第四行至第五行：

晉
仲

案：此《春秋》襄公二十三、四年經文。

圖七四：此石在碑圖第四十二面第九行至第十三行：

案：此《春秋》襄公二十六年至二十九年經文。在末行“偈”與“晉”字之間，因殘泐不可辨，因而用“□”表示之。

殺其世
鄭良宵許
朝秋八月大
仲孫偈會晉
偈□晉

圖七五：此石在《碑圖》第四十二面第十三行至第十五行：

聘夏四
人宋
會葬

案：《春秋》襄公三十年至三十一年經文。此石可與公孫囆石連綴(見圖七二)。

圖七六：此石在《碑圖》第四十二面第十一行至第十五行：

孫偈
盈齊高
・卅年春王
殺良宵多
己亥仲①

案：此石係一九八〇年春,太學遺址出土《春秋經》殘石之一。

綜上所述,本文所輯得《春秋・襄公經》石經殘文凡十四塊,試將其殘文鑲嵌在張國淦氏《碑圖》第四十一與第四十二面中,成爲《春秋・襄公經》石經復原圖,如圖七七所示者,以供研究《春秋》學的學者參考。

七、熹平石經《公羊・哀公傳》殘石輯存及其復原圖

熹平石經《公羊傳》殘石中,以《哀公傳》之殘文爲最可貴,本文試將其輯在一起,並加以釋文;然後利用這些素材把它復原,成就爲《公羊・哀公傳》碑圖,以供研究《公羊傳》的人士參考。

圖(闕)：此石在《碑圖》第五十六面第一行至第四行,中空一行,又自第六至第九行爲《校記》與《後題》。

① 中社科院考古所洛陽工作隊《漢魏洛陽故城太學遺址新出土的漢石經殘石》,《考古》一九八二年第四期,三八四頁,圖六。自五二三號至五九八號之相關資料,詳《附録》。

十有四年何以□記異也何異
則至無王者則不至有以告者曰有麕而
乎隱祖之所遝聞□所見異解所聞異辭所
不亦樂乎堯舜□君子也制春秋之義以

有、傳桓二年顏氏有所見異辭所聞異
何以書記災也・三十年顏氏言君出則已入
顏氏無伐而不言圍者非取邑之辭也・十
谿典諫議大夫臣馬日磾臣趙䛕議郎臣□□臣劉弘郎中臣張
文臣蘇陵臣傅楨雜①

案：此《公羊傳》哀公十四年傳文及《校記》及其《後題》，可以釐清石經《公羊傳》碑文的内容凡三：一是傳文，二是校記，三是題記。這是最好的見證及範本。洪适云："右石經《公羊》殘碑，……所書者皆是《公羊氏傳》辭，而無《春秋》正經；又有顏氏説。石文斷續不可考繹，蓋嚴、顏異同之辨也。以今板本校之，惟易四字，省四字爾。"②洪説是也。今又以今本校之，第三行"遝"字，今之板本作"逮"字而已。

圖七八：此石係《碑圖》第五十五面第三十行至第三十四行：

廢正而立
之化我也諸
乞曰此君
內大惡
盆

案：此哀公六年至八年《公羊傳》文。石經經文與今本同。第一、二、三行屬於哀公六年之文，第四行爲哀公七年之文，第五行只殘存一

① 洪适《隸釋》卷一四，七一八頁。
② 洪适《隸釋》卷一四，八一九頁。

字,則是屬於哀公八年之文。

綜上所述,本文所輯得《公羊傳》石經殘文凡兩塊,試將其殘文鑲嵌入張國淦氏《碑圖》第五十五、五十六面中,成爲《公羊·哀公傳》石經復原圖,如圖七九所示者,以供研究《公羊》學的學者參考。

總之,透過本文的研究,我們對於熹平石經有了更清楚的了解,也對漢代經學有了更整體的概念,甚者對於漢石經之出土與整理,也做出更進一步的成績。尤其對於熹平石經碑圖的復原,替《周易》《詩經》《尚書》《論語》《儀禮》《春秋經》《公羊傳》做了一些示範,爲日後對熹平石經研究工作奠下一點基礎。本文之作,主要在於拋磚引玉,希望更多人能加入研究漢石經的行列,使我國經學史上的瑰寶,能够發揚光大,爲我們解決更多、更重要有關經學方面的問題。如果能够這樣,那麽這篇論文的發表,也就益發顯得有意義了。[①]至於不成熟的地方,則有賴學者專家有以教之,是所企禱。

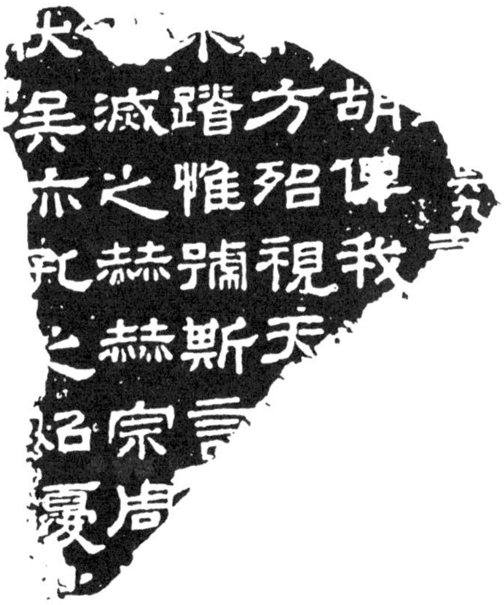

圖一　魯詩石經甲石正面拓本(五二一號 a)

① 本論文草就於一九八六年春雪初溶之京都曉學之莊,定稿於一九九〇年之立秋,自春徂冬,已數易寒暑,方成就斯文。

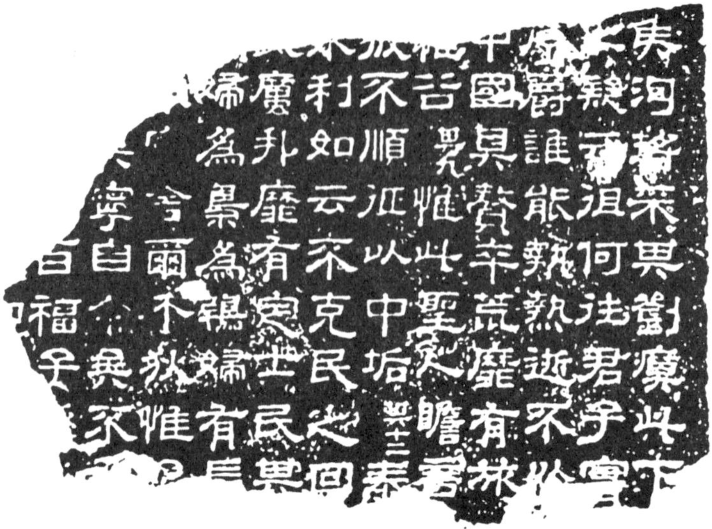

圖二　魯詩石經甲石反面拓本(五二一號 b)

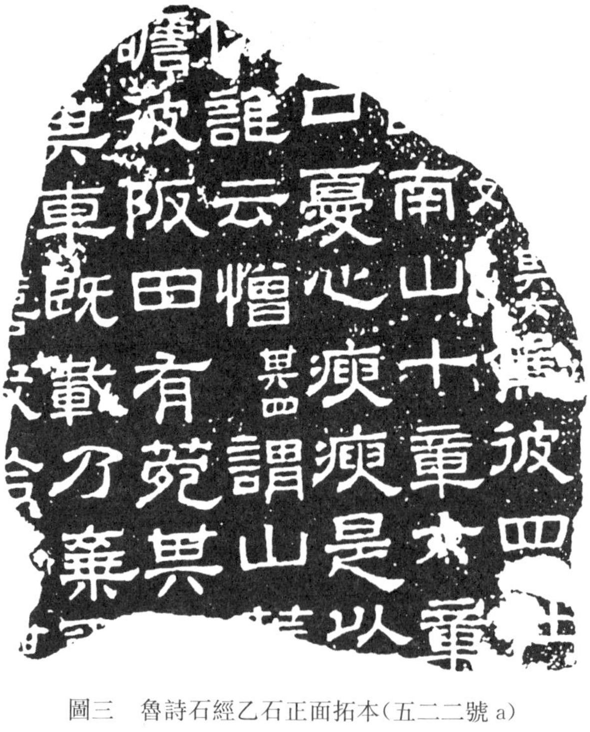

圖三　魯詩石經乙石正面拓本(五二二號 a)

圖四　魯詩石經乙石反面拓本(五二二號 b)

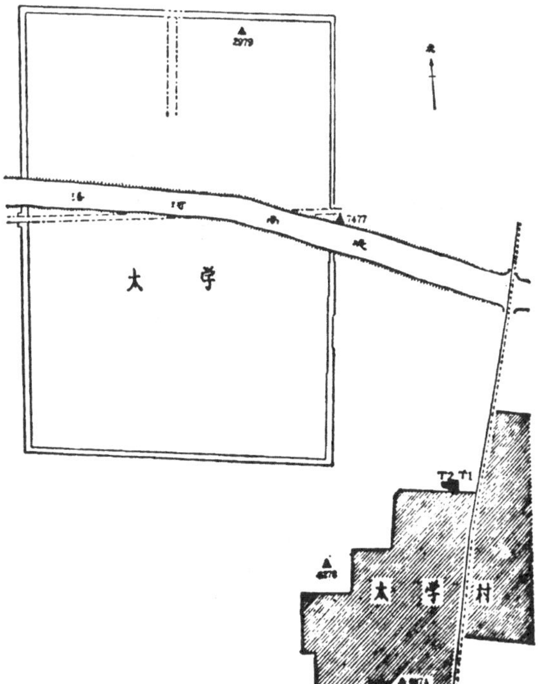

圖五　漢魏太學遺址及一九八〇年春考古隊探掘位置圖

圖六　魯詩・南有嘉魚石經拓本(五二四號)

圖七　魯詩・鴻雁石經拓本(五二五號)

圖八　魯詩・節彼南山石經拓本(五二七號)

圖九　魯詩·生民石經拓本(五三〇號)

圖一〇　魯詩·魯詩石經校記拓本(五三二號)

圖一一　春秋·襄公石經拓本(五三五號)

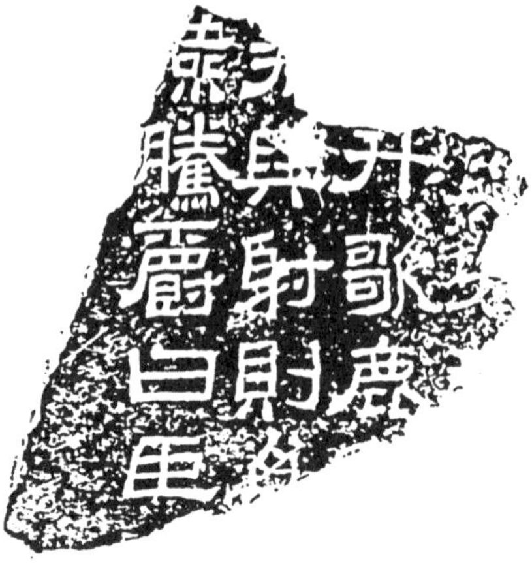

圖一二　儀禮・燕禮石經拓本(五四二號)

圖一三　儀禮・聘禮石經拓本(五四九號)

圖一四　儀禮・聘禮石經拓本(五五一號)

圖一五　儀禮·公食石經拓本(五五四號)

圖一六　儀禮·士喪石經拓本(五五七號)

圖一七　儀禮·既夕石經拓本(五六〇號)

圖一八　儀禮・既夕石經拓本(五六二號)

圖一九　儀禮・既夕石經拓本(五六三號)

圖二〇　儀禮・士虞石經拓本(五六五號)

圖二一　儀禮・士虞石經拓本(五六六號)

圖二二　儀禮・特牲石經拓本(五六七—五六八號)

圖二三　儀禮・有司徹石經拓本(五七三號)

圖二四　儀禮石經校記拓本(五八八號)

圖二五　論語·八佾石經拓本(五九〇號)

圖二六　其他贊碑拓本(五九九號)

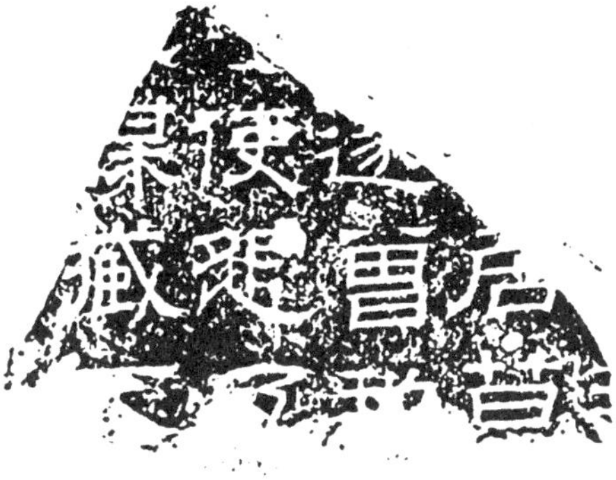

圖二七　魯詩石經正面拓本(六〇〇號 a)

圖二八　魯詩石經反面拓本(六〇〇號 b)

圖二九　尚書・堯典、舜典經文拓本(六〇一號 a・正面)

圖三〇　尚書・舜典、皋陶謨、益稷(校記)拓本(六〇一號 b・反面)

圖三一　(1) 尚書・皋陶謨、益稷、禹貢經文拓本(六〇二號 a・正面)

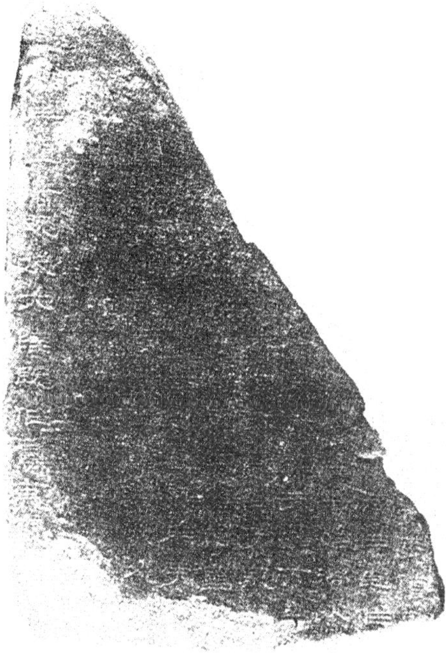

圖三一 (2) 尚書·皋陶謨、益稷、禹貢經文攝影(六〇二號 a·正面)

圖三二 尚書·秦誓經文,書序與校記(六〇二號 b·反面)

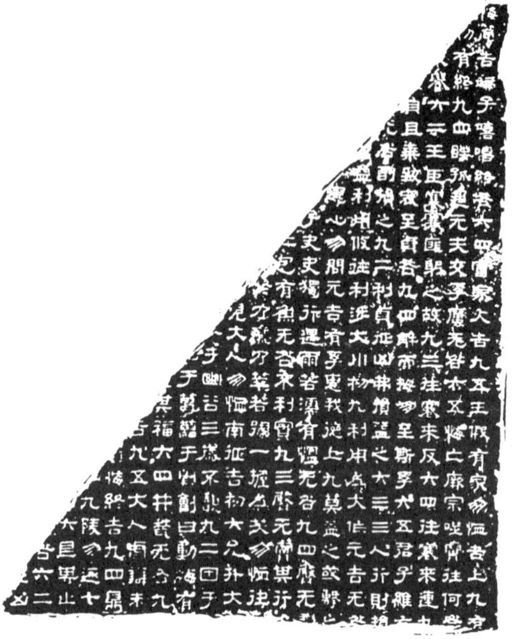

圖三三　周易石經甲石正面拓本(六〇三號 a)

圖三四　周易石經甲石反面拓本(六〇三號 b)

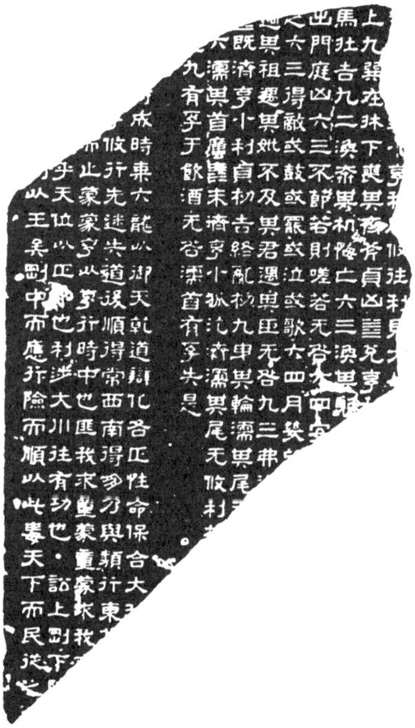

圖三五　周易石經乙石正面拓本(六〇四號 a)

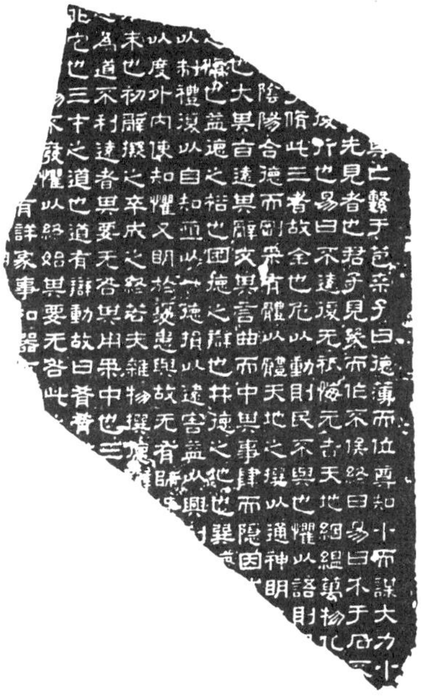

圖三六　周易石經乙石反面拓本(六〇四號 b)

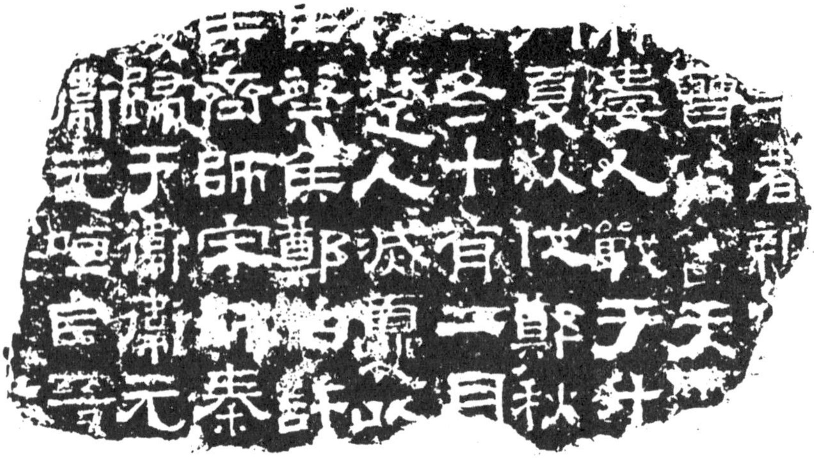

圖三七　春秋石經正面拓本(六〇五號 a)

圖三八　春秋石經反面拓本(六〇五號 b)

圖三九　公羊傳石經正面拓本(六〇六號 a)

圖四〇　公羊傳石經反面拓本(六〇六號 b)

圖四一　儀禮石經正面拓本(六〇七號 a)

圖四二　石經後記正面拓本(六〇八號 a)

圖四三　石經後記正面拓本(六〇九號 a)

圖四四　漢熹平石經《周易》綴合復原碑圖(正面)

圖四五　漢熹平石經《周易》綴合復原碑圖(背面)

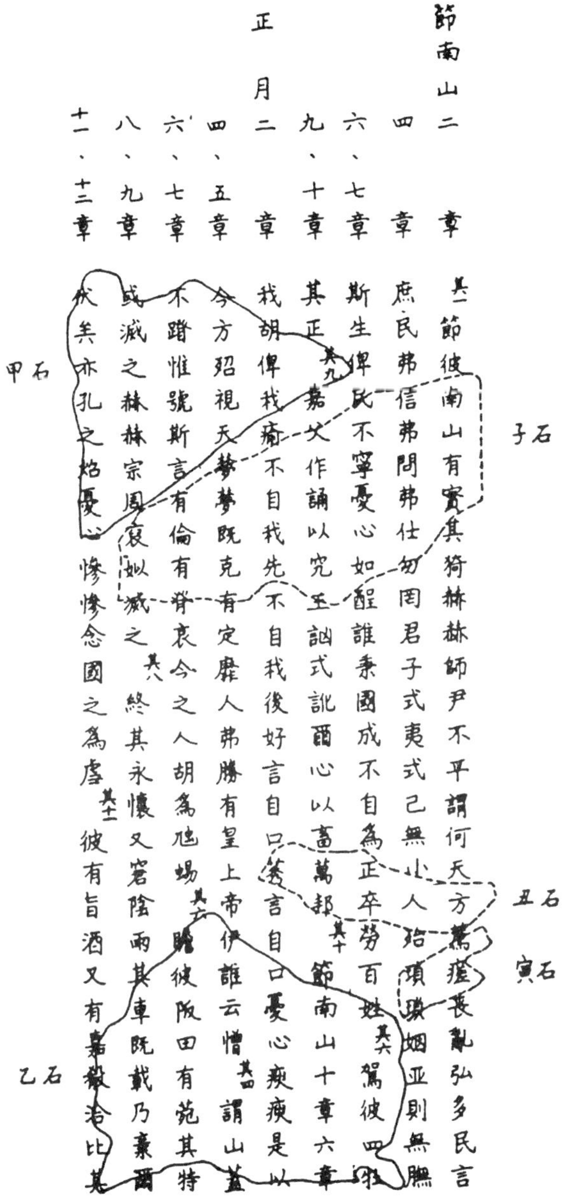

圖四六　漢熹平石經《魯詩·小雅》綴合復原碑圖(正面)

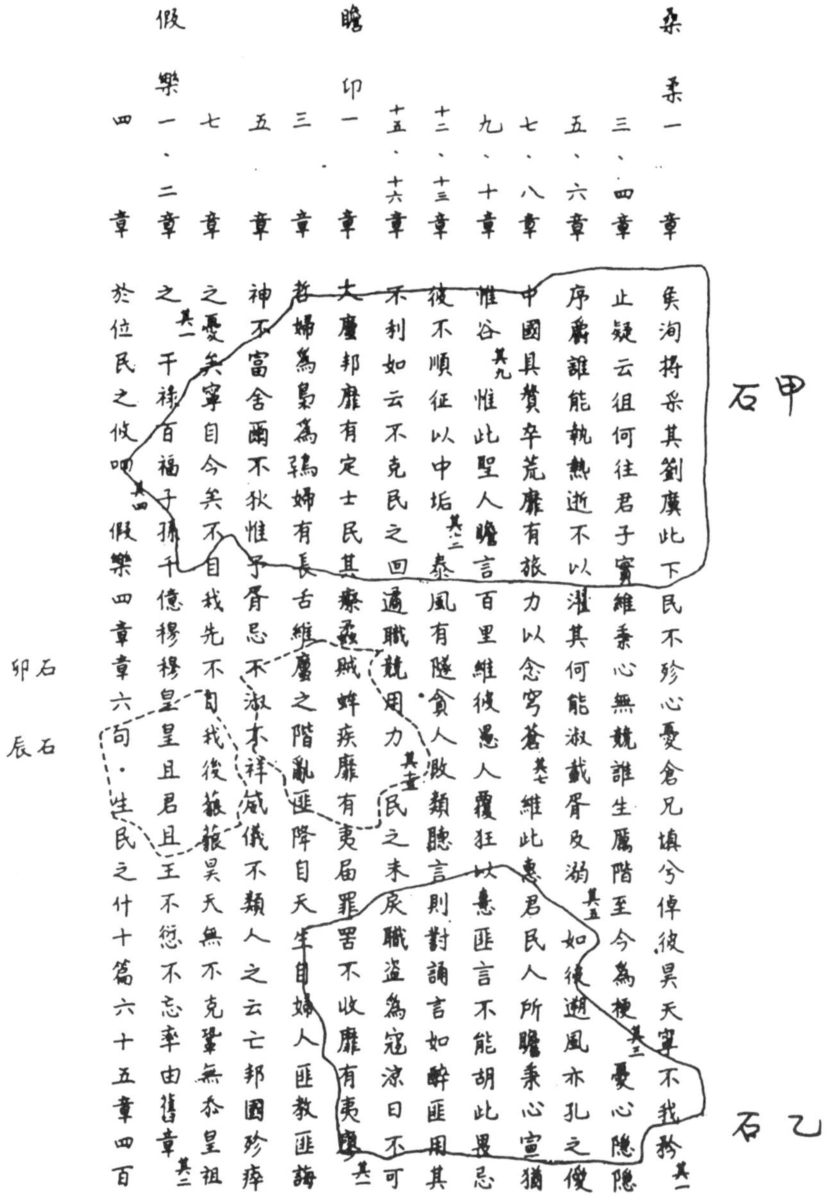

圖四七　漢熹平石經《魯詩·大雅》綴合復原碑圖(背面)

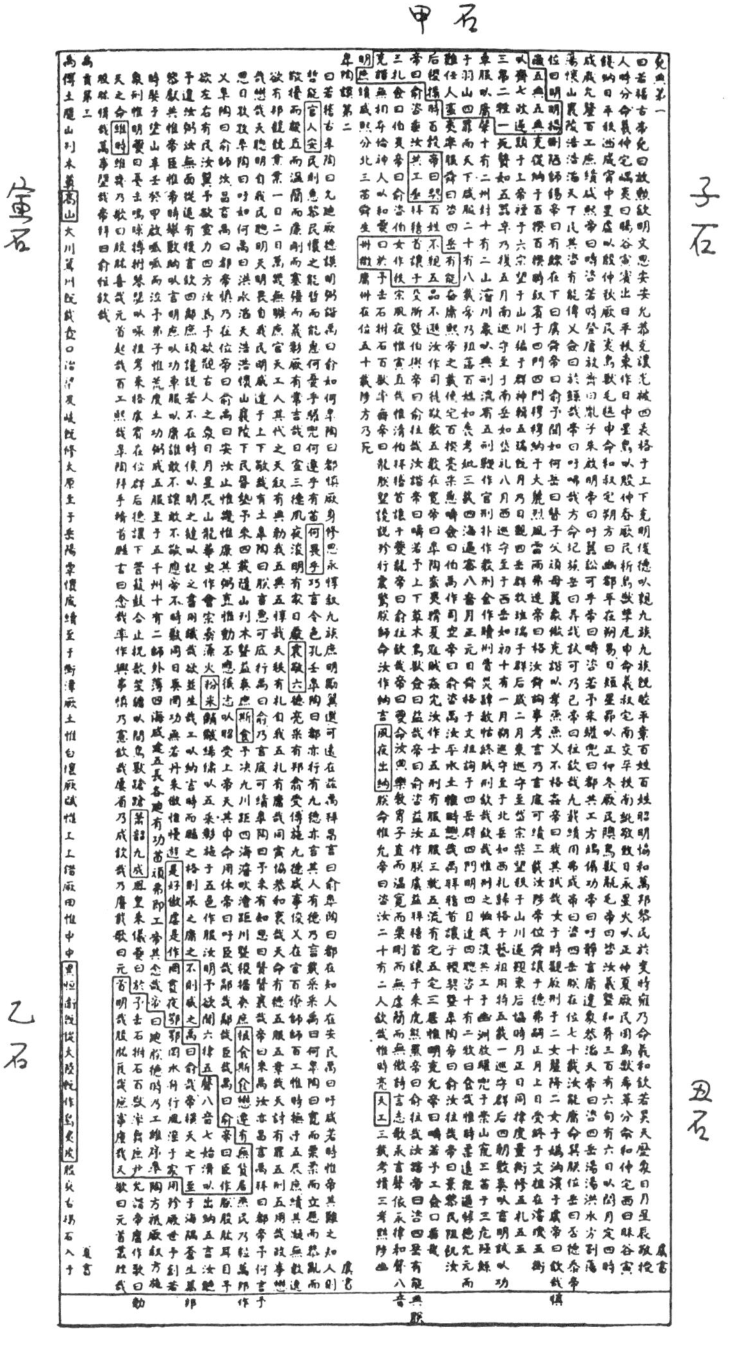

圖四八　漢熹平石經《尚書·堯典》《皋陶謨》《禹貢》綴合復原圖(正面)

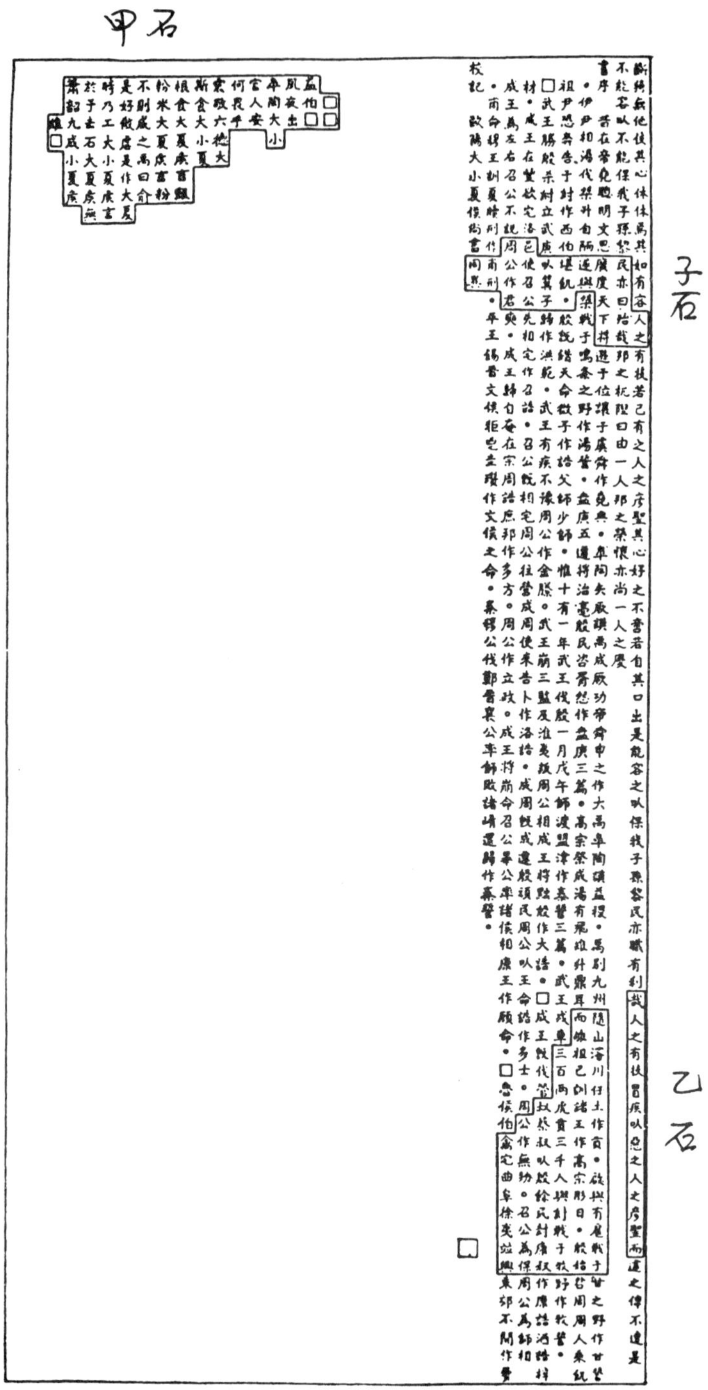

圖四九　漢熹平石經《尚書·秦誓》《書序》《校記》綴合復原圖(背面)

圖五〇

圖五一

圖五二

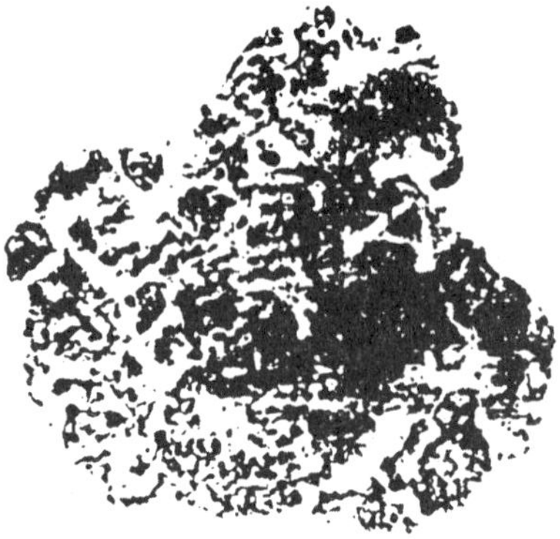

圖五三

圖五四

圖五五

圖五六

圖五七

圖五八

圖五九

圖六〇

圖六一

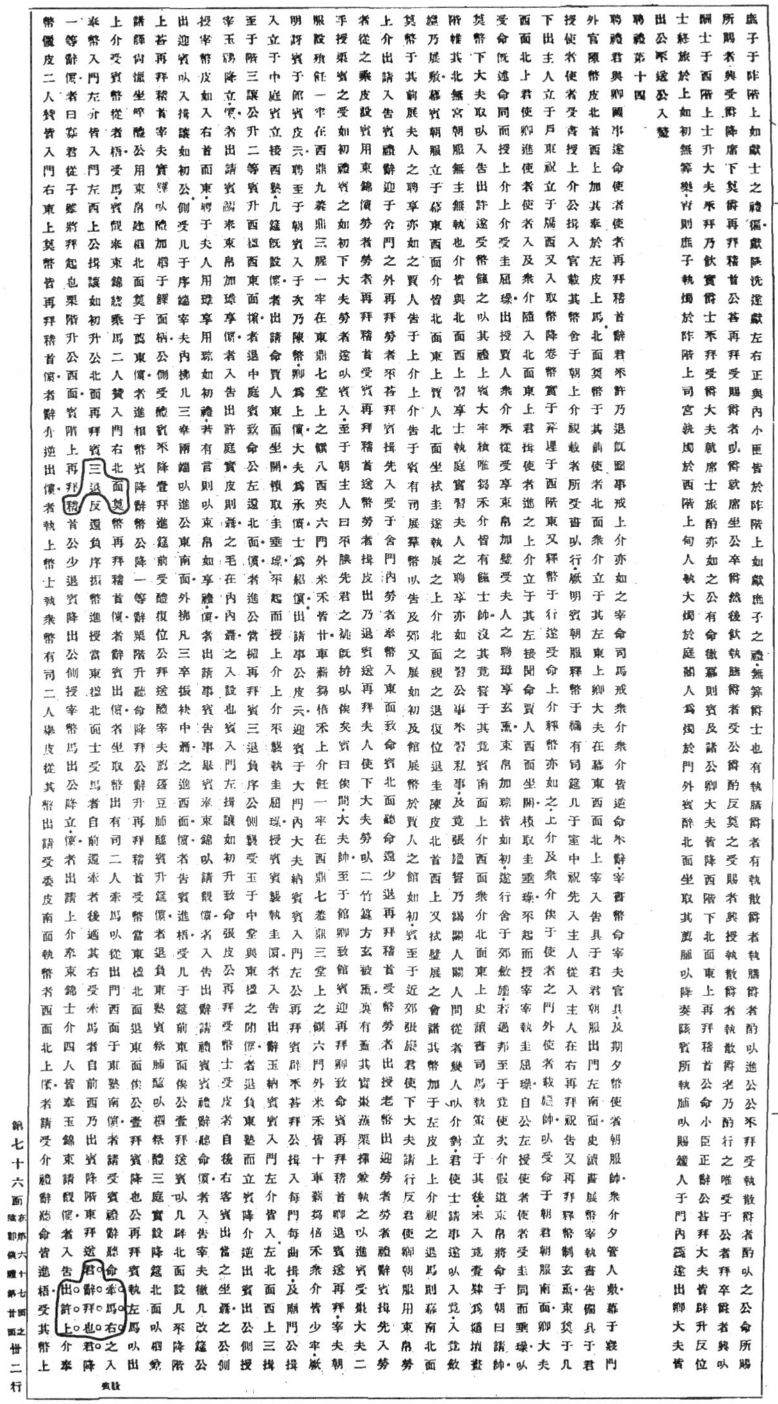

圖六二 (1)《儀禮·聘禮》石經復原圖

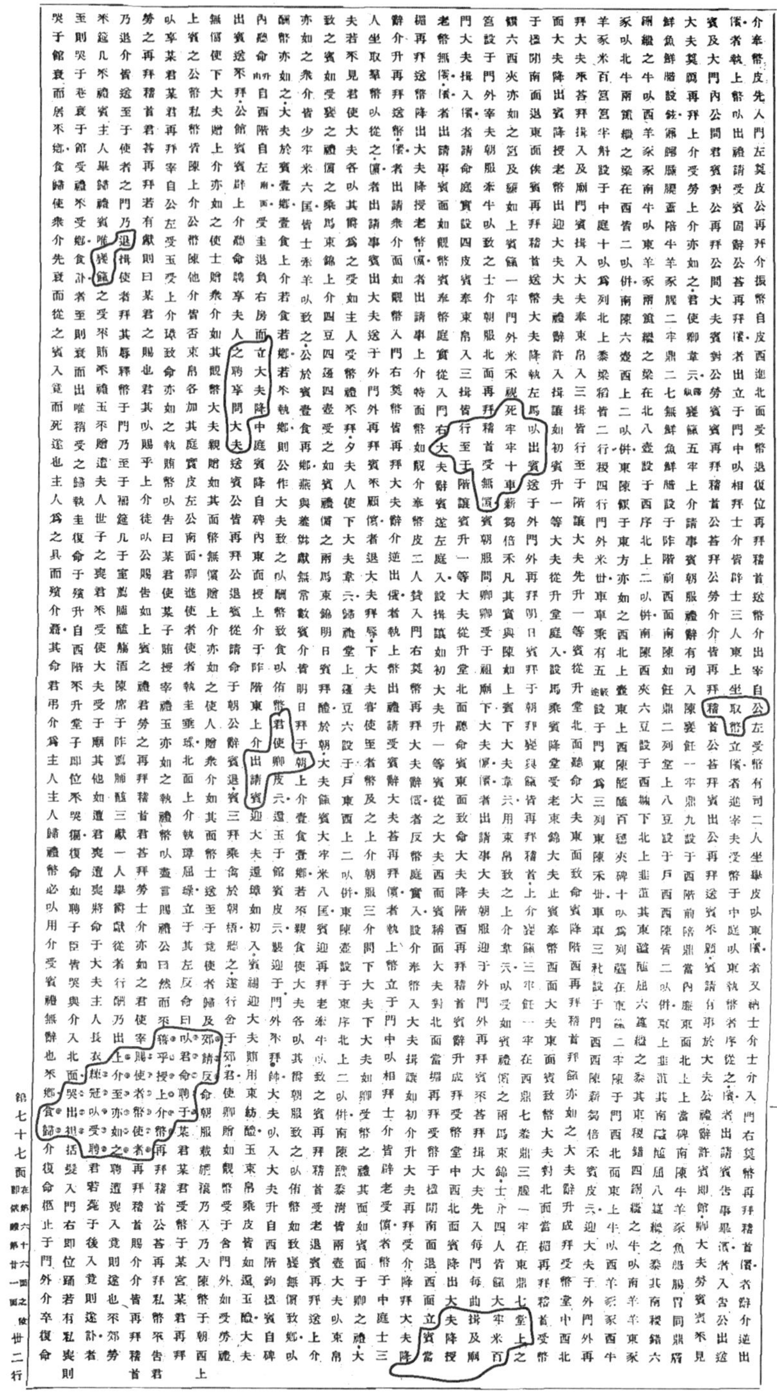

圖六二 （2）《儀禮・聘禮》石經復原圖

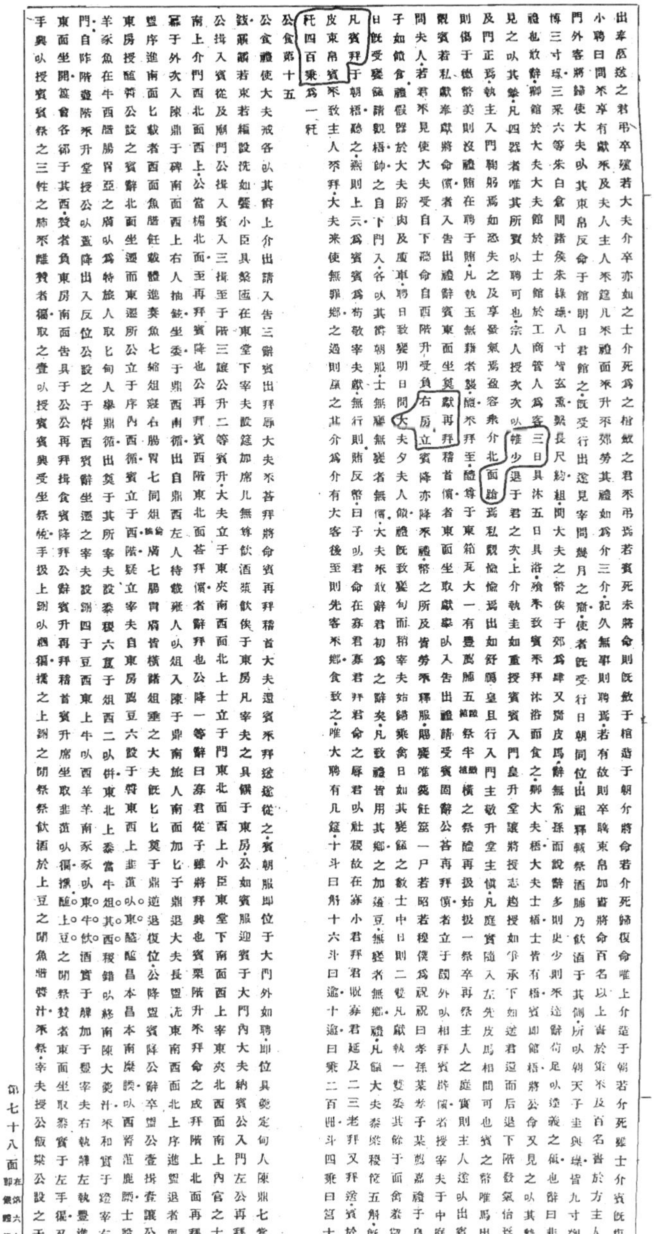

圖六二　(3)《儀禮·聘禮》石經復原圖

圖六三

圖六四

圖六五

310

圖六六

圖六七(1)

圖六七(2)

圖六八(1—2)

圖六九

圖七〇(1—2)

圖七一

圖七三

圖七四

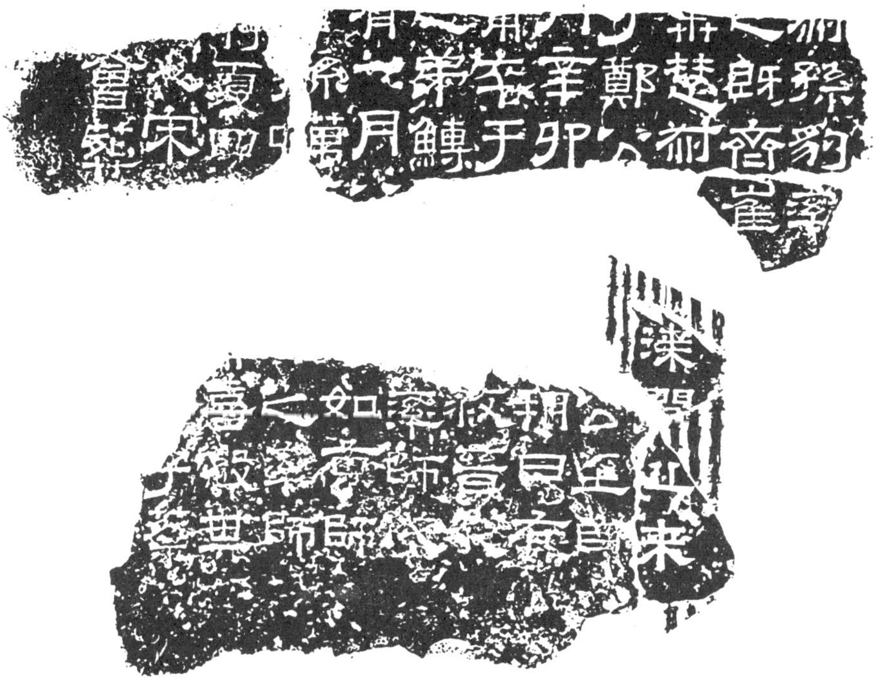

圖七二、七五

圖七六

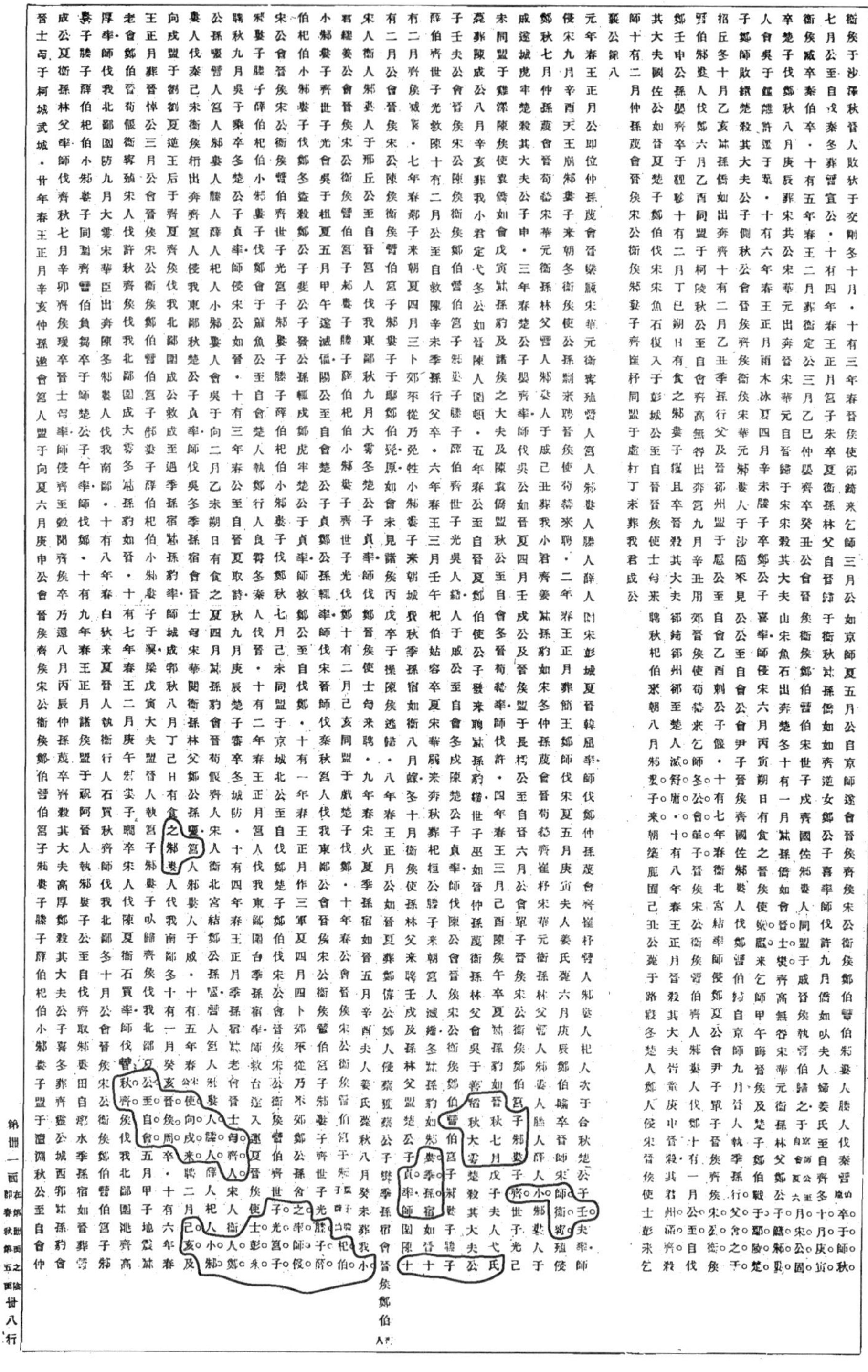

圖七七 (1)《春秋·襄公經》石經復原圖

圖七七　(2)《春秋·襄公經》石經復原圖

人常被兵于周曰何故死吾天子通濫則文何以無邾婁天下未有濫也天下未有濫則其言以濫來奔何叔術者賢大夫也絕之則爲叔術不欲絕不絕則世大夫也大夫之義不得
世故於是推而通之也・卅有二年闞者何邾婁之邑也曷爲不繫乎邾婁諱亟也
定公第十
元年定何以無正月正月者正即位也定無正月者即位後也即位何以後昭公在外得入不得入未可知也曷爲未可知在季氏也定哀多微辭主人習其讀而問其傳則未知己之
有罪焉爾・仲幾之罪何不蓑城也其言于京師何伯討也伯討則其稱人何貶曷爲貶不與大夫專執也曷爲不與實與而文不與文曷爲不與大夫之義不得專執也・癸亥公之喪至
自乾侯則曷爲以戊辰之日然後即位正棺於兩楹之間然後即位子沈子曰定君乎國然後即位即位不日此何以日錄乎內也・煬宮者何煬公之宮也立者何立者不宜立也立煬
宮非禮也・何以書記異也此災蓋也何爲以異書異大乎災也・二年其言雉門及兩觀災何兩觀微也然則曷爲不言雉門災及兩觀主災者兩觀也時・災者兩觀則曷爲後言之不
以微及大也何以書記災也・其言新作之何脩大也脩舊不書此何以書譏何譏爾不務乎公室也・四年劉卷者何天子之大夫也外大夫不卒此何以卒我主之也・外大夫不書葬
此何以書錄我主也・吳何以稱子夷狄也而憂中國其憂中國奈何伍子胥父誅乎楚挾弓而去楚以干闔廬闔廬曰士之甚勇之甚將爲之興師而復讎于楚伍子胥復曰諸侯不爲
匹夫興師且臣聞之事君猶事父也虧君之義復父之讎臣不爲也於是止蔡昭公朝乎楚有美裘焉囊瓦求之昭公不與爲是拘昭公於南郢數年然後歸之於其歸焉用事乎河曰
天下諸侯苟有能伐楚者寡人請爲之前列楚人聞之怒爲是興師使囊瓦將而伐蔡蔡請救于吳伍子胥復曰蔡非有罪也楚人爲無道君如有憂中國之心則若時可矣於是興師
而救蔡曰事君猶事父也此其爲可以復讎奈何曰父不受誅子復讎可也父受誅子復讎推刃之道也復讎不除害朋友相衛而不相迿古之道也・吳何以不稱子反夷狄也其反夷
狄奈何君舍于君室大夫舍于大夫室蓋妻楚王之母也・五年執歸之諸侯歸之曷爲不言諸侯歸之離至不可得而序故言我也・於越者何越者何於越者未能以其名通也越者
能以其名通也・六年此仲孫何忌也曷爲謂之仲孫忌譏二名二名非禮也・八年從祀者何順祀也文公逆祀去者三人定公順祀叛者五人・盜者孰謂謂陽虎也陽虎者曷爲者
也季氏之宰也季氏之宰則微者也惡乎得國寶而竊之陽虎專季氏季氏專魯國陽虎拘季孫孟氏與叔孫氏迭而食之睋而鍰・其板曰某月某日將殺我于蒲圃・力能救我則於是
至乎日若時而出臨南者陽虎之出也御之於其乘焉季孫謂臨南曰以季氏之世世有子子可以不免我死乎臨南曰有力不足臣何敢不勉陽越者陽虎之從弟也爲右諸陽之從
者車數十乘至于孟衢臨南投策而墜・之陽越下取策臨南駷・馬而由乎孟氏陽虎從而射之矢著于莊門然而甲起於琴如試・不成却反舍于郊皆說・然息戎曰試・千乘之主而不克
舍此可乎陽虎曰夫孺子得國而已如丈夫何睋而曰彼哉彼哉趣駕既駕公斂處父率・師而至慬然後得免自是走之晉寶者何璋判白弓繡質龜青純・九年何以書國寶也喪之
書得之書・十年齊人曷爲來歸運讙龜陰田孔子行乎季孫三月不違齊人爲是來歸之・十有二年曷爲率・師墮郈率・師墮費孔子行乎季孫三月不違曰家不藏・甲邑無百雉之
城於是率・師墮郈率・師墮費雉者何五板而堵五・堵而・雉百雉而城・十有三年此叛也其言歸何以地正國也其以地正國奈何晉趙鞅取晉陽之甲以逐荀寅與士吉射荀寅與士
吉射者曷爲者也君側之惡人也此逐君側之惡人曷爲以叛言之無君命也・十有四年石尚者何天子之士也脤者何俎實也腥曰脤熟曰燔・十有五年曷爲不言其所食漫也
曷爲以夏五月郊三卜之運也其言來奔喪何奔喪非禮也姒氏者何哀公之母也何以不稱夫人哀未君也定姒何以書葬未踰年之君也有子則廟廟則書葬
哀公第十一
二年戚者何衛之邑也曷爲不言入于衛父有子子不得有父也・三年齊國夏曷爲與衛石曼姑率・師圍戚伯討也此其爲伯討奈何曼姑受命乎靈公而立輒以曼姑之義爲固可
以距之也輒者曷爲者也蒯聵之子也然則曷爲不立蒯聵而立輒蒯聵爲無道靈公逐蒯聵而立輒然則輒之義可以立乎曰可其可奈何不以父命辭王父命以王父命辭父命是
父之行乎子也不以家事辭王事以王事辭家事是上之行乎下也此皆毀廟也其言災何復立也曷爲不言其復立春秋見者不復見也何以不言及敵也何以書紀災也・四年弒・
君賤者窮諸人此其稱盜以弒・何賤乎賤者也賤乎賤者孰謂謂罪人也・亦者何戎曼子之名也其言歸于楚何子北宮子曰辟伯晉而京師楚也・蒲・社者何亡國之社也社者封也其
言災何亡國之社蓋揜之揜其上而柴其下・蒲・社災何以書記災也・五年閏不書此何以書喪以閏數也喪曷爲以閏數喪數略也・六年弒・而立者不以當國之辭言之此其以當
國之辭言之何爲諼也此其爲諼奈何景公謂陳乞曰吾欲立舍何如陳乞曰所樂乎爲君者欲立之則立之不欲立則不立君如欲立之則臣請立之陽生謂陳乞曰吾聞子蓋將不
欲立我也陳乞曰夫千乘之主將廢正而立不正必殺正者吾不立子者所以生子者也走矣與之玉節而走之景公死而舍立陳乞使人迎陽生于諸其家除景公之喪諸大夫皆在
朝陳乞曰常之母有魚菽之祭願諸大夫之化我也諸大夫皆曰諾於是皆之陳乞之家坐陳乞曰吾有所謂甲請以示焉諸大夫皆曰諾於是使力士舉巨囊而至于中霤諸大夫見
之皆色・然而駭開之則闖・然公子陽生也陳乞曰此君也已諸大夫不得已皆逡巡北面再拜稽首而君之爾自是往弒・舍・七年入不言伐此其言伐何內辭也若使它・人然邾婁子
益何以名絕何爲絕之獲也曷爲不言其獲內大惡諱也・八年曹伯陽何以名絕曷爲絕之滅也曷爲不言其滅諱同姓之滅也何諱乎同姓之滅力能救之而不救也外取邑不書
此何以書所以賂齊也曷爲賂齊爲以邾婁子益來也・九年其言取之何易也其易奈何詐之也・十有二年何以書譏何譏爾譏始用田賦也・孟子者何昭公之夫人也其稱孟子
何諱娶同姓蓋吳女也・何以書記異也何異爾不時也・十有三年其言取之何易也其易奈何詐反也・吳何以稱子吳主會也吳主會則曷爲先言晉侯不與・夷狄之主中國也其言
及吳子何會兩伯之辭也不與・夷狄之主中國則曷爲以會兩伯之辭言之重吳也曷爲重吳吳在是則天下諸侯莫敢不至也・此晉魏曼多也曷爲謂之晉魏多譏二名二名非禮

第五十五面 [illegible] 廿六行

圖七九　(1)《公羊・哀公傳》復原圖

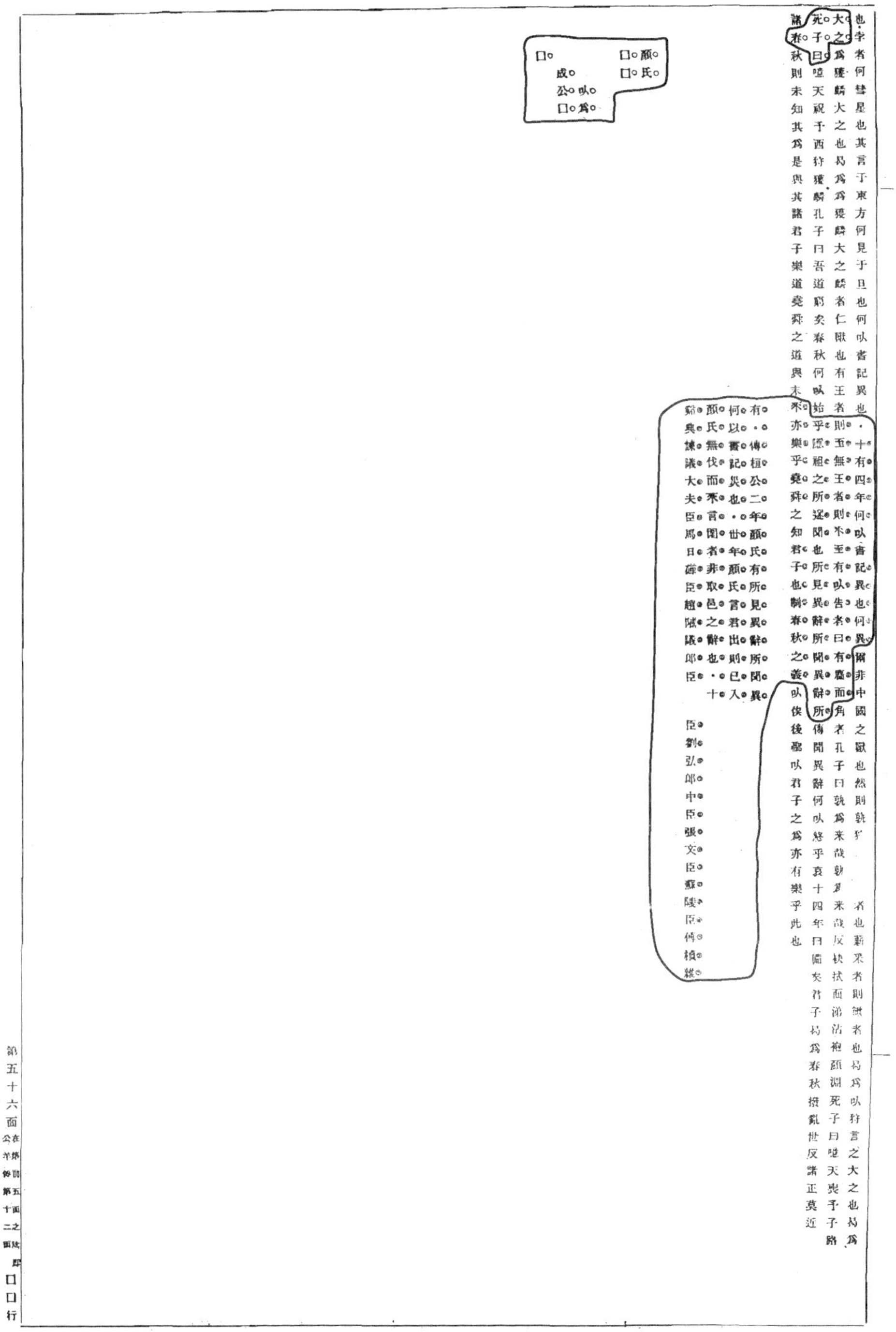

圖七九 (2)《公羊・哀公傳》復原圖

圖七八

圖八〇

附　　録

（一）一九八〇年春洛陽太學遺址出土漢《魯詩》石經殘石簡表

項目 編號	出土層位	經名·篇次	殘存文字	有（○）無（×）拓本	本文編號	本文圖號
8019	$T_1$③	魯詩·穀風	母—罪—采		523	
8004	$T_1$③	魯詩·南有嘉魚	公有—于大原文—三千師干之	○	524	6
8030	$T_1$③	魯詩·鴻雁	四—不可—邦家—竹包—斯	○	525	7
8029	$T_1$③	魯詩·節彼南山	司徒		526	
8048	$T_2$③	魯詩·節彼南山	念昔	○	527	8
8049	$T_2$③	魯詩·節彼南山	大戾—茂爾惡		528	
8075	擴③	魯詩·節彼南山	之柢		529	
8014	$T_1$③	魯詩·生民	類聽—民之	○	530	9
8094	$T_1$③	魯詩·？	夭※		531	
8020	$T_1$③	魯詩·校記	·痑—韓言	○	532	10
8034	$T_1$③	魯詩·校記	言—漏		533	
8036	$T_1$③	魯詩·校記	言婚		534	

（二）一九八〇年春洛陽太學遺址出土漢《春秋》石經殘石簡表

項目 編號	出土層位	經名·篇次	殘存文字	有（○）無（×）拓本	本文編號	本文圖號
8039	$T_1$③	春秋·襄公	孫偈—盈齊高—·三十年春王—殺良宵冬—仲	○	535	11
8041	$T_2$②	春秋·？	年		536	
8053	$T_2$③	春秋·？	冬		537	
8058	擴③	春秋·？	無		538	
8067	擴③	春秋·？	仇		539	
8083	擴③	春秋·？	初		540	

(三)一九八〇年春洛陽太學遺址出土漢《儀禮》石經殘石簡表

項目/編號	出土層位	經名・篇次	殘存文字	有(〇)無(×)拓本	本文編號	本文圖號
8010	$T_1$③	儀禮・昏禮	北—贊		541	
8011	$T_1$③	儀禮・燕禮	與大夫—升歌麗—君與射則爲—燕賸爵曰臣	〇	542	12
8021②	$T_1$③	儀禮・大射	命—公		543	
8031	$T_1$③	儀禮・大射	自—北面		544	
8037	$T_1$③	儀禮・大射	在—祭(其左接 8079)		545	
8039	擴③	儀禮・大射	設于—其—于(其右接 8037)		546	
8066	擴③	儀禮・大射	以—以		547	
8081	擴③	儀禮・大射	皆—差		548	
8002①	$T_1$③	儀禮・聘禮	堂上—牢百米—揖(其左鄰 8061)	〇	549	13
8061	擴③	儀禮・聘禮	夫—賓當—辭(其右鄰 8002②)		550	
8003②	$T_1$③	儀禮・聘禮	立大夫—之聘亨門大	〇	551	14
8006	$T_1$③	儀禮・聘禮	三—帷少—面踚		552	
8045	$T_2$③	儀禮・聘禮	獻再拜—右房立—大		553	
8012	$T_1$③	儀禮・公食	字—(空行)—賓朝服	〇	554	15
8077	擴③	儀禮・公食	羹定		555	
8043	$T_2$③	儀禮・喪服	嫁從—繼		556	
8017	$T_1$③	儀禮・士喪	止于廟—升公卿(可與社員發現之士喪殘石及《集存》三九五號殘石綴合)	〇	557	16
8055	$T_2$③	儀禮・士喪	命—之西		558	
8068	擴③	儀禮・士喪	之門—階大夫		559	
8018	$T_1$③	儀禮・既夕	攝服其它皆—于下室・莖—入升—東北(其下鄰 8082)		560	
8082	擴③	儀禮・既夕	如—家(其上鄰 8018)		561	

(續表)

項目 編號	出土層位	經名・篇次	殘存文字	有(○)無(×)拓本	本文編號	本文圖號
8027	$T_1$③	儀禮・既夕	命—前輅北(或與《集存》九號殘石綴合)	○	562	18
8033	$T_1$②	儀禮・既夕	既—既	○	563	19
8022②	$T_1$③	儀禮・士虞	猶—辭		564	
8003①	$T_1$③	儀禮・士虞	于中鼎升臘左胖—外北面佐食無事則—□□降階	○	565	20
8022	$T_1$③	儀禮・士虞	食北—如初尸—如初降	○	566	21
8071	擴③	儀禮・特牲	壺于禁—饎爨在—授尸(接于8009之上)	○	567	22
8009	$T_1$③	儀禮・特牲	在西壁—卒執—墉下南—正脊(接于8071之下)	○	568	22
8038	$T_1$③	儀禮・少牢	末鹽		569	
8021①	$T_1$③	儀禮・有司徹	受—西		570	
8059	擴③	儀禮・有司徹	以授		571	
8069	擴③	儀禮・有司徹	次賓		572	
8084	$T_1$③	儀禮・有司徹	司受	○	573	23
8023	$T_1$③	儀禮・?	受歸		574	
8024	$T_1$③	儀禮・?	北面—設		575	
8074	擴③	儀禮・?	如—如		576	
8013	$T_1$③	儀禮・?	爵		577	
8028	$T_1$③	儀禮・?	舉		578	
8035	$T_1$③	儀禮・?	擯		579	
8044	$T_2$③	儀禮・?	于		580	
8047	$T_2$③	儀禮・?	先		581	
8050	$T_2$③	儀禮・?	坐		582	
8056	擴③	儀禮・?	西		583	
8062	擴③	儀禮・?	之		584	

（續表）

項目／編號	出土層位	經名・篇次	殘存文字	有(〇)無(×)拓本	本文編號	本文圖號
8063	擴③	儀禮・?	于		585	
8072	擴③	儀禮・?	迎		586	
8076	擴③	儀禮・?	觶		587	
8001	$T_1$③	儀禮・校記	祝—戴言—爵・先北面—相迎于門—主人	〇	588	24
8046	$T_2$③	儀禮・校記	戴言—面		589	

（四）一九八〇年春洛陽太學遺址出土漢《論語》石經殘石簡表

項目／編號	出土層位	經名・篇次	殘存文字	有(〇)無(×)拓本	本文編號	本文圖號
8065	擴③	論語・八佾	對—君樹—曰（接于8025之上）	〇	590	25
8025	$T_1$②	論語・八佾	曰夏—塞門—君子—不敬臨（接在8065下）	〇	591	25

（五）一九八〇年春洛陽太學遺址出土漢不知何經石經殘石簡表

項目／編號	出土層位	經名・篇次	殘存文字	有(〇)無(×)拓本	本文編號	本文圖號
8007	$T_1$③	不知屬於何經	丁—（空行）—刻		592	
8008	$T_1$③	不知屬於何經	曰—足		593	
8016	$T_1$②	不知屬於何經	二—不		594	
8051	$T_2$③	不知屬於何經	彌使		595	
8086	$T_1$③	不知屬於何經	言		596	
8088	$T_1$③	不知屬於何經	祭		597	
8090	$T_1$③	不知屬於何經	飲		598	

(六)一九八〇年春洛陽太學遺址出土漢石經贊碑殘石簡表

項目／編號	出土層位	經名·篇次	殘存文字	有(○)無(×)拓本	本文編號	本文圖號
8015	$T_1$③	贊碑	大夫劉一錢百萬募工	○	599	26

※殘石之文字既殘破且不可識者,此表未録(其出土編號爲:8026、8032、8040、8042、8052、8054、8057、8064、8070、8073、8078、8080、8085、8087、8089、8091、8092、8093、8095、8096)。

※本表(一)—(六)資料來源:採自《考古》一九八二年第四期,頁三八五—六,《表一》;頁三八六,《表二》。

原載《"國立"編譯館館刊》一九九〇年第十九卷第二期

梁丘《易》與漢熹平《周易》石經

○ 徐芹庭

一、梁丘賀父子與梁丘《易》之傳承

《漢書·儒林傳》云：

> 梁丘賀字長翁，琅邪諸人也。以能心計爲武騎，從太中大夫京房受《易》。房者，淄川楊何弟子也，房出爲齊郡太守，賀更事田王孫。宣帝時，聞京房爲《易》明，求其門人得賀。賀時爲都司空令，坐事，論免爲庶人，待詔黄門，數入説教侍中。以召賀，賀入説，上善之，以賀爲郎。會八月飲酎，行祠孝昭廟，先敺旄頭劍挺墮墜，首垂泥中，刃鄉乘輿車，馬驚。於是召賀筮之，"有兵謀，不吉"。上還，使有司侍祠。是時，霍氏外孫代郡太守任宣坐謀反誅，宣子章爲公車丞，亡在渭城界中，夜玄服入廟，居郎間，執戟立廟門，待上至欲爲逆，發覺伏誅。故事，上常夜入廟，其後待明而入，自此始也。賀以筮有應，繇是近幸，爲太中大夫、給事中，至少府。爲人小心周密，上信重之，年老終官。傳子臨，亦入説爲黄門郎。甘露中，奉使問諸儒於石渠，臨學精熟，專行京房法。琅邪王吉，通五經，聞臨説，善之。時宣帝選高材郎十人從臨講，吉乃使其子郎中駿上疏從臨受《易》。臨代五鹿充宗君孟爲少府，駿御史大夫，自有傳。充宗授平陵士孫張仲方、沛鄧彭祖子夏、齊衡咸長賓。張爲博士，至揚州牧、光禄大夫、給事中，家世傳業。彭祖，真定太傅。咸，王莽講學大夫。繇是梁丘有士孫、鄧、衡之學。

夫小心周密，能心計，能推知患禍之興，非文理密察，潔静精微而深於易者弗能爲也。由是知賀於易學之造詣蓋極深也。而通其道者，多爲當代之通儒，爲西漢之命官，至於東漢傳其學者如張興之倫，弟子著録，且萬有餘人，由是知其學之盛，其道之偉。

二、梁丘《易》之書及版本

《漢書・藝文志》載，《易經》十二篇，施、孟、梁丘三家，章句施、孟、梁丘各二篇。《釋文・序録》云："永嘉之亂，施氏、梁丘之易亡。"則梁丘之章句二篇，及其十二篇《周易》之原文亡於西晉懷帝之時也。幸蔡邕所書漢熹平《周易》石經，用梁丘氏本，而經羅振玉、馬衡、方若、屈翼鵬諸氏之薈聚，乃有四千餘字之梁丘氏《易》傳世，吾人得據以考證梁丘氏《易》十二篇之文。至於其版本及著録，已見於本章第六節《漢熹平〈周易〉石經之發現與著録》之中，今不具載。至於輯梁丘氏章句者有清儒馬國翰《玉函山房輯佚叢書》，胡薇元《漢易十三家》二家耳。馬氏據《釋文》"莧"陸引三家音，"先心"引石經二條，又考之《漢書・王莽傳》《宣元六王傳》《後漢書・范升傳》，《蔡邕傳》引《易》輯爲一卷，余撰《梁丘易學闡微》，復補輯其《易》注十餘條，復録屈萬里《漢石經〈周易〉殘字集證》而復梁丘《易》之原文。

三、梁丘氏《易》學之淵源

《漢書・儒林傳》謂梁丘賀從大中大夫京房受《易》，房者淄川楊何弟子（非受《易》於焦延壽之京房）。房出爲齊郡太守，賀更事田王孫。由是知賀之《易》淵源於楊何弟子京房與田王孫。楊何受《易》於王同子中，楊氏《易》二篇於西漢初立爲博士，爲當時之顯學。田王孫受《易》於丁寬，丁寬作《易説》三萬言，王同子中與丁寬皆受《易》於田何，田何爲孔子六傳弟子。是梁丘氏《易》學之淵源可知矣，以其能藴兩家之精華，故爲西漢之顯學，下逮於東漢，而著於石經，傳於萬古。復次漢石經有與《子夏傳》同者。《子夏傳》，諸儒之考證，多以爲乃韓嬰之易。而梁丘《易》學與同者，如"謙"作"嗛"，《小畜》"月近望"，《旅卦》"齊斧"，及《大有》"匪其旁"皆同。是梁丘《易》與《子夏傳》亦有關也。

四、漢熹平《周易》石經即梁丘氏《易》

羅振玉《漢熹平石經殘字集録續補》嘗著録山東圖書館所藏《周易》殘石，正反二面共十八字見其中有“易經梁”三字而斷定熹平石經爲梁丘氏《易》。此後屈翼鵬先生又據張溥泉所藏五十二字中反面校記確定爲梁丘氏易本。兹録此二石正反二面如下：

正面

六比无
近望君
旋元吉

反面

革去故
濟男之
易經梁

正面

蒙吝六五蠱
吉上六入于穴
從王䛐无成
左次无咎六五
二比之自內貞

反面

口施京氏口
四童牛之告
革、孟施京氏
盈諸滿皆言盈
蠢、孟施京氏

二氏之言當可確定。漢熹平《周易》殘石即梁丘賀之《易》。蓋“易經梁”者謂蔡邕書石經時所用《易經》之版本，乃梁丘賀之本也。下所脱之字當即“丘氏”，而校文中兩出“孟施京氏”，而不及梁丘氏，則所用爲梁丘賀之本也。蓋後漢《易》學立於學官者，唯施、孟、梁丘、京氏四家耳。其碑文中既言“易經梁”，校記中又云“孟施京氏”而不及梁丘氏，則其所用爲梁丘氏本當可無疑矣。校文中第一行“施京氏”上脱一字，以兩引“孟施京氏”之句推之，知所脱一字即“孟”字也。又校文尚有一殘碑，亦足佐證熹平石經爲梁丘氏本。已録於本章第六節中。此校文中亦言及孟京氏與施而不及梁丘氏也，知所用爲梁丘氏《易》也，故於校記中載三家之異同以資區别研討也。由是知漢熹平《周易》石經即梁丘氏《易》也。

唯馬叔平則謂熹平石經《周易》用京氏本。云：

> 後漢博士十四人，《易》有施、孟、梁丘、京氏四家，《書》有歐陽、大小夏侯三家，《詩》有魯齊韓三家，《禮》有大小戴二家，《春秋公羊》有嚴、顔

二家。熹平石經之例，以一家爲主，而著他家異同於後。《隸釋》所録，《詩》有齊韓校記，是以魯爲主也。《公羊》有顔氏有無語，是以嚴爲主也。《論語》有盍、毛、包、周語，余曩校《堯曰》載殘字，考爲《張侯論》。包、周皆習張侯章句，是亦以某氏爲主，而著盍、毛、包、周之異同也。然則《周易》亦於四家之中，以一家爲主。而此一家果誰乎？以此石（《家人》至《小過》殘石）證之，蓋用京氏本也。陸氏謂"坎"，京劉作"欿"。又"劓刖"，京作"劓劊"。此本悉與京氏合，是用京氏本無疑矣。其碑未校記中，當著施、孟、梁丘之異同。如《詩》《公羊》《論語》之例，又可斷言也。（見馬氏《漢熹平石經〈周易〉殘字跋》，載於《古史辨》第三册。原載於一九二九年十二月二十日《北京大學圖書部月刊》第一卷第二册）

又云：

近出《周易》殘石，……《蹇卦》"大蹇朋來"之"朋"作"崩"。（案："蹇"當作"寋"，漢石經皆作"寋"。）《困卦》"于鯢卼"作"劓劊"（案：此係《困》上六爻辭。九五"劓刖"《釋文》云："京作劓劊。"實與石經不同。）《説卦》"坎者水也"之"坎"作"欿"，與《釋文》所舉京本合。又《釋文》《繫辭下》"洗心條"曰："京、荀、虞、董、張、蜀才作'先'，石經同。"既於四家之中，獨舉京氏，而又言石經與之同，是於上舉諸證之外，又得一鐵證矣。（見馬氏《從實驗上窺見漢石經之一斑》，載於慶祝蔡元培先生六十五歲論文集中）

以斯而論，馬氏云熹平石經之例，以一家爲主，而著他家異同於後，驗之熹平《周易》《詩》《公羊》《論語》殘石，與《隸釋》所載諸文，真不刊之宏論也。惟以《周易》用京氏本，則非也。蓋馬氏未見山東圖書館所藏正反十八字殘石，及二校記殘石，所以致誤也。此文獻不足故也，足則馬氏必能徵之矣。屈翼鵬先生嘗著《漢熹平石經〈周易〉爲梁丘氏本考》一文，除定《周易》石經確爲梁丘氏本外，又正馬氏之失，其説云：

執"欿""崩""劓劊"及"先"五字，遽斷漢石經《周易》爲京氏本，證據實甚牽强。蓋"坎"字《説文》亦作"欿"，而《説文》乃用孟氏《易》者，是前乎京房之孟喜，其坎字亦如此作。况《詩・伐檀》"坎坎"字，漢石經亦作"欿"。此欿字不足爲京氏本究極之證，一也。石經"朋"作"崩"乃《下經・蹇卦》九五爻辭"大蹇朋來"（案：漢石經"蹇"皆作"寋"）之異文。而京氏《易》"朋"作"崩"者乃《上經·復卦》卦辭"朋來无咎"之異文,兩者迥非一事。况崩亦非崩(案:此字誤,屈先生以自正之),此崩字不足爲京氏本究極之證,二也。"劓劊"二字見於熹平石經者,在《困卦》上六爻辭,此二字虞王諸本皆作"鼿卼";而《經典釋文》所謂"京作劓劊"者,乃謂九五爻辭"劓刖"二字之異文,(案:劓,漢石經實作"臬",“劓"不同。)兩者之非一事,其情形與前述崩字同。此"臬劊"二字不足爲京氏本之證,三也。至"洗"字作"先",《釋文》既著京氏,又著石經,適足以證石經非京氏本;不然,何庸複舉,馬氏之説,正得其反。此"洗"字不足爲京氏本之證,四也。且《艮卦》初六爻辭"不拯其隨"之"拯",京氏作"承",(案:此見清宋咸熙所輯宋儒吕祖謙《古易音訓》引晁氏説)而石經則作"抍"。《釋文》於《説卦傳》"爲吝"下云:"京作遴"而石經"吝"字皆作"吝",無作"遴"者。凡此,又皆漢石經《周易》非京氏本之明證也。……後漢《周易》之列於學官者既儘施、孟、梁丘、京四家,校記中既已出施、孟、京三家,則其主本必梁丘氏本,無疑。復證以山東圖書館藏石,其校記開首爲"易經梁"三字,知其語,當爲"易經梁丘氏"本之意,又必無疑也。

又其《漢石經〈周易〉殘字集證》,亦從而證熹平《周易》石經之非京氏《易》,其説云:

今所見殘字較多,更有四事,可證漢石經《周易》非京氏本。《小畜》上九"尚德載",吕氏《古易音訓》引晁氏云:"德,子夏作得;京、虞翻同。"而漢石經殘字《象傳》云"德積載也",明漢石經"德"不作"得"一也。《豫》六三"盱豫悔"。盱,《釋文》云"京作汙",而漢石經殘字《象傳》云:"疛豫有悔。"是漢石經作"疛"不作"汙",二也。《繫辭上》"可與酬酢",《釋文》云"酢,京作醋",而漢石經作"酢"不作"醋",三也。《雜卦傳》"謙輕而豫怠也",怠,《釋文》云:"京作治。"而漢石經殘字作"怠"不作"治",四也。

不特此也。《革》九五,"大人虎變",熹平石經"變"作"辯"。而京作"辨",《古易音訓》引晁氏云:"變,京作辨不同。"而漢石經"變"皆作"辯",其不同又一也。《蹇卦》,漢石經"蹇"皆"寋"。《釋文》云:"兑宫四世卦。"此引京氏易也,而不載京之異文,則京亦作"蹇"也。此其不同者又二也。《家人》九三"婦子嘻嘻終吝","吝",漢石經作"吝"。朱震《漢上易傳》引京房《易》,不載"吝",京作"遴",以此推之或當作"遴"。不然,則作"吝"。此其不同者又三也。豐,漢石經作"豊",《釋文》云:"坎宮五世卦。"此京氏之説也,而不云京氏作"豐",是京氏亦作"豐"。此其不同者又四也。由上所説,又徵之屈先生之文,足證漢石經非京氏之《易》,乃梁丘氏之《易》也。

五、漢熹平《周易》石經之鐫刻與毁亡

漢石經刻於後漢靈帝熹平四年(一七五年)而成於靈帝光和六年(一八三年),《後漢書·蔡邕傳》云:

> 邕以經籍去聖久遠,文字多謬,俗儒穿鑿,疑誤後學,熹平四年,乃與五官中郎將堂谿典,光禄大夫楊賜,諫議大夫馬日磾,議郎張馴、韓説,太史令單颺等,奏求正定六經文字,靈帝許之。邕乃自書丹於碑,使工鐫刻,立於大學門外。於是後儒晚學,咸取正焉。

此謂熹平四年蔡邕等始奏求正定六經而邕乃自書丹於碑,因令工鐫刻之也,凡八年餘而後刻成。洪氏《隸釋》卷十四云:"諸儒受詔在熹平,而碑成則在光和六年。"所刻之經有《易》《書》《詩》《儀禮》《春秋》《公羊傳》及《論語》七種。碑凡四十有六(陸機《洛陽記》述漢石經原四十六碑,王國維《觀堂集林》卷十六《魏石經考》,亦判定漢石經爲四十六碑。張國淦《漢石經碑圖》云别有後記二),而《易》有四碑。其所刻之字爲當時通行之隸書。及至漢獻帝初平元年(一九〇年)遭董卓之亂而石經遭厄,至陸機時其保全者惟十八碑耳(陸機《洛陽記》謂毁二十八碑)。後經永嘉之亂(三一一年)劉曜之焚毁二學,北魏延興間(四七一年—四七五年)馮熙、常伯夫之毁石修廟,孝静帝武定四年之徙鄴没水,北周宣帝之徙回洛陽,隋文帝開皇六年(五八六年)之載入長安,已殘破不全,中經隋末之亂,至於唐已十不存一矣(見《隋志》)。歷武后之亂,幾全亡矣。《易》既在石經之中,則《易》石經亦必然亡殆盡矣,惟隋末之際,石經有拓本傳世。至於《易》之拓本,《梁志》云有三卷,《隋志》云一卷,新舊《唐志》謂:"今字石經,易篆(象)三卷。"下經唐末及五代十國之亂,至於南北宋之際拓本亦陸續而亡矣。是漢熹平《周易》石經之碑文及其拓本,已泯滅無存矣。以上所述據屈翼鵬先生《漢石經〈周易〉殘字集證》卷一,並考之史志,以撰。

六、漢熹平《周易》石經之發現與著録

唐李綽《尚書故實》,謂東都創造防秋館,穿掘多得蔡邕鴻都學所書石經,洛中人家,往往有之。宋張舜民《畫墁録》卷一載,嘉祐末,得蔡邕隸書《論語》。姚寬《西溪叢語》卷上,方勺《泊宅篇》卷二及邵博《聞見後録》卷六,亦載得《尚書》《論語》《儀禮》《公羊》碑。皆未言及《周易》碑石之發現,其傳刻或著録之拓本,據洪适《隸釋》卷十四漢石經殘字,亦無《周易》之拓本出現。直至一九二二年冬,洛陽鄉民朱某於朱瘩疸村掘地得魏三字石經殘石,自是出土漸多,始發現漢熹平《周易》石經之殘碑,一九二三年徐森玉馬衡訪古洛陽,得《周易》殘字數塊。一九三〇年,朱瘩疸村復發現《周易》殘碑一大段,凡九百七十餘字,迄抗日戰争前,諸家著録漢熹平《周易》石經者已達千字以上。逮抗戰勝利後,國立中央大學圖書館接收南京澤存書庫之書。屈翼鵬先生始於其中見《舊雨樓藏漢石經》拓本四册,而《周易》部份有殘字三千有餘。因見某書方若題籤,有舊雨樓之方印,及天津博物院所出畫刊,載方舊雨漢石經《儀禮》殘石二段,而斷定舊雨樓爲方若之書齋名。後屈先生又得馬衡(叔平)《漢石經集存》一書,合此二書,得《周易》殘字四千四百餘字,約占《周易》全書五分之一弱。因據之著《漢石經〈周易〉殘字集證》一書,以校其全文,並據張國淦《漢石經碑圖》以推漢石經《周易》部份復原圖。自是漢熹平《周易》石經始可窺其大概。屈先生漢熹平《周易》殘石之貢獻,可謂偉矣。今屈先生又證方氏書爲僞,惟云僞之有據,故仍之。

至於著録漢熹平《周易》殘石之書,則有馬衡《集拓新出漢魏石經殘字》四册,一九二八年集拓本;又《漢石經集存》二册,一九五七年影印本。羅振玉《漢熹平石經殘字集録》一卷,《續編》一卷,一九二九年影印雙鈎本;又《三編》一卷,《補遺》一卷,一九三三年影印雙鈎本。吴寶煒《集拓漢魏石經殘字》四册,一九三〇年集拓本。文素松《漢熹平〈周易〉石經殘碑録》一卷,一九三〇年影印本。張國淦《漢石經碑圖》一册,一九三一年排印本。方若《舊雨樓藏漢石經》,七卷,集拓本(雖僞然有據)。屈翼鵬《漢魏石經殘字附校録》三卷,一九三四年山東省立圖書館集拓本;又《漢石經〈周易〉殘字集證》,一册,一九六一年"中央"研究院歷史語言研究所影印本。以上書目據屈先生及余所見者而言。多半藏於"中央"研究院傅斯年圖書館及"中央"圖書館。至於短編

之文章，如馬衡《從實驗上窺見漢石經之一斑》《漢熹平〈周易〉殘字跋》二文，錢玄同《讀漢石經〈周易〉殘字而論及今文易的篇數問題》，屈翼鵬《漢石經〈周易〉爲梁丘氏本考》等不在此例。大致得馬衡《漢石經集存》，張國淦《漢石經碑圖》，屈翼鵬《漢石經〈周易〉殘字集證》等書，即可研究漢熹平《周易》殘石矣。

七、漢熹平《周易》石經之價值

漢熹平《周易》石經爲吾國今存易學書籍中最古之刻本，吾人據之可考訂西漢易學之概觀。若再參之《釋文》，晁公武《易詁訓傳》，吕祖謙《古易音訓》（二書在清儒宋咸熙所輯《古易音訓》中）及朱震《漢上易傳》《叢説》《卦圖》。乃至唐李鼎祚《周易集解》，史徵《周易口訣義》，清馬國翰《玉函山房輯佚叢書》，張惠言《易義别録》，孫堂《漢魏二十一家易注》，黄奭《黄氏佚書考》諸書。則略可考知西漢施、孟、梁丘、京氏諸家易學之淵源、異同及其章句、訓詁之概觀，與夫東西漢易學之演變，及其對荀、劉、馬、鄭、虞、陸、姚、王，乃至干寶、張璠諸易家之影響。又可考西漢《易經》之篇章次序，糾後世易家之錯簡，正諸家失誤，杜郭京之妄，却先儒之疑。

1. 可止當時諸儒因章句異文不同之忿争

《後漢書》卷一百九上《儒林傳序》云：

> 自安帝覽政，薄於藝文，博士倚席不講，朋徒相視怠散，學舍頹敝，鞠爲園蔬。……順帝感翟酺之言，乃更修黌宇。……自是游學增盛，至三萬餘生。然章句漸疏，而多以浮華相尚，儒者之風蓋衰矣。黨人既誅，其高名善士多坐流廢，後遂至忿争，更相言告，亦有私行金貨，定蘭臺漆書經字，以合其私文。熹平四年，靈帝乃詔諸儒正定五經刊於石碑……

又卷一百八《宦者・吕强傳》云：

> 時宦者……汝陽李巡、北海趙祐等五人，稱爲清中，皆在里巷，不争威權。巡以爲諸博士試甲乙科，争第高下，更相告言，至有行賂定蘭臺漆書經字，以合其私文者。乃白帝，與諸儒共刻五經文於石。於是詔蔡邕等正其文字，自後五經一定，争者用息。

又卷九十下蔡邕傳云：

邕以經籍去聖久遠，文字多謬。俗儒穿鑿，疑誤後學，熹平四年，奏求正定六經文字。……於是後儒晚學，咸取正焉。

是刻石經者所以止諸儒之忿争，正俗儒之謬誤，而爲後儒之弘範也，尤以《周易》異文之多，爲群經之冠，今一正之。則可杜俗儒之妄説，資萬代之後學矣。是其於《易》之功，不可没也。

2. 可正易家諸本異文之失

漢熹平《周易》石經爲梁丘氏《易》，梁丘賀學《易》於楊何弟子京房。後又學於丁寬弟子田王孫。而楊何學於王同子中，王同子中與丁寬皆田何弟子。而田何爲孔子六傳弟子。是梁丘賀之學有本有原，藴二家之長，爲當時《易》學之大宗師。其《易》既刊布於學官，爲西漢之顯學，東漢又刊之於石經，爲衆儒所取法，是其《易》學爲當時之標準本也。今《釋文》所載及《古易音訓》所引諸家之異文，動盈百數，往往疑而不決，今得梁丘氏《易》，則千古之疑，因而解矣。如：

《上繫》"有功而不德"，《釋文》云："鄭、陸、蜀才作'置'。鄭云'置'當爲'德'。"案：梁丘氏《易》正作"德"。故宜作"德"爲是。古文"德"似"置"，故諸本因而致誤，得熹平《周易》石經可證鄭康成之言然。而足匡諸本之失矣。

《解》六三：負且乘，致寇至。《釋文》云："徐或作'戎'，宋衷云'戎'誤。"案：漢石經正作"寇"，宋氏之言是也。使無《周易》殘石之出土，誰證宋氏之言然。

《剥》六三"剥无咎"，唐石經、岳本、注疏諸本悉作"剥之无咎"。《釋文》云："一本作'剥之无咎'，非。"《古易音訓》云："京、劉、荀爽、一行皆无'之'字。"案：漢石經正無"之"字。故知唐石經、岳本、注疏諸本悉誤也。

《上繫》"先心"，注疏諸本作"洗心"。《釋文》云："京、荀、虞、董、張、蜀才作'先'。"漢石經亦然。由是知注疏本作"洗心"者誤。

《上繫》"所樂而玩者爻之辭也"，《釋文》："'所樂'，虞本作'所變'。'玩'，鄭作'翫'。"案：漢石經正作"所樂而玩者爻之辭也"。是虞、鄭二本，雖義得兼通，然與梁氏《易》不同也。《既濟》"三年克之憊也"，《釋文》云："陸作'備'，云當爲'憊'。"驗之石經，陸氏之言是也。

又"吉凶者，言乎其得失也"，案：唐石經、《集解》、岳本、《周易本義》本，及注疏諸本悉作"失得"。今見漢石經所用梁丘氏《易》作"得失"，是知諸本誤也。諸本作“失得”義雖可通,然終不如作“得失”之順也。

是得漢石經梁丘易本,可證後世諸易家之失,而足與先儒所言相印證,是熹平《周易》石經真值吾人珍貴也。

3. 可考定古《易》十二篇之真面目

《漢書·藝文志》載《易經》十二篇,施、孟、梁丘三家,師古注曰:“上下經及十翼,故十二篇。”此古易篇目之次序也。今以石經所存梁丘《易》殘石考之,知十二篇者,《上經》一,《下經》二,《彖上》三,《彖下》四,《象上》五,《象下》六,《繫辭上》七,《繫辭下》八,《文言》九,《説卦》十,《序卦》十一,《雜卦》十二。恰如師古所言十二篇之目。而其次序,則井然有序。此古易之真面目,孔子所嫡傳,而西漢儒者所講授者也。唯自費氏以“十翼”解説上下《經》,而荀爽、馬融、鄭康成諸氏承之,至於王輔嗣遂以《彖》《象》《文言》附於上下《經》,而成今《易》之篇次。由是千餘年來,定於一尊,後學莫不從之,遂至今所見《易》較古《易》多“《彖》曰”“《象》曰”“《文言》曰”,共一千零二十字。宋儒欲恢復《周易》古本之序,至東萊吕氏而論定。今依梁丘《易》考之,吕氏祖謙所論定者,即古《周易》之篇次也。如不得熹平石經梁丘氏《易》,則不能證吕氏之言然,而古《易》之篇次,終不得而明矣。

4. 可正諸本章目之失

《繫辭上傳》孔穎達疏云:“諸儒所釋上篇,所以分段次,下凡有一十二章,周氏云:‘天尊地卑’爲第一章,‘聖人設卦觀象’爲第二章,‘彖者言乎象者’爲第三章。……‘大衍之數’爲第八章,‘子曰知變化之道’爲第九章,‘天一地二’爲第十章,‘是故易有太極’爲第十一章,‘子曰書不盡言’爲第十二章。馬季長、荀爽、姚信等又分‘白茅’章後,取‘負且乘’爲别章,成十三章。虞翻分爲十章,合‘大衍之數’并‘知變化之道’共爲一章。”以熹平《周易》殘石考之,作十二章較洽。唯“天一地二”一小節,當并於《大衍章》之中,非章首也。第十章之章首宜以“子曰:夫易何爲者也,夫易冒天下之道,如斯而已者也”。而第九章之起首則宜以“易有聖人之道四焉”爲首。“子曰:知變化之道者,其知神之所爲乎”宜從虞翻作爲《大衍章》之結語。此詳於《梁丘氏章句闡微·繫上第七》之中,此不具述。

5. 可定諸本之錯簡

《集解》、唐石經、岳本、及注疏諸本皆以“天一地二”爲一章之首,“大衍之數五十”爲另章之首,朱子《周易本義》本程氏、張氏之言,將“天一地二”一節連於“天數五”至“行鬼神”也一節之上，而下接以“大衍之數五十”并爲一章。以漢石經梁丘《易》考之，皆非也，其次序宜以“大衍之數五十”爲始至“再扐而後卦”，下接“天一地二”至“天九地十”，下接“天數五，地數五”直至“子曰：知變化之道者，其知神之所爲乎”止。此《繫上》之正文也，而諸本皆有錯簡。得此，兩千年之惑盡除。

又《説卦傳》八卦廣象一章，諸本之次序爲乾、坤、震、巽、坎、離、艮、兑，今以張氏《漢石經碑圖》考之，當以乾、坤、震、坎、巽、艮、離、兑，三男在前，三女在後爲次。是得此非特可知古易乃至西漢諸儒所傳易學之真面目，亦可考諸家錯簡之所在，而恢復《易》之本來面目，以釋千古之疑也。

6. 可杜郭京《周易舉正》之妄

郭京《周易舉正・序》，謂其歷代傳授五經，於《易》討究尤深，曾得王輔嗣、韓康伯手寫注定傳授真本，以比較當世流行本，及國學鄉貢諸本，因舉正其謬誤，凡一百三節。其書始著録於《崇文總目》，宋儒洪邁、李燾並以爲信。晁公武、朱子乃至明儒來知德，嘗引用其書，以爲可信。惟趙汝楳詆其挾王、韓之名，以更古文，王應麟據《後漢書》以證其改《旅卦》“斯”字爲“澌”字之非，惠定宇作《九經古義》則直斥其妄，而《四庫全書總目提要》則疑其出宋人依托。今以漢熹平《周易》殘石校之，益知其以意改易經文，而托言得王、韓手寫本。惠定宇斥其妄是也。兹舉經文可證者十節，以證其以意改經文之非。如：

《坤》初六《象》曰：履霜堅冰，陰始凝也。郭京《周易舉正》云：“‘陰始凝也’上，誤增‘堅冰’字，履霜與堅冰時候異，不合相連。”因將“堅冰”二字除去。案：漢熹平《周易》石經正有“堅冰”二字，此郭氏以意改經之妄，一也。

《比》九五《象》曰：顯比之吉，位正中也，舍逆取順，失前禽也。郭京云：“今本‘舍逆取順’一句，誤在‘失前禽’上。”因將二句調换。案：熹平《周易》石經，正與今本同，知今本不誤。此郭氏以意改經之妄，二也。

《泰》六四《象》曰：翩翩不復，皆失實也。郭京云：“‘反’誤作‘失’字。”因改爲“皆反實也”。然漢石經正作“皆失實也”。此郭氏以意改經之妄，三也。

《蹇》九三：往蹇來反。《象》曰：往蹇來反。郭京云：“經、注（指王輔嗣注）象三‘正’字並誤作‘反’。”因改爲“往蹇來正”。案：漢石經正作“來反”，蓋反者返也。非正反之反，而郭氏不知反誤。此郭氏以意改經之妄，四也。

《姤》：《彖》曰：姤，遇也，柔遇剛也。勿用取女，不可與長也。郭氏曰：“彖辭‘勿用取’上脱‘女壯’字。‘勿用取’下誤增‘女’字。非但不背定本（指王、韓手寫本），審詳六十四卦爻象理例，誤增誤脱，亦甚昭晰可知。”因將經文改爲“女壯勿用取，不可與長也。”案：漢石經正作“勿用取女”，與郭氏所改殊異，知此乃郭氏之誤。此郭氏以意改經文之妄，五也。

《萃・彖》：萃，聚也。利見大人亨，聚以正也。郭氏以爲脱“利貞”二字，改作“利見大人亨利貞，聚以正也。”云：“審詳之，脱亦明矣。”案：漢石經正無“利貞”二字。此郭氏以意改經文之妄，六也。

《巽・彖》：重巽以申命。輔嗣注：“命乃行也。”郭氏曰：“謹按‘命乃行也’一句誤入注，觀文尋義，義亦相連，了不關注。”因將輔嗣注“命乃行也”加入經文之中。案：漢石經無“命乃行也”之句，知郭氏之言妄也。蓋古人之詁訓，皆簡言以達旨者，輔嗣注“命乃行也”，正訓“重巽以申命也”，郭氏不知古人詁訓之義，而妄改經文。此其以意改經文之妄，七也。

《鼎・彖》：鼎，象也，以木巽火，亨飪也。聖人亨以享上帝，而大亨以養聖賢。郭氏曰：“謹按經‘帝’字下誤增‘而大亨’字。非但定本，且義理冗長誤自明焉。”案：漢石經正有“而大亨”三字，非特義不冗長，即理亦更昭晰也。而郭氏不明經理，輒以意妄改。此郭氏以意改經文之妄，八也。

《小過・彖》：過以利貞，與時行也。柔得中，是以小事吉也。郭氏曰：“‘是以’下脱‘可’字，‘小事’下，誤增‘吉’字。”因而改爲“是以可小事也。”案：漢石經正作“是以小事吉也”，與今本同，知今本不誤而京氏誤。此郭氏以意改經文之妄，九也。

《説卦》：乾以君之。郭氏曰：“謹按‘居’字誤作‘君’字，夫子於此一節明八卦長養萬物之功，无君臣父子之義。”因而改爲“乾以居之”。案：漢石經正作“乾以君之”，郭氏不明古書修辭有互見其義之例，因而妄改。此郭氏以意改經文之妄，十也。

總此十妄，可知郭氏以意妄改經文，而托言得王、韓之本，實則非也。其餘增損改易經文之例，尚可從碑文之字數，與前後文之關係，推知其妄。漢熹平《周易》石經爲梁丘氏之《易》。梁丘氏之《易》，漢代立於學，爲兩漢之顯學，乃孔子田何一脈之真傳，爲漢魏儒者所取法。輔嗣《易》本，多與同（見本章《梁丘氏〈易〉之影響》）。

且早輔嗣二百餘年，則其本彌足珍貴，由衆例推之，知諸本不誤，而郭氏有妄改之處。是漢熹平《周易》石經，可杜郭氏之妄，使郭氏而早閲此經，則必不敢臆改經文矣。

7. 可却先儒之疑

宋儒蔡西河、九峯父子疑《雜卦》"《大過》,顛也。《姤》,遇也,柔遇剛也。《漸》,女歸待男行也。《頤》,養正也。《既濟》,定也。《歸妹》,女之終也。《未濟》,男之窮也。《夬》,决也,剛决柔也。君子道長,小人道消也(此從《集解》本,諸本'消'作'憂')"有錯簡,謂《雜卦》皆取反對之意。後八卦誤,當改作"《大過》,顛也。《頤》,養正也。《既濟》,定也。《未濟》,男之窮也。《歸妹》,女之終也。《漸》,女歸待男行也。《姤》,遇也,柔遇剛也。《夬》,决也,剛决柔也。君子道長,小人道憂也"。而明儒來氏知德從之。今以石經考之,知《雜卦》之次序不誤也。諸家疑有錯簡者非也。使蔡氏、來氏而生今日,得見熹平《周易》石經,則可釋其疑而却其惑矣。

漢熹平《周易》石經在學術上,自有其不可磨滅之價值,今特就僕所知者言之耳。

八、梁丘氏《易》學之特色

梁丘氏之《易》學,淵源于楊何、丁寬,乃孔子一脈相傳者也。楊何之《易》於西漢初年立爲博士,最爲顯學,爲司馬遷父談之業師。《儒林傳》載丁寬受學於田何,讀《易》精敏,學成,何謝寬,寬東歸,何謂門人曰:《易》以東矣。寬至雒陽,復從同學周王孫受古義,號《周氏傳》,寬作《易説》三萬言,訓故舉大誼而已。梁丘賀得此二家之學,故於《易》極精,然尤精於楊何弟子京房所傳之《易》。故《儒林傳》稱:"宣帝時聞京房爲《易》明,求其門人,得賀。"又云:"臨(賀子)學精熟,專行京房法。"是賀雖得兩家之學,而稍偏於楊、京也。至其特色,可得而言者。如:

1. 梁丘氏《易》爲古《易》之嫡傳

吾人從漢石經《周易》殘石中,可知梁丘《易》爲十二篇,其次序如前所述,此漢《易》口耳相傳,而又筆之於書之原本《周易》篇次也。至費氏以"十翼"解《易》後,荀、馬、鄭、宋及輔嗣從之,而古《易》之篇目已失,幸賴梁丘《易》之發現,吾人始知孔子嫡傳之古《易》篇目,以此推之,梁丘氏之章句,亦必本此以釋經。

2. 梁丘《易》之詁訓簡要易明

《漢志》載梁丘《章句》二篇。《儒林傳》載丁寬訓説,舉大義而已,吾人從此推知梁丘之章句亦必舉其大義。故僅二篇,其爲説必易知易明也。吾人由

《漢書・宣元六王傳》，王駿引《大過》初六"藉用白茅，无咎"之訓釋，可知其詁訓簡要易明也。王駿受易於梁丘賀子臨，乃傳梁丘《易》者也。

3. 梁丘《易》之詁訓歸本於人事

吾人由《漢書》卷八十《宣元六王傳》，王駿引"《易》曰：'藉用白茅无咎。'言臣子之道，改過自新，潔己以承上，然後免於咎也"，推知梁丘氏之《易》，乃歸本於人事也。

4. 梁丘《易》長於卜筮

據《漢書・儒林傳・梁丘賀傳》載"會八月飲酎，行祠孝昭廟，先敺旄頭劍挺墮墜，首垂泥中，刃鄉乘輿車，馬驚。於是召賀筮之，'有兵謀，不吉'。上還……宣子章爲公車丞，亡在渭城界中，夜玄服入廟，居郎間，執戟立廟門，待上至，欲爲逆，發覺伏誅，……賀以筮有應，由是近幸。"知梁丘易長於卜筮，而且筮而有應，能推知人事之禍福也。

5. 梁丘《易》兼融今古文

《漢書・藝文志》云："《易》爲筮卜之書，傳者不絶，漢興田何傳之，訖于宣元，有施、孟、梁丘、京氏列於學官，而民間有費、高二家之説，劉向以中古文《易經》，校施、孟、梁丘經，或脱去'無咎''悔亡'，唯費氏經與古文同。"不云梁丘《易》與古文同，則梁丘《易》爲今文也明矣。然吾人詳審漢石經梁丘《易》，亦含有古文在内。如：

《遘》，唐石經、岳本，注疏本悉作"姤"。《釋文》云："姤，薛云古文作'遘'。"而梁丘《易》正作"遘"，合於古文。

《否》六二《象》：大人不亨，不亂群也。案：大人不亨，諸本悉作"大人否亨"。吕氏《古易音訓》於《遯卦》九四"小人否"引晁氏曰："徐疾讀爲'然否'。案古文作'不'字。"是作"不"字者古文也，而梁丘《易・否卦》以"不"爲"否"，是其合於古文者也。

《中孚・象》：中心顛也。諸本"顛"悉作"願"。清儒以爲"顛"字古文。

《屯卦・象》：雖般桓，志行正也。案：唐石經、岳本、《周易本義》及注疏諸本"般"悉作"磐"。吕氏《古易音訓》引晁氏云："案：古文作'般'。"是梁丘氏《易》亦有合於古文者也。

《師卦》：長子率師。率，諸本多作"帥"，段玉裁《説文注》云："率與帥，古多通用，如《周禮・樂師》故書'帥'爲'率'，《聘禮》古文'帥'皆作'率'。"是作"率"者古文也。

是梁丘氏《易》雖今文本，亦頗多合於古文者也。是其《易》兼融今古文，真值吾人珍貴也。

6. 梁丘《易》有用假借字，以著《易》文者

夫聲與義同源，故同音之字，義即相近。故段玉裁嘗云："凡同聲多同義。"劉申叔(師培)先生云："古代同音之字，義即相同。"而太炎先生亦云："語根相同之字，聲必相近，義必相通。"夫義相通，故轉注之用宏矣；聲相近，故假借之法興焉。假借者，始於本無其字，依聲託事也，及其後也，既有其字矣，以聲相近，或相同故，亦多用假借以明之。至於後代，甚有以訛字，而自冒于假借者。此假借之三變也。吾人詳察漢熹平《周易》石經，知梁丘氏之《易》，有以假借字以通《易》者。吾人從其四千餘字殘石中可推知。如：

《上繫》"所樂而玩者肴之辭也"、"六吝之義易以工"，《説卦》"發揮於剛柔而生肴"，六爻之"爻"或作"肴"或作"吝"，蓋假借也。案：《説文》云："爻，交也，象《易》六爻頭交也。"肴，《説文》云："啖也。"《玉篇》云："俎實。"《廣韻》云："凡非穀而食曰肴。"吝即吝也。吝，《説文》云："恨也，又惜也。"六爻之爻當作爻，而乃以啖食之肴代之，此借肴爲爻也。至於作吝者，蓋吝之訛也。是以屈翼鵬云："漢石經吝字作吝，爻作肴，此作吝者，蓋肴之訛。"是也。

《文言》"臣試其君，子試其父"，則假"試"爲"弑殺"之"弑"也。案：試，《説文》云："用也。"《廣雅》云："嘗也。"弑者以下殺上也，而乃假試用之試爲之，是假借也。

《上繫》："辯化見矣。""剛柔相推而生辯化。""通辯之謂事。""辯通莫大乎四時。""叁伍以辯。""以動者尚其辯。""通其辯遂成天地之文。""擬議以成其辯化。"

《革卦》：九五"大人虎辯"，上六"君子豹辯"。

凡此皆以"辯"爲"變化"之"變"。變與辯，聲既相同，義亦相近，至若變化之"變"，當以"變"爲正也，辯別之"辯"，則當以"辯"爲正。石經"辯吉凶者存乎辭"，辯別之"辯"作"辯"，而變化之"變"亦作"辯"，明以"辯"爲"變"者假借也。餘如《上繫》"在地成荆"、"荆乃謂之器"、"擬諸其荆容"，則假荆罰之"荆"爲形容之"形"也。案：荆，與刑同。刑，《説文》云："剄也，从刀幵聲。"《玉篇》云："罰總名也。"荆，《集韻》云："與刑同。"《説文》云："罰辠也。國之刑罰也，从井刀。"形，《説文》云："形象也。"《釋名》云："形有形象之異也。"《玉篇》云："形容也。"是皆用假借也。

又如:《升卦》九二"孚乃利淪",則假"淪"爲"禴"也。又如:《繫辭上》"雀鳴在陰,其子和之",則以雀爲鶴也。餘從此類推。是梁丘《易》實多假借字也。

7. 梁丘《易》爲隸體之字

夫熹平石經以隸書書寫,故其字,往往有與今不同者,此隸體之字也,如:其作異,失作失,屯作七,寡作寘,剛作剛,柔作柔,險作險,辯作辯,吝作吝,節作莭,説作説……皆隸書也。故吾人研究梁丘《易》須知隸書。

8. 梁丘《易》有并二字爲一字者

吾人讀熹平《周易》石經大衍章,知梁丘《易》二十作廿,三十作卅,四十作卌,此并二字爲一字也。

九、梁丘氏《易》之影響

梁丘氏《易》在當時既立於學官,爲天下之顯學,其再傳弟子如五鹿充宗、王駿皆一時之大師,弟子衆多。逮于東漢,其學猶興盛未已。《後漢書·儒林傳》稱張興習梁丘《易》以教授,聲稱著聞,弟子自遠至者,著録且萬人,爲梁丘家宗。足知梁丘《易》學,極盛於兩漢,故諸儒傳《易》,多有受其影響者,今可得而述者如:

1. 京房《易》學與梁丘《易》相同者

《漢書》有兩京房,一則楊何弟子,梁丘賀之師,官至大中大夫;一則焦延壽弟子,本姓李,吹律自定爲京氏,字君明,東郡頓邱人。《漢書·儒林傳》稱京房受《易》梁人焦延壽,延壽云嘗從孟喜問《易》。則此京房爲孟喜再傳弟子。喜與梁丘同學於田王孫,則其學必有相近者也。今考京房《易》,有與梁丘相同者。如:

《嗛》六四"无不利撝嗛",《吕氏音訓》云:"晁氏曰京作'揮'。"

《繫上》"聖人有以見天下之嘖",嘖,京房同,見《釋文》。

又"六爻之義易以工",《釋文》云:"貢,京、陸、虞作工。"

《剥》六三"剥无咎",六四"剥牀以簠",京房同。

《鼎》九四"其刑剭",京房同。

《繫上》"再扐而後卦","聖人以此先心","辯吉凶者存乎辭",京房皆同。

由是可知梁丘《易》在當時既爲顯學,京房自必受其影響也無疑。

2. 馬融、鄭玄之《易》與梁丘《易》相同者

馬融嘗再入東觀校書，其必見梁丘《易》無疑，而鄭玄爲其弟子。亦必受其影響，今見馬、鄭之《易》與梁丘同者。如《艮》六二"不拼其隨"，《漢上易傳》引馬融亦作"拼"。《漸》"飲食衎衎"。《釋文》："衎，馬云饒衎。"《遘卦》，《釋文》云："古文作'遘'，鄭同。"《萃》初六"一握爲笑"，鄭同。《履》"視履考詳"，鄭同。

3. 荀悦、荀爽、荀九家與梁丘《易》相同者

荀悦、荀爽、荀九家之《易》有與梁丘同者。如：

《鼎》九四"鼎折足，覆公餗，其荆剧"，吕氏《古易音訓》引晁氏云："形，九家、京、荀、虞作荆。"又云："渥，九家、京、虞作剧。"

《艮》初六"艮其止"，《釋文》云："止，荀作止。"

《剥》六三"剥无咎"，荀爽同。

《上繫》"聖人以此先心"，《釋文》云："京、荀、虞、董、張、蜀才作'先'，石經同。"

《隨》"官有渝"，《古易音訓》云："晁氏曰：九家作'官'。"

4. 劉表、虞翻、陸績、翟元、一行與梁丘《易》同者

劉表、虞翻、陸績、一行與梁丘同者，如：

《小畜》"月近望"，《古易音訓》云："京、劉、一行作近。"

《剥》"剥无咎"，《古易音訓》云："京、劉、一行皆无之字。"

《上繫》"六爻之義易以工"，《釋文》云："京、陸、虞作工。"

《泰卦》"包荒"，《否卦》"包羞"，翟元、虞翻、荀爽同。

《旅》"得其齊斧"，虞翻同。《釋文》云："《子夏傳》及衆家並作'齊斧'。"

5. 王肅、王弼、韓康伯、孔穎達、史徵、李鼎祚諸家與梁丘《易》同者

梁丘之《易》雖早亡於永嘉之亂，然王肅、王弼諸儒猶及見之。熹平石經雖亡於唐代，然其拓本至宋始盡，唐初諸儒或猶及見之。故吾人今日究《易》，猶及見諸儒傳《易》多與梁丘氏學有關，尤以王輔嗣、韓康伯本《周易注》，其與梁丘氏同者十之八九。孔穎達之疏本之，故其疏亦必不背梁丘氏《易》。史徵作《周易口訣義》，李鼎祚作《周易集解》，雖不能證其親見梁丘氏本，然其廣收漢《易》，必有得乎間接之資料。今兹舉其一二略示其相同之迹。如：

《乾》九二"見龍在田，利見大人"，九三"君子終日乾乾"，九四"或躍在淵，无咎"，九五"飛龍在天"，上九"亢龍有悔"，用九"見群龍无首，吉"。案：吾人

今日猶可考見梁丘《易》本如此作，而王弼、史徵、李鼎祚之書悉如此作，是其言亦或取資於梁丘《易》也。孟喜作“忼”，諸儒不從孟而從梁丘，不能證諸儒與梁丘《易》無關也。

《上繫》：“一陰一陽之謂道，繼之者善也，成之者性也。仁者見之謂之仁，知者見之謂之知。百姓日用而不知，故君子之道鮮矣。”案：此韓康伯、李鼎祚悉同漢石經。餘如：

《隨卦》：“君子以鄉晦入宴息。”案：《釋文》云“王肅本作‘鄉’”，是與梁丘同也。

《屯卦》：“君子以經綸。”《泰卦》：“包荒。”《否卦》：“包羞。”王弼本、史徵本全同，李鼎祚《集解》唯“綸”作“論”不同，餘全同。是梁丘《易》影響於後儒者至鉅，吾人今日猶略可考而知也。

十、《周易》梁丘章句闡微

凡例：

一、本章根據馬國翰輯《周易》梁丘章句與漢熹平《周易》石經殘字輯録。

二、本章之篇次，依照古易之次序，與《漢志》所載《易經》十二篇及宋儒吕祖謙所定古易之篇次同。即依《上經》第一，《下經》第二，《上彖》第三，《下彖》第四，《上象》第五，《下象》第六，《上繫》第七，《下繫》第八，《文言》第九，《説卦》第十，《序卦》第十一，《雜卦》第十二之次也。

三、漢熹平《周易》石經，雖僅四千四百餘字，然吾人可由《彖》辭以推卦辭，小象《象》辭以推爻辭，而與今存《易》本相參驗，而得其全貌，此已具於第三章，今唯據石經及馬本，略闡釋之耳。

四、漢《周易》石經用隸書書寫，本章爲便於書寫印刷，多變成今體字，其中亦偶有簡單之隸書體存焉，以爲一隅之舉耳。

五、本章凡作引號“　”之處，即指今存石經經文。[1]

六、凡闡釋字句者，亦略加案語以説明之。

《上經》第一

☰ 乾九二，見龍在田，利見大人；九三，君子終日乾乾，夕惕若，厲，无

① 編者按：現處理爲加粗并加下劃綫處，爲今存石經經文。

咎；九四，或躍在淵，无咎；九五，飛龍在天，利見大人；上九，亢龍有悔；用**九，見群龍無首，吉**。案：九二至上九爻辭，據《文言》《繫辭上》推知。以後仿此，不另著録，漢石經凡吉利之吉皆作吉，从土口。與今體異，此或隸書之體也。

䷁ 巛：初六，履霜堅冰至；六二，直方大，不習，無不利；六三，含章，可貞，或從王事，无成有終；六四，括囊，**无咎无譽；六**五，**黄裳**元吉。案：初六至六三之爻辭，可由《文言》推知，以後仿此，不另著録（如從《下象》《家人》至《未濟》之彖辭中，可推知其卦辭）。漢熹平《周易》石經凡"坤"字皆作巛，此乃當時隸書之體也。

䷂ 屯：案：漢熹平《周易》石經凡"屯卦"之"屯"皆作屯，此亦隸書之體。《屯卦》初九至上六之爻辭，從《上象》中可推知，此不具述。

䷃ 蒙：亨，匪我求童蒙，童蒙來求我。案：蔡邕處士圂叔則碑有"童蒙來求我"之句。《後漢書·蔡邕傳》謂邕於熹平四年奏求正定五經文字，靈帝許之。邕乃自書丹於碑。據此則漢石經爲邕所書，則其引《易》亦必同，玆據馬國翰輯本補入。《釋文》云："童蒙求我，一本作'來求我'。"《集解》及所引虞翻《易》，唐石經，岳本，注疏諸本，《周易本義》本及張國淦《漢石經碑圖》，屈翼鵬先生《漢石經〈周易〉殘字集證》（以下簡稱《漢易殘字集證》）皆作"童蒙求我"。

初筮吉，再三瀆，瀆則**不吉**。案：今本、唐石經、岳本悉作"不告"，漢石經作"不吉"，"初筮告"，諸本悉同，今據"瀆則不吉"推之漢石經或宜作"初筮吉"。"吉""告"古雙聲，或以假借言之，亦或年代久遠缺一畫，然作"吉"於義亦通。"不"作"丕"者，隸書之體也。後仿此，漢石經多如此。

六四，困**蒙，吝；六五，童**蒙，吉。案：漢石經"吝"作"吝"，蓋隸書之體。

上九，不利爲寇，利用禦寇。案：此蔡邕《明堂論》所引，《集解》及所引虞翻唐石經、岳本、朱子《周易本義》、《漢石經碑圖》、《漢易殘字集證》悉無"用"字。又案：初至三爻辭，可據《上象》推知。

䷄ 需：有孚，光**亨，貞吉，利**涉大川；"**初九**"，需于郊，利用恒，无咎。九五，需于酒食，貞**吉；上六，入于穴**，有不速之客三人來，敬之終吉。案：屈先生疑漢石經無"終"字，謂唐石經及今本衍一字。《需卦》爻辭皆可據《上象》推知。

䷅ 訟：有孚，**懫惕，中吉，終凶**，利見大人，**不**利涉大川。案："懫"字僅半體，馬衡《漢石經集存》以爲"懫"字。今本、唐石經、岳本悉作"窒"。《釋文》云："窒，馬作咥，云讀爲躓，猶止也。"蓋"懫""窒""咥"音同，皆有止意。

六三，食舊德，貞厲，終吉，或**從王事，无成**；**九五，訟，元吉**；**上九，或錫**之鞶帶。案：《訟卦》初至上爻辭據此及《上象》可推知。

䷆ 師六四，師**左次，无咎**；**六**五，田有禽，利執言，无咎，長子帥**師，弟子輿尸**，貞**凶**；**上六，大君**有命，開國承家，小人勿用。案：初四五上之爻辭悉可據《上象》推知。

䷇ 比六**二，比之自内，貞**吉；六四，外比**之，貞吉**；**九五**，顯比，王用**三驅**，失前禽，邑人不誡，吉；上**六，比无**首，凶。案：唐石經、今本、岳本及其他諸本悉作"比之无首"，漢石經少一"之"字，文勢更簡捷，此或爲古《易》之存于漢者，當從之。三四五上爻辭，據此與《上象》可全部推知。

䷈ 小畜九五，有**孚攣如，富**以其鄰；上九，**既雨既**處，尚德載，婦**貞**厲，月**近望，君**子征凶。案：《釋文》云："幾，《子夏傳》作近。"唐石經、岳本、注疏諸本悉作"幾"，漢石經與《子夏傳》同作"近"。"幾""近"雙聲，義同，見《漢易異文攷》。三四五上爻辭可據《上象》補。

䷉ 履九四，**履虎尾**，愬愬，終吉；九五，**夬履，貞**厲；上九，視履**考**祥，其**旋元吉**。案：六三爻辭，據《上象》可推知。

䷊ 泰九三，无平不陂，无往不復，艱貞无咎，勿恤**其孚，于**食有福；**六四**，翩**翩，不**富以其鄰，不戒**以**孚。案：漢石經"以"字多作"㠯"，初至四爻辭，據《上象》可以全部推知。

䷋ 否六二，包**承，小人**吉，大人**否亨；六三**，包羞；九四，有命无咎，**疇離**祉。案：據此與《上象》可推知初至五之爻辭。

䷌ 同**人于野**，亨；九**三**，伏戎于**莾，升其高陵**。案：漢石經"莽"字多作"莾"，"其"字多作"亓"。

九四，乘其墉，**弗**剋攻。案：據此與《上象》可推知初至五之爻辭。

䷍ **大有：元**亨；九三，公用亨于天子，小人弗克。案：據此與《上象》可推知初至四之爻辭。

䷎ 嗛六**五，丕富以其鄰**，利用侵伐，無不利。案：據此與《上象》《上繫》可推知初至五之爻辭。

䷏ 豫上**六，冥豫，成有渝**。案：據此與《上象》《上繫》可推知初二、三上之爻辭。

䷐ 隨上**六，拘係之，乃從維**之，王用亨于西山。案：據《上象》可推知初與二之爻辭。

䷑　蠱六四，裕父之蠱，往見**吝；六五，幹父之蠱**，用譽。**上九，丕**事王侯，高尚其事。

䷒　臨上六，敦**臨，吉，无咎**。

䷓　**觀，盥而不薦，有孚顒若**；六四，觀**國之**光。

䷔　噬嗑：亨，利**用獄。初九，履校烕止，无咎；六二，噬膚**烕鼻，无咎；六**五，噬**乾肉。案：漢石經"噬"作"噬"，"滅"作"烕"，"趾"作"止"。《釋文》云："滅止，本亦作趾，趾，足也。"止、趾，古今字。噬，隸體"噬"字。烕，古"滅"字，《說文》云："烕，滅也。"《集解》及所引虞翻、干寶之易，唐石經、岳本、《周易本義》及注疏諸本三字悉作"噬""滅""止"。

䷕　賁：亨，小利貞，有攸往；初九，賁其趾，舍**轝而徒；六二，賁其須；九三，賁如濡如**，永貞吉。案：轝即車字，漢石經"車"多作"轝"，即"輿"之本字。"亨小利貞"，唐石經如此，"貞"字添注旁側，《集解》、岳本及注疏諸本悉作"亨，小利有攸往"，屈先生疑漢石經無"小""貞"二字，則作"賁亨利有攸往"，似較洽，當從之。

䷖　剥六二，剥牀以辨，蔑**貞凶；六三，剥无咎；六四，剥牀以簠，凶**。案：唐石經、岳本及注疏諸本"剥无咎"悉作"剥之无咎"，"剥牀以簠"，"簠"悉作"膚"。《釋文》作"剥无咎"，與漢石經同。云："六三，剥无咎，一本作'剥之无咎'，非。""以膚"，京作"簠"，謂祭器。是諸本多一"之"字，非也，當從漢石經及《釋文》。

䷗　復六三，頻**復，厲，无咎；六四，中**行獨復。案：漢石經"厲"多作"厲"，蓋隸書也。後仿此。

䷘　无妄，馬國翰輯《周易》梁丘氏章句，據蔡邕《和熹鄧皇后謚議》："消無妄之運者也"，因作"無妄"。云："三家經，今文作無。"案：此引證之例以"無"爲"无"也，非經文如此，漢石經"無"皆作"无"。

䷙　大畜六二，不耕穫，不菑畬，則利**有**攸往；六四，童牛之告。案：六四一句據後面校語補。

䷛　大過初六，藉用白茅，无咎。"言臣子之道，改過自新，絜己以承上，然後免于咎也。"（馬國翰輯本據《漢書・宣元六王傳》王駿引易。）案：駿傳梁丘《易》，其釋《易》或本師說，故馬氏録之。據《上繫》亦可推知初六爻辭。

《下經》第二

䷠　遯初六，遯尾，厲，**勿**用有攸往。

䷡　大壯九三，小人用壯，君子用罔，貞厲。

䷢　晉初六，晉如摧如，貞吉。

䷣　明夷：利艱貞。

䷤　家人九三，家人嗃嗃，悔厲，吉，婦子嘻嘻，終吝；六四，富家，大吉；九五，王假有家，勿恤，吉；上九，有孚威如，終吉。

䷥　睽：小事吉；六三，見輿曳，其人天且劓，无初有終；九四，睽孤，遇元夫，交孚，厲，无咎；六五，悔亡，厥宗噬膚，往何咎；上九，睽孤，見豕負塗，載鬼一車。案：漢石經"厥"多作"厥"，蓋隸體字也。

䷦　蹇初六，往蹇來譽；六二，王臣蹇蹇，匪躬之故；九三，往蹇來反；六四，往蹇來連；九五，大蹇崩來；上六，往蹇來碩，吉。案：漢石經"蹇"作"蹇"，"來"作"来"，"朋"作"崩"。與唐石經、《集解》、岳本及注疏諸本異。

䷧　解六三，負且乗，致寇至，貞吝；九四，解而拇，朋至斯孚；六五，君子維有解，吉，有孚于小人；上六……案：漢石經"乘"作"乗"，"朋"作朋，"斯"作"斯"。又案：據《上繫》亦可推知六三爻辭，及其精義。

䷨　損初九，已事遄往，无咎，酌損之；九二，利貞，征凶，弗損，益之；六三，三人行，則損一人，一人行則得其友；上九，得臣無家。案：行作"行"、則作"則"者，隸書之體也。後仿此。馬國翰據蔡邕《答詔問災異八事》輯"得臣無家"一條，繫於《益卦》，非也，此句實在《損卦》，今正之。《漢書》引《易》"无"皆作"無"，非《易》之原文。今乃作"无"。

䷩　益：利用攸往，利涉大川；初九，利用爲大作，元吉，无咎；六二，或益之十朋之龜，弗克違；九五，有孚惠心，勿問，元吉，有孚惠我，德；上九，莫益之，或擊之，立心勿恒，凶。案：漢石經"作"多作作。

䷪　夬：揚于王庭；九三，壯于頄，有凶，君子夬夬獨行，遇雨若濡，有愠无咎；九四，臀無膚，其行次且，牽羊悔亡，聞言不信；九五，莧陸夬夬。案：漢石經"牽"作牽，悔作悔，凡忄旁之字皆作小，蓋隸書也。《釋文》云："莧，三家音胡練反。"馬國翰據以補入。《釋文》所謂三家者施、孟、梁丘也。三家同師田王孫，故其讀音字句同。

䷫　遘九二，包有魚，无咎，不利賓；九三，臀无膚，其行次且，厲无大咎。九四，包无魚，起凶。案：姤，漢石經作"遘"，見《下彖》。

䷬　萃初六，有孚不終，乃亂乃萃，若號，一握爲笑，勿恤，往无咎；六二，

引吉，无咎，孚，乃利用瀹。案：漢石經笑作宎，“禴”作“瀹”。

䷭　升：元亨，用**見大人，勿恤，南征吉；初六，允升，大吉；九二，孚，乃利瀹，无咎。九三**……案：“利瀹”《集解》及所引虞、干之易，唐石經、岳本、注疏諸本悉作“利用禴”。漢石經以“瀹”爲“禴”者假借也，詳見《漢易異文攷》。

䷮　困初六，臀困于株木，**入于幽谷，三歲不覿；九二，困于酒食，朱紱方來，利用亨祀，征**凶，无咎；上六，**困于葛藟，于劓劊。曰動悔有悔，征吉**。案：《釋文》云：“亨祀，許兩反。”唐石經亦作“亨祀”。亨音許兩反，此作“亨”者，二字古可通用也。唐石經，《集解》本、岳本、注疏諸本，“于劓劊”，悉作“臲卼”，蓋皆有危險義，義得兼通。

䷯　**井：改邑不改井，无**喪无得；九三，井渫不食，爲我心惻，可用汲，王明，並受**其福；六四，井甃，无咎；九五，井洌，寒泉食；上六，井收勿幕**。

䷰　革九四，有孚改命，**吉；九五，大人虎辯，未占有孚；上六，君子豹辯，小人革**面。案：漢石經“變”皆作“辯”。

䷱　鼎九三，鼎耳革，其行塞，雉膏不食，方雨**虧悔，終吉；九四，鼎折足，覆公餗，其荆剭，凶；六五，鼎**黄耳。案：“荆”即“刑”也，“荆剭”，《集解》本及所引虞翻《易》作“刑渥”。唐石經、岳本、注疏諸本悉作“形渥”。清宋咸熙輯吕氏《古易音訓》云：“晁氏云：‘形’，九家、京、荀悦、虞作‘荆’，‘渥’，九家、京、虞作‘剭’，薛云：古文作‘渥’。”《釋文》云：“形渥，鄭作‘剭’，音屋。”

䷲　震六二，震來厲，億喪貝，**躋九陵，勿逐，七日得；六三，震蘇蘇，震行无省。九**四……案：“躋九陵”，諸本悉作“躋于九陵”；“無省”，諸本悉作“无眚”。詳《漢易異文攷》。

䷳　艮初**六，艮其止，无咎，利永貞；六二，艮其腓，不抍**其隨。案：“止”，諸本悉作“趾”。《釋文》云：“趾，荀作止”。二字蓋古今字也。“抍”，諸本悉作“拯”。吕氏《古易音訓》曰：“晁氏云：案孟、京、王、陸績皆作承，一行作抍。”抍、拯、承三字音近義得兼通，詳見《漢易異文攷》。

䷴　漸初六，鳿漸于干，小子厲，有言无**咎；六二，鳿漸于般，飲食衎衎，吉；九三，鳿漸**于陸。諸本“鳿”悉作“鴻”，二字古今字。般即“般”之隸體，諸本悉作“磐”，音同可通假。“衎衎”，諸本悉作“衎衎”。《釋文》引馬融云“饒衍”，是義得相通。

䷵　歸**昧：征凶，无攸利；初九，歸昧以娣，坡能履，征**吉；上六，女承筐**无實**，士**刲羊無血，無攸利**。案：“昧”，諸本悉作“妹”，此作“昧”，蓋以同音通假也。“𤿎”諸本悉作“跛”，音及義悉同。詳《漢易異文攷》。

䷶ **豐：亨，王假之**；九三，豐其沛，日中見沬，折其右肱，无咎；九四，豐其蔀，日**中見**斗，遇其**夷主，吉；六五，來章，有慶譽，吉**。案：“豐”，諸本悉作“豐”。《釋文》云：“依字作豐，今並三直畫，猶是變體。若曲下作豆者，禮字耳，非也，世人亂之久矣。”是石經作“豊”者乃蔡氏之誤也。馬衡《漢石經集存》云：“今碑正作曲下豆，無怪李陽冰有蔡中郎以豐同豊之譏也。”是當從諸本作“豐”。

䷷ 旅九**三，旅焚**其次，喪其**童僕，貞**厲；九四，旅**于處，得其齊斧，我心**不快。案：“齊斧”諸本悉作“資斧”。《釋文》云：“《子夏傳》及衆家並作‘齊斧’。”蔡邕《黄鉞銘》：“齊斧罔設。”《太尉橋公碑》亦有“齊斧”。是漢《易》多作“齊斧”也。詳《漢易異文攷》。據《下象》可推知六五爻辭。

䷸ 巽：利用見大人。初六，進退利武人**之貞；九二**，巽在牀下，**用史巫**紛若，吉，无咎；九三，**頻巽，吝；六四**，悔亡；上九，巽在牀下，喪其齊斧。案：“利用見大人”，據後面校語推知，蓋《震》後有“利見大人”，唯《巽卦》耳。故據以補入。“頻”諸本悉作“頻”，詳見《漢易異文攷》。頻巽者，不正之遜也，故吝矣。“喪其齊斧”，馬國翰本據《漢書·王莽傳》補入，應劭注云：“齊，利也。”據《下象》推知三至上之爻辭。

䷹ 兑初九，和兑，**吉；九二，孚兑，吉**，悔亡；九四，商兑未寧，介**疾有熹；九五**，孚于剥。案：“熹”，諸本悉作“喜”，二字音義悉相近，故可通用。據此與《下象》可推知四至上之爻辭。

䷺ 涣六四，涣**其羣，元吉，涣有丘**；九五，涣汗其大號，涣王居，**无咎；上九**，涣其血。據《下象》可推知初六爻辭。

䷻ 節九五，甘節，**吉，往有尚；上**六，苦節，貞凶。案：據《下象》可推知初至四爻辭。

䷼ 中孚：豚魚吉，利**涉大川，利**貞；九二，鳴隺在陰，其子和之。……六四，月近望，馬匹亡，无**咎**；九五，有孚**攣**如。案：《小畜》上九，漢石經作“月近望”，此亦宜然。九二爻辭據《繫辭》推知，據《下象》與此可推知初至上爻辭。

䷽ 小過：**亨**，利貞；九四，**无咎，弗**過遇之。案：據此與**下象**可推知本卦全部爻辭。

䷾ 既濟六二，婦喪其茀，勿**逐，七日得**。案：據此與《下象》可推知全部爻辭。

䷿ 未濟九二，曳其輪，貞吉。案：據此與《下象》可推知全部爻辭。

《上彖》第三

大哉乾元，萬物資始……乃利貞，首出庶物，萬國咸寧。

《下彖》第四

家人，女正位乎内，男正位乎外，男女正，天地之大義也。家人有嚴君焉，父母之謂也。父父，子子，兄兄，弟弟，夫夫，婦婦，而家道正，正家而天下定矣。

睽，火動而上。……是以小事吉。天地睽而其事同也，男女睽而其志通也，萬物睽而其事類也，睽之時用大矣哉。

蹇，難也，險在前也，見險而能止，知矣𢦏，蹇：利西南，往得中也。……當位貞吉，以正邦也。蹇之時用大矣哉。案：漢石經"蹇"作"蹇"，"哉"作"𢦏"，與諸本異。於每卦完後皆有點（·）號。

解，險以動，動而免乎險，解。解利西南，往得衆也。其來復吉，乃得中也。用攸往吉，往有功也；天地解而雷雨作……解之時大矣哉。案："用攸往"之"用"，諸本悉作"有"。

損，損下益上，其道上行。損而有孚，元吉，无咎，可貞，利用攸往，曷之用？二簋可用亨。二簋應有時，損剛益柔有時，損益盈虚，與時偕行。案："利用攸往"，諸本用悉作"有"。"亨"，諸本悉作"享"。"簋"，漢石經多作"簋"。此條屈先生《漢易殘字集證》無之，今補。《釋文》云："簋，蜀才作軌。"蓋簋、簋二字同字異形，一从艸一从竹，義則同。《説文》云："黍稷方器也。"當从竹爲正體。蜀才作"軌"者，用假借字也。

益，損上益下，民説无疆。……中正有慶。利涉大川，木道乃行。益動而巽，日進無畺，天施地生，其益無方，凡益之道，與時偕行。案："畺"諸本皆作"疆"，蓋古今字也。馬本《王莽傳》"損上益下，民説無疆"一句"无"作"無"者，此引經之例，不足爲據，漢石經皆作"无"。

夬，决也，剛决柔也，健而説，决而和……不利即戎，所尚乃窮也；利用攸往，剛長乃終也。案：漢石經剛作𠚻，柔皆作𣏌。"利有攸往"，皆作"利用攸往"。

遘，遇也，柔遇剛也。勿用取女，不可與長也。天地相遇，品物咸章也。剛遇中正，天下大行也。遘之時義大矣哉。案：《釋文》云："姤，薛云古文作遘，鄭同。"然則漢石經作"遘"者，亦從古文歟，蓋梁丘先從楊何弟子京房學，後乃從田生學，其易實有兩家之學。“遘之時義大矣哉”，《漢石殘字集證》“遘”乃作“姤”，宜從石經作“遘”。

萃，聚也。……王假有廟，致孝亨也。利見大人，亨，聚以正也。用大牲吉，利用攸往，順天命也。觀其所聚，而天地萬物之情可見矣。案：漢石經“假”皆作“假”。“致”作“致”，“利有攸往”，作“利用攸往”。“致孝亨也”，諸本“亨”悉作“享”，二字古通用。

柔以時升，巽而順。

困，剛揜也，險以說，困而不失其所，亨。其唯君子乎！貞大人吉，以剛中也。有言不信，尚口乃窮也。

巽乎水而上水，井，井養而不窮也。……是以凶也。

革，水火相息，二女同居，其志不相得，曰革，巳日乃孚，革而信之，文明以說，大亨以正，革而當，其悔乃亡，天地革而四時成。案：漢石經“明”皆作“明”。

鼎，象也，以木巽火，亨飪也，聖人亨以享上帝，而大亨以養聖賢。巽而耳目聰明，柔進而上行，得中而應乎剛，是以元亨。案：“以亨上帝”，諸本悉作“享”。

震，亨。震來虩虩……出可以守宗廟社稷，以爲祭主也。

艮，止也，時止則止，時行則行，動静不失其時，其道光明。“艮其止”，止其所也，上下敵應，不相與也。

漸之進也，……進得位，往有功也，進以正，可以正邦也，其位剛，得中也，止而巽，動不窮也。

歸昧，天地之大義也，天地不交而萬物不興。案：“歸昧”諸本悉作“歸妹”。

豐，大也。明以動，故豐。王假之，尚大也。勿憂宜日中，宜照天下也。日中則昃，月盈則食，天地盈虚，與時消息；而況於人乎。案：漢石經“豐”悉作“豊”，“昃”作“昃”。

旅，小亨。……旅之時義大矣哉。

重巽以申命，剛巽乎中正而志行。柔皆順乎剛，是以“小亨，利用攸往，利見大人”。案：“利用”諸本作“利有”。

兑，説也。……民忘其死。説之大，民勸矣哉。

涣，亨，剛來而不窮，柔得位乎外而上同。王假有廟，王乃在中也。利涉大川，乘木有功也。

節，亨……天地節而四時成，節以制度，不傷財，不害民。（案：漢石經“節”從艸。）

中孚，柔在内而剛得中，説而巽，孚乃化邦也。

小過……過以利貞，與時行也，柔得中，是以小事吉也，剛失位而不中，是以不可大事也，有飛鳥之象焉。

既濟……柔得中也。終止則亂，其道窮也。

未濟，亨，柔得中也。小狐汔濟，未出中也。濡其尾，無攸利，不續終也。

《上象》第五

天行健，君子以自强不息。潛龍勿用，陽在下也。見龍在田，德施普也。終日乾乾，反復道也。或躍在淵，進无咎也。飛龍在天，大人造也。

地勢巛，君子以厚德載物。履霜堅冰，陰始凝也；馴致其道，至堅冰也。六二之動，直以方也；不習无不利，地道光也。含章可貞，以時發也，或從王事，知光大也。……龍戰于野，其道窮也。用六永貞，以大終也。

雲雷乇，君子以經綸。雖般桓，志行正也；以貴下賤，大得民也。六二之難，乘剛也；十年乃字，反常也。……屯其膏，施未光也。泣血連如，何可長也。案：漢石經"屯"作"乇"，"經綸"與唐石經、岳本及注疏諸本同。"般桓"之"般"，唐石經、岳本、注疏諸本作"磐"，《集解》本及所引荀爽、虞翻皆作"盤"，蓋三字通。《晁氏易》云："古文作般。"(見吕氏《古易音訓》。)"連如"之"連"，諸本悉作"漣"，蓋"連"字古文。據此可推知《屯》之爻辭。

山下出泉，蒙。君子以果行育德。利用刑人，以正法也。子克家，剛柔接也。勿用取女，行不順也。案："刑"，漢石經皆作"刑"。據此可推知《蒙》之爻辭。以下仿此。

雲上於天，需。君子以飲食宴樂。需于郊，不犯難行也；利用恒，无咎，未失常也。需于沙，衍在中也；雖小有言，以終吉也。需于泥……酒食貞吉，以中正也。不速之客來，敬之終吉，雖不當位，未大失也。案："終吉"諸本悉作"吉終"。

天與水違行，訟，君子以作事謀始。不永所事，訟不可長也，雖小有言，……復即命渝，安貞不失也。訟元吉，以中正也。以訟受服，亦不足敬也。

地中有水，師。君子以容民畜衆。師出以律，失律凶也。……左次无咎，未失常也。長子率師，以中行也；弟子舉尸，使不當也。大君有命，以正功也；小人勿用，必亂邦也。案：漢石經"輿"字作"舉"，"帥"字作"率"。

地上有水，比。先王以建……不亦傷乎。外比於賢，以從上也。顯比之吉，位正中也；舍逆取順，失前禽也；邑人不戒，上使中也。比之无首，无所終

也。案："邑人不戒"，集解本及所引虞翻易同。唐石經、岳本，及注疏諸本悉作"誡"。

風行天上，……夫**妻反目，不能正室也。有孚惕出，上合志也。有孚攣如，不獨富也。既雨既處，德積載也；君子征凶，有所疑也**。

上天下澤，履。……眇**能視，不足以有明也；⿺尢皮能履，不足以與**行也；咥人之凶，位不當也；武人爲于大君，志剛也。愬愬終吉，**志行也。夬履貞厲，位**正當也。案："能"《集解》本作"而"，蓋二字古字通用。"⿺尢皮"諸本悉作"跛"，《釋文》云"跛，足跛也，依字作⿺尣皮。"此從雅雨堂本及盧本。補宋本、閩監本、通志堂本作"破"，非也。"⿺尣皮"即"⿺尢皮"之變。德明所本與漢石經同。

天地交，泰。后以財成天地之道，輔相天地之宜，以左右民。拔茅征吉，志在外也。包荒得尚于中行，以光大也。无往不復，天地際也；翩翩不富，皆失實也；不戒以孚，中心願也。案："包"，集解本及所引荀、虞、翟元《易》，岳本，注疏諸本皆同，惟唐石經作"苞"。

天地不交，否。**君子以儉德辟難，不可榮以禄。拔茅貞吉，志在君也。大人不亨，不亂羣也。包羞，位不當也。有命无咎，志行也。大人之吉，位**正當也。案："包"諸本同，惟唐石經作"苞"。"大人不亨"之"不"，諸本悉作"否"。

出門同**人，又誰咎也。同人于宗，吝道也。伏戎于莽，敵剛也；三歲不興，安行也。乘其墉，義弗克也；其吉，則困而反則也。同人之先，以**中直也。案：《集解》本及所引虞翻《易》"墉"作"庸"，唐石經、岳本、注疏諸本皆作"墉"，《釋文》云："鄭作庸。""庸"蓋古文也。

火在天上，大有。君子以遏惡揚善，順天休命。大有初九，无交害也；大轝以載，積中不敗也。公用亨于天子，小人害也。匪其旁无咎，**明辯哲也**。案："轝"，《集解》本及所引虞翻《易》同，唐石經、岳本及注疏諸本皆作"車"。《釋文》云："車，蜀才作輿。"《古易音訓》云："《子夏傳》作輿，案後漢時始有車音，古則爲輿字。""轝"，又爲"輿"之古文也，三字義同，見《漢易異文考》。

地中有山，嗛。君子以裒多益⿱宀⿱目八，稱物平施。嗛嗛君子，卑以自牧也。鳴嗛貞吉，中心得也。勞嗛君子，萬民服也。无不利揮嗛，不違則也。案："嗛"，諸本悉作"謙"。《釋文》云："子夏作嗛，云嗛，謙也。"蓋二字音義悉同。"⿱宀⿱目八"今作"寡"。"揮"諸本悉作"撝"。《古易音訓》云："京作揮。"《釋文》云："撝，毁皮反，指撝也，義與'麾'同。《書》云：'右秉白旄以麾。'是也。"蓋"揮""撝""麾"音同義亦相近。

雷出地奮，豫。先王以作樂崇德，殷薦之上帝，以配祖考。初六鳴豫，志窮凶也。不終日貞吉，以中正也。疗豫有悔，位不當也。……冥豫在上，何可長也。案："疗"，諸本悉作"盱"。《釋文》云："盱，睢盱也。向云：睢盱，小人喜悦之貌。王肅云：盱，大也。鄭云誇也。《説文》云：張目也。……子夏作紆，京作汙，姚作旴，云日始出。""疗"，《廣雅》云："病也。"《集韻》音匈于切，與"盱"同音，蓋此諸字皆同音，當從漢石經解作"疗"爲是。疗豫者，病于豫也，豫遊過度而病隨之，故有悔也；位不當，故不可豫也。豫，唐石經作'豫'，蓋避諱也。

澤中有雷，遀。君子以鄉晦入燕息。官有渝，從正吉也。出門交有功，不失也。……係丈夫，志舍下也。案："遀""隨"同。"鄉"諸本悉作"嚮"，"鄉""嚮""向"，三字音同，通用。《釋文》云："嚮，本又作向，許亮反，王肅本作鄉音同。"是也。又云："'官有'，蜀才本作'館有'。"《古易音訓》云："晁氏曰：九家作官。""官""館"音同，通用諸本悉作"官"，是當以"官"字爲正。

幹母之蠱，得中道也。

《下象》第六

以旅與下，其義喪也。旅于處，未得位也。得其齊斧，心未快也。終以譽命，上逮也。案：首句據後面校語補入。"得其齊斧"之"齊"，諸本悉作"資"。《釋文》云："《子夏傳》及衆家並作'齊斧'，應劭云：'齊，利也。'"

顛巽之吝，志窮也。田獲三品，有功也。九五之吉，位正中也。巽在牀下，上窮也。喪其齊斧，正乎凶也。案："顛巽"，諸本悉作"頻巽"，此據爻辭補入。"齊斧"，諸本作"資斧"。此據《漢書·王莽傳》補入。

九四之喜，有慶也。孚于剥，位正當也。上六引兑，未光也。

風行水上，涣。先王以亨于帝，立廟。初六之吉，順也。

澤上有水，節。君子以制數度，議德行。不出户庭，知通塞也。不出門庭凶，失時極也。不節之嗟，又誰咎也。安節之亨，承上道也。

澤上有風，中孚。君子以議獄緩死。初九虞吉，志未辯也；其子和之，中心顮也。或鼓或罷，位不當也。馬匹亡，絶類上也。有孚攣如，位正當也。翰音登于天，何可長也。案："辯"，諸本悉作"變"，漢石經"變"皆作"辯"，蓋音同通用也。詳《漢易異文攷》。"顮"，即"願"之古文也。漢碑多如此作。《説文》云："大頭也。"蓋本作"顮"，乃會意字。後乃改願，以原得聲，形聲字。

飛鳥以凶，不可如何也。不及其君，臣不可過也。從或戕之，凶如何也。

弗過遇之,位不當也。往厲必戒,終不可長也。密雲不雨,已上也。

曳其輪,義无咎也。七日得,以中道也。三年克之,憊也。終日戒,有所疑也。東鄰殺牛,不如西鄰之時也;實受其福,吉大來也。濡其首厲,何可久也。案:釋文云:"憊,備拜反。鄭云:劣弱也。陸作備,云當爲憊。憊,困劣也。"得漢石經,可證陸説之確。

濡其尾,亦不知極也。九二貞吉,中以行正也。未濟征凶,位不當也。貞吉悔亡,志行也。君子之光,其暉吉也。飲酒濡首,亦不知節也。案:《小過》《既濟》《未濟》三卦之小象,諸本多與漢石經同。

《上繫》第七

天尊地卑,乾巛定矣。卑高以陳,貴賤位矣。動静有常,剛柔斷矣。方以類聚,物以羣分,吉凶生矣。在天成象,在地成刑,辯化見矣。案:漢石經"坤"皆作巛,"形"多作"刑","變"皆作"辯",此已具于前,及《漢易異文攷》中,此不備載。

乾道成男,巛道成女。乾知大始,巛作成物。乾以易知,巛以蕳能。易則易知,蕳則易從。易知則有親,易從則有功。有親則可久,有功則可大。案:漢石經"簡"作"蕳",凡从竹者多从艸。

易簡而天下之理得矣,天下之理得,而成位乎其中矣。案:漢石經至"成位乎其中矣"分章,則與諸本同。

聖人設卦觀象,繫辭焉而明吉凶,剛柔相推而生辯化,是故吉凶者,失得之象也。

六肴之動,三極之道也。是故君子所居而安者,易之序也;所樂而玩者,肴之辭也。是故君子居則觀其象而玩其辭,動則觀其辯而玩其占。案:"六爻之動"之"肴",諸本皆作"爻",此據下"肴之辭也"推知,漢石經"爻"作"肴"者,二字同音,故以通假也。二字,《廣韻》皆在肴韻,皆音胡茅切。《集韻》皆音何交切。《説文》:"爻,交也,象《易》六爻頭交也。"又云:"肴,啖也。"徐曰:"謂已修庖之可食也。"是二字義不同也。當以"爻"字爲正,漢石經蓋用假借義也。"所樂而玩者",諸本同。唯《集解》及所引虞翻《易》"樂"作"變","玩"作"翫"。《釋文》云:"樂,音樂,適會也,虞本作所變;玩,五亂反,研玩也;鄭作翫。"

肴者,言乎辯者也;吉凶者,言乎其得失也;悔吝者,言乎其小疵也;无咎者,善補過也。是故列貴賤者存乎位,齊小大者存乎卦,辯吉凶存乎辭。案:"肴者言乎辯","肴""辯"二字諸本悉作"爻""變",此據上下文推知。"得失也”，唐石經、《集解》、岳本、朱子《周易本義》，及注疏諸本悉作“失得也”，誤，當從漢石經正。《集解》引虞翻云“得正言吉，失位言凶”，以文勢推之，當作“得失”。“言乎其小疵也”，惟唐石經“言”作“存”。“齊小大”，諸本悉同，唯《集解》本（枕經樓周氏木瀆本，惠校《古經解彙函》重刻盧本）作“大小”。下引王肅《易》則作“齊小大”是王肅不誤，集解誤也。當據石經正之。“辯吉凶”，諸本皆同。

是故卦有大小，辭有**險易。辭也者，各指其所之。易與天地準，故能彌綸天地之道。仰以觀於天文，俯以察於地理，是故知幽明之故。原始反**終，故知死生之説。

與天地相**似，故不違。知周乎萬物，而道濟天下，故不過。旁行而不流，樂天知命，故不憂。安土敦乎仁，故能愛。範圍天地之化而不**過……

一陰一陽**之謂道，繼之者善也，成之者性也。仁者見之謂之仁，知者見之謂之知，百姓日用而不知，故君子之道鮮矣**。案：漢石經至此分章，與注疏本同，孔穎達《正義》云：“周氏云‘天尊地卑爲第一章，聖人設卦觀象爲第二章，彖者言乎象者爲第三章也，精氣爲物爲第四章，顯諸仁藏諸用爲第五章，聖人有以見天下之賾爲第六章，初六藉用白茅爲第七章，大衍之數爲第八章，子曰知變化之道爲第九章，天一地二爲第十章，是故易有太極爲第十一章，子曰書不盡言爲第十二章。馬季長、荀爽、姚信等又分白茅章後，取負且乘更爲别章，成十三章。虞翻分爲十一章，合大衍之數并知變化之道，共爲一章’。”是前七章諸儒悉同以理推之，石經亦宜然。朱子《周易本義》并顯諸仁於此下，非漢《易》之正也。由此亦可知。

顯諸仁，藏諸用。……日新**之謂盛德，生生之謂易，成象之謂乾，效法之謂巛，極數知來之謂占，通辯之謂事，陰陽不測之謂神。夫易廣矣大矣**，……夫乾，其静也**專，其動也直，是以大生焉。夫巛，其静也翕，其動也闢，是以廣生焉。廣大配天地，辯通配四時，陰陽之義配日月，易簡**之善配至德。案：“效法之謂巛”，唐石經、岳本、注疏諸本、《周易本義》悉同。《集解》及《釋文》所據本作“爻”。《釋文》“馬韓如字，云故也。蜀才作效。”據是則注疏本亦宜作“爻”也。唯“爻”“效”，古音同義可兼通。故《下繫》云：“爻也者，效天下之動者也。”“通辯”之“辯”，諸本悉作“變”。馬國翰據《漢書・王莽傳》引《易》顔師古注，輯入“夫坤，其静也脅，其動也辟”一條。案：“辟”“闢”，古今字。“脅”宜作“翕”，二字古音近，故可通假。

成性存存，道義之門。案：漢石經至此分章，漢儒荀、馬、虞、姚、唐石經、岳本，及注疏諸本同。此由孔穎達《周易正義》推知。

聖人有以見天下之嘖，而擬諸其刑容，象其物宜，是故謂之象。聖人有以見天下之動，而觀其會通，以行其典禮，繫辭焉以斷其吉凶，是故謂之肴。言天下之至嘖而不可惡也，言天下之至動而不可亂也。擬之而後言，議之而後動，擬議以成其辯化。鳴隺在陰，其子和之……居其室，出其言不善，則千里之外違之，况其邇者乎？言出乎身，加乎民，行發乎邇，見乎遠，言行君子之樞機。……子曰："君子之道，或出或處，或默或語。二人同心，其利斷金，同心之言，其臭如蘭。"案：漢石經至此分章，與虞、馬、荀、姚及注疏本，唐石經、岳本及注疏諸本同。"嘖"唐石經、岳本、注疏諸本，《周易本義》本作"賾"，《集解》及所引虞翻《易》與漢石經同作"嘖"。《釋文》云："賾，京作'嘖'，云債也。""刑"，諸本悉作"形"。"議之"，諸本並同。《釋文》云："鄭、姚、桓玄、荀柔之作'儀之'。"蓋二字音同，可以通假也。"鳴隺"之"隺"，諸本悉作"鶴"，漢石經以簡體字書之也。"辯化"之"辯"，諸本悉作"變"，漢石經蓋用假借字也。

初六，藉用白茅，无咎。子曰："……慎斯術也，以往，其无所失矣。"勞嗛，君子有終，吉。子曰："勞而不伐，有功而不德，厚之至也。語以其功下人者也。德言盛……賢人在下位而无輔，是以動而有悔也。"不出户庭，无咎。子曰："亂之所生也，則言語以爲階，君不密則失臣，臣不密則失身，……"易曰：負且乘，致寇至。負也者，小人之事也。乘也者，君子之器也。小人而乘君子之器，盜思奪之矣。上嫚下暴，盜思伐之矣。嫚藏誨盜，……盜之招也。案："謙"漢石經皆作"嗛"。"有功而不德"，《釋文》云："鄭、陸、蜀才作'置'，鄭云：'置'當爲'德'。"蓋"置"與"德"之古文相近，故諸本因以致誤，今以漢石經校之，"置"當爲"德"，鄭言是也。"致寇至"《釋文》云："徐或作'戎'，宋衷云'戎'誤。"證以漢石經，宋言是也。"嫚"諸本悉作"慢"。《説文》："嫚，侮易也，从女曼聲。"慢，《説文》云："惰也，从心曼聲。"是二字音同，義得兼通，惰漫則必爲人侮易。馬、荀、姚分此爲兩章，虞及注疏本、岳本、唐石經本爲一章，漢石經或同此。文獻不足，不能考矣。

大衍之數五十，其用四十有九。分而爲二以象兩，卦一以象三，揲之以四以象四時，歸奇于扐以象閏，五歲再閏，故再扐而後卦。天一地二，天三地四，天五地六，天七地八，天九地十。天數五，地數五，五位相得而各有合。天數廿有五，地數卅。凡天地之數五十有五，此所以成辯化而行鬼神也。乾之策二百一十有六，巛之策百卌有四，凡三百有六十，當期之日。……四營而成易，十有八辯而成卦，八卦而小成，引而伸之，觸類而長之，天下之能事畢矣。顯道神德行，是故可與酬酢，可與佑神矣。子曰："知變化之道者，其知神之所爲乎。"案：馬、荀、姚、唐石經、岳本，至"佑神矣"爲一章。虞翻并下章爲一章。而將"子曰：知變化之道者，其知神之所爲乎。"作爲本節結語。夫以"知變化"一句爲結語是也。并下章爲一章，則不可考矣。又《集解》本、唐石經、岳本及注疏本皆以"再扐而後掛"下接"天數五"至"佑神矣"而將"天一地二"至"天九地十"一節置於"子曰：易有聖人之道四焉者，此之謂也。"下另起一章爲章首。朱子《周易本義》，則將"天一地二"至"此所以成變化而行鬼神也"一節置於"太衍之數五十"之前。皆非也，宜據漢石經正。吕氏《古易音訓》云："案《前漢律曆志》引《易》曰：天一地二，天三地四，天五地六，天七地八，天九地十。天數五，地數五，五位相得而各有合，天數二十有五，地數三十，凡天地之數五十有五，此所以成變化而行鬼神也。又案程氏、張氏並云：自天一至地十合在天數五地數五上"，是也。"廿""卅""卌"諸本悉作"二十""三十""四十"。"再扐而後卦"，"卦"，諸本悉作"掛"。《釋文》云："京作卦。云再扐而後布卦。""佑"唐石經、岳本及注疏諸本悉作"祐"。《集解》本及所引九家易作"右"，《釋文》云："荀作侑。"案：右、祐、佑、侑，音同，可通用。

易有聖人之道四焉，以言者尚其辭，以動者尚其辯，以制器者尚其象，以卜筮者尚其占。是以君子將有爲也，將有行也，問焉而以言，其受命也如響。……参伍以辯，錯綜其數。通其辯，遂成天下之文；極其數，遂定天下之象。非天下之至辯，其孰能與於此。易无思也，无爲也，宨然不動，感而遂通天下之故。……夫易，聖人之所以極深而研機也。唯深也，故能通天下之志；唯機也，故能成天下之務；唯神也，故不疾而速，不行而至。子曰"易有聖人之道四焉"者，此之謂也。案：荀、馬、姚、唐石經、岳本及注疏諸本自"子曰：知變化之道者，其知神之所爲乎"爲本章章首，至"四焉者此之謂也"爲一章。虞氏以"知變化"一句爲大衍章結語是也。故朱子《周易本義》從之。而并本章與大衍章，則似非矣。漢石經或同虞氏，而至此分章。蓋虞氏五世傳孟氏《易》，而孟氏、梁丘同師田王孫，則其間亦必有相同者與。漢石經"變"悉作"辯"。"天下之文"，《集解》本同，餘本及《集解》所引虞氏《易》悉作"天地之文"。"寂"，漢石經作宨，蓋隸書之體也。"唯機也"及"極深而研機"之"機"，諸本悉作"幾"。《釋文》云："幾如字，本或作'機'，鄭云'機'當作‘幾’，幾微也。”蓋二字音同故通用也。

夫易開物成務，冒天下**之道，如斯而已者也。是故聖人以通天下之志，以定天下之業，以斷天下之疑。是故蓍之德圓而神，卦之德方以知，六爻之義易以工**。聖人以此先心，……神以知來，知以**臧往。其孰能與此哉。古之聰明叡知，神武而不殺者夫。是以明於天之道而察於民之故，是興神物以前民用。聖人以此齊戒，以神明**其德夫。……一闔一闢謂之**辯，往來不窮謂之通，見乃謂之象，刑乃謂之器，制而用之謂之法，利用出入，民咸用之謂之神**。案：除朱子《周易本義》外，荀、虞、馬、姚、唐石經、岳本及注疏諸本皆以此爲一章，以例推之，漢石經亦當如此。“六爻之義”，“爻”，諸本悉作“爻”。漢石經又或作“肴”。同一經也，而有作“肴”作“爻”者。屈翼鵬先生云：“漢石經爻字作爻，爻作肴，此作爻，蓋肴之訛也。”“易以工”，諸本悉作“貢”。《釋文》云：“貢，告也，京、陸、虞作工，荀作功。”此諸字同音，蓋通用也。詳見《漢易異文考》。“知以臧往”，“臧”諸本悉作“藏”，蓋古今字也。漢石經“變”作“辯”，“形”作“刑”，已如上述。“聖人以此先心”，據《釋文》補。《釋文》云：“洗心，京、荀、虞、張、蜀才作‘先心’，石經同。”

是故易有大極，是生兩儀，兩儀生四象，四象生八卦……法象莫大乎天地，辯通莫大乎四時，縣象著明莫大乎日月，崇高莫大乎富貴，備物致用，立成器以爲天下利，莫大乎聖人，探嘖索隱，鉤深致遠，以定天下之吉凶……天生神物，聖人則之；天地辯化，聖人效之；天垂象，見吉凶，聖人象之；河出圖，雒出書，聖人則之。易有四象，所以示也：繫辭焉，所以告也；定之以吉凶，所以斷也。……是以自天佑之，吉无不利也。案：荀、馬、虞、陸，及唐石經、岳本及注疏諸本，在此分章。以例推之，漢石經亦宜然。“嘖”，《集解》本及所引虞翻《易》同。餘本悉作“賾”。“雒出書”之“雒”，諸本悉作“洛”，漢石經作“雒”者，蓋漢以火德王，洛從水，於五行水尅火，且東漢都雒陽故須避諱也。

《下繫》第八

天下之動，貞夫一也。案：諸本悉作“貞夫一者也”。此據《後漢書・范升傳》引一補。

重門擊梙，以待暴客。案：唐石經、岳本及注疏諸本“梙”作“柝”。《集解》作“欜”。《釋文》云：“柝，馬云，兩木相擊以行夜，《說文》作欜又作梙。”《說文》云：“欜，夜行所擊者，从木橐聲。”蓋三字音同，可以通用也。《漢書・王莽傳》

……爻象**以情言**……**中心疑者其**辭枝，……

《文言》第九

體仁足以長人，嘉德足以合禮。案：此條馬國翰據蔡邕《汝南周巨勝碑》補入。惟古人引《易》，多有以義引之者，未必爲《易》之原文也。今姑補入。

故曰：乾、元、亨、利、貞。初九曰“潛龍勿用”，何謂也？……遯世無悶……九二曰：“見龍在田，利見大人”，**何謂也？子曰：“龍，德而正中者**也。……君子進德脩**業，忠信所以進德也，脩辭立其**誠，所以居業也。……”九四曰：“或躍在淵，无咎”，何謂**也**？子**曰：“上下无常，非爲耶也，進退无恒**，非離羣也。……聖**人作而萬物睹。本乎天者親上，本乎地者**親下，**則各從**其類也。……”見龍在田，時舍**也。終日乾乾，行事也。或躍在淵，自試也，飛**龍在**天，上治也。亢**龍有悔……或躍在淵，乾道**乃革，飛龍在天，乃位乎天德。亢龍有悔，與**時偕**極。乾元用九**，乃見天則。……六爻**發揮，旁通情也。時乘六龍，以御天也。雲行雨施，天**下**平也。君子以**成德爲行，……**易曰：見龍在田，利見大人。君德也。九三重剛而不中**，上**不在天，下不**在田……故无**咎。夫大人者，與天地合其德，與日月合其明，與四時合其**序，……知存而不知**亡，知得而不知喪，其唯聖人乎？……知進退存亡而不失其正者**，其唯聖人乎？案：馬國翰據蔡氏周巨勝碑補入“遯世無悶”一條。然古人引《易》多以意爲之，《易經》“無”皆作“无”，今據以補入，而“無”改爲“无”。此《乾》之文言，吾人由此可以推知全部之爻象與文言。“耶”即隸書“邪”字，二字音義同。

積**不善之家，必有餘殃。臣試其君，子試其父，非一朝一夕之故也**。……敬義立而**德不孤。直方大，不習无不利，則不疑其所行也。陰雖有美，含之而以**從王事。……易曰：括囊，无咎无譽，蓋**言謹也。君子黄中通理，正位居體，美在中而暘于四支，發于事業，美**之至也。案：此《坤卦》之文言，“試”諸本悉作“弑”，此作“試”者蓋以同音假借也。“非一朝一夕之故也”諸本悉無“也”字。“而以從王事”諸本悉無“而”字。“美在中”，諸本悉作“美在其中”，多一“其”字。虞翻云“陽稱美，五在中”，似虞氏亦無“其”字。“而暘於四支”，“暘”諸本悉作“暢”。

《説卦》第十

發揮於**剛柔而生肴，和順於道德而理於義，窮理盡性以至於命。昔者聖人之作易也，將**以順性命之理……故易六**畫而成卦。分陰分陽，迭用柔剛，故易六畫而成章也。**案：據此章句推知漢石經殆從“昔者聖人之作易”至此爲一章。《正義》分而爲兩節，從首至“至於命”爲一節，接此至“而成章也”，爲一節。

“肴”諸本悉作“爻”。“六畫而成章也”,《集解》及所引虞翻本皆作“六畫而成章”,無“也”字。《釋文》云:“六位,本又作六畫。”唐石經、岳本及注疏諸本悉作“六位而成章”,亦無“也”字。

天地定位,山澤通氣,雷風相薄,水火不相射,八卦相錯。……艮以止之,兑以説之,乾以君之,𡿧以臧之。帝出乎震,齊乎巽,相見乎離,致役乎𡿧,説言乎兑。……離也者,明也,萬物皆相見,南方之卦也。聖人南面而聽天下,鄉明而治,蓋取諸此也。案:據此推之,石經至此分章。唐石經、岳本、注疏諸本,及《周易本義》本皆在“易逆數也”分節,至“坤以藏之”又各爲一節。至於此,又爲另一節。漢石經是否如此分,已不可考矣。唯“坤以藏之”與“帝出乎震”不分,則由是可推知也。漢石經“坤”皆作“𡿧”,“藏”皆作“臧”。“鄉”,《集解》、唐石經、岳本、注疏諸本悉作“嚮”。

𡿧也者,地也。……相薄也。欿者水也,正北方之卦也,勞卦也,萬物之所歸也。故曰勞乎欿。艮,東北之卦也。萬物之所成終而所成始也,故曰成言乎艮。案:“欿”,諸本悉作“坎”。

潤萬物者莫潤乎水。

巽爲雞,……

巽一索而得女,故謂之長女。

乾爲天,……爲老馬,爲瘠馬……

震爲雷,……其於馬,爲善鳴,……案:諸本悉作“其於馬也,爲善鳴”。

巽爲木,爲風,……爲長,爲高,……爲多白眼,爲近利市三倍,……離爲火,……其於木,爲科上槁。案:末句諸本悉作“其於木也,爲科上槁”。馬國翰輯本,據《王莽傳》輯入“巽爲風爲順”一條。案:此爲説《易》之辭,非《易》之原文,“巽爲風”是也,今據以補入,“爲順”則解易之辭也,非《易》之原文。故不輯入。

《序卦》第十一

物穉不可不養也,故受之以需。……故受之以履。履而泰,然後安,……有大而能謙必豫,故受之以豫。……故受之以賁。……窮大者必失其居,故受之以旅。旅而无所容,故受之以巽。……有其信者必行之,故受之以小過。有過物者必濟,故受之既濟。

《雜卦》第十二

萃聚而升不來也,謙輕而豫怠也。……家人内也,否泰反其類也。大壯

則止。……**革去故**也，鼎取新也。……遘遇也，柔遇剛也。漸女歸，待男**行。**
頤養正也。……未**濟男之**窮也。夬決也，……**《易經》梁**

校記

施京氏
四童牛之告
革・孟施京氏
盈諸滿皆言盈
養・孟施京氏

欿　欿有
六二躋九陵
利用見大人
孟京氏有
・以旅與
・施

案："行頤"，諸本作"行也頤"，多一"也"字。據後面"易經梁"，則可知此爲梁丘氏之《易》。漢石經校文中有施氏、京氏、孟氏、而無梁丘氏，知漢石經確爲梁丘氏之《易》，當可無疑。又第一塊校文第一行，"施京氏"之上，以例推知，當係"孟"字。

《易》之佚文

正其本萬事理。案：此條馬國翰據《漢書・范升傳》引《易》補入《下繫》中，然不可確知也，今輯入於此。

十一、漢熹平《周易》石經之復原圖

1. 導論

今存漢熹平《周易》石經總計有四千四百餘字，吾人可由其每卦之彖辭中，推知各卦之卦辭，由其象辭、文言、繫辭中推知爻辭。由今存繫辭、説卦、文言、序卦、雜卦之字，推知其上下字，再由碑之安置排比，驗之以今《易》諸本，則可推知漢熹平《周易》石經之全貌，雖未必全符於原經，然以理推之，殆相去不遠。首先從事於復原工作者，當首推張國淦之《漢石經碑圖》。次則屈翼鵬先生之漢石經碑《周易》部分復原圖。屈先生之作斯圖也，乃本於張氏之碑圖而加以修定。其所用以補漢《周易》石經者，則用唐石經，惟唐石經之愆文、異文實甚多，其異於漢石經者亦甚衆，吾人從四千餘殘字中，可以相互推知。漢石經某字當作某也，如屯之作乇，漣之作連，吝字作吝，爻之作肴，磐之作般，苞之作包，噬之作噬，滅之作威，趾之作止，昃之作炟，節之作莭，簋之作簋，笑之作芺，眚之作省，彭之作旁，謙之作嗛，盱之作疛，撝之作揮，牿之作告，藏之作臧，坎之作欿，蹇之作寋，豐之作豊，姤之作遘，褕之作瀹，疆之作畺，窒之作懫，害之作害，鶴之作隺，幾之作近，鴻之作鳿，輿之作轝，妹之作昧，祐之作右，劓之作剌，刖之作劊，變之作辯。刑之作荆，形之作荆，頤之作嘖，洗之作先，坤之作巛，柔之作[illegible]，寡之作寡，弑之作試。用拯之作用抍，資斧之作齊斧，剥牀以膚之作剥牀以簠，大蹇明來之作大寋崩來，悉與今所見唐石經不同也。既爲漢熹平《周易》石經之復原圖，不可不依漢熹平《周易》石經之字也。兹本屈先生漢石經碑《周易》部分復原圖影印，而將唐石經與漢石經不同之字，作一X號於旁，以便考知漢石經之原圖，並作校記及馬衡、羅振玉所收殘石之圖於此，以便觀覽。

2. 漢熹平《周易》石經之碑數及每行之字數

漢熹平《周易》石經，屈先生以爲有四碑，而每行七十三字，羅振玉則以

漢石經《周易·文言》《説卦》

爲有六十九字至七十五字不等。羅振玉於其《漢熹平石經殘字集録·三編》"《文言》與《説卦》"一碑後云:"右《文言傳》十一行,《説卦傳》五行,合今本校讀行字參差殊甚,《文言》首行七十一字,次行七十二字,三行六十九字,四行、六行、十行均七十三字,八、九行均七十二字;《説卦》首行七十四字,次行七十五字,三行七十二字,四行七十八字。"在《下經》至《歸妹》一碑後云:"右《下經》至《歸妹》十八卦,合今本校讀,惟第九行、十一行、十六行,各七十四字,十四行七十五字,餘均行七十三字。"是以爲各行字數多有不同也,此説似較可信。蓋所用鎸刻之石,未必全部長短大小相同,故每行字數有多有少也。

屈先生則云:"近人言漢石經者,咸謂碑無定行,行無定字。夫謂碑無定行是也。至於每行字數,於他經吾不能必其如何,至於《周易》則每行皆七十三字,可無疑也。蓋以文、于兩氏所得大段《周易》殘石,及復原後之方氏覩之,縱視之既皆成行,横視之又皆成列,且行中無夾注,行外無添注,各行上下兩端,又絶無參差不齊之處。是其每行之字數相同,絶無可疑。復就漢石經所占之位置,以推前行至後行之字數,知其每行爲七十三字又無疑。然以今本核之,各行字數時有多寡不等之現象者,則非漢石經《周易》每行字數之不齊一,實因今本有衍文、奪文之故也。今據此四千餘殘字所能推知者,計唐石經本較漢石經本衍文凡七十字,今本衍文六十九字,奪文凡十二字。"此其説似亦言之成理,備爲一説可也。

由是吾人深知漢熹平《周易》石經凡四碑,而正反各有二面焉,其每碑之行數,則參差不等;每行之字數,多以七十三字爲準,間亦有超出或少於七十三字者。(此據羅振玉説,屈先生則以爲每行一律七十三字,此可備一説。)屈先生之圖以第一葉與第八葉爲一碑,第二葉與第七葉爲一碑,第三葉與第六葉爲一碑,第四葉與第五葉爲一碑。一、二、三、四爲正面,五、六、七、八爲反面。

3. 附馬衡、羅振玉、屈翼鵬所著録漢熹平《周易》石經之圖

馬衡有《集拓新出漢魏石經殘字》四册、《漢石經集存》二册二書,及短文二篇。兹從其中選録二圖,其圖乃模自石經者,爲隸書體之字,故甚有價值。羅振玉有《漢熹平石經殘字集録》《續編》《三編》及《補遺》四書,兹從其《三編》中録一圖,其圖乃手抄本,用楷書書寫。屈翼鵬有《漢魏石經殘字》,及《漢石經〈周易〉殘字集證》各一册,兹從其中録二圖。其圖黑

底白字之部分，乃漢石經。黑字部分，大字者爲以今《易》推知之經文，小字者乃其校語。

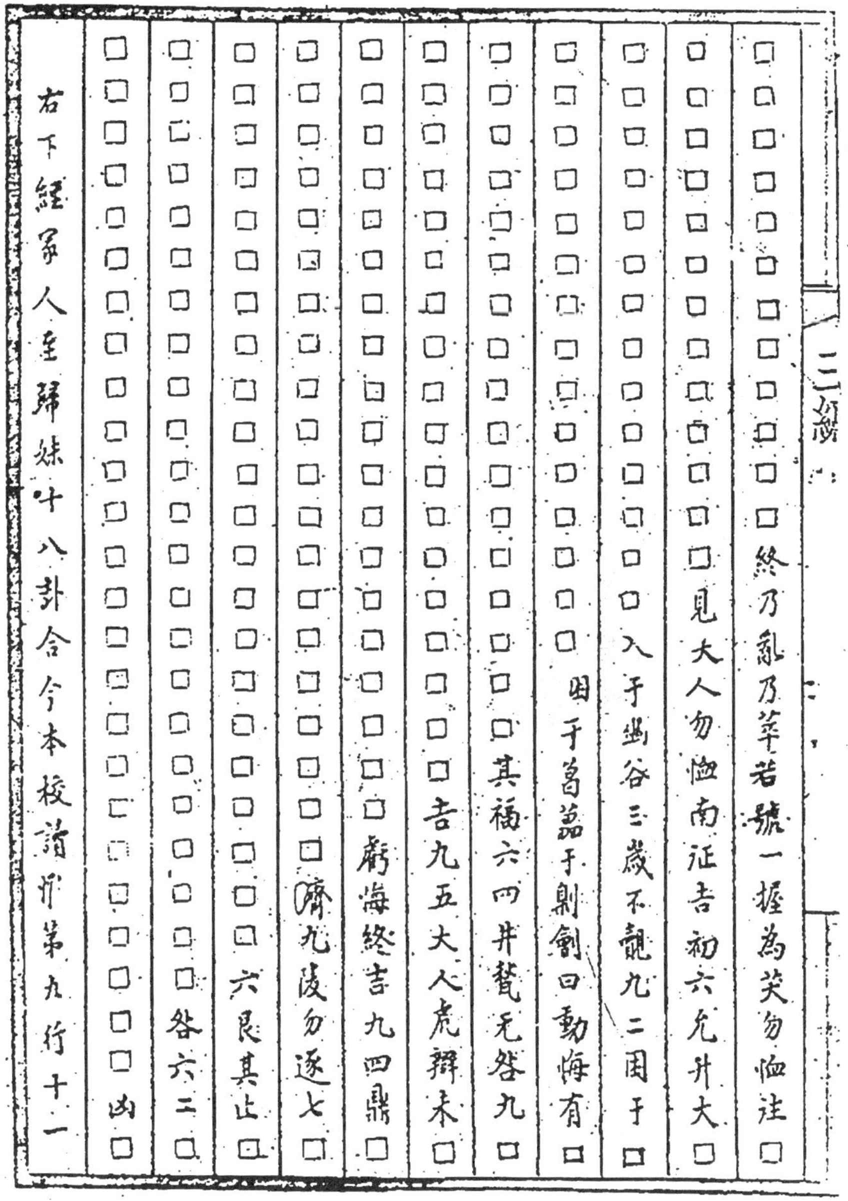

羅振玉漢熹平《周易》石經圖

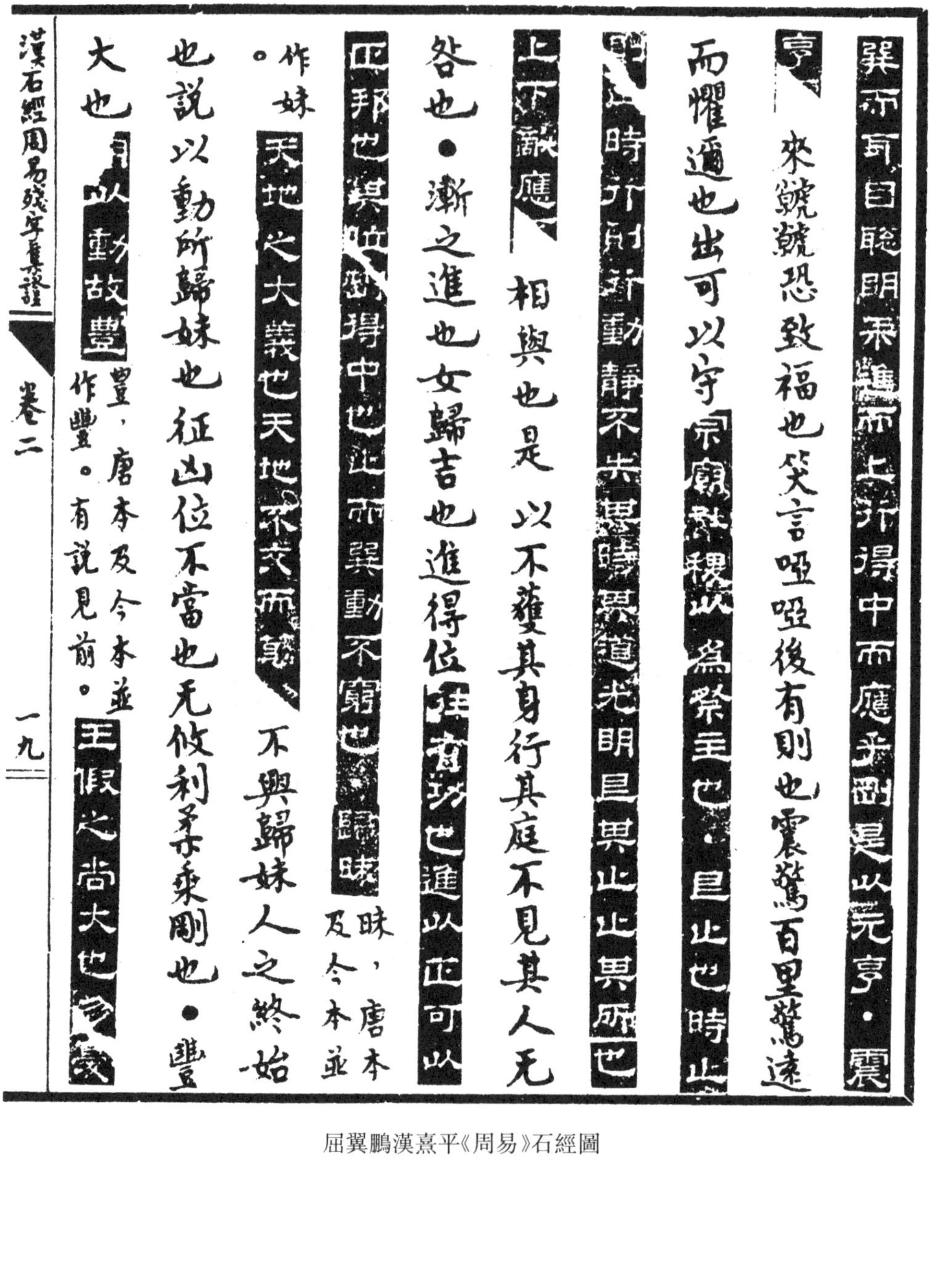
巽而耳目聰明柔進而上行得中而應乎剛是以元亨・震
亨　來虩虩恐致福也笑言啞啞後有則也震驚百里驚遠
而懼邇也出可以守宗廟社稷以爲祭主也・艮止也時止
則止時行則行動靜不失其時其道光明艮其止止其所也
上下敵應　相與也是以不獲其身行其庭不見其人无
咎也・漸之進也女歸吉也進得位往有功也進以正可以
正邦也其位剛得中也止而巽動不窮也　歸昧（昧，唐本及今本並作妹。）
天地之大義也天地不交而萬　不興歸妹人之終始
也說以動所歸妹也征凶位不當也无攸利柔乘剛也・豐
大也明以動故豐（豐，唐本及今本並作豐。有說見前。）王假之尚大也勿憂
漢石經周易殘字集證　卷二　一九

屈翼鵬漢熹平《周易》石經圖

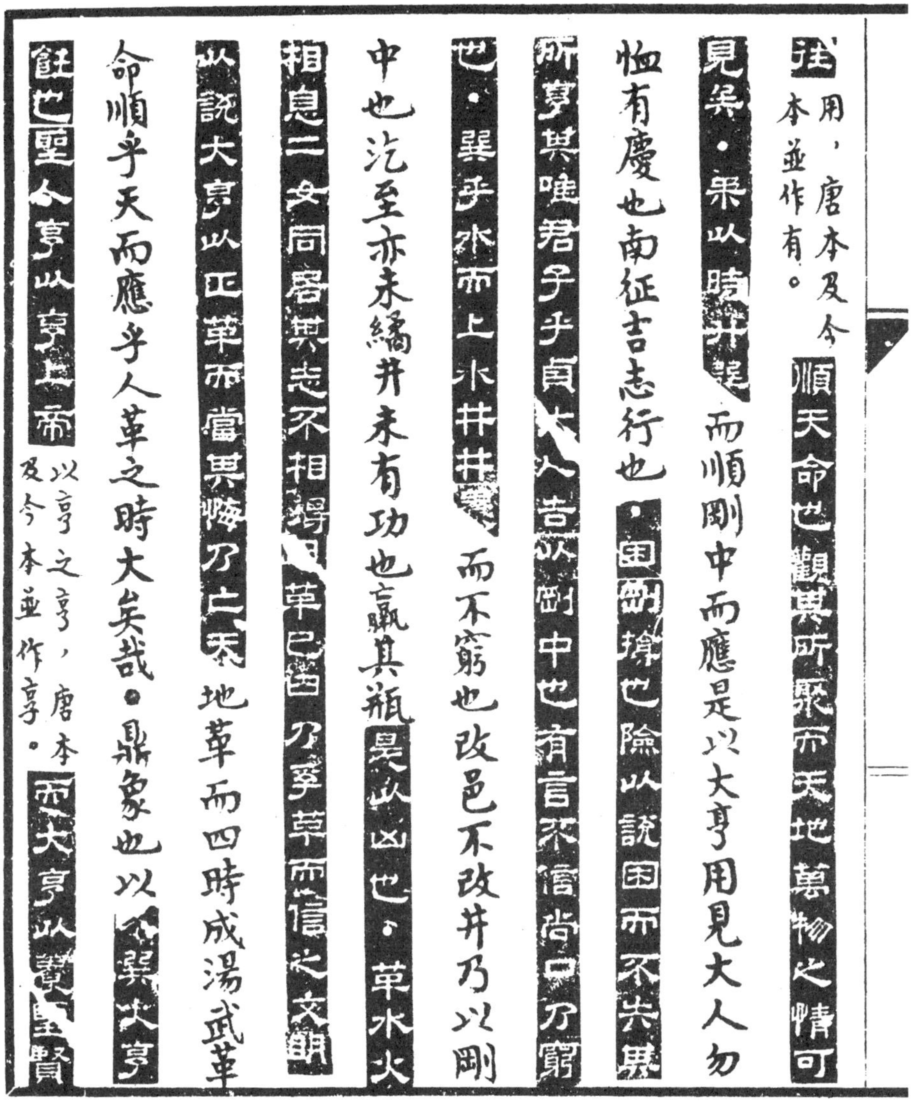
注用，唐本及今本並作有。順天命也觀其所聚而天地萬物之情可
見矣。萃以時升巽而順剛中而應是以大亨用見大人勿
恤有慶也南征吉志行也。困剛揜也險以說困而不失其
所亨其唯君子乎貞大人吉以剛中也有言不信尚口乃窮
也。巽乎水而上水井井養而不窮也改邑不改井乃以剛
中也汔至亦未繘井未有功也羸其瓶是以凶也。革水火
相息二女同居其志不相得曰革已日乃孚革而信之文明
以說大亨以正革而當其悔乃亡天地革而四時成湯武革
命順乎天而應乎人革之時大矣哉。鼎象也以木巽火亨
飪也聖人亨以享上帝以亨之亨，唐本及今本並作享。而大亨以養聖賢

屈翼鵬漢熹平《周易》石經圖

4. 漢熹平《周易》石經復原圖

剛中也不窮方來上下應也後夫凶其道窮也•小畜柔得位而上下應之曰小畜健而巽剛中而志行乃亨密雲不雨尚往也自我西郊施未行也•履柔履剛也說而應乎乾是以履虎尾不咥人亨剛中正履帝位而不疚光明也•泰小往大來吉亨則是天地交而萬物通也上下交而其志同也內陽而外陰內健而外順內君子而外小人君子道長小人道消也•否之匪人不利君子貞大往小來則是天地不交而萬物不通也上下不交而天下无邦也內陰而外陽內柔而外剛內小人而外君子小人道長君子道消也•同人柔得位得中而應乎乾曰同人同人曰同人于野亨利涉大川乾行也文明以健中正而應君子正也唯君子爲能通天下之志•大有柔得尊位大中而上下應之曰大有其德剛健而文明應乎天而時行是以元亨•謙亨天道下濟而光明地道卑而上行天道虧盈而益謙地道變盈而流謙鬼神害盈而福謙人道惡盈而好謙謙尊而光卑而不可踰君子之終也•豫剛應而志行順以動豫豫順以動故天地如之而況建侯行師乎天地以順動故日月不過而四時不忒聖人以順動則刑罰清而民服豫之時義大矣哉•隨剛來而下柔動而說隨大亨貞无咎而天下隨時隨時之義大矣哉•蠱剛上而柔下巽而止蠱蠱元亨而天下治也利涉大川往有事也先甲三日後甲三日終則有始天行也•臨剛浸而長說而順剛中而應大亨以正天之道也至于八月有凶消不久也•大觀在上順而巽中正以觀天下觀盥而不薦有孚顒若下觀而化也觀天之神道而日月不過四時不忒聖人以神道設教而天下服矣•頤中有物曰噬嗑噬嗑而亨剛柔分動而明雷電合而章柔得中而上行雖不當位利用獄也•賁亨柔來而文剛故亨分剛上而文柔故小利有攸往天文也文明以止人文也觀乎天文以察時變觀乎人文以化成天下•剝剝也柔變剛也不利有攸往小人長也順而止之觀象也君子尚消息盈虛天行也•復亨剛反動而以順行是以出入无疾朋來无咎反復其道七日來復天行也利有攸往剛長也復其見天地之心乎•无妄剛自外來而爲主於內動而健剛中而應大亨以正天之命也其匪正有眚不利有攸往无妄之往何之矣天命不祐行矣哉•大畜剛健篤實煇光日新其德剛上而尚賢能止健大正也不家食吉養賢也利涉大川應乎天也•頤貞吉養正則吉也觀頤觀其所養也自求口實觀其自養也天地養萬物聖人養賢以及萬民頤之時大矣哉•大過大者過也棟橈本末弱也剛過而中巽而說行利有攸往乃亨大過之時大矣哉•習坎重險也水流而不盈行險而不失其信維心亨乃以剛中也行有尚往有功也天險不可升也地險山川丘陵也王公設險以守其國險之時用大矣哉•離麗也日月麗乎天百穀草木麗乎土重明以麗乎正乃化成天下柔麗乎中正故亨是以畜牝牛吉也

下彖第四

咸感也柔上而剛下二氣感應以相與止而說男下女是以亨利貞取女吉也天地感而萬物化生聖人感人心而天下和平觀其所感而天地萬物之情可見矣•恒久也剛上而柔下雷風相與巽而動剛柔皆應恒恒亨无咎利貞久於其道也天地之道恒久而不已也利有攸往終則有始也日月得天而能久照四時變化而能久成聖人久於其道而天下化成觀其所恒而天地萬物之情可見矣•遯亨遯而亨也剛當位而應與時行也小利貞浸而長也遯之時義大矣哉•大壯大者壯也剛以動故壯大壯利貞大者正也正大而天地之情可見矣•晉進也明出地上順而麗乎大明柔進而上行是以康侯用錫馬蕃庶晝日三接也•明入地中明夷內文明而外柔順以蒙大難文王以之利艱貞晦其明也內難而能正其志箕子以之•家人女正位乎內男正位乎外男女正天地之大義也家人有嚴君焉父母之謂也父父子子兄兄弟弟夫夫婦婦而家道正正家而天下定矣•睽火動而上澤動而下二女同居其志不同行說而麗乎明柔進而上行得中而應乎剛是以小事吉天地睽而其事同也男女睽而其志通也萬物睽而其事類也睽之時用大矣哉•蹇難也險在前也見險而能止知矣哉蹇利西南往得中也不利東北其道窮也利見大人往有功也當位貞吉以正邦也蹇之時用大矣哉•解險以動動而免乎險解解利西南往得衆也其來復吉乃得中也有攸往夙吉往有功也天地解而雷雨作雷雨作而百果草木皆甲坼解之時大矣哉•損損下益上其道上行損而有孚元吉无咎可貞利有攸往曷之用二簋可用亨二簋應有時損剛益柔有時損益盈虛與時偕行•益損上益下民說无疆自上下下其道大光利有攸往中正有慶利涉大川木道乃行益動而巽日進无疆天施地生其益无方凡益之道與時偕行•夬決也剛決柔也健而說決而和揚于王庭柔乘五剛也孚號有厲其危乃光也告自邑不利即戎所尚乃窮也利有攸往剛長乃終也•遘遇也柔遇剛也勿用取女不可與長也天地相遇品物咸章也剛遇中正天下大行也姤之時義大矣哉•萃聚也順以說剛中而應故聚也王假有廟致孝亨也利見大人亨聚以正也用大牲吉利有攸往順天命也觀其所聚而天地萬物之情可見矣•升以時升巽而順剛中而應是以大亨用見大人勿恤有慶也南征吉志行也•困剛揜也險以說困而不失其所亨其唯君子乎貞大人吉以剛中也有言不信尚口乃窮也•井巽乎水而上水井井養而不窮也改邑不改井乃以剛中也汔至亦未繘井未有功也羸其缾是以凶也•革水火相息二女同居其志不相得曰革已日乃孚革而信之文明以說大亨以正革而當其悔乃亡天地革而四時成湯武革命順乎天而應乎人革之時大矣哉•鼎象也以木巽火亨飪也聖人亨以亨上帝而大亨以養聖賢巽而耳目聰明柔進而上行得中而應乎剛是以元亨•震亨震來虩虩恐致福也笑言啞啞後有則也震驚百里驚遠而懼邇也出可以守宗廟社稷以爲祭主也•艮止也時止則止時行則行動靜不失其時其道光明艮其止止其所也上下敵應不相與也是以不獲其身行其庭不見其人无咎也•漸之進也女歸吉也進得位往有功也進以正可以正邦也其位剛得中也止而巽動不窮也•歸妹天地之大義也天地不交而萬物不興歸妹人之終始也說以動所歸妹也征凶位不當也无攸利柔乘剛也•豐大也明以動故豐王假之尚大也勿憂宜日中宜照天下也日中則昃月盈則食天地盈虛與時消息而況於人乎況於鬼神乎•旅小亨柔得中乎外而順乎剛止而麗乎明是以小亨旅貞吉也旅之時義大矣哉•重巽以申命剛巽乎中正而志行柔皆順乎剛是以小亨利有攸往利見大人•兌說也剛中而柔外說以利貞是以順乎天而應乎人說以先民民忘其勞說以犯難民忘其死說之大民勸矣哉•渙亨剛來而不窮柔得位乎外而上同王假有廟王乃在中也利涉大川乘木有功也•節亨剛柔分而剛得中苦節不可貞其道窮也說以行險當位以節中正以通天地節而四時成節以制度不傷財不害民•中孚柔在內而剛得中說而巽孚乃化邦也豚魚吉信及豚魚也利涉大川乘木舟虛也中孚以利貞乃應乎天也•小過小者過而亨也過以利貞與時行也柔得中是以小事吉也剛失位而不中是以不可大事也有飛鳥之象焉飛鳥遺之音不宜上宜下大吉上逆而下順也•既濟亨小者亨也利貞剛柔正而位當也初吉柔得中也終止則亂其道窮也•未濟亨柔得中也小狐汔濟未出中也濡其尾无攸利不續終也雖不當位剛柔應也

上象第五

遇主于巷未失道也見輿曳位不當也无初有終遇剛也交孚无咎志行也厥宗噬膚往有慶也遇雨之吉羣疑亡也・山上有水蹇君子以反身脩德往蹇來譽宜待也王臣蹇蹇終无尤也往蹇來反內喜之也往蹇來連當位實也大蹇朋來以中節也往蹇來碩志在內也利見大人以從貴也・雷雨作解君子以赦過宥罪剛柔之際義无咎也九二貞吉得中道也負且乘亦可醜也自我致戎又誰咎也解而拇未當位也君子有解小人退也公用射隼以解悖也・山下有澤損君子以懲忿窒欲已事遄往尚合志也九二利貞中以為志也一人行三則疑也損其疾亦可喜也六五元吉自上祐也弗損益之大得志也・風雷益君子以見善則遷有過則改元吉无咎下不厚事也或益之自外來也益用凶事固有之也告公從以益志也有孚惠心勿問之矣惠我德大得志也莫益之徧辭也或擊之自外來也・澤上於天夬君子以施祿及下居德則忌不勝而往咎也有戎勿恤得中道也君子夬夬終无咎也其行次且位不當也聞言不信聰不明也中行无咎中未光也无號之凶終不可長也・天下有風姤后以施命誥四方繫于金柅柔道牽也包有魚義不及賓也其行次且行未牽也无魚之凶遠民也九五含章中正也有隕自天志不舍命也姤其角上窮吝也・澤上於地萃君子以除戎器戒不虞乃亂乃萃其志亂也引吉无咎中未變也往无咎上巽也大吉无咎位不當也萃有位志未光也齎咨涕洟未安上也・地中生木升君子以順德積小以高大允升大吉上合志也九二之孚有喜也升虛邑无所疑也王用亨于岐山順事也貞吉升階大得志也冥升在上消不富也・澤无水困君子以致命遂志入于幽谷幽不明也困于酒食中有慶也據于蒺藜乘剛也入于其宮不見其妻不祥也來徐徐志在下也雖不當位有與也劓刖志未得也乃徐有說以中直也利用祭祀受福也困于葛藟未當也動悔有悔吉行也・木上有水井君子以勞民勸相井泥不食下也舊井无禽時舍也井谷射鮒无與也井渫不食行惻也求王明受福也井甃无咎脩井也寒泉之食中正也元吉在上大成也・澤中有火革君子以治歷明時鞏用黃牛不可以有為也已日革之行有嘉也革言三就又何之矣改命之吉信志也大人虎變其文炳也君子豹變其文蔚也小人革面順以從君也・木上有火鼎君子以正位凝命鼎顛趾未悖也利出否以從貴也鼎有實慎所之也我仇有疾終无尤也鼎耳革失其義也覆公餗信如何也鼎黃耳中以為實也玉鉉在上剛柔節也・洊雷震君子以恐懼脩省震來虩虩恐致福也笑言啞啞後有則也震來厲乘剛也震蘇蘇位不當也震遂泥未光也震往來厲危行也其事在中大无喪也震索索中未得也雖凶无咎畏鄰戒也・兼山艮君子以思不出其位艮其趾未失正也不拯其隨未退聽也艮其限危薰心也艮其身止諸躬也艮其輔以中正也敦艮之吉以厚終也・山上有木漸君子以居賢德善俗小子之厲義无咎也飲食衎衎不素飽也夫征不復離羣醜也婦孕不育失其道也利用禦寇順相保也或得其桷順以巽也終莫之勝吉得所願也其羽可用為儀吉不可亂也・澤上有雷歸妹君子以永終知敝歸妹以娣以恆也跛能履吉相承也利幽人之貞未變常也歸妹以須未當也愆期之志有待而行也帝乙歸妹不如其娣之袂良也其位在中以貴行也上六无實承虛筐也・雷電皆至豐君子以折獄致刑雖旬无咎過旬災也有孚發若信以發志也豐其沛不可大事也折其右肱終不可用也豐其蔀位不當也日中見斗幽不明也遇其夷主吉行也六五之吉有慶也豐其屋天際翔也闚其戶闃其无人自藏也・山上有火旅君子以明慎用刑而不留獄旅瑣瑣志窮災也得童僕貞終无尤也旅焚其次亦以傷矣以旅與下其義喪也旅于處未得位也得其齊斧心未快也終以譽命上逮也以旅在上其義焚也喪牛于易終莫之聞也・隨風巽君子以申命行事進退志疑也利武人之貞志治也紛若之吉得中也頻巽之吝志窮也田獲三品有功也九五之吉位正中也巽在牀下上窮也喪其資斧正乎凶也・麗澤兌君子以朋友講習和兌之吉行未疑也孚兌之吉信志也來兌之凶位不當也九四之喜有慶也孚于剝位正當也上六引兌未光也・風行水上渙先王以享于帝立廟初六之吉順也渙奔其机得願也渙其躬志在外也渙其羣元吉光大也王居无咎正位也渙其血遠害也・澤上有水節君子以制數度議德行不出戶庭知通塞也不出門庭凶失時極也不節之嗟又誰咎也安節之亨承上道也甘節之吉居位中也苦節貞凶其道窮也・澤上有風中孚君子以議獄緩死初九虞吉志未變也其子和之中心願也或鼓或罷位不當也馬匹亡絕類上也有孚攣如位正當也翰音登于天何可長也・山上有雷小過君子以行過乎恭喪過乎哀用過乎儉飛鳥以凶不可如何也不及其君臣不可過也從或戕之凶如何也弗過遇之位不當也往厲必戒終不可長也密雲不雨已上也弗過過之已亢也・水在火上既濟君子以思患而豫防之曳其輪義无咎也七日得以中道也三年克之憊也終日戒有所疑也東鄰殺牛不如西鄰之時也實受其福吉大來也濡其首厲何可久也・火在水上未濟君子以慎辯物居方濡其尾亦不知極也九二貞吉中以行正也未濟征凶位不當也貞吉悔亡志行也君子之光其暉吉也飲酒濡首亦不知節也

上繫第七

天尊地卑乾坤定矣卑高以陳貴賤位矣動靜有常剛柔斷矣方以類聚物以羣分吉凶生矣在天成象在地成形變化見矣是故剛柔相摩八卦相盪鼓之以雷霆潤之以風雨日月運行一寒一暑乾道成男坤道成女乾知大始坤作成物乾以易知坤以簡能易則易知簡則易從易知則有親易從則有功有親則可久有功則可大可久則賢人之德可大則賢人之業易簡而天下之理得矣天下之理得而成位乎其中矣・聖人設卦觀象繫辭焉而明吉凶剛柔相推而生變化是故吉凶者失得之象也悔吝者憂虞之象也變化者進退之象也剛柔者晝夜之象也六爻之動三極之道也是故君子所居而安者易之序也所樂而玩者爻之辭也是故君子居則觀其象而玩其辭動則觀其變而玩其占是以自天祐之吉无不利・彖者言乎象者也爻者言乎變者也吉凶者言乎其得失也悔吝者言乎其小疵也无咎者善補過也是故列貴賤者存乎位齊小大者存乎卦辯吉凶者存乎辭憂悔吝者存乎介震无咎者存乎悔是故卦有小大辭有險易辭也者各指其所之易與天地準故能彌綸天地之道仰以觀於天文俯以察於地理是故知幽明之故原始反終故知死生之說・精氣為物遊魂為變是故知鬼神之情狀與天地相似故不違知周乎萬物而道濟天下故不過旁行而不流樂天知命故不憂安土敦乎仁故能愛範圍天地之化而不過曲成萬物而不遺通乎晝夜之道而知故神无方而易无體一陰一陽之謂道繼之者善也成之者性也仁者見之謂之仁知者見之謂之知百姓日用而不知故君子之道鮮矣・顯諸仁藏諸用鼓萬物而不與聖人同憂盛德大業至矣哉富有之謂大業日新之謂盛德生生之謂易成象之謂乾效法之謂坤極數知來之謂占通變之謂事陰陽不測之謂神夫易廣矣大矣以言乎遠則不禦以言乎邇則靜而正以言乎天地之閒則備矣夫乾其靜也專其動也直是以大生焉夫坤其靜也翕其動也闢是以廣生焉廣大配天地變通配四時陰陽之義配日月易簡之善配至德子曰易其至矣乎夫易聖人所以崇德而廣業也知

而不忘危存而不忘亡治而不忘亂是以身安而國家可保也易曰其亡其亡繫于苞桑子曰德薄而位尊知小而謀大力少而任重鮮不及矣易曰鼎折足覆公餗其形渥凶言不勝其任也
子曰知幾其神乎君子上交不謟下交不瀆其知幾乎幾者動之微吉之先見者也君子見幾而作不俟終日易曰介于石不終日貞吉介如石焉寧用終日斷可識矣君子知微知彰知柔知
剛萬夫之望子曰顏氏之子其殆庶幾乎有不善未嘗不知知之未嘗復行也易曰不遠復无祇悔元吉天地絪緼萬物化醇男女構精萬物化生易曰三人行則損一人一人行則得其友言
致一也子曰君子安其身而後動易其心而後語定其交而後求君子脩此三者故全也危以動則民不與也懼以語則民不應也无交而求則民不與也莫之與則傷之者至矣易曰莫益之
或擊之立心勿恆凶・子曰乾坤其易之門邪乾陽物也坤陰物也陰陽合德而剛柔有體以體天地之撰以通神明之德其稱名也雜而不越於稽其類其衰世之意邪夫易彰往而察來而
微顯闡幽開而當名辯物正言斷辭則備矣其稱名也小其取類也大其旨遠其辭文其言曲而中其事肆而隱因貳以濟民行以明失得之報・易之興也其於中古乎作易者其有憂患乎
是故履德之基也謙德之柄也復德之本也恆德之固也損德之脩也益德之裕也困德之辯也井德之地也巽德之制也履和而至謙尊而光復小而辯於物恆雜而不厭損先難而後易益
長裕而不設困窮而通井居其所而遷巽稱而隱履以和行謙以制禮復以自知恆以一德損以遠害益以興利困以寡怨井以辯義巽以行權・易之為書也不可遠為道也屢遷變動不居
周流六虛上下无常剛柔相易不可為典要唯變所適其出入以度外內使知懼又明於憂患與故无有師保如臨父母初率其辭而揆其方既有典常苟非其人道不虛行易之為書也原始
要終以為質也六爻相雜唯其時物也其初難知其上易知本末也初辭擬之卒成之終若夫雜物撰德辯是與非則非其中爻不備噫亦要存亡吉凶則居可知矣知者觀其彖辭則思過半
矣・二與四同功而異位其善不同二多譽四多懼近也柔之為道不利遠者其要无咎其用柔中也三與五同功而異位三多凶五多功貴賤之等也其柔危其剛勝邪易之為書也廣大悉
備有天道焉有人道焉有地道焉兼三材而兩之故六六者非它也三材之道也道有變動故曰爻爻有等故曰物物相雜故曰文文不當故吉凶生焉易之興也其當殷之末世周之盛德邪
當文王與紂之事邪是故其辭危危者使平易者使傾其道甚大百物不廢懼以終始其要无咎此之謂易之道也・夫乾天下之至健也德行恆易以知險夫坤天下之至順也德行恆簡以知阻能
說諸心能研諸侯之慮定天下之吉凶成天下之亹亹者是故變化云為吉事有祥象事知器占事知來天地設位聖人成能人謀鬼謀百姓與能八卦以象告爻象以情言剛柔雜居而吉凶可
見矣變動以利言吉凶以情遷是故愛惡相攻而吉凶生遠近相取而悔吝生情偽相感而利害生凡易之情近而不相得則凶或害之悔且吝將叛者其辭慙中心疑者其辭枝吉人之辭寡
躁人之辭多誣善之人其辭游失其守者其辭屈

文言第九

元者善之長也亨者嘉之會也利者義之和也貞者事之幹也君子體仁足以長人嘉會足以合禮利物足以和義貞固足以幹事君子行此四德者故曰乾元亨利貞初九曰潛龍勿用何謂
也子曰龍德而隱者也不易乎世不成乎名遯世无悶不見是而无悶樂則行之憂則違之確乎其不可拔潛龍也九二曰見龍在田利見大人何謂也子曰龍德而正中者也庸言之信庸行
之謹閑邪存其誠善世而不伐德博而化易曰見龍在田利見大人君德也九三曰君子終日乾乾夕惕若厲无咎何謂也子曰君子進德脩業忠信所以進德也脩辭立其誠所以居業也知至至
之可與幾也知終終之可與存義也是故居上位而不驕在下位而不憂故乾乾因其時而惕雖危无咎矣九四曰或躍在淵无咎何謂也子曰上下无常非為邪也進退无恆非離羣也君子
進德脩業欲及時也故无咎九五曰飛龍在天利見大人何謂也子曰同聲相應同氣相求水流濕火就燥雲從龍風從虎聖人作而萬物睹本乎天者親上本乎地者親下則各從其類
也上九曰亢龍有悔何謂也子曰貴而无位高而无民賢人在下位而无輔是以動而有悔也潛龍勿用下也見龍在田時舍也終日乾乾行事也或躍在淵自試也飛龍在天上治也亢龍
有悔窮之災也乾元用九天下治也潛龍勿用陽氣潛藏見龍在田天下文明終日乾乾與時偕行或躍在淵乾道乃革飛龍在天乃位乎天德亢龍有悔與時偕極乾元用九乃見
天則乾元者始而亨者也利貞者性情也乾始能以美利利天下不言所利大矣哉大哉乾乎剛健中正純粹精也六爻發揮旁通情也時乘六龍以御天也雲行雨施天下平也君子以成德為
行日可見之行也潛之為言也隱而未見行而未成是以君子弗用也君子學以聚之問以辯之寬以居之仁以行之易曰見龍在田利見大人君德也九三重剛而不中上不在天下不在田
故乾乾因其時而惕雖危无咎矣九四重剛而不中上不在天下不在田中不在人故或之或之者疑之也故无咎夫大人者與天地合其德與日月合其明與四時合其序與鬼神合其吉凶
先天而天弗違後天而奉天時天且弗違而況於人乎況於鬼神乎亢之為言也知進而不知退知存而不知亡知得而不知喪其唯聖人乎知進退存亡而不失其正者其唯聖人乎・坤至柔
而動也剛至靜而德也方後得主而有常含萬物而化光坤道其順乎承天而時行積善之家必有餘慶積不善之家必有餘殃臣弒其君子弒其父非一朝一夕之故也其所由來者漸矣由
辯之不早辯也易曰履霜堅冰至蓋言順也直其正也方其義也君子敬以直內義以方外敬義立而德不孤直方大不習无不利則不疑其所行也陰雖有美含之而以從王事弗敢成也地道
也妻道也臣道也地道無成而代有終也天地變化草木蕃天地閉賢人隱易曰括囊无咎无譽蓋言謹也君子黃中通理正位居體美在中而暢於四支發於事業美之至也陰疑於陽必戰
為其嫌於无陽也故稱龍焉猶未離其類也故稱血焉夫玄黃者天地之雜也天玄而地黃

說卦第十

昔者聖人之作易也幽贊於神明而生蓍參天兩地而倚數觀變於陰陽而立卦發揮於剛柔而生爻和順於道德而理於義窮理盡性以至於命昔者聖人之作易也將以順性命之理是以立
天之道曰陰與陽立地之道曰柔與剛立人之道曰仁與義兼三才而兩之故易六畫而成卦分陰分陽迭用柔剛故易六畫而成章也・天地定位山澤通氣雷風相薄水火不相射八卦相錯
數往者順知來者逆是故易逆數也・雷以動之風以散之雨以潤之日以烜之艮以止之兌以說之乾以君之坤以藏之帝出乎震齊乎巽相見乎離致役乎坤說言乎兌戰乎乾勞乎坎成
言乎艮萬物出乎震震東方也齊乎巽巽東南也齊也者言萬物之絜齊也離也者明也萬物皆相見南方之卦也聖人南面而聽天下嚮明而治蓋取諸此也・坤也者地也萬物皆致養焉故曰致役乎坤
兌正秋也萬物之所說也故曰說言乎兌戰乎乾乾西北之卦也言陰陽相薄也坎者水也正北方之卦也勞卦也萬物之所歸也故曰勞乎坎艮東北之卦也萬物之所成終而所成始也故

5. 漢熹平《周易》石經復原圖校記

《上經》第一

0. 吉,漢熹平《周易》石經凡"吉"字悉作"吉"(从土口),後仿此,不另著録。

1. 屯,漢熹平《周易》石經(以下簡稱漢石經)"屯"字悉作"乇",蓋隸書之體,後仿此,不另著録。

2. 般,漢石經"磐桓"之"磐",作"股",即"般"字也。

3. 漣,漢石經"漣如"之"漣"作"連"。

4. 童蒙來求我,據蔡邕處士圂叔則碑,加"來"字。《象》同此。

5. 刑,漢石經凡"刑""形"二字悉作"荆"。

6. 苞,漢石經凡"包物"之"包",悉作"包";作"苞"者,乃唐石經之文,宜改"包",後同此。

7. 利用禦寇,原作"利禦寇",此據蔡邕《明堂論》增。

8. 眚,漢石經"眚"字作"省",蓋二字古音同。故通假,後仿此,不另著録。

9. 否臧凶,漢石經"否"字或作"不",如《否》象"大人不亨";亦有仍作"否"者,如《否》"大人否亨"。吕氏《古易音訓》引晁氏云:"否,劉、荀、陸、一行作不",姑兩存之。

10. 輿,漢石經"輿"多作"轝",亦有作"輿"者,如《師》"弟子輿尸",然《象》則作"轝",虞翻亦多作"轝"。今姑兩存之。後仿此。

11. 跛,漢石經"跛能履"之"跛",作"㼈"。

12. 妹,"歸妹"之"妹",漢石經作"昧",蓋用假借字也。

13. 吝,漢石經"吝"皆作"吝"。

14. 笑,漢石經"笑"皆作"芺"。

15. 彭,"匪其彭"之"彭",漢石經作"旁"。

16. 祐,漢石經作"佑"。

17. 謙,漢石經凡"謙"字皆作"嗛"。

18. 撝,漢石經"撝"皆作"揮"。

19. 盱,漢石經"盱豫"之"盱",作"疛"。

20. 噬,"噬嗑"之"噬",漢石經皆作"噬"。後同此,不另著録,漢石經凡从竹者,皆从艸。

21. 滅,漢石經"滅"作"威"。

22. "大吉"之"大",唐石經添注於旁,此衍字也,宜去之。既利艱貞矣,云何大吉,吉可耳。屈先生云:"漢石經本,當亦無大字",是也。

23. 亨小利貞,有攸往。宜作"亨,利用攸往"。屈先生疑漢石經無"小""貞"二字,是也。漢石經"利有攸往"多作"利用攸往",惟少有例外耳。

24. 趾,漢石經"趾"作"止"。不另著録。

25. 坎,漢石經"坎"皆作"欿"。

26. 拯,漢石經凡"拯"多作"抍"。

《下經》第二

1. 亨,"享"漢石經多作"亨",蓋二字古同用,後仿此。

2. 姤,漢石經皆作"遘",宜從改,後仿此。

3. 禴,漢石經作"瀹",蓋用假借也。

4. 无,漢石經作"无",凡《易》有無之"無"悉作"无"。此誤宜從改。

5. 攄,宜作"據",諸本悉作"據"。

6. 劓,宜作"劓",漢石經作"劓"。

7. 刖,似宜從上六改"劊"。晁氏以爲九五與上六字同。(見《古易音訓》)

8. 鴻,漢石經作"鳿"。

9. 幾,漢石經作"近"。

10. 豐,漢石經皆作"豊"。後同此,不復著録。

11. 資,以《旅卦》"得其齊斧"例之,宜作"齊"。

12. 節,漢石經"節"作"莭",後仿此。

13. 若,宜作若,諸本悉然。上六若作若,亦宜改。

14. 鶴,漢石經"鶴"作"寉",見《繫辭傳》。

《上彖》第三

1. 疆,漢石經作"畺"。後仿此,不另著録。

2. 窒,漢石經作"懫"。

3. 柔,漢石經皆作"枽"。

4. 變,漢石經皆作"辯"。

《下彖》第四

簋,漢石經作"蒕"。

《上象》第五

1. 坤,漢石經作“巛”。
2. 害,漢石經作“害”。
3. 剥之无咎,爻辭作“剥无咎”。
4. 頻,以《巽卦》“顛巽”推之,似宜作“顛”。
5. 昃,宜作“昃”。

《下象》第六

1. 朋,宜作“崩”,《蹇卦》“大蹇崩來”。
2. 衎衎,漢石經作“衎衎”。
3. 火在當作“上”,諸本悉作“上”。

《上繫》第七

1. 盪,宜作“蕩”,見《釋文》。
2. 爻,漢石經凡“爻”字皆作“肴”。
3. 賾,漢石經“賾”皆作“嘖”。
4. 此節當在“其知神之所爲乎”止。
5. 吝,當作“肴”。漢石經“爻”作“肴”,“吝”作“吝”,此誤以“吝”爲“爻”。
6. 洗,當作“先”。《釋文》云,三家作“先”。

《文言》第八

會,蔡邕汝南周巨勝碑作“德”。

《説卦》第九

其於地也,以“其於馬,爲善鳴”推之,當無“也”字。後同此。

6. 校後語

舊雨樓藏漢石經據屈先生言,一、從《下象》《家人卦》“義也,家人有嚴君焉”起至《未濟》“濡其尾无攸利”止。二、從《上象》“君子以自强不息”起至“蠱得中”止。三、從《旅卦》“位也,得其齊斧”至《上繫》“陰陽之義配日月,易簡”止。四、從上繫“成性存存”起至“定之以吉凶”止,凡四段三千餘字,謂其書法雷同,乃出一人之手,疑爲贋品,而無以證之。云蓄疑莫怯,余作《周易》梁丘氏章句闡微既已,亦有疑情二,一《師卦》爻辭“弟子輿尸”之“輿”作“輿”,而《上象》(係舊雨樓藏漢石經)則“輿”作“轝”。《否卦》爻辭“大人否亨”之“否”作“否”,而《上象》則作“不”,是舊雨樓所藏已與漢石經不同。然漢石經中“輿”亦有作“轝”者,如《賁卦》是也。屈先生作《漢石經〈尚書〉殘字集證》時已證其爲方氏僞作。惟屈先生云:“若屬僞作,亦不影響本篇結論。”又言:“若屬贋品,亦有所本”,是也。故今乃視之爲漢石經之拓本可也。且其中字體亦頗有與漢石經相同者。

原載《易經深入(二)》

漢石經《論語》殘字異文考

◎ 呂振端

提　　要

宋洪适《隸釋》著録漢石經《論語》殘字凡一千零二十三字①;民國十一年以還,陸續出土之《論語》殘字,見之于拓片者,凡三百五十四字②,合計都凡一千三百七十七字,較之他經,亦可謂多矣。兹以唐石經本③及今本④爲主,並參以他本校之,其經文略有歧異及衍脱。爰就上述殘字,詳爲斠理,聊補經義。

《學而》第一

人不知也而不慍。

唐本(張氏皕忍堂覆刻唐石經本,以下簡稱唐本)及今本(阮刻《十三經注疏》本,簡稱今本,以下但言唐本不言今本者,明今本與唐本同)"知"下無"也"字。

道千乘之國。

唐本同。

《漢書·食貨志》卷上:"故孔子曰:道千乘之國。"與漢石經同。《七經考文》⑤所載古本、皇本、武内本、纂喜本、正平本、正和本及天文本"道"俱作"導"。《周易·繫辭》:"道濟天下。"鄭注作"導"。《爲政篇》:"道之以政。"阮

① 洪适《隸釋》卷十四(樓松書屋刊本)及拙作《漢石經論語殘字集証》(自印本一九七五年)頁三二—三三。
② 馬衡《漢石經集存·論語》殘字部分,中國科學出版社一九五七年版。
③ 《唐石十三經》,世界書局影刊,一九六二年版。
④ 《十三經注疏》,藝文印書館影印清嘉慶阮刊本,一九六六年版。
⑤ 《七經孟子考文》,日本山井鼎,阮氏巾箱本,簡稱《七經考文》。

元《論語校勘記》(簡稱阮元校勘記)云:"《後漢書》朱、景、王、杜、馬、劉、傅、堅、馬傳論,又《杜林傳》,並引作'導之以政'。""道"並作"導",亦同例。

案:"道""導"古通。作"導"字爲古文,漢石經作"道",乃本之今文也。

使民吕時。

今本同,唐本"民"作"巳",乃避唐太宗李世民之諱。"吕",唐本作"以",小篆作"㠯",隸書作"㠯"或"吕"。《説文》段注云:"今字皆作以,由隸變加人于右。"是也。

意予之與。

唐本"意予"作"抑與"。

徐鍇《説文繫傳》云:"見之于外曰意,意猶抑也。"《詩·小雅·十月之交》云:"抑此皇父。"《經典釋文》(簡稱《釋文》)引《韓詩》云:"抑,意也。"《國語·周語》:"抑人故也。"劉向《新序》及賈誼《新書·禮容》語下引作"意人故也。""抑""意"音同相假。《爲政篇》云:"君孰與足。"《漢書·谷永傳》引作"君孰予足"。"予""與"亦通假字也。

案:《儀禮·士喪禮》鄭注云:"古文予爲與。"漢石經《論語》用今文本,知作"予"字爲今文,作"與"字爲古文。

子贛曰。

唐本"贛"作"貢"。

《史記·貨殖列傳》云:"子贛既學于仲尼。"《仲尼弟子列傳》作"貢",後人依流傳本改作"貢"。

案:《説文》云:"贛,賜也。"又云:"貢,獻功也。"《爾雅》云:"貢,賜也。"《釋文》云:"貢,本亦作贛。"古人名字相配,端木名賜,則字作贛者,是也。

夫子之求之也。

唐本同。

案:正平本①、正和本②、足利本③"求"下無"之"字。

---

① 正平本《論語》,魏何晏《四部叢刊》景印《古逸叢書》本,簡稱正平本。

② 《論語集解》,何晏,日本正和抄本《論語集解》,簡稱正和本。

③ 足利本,日本山井鼎《七經孟子考文補遺》引。

不以禮節之，亦不行也。

唐本“行”上有“可”字。

案：有子曰：“有所不行，知和而和，不以禮節之，亦不行也。”上言“有所不行”，此云“亦不行也”，以文氣、意義度之，去“可”字，正與上文相應。皇本[①]與漢石經同。何晏《論語集解》引馬融注云：“不以禮爲節，亦不可行。”疑“可”字或因馬注而衍。

可謂好學已矣。

唐本“已矣”作“也已”。

皇本、武内本[②]、纂喜本[③]、津藩本[④]、正平本、南宗本[⑤]、正和本俱作：“可謂好學也已矣。”

案：《論語》“也已矣”連用之例甚多。《泰伯篇》：“泰伯其可謂至德也已矣”，《子罕篇》“吾未如之何也已矣”，《顔淵篇》“可謂達也已矣”等，皆以“也已矣”連文。據此，則漢石經“學”下當脱“也”字。

富而無驕。

唐本作“富而無驕。”

案：漢石經“富”作“冨”，“驕”作“驕”，乃隸寫如此。

《爲政》第二

吾十有五，而志乎學。

唐本“乎”作“于”。皇本、武内本及《白虎通·辟雍篇》引此作“於”。

案：《論衡·實知篇》引此作“乎”。敦煌皇本[⑥]、正和本、正平本、南宗本、纂喜本、津藩本及天文本[⑦]亦俱作“乎”。是也。

卅而立

① 《論語義疏》，梁皇侃《知不足齋叢書》本，簡稱皇本。
② 《論語》，日本武内義雄據日本古抄皇本校訂，大阪市懷德堂排印本，簡稱武内本。
③ 《論語》，傅雲龍《纂喜廬叢書》本，簡稱纂喜本。
④ 《論語》，日本津藩有造館本，日本天佑八年石川之褧刊本，簡稱津藩本。
⑤ 《論語集解》，魏何晏，日本文化間翻刻南宗寺本，簡稱南宗本。
⑥ 《論語義疏》梁皇侃，藝文印書館影印斷寫本，簡稱敦煌皇本。
⑦ 天文板《論語》，魏何晏，日本大正五年影印天文本，簡稱天文本。

唐本“丗”作“卅”。敦煌皇本及《集解》本①、正平本俱作“卅”。

今本作“三十”。

我對曰：毋違。

唐本“毋”作“無”。

《儀禮·士昏禮》云：“夙夜毋違。”鄭注云：“古文毋作無。”案：漢石經用今文本，“無”皆作“毋”。

樊遟曰。

唐本同。今本作“遲”。敦煌《集解》本及纂喜本作“遅”。

案：“遲”作“遟”或“遅”，漢隸中習見，乃籀文隸變所致。

不敬何以别。

唐本“别”下有“乎”字。

《禮記·坊記》云：“子云：‘小人皆能養其親，若子不敬何辨。’”鄭玄注云：“辨，别也。”與此經相發，皆無“乎”字。

人焉廋哉，人焉廋。

唐本下半句“廋”下有“哉”字。

案：敦煌集解本作：“人焉廋哉，人焉廋。”與漢石經同，末句亦無“哉”字。“廋”作“廋”，疑俗訛所致。

斯害也已。

唐本同。

《七經考文》所載古本、皇本、武内本、纂喜本、正和本、南宗本、天文本“已”下俱有“矣”字。

行寡悔。

唐本“寡”作“寡”。

案：張參《五經文字》云：“寡、寡，上《説文》，下石經。”此云石經者，當指漢石經。

① 即敦煌《論語集解》本，見陳鐵凡《敦煌論語異文彙考》，臺北孔孟學會《孔孟學報》一九六一年第一期，簡稱敦煌《集解》本，頁一〇〇。

何爲則民服。

唐本同。

《七經考文》所載古本及武内本“服”下有“也”字。

《書》云：孝于惟孝。

唐本“于”作“乎”。

《七經考文》所載古本、足利本、皇本、正和本、武内本、纂喜本及津藩本“乎”字皆作“于”。

惠棟《九經古義》云：“蔡邕石經亦作‘于’，故包咸注云：‘孝于惟孝，美大孝之辭。’後世儒者，據晉世所出《君陳篇》，改‘孝于’爲‘乎’，惟以孝屬下句以合之，若非漢石經及包氏注，亦安從而是正邪?”劉寶楠《論語正義》云：“‘孝于’與下句‘友于’相次，字宜作‘于’。”惠、劉二人之説甚是。

《八佾》第三

起予商也。

唐本“予”下有“者”字。

《韓詩外傳》卷三云：“子夏問《詩》，學一知二。孔子曰：‘起予者商也，始可與言《詩》已矣。’”知漢代之本或有“者”字。漢石經所據本則無“者”字也。

周監於二代。

唐本同。

《史記・孔子世家》引此無“於”字。《漢書・儒林傳》引“代”作“世”。

國君爲兩君之好。

唐本“國”作“邦”。

案：漢石經“邦”皆作“國”。《史記》引《尚書・堯典》：“萬邦”，《皋陶謨》：“有邦”“中邦”“男邦”，《微子》“殷邦”，《洪範》“而邦其昌”等“邦”字，並作“國”，蓋避漢高祖劉邦之諱而改也。

吾未甞不得見也。

唐本同，今本“甞”作“嘗”。

案:《玉篇》《集韻》俱云:"嘗同甞。"嘗從旨,甞從甘,旨即□也。《九經字様》云:"嘗、甞,上《説文》,下隸省。"是也。

天下之無道也久矣。

唐本同。

阮元校勘記云:"皇本、高麗本無也字。"《七經考文》所載古本、正平本、正和本及南宗本,"道"下亦無"也"字。

《里仁》第四

焉得知。

唐本同。

敦煌皇本、高麗本、《七經考文》所載古本、皇本、武内本、正和本、纂喜本、津藩本、正平本"知"皆作"智"。

案:古籍每假"知"爲"智","智"正字,"知"假借字也。

無惡。

唐本"惡"下有"也"字。

阮元校勘記云:"漢石經、高麗本無'也'字。"

富與貴,是人之所欲也。

唐本同。

阮元校勘記云:"此句'也'字及下'是人之所惡也'兩'也'字,疑俱屬後人所加。"《後漢書・李通傳論》及《晉書・夏侯湛傳》引此作:"富與貴,是人之所欲。"句末皆無"也"字。阮説可備一説。余意漢石經所據本當有"也"字。

我未見好仁,惡不仁者。

唐本"好仁"下有"者"字。

案:下文云:"好仁者,無以尚之;惡不仁者,其爲仁矣。"以文義度之,"好仁"下有"者"字,則語氣較爲順暢。疑漢石經脱"者"字,或所據本確無"者"字也。

朝聞道,夕死可也。

唐本“也”作“矣”。

皇侃《論語義疏》引晉人欒肇注云:“誠令道朝聞於世,雖夕死可也。”疑欒氏所據本亦作“夕死可也”。

子曰:士志乎道。

唐本“乎”作“於”。

案:乎、於二字,古多通用。《經傳釋詞》有説。

君子懷荆。

唐本“荆”作“刑”。敦煌《集解》本作“荆”。

《論衡·四諱篇》云:“刑之字,井與刀也。厲刀井上,井刀相見,恐被刑也。”《説文》井部云:“荆,罰辠也,從井從刀。”刀部云:“刑,剄也,從刀幵聲。”段注荆字云:“此荆罰正字也,今字改用刑。”

案:《集韻》云:“荆同刑。”荆、刑同爲户經切,蓋同音通假也。

父母在,不遠游。

唐本同。

《七經考文》所載古本、皇本、武内本、纂喜本、津藩本、正和本、正平本“不”上有“子”字。

《子罕》第九

毋意,毋必,毋固,毋我。

唐本同。

《儀禮·鄉射禮》疏引《論語》曰:“孔子云:‘君子無必,無固,無我。’”《史記·孔子世家》正作“無”。惟今本《史記》作“毋”,是“毋”“無”通用之證也。

《先進》第十一

曰:有慟乎。

唐本“慟”作“慟”。

《七經考文》所載古本、足利本、敦煌《集解》本、皇本、武内本、正和本、纂喜本、津藩本、正平本、天文本“慟”皆作“慟”。案：漢碑“慟”俱作“慟”。如：郭仲奇碑“悲慟剥裂”，北海相景君碑“警慟傷懷”，武榮碑“感哀悲慟”，皆其證。《説文》心部云：“慟，遲也。從心重聲。”蓋許書無“慟”字，新附始有之。

風乎舞宇。

唐本“宇”作“雩”。

纂喜本、敦煌《集解》本、正平本、正和本“宇”作“雩”。馬衡《漢石經集存》云：“此殘字不似從雨之雩，頗似于字，或從宀之宇。”今核之殘字，以爲“宇”字者是。

案：于，篆文作亏，甲骨、金文作于。于亏，蓋古今之字也。僖公廿一年《穀梁傳》經文云：“會于雩。”注云：“雩，宋地。雩，或爲宇。”金文“雩”俱作“雩”。《釋文》云：“雩，音宇。”是“雩”“雩”亦同字也。《説文》訓“宇”字爲“宇，屋邊也。”“雩”“雩”俱從于聲，是三字皆可通假也。

咏而歸。

唐本“咏”作“詠”。

《史記・仲尼弟子列傳》云：“詠而歸。”《後漢書・仲長統傳》亦作“詠歸”。

案：《説文》云：“詠，歌也。從言永聲。咏，或從口。”從言從口，義則一也。

唯求則非國與。

唐本作“唯求則非邦也與”。“國”作“邦”，説詳前。“與”上有“也”字。

案：敦煌《集解》本作“唯求則非邦也矣。”“與”作“矣”，以下文“唯赤則非邦也與”觀之，應作“與”爲是。

焉見方六七十。

唐本“焉”作“安”。《釋文》作“焉”。

案：《禮記・三年問篇》“焉”字，《荀子・禮論篇》引皆作“安”。《季氏篇》：“則將焉用彼相矣。”《漢書・王嘉傳》引作“則將安用彼相矣”。《經傳釋詞》云：“安，焉也。”是“焉”“安”古通用也。

《顔淵》第十二

一日克己復禮。

唐本同。

《尚書·洪範》云“克”,《周禮·太卜》引此作“尅”。衡方碑隸寫作“剋”。《集韻》云:“克通剋,俗作尅。”

所不欲。

唐本“所”上有“己”字。

案:“己”爲主語,無“己”字則不知所指,是漢石經脱“己”字也。

《陽貨》第十七

有三年之愛於其父母。

唐本“母”下有“乎”字。

君子有惡乎。

唐本“有”上有“亦”字。

劉寶楠《論語正義》云:“‘亦’是承上之辭。此句上無所承,自不當有‘亦’字。”所言極是。

子曰:有,惡稱人之惡者。

唐本作“有惡,惡稱人之惡者。”“有”下多一“惡”字。

惡居下而訕上者。

唐本“下”下有“流”字。

馮登府《論語異文考證》云:“漢石經無‘流’字。案:惠氏棟云:此當因《子張篇》‘惡居下流,涉彼而誤。《鹽鐵論》《漢書·朱雲傳》皆有‘居下訕上’句。是漢以前本無‘流’字。考《義疏》云:‘惡爲人臣下,而毁謗其君者。’是亦無‘流’字。漢石經猶存古文。《白六帖》兩引、《衆經音義》三引,俱無‘流’字。有‘流’字者始自唐石經。”馮説蓋可信也。

近之則不孫。

唐本同。

《後漢書·爰延傳》注引,《魏書·高允傳》引“孫”作“遜”。“孫”“遜”通假字也。

年卌見惡焉。

唐本"卌"作"四十"。"見"上有"而"字。

案：敦煌《集解》本"四十"亦作"卌"，"見"上亦有"而"字。漢石經"四十"作"卌"，蓋漢碑隸寫多如此。

《微子》第十八

枉道而事人，何必去父母之國。

唐本"國"作"邦"。

案：敦煌《集解》本"人"下有"焉"字，當涉上文"直道而事人焉"而衍。

何而德之衰也。

唐本作"何德之衰也"，無"而"字。今本作"何德之衰"，無"而"及"也"字。《莊子·人間世》引作"何如德之衰也"，句末亦有"也"字。"而""如"古通用。

案：《七經考文》所載古本、皇本、纂喜本、正平本、正和本、南宗本"衰"下皆有"也"字。

往者不可諫也，來者猶可追也。

唐本此二句末皆無"也"字。

《史記·孔子世家》引"諫也"作"諫兮"，"追"下仍作"也"字。敦煌《集解》本"諫"作"直"，下無"也"字。

《七經考文》所載古本、皇本、正和本、纂喜本、正平本、南宗本及天文本于此二句末皆有"也"字，與漢石經同。

夫執車者爲誰子。

唐本"車"作"輿"，"誰"下無"子"字。

案："車""輿"二字音同義屬，古多通用。《詩·小雅·出車》云："我出我車。"《荀子·大略篇》作"輿"。《老子》云："雖有舟輿。"《釋文》河上本作"車"。是"車""輿"古通之證也。又漢石經"子"字或因下文"子路"二字而誤衍，當以無"子"字爲是。

曰：是。是知津矣。

唐本作“曰：是也。曰：是知津矣”。首“是”字下有“也”字，次“是”字上多一“曰”字。

《七經考文》載古本、皇本、武内本、纂喜本、津藩本、正平本、南宗本作“對曰：是也。曰：是知津矣”。首“曰”字上多一“對”字。

豈若從避世之士哉。

唐本“避”作“辟”。

敦煌《集解》本、皇本、武内本、正平本、南宗本皆作“避”，與漢石經同。

案：《尚書·金縢篇》云：“我之弗辟。”馬本作“避”。《説文》段注云：“辟，或借爲避。”是二字古通用也。

櫌不輟。

唐本作“耰而不輟。”“櫌”作“耰”，“不”上有“而”字。

案：《説文》引作“櫌”，敦煌《集解》本亦作“櫌”。《史記·始皇本紀》云：“鉏櫌白梃。”《五經文字》云：“櫌，見《論語》。”《集韻》云：“或從耒。”《六書正譌》云：“俗作耰，非。”是漢唐舊本皆作“櫌”。

子路以告，子憮然曰。

唐本作“子路行以告，夫子憮然曰”。多“行”“夫”二字。阮元校勘記云：“《史記·孔子世家》亦無‘行’字，因‘丈人’章而誤衍也。”

敦煌《集解》本“憮”作“橅”，武内本作“撫”，其他各本作“憮”。《漢書·韋玄成傳》云：“其規橅可見。”師古曰：“橅讀曰摹。”《集韻》云：“模，亦作撫。”

案：“橅”當爲“摹”或“模”之或體，以作“憮”爲是。

鳥獸不可與同群也。

唐本“群”下無“也”字。

敦煌《集解》本、高麗本、《七經考文》所載古本、皇本、武内本、纂喜本、津藩本、正平本、南宗本句末皆有“也”字，與漢石經同。

置其杖而耘。

唐本“置”作“植”，“耘”作“芸”。

《詩·商頌·那》云：“置我鞉鼓。”箋云：“置，讀曰植。”《尚書·金縢篇》

云:"植璧秉圭。"鄭注云:"植,古置字。"《説文》木部云:"植,或作櫃。"《漢書·賈誼傳》云:"植遺腹。"應邵注作"置遺腹。"是"置"與"植"通之證。

"耘"作"芸"者,《詩·小雅·甫田》云:"或耘若耔。"《釋文》作"芸"。《漢書·食貨志》《周禮·甸師》疏並引作"芸"。"耘""芸"亦通假字也。

君臣之禮。

唐本"禮"作"義"。

馮登府《石經補考》卷二云:"上文云'不仕無義',下云'君子之仕也,行其義也',語氣相貫注,則作義爲正。"

如之何其廢之也。

唐本句末無"也"字。

古本、皇本、武内本作"如之何其可廢也"。《後漢書·申屠蟠傳》注亦作"其可廢也。"據此,則古本句末應有"也"字。

欲絜其身。

唐本同。

漢校官碑:"蹈公儀之絜。"夏承碑:"忠絜清肅。"皆以"絜"爲"潔"。"潔",《説文》無此字。阮元校勘記云:"皇本、閩本、北監本、毛本'絜'作'潔'。案:'潔'乃'絜'之俗字。"阮説是也。

其斯以乎。

唐本作"其斯而已矣"。"斯"下多"而"字,"以乎"作"已矣"。

案:"以",或作"已"。鄭注《禮記·檀弓》云:"'以'與'已'字本同。"是"以""已"古字同也。

謂虞仲夷佚。

唐本"佚"作"逸"。

案:漢石經"逸"多作"佚"。《尚書·無逸篇》《尚書大傳》作"毋佚",《史記》亦作"毋佚"。《孟子·萬章》下篇云:"遺佚而不怨。"又《盡心》下篇云:"四肢之於安佚也。""佚"皆同"逸"。《釋文》云:"佚,本作逸。"同音通用字也。

行中情,廢中權。

唐本"行"作"身","情"作"清"。

《史記·孔子世家》引作"行中清,廢中權。"劉寶楠《論語正義》云:"行與廢,當是對文,謂居位行道也。"

案:"身"作"行","清"作"情",其義似更長也。

伯栝。

唐本"栝"作"适"。《釋文》亦作"适"。

《子張》第十九

其不可者距之。

唐本"距"作"拒"。

阮元校勘記云:"漢石經、皇本、高麗本'拒'作'距',下並同。"

案:《荀子·仲尼篇》云:"而富人莫之敢距也。"楊倞注云:"'距'與'拒'同。"許書無"拒"字。《説文》足部云:"距,雞距也,求許切。"《五經文字》云:"'拒'與'距'字同。"《釋文》云:"今本作'拒'。"則舊本當作"距",漢石經作"距",是也。

我之大賢與。

唐本同。

阮元校勘記云:"高麗本無'之'字,下'我之不賢與',亦無'之'字。"《七經考文》補遺所載古本、正平本、南宗本兩"我"字下皆無"之"字。

子斿曰。

唐本"斿"作"游"。

案:桓公二年《左傳》云:"鞶厲游纓。"李善引作"斿"。《漢書·禮樂志》云:"泛泛滇滇從高斿。"師古云:"斿,同游。"是"斿""游"古字通也。金文有此字,當以"斿"爲正。

有始有卒者。

唐本"卒"作"卒"。漢石經作"卒",蓋隸省如此。

吾聞諸子。

唐本"子"上有"夫"字。

案：弟子于人前稱孔子，必曰夫子。知漢石經脱"夫"字也。

人未有自致也者。

唐本"也者"作"者也"。

敦煌《集解》本、纂喜本、津藩本、正平本、正和本皆作"也者"，與漢石經同。

子贛曰。

唐本"贛"作"貢"，説詳前。

不如是其甚也。

唐本作"不如是之甚也"。

"不如"，《論衡·語增篇》及《齊世篇》引作"不若"。鄭玄以作"如"爲今文，作"若"爲古文。實則"如"猶"若"也；"之"猶"其"也，經傳每多通假。

敦煌《集解》本作"不如是之甚矣"。"也"作"矣"。

案："也"猶"矣"也。《詩·小雅·車攻》："允矣君子。"《禮記·緇衣》引作"允也君子"。又《樂記》云："咸池備矣。"《史記·樂書》作"備也"。知"也""矣"乃一聲之轉，故可互訓。

文武之道，未隧於地。

唐本"隧"作"墜"。

案：《楚辭·九歌》云："矢交隧兮士争先。"洪興祖《楚辭補注》云："隧，與墜同。"西狹頌云："賈隧之患。"洪适《隸釋》云："以隧爲墜。"蓋"隧""墜"皆從隊聲，乃通假之字也。

賢者志其大者。

唐本"志"作"識"。

阮元校勘記云："志、識古今字。康成注《周禮·保章氏》云：'志，古文識。'賈疏云：'古之文字少，志意之志，與記識之識同。'後代自有記識之字，不復以志爲識。'"

案：《漢書·劉歆傳》引《論語》此文亦作"志"。是"志""識"古通也。

辟諸宫薔。

唐本"辟"作"譬","諸"作"之","薔"作"牆"。

案:《大學》"人之其所親愛而辟焉"等五"辟"字,鄭注俱作"譬"。是"辟""譬"古通也。"諸"作"之"者,襄公二十六年《左傳》云:"棄諸堤下。"《漢書·五行志》"棄諸"作"棄之"。《白虎通·社稷篇》"譬之"亦作"譬諸"。《儀禮·士昏禮》注云:"諸,之也。"是"之"猶"諸"也。"薔"作"牆"者,華岳廟碑云:"薔屋傾亞。"以"薔"爲"牆"。閩本、毛本、北監本俱作"牆"①,俗字也。"薔",借字也。

《七經考文補遺》所載古本、足利本、纂喜本、津藩本、正平本、天文本句末有"也"字。

窺見室家之好。

唐本"窺"作"闚"。

阮元校勘記云:"閩本、北監本、毛本'闚'作'窺'。朱子《集注》本亦作'窺'。"

《釋文》所據本、皇本、正和本、正平本、天文本"窺"作"闚"。

案:《五經文字》云:"'窺'與'闚'同。""闚"當爲"窺"之或體。

仲尼,日月也。

唐本同。

阮元校勘記云:"皇本、高麗本'日'上有'如'字。《後漢書·孔融傳》《列女傳》二注引此文,竝有如字。"

案:敦煌《集解》本、武内本、纂喜本、津藩本、正平本、正和本、南宗本、天文本皆作"仲尼如日月也。"

夫子之不可及也。

唐本同。

案:《七經考文補遺》載古本"及"下無"也"字。正和本作"夫子不可及",無"之""也"二字。

《堯曰》第廿

① 見阮元《論語校勘記·子張篇》引。

蕳在帝心。

唐本“蕳”作“簡”。

正平本亦作“蕳”。《五經文字》云:“蕳,古閑反,蘭也。見《詩·風》。俗以爲簡策字,非。”馮登府《石經考異》云:“石經‘簡’作‘蕳’,‘蕳’是隸變。”

案:“蕳”“簡”二字,隸寫多混。作“蕳”者,乃隸之俗寫。

朕躬有罪,毋以萬方。

唐本“毋”作“無”。正平本“萬”作“万”。

萬方有罪,在朕躬。

唐本作“萬方有罪,罪在朕躬。”“在”上多一“罪”字。

《隸釋》謂版本有兩“罪”字,其意蓋謂漢石經僅一“罪”字也。

案:皇本、高麗本均作“萬方有罪,在朕躬。”知後世傳本,亦有僅一‘罪’字者。又:《國語·周語》載内史過引《湯誓》云:“萬方有辠,在余一人。”《墨子·兼愛》下引:“萬方有罪,即當朕身。”文字雖稍有差異,然皆僅用一“罪”字。據此,則唐本此文當誤重“罪”字。

寬則得衆,敏則有功。

唐本“得衆”下有“信則民任焉”五字。

案:皇本、高麗本、足利本、天文本、《群書治要》引,俱無此句。阮元校勘記云:“此句疑因《陽貨篇》‘子張問仁’章誤衍。”阮説蓋可信也。

公則説。

唐本同。

正和本作“公則民説”。皇本、武内本、纂喜本、津藩本、正平本、南宗本皆作“公則民悦”。竹添光鴻《論語會箋》云:“唐石經、邢本無‘民’字,蓋因石經、邢本衍‘信則民任焉’一句,覺兩‘民’相礙,故削此‘民’字耳。”所言極是。又“説”作“悦”者,《説文》有“説”無“悦”。翟灝《四書考異》云:“古‘喜説’‘論説’同字,漢後增從心字别之。”阮元校勘記云:“古人喜悦字多假借作説。”知“悦”古皆假借“説”爲之。

因民之所利而利之。

唐本同。

阮元校勘記云:“《易·益卦》注、《周禮·旅師》疏及《文選·洞簫賦》注引此文,並作‘因民所利而利之’。皇疏兩述經文,皆無上‘之’字,疑後人據俗本誤增。”阮説可備一説。唯漢、唐石經所據之本則有“之”字。

《校記》

賈之哉。

當爲《子罕篇》校文。

唐本“賈”作“沽”。

《白虎通·商賈篇》云:“《論語》曰:賈之哉。”段玉裁《古文尚書撰異·酒誥》“賈用”下云:“今本《白虎通》依今本《論語》,改‘賈’爲‘沽’。”劉寶楠《論語正義》云:“沽,漢石經俱作‘賈’,見《東觀餘論》;段氏以買賣皆可云賈,沽是假借字。”劉説是也。

案:漢石經據今文本作“賈”。

且在封。

當爲校語中引《季氏篇》“且在封域之中矣”之文。

唐本“封”作“邦”。

馬衡《漢石經集存》云:“今本‘封’作‘邦’。”《釋文》云:“邦,或作封。”是“邦”亦作“封”也。

原載《南大語言文化學報》一九九七年第二卷第二期

漢石經《尚書》殘字異文考

◎ 吕振端

提　　要

漢石經《尚書》之刊刻，其所據者爲小夏侯本，計廿九篇；竣工後八年，即遭焚損，復屢遭兵燹及遷徙，至唐武后時，已毁廢净盡矣。逮乎趙宋，洪适《隸釋》著録漢石經《尚書》殘字凡五百五十四字；民國十一年以還，陸續出土之《尚書》殘字，見於拓片者，約二百四十餘字，合計近八百字。較之他經，所存殘字雖無多，然對考證漢石經《尚書》之篇數、篇第及今文、古文、僞古文諸本經文之歧異，助益良多。此外，尚有舊雨樓藏漢石經，著録《尚書》殘文約一千零六十字，因已確知其爲贋鼎，故不予考訂。

兹以唐石經本及今本爲主，并參以他本，詳爲校理，以明其經文之歧異及衍脱也。

《堯　典》第　一

<u>女秩</u>宗（劃綫者爲漢石經殘字，下同。）

唐本（張氏皕忍堂覆刊唐石經本，以下簡稱唐本）及今本（阮刻《十三經注疏》本，簡稱今本，以下但言唐本而不言今本者，明今本與唐本同）作“汝作秩宗”。

案：内野本作“女秩宗”，與漢石經同。考上文“汝作司空”，“汝作士”，“汝作朕虞”，揆其文理，有“作”字則語氣較順。疑漢石經所據本或脱“作”字。又唐本“女”作“汝”，《史記》引《尚書》凡“汝”字俱作“女”。蓋漢石經《尚書》系用今文本，以作“女”字爲今文，作“汝”字爲古文（復文不復著）。

惟時亮天工

唐本“工”作“功”。

屈師翼鵬《漢石經尚書殘字集證》(以下簡稱《殘字集證》)云:“唐本及今本《堯典》‘時亮天功,之‘功’字,段玉裁《古文尚書撰異》據《史記·五帝本紀》‘相天事’之語證之,謂今文本當作‘工’。今按:蔡邕陳太丘碑云:‘惟亮天工’(見《蔡中郎文集》卷二),再證以此二殘字,知今文《尚書》此處‘功’字確有作‘工’者。”

案:師説是也,丁孚《漢儀·夏勤策文》,蔡邕橋公廟碑“天功”并作“天工”,與漢石經同。是“功”“工”古通用也。

舜生丗徵庸。

唐本“丗”作“卅”,與漢石經同。今本作“三十”。“徵”,唐本同。

陳喬樅《今文尚書經説考》(以下簡稱《經説考》)云:“《中庸》鄭注曰:徵,或爲登,徵、登今古文之異耳。”

案:魏石經《尚書》“徵庸”作“登庸”。魏石經《尚書》系用古文本,知作“登庸”爲古文,作“徵庸”爲今文也。

《盤 庚》第 六

汝悔命何及。

唐本“命”作“身”。

馮登府《石經考異》(以下簡稱《考異》)云:“上文屢言命,下文矧予制乃短長之命,與此悔命相應。悔命何及,即所謂罔知天之斷命也。今文義爲長。”

案:梅頤本《尚書》“命”字作“身”。馮氏以爲“身”作“命”,其義較勝,甚允。

相時散民

唐本“散”作“憸”。

段玉裁《古文尚書撰異》(以下簡稱《撰異》)云:“《隸釋》所載石經殘碑作散,散即散也。古文《尚書》作悲,枚氏古文《尚書》作憸,今文《尚書》作散。”

案:馬融本《尚書》作“憸”字,應爲古文《尚書》,漢石經作“散”,當爲今文也。石經作“散”,乃“散”之隸變。唐寫本古文《尚書》(以下簡稱“唐寫本”)“散”作“悪”;岩崎本、内野本作“[illegible]”,皆爲“悲”字之隸變也。

人維舊。

唐本“人維舊”作“人惟求舊”。

皮錫瑞《今文尚書考證》(以下簡稱《考證》)云:“《風俗通·窮通篇》《三國志》《王朗與許靖書》,引《書》皆作人惟求舊。”

案:唐寫本亦作“人惟求舊”。以文理推之,似以有“求”字爲長。疑漢《石經》脱“求”字。

“維”,唐本作“惟”。

《史記》引《尚書》“惟”作“維”字約三十餘見。如《夏本紀》引《皋陶謨》“惟時惟幾”作“維時維幾”。“惟”皆作“維”,古通用。

器非救舊。

唐本“救”作“求”。

孫星衍《尚書今古文注疏》(以下簡稱《孫疏》)云:“求作救者,《周禮·大司徒》之職云:‘正日景以求地中。’注云:‘故書求爲救。’杜子春云:‘當爲求。’《堯典》‘旁求’,《説文》引爲‘旁救’,是‘求’‘救’通也。”案:“求”作“救”,漢石經“救”書作“救”,蓋古攴支通用,“救”即“救”,“救”即“求”,是古“求”與“救”通。

女毋翕侮成人。

唐本“女”作“汝”,“毋”作“無”,“翕侮”作“老侮”,今本作“侮老”。

阮元《尚書校勘記》(以下簡稱校勘記)云:“古本侮上有老字。唐石經作‘汝無老侮成人’。按今本脱上‘老’字。石經脱下‘老’字,傳及疏内‘侮老’,疑亦俱當作‘老侮’。”

《考異》云:“僞孔隸古本作‘汝無老侮老成人’。……僞孔據《詩》雖無老成人之語,故增一老字,而衛包改今文時又删去一老字,遂作‘汝無侮老成人’。”

案:足利本“成人”亦作“老成人”,今本作“汝無侮老成人”,當有所據也。漢石經“汝”作“女”,“無”作“毋”,皆用今文也。唐寫本及内野本“汝”作“女”,“無”作“亡”。足利本“汝”亦作“女”。“老侮”,漢石經作“翕侮”。《撰異》云:“翕侮,猶狎侮也,翕蓋狎之假借字。”漢石經“老”作“翕”,今文也。

毋流孤有功。

唐本“毋流”作“無弱”。

《考異》云:“流本音爲聊。《説文》彡部:‘弱,橈也。’是弱流音相近。……鄭注《鄉飲酒義》云:‘流,猶失禮也。’”

案:《經義述聞》云:"弱孤連讀,言以爲弱孤而輕忽之也。"漢石經作"流孤",亦有輕忽之義焉。唐寫本"毋"作"亡"。

各共爾事。

唐本"共"作"恭"。

案:《甘誓》:"恭行天之罰",《史記·夏本紀》引"恭"作"共"。《牧誓》:"今予發維共行天之罰。"《周本紀》引"恭"亦作"共",與漢石經同,應爲今文《尚書》。唐寫本、岩崎本、内野本、足利本,并作"龔",是"共""恭""龔"古通也。

齊乃位度爾口。

唐本"爾"作"乃"。

案:《費誓》:"敹乃甲冑",《史記·魯世家》引作"陳爾甲冑"。《大誥》"越爾御事",《詩經·大雅·思齊》鄭箋:"《書》又曰:'越乃御事。'"漢石經系用今文本,據此,《魯世家》所引作"爾"字,應爲今文《尚書》;而鄭玄本《尚書》作"乃",蓋本之古文也。

股庚作。

唐本"股"作盤"。

案:"股"即"般"。漢石經"舟"皆作"月"。《君奭》:"時則有若甘盤。"《史記·燕世家》引作"則有若甘般",漢石經以作"般"字爲今文,作"盤"字爲古文。

罔不惟民之承保。

今本同。唐本"民"作"巳"。

案:唐本"民"作"巳",避太宗李世民之諱也。

后胥高。

唐本"高"作"慼"。

《考異》云:"高、慼古音相近。《説文》:'鼜,從壴蚤聲,讀若戚。'《周禮·眂瞭》注云:'杜子春讀"鼜"爲"憂戚"之"戚"。'《説文》'慼'從心戚聲。《賈子新書·胎教篇》'靈公戚然',《大戴禮·保傅篇》作'造然',戚有蚤音,故轉假作造,作高也。"

案:馮説甚允。《撰異》謂"戚"作"慼",乃衛包所改。漢石經"慼"作"高"者,亦聲之轉也。慼從戚聲,造從告聲;告與高聲近,故得相通也。

令予將試以爾遷。

唐本"爾"作"汝",唐寫本"遷"作"䙴"。

案：《湯誓》“爾無不信”，《史記·殷本紀》引“爾”作“汝”。《金縢》：“用能定爾子孫於下地。”《魯世家》引“爾”亦作“汝”。僞孔本《尚書》“爾”作“女”。是經典“爾”“汝”“女”多通用之證也。漢石經以作“爾”字爲今文，作“汝”字爲古文。

“遷”作“䙴”。《漢書·郊祀志》：“欲䙴夏社不可。”師古注：“䙴，古遷字。”是顔氏以作“䙴”字爲古文也。

安定厥國。

唐本“國”作“邦”。

案：“國”“邦”異文。《史記》引《堯典》“萬邦”，《微子》“殷邦”，《洪範》“而邦其昌”等“邦”字，并作“國”，蓋避漢高祖劉邦之諱而改也。

今女不憂朕心之攸困。

唐本“今女不”作“汝不”，無“今”字。

《考異》云：“‘今予將試以汝遷，安定厥邦’，下云‘今汝不憂朕心之攸困，乃咸大不宣乃心’，語氣緊接，今文然也。”案：馮氏以爲今文本有“今”字，語氣較緊接，所言極是。唐寫本“女”亦作“女”，與漢石經同；“攸困”作“逌朱”。內野本“不”作“弗”。

不其或迪。

唐本“迪”作“稽”。

案：唐寫本、內野本“不其或迪”并作“弗丌或乩”。郭忠恕《汗簡》卷五乚部“謂稽字之古文作乩，云出《尚書》”。據郭説，作“稽”字當爲今文。然漢石經“稽”作“迪”，則郭説恐非是。“迪”“稽”“乩”蓋音近通用，今文《尚書》多用“迪”字，篇內殘字亦有“汝罔能迪”，即其證也。

自怨曷瘳。

唐本“怨”作“怒”。

唐寫本、岩崎本、雲窗一本、內野本、足利本，“自怨曷瘳”并作“自忞害瘳”。

案：忞，古文怒字。《玉篇》怒字未收。忞、怒二字下并云：“奴古切，恚也。”是二字音義相同之證也。尋繹經義，作“怨”較勝。

汝永勸憂。

唐本“永”作“誕”。

案：《説文》："永，長也。"誔，大也。説詳《一切經音義》卷十七。誔作永者，誔從延聲，延、永雙聲，音近義同，皆訓爲長。《考異》謂"永字正與上謀長對言，不爲長久之謀，乃爲長久之憂"。所言甚是。

今予命女一。

唐本"女"作"汝"，説詳前。唐寫本作"女"，與漢石經同。

毋起穢以自臭。

唐本"毋"作"無"。

案：《堯典》"無相奪倫"，《皋陶謨》"無若丹朱傲"，《史記》引"無"并作"毋"。唐寫本作"亡"。唐寫本、岩崎本、内野本、足利本，"起"并作"迟"。"穢"，唐寫本作"栽"，岩崎本作"戦"，内野本、足利本作"裁"。

予不克羞爾。

唐本"不"作"丕"。

《考異》云："《大誥》：'爾克丕遠省。'王莽《大誥》作'爾不克遠省'。王莽《大誥》，今文也。"

案：《金縢》"有丕子之責于天"，鄭注："丕讀曰不。"是又借"丕"爲"不"矣。唐寫本"不"作"丕"。"不""丕"古通用。漢石經今文"不"作"不"，隸寫也。

高后𠀚乃知降罪疾。

唐本"𠀚"作"丕"，"知"作"崇"。

邵瑛《説文解字群經正字》(以下簡稱《群經正字》)云："《釋文》：'丕'，普悲反，皆丕字也。《五經文字》云：'丕，《説文》；𠀚，石經。'"

案：經傳"丕""不"雖恒通用，然漢石經"丕"隸寫作"𠀚"，"不"作"不"，亦稍異耳。"知""崇"古音近，漢石經作"知"，蓋用今文本也。

女萬民乃不生生。

唐本"女"作"汝"，"民"作"巳"。

案：唐寫本前三字作"女万民"，"民"字不避諱，亦未減末筆。唐寫本、岩崎本、雲窗一本、足利本、内野本，"不"並作"弗"。

女有近則在乃心。

唐本"女"作"汝"，"近"作"戕"，唐寫本"有近"作"又戕"。

楊筠如《尚書覈詁》(以下簡稱《覈詁》)云："戕，《詩》箋：'殘也。'漢石經作近，形之訛也。則，疑爲賊之假，古賊字從則，故可相通。《散盤》'余有散氏心戕則爰千罰千'，義與此同。"

案：據楊注，"近則"即"戕賊"也。"匠""近"形近，疑今文本作"匠"，漢石經作"近"，當系"匠"字之誤也。

迪高后丕乃興降丕永。

唐本"興降丕永"作"崇降弗祥"。

《考異》云："祟、興音義通。《文選·東京賦》：'進明悳而崇業。'薛注：'崇，猶興也。'《説文》'興'從舁從同，聲亦相協。"又云'古永、羕同字'，《詩》：'江之永矣。'《韓詩》作羕，從永從羊聲，祥亦從羊聲，且古字祥并省作羊，此永、祥之由異也。

案：馮氏以爲"崇""興"音義相通。"永""祥"音同。所論甚的。漢石經"崇"作"興"，"弗祥"作"丕永"，蓋用今文也。

於戲。

唐本"於戲"作"嗚呼"。

《考異》云："《詩》作'於乎'，《大學》作'於戲'，《漢書》皆作'烏呼'，唐石經始加口作嗚。當是從衛包所改。"

案：唐寫本作"烏虖"，古文《尚書》作"烏呼"，漢石經殘字作"於戲"者凡四見，今文然也。

女比，猶念以相從。

唐本"女比猶"作"汝分猷"。

《考異》云："金氏履祥曰：'分作比，比字義長。'……猷與猶古字通。"

案：唐寫本"女比"作"女分"。篆文比作，分作，形近而易訛。漢石經"分"作"比"，與上文"曷不暨朕幼孫有比"之"比"同義。金氏謂作"比"字義長，其説是也。《説文》有"猶"無"猷"。"猶""猷"古通，"猶"正"猷"之本字也。

各翕中于乃心。

唐寫本"翕"作"設"。

王引之《經義述聞》(以下簡稱《述聞》)云："《廣雅》曰：'設，合也。'……各設中於乃心者，各於女心求合中正之道也。漢石經作翕，翕亦合也。"

案：《爾雅·釋詁》云："翕，合也。"是"翕"猶"設"也。翕中，猶和衷也。"翕""設"音近義同，漢石經作"翕"，於義較勝。

股庚既遷。

唐本“股”作“盤”。

案:“股”即“般”,説詳前。唐寫本作“盤庚旡遷”。

曰女罔台民,勖建大命。

唐本作“曰無戲怠,懋建大命”。缺“女”字。

案:唐寫本作“曰亡戲怠,懋建大命”。尋繹文理,有“女”字,語氣較順。《多士》“帝罔不配天”,《史記·魯世家》引“罔”作“無”。《康王之誥》“乃心罔不在王室”,《漢書·谷永傳》引“罔”亦作“無”。是“罔”“無”古通也。《考異》云:“江氏聲曰:‘台讀爲紿,欺也。台民,紿民也。’”則“女罔台民”,即女毋欺民也。唐本作“無戲怠”,即無戲謔怠慢也。“勖”作“懋”,《考異》云“《君奭》:‘迪見冒’,馬本作勖,《説文》冒聲,知古祇讀爲冒。……《牧誓》:‘勖哉夫子’,《史記》作‘勉哉’。《舜典》‘惟時懋哉’,《史記》作‘勉哉’。”是“勖”“懋”皆與“勉”通,古音亦同。今文《尚書》作“勖”,古文作“懋”,此其異也。

今我其敷心腹腎腸。

唐本“我”作“予”。

案:唐寫本“我”亦作“予”。《爾雅·釋詁》:“予,我也。”此古今文之義同也。今文《尚書》作“我”,是“我”“予”古通也。

綏績于朕邦。

唐本“綏”作“嘉”。

《考異》云:“綏、嘉聲之近。《曲禮》‘大夫則綏之’注:‘綏讀曰妥,嘉古音如哥,《詩·東山》《破斧》《節南山》《頍弁》相協可證。’”

案:古綏之作妥,《説文》有綏無妥。《詩·周南·樛木》:“福履綏之。”《傳》:“綏,安也。”嘉,《説文》訓爲美,是“綏”“嘉”二字聲義相近。漢石經作“綏”,今文也。

今爾惠朕。

唐本無“今”字,“惠”作“謂”。

案:唐寫本、岩崎本“惠”并作“胃”。江聲《尚書集注音疏》(以下簡稱《集注音疏》)注云:“惠,順也。”《孫疏》:“《釋詁》:‘惠,順也。’”江、孫二氏皆訓惠爲順,恐非是。“惠”“謂”二字同在十五部,疑音近而通假也。唐寫本等作“胃”,當從“謂”省。

曷柢動萬民以遷。

唐本"柢"作"震"。

案:"柢"即"祗"。漢石經作"柢",隸寫也。王鳴盛《尚書後案》(以下簡稱《後案》)云"《堯典》'震驚朕師',《史記》作'振驚'。是震與振同;而祗與振又每通用。《臯陶謨》'日嚴祗敬六德',《無逸》'治民祗懼',《史記》皆作振。""柢""震"聲之轉,"震"與"振"通,故"祗"亦得通"震"也。唐寫本"動"作"踵",雲窗一本脱"以遷"二字。

尚皆乘哉,予其勖蔄相爾。

唐本"乘"作"隱","勖蔄"作"懋簡"。

案:《孫疏》:"《周禮·稾人》'乘其事',鄭司農云:'乘,計也。……隱,度也。'"《廣雅·釋詁》亦訓隱爲度。是"乘""隱"二字皆有度意也。"勖""懋"古通用,説詳前。"簡"作"蔄",乃隸變,漢碑從竹字多變從艸。唐寫本"哉"作"才","蔄"作"柬"。

《高宗肜日》第七

非天夭民,中絶命。

唐本"中絶命"作"民中絶命"。唐寫本作"中𢇍命"。案:《史記·殷本紀》"中絶命"作"中絶其命"。唐寫本、岩崎本"夭民"下皆不重"民"字。以此證之,"民"不當有重文,唐本重"民"字,衍文也。

天既付命正厥德。

唐本"付"作"孚"。

案:《漢書·孔光傳》引此句作"付",《史記·殷本紀》作"附",是今古文《尚書》皆作"付"也。"付""附""孚"皆聲之轉,音義俱近,古通用。

《牧誓》第十一

昏弃厥遺任父母弟不迪。

唐本"任"作"王"。

《考證》云:"陳喬樅説任字或鐫刻之訛。……俞樾説任乃誤字。漢人隸書王、壬二字往往無别,此經王字漢人書作壬字,因又加人旁作任耳。"

案：皮説蓋可信也。"王"作"任"，疑因形近而訛。然"王"亦有作"任"者，《韓非子·外儲説左》上"王登爲中牟令"，《吕氏春秋·知度篇》作"任登"，即其例也。《史記·周本紀》引此經作"昏弃其家國，遣其王父母弟不迪"。以漢石經殘字及唐本校之，《史記》"遺"上有"家國"，下有"其"字，共衍三字也。"不迪"作"不用"。

《洪範》第十二

鯀伊鴻水。

唐本"伊"作"陻"，"鴻"作"洪"。

《説文》土部曰："垔，塞也。從土西聲。《商書》曰：'鯀垔洪水。'陻，或從阝，𡋯，古文垔。"

《撰異》云："《尚書》孔傳本作垔，與《説文》合，衛包乃改爲陻，……漢石經殘碑作伊，蓋垔、伊雙聲相假借。"案：漢石經"陻"作"伊"者，"陻""伊"一音之轉，故而相假，此今文《尚書》也。"鴻"作"洪"，古同音通用。《史記·宋世家》引今文《尚書》作"鴻範九等"，"禹抑鴻水"，"洪"作"鴻"，皆其證也。

曰陳其五行。

唐本"曰"作"汩"。

《群經正字》云："《書序》汩作，孔傳：'汩，治。'《國語·周語》：'决汩九川，汩越九原。'韋昭注：'汩，通也。'又《書·洪範》：'汩陳其五行。'孔傳：'汩，亂也。'蓋古訓有反義，以治爲亂也。"

案：《漢書·五行志》第七上引此句亦作"汩"，則漢石經"汩"作"曰"，應爲省文也。

次六曰艾用三德。

唐本"艾"作"乂"。

《説文》辟部："壁，治也。從辟乂聲。《虞書》曰：'有能俾壁。'"段注："丿部曰：'乂，芟艸也。'今則乂訓治而壁廢矣。《詩》作'艾'。《小雅·小旻》傳曰：'艾，治也。'"

案："壁""艾"皆爲乂聲，皆訓爲治。本作"壁"，後省作"乂"。段注以爲"壁"作"乂"，蓋自孔安國以今字讀之已然矣。《書序》"作《咸乂》"，《史記·殷本紀》引作“《咸艾》”。《皋陶謨》:“俊乂在官。”《漢書·谷永傳》引“乂”作“艾”。知漢石經作“艾”字爲今文也。

毋偏毋黨,王道蕩蕩,毋黨無偏,王道平平。

唐本“毋”俱作“無”。説詳前。

《史記·張釋之·馮唐列傳》引《書》曰:“不偏不黨,王道蕩蕩,不黨不偏,王道便便。”四“毋”字皆作“不”。

以爲天下王,三德。

唐本“三德”上有“六”字。

案:《史記·宋世家》引此經亦無“六”字,與漢石經同。

其害于而家而凶于而國。

唐本“凶”上無“而”字。

《考異》云:“《公羊傳》成元年疏引鄭注曰:‘害于女家福去室,凶于女國亂下民。’是鄭本古文無‘而’字。《史記·宋世家》引亦無‘而’字,今文有之。”

阮元《尚書注疏校勘記》(以下簡稱校勘記)云:“《漢書·翟方進傳》注,師古引《周書·洪範》云:‘臣之有作福作威,廼凶于廼國,害于厥躬。’”

案:“而”“廼”皆訓“爾”或“汝”,義同。據此,則師古此處所引與漢石經合。漢石經“凶”上有“而”字,蓋本之今文也。

人用側頗辟。

唐本“辟”作“僻”。

案:《史記·宋世家》:“人用側頗辟。”《漢書·王嘉傳》、内野本、《書古文訓》并作“辟”。古“僻”字祇作“辟”,與漢石經合。《考異》謂作“僻”者,必衛包改從今字也。

謀及庶民。

唐本“謀”作“謀”,“民”作“人”。

《考異》云:“《周禮·卿大夫》鄭注引此作‘謀及庶民’,與石經合,且下連言庶民,而獨改此一字何耶?或曰‘民’作‘人’是衛包避太宗諱而改,其有小改者,後人校而易之耳。”案:“謀”作“謀”,是隸變。此經下文四言“庶民”,唐本作“庶人”,誤也。馬衡《漢石經集存》(以下簡稱《馬氏集存》)所收《洪範》殘字“逆庶民”句亦作“庶民”。

《康誥》第十五

往傅求于殷先哲王。

唐本“傅”作“敷”。

潘奕雋《説文解字通正》(以下簡稱《通正》)云:“《舜典》‘敬敷五教’,古文《尚書》作‘敬傅’。《漢・文帝紀》:‘傅納以言。’師古曰:‘傅,讀曰敷。’”

案:《廣雅・釋言》:“傅,敷也。”“敷”,隸省作“敷”。《説文》:“傅,從人尃聲。敷,從攴尃聲。”古音皆屬五部,音義相同。漢石經作“傅”,今文也。

惟民其勑茂和。

唐本“茂”作“懋”。

案:《尚書・皋陶謨》:“懋哉懋哉。”《漢書・董仲舒傳》引作“茂哉茂哉”。《春秋昭八年左氏傳》引《康誥》:“惠不惠,茂不茂。”唐本《尚書》作“懋不懋”。《釋文》曰:“茂,又作懋。”是“茂”“懋”音同通用也。

無或刑人殺人。

唐本“刑”作“刑”。

案:《説文》“刑,從井從刀”。《玉篇》以此“刑”字合并入刀部之“刑”字。漢石經作“刑”,是也。

女陳時倪事。

唐本“女”作“汝”,説詳前。“倪”作“臬”。

案:内野本、《書古文訓》并作“女”,與漢石經合。《説文》:“倪,俾也。從人兒聲,五鷄切。”“臬,射準的也,從木從自,五結切。”《廣雅・釋詁》:“臬,法也。”據此,則“倪”“臬”二字音近義異。“陳時臬事”,猶言宣示此法律之事也。漢石經今文作“倪”,豈音近而相假耶? 謹誌所疑如此。

勿庸以次女封。

唐本“女”作“汝”。説詳前。

案:内野本、《書古文訓》作“女”,與漢石經同。

寇攘奸軌。

唐本“軌”作“宄”。

案:《舜典》“寇賊姦宄”,鄭本作“軌”。《史記・五帝紀》引作“寇賊姦軌”。《牧誓》“以姦宄于商邑”,《史記・周本紀》引作“以姦軌于商邑”。《釋文》："軌，本又作宄。""軌""宄"皆從九得聲，古書通用。

暋不畏死，罔不憝。

唐本"不"作"弗"。説詳前。

案：内野本作"不"，與漢石經同。

維弔兹，不于我政人得罪，維天與我民彝大泯亂。

唐本"維天"作"天惟"。"維"作"惟"，説詳前。

《洛誥》第十九

予齊百工，辯從王于周。

唐本"辯"作"伻"。

《撰異》云："今文《尚書》《釋文》作'伻'，恐是衛包竄改，非陸氏之舊。……考《堯典》'平秩東作'，馬作'苹'。云'使也'。是丁度所本《書序》'王俾榮伯'，馬本作'王辨榮伯'，古辨與平多通。然則《尚書》之平，即《爾雅》之拼，抨也，伻字後出爲俗。……玉裁案：'伻字疑本作平，轉寫俗加人旁。'"

案：《堯典》："平秩東作""平秩西成""平在朔易日短"。《尚書大傳》引此四句并作"辯"。又《堯典》"平章百姓"。《尚書大傳》引"平"作"辨"。陳壽祺輯作"辨"，亦作"辯"字。《史記·五帝本紀》引"平"作"便"。《索隱》曰："古文《尚書》作平，訓因作便，其今文作辯章。"據此，則司馬貞以作"平"及"便"字爲古文，作"辯"字爲今文。今出土殘字"辯從王于周"及"王辯殷乃承叙"二句，"伻"并作"辯"，是其證也。

四方其世亨。

唐本"亨"作"享"。

《群經正字》云："今經典作亨享，享爲獻享，亨爲亨通，又爲亨飪。《九經字様》云：'亯，獻也，又音赫平，通也。又音魄平，宰也。從高省，象進熟物形。'《説文》亦作，今經典相承隸省作享，音響。作亨音赫平，又音魄平，是也。今案：亨、享皆篆文字之變，以形相近，本一字也。"

案：邵説蓋是。"享""亨"二字甲骨文并作，金文作。"享"小篆作""，"亨"作，與"享"同爲一字。亨之本義作"獻"，隸變作"享"作"亨"。婁機《漢隸字原》云："漢碑'元亨'字皆作享，至'子孫享之'之類，又皆作亨。"是

"亨""享"古通，後分爲二而音義亦迥别。

《多 士》第 廿

時維天命，元朕不敢有後。

唐本"元"作"無違"。

《考證》云："石經'維天命元朕不敢有'下闕。段玉裁云：'此今文《尚書》然也。'王氏鳳喈云'无字誤爲元，脱違字'，其説非也。漢石經無不作无。錫瑞案：天命元謂天之元命，上云厥惟廢元命；元命即命元也。蓋今文《尚書》少無違二字，多一元字。"

《考異》云："《説文》无字下云：奇字，無也，通于元者。各本誤作无，宋本作元，虚無道也。段氏謂上通元始，故字形亦用元篆上毋于上，則元通無。王氏謂无之誤，非也。後人從今字改爲無耳。"

案：漢石經《尚書》爲今文本，"無"俱作"毋"。王氏爲"元"乃"无"之誤，恐非是，若"元"爲"无"之誤，則何以又脱"違"字耶？皮氏謂今文《尚書》少"無違"二字，多一"元"字，似較可信。

時維天命，王曰告爾多士。

唐本"維"作"惟"，"多士"上無"告爾"二字。

案：唐寫本無"惟"字，"多士"上亦無"告爾"二字。《多士》篇有"王若曰：爾殷遺多士"，"王若曰：爾殷多士"，"王曰：猷，告爾多士"，"王曰：告爾多士"等句，以文理度之，則此處應作"告爾多士"，語氣較順。唐本無"告爾"二字，疑脱漏耳。

今朕作大邑于兹雒。

唐本"雒"作"洛"，唐寫本亦作"洛"。

案：《禹貢》篇有"逾于洛"，"伊、洛、瀍、澗"，"浮于洛"，"東過洛汭"，"導洛自熊耳"。《史記·夏本紀》引此五句"洛"俱作"雒"，知作"雒"字爲今文，作"洛"爲古文。

予維四方罔攸賓，亦維爾多士攸服。

唐本"賓"作"賔"，今本作"賓"。"維"作"惟"。

《撰異》云："石經《尚書》殘碑'兹雒予維四方罔攸賔'，此字今鈔本刻本皆作'賓'，顧廣圻據《漢隸字源》作'賔'，即'賓'字也。"

《考異》云:"《說文》賓從貝從宀,隸變作賓,見修華獄廟碑;又作'賔',見魏孔羨碑。今《隸釋》本作責,誤也。罡,隸文也。"

案:段、馮二氏并謂《隸釋》載此句"賓"作"責"。今核之《隸釋》,"賔"作"責",似非"責"字。《殘字集證》以"責"爲"賓"字(見卷三,復原圖第六葉殘字)。余意"責"或"賓"之訛寫,應以作"賓"爲是。"攸",唐寫本、内野本、《書古文訓》并作"逌"。

《無逸》第廿一

厥子乃不知稼嗇之艱難。

唐本"嗇"作"穡"。

《考異》云:"《詩》'不稼不穡',《魯詩》作'嗇'。'好是稼穡',《釋文》云:'本亦作嗇。'"

案:《盤庚》"服田力穡",《漢書·成帝紀》陽朔四年詔引作"嗇"。《湯誓》"舍我穡事",《史記·殷本紀》引作"嗇"。"穡""嗇"古通用。"嗇"作"嗇",隸省也。唐寫本作"嗇",與漢石經同。

乃劮。

唐本"劮"作"逸"。

案:《康誥》"無康好逸",《史記·三王世家〈封廣陵王策〉》曰:"毋侗好佚。"又《史記·周本紀》引《無逸》篇名作《無佚》。《隸釋》卷十四載漢石經《論語·微子》篇"夷逸"作"夷佚"。《廣雅·釋詁》:"劮,戲也。""佚,樂也。"《說文》無"劮"字。漢石經《尚書》、石經《論語》俱用今文本,《史記》所引"逸"并作"佚",疑"劮"乃"佚"之借用字也。

乃憲。

唐本"憲"作"諺"。

《考異》云:"憲諺聲之訛。古讀憲爲軒。《禮記·樂記》:'武坐致右憲左。'鄭注:'憲,讀爲軒,音與諺近。'江氏聲云:'憲,猶欣也。'《詩·板》傳:'憲憲,猶欣欣也。'考《說文》:'諺,傳也。'喭訓吸喭,此當從喭。衛包改從諺,非矣。"

案:"憲"訓欣樂,"諺"訓傳,音近義殊,揆諸文理,作"憲"爲勝。漢石經今文作"憲",是也。

既延。

唐本“延”作“誕”。

案:《漢書・古今人表》“赧王延”,《史記索隱》作“誕”。是“延”亦有作“誕”者。《考異》謂“延”是“誕”省文,是也。唐寫本“既延”作“旡㕧”,“既”作“旡”,簡省,“延”作“㕧”,則未詳何據。

不則侮厥父母曰。

唐本“不”作“否”。

《平議》云:“否字漢石經作不,當從之。”

案:下文有“民否則厥心違怨”及“否則厥口詛祝”。《康誥》篇有“丕則敏德”,知“否則”即“丕則”也。“不”古與“否”“丕”通。不則,猶言於是也;《經傳釋詞》有説。漢《石經》今文作“不”,是也。

天命自亮,以民祗懼。

唐本“亮”作“度”,“以”作“治”。

《撰異》云:“《史記・魯世家》治亦作以,祗作震,此今文《尚書》也。度與亮音不相涉,亮與量音同,自量猶自度也。治㠯同在古音第一部。”

案:漢碑多以“諒”爲“亮”。《正韵》:“諒,照察也。”天命自諒者,猶言已察看天命也。

肆高宗之饗國百年,自時厥後。

唐本“饗”作“享”,“百年”作“五十有九年”。

《考異》云:“案五十有九年作百年,與《漢書・楚元王傳》《五行志》及《論衡・氣壽》《無形》《異虚》三篇所言並合。《杜欽傳》:‘高宗享百年之壽。’蓋古文以位言,今文以壽言。”

案:馮説極是。魏石經及唐寫本此句並作“肆高宗之享國五十有九年”。是古文家以位言之證也。漢石經作“百年”,乃今文家以壽言也。“享”作“饗”,經典中二字多通用。《史記・魯世家》引《無逸》篇“享”俱作“饗”。漢石經作“饗”,今文也。

二案:漢石經于“高宗饗國百年,自時厥後”二句,《隸釋》所載殘碑緊接不隔一字,唐本則于“百年”下有“其在祖甲,不義惟王,舊爲小人。作其即位,爰知小人之依;能保惠于庶民,不敢侮鰥寡。肆祖甲之享國,卅有三年。”四十三字。有此四十三字者,當爲古文《尚書》,斯亦今古文《尚書》之大異也。

徽柔懿共，懷保小人。

唐本"共"作"恭"，"人"作"民"。

案：《甘誓》"恭行天之罰"，"汝不恭命"，《史記·夏本紀》引此"恭"作"共"。《牧誓》："今予發惟恭行天之罰。"《史記·周本紀》引此"恭"亦作"共"。内野本、《書古文訓》"恭"并作"龔"。"共""恭"，古通用，唐寫本"恭"作"共"，"民"作"人"，與漢石經同。唐本《無逸》篇凡言民衆皆稱"小人"，此處獨作"小民"，應作"人"爲是。

惠于矜寡。

唐本"于"作"鮮"，"矜"作"鰥"。

《撰異》云："惠鮮恐是惠于之誤。于與羊字略相似，又因下文鰥字魚旁誤增之也。"

劉逢禄《尚書今古文集解》（以下簡稱《集解》）云："漢石經鰥作矜。朱武曹云：'齊魯之間鮮聲近斯，斯、于皆詞也。'"

案：段氏謂"鮮"爲"于"之誤，可備一説。《漢書·景十三王傳》曰："惠于鰥寡"，《谷永傳》引《無逸》篇此句作"惠于鰥寡"，《後漢書·明帝紀》中元二年詔引作"惠於鰥寡"，皆不作"惠鮮"。《堯典》"有鰥在下"，《史記·五帝本紀》引作"有矜在民間"。則漢石經"鮮"作"于"，"鰥"作"矜"，蓋本之今文也。

繼自今嗣王，則其無淫于酒，毋劮于游田，維正之共。

唐本作"繼自今嗣王，則其無淫于觀、于逸、于游、于田，以萬民惟正之供。"

《考異》云："《谷永傳》引云：'其毋淫于酒，毋逸于游田，惟正之共。'《玉海》引古文《尚書》作'毋淫于酒，毋逸于游田'，與石經合，此古今文無異字，只劮無殊耳。洪景伯信僞孔文而指石經酒字爲淫字之異，亦失考矣。供字古每假共爲之。《國語·楚語》引作'維正之恭'，恭與共同。薛本於此文亦作共，古恭、供字衹作共。《詩》鄭箋謂古恭或作共。《左昭十二年傳》'供養三德爲善'，董遇本注作共。《周禮·天官》：'令百官共其財用。'《釋文》云：'禮供字皆作共。'"

案：馮説甚的。考上文"文王不敢盤于游田"，下文作"毋淫于酒，毋劮于游田，維正之共"。"游田"連文，句型一致，文字簡約。唐本作"無淫于觀、于逸、于游、于田，以萬民惟正之供"。義固相同，然文句則疏緩而繁；且《隸釋》載漢石經亦無"以萬民"三字，疑皆僞孔增改也。于此亦可窺知漢石經《尚書》

今古文經之歧異。

毋兄曰。

唐本“毋兄”作“無皇”。

《孫疏》云:“石經皇作兄。《泰誓》:‘我皇多有之。’《公羊傳》作‘而況乎我多有之’。是皇與況通。《詩·常棣》:‘況也永嘆。’《釋文》:‘或作兄。’……經作皇者,古文。《釋詁》云‘暇也’。”

案:下文“則皇自敬德”,《尚書·無逸·正義》云:鄭玄以“皇”爲“暇”,言寬暇自敬。王肅本“皇”作“況”,是“皇”亦作“況”。《撰異》謂“兄是古字,況是今字”。是也。“兄”古音爲“恭”,與“皇”聲近,故經典“兄”“況”“皇”每通用。漢石經《尚書·無逸》“皇”皆作“兄”,蓋本之今文也。

此厥不聖,人乃訓變亂正刑。

唐本作“此厥不聽,人乃訓之,乃變亂先王之正刑”。

《撰異》云:“聽、聖字古音同部,而古文《尚書》作聽,當是襲衛、賈、馬、王、鄭之本。《汗簡》耶字下注:‘聽字亦聖字。’一字兩讀蓋非也。又按秦泰山碑‘皇帝躬聽’,《史記》作‘躬聖’,見《廣川書跋》。”

案:段説甚的。疑郭氏見僞孔書作“聽”,石經作“聖”,故以爲“聽”亦作“聖”,蓋失之也。漢石經“乃訓”下無“之乃”二字,“亂”下無“先王之”三字,知古文本《尚書》于此處衍五字。

小人怨汝詈汝,則兄曰敬德。厥愆,曰朕之愆,允若時。

唐本“兄曰”作“皇自”。

唐寫本作“小人怨女則詈,皇自疾敬德。厥僭,曰朕之僭,允若時”。魏石經及内野本“愆”作“諐”。

《撰異》云:“黄伯思《東觀餘論》引石經‘則兄自’云‘今兄作皇’。《隸釋》引石經‘則兄曰’云‘孔作皇自’。黄與洪所見皆宋初所出石搨,非有二也。《東觀餘論》自當作曰,一時失檢耳。”

《考證》云:“王鳴盛謂蔡以自作曰,蓋自或省作白,故誤。”錫瑞謹案:“王説非也。此與上文‘毋兄曰,今日耽樂’文法正同。韋注《國語》云:‘兄,益也。’兄曰敬德,即益曰敬德也。《後漢書·楊震傳》,震上疏曰:‘殷周哲王,小人怨詈,則還自敬德,所以達聰明,開不諱,博采負薪,極盡下情也。’楊氏傳歐陽《尚書》,引此經作字,與今文不合。還字亦不通,蓋遑字之誤,疑皆後人所改。”

案：“兄”作“皇”，説詳前。段氏以爲“曰”應作“自”，可備一説。皮氏謂作“自”者，疑後人所改，與今文不合，應作“曰”爲是，其説可從。

周公曰：於戲，嗣王監于茲。

唐本“於戲”作“嗚呼”，“王”下有“其”字。

魏石經、唐寫本、内野本“於戲”，作“烏虖”。唐寫本“嗣”作“孠”。

《集解》云：“漢石經嗚呼作於戲，無其字。《匡謬正俗》云：‘古文烏虖，今文皆作於戲。’”

案：《無逸》篇言“嗚呼”者凡七。作“嗚呼”，當爲衛包所改。《君奭》篇：“嗚呼……我受命無疆惟休。”《漢書・王莽傳》卷中莽册命孺子：“於戲，敬天之休。”知今文《尚書》皆作“於戲”，古文《尚書》作“嗚呼”。

《君奭》第廿二

其道出于不詳。於戲！君！己曰時我。

唐本“道”作“終”，“詳”作“祥”，“於戲”作“嗚呼”。

《考異》云：“道是逌字之誤。逌，終也。故孔作終，馬本作崇，崇終古亦通字也。詳，古祥字。《易》：‘視履考祥。’鄭、荀作詳。‘大狀不祥也’，鄭、王本作不詳。”

案：“逌”“終”“崇”音義俱近，馮氏以爲“道”是“逌”字之誤。是也。《吕刑》“告爾祥刑”。《後漢書・劉愷傳》李賢注：“《尚書》‘告爾詳刑’。鄭玄注云：‘祥，審察之也。’”是“祥”“詳”古通用，作“詳”字，今文也。“不詳”，唐寫本作“弗祥”。

《多方》第廿三

我則致天之罰。

唐本“致”作“致”。

案：北海相景君碑“委位致仕”，致即致也。《説文》致，從夂從至，漢石經從友，隸變也。

《立政》第廿四

常伯、常任、辟人。

唐本“辟”作“準”。

于省吾《尚書新證》(以下簡稱《新證》)云:“法京隸古定本此篇‘準’字皆作‘准’。……考《立政》之作,在平淮夷之後,淮人與牧夫,皆夷人讎民之賢俊入使爲臣者。”

案:《説文》:“準,平也,從水。”又云:“法,平也。”《孫疏》云:“辟亦法也。辟人謂法官也。”唐寫本“伯”作“柏”,“辟”作“准”,于氏以爲“準”乃“淮”之訛,恐非是。蓋古隸多省筆,疑“准”即“準”之省文也。作“淮”字,則于義未當,而“辟”“準”二字皆訓法,準人亦即法官也。字殊義同,似較可信。

亂謀面用丕訓德。

唐本“謀”上無“亂”字。

案:“亂”“率”古文形近易混。《梓材》“厥亂爲民”,《論衡》作“厥率化民”,是“亂”與“率”通之證也。《新證》云“《尚書》亂字多爲率之訛”。甚是。據下文“率惟敉功”及“率惟謀從容德”之句型觀之,則此處應作“率惟謀面用丕訓德”。疑漢石經脱“惟”字。唐本脱“率惟”二字也。

灼見三有會心。

唐本“會”作“俊”。

《後案》云:“俊,《隸釋》云:‘蔡邕石經作會。’上文曰‘三有俊’,石經缺,故于此言之。據《説文》引作俊,則石經非也。”

《集解》云:“俊,漢石經作會,……東晉古文以三宅三俊相對,改會爲俊,不知三俊乃言會于三宅之俊,本不與三宅并舉而言,傳又誤解三宅,經義益晦矣。”

案:内野本,《書古文訓》,足利本“俊”作“畯”。漢石經以作“會”爲今文,作“俊”爲古文,此今古文之異也。《説文》引作“俊”字,所據應爲古文《尚書》。

文王維厥度心,乃克立兹常事司牧人。

唐本“維”作“惟”,“厥”上有“克”字,“度”作“宅”。

案:《堯典》“分命和仲宅西”,《尚書大傳》“宅”作“度”。《禹貢》:“三危既宅。”《史記・夏本紀》引“宅”作“度”。是今文《尚書》“宅”作“度”也。《説文》:“宅,古文作㡯。”“宅”“㡯”“度”因形似而亂。

以並受兹丕丕其。於戲，孺子王矣。

唐本“兹”作“此”，“其”作“基”，“於戲”作“嗚呼”。

《考異》云：“《爾雅·釋詁》：‘兹，此也。’《大誥》：‘卜陳惟若兹。’《漢書·翟方進傳》引兹作此，二字通。……其乃基之省。（《漢·楚元王傳》：‘高祖使審食其留侍太上皇。’師古曰：‘其音基。’）《詩·昊天》：‘夙夜基命有密。’《孔子閑居》作‘其命’。魯相碑‘祝其’作‘祝基’，俱相通之證。”

案：馮説極是。漢石經“此”作“兹”，以義同通用也。“基”作“其”，“其”，“基”之省也。“其”“基”古亦通用。漢石經作“其”，今文也。“嗚呼”作“於戲”，説詳前。

予旦以前人之徵言咸告。

唐本“以前”作“已受”，“徵”作“徽”。

屈師翼鵬《尚書釋義》（以下簡稱《釋義》）云：“已受，漢石經作以前。案：已、以古通。追毁前作，毛公鼎受作，二字形近，故易訛。作以前是也。徽，美也。”案：“以”“已”古通用之例甚多。帝堯碑：“已章聖德。”《荀子》：“人之所已爲人。”以“已”爲“以”。《史記·趙世家》“以服爲臣”，則以“以”爲“已”。“以”與“已”字本同，後世二字之義始異。屈師謂“受”應作“前”，是也。石經“微”作“徵”，隸寫也。《孫疏》云：“微與嬍聲義相近，微言亦美言也。”是“徽”“微”形音義俱近。石經作“微”，蓋本之今文也。

不訓德，是罔顯哉厥世。

唐本“德”上有“于”字，“哉”作“在”。

《考異》云：“哉，古文作才，在載字皆從才，哉與載通。”

案：“哉”“載”古多通用。《詩·大雅·文王》“陳錫哉周”，《左傳·宣十五年》《昭十年》引“哉”並作“載”。《孟子·萬章》上“朕載自亳”，僞古文《尚書·伊訓》作“朕哉自亳”。是“哉”“載”互通之證也。“哉”“載”音同，“哉”爲“在”之假。《東觀餘論》引此“在”亦作“哉”，與石經同。

以觀文王之鮮光，以揚武王之大烈。

唐本“鮮”作“耿”。

《經説考》云：“《尚書大傳·雒誥》篇‘以勤文王之鮮光，以揚武王之大訓’。案：伏生《大傳》此二句，疑即引用《立政》篇，‘耿光’作‘鮮光’，與蔡邕石經合。”

案：陳説甚是。《周易·説卦》“爲蕃鮮”，疏：“鮮，明也。”《廣雅·釋詁》：

“耿，明也。”是“鮮”、“耿”義同。《東觀餘論》引作“文王之耿光”，石經“耿”作“鮮”，此今文《尚書》也。

《顧命》第廿五

用克通殷就大命。

唐本“通”作“達”。“就”作“集”。

《撰異》云：“古文達字，今文皆作通。《禹貢》‘達于河’‘達于洓’‘達于淮泗’，《史記》皆作通也。集、就古通用。《韓詩》‘是用不就’，《毛詩》作‘不集’是也，皆雙聲字。”

案：《説文》：“通，達也。”《傳》亦訓“達”爲“通”；“通”“達”雙聲義同，古通用。《小爾雅・釋詁》：“就，成也。”《傳》亦訓“集”爲“成”，二字同義，是“集”“就”二字古通用也。

兹即受命還，出綴衣於庭。

唐本“即”作“既”。

《考異》云：“案：《文侯之命》‘既我御事’，《漢・成帝紀》引作即，足利本同。孫炎《爾雅》注云：‘即，猶今也。’然則兹即受命者，言兹今受命也。”

案：“即”，篆文作，“既”作，隸變作“既”，並從皀，偏旁同。“即”“既”形音俱近，古通用。隸古定本作“既”，與今文字異。

狄設黼衣。

唐本“衣”作“扆”。

《集解》云：“扆，漢石經作衣。《周官》作依。《明堂位》作斧依；古通。”

案：《説文》：“衣，依也。”《詩・大雅・公劉》“既登乃依”，鄭箋云“依或扆字”，見《釋文》。《禮記・學記》“不學博依”，注或爲衣。是“衣”“依”“扆”古通，故漢石經省作“衣”。

《書　　序》

廣度天下。

此爲《書序・堯典》殘字。

唐本“廣度”作“光宅”。

案：《堯典》“光被四表”，《三國魏志·文帝紀》注，引《獻帝傳》曰“廣被四表”。是“光”“廣”同聲通用之例也。“度”作“宅”。説詳前。

作西伯堪飢。

此爲《書序·西伯勘黎》殘字。

唐本“堪饑”作“戡黎”。

《集解》云：“段注：‘壁中本作𢦟，後易爲戡，《爾雅》郭注引作堪。……黎，《説文》云：‘黎，……古文《尚書》作𩚦。’後易爲黎，今文作耆，亦作飢。”

案：《左傳·昭公二十一年》“王心弗堪”。《漢書·五行志》引作“王心弗𢦟”。《西伯戡黎》：“西伯既戡黎。”《説文》𢦟字下：“《商書》曰：‘西伯既𢦟黎。’”皆以作𢦟字爲古文也。“堪”與“戡”通，石經作“堪”，今文也。《周本紀》耆國注：“徐廣曰‘一作阢’，正義曰：‘即黎國。’”《殷本紀》作“飢”。是“飢”“耆”“阢”“黎”“𩚦”古通也。

甫刑。

此爲《書序·吕刑》殘字。

唐本“甫”作“吕”。

《考證》云：“《大傳》曰：‘《甫刑》可以觀誡。’《禮記》《孝經》皆引《甫刑》。漢人引經亦多作甫。惟《墨子》書引《吕刑》爲異。……周則有甫有申，是甫之爲國舊矣，甫其國也，吕其氏也。”

案：僞孔傳本《甫刑》作《吕刑》。朱駿聲《尚書便讀》云：“吕、甫同音通字。”作“吕”者，古文《尚書》也。揆諸經義，今文作“甫”爲長。

校勘記

不施予一人。

此爲《校勘記·盤庚》篇殘字。

馬氏《集存》云：“不施爲《盤庚》上‘不惕予一人’之校文。《白虎通·號篇》引《尚書》曰：‘不施予一人。’段玉裁《古文尚書撰異》云‘即《盤庚》不惕予一人也，古文《尚書》作惕，今文《尚書》作施，施與惕，同在歌支一類。”

案：“施”與“惕”古同音。“惕”當讀爲“施”，古通。馬説是也。

作乃劮。

此爲《校勘記・盤庚》殘字。

唐本"劮"作"逸",説詳前。

世篤。

此爲《校勘記・盤庚》殘字。

《殘字集證》云:"世篤二字,羅振玉謂是《君牙》'世篤忠貞'之校語(《漢熹平石經殘字集録續編》)。馬氏《集存》謂《君牙》爲僞古文,非漢石經所應有。其説是矣。惟馬氏疑爲'世選爾勞'之異文;其説亦無由徵信。"

案:《尚書》經秦火之後,至西漢初葉,僅得伏生所傳廿九篇,説詳《史記・儒林傳》。漢石經《尚書》用夏侯氏本,就《書序》殘字核之,其篇目及篇第亦頗異于僞古文本。馬氏以爲"世篤"二字非漢石經所應有,其説蓋可信也。

原載《儒家文化》創刊號,(新加坡)儒學研究會 2001 年版

二十世紀七朝石經專論

（下）

虞萬里　編著

上海辭書出版社

魏正始石經

將軍,《後書·儒林傳》注引楊龍驤《洛陽記》,是佺期《圖》亦有《記》稱。《元和郡縣圖志》又引華延儁《洛陽記》,新、舊兩《唐書》《志》皆有戴延之《洛陽記》一卷。是洛陽記共有四五種。然其記碑之方位、存毁,較《水經注》《洛陽伽藍記》爲詳,固當在酈道元、楊衒之二書之前矣。惟所記經數,則不無舛誤。《記》於西行二十八碑中,失記《魯詩》及《春秋》二經;又南行十五碑之《禮記》,實指《儀禮》言;皆得以諸經字數證之。漢石經,據傳世宋拓本,《尚書》《論語》大率每行七十三四字,因古本、今本字數不同,故不能決其每行若干字。他經當準之。又據《洛陽記》載朱超石《與兄書》,石經高丈許,廣四尺,則縱得七十餘字者,横當得三十餘字。今以一碑卅五行、行七十五字計,則每碑得二千(七)〔六〕①百二十五字。又漢、魏石經皆表裏刻字,則每碑得五千(四)〔二〕②百五十字,二十八碑當得十有(五萬四千)〔四萬七千〕③字。而《洛陽記》謂"西行,《尚書》《周易》《公羊傳》十六碑存,十二碑毁",似此二十八碑止書三經。今據唐石經字數,則《周易》二萬四千四百三十七字,《尚書》二萬七千一百三十四字;而漢石經無僞古文二十五篇並孔安國序,僅得一萬(千八)〔八千〕④六百五十字。又唐石經《公羊傳》四萬四千七百四十八字,漢石經《公羊傳》無經文并何休序,僅得二萬七千五百八十三字。三經共七萬六百七十字,則十(四)〔五〕⑤碑已足容之,無須二十八碑。惟加以《詩》四萬八百四十八字、據唐石經《毛詩》字數。《魯詩》字數未必與毛同,然當不甚相遠。他經放此。《春秋經》一萬六千五百七十二字,據宋李燾《春秋古經後序》所計。⑥ 共十有二萬八千又九十字,約需二十有五⑦碑。而據《隸釋》所載漢石經殘字,則《魯詩》每章之首與《公羊傳》每年之首,皆空一格,又經後各有校記、題名,恐正需二十八碑。此西行二十八碑於《易》《書》《公羊傳》外,當有《詩》《春秋》二經之證也。《記》又云:"南行,《禮記》十五碑。"魏晉以前,亦以今之《儀禮》爲《禮記》,鄭君《詩·采蘩》箋引《少牢饋食禮》,郭璞《爾雅·釋詁》注引《士相見禮》,《釋言》注引《有司徹》,《釋草》注引《喪服傳》,皆云《禮記》。非指《小戴記》之四十九篇。以經字證之,《禮記》九萬八千九百九十九字,據唐石經。非漢石十五碑

① "七",後王國維自作正誤,改作"六",《遺書》本從之。

② "四",後王國維自作正誤,改作"二",《遺書》本從之。

③ "五萬四千",後王國維自作正誤,改作"四萬七千",《遺書》本從之。

④ "千八",後王國維自作正誤,改作"八千",《遺書》本從之。

⑤ "四",後王國維自作正誤,改作"五",《遺書》本從之。

⑥ 王國維後於本段文字下加如下眉批:"癸亥季冬,雒陽新出漢石經《春秋》僖公、昭公經,足證余說之不謬。"《遺書》將此眉批作爲小注,附於小字注"後序所計"之下。

⑦ "五",《遺書》本作"六"。

所能容。以漢石經每碑字數計，須十有九碑。惟《儀禮》五萬七千一百一十一字，則需十一碑，其餘當爲校記、題名。此南行十五碑之《禮記》實爲《儀禮》之證也。① 其所云"東行，《論語》三碑"，原作"二碑"，顧氏《石經考》引改爲"三碑"。以（都）〔碑〕②數計之，顧改是也。則與《論語》字數正合。然則以碑數與經文字數互校，漢石經經數，當爲《易》《書》《詩》《禮》《儀禮》。《春秋》五經，并《公羊》《論語》二傳，故漢時謂之五經，或謂之六經，《隋志》謂之七經。除《論語》爲專經者所兼習，不特置博士外，其餘皆當時博士之所教授也。其石數，當爲四十六碑，而《洛陽伽藍記》所舉之《禮記》、後魏時專謂四十九篇者爲《禮記》。《隋志》注之梁時鄭氏《尚書》八卷、《毛詩》二卷，既非博士所業，又增此三種，則與石數不能相符，此皆可決其必無者。漢石經之經數、石數既明，然後魏石經之經數、石數，可得而考矣。

二

魏石經所刊經數，據《西征記》《洛陽伽藍記》，爲《尚書》《春秋》二部。《隋書·經籍志》所載，亦僅有三字石經《尚書》九卷、梁有十三卷。三字石經《尚書》五卷、三字石經《春秋》三卷。梁有十二卷。惟《舊唐書·經籍志》乃有三字石經《尚書》古篆三卷、三字石經《左傳》古篆書十三卷。《唐書·藝文志》同。惟《左傳》十三卷作十二卷。是於《尚書》《春秋》二經外，又有《左氏傳》。《隸續》録洛陽蘇望所刊魏石經遺字，除《尚書》《春秋》外，亦有《左氏·桓七年傳》九字、《桓十七年傳》二十六字。然以古書所記魏石經石數參證之，則疑竇不一而足。案：魏石經石數，據《水經注·穀水篇》，則四十八碑；據《西征記》，《御覽》卷五百八十九引。則三十五碑；據《洛陽伽藍記》，則二十五碑。而無論二十五碑、三十五碑、四十八碑，均不足以容《尚書》《春秋》《左傳》三書字數。考唐石經，《尚書》二萬七千一百三十四字，《春秋》《左氏傳》十九萬八千九百四十五字，共得二十二萬六千又七十九字。除僞古文二十五篇并孔安國《序》八千四百八十四

---

① 王國維於此段文字上加如下眉批："《禮記》經文僅需十一碑，加以校記，亦不過十二碑。而有十五碑者，疑他三碑皆表奏之屬。《後漢書》注引陸機《洛陽記》去《禮記》碑上有馬日磾、蔡邕名。今洛陽所出殘石，有一石有劉寬、堂谿典諸人名，其裏面又有諸經博士、郎中姓名。其文甚長，或非一碑所能容，當在十五碑中也。"《遺書》本將此眉批作爲小字注，附於"儀禮之證也"之下，並以"又案《禮》"四字替換起首"禮記"二字，"皆"作"乃"。

② 都，《遺書》本改作"碑"。

字、杜預序一千六百又七字，共一萬又九十一字，計得二十一萬五千九百八十八字。每字三體，當得六十四萬七千九百六十四字。而魏石經每石字數僅四千有奇，余就黄縣丁氏所藏魏石經殘石，此石光緒間出洛陽，濰縣估人范某得之洛陽某村路旁茶肆，其面已遭椎擊。范估見其似有字迹而不存筆畫，摸索石背，則字迹顯然，乃以五千錢購歸，售諸黄縣丁氏。此范估親爲羅叔言參事言者。以經文排比之，則每行得六十字，更以此行款排比《隸續》所録魏石經《尚書》《春秋》殘字，亦無一不合，知每石皆每行六十字。又量其字之長短，則每八字當漢建初尺一尺弱，六十字當得建初尺七尺有半。碑之上下當有餘地，則與《西征記》及《水經注》所云“石長八尺”者合矣。《水經注》復云：“石長八尺，廣四尺。”八尺之長，除上下餘地，得六十字，則四尺之廣不止容三十字，以各石相接，故左右不須有空處。當得三十四五字。今以每碑三十五行、行六十字計之，則每碑得二千一百字，加以表裏刻字，《洛陽伽藍記》所云如是。今丁氏殘石雖僅存一面，然其他面尚隱隱有字迹。則得四千二百字。故《尚書》《春秋》《左傳》三經字數，須一百五十五石乃能容之。此不獨與古書所記石數無一相合，亦恐非正始數年中所能辦。且考之隋以前紀載，未嘗及《左傳》；核之石數，又不能容三經，疑當時所刊《左傳》，實未得全書十之二三。《隸續》所録《左傳》文，乃桓公末年事。案《左氏》隱、桓二公《傳》，共九千三百三十九字，加以《尚書》一萬八千六百五十字、《春秋》一萬六千五百七十二字，篇題字未計。共四萬四千五百六十一字。每字三體，得十有三萬三千六百八十三字。今依《西征記》三十五碑字數計之，得十有四萬七千字，蓋所刊《左氏傳》當至莊公中葉而止。若如《洛陽伽藍記》所云二十五碑，則尚不足容《尚書》《春秋》二經字數。如上所計，以二十五碑字數校二經字數之三倍，尚不足六百六十六字。而《水經注》之四十八碑，實爲漢石經石數。故魏石經石數，當以《西征記》爲最確也。其經數，則《尚書》《春秋》外，《左傳》本未刊成，故六朝及唐初人紀載均未之及。唐宋以後，搜求殘石及遺拓始及之，而新、舊二《志》十二卷或十三卷之數，殆兼《春秋》經言之，且未必遽爲全卷，固非可據以難上文所論述也。

三

漢一字石經，爲《周易》《尚書》《詩》《儀禮》《春秋》《公羊傳》《論語》七種，除《論語》不在經數、不立博士外，餘皆立於學官之經，博士之所講授者也。且漢石經後各有校記，蓋盡列學官所立諸家異同。《隸釋》謂石經有一段二十餘字，零落不成文，惟有"叔于田一章"及"女曰雞"八字可讀，其間有"齊""韓"字，蓋敘二家異同之説。是漢石經用《魯詩》本，而兼存齊、韓二家異字也。又《隸釋》所録《公羊·哀十四年傳》，後有三行，皆有"顔氏有""無"語，是漢石經《公羊》用嚴氏本，而兼存顔氏異字也。《論語》後有"包""周"及"盇毛包周"字，是《論語》亦用某本，而兼存盇、毛、包、周諸本異字也。以上《詩》之魯、齊、韓，《公羊》之嚴、顔，皆立於學官之書。石經以一本爲主，而復著他本異同於後，則當時學官所立諸家經本，已悉具於碑。是蔡邕等是正六經文字之本旨，而後儒所以咸取正於是者也。由是推之，漢石經《易》《書》《禮》三經，其校記雖不存一字，然後漢博士，《易》有施、孟、梁丘、京氏四家，《書》有歐陽、大小夏侯三家，《禮》有大小戴二家，石經本亦必以一家爲主，而於後著諸家之異同，如《魯詩》《公羊傳》例，蓋可斷也。蓋漢自石渠、虎觀二議，已立講五經同異之幟。嗣是章帝令賈逵撰歐陽、大小夏侯《尚書》與古文同異，又撰齊、魯、韓《詩》與毛氏異同，馬融亦著三《傳》異同。鄭玄注《周官》，存故書字，又著"杜子春讀爲某，鄭大夫、鄭司農讀爲某"，是亦著杜、鄭二家之異同；注《禮經》，則著古今文之異同；注《論語》，則存魯讀。當時學風，已可概見。況石經之刊，爲萬世定本，既不能盡刊諸家，又不可專據一家，則用一家之本，而於後復列學官所立諸家之異同，固其所也。然漢學官所立皆今文，無古文，故石經但列今文諸經之異同，至今文與古文之異同，則未及也。而自後漢以來，民間古文學漸盛，至與官學抗行。逮魏初復立太學，暨於正始，古文諸經蓋已盡立於學官。此事史傳雖無明文，然可得而(微)〔徵〕[①]證也。考《魏略》言"黄初中，太學初立，有博士十餘人"，《後漢書·儒林傳》注及《魏志·杜畿傳》注引。《魏志·文帝紀》言"黄初五年夏四月，立太學，制五經課試之法，置《春秋穀梁》博士"，似魏初博士之數與後漢略同，但增置《春秋穀梁》一家。然考其實際，則魏學官所立諸經，乃與後漢絶異。《齊王芳紀》："正始六年十二月辛亥，詔故司徒王朗所作《易傳》，令學者得以課試。"即博士課試五經所用。《王肅傳》："肅爲《尚書》、《詩》、《論語》、三《禮》、《左氏》解，及撰定父朗所作《易傳》，皆立於學官。"又《高貴鄉公紀》載其幸太學之問，所問之《易》，則鄭玄注也；所講之《書》，則馬融、鄭玄、王肅之注也；所講之《禮》，則《小戴記》，蓋亦鄭玄、王肅注也。是魏

① 微，當爲"徵"之誤，據《遺書》本改。

時學官所立諸經，已爲賈、馬、鄭、王之學；其時博士可考者，亦多古文家，且或爲鄭氏弟子也。詳見余《漢魏博士考》。當時學官所立者既爲古學，而太學舊立石經，猶是漢代今文之學，故刊古文經傳以補之。《隋志》載梁有三字石經《尚書》十三卷、三字石經《春秋》十二卷，此蓋魏石經二經足本。十三卷者，後來僞孔《傳》之卷數，與馬融、王肅注本之十一卷、鄭玄注本之九卷，分卷略同；而與歐陽、大小夏侯之二十九卷或三十一卷，及壁中書之五十八篇爲四十六卷者絶異，乃漢魏間分卷之法。其《春秋》十二卷，則猶是《漢志》《春秋》古經之篇數，亦即賈逵三家經本訓詁之卷數，賈以《左氏經》爲底本。與《漢志》公、穀二家經各十一卷者不同。蓋漢魏以前，《左氏》所傳《春秋經》皆如是也。魏時學官所立《尚書》既爲馬、王、鄭三家，則石經亦當用三家之本。三家雖同爲古文《尚書》，然其本已改今字。陸氏《釋文》所引馬、鄭本經文，絶非壁中書，王肅本亦然。敦煌本未改字《尚書》釋文云："此篇既是王注，應作今文，相承以續孔傳，故亦爲古字。"今本爲宋時陳鄂輩删去。是王肅本亦作今字。而此具古、篆、隸三體者，壁中本古文《尚書》，後漢時尚在秘府，許慎見之，鄭玄亦見之。中更董卓之亂，雖未必存，然當時未必無傳寫之本。《隋志》謂："晉世秘府所存，有古文《尚書》經文。"《尚書正義》引束晳云："《盤庚序》'將治亳殷'，孔子壁中書作'將始宅殷'。"晳所據壁中書，蓋即晉秘府之古文《尚書》，雖未必爲壁中原書，亦當自壁中本出矣。且漢魏間除秘府本外，尚有民間傳寫之本。衛恒《四體書勢》謂其祖"敬侯即衛覬。嘗寫邯鄲淳《尚書》以示淳，而淳不别"。案：淳雖以傳古文書法名，然書法與書體亦不能强别。且《魏略》言"淳於黄初中爲博士"，是淳蓋亦傳古文《尚書》而爲《書》博士者，其本宜有所受之。是魏時《尚書》古文固有秘府本及民間本矣。至古文《春秋經》及《左氏傳》，至魏時尚存否雖不可考，然《周禮·小宗伯》注引古文《春秋經》"公即位"爲"公即立"，是鄭君猶及見之。正始距鄭君之卒，不過數十年，或當時尚有傳寫之本矣。且漢魏之間，字指之學大興，魏時博士如邯鄲淳，如蘇林，如張揖，皆通古今字指者也。《王粲傳》注引《魏略》："邯鄲淳，善《蒼》、《雅》、蟲篆、許氏字指。"又《劉劭傳》注引《魏略》："蘇林通古今字指。"《隋志》張揖有《古今字詁》三卷。字指，《舊唐志》作"字旨"，或謂"字義之學"。然《隋志》有《雜字指》一卷，後漢太子中庶子郭顯卿撰。又《字指》二卷，晉朝議大夫李彤撰。《汗簡》多引郭顯卿《字指》、李彤《集字》，其字皆古文。是"字指"殆謂古今字之學，其體例當如《漢志》之《八體六技》及衛宏《古文官書》也。又《魏略·儒宗傳序》謂"太和、青龍中，太學課試，臺閣舉格太高，加不念統其大義，而問字指、墨法、點注之間”，是課試諸生亦用《字指》。魏之石經古文，果壁中本若其子本，抑用當時字指學家自定之本，均不可知。然即令出於《字指》學家之手，而《字指》學家之所據，亦不外壁中古文，因漢時除壁中書及張蒼所傳《春秋左氏傳》外，别無古文故也。《説文序》雖言“郡國山川所出彝器，與古文相似”，然實未引一字。今就魏石經遺字中古文觀之，多與《説文》所載壁中古文及篆文合，《説文》篆文中本多古文。且有與殷周古文謂殷虚書契文字及古金文。至壁中書，則多先秦文字也。合而爲許書所未載者。然則謂魏石經古文出於壁中本，或其三寫、四寫之本，當無大誤。即謂出於當時字指學家之手，然雖非壁中之本，猶當用壁中之字，固不能以杜撰譏之矣。至其與壁中本相異者，亦可得而言。壁中《尚書》五十八篇，爲四十六卷，而魏石經據《隋志》注僅十三卷，且壁中本尚有逸《書》十六篇，建武時亡《武成》一篇，爲十五篇。而魏石經若數逸篇，則三十五碑不能刊至《左傳》桓、莊間。是其篇數當與馬、鄭本同，是卷數、篇數均異於壁中本也。又石經《尚書》十三卷，雖若與梅賾本卷數同，然無梅本所增之二十五篇，此亦可以石數、字數證之。又梅本《書序》分冠各篇之首，而石經殘字中，《吕刑》與《文侯之命》相接處，除《文侯之命》篇題外，無容《書序》之餘地。故知石經《書序》亦自爲一卷，與馬、鄭本同，而與梅本絶異也。要之，漢、魏石經皆取立於學官者刊之。漢博士所授者皆今文，故刊今文經。魏學官所立《尚書》爲馬、鄭、王三家，故但刊三家所注之三十四篇。其逸篇絶無師説，又不立學官，且當時亦未必存，故不復刊。亦猶《尚書》、逸《禮》、《春秋左氏傳》同爲古文，逸《禮》絶無師説，又不立學官，故僅刊古文《尚書》及《春秋左氏傳》也。其刊此三經者，以漢世所未刊；其不刊逸《書》及逸《禮》者，以學官所不立。至《費氏易》《毛詩》《周官》《禮記》《穀梁春秋》，魏時亦已立學官，而石經無之者，蓋《禮記》《穀梁傳》均爲今學，《費易》《毛詩》雖爲古學，或已無古文之本，而魏石經必具三體，故未之及；或欲刊而未果，與《左傳》之未畢工者同。《隋志》“一字石經《魯詩》六卷”下注：“梁有《毛詩》二卷，亡。”案：漢時《毛詩》未立學官，決無刊《毛詩》之理。如果有《毛詩》，或出魏時所刊。後人以用一字，與漢石經同，遂附之《魯詩》下耳。然則漢、魏石經皆刊當時立於學官之經，爲最顯著之事實矣。

四

拓石之事，未識始於何時，然拓本之始見於紀載者，實自石經始。《後漢書·蔡邕傳》:"碑始立,其觀視及摹寫者,車乘日千餘兩。"《晉書·趙至傳》:"至游太學,遇嵇康於學寫石經。"《石季龍載記》:"遣國子博士詣洛陽寫石經。"是自漢至晉之中葉,尚無拓墨之法。《隋志》注載"梁有一字石經""三字石經",其爲拓本或寫本,蓋無可考。惟《隋志》著録之二種石經,確爲拓本,《志》與《封氏聞見記》均明言之。觀其所存卷數,梁時所有魏石經《尚書》《春秋》,均係完帙,當是後魏初年之物。唐初所藏,則爲遷鄴前後之物矣。《隋志》所録魏石經拓本,爲《尚書》九卷,又五卷,即九卷中之複本。《春秋》三卷。《舊唐書·經籍志》又有三字石經《尚書》古篆三卷,三字石經《左傳》古篆書十三卷。《新志》作十二卷。既云"三字石經",復云"古篆書",疑唐人就三字石經拓本中專録其古、篆二體,未必即是拓本。且《左傳》有十三卷之多,非六朝人所記魏石經碑數所能容,其中當有《春秋》而誤視爲《左傳》者。猶宋蘇望所刊《尚書》《春秋》殘字,自臧氏琳以前均謂之《左傳》遺字也。又唐初《春秋》拓本僅存三卷,不應中葉以後并《春秋》《左傳》乃得十三卷。然則《唐志》所録,殆不能視爲拓本也。《大唐六典》:"國子監書學博士掌教國子,以石經、《説文》、《字林》爲業。石經三體,三年業成;《説文》二年,《字林》一年。"石經業成年限,多於《説文》《字林》,則存字當必不少。然六朝舊拓,唐中葉後蓋已無存,偶有殘拓,珍重與鍾、王真迹等,則書學博士所用以教授者,亦當爲寫本而非拓本。且唐初修《隋志》時現存之拓本,至中、睿以後頗已散佚,徐浩《古迹記》載:"中宗時,以内府真迹賜安樂公主、太平公主,下至宰相、駙馬等。自此内庫真迹散入諸家。"《隋志》所録石經拓本之散佚,亦當在此時。至開元時僅得十三紙。郭忠恕《汗簡·略敘目録》云:"開元時得三字石經《春秋》,臣儀縫,案:縫上當有押字。石經面題云:'臣鍾紹京一十三紙。'又有開元字印、翰林院印,後有許公蘇頲、梁公姚崇、昭文學士馬懷素、崇文學士褚無量、左金吾長史魏哲、左驍衛兵曹陸元悌、左司禦録事劉懷信、直秘書監王昭遠、陪戎副尉張善裝。《墨池編》卷(十)四①盧元卿《跋尾記》載齊高帝書一卷,後有開元五年十一月五日諸臣列名,與此同,惟多宋璟一人。其諸臣列名次弟,首張善,終宋璟,與此適相反。又"張善"作"張善慶","王昭遠"作"王知逸","魏哲"作"魏晳"。魏、陸、劉、王四人名下皆有"監"字。至建中二年,知書樓直官賀幽奇、劉逸己等檢校,内侍伯宋游瓌、掖庭令茹蘭芳跋狀尾焉。其真本即太子賓客致仕馬胤孫家藏之。周顯德中,嗣太子借其本傳寫在焉。"句中正《三字孝經序》見《墨池編》。所記略同。竇臮《述書賦》注云:"今見三字

① 十四,底本及《遺書》本同,據文淵閣《四庫全書》本《墨池編》改作"四"。

石經打本四紙，石既尋毁，其本最希。”唐中葉後，魏石經拓本見於紀載者，惟此而已。宋皇祐癸巳，洛陽蘇望得拓本於故相王文康家，刊以行世。歐陽棐《集古録目》謂其“莫辨真僞”，余疑其即開元内府之十三紙。何則？《隸續》所録蘇氏刊本，今詳加分析，則《尚書》六段、《春秋》七段、《左傳》一段，共十四段，與開元之十三紙止差一紙，其中當有兩段在一紙上者。且開元十三紙，後周時尚在馬胤孫家，至宋初尚存，郭忠恕見之，句中正亦見之。中正《三字孝經序》云：“永泰中，相國馬胤孫藏得拓本數紙。今所書文字，悉準之。”王文康家之本，當即馬本，蘇氏刊之而遺其跋尾，遂使人昧其所出耳。厥後胡宗愈復據蘇本刊之錦官西樓，洪适於會稽蓬萊閣亦刊數十字。今蘇、胡、洪三刻皆不可見，惟《隸續》所録者尚無恙。然則魏石經拓本，自開元以後，迄於有宋之初，除竇臮所見四紙外，只此十三紙。郭忠恕《汗簡》引魏石經一百二十二字，其見於蘇刻者七十四字；夏竦《古文四聲韻》引一百十四字，其見於蘇刻者六十三字，餘皆出《汗簡》，其在蘇刻及《汗簡》外者僅十二字。而郭、夏二書中蘇刻所無之字，頗有蘇刻所遺者，蘇跋謂“取其完者刻之”，則十三紙中，磨泐及不完之字，蘇未嘗刊。郭、夏二氏或能辨而録之也。亦有《尚書》《春秋》《左傳》三書中本無此字者，則亦未必盡出石經。郭、夏所見，未必遽多於此矣。宋以後蘇、胡諸刻盡亡，魏石經一綫之傳惟存於《隸續》，若存若亡者又六百年。今幸《周書》殘石出於洛陽，我輩始得見正始原刻，固足傲歐、洪諸君於千載之上矣。

五

孔壁、汲冢古文之書法，吾不得而見之矣。《説文》中古文，其作法皆本壁中書。其書法，在唐代寫本，與篆文體勢無别；雍、熙刊板，則古、篆迴異。案：宋初校刊《説文》，篆文當出徐鉉手，古、籀二體當出句中正與王惟恭二人之手。《宋史·（儒林）〔文苑〕傳》①：“句中正與徐鉉重校定《説文》。”摹印《説文》後，附進書表，亦並列王惟恭、葛湍、句中正、徐鉉四人名。中正有《三字孝經》，惟恭有《黄庭經》，亦以古文書之。夏竦《進古文四聲韻表》云：“翰林少府監丞王惟恭，寫讀古文，筆力尤善。”是句，王皆以古文名。《説文》中古、籀二體，必句、王二人所書明矣。此種書體，在唐以前不能徵之。自宋以後，則郭忠恕之《汗簡》，夏竦之《古文四聲韻》，吕大臨、王楚、王俅、薛

① 儒林，底本及《遺書》本同，據《宋史》改作“文苑”。

尚功輩所摹之三代彝器，皆其一系。洎近世古器大出，拓本流行，然後知三代文字决無此體。惟吴縣潘氏藏不知名古銅器一，筆意近之，而結體復異，乃六國時物也。今溯此體之源，當自三字石經始矣。衛恒《四體書勢》，謂“魏初傳古文者，出於邯鄲淳。至正始中，立三字石經，轉失淳法。因科斗之名，遂效其形”。然則魏石經殘字之豐中鋭末或豐上鋭下者，乃依傍“科斗”之名而爲之，前無此也。自此以後，所謂古文者，殆專用此體。郭忠恕輩之所集，决非其所自創，而當爲六朝以來相傳之舊體也。自宋以後，句中正輩用以書《説文》古文，吕大臨輩用以摹古彝器；至國朝《西清古鑑》等書所摹古款識，猶用是體，蓋行於世者幾二千年。源其體勢，不得不以魏石經爲濫觴矣。

原載《觀堂集林》

魏三字石經《尚書》殘石跋

◎ 羅振玉

正始石經《尚書·君奭篇》殘字百廿二言，全字百有十，半字十有二。光緒中葉出洛陽，尋歸黄縣丁氏。三體石經之傳人間者，僅此片石耳。

考《魏書·馮熙傳》："洛陽雖經破亂，而舊三字石經宛然猶在。至熙與常伯夫相繼爲州，廢毁分用，大致頽落。"《隋書·經籍志》："齊神武執政，自洛陽徙於鄴都，行至河陽，值岸崩，遂没于水，其得至鄴者，不盈太半。至隋開皇六年，又自鄴京載入長安，置于秘書内省。議欲補緝，立於國學。尋屬隋亂，事遂寢廢。營造之司因用爲柱礎。貞觀初，秘書監臣魏徵始收聚之，十不存一。"則正始石經一毁於馮、常之爲州，再毁于齊、隋之轉徙，有唐初紀，已將蕩盡。此石今尚得之洛陽，知徙鄴時實已零落，未盡徙也。

據歐、趙二《録》記高紳學士藏殘石，後歸郎中趙竦，竦没，遂不知所歸。洪丞相《隸續》、婁氏《漢隸字源》及胡宗愈《重刻石經記》謂洛陽蘇望得《左氏傳》拓本八百一十九字於故相王文康家，刻石洛陽。胡氏又刻之成都西樓。高氏藏石當時已佚，洛、蜀兩刻今不復傳，幸《隸續》所載得窺概略。何幸吾人生今之世，乃得見正始典型，雖所存僅當宋人所見八之一，亦無偶之快事矣。

丁氏得石後，矜惜不輕拓墨，兼金不能得一紙，以故流傳至少。予往於東估得墨本六，乃在洛所拓，頻年分遺同好，已垂盡矣。存此一本乃付影印，以廣其傳。吾友王静安徵君作《魏石經考》二卷，至精密。而墨本見之者罕，故亟印此，俾讀徵君書者得參觀焉。宣統丁巳閏月。

原載《雪堂校刊群書叙録》卷下，
《羅振玉學術論著集》第九集

魏正始石經殘石跋

◎ 羅振玉

此石以壬戌秋出於距洛陽城東三十里之大郊東朱家古墩。乃全石之上截，廣約建初尺四尺一寸强，高不及五尺，乃農家耕地得之，以售於賈人。賈欲密運入城，而石重大，懼爲人所知，乃中剖爲二，以便轉携，致損字一行。石表裏刻之，一面刻《尚書・無逸》及《君奭》，計三十四行，行存二十三及三十四字不等。他面刻《春秋》僖公、文公，計三十二行，前後二行無字，行存字二十一至三十二，依每行存字驗其起訖，知每行二十字，合三體，得六十字。往歲吾友王静安徵君作《魏石經考》，根據宋人所録及黄縣丁氏所藏《君奭篇》殘石定爲每行六十字，今實驗果不謬。丁氏殘石持與此勘合，正相銜接，乃彼石先三十年見於人間，至今乃如延津之劍離而復合，亦可謂至奇矣。

静安徵君考石經《尚書》謂當是古文，今《無逸篇》"嗚呼"作"烏虖"，此爲古文之確證也。取校今本，其異同之字甚多。《無逸篇》"不皇暇食"，今本"皇"作"遑"；"不敢盤于遊于田"，今本"遊"上無"于"字；"乃非民所訓""非天所若"，今本兩"所"字作"攸"；"酗于酒德才"，今本"才"作"哉"；"乃緐亂先王之正刑"，今本"緐"作"變"；"不則用厥心韋怨，不則用厥口詛祝"，今本無兩"用"字，"不"作"否"，"韋"作"違"；"仲宗及高宗"，今本"仲"作"中"；"兄若時"，今本"兄"作"允"；"不寬紹厥心"，今本"紹"作"綽"。《君奭篇》"不弔"，今本作"弗弔"；"我弗敢智"，今本作"我不敢知曰"；"我亦不敢智"，今本"智"亦作"知"；"其崇出於不祥"，今本"崇"作"終"；"弗永遠念天畏"，今本"畏"作"威"；"大弗克龔上下"，今本"龔"作"恭"；"天難忱"，今本"忱"作"諶"；"乃其隧命"，今本"隧"作"墜"；"我迪惟寧王"，今本"迪"作"道"；"天弗庸"，今本"弗"作"不"；"公曰，君我聞在昔"，今本"君"下有"奭"字；"洛于上帝"，今本"洛"作"格"；"衔惟兹有陳"，今本"衔"作"率"；"天惟純右命"，今本"右"作

“佑”;“弜咸奔”,今本作“矧咸奔走”;“故一人事于四方”,今本“事”作“有事”;“有殷嗣,天滅畏”,今本“畏”作“威”。《春秋》則與今本異同之處頗少。“惟陳侯鄦卒”,今本“鄦”作“款”。又第二十一行“齊侯使國歸父來聘。夏”下,第二十二行“葬晉文公狄”下,石本均是十一字,合三體得三十三字。而今本則“夏”下、“狄”下,均有十二字,是石本、今本此二行中各相差一字,惜其石下半已佚,不能知爲何字矣。其款式,《春秋》每易一年皆空一格,合三體計三字。而一年中之事則蟬聯書之,“文公元年”之前,標題作“文公第六”單爲一行。至今本每年之上皆署干支,此全無之。此款式之可考者也。惜《無逸篇》文已完,而《君奭篇》題正在土人剖石時鑿損之處,不可復見,此等惡傖,其罪浮於殺人殆倍蓰矣。

石經所用古文與《汗簡》及《古文四聲韻》所載十合八九,知郭、夏實有本原,而與許書之古文合者十二三,其與古禮器文字合者,什不一二也。然其中篆文多可訂正許書者。如今篆“弔”作□,此作□,與古金文“叔”字同。詩書每言“不弔”,即“不叔”,亦即“不淑”。今篆“非”作□,此作□,象六翮,與古金文同。今篆“克”作□,此作□,下从□,即□之變,今誤从□。“迪”今篆作□,从由,此从□。許書有从由之字而無“由”,知凡从“由”諸字,皆作□,許書固有□字,□即“由”也。“易”今篆作□,此作□,與古金文作□同。“丑”今篆作□,此作□,與古金文作□同。“甲”今篆作□,此作□,從□。□古文甲字,今誤從□。如此之類,並可訂許書傳寫之失。其有功於小學者,又不鮮矣。

以書法言,三體中篆文爲最精,使轉處多方折,結字疏密得宜,姿態天然,承相斯之流,而啓李監之源,足考篆法遞變之迹。故此石之傳人間,不但可考正經文,即論書法,亦一字直百金矣。癸亥二月。

後三月,友人游洛歸,得未剖石拓本,始知《君奭篇》題即“君奭”二字。友人又得下截殘石五行,知僖公第二十二行“取訾婁”,石本無“訾”字,第二十一行“及姜戎敗秦師”,今本“及”下有五字,石本僅四字,《書·無逸》“厥愆曰:朕之愆”,“厥愆”之“愆”,石本作“諐”。

陸氏《尚書》釋文,《君奭篇》“其終”,馬本作“崇”;“我道”,馬本作“我迪”;所載馬本並與石本合,則石本所據爲馬本也。静安徵君言,“崇”“終”同部假借,《樂記》“六成復綴以崇”,“崇”亦“終”也。

此石既中剖,前半《春秋·僖公》十五行,《尚書·君奭》十六行歸張某,他半石歸洛陽縣署。張氏藏石近日拓本甚難得，且移石時損數字。《春秋》“晉侯齊師”之“齊”字，篆文全泐，隸文損半，“陳侯鄦”之“鄦”字，篆文初損下半，後遂全泐。現在洛中不但未剖本不可得，即初剖石時“齊”“鄦”二字不損本，懸百金購之亦不可得矣。六月既望又記。

《尚書·多士》殘石存十一行，行存三字至十六字，後闕二十三行。《春秋·文公》存十行，行存三字至十五字，前闕二十四行，與《無逸》《君奭》及《春秋·僖公》《文公》一石同時出土，亦表裏刻之，上下皆有闕損。取以校今本《多士》中異同之字，“誕淫厥逸”，今本“逸”作“泆”；“惟天弗畀”，今本“弗”作“不”；而“罔顧於天顯民祇”“罔”字之下，“若兹大喪”“大”字之上，中間計十四字，今本則十五字；又“非我一人奉德不康寧”“我”字下，“不敢有後”“後”字上，中間計十六字，今本作十七字，均多一字；而“不敢有後”下，今本即接“無我怨”，此本則“後”下有“王曰繇”三字，以下當更有三字，疑當是“爾多士”。乃合每行字數，今本佚六字，觀石本“知無我怨”以下乃“王三呼多士而告之”，意周且摯，今本佚之者非也。《春秋》自九年三月至十有二年正月，與今本無甚異同，惟“曹恭公”，今本作“共公”，“盟於汝栗”，今本作“女栗”耳。又記。

《多士》第六行末“爾”字，初出土完全無缺，稍後泐下角少許，近又加甚，昨有人自洛歸，言此石及中剖之大石已運致開封圖書館，不知又有損壞否也。癸亥七月既望又記。近此石仍在洛，前聞未確，乙丑冬記。

原載《國學季刊》一九二三年第一卷第三期

魏正始石經《尚書·多士》及《春秋·文公》殘石跋

◎馬　衡

《尚書·多士》殘石，存十一行，行存三字至十六字，後闕二十三行。《春秋·文公》存十行，行存三字至十五字，前闕二十二行，與《無逸》《君奭》及《春秋·僖公》《文公》一石，同時出土。亦表裏刻之，上下皆有闕損，故不能知每行之起訖。取以校今本《多士》中異同之字，“誕淫厥逸”，今本“逸”作“佚”。“惟天弗畀”，今本“弗”作“不”。而“罔顧于天顯民祇”“罔”字之下，“若兹大喪”“大”字之上，中間計十四字，今本則十五字。又“非我一人奉德不康寧”“我”字下，“不敢有後”“後”字上，中間計十六字，今本作十七字，均多一字。而“不敢有後”下，今本即接“無我怨”。此本則“後”字下有“王曰繇”三字，以下當更有三字疑當是“爾多士”，乃合每行字數。今本佚六字。觀石本知“無我怨”以下乃“王三呼多士而告之”，意周且摯，今本佚之者非也。《春秋·文公》自九年三月至十有二年正月，與今本無甚異同，惟“曹恭公”今本作“曹共公”，“盟于汝栗”今本作“女栗”耳。此石聞歸洛陽縣長，友人游洛，歸以墨本見贈，如獲重寶，書其後以識之。癸亥四月九日。

原載《凡將齋金石叢稿》

與于右任論三體石經書

◯ 章炳麟

所惠三體石經,真是東序秘寶。前爲君略識緣起,有所未盡,今復考其本末於左:三體石經,魏晉先後徙鄴,隋唐又徙關中,今復出於洛陽者何也?按《御覽》引戴延之《西征記》(戴,東晉人)稱碑三十五枚,表裏書《尚書》《春秋》二部。酈道元《水經注》稱碑四十八枚,以今驗之,戴、酈已不見全部矣。按今所謂碑石皆中斷,每面十五行,每行袛三十餘字。就本經文字質對,原石一行當有六十字。碑面各十五行,則千八百字,而三體相除則一碑袛經文六百字也。《春秋》萬八千字,已須三十石,益以《尚書》二十九篇,當得六十餘石。且皇祐蘇望所摹,今見於《隸續》者,《春秋》亦兼有傳,左氏全《傳》十七萬言,合之《春秋》《尚書》,當三百餘石矣。戴所見三十五枚,酈所見四十八枚,皆非完具。蓋中經八王、劉、石之亂,太學蕪廢,其石流轉於人間者多矣。故魏周隋唐,雖數移徙,特其燼餘未滅,而洛陽民間,猶有遺石,則今之所見者是也。

此經古文形或詭異,有不可盡知者,然如"皀"之作"岤"(《君奭》篇"臣皀"),"乂"之作"嬖"(《君奭篇》"巫咸乂王家"),皆合於《説文》。《魏略》稱邯鄲淳善許氏字旨,是其徵也。又"狩"之作"獸"(《僖公經》"天王狩於河陽"),"盧"之作"膚"(《僖公經》"介葛廬來"),"潮"之作"淖"(以"潮"爲"朝",《隸續》所載已然,今所見亦同),"蔡"之作杀(古文"殺"字,以殺爲"察",《隸續》所載已然,今所見亦同。),"濮"之作"僕"(此即"僕"字,《僖公經》"城濮"如此),"款"之作酄(《僖公經》"蒙公欵卒",按此字從雚從邑,乃是"酄"字。),皆古文聲近通借。至如"夏"字作昰(從日疋聲,《説文》未録。按"夏"字《説文》本訓中國人,非四時之字,此字從日疋聲,乃四時之正字也。),"晅"字作[illegible](《僖公經》"元咺"，從亯從㠯，㠯，古文亘字也。此字《説文》未録。)，皆《説文》未録之古文，而鐘鼎彝器，所未見者。以此知《書》本壁中，《春秋》本張蒼所獻，漢世秘府所藏，特於斯一見之也。

原載《國學周刊》一九二三年第五期

與于右任論三體石經書

◎ 胡樸安

前讀太炎先生與先生論三體石經書，竊驚喜數千年瑰寶，復見於世。嗣晤先生於酒樓，先生云太炎尚有考證七千餘言，於文字學極有發明。比時深以未見太炎之考證爲恨，先生允爲代索，而移録匪易。後晤張君季鸞，知太炎原稿現在汪君處，將披露於《華國》，然則距快讀之時不遠矣。頃由陳君巢南，從先生處得三體石經六紙，取而讀之，再爲參校各書，覺太炎與先生書中所論，韞玉有不能苟同者，謹爲先生陳之：太炎云"今碑石皆中斷，每面十五行，每行祇三十餘字，就本經文字質對，原石一行當有六十字。……當三百餘石矣。"韞玉按：《水經注》云："石長八尺，廣四尺。"以今拓本驗之，長廣皆僅得半，是今碑石，不僅横斷，且直裂矣。每行六十字，以經文排比求之，誠爲不誤。八尺之長，得六十字，則四尺之廣，至少當得三十行，或三十行以上，斷不止十五行矣。即今拓本六紙之内，兩張十六行，一張十七行，不知太炎何所據而云十五行也。十五行之説不可信，則三百餘石之説，更不可信矣。惟魏石經枚數，究竟若干，據《洛陽伽藍記》謂二十五碑，《太平御覽》五百八十九引《西征記》謂三十五碑，《水經注·穀水篇》謂四十八碑，各書多少懸殊，知必有佚失之碑。各人皆據所見而言，故不合也。兹假定爲每碑三十行，每行六十字，仍本太炎之法，以《尚書》《春秋》《左氏傳》三書字數核計碑之枚數。《尚書》計二萬四千五百三十八字，《春秋》計一萬六千五百六十一字，《左氏傳》計十七萬八千三百九十四字，共計二十一萬九千四百九十三字，以三因之，得六十五萬八千四百七十九字。每碑三十行，每行六十字，計一千八百字，表裏每碑共計三千六百字，以約《尚書》《春秋》《左氏傳》三書字總數之三倍，得一百八十三石。不僅與太炎先生所謂三百餘石，相差甚巨，即與《伽藍記》《西征記》《水經注》所云，相差亦巨。惟魏三體石經有《左氏傳》，始見于《舊唐書·

經籍志》與《唐書・藝文志》及蘇望所摹。論者謂《左氏傳》當未刻竟,或僅刻至桓公。若據是說,則與《水經注》之四十八碑不相上下。此說雖無確證,然頗爲可信。蓋縱有散佚,未必如是之多,姑存其說以合酈說可也。太炎云"此經古文形或詭異,有不可盡知者。……皆合於《說文》。《魏略》稱邯鄲淳善許氏字旨,是其徵也。"韞玉按:太炎以三體石經爲邯鄲淳所書,不知前人早已否認。顧氏炎武《石經考》據衛恒《書勢》决非淳書;馮氏登府《石經考異》據《晉書・衛恒傳》决非淳書,乃恒祖敬侯所書;萬氏斯同《漢魏石經考》據胡三省《通鑑注》云,魏碑以正始年中立,《漢書》言元嘉元年,度尚命邯鄲淳作曹娥碑,時淳已弱冠,自元嘉至正始九十餘年,謂淳所書非也,此證最爲有力。太炎先生認邯鄲淳所書,僅據《魏略》,未遍核各書也。太炎云"'夏'字作昰,從日疋聲,《說文》未録。'夏'本訓中國人,非四時字,此字從日疋聲,乃四時之正字也。"韞玉按:《說文》"夏"之古文作𡕾,《玉篇》變爲寔,與三體石經之昰,不過繁簡稍異耳。《晉書・衛恒傳》謂正始立石經,轉失淳法。《魏書・江式傳》謂建三字石經於漢碑之西,其文蔚炳,三體復宣。校之《說文》,篆隸大同,而古字稍異。此昰字雖不可目爲失淳法,當亦在稍異之例,未必即四時之本字也。即云昰字形聲,合於六書之旨,亦早見於《集韻》及存乂《切韻》與《六書統》等書,無俟三體石經出土,始發見此字。至多不過爲《集韻》各書之昰,證明非俗字已耳。

以上韞玉對於太炎先生致先生書中,不能苟同者如此。太炎先生之考證,尚未得讀,不敢有所論列。至韞玉之意,以三體石經之出土,大足以增長《汗簡》之價值。若謂于文字學極有發明,韞玉之愚,尚未見及此也。又清光緒間,洛陽曾出土三體石經一塊,濰縣估人范某得之某村路旁茶肆。其面字迹,筆畫已模糊,背則字迹顯然。以五千錢得之,轉售諸黄縣丁氏。觀其拓本,即此六張内《尚書・君奭篇》之下半段,惟裂斷處與此處不甚吻合,亦一疑問也。以上所論,是否有當,祈有以教之。先生若晤太炎先生,請以韞玉之書轉爲就正,諒太炎先生必更有以益之也。十二年八月十一日。

三體石經所書,係孔壁古文。據僞古文字數以推算碑數,實無根據。予自知其誤,見《與太炎書》及《三體石經跋尾》,將刊于《彙編》第二集,兹先附記于此。

原載《國學周刊》一九二三年第十五期

與章太炎論三體石經書

◎ 胡樸安

前讀先生與右任論三體石經書，韞玉之意，其不能與先生苟同者，已作書與右任詳論之。此書度已由右任轉呈左右矣。右任云，先生作此書後，又復著《三體石經考》，改正前説頗多。頃從《華國月刊》奉讀大著，雖未卒業，大致已領教矣。先生改每碑十五行之説爲三十三行，改碑都數三百石之説，爲百六十餘石。與韞玉前所持之説，幾相近矣。近日右任新得三體石經未裂拓本，每碑確爲三十四行，不知先生曾入目否？至於碑之都數，韞玉前亦以爲據字數推算，頗爲翔實，今始知此法不可用。魏三體石經，據《晉書·衛恒傳》，所書必孔壁古文，即先生亦似承認之。孔壁古文，如《汩作》《九共》《寶典》《肆命》《原命》十三篇，今已亡佚。字數若干，無由稽考，是以雖知每碑字之確數，亦不能據以推算也。先生謂《春秋》十二經，《尚書》二十九篇，無慮四萬字。二十九篇者，今文篇目。雖古文亦有之，然魏三體石經，既書古文，似無僅書二十九篇之理。況當時馬、鄭之學方盛行乎？先生所謂近規邕之失者是也。即使僅書二十九篇，據今《僞孔傳》二十九篇之字數，爲一萬六千餘，合《春秋》十二經，共三萬二千餘字，無四萬字也。四萬字者，今《僞孔傳》五十八篇二萬四千五百三十八字，合《春秋》十二經一萬六千五百六十一字，共四萬一千零九十九字也。先生既用二十九篇算推，而字數又據《僞孔傳》五十八篇之都數，或亦千慮之一失乎？韞玉以爲《水經注》所載四十八碑，碑高八尺，廣四尺，頗爲近是。碑之尺寸、行數、字數，得未裂本驗之，可以確定矣。碑之都數，苦無根據以推算。然論者謂《左傳》僅刻至桓公止，此説若不謬，則四十八碑之説，或亦可信。但此不過懸揣之詞，要之終無由定也。區區之見，知未當於事，乞先生有以教之。十二年十一月十四日。

原載《國學周刊》一九二三年第二十九期

洛陽先後出土正始三體石經記

◯ 王廣慶

光緒乙未三月初七日，洛陽白馬寺人劉克明，爲村南龍虎灘黄占鰲刻名章。携有《六書通》，黄披視，謂："字形奇古，余牛舍瓦礫中，有殘石一角，刻文與此相類。"偕劉往質，劉知石爲異物，取黄子耀坤習字紙，以淡墨摹之，粗識者謂係蔡中郎遺迹也。龍虎灘在今洛陽城東二十里，位伊洛會流處之北岸，洛水未北徙以前，當係古開陽門附近地，去漢時太學故址不遠。此石必先自殘佚，魏、齊未及移徙者。由是拓本流傳，邑人知有三體石經矣。惟黄氏不自矜惜，未幾，即以四十金售之古玩商党廉。聞党係山東黄縣丁樹楨資遣來收古物者，歸遺丁。丁色然喜，向所與八百金，不復與校。越數年，石又歸他人，今爲合肥周季木所有矣。民國十年春，余歸自陝，有事於洛陽，間亦搜羅金石文字。同學趙漢臣，以三體石經相告，謂石之始出，係黄耀坤之父，雨後見自厠牏壁上，經某廣文審爲漢物。石雖售出，摹本尚可得，因輾轉自黄索一紙，則《尚書・君奭篇》遺文。原石背面，應尚有《春秋》經文，但石缺半面，不復可見矣。

十二年二月，又聞洛陽碑賈郭玉堂言石經出土事。傳係十一年十二月，鄉人朱姓等，取蔞根製藥，掘地四五尺，得巨石，修廣約三尺許。又一小石，則尺許，表裏刻《尚書》《春秋》文，驚爲異物。聞者走相告，爲土豪黄某所知，諷朱等以五百金爲壽，不者，將加禍。朱等恐，醵資與之。經石發見地，在碑樓莊，朱家圪塔，大橋之間，北臨洛水，與龍虎灘隔岸約二三里，亦古洛陽附郭地也。當以此爲歷史遺物，屬郭轉告石主，勿令售之外人，必設法爲籌代價，妥爲保存。時適因事赴滬，即以之函同邑張伯英鈁，俾玉成此舉，時石尚未斷也。未幾，爲城内謝榮章購去。石重，不便秘載，且以分售之可居奇也，令石工白姓，乘夜鑿爲二。《尚書》毁"君奭"篇目三體共六字，《春秋》毁"年春取濟西田公子遂”三體共二十五字。就中“田”字空格，無古文，下部“遂”字，有古、篆，無隸書也。事問於省，大吏檄洛令並委員提取。時伯英已赴洛，與孫經武、劉維屏、董天章、李肯堂等協議，僉以石出洛陽，不宜爲他私人有，擬建亭於城西北隅關岳廟欄護之。款絀，未果。而其石則自謝榮章處移出，分置洛陽縣署及余吴家街寓所之新安官礦局。四月杪，伯英以拓本來，並加工拓二份，分贈章太炎、于右任兩先生。太炎先生出其得自李印泉所贈已裝本質對，《尚書·君奭篇》文猶自銜接，珠聯璧合，什襲藏之。除作考語五千餘言斷爲邯鄲淳書，及詮釋百餘字外，並賦五律一章，有“八體追秦刻，千金笑華碑”之句。惟時余滯滬未歸，此石如何出土，未能詳以奉告，故先生致易寅村書，有得之洛陽廁壁云云。及六月回洛，詢悉原委，諦視初拓本，《尚書》文字，有漫漶處。七月三日，就寓中存石撫視之，非泐損，乃土鏽未除也。鏽色如石灰，堅等於石。以刃剗之，《尚書》“厥基永孚”，“永”之隸書；“弗永遠念天威”，“弗”之篆書；“迪維前人光”，“惟”之篆書；“寧王德延”，“德”之古文、篆書；“成湯既受命”，“湯既”之古文、篆、隸共五字；“有若保衡”，“若”之隸書、“保”之古文；“禮陟配天”，“禮”之古文、隸書；“罔不秉德”，“罔”之古文、篆書；“用乂厥辟”，“用”之古文、篆、隸書，及《君奭》“天壽平格”一行各字，皆次第清晰可識。惜手滑，剜出各字，精神不完。斯時索閱者多，椎拓無藝，“非克有正”，“有”字隸書之下半及《春秋》第二行“晉侯齊師”，“齊”之篆書左撇末筆已泐矣。其他半石及尺許小石，現存洛陽縣署，亦似有未剜之字，而拓本則更濫。日前商之洛令于廷鑑，擬由自治經費項下，挪款建亭，爲期或不遠也。民國十二年十二月新安王廣慶記。

原載《三體石經未裂本》

三體石經跋尾

◯ 胡樸安

前見太炎與右任論三體石經書，知三體石經新近出土，即從右任處通得拓本六紙。顧碑皆斷裂，惟《尚書》兩紙，存字稍多。以文字排比求之，知每行六十字。太炎謂每碑十五行，碑之都數當爲三百石。余證以碑之尺寸，意擬每碑三十行，或三十行以上。姑作三十行，以每行六十字計之，推算碑之都數，當爲一百八十餘石。曾作書與右任，論之詳矣。今右任得横斷未直裂拓本，出以示余，受而讀之，每碑果三十四行，竊喜意擬之不謬。碑之都數，向無定論。《洛陽伽藍記》謂二十五碑，《太平御覽》引《西征記》謂三十五碑，《水經注·穀水篇》謂四十八碑。三書所載，多少懸殊，知必有佚失之碑，各舉所見者言之耳。碑高八尺，廣四尺，以兹拓本驗之，《水經注》所記之尺寸，最爲翔實。碑之尺寸、行數、字數，得此已確定。碑之都數，尚難核考也。當魏立三體石經時，僞《古文尚書》未曾發見，孔壁古文《汨作》《九共》《寶典》《肆命》《原命》等十三篇，今已亡佚。字數若干，無由稽考。雖知每行字之確數，亦不能據以推算。余前以每碑字數，推算碑之都數，當爲一百八十餘石，以正太炎三百石之誤。今知魏石經所書之《尚書》，非《僞孔傳》，據《僞孔傳》字數，推算魏石經都數，無異囈語。此事太炎既誤於前，余復誤於後，偶一不慎，即致乖謬。急表而出之，以見考古者不可率爾從事。惟是余之誤，余旋即知之。太炎著《三體石經攷》時，大約已見未裂拓本，知十五行三百石之説不能成立，然猶爲每碑三十三行，都數一百六十餘石之説。太炎之誤有三：每碑三十四行，太炎謂三十三行，誤一。據《晉書·衛恒傳》，魏石經必孔壁書，太炎似亦知之，而其計算字數，則謂《尚書》二十九篇，此乃今文篇目，誤二。既云二十九篇，則二十九篇，爲一萬六千餘字，合《春秋》十二經，共三萬二千餘字。太炎謂《春秋》十二經，《尚書》二十九篇，無慮四萬字。四萬字者，五十八篇，二萬四千五百三十八字，合《春秋》十二經，一萬六千五百六十一字，共四萬一千零九十九字也。太炎既用二十九篇推算，而字數又用五十八篇之都數，誤三。總之碑之都數，苦無根據以推算，太炎似尚未及見於此。惟論者謂《左傳》僅刻至桓公止，此說若不謬，《水經注》四十八碑之數，或亦近是，但亦不過懸揣之詞，終無由確定也。又黄縣丁氏所藏三體石經殘碑，即此碑《君奭篇》下段之一，而題爲"無逸篇"。秋枚謂題字出於王文敏之手，亦不言題"無逸篇"之誤，何考古者率爾之多也？右任云：此碑出土，即爲估人解開，未裂拓本，稀如麟鳳。余謂此拓本之可貴，不僅以稀見重，可以確定三體石經之行數，有益於考古甚巨，乃題而歸之右任，其永寶之。

原載《國學周刊》一九二三年第三十三期

與胡樸安論三體石經書

◎ 蒙文通

樸安先生左右：舊讀大著《諸子學略》，私欽其鉤索各家義指，而能策其要；校列各家同異，而能攄其真。淵然雅然，在時賢述作中，允爲第一佳搆，傾服无已。自分庸虛，深以無由請益爲憾。然終冀有獲承牖導之機，今儻其時耶？三字石經之争久矣，前聞王静庵、羅叔言于此皆有考論，惜都未睹其文。近於《華國》復見余杭章氏料訂之詞，而先生意旨，則僅於《國學週刊》二十九期與于氏一書、三十三期一跋觀其梗概。不慧於此問題，誠無所發明，而竊有奉其謏聞從諸賢後之興。適在金陵得三字石經六紙，因作六文題之。意謂石經古文，非邯鄲淳書，乃嵇康書也。《世説新語》注引嵇紹《序》曰："先君在太學寫石經古文。"《晉書·趙至傳》亦有"至年十四，游太學，遇嵇康，學寫石經。"正始立石，叔夜殆與於從事也。又謂三字石經，六籍具備，唐張參作《五經文字》，謂漢石經者，即三體石經，於序足見之。而書中引石經《春秋》、石經《尚書》、石經《毛詩》，則三字石經，顯不限於《尚書》《春秋》二種。郭、夏兩家，所集六籍文字，皆有石經，或皆六代逮唐諸儒從石經分寫而出。《隋書·經籍志》："石經《尚書》九卷，石經《尚書》三卷，石經《春秋》三卷。"《尚書》重出者，蓋《毛詩》之誤耶？更因此石之出，而各行字數可知。乃取蘇望所刻八百餘字，察經文，審碑勢，排句比字而爲之圖，則故碑斷爛之髣髴，又略可睹。因客中無所得書，即《隸續》亦末由見，不能十分精密考訂，遂惜然中輟也。然於石經《尚書》不能無疑者，敢以質諸高明，而願見教焉，則石經與博士之關係也。魏博士不可考，惟《晉書·職官志》云："晉初承魏制，置博士十九人。及江左初減爲九人。"蓋九人即十九人中之舊在學官者。《荀崧傳》言江左中興，簡省博士，九人中有《尚書》鄭氏古文，《尚書》孔氏。九人中有孔氏《尚書》，即十九人中亦有孔氏《古文尚書》可知。况崧奏復云："太學有石經古文，先儒訓典，賈、馬、鄭、杜、孔、服、王、何、顔、尹之徒，章句傳注衆家之學，置博士十九人。”是亦足徵魏晉十九博士有孔氏《尚書》。設使當時學官所立，徒有壁中古文，而無安國之《傳》，則鄭氏之外，何必更立孔氏一家？則古文《尚書》孔氏，其爲《僞孔》無疑。從丁儉卿説，《孔傳》之作，爲王子雍，則魏晉學官，亦得有《孔傳》。且《肅傳》《王朗易傳》並肅注各經，一時皆在校官。《劉子珪傳論》言子雍“爰興《聖證》，連用《家語》，以外戚之尊，多行晉代。”《孝經》疏蓋引司馬宣王奏《孝經》諸疏注，以肅爲長，是肅學以姻婭之故，已尊於魏。則出於子雍之《尚書孔傳》，宜得立於學官，而古文勒石，非魯壁之真審矣。使正始石經爲《九共》《汨作》等之五十七篇，則舊書煌煌共見，彼僞作《孔傳》者，將何所售其欺？逮梅頤奏上，斯時石經存者當衆，豈難校知非是？故謂正始石經，亦如馬、鄭注《書》，止於二十九篇猶可，若以爲所刻爲《九共》《汨作》等五十七篇，則難釋然也。《論語》僞孔訓，與《書傳》一家之學也。何晏《集解》已引孔訓，則僞孔之學已顯於魏，尤可證信，夫何疑於《尚書》？司馬昭於《家語》惟謂其非康成之所見而已，蓋鄭學之徒於《聖證論》，孫炎則駁而釋之，張融則按經論詰。於《家語》《孔傳》，固未嘗一辯真僞，則僞孔之學，得刊於石經，立於博士，無不可也。博士石經，同據僞孔，則古文亦未必即真壁中文字。魏初邯鄲淳所傳爲真古文否不可知，而正始石經依科斗之文，遂效其形，故今碑文體勢，大異姬周吉金，窮其形聲，復多難曉，則石經果祇足以增《汗簡》之價值，不敢謂於文字有所發明也。《尚書》文字如是，《春秋》《毛詩》之文字亦如是，六經之刻，非魯壁故物，疑可定也。愚見如此，而未敢信，此一大事，非膚陋如不慧者所能審斷。仰先生學精術博，乞一衡之，幸甚。又太炎云，朱氏劚藥，得石一，斲爲二。又云他碎石亦一散於公私。與易寅村書又云在厠牖中得一石，又於某寺某觀復得二石。當時共得幾石，文都若干，殊令人迷眩，及今不論，將以示後，斯亦大雅所當詳也。

原載《國學周刊》一九二四年第四十四期

跋三體石經殘文

◯ 周正權

三體石經殘文，乃近歲洛陽民家改築屋基新發見之舊刻也。拓本凡四紙，其二紙爲《書經》：一《無逸》之末段，一《君奭》之首段。蓋本一石斷其下半，而上半又析爲二也。其二紙爲《春秋》一僖公二十八年至三十年經文，一文公九年至十二年經文。原碑每行六十字，每字各重出古、篆、隸三體，每行實僅載經文二十字。今此殘文最長之行亦僅得半數，故其文不全。

嘗考三體石經乃曹魏時所刻，與漢熹平中蔡邕所書隸體石經判然二事，决不容併爲一談。衛恒《四體書勢》及酈道元《水經注・穀水篇》述此甚詳，衛、酈皆久居洛中，摩挲審辨，足可據依。趙明誠《金石録》、洪适《隸釋》亦皆考訂精確，或者不察竟指此三體者爲熹平，斯大誤矣。

衛恒字巨山。《四體書勢》曰，"沮誦、倉頡，作書契以代結繩。自黄帝至三代，其文不改。及秦用篆書，焚燒先典，而古文絶矣。漢武時，魯恭王壞孔子宅，得《尚書》《春秋》《論語》《孝經》，時人以不復知有古文，謂之科斗書。漢世秘藏，希得見之。魏初傳古文者，出於邯鄲淳，恒祖敬侯謂其大父覬也。明帝封覬爲閿鄉侯，謚曰敬。寫淳《尚書》，後以示淳，而淳不能別。至正始中立三字石經，轉失淳法，因科斗之名，遂效其形"云云。按衛瓘及其子恒均歿於晉惠帝元康元年辛亥，上距魏主芳正始九年戊辰僅四十四年。恒之撰《四體書勢》在晉武帝時，上距正始尤近，説必可據。

酈氏《水經注》："穀水逕洛陽城南，又東逕國子太學石經北。蔡邕以熹平四年，與堂谿典、楊賜、韓説、張馴、單颺、馬日磾等，奏求正定六經文字，靈帝許之。邕乃自書丹於碑，使工鐫刻，立於太學講堂前，悉在東側。於是後儒晚學，咸取正焉。今碑上悉刻蔡邕等名。迨魏正始中，又立古、篆、隸三字石經，樹之於堂西。石長八尺，廣四尺餘，碑石六十八枚，廣三十丈。按以六十八除三十丈，每枚廣四尺四寸也。今本《水經注》每作"石四十八枚"誤。魏明帝所刊文帝《典論》六碑，附於其次。"按今本《水經注》"所刊"訛作"又刊"。趙一清云："洪景伯《隸續》據《水經》之事實，辨《後漢書》《隋志》之牴牾，定一字爲漢刻，三字爲魏碑，其言簡而核，他説紛紜，不足録也。"

《隋書·經籍志》云："後漢鐫刻七經，著於石碑，皆蔡邕所書。"今存"一字石經《周易》一卷""一字石經《尚書》六卷""一字石經《魯詩》六卷""一字石經《儀禮》九卷""一字石經《春秋》一卷""一字石經《公羊傳》九卷""一字石經《論語》一卷"，又存"三字石經《尚書》九卷""三字石經《尚書》五卷""三字石經《春秋》三卷"。按此亦足爲三體石經僅刻《書經》《春秋》之一證。

凡指三體石經爲蔡邕書者，大抵爲范蔚宗所誤。范氏《後漢書·儒林傳序》云："熹平四年，靈帝詔諸儒正定五經，刊於石碑，爲古文、篆、隸三體書以相參檢"云云。蓋范氏修史在劉宋元嘉中，上距曹魏正始逾二百載，更上溯熹平六年丁巳，則二百六十餘年矣。彼生長南朝，身未至洛，故於兩種石經，無由辨别，遂致妄贅此語，迷誤後人耳。

西漢隸書，一仍秦隸之舊，至東漢章帝時，上谷王次仲創爲八分楷法，衛恒、王愔、王僧虔、唐玄度所説皆同。始有波勢姿媚矣。漢末以蔡邕、師宜官、梁鵠爲稱首，邯鄲淳本學篆於曹喜，而八分楷法亦精。衛恒云："鵠宜爲大字，淳宜爲小字。鵠謂淳最得次仲法，然鵠之用筆，盡其勢矣。鵠字孟皇。弟子毛弘，字大雅。教於秘書，厥後習八分者，皆弘法也。"正始三體石經，果誰所書，碑無主名，考之《北史·江式傳》，則邯鄲淳、韋誕二人，似與此碑關係較爲密近也。

魏宣帝延昌三年甲午三月，江式字法安。上表云，"魏初，博士清河張揖著《埤倉》《廣雅》，陳留邯鄲淳，博古開藝，亦與揖同。以書教諸皇子，又建三字石經於漢碑西，其文蔚焕，三體復宣。校之許慎《説文》，篆、隸大同，而古字少異。又有京兆韋誕、字仲將。河東衛覬字伯儒。二家，並號能篆。明帝時，誕爲武都太守，以能書，留補侍中，年七十五乃卒。當時臺觀榜題，實器之銘，悉是誕書，世備其妙。臣六世祖瓊，家陳留，與從父兄俱受學於衛覬。古篆之法，《倉》《雅》《方言》《説文》之誼，當時並收善譽"云云。表稱魏建三字石經在漢碑西，所云漢碑即指邕書一字石經也，與酈氏所述吻合。何子貞謂三體石經本之邯鄲淳及衛覬，似亦就江氏此語測之。然吾觀覬之孫恒，譏正始石經轉失淳法，則此碑無覬手迹明矣。意者淳及韋誕、毛弘，與有力焉，未可知也。

此碑古文、篆文，都無可取，唯八分楷法，頗有梁鵠軌範。吾以《書經》《春秋》斠此殘文,《春秋》無一字增損,真所云"游夏不能贊一詞"者也。《尚書》則時有出入,《無逸篇》"文王不敢般于遊田",碑作"于遊于田",與下文同,似從碑爲宜;"乃非民攸訓,非天攸若",兩"攸"字碑皆作"所";"民否則厥心違怨,否則厥□詛祝",兩"厥"字之上,碑皆多一"用"字;"允若時",碑作"兄若時","兄"字可讀作"况"字,但孔安國解作"信如是",則經不誤,蓋碑誤也;"不寬綽厥心","綽"字碑作"紹";"周公若曰君奭弗弔",碑作"不弔"。"我不敢知曰",碑作"我弗敢知",是"不""弗"互易,且少一"曰"字矣;"其終出于不祥","終"字碑作"崇";"我後嗣子孫"連下至"在家不知"凡二十字,碑之次行當從"天命不易"起,而碑次行從"命"字起,是此下半行較經文少一字;"在今予小子旦",碑無"旦"字。"我道唯寧","道"字碑作"迪";"公曰君奭"句,碑無"奭"字;"人罔不秉德"連下凡二十字,成一行,次行當從"稱用乂厥辟"起,而碑次行從"用"字起,是此下半行又較經文少一字;"故一人有事于四方",碑文此句闕"有"字。以上列舉各條,皆校勘家之資料。

何子貞《東洲草堂詩鈔卷十九·題丁儉卿山陽人,名晏。新獲嘉祐二體石經册》七古一首,中有云:"臣斯敢以秦革周,……三代斯文真墜地。……何怪中郎立石經,止寫八分不求備。……黄初三體果嗜奇,本邯鄲淳及衛覬。惜哉入石止兩經,臆造科文相雜厠。原注云:三體石經止有《尚書》《春秋》,其古文特依科斗形造出。……右文崛起宋雍熙,應時果有徐常侍。……傳及仁廟崇正學,首重篆文真楷配。七經朗朗列膠庠,二體森森標職志。"此詩有《小序》云,"余昔游汴中,祥符、陳留兩縣學宫宋刻二體石經,余皆曾尋獲摩賞。因行路匆匆,未及詳討,不知汴中湮匿者尚有幾碑"云云。細玩蝯叟詩意,實誇宋刻二體石經,其價值遠在洛陽魏刻三體石經之上。且淮安丁氏,於咸豐七年購得宋刻石經二百七十九紙,爲《易》《書》《詩》《春秋》《禮記》《周禮》《孟子》七經,其碑在祥符、陳留兩縣學宫,想皆保存無恙。而近年拓本,殊不數數覯,抑又何也?

原載《學衡》一九二四年第二十五期

釋

◎ 吴承仕

新出三體石經《多士》"誕淫厥逸"，《無逸》"于逸"，古文並作。以其形聲難説，故《玉篇》《切韻》《汗簡》《古文四聲韻》等，悉闕不載也。謹案：，從，聲。《説文》："𣶒，古文作。"從𣶒，與從水同意。古文從水之字，水皆横作，如"滅""海"等字是。，疑"肎"之古文。字之義，當與"溢""泆"二文相近，訓皆爲過。《多士》上文："大淫泆有辭。"《釋文》云："'泆'又作'佾'，馬本作'屑'"。《盤庚》"予亦拙謀作乃逸"，唐寫卷子殘本"佾"；"其發有逸口"，作"徝"。從人之字，北朝石刻及唐人手寫本，或改作彳，隨意爲之，無義例也。唐寫《尚書》殘本，楊守敬舊藏，羅振玉轉寫。皆即"佾"字。右旁作"肙"不作"肎"者，正以舊本右體有異，故變形以擬之。亦容先師寫古爲隸者，知小篆作"肎"，古文自作，故仍而不改也。《集韻》"佾"，古文作"徝"，正據舊本。壁中古文難識，漢魏經師授受各以聲義比近之字易之。故馬本作"屑"，《釋文》或本作"佾"，孔本作"泆"、作"逸"，熹平今文石經作"劮"。《毋逸》殘石。其本字並當爲也。《説文》："肎從肉，八聲。"林義光曰："肎、八不同音，肎之本義爲碎，即《儀禮》'醯醢屑溉'之'屑'，從肉八，八分也。"《文源》卷十。古文右上作，與八異形，或與從八同意，或由寫刻有訛，或由石質漫漶，今亦不得妄説。然以聲類求之，以各家異文校之，要爲"肎"之古文，無可疑也。《集韻》《類篇》"逸"，古文作""，蓋據摹本或傳寫隸古本爲之，唯誤"肉"爲"力"耳，餘形並與新出真本同。

案：此篇當與太炎先生《論三體石經書》參看。記者識。

原載《華國》一九二五年第四期

與弟子吴承仕論三體石經書

◎ 章炳麟

絸齋足下：來書稱徐君曾赴洛陽，得熹平石經、正始石經殘片。所摹熹平殘片，其迹近真；正始殘片，不知何似。前歲之冬，石經既出，隨有僞作殘片者自洛陽來，僕因與原石相比，往往取三四字摹刻之，以是不信。隨有僞作三體，以品字式作之者，其篆體肥俗，或疑爲宋時嘉祐石經，然此不應出於洛陽，且行列亦不合，决知其僞。乃羅振玉、王國維等尚信之，豈真不辨篆法工拙邪？蓋習于好奇，雖僞者必仞之也。僕意除丁氏所得者，及朱圪塔村所得二石外，如有殘餘，必其篆法瘦逸，而又非在曾得之石之中者，且其文義可讀者，然後始信爲真。不知徐君所得，亦有合于斯例乎？暇問之，則可知也。再者，正始石經古文依壁中張蒼原本，隸書依漢儒定讀，篆乃依隸書之。而《春秋公羊》先立學官，《左氏》至賈景伯乃以三家經考校異同，往往改《左氏》古經以從二家。如古文"敗速"，篆隸作"敗績"；古文"𦘔葛虜"，篆隸作"介葛盧"，皆《左氏》先師讀從二家也。傳例："大崩曰敗績。"大崩者，車覆轍亂、行列敗壞之謂，故曰"敗速"，即"迹"字。非出師不功之義也。"𦘔"乃"隸"字，葛盧解鳥獸之言，是爲夷隸首長，故書其官其國，則猶牧場馬苑之流亦名曰隸。𦘔從示聲，斂入喉則讀如"心""祁"等字，夷音稍轉則如"介"，夏人讀之或如"計"。"介根"《漢地理志》作"計斤"。《春秋》讀音可從主人，而簡書必依王制也。《尚書》師讀多依馬氏，"遯"讀"繇"，不作"猷"。"蒲"讀"崇"是也。此種文例，非素涉經學者，雖作僞亦易勘破。勿與賤儒言之，恐彼因是作僞。僕前作《三體石經攷》，近又增修，足下所云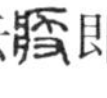即"孚"字者，亦已依用。又如《君奭篇》"禮陟配天"，古文作，篆文作，並从，與《説文》从己異。按：從己，聲義皆遠。配訓酒色，岳爲色省，蓋《説文》小篆之正。今本或由淺人妄改爾。《無逸篇》"不寬綽厭心”,“綽”字隸作“紹”,古文雖泐,尚存左旁字,即《説文》古文“紹”作者。《詩・常武》:“匪紹匪游。”《箋》訓“紹”爲“緩”。《説文》:紹,一曰緊糾。若從鄭義,但謂心不寬緩。若從許義,則謂心無張弛,二義皆通。而作“綽”者與“紹”聲義相類,乃後師所讀耳。以上並已補入,繕寫亦就,並以告君。此問起居康勝。章炳麟白,十三年九月三十日。

第二書

綖齋足下:兩接手書,云將唐本《堯典釋文》補正,僕先亦有志爲之,以僞書不足卲,故未著筆。吴之疏漏,如“匸”字明見賈昌朝《群經音辨》而不知引,此類甚多,補苴成就,非難事也。以三體石經相校,僞古文相類者多。蓋其本出于鄭沖,沖于文帝時已仕,則石經之立其所親見。因是作僞亦多取于石經,是以東晉獻書時,人不疑其妄。段若膺未見三體石經,乃謂當時馬、鄭古文尚在,安能故作奇詭以啓人疑?由今觀之,馬、鄭皆稱古文,而文字多異,蓋皆其訓讀之字,若原本則盡依壁經,斷無歧異之理。恐當時説經,與宋人鐘鼎款識相近,首列摹本,次列真書,後列釋文。行款雖不必同,而三者必皆完備。摹本者,即移寫壁經也。真書者,即以己意訓讀之本也。釋文者,即己所作傳注也。是故馬、鄭本見于《經典釋文》者,皆其訓讀之本,而非移寫壁經之本也。東晉之時,馬、鄭所移寫者已亡,然尚知訓讀之本非真壁經,而梅氏所獻多與石經相會,是以信之不疑耳。足下於石經所疑數事,今答于下:

一、“寧”之作,淵如已疑其訛,由今思之,人之所安,衣食居處,妃匹而已。“安”從宀,從女,居處也,妃匹也。“寧”從宀,從皿,居處也,食也。古文“寧”作,從衣,衣也。且衣字象覆二人,則兼妃匹之意。衣者,依也,有所依則安。與安寍之義相會,安得改爲形,以就小篆邪?

二、“割”之作,石經祇見之文,篆隸作“割殷”,而僞古文“方割”,《集韵》引“割申勸”,皆作。僕謂爲奇字“倉”,《説文》有明證。《汗簡・刃部》引孫强説爲創字,形聲皆合。刀、刃古文相變耳。此實古文“創”字,非古文“割”字。“割殷”言割絶,“創殷”言懲創,義本兩通。若“方割”之割,則訓“害”。《説文》“害,傷也”,“傷,創也”,“刅,傷也”。或作“創”,然則“方創”“方割”字異而訓同爾。疑壁經自爲“創”,今文自爲“割”,漢師讀壁經遂誤仞“”爲“割”字。石經篆隸,例依師讀,故不能破也。然漢師誤仞而孫强獨能正之,可謂千慮一得矣。

三、“逸”之作，從𣲖，爲古文，𣲖是矣。若謂即佾字，則上端與八絶殊，愚謂上端乃兔頭，此仍兔字。從肉者，猶龍能豚之從肉爾。從𣲖，從逸，省聲，是爲泆字。

四、“般”之作，足下説爲𤔔字，最合。者，倚也。倚者，依也。𤔔者，有所依據也。從爪，從又，從𤕫，爲𤔔字義甚確。

五、“温”之作，左旁上端自是西字，從又西聲之字雖未見，然或爲“㧛”，古文“遷”。或爲“掴”，皆不可知。西聲收入喉音，有“垔”“闉”“煙”諸字，其與“温”弇侈小别耳。温字爲地名者，《説文》缺其本字，此從邑聲，雖未知爲何字，然聲音必可知矣。

六、“戚”之作，重“高”相累，恐古文“就”字。《説文》：“就，就高也。”從辵，就聲者，或即今之“蹵”字，或爲“蹙”字，故用爲“戚”。地名無正字，《書·般庚》：“保后胥高。”必是之壞字，或聲音訛誤耳。《春秋》二家經不誤而今文《尚書》獨誤者，以《公》《穀》由口授，而伏生《尚書》多形誤也。如“腹腎腸”作“優賢揚”，“腎”與“賢”，“腸”與“揚”，猶可云音誤，“腹”與“優”，則必爲形誤矣。麟白。十月十四日。

原載《華國月刊》一九二五年第四期

書洛陽續出三體石經後

◎ 太 炎

民國二十五年春，余因潘生承弼得洛陽續出三體石經拓本兩紙。前爲《尚書》，後爲《春秋》，《尚書》存十五行，《春秋》存十四行，每行約十五六字。以通行本《尚書》《春秋》對校，每行下當尚有七字，其上所損則三十餘字。此石與十一年所得一石，正相銜接。此石“公子買戍衛”至“衛”字盡，彼石起“戍”字，而不卒“兩”字，則在此石斷泐中。蓋一石被破爲二，故衹得十四五行，上段又缺，故每行衹十五六字也。《尚書》亦《君奭》，經“告女朕允”“予不允惟若茲誥”，“允”皆作“兄”。與前一石“允若時”作“兄若時”正同，今本蓋東晉所改，亦或鄭、王已先改字，不可決知。“誕無我責”，“責”作，此即“朿”字。而篆隸皆作“責”，則古文師所讀如是。“咸劉厥敵”，“劉”字篆文作，而古文作，從又。乃知《説文》“鎦”篆下不録重文“劉”字，非爲漢姓諱，實以古文從又，義不可知耳。最異者，“散宜生”“散”字，古文作，篆文作，蓋《説文》“散”訓雜肉，昔象殘肉，故散從昔從攴會意。亦猶“㪚”之從林從攴會意，皆不取其聲也。因是知隸書“散”字，非依《説文》正篆作者而變，乃依此從昔者而變。漢時石刻，如《周公禮殿記》作“散”，華山亭碑作“散”，皆與《説文》正篆相應。其圉令趙君碑作“散”，《郙閣頌》作“散”，即與《説文》有異，蓋本從昔作散，以籀文“昔”作𦣞，故又依之有變耳。今《説文》“散”篆下不録重文字，或轉寫脱之矣。此石出土後，爲人携至上海，故潘生由上海碑估得之，其年四月，章炳麟記。

原載《制言》一九三六年第十六期

與于右任論三體石經書

◎ 章炳麟

右任我兄足下：前示胡君樸安論三體石經書，以事多未理。其云每面至少當三十行者是也。僕前得拓本時，以紘先述之不詳，未知其直斷，後始發覺。故于《新出三體石經考》中，已爲更正。大致以每面三十三行，以百六十餘碑容《尚書》、《春秋》經傳，與樸安説不甚異。然樸安以《水經注》四十八碑之説，疑其相差過巨，因謂傳文刻至桓公而止，此則不然。按唐叔手文曰“虞”，見《左氏·昭公傳》，而傳首孔疏引此石經“狄”字，則知唐時尚見石經《昭公傳》也。《水經注》謂碑四十八枚，戴延之在酈氏前，乃云三十五枚。以時代古今相校，不應若是，則知戴、酈皆有少誤，有不可執以相稽者矣。

石經非邯鄲原筆，《書勢》已有其文，然既云“轉失淳法”，則明其追本于淳，若絶不相繫者，又何失法之有？《書勢》之作，所以窮究篆法，而非辨章六書。篆書用筆，不如淳則以爲轉失淳法，故其下言“因科斗之名遂效其形”，言筆勢微傷于鋭也。豈謂形體點畫之間，有所訛誤乎？觀《魏·江式傳》可知。樸安因是疑三體石經文字不正，失邯鄲、許氏字旨之素，則未尋《書勢》大旨也。淳之年壽，吾嘗以《魏略》考之。黄初初爲博士，據《藝文類聚》録淳所作《受命述》及《上受命述表》，是淳存于黄初時甚明，其年且九十矣。下逮正始之中，亦才二十餘年，其弟子逮事淳者，是時尚衆，得據淳所寫古文經典，因以移書上石。漢魏間無鈎摹之術，刻石必先書丹，故真本雖在，不能直以上石也。是故江式直稱石經爲淳所建，明文字指授所自也。樸安據胡氏《通鑑注》謂淳不得至正始，誠亦近理，然胡氏徒以《會稽典録》知淳弱冠之年，而不審淳至黄初尚在。樸安因疑淳去正始年代隔絶，竟似石經與淳絶不相涉者，斯又失衛氏《書勢》之義矣。

《説文》與三體石經，同爲小學大宗，自江式已甄明之，傳及隋唐至宋初郭忠恕等，蓋無異詞。樸安謂“衹足以增《汗簡》之價值，不敢謂于文字有所發明”，斯亦輕于論古矣。古文之録在《説文》者，形體已多詭變，叔重亦不敢以六書强説。蓋自周室之衰，而文字漸多不正，雖孔氏亦不能盡改也。然其二三可説者，往往出于秦漢篆文之表。《説文》所不盡者，更於石經見之。僕前函偶舉食字爲例，非不見《集韻》諸書也，以彼所録古文，真贋參半，不得石經原文，則終不能保任耳。樸安疑食之與㑹，不過繁簡稍異，未思㑹、食下體相似，而上體絶殊。㑹字形雲不可知，食字形聲可知，斷不得并爲一字。石經古文，或出《説文》外者，如《左氏傳》疏所引“㳄”字，及今所見“變”字作“敱”，“寧”字作“寍”之類。《説文》皆絶無其形，豈專繁簡相變而已乎？前因事冗，未及作覆，今稍暇，故作此以報，望轉示樸安也。

原載《華國月刊》一九二三年第四期

魏石經殘石考

◯ 王國維

序①

余於丁巳作《魏石經考》，據黄縣丁氏所藏殘石以定魏石經每行字數，又由每行字數推定每碑行數，復以《御覽》引《洛陽記》所載碑數及諸經字數參互求之，以定魏石經經數。又排比《隸釋》所存殘字，爲《經文考》《古文考》，共書二卷，刊行於滬江。歲在辛酉，復删《經文考》《古文考》諸篇，而掇取其首五篇編入《觀堂集林》。癸亥春，乃聞洛陽復出魏石經殘石一，兩面分刻《尚書・無逸》《君奭》二篇，《春秋》僖、文二公，字數至千餘。三月中，始得拓本，則已剖而爲二矣。又見《尚書・多士》《春秋・文公》一小石，亦二百餘字。比四月，予來京師，則見小殘石拓片至多。其爲《書・皋陶謨》者，有吴興徐氏所藏“帝言”一石、“夜五”一石、“明庶”一石、“禹四”一石、“木臬”一石，皖中周氏所藏“都帝予”一石、“女説”一石，《無逸》篇則有鄞縣馬氏所藏“小馬”一石；其背爲《春秋》僖公卅二、三年經文。《春秋》則有某氏所藏“姬遇”一石，莊公卅年。徐氏所藏“趙敖”一石，文公八年。共十石。而鄞縣馬君兩至洛陽，復得《無逸》《君奭》未剖時拓本，中間《君奭》篇篇題一行，與《春秋・僖卅一年》“取濟西田”一行具存，餘亦較剖後拓本多十餘字，此石與丁氏殘石正相銜接。總今日所有殘石，凡得二千零二十七字，除磨滅不可見者，尚近二千字。視五代宋初人所見拓本字已逾倍，乃復爲《魏石經殘石考》，以補前考之未備焉。海寧王國維。

① 標題爲點校者所加。

一、碑　圖[①]

堯典[②]

曰若稽古帝堯曰放勳欽明文思安安允恭克讓光被四表格于上下克明俊德以親九族九族既
睦平章百姓百姓昭明協和萬邦黎民於變時雍乃命羲和欽若昊天歷象日月星辰敬授人時
分命羲仲宅嵎夷曰暘谷寅賓出日平秩東作日中星鳥以殷仲春厥民析鳥獸孳尾申命羲叔
宅南交平秩南訛敬致日永星火以正仲夏厥民因鳥獸希革分命和仲宅西曰昧谷寅餞納日
平秩西成宵中星虛以殷仲秋厥民夷鳥獸毛毨申命和叔宅朔方曰幽都平在朔易日短星昴
以正仲冬厥民隩鳥獸氄毛帝曰咨汝羲暨和朞三百有六旬有六日以閏月定四時成歲允釐
百工庶績咸熙帝曰疇咨若時登庸放齊曰胤子朱啓明帝曰吁嚚訟可乎帝曰疇咨若子采驩
兜曰都共工方鳩僝功帝曰吁靜言庸違象恭滔天帝曰咨四岳湯湯洪水方割蕩蕩懷山襄陵
浩浩滔天下民其咨有能俾乂僉曰於鯀哉帝曰吁咈哉方命圮族岳曰异哉試可乃已帝曰往
欽哉九載績用弗成帝曰咨四岳朕在位七十載汝能庸命巽朕位岳曰否德忝帝位曰明明
揚側陋師錫帝曰有鰥在下曰虞舜帝曰俞予聞如何岳曰瞽子父頑母嚚象傲克諧以孝烝烝
乂不格姦帝曰我其試哉女于時觀厥刑于二女釐降二女于媯汭嬪于虞帝曰欽哉慎徽五典
五典克從納于百揆百揆時敘賓于四門四門穆穆納于大麓烈風雷雨弗迷帝曰格汝舜詢事
考言乃言底可績三載汝陟帝位舜讓于德弗嗣正月上日受終于文祖在璿璣玉衡以齊七政
肆類于上帝禋于六宗望于山川徧于羣神輯五瑞既月乃日覲四岳羣牧班瑞于羣后歲二月

① 序號"一",諸本無,據下文"二、經文同異""三、古文"補。

② "碑圖"部分,宋體字爲碑文殘文,仿宋體字是王國維據經文虚拟的文字。碑文需保持原貌,故不加標點。

東巡守至于岱宗柴望秩于山川肆覲東后協時月正日同律度量衡修五禮五玉三帛二生一
死贄如五器卒乃復五月南巡守至于南岳如岱禮八月西巡守至于西岳如初十有一月朔巡
守至于北岳如西禮歸格于藝祖用特五載一巡守羣后四朝敷奏以言明試以功車服以庸肇
十有二州封十有二山濬川象以典刑流宥五刑鞭作官刑朴作教刑金作贖刑眚災肆赦怙終
賊刑欽哉欽哉惟刑之恤哉流共工于幽州放驩兜于崇山竄三苗于三危殛鯀于羽山四罪而
天下咸服二十有八載帝乃殂落百姓如喪考妣三載四海遏密八音月正元日舜格于文祖詢
于四岳闢四門明四目達四聰咨十有二牧曰食哉惟時柔遠能邇惇德允元而難任人蠻夷率
服舜曰咨四岳有能奮庸熙帝之載使宅百揆亮采惠疇僉曰伯禹作司空帝曰俞咨禹汝平水
土惟時懋哉禹拜稽首讓于稷契暨皋陶帝曰俞汝往哉帝曰棄黎民阻飢汝后稷播時百穀帝
曰契百姓不親五品不遜汝作司徒敬敷五教在寬帝曰皋陶蠻夷猾夏寇賊姦宄汝作士五刑
有服五服三就五流有宅五宅三居惟明克允帝曰疇若予工僉曰垂哉帝曰俞咨垂汝共工垂
拜稽首讓于殳斨暨伯與帝曰俞往哉汝諧帝曰疇若予上下草木鳥獸僉曰益哉帝曰俞咨益
汝作朕虞益拜稽首讓于朱虎熊羆帝曰俞往哉汝諧帝曰咨四岳有能典朕三禮僉曰伯夷帝
曰俞咨伯汝作秩宗夙夜惟寅直哉惟清伯拜稽首讓于夔龍帝曰俞往欽哉帝曰夔命汝典樂
教冑子直而温寬而栗剛而無虐簡而無傲詩言志歌永言聲依永律和聲八音克諧無相奪倫
神人以和夔曰於予擊石拊石百獸率舞帝曰龍朕堲讒説殄行震驚朕師命汝作納言夙夜出
納朕命惟允帝曰咨汝二十有二人欽哉惟時亮天功三載考績三考黜陟幽明庶績咸熙分北
三苗舜生三十徵庸三十在位五十載陟方乃死

皋陶謨

曰若稽古皋陶曰允迪厥德謨明弼諧禹曰俞如何皋陶曰都慎厥身修思永如叙九族庶明勵

翼邇可遠在兹禹拜昌言曰俞皋陶曰都在知人在安民禹曰吁咸若時惟帝其難之知人則哲

能官人安民則惠黎民之能哲而惠何憂乎驩兜何遷乎有苗何患乎巧言令色孔壬皋陶曰

都亦行有九德亦言其人有德乃言曰載采采禹曰何皋陶曰寬而栗柔而立愿而恭亂而敬擾

而毅直而温簡而廉剛而塞彊而義彰厥有常吉哉日宣三德夙夜浚明有家日嚴祇敬六德亮

采有邦翕受敷施九德咸事俊乂在官百僚師師百工惟時撫于五辰庶績其凝無教逸欲有邦

兢兢業業一日二日萬幾無曠庶官天工人其代之天叙有典勑我五典五惇哉天叙有禮自我

五禮有庸哉同寅協恭和衷哉天命有德五服五章哉天討有罪五刑五用哉政事懋哉懋哉天

聰明自我民聰明天明畏自我民明威達于上下敬哉有土皋陶曰朕言惠可厎行禹曰俞乃言

厎可績皋陶曰予未有知思曰贊贊襄哉帝曰來禹汝亦昌言① 禹拜曰都帝予何言予思日孜孜皋

陶曰吁如何禹曰洪水滔天浩浩懷山襄陵下民昬墊予乘四載隨山刊木臮益奏庶鮮食予決

九川距四海濬畎澮距川暨稷播奏庶艱食鮮食懋遷有無化居烝民乃粒萬邦作乂皋陶曰俞

師汝昌言禹曰都帝慎乃在位帝曰俞禹曰安汝止惟幾惟康其弼直惟動丕應徯志以昭受上帝天

其申命用休帝曰吁臣哉鄰哉鄰哉臣哉禹曰俞帝曰臣作朕股肱耳目予欲左右有民汝翼予

欲宣力四方汝爲予欲觀古人之象日月星辰山龍華蟲作會宗彝藻火粉絑黼黻絺繡以五介

彰施于五色作服汝明予欲聞六律五聲八音在治曶以出納五言汝聽予違女弼汝無面從退

有後言欽四鄰庶頑讒説若不在時侯以明之撻以記之書用識哉欲並生哉工以内言時而颺

之格則承之庸之否則威之禹曰俞哉帝光天之下至于海隅蒼生萬邦黎獻共惟帝臣惟帝

右圖一。以上凡五十三行，其前當有大題一行，共五十四行。當爲二碑，則每碑二十七行也。

① 底本“昌言”二字並列，乃因據經文多出“言”字，疑爲碑文有漏字。後文並列者同。

金縢之書乃得周公所自以爲功代武王之說二公及
王乃問諸史與百執事對曰信噫公命我勿敢言王

右圖二。《金縢》。

今惟民不靜未戾厥心迪屢未同爽惟天其罰殛我
我其不怨惟厥罪無在大亦無在多矧曰其尚罪顯
聞于天王曰嗚呼封敬哉無作怨勿用非謀非彝蔽

右圖三。《康誥》。

罔厲殺人亦厥君先敬劳肆徂厥敬劳肆往姦宄殺
人歷人宥肆亦見厥君事戕敗人宥王啓監厥亂爲

右圖四。《梓材》。

其澤在今後嗣王誕罔顯于天矧曰其有能聽念于先
王勤家誕淫厥逸罔顧于天顯民祇惟時上帝不保降
茲若大喪惟天弗畀不明厥德凡四方小大邦喪罔
非有辭于罰王若曰爾殷多士今惟我周王丕靈承
帝事有命曰割殷告勑于帝惟我事不貳適惟爾王
家我適予其曰惟爾洪無度我不爾動自乃邑予亦
念天即于殷大戾肆不正王曰猷告爾多士予惟時
其遷居西爾非我一人奉德不康寧時惟天命無違
朕不敢有後王曰繇告爾多士無我怨惟爾知惟殷先
人有冊有典殷革夏命今爾又曰夏迪簡在王庭有服
在百僚予一人惟聽用德肆予敢求爾于天邑商予
惟率肆矜爾非予罪時惟天命王曰多士昔朕來自
奄予大降爾四國民命我乃明致天罰移爾遐逖比
事臣我宗多遜王曰告爾殷多士今予惟不爾殺予
惟時命有申今朕作大邑于茲洛予惟四方罔攸賓
亦惟爾多士攸服奔走臣我多遜爾乃尚有爾土爾
乃尚寧幹止爾克敬天惟畀矜爾爾不克敬爾不啻

不有爾土予亦致天之罰于爾躬今爾惟時宅爾邑
繼爾居爾厥有幹有年于兹洛爾小子乃興從爾遷
王曰又曰時予乃或言爾攸居
無逸
周公曰嗚呼君子所其無逸先知稼穡之艱難乃逸
則知小人之依相小人厥父母勤勞稼穡厥子乃不
知稼穡之艱難乃逸乃諺既誕否則侮厥父母曰昔
之人無聞知周公曰嗚呼我聞曰在昔殷王中宗嚴恭
寅畏天命自度治民祗懼不敢荒寧肆中宗之饗國
七十有五年其在高宗時舊勞于外爰曁小人作其
即位乃或亮陰三年不言其惟不言言乃雍不敢荒
寧嘉靖殷邦至于小大無時或怨肆高宗之享國五
十有九年其在祖甲不義惟王舊爲小人作其即位
爰知小人之依能保惠于庶民不敢侮鰥寡肆祖甲
之享國三十有三年自是厥後立王生則逸生則逸不知
稼穡之艱難不聞小人之勞惟耽樂之從自是厥後
亦罔或克壽或十年或七八年或五六年或四三年

右圖五。《尚書·多士》《無逸篇》一碑。《多士篇》"其澤"前有一百八十二字，計九行，并篇題十行，在前一碑。

周公曰烏虖厥亦惟我周大王王季克自抑畏文王
卑服即康功田功徽柔懿恭懷保小民惠鮮鰥寡自
朝至于日中昃不皇暇食用咸和萬民文王不敢盤
于遊于田以庶邦惟正之供文王受命惟中身厥享
國五十年周公曰烏虖繼自今嗣王其無淫于觀
于逸于遊于田以萬民惟正之供無皇曰今日耽樂
乃非民所訓非天所若時人丕則有愆無若殷王受
之迷亂酗于酒德才周公曰嗚呼我聞曰古之人猶
胥訓告胥保惠胥教誨民無或胥譸張爲幻此厥不
聽人乃訓之乃變亂先王之正刑至于小大民否則
用厥心韋怨不則用厥口詛祝周公曰烏呼自殷王
仲宗及高宗及祖甲及我周文王兹四人迪哲厥或
告之曰小人怨女詈女則皇自敬德厥僭曰朕之愆
兄若時不啻不敢含怒此厥不聽人乃或譸張爲幻
曰小人怨女詈女則信之則若時不永念厥辟不寬
紹厥心亂罰無辠殺無辜怨有同是叢于厥身周公
曰烏虖嗣王其監于兹

君奭
周公若曰君奭不弔天降喪于殷殷既墜厥命我有
周既受我弗敢智厥基永孚于休若天不忱我亦不
敢智曰其崇出於不祥烏呼君己曰時我我亦不敢
寧于上帝命弗永遠念天畏越我民罔郵違惟人在
我後嗣子孫大弗克龔上下遏佚前人光在家不知天
命不易天難忱乃其隧命弗克經歷嗣前人恭明德
在今予小子非克有正迪惟前人光施于我沖子又
曰天不可信我迪惟寧王德延天弗庸釋于文王受
命公曰君我聞在昔成湯既受命時則有若伊尹格
于皇天在大甲時則有若保衡在大戊時則有若伊
陟臣扈格于上帝巫咸乂王家在祖乙時則有若巫
賢在武丁時則有若甘盤衛惟茲有陳保乂有殷故
殷禮陟配天多歷年所天惟純右命則商實百姓王
人罔不秉德明卹小臣屏侯甸矤咸奔惟茲惟德稱
用乂厥辟故一人事于四方若卜筮罔不是孚公曰
君奭天壽平格保乂有殷有殷嗣天滅畏今汝永念

右圖六。凡三十四行,行六十字。

則有固命厥亂明我新造邦公曰君奭在昔上帝割
申勸寧王之德其集大命于厥躬惟文王尚克修和
我有夏亦惟有若虢叔有若閎夭有若散宜生有若
泰顛有若南宮括又曰無能往來茲迪彝教文王蔑
德降于國人亦惟純佑秉德迪知天威乃惟時昭文
王迪見冒聞于上帝惟時受有殷命哉武王惟茲四
人尚迪有祿後暨武王誕將天威咸劉厥敵惟茲四
人昭武王惟冒丕單稱德今在予小子旦若游大川
予往暨汝奭其濟小子同未在位誕無我責收罔勗
不及耇造德不降我則鳴鳥不聞矧曰其有能格公
曰嗚呼君肆其監于茲我受命無疆惟休亦大惟艱告君乃猷
裕我不以後人迷公曰前人敷乃心乃悉命汝作汝
民極曰汝明勖偶王在亶乘茲大命惟文王德丕承
無疆之恤公曰君告汝朕允保奭其汝克敬以予監
于殷喪大否肆念我天威予不允惟若茲誥予惟曰
襄我二人汝有合哉言曰在時二人天休滋至惟時
二人弗戡其汝克敬德明我俊民在讓後人于丕時

嗚呼篤棐時二人我式克至于今日休我咸成文王
功于不怠丕冒海隅出日罔不率俾公曰君予不惠
若茲多誥予惟用閔于天越民公曰嗚呼君惟乃知民
德亦罔不能厥初惟其終祇茲往敬用治①

多方

惟五月丁亥王來自奄王至于宗周周公曰王若曰
猷告爾四國多方惟爾殷侯尹民我惟大降爾命爾
罔不知洪惟圖天之命弗永寅念于祀惟帝降格于
夏有夏誕厥逸不肯慼言于民乃大淫昏不克終日
勸于帝之迪乃爾攸聞厥圖帝之命不克開于民之
麗乃大降罰崇亂有夏因甲于內亂不克靈承于旅
罔丕惟進之恭洪舒于民亦惟有夏之民叨懫日欽
劓割夏邑天惟時求民主乃大降顯休命于成湯刑
殄有夏惟天不畀純乃惟以爾多方之義民不克永
于多享惟夏之恭多士大不克明保享于民乃胥惟
虐于民至于百爲大不克開乃惟成湯克以爾多方
簡代夏作民主慎厥麗乃勸厥民刑用勸以至于帝

右圖七。

乙罔不明德慎罰亦克用勸要囚殄戮多罪亦克用
勸開釋無辜亦克用勸今至于爾辟弗克以爾多方
享天之命嗚呼王若曰誥告爾多方非天庸釋有夏
非天庸釋有殷乃惟爾辟以爾多方大淫圖天之命
屑有辭乃惟有夏圖厥政不集于享天降時喪有邦
間之乃惟爾商後王逸厥逸圖厥政不蠲烝天惟降
時喪惟聖罔念作狂惟狂克念作聖天惟五年須暇
之子孫誕作民主罔可念聽天惟求爾多方大動以
威開厥顧天惟爾多方罔堪顧之惟我周王靈承于
旅克堪用德惟典神天天惟式教我用休簡畀殷命
尹爾多方今我曷敢多誥我惟大降爾四國民命爾
曷不忱裕之于爾多方爾曷不夾介乂我周王享天
之命今爾尚宅爾宅畋爾田爾曷不惠王熙天之命
爾乃迪屢不靜爾心未愛爾乃不大宅天命爾乃屑
播天命爾乃自作不典圖忱于正我惟時其教告之
我惟時其戰要囚之至于再至于三乃有不用我降②
爾命我乃其大罰殛之非我有周秉德不康寧乃惟

① 據《尚書・君奭》,"祇"下有"若"字。
② 本行"囚"字,底本作空格,據手稿本及《尚書・多方》補。

爾自速辜王曰嗚呼猷告爾有方多士暨殷多士今
爾奔走臣我監五祀越惟有胥伯小大多正爾罔不
克臬自作不和爾惟和哉爾室不睦爾惟和哉爾邑
克明爾惟克勤乃事爾尚不忌于凶德亦則以穆穆
在乃位克閱于乃邑謀介爾乃自時洛邑尚永力畋
爾田天惟畀矜爾我有周惟其大介賚爾迪簡在王
庭尚爾事有服在大僚王曰嗚呼爾不克勸忱我命
爾亦則惟不克享凡民惟曰不享爾乃惟逸惟頗大
遠三命則惟爾多方探天之威我則致天之罰離逖
爾土王曰我不惟多誥我惟祗告爾命又曰時惟爾
初不克敬與和則無我怨
立政
周公若曰拜手稽首告嗣天子王矣用咸戒于王曰
王左右常伯常任準人綴衣虎賁周公曰嗚呼休茲
知恤鮮哉古之人迪惟有夏乃有室大競籲俊尊上
帝迪知忱恂于九德之行乃敢告教厥后曰拜手稽
首后矣曰宅乃事宅乃牧宅乃準茲惟后矣謀面用

右圖八。

丕訓德則乃宅人茲乃三宅無義民桀德惟乃弗作
往任是惟暴德罔後亦越成湯陟丕釐上帝之耿命
乃用三有宅克即宅曰三有俊克即俊嚴惟丕式克
用三宅三俊其在商邑用協于厥邑其在四方用丕
式見德嗚呼其在受德暋惟羞刑暴德之人同于厥
邦乃惟庶習逸德之人同于厥政帝欽罰之乃伻我
有夏式商受命奄甸萬姓亦越文王武王克知三有
宅心灼見三有俊心以敬事上帝立民長伯立政任
人準夫牧作三事虎賁綴衣趣馬小尹左右攜僕百
司庶府大都小伯藝人表臣百司大史尹伯庶常吉
士司徒司馬司空亞旅夷微盧烝三亳阪尹文王惟
克厥宅心乃克立茲常事司牧人以克俊有德文王罔攸
兼于庶言庶獄庶慎惟有司之牧夫是訓用違庶獄
庶慎文王罔敢知于茲亦越武王率惟敉功不敢替
厥義德率惟謀從容德以並受此丕丕基嗚呼孺子
王矣繼自今立政立事準人牧夫我其克灼知厥若
丕乃俾亂相我受民和我庶獄庶慎時則勿有間之

自一話一言我則末惟成德之彥以乂我受民嗚呼
予旦已受人之徽言咸告孺子王矣繼自今文子文
孫其勿誤于庶獄庶慎惟正是乂之自古商人亦越
我周文王立政立事牧夫準人則克宅之克由繹之
茲乃俾乂國則罔有立政用憸人不訓于德是罔顯
在厥世繼自今立政其勿以憸人其惟吉士用勱相
我國家今文子文孫孺子王矣其勿誤于庶獄惟有
司之牧夫其克詰爾戎兵以陟禹之迹方行天下至
于海表罔有不服以覲文王之耿光以揚武王之大
烈嗚呼繼自今後王立政其惟克用常人周公若曰
大史司寇蘇公式敬爾由獄以長我王國茲式有慎
以列用中罰
顧命
惟四月哉生魄王不懌甲子王乃洮頮水相被冕服
憑玉几乃同召太保奭芮伯彤伯畢公衛侯毛公師
氏虎臣百尹御事王曰嗚虖疾大漸惟幾病日臻既
彌留恐不獲誓言嗣茲予審訓命汝昔君文王武王

右圖九。以上《尚書》。

叔姬九月庚午朔日有食之鼓用牲于社冬公及齊
侯遇于魯濟齊人伐山戎　卅有一年春築臺于郎
夏四月薛伯卒築臺于薛六月齊侯來獻戎捷

右圖十。《春秋莊公三十年經》。自莊公元年至此，其前有六十五行。

戍剌之楚人救衛三月丙午晉侯入曹執曹伯畀宋
人夏四月己巳晉侯齊師宋師秦師及楚人戰于城
濮楚師敗績楚殺其大夫得臣衛侯出奔楚五月癸
丑公會晉侯齊侯宋公蔡侯鄭伯衛子莒子盟于踐
土陳侯如會公朝于王所六月衛侯鄭自楚復歸于
衛衛元咺出奔晉陳侯欵卒秋杞伯姬來公子遂如
齊冬公會晉侯齊侯宋公蔡侯鄭伯陳子莒子邾子
秦人于温天王狩于河陽壬申公朝于王所晉人執
衛侯歸之于京師衛元咺自晉復歸于衛諸侯遂圍
許曹伯襄復歸于曹遂會諸侯圍許　廿有九年春
介葛盧來公至自圍許夏六月會王人晉人宋人齊
人陳人蔡人秦人盟于狄泉秋大雨雹冬介葛盧來
卅年春王正月夏狄侵齊秋衛殺其大夫元咺及公
子瑕衛侯鄭歸于衛晉人秦人圍鄭介人侵蕭冬天
王使宰周公來聘公子遂如京師遂如晉　卅有一
年春取濟西田公子遂如晉夏四月四卜郊不從乃

免牲猶三望秋七月冬杞伯姬來求婦狄圍衛十有
二月衛遷于帝丘　卅有二年春王正月夏四月己
丑鄭伯捷卒衛人侵狄秋衛人及狄盟冬十有二月
己卯晉侯重耳卒　卅有三年春王二月秦人入滑
齊侯使國歸父來聘夏四月辛巳晉人及姜戎敗秦師
于殽癸巳葬晉文公狄侵齊公伐邾取訾婁秋公子遂
衛師伐邾晉人敗狄于箕冬十月公如齊十有二月
公至自齊乙巳公薨于小寢隕霜不殺草李梅實晉
人陳人鄭人伐許
文公第六
元年春王正月公即位二月癸亥日有食之天王使
叔服來會葬夏四月丁巳葬我君僖公天王使毛伯
來錫公命晉侯伐衛叔孫得臣如京師衛人伐晉秋
公孫敖會晉侯于戚冬十月丁未楚世子商臣弒其
君頵公孫敖如齊　二年春王二月甲子晉侯及秦
師戰于彭衙秦師敗績丁丑作僖公主三月乙巳及

右圖十一。《春秋》僖、文二公經在《尚書・無逸》《君奭》一碑之陰。凡三十四行。左右各空二行，故爲三十二行，而次碑仍是三十四行，故知石經行款實不畫一也。

晉處父盟夏六月公孫敖會宋公陳侯鄭伯晉士縠
盟于垂隴自十有二月不雨至于秋七月八月丁卯
大事于大廟躋僖公冬晉人宋人陳人鄭人伐秦公
子遂如齊納幣　三年春王正月叔孫得臣會晉人
宋人陳人衛人鄭人伐沈沈潰夏五月王子虎卒秦
人伐晉秋楚人圍江雨螽于宋冬公如晉十有二月
己巳公及晉侯盟晉陽處父帥師伐楚以救江　四
年春公至自晉夏逆婦姜于齊狄侵齊秋楚人滅江
晉侯伐秦衛侯使寧俞來聘冬十有一月壬寅夫人
風氏薨　五年春王正月王使榮叔歸含且賵三月
辛亥葬我小君成風王使召伯來會葬夏公孫敖如
晉秦人入鄀秋楚人滅六冬十月甲申許男業卒
六年春葬許僖公夏季孫行父如陳秋季孫行父如
晉八月乙亥晉侯驩卒冬十月公子遂如晉葬晉襄
公晉殺其大夫陽處父晉狐射姑出奔狄閏月不告
朔猶朝于廟　七年春公伐邾三月甲戌取須句遂
城郚夏四月宋公王臣卒宋人殺其大夫戊子晉人

及秦人戰于令狐晉先蔑奔秦狄侵我西鄙秋八月
公會諸侯晉大夫盟于扈冬徐伐莒公孫敖如莒涖
盟　八年春王正月夏四月秋八月戊申天王崩冬
十月壬午公子遂會晉趙盾盟于衡雍乙酉公子遂
會伊雒戎盟于暴公孫敖如京師不至而復丙戌奔
莒宋人殺其大夫司馬宋司城來奔　九年春毛伯
來求金夫人姜氏如齊二月叔孫得臣如京師辛丑葬襄
王晉人殺其大夫先都三月夫人姜氏至自齊晉人
殺其大夫士縠及箕鄭父楚人伐鄭公子遂會晉人
宋人衛人許人救鄭夏狄侵齊秋八月曹伯襄卒九
月癸酉地震冬楚子使椒來聘秦人來歸僖公成風
之襚葬曹恭公　十年春王正月辛卯臧孫辰卒夏
秦伐晉楚殺其大夫宜申自正月不雨至于秋七月
及蘇子盟于汝栗冬狄侵宋楚子蔡侯次于厥貉
十有一年春楚子伐麇夏叔彭生會晉郤缺于承筐
秋曹伯來朝公子遂如宋狄侵齊冬十月甲午叔孫
得臣敗狄于鹹　十有二年春王正月郕伯來奔

右圖十二。此碑存末十行，即《尚書・多士》殘石之陰，與前碑相接，以行款計之凡三十四行。

此次所出魏石經中最可注目者，則《尚書·臯陶謨》十七石中與《高宗肜日》以下諸石行款不同是也。“帝言”以下諸石，皆一格之中上列古文，而以篆、隸二體並列於下，成品字形。《高宗肜日》諸石，則古文、篆、隸三體直下，與《隸釋》所録者同。其三字直下者，每行六十字，每碑三十四行，或三十二行。而品字式者，每行七十四字。七十四字者，漢石經每行之字數也。此二種款式雖異，石之高廣必同。品字式者，每行中篆、隸二體並列，故横處較寬，以比例計之，每碑當得二十六七行。此二種非一人所書。品字式者，古文、篆、隸三體似出一手；直下式者，則三體似由三人分别書之。而書品字式古文與書直下式古文者，亦非一手。不獨書人不同，即文字亦不畫一。如“克”字，古文《臯陶謨》作，而《君奭》作；“帝”字，《臯陶謨》作，而《君奭》及《春秋》均作；“予”字，古文《臯陶謨》作，而《多士》《君奭》作。又“支”字偏旁，《臯陶謨》作，而《周書》《春秋》皆作；“水”字偏旁，《臯陶謨》作，而《周書》《春秋》多作。此事雖細，然可知《尚書》《春秋》在魏時雖或有古文原本，而上石時決非一一照原本摹寫，則可斷也。

二、經文同異

“宗雊惟”一石，三字並列。當是《高宗肜日》之文。以今本排比之行款全不合，未曉其故。《金縢篇》“金王”一石，今本前只一百七十八字，石經此二字在行首，當有十八行，百八十字。

《臯陶謨》諸殘石，以每行七十四字排比之，其文字多寡，大都與今本無異。惟“帝言”一石其左有一字作，右从攴，左與“克”之古文甚相似，似即“敁”字。散氏盤有此字作，乃“克”之異文。以今本求之，當爲“惇叙九族”之“惇”字。而字乃作“克”，然則石經此文與今本異也。

“言都帝予”一石之“言”字，與“禹四”一石之“禹”字，中間應闕三十二字。而今本除《益稷》篇題外，經文有三十三字，是今本羡一字。

“臬”“應”二字間，中間應闕七十二字。而今本有七十四字，是今本羡二字。

“介退”一石，左側“予”字隸體末筆尚可辨，以行款求之，即“予欲宣力四方”“以五介彰施于五色”“退有後言”之“予介退”三〔字〕①。而“五介”，孔、鄭

① 據手稿本補。

二本並作“五采”,餘亦未有作“五介”者。余謂鄭《注》雖以“未用”“已用”分解“采”“色”二字,然究嫌不晳;石經作“五介”,蓋即《考工記》所説“繪次”與“繡次”。如此則“彰施”二字乃得其解矣。

“在治忽”之“忽”,隸體作“曶”,與鄭本同。裴駰《史記集解》所列。

《康誥》“惟”“曰”二字間,石經當有十九字,而今本僅十八字,則石經多一字。

《多士篇》殘石第二行至第三行間,當闕十四字,今本乃有十五字。蓋“降若茲大喪”之“若”字,石經無之。

第八行末“我”字至第九行首“後”字,中間當闕十六字,而今本乃有十七字。或謂“時惟天命無違”,漢石經作“時惟天命元”,疑魏石經與漢同。余謂魏石經疑作“時惟天命無違,朕不敢後”,則上下文義貫通無滯。石經古文不必與今文同。

第九行“王曰繇”,今本無此句。“繇”,即今本上文“猷告爾多士”之“猷”字。《大誥》:“王若曰:‘猷!大誥爾多邦。’”《釋文》:“馬本作‘大誥繇爾多邦’。”知今本“猷”字馬本並作“繇”。

第九行末“繇”字至第十行首“殷”字,中間當闕十七字,今本惟十四字。蓋“繇”字下當有“呼殷多士”之辭。經每以“繇告”或“告繇”二字相連爲文。上云“猷告爾多士”,《多方》云“猷告爾四國多方”,又云“猷告爾有方多士”,《大誥》云“大誥繇爾多邦”,則此“繇”字下亦當有“告爾多士”四字。如此又溢出一字,恐今本“惟殷先人有册有典”之“惟”字,石經無之耳。

《多士》殘石僅存首十一行。以今本字足之,則《多士篇》尚有九行。《無逸篇》首有十四行,恰得三十四行。惟自今本《無逸》篇首至次碑首“周”字,於十四行外溢出三字。今據“饗國肆中宗之享國。作其作其即位。”四字殘石,則“肆中宗之享國”前已校今本少一字。又據“逸第二句“生則逸”。厥自是厥後。”二字殘石,則此二字間又校今本少一字。又,今本“三十有三年”之“三十”兩字,石經殆當作一“卅”字,則恰校今本少三字矣。

《無逸》“肆中宗之享國”,“享”字存一隸書,作“饗”,與漢石經同。今本作“享”,或衛包所改與。

《無逸》《君奭》殘石第四行“于遊于田”,今本無下“于”字,然下文作“無淫于觀于逸,于遊于田”,則有者是也。

第五行末“烏”字至第六行首“于”字,中間當闕十二字,而今本僅十一字。

蓋今本"繼自今嗣王",石經當作"繼自今後嗣王"。《酒誥》云"在今後嗣王酣身",《多士》云"在今後嗣王誕罔顯于天",皆以"後嗣王"三字爲文。

第七行"乃非民所訓,非天所若",今本兩"所"字俱作"攸"。案:《尚書》"攸"字皆訓"用",則此處自當用"所"字。《僞孔》以《爾雅》"攸"訓"所",乃易爲"攸"字耳。

第十一行"用厥心韋怨不則用厥",今本無兩"用"字。又"韋"作"違","不"作"否"。案:"韋""違"古今字,"不"即"丕"字也。《康誥》云"丕則敏德",上文云"時人丕則有愆",作"否"者非。

第十二行"仲宗及高宗及祖甲"。案:《隸釋》所載漢石經"肆高宗之饗國百年"下,即接以"自是厥後"四字。故洪丞相云"孔氏叙商三宗,以年多少爲先後,此碑獨闕祖甲,計其字蓋在'中宗'之上,以《傳》序爲次也"云云。案:漢石經《無逸篇》每行所闕,率五六十字,獨"中宗"上所闕僅二十一字,加以"祖甲"一節,始得與他行字數相等。洪説是也。魏石經叙三宗事在前碑,其次序雖不可考,而此以仲宗、高宗、祖甲爲次,則異於漢石經而同於今本,可知馬、鄭古文本亦無不然。故鄭君以"祖甲"爲"帝甲",不用今文家"大甲"之説也。

第十四行"兄若時",漢石經及今本"兄"並作"允"。蓋《僞孔》以今文改古文也。

第十六行"紹厥心亂",今本"紹"作"綽"。案:"紹""綽"二字,古音同部。《石經》蓋假"紹"爲"綽"。

第十八行"君奭"。案:篇題下無第幾字樣,亦不題"周書",蓋《古文尚書》原本如是。今本每篇之首〔云〕①"ㄙㄙ第幾ㄙ書",與以《書序》分冠篇首,皆《僞孔》所爲。至《序》後復出篇題,除僞書二十四篇外,皆原本也。馬、鄭本篇題蓋亦如是。其云《虞》《夏》二十篇、《商書》四十篇、《周書》四十篇者,乃鄭君注《書序》之説,未必每篇之下題某書某書。《正義》所云鄭本《湯誓》第二十九、《柴誓》第九十七,亦以《序》中百篇之次言,未必署第幾也。

第十九行"不弔",今本作"弗弔"。今本《大誥》之"弗弔",《隸釋》所録魏石經亦作"不弔"。

第二十行"我(不)〔弗〕②敢智",今本"智"作"知"。"知"下又有"曰"字。

---

① 據手稿本補。

② 據魏石經及前文《碑圖》文字改。

案：次行出“敢智曰”三字，則此行奪一字。

第二十一行“其祟出於不祥”，今本“祟”作“終”，“於”作“于”。案：《釋文》云：“終，馬本作‘祟’，云‘充也’。”此同馬本。古音“祟”“終”同部。《樂記》“六成復綴以祟”，“祟”亦“終”也。

第二十二行“弗永遠念天畏”，今本“畏”作“威”，唐衛包所改。敦煌及日本所出未改字《尚書》未見“威”字。第三十四行“嗣天滅畏”同。

第二十三行，“大弗克龔上下”，今本“龔”作“恭”，衛包所改，段氏《古文尚書撰異》已正之。

第二十三行末至第二十四行首，中間闕九字，而今本有十字。蓋石經只云“命不易天難忱”，“命”上無“天”字。《漢書·王莽傳》引《書》“命不易天應棐諶乃亡隊命”，亦不云“天命不易”。然則石經古文正與今文《尚書》同。

第二十四行“天難忱乃其隧命”，今本“忱”作“諶”，“隧”作“墜”。

第二十五行“在今予小子非克有正”，今本“子”下有“旦”字。

第二十六行“我迪惟寧王德”，今本“迪”作“道”。《釋文》云：“道，馬本作‘迪’。”此與馬本同。《釋文》此篇出馬本異文二科，石經均與之同。又，《多士篇》“繇”字亦與馬本《大誥》同。

知石經所用本與馬、鄭本極近。

“天弗庸釋”，今本“弗”作“不”。

第二十七行“公曰君”，今本“君”下有“奭”字。

第二十九行“狢于上帝”，今本“狢”作“格”。

第三十行“衛惟兹有陳”，今本“衛”作“率”。

第三十二行“弦咸奔”，今本“奔”下有“走”字。

第三十三行“故一人事于四方”，今本“事”上有“有”字。案：《文選》王褒《四子講德論》引《書》“迪一人使四方”，古文“事”“使”一字，即“迪一人事四方”也。褒所引者今文《尚書》。石經古文亦無“有”字。

《君奭》《多方》殘石，《君奭》末行“祗”字，以《多方》“王至殷”三字度之，當在第十一格，是石本《君奭》自十八行以後，校今本少五字。

《多方》“王至于宗周”，今本無“王”字。《立政》第七行“克”字，第八行“伯”字間，石經較今本少二字。又第十一行“文”字至十二行“王”字間，亦少二字。

《春秋·僖公》《文公》碑第六行“陳侯鄡卒”，“鄡”，三傳皆作“款”。案：款，《説文》作“欵”“款”二體，从祟聲或柰聲。而古假爲“鄡”字，則苦管反之音亦古矣。柯鳳蓀學士引《毛詩·板》傳"灌灌,猶款款也"説之。

第二十一行"及"字與第二十二行"于"字間,當闕四字,而今本《左氏經》有"姜戎敗秦師"五字。案:《公羊經》作"敗秦于殽",無"師"字。石經古文經正與《公羊》同。

第二十二行"狄"字至是行"婁"字,中間當闕六字,而今本作"狄侵齊公伐邾取訾婁",乃有七字。案:鄞縣馬氏殘石"婁"上"取"字尚存小半,則石經無"訾"字。然"訾"[1]字以有爲長。訾婁,《穀梁》作"訾樓",《公羊》作"叢"。叢,古讀如"菆",乃"訾婁"二字之合音。

《春秋·文公》碑第二十二行"趙"字至第二十三行"敖"字,中間當闕十九字,而今本止十八字。案:今本"公子遂會雒戎",《釋文》云"本或作'伊雒之戎'"。《穀梁傳·釋文》同《公羊》,作"公子遂會伊雒戎",與此石字數合。然則《左氏》古經正與《公羊》同。

第三十一行"汝栗",今三傳皆作"女栗"。《釋文》:"女,音汝。"蓋本漢魏舊讀。

三、古　　文

《皋陶謨》

克　散氏盤"克"作,與此字略同。

言　此字以篆文爲正。此古文中欠一直,乃六國時俗體。吴縣吴氏所藏梁鼎蓋有字,所从之,與此相似。《説文》"言"下不出古文,而言部諸字古文均从旁,則又由此字轉訛。

五　與《説文》古文同。

辰　《説文》古文作。

庶　《汗簡》引石經作,引《古孝經》作。

典　與《説文》古文同。

禹　與《説文》古文同。

① 訾:手稿本作"此"。

予　此字亦以篆文爲正。石經《周書》"予"字古文皆作。金文則作，作。此《曲禮》鄭氏《注》所謂"余、予，古今字也"。獨此作，蓋非一人所書，説見前。

臮　《説文・㐺部》："臮，衆詞與也。从㐺，自聲。《虞書》臮咎陶。①，古文臮。"案：此字疑"眔"字之誤。殷周古文多用"眔"字。殷虚卜辭云："貞：兄庚□眔兄己其牛。"《書契後編》上第八葉。揚敦云："眔嗣㝵，眔嗣馬，眔嗣寇，眔嗣工。"静敦云："王命静嗣射學宫，小子眔服、眔小臣、眔厥僕學射。"其誼均與《尚書》"臮"字同。而殷周古文無"臮"字，《尚書》無"眔"字。恐"臮"即"眔"之訛也。其字卜辭作、諸形，金文多作，而周公敦作。其後或訛作"臮"，如《説文》所引"臮咎陶"；或如此字作，馬、鄭本《尚書》如是，鄭君《詩譜》引《書・無逸》"爰洎小人"是也。字既从自，於是以爲"暨"之古文，不知"眔"與"暨"雖均有及義，《尚書》自云"眔"，《春秋》自云"暨"，不能相混也。《説文》"臮"之古文，其上从目不从自，較"臮""泉"二字爲古。

米　《説文》"絲"字下云："繡文如聚細米也。"即據《尚書》爲説。徐仙民本尚作此字。

弼　與《説文》古文同。

納

《康誥》

静　《説文》"青"之古文作。者，生之省；者，丹之訛也。此誤以"彤"爲"彰"。《汗簡》引《義雲章》，以爲"彤"字，以爲"贍"字。

《多士》

今　《汗簡》《古文四聲韻》所引石經同。殷周古文作，或作，或作。

後　與《説文》古文同。

① 中華書局一九六三年版影印《説文解字》，此句作"《虞書》曰：臮咎繇"。

勤

誕

淫　案：此字以篆文爲正，此古文訛舛。

厥　此字訛舛。，殆古文屰之訛；，則欠之訛也。

逸　《集韻》"逸"，古作"䢁"，即此字。"夊"者之訛，"力"者之訛，"王"者之訛也。《尚書》中"逸""泆"諸字，古本多作"肎"，或作"佾"。《多士》"大淫泆有辭"，《釋文》云："泆，音逸，又作'佾'。注同。馬本作'肎'，云'過也'。"《多方》"大淫圖天之命肎有辭"，與《多士》"大淫泆有辭"句例相同。是僞孔本亦間作"肎"。又如《盤庚》"予亦拙謀作，乃逸""其發有逸口"，日本所存未改字《尚書》"逸"皆作"佾"，薛季宣《書古文訓》本亦然。考"肎""佾"本一字。《説文》無"佾"字，蓋以爲"肎"之俗字。从，从，在古文並無區別。然則馬本作"肎"，與作"佾"之本固無異。此字，蓋本从水从肎，轉訛而爲，猶字之又轉訛而爲"䢁"也。

罔　此與《説文》古文同。

喪　此字訛舛。

弗　上虞羅氏藏燕斷戈上有"鍨鍚"二字，"鍚"字正从此，上有二點。

畀

罰　此以爲冈，誤。《無逸》"詈"字同，訛。

若　字當作，或，均見卜辭。象人奉手跽足唯諾之狀。故古"若""諾"一字。曶鼎。录伯敦作，與此字上半形近，而此誤多二筆。其下从女，女之字亦本象跽足之形。

割　此字右从刀，左不知所从。《玉篇》《汗簡》《集韻》所録"割"之古文，與此略同。

殷　此字訛舛特甚。周初古文與篆文略同。

余　《説文》："余，語之舒也。从八，舍省聲。"此从八，舍聲，不省。

戾　此字从犬、立，不如篆文"戾"字之古。

肆　與《説文》古文同。

䌛　師寰敦有此字。器作，蓋作。其文曰“淮夷我員畮臣”，與兮伯吉父盤之“淮夷舊我員畮人”句法正同。蓋假“䌛”爲“舊”也。录伯敦蓋有字，亦即此字。此又从辵不从言，殆即“遥徑”之“遥”字與。

革　與《説文》古文同。

夏　此字從日，疋聲，《説文》古文作。

《無逸》

服　此“葡”字之别搆。《説文》：“，古文備。”此字乃合“葡”“夂”二文而一之。古“服”“葡”同聲。故毛公鼎“簟弼魚服”之“服”，作。《易·繫辭傳》“服牛乘馬”，《説文》引作“犕牛乘馬”。《春秋左氏傳》“伯服”，《史記》作“伯犕”；“備物典策”亦即“服物典策”。《春秋》殘石文公元年“叔服”，亦作此字。

功　與《説文》“工”之古文同。

徽　篆文作“徽”，从糸，从微省。此从糸，从散。

朝　殷虚卜辭有字，《殷虚書契後編》下第三葉。从日月在茻中。日初生而月未没，此朝時也。與“莫”字从日在茻中同意。今隸“朝”字，即从此出，但省二“中”耳。小篆“𠦝”字乃變爲从倝，舟聲。倝者，之訛；舟者，月之訛也。殷周古文从月之字，篆文輒改（丛）〔从〕[①]舟。如“亘”“恒”“朝”諸字，篆文皆从舟，古文皆从月，與今隸同也。此字乃从水，从朝省，本“潮汐”字。《説文》作，亦失之。陳侯因資敦“朝覲”字與此同。盂鼎“朝夕”字作，中殷父敦作，亦皆以“潮汐”字爲“朝夕”字。

中　此字古文異體甚多，惟卜辭之，石鼓文及子禾子釜之，與此略同。《説文》古、篆二體皆失之。

昃　此字从日在人亦下，日昃之意。殷虚卜辭作、諸形，从日，从矢，矢亦聲。此从大，意亦略同。

遊　石鼓文作。此从，即之省。《説文》“游”之古文作，乃誤以爲“孚”矣。

---

① 據手稿本改。

邦　石經於从邑之字，皆从。案：古鉨“都”字皆作，从，此六國文字也。

年　邾公鐘、齊侯壺“年”字均與此同。

烏　與《説文》古文同。

民　與《説文》古文同。

迷　此以“麋”爲“迷”。《春秋・莊十七年》“多麋”，何氏《公羊解詁》云：“麋之爲言，猶迷也。”

亂　《古文四聲韻》引石經作，與此小異。案：《説文・言部》：“，古文䜌。”又《𠬪部》：“，古文𤔔。”二字音義皆同，殆係一字。觀《女部》“嬌”，籀文作“孌”，可悟。敦煌本未改字《尚書》“亂”作“䜌”，亦作“乿”。

酗　篆、隸二體同。《説文》作“酌”。古音東、侯二部，陰陽對轉，故亦作酗，从凶聲。

酒　商周古文均以“酉”爲“酒”。

德　與《説文》古文同。

才　殷周古文作，或作，或作。此稍變之者，蓋慮其與“甲”字及“七”字之古文相混也。秦新郪、陽陵兩虎符“在”猶作，此蓋齊魯間書。

惠　此字訛舛。齊子仲姜鎛作，與此略近。

聽　此字从口耳，會意。

夔　此字《汗簡》《集韻》作“𢒼”“𢒼”二體。《玉篇》與日本未改字《尚書》均作“𢒼”。案：實“鼎”之古文。古“貞”“鼎”一字，則作“𢒼”者殆近之。然於六書皆無可説，闕疑可也。

韋　與《説文》古文同。

怨　與《説文》古文同。從者，殆亦从夗之訛。

則　《説文》：“鼎，籀文則。”古金文“則”字亦多作“鼎”，秦權量銘猶然。此从，亦鼎之省。夜君鼎“鼎”字作。褱鼎、名鼎曰、，从，或从，皆鼎之省也。“則”右从，古惟“利”字爲然。魏石經刀部字無不从者，蓋以是爲刀字也。

及　《春秋》殘石亦作，並與《説文》古文同。

甲　殷周古文“甲”皆作十，惟卜辭中殷先公“上甲”之“甲”獨作田，从十在口中。見余《殷卜辭中所見先公先王考》。周時尚用此字。兮伯吉父盤之“兮田”，即“兮甲”也。其與“田”疇字殊者，十之横直二畫不與其旁相接。古人以其易與“田”疇字混也，故多用十字，罕用田字。而十字又易與“在”字及“七”字之古文相混，乃爲此字以别之。實則由田字轉變者也。《説文·木部》“柙”之古文字，又由此字轉變，小篆之亦即此字。秦新郪、陽陵二虎符，均如此作。此字篆文亦然。《説文》篆文作，乃从丁，不从十，蓋六朝以後傳寫之譌矣。

小　此字誤多一㇏。

怒　《集韻》“怒”，“古作忞”。日本未改字《尚書》同。

辠　此字下从辛、不从辛。凡殷周古文“宰”“辟”“辠”“辥”“辭”諸字，皆从辛。其所以與“辛”字别者，“辛”〔字〕①中一直皆屈而左。又或如子禾子釜之“辟”字，作，于辛旁加一丿；或如邾太宰簠之“宰”字，作，于辛下加一㇏。此字及下《君奭》篇字，末一筆皆右拙，亦同其篆从辛，亦不用《説文》之説。

殺　與《説文》“殺”之古文第二體同。

受　此與殷周古文略同。但“舟”字之形稍失耳。

智　《説文》篆文作，从白。其古文作，下似丘字。於六書無可説。今知古文所从之，乃即“皿”字。之譌也。此字見於毛公鼎者作，下从曰，乃象盛物之器，絶非“白”字。即《説文·白部》“魯”“者”諸字，在殷周古文其下亦或从曰，或从甘，皆象盛物之器皿，亦盛物之器也。如殷虚卜辭“盤”字作，《戩壽堂所藏殷虚文字》弟五十一葉。从甘，而籒文从皿。“卣”字卜辭作，从凵；亦作，从皿。同上第二十五葉。“出”字多作，亦作，《殷虚書契後編》上第二十九葉。知凵、甘、曰、皿均象器形，凵、甘殆是一字。《説文·凵部》在《皿部》之後，甚合以形係連之法。此字或从曰，或从皿，其故亦同。然則此字不獨可正《説文》古文之譌，亦可知許君以“魯”“智”諸字入《白部》，未免從後起譌字立説矣。

崇　此字譌舛特甚。《古文四聲韻》引王存乂《切韻》，“寀”作，亦从木。

寧　此字譌舛。當作，此譌从衣。

① 據手稿本補。

上　此與《説文》篆文略同。乃古文之後起者。

遠　與《説文》古文同。

嗣　此字訛舛。當如《説文》古文作。《汗簡》引石經,與此同。

克　此與《説文》"克"之古文第二體相近。《汗簡》《古文四聲韻》引石經作,則又之訛。

龔　秦公敦作,陳侯因資敦作,右乃兄字。此省。

下　上虞羅氏藏魚鼎匕係春秋以前物,又藏下宫矛係六國時物。銘中"下"字皆作,則"上""下"二字亦古矣。

忱　此字殆从口从枕。《古文四聲韻》引雲臺碑"枕"作。

隧　《説文》:",古文遂。"乃之訛。然字亦不知所從。

迪　此字以篆體字爲正。所从之,即"由"字也。余曩作《釋由》二篇,據敦煌所出漢人手書《急就章》木簡,定《説文》部首訓"缶"之,即"由"字;復徵之古文及古書得五六證。今此經二"迪"字篆體,均从作,又得一佳證。古文从,亦之變。石經所用多周秦間古文,反不如篆文,多出殷周間古文也。

信　此字从千。案:"辟大夫信節","信"作;又古鉨"信"字作、,並與此同。

庸　案:《説文·亯部》:"亯,用也。从亯,从自。自知臭香段《注》以"香"爲"亯"之訛,是也。所食也。讀若庸同。"考此字,與"𩫏"本爲一字。《説文·土部》:"𩫏,古文墉。"其字殷虚卜辭作,毛公鼎作,召伯虎敦作,拍尊蓋作,此作。"亯""𩫏"二字,由、遞變,其迹顯然。石經《春秋·僖公》"𩫏"字作,不从𩫏而从亯,亦其證也。沿用既久,遂分爲二字、二義。許書《𩫏部》又以"𩫏"爲篆文"城郭"字,則又分爲三。此以"亯"爲"庸",當本壁中古文,爲《説文》"亯"字音義之所自出。此又可證《説文》正字中頗多古文,不皆篆文也。

釋　此"澤"字,假爲"釋"。

聞　與《玉篇》所載古文同。

戊　"戊"字作"咸",从口。殷周古文均未之見。《白虎通·姓名篇》:"殷家……於臣民[①]亦得以生日名子何?不使亦不止也。以《尚書》道殷臣有

① 臣民:《白虎通·姓名》作"民臣"。

巫咸，有祖己也。”王氏引之據此謂今文《尚書》“巫咸”當作“巫戊”。今此“大戊”作“大咸”，則“巫戊”或本作“巫咸”，因訛爲“巫咸”。古文、今文殆無異也。然殷虚卜辭有“咸戊”，是其人本名“咸戊”，故或云“巫咸”，或云“巫戊”，非因“咸”“戊”二字互訛而然。此“大戊”作“大咸”，然反涉下文“巫咸”而誤也。

陟　與《說文》古文同。

扈　《說文·邑部》：“，古文扈，从山。”此从，均於六書無說。案：石經“所”字，古文从；此疑之訛。

徦　此字見師虎敦。《方言》：“徦，至也。”是漢時尚有此字，而《說文》惟有“假”字，實與此一字也。

巫　《說文》：“，古文巫。”與此不同。

乂　此字周初古文作“辥”，後訛變如此，見余《釋辥》二篇。

丁　古金文作，象釘之首。此象釘之全形。丁盾鉌作。

率　《說文·行部》：“衛，將衛也。”又《辵部》：“達，先導也。”二字音義並同。毛公鼎作，師寰敦作，十三年上官鼎六國時器。作，正與此同。

陳　六國時器，如陳侯午敦、陳侯因資敦、陳曼簠等，均如此作。

配　毛公鼎“配”字如此。《說文》从己，失之。

多　與《說文》古文字略同。

歷　《說文·鬲部》：“甂，漢令鬲，从瓦，厤聲。”彼以“甂”爲“鬲”，此則假“鬲”作“歷”。邾始鬲“鬲”字作，與此略同。

商　《說文》：“，古文商。，籀文商。”魯士商歔敦作，師田父敦“賞”字从，並與此似。

甸　《說文》有“佃”“甸”二字。此古文作“佃”，篆文作“甸”。按：《春秋左氏傳》“衷甸”，《說文》引作“中佃”，則古多用“佃”字也。

事　與《說文》古文同。

畏　《說文·由部》：“，古文畏。”殷虚卜辭作，从鬼，持攴。盂鼎作，作，毛公鼎作，皆从鬼，从卜。此作，雖已失其形，較之《說文》篆、古二形，猶爲近之。

祗　此字不知所从。

《春秋》

刺　此字訛舛，當以篆文爲正。

已　與《説文》古文同。殷周古文皆作。

巳　此字以篆文爲正。

晉　此字訛舛，亦以篆文爲正。

侯　與《説文》古文同。

師　《説文・帀部》："，古文師。"與此小異。此以"𠂤"字横列在上。平安君鼎"官"作，亦以"𠂤"字横列。蓋六國時有此作法。《汗簡》《古文四聲韻》引石經與此略同。

敗　《説文・刀部》："𠟭，古文則。"又《攴部》："𣪉，籀文敗。"此誤以"則"爲"敗"。《古文四聲韻》引石經與此同。

績　此即"迹"之籀文字。師寰敦作，此訛。

得　此字从又、貝，得之意也。殷虚古文略同。《説文》作"㝵"，上从見，失之。

丑　此字以篆文爲正。

會　《説文・亼部》："，古文會如此。"且子鼎"王命且子𢓜西方于相"，"會"作"𢓜"，與《説文・辵部》訓"遝"之字同。是古"會""㣛""迨"三字爲一字。《汗簡》《古文四聲韻》引石經與此同。敦煌本未改字《尚書》作"衿"，則"㣛"之訛也。

公　此〔字以篆文爲正。〕①古鉨"公"字多如是作。

蔡　《説文・殺部》："，古文殺。"以"殺"爲"蔡"者，《尚書》"竄三苗于三危"，《孟子》引作"殺三苗"。"殺"者，"竄"之假音。竄，古讀七外反。《左氏・昭元年》《定四年傳》兩言"周公殺管叔，而蔡蔡叔"。又以"蔡"爲"竄"。《釋文》："蔡，《説文》作'㗉'。"今《説文》雖無此語，可知"殺""蔡"二字同音，可相通假矣。

① 據手稿本補。

如　此以“女”爲“如”。

咺　《説文·土部》:“䡣,籀文垣。”此假“垣”爲“咺”,其右作者,訛也。《隸釋》所載魏石經“葬蔡桓侯”之“桓”,亦作。

冬　此字从日,从。石經“春”“夏”“冬”三字皆从日。

秦　此字省廾。古、金文皆不省,古鉨“秦”字多如是作。

温　此字右从邑,左不知所从。《汗簡·邑部》有字,釋“温”,云“出王庶子碑”。蓋王庶子碑即據石經書之。郭恕先於石經未見此石,故但引王碑也。

狩　古“獸”“狩”一字。《詩·小雅》“搏獸于敖”,《後漢書·安帝紀》注引作“薄狩于敖”,宰圃敦“王獸于豆麓”,皆以“獸”爲“狩”。

歸　此所从“𠂤”字横列,與“師”字同。

京　案:彝器多字,蓋亦“京”之古文。《説文》:“,籀文就。”即从此。

襄　與《説文》古文同,下从女,上不知所从。

復　此即《説文》“复”字。《説文》:“復,往來也。”“复,重也。”此云“復歸”,以“重”爲義,宜用此字。

介　《説文·又部》:“𠬤,楚人謂卜問吉凶曰𠬤。从又持祟,祟亦聲。讀若贅。”案:古从“祟”之字,亦或从“柰”。如“隸”字,篆文作“隸”,古文作“隸”;款,或作“歀”,或作“款”。知“𠬤”“𣪘”亦一字也。殷虚卜辭有“𣪘”字。“𣪘”“介”古音同部,故以爲“介”字。

葛　此字不知所从。

盧　古“膚”“臚”一字。此以“膚”爲“盧”,而作法稍訛。

來　《説文》無此字。《玉篇》有“徠”字,即从此字出。

春　此字从日,屯聲。敦煌本《尚書·釋文》及《書古文訓》乃訛作“旾”。

狄　此字从,从卒,於六書無可説。疑“裼”字之訛。古“狄”“易”同聲,故“逖”之古文作“逷”。《史記·殷本紀》“簡狄”,舊本作“簡易”,《漢書·古今人表》作“簡逷”。《山海經》《竹書》之“有易”,《楚辭·天問》作“有狄”。此蓋假“裼”爲“狄”。然古自有“狄”字。曾伯霥簠作,从亦不省。戦狄鐘作“狄”,从亦省。

瑕　从,與《説文》篆、古二體並小異。曾伯霥簠“叚”作。

鄭　案：古、金文"鄭"字皆不从邑。

宰　此字从肉，殆以宰肉爲義。《説文》"膟"爲"囟"之或字。《集韻》有"膟"字，以爲"夆""胇"之異文。

濟　此字左从水，右不知所从。《古文四聲韻》"齊"、"濟"二字下均有字，云"出李商隱《字略》"，蓋"泲"字之訛。

免　《説文》無此字。其篆體作，似从弁之或體省。

遷　《説文》"䙴"之古文作，與此小異。

丘　《説文》"丘"之古文作，从土。

捷　此即《説文・邑部》之"䣛"字，戈上从木，當是从才之訛。以"䣛"爲"捷"，蓋由雙聲通假。

卯　此與《説文》古文同。

重　此以"童"爲"重"。

父　此字訛舛。

聘　此字不知所从。

殺　同上。

婁　《説文》"婁"之古文作，蓋有脱畫。秦會稽刻石文"數動甲兵"之"數"作，从，與此古文甚相近。

癸　此字殷周古文並作，無如是作者。

葬　案：《説文》："葬，藏也。从死在茻中。一，其中所以薦之。"此字則从茻，从𣦸，从一。殷虚卜辭有"𣦸"字。《書契後編》下第二十葉。《説文・艸部》："，古文莊。"亦即此字。疑"𣦸""𣦼"二字，从歺，在爿旁、丌上，本是"葬"字，後乃加茻。此上从竹，亦訛。

薨　此从古文歺。

位　此"立"字僅存上半。鄭氏《周禮》注所謂古文《春秋經》"公即位"，爲"公即立"也。

叔　古、金文皆作，此訛。

戚　此所从字，不可識。殷虚卜辭有字，《書契前編》卷六第一葉。又有字，卷五第二十五葉。亦即此字。石經以爲"京"，則疑以爲"高"矣。《書·盤庚》"保后胥戚"，漢石經[①]"保后胥高"，疑古本作"胥遹"，今文家讀爲"高"，古文家讀爲"戚"耳。古音"戚"在幽部，"高"在宵部，二部合音最近，故此字以"高"爲聲。《汗簡·辵部》有字，注云"戚"。《古文四聲韻》"戚"下有、二文，云"並古《孝經》"；又有、二文，云"並《義雲章》"，皆此字之訛也。

敖　《説文》："奡，嫚也。从頁，从夰，夰亦聲。《虞書》曰：'若丹朱奡。'讀若傲。"

戰　盂鼎有字，即此旁之所從出。《古文四聲韻》引王存乂《切韻》，"單"作。

震　《説文》："，籀文震。"與此不同。

附　《隸釋》所録魏石經碑圖

大誥
王若曰猷大誥爾多邦越爾御事不弔天降割于我
家不少延洪惟我幼沖人嗣無疆大歷服弗造哲迪
民康矧曰其有能格知天命已予惟小子若涉淵水
予惟往求朕攸濟敷賁敷前人受命兹不忘大功予
不敢閉于天降威用寧王遺我大寶龜紹天明即命
曰有大艱于西土西土人亦不靜粵兹替殷小腆誕
敢紀其敘天降威知我國有疵民不康曰予復反鄙
我周邦今蠢今翼日民獻有十夫子翼以予敉寧武
圖功我有大事休朕卜并吉肆予告我友邦君越尹
氏庶士御事曰予得吉卜予惟以爾庶邦于伐殷逋
播臣爾庶邦君越庶士御事罔不反曰艱大民不靜
亦惟在王宮邦君室越予小子考翼不可征王害不

① 手稿本"漢石經"下有"作"字。

違卜肆予沖人永思艱曰嗚呼允蠢鰥寡哀哉予造
天役遺大投艱于朕身越予沖人不卬自卹義爾邦
君越爾多士尹氏御事綏予曰無毖于卹不可不成
乃寧考圖功已予惟小子不敢替上帝命天休于寧
王興我小邦周寧王惟卜用克綏受茲命今天其相
民矧亦惟卜用嗚呼天明畏弼我丕丕基王曰爾惟
舊人爾丕克遠省爾知寧王若勤哉天閟毖我成功
所予不敢不極卒寧王圖事肆予大化誘我友邦君
天棐忱辭其考我民予曷其不于前寧人圖功攸終
天亦惟勤毖我民若有疾予曷敢不于前寧人攸受

右《尚書》一。

之屬三百大辟之罰其屬二百五刑之屬三千上下
比罪無僭亂辭勿用不行惟察惟灋其審克之上刑
適輕下服下刑適重上服輕重諸罰有權刑罰世輕
世重惟齊非齊有倫有要罰懲非死人極于病非佞
折獄惟良折獄罔非在中察辭于差非從惟從哀敬
折獄明啟刑書胥占咸庶中正其刑其罰其審克之
獄成而孚輸而孚其刑上備有并兩刑王曰嗚呼敬
之哉官伯族姓朕言多懼朕敬于刑有德惟刑今天
相民作配在下明清于單辭民之亂無不中聽獄之
兩辭無或私家于獄之兩辭獄貨非寶惟府辜功報
以庶尤永畏惟罰非天不中惟人在命天罰不極庶
民罔有令正在于天下王曰嗚呼嗣孫今往何監非
德于民之中尚明聽之哉哲人惟刑無疆之辭屬于
五極咸中有慶受王嘉師監于茲祥刑

文侯之命
王若曰父義和丕顯文武克慎明德昭升于上敷聞
在下惟時上帝集厥命于文王亦惟先正克左右昭
事厥辟粵小大謀猷罔不率從肆先祖懷在位嗚呼
閔予小子嗣造天丕愆殄資澤于下民侵戎我國
家純即我御事罔或耆壽俊在厥服予則罔克曰惟
祖惟父其伊恤朕躬嗚呼有績予一人永綏在位父
義和女克昭乃顯祖汝肇刑文武用會紹乃辟追
孝于前文人汝多修扞我于艱若汝予嘉王曰父義
和其歸視爾師寧爾邦用賚爾秬鬯一卣彤弓一彤
矢百盧弓一旅矢百馬四匹父往哉柔遠能邇惠康
小民無荒寧簡恤爾都用成爾顯德

右《尚書》二。

御廩災乙亥嘗冬十有二月丁巳齊侯祿父卒宋人
以齊人蔡人衛人陳人伐鄭　十有五年春二月天
王使家父來求車三月乙未天王崩夏四月己巳葬
齊僖公五月鄭伯突出奔蔡鄭世子忽復歸于鄭許
叔入于許公會齊侯于艾邾人牟人葛人來朝秋九
月鄭伯突入于櫟冬十有一月公會宋公衛侯陳侯
于褒伐鄭　十有六年春正月公會宋公蔡侯衛侯
于曹夏四月公會宋公衛侯陳侯蔡侯伐鄭秋七月
公至自伐鄭冬城向十有一月衛侯朔出奔齊　十
有七年春正月丙辰公會齊侯紀侯盟于黃二月丙
午公及邾儀父盟于趡夏五月丙午及齊師戰于奚六
月丁丑蔡侯封人卒秋八月蔡季自陳歸于蔡癸巳
葬蔡桓侯及宋人衛人伐邾冬十月朔日有食之
十有八年春王正月公會齊侯于濼公與夫人姜氏遂
如齊夏四月丙子公薨于齊丁酉公之喪至自齊秋
七月冬十有二月己丑葬我君桓公
莊公第三

右《春秋》一。《桓公》《莊公》。

春楚公子嬰齊帥師伐吳公如晉夏四月壬戌公及
晉侯盟于長樗公至自晉六月公會單子晉侯宋公
衛侯鄭伯莒子邾子齊世子光己未同盟于雞澤陳
侯使袁僑如會戊寅叔孫豹及諸侯之大夫及陳袁
僑盟秋公至自會冬晉荀罃衛師伐許　四年春王
三月己酉陳侯午卒夏叔孫豹如晉秋七月戊子夫
人姒氏薨葬陳成公八月辛亥葬我小君定姒冬公
如晉陳人圍頓　五年春公至自晉夏鄭伯使公子
發來聘叔孫豹鄫世子巫如晉仲孫蔑衛孫林父會
吳于善道秋大雩楚殺其大夫公子壬夫公會晉侯
宋公陳侯衛侯鄭伯曹伯莒子邾子滕子薛伯齊世
子光吳人鄫人于戚公至自會冬戍陳楚公子貞帥
師伐陳公會晉侯宋公衛侯鄭伯曹伯齊世子光救
陳十有二月公至自救陳辛未季孫行父卒　六年

春王三月壬午杞伯姑容卒夏宋華弱來奔秋葬杞
桓公滕子來朝莒人滅鄫冬叔孫豹如邾季孫宿如
晉十有二月齊人滅萊　七年春郯子來朝夏四月
三卜郊不從乃免牲小邾子來朝城費秋季孫宿如
衛八月螽冬十月衛侯使孫林父來聘壬戌及孫林
父盟楚公子貞帥師圍陳十有二月公會晉侯宋公
伐莒秋晉侯會狄于欑函冬十月楚人殺夏徵舒丁
亥楚子入陳納公孫寧儀行父于陳　十有二年春
葬陳靈公楚子圍鄭夏六月乙卯晉荀林父帥師及
楚子戰于邲晉師敗績秋七月冬十有二月戊寅楚
子滅蕭晉人宋人衛人曹人同盟于清丘宋師伐陳
衛人救陳　十有三年春齊師伐莒夏楚子伐宋秋
螽冬晉殺其大夫先縠　十有四年春衛殺其大夫
孔達夏五月壬申曹伯壽卒晉侯伐鄭秋九月楚子

圍宋葬曹文公冬公孫歸父會齊侯于穀　十有五
年春公孫歸父會楚子于宋夏五月宋人及楚人平
六月癸卯晉師滅赤狄潞氏以潞子嬰兒歸秦人伐
晉王札子殺召伯毛伯秋螽仲孫蔑會齊高固于無
婁初稅畝冬蝝生饑　十有六年春王正月晉人滅
赤狄甲氏及留吁夏成周宣榭火秋郯伯姬來歸冬
大有年　十有七年春王正月庚子許男錫我卒丁
未蔡侯申卒夏葬許昭公葬蔡文公六月癸卯日有
食之己未公會晉侯衛侯曹伯邾子同盟于斷道秋
公至自會冬十有一月公弟叔肸卒　十有八年春
晉侯衛世子臧伐齊公伐杞夏四月秋七月邾人戕
鄫子于鄫甲戌楚子旅卒公孫歸父如晉冬十月壬
戌公薨于路寢歸父還自晉至笙遂奔齊

右《春秋》二。《宣公》。

陳侯衛侯曹伯莒子于鄬鄭伯髡頑如會未見諸侯
丙戌卒于鄵陳侯逃歸　八年春王正月公如晉夏
葬鄭僖公鄭人侵蔡獲蔡公子燮季孫宿會晉侯鄭
伯齊人宋人衛人邾人于邢丘公至自晉莒人伐我
東鄙秋九月大雩冬楚公子貞帥師伐鄭晉侯使士
匄來聘　九年春宋災夏季孫宿如晉五月辛酉夫
人姜氏薨秋八月癸未葬我小君穆姜冬公會晉侯
宋公衛侯曹伯莒子邾子滕子薛伯杞伯小邾子齊
世子光伐鄭十有二月己亥同盟于戲楚子伐鄭
十年春公會晉侯宋公衛侯曹伯莒子邾子滕子薛
伯杞伯小邾子齊世子光會吴于柤夏五月甲午遂

右《春秋》三。《襄公》。

原載《海宁王忠慤公遺書》

《正始石經殘石考》跋

◎ 羅振玉

正始石經出洛陽，後吾友王忠慤公乃搜集諸家所藏以爲此考，至爲精密。但未及手校付印，遽完大節。公身後，予爲編印其遺著，以手稿付寫官，命兒子福頤校讎，未及校以石本，故尚不免小誤。如第一篇圖式中，《尚書·皋陶謨》："皋陶曰：'朕言惠。'"殘石存"繇曰"，是石經"陶"作"繇"，《考》中仍書今本"陶"字。《多士》："降若茲大喪。"《考》中"若茲"二字誤倒。《無逸》："肆中宗之饗國。"殘石但見"饗"字，而《考》中並有"國"字。一石存"生則逸"之"逸"字，下行存一"厥"字，與"逸"字並列。《考》中"厥"字誤高于"逸"字一格。"乃變亂先王之政刑"，"變"字隸書作"䜌"，《考》作"變"。"不啻不敢含怒"之"啻"，隸書作"商"，《考》作"啻"。《君奭》"若天棐沈"，"棐"訛"不"。"我弗敢智"，"弗"訛"不"。"無能往徠"，"徠"訛"來"。"迪智天畏"訛作"迪知天威"。《多方》"不永寅念于祀"，"不"字尚存末筆，《考》失書，但仍如今本録作"弗"。《春秋》莊公卅一年六月"齊侯來獻戎捷"下"秋"字尚略可辨，《考》失録。僖公卅三年十月"公如齊"及下行"公薨于小寢"，殘石不見"冬"字、"寢"字，《考》中有之。文公九年"許人救鄭"，"鄭"字尚存太半，《考》亦失録。皆校印時未及刊正者。

近日又出殘石數十字，爲公所未見。又得《堯典》殘字，古文、篆、隸三體蟬聯書之者，知以前見於古文之下側注篆隸書者爲別本也。暇當命頤兒將圖式重爲校補，別印行之，以竟公未竟之緒。此亦後來者之責矣。庚午仲冬。

原載《遼居乙稿》，《羅振玉學術論著集》第十集

正始石經《尚書·堯典》殘字跋

◎ 羅振玉

一

以前洛陽所出《尚書·堯典》《皋陶謨》殘字，皆古文作大字居中，篆、隸書略小，旁注于下。與《尚書·金縢》至《顧命》九篇及《春秋》古文、篆、隸三體蟬聯書之者不同。嘗怪石經之刻關一代制作，不應前後書式不同。乃近出《堯典》殘石，大小各一，亦三體蟬聯書之。大石存字五行，首行存"日"字，三體悉備。次行存"宅西曰"三字，"宅"字存篆、隸二體，"西"字三體悉備，"曰"字存古文。三行存隸書"厥"字，古文"民"字。四行存隸書"易"字。五行存古文"女"字。其三行"厥"上"秋"字，四行"易"上"朔"字，均漫没不可辨。小石存篆書"曰民日"，三字平列，"曰"字接大石第二行，"民"字接大石第三行，"日"字接大石第四行。諸字雖稍漫易，然以書體斷之，絶非贋迹。且以每行二十言爲之圖，行列悉合，尤爲非贋刻之確證。以前建德周氏藏《皋陶謨》，"女""説"二隸書作大字平列。吾友王忠慤公嚢撰《魏石經殘石考》，以與所見《皋陶謨》書式不同爲疑。今依每行二十言爲之圖，則"女"字爲"以出納五言女聽"之"女"，"説"字爲"庶頑讒説"之"説"。"女"字在《皋陶謨》第十二行，"説"字在十三行，二字正平列，于是益證明正始《尚書》皆三體蟬聯書之，非有二式。其以前所見書式不同者，書勢雖與他篇不同，要不出晉以後，然則以前所出《堯典》《皋陶謨》或出晉代補刻耶？此又前籍所不載者也。數載懷疑，一朝冰釋，惜忠慤不及知之矣。書以志快，亦以志憾。所冀他日更有續出者，爰延〔頸〕跂足俟之。

二

此石殘字三行，首行存篆、隸書“夔”字。次行存篆、隸書“允”字，下存古文“帝”字之上半。三行存篆、隸書“登”字，下存古文“庸”字之半。“夔允登”三字平列，乃《堯典》末“夔曰於”及“夙夜出納朕命惟允”與“舜生三十登庸”之殘字。亡友王忠慤公據今所傳殘字定爲每行三十七字，則“登庸”之“登”應低于前行“允”字二格，今“登”字與“允”平列，是“惟允”以下，“登庸”以前，石經較今本少二字也。“登庸”今本作“徵庸”。敦煌唐寫《尚書釋文》殘卷出“登庸”，與此同。又《尚書正義》：“鄭玄讀此經，云‘舜生三十’謂生三十年也，‘登庸二十’謂歷試二十年，‘在位五十載陟方乃死’謂攝位至死爲五十年，舜年一百歲也。”“徵庸”作“登庸”，與石經正合。段茂堂先生謂此鄭以今文正古文，惜“三十”字石已殘損，不能知爲三十抑二十，一證段君之言矣。

原載《遼居乙稿》，《羅振玉學術論著集》第十集

正始石經《皋陶謨》三殘石存字跋

◎ 羅振玉

一

《皋陶謨》殘石三：甲石字二行，首行存篆、隸書“惟”字，下存古文及隸書“時”字少許，又下存古文及隸書“撫”字，又下存篆書“勑”字之半，乃“百工惟時，撫于五辰”及“天叙有典，勑我五典五惇哉”之殘字。石經“叙”下即接“典”字，是石經作“天叙典”，無“有”字。今本《書釋文》“有典，馬本作五典。”不出無“有”字本。惜唐本《釋文》但存二《典》，《皋陶謨》已不存，不知開寶以前未删本爲何如矣。乙石字三行：首行存隸書“五”字，次行存隸書“五”字之半，下存“庸”字，古文、篆、隸三體悉完。三行存篆書“言”字，下存古文、篆文“惠”字少半。乃“勑我五典五惇哉”及“五刑五庸哉”與“朕言惠”三句之殘字。“五庸”今本作“五用”，《後漢書·梁統傳》載統對《尚書》問，引“天討有罪，五刑五庸哉”，正與石經同也。丙石字二行：存古文及篆書“繇”字少半及隸書“繇”字，下存古文及隸書“曰”字，又下存古文及隸書“朕”字殘畫。次行存篆書“禹”字，下存“拜曰”二字，古文、篆、隸三體悉完。又下存古文“都”字之半，乃“咎繇曰：‘朕言惠，可底行’”及“禹拜曰都”二句之殘字。“咎繇”今本作“皋陶”。《説文·言部》“謨”注：“《虞書》有《咎繇謨》。”顔師古《漢書》注引皆作“咎繇謩”。唐寫本《釋文·舜典》亦出“咎”字，注音羔；又出“繇”字，注音遥，臣名。則《咎繇謨》字定與《舜典》同。石經“繇”上“咎”字雖損，逆知其必作“咎”矣。此篆文“繇”字雖殘，尚存辵旁，殆作“遙”也。

頻年熹平石經殘字出洛中者不少，正始石經顧不多遘，此爲近出殘字中之有關經本者，故特表著之。

二

此殘石裂爲二，合之則首行存一古文，已損少半，作“”。亡友王忠慤公釋爲“克”，謂“惇叙九族”，古文作“克”。次行存篆、隸書“帝”字。三行存古文及隸書“丂”字，“丂”下存古文及隸書“言”字之少半，隸書“言”字之大半，乃“惟帝其難之”及“何患乎丂言令色孔壬”二句之殘字。“丂”字今本作“巧”，《説文》“丂”注：丂，古文以爲“亏”字，又以爲“巧”字。今殘字正作“丂”，可爲許説之證。往歲忠慤撰《正始石經殘石考》，誤録“丂”作“巧”，故爲訂正之。

原載《遼居乙稿》，《羅振玉學術論著集》第十集

正始石經《尚書》《春秋》跋

◯ 羅振玉

此洛陽初出土未剖時所拓，聞當時僅拓十本，此其一也。正始石經吾友王忠慤公考之至密，幾無疑蘊，然亦間有未詳者。《君奭》“乃其隧命”，“隧”之古文作“□”，公謂即《説文》“古文遂”之“□”，乃“□”之訛。然“□”亦不知所從。案：石經从□，又从□之訛。盂鼎有“□命”字，吴愙齋中丞釋“述”云：疑古文借爲“墜”字，其説是也。“述”“遂”古音同部，通用。白懋父敦亦有“□”字，其義亦作“遂”。石經之□”，乃由“□”而訛。《説文》之“□”又由“□”而訛也。字形既失，致許君認“□”古文爲“遂”，不知爲“述”字。若知之，則當於“述”下注古文以爲“遂”字，不當繫之“遂”下，此固許書之例也。

石經往往于三體書中，或一二體失書者，如《尚書·多士》“在今後嗣王”，古文“後”下空三格，失書“後”之篆、隸二文及“嗣”之古文。《春秋·僖公廿八年》“天王狩于河陽”，“狩”字古文，下空一格，失書篆文。文公元年“公孫敖會晉侯于戚”，“敖”字篆書，上空一格，失書古文。二年“晉侯及秦師戰于彭衙”，“彭”字篆文，上亦空一格，失書古文。殆因刻時書丹漫滅之故，然遂亦不補刻，亦可見古人治事之疏矣。

石經于誤書之字即剜去，以石補而重刻。《春秋》剜補凡五處。往見顔魯公《書李玄静碑》，中有誤字即改正，加刻于誤字之上，不如剜補之爲得矣。

此石不僅剖後本視未剖本損字甚多，即後拓本視初剖本又有損泐矣。其在《春秋·僖公廿八年》“晉侯、齊師、宋師、秦師及楚人戰于城濮”之“齊師”二字，初剖本“齊”字隸書、“師”字古文但有裂痕而文未損，後拓本則二字均損，且損篆文“齊”字少許；“陳侯鄦卒”“鄦”字篆文，未剖本存太半，後拓本則損太半，近則全不可見矣。

原載《遼居乙稿》，《羅振玉學術論著集》第十集

魏正始石經《尚書·堯典》殘字跋

◯ 羅振玉

往歲得《堯典》古文、篆、隸三體蟬聯書之者殘字凡五行，因得證明以前所出古文居中書，篆、隸二體分注古文下者，爲永嘉之亂後補刻，曾爲之跋，載《遼居乙稿》，其石今已歸山東圖書館。近又見一石，亦該館所藏，尚存字六行。首行存“安允”，三體略具。欽明文思安安，允恭克讓。次行存“九”字隸書，“族”字，三體具，“九”字古文及篆書。以親九族，九族既睦。三行漫滅，但存“時”字古文。黎民於變時雍。四行亦但存古文“時”字。敬授人時。五行存“中”字古文、篆書。日中星鳥。六行存“交”字古文之半及篆書。蓋亦《堯典》文，與往歲所見同出一石。文前空二行，首行乃經題，次行則篇題也。

予近亦從洛估得此石，乃與前石文相銜接，存字六行，漫滅視前石尤甚。首行存“九”字隸書之半，“族”字古文及篆書。以親九族。次行存“雍”字，三體具。黎民於變時雍。三行存“命”字，三體具而大半漫易。分命羲仲。四行存“星”字隸書。日中星鳥。六行但見“平”字隸書之半。平秩南訛。餘俱不可辨，蓋經永嘉王彌、劉曜入洛，焚毁二學，石經劫火，故漫漶若斯也。正始刻石下逮永嘉不過七十年，石已燬壞，今又歷千餘年，顧得出沈埋而登几席，豈非藝林之快事哉？予藏熹平殘石逾百而正始殘石僅此，爰取墨本與山東圖書館殘石合裝，並記其後。

原載《車塵稿》，《羅振玉學術論著集》第十集

新出三體石經考

◯ 章炳麟

宋皇祐時，蘇望所摹三體石經名爲《春秋左氏傳》者。至南渡，洪氏録入《隸續》，古文、篆、隸八百有餘字。洪氏考《水經注》，乃知正始所刻與熹平蔡邕所書者異事。前此范氏《後漢書》、陸氏《經典釋文》、司馬氏《資治通鑑》皆誤以三體書爲熹平所立，趙明誠先辨之。清臧琳、孫星衍辨其文句，始識爲《尚書》《春秋》二經。《尚書》則《大誥》《吕刑》《文侯之命》，《春秋》則桓公經傳、莊公經、宣公經、襄公經也。自洪氏以下，未有親見石本者矣。民國十年，友人騰衝李根源以長安肆中所得石本《君奭》古文、篆、隸一百有十字贈余，獨出《隸續》外。余甚奇之，恨已剪截成册，無由識碑石形狀。久之，知其石出洛陽龍虎灘民家，嘗以繫牛。印師劉克明始識之，卒歸黄縣丁氏。後得攝影本，於是識其行列部伍也。十二年，新安張鈁又屬三原于右任以石經拓本六紙未裝者贈余。讀其文，則《尚書·多士》《無逸》《君奭》、《春秋·僖公經》《文公經》，悉蘇望所未見者。以書問所從來，鈁答曰："民國十一年十二月二日，洛陽東南碑樓莊下朱圪塔村民斸藥，得石經於土中。爲巨石一，其文表裏刻之，以其重，斲爲二。他碎石亦一散於公私。"手摹者鈁也。余視諸石上下不完，此表刻《無逸》《君奭》者爲上段，丁氏所得《君奭》石乃其下段不全者。其裏則《春秋》僖、文經也。本以一石解析爲二，表裏分摹，故爲四紙。行列不壞，每面三十二行。其碎石所拓二紙，爲《多士》篇一、《文公經》一，則行列亦泯焉。以是六紙與丁本并，古文、篆、隸幾千八百字，視《隸續》一倍而羨。其篆文嚴整有格，而古文旖施舒卷，長短合度。蓋其始就石書丹，刻成而不愆於素，故與銅器之文隨手鏨鑿，分刌不能齊均者異法。自周宣王以後，古籀二者已雜行矣。然石經古文甚多，而籀文希見。以四十率之，籀文居一，古文居三十九。古文、籀文之辨，校以《説文》，判然易知。《唐六典》謂古文廢而不用，大篆唯石經載之，殊爲慎倒。蓋見石經字形齊整，誤仞爲史籀大篆耳。凡《説文》所未録，《經典釋文》所闕者，於是乎可考。斯乃東序秘寶、天球河圖之亞，七八百年所不睹，而於末世獲之，誠非吾儕始願所及也。於是稽撰本末，理其文字，以備不賢識小之義云。

《晉書·衛恒〈四體書勢〉》稱孔壁書漢世秘藏，希得見之。魏初傳古文者，出於邯鄲淳。恒祖敬侯敬侯，衛覬也。《魏志·覬傳》云："好古文、鳥篆、隸草，無所不善。"寫淳《尚書》以示淳，而淳不别。至正始中立三字石經，轉失淳法。因科斗之名，遂效其形。宋人所摹古銅器，字畫兩端多鋭，雖漢銅器亦爾。與此石經差同，所謂效科斗之形也。諸書言三字石經緣起者始此，恒家既與淳有舊，歿時去正始裁五十年，而范曄去正始幾二百年，以三體歸之蔡邕，傳聞之與目睹，虚實易辨，不須博徵也。《魏志》潁川邯鄲淳附《王粲傳》，注引《魏略》："淳，一名竺，字子叔。《後漢書》注引《會稽典録》云："淳，字子禮。"善《蒼》、《雅》、蟲、篆、許氏字指。"《四體書勢》又稱建初中，扶風曹喜篆書少異李斯，而亦稱善。邯鄲淳師焉，略究其妙，韋誕師淳而不及也。蔡邕亦采斯、喜之法，爲古今雜形，然精密閑理不如淳。按建初爲章帝年號，淳與邕皆不逮事曹喜，言淳師喜者，師其筆迹耳。此則淳書獨步漢魏，嘗寫壁經，而弟子移以入石，其筆法淵茂，弟子所不能至。故云轉失淳法，非謂字體有失也。《四體書勢》之作，本爲評定書法，非爲檢正字體，讀全文可知。所云"轉失淳法"者，正謂兩端纖鋭，效法科斗而已。邕在漢立一字石經，淳從後開三字石經，然淳與邕年齒則相若。何以明之？《後漢書·列女傳》及注所引《會稽典録》言，元嘉元年，上虞長度尚爲曹娥立碑。尚弟子邯鄲淳時甫弱冠，操筆而成。其後蔡邕題"黄絹幼婦，外孫齏臼"八字。按《後漢書·度尚傳》注引《續漢書》，尚通京氏《易》、古文《尚書》，然則淳傳古文《尚書》，實受之於尚也。元嘉爲桓帝年號，邕之入吴題碑，在其被罪以後。則去元嘉初元，且三十年也。邕與董卓同死，年六十一。自元嘉元年歲在辛卯，至初平三年歲在壬申，而董卓誅死，相去四十一年。計淳元嘉元年弱冠，其生當在陽嘉元年壬申之歲。許冲進《説文》，在建光元年辛酉之歲，時許君未歿，下去淳生之歲，得十一年。去其作碑時，得三十年，耳目得相及。曹喜在建初中，計建初末甲申之歲，下去淳生四十八年，去作碑時六十七年，則於時代差遠矣。至初平三年，年亦六十一。是淳與邕篆法同師，而年亦相若也。《魏略》稱，淳初平時，從三輔客荆州。荆州内附，太祖召與相見，甚敬異之。尋魏武定荆州，在建安十三年，歲在戊子，計斯時淳已七十七歲。又稱黄初初，文帝以淳爲博士給事中，今其遺文見於《藝文類聚》者，有《受命述》《上受命述表》，皆黄初改元歲在庚子所作，則年八十九矣。石經古文，本淳所寫，及正始中立石,又在黄初後二十餘年。淳宜已前卒,雖在,亦老耄不能書丹,可知也。然去博士授經之時未遠,其弟子見淳寫經,親承指畫者甚衆,因以移書上石。今考其弟子存者,江式稱淳在魏初,以書教諸皇子。文帝諸子,唯東海定王霖薨於嘉平元年。正始時猶無恙,一也。韋誕年亦老壽,《晉書·宣帝紀》:嘉平三年,天子遣侍中韋誕持節勞軍於五池。是誕卒更在定王霖後,二也。江式稱六世祖瓊與從父兄應元,俱受學於衛覬。古篆之法,《倉》《雅》《方言》《説文》之義,當時竝收善譽。應元者,則江統是。統卒於永嘉之世,去覬七十餘年,似不得親受業者。大氐淳傳之覬,覬傳之其弟子,其弟子更傳江統兄弟。覬之弟子,則正始時方少壯矣,三也。嵇紹稱其父康嘗在太學寫石經古文,按《晉書·康傳》稱"學不師受,被刑時年四十。"計康死在景元末,上去黄初初元,已四十歲。則康與邯鄲,邈然無授受之迹。所謂寫石經古文者,乃就石移寫,而非書以上石也。其他或親炙、或私淑諸人者,當倍此數。據淳所書真本,書丹入石,雖書勢不逮,其字形則無異。《隋·經籍志》:"晉世秘府所存,有古文《尚書》經文,今無有傳者。"按漢東都典籍,經董卓之亂,悉已泯絶。此必非漢世所遺,蓋即淳之所書,或即衛覬等所移寫也。故江式直稱淳建三字石經於漢碑西,以故書本出淳手,而立碑亦淳遺意也。且以漢世石經,造端熹平四年,成於光和六年。時蔡邕竄徙已五歲,不盡爲邕書,然後人猶以歸邕者,以邕有其規畫,且嘗自書丹故。夫以正始石經歸淳者,其説亦如此矣。胡身之輩不知淳仕魏世,横謂石經不與淳涉,衛恒所謂"魏初傳古文者出於邯鄲淳",又何説焉? 淳、邕同時有聲聞,邕仕而淳隱。邕立一字石經,《詩》舉魯、《尚書》舉伏生、《春秋》舉公羊,皆當時學官所用今文經傳。盧植已心非之,上書請刊正碑文,且言古文科斗,近於爲實。厭抑流俗,降在小學。其與邕立異如此。淳之寫古文經以待摹刻,其亦與植同旨而近規邕之失歟? 萬季野、王蘭泉疑熹平石經遭董卓之亂,零落不全,故正始復補刻者。此不知文有古今,學有純駁,有匡正之義,無補繕之責也。郭頒《世語》稱,黄初之後,埽除太學之灰炭,補舊石碑之缺壞。此爲補熹平石經,在黄初後,非正始時也。一字石經立於漢,三字石經立於魏,《隸釋》《隸續》《隸辨》皆説之甚詳。蘭泉猶以爲疑,亦由不知今古文師法之異也。

張繽《石經跋》曰:孔安國當武帝世,爲《尚書》作傳,皆隸古定,不復從科斗古文。按此據僞孔説。建武時,杜林避地河西,得古文《尚書》一軸,諸儒共傳寶之,已爲世所珍如此。乃謂邕書六經悉能爲古文,非事情也。按邕書本一字,而淳書則具古文。古文入漢秘府者,計東都時已不存矣。然按漢得古文凡五處：一、孔子壁中，則《尚書》《春秋》《禮記》《論語》《孝經》是也。依《説文序》《漢志》，無《春秋》。按《禮記》宜兼《禮經》言，故《志》又云，《禮古經》出魯淹中及孔氏。二、河間獻王所得古文先秦舊書，則《周官》《尚書》《禮》《禮記》《孟子》《老子》是也。《漢書·王莽傳》引《嘉禾篇》語，《律曆志》引《畢命》《豐刑》，鄭康成亦引《畢命》，有册命霍侯之事。按《嘉禾》《畢命》皆不在孔壁逸十六篇中，此必河間所得《尚書》有出孔壁外者，故諸家得引之耳。三、張蒼所獻《春秋左氏傳》是也。四、魯淹中所得《禮古經》是也。五、魯三老所獻古文《孝經》是也。漢文、景、武間，古文已不行，然張蒼獻《春秋傳》，又傳之賈生，能爲訓故。孔安國得《尚書》《論語》，悉能以今文字讀之。及魯河間得《周官》《禮古經》，其文字皆可通曉。《尚書》二十九篇，《禮》十七篇，猶可以伏生、高堂生書對校，至《逸書》《逸禮》，則無可對校也。《左傳》《論語》《周官》，更無可對校也。所以能識者，一、秦雖燔古文書籍，未嘗禁絶其字。《説文》引秦刻石“及”作“乁”；今繹山碑及秦權等皆有“廿”字；繹山碑“戎”字作“𢦦”，從古文“甲”，皆其明證。據《吕覽》稱，倉頡造大篆，是秦書八體之大篆兼有古文，非專籀文也。漢元朔以前，令史皆通八體，而太史專主之。是以齊桓銅器，可以按刻而知。司馬遷以父爲太史，年十歲即誦古文。明當時儒者以外，識古文者多矣。經典既出，儒者苟有不識，猶可訪諸令史。又有疑，則質之太史，一見決矣。二、自秦燔書以逮漢景武間，未盈百歲，醫藥、卜筮、種樹之書，古文具在。守其術者相傳習讀，古今字可以推校而知，亦儒者所得咨訪。以是二者，故古文無不可識之字。非如晚世釋款識者之肊决也。逮元朔變制，以通一藝者得補卒史，而八體課試之法寖廢。久之，先秦舊書亦漸散失，于是識古文者轉稀，經師傳授遂爲專家之業矣。孔壁與張蒼、三老書已入秘府，河間、淹中書不入秘府，其《尚書》《禮古經》輩猶流傳人間。且河間王從民得善書，必爲好寫與之留其真，是一書得兩傳也。而《尚書》又有膠東庸生承受師法，《春秋經》與《左氏傳》多古字古言者，賈誼爲之訓故，河間因是以立博士。及劉歆之窺秘府，轉授弟子賈徽、鄭興，其古文寫本不絶可知。《漢志》云，《尚書》古文經四十六卷，爲五十七篇。孔壁書五十八篇，《武成》建武之際亡，故五十七。五十七篇者，孔壁之竹書。四十六卷者，則當時傳寫之素書。又云《禮古經》五十六卷。五十六卷者，是亦當時傳寫之素書。以是推檢，竹書而外，必有素書散於師儒者矣。自王莽更始之亡，而赤眉寇略關中，殿省塗炭，西京秘府之書已無存者。故杜林得漆書古文《尚書》一卷，《後漢書》文如此，漆書不可著紙帛，當稱一篇。言一卷者，史之誤。即以爲寶。幸中秘有未毁者也。然河間、淹中之書，庸生、賈誼、劉歆之業，散在士大夫，不隨西京秘書以没。是故《説文》多録《尚書》《春秋傳》古文，鄭司農亦識古文，《春秋經》“公即位”爲“公即立”。見《周禮·小宗伯》注。非親見舊本，何以得此？要之，漢世所謂傳古文者，必非徒以隸古相授。盧植稱古文科斗，中興以來，通儒達士班固、賈逵、鄭興父子竝敦説之，此又諸家竝見科斗書之明徵。康成《誡子書》云："書皆腐敝，不得於禮堂寫定。"此亦必爲科斗書可知也。邯鄲淳古文《尚書》之學受之度尚，見前。又通許氏字指，因是依尚所傳素書真迹，手寫其文，以示博士弟子，無足怪者，不得以杜林事爲疑也。淳之古文《春秋》，不知受自何人？同時潁容、服虔、崔烈、士燮皆傳《春秋左氏》，則知古文真本當時存者頗多，但諸家作注，皆以隸寫之本行世耳。正始石經自隋唐《志》所録、蘇望所摹，以逮今日所發，獨有《尚書》《春秋》，所以不具五經者，蓋《禮》古文爲邯鄲氏所未傳。《易》中古文，劉向嘗見之，而東漢以來傳古文者獨宗費氏，費氏《易》與毛氏《詩》，皆古文説，然非古文本也。經皆今字，故不入三體之數。《隋志》梁有今字石經鄭氏《尚書》八卷，又有《毛詩》二卷。此或晉世裴頠所刻，不在三體石經之部。《御覽·碑部》引戴延之《西征記》稱，三字石經碑三十五枚，表裏書《春秋經》《尚書》二部，今有十八枚存，餘皆崩。酈道元《水經注》稱，三字石經碑四十八枚。按以今所見論之，碑石中斷，每行或存三十餘字，或二十七八字，以本經讎對，補其斷爛，知每行當六十字，每面三十二行，爲千九百二十字。表裏合之，爲三千八百四十字。以三體相除，一碑所録經文一千二百八十字。《春秋》十二經，《尚書》二十九篇，無慮三萬餘字。通古文、篆、隸，略十萬字，刻以三十五碑則有餘。然依《唐·藝文志》，有三字石經《左傳》古篆書十二卷。《左傳正義》舉"魯夫人"石經古文"魯"作"表"，"虞"石經古文作"㕟"，是石經有《左傳》明甚。皇祐蘇望所摹者，《春秋·桓公》亦有傳文。《左氏》全傳十八萬言，合之《春秋經》《尚書》，凡二十一萬有餘字。三體重複，則四十八碑猶不贍，蓋一百六十餘碑而後足容古文、篆、隸六十四萬字。意者，經傳别行，以《左傳》施工未畢，故止于四十八碑歟？晉惠帝時，裴頠復請刻石寫經，蓋亦以繼正始之緒也。後更八王、劉、石之亂，太學蕪廢。自戴氏在晉末已不獲見全石，魏、齊二代，此與漢石經竝徙鄴都。周、隋、唐復徙之關中者，則又其緒餘也。《隋·經籍志》稱，梁《七録》所載三字石經卷本，《尚書》十三卷，《春秋經》十二卷。隋則《尚書》九卷，《春秋》三卷，視梁時傳本，已不及半。唐世則存石十餘段耳。《唐志》，《尚書》三卷，《左傳》十二卷，又與隋世多寡互殊。其多出者蓋相傳臨摹之本，不皆拓之於石也。由是觀之，魏、齊未徙以前，其石散在洛陽，或供次舍橋梁之用，或藏弆民家者，當復不少。今乃復自洛陽得之，宜矣。一字石經被徙以後，宋洛陽營造司所棄碎石，及洛陽張氏發地所得，皆有一字石經數十段。頃洛陽復得《周易》二段，是亦先散於洛陽者，與此同例。鄴下、關中，宜頗有存者，今無由見也。

熹平石經見於范書者，具有五經，或亦言六經，洪氏録殘石《公羊傳》，而不見《春秋經》，蓋經傳别行也。正始石經，《春秋》雖有傳，亦不與經文混合。《漢志》：《春秋》古經十二篇，《左氏傳》三十卷。本自分列，篇則竹簡，卷則縑素，其品物有殊。正始所刻，亦仍其舊貫也。

正始石經，古文瑰異。元魏江式稱三字石經校之《説文》，篆隸大同，而古字少異。蓋壁中、河間《尚書》《春秋》古文，與張蒼所獻《左氏傳》，古文浩博，雖《説文》不能兼録，而見之於是碑。然其同者十七，異者十三而已。既以三體相檢，其字有定，不容立異。非若釋銅器款識者，人人可以用其私也。清末鄭珍作《汗簡箋正》，以其字多詭異，并疑石經，不悟古文之亂久矣。今見于款識者，"毋""母"不異也，"甲""才"不異也，"乃""夂"不異也。"粤"從"宷"而誤爲"雩"。必知"雩"爲字誤非聲轉者，聲轉則但當作"于"。"専"從"甫"而合其下，之作，周秦金石皆同。"異"之"収""丌"，聯綿相屬。"叚"之"爪""古"，詘曲自糾。若是者慮非一類。《漢志》云：孔子曰："吾猶及史之闕文也，今亡已夫。"蓋傷其寖不正。然則六經之字焉能悉合六書也？借觀彝器諸文，固有一字千金者矣，亦有與俗隸同弊者矣。《説文》所以獨正者，以大篆有《史篇》，小篆有《蒼頡篇》，文皆審諦，筆迹不誤故。然于古文即不能盡爾，其字形過奇者，文在壁經，而《説文》不録，爲其不能以六書説也。石經文字，有時異於《説文》，乃往往同於款識，知當時沿襲然也。釋款識者，以其文本難知，可得自擅。望形相似，即曰某字。因其私臆，更誣《説文》。自宋楊南仲以至清之錢、阮，已多疏略。及吴榮光、陳介祺、吴大澂，轉益穿鑿，繆戾滋甚。世有如鄭珍者，固當辭而闢之。唯獨石經三體自定，非可盲目以辨黑白也。今之爲説，在以六書簡别，明其形聲，辨其正借。其有古字變化，筆迹不常，時采款識，用相證明。必於文義比順，形體明白，信而可徵者，非是則捨焉。凡石經古文如干，除去石質甐蝕，摹字不精者，略論如左：

一、"四"皆作亖。

與《説文》合，此籒文。

二、"年"皆作。

《説文》秊從禾、千聲，此從禾土會意。萬物皆出入於土，舊穀既没，新穀既升，則爲一稘矣。齊侯鎛鐘："女考壽萬年，永保其身。""年"正作。

三、"在"皆作。

借“才”爲“在”。

四、“君”皆作。

與《説文》合，從君之字，《春秋經》“頵”亦作。

五、“克”皆作。

與《説文》筆勢小異。

六、“衛”皆作。

此《説文》“將衛”字也。古文從行、從止、從率省，《春秋》今本作“帥”。從二家經改耳。據《聘禮》注，古文“帥”皆作“率”，知古經字例相同，銅器款識亦有作者，然大氐多用“帥”。

七、“夏”皆作。

從日，疋聲。按《説文》，“夏”本訓中國人。此從日、疋聲者，乃四時之正字，而《説文》未録。然《春秋經》紀時誠當作。《尚書》“夏殷”字亦作，則古字通借。孫氏疑古文“夏”作，變體作，非也。從亼、目、足，自指中國人。《莊子》所謂“有目有趾者”也。從日，疋聲，自指暑時。

八、“用”皆作。

與《説文》合，從用之字，“周”亦作，較銅器款識爲正。

九、“侯”皆作。

與《説文》合。

十、“我”皆作。

與《説文》合。

十一、“至”皆作。

與《説文》合。

十二、《尚書》“則”皆作。

《説文》作，籀文“則”也。此左亦從鼎，筆勢小異。右亦刀之變，如古文“利”作之比。

十三、“及”皆作。

《説文》古文“及”，秦刻石“及”如此，則秦亦不廢古文。

十四、“德”皆作。

《説文》“德”訓升，道德字本作“悳”，此從古文直也。今《説文》古文“悳”作，則筆勢變異矣。

十五、“罔”皆作。

與《説文》古文“网”同，上本從，此從中起筆，故似有異。石經筆法多如此。

十六、“厥”皆作。

從屈省，乃古文“欠”字，與古文“邑”字作者形相似，然非一字也。從欠，屈省聲，“欮”之異文也，《説文》未録。

十七、“茲”皆作。

“茲”本從絲省聲，此直作絲省，借“絲”爲“茲”，古銅器多如此。

篆作。

“茲”“玆”字異，皆子之切。今説文“孳”“鷀”皆從，或欲盡改爲。按凡字聲義相兼，茲者，艸木多益。玆者，黑也。“孳”訓汲汲生，字當從茲。鸕鷀色黑，字正從玆。若訓此之字，則但取其聲，亦或有用之者。

十八、“於”皆作。

與《説文》合。

十九、“惟”皆作。

與古銅器款識合。

二十、“若”皆作。

此字石經凡四見。上端皆作，非、非，與《説文》“若”“桑”二字皆不似，蓋從中，從古文“襄”省聲。“襄”古音如“穰”，與“若”雙聲對轉，《説文》云“禾若秧穰”是也。《説文》字形應作，如戴侗説。此作者，即形之變。上從叒，下從襄省聲，吴承仕附記。

二十一、“格”皆作，三體悉同。

《説文》作“假”，漢費鳳碑“有恥且洛”，已作“洛”字。蓋古文《論語》如此。休寧戴氏説《堯典》“格於上下”，引《説文》“木長”爲訓，以與“横被”相對，實不然也。然據莫高窟所得《經典釋文》，字亦作“格”，是僞孔已不知用“洛”字，而陸乃云古作“裕”，《汗簡》因之，不知何所本也。

二十二、《春秋》“春”皆作。

從屯日、省艸。《説文》録字已然。

二十三、“冬”皆作。

與《説文》合，下作二横，古銅器款識字下畫亦多不連。

二十四、“會”皆作。

與《說文》合。

二十五、“殺”皆作。

與《說文》合。

二十六、“來”皆作。

《說文》未録，然“來”本“來牟”字，“行來”之“來”自應别製“逨”字。《說文》别有“𧼛”，恐與此同。

二十七、“曹”皆作。

小篆從，此從，、皆口出氣，故文得相變。

二十八、“陳”皆作。

《說文》未録，田和區、陳猷區“陳”字正作，按此經“陳”字四見，篆皆從，與《說文》合。而古文皆從田，恐非筆迹變易，由陳、田同聲，故陳得從田聲耳。

二十九、“齊”皆作。

古銅器皆如此作。

三十、“秦”皆作。

《說文》籀文“秦”作，此省収。

三十一、“晉”皆作。

小篆從日，《說文》及此經皆同，古文從者，《說文》未録。晉姜鼎“晉”字三見，皆作，是乃從口，與從同意。晉銅尺銘亦從。

三十二、“衛”皆作。

從古文“韋”省巿。

三十三、“鄭”皆作。

借“奠”爲“鄭”。

三十四、伯皆作。

與古銅器款識合。

三十五、“朝”皆作。

借“潮”爲“朝”，《說文》“淖”本從“𠦝”省，右旁當作，今作者，古文變化從二中也。仲殷父殷，“朝”字一作，一作，皆從二中，凡銅器款識“廟”字

皆從□。

三十六、“如”皆作□。

借“女”爲“如”。

三十七、《尚書·多士》“後嗣王”，“後”作□，《君奭》“後嗣子孫”同。

與《説文》合。

三十八、“誕淫厥逸”，“淫”作□。

左旁水字，古文與“米”相似，上下皆斷，中横貫之，亦與作□者爲中有微陽之氣同意。右旁從匆者，變爪爲丮也。

“逸”作□，“無逸于”“逸”同。

《説文》：“逸，失也。從辵、兔，兔謾訑善逃也。”此右從兔從行，與辵、兔同意，宗周鐘有□字，師酉毀有□字，皆從皀，其頭與此兔頭同。舊釋爲能，皆不諦。左從爿，爿者，藏也。謂兔逃藏窟中。古“藏”字作“臧”，亦非本字。民國十四年，承仕説：□從㳄，肙聲。從㳄與從水同意，《多士》上文“大淫泆有辭”，《釋文》“泆又作佾，馬本作屑。”此從㳄，猶泆之從水也。從□，猶佾、屑之從肙也。以此問於先生，先生答曰：以□爲古文滕，是矣。若謂□即肙字，則上端與八絶殊，上端乃兔頭，從肉者，猶龍能豚之從肉耳。從㳄從逸省聲，是爲泆字。謹按此義亦通，吴承仕附記。

三十九、“有命曰割殷”，“割”作□。

按此字右從刀，左從奇字倉。《汗簡·刃部》有□字，引孫强説爲“創”字，形聲皆合，古文刃、刀多相變，則□、□同字，不解何以用爲“割”字。《汗簡·刀部》又有□字，以爲古文“割”，與此筆勢有異。《集韵·十四㤀》作“创”，云“制斷也，《書》‘创申勸寧王之德’，鄭康成讀”。今莫高窟所出《尚書音義·堯典》“方割”作“创”，皆□字隸變。段氏謂创左旁當從匃，然今石經□字，形甚分明，與匃不類，由今論之，讀□爲創，似合。唯奇字之學，始於楊雄，王莽取以備六體。雄蓋别有師授，當孔安國讀壁經時，固不仞□爲倉，亦不仞□爲創也。按《説文》：“仝，完也。從入，從工。”篆文作“全”，而石鼓“工”作□，則□乃籀文“全”字。施刀於全者爲割，猶施攴於完者爲寇，乃會意字，非形聲字，孔意或如是歟。

“殷”作□，《君奭》有“殷”同。

從疒，《説文》：“疒，倚也。”“倚，依也。”從叉，此即“箏”字。《説文》：“箏，所依據也。”借爲“殷”。吴承仕説。

四十、“予其曰”，“予”作，《君奭》“予小子”同。

《説文》：余從舍，省聲。此不省，舍字下從，當正方，此筆勢小異。

四十一、“大戾”，“戾”作。

從犬，立聲。《周官》故書以“立”爲“涖”，《説文》作“埭”，知古音“立”可讀“埭”，故“戾”之古文從立聲，《説文》未録。

四十二、“肆不正”，“肆”作。

《説文》引《書》“類于上帝”，《隸續》所録《大誥》“肆”字亦同。

四十三、“西爾”，“西”作。

《説文》作，此爲繁文。

“爾”作。

與《説文》合。

四十四、“王曰：猷，告爾多士。”“猷”作，篆作“繇”。

此文梅本在“予惟時其遷居西爾”上，石經在“非我”下，中有缺字數十，次第不可知，古文形體亦難曉。然從肉，與“繇”字同。從，猶繇之從系也。從，與“商”字下體同，即“㕯”字，亦猶“繇”之從言也。從辵，《説文》有“遙”字，云：“行遙徑也。”然則此乃“遙”字，從日從犬，義不可説。“繇”、“遙”聲義相同，於古不别，故師讀爲“繇”。經例鄭、梅作“猷”者，馬皆作“繇”，《大誥》梅本“猷，大誥爾多邦”，《釋詁》“繇”訓道。王莽《大誥》以“大誥道”爲“大誥繇”，此“繇，告爾多士”，即“道，告爾多士”也，石經《尚書》，篆隸多從馬。

四十五、“殷革夏命”，“革”作。

與《説文》合。

四十六、《無逸》“文王卑服”，“服”作，《春秋·文公經》“叔服”亦作。

“葡”本作“”，此筆勢中似女字，然《説文》“備”之古文作，正從女，則意古文“葡”字亦或有從女者也。女上又加一横畫者，猶石鼓、秦權“安”字作，女旁又加一直畫也。“葡”“服”古同聲相借，《易》“服牛乘馬”，《説文》作“犕牛”，《左氏》“伯服”，《史記》作“伯犕”。

四十七、“即康功田功”，“功”作。

古文“工”字如此，借“工”爲“功”。《周官·肆師》“凡師不功”，注：“故書功爲工，鄭司農工讀爲功。”古者“工”與“功”同字。

四十八、“日中昃”，“昃”作。

按《説文繫傳》"夨部"有"昗","曰部"有"厢",大徐本有"厢"無"昗",反以"昗"爲俗字,誤也。字本從夨,古文變從大者,猶"吳"字古文作,亦變"夨"爲"大"也。今《尚書》陸、孔本皆作"昗",不作"厢",蓋相承如此。

四十九、"享國","國"作,《春秋・僖公經》"國歸父"同。

"域""國",古同字。

五十、"五十年","五"作。

與《説文》合。

五十一、"于遊","遊"作。

與《説文》合。

五十二、"非民","民"作。

與《説文》合。

五十三、"迷亂","迷"作。

借"麇"爲"迷"。

"亂"作,"變亂""亂罰"同。

《説文》此爲古文"䜌"字,䜌,亂也。"䜌""亂"聲義同。

五十四、"酗于酒德哉","酗"仍作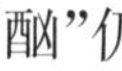,三體悉同。

《説文》作"酌",觀此古文、篆文皆作"酗",疑《説文》"酌"下脱重文耳。凶聲、句聲,東、侯對轉。

"酒"作。

《説文》"酉部"所録,皆酒之事,恐古文"酒"但作"酉"。字象尊形,近代所得毛公鼎云"毋敢□于酉",盂鼎亦云"雩,殷正百辟率肆于酉",然盂鼎疑僞作。

"哉"作,三體悉同。

借"才"爲"哉",按張平子碑"往才女諧",夏侯湛《昆弟誥》"才生魄",今《尚書》皆作"哉",恐古文、今文《尚書》本同作"才"。

五十五、"胥保惠胥教誨","保"作。

銅器款識"保"多作,或作,尋《説文》,古文"保"、古文"孟"皆作,不應無別,保古文似作,作爲正。

"惠"作。

"惠"從叀,叀訓小謹,字本作,從中從幺,變爲,又省爲,皆筆迹

之異。

"教"作。

左"季"字省"爻"爲。

五十六、"此厥不聽","聽"作。

從耳從口,會意,《説文》未録,《汗簡》字,"聽""聖"兩讀,蓋疑是"聖"之省文也。"聽""聖"皆得聲於壬,古音本同。《廣川書跋》稱秦碑"皇帝躬聽",今《史記》"聽"作"聖",是相通之證。漢石經作"此厥不聖",蓋一"耶"字,古文則讀"聽",今文則讀"聖"耳。《奮公䨲鐘》"脊爲之",正當讀從"聽"。

五十七、"變亂","變"作。

《汗簡》"彡部"有、二形,説爲"變"字,云出《尚書》,恐梅氏亦依仿石經,一從㒵,一從貞。此字左旁爲㒵、爲鼑皆近,以"鼒"作例之,實從鼑,非從㒵也。小徐本《説文》"鼎"字説解云:古文以"貞"爲"鼎",籀文以"鼎"爲"貞"。今尋薛氏《款識》,周鼎五十三器而"鼎"作者十,是小徐本爲有據。鼎以施火化,回易生孰,轉化臭味。《易·序卦》曰:"革物者莫若鼎。"《雜卦》曰:"鼎取新也。"《吕氏·本味》曰:"鼎中之變,精妙微纖。"故古文"變"從鼎、從攴,會意,《説文》不録者,以借"貞"爲"鼎",造字不當用借耳。其實鼎從貞省,小徐本有。作"鼑"者乃從貞不省,原是"鼎"字,非必以"貞"爲"鼎"也。

五十八、"韋怨","韋"作,"怨"作,"怨女"同。

竝與《説文》合。

五十九、"中宗","中"作。

此篆、隸乃作"仲",而古文仍作"中"。上從壁中真本,下從師讀也。西嶽華山碑亦以"仲宗"爲"中宗",蓋從古文《尚書》師讀。彼碑引《周禮》《左氏》皆古文。

"宗"作,"高宗"同。

從古文示。

六十、"祖甲","祖"作。

從古文示。

"甲"作,《君奭》"大甲"亦作。

《説文》爲古文"柙",此借"柙"爲"甲"。

六十一、“小人”,“小”作,《君奭》“予小子”“小臣”同。

古文經作“尐”,“尐”與“小”義同。漢師以“尐”字鮮見,改讀爲“小”,故石經古文皆作尐。篆隸皆作“小”,存師讀也。亦疑“小”自有“尐”音,如“截”字得聲於雀,可證。

六十二、“允若時”,“允”作,三體悉同。

按《隸釋》載熹平石經“厥愆曰朕之愆允”,是伏生本誤“兄”爲“允”也。而古文家或誤從之,《梅傳》云“信如是”,是梅已作“允”也。兄者,過甚之詞,言朕之愆過於如是也。

六十三、“不敢含怒”,“敢”作,《君奭》“弗敢”同。

《説文》古文“𠭖”如此。

“怒”作。

《説文》古文“恕”如此,然“如”“奴”皆從女聲,故恕、怒竝可從女得聲。

六十四、“則信之”,“信”作,《君奭》“天不可信”同。

從言,千聲。《説文》未録。

六十五、“不寬綽厥心”,“綽”字殘存石旁,隸作“紹”。

《説文》:古文“紹”從邵。此雖缺,依隸知其爲古文“紹”也。按《大雅・常武》“匪紹匪游”,箋云:“紹,緩也。”《陳風・月出》:“舒夭紹兮。”亦此義。《梅傳》“綽”字訓緩,本《衛風・淇奥》傳義。古音“紹”“綽”皆在宵部,聲本相近,故後人改“紹”爲“綽”耳。又《説文》“紹,一曰緊糾也”,此與緩義相反而亦得通。“寬紹”即今人所云“寬緊”,言其一張一弛。不寬紹厥心,言一於緊糾,有張無弛也。此義似更精審,蓋古文《尚書》家舊訓相傳,而《説文》存之也。《經典釋文》不見作“紹”之本,其佚久矣。

六十六、“亂罰亡罪”,“罪”作,篆隸皆作“辠”。

經典相承以“罪”爲“辠”,此用本字。凡字從辛者,此經皆作,本古文“辛”。右端又箸者,蓋《説文》所謂“,治之也。”齊侯鎛鐘“外内剴辟”,“辟”作,右端與此相似。

六十七、《君奭》上段石。“我有周既受”,“受”作。

“受”本從舟省聲,此不省,古銅器款識皆然。又此篆作,《多士》“辤”字篆文左旁亦作。較今《説文》筆畫有增,唯作,故與相近。若再省作,與絶不相似矣，恐今《説文》轉寫有誤也。隸亦作“叐”，漢碑多如此。

六十八、“我弗敢知”，“弗”作。

此字古文五見，皆如此作。《説文》“弗”從韋省，今人多疑當從弓，觀此，始悟《説文》有據。蓋古文省當作，以結體不便作，若從弓則不得如此作也。

“知”作。

篆作“䝷”，隸作“智”，古文作者。按“盤”從皿，此《君奭》作。“卹”從血，此《君奭》作。足知古文皿、血相亂，下之，當是血字，猶㽞爲定息，卹爲憂，衋爲傷痛，皆從血也。凡用神志則血氣亦動，義可知。今大徐本《説文》古文“䝷”作，從工無義。蓋即之壞字，得此可以校正。

六十九、“厥基”，“基”作。

《説文》：“，下基也。”古文蓋袛作。

七十、“其終出於不祥”，“終”作，篆隸皆作“崇”。

據《釋文》馬本亦作“崇”，其字從宋聲，餘不可説。王羲之《褉帖》“崇”作“”，即從此寀而加山爾，蓋晉人多識石經古文也。黄侃曰：“寀，從宀桊聲，蓋即寁之異文。談、冬二部古音最近，故寁轉爲崇。京氏《易》‘朋盍撍’，《古今字詁》‘㢘、撍同字’，而荀作‘朋盍宗’，即其例也。”按如黄説，讀從本字。依《釋詁》訓速，亦通，竝不煩改字矣。

“祥”作。

從古文示。

七十一、“寍于上帝命”，“寍”作，“寍王”同。

從心，從衣。《説文》：“寍，從宀，心在皿上。”人所安在衣食居處，彼從皿，食也。從宀，居也。此從衣，亦同意。《説文》：“衣，依也。”有依則安矣。《隸續》誤摹作，形如交叉。清末解銅器款識者遂妄謂《尚書》“寍王”爲文王之形誤，不知此文偶與銅器文作者相類。究之銅器文仍多作，其作者乃借字。從心、從文，《説文》自有“忞”字，引《周書》“在受德忞”，讀《立政》者何不誤仞“忞”爲“寍”邪？蘇望所傳石經拓本，《文矦之命》“前文人”字作，“無荒寍”字作，截然有辨。若讀“無荒寍”爲“無荒文”，此《君奭》篇“寍于上帝命”爲“文于上帝命”，義即難通。又此《君奭》篇“我迪惟寍王德延”，次即“天弗庸釋于文王受命，割申勸寍王之德，其集大命于厥躬”，次即言“文王尚克修和我有夏。”若前兩“寍”字爲“文”之誤，後兩“文”字何以不誤？豈相隔十許字間，文字形體遽有變異邪？以此相稽，不然之效明矣。然則"割申勸寍王之德"，《記・緇衣》引作"文王"，謂寍王即文王通稱可也，此猶湯稱成湯，又稱武湯，又稱武王。一爲正謚，餘爲通號。若必謂"寍"爲"文"誤，"武"與"成"亦得相誤，《詩》之"武湯""武王"何不盡説爲"成"之誤邪？

"帝"作，《春秋・僖公經》"帝丘"同。

與《説文》合。

七十二、"弗永遠念天威"，"遠"作。

《説文》作，從辵，此從彳。

"威"作，下段石"嗣天滅威"同。

"威"本訓姑，"威儀"字作"畏"爲正。《傳》曰："有威而可畏謂之威。"然自鼄公牼鐘已以"威忌"爲"畏忌"矣。

七十三、"後嗣子孫"，"嗣"作。

《隸續》所録《文侯之命》，形亦近此。孫淵如謂當作，此未見真本故也。按《説文》古文"嗣"作，此即"司"字横作之耳。左端原不從爪，石文甚明，《隸續》竟作從爪之"乳"字，大誤。

七十四、"大弗克共上下"，"共"作"龔"，三體悉同。《春秋・文公經》"葬曹共公"，古文作"龔"，篆隸作"恭"。

《梅傳》云："大不能共承天地。""共承"猶"奉承"，今本作"恭"者，衛包所改。然《説文》"龔""龏"異字，龔訓給，與供同義。龏訓慤，與恭同義。"曹共公"字當作"龏"，亦作"龔"者，借也。

七十五、"天難諶"，"難"作。

與《説文》所録古文小異，按古文菫本作，此左旁省田爲⊙，較作者近正。

"諶"作。

石經"侵"字中帇作，此從口，從侵省聲，乃古文"諶"字。

七十六、"乃其隧命"，"隧"作，《春秋・文公經》"公子遂"作。

《説文》古文"遂"作，此筆勢皆小異。

七十七、"我道惟寍王德延"，"道"作，篆作。

據《釋文》馬本亦作"迪"，按"迪"《釋詁》訓道，今作道者，後人以訓詁改之也。篆文作，中字與《説文》筆勢有異。《説文》："粤，木生條也。從马，由聲。《商書》曰:‘若顛木之有甹枿。’古文言‘由枿’。”按其文義,“由”則古文“甹”也,象生枝條形。此篆“迪”字中作,古文中作,則枝條更繁。孫仲容疑“由”爲“用”字,繆矣。銅器“周”字皆誤,“用”字尚未誤也。

七十八、“我聞在昔”,“聞”作。

聞從米聲者,米與聞,脂諄對轉,觀“亹”可讀“門”,又可讀“娓”,即其例。隸寫或從獸爪之釆,非也。《汗簡》《玉篇》《集韵》及莫高窟所出《尚書音義·堯典》“予聞”字皆作“䎽”從米。

七十九、“成湯”,“成”作。

與《説文》合。

八十、“時則有若”,“有”作,“有殷”同。

借“又”爲“有”。

八十一、“臣扈”,“扈”作。

《説文》從马,此筆勢小異。按頌毁“通”字作,亦變马爲。

八十二、“巫咸乂王家”,“巫”作。

《説文》古文“巫”作,此省。

“乂”作,“用乂厥辟”同。

《説文》引《書》“有能俾嬖”。

八十三、“巫賢”,“賢”作。

《説文》:“臤,古文以爲‘賢’字。”

八十四、“在武丁,時則有若甘盤”,“丁”作,《春秋·文公經》“丁巳”同。

此字,小篆申之則爲,銅器款識縮之則爲。

“盤”作。

《説文》:籀文“槃”作“盤”。此易殳爲攴者,古文“般”本作,蓋籀亦從古耳。

八十五、“禮陟配天”,“禮”作。

借“豊”爲“禮”,《説文》:豊,行禮之器也。恐古字“禮”衹作“豊”。其古文字,尚非倉頡始造也。《商書·高宗肜日》“典祀無豐于尼”,影宋蜀大字本及南北監、柯、王、毛諸本,《史記·殷本紀》皆作“常祀毋禮于棄道”,是史公所見壁中本自作“無豊”,故循例讀爲“禮”也。《僞孔》作“豐”,殆依馬氏所讀。馬云:“尼,考也。謂禰廟也。”則必讀“豊”爲“豐”可知。

"陟"作𨸏。

《説文》作、從人，此與小篆皆從自。

"配"作，篆文亦作。

《説文》"配"訓酒色，從酉，己聲。己非配聲，本可疑，此古文小篆皆從卪，卪者色之省，與訓酒色相應，爲會意字。《齊侯鎛鐘》："不顯穆公之孫，其配□公之妣。""配"字作，《宗周鐘》："司配皇天。""配"字作，竝從卪。此類篆文，依古爲正，然石經亦間有俗篆，如告字古文明從牛，篆乃作，則省所不當省也。

八十六、"多歷年所"，"多"作。

《説文》古文"多"作，此不同，蓋最古指事之文。

"歷"作。

借"鬲"爲"歷"，從者，按《説文》"鬻"上作，疑即此字。變爲，猶變爲也。鬻所用鬴、鬵皆鬲屬，故從鬲。又有字，云"所以枝鬲者，從鬻省、鬲省。"此乃蒸飯之器，鬴上施甑，故其形重累耳。

八十七、"屏矦甸"，"屏"作并。

借"并"爲"屏"。

"甸"作。

《説文》引《春秋傳》"中佃"，今《傳》作"衷甸"，是其例。

八十八、"故一人事于四方"，"故"作古。

借"古"爲"故"。

"事"作，《春秋·僖公經》"天王使宰周公"，"使"亦作。

《説文》古文"事"作，此省略。王褒《四子講德論》："《書》云'迪一人使四方'，若卜筮。"亦與梅本作"有事"者不同。王讀"事"爲"使"，石經則《尚書》篆隸仍作"事"，《春秋》篆隸皆作"使"，以此爲訓讀之别。

八十九、"天壽平格"，"平"作。

與《説文》合。

九十、《君奭》下段石"嗣前人"，"前"作。

與《説文》合。

九十一、"天弗庸釋"，"庸"作。

借"㐭"爲"庸"。

"釋"作。

借"澤"爲"釋"。

九十二、"大戊","戊"作。

從口,從戊聲。蓋别是一字,借聲爲"戊"。《説文》未録。

九十三、"則商實百姓","商"作。

與《説文》古文"商"上體小異。此經從㕯者皆作,《説文》有兩古文"商"字,竝從,篆籒則從。詳《齊侯鎛鐘》:"外内之事","内"作,是古文多如此也。

九十四、"卜筮","卜"作。

與《説文》合。

"筮"作。

《説文》"筮"作,此省。

九十五、《春秋·僖公經》"刺之","刺"作。

從夾聲,小變夾形作耳。"刺"可從夾聲,猶"速"本束聲,小篆作"�",從夾聲,魚、支之轉。隸作"刾",亦由此變,漢人多如此作。

九十六、"城濮","濮"作。

僕之省,借"僕"爲"濮"。

九十七、"楚師敗績","敗"作,"晉人敗狄于箕"同。

左從二貝,上貝省作目,猶具字從貝省作目也。此本古文"則"字而用爲"敗",如《貝鼎》"相賈"之例,誠有不可知者。且經中此字數見,非有譌也。至如《傳》及《論語》所稱"司敗",蓋亦古文作,治古文者循例讀之,恐正當讀如字,即《墨子》引《吕刑》所謂"則刑"。或以聲讀爲"賊",如漢之"賊曹"耳。然《説文》"賊,敗也",義亦相通。

"績"作。

從辵,束聲,"速"即籒文"迹"字。古言"敗績",本謂"敗駕"。《襄公傳》:"譬如田獵,射御貫則能獲禽,若未嘗登車射御,則敗績厭覆是懼,何暇思獲。"《記·檀弓》:"魯莊公及宋人戰于乘丘,縣賁父御,……馬驚敗績,公隊。佐車授綏,……縣賁父曰:'他日不敗績而今敗績,是無勇也。'"敗績由御者負責,此亦謂敗駕也。古者車戰,駕敗則轍亂,斯謂敗績。《傳》所謂"大崩"也。其字自應作"速",而"績"爲借字,漢師讀從二傳作"績",非大崩義。

九十八、“得臣”,“得”作。

與《説文》合。

九十九、“癸丑”,“丑”作,“己丑”同。

從爪,從又相持。

一百、“蔡侯”,“蔡”作,“蔡人”同。

此古文“殺”字。“殺”“蔡”聲通相借,如“殺三苗”“蔡蔡叔”,竝借爲“𥻦”,是也。孔冲遠説“蔡蔡叔”云:隸書改作“𥻦”字,全類“蔡”字。此則不然,正以古文重寫字,上借爲“𥻦”,下借爲“蔡”,隸寫者遂亦重寫“蔡”字,而於音義分别之爾。《禹貢》:“三百里蔡。”馬云:“蔡,法也。受王者刑法而已。”亦即“蔡蔡叔”義。恐古文本亦作,師讀蔡也,《隸續》《古文四聲韵》,此字摹寫小異。

一百一、“元咺”,“咺”作。

從亯,從古文亘聲,《説文》未録。或云籀文“垣”作,此筆勢小異,然“𦎫”“亯”兩字,無誤混之理。

一百二、“陳侯款”,“款”作。

左從雚,右從古文邑,乃鸛字。或曰:右從欠,歡字也。“歡”“款”多通。

一百三、“于温”,“温”作。

左從西從又,右從邑。按:温本犍爲水名,周地作温,斷非正字。此從邑從叀,叀蓋即《説文》古文“遷”作“拪”者,則即説文“䣄”字。宋劉原父得毁,誤釋爲鄭。吕大臨、薛尚功又謂從籀文弁,遂名曰郱敦。尋其文從𨞵甚明,明是説文“䣄”字。此經字體雖異,而形聲相從,皆同字也。《説文》“䣄”字但云地名,今乃知即河南之温,西聲字古可讀如垔,故聲近温也。

一百四、“狩于河陽”,“狩”作。

借“獸”爲“狩”。

一百五、“歸之于京師”,“歸”作,“衛侯鄭歸于衛”同。

小篆從止,此從辵。

“京”作。

重,象其高。

一百六、“曹伯襄復歸于曹”,“襄”作。

與大徐本《説文》合,小徐本《説文》:“襄,古文作。”按《説文》:“解衣耕謂之襄,從衣,㲻聲。”“㲻,亂也。”古文作,從衣。其形蓋即古文㲻字,從𤕦省，從𦥑。𦥑者，叉手，與從爻同意，如此則於六書可説。然石經早同大徐本，蓋古文訛亂，自壁經已然矣。又此經篆文“襄”字作，按《説文》“襄”從𤕦。“𤕦，亂也。從爻工交吅。”此𤕦乃從，不從爻。爻本錯雜之義，與訓亂相應。然尋從工口又寸，云與𤕦同意，此從二又，亦正合。

“復”作。

《説文》“勹部”有𧗸字，或省作复，此從辵复聲。

一百七、“介葛盧來”，“介”作。

從支，從柰，柰下從古文示也。按漢司隸校尉楊淮碑“隸”字皆作“𣪠”，“隸”“介”聲不甚近，當由夷音變遷。《周官》：“夷隸，掌役牧人養牛馬，與鳥言。”鄭司農引“介葛盧聞牛鳴”事爲證。然則葛盧實夷隸之長官，因畜牧之地以爲國邑，其國即以隸名。裔夷之人固無所文飾也，以夷語呼“隸”爲“介”。《春秋》書從中國，讀從主人，故書“隸”而音“介”，此篆“隸”所以皆作“介”也。《公羊》《穀梁經》皆口授，則直以“介”代“隸”矣。或問：隸何以音轉爲介？答曰：示聲之字多變作喉音，如“狋”作牛肌切，“祁”作渠脂切，是也。“隸”字聲變則如“計”，再由脂部轉泰，遂讀如“介”。此在華夏亦有之，《桓公傳》：“大夫有貳宗，士有隸子弟。”“隸”即“介”字，《記・曾子問》所謂“孝子某爲介子某薦其常事。”《傳》所謂“寡君之貴介弟”，是其義也。“貳”“介”皆訓副，非輿隸之義。以“隸”爲“介”，則聲轉相借明矣。

“葛”作。

古銅器“中”多變作，是即屮字。葛從屮，從山，從古文糸。葛，山産也。《地官・掌葛》曰：“掌以時徵絺綌之材于山農。”從𦥑，手采之也。

“盧”作。

借“膚”爲“盧”，然“膚”“盧”皆從虍聲，虍字從田而此作者，猶籀文“盧”字變“田”爲。

一百八、“三十年”，“三十”作，三體悉同。

與《説文》合。

一百九、“狄侵齊”，“狄”作。

古“狄”“翟”互相借，翟本雉名，引伸爲羽飾衣。此蓋羽飾衣正字，從半羽，從衣，一者題識也。與卒同意，借爲“狄”字，凡三見。

一百十、“公子瑕”，“瑕”作。

《晉姜鼎》"叚"作，此筆勢小異。

一百十一、"宰周公"，"宰"作。

從䒑者，業之省。此經"僕"亦作也。《説文》"僕"從業聲，訓給事者。"宰"訓在屋下執事者，故宰亦從業。從肉者，宰本膳宰，古文自宜從肉。《魯連子》云："伊尹負鼎佩刀以干湯，得意故尊宰舍。"然則冢宰設官，始於伊尹，其任則無所不統，而本職猶是庖官。《周禮》因之，故天官所屬多宫掖冗官，是其遺迹未泯者也。又由冢宰變之，則大夫士之冢臣亦稱以宰。乃至一里之長亦曰里宰，人遂忘其根柢矣，此種非親見《春秋》古經，何自得之。

一百十二、"衛遷于帝丘"，"遷"作。

與《説文》筆勢小異，《漢・地理志》引《春秋經》"衛䙴于帝丘"，猶未作"遷"。石經篆隸作"遷"，從師讀。

"丘"作。

《説文》古文"丘"作，此加八者，猶古文"垔"作，本從土西聲而加八也。王字作，亦此類。

一百十三、"鄭伯捷"，"捷"作。

此字從木從戈從邑，與字形相類，然彼上從才，此上從木爲異，其義未詳。

一百十四、"己卯晉侯重耳卒"，"己卯"作。

竝與《説文》合。

"重"作。

《説文》："重，從壬，東聲。"石經"曹"字作二東形，亦與《説文》同，則此重字不從東也。《汗簡》"動"作，云出《尚書》，右旁與此相似，此上端既從古文辛省，疑本"童"字。《説文》："男有辠曰奴，奴曰童。"故從重民，言齊民自相臣屬也。《春秋》古經借爲"重"爾。雖未敢質定，宜亦不遠。

一百十五、"國歸父來聘"，"聘"作。

此"甹"字也。《説文》"甹"字從由，聲意皆不可説。此從，不知何字，蓋小篆整齊作"由"耳。從丂乃兮字，《説文》古文兮作，可證。古字"丂""兮"多相變。

一百十六、"于穀"，"穀"作。

從口，雩聲。此即"譁"字也。"雩"本得聲於亐，古文以"丂"爲"亐"，知

"亏"與"丂"爲一音之轉。"譁"與"號""唬""謔""嗥"亦一音之轉,《集韵·六豪》豪紐下有"號""唬""謔""嗥"及"崤""殽"字,竝乎刀切,故此借"譁"爲"殽"。地名本無正字,《太史公自序》:"悼豪之旅。"以豪爲殽,此以"譁"之聲轉爲"殽",皆依聲托事也。

一百十七、"癸巳","癸"作。

與《説文》筆勢小異。

一百十八、"葬晉文公","葬"作,《文公經》"會葬"同。

《説文》:"葬,臧也。從死在茻中,一所以薦之。"此從古文死,茻字上作竹,古文艸、竹相似也。從爿聲,臧亦爿聲也。葬之語得於臧。

一百十九、"公薨","薨"作。

從古文死。

一百二十、《文公經》題:"文公第六","第"作。

與《説文》古文合。

一百二十一、《文公經》:"叔服","叔"作。

古銅器作,《君奭經》篆文"弔"字亦作,此筆勢小異,要之以"弔"爲"叔",猶以"不弔"爲"不淑"爾。

一百二十二、"于戚","戚"作。

"高"字重累書之,猶"京"之作,從辵從高,當是古文"𨘋"字。《説文》無"𨘋",而《儀禮》古文"閾"作"𨘋",是古有其字矣。閾爲門梱,故從辵從高,《春秋》則借爲戚。《書·盤庚》:"保后胥戚。"漢石經"戚"作"高",是必古文作,伏生本誤捝爲"高"也。胥之言疏,戚之言數,疏、數對言,文義自順,而江艮庭以下句"鮮"字上屬,讀爲"高鮮",附以鮮原之義,繆矣。

一百二十三、"公孫敖如齊","孫"作。

從子,從古文糸,糸者,系之省耳。《君奭篇》作,形更明。

"敖"作。

借"奡"爲"敖",《書》"丹朱敖",《説文》引作"奡"。

一百二十四、"戰于彭衙","戰"作。

《説文》:"單,從吅,闕。"秦碑作"单",亦不從吅,其形不可説。此左旁形乃更異,按王母鬲有字,正與此同,蓋皆單之古文,其字從㐫。馬本《尚書·盤庚》:"誕告用單。"説曰:"單,誠也。"此從㐫之由,若王母鬲之"𠑹宫",則是

借"單"爲"墠"。"所謂壇壝宮也",阮氏未見石經,乃釋爲"罝",然《汗簡》録《義雲章》□字,上端已誤作罝頭。且不注今隸何字,則當時已不識矣。

"衙"作□。

古文五多相重,如"悟"字作□,是其例。

一百二十五、"及箕鄭","及"作□。

他處皆作□,獨此作□爲異,小篆"及"從人從又,此從人從聿,又《説文》古文"及"或作□,中亦從聿。

一百二十六、"地震","震"作□。

籀文"震"作□,此形有異,蓋從雨從古文熾會意。古文熾作□,上從□,疑本從百省。百火,狀其盛,猶烎從廿火也。從戈者,戋省聲。

一百二十七、"盟于女栗","女"作□,篆同。

據《釋文》,《公羊》一本亦作"汝",而於《左氏經》不言,觀此,乃知古經作"汝"。

闕文。

一、《尚書・無逸》:"殺亡□。"篆隸竝闕。

此□缺右旁,是□之泐字。《説文》古文"辜"作□,從古文"歺",《玉篇》云:"㱓,古文辜字。"從古文歺,乃省耳。

二、《春秋文公經》:"公即□。"篆隸竝闕。

此作□,是"立"之泐字,形在正中,左旁不得更安□字,是本作立也。《周官・小宗伯》鄭司農注:"古者立、位同字。"古文《春秋經》"公即位"爲"公即立",石經蓋如此。

右舉古文一百二十七件,闕文二件,今所見三體石經盡是矣。未幾,復有僞作三體書者,以古文居上,篆隸居下分列,俗云鼎足,或云品字式,亦出洛中。余見其篆書肥俗,知爲詐。或疑宋嘉祐石經之遺,然彼以篆、隸、真書爲三,三體爲三行書,既無古文,形式亦殊異。且宋人篆法雖拙,亦未有如彼臃腫者,一二好異之士若羅振玉、王國維猶信之,亦可哂也。魏世石經既立,無幾,梅氏僞古文作,今石經出於洛陽,而僞作三體以衒賈者旋起,所謂巫者之效禹步已。幸其學藝不逮梅氏閎雅,足以絶智者之聽。

補訂二事:

《尚書・君奭篇》兩"迪"字,篆皆作□,古文皆作□,前説謂□□皆"甹栫"

字,象木生條形。今按此正𠙹、缶字與其古文耳。今《玉篇》"由"在用部,而卷子本《玉篇》形正作"甶"。原注:餘同反。"同"乃"周"字之誤。注云:"《説文》以從由爲晉字,在言部,今爲由字。《説文》以'由,東楚謂缶也',音側治反,在甶部。"據此今由字古但作甶,《説文》"粤"下云"古文言由枿",而不出"由"篆者,正以古文借"甶"爲"粤",非别有由字也。然則從由之字皆當作"甶",今篆文皆兩側冥合者,此自漢碑已然。傳寫轉訛,其來已久,二徐已不知由當作甶,得卷子本《玉篇》與石經相印,然後千載之疑昭然如發蒙矣。"甶"音側治反,其讀亦誤。緣今隸"甶缶"字皆變作"甾",與"甾"相似,因遂誤用其音。《廣韵·七之》:"菑,《説文》曰:'不耕田也。'側持切。""甾,上同。又《説文》曰:'東楚名缶曰甾。'"則直以"甾"、"缶"、"甾"、"畚"爲一字,蓋其誤始於六朝矣。尋甶聲之字,今《説文》皆誤合兩側作由,而音固未誤。如"粤"、"油"、"柚"皆作幽部喉音,"抽"、"妯"、"紬"、"紬"、"宙"、"胄"、"胄"、"岫"皆作幽部舌音,促爲入聲,"軸"、"迪"、"䌷"、"苗"、"笛"亦皆舌音。粤,《説文》訓"木生條"。柚,《釋木》亦名條。則古亦舌音。疑古音"甶"正作幽部舌音,故得借爲"繇"字,古讀"繇"正如"籀"也。又《史記·李斯傳》:"飯土甂。"徐廣曰:"甂,一作溜。"今《玉篇》《廣韵》《集韵》皆有"塯"字,云:"瓦飯器也。"《集韵》云:"通作溜。"竊謂"塯"正"甶"之晚出字,古以聲借作溜,則甶之古音當作力救切,力救亦舌音也。至《玉篇》本有甶部,乃更以"甶"入用部,此乃勉強寄屬,不入六書之例。若謂倒用爲由,斯乃所謂郢書燕説矣。

《春秋·僖公經》:"國歸父來聘。""聘"古文作桒,前説爲"粤"字,今按此真古文"聘"也。《説文》:"聘,訪也。"邦交之禮,大曰聘,小曰問。聘,亦問也。隆殺異耳,故其字從貞。《説文》:"貞,卜問也。"從古文平省聲。

吴興錢夏,前爲余寫《小學答問》。字體依附正篆,裁别至嚴,勝於張力臣之寫《音學五書》。忽忽二十餘歲,又爲余書是考。時事遷蜕,今兹學者能識正篆者漸希,於是降從開成石經。去其泰甚,勒成一編,斯亦酌古準今,得其中道者矣。稿本尚有數事未諦,夏復爲余考核,就稿更正,故喜而識之。夏,今名玄同云。民國二十二年三月,章炳麟記。

原載《章氏叢書續編》

《漢魏石經殘字》叙

◎ 王獻唐

去歲六月，游洛陽，於郭玉堂家見漢魏石經殘石百五十餘枚。剔其殘碎半字小石，得熹平石經八十一枚，正始石經六枚。内十四枚，上虞羅氏《漢熹平石經殘字》已著録，正始一枚，羅亦有考。議價歸山東圖書館。先時洛陽韓文卿過濟，屬搜經石，至是囊四十餘枚來館，適在洛中，未及久待，携歸上虞羅氏。今歲五月，復以三十六枚來，悉數收之，漢石二十七枚，魏石九枚。日昨又得熹平《詩》《書》二石，合前共百二十五枚。去其剔殘者一枚，屬館中同寅孫德予、丁蔭齋、王允强三君，公餘分拓。復屬屈君翼鵬，考釋爲《漢魏石經殘字校録》，至七月書成，自洛中輂石歸來，已歲有二旬矣。棐几累積，部别剔洗，氈墨之理董，考釋之甄討，歷碌周章，要無足録。惟九府圜法之未能周通，寸心低徊，迄今尚有餘喟也。

漢刻一字石經，始於靈帝熹平四年，至光和六年工竣。魏三字石經，廢帝正始中刊立，均在洛陽太學。永嘉之亂，稍有崩毁，後魏馮熙、常伯夫相繼爲洛州刺史，碎石分用。齊神武執政，由洛徙鄴，半淪於水。其得至鄴者，後周復移洛陽。開皇又遷長安，兵燹之餘，廢爲柱礎。唐貞觀初，魏徵搜集殘石，已十不存一矣。梁代秘府，藏拓本最備，唐初已或不完。中睿而後，益復放佚。其原石殘塊，除玄成所集，李唐天水兩朝，洛陽防秋館御史臺、長安諸處尚不時出土。張燾、高紳、王晉玉，亦各有收集。摹本拓本輾轉傳刻，趙宋一朝屢見著録。元明以還，除陳彦理、趙殿撰兩家略收殘搨，餘都渺無所聞。其原碑殘石，益蕩然莫存矣。有清北平孫氏退谷、江都馬氏秋玉、丹徒蔡氏松原、鄒平張氏各藏殘石墨拓，錢梅溪於書簏得雙勾殘本與玲瓏諸拓，遞轉撫刻，珍若鴻寶。原本悉出祖石與否，尚在疑似。而鄒平張氏一本，海内且渴望不得一見。翻刻雙勾之本尚如此，原石可知。七百年來，震旦學林，但懸諸夢寐，不敢作親見原石想也。光緒中葉，洛陽黄占鰲得《尚書·君奭》殘石，歸黄縣丁氏幹圃，福山王廉生考爲正始三字石經，或驚奇不信。迨後太學舊址，續出漢魏石經殘石，迄今公私收集，已達六七百枚。北京大學、北平圖書館、三原于氏、萍鄉文氏熹平石經，河南博物館、河洛圖書館正始石經，板片較大，餘多殘石小塊。邇歲洛中土人，日事蒐掘，藏石諸家，亦多薈拓爲書。上虞羅氏輯各家墨本，勾印校釋，歲有增益，其專究石經著述，單篇巨帙，亦時有見聞。石經之在今日，已蔚爲嫥學，嚮之睎想夢寐，不得一見者，忽臚羅眼前，摩挲拓釋，其忻幸爲何如耶？

熹平石經，所見略有數體，一爲東都原石，寬博腴㥯，可以當時碑刻如光和、虎函諸石，證其體制。一屬黄初補刻，見魚豢《魏略》栗整脩狹，可以曹魏石刻如王基、曹真諸碑，明其風規。二體之外，間出别裁，以書石之多人，致體勢之互異。原刻補刊，要皆如此，更不限於熹平、正始也。曹魏三體石經，行字略分四式：一上冠以古文，下爲雙行，左篆右隸，世謂品字石經；一則古文、篆、隸，三體直行相承；一只古篆二體，别無隸書，圖書館與黄立猷氏，各藏一石；一則廑出古文，無篆隸二體，柯燕舲、徐森玉、馬叔平、吴宜常諸氏，均有藏石。韓君文卿前持殘石墨本，約廿字上下，亦只古文一體。館藏僉字一石，筆畫特肥，又與他體不同，此或别出一手，抑爲後世剜刻。石少無以取證，未能録爲正始别格也。熹平書體，近人略有説解，正始四式之不同，除品字一式，故書雅記，類無義據。榷其大較，要分減刻、補刻二説：品式古文冠上，獨占一格，兩旁縻餘空石。初意爲此，所以標重古文，後時或以費石，及行列不整，改爲三體直行。今存品式經文，爲《堯典》《咎繇謨》殘石，當屬《尚書》起首二碑，知其刻石在前。而館藏直行三體二石，亦爲《堯典》，品式既有《堯典》，曷爲複刊？此或後日以品式不合，廢而未用，復從《堯典》更刻，故經文重出，未必三體直行，接從品式二碑遞刻也。品式經字，近人考爲邯鄲淳書，時次既不相合，《晉書·衛恒傳》《水經·穀水注》明言淳傳古文，正始立三字石經轉失淳法，果爲淳書，安云轉失淳法耶？三體直行之式既定，書刻日久，稽時縻工，以今文人盡可曉，無庸贅出，因將隸體删去，改爲古、篆二體。又後以石經之刻，專主古文，下出篆體，仍嫌繁累，復節篆書一格，獨刊古文。刻經立石，爲一代鉅典，不應先後參差若是。此或困於時資，政出權門，都無經紀，觀於《左傳》以未刻成而罷，其操切不卒，可以知矣。《舊唐書·藝文志》有三字石經《左傳》古篆書十三卷，《新唐書》作十二卷，以三體校核，合以《尚書》《春秋》字數,非《西征記》《水經注》《洛陽伽藍記》諸書碑石之數所能容。若《左傳》後部,爲二體一體,字數減刻,尚有回翔餘地。《晉書·趙至傳》:"至游太學,遇嵇康寫石經。"《世説·言語篇》注:嵇紹亦云康在太學,寫石經古文,一碑三體。曷以獨書古文?豈古文一體者,爲康所書耶?然如前述減刻之説,二體一體兩式,必爲《左傳》後部,以《隸續》所載石經《尚書》已至《文侯之命》,三體直行一式,當爲《尚書》全部,而三體《左傳》,刻至桓公十七年,上文隱公與《春秋》全部,亦必爲直行款式。碑皆表裏寫刊,此刻《尚書》,彼刻《春秋》,《春秋》既畢,始刻《左傳》,傳既刻至桓公,其以上諸碑,爲三體直行之式明矣。今存二體一體殘字,不能定爲何經,韓君所持墨本,文似《春秋左傳》,稍閲輒還,未暇甄核。日後出土殘石,若二體一體,悉屬《左傳》後部,減刻之説,略可據以推定。如或中有《尚書》、《春秋》經文,則例證不合,當取西晉補刻之説。《晉書·裴頠傳》:"頠奏修國學,刻石寫經。"《唐六典·國子監》注引傅暢《諸公讃》:"裴頠爲國子祭酒,奏立國子太學,起講堂,築門闕,刻石寫五經。"當時已有漢魏二經,立石未久,無須重刻。或其所事,如黄初故事,補修殘缺,更就正始未刻畢者,賡續刻之,省時減工,改爲二體,後又改爲一體,都未可知。要此二説,今但懸爲疑讞,待後出經字之參證也。熹平石經,時皆畢工,後有校記、叙記,得以考見校寫者姓氏,正始以未蒇事,無叙記可稽,《魏志》亦無記載。書石之人,學者各執一詞,謂出邯鄲淳手,或云嵇康,又謂邯鄲淳書,弟子據以上石。今考《汗簡·略叙》:"《北齊江式傳》,魏初博士清河張揖所著二字石經,於漢碑之西書記也。"别以正始石經,爲張揖書寫。顔師古《漢書·叙例》:"揖在魏太和中爲博士。"太和距正始十年,稚讓書石,時次亦正相合。惟郭氏所引多誤,"二字"當爲"三字",末句亦有挩訛。《江式傳》見《魏書》《北史》,爲魏延昌正光間人,其云《北齊江式傳》,未識何意?《北齊書》固無式傳也。鄭子尹《汗簡箋正》據《魏書》校改。江氏《請修古今文字表》載在本傳,内論正始石經,或爲略叙所出,惟文句不符,即《魏書》《北史》二書,亦多異文。《魏書》表云:"魏初博士清河張揖,著《埤蒼》《廣雅》《古今字詁》,究諸《埤》《廣》,綴拾遺漏,增長事類,抑亦於文爲益者。然其《字詁》,方之許慎篇,《北史》無"慎"字。古今體用,或得或失矣。《北史》無"矣"字。陳留邯鄲淳亦與揖同時,《北史》脱"時"字。博古開藝,《北史》作"博開古藝"。特善《倉》《雅》,許氏字指,八體六書精究閑理,有名於揖,以書教諸皇子。又建三字石經於漢碑之西,《北史》無"之"字。其文蔚炳,《北史》"炳"作"焕"。三體復宣,校之《説文》,篆隸大同,而古字少異。"《魏書》爲《北史》藍本，表文不能改易，字句互舛，頗爲可疑。餘杭章氏，本《通鑑》胡注，考邯鄲淳黄初二年，年近九十，正始立石，又越二十餘年，宜已前卒。雖在亦老耄不能書丹，是三體石經，非淳手書上石。江式書學，先世傳自衛覬，覬又受自邯鄲淳，師法相承，聞見必確。玩味表文，似以石經爲淳所建，他人可誤，江氏不應誤也。淳既未書經石，證以《魏書》《北史》之舛牾，頗疑今本表文，中有脱訛，前後段次，亦或顛倒不合。"其有名於揖"一句，雖可釋爲名亞於揖，究嫌牽附。原本"揖"字，或連下讀，上文於下脱一"世"或"時"字，原爲"有名於世"，或"有名於時"。接云"揖以書教諸皇子，又建三字石經於漢碑之西"，以石經爲揖所建，與郭氏所引正合，與邯鄲不書石經之誼亦合。江氏詞旨，於以證知不誤，與式之家學身世又合，今本"揖"字當連上讀，句讀甚明。上讀則石經爲淳所建，下讀則稚讓所建。郭氏如引表文，是直以揖字下讀，必其所見原本，與今不同。上有"世"或"時"字，得以連下讀之，或其所據，别爲一書，不爲《魏書》《北史》。舊説如此，從而著録，否則恕先通儒，不至昧於句讀，疏誤若是。要之稚讓既通古今書體，又時爲博士，其書寫石經，固在事理中也。《江表》又云："魏有京兆韋誕、河東衛覬二家，并號能篆。當時臺觀榜題、寶器之銘，悉是誕書。"覬又嘗寫邯鄲淳古文《尚書》，見《晉書·衛恒傳》，嵇康亦寫石經古文，見《晉書》《世説注》，審時揆勢，或韋、嵇諸人，並在書石之列。正始刻經，與熹平略同，經傳字繁，書出多手，不能舉一概餘，此又屬於書石者也。

熹平刻經凡七：曰京氏《易》、曰歐陽《尚書》、曰《魯詩》、曰大戴《儀禮》、曰公羊《春秋》、曰嚴氏《公羊傳》、曰《魯論》，皆今文也。正始刻經凡三：曰古文《尚書》、曰《春秋古經》、曰《春秋左氏傳》，皆古文也。兩漢古文經傳，旋立旋廢，學官所掌，要爲今文，故熹平刻石均用今文經本。光和至曹魏正始，纔五十餘年，相距甚邇，不須别刻。殆以當時古文經傳，先後多立學官，字體殊異，師法别傳，熹平既未立石，故嫥刻古文，以補其缺。前者專正經文，後者獨存字體。漢魏兩代刊石，其旨趣在此，其不同處亦在此。故治今文經傳，熹平石經，正萬世經文之宗師也；治古文經傳，則正始石經，又百代經字之式典也。西漢所傳古經，除上三書，尚有《毛詩》、費氏《易》、高氏《易》、《禮古經》、《周官經》、古文《孝經》、《古論語》諸本，正始初或擬刻古文全書，《毛詩》《費易》《周官》三經，彼時已立學官，即不全刻，三書必在上石之列。《尚書》二萬七千一百三十四字，除《僞古文》二十八篇，《孔安國序》八千四百八十四字，凡得一萬八千六百五十字,《春秋》一萬六千五百七十二字,《左傳》隱、桓二公傳九千三百三十九字。《尚書》《春秋》表裏刻石,《春秋》刻畢,繼以《左傳》,以上字數計之,刻至《左傳・桓公十七年》,表碑《尚書》,早已刻畢,當更接刻他經。經文未傳,故書亦無著録,日後出土正始殘石如在三書之外,而爲他經者,必《左傳》表碑接《尚書》而刻者也。《左傳》本可表裏同刻,若《尚書》刻畢,接刻碑背《左傳》,表裏一經,文從中起,款式既嫌不整,傳文尤易混淆,今當斷從前説。使正始石經能全部蒇事,其所傳之古文經傳,必溢出三經之外,可斷言者矣。六經爲孔子手定,當以時體寫之,《尚書》《孝經》《論語》,均出孔壁,《禮經》亦然,先時更有淹中一本,亦出東魯。孔壁之書,《漢紀・尹敏傳》謂爲孔鮒所藏,陸氏《經典釋文》則云孔子末孫孔惠,又引《家語》謂爲孔勝,雖不能定,要在始皇焚書之際,孔氏子孫,就魯國舊本,鑿屋壁而入之者也。《毛詩》傳自子夏,《春秋左傳》漢初出於張倉,原本由魯太史左丘明撰受曾申。《易》費氏爲東萊人,高氏爲沛人,由魯而東而南,流派雖别,淵源則一。《周官》古經,《隋志》但云漢時李氏所得,上於河間獻王,出處今不可知,要亦洙泗之遺,故許君《説文敘》云:"孔子書六經,左丘明述《春秋傳》,皆以古文。"漢之古文,即魯之時體,六經雖不同出孔壁,其書本之原於東魯聖門則一也。經傳初時,本皆書諸簡策,祖龍燔爐之餘,嚴禁私藏,《漢書・惠帝紀》注:"張晏曰:'秦律敢有挾書者族。'"儒者迫不獲已,始以口授傳經。教學口耳之間,泯迹竹素之外,千載苦心,昭然若揭。漢興文景之際,始著竹帛,悉以當時字體書寫,爲今文所出。經本雖原東魯,書體已失故步,幸有古文舊册,出諸嚴壁之間,學者得以窺見洙泗祖本面目。蒙依舊文,移寫流布,或藏中秘,或傳民間。東漢誦習者衆,高密、汝南見之,邯鄲淳、衛覬傳之,魏正始間,乃以刻石,是其所摹古文,皆孔壁東魯之遺,亦即春秋以降秦漢以前,魯國簡册之書體。刊石以傳經,因經以傳字,尤碑刻之寶典,經傳之淵椒者矣。

石經古文筆畫,類多豐中鋭末,或豐上鋭下,與今兩周金文、秦漢篆書,多不相合,學者疑之。福山王氏天壤閣舊藏鳥篆劍格,亦多豐上鋭下,其"用""自"二字,下與石經古文,體勢悉同。吉日壬午劍文中有數字,筆畫亦然。姬周兵器文字修細繁縟者,用筆時與古文相近,不能以其稀見,謂無此體也。魯介齊楚之間,齊書鋭細,楚體尤甚。近歲壽州出土彝器玉鉨文字,最爲可證。魯之金文,初時略同王朝,派衍西周,自與俱來。後以齊楚兩地之車書交馳,薰習演變,流爲尖鋭體式。孔門以之寫書,奕世轉録,漸漓真形,正始刻石,復拘於科斗一名，故求形似。畫中愈豐，起落愈鋭，證以齊楚金文，其體勢筆畫，固嘗息息相通，不可誣也。今傳殷商卜辭，及周代玉鉨金文陶文，出於刀刻者，兩端每多尖峭，以刀劃刺，刀過成畫，鋒隨刃鋭，不修不重。簡策出於刀筆，竹木刺刻，與金玉同科，以鉨文陶文之鋭鋒，知簡策書體之尖筆。迨後雖改柔毫，仍以刀刻之法行之，筆著竹素，仍爲鋭首。又後能爲回鋒逆毫，傳寫古文，不能操用時法，一仍舊條，演爲此體。故孔壁古文之豐中鋭末，半由齊楚書體之薰習，半出刀刻筆畫之格禁，終則誤於科斗一名，於中求法，轉乖古制。《晉書·衛恒傳》："魏初傳古文《尚書》，出於邯鄲淳，至正始中立三字石經，轉失淳法。因科斗之名，遂效其形。"所謂失淳法者，即邯鄲原本，初不豐鋭如石經之甚，因效科斗之形，遂致如此，言極明切。邯鄲古文，原出壁書，雖非甚鋭，終爲尖毫。石經特變本加厲，非謂絶無所承。若壁中古文，亦如兩周金文之圓渾，必不變改若是。往覆推證，其原可睹。故謂石經古文稍失筆法則可，謂爲僞體則不可也。孔壁古文傳本，晉代秘府尚有古文《尚書》。吕忱《字林》兼録古籀，江瓊從衛覬受古文，裔孫文威，杖策入魏，奉獻五世傳掌之書，古篆八體之法。江式據以撰集古今文字，表中所録書目，固有古文《尚書》在内也。李唐大曆初年，李士訓得絹書古文《孝經》，傳之李白，白授李陽冰，後歸昌黎韓氏。士訓有《記》，退之有《科斗書後記》。是古文《孝經》，唐代尚有傳本也。宋吕微仲得古文《尚書》於宋次道、王仲至家，見宋景文《筆記》及《郡齋讀書志》。吕大臨《考古圖叙》亦言有古文《尚書》今世傳本，《書》爲贗作，鄭氏《汗簡箋正》已辨其謬。《汗簡》雖采古文《周易》《尚書》《毛詩》《周禮》《春秋》《孝經》《論語》，除僞本《尚書》全文，餘皆録自《説文》及以後字書。古文原本，久已不傳，是知孔壁遺書，漢末曹魏之際，尚有寫本。晉、魏、隋、唐間存一二，已若斷若續。趙宋以降，蕩滅無餘，士生千載之下，欲瞻魯壁古文之法象，識洙泗簡策之舊體，除《説文》所引零字，固舍正始石經莫屬矣。

今傳石經古文有三：一爲《汗簡》《古文四聲韻》諸書所引，一爲《隸續》所録，一則近歲出土殘石。郭、洪二書，遞爲傳刻，已不無違失，《説文》亦然。惟出土殘石，爲正始原刻，虎賁中郎，典型猶在，尤爲孔壁書體之正法眼藏。然以出土石經古文，校與《説文》《汗簡》諸書，固多相合，其中亦有不合者。

經傳名類不一，書體或異，同爲一字，此經作此體，彼經又作彼體。許書、《汗簡》所引，或各爲一經，不盡相符也。《汗簡》引石經古文時作數體可證。殘石所載，又或别爲一經，不必悉同也。姬周東遷以降，諸侯力政，書體各自成風，證以敨壺彝器款識，即底蓋同文，書出一手，而一字之形，或異其制。以彝器對銘書體之不盡劃一，知聖門簡策書體之不必相同。字異其形，經異其字，不能執此以繩彼，準彼以疑此也。石經古文，多與殷商卜辭合，亦多與兩周金文合。間有造字本誼，輓於契文、金文，更或輓於小篆，如“一”“二”“三”字，篆以一二三畫出之，壁書則作“弌”“弍”“弎”字，實爲後起。古文先於小篆，而字體輓出，綴學者疑之。“一”“二”“三”爲古體，秦篆承襲用之，終始未變，“弌”“弍”“弎”爲後起，魯國末葉用之，先秦而變。[illegible]君鉼“二”字作“[illegible]”，東周已有其體，惟從戈稍異。小篆不變，故書體在前，古文早變，故書體轉輓。是古文之“弌”“弍”“弎”字，雖屬後出，無妨其時次在先。小篆之“一”“二”“三”字，雖同契文、金文，無妨其時次在後。地域使然，體變之早輓使然，不能以其後出而疑之，此又治石經古文所當知者也。

熹平隸書，出中郎諸儒之手，豐贍高華，爲東京官書正則。由篆變隸，至此始造極詣，如日麗中天，不可復加。正始隸書一體，上接熹平，下開兩晉。篆則修整峭勁，周折合符，與新莽量文，同爲漢篆正規。陽冰雖云書出斯相，不能脱其窠臼也。故以書學而論，盱衡隸體，當以熹平稱尊，研索篆章，更以正始爲上，如驂靳並駕，各無軒輊。而此落落殘石，於以正經文，明書體，求洙泗之遺規，導臨池之先路，雖非全豹，一斑可窺。此又余傳拓之微恉，願揭櫫以諗學林者。其有徒娛觀飾，薄殘泐爲無華，但慕新奇，以多出爲常品，是乃玩物之陋見，販夫之卮談，藐予寡檮，尚未敢與語斯編也。二十三年七月二十五日，琅邪王獻唐。

原載《漢魏石經殘字》，《海嶽樓金石叢編》之二

論魏三體石經古文之來源並及兩漢經古文寫本的問題

◎ 孫次舟

一、前　　言

關於兩漢經古文寫本的問題，蘊蓄胸懷，歷時已久。去冬，道經重慶，晤傅孟真先生。談次，涉及此問題。傅先生以爲在漢代所流傳之經古文寫本，必有先秦舊本，絶非經師向壁虚造，更非僞自劉歆。予頗受啓發，因思著爲文字，略吐所懷。乃人事擾攘，而未遑也。

近中由徐中舒先生處假到孫海波所著《魏三字石經集録》一書。披閲之下，因悟魏石經所載古文，並非根據當時流傳之古文寫經以摹刻者（若孔氏古文《尚書》之類），係就當日流傳之零星古字，加以搜集，連綴成書。而古文之來源，大半出自許氏《説文》。以是予乃思將兩漢經古文寫本流傳之事，以及魏石經古文之來源，同時加以研討。借正誤説，而明真象，俾通人有所參考焉。

二、西漢經古文寫本之發現及流傳

自秦人焚書，制挾書之律，又加項羽咸陽一火，故在西漢初年，古籍之流傳以稀。洎後天子下詔求書，獎勵呈獻。至武帝時代，始漸燦然。《漢書・藝文志》（後簡稱《漢志》）曰：

> 迄孝武世，書缺簡脱，禮壞樂崩，聖上喟然而稱曰："朕甚閔焉！"於是建藏書之策，置寫書之官，下及諸子傳説，皆充秘府。

又劉歆《七略》曰：

> 孝武帝敕丞相公孫弘，廣開獻書之路。百年之間，書如山積(《文選注》三十八引)。外則有太常太史博士之藏，内則有延閣廣内秘室之府(《漢志》如淳注引)。

是西漢藏書之漸次豐富，實自武帝之鋭意搜求，奠其根基。惟自武帝以還所收集之古籍，盡爲當日之篆隸寫本。其間亦偶有古字寫經之發現，但不甚多，其初也亦不見有人注意。至劉歆校書中秘時，獲見古字寫經，始與當時經師，一度發生争論，但旋告平息。洎至東漢，乃有"古學"與"今學"之對峙。至清朝，又有"經今文家"與"古文家"之交鬨。各有持論，各有著書，末流所及，至今嘵嘵而未有已。西漢古字寫經之出現及流傳，其真實情況，兩千年來，無人能知，以致入主出奴，糾纏不清。今只就事論事，不羼絲毫"經師"附會之談，企圖一明當日之真象也。

西漢所發現之古字寫經，有二書焉，後代糾紛較多，即《尚書》與《左氏傳》是也。而"古文"一辭之出現，亦自古字《尚書》之被發現始。《史記·儒林傳》曰：

> 及今上即位，趙綰、王臧之屬明儒術，而上亦鄉之。於是招方正賢良文學之士。自是之後，言《詩》，於魯則申培公，於齊則轅固生，於燕則韓太傅。言《尚書》，自濟南伏生。言《禮》，自魯高堂生。言《易》，自菑川田生。言《春秋》，於齊魯自胡母生，於趙自董仲舒。

西漢初年傳經大師，此文所舉，已賅備無遺。斯時"古學"未興，傳經之家，其寫本非篆即隸(按漢初文化，一承於秦，通用文字，當仍用篆書。惟武帝時代，隸書已通行。西北科學考查團所獲敦煌漢簡字體爲真隸及草隸，其紀年最早者，爲天漢三年，字作真隸。天漢，乃武帝年號也。)，但不見"今文"之稱。至武帝初年(亦容爲景帝末年。《史記》未記時代，此姑假定言之。)，古字寫經出現，有"今文"之稱矣，但未見今古學派之對峙，則以斯時尚無"古學"故也。漢初經師所争者：對外，則與道家争升沈(《史記·儒林傳》及《胡適文存》)。對内，則爲災異問題、受命問題之辨難(《漢書·董仲舒傳》《史記·儒林傳》)。曾無論及經書寫本之應爲今文爲古文也。《史記·儒林傳》曰：

> 孔氏有古文《尚書》，而安國以今文讀之，因以起其家逸《書》，得十餘

篇，蓋《尚書》滋多於是矣。

《史記》此段記載，最堪注意。乃常人非墨守舊説，輒曲加解釋，以是本誼莫明。《史記》蓋謂孔氏家藏有古文《尚書》，至安國，乃以伏生所傳之二十九篇校讀之，因以發起其家爲伏生所不傳之逸書，共得十餘篇（《史記索隱》曰："起，謂起發以出也。"所釋適合本誼。乃王念孫《讀書雜志》載引之説，以"起其家"爲句，云係自立家法，實爲大誤。蓋彼腦海中，預存一孔安國爲"古文家"之成見也。）。《史記》每稱孔子家爲"孔氏"，若曰"吾讀孔氏書，想見其爲人"（《孔子世家贊》），又曰"則論言弟子籍，出孔氏古文近是"，（《仲尼弟子列傳贊》）並是。安國爲孔子後裔，見敘於《孔子世家》。則孔氏家藏之古文《尚書》，在景、武之際，除安國外，他人實莫由獲讀矣。西漢初年，古文流傳已稀，認識困難，故安國得古文《尚書》，必持與今文較讀，始能發起逸《書》。然則安國所起之逸《書》十餘篇，又必用今字寫之，以便披閱，並資傳抄，亦爲意中事。安國以傳伏生《尚書》爲武帝博士，則其人雖起其家藏逸《書》，今寫流傳，衡以漢志之嚴（西漢法令，盡承於秦，故嚴酷特甚。凡熟讀《漢書》者，自能知之。），彼絶不敢有違功令，以逸《書》教授也。《史記》不言安國以逸書教授，更不言其爲"古文家"，以是後起書册對安國得古文事之種種歧説，吾人均當分别以觀矣。劉歆《移讓太常博士書》曰：

> 及魯恭王壞孔子宅，欲以爲宫，而得古文於壞壁之中。逸《禮》有三十九篇，《書》十六篇。天漢之後，孔安國獻之，遭巫蠱倉卒之難，未及施行。

劉歆所言孔安國得古文事，異於《史記》。劉歆奉詔校書之時，去武帝之初，已百四十餘年，故傳説多歧。

（一）《史記》言"孔氏有古文《尚書》"，是孔氏家舊有也，未言壁中所藏，亦未言他人爲之破壁而得。乃劉歆竟謂魯恭王壞孔子宅，得古文於壁中。如此歧異，顯係劉歆移讓太常博士時，欲以見古文本爲仲尼所藏，以示珍重，故不恤誇誕其辭也。《史記》記魯儒最重所學，陳涉之王，魯諸儒持孔氏之禮器往歸之。魯又最重節義，劉邦滅項籍，舉兵圍魯。魯儒以項籍曾爲魯王，城守不肯降，而講誦習禮，弦歌不絶。（《項羽本紀》《儒林傳》）至叔孫通定朝儀，乃盡徵用魯生。（《史記·叔孫通傳》）是在秦漢之際，魯乃文化區域，且爲保持孔子禮法之地也（應當説是儒家禮法）。此等情況，不惟漢初如是，至武帝初年猶然。《史記·孔子世家贊》曰:“余讀孔氏書,想見其爲人。適魯,觀仲尼廟堂,車服禮器,諸生以時習禮其家。余祗回留之不能去云。”據此,則在武帝初年,孔宅仍爲諸生習禮之地,愛惜護持,當必甚謹,豈容人壞宅以廣宫耶!《史記·五宗世家》記魯恭王於景帝前三年徙爲魯王,二十六年卒。是魯恭王之卒,當在武帝元光之末。《漢書·武帝紀》,記元光元年,詔求賢良,而得董仲舒。元光五年,又徵吏民有明當時之務,習先聖之術者。若魯恭王壞孔子宅,係在武帝朝,則正武帝罷黜百家,尊崇儒術之際,恭王又何敢冒大不諱,而違反功令耶?《史記》記河間獻王“好儒學,被服造次必於儒。山東儒者,多從之游”。(《五宗世家》)河間獻王與魯恭王同時,斯時魯國儒生,當有從之游者,而魯儒又守禮不屈,視死如歸。設恭王果有壞孔子宅事,必將因此而惹起重大糾紛,將無可疑。然而只聞壞宅,不聞其他,揆之情理,亦必不然。司馬遷最景仰孔子,彼曾親至孔宅觀諸生習禮。設恭王果有壞宅之事,史遷萬無不知,不惟記之,或將肆以筆伐(或謂《史記》不記壞孔子宅事,正史遷之特識。以爲此恒事耳,儒生經師傳之,無煩史家載筆也。直似夢話!)。《史記·儒林傳》記伏生壁藏《尚書》事,若古文《尚書》亦出屋壁(况且是孔壁),則兩事適可交映成趣,奚爲遺而不録耶?此當由劉歆見《史記》言魯恭王“好治宫室苑囿狗馬”,因附會以壞孔壁得古文之事,無非欲以顯古文《尚書》,出處名貴,年代久遠也。

(二)《史記》不言孔氏古文《尚書》之歸宿,但司馬遷已見古文《尚書》於中秘(見後),則孔氏古文原本,在武帝朝,已入秘府,當無疑問。而劉歆必謂天漢之後,安國獻之,遭巫蠱事,未及施行。此除欲顯古文《尚書》曾被先帝重視,以爲求立之助,别無他意。《史記·孔子世家》曰:“安國爲今上博士,至臨淮太守,早卒。安國生卬,卬生驩。”史遷能記安國祖子孫三代,則安國之卒,當必甚早,萬不能遲至天漢後獻古文《尚書》也。况巫蠱之事,在征和初年,更非“早卒”之安國所能待。魯恭王卒于武帝元朔元年(《漢書·諸侯王表》),度其發孔壁,當在元朔之前。而安國既得古文,乃直遲至四十餘年後,始獻天子,固不論安國短命,必不能及,即衡以武帝求書之殷,而博士得古文孤本,乃秘之數十年而始呈獻,亦不近人情事也(至荀悦《漢紀》言“安國家獻之”,蓋已看出漏洞,設法彌補矣!)。史遷見聞最廣,其記漢初事,多賅備無遺。以班固之淵博,採之以入《漢書》,十九無力增補。若安國果有獻《尚書》,及求立學官事,史遷萬無不記。《史記·陸賈傳》曾記陸賈之上《新語》,奚爲不記安國之上古文耶？史遷最重“古文”（見後），其言先秦事，往往取徵於“古文”，豈有當時有求立古文《尚書》之大事，而竟遺之耶？

凡此二事，並劉歆《移讓太常博士書》所言《尚書》事最大漏洞。至其以後得之逸《禮》，亦歸之安國，此與東漢人將一切古文寫經盡歸之安國者同。可勿用辨。蓋孔安國其人，本以傳《魯詩》及伏生《尚書》而爲博士，謂其曾以古文教授者，乃妄言也。《史記·儒林傳》曰：

> 申公者，魯人也。……弟子爲博士者十餘人，孔安國至臨淮太守。……言詩雖殊，多本於申公。
>
> 秦時焚書，伏生壁藏之。其後兵大起，流亡。漢定，伏生求其書，亡數十篇，獨得二十九篇，即以教于齊魯之間。學者由是頗能言《尚書》，諸山東大師，無不涉《尚書》以教矣。伏生教濟南張生及歐陽生，歐陽生教千乘兒寬。兒寬既通《尚書》，以文學應郡舉，詣博士受業，受業孔安國。……張生亦爲博士，而伏生孫以治《尚書》徵，不能明也。自此之後，魯周霸、孔安國，雒陽賈嘉，頗能言《尚書》事。

據此，則安國以傳申公《詩》及伏生《尚書》而爲博士，實爲今文經師，並未創立“古學”。惟以安國傳今文《尚書》，故於檢得家藏古文時，乃以今文校讀，而發起逸書十餘篇。則此逸書十餘篇，亦只寫以今文，任其流傳而已，並無求立學官，及訓詁教授之事。蓋安國已爲今文博士矣！學業已定，利禄已得，彼實無重違功令，再立門户之必要也。況“今文”“古文”，只是文字書寫之不同，解説不容有兩。安國一身，豈容解經而主兩説？豈“曰若稽古”一語，寫以古字，便另有一番義意耶？凡此，並後人以東漢“古學”興起時之情勢例西漢，不知安國時代，尚無今古對峙之情形也。

《漢志》多本《七略》，乃《漢志》只著録《尚書》古文經四十六卷，白文而已，並無安國之解詁或章句，若歐陽及大小夏侯之於伏生《尚書》者然。同時，《漢志》亦未另著安國所起之逸《書》十餘篇，由此足證安國雖曾今寫逸《書》，任其流傳，但未自立家法，亦未揭櫫“古文”旗幟，以與“今文”抗爭。《漢志》所著録《尚書》古文經，乃孔氏古文原本，入於秘府。至未著録逸《書》今文寫本者，則以未立家説，且中秘無其書也（《七略》著録群書，只以中秘所有者爲限。）。關於安國得古文事，惟《史記》所記爲真，劉歆已加附會，至於班固更莫辨真僞（班固之時代既後，又係“古學”盛行之際，當然無力分別僞説也。）。班固《漢

書·藝文志》雖本劉歆《七略》,但亦有增益。故其叙魯恭王壞孔宅事,又異於劉歆。其言曰:

古文《尚書》者,出孔子壁中。武帝末,魯共王壞孔子宅,欲以廣其宫,而得古文《尚書》及《禮記》《論語》《孝經》,凡數十篇,皆古字也。共王往入其宅,聞鼓琴瑟鐘磬之音,於是懼,乃止不壞。孔安國者,孔子後也,悉得其書,以考二十九篇,得多十六篇。安國獻之,遭巫蠱事,未列於學官。

《魯恭王傳》亦曰:

恭王初好治宫室,壞孔子舊宅,以廣其宫。聞鐘磬琴瑟之聲,遂不敢復壞。於其壁中,得古文經傳。

凡此所述,其增益於劉歆者:(一)劉歆只言由孔壁中得逸《禮》及《尚書》,而此則改逸《禮》爲《禮記》《論語》《孝經》。劉向《别録》言"孔壁所得謂之《古論》",見皇侃《論語義疏叙》所引。是《古論》出孔壁事,亦西漢末年之説,故劉向亦然。至劉歆不言者,以其父子二人之持論,本不盡同也。(二)劉歆未言魯恭王將孔宅壞至如何程度,而此乃造出聞琴瑟音,懼而中止之神話。此當感到魯恭王壞孔子宅,於尊崇儒術之秋,爲不近情。因就恭王晚而好音事,附會聞樂一段神話,以補劉歆之缺漏,而孰知愈露其作僞之迹也。不寧惟是,《漢書·儒林傳》復記叙古文《尚書》之傳授云:

安國爲諫大夫,授都尉朝,而司馬遷亦從安國問故。故遷書載《堯典》《禹貢》《洪範》《微子》《金縢》諸篇,多古文説。都尉朝授膠東庸生,庸生授清河胡常少子,以明《穀梁春秋》爲博士部刺史,又傳《左氏》。常授虢徐敖。敖爲右扶風掾。又傳《毛詩》,授王璜,平陵塗惲子真。子真授河南桑欽君長。王莽時,諸學皆立。劉歆爲國師,璜惲等,皆貴顯。

按《儒林傳》此文,雜亂無章。此本叙古文《尚書》之流傳,但將《毛詩》《左氏》之傳授,一并叙及。頗似《毛詩》《左氏》,亦與安國發生關係也。蓋安國曾得古文《尚書》,《史記》所記,當爲真實。但在東漢"古學"大興之際,乃將所有古文傳本,並加諸安國之身,於是《論語》《孝經》亦均有孔氏傳矣。若非嚴别史料之先後,以及一傳説産生之社會背景,又烏能辨其真僞乎?《儒林傳》所叙古文《尚書》傳授之事,亦多破綻:

（一）“安國爲諫大夫”，此説何所根據？《史記》一則曰：“安國爲今上博士，至臨淮太守。”（《孔子世家》）再則曰：“孔安國至臨淮太守。”（《儒林傳》）未聞爲諫大夫也。

（二）史遷不言曾與安國相接，更未言從之問故。史遷父子，兩世爲太史，世守家學，故交游甚廣。凡其所交當世名人，《史記》率有記述：若與賈嘉通書（《賈生列傳》），聞荆軻事於公孫季功董生（《刺客列傳》），聞功臣興時事於樊他廣（《樊酈滕灌列傳》），聞朱建事於朱建子，（《酈生陸賈列傳》）與馮唐子遂相善（《馮唐列傳》《趙世家》），與田叔子仁相善，（《田叔列傳》）聞衛青事於蘇建，（《衛將軍票騎列傳》）並是也。至與之討論學術之時人，亦見記述。《自序》記與上大夫壺遂論《春秋》，又記其父談“學《天官》於唐都，受《易》於楊何，習《道論》於黄子”。若史遷果從安國問故，則必記其事於《史記》，以明其學問之淵源。而今史遷不記，而後漢人記之，其屬子虚無有，尚待辨乎？蓋班固生於“古學”大行之時，彼輩徒見《史記》多言“孔氏古文”，而安國又有得古文《尚書》事，因造出史遷曾向安國問故之訛言。不知《史記》所言之“孔氏古文”，乃指孔家子所傳之古書而言，非指安國也。蓋在史遷之腦海中，以爲六經皆孔子所制定，所流傳，（實則孔子並無删《詩》《書》、訂《禮》《樂》事，馮友蘭曾有論之。孔子亦未作《春秋》，予有文辨之。）而漢初所發現之古文經傳，當亦爲魯國孔氏所保藏，故乃稱“孔氏古文”也。《史記》所載《尚書》各篇，其篇目字句，盡同今文。（《史記》引《書》多同《尚書大傳》，其屬今文，絶無問題。可參皮錫瑞《今文尚書疏證・凡例》。至孫星衍《尚書今古文注疏》，則不明此，凡《史記》引《書》，盡指爲古文，是殆爲東漢人所愚矣！西漢曾發現古文經，但無“古文學”，故《史記》所引《尚書》同伏生，而所言《春秋》，則本公羊也。）斯時“古學”未立，何來“古文家”説？只此一端，亦足證其作僞。

（三）康有爲雖不明古文寫經之來源及其流傳真象，但其《僞經考》攻《漢書》此文之作僞，則甚有理。其言曰：“孔安國授之兒寬，今文歐陽、大小夏侯，皆出於寬。（按見《漢書・儒林傳》）則皆出於安國，何歐陽、大小夏侯無一人聞十六篇之書説，而都尉朝獨聞之？何安國之偏，而都尉朝之幸也邪？博士同出一師，而百餘年，無一人説及古文及都尉朝事，何其疏也！安國傳寬，寬傳歐陽生，子世世相傳至曾孫高，高孫地餘猶當宣帝時爲博士，論石渠。高三傳乃至龔勝，則八傳矣。（見《儒林傳》）又安國再傳爲簡卿，三傳爲大夏侯勝，五傳乃至孔光。（見《儒林傳・孔光傳》）又安國四傳爲小夏侯建，七傳乃至趙玄。(見《儒林傳》)玄,哀帝時御史大夫,孔光爲太師。是時名儒光禄大夫,則安國八傳之龔勝也。以今學經八傳而至勝,都尉朝再傳而至胡常,即當哀、平之世矣,即云老壽,何相去之遠乎?"按《儒林傳》誤以安國爲"古文家",因妄造傳人,而忘其世次之過於短促也。蓋胡常本傳《穀梁春秋》,徐敖則傳《毛詩》,並今文也。(《毛詩》《穀梁》,並係隸寫經本,實爲今文。後人誤以《毛詩》爲古文,而崔適又妄指《穀梁》以爲古,均非也。)而王璜實傳費氏《易》,亦今文也。(均詳後)此容以王璜、塗惲並貴顯於王莽時,則其人必然棄其舊學,隨和莽歆。故後漢人言古文《尚書》傳授者,乃就此二人先師,以相附會矣。據劉歆《移讓常博士書》,膠東庸生(庸生本失名諱,至《後漢書·儒林傳》又賜名曰"譚"。)本爲成哀間民間傳《左氏傳》之人,而後漢人乃置之武帝時代,使傳《尚書》。宜其年代世次,有舛訛焉。(按《漢志》曰:"傳《齊論》者,昌邑中尉王吉、少府宋畸、御史大夫貢禹、尚書令五鹿充宗、膠東庸生。唯王陽名家。"是庸生又傳《齊論》也。)

司馬遷曾與兒寬共定漢太初曆,(《漢書·兒寬傳》)而兒寬曾從安國受業。史遷於《孔子世家》記安國早卒,並及其子與孫。設安國果有古文《尚書》之傳授,果有傳業之都尉朝、庸生其人,則史遷萬無知而不記之理。史遷能記兒寬之受業安國,何以不記都尉朝耶?凡此疑竇,並係作僞者自露馬蹄處也。西漢人每引《尚書》逸篇,是安國譯寫之逸《書》十餘篇,自流傳人間。若果曾以古文教授,另立家法,則西漢儒者(渺茫人物除外),何無一人爲其後學,亦無一人道及其事耶?劉歆《移讓太常博士書》曰:"天漢之後,安國獻之,遭巫蠱倉卒之難,未及施行。及《春秋》左氏丘明所修,皆古文舊書,多者二十餘通,臧于秘府,伏而未發。孝成皇帝,閔學殘文缺,稍離其真,乃陳發秘藏,校理舊文。"據此,則在劉歆校書之前,古文經傳並"臧于秘府,伏而未發",然則民間奚得有古文本,以及古文家説耶?孔氏古文《尚書》,在武帝時,即入秘府,民間所傳,亦只安國所起之逸《書》今寫本而已。

《漢書》所言安國傳古文《尚書》事,多出劉歆以後人僞造,既如上述。惟劉歆言安國所起之逸《書》爲十六篇,當爲可信。以此乃西漢人曾見逸《書》,數之而得也。《史記》言十餘篇者,乃約數也。

西漢時代,以經書之寫本有異,而與當時博士發生争論,實自劉歆開始。《漢書·劉歆傳》曰:

及歆校秘書，見古文《春秋左氏傳》，歆大好之。時丞相史尹咸以能治《左氏》，與歆共校經傳。歆略從咸及丞相翟方進受，質問大義。初《左氏傳》多古字古言，學者傳訓故而已。及歆治《左氏》，引傳文以解經，轉相發明，由是章句義理備焉。

《左氏傳》在劉歆之前，即已流傳。《史記》述春秋事，多採《左氏》，人所易知。而《賈誼新書》言春秋事，同《左氏》者亦有。（此外劉歆以前人引《左氏》者亦不少，可參錢先生《劉向歆父子年譜》。）《左氏傳》在西漢前期，既已流傳，則其寫本，必爲今字。蓋《左氏》古字寫本，惟秘府有之，至劉歆校書時，始獲見之。然則在劉歆以前，民間流傳之《左氏傳》，其爲今文，當無可疑。准此以言，今寫《左氏傳》，若非由前代傳來，則必爲初得此書者，以古文原本呈獻秘府（《説文序》謂張蒼獻《左氏傳》，亦附會之談），而自譯寫今文，以資流傳，若安國之起寫家藏逸書者然。漢初所傳《左氏傳》雖爲今寫本，但其中乃存有一部分“古字古言”，須費解釋，故學者乃傳“訓故”焉。由此以言，是劉歆以前，民間所傳之《左氏》並無“古文”之目，更無家説，以與《公羊》對抗。直至劉歆奉詔校書，見古文《左氏》於中秘，乃爲所動：（一）以左氏丘明與孔子同好惡，時代早於公羊。（實則《左傳》乃戰國人作物，瑞典珂羅倔倫有考證，可信從。）（二）《左氏傳》有古文寫本，其時代必古，更足珍貴。以此二因，劉歆乃上書求立，而與太常博士争矣。劉歆之“引傳文以解經”者，當在争立《左氏》失敗之後，因將《左氏傳》加以整理，使與《公羊》同揆以示敵抗。但劉歆所整理之《左氏傳》，實用今字書寫。以書欲流傳，自必書以今字，而中秘古文，當時功令，實不許録副外瀉也。（現行之《春秋》與《左傳》，本非一書。清儒劉逢禄所考，要爲可信。惟劉歆引傳解經之本，是否即係今書模樣，予未詳考，暫緩置喙。至漢代秘府藏書，不許外瀉，其詳見後。）

後人誤謂《左氏傳》全部爲劉歆所僞造，固非也，至謂所有古文寫經，並劉歆僞造，更謬。但劉歆於争立《左氏》失敗之後，乃引傳解經，將本不解釋《春秋》之《左氏傳》，使與《公羊》同揆，企圖樹立一春秋左氏學派，則爲事實。然則謂東漢“古學”之興，由劉歆開其端，當不爲過。而劉歆以前，民間既無古文寫經之流傳，亦無所謂“古學”之建立，更爲顯明。《漢書·儒林傳贊》曰：

自武帝立五經博士，開弟子員，設科射策，勸以官禄，訖於元始，百有餘年，傳業者寖盛，支葉蕃滋。一經説至百餘萬言，大師衆至千餘人，蓋

> 禄利之路然也。初,《書》唯有歐陽,《禮》后,《易》楊,《春秋》公羊而已。至孝宣世,復立大小夏侯《尚書》,大小戴《禮》,施孟梁丘《易》,穀梁《春秋》。至元帝世,復立京氏《易》。平帝時,又立《左氏春秋》、《毛詩》、《逸禮》、古文《尚書》。

此言西漢諸經之立博士者,平帝以前,不見古文。而平帝時代,適王莽當政,劉歆爲副之秋。利禄之徒,逢迎莽、歆,争習"古學",以求上達,亦意中事。惟王莽志在篡位,因以"復古"爲掩飾,力反漢室法令。即以經術而論,凡未得爲博士之無名經師,莽皆徵用,而猥以爲通知古意。《漢書·平帝紀》曰:

> 羲和劉歆等四人,使治明堂、辟廱,令漢與文王靈臺、周公作洛同符。……徵天下通知逸經、古《禮》、天文、曆算、鐘律、小學、《史篇》、方術、《本草》、及以五經、《論語》、《孝經》、《爾雅》教授者。在所爲駕一封軺傳,遣詣京師。至者數千人。

《王莽傳》曰:

> 莽奏起明堂、辟雍、靈台,爲學者築舍萬區,作市常滿倉,制度甚盛。立樂經,益博士員,經各五人。徵天下通一藝,教授十一人以上,及有逸《禮》、《古書》、《毛詩》、《周官》、《爾雅》、天文、圖讖、鐘律、《月令》、兵法、《史篇》文字,通知其意者,皆詣公車。網羅天下異能之士。至者前後千數,皆令記説廷中,將令正乖謬,壹異説云。

《平紀》《莽傳》所言,實爲一事。然此於無名經師之外,又大徵"異能之士",純係政治作用,與劉歆校書時之求立《左氏傳》,大異其趣。此乃莽思篡位,因先以獎寵異材之手段,收買英異,欲借彼等之力,以爲篡位之宣傳及掩飾。若夫"教授十一人以上"之鄉村教師,亦在徵集之列,則其張羅之廣可見矣。《莽傳》只言"立樂經,益博士員,經各五人",則所益者,仍爲今文博士。至其所徵"逸《禮》、古《書》……之通其意者",亦不過加以豢養,供爲驅遣,並未另立古經博士也。王莽志在篡位,凡有足資其篡位之言論,皆在採取之列,並不計其爲今爲古也。劉歆在未附莽之前,雖曾一度竄動《左氏》,但未兼及他經。班固《儒林傳贊》言平帝立《左氏傳》、《毛詩》、逸《禮》及古文《尚書》者,則恐誤讀《王莽傳》,附會爲説耳。後漢范升、陳元,曾有争立費氏《易》、《春秋左氏》之論辨。范升曰:"今費、左二學,無有本師,而多反異。先帝前世,有疑於此,故京氏雖立,輒復見廢。”陳元曰:“先帝不以《左氏》爲經,故不置博士。”若平帝果有立博士事,兩造奚爲均不及之耶?准此以言,則終西漢之世,所謂經古文者,並未立於學官。誠以古文各經,在西漢時代,無有本師,亦未成一學派也。

西漢所流傳之經古文寫本,經發現後,不久即入秘府,民間並無流傳。惟所有古文寫經,並有近似之今文寫本,流行民間。此以西漢去古未遠,所傳今文寫經,其字句間,與古文實無大異也。劉歆時代,中秘所藏古文,據《移讓太常博士書》,爲下列數種:

(一)尚書四十五篇。内有十六篇爲逸《書》,餘同伏生所傳。

(二)禮五十六篇。内有同高堂生所傳者十七篇。

(三)春秋左氏。劉歆曰:“孝成皇帝,閔學殘文缺,稍離其真,乃陳發秘藏,校理舊文。得此三事,以考學官所傳,經或脱簡,傳或間編。傳問民間,則有魯國桓公,趙國貫公,膠東庸生之遺學與此同,抑而未施。”按劉歆之意,蓋謂在西漢成、哀之際,民間有桓公者傳《禮》,有貫公者傳《尚書》,有庸生者傳《左氏傳》,並與中秘古文之篇數同。但既在民間,則其寫本自爲今文。

西漢經今文傳本,每有脱字錯簡。至劉氏父子校書秘府時,乃據古文寫本,爲之是正。《漢志》記“劉向以中古文《易經》校施、孟、梁丘經,或脱去‘無咎’‘悔亡’,惟費氏經與古文同。”“劉向以中古文校歐陽、大小夏侯三家經文,《酒誥》脱簡一,《召誥》脱簡二。率簡二十五字者,脱亦二十五字。簡二十二字者,脱亦二十二字。文字異者,七百有餘。脱字數十。”惟以立於學官之《易》《書》寫本,多有脱簡誤字,故劉歆乃思立古文於學官。然劉歆之所謂立古文者,並非將當時今文博士盡行放逐,另立古文博士。(此時只有古文經,並無古文學家,立亦無從立也。)劉歆之意,不過欲使當時博士,有一部分譯寫古文完本,以授後學。《易經》之脱誤尚輕,若三家《尚書》,則去古本過遠矣。惟以歆欲令博士更换教本,故“哀帝令歆與五經博士講論其義,諸博士或不肯置對”,“猥以不誦絶之”,歆因移書讓之也。《漢志》所言“惟費氏經與古文同”者,乃費氏《易經》未脱“無咎”“悔亡”耳,非謂其爲古文寫本。蓋西漢民間所流傳之寫經,無論其篇數文字,同於中秘古文或否,並爲今字寫本。蓋經非今文,無法教授學徒也。劉歆之爲桓公、貫公、庸生諸人叫冤者,只以諸家所傳校以古書,非係全經即爲舊本,然受博士之壓迫,不得領國家俸禄,設講座于太學也(按劉歆求立學官者,只古文《尚書》、逸《禮》、《左氏傳》三書,至《漢書·歆傳》云:"及歆親近,欲建立《左氏春秋》及《毛詩》、逸《禮》、古文《尚書》,皆列於學官。"誤增《毛詩》,乃班固之疏。)。劉氏父子,先後校書中秘,其所發現古文寫經,除劉歆求立之三種外,見於《漢志》者,復有:

(一)易古經

(二)春秋古經十二篇

(三)論語古二十一篇

(四)孝經古一篇

《易》爲卜筮之書,秦人焚書,未遭禁絶,(《史記·秦始皇本紀》《李斯傳》及《漢志》)故漢代所傳《易經》,脱誤較少。費氏傳本,能與中秘所藏之先秦古文完全相合,非無因也。《春秋》與《左氏傳》,本係兩書。《左氏》厥初,不解《春秋》,故别有《春秋》古經。《論語》及《孝經》古經,在劉歆校書之時,中秘當已有書,故著於録。惟《七略》經班固點竄增益後,多失劉氏舊觀。若《孝經》一書,《七略》當只言古經,不應言出自誰氏。以此係古文白文,並無解説,準之《七略》著録古文之例,實當如此。乃班固《漢志》,竟益"孔氏"二字於"孝經古"下,並謂《孝經》亦出孔壁,此不惟史遷所不道,即劉歆亦不言,顯係依據後起之妄説無疑也。劉向《别録》只言《孝經》"古文字也。《庶人》章分爲二也,"曾子敢問"章爲三,又多一章,凡二十二章"(《漢志》注引),不言其出孔氏,足證班固增益之非。(此以東漢已産生孔安國傳古文《孝經》之説,故班氏妄增孔氏也。)蓋在史遷、向、歆之後,對西漢古文寫經之來源,多有不同之傳説,以是操觚之家,不能不爲後起傳説所激動也。兹臚列後漢人之異説於次:

(一)孝宣皇帝之時,河内女子發老屋,得逸《易》《禮》《尚書》各一篇,奏之。宣帝下示博士,然后《易》《禮》各益一篇,而《尚書》二十九篇始定。(《論衡·正説篇》)

(二)魯共王壞孔子宅,欲以廣其宫,而得古文《尚書》及《禮記》《論語》《孝經》,凡數十篇。(《漢志》,其詳見前引)

(三)《禮》古經者,出於魯淹中及孔氏。與十七篇(原作七十乃誤乙)文相似,多三十九篇,及《明堂陰陽》《王史氏記》。(《漢志》)

(四)武帝時,河間獻王好儒。與毛生等共采《周官》及諸子言樂事者,以作《樂記》。獻八佾之舞,與制氏不相遠。其内史丞王定傳之,以授常山王禹。禹,成帝時爲謁者,數言其義,獻二十四卷《記》。劉向校書,得《樂記》二十三篇,與禹不同,其道寖以益微。(《漢志》)

（五）獻王所得書，皆古文先秦舊書。《周官》《尚書》《禮》《禮記》《孟子》《老子》之屬，皆經傳説記，七十子之徒所論。其學舉六藝，立《毛氏詩》《左氏春秋》博士。修禮樂，被服儒術，造次必於儒者。山東諸儒，多從而游。（《漢書・景十三王傳》）

凡此諸説，雖均出於東漢人之筆述，但其立説之時代，及其來源，並不相同。（二）（三）（四）三事，均出《漢志》，當爲劉歆舊説。除第（二）（三）事，有所增益，非盡西漢舊文（辨已詳前），所餘一事，要爲可信。至（一）（五）兩事，則均東漢人之訛傳及附會，可信之程度較微矣。兹分别辨之於次：

（一）王充所言西漢古經之流傳，每作歧説。西漢人無言孔安國曾傳《古論》者，（劉向只言《古論》出孔壁，但劉歆無此説。）而《論衡》乃謂安國以《論語》授魯扶卿。（《正説篇》。按《漢書・張禹傳》，以扶卿與夏侯勝、王陽等人並論，則扶卿實傳今文《論語》。《漢志》言扶卿傳《魯論》，當爲可信。而後漢人既誣孔安國傳《古論》，又以扶卿爲安國弟子矣。）《易經》本無逸篇，而逸《禮》實三十九篇，而王充乃謂孝宣時於河内老屋中，《易》《禮》各得一篇，實屬不合。至伏生所傳《尚書》，本爲二十九篇，原有《泰誓》。劉歆《移讓太常博士書》所言"《泰誓》後得，博士集而讀之"，此另一《泰誓》也，與伏生所傳者不同。然此《泰誓》之發現，據劉向《别録》云"武帝末，民有得《泰誓》於壁内者"（《尚書》僞孔序正義引），則王充言宣帝時於河内得《泰誓》者，誤也。蓋《泰誓》共有三本：一爲真本，即見徵引於先秦舊籍者是。一爲伏生所傳僞本，即《尚書大傳》及《史記》所引者是。一爲後得僞本，即劉歆、王充所言者是。《後漢史》記黄門侍郎房宏等説曰："宣帝本始元年，河内女子有壞老屋，得古文《泰誓》三篇。"（《書序》正義引）按後漢人所言後得《泰誓》之時代地域，雖多異説，但西漢武帝之末，曾得《泰誓》，將無疑問。至此後得之書，房宏謂係古文，亦難徵信。然後得《泰誓》，旋復逸亡。而伏生《泰誓》，至東晉僞古文《泰誓》盛行之後，亦告失蹤。（清人有輯本，尚可見其髣髴。）此中繚繞，人多不知，予在所爲《周初史事探微》中，因審定史料，曾詳論之，此不復詳。

（二）《漢志》所言魯共王壞孔壁事，係本劉歆僞説，且有增益，實不足信，已辨於前。

（三）《漢志》所言《禮》古經之出現，當亦後漢人之誤説，惟恐與劉歆所言逸《禮》出孔壁事相牴牾，乃云："《禮》古經者，出於魯淹中及孔氏。"班固之調合兩説，於此可見。此與王充所言之河内女子得逸《禮》一篇者，並後漢人之雜説，非有根據。

（四）《史記·五宗世家》只言“河間獻王……好儒學，被服造次，必於儒者，山東諸儒，多從之游”，至班固爲《漢書》，乃復增益其得古書，及立《毛氏詩》及《左氏春秋》博士事。此顯係東漢“古學”成立後附會之談，以見《毛詩》《左氏》，在西漢雖未立於學官，却曾立於王國矣。而此等附會，均由《史記》所言獻王重儒之事而來也。但就實以言，獻王重儒，容爲事實。獻王好書，亦或有之。《漢書》所言“從民得善書，必爲好寫與之，留其真”，實亦近情。惟其言獻王所得，皆先秦古文，所得書與漢朝等，並私立《毛詩》《左氏春秋》博士，則盡屬子虚矣。漢初自經七國亂後，漢廷監視諸侯王極嚴，稍失儀度，輒行獲譴。今獻王乃敢私立經學博士於王國，此上僭天子也，若非志在叛逆，曷敢出此？况《左氏傳》之被重視，實在劉歆校書之際。至引傳解經，亦自劉歆始。若在獻王時，《左氏傳》尚非解經之書，奚爲而立之博士耶？東漢人見獻王好儒，並曾與毛生共作《樂記》，因有此種種之附會，而忘其與獻王所處之時代不合也。吾讀《漢書·王子侯表》，見武帝時繩王侯過於嚴酷，不惟犯微過即削地，而坐酎金免侯者，乃大有人在。以武帝之嚴酷，而河間以一王國，亦招致儒者，亦收藏古文，亦立經學博士，恐獻王必不得善其終矣。《漢名臣奏》杜業奏曰：“河間獻王經術通明，積德累行，天下雄俊衆儒，皆歸之。孝武時，獻王朝，被服造次，必於仁義。問以五策，獻王輒對無窮。孝武帝艴然難之，謂獻王曰：‘湯以七十里，文王百里，王其勉之。’王知其意，歸即縱酒聽樂，因以終。”（《史記》索隱引）獻王好儒，尚招武帝之忌，彼若僭立博士，争購古書，恐更不能見容矣。

《漢書·景十三王傳》所言獻王事，既多失實，而《漢志》所言獻王與毛生共作《樂記》事，容爲可信，以所傳之王禹記曾爲劉向所見也。獻王所作《樂記》，既與中秘之舊本有異，足證獻王多得古文之事，均係妄誕。若其所得古書，真與漢朝相等，何以其所集之《樂記》，乃不與古本合邪？

後漢人對經古文出現之種種傳説，既已辨正如前。復次，予將另提二事，以告通人：

（一）河間獻王多得古文之事，不論其屬真屬僞，而在武帝以後，獻王所有藏書，當盡入秘府。《景十三王傳》記獻王薨，子共王嗣。四年薨，子剛王嗣。十二年薨，子頃王嗣。十七年薨，子孝王嗣。四十三年薨，子元嗣。元被廢勿王，遷處漢中房陵，國除，時當宣帝甘露中也。夫元既被廢，則河間封地，當爲漢吏所接收,而獻王藏書,定必輦致京師,絶無疑問。是則在劉向歆校書之際,所見中秘藏書,當有河間舊物也。

(二)自後漢以還,傳經者並指《毛詩》《周官》爲古文,深入人心,至今而未能破。但自予考之,其在西漢,《毛詩》並無古文,中秘所藏,以及民間流傳,均今文寫本也。《漢志》著録《毛詩》《周官》,不言"古文",是一顯證。《漢志》言毛生與河間獻王共作《樂記》。又云:"毛公之學,自謂子夏所傳,而河間獻王好之。未得立。"夫"自言子夏所傳",則其非真,自可於言外得之。蓋《漢志》已疑其非古也。《漢志》又曰:"六國之君,魏文侯最爲好古。孝文時,得其樂人竇公,獻其書,乃《周官·大宗伯》之《大司樂》章也。"魏文侯樂人,至文帝時,猶能存在,固屬可怪。然其時曾得先秦古書,要非揑造。然以今文《周官》校讀,則係《大宗伯》之一章也。據此以言,則《周官》本無古文,惟文帝時所得《大司樂》章爲古文也。後漢之人,則劉歆誤以《周官》爲《周禮》,而王莽據之以復古。又見言西漢事者,多謂河間獻王亦多得古文,並立《毛詩》《左氏傳》博士。毛生並與獻王共采《周官》、諸子作《樂記》。於是若《毛詩》,若《周官》,並由今文一變而爲古文矣!此等誤謬,相沿近二千年,余驟發其覆,不知亦能取信於宏通之家否?

東漢人誤立"古學",建立經今古文之壁壘。凡立於學官之今文,並别立古文,以與之抗。而以今冒古,與妄造源流之舉止出矣。若孔安國者,本傳今文,並無傳説,但至東漢,而《論語》《孝經》,並有孔氏傳矣。《論語》孔注之僞,清儒沈濤、丁晏,並有辨正。(丁晏書未見,其目則見於盛百二《孝經徵文序》。七年前,曾托柯燕舲前輩,函詢羅振玉,亦云未見。)《漢志》於古《孝經》下,誤題"孔氏",已論於前。至東漢以後所傳《孝經》孔傳,並非一本,均係依托。唐人清人,多有辨正,兹不泛論。(按《漢書》言河間獻王曾得古文《孟子》《老子》,並係東漢人誤傳。又陸氏《經典釋文·叙録》引劉向《别録》云:"古文《記》二百四篇",恐有訛誤。《漢志》著録《記》百三十一篇,無二百四篇者,即鄭玄《六藝論》言古《記》篇數,亦只著百三十一篇。鄭氏博學,不容未見《别録》,此爲陸氏誤引,當無疑問。以其非經,故附論於此。)

西漢經古文之出現,以及劉向、歆時代中秘所藏古文寫經之名目,已具論於前。今所欲言者,即爲武帝時代,秘府所藏古文寫經,已有若干?此勿用他求,就《史記》所述,即可得其髣髴。司馬遷爲太史公於武帝朝,典"石室金匱之書",而是時"天下遺文古事,靡不畢集太史公"(《史記·自序》),今就《史

記》所言“古文”,便可據以推測武帝時中秘古文之數量。兹録《史記》言“古文”者於下:

（一）秦撥去古文,焚滅《詩》《書》,故明堂石室金匱玉版圖籍散亂。於是漢興……百年之間,天下遺文古事,靡不畢集太史公。(《自序》)

（二）年十歲,則誦古文。(《自序》)

（三）學者多稱五帝,尚矣。然《尚書》獨載堯以來。而百家言黄帝,其文不雅馴,薦紳先生難言之。……總之,不離古文者近是。予觀《春秋》《國語》,其發明五帝德,帝繫姓,章矣。顧第弗深考,其所表見皆不虚。(《五帝本紀贊》)

（四）余讀牒記,黄帝以來,皆有年數。稽其歷譜牒終始五德之傳,古文咸不同,乖異。夫子之弗論次其年月,豈虚哉!(《三代世表序》)

（五）於是譜十二諸侯,自共和訖孔子,表見《春秋》《國語》,學者所譏盛衰大指,著於篇,爲成學治古文者要删焉。(《十二諸侯年表序》)

（六）余讀《春秋》古文,乃知中國之虞,與荆蠻句吴兄弟也。(《吴太伯世家贊》)

（七）學者多稱七十子之徒,譽者或過其實,毁者或損其真,均之未睹厥容貌。則論言弟子籍,出孔氏古文近是。余是以弟子名姓文字,悉取《論語》弟子問,并次爲篇,疑者闕焉。(《仲尼弟子列傳贊》)

（八）群儒既已不能辨明封禪事,又牽拘於《詩》《書》古文,而不能騁。(《封禪書》)

（九）孔氏有古文《尚書》。(《儒林傳》)

《史記》所稱之“古文”有三誼焉:一、指古文字而言,若“秦撥去古文”“誦古文”,並是也。二、指古書古事而言,若“牽拘於《詩》《書》古文”“爲成學治古文者要删焉”“古文咸不同”,皆是也。三、指古字寫經而言,其他各條皆是。蓋古文寫經,藏於天子秘府,非蒙特許,不得誦讀。史遷十歲童子,烏得誦讀古字寫經乎?其所讀者,實小學八體書中之籀文、篆文也。(詳《漢志》及《説文序》。)以其均係前代文字,故稱“古文”。西漢尉律,學童必習八體也。西漢並無《詩經》古文,則所言“《詩》《書》古文”,乃指《詩》《書》與其他古書而言。言《詩》《書》,以括六藝;言古文,則包括一切史書傳記也。至《自序》曰:“秦撥去古文,焚滅《詩》《書》”,“古文”又指籀文以前之古文字言也。秦人據籀文以定小篆,統一文字,於是較早之古文及同時與秦文異者皆遭禁絶,故曰

“撥去古文”也。史遷所見經古文寫本，爲下列數種：

（一）春秋古文

（二）國語古文

（三）論語古文

（四）尚書古文

此武帝時代中秘所藏古文寫經之書目。惟《國語》古文，既存中秘，而《漢志》著録《國語》，不標古文者，是乃劉氏著録之法，多被班固所亂。班固之意，以爲《國語》之後，即著録劉向所分之《新國語》，則前書省略古文，人自知其爲。《國語》删去“古文”，《孝經》妄加“孔氏”，吾於班氏之疏舛，不能無譏矣！武帝時所藏古文寫經，凡四種，至成帝時復益（一）《易》，（二）《禮》，（三）《左氏傳》，（四）《周官·大宗伯·大司樂章》，（五）《孝經》，共爲九種矣。（成帝時代，古文寫經加多，“謁者陳農求遺書於天下”〔《漢志》及《成帝紀》〕之功，當復不少。）此九種古文，藏於秘府，視爲希世之珍，外人並莫由見。但民間流傳，則均有與之相似之今文寫本在也。

西漢帝王自鋭意求書以來，所得書籍，乃分别儲藏，劉歆謂“外則有太常太史博士之藏，内則有延閣廣内秘室之府”。大抵普通寫本，則藏於外，而珍貴寫本，則藏於内。古文寫經，當並藏於“秘室之府”，故劉向奉詔校書時，直稱爲“中古文”也。古文寫經，自入秘府，遂爲天子所獨有，外人不可得見。故劉歆《七略》所著録之《孟子》《孫子》《陸賈新語》等書，其篇數乃與《史記》所言者有異，而後世所流行者，反與《史記》相合。此由中秘書，外人莫見，傳布爲希故也。（史遷時代，中秘所藏《孟子》等書，其篇數與民間本同，至劉向校書，對各書有所增訂，篇數加多而外人多不得見，故不同也。）西漢秘府藏書，不惟得見爲難，即副本亦不容流傳。王公大臣，如未經天子許可，而私寫秘書，則必干國法。《漢書·霍光傳》曰：“山又坐寫秘書，顯爲上書，獻城西第，入馬千匹，以贖山罪。書報聞。會事發覺，雲、山、明友自殺。”《百官公卿表下》曰：“蒲侯蘇昌爲太常，十一年，坐籍霍山書，泄秘書，免。”私寫秘書者，入馬千匹，始免罪，而借與之主管人員，則至免官，由此可見漢法之嚴，及秘書之不許流傳也。《宣元六王傳》記東平思王“上疏求諸子及《太史公書》，上以問大將軍王鳳，對曰：‘臣聞諸侯朝聘，考文章，正法度，非禮不言。今東平王幸得來朝，不思制節謹度，以防危失，而求諸書。諸子書或反經術，非聖人；或明鬼神，信物怪；《太史公書》有戰國縱横權譎之謀，漢興之初謀臣奇策，天官災異，地形阸塞，皆不可在諸侯王。不可予'。"由此足見秘書不許流傳之由。其用意，無非在壟斷知識，以爲統治之工具而已。又《漢書·叙傳》曰："斿博學，有俊材，左將軍史丹舉賢良方正，以對策爲議郎。遷諫大夫、右曹中郎將，與劉向校秘書。每奏事，斿以選受詔，進讀群書。上器其能，賜以秘書之副。時書不布，自東平思王以叔父求太史公、諸子書，大將軍白不許。"班斿之得賜秘書之副，當然爲不重要及不珍貴之書，同時，天子視爲親信，故得賜副。然秘書之不流傳，於此益見矣！即如劉歆，既爲宗室，又係博學，而其父又奉詔校書，乃直至父死，個人入秘府校書之時，始獲見《尚書》、逸《禮》、《左氏傳》諸古文寫本。所謂"藏於秘府，伏而未發"，足證古文寫經，民間並無流傳也。然由此又可知秘書不但不許私寫，即奉詔獲讀者，亦不得泄於他人。向、歆父子也，但在劉向以古文校今文《易》《書》時，歆尚不知諸經尚有古本也。猶此可見漢法之嚴，秘府之事，雖父不能泄之於子，況他人乎？《漢書·叙傳》又記班嗣家有賜書，桓譚欲借之，而嗣不許。此非居奇也，實乃畏法不敢私泄也。楊雄《答劉歆書》曰："有詔令尚書給筆墨，得觀書於石室。"（見《方言》卷首）觀秘書非奉詔不可，但觀後仍不得外泄。夫秘書之收藏，如此嚴密，而後人乃謂經古文寫本，在西漢時流行民間，譏以未曾讀書，得爲過乎！劉向以中古文校今文經本，始發見惟費氏《易》無脱文，與古文同。後漢人因誤指費《易》爲古文，以至於今。噫！古書誠不易讀，吾於今始信之也。

西漢秘府所藏古文寫經，民間雖有與之相近之今文寫本，但無相同之古字寫本。及至王莽之敗，赤眉大掠長安，縱火焚燒宫室市里之際，（《前書·王莽傳》《後書·劉盆子傳》）而中秘所藏之古字寫經，均隨回禄以俱去矣！直至東漢，"古學"大興，所傳經本亦有古文今文之分，然而古其所古，已非西漢所謂之古文矣！

三、東漢"古學"之興與經古文寫本

西漢傳經，有古文寫本，而無"古文家"。説經者，雖家法有異，但所據經本，則並爲今文所寫，前已具論。及時至東漢，中秘所藏古文寫經，已毁滅無存。學者好古心切，於是"古學家"出，而古文寫本亦隨之而産生矣。

東漢經師之創"古學"，而造古文經，其原則甚爲簡單：凡西漢所傳經古文見於《史記》《七略》者，則並爲立家；其在西漢，本傳今文，但未立於學官，至是亦被邀爲同志，稱以“古文”。至於捏造史事，虚叙傳授，更所不容緩矣。故在東漢時代，傳經之家，有今文輒有古文，兩兩相對，交鬨不已。《後漢書·儒林傳序》言光武立五經博士，各以家法教授，凡十四博士，其目如下表（按《儒林傳》所言有誤，兹復參續《漢書·百官志》之説）：

- 今文博士
  - 易
    - 施氏
    - 孟氏
    - 梁丘
    - 京氏
  - 書
    - 歐陽氏
    - 大夏侯
    - 小夏侯
  - 詩
    - 齊
    - 魯
    - 韓
  - 禮
    - 大戴
    - 小戴
  - 春秋
    - 嚴氏
    - 顔氏

凡十四博士所傳之學，其源淵流派，並分見《史記》《七略》及《漢書·儒林傳》。其爲由西漢代代遞傳而來之經説，當無疑問。至其所用經本，爲今文所寫，更勿用言。惟在東漢之初，“古學”大興，今文既得立於學官，而所謂“古學家”，乃抱向隅之感，因之發生多次之争論。兹據《後書·儒林傳》表“古學”之目於次：

- 東漢古學
  - 易——費氏（陳元、鄭衆傳之，馬融、鄭玄、荀爽爲作傳、注。）
  - 書——孔氏（杜林傳之，賈逵、馬融、鄭玄爲作訓傳、注解。）
  - 詩——毛萇（謝曼卿善之，爲作訓，衛宏作序。郑衆、賈逵傳之，馬融作傳，鄭玄作箋。）
  - 禮
    - 禮經（不詳誰氏所傳，鄭玄曾混合小戴禮爲作注。）
    - 周官（鄭衆傳之，馬融作傳，鄭玄作注。）
  - 春秋——左氏（鄭興、陳元傳之，曾一度立博士。賈逵傳其父業，故左氏有鄭、賈之學。）

按東漢所立之“古學”，大半出於僞托。孔安國只傳今寫《尚書》逸篇，並無解説。《毛詩》亦爲今文。《漢書·儒林傳》及《藝文志》，言毛氏而無名，至後漢乃賜以名曰萇。（至鄭玄出，又有大、小毛公之説。再後，又賜以名曰亨。於是大毛、小毛，均非無名者矣。）西漢只有古文寫經，未見“古學”。至東漢，

則"古學家"層見迭出,此於考研兩漢學術之異同,所當特别注意者也。兹録《後漢書》所載傳"古學"者於次,不重要者略焉:

(一)杜林　河南鄭興、東海衛宏,皆長"古學"。興嘗師事劉歆,林既遇之,欣然曰:"林得興等固諧矣,使宏得林,且有以益之。"及宏見林,闇然而服。濟南徐巡,始師事宏,後皆更受林學。林前於西州得漆書古文《尚書》一卷,常寶愛之,雖遭艱困,握持不離身。出以示宏等曰:"林流離兵亂,常恐斯經將絶,何意東海衛子、濟南徐生,復能傳之,是道竟不墮於地也。古文雖不合時務,然願諸生無悔所學。"宏巡益重之,於是古文遂行。(卷二十七)

(二)衛宏　少與河南鄭興俱好"古學"。初,九江謝曼卿善《毛詩》,乃爲其訓。宏從曼卿受學,因作《毛詩序》,善得《風》《雅》之旨,於今傳於世。後從大司空杜林更受古文《尚書》,作訓旨。時濟南徐巡師事宏,後從林受學,亦以儒顯。由是"古學"大興。(卷七十九)

(三)桓譚　父成帝時爲太樂令,譚以父任爲郎。……博學多通,遍習五經,皆訓詁大義,不爲章句。能文章,尤好"古學",數從劉歆、楊雄辯析疑義。(卷二十八)

(四)鄭興　少學《公羊春秋》,晚善《左氏傳》。遂積精深思,通達其旨,同學者皆師之。天鳳中(王莽年也),將門人從劉歆講正大義,歆美興才,使撰條例、章句、訓詁,及校《三統曆》……興好"古學",尤明《左氏》《周官》,長於曆數。自杜林、桓譚、衛宏之屬,莫不斟酌焉。世言《左氏》者多祖興,而賈逵自傳其父業,故有鄭、賈之學。(卷三十六)

(五)鄭衆　年十二,從父受《左氏春秋》。精力於學,明《三統曆》,作《春秋難記條例》,兼通《易》《詩》,知名於世。(卷三十六)

(六)陳元　父欽,習《左氏春秋》,事黎陽賈護,與劉歆同時,而别自名家。王莽從欽受《左氏傳》,以欽爲猒難將軍。元少傳父業,爲之訓詁,鋭精覃思,至不與鄉里通。以父任爲郎。建武初,元與桓譚、杜林、鄭興,俱爲學者所宗。(卷三十六)

(七)賈逵　父徽,從劉歆受《左氏春秋》,兼習《國語》《周官》,又受古文《尚書》於塗惲,學《毛詩》於謝曼卿。作《左氏條例》二十一篇。逵悉傳父業,弱冠能誦《左氏傳》及五經本文。以大夏侯《尚書》教授,雖爲"古學",兼通五家穀梁之説。……尤明《左氏傳》《國語》,爲之解詁五十一篇。永平中,上疏獻之。顯宗重其書,寫藏秘館。(卷三十六)

在東漢初年,傳經之家,產生一新的學派,即所謂"古學"是也。"古學"之興起,固由上述諸人,均一代宗師,篤志好古,而劉歆、王莽開導之力,要亦甚巨。劉歆酷愛《左氏》,而王莽則本《周官》而復周禮。王莽思篡位,因網羅當時民間經師,以及"異能之士",助其改制。而前後應徵者,達千數(《平帝紀》作"數千"),其數目亦大可觀。王莽之敗,其最大原因,則在改動當日之政治及經濟組織,以致官易非,而民無以爲生。(行周禮,改井田,是其致命傷也。)故盜賊蜂起,兵無鬥志。至王莽對一般爲民間學人之收攬,則成績頗佳,影響所及,在東漢初年,著文詈王莽者,頗爲少見。其較之西漢初年,文士著文,非曰"無道秦",輒曰"暴秦"者,絶不相同。以王莽收攬學士,高倡復古,故王莽雖敗,而曾與相接之英異之士,卒能創建"古學"於東漢。此雖與莽之復古,用意不同,而啓迪之功,實不能不溯之於歆、莽也。東漢光武,治天下欲"以柔道行之",故法網寬廣,不似前漢之嚴酷。(前漢説經之家,亦有未立於學官者,但不敢公然争論天子之前以求立者,法嚴故也。劉歆以哀帝親近,求立《左氏》,而師丹乃奏歆"改亂舊章,非毁先帝所立"。歆懼誅,乃求出補吏。前漢法嚴,於此可見。)而爲"古學"者,乃可任意求立,並交相譏評,而無所忌憚。東漢初年,"古學"建立,杜林、衛宏以及鄭興、陳元諸人之分頭努力,爲功固巨。但使"古學"能上通天子,取重帝王,在東漢之經學界占一重要地位,則實賈逵之力。蓋東漢帝王,皆信圖讖,至賈逵出,學兼多方,乃附會圖讖以取悦天子。而"古學"乃大顯矣。賈逵上章帝奏曰:

> 《左氏》義深於君父,《公羊》多任於權變,其相殊絶,固已甚遠。而冤抑積久,莫肯分明。臣以永平中上言《左氏》與圖讖合者,先帝不遺芻蕘,省納臣言,寫其傳詁,藏之秘府。建平中,侍中劉歆欲立《左氏》,不先暴論大義,而輕移太常,恃其義長,詆挫諸儒。……從是攻擊《左氏》,遂爲重讎。至光武皇帝,奮獨見之明,興《左氏》《穀梁》,會二家先師不曉圖讖,故令中道而廢。……五經家皆無以證圖讖,明劉氏爲堯後者,而《左氏》獨有明文。五經家皆言顓頊代黄帝,而堯不得爲火德。《左氏》以爲少昊代黄帝,即圖讖所謂帝宣也。

《後書·逵傳》曰:"八年,乃詔諸儒各選高才生,受左氏、穀梁《春秋》,古文《尚書》,《毛詩》,由是四經遂行於世。皆拜逵所選弟子及門生爲千乘王國郎,朝夕受業黄門署,學者皆欣欣羨慕焉。"是古學之得大行,賈逵附會圖讖,取悦天子之力爲巨也。東漢初年,桓譚亦好"古學",但譚以非毁俗儒,攻擊圖讖爲事,且不爲章句,是另一派,非"古學"之正統,故不具論。

東漢諸儒,受歆、莽之影響,多好"古學"。但斯時所傳經本,則均爲由西漢傳來之今字寫本,至於西漢中秘所藏之古文寫經,雖在王莽時代,學人亦少得見;至赤眉一火,更無由獲覯矣。以是東漢"古學"大師,乃一面從事於經文之訓解,一面則私逞胸臆,更改經字,以求與今文經本立異。以此,而東漢之經古今文寫本,乃與西漢者大異其趣。西漢經今文寫本,雖亦偶有文字之歧異(出於今文家抄寫之誤),但多數寫經,其與古文寫本之别,只一爲古字,一爲今字而已,並無異文。但至東漢,經古今文之分野,乃不在文字之今古,而在經本多異文。此兩漢經今古文寫本特異之點,不容混淆爲一者也。

東漢"古學"家,不見西漢古文寫經,因多苦意尋訪。而杜林乃於西州得漆書古文《尚書》一卷矣。(《御覽》卷六百十九引《東觀記》,言於河西得漆書古文《尚書》一卷。)杜林所得古文《尚書》,既爲一卷,則非全書可知。(《漢志》著録《尚書》古文經四十六卷。)若當時果有流傳之古文《尚書》完本,則杜林不應如此重視其古文殘卷,"雖遭困危,握持不離身",並於出示衛宏等時,乃感慨言之,屬意宏等,惟恐此學將墮。惟以斯時古文寫經已滅,故林驟得殘卷,乃視爲鴻寶也。至杜林漆書,後人或疑其僞,但予證以後出史書所記由古冢獲得竹簡之事,則漆書也者,容爲先秦舊物。《晉書·束皙傳》曰:

> 太康二年,汲郡人不準,盗發魏襄王墓,或言安釐王冢,得竹書數十車。……簡書折壞,不識名題。……漆書,皆科斗字。(此文略同王隱《晉書》,見《春秋》正義引。)

晉初汲冢所出竹書,多爲漆書科斗字,(《穆天子傳》爲墨書,見荀勗《上穆天子傳序》)竹書爲六國時物,則杜林所得漆書古文《尚書》,其時代亦不能早。惟後此所發現之竹書,其年代亦有在汲冢前者。《南史·江淹傳》曰:

> 時襄陽人開古冢,得玉鏡及竹簡古書,字不可識,王僧虔善識字體,亦不能諳,直云似是科斗書,淹以科斗字推之,則周宣王之簡也。

按江淹以科斗書推襄陽冢所出竹簡,以爲周宣王時物,足證周代簡書,以時代有早晚,而字體亦不盡同,蓋愈古愈難識也。惟自東漢而還,忽然産生"科斗書"一名稱(《後漢書·盧植傳》曰:"古文科斗,近於爲實。"),竊疑即由漆書而來，以漆作字，其筆畫容或首粗尾細，近蝦蟆子形，故有此稱。江淹所見竹書，字非科斗，由此又知戰國以前之竹書，非盡用漆寫矣。

杜林所得漆書古文《尚書》一卷，並非全經，故杜林所傳《尚書》，雖號"古文"，但與今文寫本，無大歧異。《隋書·經籍志》(後簡稱《隋志》)曰：

> 後漢扶風杜林，傳古文《尚書》，同郡賈逵爲之作訓，馬融作傳，鄭玄亦爲之注。然其所傳，唯二十九篇，又雜以今文，非孔舊本。自餘絶無師說。晉世秘府所存，有古文《尚書》經文，今無有傳者。(晉秘府之古文《尚書》經文，乃梅上僞古文經文也。)

《隋志》所言西漢經古文之流傳，多摭拾後漢及魏晉妄説，故不徵引。至其所言杜林傳古文《尚書》事，則爲可信，以其時代較近(《隋志》之撰述，多據晉及南北朝人之造作，若王儉《七志》，阮孝緒《七録》之類，見《志序》)，容可見其本書也。《隋志》謂杜林古文《尚書》乃雜以今文，篇數爲二十九，足見西漢中秘古文，至後漢完全毀滅矣。不惟中秘所藏經古文寫本盡失，即孔安國所譯寫流傳之逸《書》十六篇，至是亦亡佚矣。(西漢人書多有引逸《書》者，若《史記·殷本紀》引《湯誥》，又引《湯征》。《漢書·律曆志》引《武成》《豐則》《伊訓》。《王莽傳》引《嘉禾》。當並爲逸《書》之篇。但至東漢，則未見有引逸《書》者焉。)故杜林之説《尚書》，亦只據今文二十九篇之書也。東漢初年之"古學家"，惟杜林通小字，識古字，《漢志》著録杜林《倉頡故》一篇，並云："倉頡七章者，秦丞相李斯所作也。……倉頡多古字，俗師失其讀。宣帝時，徵齊人能正讀者，張敞從受之，傳至外孫之子杜林，爲作《訓故》，并列焉。"《倉頡篇》爲李斯所作，則當爲小篆書寫。所謂多古字者，乃指篆字言也。(《倉頡篇》等書，乃教小兒識字之書。猶後代之《千字文》，以秦人所作，故用小篆書寫。《説文叙》引"幼子承詔"，流沙墜簡之"游敖周章，黚黶黯黮，䵝黝黭䵑，黔黵赫赧，儵赤白黄"，並其逸文也。《書》蓋四字爲句，以便誦讀。《顔氏家訓·書證篇》引曰："漢取天下，海内并廁。豨黥韓覆，畔討滅殘。"此《書》至漢代，當又有所增益。)杜林所通之古文，實爲秦篆。而《説文》亦每引杜林説，以解篆文。足證杜林雖識古字，但未得多見先秦古文。而古文寫經，後漢已無，此亦一證也。

東漢之法網既疏，而好"古學"者，既屬通博，又多顯貴。故經杜林、衛宏、鄭、賈諸人之提倡，乃成一風氣，而"古學"遂與今文平分儒林矣。"古學"之興，賈逵之附會圖讖，取悦天子，固有偉功。而在其前，陳元與范升之争立《左氏傳》事，亦有大力。范升以爲《左氏》“非先帝所存，無因得立”，並奏《左氏》之失凡十四事。(《後書》卷六十六)而陳元乃上疏曰：

> 臣竊見博士范升等所議奏《左氏春秋》不可立，及太史公違戾，凡四十五事。案升等所言，前後相違，皆斷截小文，媟黷微辭。以年數小差，掇爲巨謬。遺脱纖微，指爲大尤。抉瑕擿釁，掩其宏美。所謂“小辯破言，小言破道”者也。升等又曰：“先帝不以《左氏》爲經，故不置博士。後主所宜因襲。”臣愚以爲，若先帝所行而後主必行者，則盤庚不當遷於殷，周公不當營洛邑，陛下不當都山東也。……先帝後帝，各有所立，不必其相因也。

范升與陳元辯難凡十餘上，而《左氏》卒得立，以李封爲博士(封死乃廢)。陳元之争立《左氏》，較劉歆爲激烈矣。若其所言先帝不足爲法，西漢之人，絶不敢道，以此乃公然非毁先帝矣。東漢法寬，於此可見。劉歆《讓太常博士》曰：“且此數家之事，皆先帝所親論，今上所考視。其古文舊書，皆有徵驗，外内相應，豈苟而已哉。”劉歆只言《左氏》等書並爲古文，而不及其經義。至陳元、范升之争，則只論《左氏》之義説，而不及其經字。誠以此時“古學”已立，自重義説。而古文寫經，盡不復存，實無由再言“古文舊書，皆有徵驗”矣。不惟陳元之争，不談經字，即賈逵條奏《左氏》之善三十事，及與李育在白虎觀論難，並係較量《左氏》《公羊》説義之優劣，不及經字之今古。而賈逵並譏劉歆與太常博士争論，不先暴論大義。(見前引)不知劉歆移書之際，《左氏》與《春秋》，尚爲兩書，《左氏》並不解經，彼雖欲暴論，亦無從説起也。至東漢後期，馬融與劉瓌之争，鄭玄與何休之争，均係發揮《左氏》義法。(見《鄭玄傳》《儒林傳》。按鄭玄又有與林孝存争《周禮》事，見賈公彦《周禮廢興》。)蓋古文寫經，東漢已無，故“古學”之家，對經字之今古，均諱而不談耳。

《後書·儒林·孔僖傳》，言自安國以下，世傳古文《尚書》、《毛詩》，直妄言耳。此乃“古學”盛行之後，孔氏附會之辭。又《儒林傳序》言質帝以後，士不悦學，疏於章句，“有私行金貨，定蘭臺漆書經字，以合其私文”。此之漆書，乃東漢所寫經，非古文漆書也。東漢時寫書用簡牘(《後漢書·周磐傳》曰：“編二尺四寸簡，寫《堯典》一篇，并刀筆各一，以置棺前”)，筆用兔豪，而和以墨(《御覽》六百五引王羲之《筆經》曰“漢時諸郡，獻兔豪，惟趙國豪中用”，又引《東宫舊事》曰“皇太子初拜，給香墨四丸”。曹植《樂府》曰：“墨出青松烟，筆出狡兔翰。"是漢魏人已知以松烟作香墨。)至蘭臺寫經,改用漆書書,係特示珍貴,而常人使用,仍爲墨書也。(流沙墮簡,即用墨書,存留至今。日本中村不折氏所藏永壽二年瓦瓶〔周漢遺寶〕,載銘文二百餘字,均用墨書。是墨書頗能歷久而不脱。但某氏誤讀文人之過分形容,以爲墨書歷久輒脱,殊欠通達。)

在本章結束之際,余將提出《周官》之缺篇問題,加以論述。《漢書·儒林傳》言河間獻王曾得《周官》,予已疑其難信。但《漢志》著録《周官》六篇,未言有缺。所謂《周官》六篇者,乃《天官》《地官》,合以《春》《夏》《秋》《冬》四官,適爲六篇之數,故西漢人均無《周官》缺篇之説。乃自東漢以還,忽有《冬官》原缺,補以《考工記》之説,最初見於馬融《周官傳》,其言曰:

> 至孝成皇帝,達才通人劉向、子歆,校理秘書,始得列序,著於《録》《略》。然亡其《冬官》一篇,以《考工記》足之。時衆儒並出共排,以爲非是,唯歆獨識。(賈公彦《周禮廢興》引)

乃後此傳説,所言又異:

> 魯恭王壞孔子舊宅,得《周書》(按當作《周官》),闕,無《冬官》。漢武帝購千金,而莫有得者,遂以《考工記》備其數。(《御覽》六百十九引《物理論》)
>
> 漢時有李氏得《周官》,……上於河間獻王,獨闕《冬官》一篇,獻王購以千金不得,遂取《考工記》以補其處,合成六篇,奏之。(《隋志》,《經典釋文·序録》所言略同)

關於《周官》缺篇,東漢以還,乃有三種不同之傳説(《禮記》正義又云:"孝文時求得《周官》,不見《冬官》一篇,乃使博士作《考工記》補之",時代過後,故不徵引。):一謂劉歆補以《考工記》;一謂武帝所補;一謂河間獻王所補。至《周官》之出現,所言亦異:一謂劉歆校書時,始得見之;一謂出於魯恭王之壞孔宅;一謂李氏得之,上於獻王。凡此所言,均非真情。蓋東漢"古學"之家,尊《周官》與《禮經》等,(西漢人言《禮》,言《記》,《禮》爲《禮經》即《儀禮》,《記》則百三十一篇,不言《周官》,故在西漢無以《周官》名家之經師。至劉歆以《周官》爲《周禮》,助莽改制,而東漢"古學"之家,盡尊劉歆,於是《周官》改稱《周禮》,視爲周公所制。尊崇之意,幾過《禮經》。)訓詁、傳、解,實繁有徒。研尋既熟，乃發現《冬官》標題之下，忽綴“考工記”三字，其文體亦有異於前，因妄生疑竇，而杜撰《冬官》缺篇之事，其異説乃紛紛出矣。但就實以言，《周官》原書即有《考工記》，並非漢人所補。《齊書》曰：

> 文惠太子鎮雍州，有盜發古冢者，相傳云是楚王冢，大獲寶物。玉履、玉屏風、竹書、青絲編。簡廣數分，長二尺，皮節如新。有得十餘簡，以示王僧虔，云是科斗書《考工記》，《冬官》所闕文也。（《御覽》七百十七引。《南齊書・文惠太子傳》同）

《周官》實爲戰國人作物，自劉歆誤以爲周公之禮，此書遂爲經生聚訟之標的。但自何休斥爲六國陰謀之書，復經宋、明、清儒者多人之懷疑，至晚近錢賓四先生發表《周官年代考》，則《周官》爲戰國人作物，有識之士均信而不疑矣。《齊書》記古冢所出竹書，王僧虔驗之，以爲科斗書《考工記》。科斗書，即戰國漆書字體，而後人之誤稱。（見前）由此足證《考工記》實爲《周官》所原有，其言“《冬官》所闕文也”，是古冢所出之十餘簡，必有標識言爲“冬官考工記”，但其文字，則又流行《冬官》之所闕也。

四、兩漢經古文寫本之文字樣式

前論西漢中秘有經古文寫本，但其時無經古文家。東漢有“古學”家矣，而經古文寫本，已不可見，學者所據，均爲由西漢傳來之今字寫本。今又欲一問西漢經古文寫本其文字究作如何樣式？而東漢古文家所據經本，其文字方面，異於今文家者，又爲如何？此均不得不一究底蘊者也。

西漢中秘古文，不可見矣，其字樣已莫由揣測。但吾人由後代發冢所得古文竹書，其字勢並不一律（見前），足見古代寫經，時代非一，則其字勢亦隨之而異。先秦竹書，今不得見矣，但出土之銅器，率有銘文，多爲先秦舊物。吾人研索銅器銘文，因感到“古文”一語，只爲漢、晉人之籠統稱謂，實則先秦古文，因時代之隔異，亦有種種不同之作勢。漫稱“古文”，殊欠界限。昔王國維著論，言戰國、秦用籀文，六國用古文，（《觀堂集林》卷七）學者多是其説。但予在所著《虢季子白盤年代新考》中，對王説已有所訂補。竊謂“古文”“籀文”等名稱，皆漢人之誤謬稱謂，先秦無有也。以言“古文”，則漢以前之文字，皆可稱古。以言“籀文”，則此稱謂之本身，即已不能成立。所謂周宣王太史籀作大篆者,實漢人之讕言也。王國維推測《史籀篇》首句應作"太史籀書"一語。籀者,讀書也。(《説文》)《史籀篇》開端,本言太史讀書,漢人誤讀,以爲乃太史籀其人所書寫,因附會爲周宣王時人,而"籀書"遂變爲字體之稱謂矣。(《史籀篇疏證序》)王説甚爲精確,故今論先秦古字,舊日稱謂,多不能用,只可就時代上爲之劃分也。

周代銅器銘文之作勢,可約略分爲數期:

(一)西周前期　字多肥筆,横畫開端,每作契形。此可以大豐段、令彝、盂鼎等器文,作其代表。

(二)西周後期　肥筆漸微,契形之筆畫已無。字畫之首尾,皆作圓筆。此可以毛公鼎、散氏盤、頌鼎等器文,作其代表。

(三)春秋初年　字勢多與西周後期相近,此可以傳世鄭、虢二國器物,作其代表。

(四)春秋中期以後　字勢漸近漢人所稱"籀文"之姿態,漸有繁文,此可以石鼓文、秦公段、邾公華鐘等器文,作其代表。

自春秋中葉以還,文字作勢,漸分兩大枝幹。其王朝一系(即占據今陝西、山西、河南及河北南鄙,山東西鄙一帶之國家。),乃直接承受殷、周之正統文化,其文字演變之迹,可以尋求。但蟠據東方、南方諸國之文字,其作勢乃與王朝一系,漸行隔離,往往隨意繁省,而風格亦變。王國維謂戰國、秦用"籀文",六國用"古文",立論近是,而有語病。在戰國時代,秦人文字,爲王朝正統,但作勢亦變,近於漢人所言之"籀文"。至東方諸國,係承受春秋以還之王朝文字,而大有繁省,其作勢並不盡與漢人所言之"古文"同也。

六國文字,其東方齊人之字勢,與南方楚人,以地域隔阻,亦不盡同。此以陳侯午錞,鋘段諸器文,與壽縣所出之曾姬無卹壺、楚王酓忎盤、楚王酓肯簠諸器銘文相較,即可知其有異。齊文與西方秦文,姿勢略近(所謂"籀文"樣式也),而楚則爲遠。至東方所流行刀布匋鉨,及兵戈上之文字,則爲另一風格。此《説文序》所稱"文字異形"者也,王國維指爲"古文"則誤矣。

吾人據傳世先秦銅器銘文以劃分古文字樣,有上述之不同。兹當進而尋研西漢所存經古文寫本,其字勢應作何狀?西漢實得先秦古文寫經,但此寫本,後漢人已無福以見,遑論二千年後之我輩。漢人對古文字學之知識,較今人爲淺陋(彼未見大量之甲骨金文),而所立名稱,又籠統無界限,以是在今日欲逆探西漢古文寫經之字樣,殆爲不可能之事也。惟吾人所可推斷者,爲西漢古文寫經之發現地域,據後起之傳説,若孔氏家,若魯淹中,若河間獻王,大抵在東方,以此吾人乃疑西漢所得古文寫經,其字勢容爲一律,當並爲戰國東方之文字所寫。魯爲儒家之發祥地,在戰國後期,東方文化,以儒家爲最廣大之一支。六經之爲儒家攘爲私有,實在戰國後期。(参錢賓四先生《國學概論·孔子與六經章》,《周易》爲儒家攘爲私有,時代最遲,《荀子·大略篇》始《詩》《易》《禮》相提並論,錢書未及此意。至傅孟真先生謂《易》入儒家,當在漢初,似乎過遲。)以此六經寫本,當以東方文字者爲多,故漢人求書,亦以得東方寫本爲易也。戰國末年,秦滅六國,其西方各國藏書,當並入於秦。故司馬遷曰:"秦既得意,燒天下《詩》《書》,諸侯史記尤甚,爲其有所刺譏也。《詩》《書》所以復出者,多藏人家。而史記獨藏周室,以故滅。"(《史記·六國表序》)但秦自下令燒書以來,西方密邇京都,想人家所藏,亦均滅絶。而秦室藏書,經項羽咸陽一火(有少數律令及地圖,被蕭何預先收去。),亦蕩然無存矣。至南方藏書,當然以楚國所有者爲大宗,然以楚爲大國,秦人敗楚,虐殺特甚。白起拔郢,且燒楚先王之陵墓,楚人恨之,故有"三户亡秦"之語。以是而言,則六國時代,南方寫經,自楚國滅後,當亦無存。凡所推測,不敢謂其必然,只在情理中,頗有可能也。至西漢所傳古文寫經是否亦爲漆書,以無佐證,不敢臆説,只待將來之鋤頭考古家爲之證驗可爾。

赤眉之亂,長安全焚,於是中秘所藏古文寫經,盡不可見。東漢"古學"大興,經師迭起,但其據以作注之寫經,盡爲西漢傳來之今字寫本,並非先秦古文。然經"古學"家訓釋整理以後,於是"古學家"之經本,乃與立於學官之今文寫本發生歧異。但自鄭玄調合今古,遍注見五經;至唐玄宗又命舉衛包改易經字,於是"古學家"所傳之寫經樣式,亦不可考見矣。惟於現存《周禮》《儀禮》兩書鄭玄所注之古今文異文,尚可略窺梗概。兹略舉《儀禮》注所舉古今異文於次(據胡承珙《儀禮古今文疏義》卷一所載):

《儀禮》古文	《儀禮》今文
席於門中"槷"西"蹙"外	席於門中"闑"西"閾"外
筮人還東面"臚"占	筮人還東面"旅"占
爵弁服"纁"裳	爵弁服"熏"裳
側尊一"廡"醴在服北	側尊一"甒"醴在服北
爵弁皮弁緇布冠各一"篹"	爵弁皮弁緇布冠各一"匴"
執以待於西"襜"南	執以待於西"坫"南

兄弟畢“均”元	兄弟畢“袗”元
將冠者采衣“結”在房中南面	將冠者采衣“紒”在房中南面
贊者“浣”於洗西	贊者“盥”於洗西
贊者奠纚笄“節”於筵南端	贊者奠纚笄“櫛”於筵南端
加柶覆之面“擖”	加柶覆之面“葉”
加柶面“枋”	加柶面“柄”
筵末垂“呼”醴	筵末坐“啐”醴
主人酬賓束帛“離”皮	主人酬賓束帛“儷”皮
再醮“攝”酒	再醮“聶”酒
設“扃密”	設“鉉鼏”
“蠃”醢	“蝸”醢
戒賓曰“謀”有子“謀”	戒賓曰“某”有子“某”
以“秉”吾子	以“病”吾子
“麋”壽萬年	“眉”壽萬年
嘉薦“癉”時	嘉薦“亶”時
孝女時“嘏”	孝女時“格”
章“甫”殷道也	章“斧”殷道也

兹再略舉《周禮》注所言古今異文於次(據徐養原《周官故書考》卷一所載):

《周禮》故書	《周禮》今文
二曰“賓”貢	二曰“嬪”貢
四曰聽稱責以傅“辨”	四曰聽稱責以傅“別”
“小”事者	“七”事者
賓客之禽“獸”	賓客之禽“獻”
掌冰“政”歲十有二月	掌冰“正”歲十有二月
糗餌粉“茨”	糗餌粉“餈”
菭菹“鶉”醢	菭菹“雁”醢
設梐“柜”再重	設梐“枑”再重
若合諸侯則共“夷”槃玉敦	若合諸侯則共“珠”槃玉敦
以參“巨”考日成	以參“互”考日成
“授”其幣使入於職幣	“受”其幣使入於職幣
皆辨其物而奠其“禄”	皆辨其物而奠其“録”

諸侯則共其熊侯"虎"侯	諸侯則共其熊侯"豹"侯
"淫"裘飾皮車	"廞"裘飾皮車
使各有事以作"三"事	使各有事以作"二"事
出其度量"敦"制	出其度量"淯"制
贊"王"齍	贊"玉"齍
及内人女功之事"齎"	及内人女功之事"資"
喪縫棺飾"馬"	喪縫棺飾"焉"
衣"接""櫝"之材	衣"翣""柳"之材
夏"纁"元	夏"纁"元
以乘車建"旞"復於四郊	以乘車建"綏"復於四郊
"壇"人	"廛"人
"錢"府	"泉"府
"饎"人	"饎"人
正日景以"救"地中	正日景以"求"地中
及分地"邦"而辨其守	及分地"域"而辨其守
與其輂"連"	與其輂"輦"
執斧以"立"匠師	執斧以"涖"匠師
"述"其前後之屯	"巡"其前後之屯
五曰興"無"	五曰興"舞"
春秋祭"步"	春秋祭"酺"
凡外祭"甈"事用"龍"可也	凡外祭"毀"事用"尨"可也
任近"蒿"之地	任近"郊"之地
唯其"漆"林之征二十而五	唯其"桼"林之征二十而五
以恤民之"摿"阨	以恤民之"囏"阨
以待"寄"旅	以待"羈"旅
掌國"得"失之事	掌國"中"失之事
王"與"則從	王"舉"則從
使其屬帥四夷之"肆"	使其屬帥四夷之"隸"
"辭"布者	"辟"布者
其"柎"於刑者歸於士	其"附"於刑者歸於士
凡珍異之有"廛"者	凡珍異之有"滯"者

凡國之“買”儥	凡國之“賣”儥
“習”其不正者	“襲”其不正者
貨之“癉”於民用者	貨之“滯”於民用者
“比”其委積	“庀”其委積
以甸聚待“奇”旅	以甸聚待“羈”旅
“挈”剛用牛	“騂”剛用牛

西漢所傳經古文寫本,與當時流行之今文大略相同。其今文之有脱簡逸文者,劉向均加以校勘。但五經之中,惟《易經》略有脱字,而《尚書》多有異文。(均見前引《漢志》)其他各經文字之間,想均相同。《漢志》言《禮》古經與十七篇相似,相似即相同也。以同屬一字,一作古寫,一作今寫,故言相似,而不言相同。劉歆《七略》云:“《春秋》兩家,文或具四時,或不。於古文,無事不必具四時。”(《初學記》二十一)是《春秋經》今古文之異點,只在今文本有每年下標舉春夏秋冬四時者,有不標舉者。而古文本,則每季有事則標,無事則缺。至於文字方面,當盡相同。《漢志》只言《論語》《孝經》古文本之分章有異,則其文字盡同今文,不言可知。準此以言,西漢經書寫本,除《尚書》今文寫本多有異文,不盡同古文外,其他各經,在文字方面,只寫法有今古之别,而字則不異,當無疑問。然自西漢經古文寫本毁滅而後,東漢“古學家”所杜撰之古文寫本,則大異舊規。乃不在文字寫法之有今古,惟以多著異文,以作今古之分野。就此一事,足證其經本之必非真古文也。吾人今日多見鐘鼎銘刻,是古文也。如譯寫爲今字,是爲今文。但“”一辭,不能寫以今文,便爲“狗狗兔兔永寶用亯”也。今所舉《儀禮》《周禮》今古異文,其今古之差,並非異寫,乃爲異文。若“得”之與“中”,“邦”之與“域”,“夷”之與“珠”,字形相去太遠,若非經師任意改字,絶不容爾。《史記》引經,每喜易古字古言而爲今,但此乃史家鎔鑄史料,可以如此。若夫傳經之家,則只有詁訓文義,並無更易經字。《漢書·劉歆傳》謂“《左氏傳》多古字古言,學者傳訓詁而已。”只可傳訓詁,不容竄改。東漢所傳經今文寫本,皆西漢傳來舊本,而此今文舊本,乃與西漢中秘古文文字盡同者也。而“古學”之家,於古文寫經滅絶之餘,乃據今文寫本更易文字,以求立異。故吾人所見《儀禮》《周禮》今古文之分别,只爲異文而非異寫也。不惟古學家逞臆改字,恐今文家受其影響,亦容有改易經文之事。《後漢書·劉陶傳》曰:“陶明《尚書》《春秋》,爲之訓

詁。推三家《尚書》及古文，是正文字三百餘事，名曰《中文尚書》。”劉陶之爲《中文尚書》，當由不滿今古兩派互改經文而作。至此吾人始知鄭玄初習“古學”，至末年乃參今古文經，兼採今古家説，而遍注五經之緣由矣。守家法者，每詆鄭氏，然鄭君晚歲之所爲，正其學識已超過時代，而知求真矣。

《周官》一書，本無古文寫本（西漢僅得《大司樂章》爲古文），而在東漢“古學家”據今文本改字立異之際，《周官》所改，較《儀禮》爲劣。蓋“古學家”所改，有爲通假字者：若改“别”爲“辨”，改“嬪”爲“賓”，改“儀”爲“義”，改“淳”爲“敦”之類；於古尚有其例，其故可得而説。亦有以音近而誤改者：若改“飺”爲“茨”，改“珠”爲“夷”，改“受”爲“授”，改“録”爲“禄”，改“廞”爲“淫”，改“求”爲“救”之類；不惟前無其例，而“受”之作“授”，“求”之作“救”，更非古文所宜有。亦有以形近誤改者：若改“七”爲“小”，改“獻”爲“獸”，改“雁”爲“鶉”，改“梪”爲“柜”，改“豹”爲“虎”，改“焉”爲“馬”之類；凡此，杜子春已明言古文爲非，當從今文。亦有義近而誤改者：若改“泉”爲“錢”，改“域”爲“邦”，改“桼”爲“漆”，改“羈”爲“寄”之類；而“泉”“桼”並爲古文，改爲後起之字何耶？《儀禮》之改字，較《周官》爲優。然亦不過改字者明乎通假條理而已，並非所改爲真古文也。若“闑”之改“槷”，“旅”之改“臚”，“甒”之改“廡”，“擳”之改“節”：並通假字也。亦有其本難相通，而妄改者：若改“盥”爲“浣”，改“紒”爲“結”，改“啐”爲“呼”，改“鼏”爲“密”，改“某”爲“謀”，是又任情以更易矣。凡此所舉，不過鼎之一臠，然一隅反三，持此爲準繩，自行翻閲全書可爾。（《周禮》故書之誤，杜子春每爲之是正。馬融《周官傳》謂杜子春曾從劉歆學——當然不可信——，夫以曾從劉歆向學之人，而不信故書，則古文《周官》，其非西漢之舊，可知矣。徐養原曰：“故書，即古文。”）

此外所可恃以探尋東漢古文寫經之字樣者，尚有（一）《説文》引經；（二）唐隸古定《尚書釋文》殘卷（伯希和於敦煌所得，《涵芬樓秘笈》第四集有影印本）；（三）魏三體石經古文；（四）敦煌隸古定《尚書》殘卷（羅振玉影印本）。然此四種資料惟前二者尚可援用。《説文序》曰：“其稱《易》，孟氏。《書》，孔氏。《詩》，毛氏。《禮》，《周官》。《春秋》，左氏。《論語》《孝經》皆古文也。”是則凡《説文》引經，多據東漢“古學家”之經本也。兹核《説文》引經，其字盡同小篆，同古文者極鮮。此亦足證東漢已無古文寫經矣。《説文》引經，亦間有異文，此乃與前舉《儀禮》之異文同揆，爲通假，而非古寫也。（《説文》：“祏，宗廟主也。《周禮》有郊宗石室。”是今文作“祏”，而古文作“石”也。

《説文》蓐部,"薅"字籀文作"蔙",篆文或體作"茠",引《詩》曰:"既茠荼蓼。"此引《詩》古文,同篆文或體,而不同籀文。讀者可持《説文》與吴玉搢《説文引經攷》對閲,兹不廣徵。)唐寫《尚書釋文》殘卷,固多有古文,然陸氏《釋文》所據,乃梅頤所上僞《古文尚書》隸古定寫本。而僞《古文尚書》古字之來源,爲(一)《説文》,(二)魏三體石經古文,(三)汲冢竹書古文,(四)當時流傳之僞古字。以是其單字雖不盡僞,但其全書,則不惟非先秦、非西漢,且亦非東漢之舊也。蓋作僞書易,作僞字難。而作僞書者,欲求取信於人,則不得不收集大批現存古字,連綴成文,古文無者,補以小篆,借此欺人。此等伎倆,實創始於魏三體石經之作者,晉人所爲,亦不過邯鄲學步而已。準是以言,《尚書釋文殘卷》,雖多古字,然已失去其重要性。《後漢書·儒林傳》言馬融曾爲《古文尚書》作傳,今據唐寫《尚書釋文》殘卷所引馬本,亦可略見東漢《古文尚書》之字樣:

平　如字,均也。馬作苹。

炛　古燠字。於六反,室也。馬云,煖也。

蘵　本又作蒯,又作蒯。……馬云,温柔皃。

巸　古文熙字。許其反,廣也。馬云,興也。

衜　古文胤字。引信反,國名。馬云,嗣也。

訟　馬本作庸。

鲧　古鮌字。……馬云,顓頊之子,禹父也。

匀命　如字。馬云,方,放也。

巽　音遜,順也。馬云,讓也。

曰兊舜　虞氏,舜,名也。馬云,舜,謚也……

徽　許違反。王云,美也。馬云,善也。

大禁　古文鹿字。王云,録也。馬鄭云,山足也。

厎　馬云,定也。本或作庢字,非也。

苂祖　古文祖字。古示邊多作爪。……馬曰,文者,天也。天爲文,萬物之祖,故曰文祖。

璩　古璿字,馬本作琁。

肆　音四。王云,次也。馬云,故也。

禋于　音因。……馬云,精意以享也。

六宗　馬云,天地四時也。

楫　徐音集。王云，合也。馬云，斂也。

柴　仕佳反，《説文》作柴，從此木。云燎天祭也。古文作祀，《爾雅》云，祭天曰燔柴。馬云，祭山曰柴。積柴加牲其上，而燔之也。今經典並止作柴薪字。

同律　馬云，律，法也。

三帛　馬云，三孤所執也。

至於北峃如初　馬本同。方興本作如西禮。

蓺　魚世反。又馬王云，禰也。

三韓　馬王皆云，四面朝於方岳之下也。

宥　音又字。馬云，宥，三宥也。

苗　馬王云，三苗國名，縉雲氏之後，爲諸侯，蓋饕餮也。……

迺殂　本又作殂，古文作殂，皆古殂字。才楛反，死也。馬鄭本同。方興本作帝乃殂落。

楙才　古茂字。王云，勉也。馬云，美。

殂　本又作阻，落吕反。王云，難也。馬本作徂，云始也。

女共工　音恭。馬云，共工，司空官也。

柏㠯　伯夷，臣名也。馬本作伯异。

冑学　直又反。……馬云，冑，長也。教長天子之子弟。

陸德明《經典釋文》其《尚書》乃據僞古文本，故曰："伏生所誦，是曰今文，闕謬處多。""案今馬、鄭所注，竝伏生所誦，非古文也。"（叙録次第）陸氏蓋以梅頤所上之僞古文爲真古文，因以馬融之本爲據今文。然馬融實傳古文《尚書》，爲之作傳，《後漢書・儒林》《三國志・王肅傳》並有明文，而陸氏乃謂馬融所注同今文。由此，足知東漢之古文《尚書》，並非古字寫本。而孔安國所譯寫之逸《書》十六篇，至東漢已亡。故《隋志》所言之杜林《尚書》，以及陸氏所見之馬融《尚書》，其篇數並不出今文範圍矣。敦煌《尚書釋文》殘卷所著馬本異文，乃馬本與僞《古文尚書》（梅本）之異文，然亦足見東漢"古學家"改字之無理也。

（一）"平秩東作"之"平"，馬本作"苹"，殊爲無根。《説文》載"平"之古文作"釆"，魏石經作者，即剽用之。然馬融只知改字，而不知集古字，伎倆尚未高妙。

（二）"厥民隩"之"隩"，僞古文作"炢"，不知所據。馬本作"隩"，今文作

“燠”。《説文》:“隩,水隈厓也”,顯係馬本假借改字。

(三)“鳥獸氄毛”之“氄”,僞古文作“䩺”,不知所據。但《説文》引《書》作“鳥獸㲨髦”,是東漢之“古學家”寫本作“㲨髦”也。

(四)“庶績咸熙”。馬本如此。今文同。僞古文“熙”作“煕”者,《説文》“熙”之古文作“戺”。乃據之增“火”其下,而作“煕”矣。

(五)“肻子朱啓明”。馬本“肻”作“允”。僞古文作“胤”者,乃以《説文》“肻”古文作“[illegible]”,傳寫有訛。

(六)“嚚訟可乎”。“嚚訟”二字,今文作“何”,尚難臆定。但馬本“訟”作“庸”。皮錫瑞曰:“當屬同音假借。”

(七)“於鯀哉”。馬本作“鮌”,今文或作“鮌”。惟僞古文作“骸”。

(八)“方命圮族”。今文作“放命”。馬本作“方命”。僞古文“方”作“[illegible]”,係僞造字。金文作“[illegible]”。(毛公鼎匋文作[illegible],鉢文作[illegible]。)

(九)“巽朕位”。馬本同。今文“巽”作“踐”。

(十)“曰虞舜”。馬本、今文並同。僞古文“虞”作“𠉙”,係本魏三體石經古文,亦僞字也。(見《左傳·隱元年》正義引石經)

(十一)“慎徽五典”。今文、馬本、僞古文並同。

(十二)“納入大麓”。今文、馬本並作“麓”。僞古文作“禁”,乃本《説文》“麓”字古文。

(十三)“乃言底可績”。今文、馬本並作“底”。僞古文作“[illegible]”者,乃剽《説文》厂部“[illegible]”之篆文,隸變而訛。

(十四)“受終於文祖”。今文、馬本並作“文祖”。僞古文“文”之作“彣”,乃剽《説文》“彣”字,隸變有訛。“祖”之作“爼”,乃以《説文》古文示作“[illegible]”,因改“祖”作“租”,以當古文,隸變乃訛“[illegible]”爲“爪”。

(十五)“在璿璣玉衡”。今文作“旋機”。馬本作“琁璣”。僞古文作“璿璣玉[illegible]”。按《説文》,“璿”之古文作“[illegible]”,“衡”之古文作“[illegible]”,作僞者剽之,隸變略訛。

(十六)“肆類於上帝”。今文、馬本並同。僞古文“類”作“䝰”,又作“䏌”。按《説文》,[illegible],血祭也。當係借“䏌”爲“類”古文,隸變有訛。

(十七)“禋于六宗”,今文、馬本、僞古文並同。

(十八)“輯五瑞”。馬本、今文“輯”並作“揖”。僞古文作“楫”。係由

“揖”而誤改。至今本作“輯”者，段玉裁謂唐石經以下作“輯”，當是衛包改也。

（十九）“至于岱宗，柴”。“柴”字今文、馬本並同。僞古文作“柤”字，有脱筆，不可考。《説文》：“祡，燒柴樊燎以祭天神。从示，此聲。《虞書》曰，至于岱宗，祡。𥛚，古文祡，从隋省。”是東漢“古學家”本作“祡”，同篆文。至《説文》所著“𥛚”，乃許氏所收集之古文，係對《説文》“祡”字而言，非對所引《虞書》之“祡”字而言也。皮錫瑞不明乎此，乃謂經今文亦作“祡”，經古文作“𥛚”，可謂不善讀書矣。至僞古文“柤”字，容當爲“𥛚”，其木旁恐爲示之隸訛。

（二〇）“同律度量衡”。今文、馬本並同。僞古文“度”作“厇”。按《説文》，“厇”爲“宅”之古文，此乃借用。

（二一）“三帛”。今文、馬本、僞古文並同。

（二二）“至于北岳，如西禮”。姚方興本如此。今文、馬本“如西禮”，均作“如初”。《説文》，“嶽”古文作“㠁”，僞古文作“峃”，蓋隸變有訛。

（二三）“歸格于藝祖”。馬本同此。今文作“歸假于禰祖”。僞古文“歸”作“帰”，乃剽《説文》“歸”之籀文。至“藝”字作“蓺”，容爲唐人所改，實當作“埶”。段玉裁曰：“唐人‘樹埶’字作‘蓺’，‘六埶’字作‘藝’，説見《經典釋文》。”而作“埶”，則剽《説文》篆文也。

（二四）“群后四朝”。今文、馬本並同。僞古文“四朝”作“亖䲛”，一用《説文》“四”之籀文，一用《説文》篆文。

（二五）“流宥五刑”，馬本如此。僞古文“流”作“㳅”，乃剽自《荀子》及漢碑。《榮辱篇》曰：“其㳅長矣！”楊注曰：“㳅，古流字。”漢碑中例多不備舉。

（二六）“竄三苗于三危”。今文、馬本並同。僞古文“三”作“弎”，乃剽《説文》“三”字古文。

（二七）“帝乃殂落”。今文作“放勳乃殂落”。馬本作“放勛乃殂”。（《説文》引作“勛乃殂”，爲古學家本。）姚方興本作“帝乃徂落”。至僞古文“殂”作“𣦸”者，乃剽《説文》“殂”之古文“𣦸”。

（二八）“惟時懋哉”！今文如此。《説文》引古學家本作“時惟懋哉。”馬本當與之同。僞古文“懋哉”作“楙才”，乃省借字。

（二九）“黎民阻飢”。今文作“祖飢”，馬本同。鄭本作“阻飢”，並曰：“阻讀若俎。”僞古文乃剽鄭之“讀若”，以“俎”爲古文矣。（唐寫本《尚書釋文》謂“馬本作徂”，乃字誤。）

（三〇）“俞：咨垂，汝共工”。馬本如此。僞古文“垂”作“𡍮”，乃剽《説文》篆文。

（三一）“僉曰，伯夷！”今文如此。馬本作“伯异”。僞古文作“柏𡰥”。“伯”之作“柏”，乃據《漢書·古今人表》之“柏夷”。“夷”之作“𡰥”，按《説文》，“仁”之古文作“𡰥”，《漢書·樊噲傳》曰：“與司馬𡰥戰碭東。”注曰：“𡰥，讀與夷同。”（《史記》作《司馬尼》）是殆東漢人誤以“𡰥”爲“夷”，因爲作僞者所依據也。（鐘鼎文皆以“尸”爲“夷”。）

（三二）“教胄子”。今文、馬本並同。僞古文“子”作“𢀈”者，乃剽《説文》“子”之古文。

兹將唐寫本《尚書釋文》殘卷所著馬融諸條，剌取加以研核（復據孫星衍《注疏》及皮錫瑞《考證》），因見馬本多同今文，陸德明之言非妄。而僞古文字之來源，於此數十條中，亦可略窺其大凡。東漢已無先秦古字寫經，“古學家”所據經本，均同今文，惟多改字以立異。前舉《儀禮》《周禮》與此《尚書》馬本之異文，並可實證予論之非虚也。

五、魏三體石經古文之來源

東漢經今古文家，並喜更易經字，或附益文字（若《左傳》言“其處者爲劉氏”，顯係古學家之增益，以求合圖讖），以求立異。至其末流，乃有貨賂求改蘭臺經字，以合私文（《後書·儒林傳序》）。故至靈帝時代，蔡邕以經籍去聖久遠，文字多謬，俗儒穿鑿，疑誤後學。乃於熹平四年，與堂谿典等，奏求正定六經文字矣（《後書》卷六十下）。熹平石經，爲一體隸書（殘石晚近發現甚多），蔡邕手寫，碑立洛陽太學門外。但經漢末董卓之亂，洛陽爲虚，石經殘毁。故至曹魏齊王芳時代，因復有三體石經之刊立焉。

魏石經刊刻於正始中，其確實年月不可考。共爲三體文字，先著古文，次篆文，次隸書。其書石之人，傳説亦有不同。或曰衛覬，或曰邯鄲淳，或曰嵇康。三説之中，以後者最爲無稽。蓋誤讀唐人所爲之《晉書》而致然也。《晉書·趙至傳》曰：

年十四，詣洛陽，游太學。遇嵇康於學寫石經。徘徊視之不能去，而請問姓名。

按，嵇康之寫石經，乃抄録石經，非書寫刻石也。《太平御覽》卷六百十四曰：

> 西晉趙至，字景真。年十四，隨入太學觀書。時嵇康於學寫石經古文異事，訖去，遂逐車問，康異而語之，爲諸生。

《御覽》所引，當係南北朝人所爲《晉書》傳文。此言"寫石經古文異事"，則爲抄録可知也。準此以言，彼以書魏石經爲嵇康者，實爲誤讀《晉書》所致。至邯鄲淳與衛覬二人，實爲一事。蓋傳古文者爲邯鄲淳，書石經者爲衛覬，年代稍久，後人因而張冠李戴矣，《晉書·衛恒傳》載恒所爲《四體書勢》曰：

> 漢世秘藏，希得見之。魏初傳古文者，出於邯鄲淳。恒祖敬侯寫淳《尚書》，後以示淳，而淳不别。至正始中，立三字石經，轉失淳法。因科斗之名，遂效其形。太康元年，汲縣人盜發魏襄王冢，得策書十餘萬言，按敬侯所書，猶有髣髴。

衛恒此段記載，最爲真實。以末孫記祖父之事，而不作溢美之言，則其忠實可知。敬侯爲衛恒祖覬之謚。(《魏志·覬傳》)其人曾受古文寫法於邯鄲淳，因據之以書石經。據《四體書勢》所述，下列數事，最堪注意：

(一) 西漢秘藏古文寫經，漢末魏初人已無由見。

(二) 魏初傳古文者，惟邯鄲淳。

(三) 衛覬曾抄寫淳所傳古文《尚書》，與淳所書無别。

(四) 衛覬用邯鄲淳古文寫石經時，轉失淳法。

(五) 衛覬所以失淳法者，以慕科斗之名，因效其形所致。科斗古文，由漆書古文而來，足證此時已無由得見漆書古文矣。

(六)《晉書·王接傳》曰："時秘書監衛恒考正汲冢書，未訖而遭難。"但衛恒以汲冢古文校其祖所書石經，以爲"猶有髣髴"，足證其不盡同也。

衛恒爲言石經書寫者最早之人，故可依據。蓋魏石經古文，其文字乃邯鄲淳所傳三體石經出《尚書》《春秋》二部，《左傳》僅至莊公中葉而止，而書寫字勢(指首尾尖而腹豐之字畫而言)，則爲衛覬誤仿科斗而杜撰。惟以石經古文爲邯鄲淳所傳，故後起傳説，遂誤指書石者亦爲邯鄲淳矣。(若《魏書·江式傳》)

東漢初年所傳古文寫經，只杜林所得漆書古文《尚書》一卷而已。而杜林漆書，不知亡於何時，終東漢之世，未見稱述。但至漢末而"古文科斗"一稱，忽然宣騰人口。《後書·盧植傳》曰：

> 時始立太學石經，以正五經文字。植乃上書曰："臣少從通儒故南郡太守馬融受古學，頗知今之《禮記》特多回宂。臣前以《周禮》諸經，發起粃謬，敢率愚淺，爲之解詁。而家乏，無力供繕寫上。願得將能書生二人，共詣東觀，就官財糧，專心研精。合《尚書》章句，考《禮記》得失，庶裁定聖典，刊正碑文。古文科斗，近於爲實而厭抑流俗，降在小學。中興以來，通儒達士，班固、賈逵、鄭興父子，並敦悦之。今《毛詩》《左氏》《周禮》各有傳記，其與《春秋》共相表裏，宜置博士，爲立學官，以助後來，以廣聖意。"

蔡邕所立一體石經，乃刻《周易》《尚書》《詩經》《儀禮》《春秋》《公羊傳》《論語》七種，(據《隋書·經籍志》及王國維《魏石經考》)係據今文寫本，故盧植乃上書求以"古學家"所傳之《尚書》《禮記》刊正碑文，並求立《毛詩》《左氏》《周官》於學官。事雖未行，由此可見熹平石經采用今文寫本，而古學家乃大憤懣也。在東漢後期，由杜林傳來之零星科斗古文，亦不甚見重視，只爲小學家所傳習。由此足見東漢之古學家，與西漢劉歆之倡立古文寫經者，大異其趣。蓋古學家所争者，惟在解説之不同，經字之歧異，並不注意經書寫本之果爲古文否也。以是所流傳之零星古文，亦只"降在小學"而已。惟此等情形至東漢之末，漸又有變。一般古學家有極濃厚之興趣，尋求古學，而經書寫本，亦企圖易隸書而爲古文。盧植一呼，當時雖無大影響，但至魏之刊立三體石經，益以古文一體，而古學家多年之憧憬，因以實現。此與盧植倡論之力，不無關係也。

竊謂魏刊石經，忽益古文一體，並非偶然，乃受多方面之激發而然：

(一) 盧植争立《毛詩》諸經於學官，又争以古學家之《尚書》《禮記》刊正熹平石經，又嘆科斗古文之降在小學，受壓抑，盧植一人之主張如此，恐大多數古學家，亦有此等要求。時日遷延，至魏正始時代，而古學家之志願始償。

(二) 東漢後期一般古學家，漸多注意古字之研究。許慎《説文解字》出，乃集古字之大成，遂與研究古字者以絶好之憑借。

(三) 漢末魏初，書家叢出。但任何一名書家，無不兼習古篆(當時視篆書即是古文)。若蔡邕、梁鵠、邯鄲淳、衛覬輩，並以善爲蟲篆著稱。由藝術上之欣賞，漸次擴大，因推及於經典。

（四）魏石經之著古文一體，王、鄭學之争鬥，亦與有關。按東漢古學雖盛，但古學諸經，並未立於學官。而今古兩派，則嚴分壁壘，各立歧説，各改經字。末流所極，乃流於妄誕。開明有識之士，漸感今古兩家，互有短長，欲明全經，只有棄短取長，加以折衷，故劉陶作《中文尚書》。而許慎、蔡玄之説經，亦今古兼採，非主一家。（《後書・儒林傳》）至鄭玄出，以當代大師，遍注五經，“括囊大典，網羅百家，删裁繁蕪，刊改漏失”（《後書・鄭玄傳》論），自成鄭學。而東漢二百年今古對峙之局，乃歸於調合。是時有年輩差後之王肅，爲曹魏望族，“好賈、馬之學，而不好鄭氏。采會同異，爲《尚書》、《詩》、《論語》、三《傳》、《左氏》解，又撰定父朗所作《易傳》，皆列於學官。”（《魏志・王肅傳》）又作《聖證論》以譏短玄，僞作《孔子家語》以攻鄭氏。魏三體石經刊立之時，正王肅用事之秋，然則主持石經益古文一體，王肅或亦有力，蓋此正所以反乎鄭玄之混淆今古也。

（五）《魏志・王粲傳》注引《魏略》，謂邯鄲淳“博學有才章，又善《蒼》《雅》、蟲篆、許氏《字指》”。又《王肅傳》注引《魏略》，以邯鄲淳與董遇等七人，爲魏初儒宗。《魏略》序文，言青龍中（明帝年號），太學“博士，率皆粗疏，無以教弟子。弟子本亦避役，竟無能習，冬來春去，歲歲如是”。至正始中，詔議圜丘，朝士“應書與議者，略無幾人”。“是時朝堂公卿以下，四百餘人，其能操筆者，未有十人。”青龍、正始之際，學術之衰敗如此，故魏主乃詔刊石經以資激發。而王肅好“古學”，邯鄲淳傳古文有盛名，故三體石經，遂以淳之古文居首焉。

右列五因，或遠或近，並與魏刊古文石經發生關涉。而流俗學人，對此不加措意，須知魏石經之忽著古文一體，亦非偶然事也。

魏石經古文，並非有先秦古經寫本，或西漢所傳中古文之根據，而或視爲有據者，則係讀書粗率所致，不足置信。邯鄲淳所傳古文《尚書》，何由而來？極爲渺茫。東漢以來所流傳之古字，許慎《説文》，盡行收録，予頗疑邯鄲淳所傳古文《尚書》，乃據許氏《説文》所録之古文、篆文，配合書寫，蓋猶吴大徵之拼合鐘鼎偏旁，羼以小篆，而寫《孝經》《論語》者焉。故其書雖僞，而單字則多有根據也。《魏略》言邯鄲淳“善《蒼》《雅》、蟲篆、許氏《字指》”，此所言之“許氏字指”，殆即許氏《説文》之異稱。《説文序》曰：“稽譔其説，將以理群類，解謬誤，曉學者，達神恉。”《説文》一書，所以達文字之神恉，故得稱爲“字指”焉。字書每有異稱，王國維《史籀篇疏證序》曾例舉其例曰：

《史篇》爲字書之祖，故倉頡以下，亦蒙其名。……猶漢時閭里書師呼《爰歷》《博學》二篇爲“倉頡”。魏、晉以後，并呼楊雄、班固、賈魴之書爲“三蒼”。六朝以後，呼《字林》爲“説文”也。

字書異稱，爲行文之便，亦有關係。若《北史·江式傳》載式表，歷述字學家之著作，以與《説文》較量。若曰：

魏初，博士清河張揖著《埤倉》《廣雅》《古今字詁》，……然其《字詁》，方之許《篇》，古今體用，或得或失。陳留邯鄲淳，亦與揖同時，博開古藝，特善《倉》《雅》、許氏《字指》……又建三字石經於漢碑西，其文蔚焕，三體復宣。校之《説文》，篆隸大同，而古字少異。……

此所謂“許篇”“許氏字指”，並係《説文》之異稱。蓋漢、魏以還之字學家，惟一許氏，然則《魏略》與《北史》所稱之“許氏字指”，乃指《説文》而言，當無疑矣。《説文》一書，不惟有“許篇”“字指”之異稱，而《水經注》又稱之爲“字説”。《穀水注》曰：“然許氏《字説》，專釋於篆，而不本古文。”是“許氏字説”，亦《説文》異稱也(《文選》薛綜注，又稱曰“許氏字記”)。準此以言，邯鄲淳既善許氏《説文》，故其所傳古文《尚書》之古字，乃大半集自《説文》至古文《春秋》，雖不詳其所出，當亦東漢末人集字之書。《周禮·小宗伯》注曰：“古文《春秋經》‘公即位’爲‘公即立’，是鄭玄時代已有集此古文《春秋》矣。”東漢中秘，已無古文寫經，而邯鄲淳輩，爲魏世儒宗，故其所傳古文寫經，雖係集字而成，非爲真本，但無人能發其伏也。

兩漢人士，率能識先秦古字，當以去古未遠故也。孔安國之譯寫《尚書》逸篇，劉向之以中古文校今文經，張敞之識美陽周鼎款識(《漢書·郊祀志》)，此西漢事也。《皇覽》記鮦陽出鼎，識其銘爲“楚武王”(《史記·楚世家》集解引)，而杜林(得古文《尚書》一卷)、衛宏、徐巡、賈逵、許慎(並見《説文》)諸人，並識古字，能爲解説，此東漢事也。以此而言，在東漢之末，先秦古文寫經，雖不得見，而自西漢傳來，以及新出鐘鼎銘文之採集，定有不少古字，爲一般小學家所保存(當然時代不盡同，且亦羼雜莽新僞古字)。遂與僞造古文經者，以絶好憑借。《説文解字》爲東漢所存零星古字之總結集，以是魏石經古文，乃多不出《説文》範圍。據孫海波《魏三字石經集録·古文篇》所載古字，除其僞品(孫録收有僞石，余所閲本，爲徐中舒先生假自商錫永先生者。凡孫所收僞石僞字，商氏並有標識。商，孫之師也。)，共得三百六十二字(僞字二十八

名不在内),在此三百餘字中,有二百餘字,出自《説文》。兹分别臚列於次:

同《説文》篆文者,凡百字:

(一)上	(二)祥	(三)祖
(四)三	(五)王	(六)[illegible]
(七)牲	(八)告	(九)[illegible]
(十)命	(十一)咸	(十二)肯
(十三)正	(十四)德	(十五)古
(十六)十	(十七)信	(十八)誕
(十九)業	(二十)[illegible]	(二一)[illegible]
(二二)[illegible]	(二三)取	(二四)[illegible]
(二五)臣	(二六)自	(二七)[illegible]
(二八)[illegible]	(二九)予	(三十)丌
(三一)畀	(三二)式	(三三)甘
(三四)曰	(三五)[illegible]	(三六)乃
(三七)[illegible]	(三八)侯	(三九)高
(四十)木	(四一)休	(四二)楚
(四三)之	(四四)出	(四五)生
(四六)邦	(四七)期	(四八)[illegible]
(四九)[illegible]	(五十)[illegible]	(五一)日
(五二)昧	(五三)[illegible]	(五四)[illegible]
(五五)宋	(五六)同	(五七)[illegible]
(五八)[illegible]	(五九)[illegible]	(六十)[illegible]
(六一)[illegible]	(六二)并	(六三)[illegible]
(六四)[illegible]	(六五)方	(六六)[illegible]
(六七)[illegible]	(六八)光	(六九)顧
(七十)[illegible]	(七一)[illegible]	(七二)而
(七三)易	(七四)[illegible]	(七五)立
(七六)[illegible]	(七七)[illegible]	(七八)[illegible]
(七九)[illegible]	(八十)[illegible]	(八一)不

近《説文》篆文者,凡三十四字:

同《説文》古文者,凡四十八字:

（二五）　（二六）　（二七）
（二八）　（二九）　（三十）
（三一）　（三二）　（三三）
（三四）　（三五）　（三六）
（三七）　（三八）同“婁”字古文所从　（三九）
（四十）　（四一）　（四二）
（四三）　（四四）　（四五）
（四六）　（四七）　（四八）

近《説文》古文者，凡十三字：

（一）　（二）　（三）
（四）　（五）　（六）
（七）　（八）　（九）
（十）　（十一）　（十二）
（十三）

同《説文》籀文者，凡七字：

（一）　（二）同臚字籀文　（三）同嗌字籀文
（四）　（五）　（六）
（七）

近《説文》籀文者，凡三字：

（一）　（二）　（三）

孫海波《魏三字石經集録》所收拓本，以清光緒以後出土者爲限。雖有僞品，但尚完備。其所集三百六十餘古字中，全同《説文》所著、與略同者，竟達二百名以上。所可怪者，古文與篆文全同者，乃至百字，若非出於集字成書，斷難有此現象（清儒或謂《説文》篆文下不再别出古文者，是古文同篆文，只是妄言。王國維《魏石經考》三插注曰：“《説文》篆文中本多古文”，殊足爲盛名之累。）。至其他異於《説文》之百餘字，亦非一律。内中有訛字焉：

卅　訛作。
異　訛作。
踐　訛作。
嗣　訛作。

叔　誤以爲“弔”，以爲“叔”。

敗　誤以“則”字爲“敗”字。

葡　訛作，从女。

智　訛作，从皿。

則　訛作。

罰　訛作，网形誤。

刺　訛作，朿旁誤。

寧　訛作，从衣。

虖　訛作，从平。

静　訛作，實爲“彤”字。

詈　訛作，网形誤。

殷　訛作。

崇　訛作。

厥　訛作。

麋　訛作，从水。

狄　訛作。

淫　訛作。

泉　訛作。

萬　訛作。

戊　訛作。

辭　訛作。

有以假借爲古文者焉：

　假“少”爲“小”字古文。（按，鐘鼎文“小”“少”爲一字，並作“小”。）

　假“尔”字爲“爾”字古文。（按，金文有“爾”字，齊侯壺作，晉邦盦作，古鉢作。不必假借。）

　假“僕”爲“濮”字古文。

　假“鬲”爲“歷”字古文。（按毛公鼎歷作）

　假“叙”爲“介”（按，經典“介”“匃”字通。假“叙”爲“介”，未之前聞。師奎父鼎借爲“介”，古鉢作。）

假“丝”爲“茲”字古文。

假“豐”爲“禮”字古文。(按《説文》“禮”之古文作，何必假借。)

假“亯”爲“庸”字古文。

假“旅”爲“諸”字古文。(按金文“諸”字並作“者”，不从言。作僞者當見《説文》謂“者”字所从之，爲古文“旅”字，因假“旅”爲“諸”，以立異矣。)

假“朿”爲“責”字古文。(按兮甲盤“責”作“”，秦公𣪕作“”，何必假借。)

假“童”爲“重”字古文。(按古圜幣“重”作“”，古鉨作“”。)

假“麋”爲“迷”字古文。(按古鉨“迷”字作“”。)

假“冡”爲“敖”字古文。(按石鼓文“敖”作“”，歸夆𣪕作“”。)

假“澤”爲“釋”字古文。

《春秋》假“女”爲“如”字古文。(按假“女”爲“汝”，經典通例。借“女”爲“如”，未之前聞。石鼓文、古鉨並有“如”字，何必妄假。)

此外復有任意書寫，及不合規則之奇字：

“葛”字奇文。

“若”字奇文。按毛公鼎作“”，師虎𣪕作“”，古鉨作“”。

“歸”字古文。故意將所从“自”字横陳於上，以立異。

“骰”字奇文。

“變”字奇文。

“師”字。故意移動偏旁。

“温”字奇文。

“逸”字奇文。

“澤”字奇文。

“滅”字。故意將偏旁移動。

“震”字奇文。

“霜”字奇文。

“聞”字奇文。《説文》“聞”字古文作“”，盂鼎作“”，古鉨作“”。

“聘”字奇文。

“域”字。故意將土旁移置下方。金文以“或”爲“國”，但無以“域”作

“國”者。《説文》以“域”爲“或”之字或體，及後起師寰𣪘有“𨛫”字，乃假爲疆域之域。石經假“域”爲“國”之古文，足證其僞。

 “戚”字奇文。金文陳子和子釜作“”，古玉鉥作“”。

 “勤”字。从心，亦未前聞。

 “甲”字。本當作“”。殷虛卜辭作“”，金文兮甲盤作“”。此作“”，乃剽竊古文，任意書寫。

 此字不見於字書，亦不知何經殘石。

按右舉之訛字、假借字，以及隨意書寫與形狀奇怪之古文，又數十名。凡此，不惟不敢信魏石經古文全書爲根據先秦寫本，即此數十字之創造年代，亦頗成問題（當有莽新時代之僞字在内）。此外余未涉及之古文，復有數十名。其寫法雖異於小篆，但尚存規模，一見可識。内中有少數同於晚周器物之文字（若“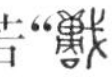”字同楚王酓忎鼎。“”字从土，亦同金文。“”字中畫短，與匋文同。）以是捫燭撫象之人，遂執此而謂魏石經古文實有先秦古經寫本之根據矣。但自其全體觀之，而謂魏石經古文非出於集字，實乃根據先秦寫本，吾不敢信也。魏石經古文，其來源，除《説文》一書外，亦容採用當時流傳之僞古字。不惟魏石經如此，即《説文》所收古文亦然。惟以書缺有間，不克一一指實也。（《説文》所收古文，古作“”，籃作“”，青作“”，舜作“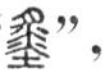”，並不得其解，容爲漢人僞造，而許氏誤收。）

《説文序》曰：

> 及亡新居攝，使大司空甄豐等，校文書之部。自以爲應制作，頗改定古文。時有六書，一曰古文，孔子壁中書也。二曰奇字，即古文而異者也。……

甄豐等既以私意改定古文，當有不少文字，被其更改，而流傳於後。如《説文》“疊”字下云：“亡新以从三日大盛，改爲三田。”此所改者爲小篆，恐其所改古文，爲許氏所收者，定亦有之，特未一一指明也。（《説文》所録奇字凡四五名，而當時所傳，及《説文》所收，豈能只此數字乎？）《説文》又多引楊雄説，偶標異文，若“擽”字下出𢍰云：“楊雄説，从兩手下。”如此之類，容爲揚雄《訓纂》改定之字也。《三國吴志・虞翻傳》《會稽典録》曰：“孫亮時有山陰朱育，少好奇字，凡所特達，依體象類，造作異字千名以上。”是造僞古字者，並非一時一人也。若朱育所造乃在千名以上，亦頗驚人。武則天視之，瞠乎後矣！

魏石經古文，乃出於集字，非有先秦經古文寫本之根據，已具論於前。此外所欲贅述者，即古文之作勢是也。予在前論經古文字樣時，即言以時代之先後，而古文作勢，亦隨之而異。（以單字而論，如“天”字，西周初作，西周後期作，春秋以還作。“十”字，西周初作，西周後期作，春秋初期作，再後則作、諸形矣。）今魏石經古文之作勢，殊不一律（至其筆畫之腹豐而首尾尖鋭，衛恒已言其出於杜撰，可勿再論。至《説文》所載古文之字畫，與石經同，此乃後人據石經以改《説文》，非許書原狀也。），其同小篆寫法者，在百名以上，似乎其書應爲戰國末年秦國之物矣。但復有與匋鉢文字同者若干字，似乎又爲戰國末年東方寫本矣。又有少許與《説文》、籀文相同之字，則又回於西方，而時代當在春秋、戰國之際。而復有與《説文》古文相同者數十名，則又當爲戰國時代東方産物矣。如魏石經古文，果係根據先秦寫經，則其一時代之寫品，斷不應在文字作勢上，發生絶大之隔離。惟以出於集字，逢字輒收，固不計其時代之相同與否。而將小篆之筆畫，改爲首尾尖而中豐，於是亦可冒充古文矣。汲冢古文，爲戰國時物，其用字即與魏石經異。魏石經借“丌”爲“基”字古文，但《穆天子傳》則借“丌”爲“其”。（若曰：“封“丌”璧臣長季綽於春山之風”，“丌”即其也。）就此一事，亦足見魏石經古文之成書，非在先秦也。

六、結　　言

兹總括上文，爲結論於次：

（一）西漢有經古文寫本，但無經古文家。

（二）西漢經師傳經，有未得立於學官者，但其所用經本，與今本同。

（三）孔安國爲今文博士，傳今文《尚書》。其人雖曾一度得古文《尚書》，但只譯寫逸《書》十六篇，任其流傳，並未另立古文家法。

（四）西漢所發現之古文寫經，盡入秘府，外人莫見。

（五）以秘府古文寫經校今文經師傳本，或有脱簡誤字。但民間仍有全同古文之完整今字寫經。

（六）《史記》以後書册，對經古文出現時之種種傳説，並附會難信。

（七）劉歆見古文寫經於中秘，而求立學官。是只爲寫本古今文字之争，此時並無古文家。

（八）劉歆之引《左傳》解經，當在争立學官失敗之後。

（九）自王莽延攬好古及異能之士，助其篡位，又復古行周禮，以此而影響於東漢“古學”之誕生。

（十）王莽敗後，赤眉焚長安，西漢秘府所藏古文寫經，盡行燬滅。

（十一）東漢初年，“古學”成家，但經古文寫本已無。

（十二）東漢已無古文寫經，故古學家與今文博士争論時，只及經義之優劣，而不及所據寫經文字之今古。

（十三）東漢今古兩家，同説一經，往往解釋不同。久之，乃各以私意，改易經字。於是經書寫本，亦有今古之分矣。

（十四）東漢之經古文寫本，係古學家據今文本更易文字而成。爲隸書，非古文。

（十五）東漢古學家，惟杜林曾得漆書古文《尚書》一卷，但非全書。此一卷古文之下落，不可得知。而六朝人所見之杜林《尚書》，仍同今文二十九篇。

（十六）東漢俗儒當受古學家之薰染，亦每以私意改易經字，浸成風氣。於是蔡邕乃有一體石經之刊立。

（十七）東漢雖無古文寫經，但有由西漢傳來之零星古字，爲小學家所保存。

（十八）東漢初期，古文字之研究，與經學分家。至許慎出，作《説文解字》，思溝通小學於經學，乃爲當時所傳之古、籀、篆文，作一結集。

（十九）東漢末年，學者崇尚書法，由隸書之練習，上及篆書，於是乃有集古字以寫經典者矣。

（二十）魏青龍、正始之間，學風衰頹。因仿東漢之爲，而刊立石經，以資倡導。

（二一）王肅好古學，邯鄲淳有集字古文《尚書》，於是魏刊石經，益著古文、篆文，而爲三體矣。

（二二）魏石經古文，大半根據《説文》之篆文、古文、籀文，亦有自行收集之古字，但訛寫及僞字亦不少。

（二三）由魏石經古文之作僞，遂啓東晉人之作僞古文《尚書》。然今之後生，方抱魏石經古文及清末敦煌所出隸古定《古文尚書》殘卷，視爲希世之珍。並大聲疾呼曰：“此必有先秦古本之根據也！”噫！彼亦知否其爲集字而成之書？彼亦知否其中亦有訛字與僞字？彼對先秦古文，曾否有時代上及地域上差異之認識，而輕發妄論？予草文至此，乃擲筆悵惘，極感通人之難遇，而嘆拙文之不免覆瓿也。

附記：關於許氏《説文》之成書，予亦略有所見，與段玉裁、王國維諸大師所論大不相同。别有《從説文序中所見兩漢小學之流變》一文，爲此文之姊妹篇。

又續草成《説文所稱古文釋列》一文，爲《小學之流變》一文之補充。均將繼續發表。

次舟附識。廿八年，十二月七日

原載《齊魯大學季刊》新第一卷第一期

魏石經概述

○馬　衡

魏立石經之事，雖不見於《魏志》，而《晉書·衛恒傳》及《魏書·江式傳》，皆有其紀載。《恒傳》云："魏初傳古文者，出於邯鄲淳。恒祖敬侯（覬）寫淳《尚書》，後以示淳，而淳不別。至正始中，立三字石經，轉失淳法。"《式傳》云載式上表曰："陳留邯鄲淳以《書》教諸皇子，又建三字石經於漢碑之西。"是魏三字石經爲齊王芳正始中所立，信而有徵。以其每字具有古文、篆書、隸書三體，世謂之三體石經，又謂之正始石經。

漢石經之立，下距正始，不過六十餘年，中經董卓之亂，雖略有殘損，魏初已皆修補，且正始所立之二經，漢石經已皆有之，何須再立？此關於今文學與古文學問題，前於《漢石經概述》中已略及之。"自後漢以來，民間古文學漸盛，至與官學抗衡。逮魏初復立太學，暨於正始，古文諸經蓋已盡立於學官，此事史傳雖無明文，然可得而微證。"（王國維說）太學所有之漢石經皆今文，故刊古文經以補之。

其所補之經，爲《尚書》《春秋》二部，亦表裏刻。表爲《尚書》，裏爲《春秋》，與漢石經之諸經自爲表裏者，微有不同。據《漢書·藝文志》及《説文序》言，《書》與《春秋》皆有孔壁本，是即漢魏間傳據之古文。以此二經立諸太學，以應古文學家之要求，實當時必要之舉。其所以用三體者，以古文難識，列篆、隸二體於其下，以爲釋文，所謂"以今文讀之"是也。

舊説，魏初傳古文者，出於邯鄲淳，有謂石經即淳書者，胡三省已闢其謬。是猶漢石經之書丹，世皆歸美於蔡邕，同出一轍。其實二經未必爲同一人所書，即每字三體，亦未必出自一手，此可由現存字中體驗而知者也。

漢石經在宋時曾在洛陽出土，而魏石經則不聞有所發見。其惟一流傳者，則爲洛陽蘇望摹刻故相王文康家之本，三體合計凡八百十九字。其後胡宗愈刻諸成都西樓者,蓋自蘇氏本出。今諸本悉已亡佚,僅存其字於《隸續》中,謂之《左傳遺字》。清臧氏琳著《經義雜記》,始從其中分出《尚書》殘字;孫氏星衍著《魏三體石經殘字考》,復以其中《春秋》殘字分繫諸公;其後王氏國維著《魏石經考》,又詳加分析,辨爲《尚書・大誥》《吕刑》《文侯之命》六段,《春秋》桓公、莊公、宣公、襄公七段,《春秋左氏桓公傳》一段。於是九百年來久失其次之石經遺字,始能循圖復按,各通其讀,誠一快事。

一八九五年(清光緒二十一年),洛陽故城龍虎灘出一殘石,存字一百有九(三體合計),爲《周書・君奭篇》殘字,是爲魏石經之第一次發見。一九二二年冬,洛陽朱圪壋村又發現大碑半截,其碑陽爲《周書・無逸》《君奭》三十四行,碑陰爲《春秋》僖公、文公三十二行;同出者尚有一小石,一面爲《周書・多士》,一面爲《春秋》文公,存字二百三十。其先出之《君奭》殘字,正與大碑銜接。其後又歷十餘年,《君奭》之最下截,即大碑之左下角出土,上有第廿一三字,碑陰則爲第八二字。字大二寸餘,刻工草率,蓋刻工記碑次第之符號,故其所在地,適當碑之最下層,陷入碑趺處。蓋每行有二十格,每格直書三體,距末格下約三寸處,畫一平行横綫,當係碑趺之高度。此綫以下陷入碑趺,即有文字,亦不可得見。

魏石經之碑數,戴延之《西征記》以爲三十五碑,《洛陽伽藍記》以爲二十五碑,自來記載亦無確數。此記數之石出土,初以爲碑之都數必爲二十八,而考其實際,不無疑竇。《尚書・君奭》以下共有二百二十八行,以每碑三十四行計,七碑固足以容之。而《春秋》自僖公二十八年以上,並隱至僖五公篇題在内,共得二百五十四行,假定容以七碑,則必二碑爲三十七行,五碑爲三十六行,行款未免太密。且第六、第七兩碑皆有殘石存在,第七碑分明爲三十二行,與第八碑相同,則所餘之二百二十二行,勢必平均以三十七行容納於六碑之中。但第六碑末行之後尚空一行,如爲三十七行,則末行之後不可能留一行之餘地。凡此疑竇,實爲記數石與二殘石之矛盾。過信記數石,則《春秋》最前五碑與以後各碑行款不能相應,若益一碑,則記數石即須推翻。此不能解決之問題,祇可留待將來解決矣。

《隸續》所録洛陽蘇望摹刻之《石經遺字》,稱之曰《左傳遺字》。其中除《尚書》《春秋》二經外,確有《左氏桓七年傳》九字、《桓十七年傳》二十六字。因此,王國維著《魏石經考》,疑當時所刊《左傳》,實未得十之二三。此説殊嫌牽强。碑石之斷有直裂,有横裂,大抵無定型,故所存之字亦參差錯落分占數行。此《桓七年傳》所存之字，爲“君子曰善”四字，合各體計之則爲九字；其十七年《傳》爲“疆事也於是齊人疆來公曰”十一字，合各體計之則爲二十六字。兩段文字皆是一行直下，亦無前後行之字闌入其間，石之斷成一窄行，决無是理，故知其非正式經文也。蓋魏石經不同於漢石經者有一特點，即除兩面經文外，往往有刻工試刻之字。意當時刻工對通行之隸書已有把握，而古文、小篆二體，非所素習，不能不以他石先行試刻。此事可以數事證之：一、試刻之文多爲古、篆二體，或古文一體，罕見三體完具者；二、試刻之文不必爲《書》與《春秋》，如“[illegible]六”一石，“[illegible]”字見《漢簡》虫部，注云“蠈，在則切，古《禮記》”，又有一石有《論語》篇首文，一石有《急就篇》首文，不得目爲《禮記》《論語》《急就篇》皆立於太學也；三、此類試刻之單詞隻句，大都不按每行六十字排列，隨宜書寫，如《高宗肜日》之“宗雊惟”爲每行五字，《多方》之“之克開于民之”爲參差不等之行款；四、刻於他石者如《禹貢》篇首之三行，石作半月形，必非經碑，其刻於經碑之隱蔽處者，如《君奭》、僖公碑之下截陷入碑趺者，除刻記數之字外，尚有不成文之殘字是也。此《左氏傳》兩段，三體具備，雜於二經之間，毫無不同之處，故極易誤認爲正式經文。所幸者，其排列方法不同於正經，即不按每行六十字排列，猶可推知其爲試刻之字，不過較《禹貢》等石更爲整齊耳。

正式經碑每行二十字，每字三體則爲六十字。每三體直書於長方形界格之内，是爲三體直下式。又有書古文於上，而並列篆、隸二體於其下，如品字形，每行三十七格，三體得百十一字，是爲品字式。品字式經文衹有《堯典》《咎繇謩》二篇，其餘尚無發見。或僅刻二碑爲止，亦未可知。品字式古文與直下式古文時有異同之處，如“帝”字古文，品字式作“[illegible]”，直下式作“[illegible]”；“其”字古文，品字式作“[illegible]”，直下式作“[illegible]”；“予”字古文，品字式作“[illegible]”，同於篆文，直下式作[illegible]；“水”字偏旁，品字式作“[illegible]”，直下式作“[illegible]”。可見所據之古文傳寫本各有不同，因而有此歧異也。

此外尚有一事，不同於漢石經者，魏石於《春秋》一面，往往有補綴痕，因高八尺、廣四尺之碑材，難免不有小病，於是鑿去其有病之處，而以小石補綴之，所補之石約占四字地位，亦無甚大者；半截大碑《春秋·僖三十二年》及《文二年》文中即各有一處，可證也。漢石經碑尚未發見，或熹平選石較正始爲嚴歟？

原載《凡將齋金石叢稿》

石經殘石

◎ 白　堅

歲在丙子十一月四日之夕，游於日本大阪淺野竹石山房，得曹魏正始三體石經殘石二片，拓之如下：

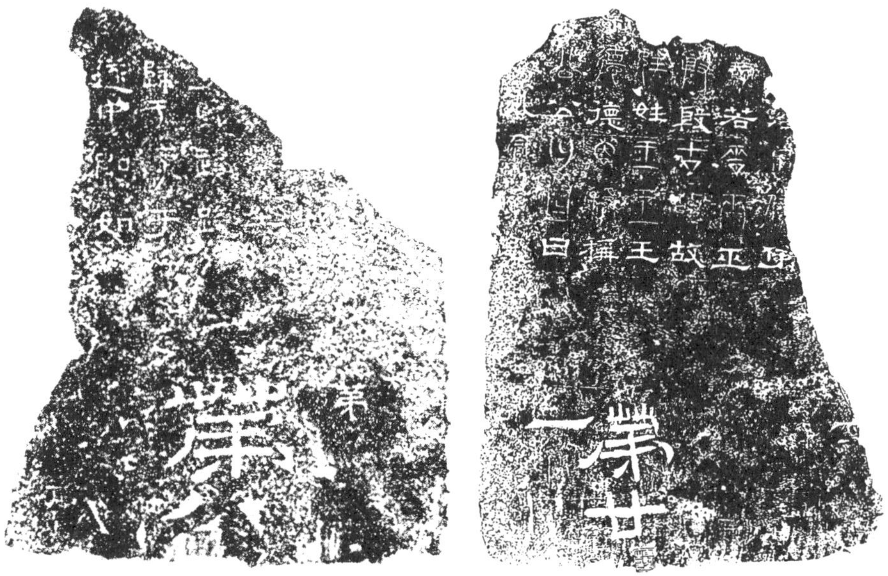

第廿一石上方殘字，蓋《尚書·君奭篇》，自"伊涉臣扈"至"今汝永念"之文也，可讀者三十四字。第八石上殘字，爲僖公廿有八年，"晉侯入曹執曹伯宋人"之"宋"字至"公子遂如齊"之"如"字，中間之文也，可讀者十九字。

以此二片殘石，破裂相錯，合之若符節之相契，固一石也。不知以何年代破裂爲二，今乃於兹復合，豈古人有靈，欲使今世猶得審古文《尚書》，及《春秋》之真歟？何爲乎出於禹域不於禹域遇之，而於兹遇之也。

此石上半截，《尚書》一面，爲《無逸》《君奭》之文，《春秋》一面，爲僖公廿有八年至文公二年之文。距今年十六年前，壬戌之歲，出土於洛陽金村漢太學之故墟，翌朝即裂爲二，今分存於洛陽博物館，及張鈁家者是也。此蓋其下端一偏之足，"第廿一""第八"字上，有横綫一痕，是插入碑座處也。第廿一云者何也，識《尚書》至此之碑面數也。第八云者何也，識《春秋》至此之碑面數也。由此第廿一石上之文排比，至廿八面之碑，則古文《尚書》爲有終也。《尚書》完於第廿八碑，其陰爲《春秋經》之所始，於《春秋經》爲第一碑面也。由《春秋》第一碑面排比至此爲第八，其陽當《尚書》碑面之第廿一，《春秋》與《尚書》平分碑面，則其終篇，必第廿八碑，其陽當《尚書》之第一碑也。由此獲審正，始三體石經碑石之數矣。

今之究正始石經碑數者，或牽於《隸釋》所引之三體，《左氏傳》於是莫能窮碑石之數與刊經何所止，遂以未畢工斷定之。其較審者，依據《洛陽伽藍記》所見二十五碑之數，於是納《尚書》廿九篇，與二百四十二年之《春秋》，於二十五碑之中，見其不能容，則致疑於或篇之有無。又見《堯典》之文，有品字式者，其字較小，以爲每碑所容字數較多，要以二十五碑爲典，要所謂約足以適屨，從不敢致思於二十五碑以外，此又一誤也。疑以待今獲此石前疑頓釋，乃審《伽藍記》所記廿五碑，殆就當時所見矗立者而言耶，其時因顛仆者，或未之及耶，不然，則誤記爲惑千載矣。

今欲審古文《尚書》《春秋》之真，莫善於正始三體石經矣，三體碑石之數，苟有未明，則治古文《尚書》《春秋》者憂無由釋，撫兹殘石如入幽得燭時，照見廿八碑之全數，從碑數以求行數，從行數以求字數，校其異同，則古文之真無從遁矣。

往讀三體石經五碑殘石，嘗以今本校之，異同已多。今以此二片石究其上下前後之文，第廿一石"商實百姓"以下三行，今本每行各多一字，適在中間殘缺處，無從審其何字也。所冀殘石由兹續出，使今之人獲讀古文《尚書》《春秋》之全，居正始之世與衛覬、韋誕諸子游，窺見孔子壁中書也，則爲幸於天下後世孰大焉？

歲在戊寅中秋之節西充白堅書於北京東華門外與石居

原載《國藝》一九四一年第三卷第二期

孫氏《魏三字石經集録》校正

◎ 商承祚

二十六年十一月一日抵屯溪，致書北平友人告行蹤，已得孫君海波由北平寄贈所著《新鄭彝器》，爲《河南通志・文物志・吉金編》之一，復贈以《魏三字石經集録》一册，爲考古學社《專集》第十七種，舉凡近歲所出之殘字收集略備，知其爲何經者，則據今文爲之連屬，遠道不忘故人，亂世而成新著，爲之感且欣也。書以古、篆、隸三體一行直下者爲主，分爲四卷：一曰拓本，後附附録、補遺；二曰源流；三曰碑圖；四曰古文及别録。附録中爲品式，古、篆兩體，古文一體，篆文一體，隸書一體者歸之。書成續有所獲則爲補遺。集歷代關于魏石經之記載爲源流考，西充白君堅（山夫）得碑側刻有號數石，《尚書・君奭篇》曰第廿一，《春秋・宣公篇》曰第八，據知石經石數爲二十八石，排比今文，證以存字爲碑圖。擇録古文，略附考釋，爲古文篇。别録爲洪适《隸續・魏三體石經〈左傳〉遺字》及王國維《隸釋所録魏石經碑圖》（《王忠慤公遺書》内編）。細籀既竟，嘆爲近世三字石經最完備之書，其有功于斯學非淺鮮也。然猶有不愜于予心，如骨鯁在喉，吐而後快者厥有七端：一曰體例不一；二曰誤收僞刻，標題誤貼，篇目未提行，割棄餘字；三曰附録中品式石經未加序次及誤入篇名；四曰各體辨注之誤，及非石經字；五曰碑圖標注拓本中字有遺出者；六曰品式碑圖行款正誤；七曰目録誤植之字與古文之寫失。于屯溪曾作校記，未俟播遷，伏處深山，候死不遑，無心董舉業。入蜀以來，牽于人事，忽忽遂忘，明年清華大學三十周年紀念，《學報》印行專號慶祝，徵文於予，乃發篋出未完稿，續成寄貽之。嘗謂一書之成，雖心力所粹，猶不免疏失，今之著論詡爲粹孰者，安知翌日不深自疚病，至其書固有之價值，則不以小疵累大德，因批評而貶抑，則此篇之論，其亦海波所嘉納歟。

（一）體例不一　拓本既以殘字剪裁聯系成篇，而第一葉《堯典》（碑圖一,第二石應在一石之上。),第二葉《皋繇謨》(碑圖三)、《禹貢》(碑圖五),第三葉《微子》(碑圖八)、《金縢》(碑圖十二)、《康誥》(碑圖十五)、《梓材》(碑圖十六);凡六篇,皆未剪貼,將石原式拓本依篇次合印於一,又不平行而上下,若嫌其篇字少,則《堯典》幾三倍於《立政》,《微子》亦等於《顧命》。《多士》"王夫"兩字(碑圖十九),復不與《多士》大石(碑圖二十)相序,而附於《梓材篇》下,眉目不清,形同附録。第二十九葉僖公"年""戰"二石(碑圖七),將原紙入印,亦未剪行,與本篇異,可商者一也。

(二) 誤收僞刻及標題誤貼、篇目未提行、割棄餘字　《君奭篇》第十九葉第三行(碑圖二十三)"君奭"以下至二十二葉"惟若",《多方篇》二十三葉第一行(碑圖二十三)"民主"以下至二十六葉"未愛",皆爲僞石本;然剪貼時,又有真拓羼入,如十九葉"閎夭往來"篆隸共六字,二十葉"迪智"二字,二十一葉之古篆"褡"字是也。憶二十五年夏游北平,孫君壯(伯恒)贈新出三字石經影印本兩紙,一爲《尚書·君奭》,一爲《多方》,各十五行,歸於燈下展讀,即審其僞。魏石經右側,一面刻《尚書》,一面刻《春秋經》,决無一石同經,至爲顯見,曾以語海波及諸友,今此書收之,豈疑予言不置信?抑聞久而忘之耶?僞石輾轉歸白堅,訝爲邇歲所出三字石經之最大石,載諸東瀛矣。石中多有未見之篆文,如"尚散宜生彝劉責收能乘主慎麗勸要囚辜誥圖政集狂作堪顧神式曷宅畋愛"凡三十有一。古文則雜采群書,或向壁虚造,"保"(二十一葉)字遺摹末筆,"辟"(二十四葉)字佳筆乖異,"散彝"二篆不合六書,此其較著者。至若結體之弛,行筆之滯,斑剥出於刀鑿,砂礫生於後作,可爲知者道,難爲寡見言也。然似此長篇巨製,非一手所能成,尤非不學而能任,雖姦無不覆,其用心亦苦矣。二十二年居北平,張君恒(月岩)以魏石經《春秋經》拓本見示,存字二十餘,審爲僞刻,因金石無異字,聚精力摹於只尺,宜其可以亂真,非此石可及也。石後歸某君,幸珍秘不示人,否則拓本傳於士林,復引起真僞之争。第六葉"無逸"標題應貼於五葉"逸先"之上。第三十九葉文公第六(碑圖八)篇目,原石提行,此於剪貼時誤直下,并"文公"二字小標題亦無。第五葉"革"上有"殷"字隸書大半,篆文小半,此剪"革",可商者二也。

(三) 附録中品式石經未加序次及誤入篇名　附録中品式者凡二篇,曰《堯典》《咎繇謨》。《堯典》凡三石,"予"石、"天"石直次,"夔"石因略長横印,遂令讀者以爲"夔"石次第三。(其次爲夔一、予二、天三。)《咎繇謨》殘石最多,故更凌亂,讀時以意聯系之,久則神志縹緲,蓋非摹出後不能明瞭,閲下表可以知其雜次,碑之原式見另葉。

碑文	碑圖行數	拊本葉數	拓本石次	原　文	附　記
何	三	四	一二	何憂乎驩兜	
丂	三	一	一	何憂乎丂言令色	今作巧
何	四	二	四	禹曰何	
繇	四	三	七	咎繇曰	今作陶
寬	四	二	一	寬而栗	
栗	四	二	五	同上	
柔	四	一	二	柔而立	
立	四	一	四	同上	
三	五	二	二	日宣三德	
德	五	二	三	同上	
夜	五	一	五	夙夜旼明有家	旼今作浚
受	六	四	一〇	翕受敷施	
百	六	一	七	百公惟時	
工	六	一	三	同上	
惟	六	一	八	同上	
五	六	二	六	撫於五辰	
庶	六	一	六	庶績其凝	
績	六	二	七	同上	
庸	八	二	九	五刑五庸哉	今作用
朕	九	二	八	朕言惠可底行	
禹	一〇	三	一	禹拜曰都	
都	一〇	三	二	同上	
暨	一一	三	四	暨益奏庶鮮食	今作暨
九	一二	三	五	予决九川	
亡	一二	三	六	懋遷有亾化居	餘古文
師	一三	四	九	師汝昌言	
臣	一四	三	九	帝曰臣	
欲	一四	三	八	予欲左右有民	

（續表）

碑文	碑圖行數	拊本葉數	拓本石次	原　文	附　記
左	一四	三	一〇	同上	
右	一四	三	一一	同上	
絲	一五	四	二	粉米黺黼	餘古文
絺	一五	四	三	絺繡	
介	一五	四	一	以五介彰施於五色	
曶	一六	四	四	在治曶	今作忽
弼	一六	四	五	予違女弼	
女	一六	四	六	女毋面從	今作汝
毋	一六	四	八	同上	今作無
才	一七	四	七	欲并生哉	餘古文
蒼	一八	四	一一	至於海隅蒼生	

又第三葉第三石有平列殘字二，各餘三之一，幾經排比，始知爲《堯典》。第一行爲“帝曰咨”之隸書“曰”字，第二行爲“卅登庸”之篆文“卅”字，其第五葉第十三石之“曰”，則爲上句之篆文“曰”也。（同葉第十二石亦有篆文“曰”，誤到印，不知爲何經，又疑僞刻。）二石誤入《咎繇謨》，可商者三也。

（四）各體辨注之誤及非石經字　附録經五葉《高宗肜日》，第一石篆文“宗雊惟”，第二石古文“雊惟”，應將古文置上，再次篆文，爲古、篆兩體，孫氏定爲五字行本，當非正碑，或雛形之石歟？第六“下大”石亦爲古、篆兩體，皆未注明。第九葉第一石古文共三行，末行有“與衆異”三字，上下殘字各存若干筆，首字餘木，末字見羅网，乃《急就篇》“急就奇杌（字又作觚）與衆異，羅列諸物名姓字”之殘文，與石經無關。（第八葉七八兩石可連屬。）第十葉第八石爲漢石經。第九石隸書字特小，意在魏晉之間，是否爲石經，難以斷定。第十石“留一株”，尤與石經無涉，此皆不應入而入者，可商者四也。

（五）碑圖標注拓本中字有遺出者　《堯典》（碑圖一）第三行“於變”，九行“秋”，十行“朔”，見拓本。十行“日”，爲誤出。《無逸》（碑圖二十）七行“敢荒”，見拓本。五行“荒”，爲誤出。《君奭》（碑圖二十一）七行“人”，見拓本。僖公（碑圖七）二十六行“人伐”（“人伐”與二十七、二十八、二十九、三十行爲一石,據圖提上兩字,前七行原碑應多二字,始能平列。),三十行“杞”,見拓本。文公(碑圖八)二十三行“冬”,二十四行“寢”,爲誤出。品式《堯典》一行“曰擊”,二行“曰”,見拓本。《咎繇謨》據王氏《魏石經考》一行“惇”(字左從“攴”,右泐。),二行“帝”,三行“言”,爲一石,未標出。然本書未得之拓本,而就王圖補入者,如《文公三年》之“楚月僖公”四字,《多士》之“能”字(見例言)是也,此惇石曷以遺之? 又三行“惠何”,四行“繇”(書從今本作“陶”。),六行“受敷”,七行“惇”,九行“繇曰朕”,十行“擽曰”,十一行“載山”,十二行“川萬”,十三行“汝(拓本作“女”)天”,十四行“帝臣帝(曰臣)予”,十六行“以女汝無面汝(拓本“汝”作“女”,“無”作“毋”)”,十七行“之以言時”,十八行“蒼獻帝臣”,見拓本。第七行“有”,爲碑所無。十一行“曰”,十二行“陶曰”,十四行“臣”,爲誤出。又如拓本能知爲何經,其邊緣字雖有半筆之存在,而知爲某字者,皆應注出其字,使日後有相連之石發見易知銜接,爲不可忽視之事,此書時有遺漏,可商者五也。

(六) 品式碑圖行款正誤　夫石經殘石之發見,其文字、章句、篇次、碑石數目等,皆爲研究重要之資料,千百年來因之推斷行款碑數,至今尚未能確定無誤。孫氏於三體之下之《尚書》《春秋》碑圖,參證各家排列,故錯誤略少,獨於品式石,衹就王圖謄録,未予革新,新出殘字,不加董理,當日碑文字數每與後世傳本有增删,章句或上下移易,復未能參考,兹附原圖(誤字爲改正),再爲乙正,衍文則以△標出(七行“有”爲寫碑時遺漏,兹因符其行款,故亦加△。),見於拓本中字而爲孫氏漏略者則以|識别之(孫圖以小字表示見拓本,兹改爲已見之字加圖。),俾讀斯圖者採覽焉。

七行“天叙典”今本“叙”下有“有”字,故各家圖表溢出一文,今復碑狀,“典”字猶不能與十行“禹”,十一行“四”,十二行“亡”,十三行“惟”平列,然後知十行“禹”上數句當少一字,“帝曰來禹,汝亦昌言”,以文義求之,“來”字可删。十二行“益”下二句應多一字,“皋益奏庶鮮食,予决九川”,惟“予”下可增一文,予意或是“乃”字,如此始能與碑式符合。十三行碑圖又溢出二字,細籀章句,似今本“惟康其弼直,惟動丕應徯志”二句中“動丕”二字可删,且“惟康”之“惟”,與上行“亡”字平,“應”字隸書雖殘泐過甚,而第三筆之末,與十二筆心字左點瞭如指掌,“其”字又與下行“予欲”予字平行,則可商者,僅“惟”下“應”上中間之七字耳,而七字中,能乙去者,故斷爲“動丕”二字,王圖將“動丕”粘柱於“直惟”之左,當時雖未見“亡惟”石,其意亦以爲此二字可删。十三

皋陶謨
曰若稽古皋陶曰允迪厥德謨明弼諧禹曰俞如何皋陶曰都慎厥身修思永惇叙九族庶明勵
翼邇可遠在兹禹拜昌言曰俞皋陶曰都在知人在安民禹曰吁咸若時惟帝其難之知人則哲
能官人安民則惠黎民懷之能哲而惠何憂乎驩兜何遷乎有苗何畏乎　巧言令色孔壬皋陶
曰都亦行有九德亦言其有德乃言曰載采采禹曰何皋繇曰寬而栗柔而立愿而恭亂而敬擾
而毅直而溫簡而廉剛而塞彊而義彰厥有常吉哉日宣三德夙夜浚明有家日嚴祗敬六德亮
采有邦翕受敷施九德咸事俊乂在官百僚師師百工惟時撫于五辰庶績其凝無教逸欲有邦兢
兢業業一日二日萬幾無曠庶官天工人其代之天　叙典勑我五典五惇哉天秩有禮自我五
禮有庸哉同寅協恭和衷哉天命有德五服五章哉天討有罪五刑五庸哉政事懋哉懋哉天聰
明自我民聰明天明畏自我民明威達于上下敬哉有土皋繇曰朕言惠可厎行禹曰俞乃言厎可
績皋陶曰予未有知思曰贊贊襄哉帝曰來禹汝亦昌言禹拜曰都帝予何言予思日孜孜皋陶
曰吁如何禹曰洪水滔天浩浩懷山襄陵下民昏墊予乘四載隨山刊木暨益奏庶鮮食予決
九川距四海濬畎澮距川暨稷播奏庶艱食鮮食懋遷有無化居烝民乃粒萬邦作乂皋陶曰俞
師女昌言禹曰都帝慎乃在位帝曰俞禹曰安汝止惟幾惟康其弼直惟動丕應徯志以昭受上
帝天其申命用休帝曰吁臣哉鄰哉鄰哉臣哉禹曰俞帝曰臣作朕股肱耳目予欲左右有民女翼予
欲宣力四方汝爲予欲觀古人之象日月星辰山龍華蟲作會宗彝藻火粉米黼黻絺繡以五介
彰施于五色作服汝明予欲聞六律五聲八音在治忽以出納五言汝聽予違女弼女毋面從退
有後言欽四鄰庶頑讒說若不在時侯以明之撻以記之書用識哉欲並生哉工以內言時而颺
之格則承之庸之否則威之禹曰俞哉帝光天之下至于海隅蒼生萬邦黎獻共惟帝臣惟帝時

行末隸體之“天”，與十四行之“予”，十五行之“介”，十六行之“退”爲一石，而十四行第一字爲“帝”，與上十三行“師”，十二行“九”爲一石，據今本作“以昭受上帝，天其申命用休。帝曰吁，臣哉鄰哉，鄰哉臣哉；禹曰俞！”據今文排比，此行“其”字居首，“帝”在第六字，相差懸殊，幾經推求，碑文似應作“以昭受上帝天；帝曰吁，臣哉鄰哉，鄰哉臣哉，其申命用休；禹曰俞！”語氣始能連貫，文義不復扞格，行款亦相符合，此章句之不同於今者，是何等重要，豈能忽而不求，可商者六也。

（七）目録碑圖誤植之字與古文之寫失　目録第一葉下格十四行“烏”誤“鳥”，第二葉後葉下格十四行“蒼”誤“倉”，《尚書》碑圖十三“縢”誤“滕”（上圖及目録與拓本標字同誤。），二十一圖三、四、六、八、十七、二十二、二十五、二十八、二十九、三十三行，凡十三“於”字皆應作“于”，作“於”者僅二十一行一字耳。又，同圖十一行“變”誤爰，二十九行“格”應作“佫”，三十三行“罔”誤“岡”，二十二圖五行“智”誤“知”。《春秋》八圖四、五、八、九、十、十二、十四、十八、二十二、二十三、二十四、三十、三十二行，及九圖三十一、三十四行，凡十六“於”字皆應作“于”。又，八圖三十一行“顛”誤“願”，九圖二十六行“穀”誤“穀”。又品式《咎繇謨》三行“巧”應作“丂”，五行“浚”應作“焌”，八行“用”應作“庸”，十行“臬”誤作臯。至十一行“隨”誤“隋”，十二行“烝”誤“蒸”，“乂”誤“又”，十六行“從”誤“欲”，十七行“侯”誤“候”，雖不關本文，見而知其誤者，故附及之。（其他未能細讀，從略。）

古文第三葉前九行“踐”作“[illegible]”（拓本三十一葉後三行），左不從足，右寫脱一筆，當本“踐”本字，借字也。同葉後十四行“及”作“[illegible]”（拓本九葉後三行），不作“[illegible]”，《無逸》凡二見，皆如此。復注僖三十二年“同”，其字作“同”（拓本三十七葉後五行），實由金文□形而誤，書中遺漏未收，并誤注。第五葉後十七行，“益”下注云：“不知何經殘石”，此與“木臯”石斷爲二，書中業已爲之連屬，“木臯”下注《咎繇謨》，則此無不知之理，殆屬草之初注不足，清稿時忘加更正。第六葉前葉六行“倉”當作“蒼”，上从屮，此寫失。第七葉後十一行秦之古文下从秝，此寫从禾，遂同篆文。第十四行安从[illegible]，脱右筆。第十葉前八行“温”非《君奭》，乃《僖公篇》。（拓本三十三葉一行。）第十一葉後四行“絉”右旁作条，注从米也。第十二葉前四行録《君奭》二“陟”字，第一文右上从ᐱᐱ者，爲“時則有若伊陟臣扈”（拓本十五葉末行），第二文从止者，爲“故殷禮陟配天”（十七葉一行），伊“陟”字雖石剥畫淺，上从止猶隱約可見，非从ᐱᐱ也。如篆文已殘去大半而以意續復者，第十一葉後九行“螽”（拓本十一行），下从虫甚明，而誤寫作蝕，可商者七也。

石經亦時有誤寫或遺落字，故不能處處奉爲圭臬，讀者須慎於去取，如品式《咎繇謨》“天叙有典”（碑圖七行），碑中無“有”字，據下句“天叙有禮”，則知“有”字寫脱，不應視本定本。又十五行“以五采彰施於五色”，“采”字碑篆作

"介",左隸殘去上大半,然"木"字至爲明顯,决非"介"之下部,且五介不辭,知篆文"介",爲"采"筆誤,(王考十六葉以爲"介"是"采"誤,殆未注意隸體。)兹僅就所見者言之,恐不僅此,一經有誤字,安得有心人,一一舉而校正之。

此書體例大都以王氏《魏石經考》及《魏正始石經殘石攷》爲藍本,其古文篇中字,清稿時未能對拓本寫入,故筆畫時有小誤。書出適丁國故,予東西奔馳,席不暇暖,尚未見有論及斯著者(或有而未寓目)。予素不喜評隲他人著述,以作者認爲糾正得當,則不負一己供獻;如氣量狹隘,反以爲有意求疵,自誇淹博,而成睚眦,終身耿耿,善意惡報,實大無味,則與其多一事不如少一事矣。予知海波深,此篇所舉,雖不免過於苛求,他人視爲無完膚,而予實寓意於切磋,而從無俾于所學,析疑始足以底厲。海波邇歲著書甚富,獨此書最爲疏失,故不少貸,假以辭色,庶日後如慎事,所謂塞翁失馬,焉知非福,而期望於海波故甚殷也。張君瑄既負校訂及排比拓本之責,似不能勝任,蕆事後,海波復忽於檢點,而海波之誤,張氏亦未糾正,各失其交互責任,以致錯誤百出,深爲惋惜者也!

二十九年八月十日寫於成都金陵大學中國文化研究所

稿成,讀由北平郵至之《燕京學報》二十一期至二十六期,此爲本所數月擘畫及展轉寄發淪陷區出版物之一。二十二期(二十六年十二月出版)國內學術界消息曾介紹此書,執筆批評者亦有誤抉處,如謂"𢒼"乃"諸"字,誤釋爲"旅",《文侯之命》有旅字作"炦"(三〇六葉)。其實孫釋"旅"未誤,就其書體例言之,應注"諸",再説其誼,甲骨文、金文"旅"皆作㫃,而此借爲諸耳。敦煌《禹貢》諸作進,日本唐寫本《説命》作"𢒼",又《牧誓》旅作"㞦",本注作"捈",《説文》"旅"之古文作"炦",又白部者注:"𣎳,古文旅。""𢒼""炦"實一字,从彡,乃由"㫃"之"从"而衍變,唐人因此字有兩種寫法,遂强分爲二。"从"形之寫訛爲"𠆢𠆢",楷書因之,誤爲"𧘇""衣""衣",亦猶"㫃"之誤方,再訛爲才。白部之"𣎳",亦即"𣎳"形之誤。筆者又云:"《魏正始石經殘石考》所載《梓材》一石六十五字,此書無之。"(三〇四葉)深怪海波何以不設法尋求,繼思向未聞《梓材》出有此大石,乃出王圖讀之,然後爲海波呼冤也。王氏於每圖末另行低一字書"右圖幾",再於下著某篇,其《梓材篇》爲右四圖,筆者一時疏忽"右"字,而以四圖之篇名屬左,遂張冠李戴於《多士篇》矣。《多士篇》名在右圖五下，作者未讀，致有此失。（此石僅六十三字，首二字爲另一石。）王圖亦有可議處，其於圖首寫篇名者，如《堯典》、《皋陶謨》（右圖一），《無逸》（右圖五），《君奭》（右圖六），《多方》（右圖七），《立政》（右圖八），《顧命》（右圖九），因有標題，故圖幾下不再附注。其無標題之右圖幾，除右圖二下爲《金縢》，右圖四下爲《梓材》，而於右圖三之《康誥》又不書，豈遺漏邪？雖不知幾篇爲一石（其例如甲篇之末與乙篇之首爲一碑，則於乙圖後注明兩篇篇名，如右五圖等。），似亦應注明，庶免讀者發生眩惑。嗟夫，著述之難也，行之匪艱，知之維艱，“人目短於自見”（韓非《觀行》），“遠視猶不能見其睛”（《淮南·主術訓》），其斯之謂歟！

八，二五，補寫於風雨交加青燈下

原載《清華學報》一九四一年第十三卷第二期

跋顧鼇藏魏正始石經

◯ 金祖同

廣安顧鼇氏新得魏三字石經二方，一方是《左傳》昭公元年至四年，背定公二年至五年，一方是宣公十年至十五年傳，背《尚書·召誥篇》，寬今尺一尺三寸，高一尺九寸。石中斷，寬處兩面是差不多的，兩端因裂處未能整齊，故不免差池，惟相差亦不過數寸而已。

據王觀堂《與陳氏論新出土魏石經殘字書》，知道石經刻字式有兩種：一種是品字式，每石約二十五六行，行七十四字；一種是三字直下式，每石三十四行，或三十二行，每行六十字。這兩石是每三字直下式，石只存中段，現在將上下經文補足，剛巧每行六十字。

二年春王正　月夏五月壬辰　雉門及兩觀災秋
楚人伐吳冬十月　新作雉門及兩　觀　三年春王正
月公如晉至河乃　復二月辛卯邾　子穿卒夏四月秋
葬邾莊公冬仲孫　何忌及邾子盟　于拔　四年春王
二月癸巳陳侯吳　卒三月公會劉　子晉侯宋公蔡侯
衛侯陳子鄭伯許　男曹伯莒子邾　子頓子胡子滕子
薛伯杞伯小邾子　齊國夏于召陵　侵楚夏四月庚辰
蔡公孫姓帥師滅　沈以沈子嘉歸　殺之五月公及諸
侯盟于皐鼬杞白　成卒于會六月　葬陳惠公許遷于
容城秋七月公至　自會劉卷卒葬　杞悼公楚人圍蔡
晉士鞅衛孔圉帥　師伐鮮虞葬劉　文公冬十有一月
庚午蔡侯以吳子　及楚人戰于柏　舉楚師敗績楚囊
瓦出奔鄭庚辰吳　入郢　五年春　王三月辛亥朔日
有食之夏歸粟于　蔡於越入吳六　月丙申季孫意如
卒

右定公二年至五年《左傳》文，每逢第二年，中空一格，適合二十字，每字三體，適六十字，此石背面是昭公元年至四年傳。

月丁巳邾子華卒晉荀吳帥師敗
狄于大鹵秋莒去 疾自齊入于莒展 與出奔吳叔弓
帥師疆鄆田葬 邾悼公冬十有一 月己酉楚子麇
卒楚公子比出奔 晉 二年春晉侯 使韓起來聘夏
叔弓如晉秋殺 其大夫公孫黑冬 如晉至河乃
復季孫宿如晉 三年春王正月丁 未滕子原夏
叔弓如滕五月葬 滕成公秋小邾子 來朝八月大雩
冬大雨雹北燕伯 款出奔齊 四年 春王正月大雨
雹夏楚子蔡侯陳 侯鄭伯許男徐子 滕子頓子胡子
沈子小邾子宋世 子佐淮夷會于申 楚人執徐子秋
七月楚子蔡侯陳 侯許男頓子胡子 沈子淮夷伐吳
執齊慶封殺之遂 滅賴九月取鄫冬 十有二月乙卯
叔孫豹卒五年春 王正月舍中軍楚 殺其大夫屈申

右昭公元年至四年傳文，按魏三字石經經數，以前祇知道有《尚書》《春秋》二種：如《西征記》的"《春秋經》《尚書》二部"，《洛陽伽藍記》的"《春秋》《尚書》二部"，到《舊唐書・藝文志》始指出有《左傳》，説是"三字石經《尚書》古篆三卷，三字石經《左傳》古篆書十三卷"。孫星衍《魏三體石經遺字考叙》則以爲當時所刻的，决有他經，《御覽》所引《西征記》以爲祇見這兩種者，是當時所存祇兩種，因爲魏齊二代曾先後把洛陽的石經遷于鄴都，多半落水沉没，隋開皇時又徙于長安，那時天下大亂，石經曾經淪爲柱礎。按孫星衍所説是一種不成理由的理由，淪爲柱礎，及落水沉没，我們當然可以相信其事，惟不能即此就可以證明當時就刻有他經，而適巧都沉没或改作柱礎了。在文獻上我們一時也找不出説是刻過其他諸經。卑之毋高論，吾們却因孫星衍的懷疑，而證明《尚書》《左傳》確有缺佚。《隋書・經籍志》"三字石經《尚書》九卷"下，注"梁有十三卷"，"三字石經《春秋》三卷"下注"梁有十二卷"，這是一個很好的根據。所謂"《春秋》三卷，梁有十二卷"者，即《舊唐書》三字石經《左傳》古篆書十三卷，而我們現在所見到的《左傳》有三説：一王國維説是刊至莊公中葉爲止，《觀堂集林・魏石經考二》謂《隸續》録洛陽蘇望所刊魏石經遺字，除《尚書》《春秋》外，有《桓七年傳》九字，《桓十七年傳》二十六字，所刊《左氏》當至莊公中葉而止；一章太炎説曾見昭公全傳，見《新出三體石經攷》；一胡樸安師説傳文刻至桓公時止，見其《與于右任論三體石經書》謂“樸安以《水經注》四十八碑之説，疑其相差過巨，因謂傳文刻至桓公時止”。這三説根本無法確定，因爲近年洛陽一帶時有出土，雖作僞者甚多，而真者亦復不少，雖只數字，有時也可以看出這是某經某傳。即此兩方，亦以前所未嘗見到的，故有人疑爲作僞，我告以作僞者必似碑版之翻刻，必有祖本，然後摹下，而增損若干字，以欺一般自作聰明之士，以售其計，此兩方則決不可能也。

第二石是宣公十年至十五年傳文

季子來聘公孫歸
如齊冬公孫歸父
鄭　十有一年春
陵公孫歸父會齊
月楚人殺夏徵
父于陳　十有二
乙卯晉荀林父帥
月冬十有二月戊
同盟于淸邱史師
師伐莒夏楚子伐
十有四年衛殺其
晉侯伐鄭秋九月
會齊侯于穀　十
夏五月宋人及楚

宋人衛人曹人
父帥師伐邾取
如齊齊侯使國
王正月夏楚子
人伐莒秋晉侯
舒丁亥楚子入
年春葬陳靈公
師及楚子戰于
寅楚子滅蕭晉
伐陳衛人救陳
宋秋螽冬晉殺
大夫孔達夏五
楚子圍宋葬曹
有五年春公孫
人平六月癸卯

伐鄭秋天王使王
繹大水季孫行父
佐來聘饑楚子伐
陳侯鄭伯盟于辰
會狄于欑函冬十
陳納公孫寧儀行
楚子圍鄭夏六月
邲晉師敗績秋七
人宋人衛人曹人
十有三年春齊
其大夫先穀
月壬申曹伯壽卒
文公冬公孫歸父
歸父會楚子于宋
晉師滅赤狄潞氏

背爲《尚書·召誥篇》，按羅振玉《新出土魏正始石經殘字陳氏景本跋》謂“石表裏刻之，一面刻《尚書·無逸》及《君奭》，計三十四行，行二十三字及三十四字不等，他面刻《春秋·僖公》《文公》計三十二行，前後二行無字，行存字二十一至三十二，依每行存字驗其起訖，知每行二十字，合三體得六十字。”羅氏所跋《君奭篇》現存日本中村不折畫伯處，爲白堅所售與者。事後大家多疑爲贋鼎，幾經涉訟，白堅堅持真的，此事經二三年之後紛紜始寢，中村也以爲真品了。中村在東京建有書道博物館，石經就藏在那裏，我在日本日去博物館拓甲骨，因爲拓下，共十五行，存十四字至十六字，羅氏所跋陳氏景本，三十二行，當係未斷之本。王國維《魏石經考》謂“量其字之長短，則每八字當漢建初尺一尺弱,六十字當得建初尺七尺有半。碑之上下當有餘地,則與《西征記》及《水經注》所云'石長八尺'者合矣"。今藏中村處只十五六字,其寬廣亦從可知矣(中村藏《君奭篇》予拓本曾揭之日本《書苑》雜誌)。

經營越三日庚戌太
日甲寅位成若翼日
社于新邑牛一羊
書命庶殷侯甸男
乃以庶邦冢君出
旅王若公誥告庶
厥元子茲大國殷
惟恤嗚呼曷其奈
殷多先哲王在天
藏瘝在夫知保抱
執嗚呼天亦哀于
相古先命有夏天
命今相有殷天迪
沖子嗣則無遺壽
能稽謀自天嗚呼

保乃以庶殷
乙卯周公朝
一豕一越七日
邦伯厥既命殷
取幣乃復入錫
殷越自乃御事
之命惟王受命
何弗敬天既遐
越厥後王後命
攜持厥婦子以
四方民其眷命
迪從子保面稽
格保面稽天若
耇曰其稽我古
有王雖小元子

攻衛于洛納越五
至于洛則達觀于
甲子周公乃朝用
庶庶殷丕作太保
周公曰拜手稽首
嗚呼皇天上帝改
無疆惟休亦無疆
終大邦殷之命茲
茲服厥命厥終智
哀籲天徂厥王出
用懋王其疾敬德
天若今時既墜厥
今時既墜厥命今
人之德矧曰其有
哉其丕能諴于小民

正始石經,予除見日本中村所藏《君奭篇》外,曾見上虞羅叔蘊先生自滬上購去之零星殘石甚多,此類大抵來自洛陽,其中有𣏌客稱爲漢石經者,多不可靠,均係以漢碑殘石混充。至三體石經,據云許、鄭一帶有專事作僞者,其技甚工,作成後,藏之四五年,日曝雨淋,百方作舊,然後運至僻處,重入之土。一旦設計暴之于外,并張皇其事,然後鄉人輦以入市索重價,好古者往往受欺焉。然此類作僞,大抵翻刻,攫取前所出土之真者拓本,割裂一段刻之,書刻務盡逼真,行款又無可滋疑,好古者又不盡能讀書者,傳世與近出土者,究有幾石,亦復茫茫,故受欺者衆。至羅氏所收零星者,以予觀之,僞者恐將占十之六七,以𣏌客售此,都以字計,每字若干銀,每字三體不滿十字,既無行款可勘,更無整幅書法氣息可觀,此作僞者之黠,亦羅氏食古不化,未能識別之弊也。此二石所刻諸傳,于前出各石中既未之見,行款亦復相符,書刻氣韻,亦確是魏晉人手筆(篆籀通假予另有考),石質樸茂,其餘事矣,予因是深佩巨六先生之巨眼,亦慶此石之得所也。

原載《説文月刊》一九四二年第二卷第四期

西安市出土的正始三體石經殘石

◎ 劉安國

一九四五年，西安市許士廟街小學附近，曾出土正始三體石經（《康誥》）殘石一片，僅有表刻《尚書》，無背刻。（圖一）一九五七年六月，青年路西段挖修下水道時，于地下四公尺三寸處，又挖出正始三體石經殘石一片，表背都有刻字，已移存于陝西省博物館。

圖一　一九四五年出土的正始三體石經

案：儒經刻石，始于東漢熹平四年（一七五年），其後六十餘年，即有正始三體石經之刻。這是因爲“漢魏之交，古文經學已盛行，而熹平石經，都是今文，没有古文，所以在正始年間（二四一年），又刻《尚書》和《春秋》兩部古文經，與漢石經同立于洛陽之太學”①。所謂“又立一（三）字石經，相承以爲七經正字”②。因魏時刻的石經是古文，非人人所能認識，故在每一古文之下，加入小篆、隸書；因之，後世稱爲三體石經，或三字石經。（對漢之一字石經而言。）元魏季年齊神武（高歡）執政，由洛陽徙所有石經于鄴都（今河北臨漳縣），行至河陽，值岸崩，遂没于水；其能至鄴者，不盈太半。北周大象元年（五七九年），又徙回洛陽。至隋開皇六年（五八六年），又自洛陽載入長安，置于秘書内省，議欲補輯立于國學，屬隋亂，事遂寢廢；營造之司，因用爲柱礎。唐貞觀初秘書監魏徵始收聚之（十不存一）。請置三字石經十數段於秘書監。嗣後千餘年間，茫昧無聞。直至清光緒二十一年（一八九五年），洛陽白馬寺村南龍虎灘，曾出《尚書・君奭》殘文一段，有表刻、無背刻，先歸于山東黄縣丁干圃，繼轉歸安徽周季木。一九二二年，又于洛陽碑樓莊朱家圪塔大橋之間，出土兩段，一大段上半部表刻《尚書・無逸》《君奭》兩篇，文存三十三行，背刻《春秋》僖文二公經文（此段旋裂爲兩條）；一小段表面爲《尚書・多士》殘文，背面爲《春秋・僖九年》殘文。

至于三體石經在西安市發現，當以一九四五年之《康誥》六行三十五字殘石爲第一次，此次爲第二次。石厚十六・五公分，高四十一公分，寬三十一公分，爲第十七石之右下隅，右側可見斫砟痕迹，左側有接合榫鉚口三處（長五公分，寬三公分）。表刻《尚書・梓材》，文存十行，三十三字：首行起自“予罔厲殺人”之“罔”字，末行止于“欲至于萬年”之“欲”字；下部左方有“第十七石（殘）”四大字，右方有“始二年三”直寫小字一行。（圖二）背面上部刻《春秋》成公元年二年殘文十行五十字，首行起自“無冰”二字，末行止于“郲人”之“郲”字；下部則空白。（圖三）

《唐六典》《長安志》及《兩京城坊考》諸書，均載《西内圖》于承天門内之西，廣遠門内之東，有中書内省（承天門外是中書外省）地址正當今許士廟街小學之北，青年路西段職工醫院門口微西，與《隋書・經籍志》所稱秘書内省，及魏徵爲秘書監者合（《唐書・百官志》：秘書省屬中書之下，貞觀三年置

① 《考古通訊》一九五六年第一期，馬衡先生遺著：《石刻》五一頁。
② 顧炎武《石經考》。“一”字當系“三”字之誤。

圖二　一九五七年出土的正始三體石經(表面)

高：四十一公分
宽：三十一公分
厚：十六·五公分

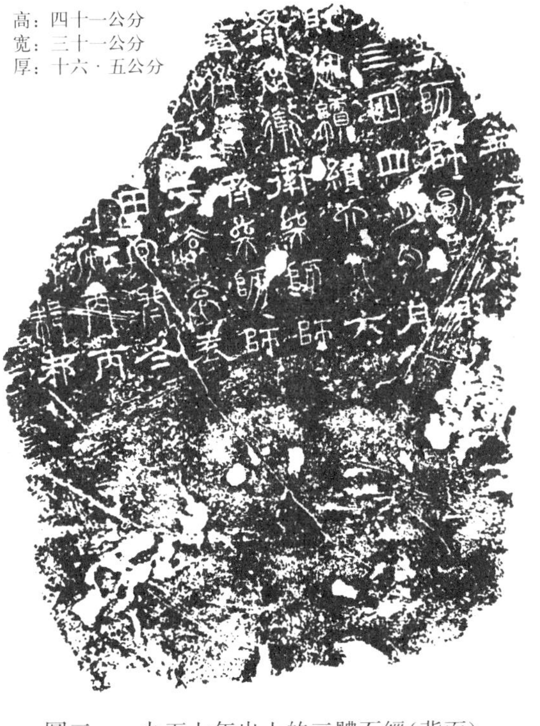

圖三　一九五七年出土的三體石經(背面)

秘書内省,以秘書監爲領導。)。則此次出土地址,爲中書内省,殆無可異。并可知《康誥》殘石所以僅存一面者,蓋由接合榫鉚口分裂所致,(清光緒二十一年洛陽出土者亦同)并不奇怪。今試依王國維説,每行六十字,每石三十五行之考訂,依古文經字數排比計算,《康誥》當在第十五石;中間僅隔《酒誥》一篇,即與此石(《梓材》)相接連;下距洛陽出土的《無逸》《君奭》各篇,僅隔《召誥》《洛誥》《多士》兩篇。隋時運入長安之石,似是順序及此篇前後而止。但不知劉焯等奉敕正定者爲全爲半是一疑問。(《隸續》所稱洛陽出土極少數的《典謨》殘文三十五字,亦不可解。意者其榫口裂片之餘歟?)

關于曹魏石經之考証:總括莫周于顧炎武,精確莫詳于王國維,興奮莫過于章太炎,具體莫真于王廣慶、俞復;《石經考》《魏石經考》《三體石經考》《新出土三體石經未裂考》等書,均可復按。惟此石之出土,則于石經之尺度、形制、行數字數之外,又可決定以下諸問題:

一、歷來出土的石經殘石均爲上段,此次則爲基部,可復原全貌;補充説明石經本身的體制,《尚書》一面有格綫,《春秋》一面則没有。

二、可排比計算,冰釋三體石經之石數(《西征記》三十五碑),與《尚書》《春秋》二經外,《左傳》絶非全書之疑(誤認《春秋》爲《左傳》之推測,仍合理可據。)。

三、以前出土諸石,没有刻制年月,諸家考証也没有推定。今此石出土,即可以説明正始二年三月爲刊經之時間。即爲當時今古學官博士代謝之樞紐。(兩漢學官所立,皆今文無古文,故石經但刻今文諸經異同,惟自後漢以來,民間古文經學漸盛,至與學官抗行。逮魏初復立太學,暨于正始古文諸經,蓋已盡立學官矣。史傳雖無明文,却有旁事可証。)

四、可以推斷今日的南五臺和北五臺,確爲唐代宫城南壁之傳説;唐之承天門址即在蓮湖公園的南池。

五、此次出土石經之左側,有鑿成接合榫鉚口三處,顯爲隋時斷裂後所制,且爲以後表背析分之主要原因。嗣後發現一面刻字者,不必在這一點上置疑。

此殘石出土後,持開成石經《梓材》全文對校,則"容"字、"王"字上第四第五兩行,各較多一文三字;(十九字不能滿一行)"既"字、"邦"字上第七第九兩行,各較少一文三字;(二十一字不能容于本行)當係經學家傳授時的句讀師承所關,尚待專家研究。

原載《人文雜志》一九五七年第三期

魏石經《尚書·多士》《多方》殘字考

◎ 朱廷獻

《晉書·衛恒傳》云:"孔壁書漢世秘藏,希得見之。魏初傳古文者,出於邯鄲淳。恒祖敬侯,寫淳《尚書》,後以示淳,而淳不别;至正始中立三字石經,轉失淳法,因科斗之名,遂效其形。"又衛恒《四體書勢》云:"魏初,傳古文者出于邯鄲淳。……至正始中,立三字石經,轉失淳法,時人不知有古文,因科斗之名,遂效其形。"

所謂正始中者,即魏齊王芳正始四年(二四三年)也。所勒之石經,爲一字三體,即首古文,次篆文,再次爲隸書;後世或稱三字石經,或稱三體石經,或稱正始石經,其實一也。關於魏石經勒刻之情形,據王國維《魏石經考》云:"自後漢以來,民間古文學漸盛,至與官學抗行。逮魏初復立太學,暨於正始,古文諸經蓋已盡立於學官。此事史傳雖無明文,然可得而徵證也。考《魏略》言黄初中,太學初立有博士十餘人。《魏志·文帝紀》言黄初五年夏四月立太學制五經課試之法,置《春秋穀梁》博士,似魏初博士之數與漢略同,但增置《春秋穀梁》一家。然考其實際,則魏學官所立諸經,乃與後漢絶異。齊王芳正始六年十二月辛亥,詔故司徒王朗所作《易傳》,令學者得以課試。《王肅傳》,肅爲《尚書》、《詩》、《論語》、三《禮》、《左氏》解,及撰定父朗所作《易傳》,皆立於學官。又,《高貴鄉公紀》載其幸太學之問,所問之《易》,則鄭玄注也;所講之《書》,則馬融、鄭玄、王肅之注也;所講之《禮》則小戴《記》,蓋亦鄭玄、王肅注也。是魏時學官所立諸經,已爲賈、馬、鄭、王之學,其時博士可考者,亦多古文家,且或爲鄭氏弟子也。當時學官所立者既爲古學,而太學舊立石經猶是漢代今文之學,故刊古文經傳以補之。……魏時學官所立《尚書》既爲馬、王、鄭三家,則石經亦當用三家之本。三家雖同爲古文《尚書》,然其本已改今字。陸氏《釋文》所引馬鄭本經文絶非壁中書,王肅本亦然。敦煌本未改字《尚書釋文》云。此篇既是王注，應作今文，相承以續孔傳，故亦爲古字。是王肅本亦作今字，而此具古、篆、隸三體者壁中本。古文《尚書》後漢時尚在秘府，許慎見之，鄭玄亦見之。中更董卓之亂，雖未必存，然當時未必無傳寫之本。《隋志》謂晉世秘府所存有古文《尚書》經文，《尚書正義》引束晳云，《盤庚序》'將治亳殷'，孔子壁中書作'將始宅殷'。晳所據壁中書，蓋即晉秘府之古文《尚書》。雖未必爲壁中原書，亦當自壁中本出矣。且漢魏間除秘府本外，尚有民間傳寫之本。衛恒《四體書勢》謂其敬侯嘗寫邯鄲淳《尚書》以示淳，而淳不别。案，淳雖以傳古文書法名，然書法與書體亦不能强别。且《魏略》言淳於黄初中爲博士，是淳蓋亦傳古文《尚書》，而爲《書》博士者，其本宜有所受之。是魏時《尚書》古文，固有秘府本及民間本矣。……今就魏石經遺字中古文觀之，多與《説文》所載壁中古文及篆文合，且有與殷周古文合，而爲許書所未載者。然則，謂魏石經古文出於壁中本，或其三寫四寫之本，當無大誤。即謂出於當時字指學家之手，然雖非壁中之本，猶當用壁中之字，固不能以杜撰譏之矣。至其與壁中本相異者，亦可得而言壁中《尚書》五十八篇爲四十六卷，而魏石經據《隋志》注僅十三卷。且壁中本尚有逸《書》十六篇，而魏石經若數逸篇，則三十五碑不能刊至《左傳》桓莊間，是其篇數當與馬鄭本同，是卷數、篇數均異於壁中本也。又石經《尚書》十三卷，雖與梅賾本卷數同，然無梅本所增之二十五篇，此亦可以石數、字數證之。又梅本《書序》分冠各篇之首，而石經殘字中《吕刑》與《文侯之命》相接處，除《文侯之命》篇題外，無容《書序》之餘地，故知石經《書序》亦自爲一卷，與馬鄭本同而與梅本絶異也。"

孫海波所著《魏三字石經集録》亦云："壁中古文之真迹，吾不得而知之矣。要其寫經之時代，當在戰國晚周之際，其書法亦即六國時通行之字體。今觀三字石經古文之豐中鋭末，或豐上鋭下者，與六國文字中之鳥蟲書一體，深相契合，蓋必有其淵源。"又云："孔壁中書，必齊魯後學傳抄之本無疑。孔子當春秋之末世，則孔門後學必戰國時人，其寫經自是當時通行之書體。是壁中書者，實六國文字，非商周之古文也。今欲知壁中書之真僞，當于六國文字中求之。正始所刻古文，皆首足鋭而中豐，與六國文字中之犇公劍、吉日壬午劍、楚王酓肓盤等器極近似，自是一家眷屬，是壁中書即六國文字中之鳥篆，可斷言也。"由上所述可知魏石經《尚書》爲古文，其本雖非孔壁之舊，蓋亦孔壁古文之傳抄本也。其篇目經文，與賈、馬、鄭、王之本相近，而與梅賾本絶異。梅本所增之二十五篇，爲魏石經所無也。

一、《多士》《多方》篇部分殘字

魏石經建立之後，不久即毁於兵燹。近世屢有殘石發現，雖碎石隻字亦爲收藏家所珍。其見於著録者，據《隸釋》所收，有《大誥》殘字、《吕刑》殘字、《文侯之命》殘字。王觀堂所著《魏正始石經殘石考》，所收有《堯典》《臯陶謨》品式殘字；《金縢》《康誥》《梓材》《多士》《無逸》《君奭》《多方》《立政》《顧命》三

第一葉

體直下式殘字。惟王氏僅以楷書製成復原圖，而對於魏石經殘石拓片則未收録，且於《多方篇》僅録數字殘石，似王氏作復原圖時，尚未得見今余所收《多方》大塊殘石之拓片，此本文考證之所由作也。因此拓片經複印後，《多士》《多方》連在一起，故合而考之。孔壁古文之真迹吾不得而見之矣，今幸獲觀魏石經殘字，亦可推知壁中書之梗概也。

第二葉

第三葉

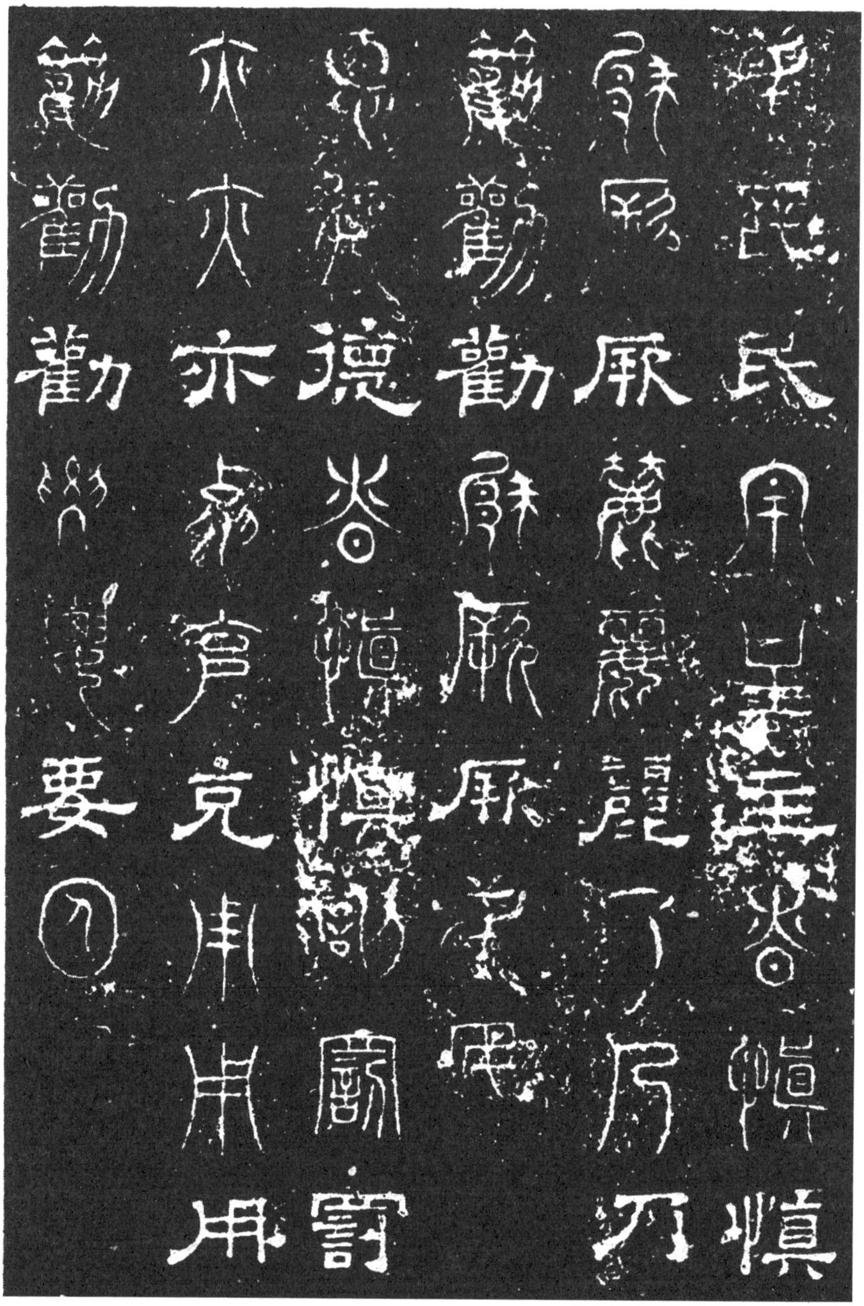

第四葉

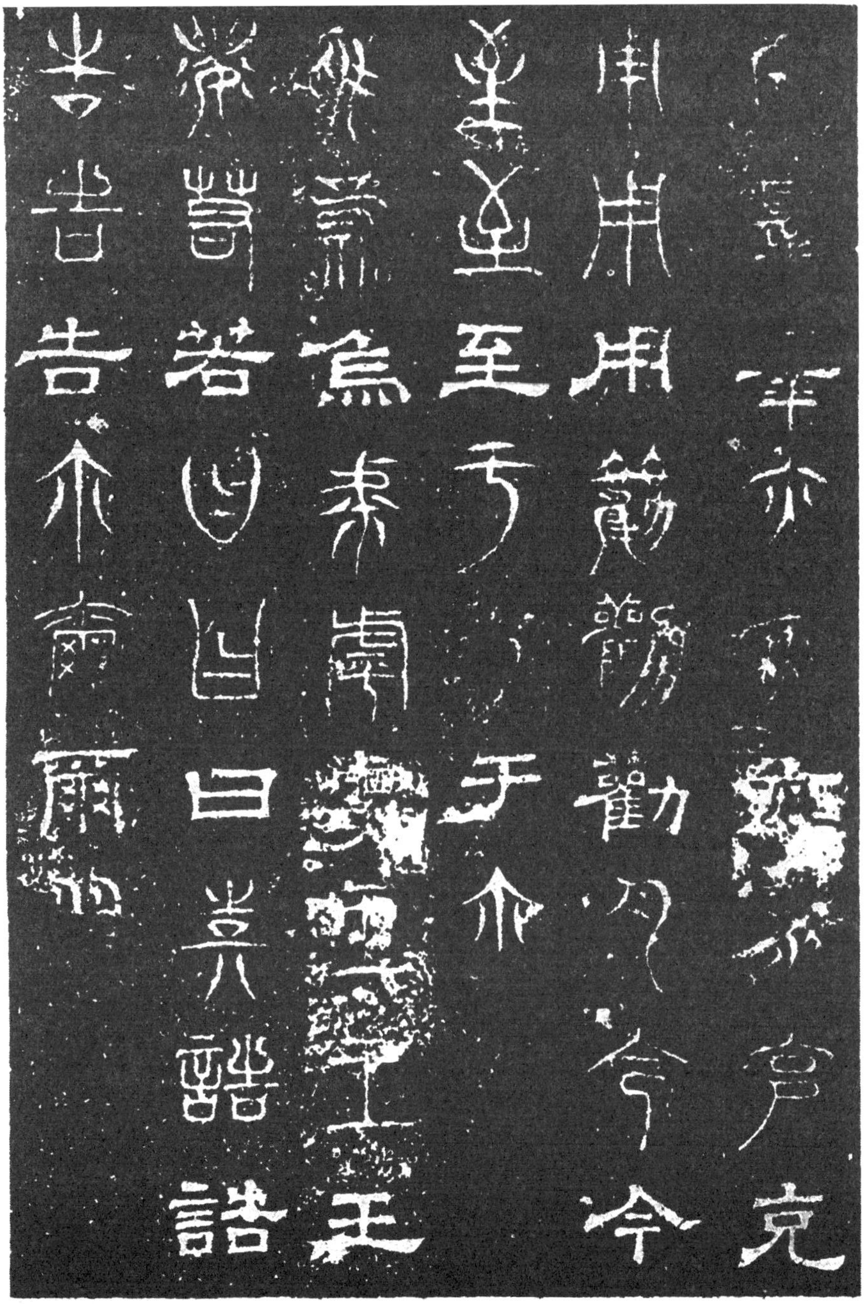

第五葉

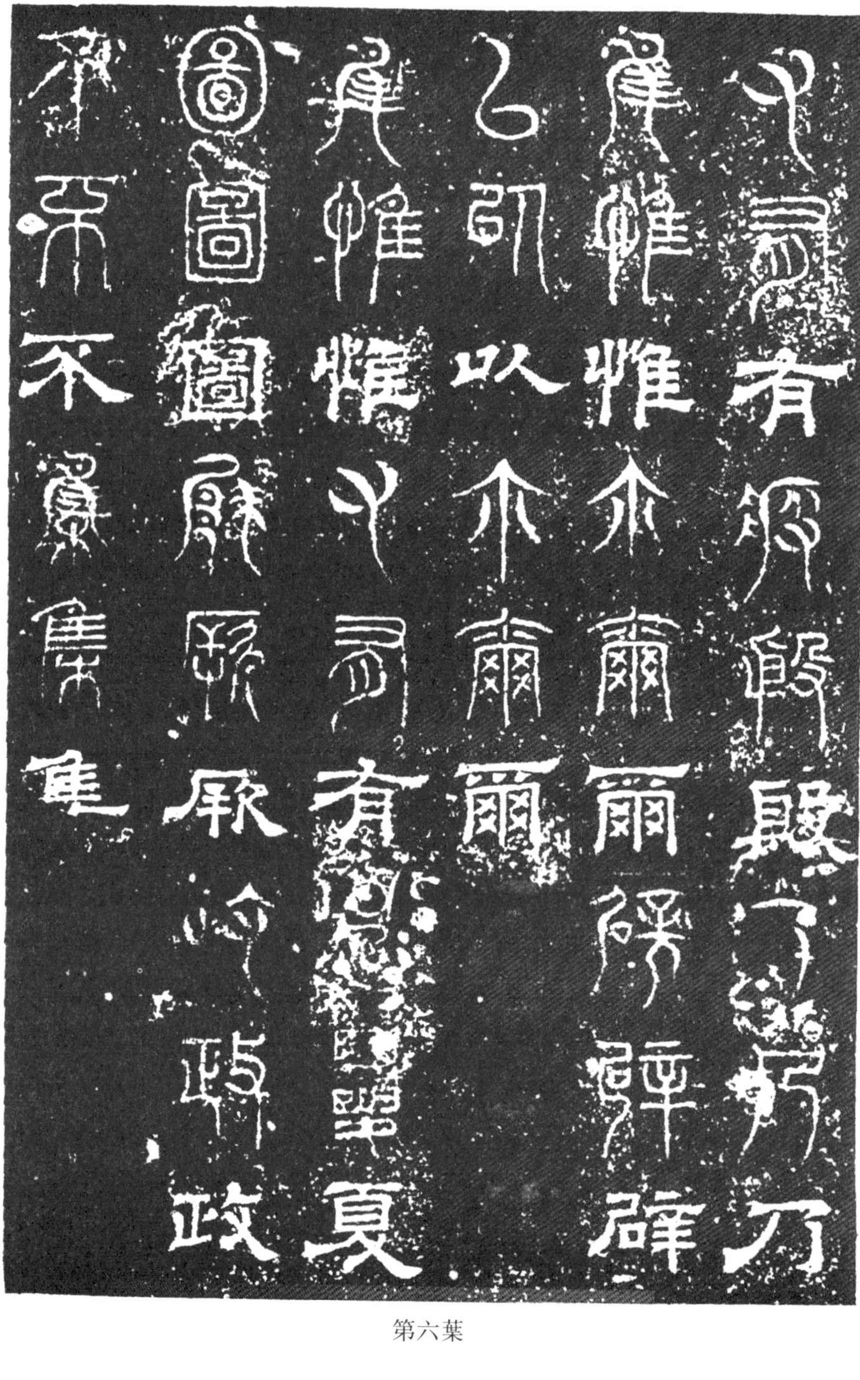

第六葉

第七葉

第八葉

第九葉

第十葉

魏三體石經《尚書·多士篇》殘字楷定

第一葉
第一行：在今後
第二行：嗣王誕
第三行：家誕淫
第四行：厥逸罔
第五行：大喪惟
第六行：天弗畀

第二葉
第一行：辭于罰
第二行：王若曰
第三行：有命曰
第四行：割殷告
第五行：適予其
第六行：曰惟爾

第三葉
第一行：即于殷
第二行：大戾肆
第三行：西爾
第四行：非我一
第五行：後王曰
第六行：繇

魏三體石經《尚書·多方篇》殘字楷定

第四葉
第一行：民主慎
第二行：厥麗乃
第三行：勸厥民
第四行：德慎罰
第五行：亦克用
第六行：勸要囚

第五葉
第一行：辜亦克
第二行：用勸今
第三行：至于爾
第四行：嗚呼王
第五行：若曰誥
第六行：告爾多

第六葉
第一行：有殷乃
第二行：惟爾辟
第三行：以爾
第四行：惟有夏
第五行：圖厥政
第六行：不集

第七葉
第一行：爾商後
第二行：王逸厥
第三行：逸圖
第四行：罔念作
第五行：狂惟狂
第六行：克念

第八葉
第一行：作民主
第二行：罔可念
第三行：聽天
第四行：天惟爾
第五行：多方罔
第六行：堪顧

第九葉
第一行：德惟典
第二行：神天天
第三行：惟式
第四行：今我曷
第五行：敢多誥
第六行：我之

第十葉
第一行：于爾多
第二行：方爾曷
第三行：尚宅爾
第四行：宅畋爾
第五行：田不静
第六行：爾心未

二、《多士篇》復原圖

惟三月周公初于新邑洛用告商王士王若曰爾殷
遺多士弗弔旻天大降喪于殷我有周佑命將天明
威致王罰勑殷命終于帝肆爾多士非我小國敢弋
殷命惟天不畀允罔固亂弼我我其敢求位惟帝不
畀惟我下民秉爲惟天明畏我聞曰上帝引逸有夏
不適逸則惟帝降格嚮于時夏弗克庸帝大淫泆有
辭惟時天罔念聞厥惟廢元命降致罰乃命爾先祖
成湯革夏俊民甸四方自成湯至于帝乙罔不明德
恤祀亦惟天丕建保乂有殷殷王亦罔敢失帝罔不配天
其澤在今後嗣王誕罔顯于天矧曰其有能聽念于先
王勤家誕淫厥泆罔顧于天顯民祇惟時上帝不保降
若茲大喪惟天弗畀不明厥德凡四方小大邦喪罔
非有辭于罰王若曰爾殷多士今惟我周王丕靈承
帝事有命曰割殷告勑于帝惟我事不貳適惟爾王

家我適予其曰惟爾洪無度我不爾動自乃邑予亦
念天即于殷大戾肆不正王曰猷告爾多士予惟時
其遷居西爾非我一人奉德不康寧時惟天命無違朕
不敢有後王曰誥告爾多士無我怨惟爾知惟殷先
人有冊有典殷革夏命今爾又曰夏迪簡在王庭有
服在百僚予一人惟聽用德肆予敢求爾于天邑商
予惟率肆矜爾非予罪時惟天命王曰多士昔朕來
自奄予大降爾四國民命我乃明致天罰移爾遐逖
比事臣我宗多遜王曰告爾殷多士今予惟不爾殺
予惟時命有申今朕作大邑于茲洛予惟四方罔攸
賓亦惟爾多士攸服奔走臣我多遜爾乃尚有爾土
爾乃尚寧幹止爾克敬天惟畀矜爾爾不克敬爾不
啻不有爾土予亦致天之罰于爾躬今爾惟時宅爾
邑繼爾居爾厥有幹有年于茲洛爾小子乃興從爾
遷王曰又曰時予乃或言爾攸居。

三、《多方篇》復原圖

惟五月丁亥王來自奄王至于宗周周公曰王若曰
猷告爾四國多方惟爾殷侯尹民我惟大降爾命爾
罔不知洪惟圖天之命弗永寅念于祀惟帝降格于
夏有夏誕厥逸不肯慼言于民乃大淫昏不克終日
勸于帝之迪乃爾攸聞厥圖帝之命不克開于民之
麗乃大降罰崇亂有夏因甲于內亂不克靈承于旅
罔丕惟進之恭洪舒于民亦惟有夏之民叨懫日欽
劓割夏邑天惟時求民主乃大降顯休命于成湯刑
殄有夏惟天不畀純乃惟以爾多方之義民不克永
于多享惟夏之恭多士大不克明保享于民乃胥惟
虐于民至于百為大不克開乃惟成湯克以爾多方
簡代夏作民主慎厥麗乃勸厥民刑用勸以至于帝
乙罔不明德慎罰亦克用勸要囚殄戮多罪亦克用
勸開釋無辜亦克用勸今至于爾辟弗克以爾多方
享天之命嗚呼王若曰誥告爾多方非天庸釋有夏
非天庸釋有殷乃惟爾辟以爾多方大淫圖天之命
屑有辭乃惟有夏圖厥政不集于享天降時喪有邦
間之乃惟爾商後王逸厥逸圖厥政不蠲烝天惟降
時喪惟聖罔念作狂惟狂克念作聖天惟五年須暇
之子孫誕作民主罔可念聽天惟求爾多方大動以
威開厥顧天惟爾多方罔堪顧之惟我周王靈承于

旅克堪用德惟典神天天惟式教我用休簡畀殷命
尹爾多方今我曷敢多誥我惟大降爾四國民命爾
曷不忱裕之于爾多方爾曷不夾介乂我周王享天
之命今爾尚宅爾宅畋爾田爾曷不惠王熙天之命
爾乃迪屢不靜爾心未愛爾乃不大宅天命爾乃屑
播天命爾乃自作不典圖忱于正我惟時其教告之
我惟時其戰要囚之至于再至于三乃有不用我降
爾命我乃其大罰殛之非我有周秉德不康寧乃惟
爾自速辜王曰嗚呼猷告爾有方多士暨殷多士今
爾奔走臣我監五祀越惟有胥伯小大多正爾罔不
克臬自作不和爾惟和哉爾室不睦爾惟和哉爾邑
克明爾惟克勤乃事爾尚不忌于凶德亦則以穆穆
在乃位克閱于乃邑謀介爾乃自時洛邑尚永力畋
爾田天惟畀矜爾我有周惟其大介賚爾迪簡在王
庭尚爾事有服在大僚王曰嗚呼爾不克勸忱我命
爾亦則惟不克享凡民惟曰不享爾乃惟逸惟頗大
遠王命則惟爾多方探天之威我則致天之罰離逖
爾土王曰我不惟多誥我惟祗告爾命又曰時惟爾
功不克敬與和則無我怨

四、魏石經殘字與唐石經之比較

《多士篇》：唐石經從"惟三月周公初于新邑洛"至"在今後嗣王"，其間較魏石經多出二字。自"在今後嗣王"至"誕淫厥逸"，其間較魏石經多出一字。自"誕淫厥逸罔"至"大喪惟弗畀"，其間較魏石經多出一字，此字或爲"降若兹大喪"之"若"字。"弗畀"之"弗"唐石經作"不"。自"非我一"至"後王曰繇"，其間較魏石經多出一字。王國維云："第八行末'我'字至第九行首'後'字，中間當闕十六字，而今本乃有十七字。或謂'時惟天命無違'，漢石經作'時惟天命元'，疑魏石經與漢石經同。余謂魏石經疑作'時惟天命無違朕不敢後'，則上下文義貫通無滯，石經古文不必與今文同。第九行'王曰繇'今本無此句，'繇'即今本上文'猷告爾多士'之'猷'字，《大誥》'王若曰猷大誥爾多邦'，《釋文》馬本作'大誥繇爾多邦'，知今本'猷'字馬本並作'繇'。"其説殆可從。

《多方篇》：自"惟五月丁亥王來自奄"至"慎厥麗乃勸"，其間唐石經較魏石經少一字。據王國維《魏石經碑圖》收有"王至于宗周"之"王"字碎石，蓋唐石經所少者即此字。唐石經"惟爾多士罔堪顧之"，魏石經"士"字作"方"，較唐石經爲當。因上文有"天惟求爾多方"，下文有"曷不忱裕之于爾多方"，蓋作"惟爾多方"是也。

五、結　　論

由魏石經《尚書·多士》《多方》兩篇之部分殘字，配以唐石經《尚書》經文作成復原圖，兩相比較，可得如下之結論：

（一）魏石經爲古文《尚書》，其三體中之科斗文，淵源於孔壁古文。此種鳥蟲書之古文，爲六國文字。與許慎《説文》中所載壁中古文及篆文合，且有與商周古文合而爲許書所未載者。

（二）魏石經殘字復原後，其經文與唐石經《尚書》經文大致相同，間有一二字數之殊，多係唐石經之誤。唐石經爲梅賾之僞古文本，然梅本所增之二十五篇，不見於魏石經殘字，其餘與今文相同之二十九篇，多見於魏石經殘字，蓋梅氏二十九篇爲古文真經，而所增之二十五篇爲梅氏所僞造也。

（三）魏石經殘字與唐石經梅本異者，反與賈、馬、鄭之本相同。《後漢書・儒林傳》謂扶風杜林傳古文《尚書》，林同郡賈逵爲之作訓，馬融作傳，鄭玄作注解者，其本與魏石經近似，或完全相同亦未可知。

原載臺湾中興大學《文史學報》一九七四年第四期

魏石經古文淵源考

◎ 邱德修

一

石經者，爲昔日國定經學教本刊刻於碑版者也。[①] 東漢有熹平石經之作，此今文經刻石之初；[②]至曹魏正始間，復有三體石經之鐫，此古文經銘槧之始。[③] 兹後，歷代繼起，各有製作，備載史乘，無庸詳論矣。[④]

魏石經一名三體石經，又名三字石經，名雖稍異，其實一也。所謂三體者，係指所刻恒以古文、小篆、隸書三體出之（見圖一——三）。蓋不但有功於經文之匡正校訂，且於許叔重所謂之"古文"保存實多。[⑤] 至於古文經之真相如何？古文經與魏石經古文之關係亦復如何？則爲本文所探討之主題。

二

"古文經"之名，實緣"今文經"而起。[⑥] 在秦之前，本無古文經與今文經之別異；至秦之季，燔詩書，坑術士，六藝從此缺矣。[⑦] 加諸項王扇火咸陽，致使官藏經典，亦有回禄之恨。[⑧]

---

① 屈先生翼鵬語，見《"國立"歷史博物館藏漢熹平石經春秋殘石題記》，刊於《"國立"歷史博物館藏品舉隅》頁五五。

② 同上。

③ 此本王氏國維《魏石經考》之説，刊於《觀堂集林》卷二〇。

④ 請參閱張氏國淦《歷代石經考》。

⑤ 以上節自拙作《魏石經古文釋形考釋自序》。

⑥ 《隋書》三十二卷《經籍志》載有"古文尚書十三卷""今字尚書十四卷"（頁十）可見"古文"與"今字（文）"二辭，本係相對稱者。

⑦ 《史記》卷一百二十一《儒林傳序》，頁二，又《漢書》卷八十八《儒林傳序》，與史遷説同。

⑧ 《史記》卷七《項羽本紀》："項羽引兵西屠咸陽，殺秦降王子嬰，燒秦宫室，火三月不滅。"

漢興，至孝惠之世，天下晏安，始除挾書之令，①開獻書之路，儒學微振。然漢初，高祖猶以干戈平定四海，未遑庠序之事。至吕后時，公卿皆爲有功之臣；文帝本好刑名之言，及至文、景之世亦不任儒者。② 迨武帝時始招方正賢良文學之士，而設立《詩》《書》《禮》《易》《春秋》等五經博士，斯時儒士均以漢世通行之隸書寫定經文，以爲教授及課試之資焉。是時傳今文經者爲：

> 言《詩》於魯則申培公，於齊則轅固生，於燕則韓太傅；言《尚書》自濟南伏生；言《禮》自魯高堂生；言《易》自菑川田生；言《春秋》於齊魯胡母生，於趙自董仲舒。③

漢初傳今文五經者多是齊魯之儒，是故史遷以爲"夫齊、魯之間於文學，自古以來，其天性也。故漢興，然後諸儒始得修其經藝，講習大射、鄉飲之禮。"④其説自是通達之論。

自此之後，今文經因盡立學官而有博士之席，遂定經學於一尊，歷任經學博士均爲今文學家所掩有。晚至漢平帝始立古文《尚書》、《毛詩》、逸《禮》、《樂經》、《左氏春秋》等古文博士⑤。因此，平帝時增五經爲六經博士而已。自是迄後漢之末葉，無所增損⑥。此全漢官方儒學之概況。

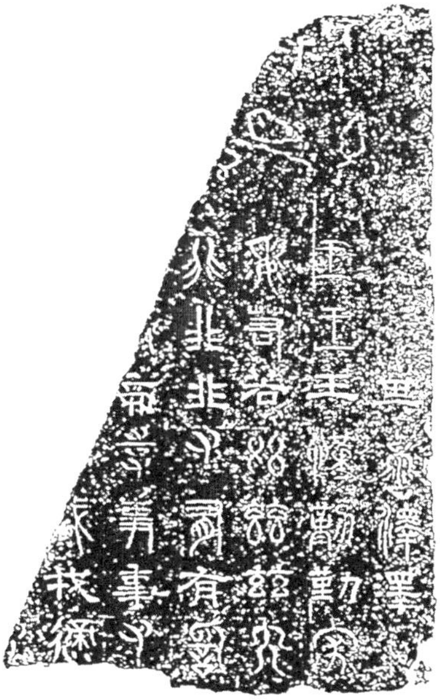

圖一　魏三體石經直下式《尚書·多士篇》殘石拓本

三

唯古文經在漢平帝入學官之前，早已出土或發見，今即見於《史》《漢》《説

① 《史記》卷一百二十一《儒林傳序》，頁二，又《漢書》卷八十八《儒林傳序》，與史遷説同。
② 同上。
③ 同上。
④ 同上。
⑤ 王氏國維《漢魏博士考》，《觀堂集林》卷四，頁十。
⑥ 王氏國維《漢魏博士考》，《觀堂集林》卷四，頁十一。

文》《論衡》諸書所載者數則，徵引於左：

《史記·儒林傳》：孔氏有古文《尚書》，而安國以今文讀之，因以起其家。逸《書》得十餘篇，蓋《尚書》滋多於是矣。①

劉氏歆《移太常博士書》：魯恭王壞孔子宅，欲以爲宫，而得古文於壞壁之中，逸《禮》有三十九篇②，《書》十六篇。天漢之後，孔安國獻之，遭巫蠱倉卒之難，未及施行；及《春秋》左氏丘明所修，皆古文舊書，多者二十餘通，藏於秘府，伏而未發。孝成皇帝閔學殘文缺，稍離其真，乃陳發秘藏，校理舊文，得此三事③。④

《漢書·魯恭王傳》：恭王初好治宫室，壞孔子舊宅，以廣其宫，聞鐘磬琴瑟之聲，遂不敢復壞，於其中得古文經傳。⑤

《漢書·河間獻王傳》：獻王所得書，皆古文先秦舊書，《周官》《尚書》《禮》《禮記》《孟子》《老子》之屬。⑥

《漢書·藝文志》：古文《尚書》者，出孔子壁中。武帝末，魯共王⑦壞孔子宅欲廣其宫，而得古文《尚書》及《禮記》《論語》《孝經》，凡數十篇，皆古字也。……孔安國者，孔子後也，悉得其書，以考二十九篇，得多十六篇。安國獻之，遭巫蠱事，未列於學官。⑧

許氏慎《説文解字叙》：亡新居攝，使大司空甄豐等校文書之部，自以爲應制作，頗改定古文⑨。時有六書：一曰古文，孔子壁中書也。二曰奇字，即古文而異者也。……魯恭王壞孔子宅，而得《禮記》《尚書》《春秋》《論語》《孝經》；又北平張蒼獻《左氏傳》；郡國亦往往於山川得鼎彝，其銘即前代之古文，皆自相似。⑩

① 《史記》卷百二十一·頁九。

② 德修謹案：三十九篇之"篇"字依補注補之。

③ 三事者：案《補注》先謙曰："三事，謂左氏春秋、古文尚書、逸禮也。"（卷三十六，頁三十三下）

④ 見《漢書》三六卷《楚元王傳引》，頁三十三。

⑤ 《漢書》卷五十四，頁四。

⑥ 《漢書》卷五十三，頁一。

⑦ 魯共王即魯恭王，蓋恭从共得聲：上古凡形聲字與所从之聲母，彼此間可以通假，蓋聲母先作"本無其字"之假借後，再造本字以還其原，使本義與借義各有專字可役，唯此後彼此間尚有假借之現象在也。詳周師一田《訓詁學筆記》。

⑧ 《漢書》卷三十，頁七。

⑨ 段《注》："頗者，間見之辭。於古文間有改定，如疊从三日大盛改爲三田，是其一也。"（卷十五上，頁十六下）

⑩ 《説文解字》卷十五上，頁三。

《論衡·佚文篇》：孝武皇帝封弟爲魯恭王。恭王壞孔子宅以爲宫，得佚《尚書》百篇、《禮》三百、《春秋》三百篇[①]、《論語》三十一篇。[②]

《論衡·正説篇》：孝景帝時，魯共王壞孔子教授堂以爲殿，得百篇《尚書》於牆壁中，武帝使使者取視，莫能讀者，遂秘於中，外不復見。[③]

《論衡·正説篇》：至孝宣皇帝之時，河内女子發老屋得逸《易》、《禮》、《尚書》各一篇，奏之。宣帝下示博士，然後《易》《禮》《尚書》各益一篇，而《尚書》二十九篇始定矣。至孝景帝時，魯共王壞孔子教授堂以爲殿，得百篇《尚書》於牆壁中。武帝使使者取視，莫能讀者，遂秘於中，外不得見。至孝成皇帝時徵爲古文《尚書》學[④]，東海張霸案百篇之序，空造百兩之篇，獻之成帝。帝出秘百篇以校之，皆不相應。[⑤]

壁中古文之發見，今據《史》《漢》《説文》《論衡》所載，實無可疑。唯孔氏安國獻書之事，於時事未符，遂有疑其爲僞者，依閻氏若璩之考證，當爲"其家子孫獻之"，曰：

竊意天漢後安國死已久，或其家子孫獻之，非必其身，而苦無明證。越數載，讀荀悦《漢紀·成帝紀》云："魯恭王壞孔子宅，得古文《尚書》，多十六篇。武帝時，孔安國家獻之；會巫蠱事，未列於學官。"於安國下增一"家"字，足補《漢書》之漏。[⑥]

則斯疑可涣然冰釋矣。是故壁中書有《尚書》《春秋》《左氏傳》等經傳，似無疑問。

再者據王氏國維之考證，漢時所見儒家古本經傳凡十種，十又五本：

一、周易	（一）	中古文本	漢書·藝文志
	（二）	費氏本	後漢書·儒林傳
二、尚書	（一）	伏氏本	史記·儒林傳
	（二）	孔壁本	漢書·藝文志：尚書古文經四十六卷

① 春秋三百篇，屈先生翼鵬案：此"百"字，當作"十"。並云："蓋孔壁所出者，《春秋經》三十篇，而無《左傳》。"（見《古籍導讀》，頁一八五）

② 《論衡》卷二十，頁五下。

③ 《論衡》卷二八，頁一下。

④ 此事見於《漢書·藝文志》，云"至成帝時，以書頗散亡，使謁者陳農求遺書於天下。"（卷三十，頁一）。

⑤ 《論衡》卷二九，頁一下。

⑥ 《尚書古文疏證》卷二，頁四，《皇清經解續編》，册一。

	（三）河間本	漢書·景十三王傳
三、毛詩		漢書·藝文志：毛詩二十九卷
四、禮經	（一）淹中本	漢書·藝文志
	（二）孔壁本	漢書·藝文志
五、禮記		同前
六、周官		同前
七、春秋經		漢書·藝文志：春秋古經十二篇
八、春秋左氏傳		論衡·案書篇、漢書·劉歆傳
九、論語	孔壁本	漢書·藝文志：論語古廿一篇出孔壁中
十、孝經		漢書·藝文志：孝經古孔氏一篇廿二章

其結論爲："以上十種，十有五本，其存於後漢者，惟孔壁中書及《左氏傳》。故後漢以後，古文之名，遂爲壁中書所專矣。"①今試與前所徵引子長、孟堅、叔重、仲任之書合觀，若合符節，實可確信。

此係古文經出土或發見，載諸簡策者，可得而說。至於流落民間，爲秦令所未及者，亦或有之，周師一田云：

圖二　魏三體石經品字式殘石拓本

當秦火之焚，天下知藏書於壁中者，未必止孔氏一家而已。至漢惠文之際，除挾書之律，開獻書之路，鄉野老屋，皆有古文經之出世，未必止孔壁一處而已。魯恭之壞孔壁者，或以發書最夥，因乃見諸記載，非此外"别無古文"也（王國維語）。孔壁所得，安國當時未即獻諸朝廷，其後藏於秘府，伏而未發，是世人罕見其書矣；倘使别無古經傳本，劉歆時何來魯國桓公，趙國貫公，膠東庸生之遺學？且自東遷之後，民間古文學已盛行，至於官學相

① 見《漢時古文本諸經傳考》，《觀堂集林》卷七，頁八下。

抗，勢非一蹴可就，而其來有自，傳本不一者，蓋可以想見也。是則漢魏間所見古文資料，必不在少，惟後世失傳爲甚可惜也。[1]

總之，古文經之來源有二：一係傳世之古書，以流傳於民間者爲主，此民間本；一爲孔室壁中書，以收藏於秘中者爲主，此秘府本。此事實，唐氏蘭亦曾闡發之，曰：

> 這時候[2]，最重要的一件事，是古文經的重新發現。古文經的來源，有兩類：一類是傳世的古書，如：《周易》《毛詩》《左氏傳》；一類是孔子宅壁中拆出來的舊本，如：古文《尚書》、《禮》古經、古文《論語》等。流傳到劉向父子校中秘書，纔發現它們的可貴。劉歆因而創立他的古文經學。[3]

其說，實屬確論。

四

至於古文經筆諸簡帛是在何時，如能加以擬測，則有助於古文構形及淵源之瞭解。今自西漢初年[4]，馬王堆三號墓所出土帛書《老子》甲、乙本及卷前後古佚書推之，道家之書蓋寫定於六國時代，而甲本之文字尚在篆隸之間。儒家經典既由孔子整理以授弟子，則儒家典册於孔子時或稍早即已著諸竹帛。不然，孔子五十以學《易》[5]，何能致韋編三絶[6]？又有"《詩》三百，一言以蔽之，曰思無邪"[7]，如不著於縑帛，何有三百之數？至如："子曰書云孝乎"[8]；"子所雅言"者，指《詩》《書》《禮》三經而言[9]；"興詩、立禮、成樂"[10]；"子自衛反

① 《魏石經古文釋形考述序》，頁六一七。

② 指兩漢。

③ 《中國文字學》，頁一四。本節請參看拙作《説文解字古文釋形考述》，《古文之源流》，頁十九一三三。

④ 據研究，該墓葬於漢文帝前元十二年（前一六八年），見金氏達凱著《中共對傳統文物的破壞與利用》，頁六九。

⑤ 見《論語·述而篇》。

⑥ 見《史記》卷四十七《孔子世家》，頁二十三下。

⑦ 《論語·爲政篇》。

⑧ 《論語》引尚書語。

⑨ 《論語·述而篇》。

⑩ 《論語·泰伯篇》。

魯，然後樂正，雅頌各得其所"[①]；"誦《詩》三百，授之以政"[②]；孔子教鯉，"不學詩，無以言，不學禮，無以立"[③]；"詩，可興，可觀，可群，可怨"[④]等語。由是可知，凡孔子所稱《易》《詩》《書》《禮》《樂》，均已著於竹帛而成典籍，非徒口耳相傳者也。是故史遷云：

孔子以《詩》《書》《禮》《樂》教。弟子蓋三千焉。[⑤]

因此徵知，孔子教授弟子時，舉凡《詩》《書》《禮》《樂》《易》等書自有定本；既有定本，則著諸竹帛而成典册，遂致韋編三絶，以爲故實。斯時既將五經著於簡縑，所用字體必是以春秋時代所通行之文字寫定，方符常理。

至於《春秋》一經，則係孔子本魯國史記加以筆削而成，當亦是以春秋時所通行之字筆植於簡帛者也。孟子以爲是時世衰道微，邪説暴行有作，孔子懼，作《春秋》。[⑥] 又曰："王者之迹熄而《詩》亡，《詩》亡然後《春秋》作。"[⑦]是故無論《春秋》或五經，至孔子均爲"集大成"者，既是"集大成也者"，自爲"金聲而玉振之也"。[⑧]

自春秋而六國，由六國而秦漢，中或有傳抄本、再抄本或三抄本，然則其所依據之底本既係春秋時孔子所删定編寫之教本，則其文字亦必係春秋時之字體，抄者容或失真，惟字形結構大體不差。是故孔壁所出、河間女子所獻、杜林所得漆書，蓋皆春秋時代文字之遺迹，形體多相類似之古文經典也。即因其字體與有漢通行之隸書相去有間，以致"武帝使使者取視[⑨]，莫能讀者"[⑩]。因此，漢儒爲出土或發見之六國以前之經典寫本，與武帝時伏生等儒口授隸定之經典寫本有所區别，遂生"古文"與"今文"之名，而有"古文經"與"今文經"之異耳；非秦火之前已有"古文"與"今文"之説，或"今文經"及"古文經"之别也。至東漢許氏叔重著《説文解字》一書，其中將古文經上之古文網羅甚富；每將其置於正篆之下，輒曰"古文某"，或"古文作某"。此其重文之

① 《論語·子罕篇》。
② 《論語·子路篇》。
③ 《論語·陽貨篇》。
④ 同上。
⑤ 見《史記》卷四十七《孔子世家》，頁二十三下。
⑥ 《孟子》卷三《滕文公下》，頁九〇—九一。
⑦ 《孟子》卷四《離婁下》，頁一二六—一二七。
⑧ 《孟子》卷五《萬章下》，頁一四二。
⑨ 德修謹案：據壁中書言。
⑩ 見《論衡·正説》《案書》二篇。

例。又因其爲字書,既有古文某,相對而言,遂有籀文某、篆文某及俗作某之殊異。此種殊異,蓋漢世通行隸書後[1],所作之區别耳,上溯先秦,本無古文、籀文、篆文諸名,亦無古文經、今文經之異同也。

再則依《論衡》所載,漢成帝時(前三十二—二十九年)官藏古文經猶在秘中,是故與張霸百兩篇相校,得據之偵破其書爲僞,又《漢書·藝文志》載平帝時詔劉氏向校書秘府事,云:

> 迄孝武世(前一四〇—八七年),書缺簡脱,禮壞樂崩,聖上喟然而稱曰:"朕甚閔焉!"於是建藏書之策,置寫書之官,下及諸子傳説,皆充秘府。至成帝時,以書頗散亡,使謁者陳農求遺書於天下,詔光禄大夫劉向校經傳、諸子、詩賦,……每一書已,向輒條其篇目,撮其指意,録而奏之。會向卒。哀帝[2]復使向子侍中奉車都尉歆卒父業,歆於是總群書而奏其《七略》。[3]

綜上可知,秘中古文經由劉向父子校録後始復面世,其在秘中伏而未發已百四十年之久矣。此在秦火後,古文經首次由政府正式董理者也。劉氏歆在其《移太常博士書》中,謂古文經之特徵,適足以正今文經傳之脱簡間編,曰:

> 孝成皇帝閔學殘文缺,稍離其真。乃陳發秘藏,校理舊文,得此三事[4]。臣考學官所傳,經或脱簡,傳或間編。[5]

足徵古文經之價值甚高,惜斯時"抑而未施",致使古文經無法立於學官。迨漢平帝時(一—五年),始立古文《尚書》、《毛詩》、逸《禮》、《樂經》、《左氏春秋》於學官。[6] 然則古文經之入學官已晚今文經百餘年,至此,方得與今文經分庭抗禮。事實上,官方藏於秘中之古文經,雖伏而未發;唯民間流傳古文經之事實,不容置疑。即劉氏歆所謂傳問民間者[7],有魯國柏公、趙國貫公、膠東庸生之遺學[8];貫公傳《左氏春秋》於賈誼,庸生傳古文《尚書》於都尉朝,桓公

---

① 隸書者,即漢人所謂之今文,爲當時所通行之字體。
② 西元前六—一年。
③ 《漢書》卷三十,頁一一二上。
④ 三事者:案〔補注〕先謙曰:"三事,謂《左氏春秋》古文《尚書》《逸禮》也。"(卷三十六,頁三十三下)
⑤ 見《漢書》卷三十六《楚元王傳》,頁三十三下。
⑥ 見《漢書》卷十、《藝文志》、卷八十八《儒林傳》、卷九十九《王莽傳》。
⑦ 案〔補注〕先謙曰:《文選》"傳"作"博"。
⑧ 案〔補注〕先謙曰:"柏"當作"桓",閩本、官本不誤。宋人"桓"缺末筆遂誤爲"柏"。

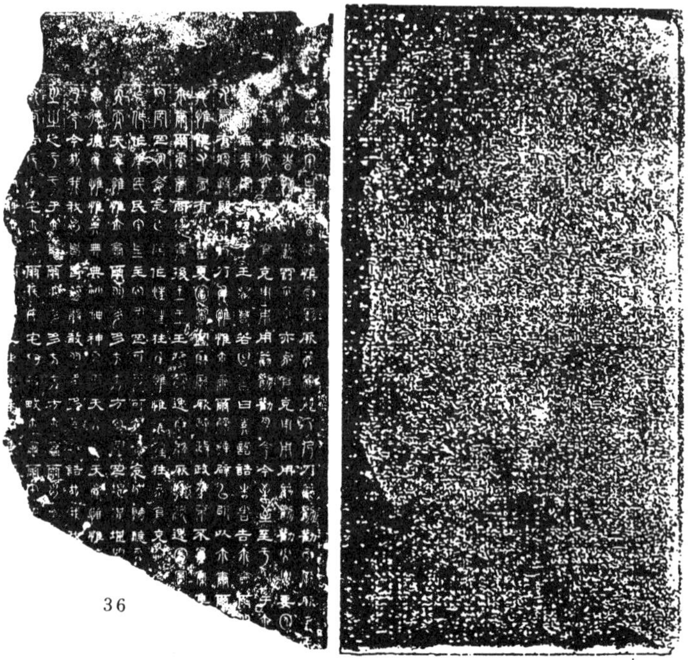

圖三　日本藤井有鄰館藏魏三體石經直下式《尚書·多方篇》(左爲拓本,右爲殘石)

即桓生傳《禮》於徐生①。此三家遺學,使民間之古文《左氏春秋》、古文《尚書》、古文《禮經》得流傳而不息也。它若史傳所未備載而實流傳於民間之古文經學家,又不知幾何?

漢平帝時,古文經既立於學官,傳古文經之命脈已由民間轉入官方,爲斯時衆所公認之學派矣。晚至後漢熹平四年(一七五年),今文經始刻石於洛陽太學講堂前。至曹魏則立《穀梁春秋》《禮記》博士於學官;而古文家經典如費《易》、古文《尚書》、《毛詩》、《周禮》、《左氏春秋》,遂皆立於學官②。由此可見,古文經之勢力已非前漢之伏而未發,抑而不施之態勢,而是時來運轉,日興月盛者也。終於今文之統緒已爲古文學家取而代之矣。王氏國維曾對當時古今文經易勢之概況,加以析論之,曰:

自董卓之亂,京洛爲墟,獻帝托命曹氏,未遑庠序之事,博士失其官守,垂三十年。今文學日微,而民間古文之學乃日興月盛。逮魏初復立

① 見《漢書》卷八十八《儒林傳》及《補注》。
② 見王氏國維《漢魏博士考》,《觀堂集林》卷四,頁十一。

> 太學博士,已無復昔人。……而漢家四百年學官,今文之統已爲古文學家取而代之矣。……然則魏時所立諸經已非漢代之今文學,而爲賈、馬、鄭、王之古文學矣。……魏時除《左傳》杜注未成,《尚書》孔傳未出外,《易》有鄭氏、王氏,《書》有賈、馬、鄭、王氏,《詩》及三《禮》鄭氏、王氏,《春秋左傳》服氏、王氏,《公羊》顔氏、何氏,《穀梁》尹氏,適得十九家,與博士十九人之數相當。……此十九博士中惟《禮記》《公》《穀》三家爲今學,餘皆古學。……學術變遷之在上者,莫劇於三國之際,而自來無能質言之者,此可異也。①

基於此客觀事實,至三國之曹魏古文經之聲勢已遠超今文經之上。是故魏正始時立碑刻石而以古文經者,實是時勢所趨,潮流所至耳。此兩漢古文經學之大要也。

綜觀漢魏經學發展史,漢初首重今文經,傳今文家學。至西漢末葉成帝之時,始詔劉向父子校理秘中古文經,遲至平帝時方立古文五經(無《易經》)於學官,直抵東漢末季無所增損;迄曹魏古文經大盛,十九位經學博士中有十六位係古文學家,占百分之八十四强,實甚可觀矣。終至今文學爲古文經取而代之,是故後漢熹平四年刻經於石時采用今文經,而至魏正始年間則以古文經勒石,實非無因。總之,即今古文之發展言,今文經係先盛而後衰,古文經則爲先抑而後揚也。

五

或謂東漢古文經典之形式爲何,章氏炳麟曾加以擬測,其言曰:

> 由今觀之,馬、鄭皆稱古文而文字多異,蓋皆訓讀之字;若原本則盡依壁經,斷無歧異之想。恐當時説經,與宋人鐘鼎款識相近,首列摹本,次列真書,後列釋文;行款雖不必同而三者必皆完備。摹本者,即移寫壁經也;真書者,即以己意訓讀之本也;釋文者,即己所作傳注也。是故馬、鄭本見于經典釋文者,皆其訓讀之本,而非移寫壁經之本也。②

---

① 見王氏國維《漢魏博士考》,《觀堂集林》卷四,頁十二—十三。
② 《與弟子吴承仕論三體石經書》,《華國月刊》第二期第四册,頁二。

章氏之説,啓發性之價值甚高。是説也,適足以作三體石經何以有古文、隸書之注脚。至於古文與隸書間之篆文則未作説明,誠美中不足。魏石經具備古文、小篆、隸書三體者,正是古文經典歷經西漢而新莽而東漢之里程,所呈見古文學家於漢世耕耘之真相。蓋壁中經原係以古文書之者也,迨西漢初,小篆猶流傳民間乃至官府[①],與隸書並行於世。是故民間古文家即以小篆附於古文下,兩相對照,以爲教授或課試之用。武帝以後,今文經日盛,而隸書已風行天下,然小篆日漸式微,則小篆與古文兩相對照之古文經亦漸不易通讀矣,經師爲順應潮流,遂又於小篆下附上隸書,以與小篆對照,如此既利於古文經之傳授或閲讀,又便於普及。逮東漢之世,由於日積月累,所有古文經典均係古、篆、隸三體對照之形式出之,遂形成古文經典全貌之一大特色。其與今文經悉以今文寫定者截然有别。由東漢而曹魏,此種古、篆、隸三體具在之古文經典形式始終未曾變易,至魏正始年間,勒《尚書》《春秋》《左氏傳》三書於石時,亦悉仍舊制,遂有古、篆、隸三體具出之事實,旨在存古文家經典之本真。魏三體石經,不僅如劉氏《漢魏石經考》中所謂存字體之用而已,其實尚具有存古文經典原貌之功在焉。

原載《中華文化復興月刊》一九七八年十二月

① 晚近出土大批西漢璽印、封泥均以小篆出之,青銅器銘文亦多以小篆書之。請參閲羅氏福頤《璽印文字徵》,容氏庚《金文續編》。

論魏石經，並論《漢書·藝文志》所著録古經及《説文》所謂古文

◎ 黄彰健

漢靈帝所刻僅爲今文經，及曹魏立古文經學於學官，遂將古文經亦刻石。

魏三字石經之刻石，陳壽《三國志》失記，而見於晉衛恒所撰《四體書勢》。《晉書》卷三十六《衛恒傳》説：

> 恒善草隸書，爲《四體書勢》曰："昔在黄帝，創制造物。有沮誦、倉頡者，始作書契。……自黄帝至三代，其文不改。及秦用篆書，焚燒先典，而古文絶矣。漢武時，魯恭王壞孔子宅，得《尚書》《春秋》《論語》《孝經》，時人以不復知有古文，謂之科斗書。漢世秘藏，希得見之。魏初，傳古文者出於邯鄲淳（《魏書·王粲傳》引《魏略》："淳一名竺，字子叔，……善蒼雅蟲篆，許氏字指。……黄初初，以淳爲博士給事中。淳作《投壺賦》千餘言，奏之，文帝以爲工……"）。恒祖敬侯（衛恒之祖父衛覬，謚敬侯），寫淳《尚書》，後以示淳，而淳不别。至正始中，立三字石經，轉失淳法。因科斗之名，遂效其形。太康元年，汲縣人盜發魏襄王冢，得策書十餘萬言，案敬侯所書，猶有髣髴。"

衛恒《四體書勢》僅説魏三字石經立於魏廢帝正始年間，未説刻石開始及竣工年月。

衛恒《四體書勢》説"三字石經，轉失淳法"，故朱彝尊《經義考》認爲：三字石經非邯鄲淳所書。①

《後漢書·列女·孝女曹娥傳》："元嘉元年，縣長度尚……爲（娥）立碑

① 參看張國淦《歷代石經考·魏石經》，頁九。

焉”。李賢注引《會稽典録》：

> 上虞長度尚弟子邯鄲淳，字子禮，時甫弱冠，而有異才。尚先使魏朗作曹娥碑，……朗辭不才，因試使子禮爲之，操筆而成，無所點竄。……其後蔡邕又題八字曰：“黄絹幼婦，外孫齏臼”。

章太炎先生《新出三體石經考》認爲：元嘉爲漢桓帝年號，蔡邕與董卓同死，年六十一。自元嘉元年至初平三年董卓誅死之歲爲四十二年，計淳於元嘉元年弱冠，至初平三年，亦六十一歲，是邯鄲淳與蔡邕亦年相若。《三國志·王粲傳》裴注引《魏略》稱：“淳於（獻帝）初平時，從三輔客荆州。荆州内附，太祖（曹操）召與相見，甚敬異之。”而曹操定荆州，在獻帝建安十三年，計斯時邯鄲淳已七十七歲。《魏略》稱：“（魏文帝）黄初中，以淳爲博士給事中。”今其遺文有“受命述上受命表”，皆黄初改元歲在庚子所作，則其時邯鄲淳已年八十九①。魏三字石經，“轉失淳法，因科斗之名，遂效其形”，則邯鄲淳所傳古文《尚書》，其筆勢可能與三字石經不同②。邯鄲淳爲度尚弟子，而《後漢書·度尚傳》李賢注引《續漢書》説：“度尚通京氏《易》及古文《尚書》。”則淳所傳古文《尚書》可能受於度尚。

彰健按：邯鄲淳年近九十，任魏文帝博士給事中，恐年齡太大。而《魏略》稱，邯鄲淳字子叔，與《會稽典録》作子禮不同。《會稽典録》係東晉虞預所著，其書所記恐本於傳聞，不完全可信。論邯鄲淳事迹，鄙意仍以據《三國志·魏書·王粲傳》裴注所引《魏略》立説，爲較可信據。

科斗文此一名稱，據上引衛恒《四體書勢》，似在漢武帝時已有此稱。但至遲在東漢末年已有。《後漢書·盧植傳》引植上疏説：“古文科斗，近於爲實，厭抑流俗，降在小學”，而盧氏即欲據《周禮》及古文《尚書》來校正漢石經碑文。鄭玄亦治古文《尚書》。孔穎達《尚書正義》引鄭玄《書贊》説：

> 《尚書》初出屋壁，皆周時象形文字，今所謂科斗矣。

則三體石經古文字體，“豐中鋭末，與科斗之頭粗尾細者略近”，正確有所本。王國維先生説：科斗文此種字體濫觴於三體石經。③ 王氏此説即與《盧植傳》

---

① 章太炎《新出三體石經考》，頁五，《章氏叢書》續編本。

② 言三體石經“筆勢微傷於鋭”，非“形體點畫之間，有所詭誤。”參看張國淦《歷代石經考·魏石經》頁十一引章太炎《與于右任論三體石經書》。

③ 王國維《觀堂集林》卷十六，頁十二，《魏石經考五》。

及鄭玄《書贊》牴觸。

《三國志・王粲傳》裴注引《魏略》稱："(邯鄲)淳善《蒼》、《雅》、蟲篆，許氏《字指》。"晉衛恒《四體書勢》説：

> 秦時李斯，號爲工篆。漢(章帝)建初中，扶風曹喜善篆，少異於斯，而亦稱善。邯鄲淳師焉，略究其妙，韋誕師淳而不及也。太和中，誕爲武都太守，以能書留補侍中。魏氏寶器銘題，皆誕書也。漢末又有蔡邕，採斯喜之法，爲古今雜形，然精密閑理，不如淳也。

曹喜與邯鄲淳均爲書家[①]。曹喜篆法與李斯不同，則邯鄲淳於古文的書法亦可能有新創，不一定與孔壁古文一樣；而且據劉歆《讓太常博士書》，古文經"多者二十餘通"，古文經複本未必爲一人所書，其書法亦可能不同，故亦可能邯鄲淳的古文書法及盧植、鄭玄所見的科斗書法，均淵源有自。我們不必據衛恒一人私見，而抹殺盧植、鄭玄所説。而且魏三字石經係曹魏大制作，以情理來説，其字體書法亦應確有所本。

衛恒《四體書勢》説，汲冢所得策書與"敬侯所書，猶有髣髴"。健按：汲冢書係六國時魏國文字，而古文《尚書》出於孔壁，當係魯國文字。戰國時，各國"言語異聲，文字異形"(許慎《説文解字序》)，故我們也不可因《汲冢書》與"敬侯所書髣髴"，而謂三體石經書法不足據。衛恒之尊崇邯鄲淳，現在看來，不過因其祖父衛覬的書法係學自邯鄲淳，學得很像，衛恒爲了尊敬他的祖父，遂貶抑三體石經的書法而已。

王肅《孔子家語序》已説："鄭氏學行五十載。"《三國志・魏書・高貴鄉公紀》記帝幸太學，帝所問之《易》及《尚書》，均爲鄭玄《注》。而帝所問之《禮》係小戴《禮記》，作答者爲博士馬昭，亦係鄭玄弟子，則所問之小戴《禮記》，亦當用的鄭注。鄭玄爲馬融弟子，治古文《尚書》。鄭玄《書贊》説：

> 我先師棘下生安國，亦學此學。衛(宏)、賈(逵)、馬(融)二三君子之業，則雅才好博，既宣之矣。

又説：

> 《尚書》初出屋(孔)壁，皆周時象形文字，今所謂科斗書。

---

① 宋朱長文《墨池編》載《唐玄度論十體書》説："小篆，李斯所造，……今相承或謂之玉筯篆。懸針，後漢章帝建初中秘書郎曹喜所造，……尤善垂露之法。後代行之，用此以書題五經篇目。"

在曹魏時,鄭玄《尚書注》既盛行於時,而其學又已立於學官,則三體石經之字體爲科斗書,很明顯的很可能源出於鄭玄所傳的本子。

《隋書·經籍志》説:"董卓之亂,獻帝西遷。圖書縑帛,軍人皆取爲帷囊,所收而西,猶七十餘載。兩京大亂,掃地皆盡。"則漢代内府所藏孔壁本古文《尚書》的原本,在魏初當已散佚不存。漢獻帝建安元年,鄭玄年七十,以疾篤,以書戒子益恩曰:

所好群書,率皆腐敝。不得於禮堂寫定,傳與其人。日西方暮,其可圖乎?(《後漢書·鄭玄傳》)①

則鄭氏頗有藏書。很可能魏石經所載古文《尚書》,即係依據鄭玄所藏的本子。

三體石經《尚書》係據鄭玄所傳本上石,此在《隋書·經籍志》中尚留有蛛絲馬迹,我們不可忽視。《隋書·經籍志》著録:

一字石經《周易》一卷,梁有三卷。

一字石經《尚書》六卷,梁有今字石經鄭氏《尚書》八卷,亡。

一字石經《魯詩》六卷,梁有《毛詩》二卷,亡。

一字石經《儀禮》九卷。

一字石經《春秋》一卷,梁有一卷。(健按:"梁有一卷"的"一"字係錯字,説見本書第十二章。②)

一字石經《公羊傳》九卷。

一字石經《論語》一卷,梁有二卷。

三字石經《尚書》九卷,梁有十三卷。

三字石經《尚書》五卷。

三字石經《春秋》三卷,梁有十二卷。

《隋書·經籍志》接着説:

後漢鎸刻七經,著於石碑,皆蔡邕所書。魏正始中,又立一字石經,相承以爲七經正字。

後漢鎸刻七經,此七經即《隋志》所著録之"一字石經"七種,則《隋志》下文説

① 章太炎《新出三體石經考》(頁十一)亦説:"康成誡子書云:書皆腐敝,不得於禮堂寫定。此亦必爲科斗書可知也。"

② 編者按:本文中的"本書"指《經今古文學問題新論》。下同。

"魏正始中,又立一字石經","又立一字"的原文恐應作"又立三字"。此或因范曄《後漢書》的《儒林傳》説,後漢刻石經,係用的古文、篆、隸三體,故傳録《隋志》的人遂將"魏正始中又立三字石經",誤改"三"字爲"一",而未發覺這樣校改會與《隋志》上文所説"後漢鐫刻七經"牴觸。

《隋志》原文作:"魏正始中,又立三字石經,相承以爲七經正字。"古文經出於孔壁。論經典字體,自應以孔壁古文爲正。從漢至唐初的學人自然很容易有這種想法。此亦可證《隋志》原文是説"魏正始中又立三字石經"的。

《隋志》此處傳寫有錯,《隋志》此處所著録石經係分一字、三字二種,而《隋志》所説"梁有今字石經鄭氏《尚書》八卷,亡""梁有《毛詩》二卷,亡",亦可能傳寫有誤,而當據《舊唐書・經籍志》及《新唐書・藝文志》所著録來參互考正。百衲本《舊唐書・經籍志》及《新唐書・藝文志》著録:

> 今字石經《易》篆三卷。
>
> 今字石經《尚書》五卷。(《新唐書・藝文志》"書"下衍"本"字。)
>
> 今字石經鄭玄《尚書》八卷。
>
> 三字石經《尚書》古篆三卷。
>
> 今字石經《毛詩》三卷。
>
> 今字石經《儀禮》四卷。
>
> 三字石經《左傳》古篆書十三卷。(《新唐書》作十二卷)
>
> 今字石經《左傳》經十卷。
>
> 今字石經《公羊傳》九卷。
>
> 今字石經《論語》二卷,蔡邕注。(《新唐書》作:蔡邕今字石經《論語》二卷。)

《舊唐志》及《新唐志》著録的"三字石經《尚書》古篆三卷""三字石經《左傳》古篆書十三卷",王國維《魏石經考四》認爲,係就三字石經《尚書》《左傳》拓本中專録其古、篆二體。王國維先生此一解説是正確的。

《舊唐書・經籍志》"三字石經尚書古篆三卷""三字石經左傳古篆書十三卷",清萬斯同著《石經考》時,萬氏所見《舊唐志》"三字石經"這兩個"三"字均作"今"。萬氏認爲:"今"字即隸書,《舊唐書》何以又言古篆,此不可解,故萬氏遂據所見《新唐志》改《舊唐志》此二"今"字爲"三",萬氏所改與今存《舊唐志》百衲本合,萬氏所改是對的。[①]

"三字石經《尚書》古篆三卷,三字石經《左傳》古篆書十三卷",萬氏所見《舊唐書》刊本既可誤"三字石經"爲"今字石經",故萬氏遂進一步改《舊唐志》《新唐志》的"今字石經《易》篆三卷"爲"三字石經《易》篆三卷"。萬氏所改亦很正確。因爲"今字石經《易》篆三卷",今字係隸書,也不會爲篆書,故知原文係作"三字石經《易》篆三卷",其書係就三字石經《易經》拓本中,録存其篆書一體。

《舊唐志》及《新唐志》著録:

> 今字石經《尚書》五卷。

按:《隋志》著録"一字石經《尚書》六卷,三字石經《尚書》五卷"。《舊唐志》《新唐志》此處正作五卷,與《隋志》所著録三字石經《尚書》卷數相合,很可能《舊唐志》及《新唐志》此處"今"字亦當改爲"三"。

《舊唐志》及《新唐志》著録:

> 今字石經鄭玄《尚書》八卷。

按:鄭玄《尚書》注於曹魏時立學。鄭所傳爲古文《尚書》,在曹魏時既刻《尚書》古文經三體,其中已含有"今"字在内,怎麽會又單獨刻"今"字?故此"今"字係"三"字之訛。《隋志》作"梁有今字石經鄭氏《尚書》八卷,亡",此亦係傳寫有錯,亦當改"今"字爲"三"字。

《舊唐志》及《新唐志》著録:

> 今字石經《毛詩》三卷。

王國維《漢時古文本諸經傳考》認爲:"《毛詩》當小毛公貫長卿之時,已不復有古文本。"彰健按:許慎《説文解字序》已明言,《詩》毛氏爲古文。《後漢書·盧植傳》亦説,"古文科斗,近於爲實,而厭抑流俗,降在小學",盧植並要求立古文《尚書》《周官》《毛詩》及《左氏》於學官,則在東漢末年《毛詩》應仍存有古文本。郭忠恕《汗簡》(卷上,頁三十四)説:

> ,見古《毛詩》。

則在曹魏時,《毛詩》似仍可能有古文本存在。

《舊唐志》及《新唐志》"今字石經《毛詩》","今"字既係"三"字之誤。以改

① 萬斯同《石經考》,頁四十六,《四明叢書》第一集本。

正後的《舊唐志》及《新唐志》校《隋書·經籍志》,則《隋書·經籍志》説:

> 一字石經《魯詩》六卷。梁有《毛詩》二卷,亡。

"梁有"二字下應脱"三字石經"四字。《隋志》作二卷,《舊唐志》及《新唐志》作三卷,此則未知孰是。

《舊唐志》及《新唐志》著録:

> 今字石經《儀禮》四卷。
>
> 三字石經《左傳》古篆書十三卷(《新唐志》作十二卷)。
>
> 今字石經《左傳經》十卷。

按:《左傳經》爲古文,故"今字石經《左傳經》"的"今"字很明顯的係"三"字之誤。

《舊唐志》及《新唐志》著録:

> 今字石經《公羊傳》九卷。
>
> 今字石經《論語》二卷,蔡邕注。(《新唐志》作"蔡邕今字石經《論語》二卷"。)

按:《公羊傳》爲今字,爲隸書,不誤。漢一字石經由蔡邕書丹,但所刻石經《論語》,並未附蔡邕注,故《新唐志》改作"蔡邕今字石經《論語》",而其實,石經字體不出一人之手,漢石經《論語》亦未必爲蔡邕所書。宋洪适《隸釋》即説:"(漢石經)遺字,《公羊》《詩》《儀禮》又在《論語》上。"

《舊唐志》及《新唐志》經改正後,知其著録石經,係先著録三字,而後著録今字。因此,我判斷,《舊唐志》及《新唐志》所著録"今字石經《儀禮》四卷",此"今"字亦係"三"字之誤。

《舊唐志》及《新唐志》著録三字石經而後著録今字石經,與《隋書·經籍志》先著録一字石經而後著録三字石經不同。此當由於誤信范曄《後漢書》,靈帝所刻爲古文、篆、隸三體,故認曹魏所刻爲今字石經。故《舊唐志》及《新唐志》著録石經,將今字石經列於三字石經之後。

《舊唐書·經籍志》説:

> 隋世簡編,最爲博洽。及大業之季,喪失者多。(唐)貞觀中,令狐德棻、魏徵相次爲秘書監,上言經籍亡逸,請行購募,並奏引學士校定,群書大備。開元三年,左散騎常侍褚無量、馬懷素侍宴,言及經籍,玄宗曰:"内庫皆是太宗、高宗先代舊書。常令宫人主掌,所有殘缺,未遑補緝。

篇卷错亂，難於檢閱。卿試爲朕整比之。”至七年，詔公卿士庶之家，所有異書，官借繕寫。及四部書成，上令百官入乾元殿東廊觀之，無不駭其廣。九年十一月，殷踐猷、王愜、韋述、余欽、毋煚、劉彦真（健按：《新唐書·藝文志》“真”作“直”）、王灣、劉仲（《新唐書·藝文志》作“王仲丘”）等重修，成《群書四部録》二百卷（《新唐書·藝文志》作《群書四録》），右散騎常侍元行冲奏上之。自後毋煚又略爲四十卷，名爲《古今書録》，大凡五萬一千八百五十二卷。禄山之亂，兩都覆没。乾元舊籍，亡散殆盡。肅宗、代宗，……屢詔購募。文宗……詔令秘閣搜訪遺文，日爲添寫。開成初，四部書至五萬六千四百七十六卷。及廣明初，黄巢干紀，再陷兩京，……曩時遺籍，尺簡無存。……今録開元盛時四部諸書，以表藝文之盛。……而煚等所序四部都録，以明新修之旨，今略載之。

則《舊唐書·經籍志》係據毋煚《古今書録》寫定。《隋志》所著録“一字石經”，如《魯詩》《春秋經》，《舊唐志》即未著録，殆至開元時，唐初内府所藏漢石經拓本即已散佚，而《舊唐書·經籍志》所著録：

今（三）字石經《易》篆三卷。

今（三）字石經鄭玄《尚書》八卷。

今（三）字石經《毛詩》三卷。

今（三）字石經《儀禮》四卷。

三字石經《左傳》古篆書十三卷。

今（三）字石經《左傳經》十卷。

却又爲《隋書·經籍志》所未著録。《舊唐書·經籍志序》曾提到梁阮孝緒《七録》“多有所遺”，則《舊唐書·經籍志》所著録的這些書正可能爲《隋書·經籍志》書成以後，唐朝内府繼續搜訪到，故爲毋煚《古今書録》所著録，而爲《舊唐書·經籍志》所本。

《舊唐書·經籍志》撰寫時，這些書大概又都已佚失，而傳録《舊唐書》時，誤“三”字爲“今”字，亦無從據石經原書校定。而《舊唐書》這類錯誤遂爲《新唐書·藝文志》所因襲。不過我們由“今字石經《易》篆”“今字石經《左傳經》”，仍可確定這些“今”字係“三”字之誤。《舊唐志》著録石經，始“三”字，次“今”字，很可能毋煚《古今書録》因受范曄《後漢書》的影響，亦有此誤。而此一錯誤遂爲《舊唐志》及《新唐志》所因襲。

由《舊唐志》《新唐志》所著録石經,我們可以發現三字石經決不止《隋志》所著録之:

三字石經《尚書》九卷(梁有十三卷)

三字石經《尚書》五卷

三字石經《春秋》三卷(梁有十二卷)

僅《尚書》《春秋》二種,它應還有《易經》《詩經》《儀禮》及《左傳》。

《左氏·隱公元年傳》:

仲子生而有文在其手,曰爲魯夫人。

《左氏·昭公元年傳》:

及生,有文在其手曰虞。

孔穎達《左傳正義》説:

隸書起於秦末,手文必非隸書。石經古文虞作㸚,魯作表,手文容或似之。

是三字石經《左傳》已刻石至昭公。《舊唐書·經籍志》著録"三字石經《左傳》古篆書十三卷",則《左傳》恐已刻全。王國維先生見《隸續》所録蘇望所刊魏石經遺字,有《左氏·桓七年傳》文九字,及《桓公十七年傳》文二十六字,遂疑《左傳》僅刻至莊公中葉止,這完全是爲了要配合《西征記》所記三字石經碑數爲三十五碑,而作此判斷。在王氏看來,《洛陽伽藍記》謂魏石經二十五碑,不足以容《尚書》《春秋》二經字數,而《水經注》所言魏石經四十八碑,實爲漢石經碑數;《水經注》及《洛陽伽藍記》所記魏石經碑數均不如《西征記》所記可據。王氏即忽略:兩《唐志》所記三字石經實不止《尚書》《春秋》二經,實五經俱刻,而《西征記》《洛陽伽藍記》《水經注》諸書所記漢石經、魏石經碑數均不足據。

《舊唐書·經籍志》據毋煚《古今書録》所著録三字石經,在唐末即已佚失。郭忠恕《汗簡》卷七《略叙目録》説:

唐開元五年得三字《春秋》,臣儀縫、石經面題云:"臣鍾紹京。"一十三紙,又有開元字印、翰林院印,尾有許公蘇頲、梁公姚崇、昭文學士馬懷素、崇文學士褚無量列名。左金吾長史魏哲、左驍衛兵曹陸元悌、左司禦録事劉懷信、直秘書監王昭逸、陪戎副尉張善裝。至建中二年知書樓直官賀幽奇、劉逸己等,檢校内寺伯宋游瓌、掖庭令茹蘭芳跋狀尾焉。其真本即太子賓客致仕馬胤孫家藏之。周顯德中嗣太子借其本,傳寫在焉。

王國維先生認爲:此馬胤孫藏本,後當爲宋故相王文康家所有。宋仁宗皇祐癸巳,洛陽蘇望得拓本於故相王文康家,遂刊以傳世。惟刊行時,遺其跋尾,人遂昧其所出。蘇望所得拓本及蘇氏所刊,均已失傳,而《隸續》所録者則尚無恙。①

蘇氏刊本所收三體,合計八百十九字,《隸續》稱蘇本所收爲《左傳》遺字。清臧琳《經義雜記》始從其中分出《尚書》殘字。孫星衍《魏三體石經殘字考》復以其中《春秋》殘字分繫諸公,至王國維《魏正始石經殘字考》又續加分析,辨爲《尚書・大誥》《吕刑》《文侯之命》六段,《春秋・桓公》《宣公》《襄公》七段,《春秋左氏傳・桓公》一段,與開元之十三紙,止差一紙。王氏認爲:"其中當有兩段在一紙上者。"②

此《左氏傳・桓公》一段,計包含《桓七年傳》九字、《桓十七年傳》二十六字。此《桓公七年傳》所存之字爲"君子曰善"四字,以實存古文、篆、隸三體合計則爲九字。其《十七年傳》爲"疆事也於是齊人疆來公曰"十一字,以實存三體各體計之,則爲二十六字。兩段文字皆是一行直下,亦無前後行之字闌入其間,而碑之斷成一窄行,决無是理;現存漢石經、魏石經殘石,其碑石之斷裂有直裂,有横裂,大抵無定型,故所存之字,亦參差錯落,分占數行。今此二段《左傳》遺字,爲一窄行,與殘石斷裂情形不合,故馬衡《魏石經概述》遂疑此二直行爲曹魏刻三字石經之石工所試刻,而非正式經文。馬氏説:

魏石經……往往有刻工試刻之字。意當時刻工對通行之隸書已有

① 此處所述係依據王國維《觀堂集林》,卷十六,頁十一,《魏石經考四》。孫海波《魏三字石經集録》自序説:"趙宋之世,殘石偶有發見(孫氏原注:《集古録目》謂:高紳爲湖北轉運使,道中聞砧聲清遠,因得此本于其覆,紳死,石歸竦,竦殁,遂不知所歸。),然不旋踵而原石墨本俱佚,僅蘇望據舊拓摹刻八百二十九字(健按:"二"應作"一"),著録于《隸續》。"孫氏此説,本於張國淦《歷代石經考・魏石經》,頁十八。其原文爲:"《集古録目》:高紳爲湖北轉運使,道中聞砧聲清越,因得此本於其覆,而已斷裂矣,遂載以歸。完理綴緝,櫝藏之。碑以大曆十四年七月立。"張國淦氏並附按語説:"案:《寰宇訪碑録》,陝西華陰有高紳謁祠記,咸平四年閏十二月。紳,宋真宗時人,但宋無大曆十四年。"今檢歐陽棐《集古録目》,並無張氏所引,不知張氏所引係據何本。張國淦《魏石經》頁十八又引《金石録》:"石本舊藏高紳學士家。《集古録》云:'紳死,其子弟以石質錢於富人,而富人家失火,遂焚其石',非也。元祐間,余侍親官徐州,時故郎中趙竦被旨開吕梁洪,挈此石隨行,已斷裂,用木爲匣貯之。竦殁,今遂不知所歸。"檢歐陽修《集古録跋尾》(卷四,頁七,槐廬朱氏刊本),則此"石"指王羲之所書《樂毅論》,非指三字石經。歐陽修説,富人家失火,石亡。《金石録》作者趙明誠則駁歐陽修《集古録》所説,非歐陽修之子、歐陽棐駁其父歐陽修所説。歐陽修卒於宋神宗熙寧五年。《金石録》所説:"元祐間,余侍親官徐州。"此"余"字指趙明誠。明誠之父挺之,《宋史》卷三百一十有傳。挺之於哲宗元祐年間正通判徐州。孫海波誤釋此"余"字爲歐陽棐,遂將"紳死,石歸竦"這一段,也認爲係歐陽棐《集古録目》的話。這也是錯誤的。

② 王國維:《魏石經考四》。

把握，而古文、小篆二體非所素習，不能不以他石試刻。此事可以數事證之：一、試刻之文多爲古、篆二體，或古文一體，罕見三體完具者。二、試刻之文不必爲《書》與《春秋》，如"蠠穴"一石，（健按：孫海波《魏三字石經集録》未著録此石）"蠠"字見《汗簡》蟲部，注云："蠠，在則切，古《禮記》"。又有一石有《論語篇》首文，一石有《急就篇》首文，不得目爲《禮記》《論語》《急就篇》皆立於太學也。（健按：此二石孫書亦未著録）三、此類試刻之單詞隻句，大都不按每行六十字排列，隨宜書寫，如《高宗肜日》之"宗雊惟"爲每行五字。《多方》之"克開於民"之爲參差不等之行款。（健按："克開於民"此一殘石，孫書未著録）四、刻於他石者如《禹貢》篇首之三行，石作半月形（健按：此即孫書所稱"二體《禹貢》"，見孫書拓片附録，頁五），必非經碑。……此《左氏傳》兩段三體具備，雜於二經之間，毫無不同之處，故極易誤認爲正式經文。所幸者，其排列方法不同於正經，即不按每行六十字（健按：每行二十字，以三體計，故爲六十字）排列，猶可推知其爲試刻之字，不過較《禹貢》等石更爲整齊耳。①

彰健按：《高宗肜日》篇"宗雊惟"三字並列，王國維以三字石經每行二十字，以三體，故每行實爲六十字。以這一行款無法來排"宗雊惟"三字，故王氏在《魏三字石經殘石考》中僅存疑，而説"未曉其故"。孫海波《魏三字石經集録》則稱此爲"三字直下，五字行，《高宗肜日》"，其意思是説，將《高宗肜日》篇經文按每行五字、三體十五字來排列，正好"宗雊惟"三字係平列，與殘石拓片合，故孫氏稱此爲"五字行，《高宗肜日》"，並認爲這是魏石經刊成以後補刊的。

半月形殘石所存古、篆二體《禹貢》，計存"禹（篆）敷（二體）土（二體），高山大□治（並二體）"三行十五字。孫海波認爲：如按《禹貢》經文排列，則每行應八字。孫氏認爲此亦係後人所續補。而此在馬衡則認爲：此均爲刻石之石工所試刻。孫、馬二氏所説不同。今按：每行八字、每行五字，則三體爲每行二十四字，及十五字，其碑恐太小，恐非魏三字石經刻成後所續立的碑，當以馬氏釋爲刻工試刻爲妥。

《左氏桓十七年傳》"疆事也"等十一字，三體合計二十六字，其字爲一直行，則其所需高度恐不小。謂刻工試刻，則在碑上刻此二十六字，恐不太適

① 馬衡：《魏石經概述》，見《凡將齋金石叢稿》，頁二二三。

宜。今考前人於所藏拓片，常將其分爲長條，然後剪短，貼在册葉上，(其形狀有如現在的碑帖)以便閲讀。《左氏桓公傳》“君子曰善”九字，及“疆事也”二十六字，恐即係拓片剪條改裝後劫餘所存，不得斥爲贋刻①。也不得據此而引伸認爲魏三字石經只刻有《尚書》及《春秋經》，而無《左傳》。

光緒二十一年洛陽故城龍虎灘出土三體石經殘石，以三體合計，存字一百有九，爲《尚書·君奭篇》殘字。民國十一年冬，又發現大碑半截，其碑陽爲《尚書·無逸》《君奭》三十四行，碑陰爲《春秋·僖公》《文公》三十二行，另一小石，一面爲《尚書·多士》，一面爲《春秋·文公》，存字二百三十。其先出之《君奭篇》殘字，正與大碑銜接。

由於此一大碑發現，知三體石經表裏所刻經文不同，(表爲《尚書》，裏爲《春秋》)，而漢石經則表裏皆爲一經，與魏石經不同。

表裏皆爲同一經，故漢石經對所刻七經，可以按《易》《書》《詩》《禮》《春秋》《公羊傳》《論語》的次序，一經刻好，將其樹立，然後再接着另刻一經。而魏石經則表裏異經，爲了書寫方便，顯然係依次刻好正面經文，然後再依次刻反面另一不同的經文。不同的經，其字數、碑數顯然不相等，第一碑的反面未必適爲另一經經文的第一碑，故漢石經諸經不需同時樹立，而魏石經諸經則應同時樹立，這也是魏石經與漢石經不同之處。這樣看來，魏正始石經即刻成於魏齊王芳時。

據馬衡所説：在民國十一年之後，“又歷十餘年，《君奭》之最下截，即大碑之左下角出土，上有‘第廿一’三字，碑陰則爲‘第八’二字。字大二寸餘，刻工草率，蓋刻工記碑次第之符號，故其所在地，適當碑之最下層，陷入碑趺處。蓋每行二十格，每格直書三體，距末格約三寸處，畫一平行横綫，當係碑趺之高度”，“碑之下截，陷入碑趺者，除刻記數之字外，尚有不成文之殘字”。

孫海波《魏三字石經集録》(碑圖，頁二)説：

> 丙子春日，獲見刊刻碑數之殘石拓本二紙(原注：石歸白堅，係由日本購歸者)適爲一石表裏所刊之字，一面爲《書經·君奭篇》經文，刊號曰“第廿一”，他面爲《春秋》經文，刊號曰“第八”。

今考孫氏所復原三體石經碑圖(頁七)，則《書經》第廿一碑(碑陽)爲《君奭篇》，《春秋經》第八碑(碑陰)爲《春秋·僖公》《文公》經文，則孫書(碑圖，頁

① 孫海波《魏三字石經集録·源流》，頁一。

一)作"宣公"者誤。

孫書未附此記有碑數之殘石拓片，而孫氏據此記數殘石，嘗試將魏石經碑畫圖復原。孫氏認爲：

> 正始初刊之石經，其款識爲三字直下式，其經文爲《尚書》《春秋》二書，其石數爲二十八枚，其行款則每石表裏約六十六行，行二十字（健按：因係三體，故爲六十字）。至以後補刻之石，若品字式（健按：指《堯典》《皋陶謨》殘石），三字直下五字體（健按：指《高宗肜日》"宗雒惟"），古、篆二體（按指孫書所謂"二體《禹貢》"），一體諸式及《左氏傳》文，其石數雖不可確知，就其大體言之，非七八石不能盡。再加以三字直下之二十八石，庶或如《西征記》所記之數（指三十五碑）乎？（《魏三字石經集録》，碑圖，頁一）

彰健按：三字直下五字本，及古、篆二體，如依從馬衡的看法，僅係刻工試刻，並非續刻。至於品字式三字石經，則依王國維所考：《尚書・皋陶謨》，每行七十四字，每碑當得二十六七行；而三字直下者，則每行六十字，每碑三十四行，或三十二行。品字式者，古文、篆、隸三體似出一手；直下式者，則三體似由三人分别書之。而書品字式古文與書直下式古文者，亦非一手。"不獨書人不同，即文字亦不畫一。""如'克'字古文《皋陶謨》作''，而《君奭篇》作''；'帝'字《皋陶謨》作''，而《君奭篇》及《春秋》均作''，'予'字古文，《皋陶謨》作''，而《多士》《君奭》作''；……水字偏傍，《皋陶謨》作''，而《周書》《春秋》多作''。"①

品字式經文現存《堯典》《皋陶謨》二篇殘石。而三字直下式經文，則據孫海波《魏三字石經集録》，則有《堯典》《皋陶謨》《禹貢》《微子》《金縢》《康誥》《梓材》《多士》《無逸》《君奭》《多方》《立政》《顧命》諸篇殘石。

孫海波據三字石經碑數記數殘石，嘗試將魏石經畫圖復原，而馬衡則指出其疑竇。馬氏説：

> 《尚書・君奭》以下，共有二百二十八行，以每碑三十四行計，七碑固足以容之，而《春秋》自僖公二十八年以上，並隱至僖五公篇題在内，共得二百五十四行。假定容以七碑，則必二碑爲三十七行，五碑爲三十六行，行款未免太密。且第六第七兩碑，皆有殘石存在。第七碑分明爲三十二

① 王國維先生：《魏正始石經殘字考》，全集本第九册。

行，與第八碑相同，則所餘之二百二十二行，勢必平均以三十七行，容納於六碑之中。但第六碑末行之後尚空一行，如爲三十七行，則末行之後不可能留一行之餘地。凡此疑竇，實爲記數石與二殘石之矛盾。過信記數石，則《春秋》最前五碑與以後各碑行款不能相應，若益一碑則記數石即須推翻。此不能解决之問題，只可留待將來解决。①

馬氏在《魏石經概述》中已叙述此一記數殘石發現的歷史，已見上引。由其所叙述此一記數石發現的歷史看來，此一記數殘石之爲真品，在馬氏看來，應無疑問。但馬氏此處却又説“過信記數石”，對《春秋經》的碑圖的復原有問題，則其語意又似謂此一記數石或係贋品。

此記數石的拓片的相片，見日本平凡社出版的《書道全集》第三卷。原拓鈐有“白堅之印”四字，當係白堅自日本購歸以後所拓。今據《書道全集》所載，複製刊布於下：

① 馬衡：《魏石經概述》，見《凡將齋金石叢稿》，頁二二三。

民國三十四年，西安發現三字石經《尚書・康誥篇》殘石，惜未見其拓片。

《文物參考資料》一九五七年第九期曾報導該年在西安發現的魏三字石經。今録於下：

今年六月陝西省農業所在西安市青年路西段挖下水道時，掘得魏三體石經一塊，這是繼一九四五年《康誥篇》三體石經出土後又一重要發現。先後兩塊石經出土地點南北相距不到二百米。這塊殘石經厚一六・五公分，高四一公分，寬三一公分，右方原有斫痕，左方有接合榫鉚口三處（五乘三公分）。

正面刻《尚書・梓材篇》，文十行三十字，首行存“予罔厲”之“罔”字，末行存“欲至萬年”之“欲”字。左下方刻“第十七石（殘）”四大字。右邊有“始二年三”直書小字。背面刻《春秋》成公元年、二年殘文十行五十字，起首行“無冰”二字，止末行“郲人”之“郲”字。

歷來出土的魏石經均是上段，獨這次發現了石經的基部。它不僅補充了魏石經的體制，並依此可復原石經的全貌。其上所刻“第十七石”字樣，也可推知魏石經的碑數。“始二年三月”，可推定魏正始二年三月是刊經的時間。

這塊石經已運回陝西省博物館保管。

該期並附有該石經殘石的拓片照相：

此石經殘石正面爲《尚書·梓材篇》，背面爲《春秋成公經》。根據此一殘石照片，可將三字石經《梓材篇》的行款復原如下：

梓材
王曰封以厥庶民暨厥臣達大家以厥臣達王惟邦君
汝若恒越曰我有師師司徒司馬司空尹旅曰予罔
厲殺人亦厥君先敬勞肆徂厥敬勞肆往姦宄殺人
歷人宥肆亦見厥君事戕敗人宥王啟監厥亂爲民
曰無胥戕無胥虐至於敬寡至於屬婦合由以容王
其效邦君越御事厥命曷以引養引恬自古王若茲
監罔攸辟惟曰若稽田既勤敷菑惟其陳修爲厥疆
畎若作室家既勤垣墉惟其塗塈茨若作梓材既勤
樸斲惟其塗丹雘今王惟曰先王既勤用民德懷爲
夾庶邦享作兄弟方來亦既用明德后式典集庶邦
丕享皇天既付中國民越厥疆土于先王肆王惟德
用和懌先後迷民用懌先王受命已若茲監惟曰欲
至於萬年惟王子子孫孫永保民

以這一行款與今存僞孔傳本《尚書·梓材篇》對校，知《梓材篇》正文第一行或第二行，今本較三字石經本多一字。

由“罔”字至“欲至於萬年”之“欲”字爲十一行，而《文物參考資料》所附説明則説爲“十行”。今考該石背後所附《春秋》成公經殘石，亦正爲十行。存“無冰”至“邾”殘文十行五十字。今亦復原如下圖：

成公第八
元年春王正月公即位二月辛酉葬我君宣公無冰
三月作丘甲夏臧孫許及晉侯盟于赤棘秋王師敗
績于茅戎冬十月　二年春齊侯代我北鄙夏四月
丙戌衛孫良夫帥師及齊師戰于新築衛師敗績六
月癸酉季孫行父臧孫許叔孫僑如公孫嬰齊帥師
會晉郤克衛孫良夫曹公子首及齊侯戰于鞌齊師
敗績秋七月齊侯使國佐如師己酉及國佐盟于袁
婁八月壬午宋公鮑卒庚寅衛侯速卒取汶陽田冬
楚師鄭師侵衛十有一月公會楚公子嬰齊于蜀丙
申公及楚人秦人宋人陳人衛人鄭人齊人曹人邾
人薛人鄫人盟于蜀

《春秋經》殘文既爲十行。今細審《文物參考資料》所附《梓材篇》殘石照片，該處亦似容不下十一行，第十行不像"德"字，則很可能僞孔傳本《梓材篇》較三字石經本多一行。三字石經《尚書·梓材篇》没有"德"字這一行二十字，其文義似更清楚。此處尚待訪求原石清晰拓片再進一步深考。

《孔孟學報》第三十九期有邱德修君所撰《魏石經復原圖稿》一文，邱文亦附有《文物參考資料》所載此一《尚書》《春秋經》殘石照片。邱君注明採自《書道全集》，而《書道全集》實未附有此一照片，而邱君亦似未見《文物參考資料》原書，故其所復原魏石經《尚書·梓材篇》碑圖竟將由"罔"至"欲"等十字應爲該行末字者，均復原爲次行第一字；將《春秋·成公》經文自"冰"至"邾"應爲十行者，僅復原爲自"冰"至"師"五行，均與《文物參考資料》所載原石拓片及原附説明不合。

民國十一年所發現三字石經《尚書·君奭篇》，孫海波《三字石經集録》已將拓片剪條印入《集録》，已非該石原貌。該大碑出土後爲了要多賣錢，被人斷裂爲二石。史語所藏有該石未斷前拓本。孫海波亦曾見此未斷本。孫氏據白堅所藏記數石，知三體石經《尚書·君奭篇》爲《尚書》第二十一碑，而其背面所刻《春秋·僖公》《文公》經文爲《春秋經》第八碑。

該碑正面爲《尚書·君奭篇》，爲三十四行，背面爲《春秋經》第八碑，僅三十二行，而孫海波據殘石所復原，三字石經《春秋經》第九碑又確應爲三十四行。第十碑第一行應自《春秋·文公十二年經》"伯來朝"起，由此行算至《春秋·成公經》"曹人邾"止，應爲一〇一行，是第十碑至第十二碑有二碑爲三十三行，有一碑爲三十四行。

《尚書·君奭篇》爲《尚書》第二十一碑。孫書據殘石復原，知《尚書》第二十二、第二十三兩碑均爲每碑三十四行，而《尚書》第二十四碑則爲三十二行。此因《尚書·顧命篇》殘石有"伯呼審"三字，分屬三行，如與第二十四碑三十二行合爲一碑則該碑當有三十五行，則行數較三十四行多出一行，故孫書將此殘石定爲《尚書》第二十五碑殘石，而將第二十四碑定爲三十二行。

今由《春秋經》殘石看來，《春秋經》既可有三十二、三十三、三十四行的不同，則論《尚書經》碑文每碑行數自亦不必執着，而認爲每碑應爲三十四行。

由《文物參考資料》所附拓片照片及其所附説明看來，三字石經《尚書》第十七碑其第一行末一字爲"罔"，而《梓材篇》篇題及"王曰封"那一行仍應在《尚書》第十六碑。由"罔"字這一行，算至《尚書·多士篇》"罔不配天"止，應爲一〇〇行,則第十七碑至第十九碑三碑,有二碑爲三十三行,一碑爲三十四行。

《尚書》第二十碑,孫書據殘石復原,定爲三十四行,不誤。

《梓材篇》有兩行在第十六碑。而石經體例,篇題占一行,石經每行二十字(以三體,故每行六十字),今以每行二十字計,今存僞孔傳本《尚書》,其經文如依魏石經行款書寫,並篇題在内,則:

堯典	六三行
皋陶謨	五〇行
禹貢	六一行
甘誓	六行
湯誓	八行
盤庚上 盤庚中 盤庚下	六九行(如中篇、下篇無篇題,僅空一格接着寫,則爲六六行。)
高宗肜日	六行
西伯戡黎	八行
微子	一三行
牧誓	一四行
洪範	五四行
金縢	二五行
大誥	三四行
康誥	四七行
酒誥	三五行
合計	四九三行

再加《尚書》書名一行,《梓材篇》篇首二行,合計爲四九六行。

《尚書》第一碑至第十六碑,如平均爲三三行,則十六碑應有五二八行。減去四九六行,則尚餘三二行,故知魏三體石經所刻經文應包含漢代的僞古文《泰誓》在内。漢代的僞古文《泰誓》曾轉寫爲今文,立於學官,惜已不傳,已無由確定其字數及行數。

馬衡指出白堅所藏記數石的疑竇,今由《書道全集》所附拓片看來,此記數石不像是僞品。而且後來發現的《尚書・梓材篇》殘石爲《尚書》第十七碑,算至《君奭篇》,正爲第二十一碑,此二記數石正相銜接,故邱德修君即以此證白堅所藏記數石爲真品。惟馬衡所指出之疑竇,即如果《春秋文公經》爲第八碑,則《春秋經》第一碑至第七碑的行數,無法妥善安排,邱文即未提及。似馬衡《凡將齋金石叢稿》一書亦爲邱君所未見。

《春秋隱公元年經》無法列爲《春秋經》第一碑,此實爲孫海波所主張魏石經第一次僅刻《尚書》及《春秋經》二十八碑,此一假説之主要致命傷。如釋爲當時所立經不止二十八碑,《春秋・隱公初年》經文適位居他經末尾,故魏石經記數石不將該碑列入《春秋經》碑數内,則此一疑竇即可圓滿的解决。

我們討論魏石經碑數,不可因《隋書・經籍志》僅著録三字石經《尚書》及三字石經《春秋》,遂以爲魏石經僅此二經。我們不可將品字式三體石經《尚書》及新舊《唐書》所著録三字石經所包含之問題置之不理,而且釋魏石經《尚書》碑數爲二十八碑,此亦無法容納百篇《書序》。而漢石經《尚書》經文二十九篇的碑末是附有二十九篇的序的,魏石經似不至於連《書序》也省略不刻。

魏三字石經係表裏異經,係刻成之後同時樹立,而且依《舊唐志》及《新唐志》,三字石經根本不止《尚書》《春秋》二種。而且依三字石經殘石,三字石經《尚書》至少有三字直下式及品字式二種。《隋書・經籍志》著録三字石經:

> 梁有今(三)字石經鄭氏《尚書》八卷,亡。
>
> 三字石經《尚書》九卷,梁有十三卷。
>
> 三字石經《尚書》五卷。

王國維先生認爲:三字石經《尚書》五卷,即三字石經《尚書》九卷的複本[①]。彰健按:正史的藝文志從來不著録古書的複本。《隋志》所著録三字石經《尚書》一本九卷、一本五卷,恐即因一本爲三字直下式,一本爲品字式,亦未可知。由《隋志》所舉唐初内府藏本與梁《七録》所著録本存佚,似三字石經《尚書》在梁代至少有三種不同的本子。由《隋志》所著録,亦可見三字石經《尚書》所據的本子,與鄭玄有關係。

《晉書・裴頠傳》:

> 惠帝即位,轉國子祭酒,兼右軍將軍。……及(楊)駿誅,以功當封,……累遷侍中。時天下暫寧,頠奏修國學,刻石寫經。

① 王國維:《魏石經考四》。

吴士鑑《晉書斠注》:

> 《晉諸公贊》曰:"裴頠、惠帝時拜爲祭酒,奏立國子太學,起講堂,築門闕,刻石以寫五經。"案,奏立太學當在爲祭酒時,傅暢所言是也。本傳敘修國學於遷侍中之下,未允。

按:惠帝於太熙元年四月即位,以楊駿爲太傅輔政,次年三月即誅駿,而以汝南王司馬亮輔政,此即史所稱八王之亂的開始。裴頠奏請刻石以寫五經,不知是否施行。今亦不知三體石經《尚書》是否有晉朝刊刻的,《水經注》及《洛陽伽藍記》均未説晉朝刻有石經。

對三體石經品字式《皋陶謨》,王國維曾用以與今存僞孔《傳》本對校。王氏《魏正始石經殘石考》説:

> 《皋陶謨》諸殘石,以每行七十四字排比之,其文字多寡,大都與今本無異。惟"帝言"一石,其左有一字作"[illegible]",右從攴,左與"克"之古文"[illegible]"甚相似。似即"尅"字。散氏盤有此字作"[illegible]",乃"克"之異文。以今本求之,當爲"惇叙九族"之"惇"字。而字乃作"克"。然則石經此文,與今本異也。

彰健按:《後漢書·班固傳》:"惇睦辯章之化洽。"李賢注:

> 《尚書》曰:"惇叙九族。"又曰:"九族既睦,辯章百姓。"鄭玄《注》云:"辯,别也。章,明也。惇,厚也。睦,親也。"

是鄭玄本《尚書·皋陶謨》亦作"惇叙九族",與石經品字式《皋陶謨》異。但檢孫海波《魏三字石經集録》"帝言"一石拓片,未見有如王氏所叙之"克"字。史語所所藏集拓本有徐森玉鈐印,所收此殘石拓片與孫書同。羅振玉《遼居乙稿·正始石經皋陶謨三殘石存字跋》説"此殘石裂爲二,合之則首行存一古文,已損少半作'[illegible]',亡友王忠慤公(國維)釋爲克",則此殘石疑爲羅振玉所藏。又品字式《皋陶謨》存"丂"字古文及隸書。羅振玉跋文説:"'丂'字今本作'巧'。《説文》丂注:'丂,古文以爲亏字,又以爲巧字。'今殘字正作'丂',可爲許説之證。往歲忠慤撰《正始石經殘石考》,誤録'丂'作'巧'。"

王國維《魏正始石經殘石考》説:

> "介退"一石,左側"予"字隸體末筆尚可辨。以行款求之,即"予欲宣力四方,……以五介彰施于五色,作服……退有後言"之"予介退"三字。

按:《尚書》正義及《禮記·月令》正義引鄭玄説:

性曰采,施曰色。未用謂之采,已用謂之色。

是鄭本《臯陶謨》"五介"作"五采"。

王國維説:

鄭注雖以未用、已用分解"采""色"二字,然究嫌不晳。石經作"五介",蓋即《考工記》所説"繪次"與"繡次",如此則"彰施"二字,乃得其解矣。

按:《考工記》:

畫繢之事雜五色。東方謂之青,南方謂之赤,西方謂之白,北方謂之黑,天謂之玄,地謂之黄。青與白相次也,赤與黑相次也,玄與黄相次也。(鄭《注》:此言畫繢六色所象,及布采之第次,繢以爲衣。)青與赤謂之文,赤與白謂之章,白與黑謂之黼,黑與青謂之黻,五采備謂之繡。(鄭《注》:此言刺繡采所用,繡以爲裳。)

此處正言及"五色""五采"。此或鄭玄讀"五介"爲"五采"所本。

"以五采彰施於五色,作服",此即以繡裳與繢衣爲配,恐不必分别性曰采,施曰色。

王國維所舉《臯陶謨》此一殘石,亦屬品字式,而三字直下式《尚書·臯陶謨》篇此處殘石惜尚未發現。不知三字直下式此處經文究作"五采",抑作"五介"。

《臯陶謨》:"夙夜浚明有家"。《經典釋文》:

浚……馬(融)云:大也。

《説文》:"浚,抒也。"段《注》:

抒者,挹也,取諸水中也。《春秋經》:"浚洙。"《孟子》:"使浚井。……浚之則深。"故(《毛詩》)《小弁傳》曰:"浚,深也。"

品字式《臯陶謨》"浚"字作"俊",僅存篆文一體。《説文》:

俊,材過千人也。

疑馬融讀"俊"爲"浚",遂爲僞孔《傳》"浚明有家"其字作"浚"所本。惟僞孔《傳》釋"浚"爲"須",仍與馬融之説不同。《釋文》於此僅云:"馬融釋爲大。"疑鄭玄此處亦從馬融讀爲“浚”，故《釋文》不另别出。

《史記・夏本紀》作“夙夜翊明有家”。陳喬樅《今文尚書經説考》引《尚書大傳》：“翊，輔也”；《爾雅・釋言》：“翊，明也。”陳氏認爲：今文《尚書》作“翊”。江聲云：“翊，假借字，當爲翼，翼，敬也。”王先謙《尚書孔傳參正》説：

> 蔡邕《文烈侯楊公碑》：“翊明其政。”與《史記》文合，乃今文作“翊”之明證。

清儒分辨《尚書》今古文，不知“浚明有家”，古文《尚書》作“俊”，此因魏石經《皋陶謨》殘石其時尚未出土。

《皋陶謨》：“天叙有典。”品字式“叙”下無“有”字。《釋文》：“有典，馬本作五典”，此或古文“叙”下脱“有”字，僞孔《傳》本遂加以增補。以《皋陶謨》下文言：“天秩有禮，天命有德，天討有罪”，故僞孔《傳》本遂補一“有”字。此當以有“有”字爲是。

《皋陶謨》：“天討有罪，五刑五用哉”。品字式《皋陶謨》“用”作“庸”，是古文《尚書》作“庸”。《後漢書・梁統傳》引經正作“庸”。《史記・夏本紀》及《潛夫論・述赦篇》作“用”。按：《漢書・刑法志》：“大刑用甲兵，其次用斧鉞。中刑用刀鋸，其次用鑽鑿。薄刑用鞭朴。”是此處必作“用”字講，文義乃通。《釋文》不言馬、鄭此處有異，或馬、鄭已據今文讀爲“用”，而僞孔《傳》本此處遂亦作“用”。①

《皋陶謨》：“隨山刊木，暨益奏庶鮮食。”品字式《皋陶謨》“木”下一字作“臮”。《書經・無逸篇》“爰暨小人”，鄭玄《詩・商頌譜》引作“爰洎小人”，“洎”即臮字，與石經合。王國維並疑此字爲殷周古文“眔”字之訛。《皋陶謨》：“宗彝藻火粉米黼黻絺繡。”魏石經品字式《皋陶謨》殘石，僅存“絲”古文一字，及“絺”三體三字。按：《説文》玉部“璪”下引《虞書》曰：“璪火黺米。”黹部：“黺，畫粉也，從黹從粉省，衛宏説。”糸部：“絲，繡文如聚細米也。”“絺，細葛也。”是作“黺絲”及“絺”爲古文《尚書》。《周禮・司服》鄭《注》：“《書》曰……粉米黼黻希繡，此古天子冕服十二章。希讀爲黹，或作絺，字之誤也。”《尚書正義》引鄭玄《尚書》注：“粉米，白米也。希讀爲黹。黹，紩也。”按，《説

① 皮錫瑞《今文尚書考證》謂今文作“庸”。皮氏著書時，魏石經《皋陶謨》殘石尚未出土，故皮氏據《梁統傳》如此立説。

文》:“黹,鍼縷所紩衣也。”“紩,縫也。”是鄭玄認爲“絺繡”應讀爲“希繡”,訓爲“縫繡”義長。《釋文》説:“絺,馬同。鄭,陟里反,刺也。”是馬融本作“絺”,仍訓爲細葛,與鄭玄不同。

《皋陶謨》:“予欲聞六律五聲八音,在治忽,以出納五言,汝聽。”品字式《皋陶謨》存“曶”字隸體一字。《史記・夏本紀》“在治忽”作“來始滑”。裴駰《史記集解》説:

> 《尚書》“滑”字作“曶”,音忽。鄭玄曰:“曶者,臣見君所秉,書思對命者也。君亦有焉。以出納政教於五官。”

司馬貞《史記索隱》説:

> 古文《尚書》作“在治忽”,今文作“采政忽”。先儒各隨字解之。今此云“來始滑”,於義無所通。蓋“來”“采”字相近,“滑”“忽”聲相亂,“始”又與“治”相似,因誤爲“來始滑”。今依今文音“采政忽”。

彰健按:僞孔傳本作“在治忽”,訓“忽”爲“怠忽”。唐人認此爲真古文《尚書》。由品字式《皋陶謨》殘石看來,真古文《尚書》“忽”作“曶”。《漢書・律曆志》係據劉歆所著潤色爲文。《漢書・律曆志》説:

> 《書》曰:“予欲聞六律五聲八音七始,詠以出内五言,女聽。”予者帝舜也,言以律吕和五聲,施之八音,合之成樂。七者,天地四時,人之始也。順以歌詠五常之言,聽之則順乎天地,序乎四時,應人倫,本陰陽,原情性,風之以德,感之以樂,莫不同乎一,……故帝舜欲聞之也。

則劉歆所見古文《尚書》作“七始曶”,惟劉歆讀“曶”爲“詠”,而鄭玄讀“曶”爲“笏”,“詠”“笏”屬下讀,與“在治忽”之“忽”字屬上讀不同。

《尚書大傳》説:

> 聖王巡十有二州,因論十有二俗,定以六律五聲八音七始,著其素。簇以爲八,此八伯之事也。分定於五,此五嶽之事也。五聲,天帝也。七始,天統也。

鄭玄《注》:

> 五聲,宫、商、角、徵、羽也;八音,鐘、鼓、笙、磬、塤、箎、柷敔、琴也;七始,黄鐘、林鐘、大簇、南吕、姑洗、應鐘、蕤賓也。歌聲不應此則去之。素

猶始也。簇猶聚也。樂音多,聚以爲八也。五謂塤在北方,鼓在東方之屬。天所以理陰陽也。

則漢代今文《尚書》"在治"二字亦作"七始",鄭本《尚書》亦作"七始"。而《史記》作"來始滑",可能由於"七"寫成"桼",傳寫誤作"來"。但其傳寫錯誤,必在裴駰以後。如裴駰所見《史記》作"來",則他應該注明鄭玄本《尚書》"來"作"七"的。《史記》如作"七始",則"滑"字恐亦當屬下讀。《説文》:"滑,利也。"

《索隱》説,今文《尚書》作"采政忽"。但《索隱》又説"始與治形似",故知《索隱》此處"政"字爲"治"字之誤。可能"七"寫作"桼",漢代的今文《尚書》三家中的某一家,遂認此字爲"采"之誤,認"始"爲"治"之誤,讀爲"采治忽"。而"采""在"音近,遂爲僞孔傳"在治忽"所本。

鄭玄《尚書》注對《皋陶謨》的"曶"字讀爲"笏",但僅於注中言明,而並未改字。前引《周禮》鄭注引《書經》,説"希或作絺,字之誤也",則已改字。

魏三字石經每字寫以古文、篆、隸三體。有時,古文用假借字,而篆體、隸體則否。《尚書》三體直下式《君奭篇》"古一人事于四方",古文作"古",而篆體、隸體則作"故";又三字石經《春秋經》"天王狩于河陽",古文作"獸",篆書空白,而隸體作"狩"。故上引品字式《皋陶謨》"俊明有家",僅存篆文一體作"俊"。其古文一體是否一定作"俊",仍可存疑。

由於三字石經《尚書》有品字式及三字直下式,此二式字體可異,則其根據的古文經本亦可能有異,其經文仍可能有異同,這也是我們比較鄭注本古文《尚書》與三字石經《尚書》異同時所應該考慮的。

對三字直下式《尚書》與馬融本經文異同,王國維先生《魏正始石經殘石考》亦有所考論。

僞孔《傳》本《君奭篇》:

其終出于不祥。

《釋文》云:"終,馬本作崇,云充也"。而三字石經《君奭篇》殘石正作"其崇出於不祥",與馬本合。王國維説:

古音崇終同部。《樂記》:"六成復綴以崇"。崇亦終也。

彰健按:《隸釋》所著録漢石經殘石作"道出於不詳",與三體石經所載真古文《尚書》不同。僞孔《傳》本作"終",是僞孔《傳》本經文非伏非孔。但其讀"崇"

爲“終”,較馬本釋爲充,要好。

偽孔《傳》本《君奭篇》:

我道惟寧王德延。

《釋文》説:

馬本作“我迪”。

而三字石經《尚書》殘石正作“迪”,與馬本同。王國維説:“《釋文》此篇出馬本異文二科,石經均與之同。又《多士篇》‘繇’字亦與馬本《大誥》同,知石經所用本與馬鄭極近。”

偽孔《傳》本《君奭篇》:

弗永遠念天威。

三字石經殘石“威”作“畏”。王國維先生説:

今本(偽孔傳)“畏”作“威”,唐衛包所改。敦煌及日本所出未改字《尚書》,未見“威”字。

第三十四行“嗣王滅畏”同。

彰健按:藝文印書館所影印(《伯希和目》二七四八)敦煌未改字本《尚書·君奭篇》“畏”作“威”。《尚書·皋陶謨》:

天聰明,自我民聰明。天明畏,自我民明威。

《經典釋文》説:

畏,如字。徐音威。馬(融)本作威。

則《君奭篇》偽孔《傳》本作“念天威”“嗣天滅威”,蓋從馬本改讀。《尚書·多士篇》:

我有周佑命,將天明威,致王罰。……惟我下民秉爲,惟天明畏。

吴汝綸《尚書故》説:

畏,讀爲威。

此一“畏”字偽孔《傳》本仍作“畏”,未改讀爲“威”。

偽孔《傳》本《無逸篇》:

肆中宗之享國。

三體石經殘石存一隸書作“饗”,與《隸釋》所著録漢石經《無逸篇》殘石同,而《史記·魯世家》亦作“饗”。王國維疑僞孔傳本作“享”,係唐玄宗時衛包所改。

僞孔傳本《無逸篇》:

文王卑服,即康功田功。

《釋文》云:“卑,馬(融)本作俾,使也。”三體石經殘石作“卑”,僞孔《傳》本不從馬讀。

僞孔傳本《無逸篇》:

文王不敢盤于遊田。

三字石經“于遊田”作“于遊于田”。王國維説下文作“無淫于觀于逸于遊于田”,作“于遊于田”者是也。

僞孔傳本《無逸篇》:

乃非民攸訓,非天攸若。

三字石經二“攸”字俱作“所”。

僞孔傳本《無逸篇》:

民不則厥心違怨,不則厥口詛咒。

三字石經“不”作“否”,二“厥”字上有“用”字,“違”作“韋”。

僞孔傳本《無逸篇》:

自殷王中宗及高宗。

三字石經“中”字古文作“𠁧”,篆體及隸體作“仲”,而《隸釋》所著録漢石經《無逸篇》殘石作“中”。今按:容庚《金文編》:“金文凡中字作𠁩,伯仲之仲字作中。”僞孔《傳》本作“中”,蓋據今文改古文。

僞孔《傳》本《無逸篇》:

厥愆曰朕之愆,允若時。

三字石經“允”作“兄”,《隸釋》所著録漢石經《無逸篇》殘石作“允”,王國維先生認爲這是僞孔以今文改古文。章太炎先生《新出三體石經考》説:“兄者過甚之詞，言朕之愆過於如是。”

偽孔《傳》本《無逸篇》：

不寬綽厥心。

三字石經“綽”作“紹”。王國維先生說：“紹、綽二字，古音同部，石經蓋假紹爲綽。”

《經典釋文》所舉偽孔《傳》本《無逸篇》與馬本異同如下：

“嚴恭寅畏”，馬作“儼”。

“卑服”，馬本作“俾”，使也。

“譸張爲幻”，馬本作“輈”。《爾雅》及《詩》作“侜”，同。侜張，誑也。

《經典釋文》並未提到：上舉三字石經《無逸篇》與偽孔《傳》本異同，馬本亦與偽孔《傳》本有異。在本書第十三章，我曾指出，《經典釋文》所舉偽孔《傳》本與馬本異同，往往鄭本與馬本同，但《經典釋文》則省略鄭本不舉。而《經典釋文》我們現在看到的本子亦有脱漏。在第十三章，我討論《論語》鄭注時，所轉引的日本現存的古寫本《釋文》即有數條不見於今本《釋文》，即其一例證。古人校書，對其認爲不重要處或省略不舉。所以我們現在如據《釋文》所載馬本、鄭本異文，以與三字石經比較，我們的立論就得謹慎。

偽孔《傳》本《君奭篇》：

天命不易，天難諶，乃其墜命。

三字石經“諶”作“忱”，“墜”作“隧”。王國維先生據石經殘石行款，畫圖復原，認爲三體石經可能無“天命”的“天”字。

《漢書・王莽傳》引《君奭篇》作：

命不易，天應棐諶，乃亡墜命。

即無“命”上“天”字。《漢書・王莽傳》引漢儒對《君奭篇》的解説，提到“周公服天子之冕”，我在本書第四章已説這是古文《尚書經》説，而其所引《尚書・君奭篇》經文仍與三體石經的古文有出入。如“天難忱”，《王莽傳》作“天應棐諶”；“乃其墜命”，《王莽傳》作“乃亡墜命”。漢代的古文經師對經文並不惟古文是崇，我曾舉《洪範》“曰弟”，賈逵從今文定爲“曰圛”等例證。很可能在賈逵之前的劉歆，即已如此。

論古文《尚書》原本作某,自應以三字石經爲正。而漢代的古文經師並不惟古文是崇,他們可據今文《尚書》校勘,可據師讀改字,而這一點却是我們比較馬鄭本《尚書》與古文《尚書》原本異同時,所應該注意的。

而且古文《尚書》有三字直下式及品字式的不同。三字直下式及品字式俱已殘缺,而馬、鄭所注古文《尚書》又已失傳。比較馬、鄭本《尚書》與三字石經經文異同,這已不容易獲定論。不過由於鄭學在三國時之流行,鄭玄《書贊》稱孔安國爲先師,鄭玄所見古文《尚書》爲科斗文,而三體石經古文亦係科斗形,而《隋志》阮孝緒《七録》又著録"今(三)字石經鄭玄《尚書》",則我推斷:三字石經《尚書》係依鄭玄所傳"孔安國以今文讀之"之本上石,這仍應該可信。

魏三字石經《君奭篇》篇題下無第幾字樣,王國維先生認爲:這是古文《尚書》原本如是。王氏認爲:《尚書正義》所説鄭本《湯誓》第二十九,《粜誓》第九十七,亦係依百篇之次,百篇《書序》未必言第幾。彰健按:魏三字石經《尚書》雖係古文,但所刻經文實止當時立於學官之二十九篇,此所刻古文《尚書》既非百篇,既係依立於學官之《尚書》,則自不必依古文原標次第,注明某篇第幾。王氏説,古文《尚書》原本篇題下無標第幾字樣,其説恐不可信。魏三字石經《春秋經》即標文公第六,可爲孔壁本古文《尚書》原篇應標有第幾的旁證。

今存《逸周書》,篇題下標第幾,而書末所載序,則説"作命訓""作常訓",未言第幾。孔壁本《尚書》的體例恐亦如此。

我們仔細閲讀三字石經殘石拓片,可以發現其中有幾點可以注意。

三字石經殘石每一字應具古文、篆、隸三體,但有時該字却有古文而無篆隸,有時有篆隸而無古文。如《書經·多士篇》殘石:

在今後嗣王。

"今"字"王"字古文、篆、隸三體俱全,而"後"字只刻古文一體,而"嗣"字只刻篆、隸二體而無古文。羅振玉《遼居乙稿·正始石經尚書春秋跋》認爲:這是刻石時書丹漫滅,遂不補刻。試想當時以古文《尚書》刻石,這是國家大事,怎麽會任其書丹漫滅,故羅氏此説與事理不符。竊疑此或古文《尚書》原本脱"嗣"字,而今文《尚書》脱"後"字,孔安國以今文《尚書》校讀古文《尚書》,覺得古文《尚書》此處應補一"嗣"字,故三體本纔會如此。《書經·酒誥》"我聞亦惟曰,在今後嗣王酣身",《君奭篇》"在我後嗣子孫",此均"後嗣"連文。而"君奭篇”“後嗣”二字，均刻有古文、篆、隸三體。而《書經・無逸篇》：“繼自今嗣王”“嗣王其鑒於兹”，則仍作“嗣王”。而“嗣王其鑒於兹”之“嗣王”二字則三體俱全，不作“後嗣王”。

三字石經《春秋經》殘石：

> (文公元年)公孫敖會晉侯于戚。
>
> (二年)戰于彭衙。

“敖”字及“彭”字只有篆、隸二體，而無古文。此恐亦據篆書、隸書本《春秋經》校古文本《春秋經》，才會如此。

由三體石經殘石看來，古文的結體與小篆及隸書大異。小篆與隸書的區别在：小篆用筆圓，而隸書則方整。小篆、隸書的結體大部分相同，僅小部分有異，如隸書“西”字而小篆作“㢴”。但小篆在漢代仍通行，既已收入《蒼頡》《爰歷》及《博學》三篇，爲閭里書師用以教人，而漢代策命諸侯王，仍用篆書①，碑誌題額仍用篆字，故人們於篆字並不難識。秦始皇既書同文，罷六國文字，於是六國文字成爲古文。但《書經》在秦代立於學官，伏生爲秦博士，則其所授《尚書》當已用小篆書寫。至漢代以隸書通行，學者改寫以隸書。故孔安國欲識孔壁本古文《尚書》，勢需以伏生所傳二十八篇本《尚書》與之校讀，由隸體認識篆體，由篆體認識二十八篇中之古文，然後用以認識二十八篇以外之《尚書》各篇的古文，因此認識逸《書》十六篇。《史記・儒林傳》説：

> 秦時焚書，伏生壁藏之。……漢定，伏生求其書，亡數十篇，獨得二十九篇(即今文二十八篇，加二十八篇書序一篇，爲二十九篇，參看本書第十六章。)，即以教於齊魯之間。……孔氏有古文《尚書》，而安國以今文讀之，因以起其家逸《書》，得十餘篇，蓋《尚書》滋多於是矣。

《史記索隱》説：

> 以今文讎古、篆、隸，推科斗以定餘五十餘篇。……《藝文志》曰：“安

---

① 《後漢書・光武帝紀》第一上(《集解》，頁一七)李賢注引《漢制度》説：“帝之下書有四：一曰策書；二曰制書；三曰詔書；四曰誡敕。策書者編簡也。其制長二尺，短者半之，篆書，起年月日，稱皇帝以命諸侯王。三公以罪免，亦賜策，而以隸書，用尺一木，兩行，惟此爲異也。”《通典》卷七十一，“策拜諸王侯”條：“北齊策拜諸王，……册軸一枚長二尺，以白練衣之，用竹簡十二枚，六枚與軸等，六枚長尺二寸，文出集書，書皆篆字。”是策文用篆書，以昭鄭重，此制至北齊猶然。《續漢書・郊祀志》記天子大喪，太尉讀謚策，太史奉哀策。王先謙《集解》引《通典》：“陳武帝崩，哀策篆書，藏於玄宫。”

國悉得其書，以考二十九篇，得多十六篇。”起者謂起發以出也。[1]

《史記・儒林傳》所記“以今文讀”，是指以篆文《尚書》、隸文《尚書》與古文《尚書》校讀，因而認識這些結體迥然不同的壁中本古文《尚書》，而三體石經以三體並列，很可能即是根據孔安國以今文校讀而流傳下來的本子。古文《尚書》在漢平帝時立於學官，及王莽死，古文《尚書》受王莽牽累，罷而不立於學官。而逸《書》十六篇，因其爲今文《尚書》所無，不立於學官，不爲學子所重視，故至馬融時，已“絶無師説”。而魏三體石經《尚書》，由今存記數石看來，也未有此十六篇在内。

孔壁本爲真古文《尚書》。孔安國以今文《尚書》校讀孔壁本，寫以三體，自不會有僞古文《泰誓》在内。此僞古文《泰誓》亦號稱出於壁中，西漢人未發覺其僞，將其改寫爲今文，立於學官。及平帝時，立古文《尚書》於學官，桓譚《新論》説：“古文《尚書》舊有四十五卷，五十八篇。”此五十八篇即已包含僞古文《泰誓》在内。故東漢時，賈逵奉詔校古文《尚書》與三家《尚書》同異，即從今文《尚書》，讀僞古文《泰誓》的“流爲雕”爲“流爲烏”。馬融始發覺此古文《泰誓》爲僞，但仍爲其作注，而鄭玄亦如此。在西漢時，古文經師孔安國以今文《尚書》校讀古文《尚書》，將其寫成三體，則僞古文《泰誓》於平帝時立於學官，學者亦可能將其寫成三體，故曹魏時將“孔安國以今文讀之”之本上石，曹魏所刻三體石經仍包含僞古文《泰誓》三體本在内，我們不能以魏石經包含有

---

① 對《史記》“孔安國以今文讀之”有幾種解釋：（一）僞孔《傳》本僞孔安國《序》：“科斗書久廢，時人無能知者。以所聞伏生之書，考論文義，定其可知者，爲隸古定，更以竹簡寫之。”（二）段玉裁《古文尚書撰異》説：“以今文讀之者，猶言以今字讀之也。秦制隸書以趣約易，而古文遂絶。壁中古文鮮能識者。安國猶能以今字寫定古文。凡古云讀者，其義不一。諷誦其文曰讀，定其難識之字曰讀，得其假借之字曰讀，抽繹其義而推演之曰讀。子國（孔安國的字）於壁中書兼此四者。”（三）王國維《觀堂集林》卷七《史記所謂古文説》説：“蓋古文《尚書》初出，其本與伏生所傳頗有異同，而尚無章句訓詁，安國因以今文定其章句，通其假借，讀而傳之，是謂以今文讀之。其所謂‘讀’，與班孟堅所謂‘齊人能正倉頡讀’，馬季長所謂‘杜子春始通周官讀之讀’，無以異也。然則安國之於古文《尚書》，其事業在讀之起之。至於文字蓋非當世所不復知，如王仲任（充）輩所云也。”由三體石經即可知古文之難識。由三體石經之以三體對照即可以了解安國是如何認識古文，及如何認識《尚書》逸篇。段、王二氏均未就三體石經此一角度予以解釋。《史記索隱》釋“因以起其家逸書”之“起”爲“起發以出”。王念孫《讀書雜志》則用其子王引之之説，讀“因以起其家”爲句，“逸書”二字連下讀，釋“起”爲“興起”，“家”爲“家法”，謂古文家法自孔安國興起。彰健按：“因以起其家”，此“其”字只能釋爲“孔氏”，不能釋爲“古文”，王引之所釋與文理不合。“起”，亦即《論語》“起予者商也”之“起”。孔子與子夏言《詩》，而子夏所言使孔子有所起發，對《詩》有新的了解，故“起”字可引伸而有領悟之意。《尚書正義》引劉向《别録》説：“武帝末，民間有得《泰誓》，獻之，與博士，使讀説之，數月皆起。”此《泰誓》爲僞古文《泰誓》。因其字體爲古文，故博士讀之，需花數月，始能了解。此“起”字恐不能釋爲“興起”，亦不能如《索隱》釋爲“起發以出”。《漢書・劉歆傳》：“起家，復爲安定屬國都尉”，此“起”字則當如《索隱》釋爲“起發以出”。

《泰誓》,遂即以爲此僞古文《泰誓》亦係孔壁本。

《儀禮・聘禮》疏引:“服虔注《左氏》云:古文篆書,一簡八字。”《漢書・藝文志》述劉向以中古文校歐陽、大小夏侯三家《尚書》經文,“《酒誥》脱簡一,《召誥》脱簡二,率簡二十五字者脱亦二十五字,簡二十二字者脱亦二十二字”。《聘禮》疏説:“鄭注《尚書》,三十字一簡之文。”《穆天子傳序》記汲冢竹書“一簡四十字”,則《左氏》古文一簡八字,其字數似太少。今據《漢志》,孔壁本《尚書》每簡二十二字,或二十五字,頗疑《春秋經》亦古文,以今文經校讀,而傳寫者遂亦書以古文、篆、隸三體,三八二十四字,正好爲一簡的字數,而此即魏三字石經《春秋經》所本。魏三字石經《春秋經》應係根據已存在的校讀本刻石,而不是以古文經刻石,而臨時才加篆書、隸書,作爲釋文的。

魏三字石經《春秋經》的古文字體亦係壁中書,與三字石經《尚書》的古文字體相同。説《春秋經》爲孔壁本,最早見於許慎《説文解字序》。許慎《説文解字序》説:

> 魯恭王壞孔子宅,而得《禮記》《尚書》《春秋》《論語》《孝經》。

《漢書・藝文志》則説:

> 魯恭王壞孔子宅,欲以廣其宫,而得古文《尚書》及《禮記》《論語》《孝經》。

未説魯恭王所得有《春秋經》。

段玉裁《説文解字注》説:

> 《(漢書藝文)志》言“《春秋》古經十二篇”,不言出誰氏。據許(慎)(《説文解字序》)下言“北平侯張蒼獻《春秋左氏傳》”,意經、傳皆其所獻。古經與傳别,然則班云“《春秋》古經十二篇、《左氏傳》三十卷”,皆謂蒼所獻也。而許以經系之孔壁,以傳系之北平侯,恐非事實。或曰(許《序》)“春秋”二字衍文。

則段氏用《漢書・藝文志》來訂正許慎《説文解字序》。其實這兒應據許慎《説文解字序》來訂正《漢書・藝文志》,而説:《漢書・藝文志》記魯恭王壞孔子宅所得書,脱“春秋”二字。

我的證據就在《漢書・藝文志》。《漢志》著録六藝而注明其爲古文的有五種:

（一）《尚書》古文經四十六卷。《漢志》説："魯恭王壞孔子宅，……得古文《尚書》及《禮記》《論語》《孝經》，凡數十篇，皆古字也。"

（二）《禮》古經五十六卷。《漢志》説："《禮》古經者，出於魯淹中及孔氏，與十七篇文相似，多三十九篇。"

（三）《春秋》古經十二篇。

（四）《論語》古二十一篇。《漢志》説："出孔子壁中，兩子張。"

（五）《孝經》古孔氏一篇。《漢志》説："（今文四家）經文皆同，唯孔氏壁中古文爲異。"

《漢書·藝文志》説："劉向以中古文《易經》校施、孟、梁丘經，或脱去'无咎''悔亡'，惟費氏經與古文同。"但《漢志》僅著録"《易》經十二篇，施、孟、梁丘三家"，未著録中古文《易經》及費氏《易》。《漢志》於《春秋》著録：

《春秋》古經十二篇。經十一卷。（原注：《公羊》《穀梁》二家）

《左氏傳》三十卷，《公羊傳》十一卷，《穀梁傳》十一卷。

未於《左氏傳》下説，《左傳》乃古文。

《漢志》著録：

《毛詩》二十九卷。《周官經》六篇。

亦未言其爲古文。

此可見《漢志》特别注重孔壁本，故於《尚書》《禮》《春秋》《論語》《孝經》特别標明其爲"古"字。如果不説《漢書·藝文志》記魯恭王壞孔子宅所得書脱"春秋"二字，則《漢志》所著録的"《春秋》古經十二篇"，此處"古經"二字，《漢志》就忘記交待其來歷了。

《漢書·藝文志》係據劉歆《七略》删潤，而劉歆正是只認古文爲"孔子壁中書"的，此亦需參考許慎《説文解字序》。許慎《説文解字序》説：

黄帝之史倉頡，……初造書契，百工以乂，萬品以察，蓋取諸夬。夬揚於王庭，言文者宣教明化於王者朝廷。……五帝三王之世，改易殊體。……

《周禮》："八歲入小學，保氏教國子，先以六書：一曰指事。……二曰象形。……三曰形聲。……四曰會意。……五曰轉注。……六曰假借。"

> 及周宣王太史籀，著大篆十五篇，與古文或異。
>
> 至孔子書六經，左丘明述《春秋傳》，皆以古文。……
>
> 其後諸侯力政，……分爲七國，……律令異法，衣冠異制，言語異聲，文字異形。
>
> 秦始皇帝初兼天下，丞相李斯乃奏同之，罷其不與秦文合者。斯作《倉頡篇》，中車府令趙高作《爰歷篇》，太史令胡毋敬作《博學篇》，皆取史籀大篆，或頗省改，所謂小篆者也。
>
> 是時秦燒滅經書，滌除舊典，大發隸卒，興戍役，官獄職務繁，初有隸書，以趣約易，而古文由此絶矣。
>
> 自爾秦書有八體：一曰大篆，二曰小篆，三曰刻符，四曰蟲書，五曰摹印，六曰署書，七曰殳書，八曰隸書。漢興有草書。《尉律》："學僮十七以上，始試，諷籀書九千字，乃得爲史。"又以八體試之。郡移太史並課，最者以爲尚書史。書或不正，輒舉劾之。今雖有尉律不課，小學不修，莫達其説，久矣。
>
> 及亡新居攝，使大司空甄豐等，校文書之部，自以爲應制作，頗改定古文。時有六書，一曰古文，孔子壁中書也；二曰奇字，即古文而異者也；三曰篆書，即小篆，秦始皇帝使下杜人程邈所作也；四曰左書，即秦隸書；五曰繆篆，所以摹印也；六曰鳥蟲書，所以書幡信也。
>
> 壁中書者，魯恭王壞孔子宅，而得《禮記》《尚書》《春秋》《論語》《孝經》，又北平侯張蒼獻《春秋左氏傳》，郡國亦往往於山川得鼎彝，其銘即前代之古文，皆自相似，雖叵復見遠流，其詳可得略説也。

據此，王莽居攝時所定六書，正只認古文爲孔子壁中書，而與壁中書異者則稱爲奇字。王莽對孔子壁中書的重視，此正可能採納劉歆的意見。許慎認爲，倉頡造字，孔子書六經係以古文，許氏認孔子壁中書爲中國最古的字體。而此正與古文爲孔子壁中書的定義相合。《漢書・藝文志》係據劉歆《七略》刪潤，《漢書・藝文志》著録六藝，僅於上舉諸"經"標明"古"字，正是含有這一意義的。王莽時對奇字的定義是"即古文而異者也"。《漢書・揚雄傳》："（歆子）劉棻嘗從雄學作奇字。"段玉裁《説文解字序》注：

> （許書）分古文爲二。儿下云：古文奇字人也。无下云：奇字無也。

而今存經典惟《易經》用"无"字，不作"無"。

漢劉向曾以中古文《易經》校施、孟、梁丘經,而今存漢石經《周易》殘石作"无",不作"無"。今存《周易》王弼《注》係用的費氏《易》亦作"无",不作"無"。可能壁中書作"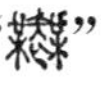",與小篆同。作"无"之字見於中古文《易經》,與孔壁本他經之"無"字字形不同,故許慎亦承王莽時舊説,而稱"无"爲奇字。

許慎《説文解字》説:

> ,古文克。亦古文克。
>
> 霸,月始生魄然也,……从月,䨣聲。,古文或作此。

此當因壁中本克字、霸字的寫法可能不一致,但因其均係孔壁本,係孔子壁中書,故許慎仍稱爲古文,而不稱其一爲奇字。

許慎《説文解字序》説:

> 郡國亦往往於山川得鼎彝,其銘即前代之古文,皆自相似。

是許慎亦知這些見於鼎彝上的文字彼此多相似,但與孔子壁中書不相類似。[①] 而漢人爲了尊重孔子壁中書,遂稱鼎彝上的字爲奇字。《晉書》卷七十二《郭璞傳》:

> 璞好經術,……好古文奇字。……及(晉元)帝即位,太興初,會稽剡縣人果於井中得一鍾,長七寸二分,口徑四寸半。上有古文奇書十八字,云:"會稽嶽命。"餘字,時人莫識之。

此即謂鐘鼎文爲古文奇字,當亦沿襲漢人舊説。

《漢書・郊祀志》説:

> 是時(漢宣帝),美陽得鼎獻之。……張敞好古文字,按鼎銘勒而上議曰:"……今鼎出於郊東,中有刻書曰:'王命尸臣,官此栒邑,賜爾旂鸞黼黻琱戈,尸臣拜手稽首曰:敢對揚天子丕顯休命'。臣愚不足以迹古文,竊以傳記言之,此鼎殆周之所以褒賜大臣,大臣子孫刻銘其先功,藏之於宫廟也。昔(武帝時)寶鼎之出於汾脽也。……鼎大八尺一寸,高三尺六寸,殊異於衆鼎。今此鼎細小,又有款識,不宜薦見於宗廟。"

漢武帝即曾以寶鼎見,而改元爲元鼎,並將寶鼎薦見於宗廟,此可見漢代鐘鼎

① 王國維《説文所謂古文説》見《觀堂集林》卷七,頁七。

彝器出土仍不多。而其時又無氈拓之術，學者很少能就其字，深入研究。故許慎《説文》亦僅引用秦刻石，而未引用鐘鼎彝器，謂某字作某。在漢代，甲骨文未出土。漢朝人以孔子"信而好古"，而孔壁本諸經又出於孔壁，故劉歆遂誤以孔子壁中書爲中國最古之字體。這種誤解乃情理所可有。這比較與許慎同時的人，見《蒼頡篇》説"幼子承詔"，遂以爲秦朝的隸書即黄帝時倉頡所造，其見解仍要高明多了。

許慎《説文解字序》説："奇字即古文而異者也。"以許氏序文上文説"（周）宣王太史籀著大篆十五篇，與古文或異"，下文説，王莽時六體，"三曰篆書，即小篆"，而不説王莽時篆書包含大篆，故段氏《説文解字注》遂説，"大篆即包於古文、奇字二者之中"。彰健按：大篆、小篆均係篆書，僅大篆字形繁複，故小篆"或頗省改"。王莽時所定六書，如篆書僅指小篆，似與情理不符。而且許慎《説文解字》常言古文作某，籀文作某，於"儿""无"二字則稱爲奇字，未稱爲籀文，則奇字似不含籀文在内。而且王莽時所謂古文，係指孔子壁中書，不包含籀文在内，頗疑"三曰篆書，即小篆"，"小篆"二字上脱"大篆"二字。許慎《説文解字序》説："三曰篆書，即小篆，秦始皇帝使下杜人程邈所作也。"段玉裁即認爲"秦始皇帝"等十三字應移接於"四曰左書，即秦隸書"之下，則許慎《説文解字序》在"三曰篆書"下有脱文，亦不是不可能的。①

許慎《説文解字序》撮述漢代的尉律，説漢代試學童，"以八體試之"。而《漢書・藝文志》則作以六體試之。《漢書・藝文志》小學家説：

> 上古結繩以治，後世聖人易之以書契。百官以治，萬民以察，蓋取諸夬。夬揚於王庭，言其宣揚於王者朝廷，其用最大也。古者八歲入小學，故《周官》保氏掌養國子，教之六書，謂象形、象事、象意、象聲、轉注、假借，造字之本也。
>
> 漢興，蕭何草律，亦著其法，曰："太史試學童，能諷書九千字以上，乃得爲史。又以六體試之，課最者，以爲尚書御史史書令史。吏民上書，字或不正，輒舉劾。"六體者，古文、奇字、篆書、隸書、繆篆、蟲書，皆所以通知古文今字，摹印章，書幡信也。

---

① 龍宇純《中國文字學》（頁五一）亦疑王莽時篆書應包含大篆，惟龍書未説明理由。龍書同頁又説，"古文、奇字爲最神聖尊貴之古體"，此即未慮及"奇"字係對"正"字而言（如老子《道德經》説："以正治國，以奇用兵。"）。在劉歆、許慎看來，孔子壁中書才是"古文"，才是"正字"。

《説文》段《注》已指出,六體乃亡新("新"乃王莽國號)時定。漢初,蕭何草律,當沿秦八體。而《漢書・藝文志》固以試學童爲蕭何律文。段氏此説是對的。

秦始皇罷六國文字,而王莽時所謂古文爲孔子壁中書,實爲魯國文字。其字體與大篆、小篆不同,在秦代及漢初,自亦在罷棄之列,不會用以考試學童,使其在官府任職。秦以八體試士,其中包括大篆,而秦丞相李斯作《蒼頡篇》,中車府令趙高作《爰歷篇》,太史令胡毋敬作《博學篇》,皆取史籀大篆,或頗省改,此即所謂小篆,亦即所謂秦篆。

小篆於秦統一天下後,命令天下行用。而大篆則爲小篆所從出,爲秦代官府舊檔所用文字,於施政時應仍有參考的必要,故秦制課試學童爲吏,不僅試以小篆,仍試以大篆。而六國文字,因與秦文不合,爲始皇所罷棄,於是六國文字乃成爲古文,而古文遂不流行了。

吴大澂《説文古籀補叙》已指出,壁中書"疑皆周末七國時所作,雖存篆籀之迹,實多訛僞之形";而王國維先生則認爲,戰國時秦用籀文,六國用古文。王説之能成立,主要在於它能圓滿解釋,漢承秦制,漢初蕭何制律,係以八體試士。吴大澂、王國維知壁中書爲戰國時文字,而非我國最古文字,則因研究鐘鼎彝器,所見殷周文字較漢人爲多,故能糾正劉歆、許慎以孔子壁中書爲中國最古文字此一誤説。

《漢書・藝文志》係據劉歆《七略》删潤,提到"夬揚於王庭",而許慎《説文解字序》一開始亦説"夬揚於王庭",很明顯的亦係依據劉歆《七略》删潤。而許慎作"以八體試之",可能較合於《七略》原文。《七略》奏進於哀帝時,而"六體"一名則定於王莽居攝時,故《漢志》"以六體試之"顯非《七略》原文所有,當係班固撰寫《漢書・藝文志》時,自己弄錯了。《漢志》小學家篇尾叙文提到"臣復續揚雄作十二章",此"臣"字即班固自稱。很可能班氏知有六體,而不知六體乃王莽居攝時所定,故據《七略》撰寫《漢志》時,將《七略》原文"以八體試之"誤潤色爲"以六體試之",故《漢志》此處,應據《説文解字序》來訂正。這與《漢志》記魯恭王得孔壁古經,脱"春秋"二字,應據《説文解字序》來訂正,其情形一樣。

《漢志》小學家著録:

《史籀》十五篇。(周宣王太史作《大篆》十五篇,建武時亡六篇矣。)

《八體六技》。

《蒼頡》一篇。(上七章,秦丞相李斯作;《爰歷》六章,車府令趙高作;《博學》七章,太史令胡毋敬作。)

《凡將》一篇。(司馬相如作。)

《急就》一篇。(成帝時,黄門令史游作。)

《元尚》一篇。(成帝時,將作大匠李長作。)

《訓纂》一篇。(揚雄作。)

《别字》十三篇。

《蒼頡傳》一篇。

揚雄《蒼頡訓纂》一篇。

杜林《蒼頡訓纂》一篇。

杜林《蒼頡故》一篇。

凡小學十家,四十五篇。(入揚雄、杜林二家二篇,王先謙《漢書補注》説,"官本作三篇"。)

此所謂《八體六技》,王應麟《漢書藝文志考證》及謝啓昆《小學考》均疑"六技"即亡新六書,其説爲王先謙《漢書補注》所依從。彰健按:六體之名定於王莽居攝以後,不可能見於哀帝時劉歆所奏《七略》。班固既未説《八體六技》此書係班氏增入,則《漢志》此處所著録《八體六技》應仍係劉歆《七略》原文。故"六技"不可釋爲王莽時之六書。

錢大昕《三史拾遺》引李賡芸之説,認爲:"六技"係"八篇"二字之訛。李氏的理由爲:《漢志》著録小學十家四十五篇,需説《八體六技》一書爲八篇,始合四十五篇之數,故李氏認"六技"爲"八篇"二字之誤。

今檢《漢志》全書,《漢志》於所著録各書,没有不注明篇數或卷數的,故説《漢志》"八體六技"下脱"八篇"二字,這是確鑿可信的。①

至於"六技"二字,我認爲這不是衍文,也不是"八篇"二字的錯字。我的理由是:所謂六技亦即識字的六種技巧,此即《漢志》下文所説"古者八歲入小學,教之六書,謂象形、象事、象意、象聲、轉注、假借"所本。如認此"六技"

① 姚振宗《漢書藝文志條理》(開明書店本,頁五十一)説:"漢志每類所條篇卷總數,自唐以來,舛訛不一。且書籍相傳,亦有無卷數者,安見八體之書,必有篇數乎? 此六技爲八篇之説,亦不足據。"按:姚氏未細檢《漢志》全書,故不悟《漢志》此處係脱篇數。

二字爲衍文，則《漢志》及《七略》所説“六書”即無淵源了。① 而許慎《説文解字序》之六書係指事、象形、形聲、會意、轉注、假借，此則可能爲許氏對六書舊説的修訂。

《八體六技》八篇，蓋一體一篇，故全書爲八篇。字雖有八體，有大篆、小篆、刻符、蟲書、摹印、署書、殳書、隸書之不同，但認識其字之技巧應仍有相同處，所謂六技應不專指認識小篆的方法。

《周官》保氏“掌養國子，教之六書”，《漢志》釋“六書”爲象形、象意、象聲、象事、轉注、假借，並謂其爲“造字之本”，此所謂“造字之本”，亦應係劉歆對《周禮》“六書”二字的解釋。《周禮》的“六書”在周代既用以教國子，則應爲識字之法，不一定爲造字之方法。

誠然，認識某一字是如何造的，有助於識字。但認識某一字，並不一定即知道這字是如何造的，也並不一定知道這個字的來源及其變遷。六書既用以教國子，應只是教人如何識字。而劉歆及《漢志》釋爲“造字之本”，這就鑿之使深，恐與事理不符。

段玉裁《説文解字注》説：

> 《周禮》保氏教國子六藝，五曰六書。國子者，公卿大夫之子弟，師氏教之，保氏養之，而世子亦齒焉。六書者，文字聲音義理之總滙也。有指事、象形、形聲、會意，而字形盡於此矣。字各有音，而聲音盡於此矣。有轉注、假借，而字義盡於此矣。異字同義曰轉注，異義同字曰假借。……趙宋以後言六書者，胸襟狹隘，不知轉注、假借所以包括詁訓之全，謂六書爲倉頡造字六法，説轉注多不可通。

段氏此説即可糾正《漢志》的誤失。

《周官》保氏教國子以六書，而後世對轉注、假借的解説紛紜，迄無定論，雖老師宿儒亦弄不清楚，在周代似不應以六書教學童，故張政烺先生所著《六

① 唐蘭《中國文字學》(頁十五)説：“六書有三種説法，最初見於《漢書·藝文志》，……又見於鄭衆《周禮注》及許慎《説文解字叙》。鄭許都是劉歆的再傳和再再傳的弟子，所以可認爲劉歆一家之學。……這説法未必是劉歆獨創。秦漢之際有一本書叫《八體六技》。六技决不是王莽時的六書——分析古文、奇字等名稱的六書，而應是象事、象形的六書。‘六技’或許是‘六文’之誤。六朝人常説到‘八體六文’。六文就是六書。劉歆的説法可能是抄這本書的。”彰健按：《隋書·經籍志》著録“古今八體六文書法一卷”，不著撰人。又《南史·文學·顔協傳》：“時又有會稽謝善勛能爲八體六文。”南北朝時，所謂八體六文，此六文自指王莽時所定之六體，不能據以疑哀帝時《七略》所著録之《八體六技》，此“六技”爲“六文”之誤。

書古義》曾疑《周禮》"六書"應釋爲"六甲",亦即六十干支。[①] 以六十干支教學童,似未免太淺,故鄙意此處仍應依漢人舊注爲説。漢人六書之説,似應源出於《漢書・藝文志》所著録的《八體六技》。可惜該書已失傳,不能深入討論了。

秦及漢初,曾以八體試學童。近人或據此而釋《周禮》六書爲六種書體,[②]但此説的缺點在不能指實此六書爲那六種書體。故鄙意,對《周禮》六書,仍以依據漢人舊注爲説較妥。

以《説文解字序》與《漢書・藝文志》參證,可以了解《漢書・藝文志》之著録古經,係因其爲孔壁本。亦正因其爲孔壁本,出於孔壁,而認其字體爲真正的古文,爲古文正體,而異於此古文正體的古文,則被稱爲奇字。此可見劉歆對孔壁本的重視。

《漢志》著録《春秋》古經,此古經既出於孔壁,而《漢志》於《春秋左氏傳》則並未注明其爲古字,此因其非孔壁本,而且《左氏傳》乃傳而非經。而《左氏傳》之字體爲壁中書,此在許慎《説文解字序》中已明言:"孔子書六經,左丘明述《春秋》傳,皆以古文。"許氏並説:"北平侯張蒼獻《春秋左氏傳》。"考漢惠帝四年除挾書律,故張蒼之獻《左傳》應在惠帝四年以後。[③] 在古代經與傳俱别行,漢内府所藏古文《春秋經》與古文《春秋左氏傳》係得自不同的來源,故在漢成帝、哀帝時,劉歆校理秘府典籍,始"引傳以解經"。而經與傳爲不同來源,故當時今文博士亦可以此而謂《左傳》非《春秋經》的傳。如依段玉裁所解,古文《春秋經》及《傳》俱爲北平侯張蒼所獻,則今文博士就無理由認左氏非《春秋經》的傳了。

將《左傳》傳文與《春秋》經文合編在一起,始於晉杜預《春秋經傳集解》。

---

① 張政烺先生此文印入《史語所集刊》第十本。張政烺先生《説文序引尉律解》(《史語所集刊》第十七本,頁一三一)認爲:"以六體試之,當屬《七略》原文,《説文序》乃作八體,此則由於許氏之妄改。"彰健按:六體有"古文"。漢承秦制,恐不會以古文試士。故舉此即可以證《漢志》所記爲誤。政烺先生又疑"能諷書九千字以上,又以六體試之","千字"爲"章"字之誤,"體"字爲"曹"字之誤,並疑此處係劉歆竄改尉律律文。彰健按:《七略》奏進於哀帝時。在哀帝時,劉歆恐不敢竄改漢律律文。故張氏此疑,健亦不敢相信。政烺先生博學强記,爲健所欽仰。惜未能以此文請益。頃讀《史語所集刊》第四十三本勞貞一先生所撰《六書條例中的幾個問題》,他也説:"保氏教國子以五禮六樂九數,條則浩繁,演習起來,都是非窮年竟月不能畢事,即如像張君所説六書即是六甲,亦即以二十二個干支的字組合成一百二十字,只需一日即可授畢,實在太簡單,是否可算作'藝',就有問題了。"勞先生疑《漢志》六體原本作八體,被抄胥錯成六體,而"六體者"至"堂幡信也"三十一字,與前後文氣不屬,應當是南北朝時人讀《漢書》的旁注,被抄胥抄進去。勞先生此説亦可備一説。

② 龍宇純《中國文字學》頁六十四引高亨《文字形義學概論》。

③ 《論衡・案書篇》:"《春秋左氏傳》者,蓋出孔子壁中。"此謂《左傳》亦得於孔壁中,與許慎不同。王充用一"蓋"字,係揣測之詞。如《左傳》出於孔壁,則劉歆時,今文博士更不得反對左氏立學了。故今仍從許慎所説。

由今本《左傳》看來,《左傳》的經文有脱落,而有經無傳的地方也未必傳文無脱落。在漢代,《春秋左氏經》與《左氏傳》得自不同的來源,這也是我們考論《春秋》左氏經傳時所應該注意的。

《左傳》係古文,但非得自孔壁,故《漢書·藝文志》未注明《左傳》爲"古"字。《漢志》於《周禮》一書,亦未注明其爲古文,而鄭玄注《周禮》,則引有所謂故書。

如《周禮·職幣》:

皆辨其物,而奠其録。

鄭《注》:

故書録爲祿。杜子春云:祿當爲録,定其録籍。

很明顯的"故書"是指杜子春之前的本子。而杜子春爲劉歆的弟子,故此"故書"當即漢内府所藏古文本,而鄭玄本《周禮》則已據杜子春説而改經文爲"録"字。

《周禮·小宰》:

六曰廉辨。

鄭《注》:

杜子春云:"廉辨或爲廉端。"

《周禮·醢人》:

鴈醢。

鄭《注》:

故書"鴈"或爲"鶉"。杜子春云:"當爲鴈。"

是故書不止一本。

《周禮》缺《冬官》,係以《考工記》補,而《考工記》鄭《注》所引故書亦不止一本。如《鮑人》:

察其線。

鄭《注》:

故書"線"或作"綜"。杜子春云:"綜當爲糸旁泉,讀爲絤,謂縫革之縷。"

《周禮》缺《冬官》,以《考工記》配,而《考工記》故書雖不止一本,但所配《考工記》仍殘缺不全。而《周禮》其他五官亦據故書不止一本校勘,而《地官》《夏官》《秋官》經文仍殘缺不全。

《周禮》出於山巖屋壁，當時以各本配，仍未能配全。我們不要以爲《周禮》被發現時就只一個本子。劉歆《讓太常博士書》説，“古文經多者二十餘通，伏而未發”，而武威漢簡出土於一個墓葬，其《喪服傳》即有三個不同的本子。而劉向、歆父子校書，即據中外各本而除其重複。如古文《禮記》有二百四篇，而《漢書・藝文志》僅著録“記一百三十篇”，此即因古文《禮記》有複篇。

《周禮・小宗伯》：

> 掌建國之神位。

鄭《注》：

> 故書“位”作“立”。鄭司農云：“立讀爲位。”古者“立”、“位”同字，古文《春秋經》“公即位”爲“公即立”。

《周禮・夏官司馬序官》：

> 司勳。

鄭《注》：

> 故書“勳”作“勛”。鄭司農云：“勛讀爲勳。勳，功也。”

《説文》力部：

> 勳，能成王功也。从力，熏聲。勛，古文勳。

又《周禮》有“眡”字，《説文》見部：“視，瞻也。眎，古文視。眡，亦古文視。”《周禮》有“兆”字，《説文》説：“兆，古文兆省。”是《周禮》爲古文，何以杜子春以前的本子被稱爲故書，而不稱爲古文？我在本書第四章曾説，“故書”相當於“先秦古文舊書”之“舊書”二字。現在看來，其稱之爲“故書”而不稱其爲古文，此必因劉歆僅認孔子壁中書爲古文，而《周禮》一書並非出於孔壁，故劉歆避用“古文”二字，而用“故書”一詞，而“故書”一詞遂爲杜子春等人所本。

而《周禮》一書所用的字，亦可能與孔壁本他經不同。如《周禮・地官序官》：

> 饎人。

鄭《注》：

> 鄭司農云：“饎人，主炊官也。”《特牲饋食禮》曰：“主婦視饎爨。”故書“饎”作“饎”。

今按：《儀禮·特牲饋食禮》："主婦視饎爨於西堂下。"鄭《注》：

古文"饎"作"糦"，《周禮》作"饌"。

《説文》食部：

饎，酒食也。从食，喜聲。《詩》曰："可以饙饎。"（段注：《大雅》文）
饌，饎或从配。（段《注》：《周禮》注曰：故書饎作饌。蓋轉寫多"灬"[①]。）
糦，或从米。（段《注》：《商頌》"大糦是承"，字如此作。《儀禮·特牲》注曰：古文饎作糦。）

是《周禮》作"饌"，《儀禮》古文作"糦"，而鄭衆及鄭玄從《儀禮》今文，將《周禮》此字改寫作"饎"。《周禮》與《儀禮》古文不同，而《儀禮》古文經則爲孔壁本。《周禮·大宗伯》：

飌師雨師。

《説文》風部：

凬，古文風。

《周禮》作"飌"，即與《説文》古文不同，而甲骨文也有借"雚"爲"風"的[②]，此字即《周禮·大宗伯》的"飌"字，《説文》無"飌"字。

《周禮》："簭人，掌三易以辨九簭之名。"按《説文》竹部，"筮"字小篆"从竹从𢀖，易卦用蓍也。𢀖，古文巫字"。則《周禮》作"簭"，亦與壁中書不同。

《説文》無"簭"字。三體石經"筮"字古文作[illegible]，"巫"字古文作"[illegible]"。與今本《説文》古文作𢀖不同。《説文古本考》説：

《汗簡》卷上之二云：[illegible]、巫、[illegible]亦巫，並《説文》。然則（《説文》）古本古文（巫字）有二形矣。今本誤奪其一。

《周禮》：

𩟄人，辨魚物爲鱻薧。

《説文》鱻部：

---

① 彰健按：隸古定本《尚書》"熙"字有五種不同的寫法：[illegible]、[illegible]、[illegible]、[illegible]、熙（見小林信明《古文尚書之研究》，頁七十二）。其字有从火，亦有不从火者。今本《周禮》作"饌"，似亦不誤。

② 李孝定：《甲骨文字集釋》卷四，頁一三〇一。

> 瀺，捕魚也。从鱻水。漁，篆文瀺从魚。

小篆係就大篆省改，“漁”字既爲小篆，故“瀺”字應爲籀文。《説文古本考》説：

> 《汗簡》卷下之一引《説文》“漁”作“”，蓋古本正文篆體如此。許君用古文爲正，今本當依下重文、篆文而改耳。

如《汗簡》所引《説文》可信，則《周禮》作“䲜”，即與《説文》古文不同。而許慎《説文》亦無“䲜”字。

鱻即鮮字。許慎《説文》收有小篆“鱻”及“鮮”字，容庚《金文編》亦有此二字。《書・皋陶謨》：“鮮食。”《詩・思文》正義引鄭注《尚書》曰：“众鱻食，謂魚鼈也。”是古文《尚書》鮮字作“鱻”，與《周禮》同。

又《周禮》經文有“𢷎”字，而鄭玄注解《周禮》則用“拜”字。今按《説文》：

> 𢷎，首至手也。从手𠦪。𢫦，古文𢷎，从二手。𠦬，揚雄説：𢷎从兩手下。（段《注》：“蓋爰禮等所説揚雄所作《訓纂篇》中字如此。……見於《周禮》者作“𢷎”，他經皆用子雲作。”）

“拜”字在《金文編》中作：

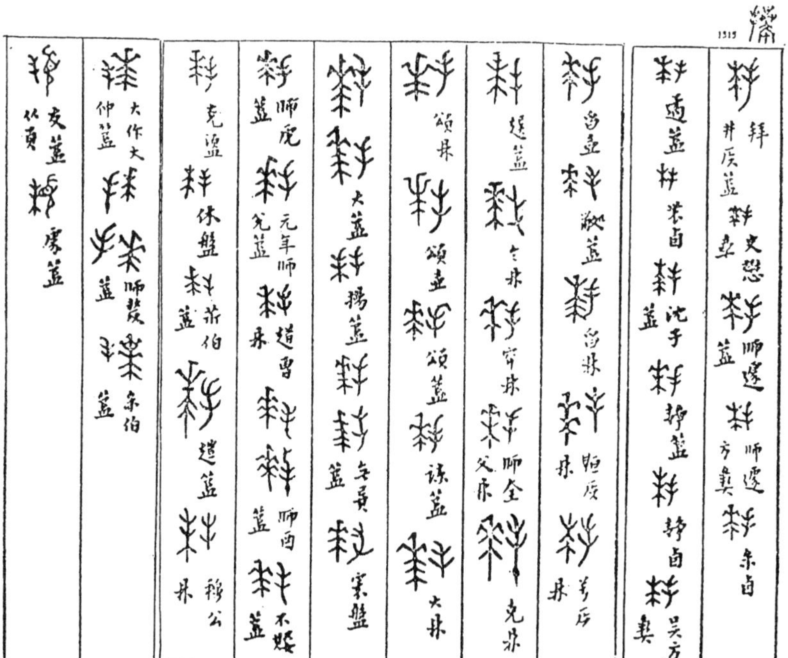

《周禮》“灋”字仍與壁中書作㚐不同。

又如《周禮·天官·大宰》：

以八灋治官府。

《經典釋文》：

灋，古法字。

《説文》廌部：

廌，……似牛，一角。古者决訟，令觸不直者。

灋，刑也。平之如水，从水。廌，所以觸不直者去之，从廌去。法，今文省。㱿，古文。

小篆有灋字。隸書作“法”，顯係灋字之簡寫，故知灋字音法。而金文有灋字。容庚《金文編》：

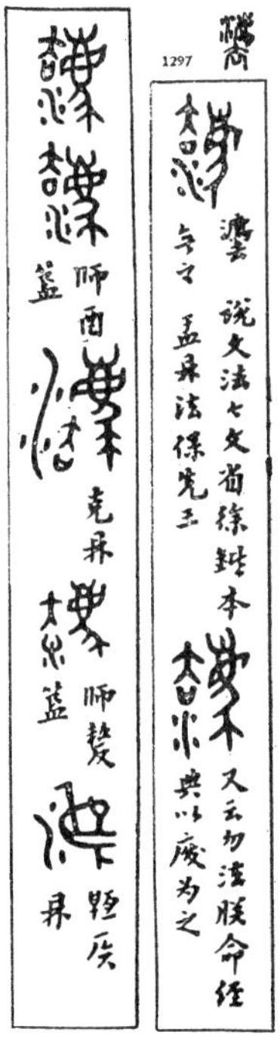

金文：“勿法朕命”，此“法”字讀爲“廢”，係假借字。《論語·微子篇》“廢中權”，《經典釋文》即説，鄭玄本“廢”作“發”。而據《説文》，“廢”字係从“發”聲。

《金文編》未收“廢”字，而小篆則有“廢”字及“癈”字。《説文》广部：

廢,屋頓也。

段《注》:"頓之言頓,謂屋鈍置,無居之者也。引伸之,凡鈍置皆曰廢。……古謂存之爲置,棄之爲廢。"

《説文》謂"㑹"爲"瀌"字古文。很可能壁中書如此,與《周禮》不同。在許慎著《説文解字》時,銅器上的"瀌"字,許慎未必能看到。而小篆有"瀌"字,爲許慎所知,故許慎以"㑹"爲"瀌"字的古文。

在劉歆整理《周禮》一書時,他們很可能以《周禮》非孔壁本,及《周禮》用字與壁中本他經不同,故稱"孔子壁中書"爲古文,而稱《周禮》爲故書。許慎《説文解字序》説:

其稱《易》孟氏,《書》孔氏,《詩》毛氏,《禮》,《周官》,《春秋》左氏,《論語》,《孝經》,皆古文也。

在漢代,劉向以中古文《易經》校施、孟、梁丘經,惟費氏《易》與古文同,故許書"《易》孟氏"應係"《易》費氏"之訛。許書以《詩》毛氏及《禮·周官》爲古文,此因其用字有與古文經同,如《周禮》"位"作"立",與古文《春秋經》同;《詩·商頌》"大糦是承",作"糦",即與《禮》古經同;而且據《後漢書·盧植傳》,"古文科斗,降在小學",盧氏欲立《周禮》《毛詩》及《左傳》於學官,是《周禮》及《毛詩》亦爲科斗文,與孔壁本《尚書》相同,則許慎从寬,稱"《詩》毛氏、禮《周官》"爲"古文"是可以的。

《周禮》雖爲古文,但畢竟非出自孔壁。其與古文異的那些字,如"灩"、如"簭"、如"魰",其不收入《説文》,不知是否許氏遺漏?抑許氏認爲這是與"古文而異"的奇字,故不予重視,而省略不收。許書是以古文、籀文及小篆三體爲主。在他看來,古文爲正體字。他對於不見於孔子壁中書的古文,是可能予以差别待遇的。

《周禮》中的"灩"字、"簭"字、"魰"字,不見於甲骨、金文及小篆。《周禮》爲六國時人撰述,而六國文字異體,據最近出土的侯馬盟書,"嘉"字在盟書中有一百多種寫法①,則《周禮》中有些古字,其結體異於孔子壁中書、小篆、甲骨、金文,這是不足異的。據容庚《金文編》,金文有"䱷"字,讀爲吾,但此不妨礙《周禮》之以"魰"字假借爲"漁"字。

① 黄六平《從侯馬盟書看秦始皇統一文字》,《大公報在港復刊三十週年紀念論文集》,頁八二三。

由三字石經看來，古文與小篆結體多異。自秦始皇罷黜古文以後，漢代初年的學者，以去古未遠，對古文——亦即六國文字的認識，應仍不太困難。但由孔安國之以今文校讀看來，則至遲在武帝時，學者對古文的認識應已感困難，故《論衡・正説篇》所説“魯恭王得百篇《尚書》於屋壁中，武帝使使者取視，莫能讀者”，應仍爲事實。

魯恭王壞孔子宅，係景帝末或武帝初年事。而《史記・自序》説，他“十歲即誦古文”，此或許由於他的父親爲太史令，他的父親因接觸内府所藏先秦古籍，而研究古文，因而能在司馬遷幼年時，將此傳授與司馬遷。太史公的生年有二説，一謂其生於漢景帝中五年，一謂其生於武帝建元六年，學者對此，尚無定論。[①] 太史公曾從孔安國問故，則他對古文的認識，亦曾得益於孔安國。《史記・仲尼弟子列傳》説弟子籍出孔氏古文，近是。此弟子籍當亦爲孔壁本，而爲太史公作《史記》所采用。太史公所見《曆譜諜》《終始五德傳》，及《春秋》《國語》均爲古文。太史公並作《十二諸侯年表》，以“爲成學治古文者要删”，則太史公對古文的認識，其成績蓋亦斐然，或遠勝於孔安國。而後來的劉向、劉歆校書中秘，因承襲前人的研究成果，其於認識古文，也就不會太感覺困難了。

在漢初，蕭何制律，以八體試士，則其時人對大篆之認識，應不發生困難。但大篆畢竟係死文字，大篆雖可能爲秦國之檔案所用文字，而漢承秦制，秦國舊檔之可供漢人參考處亦應愈來愈少。人們學習大篆的興趣，亦將愈後愈小。及漢武帝改制，以經典試士，而不以八體，則大篆恐更無人去學習了。《漢書・藝文志》説：

> 《史籀》十五篇。（班氏自注云：周宣王太史作《大篆》十五篇，〔光武帝〕建武時亡六篇矣。）

《史籀篇》亦曰《史篇》，唐玄度《十體書》説：

> 秦焚《詩》《書》，惟《易》與《史篇》得全。王莽亂，此篇亡失。建武中，獲九篇。章帝時，王育爲作解説，所不通者十有二三。晉世此篇廢。今略傳字體而已。

---

① 王國維：《太史公行年考》，《觀堂集林》卷十一；郭沫若：《太史公行年考有問題》《關於司馬遷之死》，收録《文史論集》頁一六八、頁一七三。又施之勉、徐復觀二先生對此一問題，亦有討論，見《大陸雜誌》五十六卷第三、四合期。我比較贊同郭説。

《史籀篇》之殘缺及説解不通，亦正以無人傳習故。

小篆在漢代通行，而皇帝的哀策、謚策及策封諸侯王均用篆書。在漢代，閭里書師將《蒼頡》《爰歷》《博學》三篇，總合爲《蒼頡篇》，但篆書的用處畢竟較隸書爲小，故到後來，《蒼頡篇》中的一些字即爲學者所不認識，成爲古字。《漢書・藝文志》説：

> 《蒼頡》多古字，俗師失其讀，宣帝時，徵齊人能正讀者，張敞從受之。傳至外孫之子杜林，爲之訓故，並列焉。

《蒼頡篇》爲小篆，在漢宣帝時小篆中字有些已不易認識，大篆自更難，而古文幸賴以今文校讀，尚爲治古文經學的學者所認識。

由於他們認識古文，是靠與今文經典校讀得來，故今存許慎《説文》對古文的結體，很少從六書的角度予以分析，認爲古文該字從六書觀點，應與小篆該字同義。

許慎《説文解字》説：

> ，溥也。……，古文旁。亦古文旁。，籀文。
>
> 祡，燒柴尞祭天也。从示，此聲。《虞書》曰：至于岱宗，祡。（段《注》：古文《尚書》作祡，不从木作柴。）禬，古文祡。（段《注》：此蓋壁中《尚書》作"禬"也。……孔安國以今文讀之，知"禬"即小篆"祡"字。改从小篆作"祡"。……綴"禬"於"祡"下者，猶《周禮》既从杜子春易字，乃綴之云"故書作某"也。）
>
> ，草木初生也。……古文或以爲艸字。（段《注》：凡云"古文以爲某字"者，此明六書之假借以用也。本非某字，古文用之爲某字也。如古文以"洒"爲"灑埽"字，以"疋"爲《詩・大雅》字，以"丂"爲"巧"字，〔彰健按：三體石經"巧"作"丂"。〕以"臤"爲"賢"字，以"㫃"爲"魯衛"之"魯"，以"哥"爲"歌"字，以"詖"爲"頗"字，以""爲"靦"字；籀文以"爰"爲"車轅"字，皆因古時字少，依聲托事。至於古文以""爲"艸"字，以"疋"爲"足"字，以"丂"爲"亏"字，以"俟"爲"訓"字，以"臭"爲"澤"字，此則非屬依聲，或依形近相借。）
>
> ，彊，斷也。从刀，岡聲。，古文剛如此。

古文如與小篆字形仍依稀近似者，此自較容易猜測認識；其字形迥然不同,則只能由今文經典校讀,然後認識。而古文中那些假借字有些由於音近,有些由於形近,其被認識,這也是以今文經典校讀的結果。

伏生爲秦博士。在焚書令下之前,他自應遵守秦始皇的法令,改寫《尚書》以小篆。幸虧小篆有些字與古文相同,或形近,故當孔壁本古文《尚書》發現,孔安國才能以今文經與之校讀。如果小篆所有的字都與古文結體不同,則學者就不會以今文經典校讀,而古文《尚書》中那些結體與小篆迴然不同的字也就不會認識,孔安國也就不會認得逸《書》十六篇了。

孫海波《魏三字石經集録》曾以《説文》與三體石經殘石所收古文比較,知三體石經中的古文上字、祥字、祖字、荒字、牲字、告字、口字、含字、咸字、前字、廸字、要字、右字、秉字、臣字、政字、自字、雊字、畀字、式字、曰字、曷字、可字、郵字、即字、矧字、高字、木字、休字、楚字、之字、圖字、囚字、邦字、邢字、郲字、酁字、郎字、日字、昧字、秋字、秦字、宜字、宋字、同字、黻字、人字、侵字、佃字、監字、卒字、方字、允字、兄字、生字、顧字、文字、嬖字、山字、而字、易字、亦字、交字、夫字、立字、心字、願字、愛字、汝字、湯字、永字、非字、不字、鹹字、耳字、戎字、戍字、乍字、望字、絺字、男字、六字、七字、九字、乙字、辠字、子字、午字、未字等九十字,與小篆同。

《魏三字石經集録》所收古文不過三百七十九個不同的單字,而與小篆相同的字即有九十字。許慎《説文解字序》説"今叙篆文,合以古籀",段玉裁《注》曰:"小篆因古籀而不變者多,其有小篆已改古籀,古籀異於小篆者,則(許書)以古籀附小篆之後,而曰古文作某、籀文作某。""其不云古文作某、籀文作某者,古籀同於小篆。"而此九十字,均同於小篆,許書正於小篆該字下未注明古文作某,僅要字爲例外。此可證段氏所了解的《説文解字》體例不誤。不過,我在這裏得指出,許書所謂古文是指孔子壁中書,凡不見於今存經典之字,而見於許慎《説文解字》的,如"瘍""瘺"之類的許多字,不可以説該字小篆即同於壁中書。而且許慎《説文》所收字凡九千三百餘,壁中書不可能有九千三百多個不同的單字,許書所收字已包含《蒼頡》《凡將》《訓纂》諸篇。許書自序已説:"群書所載,略存之矣。"許書在當時未注明某字見於某書,這也許由於當時諸書具存,因此他省略不予注明。

孫海波《魏三字石經集録》曾取魏石經所收古文與《説文》所載古文比較,知三體石經所收古文一字、帝字、遠字、與字、革字、臤字、殺字、卜字、用字、敢字、典字、功字、巧字、平字、會字、韋字、乘字、南字、時字、明字、盟字、多字、宅字、罔字、伊字、丘字、襄字、肆字、馬字、德字、愼字、怨字、冬字、至字、民字、我字、弼字、金字、五字、禹字、己字、辜字、卯字、辰字等四十四字與《説文》所載古文相同。

三體石經殘石計存古文三百七十九字，扣除與小篆相同的九十字，及《説文》所載古文相同的四十四字，其餘古文則或與小篆形近，如下字、頵字、麗字、緐字、𦨖字；或與《説文》所載古文相似，如克字，石經作“”，《説文》所載古文作“”；大多數均與小篆及《説文》所載古文不同。以石經與《説文》相校，如《君奭篇》，“故一人事于四方”，古文“故”作“古”，而篆體、隸體作“故”。石經作“古”，是假借字。《説文》三篇下“故，使爲之也。從攴、古聲。”《説文》三篇上：

古，故也。从十口，識前言者也。凡古之屬皆從古。，古文古。

今石經古文既有“古”字，則《説文》“，古文古”，疑爲“，籀文古”之誤。

《説文》三篇上：

，身中也。，古文要。

而石經“要”字古文則與《説文》篆文同。石經篆文“要”字，與《説文》古文同。頗疑許慎此處係先釋古文“要”字，而後舉篆文“要”字。傳寫者，以《説文》多先載小篆，而後説古文作某，故將“篆文要”三字誤寫爲“古文要”。

《説文》五篇下：“倉，穀藏也。，奇字倉。”三字石經品字式《皋陶謨》“倉”字正作“”。《説文》謂其爲奇字，恐誤。《説文》很少提到奇字。“奇字倉”，疑原本係“古文倉”，傳寫致誤。

石經殘石所載古文，既多不見於《説文》，則許慎著《説文解字》時，秘府所藏古文經，恐未能方便利用。① 許慎《説文解字序》説，“遵修舊文，而不穿鑿”，則他對與小篆異形的古文，也可能有選擇。許慎《説文》已指出古文有異體，如“克”字作“”，亦作“”。而古文異體應不止此數。如《侯馬盟書》“嘉”字即有一百多種異體，而孔壁古文經不止一書，亦可能有許多異體。如要列舉古文異體，像近人所著《甲骨文編》《金文編》那樣，則需用卡片過録，而東漢時，竹簡及帛及紙恐均甚昂貴，東漢時人著書，恐無現在人這樣方便。其於古文異體多所從略，是不足異的。

① 衛恒《四體書勢》即説：“科斗書，漢世秘藏，希得見之。”

由於古文畢竟有與小篆相同的,則在許慎看來,小篆的字亦來源甚古,故許慎可利用小篆來講該字造字時的意義。而小篆與古文迥然不同處,有些字實無法從六書的觀點予以解釋,遂亦擇尤保存,而不加以解説,僅説某字古文作某。

對於這些不能從六書觀點予以解釋的古文諸字,與許慎同時的人曾疑爲僞造。《説文解字序》説:

> 世人大共非訾,以爲好奇者也,故詭更正文,嚮壁虚造不可知之書,變亂常行,以耀於世。(段《注》:此謂世人不信壁中書爲古文,謂好奇者,改易正字,向孔氏之壁,憑空造此不可知之書,指爲古文,變亂常行,以耀於世也。正文常行,世人謂秦隸書也。)
>
> 諸生競逐説字解經誼,稱秦之隸書爲倉頡時書。云:父子相傳,何得改易?乃猥曰:馬頭人爲長,人持十爲斗,虫者屈中也。廷尉説律,至以字斷法,苛人受錢,苛之字止句也。(段《注》:"訶""責"字見三篇言部。俗作"呵",古多以"苛"字、"荷"字代之。漢令,乙有所苛人受錢,謂有治人之責者而受人錢,故與監臨受財、假借不廉、使者得賂爲一類。苛从艸,可聲,假借爲訶字,並非从止句也。而隸書之尤俗者,乃訛爲"岢",説律者曰:此字从止句,句讀同鉤,謂止之而鉤取其錢。其説無稽,於字意律意皆大失。……)
>
> 若此者甚衆,皆不合孔氏古文,謬於史籒。……其迷誤不諭,豈不悖哉?

當時人謂《蒼頡篇》的隸書爲黄帝時倉頡造的字,而忽略小篆本《蒼頡篇》及大篆本《史籒篇》的存在,其爲錯誤,不待辯。其謂古文爲僞造,而許慎等人仍相信古文爲真,此則可能因古文經出於孔壁,這些書的來源可信,並可用以校訂今文《尚書·酒誥》《召誥》的脱簡,絶非漢儒所能僞造的。

對於《説文》所載古文,吴大澂《説文古籒補》謂其爲周末七國時所作。而王國維先生則指出:

> 近世所出,如六國兵器,數幾逾百。其餘若貨幣、若璽印、若陶器,其數乃以千計。而魏石經及《説文解字》所出之壁中古文,亦爲當時齊魯間書。此數種文字皆自相似,然並訛别簡率,上不合殷周古文,下不合小篆,不能以六書求之。……

其上不合殷周古文，下不合秦篆者，時不同也。中不合秦文者，地不同也。其訛别草率，亦與北朝文字上與魏晉、下與隋唐、中與江左不同。其中璽印、陶器，可比北朝碑碣；兵器、貨幣則幾於魏齊小銅造像之鑿款矣。

余謂欲治壁中古文，不當繩以殷周古文，而當於周時之兵器、陶器、璽印、貨幣求之。惜此數種文字，世尚未有專攻之者。……所見實物譜録，至爲狹陋。然就所見者言之，已足知此四種文字自爲一系，又與昔人所傳之壁中書爲一系。(《桐鄉徐氏印譜序》)

錢玄同《重論經今古文學問題》遂據此而謂壁中書的古文爲劉歆所僞造。①

對於壁中書古文和殷周金文之不同，彰健認爲，此應當酌採陳夢家《尚書通論》的解釋。壁中書爲魯國民間通行字體，而鐘鼎則爲重器。所以銘功勳，傳之子孫，永久寶用。故鐘鼎文較爲鄭重。這正如漢代的策命諸侯王用篆書，而以罪免三公則用隸書尺一木，②而簡牘則“作草書尺牘”。③

大陸最近發掘中山王譽墓，發現鼎壺各一，計存銘文九百二十四字。去重見的字約一百三十，則存七百九十四字。據羅福頤所考：

其中有與《説文》古文合者，如：聞作䎽(四、四，即鼎銘文四行四字，下同。)棄作弃(一四、六)，亡作從(二八、二)，《説文》中爲撫之古文；勳作勛(三〇、一)，闢作閱(四九、一)壺(一二、一)又借爲君字解；罪作辠(五四、三)，恐作忎(五九、六)，今作吟(七一、一)；以上見鼎銘。壺銘中如廟作庿(一二、九)，絶作㡭(一七、一一)，返作彼(二二、八)，時作旹(三六、九)。

有與《汗簡》合者，如鼎中侮作㑄(一六、一二)，(彰健按：《説文》“侮，从人，每聲，古文从母。”)余作舍(二五、四)，參作[illegible]；壺銘警作憼，(五、一〇)，《汗簡》釋作敬；嗣作㝳(五、一一)，《汗簡》釋作詞；渴作[illegible](一二、三)，壺假作竭；將作[illegible](一九、一四)，長作絻(三九、一〇)，《汗簡》釋作張。

---

① 《古史辨》第五册，頁八十九。

② 《後漢書·光武帝紀》第一上(《集解》，頁一七)李賢注引《漢制度》説：“帝之下書有四：一曰策書；二曰制書；三曰詔書；四曰誡敕。策書者編簡也。其制長二尺，短者半之，篆書，起年月日，稱皇帝以命諸侯王。三公以罪免，亦賜策，而以隸書，用尺一木，兩行，惟此爲異也。”《通典》卷七十一，“策拜諸王侯”條：“北齊策拜諸王，……册軸一枚長二尺，以白練衣之，用竹簡十二枚，六枚與軸等，六枚長尺二寸，文出集書，書皆篆字。”是策文用篆書，以昭鄭重，此制至北齊猶然。《續漢書·郊祀志》記天子大喪，太尉讀謚策，太史奉哀策。王先謙《集解》引《通典》：“陳武帝崩，哀策篆書，藏於玄宫。”參看陳夢家《尚書通論》，頁一七五。

③ 《後漢書·北海靖王傳》。

壺銘中有與《古文四聲韻》合者，如：食作飤（一一、一），喏作[illegible]（二六、三）；詳作羊（二三、一）；無作亡（二八、六）。①

此亦可證《説文》所載古文絶非劉歆所僞造。而郭忠恕《汗簡》及夏竦《古文四聲韻》所收古文，清代的文字學家多認其"不經""務爲僻怪，以炫末俗"②。現在看來，也不是全無根據。

《隋書・經籍志》著録：

《古文官書》一卷，後漢議郎衛（宏）敬仲撰。

《雜字指》一卷，後漢太子中庶子郭顯卿撰。

《古今奇字》一卷，郭顯卿撰。

衛宏爲漢光武時人，時代早於許慎，而郭顯卿則爲後漢人，不知早於許慎，抑晚於許慎。

王國維先生説：

《唐書・藝文志》有衛宏《詔定古文字書》一卷，《尚書》正義、《藝文類聚》引之，謂之"衛宏古文奇字"。《史記》正義、《漢書》注引之，謂之"衛宏詔定古文《尚書》"。《史記正義序例》云："衛宏官書數體。"是其書蓋羅列異字，與《汗簡》諸書略同。元應《一切經音義》引"尋得同體，枹桴同體"，是也。其字皆作古文，《汗簡》引衛宏《字説》"臧"字是也。其書至唐宋間尚存。近儒（按指段玉裁，參看段氏所著《古文尚書撰異》，《皇清經解本》，卷五百六十九，頁十八）疑爲六朝人依托，然無確證。（《兩漢古文學家多小學家説》，《觀堂集林》卷七，頁十七）

又説：

漢魏之間，字指之學大興。魏時博士如邯鄲淳、如蘇林、如張揖，皆通古今字指者也。（原注：《王粲傳》注引《魏略》，邯鄲淳善蒼雅蟲篆、許氏字指；又《劉劭傳》注引《魏略》，蘇林通古今字指。……《隋志》有《雜字指》一卷，後漢太子中庶子郭顯卿撰；又《字指》二卷，晉朝議大夫李彤撰。《汗簡》多引郭顯卿《字指》、李彤《集字》，其字皆古文。是字指殆謂古今

① 羅福頤：《中山王墓鼎壺銘文考》，《北平故宮博物院院刊》第一期，頁八二。
② 鄭知同：《汗簡箋正序》。

字之學，其體當如《漢志》之《八體六技》及衛宏《古文官書》。)(《魏石經考三》，《觀堂集林》卷十六，頁八)

衛宏《古文官書》，清馬國翰有輯本。該書即多奇奇怪怪的字。如：

鬻、𤇾、𤋱、𤐣，四形今作"𩰲"。(《大集日藏分經音義》，又《勝天王經音義》引。)

此五字僅"鬻"字見於《説文》，其意義爲"熬也"。段《注》："《方言》：'熬聚煎僰，鞏火乾也。'秦晉之間或謂之'聚'。聚即鬻字。"衛宏《古文官書》，《唐書・藝文志》作《詔定古文字書》，而《尚書序》正義引作衛宏《古文奇字》，則這些不見於《説文》的字，可能"即古文而異"，亦即所謂"奇字"。

郭顯卿《雜字指》，《汗簡》引有二十九條，《廣韻》引一條，馬國翰有輯本。其中如：

褱作𧝝。

襘作𧜞。

"褱""襘"二字的古文即不見於《説文》。郭顯卿著有《古文奇字》。郭氏既研究奇字，則《雜字指》所載恐亦爲古文奇字，而非壁中書。

自劉歆稱孔子壁中書爲古文，與壁中書異者爲奇字，東漢的學者研究古文字，不能棄奇字不理。而許慎《説文》以篆、籀、古文爲主，很少録奇字。其對古文字之研究，不重視奇字，是與衛宏、郭顯卿二人不同的。《説文》所録奇字，僅儿、无、仓、𥄉四字，仓係古文倉字，見三體石經。

據《魏書・術藝傳・江式傳》，江式"撰集古來文字，以許慎《説文》爲主，採孔氏《尚》書，五經音注，《籀篇》、《爾雅》、'三倉'、《凡將》、《方言》、《通俗文》、《祖文宗》、《埤倉》、《廣雅》、《古今字詁》、三字石經、《字林》、《韻集》、諸賦文字有六書之誼者，皆以次類編聯，文無複重，糾爲一部。其古籀、奇惑、俗隸諸體，咸使班於篆下，各有區別。詁訓、假借之誼，僉隨文而解。音讀楚夏之聲，並逐字而注"。江氏此書名爲《古今文字》，凡"四十卷，大體依許氏説文爲本，上篆下隸"。江氏此書，《隋書・經籍志》《唐書・藝文志》均未著録，然據宋朱長文《墨池編》，江氏所著《古今文字》四十篇，上卷舉古書三十六種，即：

龍書、古文篆、象形篆、繆書、鸞鳳書、科斗書、龜書、十二時書、倒薤書、虎書、鳥書、魚書、填書、大篆、摹篆、殳書、小篆、仙人篆、麒麟書、尚方大篆、蟲書、刻符書、署書、藁書、隸書、金錯書、蟻脚書、偃波書、垂露書、懸針書、草書、飛白、虬書、行書、楷書、芝英書。

《墨池編》引唐玄度《論十體書》説，倒薤書爲商湯時仙人務光所作。《墨池編》又引唐韋績纂《五十六種書》説，龍書爲伏羲所作，鸞鳳書爲少昊金天氏作，科斗書爲顓頊高陽氏所作，龜書爲黄帝作。其説荒唐不經，不待辯。

《隋書·經籍志》著録："古今篆隸雜字體一卷，蕭子政撰。"姚振宗《隋書經籍志考證》説：

按日本書目載，《古今篆隸文體》一卷，蕭子良撰。《文選·北山移文》注引蕭子良《古今篆隸文體》，疑此是蕭子良之書。唐《封氏聞見記》云："南齊蕭子良撰古文之書五十二種：鵠頭、蚊脚、懸針、垂露、龍爪、仙人、芝英、倒薤、蛇書、蟲書、偃波、飛白之屬，皆狀其體勢而爲之名。雖義涉浮淺，亦書家之前流也。近代小篆、八分、草書、行書等並見施用，餘不多録。"又兩《唐志》有蕭子雲《五十二體書》一卷，蓋古今體勢之書，能書者類多摹寫，故相傳不一家焉。

江式《古今文字》，蕭子良《古今篆隸文體》，均撰寫於晉衛恒《四體書勢》之後，已將書體與書法混淆。然由蕭氏所舉"古文之書五十二種"，即可知南北朝時人對"古文"二字已不遵守劉歆"古文，孔子壁中書"這一很嚴格的定義了。

郭忠恕爲五代北宋時人，所著《汗簡》未引所謂龍書、龜書，這已較南北朝及唐人爲進步。但《汗簡》所引七十一種書，中有碧落文、天台碑、淮南王上升記、華岳碑、漢貝丘長碑、豫讓文、王庶子碑等等。郭氏竟根據這種材料來輯録秦以前的古文字，這也是《汗簡》一書可議之處。

由三體石經看來，孔安國以今文校讀，備列古文、篆書、隸書三體，並未將古文用"隸古定"的方法改寫。今存僞孔傳本《尚書》書首有僞孔安國《尚書序》，序文説：

魯共王好治宫室，壞孔子舊宅，以廣其居，於壁中得先人所藏古文虞夏商周之書，……皆科斗文字。……悉以書還孔氏。科斗書廢已久，時人無能知者。以所聞伏生之書，考論文義、究其可知者，爲隸古定，更以竹簡寫之。

是隸古定本《尚書》當始於僞孔傳本《尚書》。

所謂“隸古定”,係將古文該字,用隸書筆法寫定。故隸古定本《尚書》很多奇奇怪怪不易認識的字。今存敦煌本及日本古寫本隸古定本《尚書》,“德”字即有:

> 悳、悳、㥁、惪、㥁、悳、悳、悳、悳、意、悳、悳、徳、德、[①]

等十三個不同的寫法。今檢孫海波《魏三字石經集録》,則魏石經德字古文作“𢛳”,與《説文》古文同。以情理判斷,僞孔《傳》本隸古定《尚書》的德字最初應止一種寫法,應以與石經字形相同者爲正。其不相同者,應係傳寫訛誤。而“徳”字及“德”字則係隸書“德”字,而非隸古定。

陸德明《經典釋文叙録》條例説:

> 《尚書》之字,本爲隸古。既是隸寫古文,則不全爲古字。今宋齊舊本及徐、李等音,所有古字,蓋亦無幾。穿鑿之徒,務欲立異,依傍字部,改變經文,疑惑後生,不可承用。今皆依舊爲音。其字有别體,則見之音内。然亦兼采《説文》《字詁》,以示同異者也。

由陸氏此言亦可知隸古定本字體之多不足據。惟其中字體,除傳寫訛誤者外,疑亦有本於衛宏《古文官書》及郭顯卿《古今奇字》及《雜字指》的。可惜這些書已失傳,不能深入討論了。

這些隸古定的字,奇奇怪怪,不便閲讀。故在東晉時,范寧即將隸古定本《尚書》“變爲今文集注”。《隋書·經籍志》著録:

> 古文《尚書》十三卷,漢臨淮太守孔安國傳。
> 今字《尚書》十四卷,孔安國傳。

古文《尚書》十三卷,孔安國傳,即係隸古定本。而今字《尚書》十四卷則係隸書本。

《隋志》著録:

> 古文《尚書·舜典》一卷,晉豫章太守范寧注。(原注:梁有《尚書》十卷,范寧注,亡。)

① 小林信明:《古文尚書之研究》,頁一一六,日本昭和三十四年出版。

《經典釋文叙録》説:"范寧變爲今文集注。"則范寧所集《尚書》的注解應不止僞孔傳一家。范寧即改寫隸古定本爲隸書,爲今字。

僞孔《傳》本《尚書》在東晉元帝時,立於學官,則相信僞孔《傳》本的人自應尊重隸古定本那些奇奇怪怪的字。"以存古爲可慕",故今存敦煌唐寫本《尚書》仍以隸古定本爲多。但隸古定本畢竟不便於閱讀,故唐玄宗於天寶三年下詔,以隸古定本"傳寫浸訛,轉疑於後學",命"依今字,繕寫施行"[①],故今存唐開成石經本《尚書》書名大題用漢隸,篇題和經文用楷書,而無隸古定本那些怪字。

許慎《説文》僅注明古文、籀文異於小篆者,對小篆同於古文、籀文者未一一注明。《説文》計收九千三百餘字,籀文亦不可能有九千三百餘字。而且《史籀篇》十五篇,在漢光武時已亡佚六篇,因此許慎《説文解字》小篆下未注明籀文作某者,該字籀文亦可能在《史籀篇》亡佚篇中,説不定該字籀文即與小篆有異同。在許慎著書時,古經、《史籀》、《倉頡》、《凡將》、《訓纂》諸篇具存。他可能因此而未一一注明某字見某書。在原書俱存時,一一注明見於某書,這或者太嚕嗦,不够簡要。他未想到這些書會佚失。

許慎《説文解字序》説:"書孔氏,……皆古文也。"而魏三字石經本《尚書》即係古文,係"孔子壁中書"。皮錫瑞《經學歷史》説:

> 兩漢經學有經今古文之分。今文者謂隸書,世所傳熹平石經及孔廟等處漢碑是也。古文者,今所謂籀書,世所傳岐陽石鼓及《説文》所載古文,是也。

皮氏即未慮及:在漢代,古文係指孔子壁中書,不包括籀文在内。而且由三字石經看來,隸書一體固係今字,其篆書一體亦係今字。漢承秦制,漢初《尚書》寫本,最初當係寫以篆書。其以篆書書寫,恐亦含有鄭重之意。其後隸書盛行,則多寫以隸書,故熹平石經僅刻隸書一體。

《史記·儒林傳》:"孔氏有古文《尚書》,安國以今文讀之。"此在康有爲《新學僞經考》看來,凡《史記》言古文處,均劉歆所僞竄;《漢志》所言,劉向以中古文校三家《尚書》,其説亦係劉歆僞造(見《僞經考》卷十三,頁三〇三);《漢志》所著録古經,《漢志》所謂古文,亦係劉歆僞造;而劉歆並僞造《八體六

① 《册府元龜》卷五十。

技》及六書之説(卷三下,頁八八至八九)。試想,“八體”爲大篆與小篆等等,劉歆僞造八體,所爲何來? 康氏以《中庸》説,“今天下書同文”,認爲“春秋至戰國,(文字)絶無異體異製,凡史載筆、士載言,皆籀書”(卷三下,頁九一)。而許慎所謂七國“文字異形”,康氏認爲亦係“承用劉歆之讏言”(頁九四)。今由大陸考古發掘所得春秋戰國時古文字,如晉侯馬盟書、仰天湖楚簡、信陽楚簡等等,正可證實許慎所説不誤。

《史記》説“孔安國以今文讀之”,此即記古文經的發現。《漢志》著録“古經”,用一“古”字,即係尊重孔壁本。當時僅視孔子壁中書爲古文,與壁中書異者爲奇字。古文經的發現及當時人對“古文”的看法,頗不容易講清楚,而《漢志》所記與許慎《説文解字序》牴觸處,亦頗不易解説。因論魏石經,謹附抒管見於此。

原載《經今古文學問題新論》,《中研院歷史語言研究所傳刊》

三體石經古文與《説文》古文合證

◯ 曾憲通

《説文》古文原貌如何？我們今天已無從得知。從莫友芝《唐寫本説文解字木部箋異》所見，古文筆勢均作懸針體，與篆體幾乎無别；到大徐本裏的古文才作豐中鋭末或豐上鋭下之狀，大概是徐鉉等校定《説文》時，由句中正、王維恭等據三體石經古文寫定的。徐、句、王等既然奉詔校定，其所據本必有來自，即或句、王輩據石經古文"改寫"《説文》古文，亦不過校正其筆勢而已。至於《説文》古文原來的結構，句、王輩諒必不敢輕易變動，其形體距《説文》古文的原貌必不甚遠。將現存的石經古文與《説文》古文互相參證，也可得出這一結論。

誠然，無論《説文》古文還是石經古文，在歷史上并不是毫無争議的。由於它們都屢經傳抄，形體結構起了較大的訛變，研究者又往往以商周甲骨文、金文與之比較，以爲古文形體奇詭，不合六書，頗感疑惑。史籍對這批文字的來源又記焉不詳，且説法不一。如《漢書·藝文志》謂漢武帝時魯恭王壞孔子宅，於壁中得古文《尚書》及《論語》《孝經》凡數十篇。可是此事《史記》不載，《漢書》所記年份，亦有自相矛盾之處。至於所出經目篇數，各書記載更多歧異，[①]于是疑古者遂以爲壁中書的發現出于後人僞竄，《説文》中的古文則爲

① 壁中書的發現，漢代史籍記載頗有歧異。《漢書·藝文志》云："古文《尚書》者，出孔子壁中。武帝末，魯共王壞孔子宅，欲以廣其宫，而得古文《尚書》及《禮記》《論語》《孝經》凡數十篇，皆古字也。共王往入其宅聞鼓琴瑟鐘磬之音，于是懼，乃止不壞。"(《漢書》卷三十)劉歆《移太常博士書》曰："及魯共王壞孔子宅，欲以爲宫，得古文于壞壁之中，佚《禮》有三十九，《書》十六篇。"(《漢書·楚元王傳》卷三十六)王充《論衡·案書篇》云："《春秋左氏傳》者，蓋出孔子壁中，孝武皇帝時，魯共王壞孔子教授堂以爲宫，得佚《春秋》三十篇，《左氏傳》也"。《正説篇》云："孝景帝時，魯共王壞孔子教授堂以爲殿，得百篇《尚書》于牆壁中，武帝使使者取視，莫能讀者，遂秘于中，外不復見。"許慎《説文解字叙》云："魯恭王壞孔子宅而得《禮記》《尚書》《春秋》《論語》《孝經》"。以上所引，于魯恭王在孔壁中發現古文經書一事，諸書記載基本相同，而發現于何時，則頗不一致。王充《論衡》有景帝、武帝二説，班固于《漢書·藝文志》中謂武帝末，（轉下頁）

漢人僞作。[①] 但是，隨着三體石經的不斷出土，特别是許多戰國文字資料的發現，在在都與這種文字互相印證，《説文》古文與石經古文之爲不僞，早成定讞；而且日益顯示它在戰國文字研究中的作用，至今仍不失爲一筆可貴的文字遺産，是很值得進一步加以整理和研究的。

一、《説文》中的古文

《説文》中的古文前人已有不少研究，但對其具體字數，歷來説法不一。明楊慎《六書索隱》説“其所載古文三百九十六”，清蔡惠堂《説文古文考證》謂許書著録古文“四百餘字”，王國維《説文所謂古文説》説“全書中所有重文、古文五百許字”，三家統計不同。因楊、蔡、王均未具列古文單字，不知其取捨有何不同。其後，胡光煒《説文古文考》（一九二七年）録古文六百一十二文；舒連景《説文古文疏證》（一九三五年）録古文四百五十七文，商承祚先生《説文中之古文考》（一九三四年至一九四零年，載《金陵學報》）録古文四百六十一文。三書均具列古文形體，并參驗甲骨文、金文及六國文字加以疏通證明。以三書相校，頗有異同，而所得字數，又與楊、王二家迥異，故知《説文》中的古文數，仍是一個不定數，實有進一步清理的必要。

許慎《説文解字叙》云：“今叙篆文，合以古籀”，即全書以小篆爲正字，凡古籀與小篆異者，則于篆下重出古籀别體，并加注明，這是通例；其變例則先

（接上頁） 然據《魯恭王傳》分析，則當在孝景之初。《漢書・景十三王傳》載，魯恭王餘“以孝景前三年徙王魯”“恭王初好治宫室，壞孔子舊宅以廣其宫，聞鐘磬琴瑟之聲，遂不敢復壞，于其壁中得古文經傳”。（《漢書》卷五三）按劉餘徙封于魯爲漢景帝前元三年（曲阜孔府有元至正十年曲阜縣歷代沿革志碑，謂“景帝三年，皇子餘以淮陽王徙封于魯，是爲魯恭王”。與《漢書・魯恭王傳》同。），二十八年薨，當卒于漢武帝十四年，即元朔二年，則武帝末不得有恭王，知《藝文志》言“武帝末”或有誤失。《魯恭王傳》謂“恭王初好治宫室，壞孔子宅以廣其宫”云云，明指魯恭王初封于魯之時，其時當在景帝初年。因此，關于壁中書的發現，班固《漢書》實際上亦存在景帝、武帝兩種説法。又荀悦《漢紀・成帝紀》云：“魯恭王壞孔子宅，得古文《尚書》，多十六篇，武帝時，孔安國家獻之。”由是可知，武帝之説乃指孔安國家獻書之事，而得書則在武帝之前，特未明指景帝而已。若將《漢書》《論衡》與《漢紀》三書合觀，似可爲景帝、武帝説之矛盾找到一種合理的解釋：即漢景帝時，皇子餘初封于魯，壞孔子宅以廣其宫，于孔壁中得古文經傳多種；到武帝時，孔安國之後人獻古文經書，武帝使使者取視，莫能讀之，遂秘于中。若二者分别言之，則得書于孔壁在前，而獻書于政府在後；但混而言之，得書、獻書皆指發現壁中古文而言，時雖有先後，事却易混同，或後人傳聞不加細分，故記載亦容有出入。只要從上述三書客觀地進行分析，便不能不承認漢代發現古文經書這一歷史事實。

① 懷疑壁中書與古文經書爲僞者，始于清代之今文學家，如皮錫瑞、姚際恒、崔述、康有爲等，民國以後之“古史辨”派也主此説，其論點，可以蔣伯潛《文字學纂要》爲代表，該書列舉五項“理由”，斷定壁中書的“古文經是不足信的”。詳見《文字學纂要》第九三—九五頁。

出古籀爲正字，下别出篆文爲重文，故《説文》中之古文，當包括在重文與正字之中。其見于重文中的古文書例如下：

（1）于篆文下别出古文形體，注明“古文”，如“弍古文”，“□古文”，或注“古文某”，如“□古文社”，“□古文近”等，此例最多。

（2）古文形體與篆文差異較大，則注明古文所從及其意義。如“孩，古文咳從子”“頥，古文𦣝從頁”“糝，古文糂從參”“䙹，古文藺從見”“栖，古文𠙶從西”“䓯，古文毒從𦵯”“𧩓，古文速從敕從言”“馭，古文御從又從馬”“医，古文簠從匚從夫”“垕，古文厚從后從土”“䍿，古文舞從羽從亡”“膂，古文吕從肉從旅”“䑽，古文津從舟從淮”“𠅨，古文兵從人廾干”“歖，古文喜從欠，與歡同”“冋，古文冂從口，象國邑”“□，古文𣡌從木無頭”“㑴，古文夙從㐁、宿從此”等等，此例亦多。

（3）古文頗加省改則爲篆文，然亦有古文比篆文簡約者，則注明“古文者”“古文某省”或“古文某省某”，如“玥，古文省”“□，古文詩省”“垔，古文墅省”“㝵，古文得省彳”“□，古文寶省貝”“𠆨，古文從言省”，等等，此例不多。

（4）古文中有象形、會意、形聲而難明者，則注明其形、意、聲之所在，如“□，古文日象形”“□，古文厷象形”“□，古文烏象形”“□，古文爵象形”“□，古文象君坐”“□，古文嶽象高形”“𢇍，古文絶象不連體，絶二絲”“㫃，古文㫃字象形及象旌旗之游”“弟，從古文韋丿聲”“㬥，古文暴從日㬥聲”“㤮，古文姦從心旱聲”“囟，古文囟讀若導服之導”等等，此例亦不多。

（5）古文所從爲另一古文之體，則注明古文所從及其意義，如“□，古文周從古文及”“□，古文孚從禾，禾古文保”“𡜌，古文妻從肖女，肖古文貴字”“丄，從二，古文上字，□，從一足，足者亦止也”。此例較少。

（6）古文中引自某經或某通人之説以説解者，則注明其所從出。如“臾，古文蕢象形，《論語》曰‘有荷蕢而過孔氏之門’。”“遽，古文撻，《周書》曰：‘撻以記之’。”“亙，古文恒從月，《詩》曰：‘如月之恒。’”“𣡽，古文㮚，從西從二鹵，徐巡曰：‘木至西方戰㮚。’”“□，譚長曰‘叚字如此’。”此例不少。

（7）古文中只知其形體不明其結構者，則注以“古文某如此”，如“□，古文羌如此”“□，古文殄如此”“□，古文剛如此”“□，古文制如此”“□，古文虐如此”“□，古文衡如此”“□，古文藍如此”“□，古文平如此”“□，古文吴如此”，等等，此例亦不少。

以上七項，散見于十四卷中，現據大徐本將各卷重文中的古文字數列表如次：

卷　别	一	二	三	四	五	六	七	八	九	十	十一	十二	十三	十四	小計
重文中古文數	一八	三四	四七	三七	四四	二一	三一	三一	二一	二七	二一	三〇	四〇	二七	四二九
異體	一	一	一三	七	一〇	一	五	四	一	三	三	一	二	一	五三

上表見諸重文中的古文數，計四百二十九文。這是《説文》古文的基本數。上述胡、舒、商三家所收録古文，均將此數包括在内。若計入古文異體，則爲四百八十多文，尚不足五百數。王國維所謂《説文》重文中五百許字，大概只是約數而已。至于楊慎所説的三百九十六文，如果不是統計有誤，則其所據本或與今本有别。

見諸《説文》正字中之古文，約有三種情況：(1) 正字下别出篆文和籀文，則正字爲古文；(2) 正字下别出篆文，則正字非籀文即古文；(3) 正字下别出籀文，則正字兼有篆古。此三項由于各家掌握標準寬嚴不一，所計古文數亦各有差異；舒氏最嚴，僅取第一項；商先生次之，兼收第二項；胡氏最寬，三者兼而有之。這就是三家所得古文數各自不同的主要原因。其實，三者中能肯定其正字爲古文者却只有第一項。如“虘”下既出篆文“爐”，又出籀文“鑪”，則“虘”爲古文無疑。但此例爲數不多，僅“叵”“斱”“隸”等數字而已。商承祚先生《説文中之古文考》于正字下别出篆文之正字爲古文，如“譱”下别出篆文“善”字，則以“譱”爲古文，他如“宷”“鬲”“䰞”“鬻”“𣀵”“爽”“躳”“亯”“𩫖”“桼”“𧖣”“吕”“市”“[illegible]”“㲋”“它”“𩰫”“内”等二十多文，均同此例。胡氏《説文古文考》更兼收正字下出籀文者爲古文。商先生書録古文四百六十一文，胡書録六百一十二文，除出自重文中之古文外，所增益大抵如是。然而，正字下别出篆文，并不能肯定正字即爲古文，它亦有可能是籀文，孰古孰籀，需有其他條件始能判明。如正字“𣶒”下出篆文“流”，“𤅊”下出篆文“涉”，“厵”下出篆文“原”，“𩼝”下出篆文“漁”，“𩰫”下出篆文“燹”等，以正字之結構來看，似是籀文，非古文，但亦不敢肯定。胡光煒氏以下出籀文之正字，一律列爲古文，其可討論之處更多，至于王國維氏于正字下引《詩》《書》《禮》《春秋》以説解而未出古文者，正字亦爲古文，則屬于篆文中多古文的問題，下文還當論及，此不贅。

除以上見于重文及正字的古文而外，還可據《説文》説解及有關字書補出若干古文。如據“妻”下解説可補“肖”爲“貴”之古文，“竊”之説解可補“廿”爲疾之古文①。據“𠫓”下説解可補“𠫓”爲“突”之古文，據《玉篇》《汗簡》所引，可補“琿”爲“珌”之古文，據《玉篇》可補“㓉”爲“刻”之古文，據《汗簡》可改“參”之或體“曑”爲古文，改“紵”或體“𦂳”爲古文，據《一切經音義》補“𦙍”爲“胄”之古文，據《玉篇》可改“鼂”下篆文“鼂”爲古文，據《五經字樣》補“卝”爲“卵”之古文，據《説文繫傳》補“𠀃”爲“且”之古文，等等，約二十多文，説明《説文》歷經傳抄翻刻，確有訛奪，上述字書所引可資補足《説文》古文之參考。

總之，關于《説文》中的古文數，目前尚難得出一個精確的數字，其原因是多方面的。但無論如何，可以見諸重文中之古文及下出篆籀之正字二者作爲《説文》古文的基數，下出篆文或下出籀文之正字是否即爲古文，則需有其他證明方能最後確定。至于據《説文》本身説解及有關字書補出的古文，雖與今本《説文》有所不同，但他們各有憑據，當與其他古文具有同等的參考價值，那是不言而喻了。

二、三體石經中的古文

三體石經刊立于魏正始二年(二四一年)，中遭西晉永嘉之亂，後又經東魏、北周和隋、唐輾轉遷運，從洛到鄴又回到洛，再到長安，碑石毁失殆盡，有的甚至廢作柱礎了。

關于石經的經數和碑數，唐以前記載頗爲紛亂：《西征記》《洛陽伽藍記》爲《尚書》《春秋》兩部，《隋書・經籍志》所載亦僅三字石經《尚書》九卷(梁有十三卷)、三字石經《春秋》三卷(梁有十二卷)，《舊唐書・經籍志》于《尚書》《春秋》二經外，又有《左氏傳》。其碑數，據《水經註・穀水篇》爲四十八碑，據《西京記》爲三十五碑，據《洛陽伽藍記》則二十五碑。然無論二十五碑、三十

---

① 《説文》“竊”篆下云：“從穴從米，禼廿皆聲，廿古文疾”，“童”篆下云：“廿古文以爲疾”，此“廿”爲古文“疾”之明證。但今本“疾”下有古文“𤕫”而無“廿”，而《集韻》《類篇》皆曰“廿古文疾”，可見丁度所見本不誤，故可據補。

五碑或四十八碑，均不足以容《尚書》《春秋》《左傳》三經字數。清末以來，于洛陽太學舊址陸續發現三體石經殘石。一九一七年，王國維作《魏石經考》，據黄縣丁氏所藏殘石以定魏石經每行字數，又由每行字數推定每碑行數，復以《御覽》引《洛陽伽藍記》所載碑數及諸經字數参互推求，考定魏正始石經碑數爲三十五石，刊《尚書》《春秋》二經，《左氏傳》殆刊至桓公而中斷。每經用古文、小篆和漢隸三體對照，總共約十四萬七千多字。

傳世石經拓本，唐初尚有流傳，至開元只存十三紙。公元一〇五三年（宋皇祐癸巳）洛陽蘇望得自故相王文康家爲所傳唐拓數紙，即洪适《隸續》所録《左傳》遺字，計四十九行，行十七字（末行僅三字）共八百一十九字，其中古文三百零七字。王國維據此列爲石經碑圖，計《尚書》二碑、《春秋》三碑，共五碑。①

公元一八九五年（清光緒二十一年），洛陽白馬寺村南龍虎灘發現《尚書・君奭篇》殘石一百一十一字，古文占三十六字，初歸丁樹禎，後歸周進。

一九二二年十二月間，洛陽城東南三十里朱圪塔村發現《尚書・君奭》《無逸》和《春秋・僖公》《文公》殘石，而《君奭》篇正好與龍虎灘所出相銜接，原石大，估人從中折爲兩段，共一千七百七十一字，古文約五百八十字，歸河南圖書館，後又出有《尚書・多士》和《春秋・僖公九年》殘石，共二百二十九字，古文約七十六字。此外還有一百多塊碎石，小者一二字，大者四十餘字，散在各收藏家手中，字數無法統計。

一九四五年，西安市許土廟街（爲唐時中書内省舊址）首次發現三體石經《尚書・康誥》殘石一片，僅表刻，無背刻，共三十五字，其中古文占十一字。②

一九五七年六月，在西安市距離上述出土地不遠處又發現石經殘石一片，表刻《尚書・梓材》篇，存十行三十三字，古文八字；背刻《春秋》文公元年、二年經文，殘存十行五十字，古文十五行③，現將歷次發現石經及字數表示如下：

---

① 詳王國維《魏正始石經殘石考》（《海寧王静安先生遺書》第二十七）。王氏所列碑圖，計《尚書》二碑，中有《大誥》八十一字，《文侯之命》九十一字；《春秋》三碑，中屬桓公、莊公四十九字，宣公一百二十九字，襄公二十六字，總三百七十六字。如每字三體具見，則爲一千一百二十八字，今僅得八百一十九字，即洪适跋所謂"有一字而三體不具者"。八百一十九字中僅有古文三百零七字者，原因亦在于此。

② 詳劉安國《西安市出土的"正始三體石經"殘石》。載《人文雜誌》一九五七年第三期。又同年《文物参考資料》第九期有簡單報道。

③ 同上。

發現時間	處　所	内　容	石經字數	古文字數
一〇五三年	（宋・洪适《隸續》著録）	《尚書・大誥》《文侯之命》《春秋・桓公》《莊公》《宣公》《襄公》	八一九字	三〇七字
一八九五年 一九二二年	洛陽白馬寺村 洛陽朱圪塔村	《尚書・君奭》 《尚書・君奭》《無逸》 《春秋・僖公》《尚書・多士》	一一〇字 一七七一字 二二九字	三六字 五八〇字 七六字
一九四五年 一九五七年	西安許土廟街 西安許土廟街	《尚書・康誥》 《尚書・梓材》 《春秋・成公》	三五字 三三字 五〇字	一一字 八字 一五字
			三〇四七字	一〇三三字

總計從宋至現代所見殘石，約得三千字以上，其中古文占三分之一强，可得一千字以上。這個數字雖僅占石經刊立時總數的四十九分之一，但石經的面貌已大體可見，特别是這一千多字的古文，在古文史上尤爲可貴。我們曾將此一千多古文加以初步整理，汰其重複，得單字四百四十文①，再加粗略分類，得出如下幾個數據：

（1）石經之古文同于《説文》古文者七十文，約占總數百分之十六。

（2）石經古文同于《説文》篆文者一百五十五文，約占總數百分之三十五。

（3）石經古文同于甲骨文及金文者八十七文，約占總數百分之二十。

（4）石經古文同于六國文字者五十六文，約占總數百分之十三。

（5）石經古文中形體訛别不知所從者六十五文，約占總數百分之十五。

從第一、二項看出，石經古文中約有半數以上與《説文》相同，但同于古文者少而同于篆文者多，由此反證《説文》古文遠非古文的全部，它在古文總體中大體上只占百分之十幾的比例。

從第三、四項可以看出，石經古文中約有三分之一異于《説文》古文而與甲骨文、金文及六國文字相合，有一部分古文類與甲骨文、金文及小篆不合，而獨與戰國文字血脈相通。由此證明石經與《説文》一系的古文，確是導源于商周而通行于戰國的文字。

① 一九三七年孫海波作《魏三字石經集録》，集一八九五年及一九二二年洛陽所出三體石經殘石，汰其重複，得古文三七九字，加上宋代所出不重複古文單字五十五字，一九四五年及一九五七年西安新出不重複古文單字六字，總共得古文四百四十個單字。

第五項向來是古文懷疑論者所攻擊的目標，由于它形體訛别過甚，不易明其嬗變之迹，故往往以古人作僞而加以否定。《説文》古文中這類所占比例與石經古文大抵相同，其中不少已被證明爲戰國文字的别體。隨着戰國文字的不斷出土，石經古文與《説文》古文中這類似乎不可知的文字，將逐步得到合理的解釋。

三、石經古文與《説文》古文合證

《説文》古文與石經古文是流行于漢魏間的前代文字，二者同源同體，然而同中有異，可以互相抉發，互相證明，又互爲補充。現將與古文有關的一些問題，利用二者合證如下：

（1）古文來源不限于壁中書

《説文叙》中説到新莽時有六書，“一曰古文，孔子壁中書也”。于是人們一般都以爲古文來源皆出自壁中書。今以《説文》及石經古文結合觀察，實不盡然。《説文》中一字異體頗多，如“睿”下引《虞書》曰：“睿畎澮川”，下出或體從水作“濬”，又出古文作“濬”，則“睿”、“濬”、“濬”三字皆爲古文，但僅“睿”一字出自壁中書。《説文》中既引壁中書證，又出古文别體者，多屬此例，此其一。其次，《説文》“及”字古文作□、□、□，“良”字古文作□、□、□，“殺”字古文作□、□、□、□，不但多至三、四異體，且彼此間差異也很懸殊，説明以古文書寫之異本，必然不少。第三，古文中不少字的偏旁雖同而寫法殊别，如□□、□□、□□、□□、□□等，都是同一偏旁存在多種寫法。此外，《説文》古文與石經古文雖大體一致，但也有不盡相合者，如《説文》古文“弌弍□□□□□□”諸字，石經古文作“二三三□□□□□”。凡此種種，説明古文確有多頭來源。考漢時古文除壁中書外，還有民間所獻及秘府所藏傳世古書，均爲古文經學所珍重，且有轉寫之本行世①，故知《説文》及石經所録古文，其來源當不以壁中書爲限。

（2）《説文》篆文中多古文

《説文》篆文中多古文，前輩學者已多論及②。段玉裁于《説文叙》“或頗省

① 詳王國維《漢時古文本諸經考》及《漢時古文諸經有轉寫本説》（《觀堂集林》卷一）。
② 詳張行孚《小篆多古籀文》（《説文解字詁林》前編下）。

改"下注云:"許所列小篆固皆古文大篆,其不云古文作某,籀文作某者,古籀同小篆也。其既出小篆,又云古文作某、籀文作某者,則所謂或頗省改者也。"[①]王國維《今叙篆文合以古籀説》以爲段説"未足以盡説文",原因是"古籀中字,篆文固不能盡有"。他舉李斯等所編字書與《説文》比較,以爲《倉頡》三篇總計才三千三百字,加上揚雄《訓纂》亦衹五千三百四十多,而《説文》正字多至九千三百五十三,此四千餘字必出自古籀。并進一步指出,《説文》"凡正字中其引《詩》《書》《禮》《春秋》以説解者,可知其爲古文"。[②] 此後,商承祚先生《説文中之古文考》以《説文》正字下别出篆文者,正字亦屬古文,并舉"宷"、"譱"、"躲"、"亯"、"吕"等十數字加以論證。胡光煒《説文古文考》以篆下别出籀文者,則篆文兼古文,因録其正字二百多入古文。黄季剛以爲《説文》中凡言"古文省"者,其正字即古文[③]等等,都是從《説文》本身以論證古文。今以石經古文證之,可得一數據補充上説。上文談到,石經古文中有半數以上同于《説文》,但同古文者少而同篆文者多,同篆文者多至一百五十五文,約占石經古文總數的百分之三十五,可見《説文》篆文中確有相當一部分來源于古文。這一部分古文之所以變爲篆文,是由《説文》本身的體例决定的。《説文》無于每字下分别注明"此古文"、"此籀文"、"此篆文"之例,故對古文所有而篆文所無之字,既不能附之于篆文之後,又不能置而不録,必入書中之正字,是爲篆文。篆文中多古文,原因正在于此。至于這類篆文所占的比例如何,則可以從石經古文同于篆文的數值中得到啓示。

(3)古文中多假借字

《説文》古文中有一種假借用字,即于正字下不出古文之形體,而于説解中標出"古文以爲某字",如"屮,古文或以爲艸字""疋,古文以爲《詩·大雅》字""波,古文以爲頗字""廿,古文以爲疾字""臤,古文以爲賢字""𢀖,古文以爲醜字""丂,古文以爲巧字""哥,古文以爲謌字""㬎,古文以爲顯字""衺,古文以爲魯衛之魯""完,古文以爲寛字""㑊,古文以爲訓字""臭,古文以爲澤字""汓,古文以爲没""洒,古文爲灑掃字",等等,都屬假借用字之例,證以石經古文,此例尤多。如《書·皋陶謨》以㱾爲撫,以米爲絉;《康誥》以彭爲静,以女

① 段玉裁《説文解字註》卷十五上。

② 王國維《今叙篆文合以古籀説》(《觀堂集林》卷一)。

③ 詳黄焯《文字學筆記》"篆文中多古文説",文中列舉琄、薇、歸、得、詩、信、誕、畫、倉、稷、寶、吕、望、畏、恕、妣、封、銘等五十多字,以爲"其稱古文省、籀文省者,則其正文之爲古文可無疑"。

爲汝(《春秋》以女爲如);《多士》以慬爲勤,以訧爲戾;《無逸》以敫爲變,以葡爲服;《君奭》以鬲爲歷,以甾爲祇;《多方》以籅爲典,以詞爲辭。《春秋》以𣎆爲蔡,以逍爲趙,以欸爲介,以述爲遂,以戠爲捷,以僕爲濮,等等,在石經古文中幾乎觸目皆是。三體石經既然要求每字必具古、篆、隸三體,古文字少,故依聲托事,借同音字以爲用,這同《說文》古文中借此字以爲彼字之用例正同。段玉裁說:“凡云古文以爲某字者,此六書之假借以用也。本非某字,古文用之爲某字也。”①這道破了古文中存在本字與借字之分,二者不能混爲一談。舒連景《說文古文疏證》將上述許書言“以爲某字”者十三字録入古文,這是他與衆不同的地方。由于古文借字未出古文形體,故在統計古文字數時亦爲一般人所不取,這是理所當然的。

(4) 部分古文形體奇詭但嬗變之迹可尋

《說文》古文中有部分形體詭異,不知所從,既不合六書要求,又無法從同期或前期文字中得到印證,但有些却可以從石經古文中探知其訛變之所由。如《說文》古文從言諸字(詩、訊、信、訟等)言旁作(《汗簡》部首又作),但《說文》言部未出古文字,王國維據石經古文作,以爲“此古文中只欠一直,乃六國時俗體”②,《說文》古文從作者,則又“由字所轉訛”。再如遂字,《說文》古文作,二者差異較大,但石經古文作,知此從者,當由述字所譌變(魚鼎作),述、遂音近,故可假述爲遂。有些古文,形體雖譌别不合字理,但以《說文》與石經古文參證同期或前期文字,亦可窺見其嬗變之迹。如得字《說文》古文作,從見從寸,于字理無説,石經古文作,從持貝,示有所得,與甲骨文、金文正同,可證《說文》古文從見乃從貝之譌。又如師字,《說文》古文作,不知所從,石經古文作,知此從者,乃自旁之横寫(上平安君鼎官字作,有此例)上置,《說文》古文譌爲,又譌爲,遂不可解。這裏特别要提個“爲”字。爲,《說文》古文作,自來衆説紛紜,無所取義。許慎以爲“象兩母猴相對之形”,段玉裁疑與字(借爲魯之古文)形近致誤,③舒連景疑即(蕢之古文)字形變爲,再省爲,蕢、爲音近,故可通假④。以上諸

① 段玉裁《說文解字註》第一篇下,篆下“古文或以爲艸字”注。
② 王國維《魏正始石經考》第二三頁。
③ 段玉裁《說文解字註》第三篇下。
④ 舒連景《說文古文疏證》第二〇頁。

説，均失之牽强，故胡光煒氏斷言：“之古文絶無可證。”[①]其實不然，我們以石經古文聯繫戰國文字，結合甲骨文、金文加以觀察，則其同條共貫之迹，歷歷可尋。考爲字甲骨文作、金文作，乃象以手牽象之形，以示古人服象助勞之意，絶不見母猴之狀，楚簡作，楚帛書作，左師壺作，中山王兆域圖作，楚酓忎鼎作，手爪仍在，象之形則省變爲、、、，蓋上部表示象之大頭長鼻，下部二横代表其肢體，與戰國文字馬字作（仰天湖楚簡）、（郾侯簋）（郾王戈）者取意正同。石經古文作，則爲戰國文字等之省變，象之頭鼻譌作，形意已失。西安新出石經《尚書·梓材》作，字稍漫漶，與《説文》之作者幾乎無别，由此證明《説文》古文之乃由戰國文字省變而來，其遞邅之迹，至爲明顯。

綜上所述，《説文》古文與石經古文乃同一系統的文字，它們與戰國文字實爲一家之眷屬。因此，欲研究古文一系的文字，有賴于戰國文字的發現與研究；而要解開戰國文字中某些難解之謎，也離不開對古文資料的研究與運用。解放以來，戰國文字資料的出土，其數量之多，内容之豐富，保存之完好，是歷史上無可比擬的。不但兵、匋、印、币等文字成倍增加，而且有許多前所未見的發現，其中尤以大量的楚簡文字與中山國鏗鏘可誦之長銘最具特色。建國以來出土的楚簡共有十批，總數在一萬五千字以上，中有不少字與古文一系的文字相同或相近，例如信陽長台關出土的竹書，只不過是一篇五六百字的短文，單字還不足二百，且是斷簡殘篇，而與《説文》古文相合者，即有䎽（聞）、（虐）、（退）、（與）、（宅）、弃（棄）、（播）、（享）等約十字左右，可見《説文》古文廣泛存在于楚系文字之中。中山四器（嚳壺、嚳鼎、䖵壺、兆域圖）共銘文一千五六百字，學者們在考釋銘辭的過程中，對于某些難解之字和難通之義，由于能够熟練而恰當地運用古文一系的資料，故能有所突破，而獲得令人信服的結論。如嚳鼎銘“闢啓封彊，方譽百里，列城譽十”，䖵壺銘“枋譽百里”，十、百上字依文義當是一表示概數的不定數詞，但字形難以分析，張政烺先生根據此字上部之與三體石經古文（婁）所從之相同，因定此字爲從言𡟑聲，讀爲數字，使文意豁然通達，琅琅可誦。又如嚳壺銘“載之笲箬”，張先生據《説文》“閒”字古文作（亦見曾姬無卹壺及望山一號墓楚

① 胡光煒《説文古文考》第一八頁。

簡),因斷銘文笲字爲從竹從閉省聲,笲筋即簡策。再如譽壺銘"天不旲其有忨",張先生讀"旲"爲"斁",若無《説文》"旲古文以爲澤字"以資考證,此段銘辭亦不易通讀。① 據不完全統計,據古文有關材料以考釋中山器銘的,竟達三四十處之多,由此可見,系統掌握古文一系的資料,不但對于考釋兵器、陶器、璽印、貨幣一類受到一定文例限制的隻言片語具有價值,對于通讀象中山銅器這樣具有上下文聯繫的長銘,也是一把難得的鑰匙,同樣是可寶貴的。

一九八零年九月於康樂園

原載《古文字研究》一九八二年第七輯

① 以上引例均見張政烺先生《中山王譽壺及鼎銘考釋》與《中山國胤嗣好盗壺釋文》,載《古文字研究》第一輯。

論孔壁的古文經與説文所謂古文以及魏石經中的古文一體

◎ 蘇瑩輝

孔壁古文經

(衛)恒善草隸書,爲《四體書勢》曰:昔在黄帝,創制造物。有沮誦、倉頡者,始作書契,……自黄帝至三代,其文不改。及秦用篆書,焚燒先典,而古文絶矣。漢武時,魯共王壞孔子宅,得《尚書》《春秋》《論語》《孝經》,時人以不復知有古文,謂之科斗書。漢世秘藏,希得見之。……太康元年,汲縣人盜發魏襄王冢,得策書十餘萬言,案敬侯(恒之祖父衛覬)所書,猶有髣髴。(見《晉書》卷三十六《衛恒傳》)

以上所述,可知孔壁發現的古文經典,不但晉時已經失傳,漢世且即庋藏中秘,非一般人能够看到。至於衛覬所書《尚書》與汲冢書相髣髴一節,縱令屬實,亦只不過是書法的體勢相近似,既不會與經文的字劃多寡有出入,更談不上貶損正始石經的價值。

正因壁中古文的形狀久佚,自西漢以來,不論治經學史或書法史的人們,對它的字形之幻想或推論,幾乎言人人殊,莫衷一是。現就所知,略述數家如次:

一、當新莽、劉歆時代,已視"壁中書"爲最古文字[①],雖籀文亦不在其列。故知目孔壁古文以外的文字爲"奇字""異形"者,乃漢儒之一般觀點。

二、東漢許慎《説文解字叙》云:"郡國亦往往於山川得鼎彝,其銘即前代

① 《七略》:籀文,與孔壁古文異體,即奇字也。

之古文,皆自相似……馬頭人爲長,人持十爲斗……若此者甚衆,皆不合孔氏古文,謬於史籀。"是許君以壁中書爲標準古文,且斥七國時的部分文字(如"馬頭人爲長"等)不但不合孔壁所出之古文,且亦與籒文乖舛。

三、稍後於許慎的鄭玄,除邃於今文經學外,尤精研古文經。孔穎達《尚書》正義引鄭氏《書贊》云:"尚書初出屋(孔)壁,皆周時象形文字,今所謂'科斗書'。"

四、《後漢書·盧植傳》引植上疏云:"古文科斗,近於爲實,而厭抑流俗,降在小學。"此外,盧氏且欲據《周禮》、古文《尚書》以校正熹平石經文字。

五、晉衛恒《四體書勢》:"孔壁出古文,時人不復知有古文,謂之'科斗書'。"

六、清段玉裁曰:"文字以倉頡、史籀爲正,故必兼舉之。不曰倉頡古文,而曰孔氏古文者,漢時惟孔子壁中書爲倉頡古文[①]也,鼎彝之銘,則合於孔氏古文者也。"(見《説文解字注》)

七、吴大澂云:"許氏以壁中書爲古文,疑皆周末七國時所作。"吴氏於許説不表同意,且疑壁中書爲七國文字,亦即認爲"古文"應在七國文字以前。

八、王國維云:"《説文》中古文,其作法皆本壁中書。其書法,在唐代寫本,與篆文體勢無别;雍、熙刊板,則古、篆迥異。……此種(指"豐中鋭末或豐上鋭下"之體形)書體,在唐以前不能徵之……今溯此體之源,當自三字石經始矣。"(見所撰《魏石經考》)

九、友人黄彰健先生近著《經今古文學問題新論》一書,其第十五章頁四八五論魏石經部分有云:"科斗文此一名稱,據上引衛恒《四體書勢》,似在漢武帝時已有此稱。但至遲在東漢末年已有。……則三體石經古文字體'豐中鋭末,與科斗之頭粗尾細者略近',正確有所本。王國維先生説:科斗文此種字體濫觴於三體石經。王氏此説,即與《盧植傳》及鄭玄《書贊》牴觸。"頁四八七又云:"在曹魏時,鄭玄《尚書》注既盛行於時,而其學又已立於學官,則三體石經之字體爲科斗書,很明顯的很可能源出於鄭玄所傳的本子。"

歸納諸家意見爲:

劉歆:以壁中書爲最古文字。

許慎:以壁中書爲標準古文。

---

① 《四體書勢》:"沮誦,黄帝史,始作書契,紀綱萬事。"按一説黄帝時,沮誦爲左史,倉頡爲右史,同造文字;但今世多知有倉頡,鮮知有沮誦。

鄭玄：壁中書，皆周代象形文字；今（東漢）時謂之“科斗書”。

盧植：瑩按孔壁所出原本古文經，盧氏亦未目睹，故他很保守的説：“古文科斗，近於爲實。”意思就是：壁中書的字形像蝌蚪狀，豐中鋭末；大概近於實際情形吧！照字面看，語氣雖欠肯定，然而他竟欲用壁中的古文《尚書》來校正漢石經（《尚書》）的文字，可見許君《説文叙》的“郡國亦往往于山川得鼎彝，其銘即前代之古文”云云，在東漢末年時，盧植也曾習見過鼎彝銘文（至少是先秦時期的銘文），而這些銘文中也不乏“豐中鋭末”一類的字體[①]，所以他才有勇氣信任孔壁古文，據以校勘當朝官方公佈的《尚書》經文。

衛恒：時（晉）人不復知有“古文”一體，遂稱之爲“科斗書”[②]。

段玉裁：鼎彝之銘，合於孔壁古文。（瑩按：段氏根據許、鄭諸説，參以衛恒《四體書勢》記述，加上趙宋以來之金文著録和部分的出土銅器銘文；其中間有豐中鋭末之體，故敢斷然説今傳世的金文合於孔氏古文。）

吴大澂：疑壁中書爲七國時所作。（瑩按：吴氏閲歷《説文》以外之古、籀文以及璽印、封泥、泉布文字較多，而其中作“豐中鋭末”體的甚少，故懷疑壁中書〔一般所謂“科斗文”者〕不類傳世的多數商、周金文，而以爲戰國文字。殊不知民國以來新出土的青銅器〔商、周先秦皆有〕銘文中，確有作“豐中鋭末或豐上鋭下”等體形者。）

王國維：《説文》中“古文”，其作法皆本壁中書。（瑩按：只能説是大體本諸壁中書。）此種書體，在唐以前不能徵之。……溯其源，當自三字石經始。（瑩按：王氏文中曾稱：“洎近〔民國初年〕世古器大出，拓本流行，然後知三代文字决無此體〔指科斗文〕。”其實近三十年出土之兩周金文中，也曾發現過極少數的類似“豐上鋭下”形體之銘文。惜觀堂先生未及寓目耳！）

黄彰健：“科斗文”名稱，至遲漢末已有，則魏石經中古文字體“豐中鋭末”，與科斗之頭粗尾細者略近，正確有所本。王國維氏謂科斗文此種字體濫觴於三體石經，其説與東漢諸儒不合。據鄭學盛行於曹魏，且立學官，則三體石經之有科斗書法，很可能源出於鄭君所傳的本子。瑩按：魏石經所據之本，雖很可能爲鄭氏所藏之本，但竊以爲：一、據以書丹上石之人，其字體則變成

① 許慎時已見過鼎彝銘文，盧植見到更多的金文，自有可能。試查丁著《説文詁林》及近年周法高教授主編之《金文詁林》（及補編）等書，即可發現這一類的字形。

② 孔壁、汲冢古文之書法，久已失傳。詳情可參閲王國維《魏石經考》，張國淦《歷代石經考》諸書。

“豐中鋭末”或“豐上鋭下”;漸失鄭氏藏本的原形,亦非不可能。二、鄭氏所據底本,在獻帝西遷時,多(全部)少(部分)已有散佚,故三字石經中的“古文”部分,單就形體言,已非孔壁古文之舊。管窺蠡測,未諳彰健先生以爲然否?

説文所稱“古文”

上文僅就壁中書的字形加以推論,現在要討論的是許慎《説文解字》中所稱之“古文”。《説文》中古文一體的書法,在唐寫本裏,與篆文的體勢無别。宋雍、熙刻本,則古、篆兩體懸殊。據宋初校刊之《説文》篆文,蓋出徐鉉手書,而古、籀二體,王國維氏認爲當出句中正、王惟恭二人之手。

爲了詮釋“古文”在許書中的情形,得明瞭其他兩種字體:

先談籀文、大篆、古文、篆文四個名稱,在許慎《説文解字》的敘文裏,皆曾出現過。而“籀文”、“篆文”、“古文”又都分别散見於許書的重文之中。“大篆”名稱,在重文中雖未出現,其實籀文即是大篆。試看《漢書·藝文志》《史籀》十五篇下的班固自注云“周宣王太史作《大篆》十五篇,建武時,亡六篇”,即其明證。以往學人,未能洞悉《説文敘》之“今敘篆文,合以古、籀”云云乃淵源於班志,已屬遺憾。而民初學者竟創“史籀不是人名”之説,這不僅是駭人聽聞,且更淆亂晚近一般文字學家之見聞。今按史籀是人名,其所撰寫關於文字的書,稱《史籀篇》,或省稱《籀篇》。亦有稱爲《史篇》者,乃以官名之。《史籀篇》的文字,相沿稱爲籀文。籀文,在宋以前除見於《説文》者外,目前所能見到的,只有石鼓文。

最易使人誤解的字體,便是許氏《説文》中所稱之“古文”,吴大澂説:“許氏以壁中書爲古文,疑皆周末七國時所作。”他之所以不同意許君“以壁中書爲古文”之説,蓋因他所瀏覽的《説文》以外之古、籀文和商、周璽印文字較多,而其中“豐中鋭末”者極少,所以懷疑壁中書爲七國文字。其實民國以來各地出土的商、周、先秦金文中,亦不乏作“豐上鋭下”或“豐中鋭末”等體形之字。按《説文敘》中,以“馬頭人長,人持十爲斗”等既不合孔壁古文,亦謬於《史籀》。段玉裁沿其説而注云:“不曰倉頡古文,而曰孔氏古文者,漢時惟孔子壁中書爲倉頡古文也。鼎彝之銘,則合於孔氏古文者也。”瑩按:關於“壁中書”究爲倉頡古文或史籀文的問題,姑置不論。至段謂金文合於壁中書,雖爲清末、民初部分學人(如吴大澂、王國維等)所反對,但據本文上節所引漢儒論證和宋以後迄於近今之古物(包括金文、簡牘、帛書、玉石質盟書文字等)大量出土,涵蓋各類體勢的書法看來,許、段之説,不爲無稽。

去年十月間,《"中央"日報》《晨鐘》副刊"説文新語"欄刊出左秀靈君《"自孔子書六經皆以大篆"的質疑》一文,據其所引高中教科書——《中國文化史》(第十版、第九頁)的一段文字爲:

> 自孔子書六經,皆以大篆,以至於秦的實行"書同文字",文字上的統一,彌補了語言分歧的缺陷。

依照上文,排其次序如下:一、孔子書六經。二、至於秦的"書同文字"。三、彌補語言分歧的缺陷。再按《説文解字叙》的"倉頡初造書契……周宣王太史籀著大篆十五篇,與古文或異,至孔子書六經,左丘明述《春秋傳》;皆以古文"一段文字,將其人名、書體的先後次序表列於左:

一、倉頡造字。

二、太史籀著大篆(和它以前的"古文"或異)。

三、孔子書六經(用古文寫)。

四、左丘明述《春秋傳》(用古文寫)。

照上列人、事、物的時代先後次序言,并無不合之處。問題是在"孔子書六經"下面的"皆以大篆"四個字,這也就是左君質疑的動機所在。關於《説文叙》所下古文、籀文、大篆、篆文的界限,我在上文已客觀地約略加以闡釋。至"大篆"一詞,最廣之含義能否涵蓋"古文"的問題?容當專文論之。

左君《質疑》文(以下簡稱"左文")中的"當時(應指先秦時期)中國的西部(以秦爲主)用大篆,又稱籀文"一段,據稱見《學古編》,竊謂當時中國的西部以秦爲主,説猶可通,但行用籀文者并不限於西部諸國。左文又稱:"秦併六國,簡化在秦地通行的大篆成小篆;而中國東部,以魯爲代表,以及以後除秦之外的六國,則采用古文,所以在當時,大篆不行於東部,而古文不行於西部。"瑩按:秦併六國後,實施"書同文"的政策,廢止前此六國異形文字之流行;並不只限於西秦地區。而秦統一天下前在秦國以外的其他六國,也未必完全採用古文(此所謂"古文",不論它是商、周金文或壁中書均可)。[①] 至謂"所以在當時(諒指先秦時期),大篆不行於東部,而古文不行於西部"則更非事實。

① 其例甚多,不遑枚舉。

左文末段説“不管是大篆也罷，或籀文也罷，都不是孔子舊宅夾壁中的古文”，是對的。而他所引《書法考》硬説“籀文和大篆不同”，不知何所據而云然？我頗懷疑凡以籀文異於大篆及以大篆只通行於秦地者，他們可能以爲大篆因小篆而得名（即大篆的形體較小篆繁複），而小篆又稱秦篆（即始皇統一天下後簡化、整齊六國字形而成的書體）；秦同一文字以前的秦國文字，亦簡稱“秦文”，因此，遂誤解“大篆”只爲西秦地區的文字；故他們才説它與“籀文”有别。殊不知“大篆”之名，在漢初還没有出現過，直至班固撰《藝文志》始稱周太史作大篆十五篇，許慎述秦八體，亦有“大篆”之目。而張懷瓘《書斷》則分“籀文”與“大篆”爲二，且謂新莽六書中之“奇字”即指“籀文”而言，其説均不足信。[①] 按班固稱《蒼頡》《爰歷》《博學》三篇文字，多取諸《史籀篇》，而字體頗異[②]，是即秦統一天下後所訂之“小篆”（亦稱秦篆），其字形雖多依據史籀大篆，但因“或頗省改”，故不得視同“大篆”（亦即籀文）。海寧王氏謂“倉頡三篇未出、大篆未省改以前；所謂‘秦文’即‘籀文’也”。[③] 又稱：“……猶《史籀篇》之不行於東方諸國”，其説均有可商之處。蓋小篆雖出於大篆（亦即籀文）可以稱爲“秦（朝）文”，但不可遽稱爲“籀文”或“大篆”。王氏又謂“六藝之書，行於齊、魯，爰及趙、魏，而罕流布於秦”。此説謂“罕流布於秦”，則可。若謂“其書（指六經）皆以東方文字書之……而秦人所罷之文，與所焚之書；皆此種文字，是六國文字即古文也”，則未必然。因始皇焚書皆動機，主要是恐怕六藝中的學説思想不利於秦，并非專爲厭惡六藝文字的書體（即孔壁所發現之古文）。易言之，即“壁中書”雖出於東土的魯國，時間雖在漢武之世，但其書體（即秦朝、西漢、新莽、東漢時所稱之“古文”一體）至少流行於戰國（前四七五—前二二一年）以前。故王氏謂古文及籀文之遠源皆出於殷周古文[④]則可，謂“古文籀文者，乃戰國時東西二土文字之異名”，則仍欠妥。試看許慎《説文叙》中述及各種書體之情形：

> ……及宣王太史籀，著《大篆》十五篇，與古文或異。至孔子書六經，左丘明述《春秋》傳，皆以古文。
>
> ……亡新居攝，……頗改訂古文。時有六書：一曰古文，孔子壁中書也。二曰奇字，即古文而異者也。三曰篆書，即小篆……

① 所謂“奇字”，乃先秦六國時的文字。
② 按《説文叙》云：“……《博學篇》，皆取史籀大篆，或頗省改。”
③ 王國維：《戰國時秦用籀文六國用古文説》，《觀堂集林》卷七。
④ 亦即商、周金文與殷墟甲骨文字。

郡國亦往往於山川得鼎彝，其銘即前代之古文，皆自相似，雖叵復見遠流，其詳可得略説也……稱秦之隸書，爲倉頡時書，云父子相傳，何得改易，乃猥曰馬頭人爲長，人持十爲斗……若此者甚衆，皆不合孔子古文，謬於史籀。

歸納上文，知所謂"古文"，在周宣王以前，而孔、左書經、傳所用字體皆爲古文。新莽六書中"古文"一體，則爲壁中書。至於郡國出現的鼎彝銘文，許君所稱"即前代之古文"的"前代"，可能包括宣王以前之古文和七國時期的文字；後者不但不合於宣王以前的"古文"，抑且和"籀文"(即大篆)乖舛，故許君不以爲然。

近人有謂甲骨、金文爲正字，而孔壁古文爲戰國時魯國民間通行之文字者。竊謂恐未必盡然，蓋金、甲文爲正字，自無問題，問題是：孔壁古文雖在魯境發現，縱然是戰國時魯人的抄本；但孔、左原本的文字，固在戰國以前，而非後來戰國民間通行之字體。姑發其疑於此，俟他日再詳論之。

魏石經中的"古文"一體

在本文第一節論述壁中書的字體時，即有若干條涉及魏正始三體石經中的"古文"一體。黄彰健先生於其近作《經今古文學問題新論》一書中，曾有專章討論三字石經及其相關的問題，黄著義據通深，實爲不世出之佳作，在其綜論漢、魏、晉諸儒與名書人時，迭有創見。如頁四八六有一段文字説：

曹喜與邯鄲淳均爲書家，曹喜篆法與李斯不同，則邯鄲淳於古文的書法亦可能有新創，不一定與孔壁古文一樣；而且據劉歆《讓太常博士書》，古文經"多者二十餘通"，古文經複本未必爲一人所書，其書法亦可能不同，故亦可能邯鄲淳的古文書法及盧植、鄭玄所見的科斗書法，均淵源有自。我們不必據衛恒一人私見，而抹殺盧植、鄭玄所説。而且魏三字石經係曹魏大制作，以情理來説，其字體書法亦應確有所本。

可謂深中肯要！謹藉以作爲本文小結。

一九八五年一月十四日于外雙溪

原載《屈萬里院士紀念論文集》

魏石經古文尚書考

◎ 朱廷獻

一、魏石經爲三體石經

魏石經者，爲曹魏齊王芳正始間所刊立也，其石刻建於洛陽城南開陽門外之太學講堂前，與漢熹平間所刊之一字石經相鄰，特其時代前後相距約七十年耳。昔人所言漢魏石經者，往往互誤，在此不得不詳加明辨，使歸於至當也。據《魏書・江式傳》言："建三字石經於漢碑之西，其文蔚炳，三體復宣。校之《説文》篆籀大同，而古字少異。"《晉書・衛恒傳》言："至正始中立三字石經。"《水經・穀水注》謂："魏正始中又立古、篆、隸三字石經。"趙明誠《金石紀》云："三體石經，乃魏時所建也。"以上具以三體石經屬魏，今以出土之殘石驗之，蓋信而有徵矣。三體石經，又名三字石經，以其具有古、篆、隸三體故也。或稱魏石經，或稱正始石經，以其刊於曹魏正始年間也。名稱雖異，其實一也。

二、魏石經之石數及所刊之經數

魏石經之石數，據《西征記》云：國子堂前有刻碑，南北行，三十五版，古篆、隸、科斗三種字。《水經・穀水注》云：魏正始中，又立古、篆、隸三字石經，碑石四十八枚。《洛陽伽藍記》謂：開陽門外有漢國子學堂，堂前有三種石經，二十五碑，作篆、科文、隸三種字。據上所述，則魏石經之碑數，凡有三説，而王國維據傳世拓本及《尚書》《春秋》二經字數分排諸石，始定以《西征記》之三十五碑爲確。其《魏石經考》云："按魏石經碑數，據《水經・穀水篇》則四十八碑，據《西征記》則三十五碑，據《洛陽伽藍記》則二十五碑，而無論二十五碑、三十五碑、四十八碑，均不足以容《尚書》《春秋》《左傳》三書字數,……故魏石經石數,當以《西征記》爲最確也。”又孫海波《魏三字石經集録》云:“余於丙子之春日,獲見刊刻碑數之殘石拓本二紙,適爲一石表裏所刊之字,一面爲《書·君奭篇》之經文,刊號曰第廿一。他面爲《春秋·宣公》經文,刊號曰第八。因就此排其碑圖,適得二十八石之數。”按一九五七年六月,在陝西西安市發現魏三體直下式石經殘石一,正面爲《尚書·梓材篇》,左下方有“第十七”隸書三字,與刊號“第廿一”之字迹相類,由此更可證知孫氏謂三體直下式《尚書》《春秋》二十八石之數,蓋信而無疑矣。

然而王國維三十五碑之説,亦可由此間接而得證也。《魏石經考》云:“《隸續》録洛陽蘇望所刊魏石經遺字,除《尚書》《春秋》外,有《桓公七年傳》九字,《桓公十七年傳》二十六字,所刊《左氏》當至莊公中葉而止。”又云:“疑當時所刊《左傳》,實未得全書之二三,《隸續》所録《左傳》文,乃桓公末年事。按《左氏》隱、桓二公傳共九千三百三十九字。”又云:“其經數則《尚書》《春秋》外,《左傳》本未刊成,故六朝及唐初人紀載均未及之。”今以《左氏》隱、桓二公傳九千三百三十九字,排入二十八石外之七石餘碑,每石以六百八十字計,七石共需九千五百二十字(標題未計入),以九千三百三十九字減之,餘一百八十字,適得七碑之數。故《尚書》《春秋》表裏刻之,計得二十八石;《左氏傳》表裏刊至桓公,需七石已足。《西征記》謂國子堂前刻碑三十五板,蓋三體直下初刻之經傳,非此數莫可容也。

魏石經所刊之經數,據《西征記》《洛陽伽藍記》爲《尚書》《春秋》二部,《隋書·經籍志》著録有三字石經《尚書》九卷(原注梁有十三卷),三字石經《尚書》五卷,三字石經《春秋》三卷(原注梁有十二卷),《舊唐書·經籍志》録有三字石經《尚書》古篆三卷,三字石經《左傳》古篆書十三卷(《唐書·藝文志》同,惟《左傳》十三卷作十二卷),《隸續》録洛陽蘇望所刊魏石經遺字,除《尚書》《春秋》外,又有《左氏桓七年傳》九字,《桓十七年傳》二十六字,今以出土之殘字考之,蓋古文《尚書》二十八篇,《春秋》經文,及《左氏》桓公之傳,均爲三體直下式初刻之經傳也。

魏石經《尚書》,除三字直下式二十八石之外,另有其他類型之殘石出土,據羅雪堂《堯典殘字跋》云:“往歲得《堯典》古文、篆、隸三體蟬聯書者之殘字凡五行,因得證明以前所出古文居中,書篆、隸二體分注古文下者,爲永嘉之亂後補刻。”而《魏石經考》云:“此次所出魏石經,‘帝言’以下諸石,皆一格之中,上列古文,而以篆、隸二體,並列於下,成品字形。《高宗肜日》諸石,則古文、篆、隸三體直下,與《隸釋》所録者同。其三字直下者,每行六十字,每碑三十四行,或三十二行。而品字式者,每行七十四字,漢石經每行之字數也。此二種款式雖異,石之高廣必同。”而《魏三字石經集録》則云:“今日發現之魏石經,除三字直下之石爲最多者外,則有品字式,三字直下五字行,古、篆二體,篆書一體諸石,其行款既不畫齊,則石數亦當分别論之。王氏以三字直下接品字式者,蓋以三字直下無《堯典》。今山東圖書館藏三字直下《堯典》《禹貢》諸石,知三字直下之經,自爲一列,而品字式不與矣。《高宗肜日》一石,依經文排之,每行只五字,與他石之二十字者不符,知此亦另所刊刻矣。又海城于省吾藏二體本《禹貢》,每行只八字,此與一體者皆後人所續補,不能與三字直下之石共排列。故吾謂居今日而欲測知魏石經之石數,當以三字直下之經文爲考證之資。”又云:“故知三字直下之碑,當爲二十八枚無疑。此二十八石者,乃正始中所建立。即三字石經之初刻也。若品字式,二體式,一體,五字行本,及《左氏傳》,既非二十八石所能容,則必爲正始或稍後所補刻,其石則不可考。……夫刻經立石,爲一代鉅典,不應先後參差若是。余意漢魏之世,經傳傳抄不一,書體或異,同爲一字,此經作此體,彼經作彼體者,在在而有,觀許書、《汗簡》所引,同爲一經,文不相符可證。正始所刻,或爲當時古文學家公定之本,而同時流傳之本,文字有異者,則又賡續刻之,省時省工,改爲二體,後又改爲一體,其經傳古文之有殘缺者,則僅寫隸書,空其古文,如隸一體者是。又或經傳之有散佚者,則僅就其所有者刻之,如《左氏傳》之未刻成而罷,其操切不卒,可以知矣。”按若以常理推之,《左氏傳》既爲三體直下式,似應爲正始之初刻,惜無原拓石片以作校勘之資耳。《尚書》三體直下式之古篆,似出一人之手筆,而隸書則爲另一人之筆迹,三體書法均極高妙。書《春秋》之三體者,書法稍遜於書《尚書》者,疑與書《尚書》者非同二人也。古、篆二體與三字直下之古、篆二體不同。古、篆二體之古文,與古文一體之書體相近;而篆文又與篆文一體之字迹不同。《禹貢》之古、篆二體,筆畫含蓄細弱;與其他之古、篆二體又不相類。而品字式古文、篆、隸三體,似出一人之手筆;然其結體之拘謹生疏,與初刻三體直下式相比,真有天淵之别。篆書一體之筆畫較方,結體亦鬆;隸書一體之滑俗,更難與《尚書》三體直下之篆、隸相抗衡矣。故知古文一體,古、篆二體爲初刻後之續刻;篆文一體與隸書一體,爲續刻後之續補;而品字式者,則爲永嘉亂後之補刻。書石既非一體,書寫更非一人,有早於正始年間者,有晚至永嘉之後者;前後相距,約數年或數十年之久,而書法之高妙、粗俗更可一目瞭然;謂爲衛覬、邯鄲淳或嵇康某一人所書者,豈可得乎?

三、魏石經古文《尚書》之淵源

魏石經之古文《尚書》，出自孔壁，或偶而傳自民間者也。據《史記·儒林傳》云："孔氏有古文《尚書》，而安國以今文讀之，因以起家。逸《書》得十餘篇。蓋《尚書》滋多於是矣。"《漢書·藝文志》云："古文《尚書》者，出自孔子壁中。武帝末，魯恭王壞孔子宅，欲以廣其宫，而得古文《尚書》及《禮記》《論語》《孝經》凡數十篇，皆古字也。恭王往入其宅，聞鼓琴瑟鐘磬之音，於是懼，乃止不壞。……孔安國者，孔子後也，悉得其書，以考二十九篇，得多十六篇。安國獻之，遭巫蠱之難，未列於學官。"《劉歆傳·移太常博士書》云："魯恭王壞孔子宅，欲以爲宫，而得古文於壞壁之中，逸《禮》有三十九，《書》十六篇。天漢之後，孔安國獻之，遭巫蠱倉卒之難，未及施行。及春秋左氏丘明所修，皆古文舊書，多者二十餘通，藏於秘府，伏而未發。"此古文發現淵源之可考者也。《後漢書·杜林傳》云："杜林字伯山，扶風茂陵人，光武徵拜侍御史。林前於西州得漆書古文《尚書》一卷，常寶愛之。"又《儒林傳》云："扶風杜林傳古文《尚書》，林同郡賈逵爲之作訓，馬融作傳，鄭玄注解，由是古文《尚書》遂顯於世。"許慎《説文解字叙》亦云："魯共王壞孔子宅，而得《禮記》《尚書》《春秋》《論語》《孝經》。又北平侯張蒼獻《春秋左氏傳》……即前代之古文。"此古文《尚書》流傳之顯迹也。緣西漢之世，立於學官者皆今文，古文終未得立。然古文典籍秘府有藏，而民間學者仍相傳不已。是以當漢成帝時，"劉向以中古文校歐陽、大小夏侯三家經文，《酒誥》脱簡一，《召誥》脱簡二，率二十五字者，脱亦二十五字，簡二十二字者，脱亦二十二字，文字異者七百有餘，脱字數十"。所謂中古文者，即秘府所藏之古文《尚書》也。《劉歆傳》亦云："博問民間，則有魯國桓公、趙國貫公、膠東庸生之遺學，與此同。"按庸生名譚，傳古文《尚書》者也。《後漢書·鄭玄列傳》亦云："又從東郡張恭祖受《周官》、《禮記》、《左氏春秋》、《韓詩》、古文《尚書》。以山東無足問者，乃西入關，因涿郡盧植，事扶風馬融。"是古文《尚書》於西漢、東漢之末世，民間傳授不絶之明證也。故《魏石經考》云："自後漢以來，民間古文學漸盛，至與官學抗行，逮魏初復立大學，暨於正始，古文諸經蓋已盡立於學官。……是魏時學官所立諸經，已爲賈、馬、鄭、王之學，其時博士可考者，亦多古文家，且或爲鄭氏弟子也。當時學官所立者既爲古學，而太學舊立石經，猶是漢代今文之學，故刊古文經傳以補之。"按兩漢之今文經學，至靈帝熹平四年一字石經之立，雖可暫挽式微之勢；然七十年後，正始三字石經刊立，古文經籍終大顯於世也。

魏時學官所立《尚書》既爲馬、王、鄭三家，則石經亦當用三家之本，然當時三家之本已改爲隸寫，古、篆已不復流行。今立石經具古、篆、隸三體者，當爲秘府所藏之壁中者，或民間傳寫之本。壁中本，後漢時尚在秘府，許慎見之，鄭玄亦見之，中經董卓之亂，雖未必存，然當時定有傳寫之本。故《隋志》謂晉世秘府所存有古文《尚書》經文。《尚書》正義引束晳云："《盤庚序》'將治亳殷'，孔子壁中書作'將始宅殷'。"晳所引壁中書，蓋晉秘府中傳寫之本也。至民間之傳本，據《晉書·衛恒傳》云："孔壁書漢世秘藏，希得見之。魏初傳古文者，出於邯鄲淳。恒祖敬侯，寫淳《尚書》，後以示淳，而淳不別。至正始中立三字石經，轉失淳法，因科斗之名，遂效其形。"章炳麟《三體石經考》云："衛恒既與淳有舊，殁時去正始才五十年。"《魏石經考》云："《魏略》言淳於黄初中爲博士，是淳蓋亦傳古文《尚書》而爲書博士者，其本宜有所受之。是魏時《尚書》古文，固有秘府本及民間本矣。……今就魏石經遺字中古文觀之，多與《説文》所載壁中古文及篆文合，且有與殷周古文合而爲許書所未載者，然則謂魏石經古文出於壁中本或其三寫四寫之本，當無大誤。即謂出於當時字指學家之手，然雖非壁中之本，猶當用壁中之字，固不能以杜撰譏之矣。"按王氏謂三字石經之古文，淵源於壁中之本，可謂認識精確，雖復古人於地下，亦必首肯者也。此外孫海波亦有類似之見解，其所著《魏三字石經集録》云："壁中古文之真迹，吾不得而知之矣！要其寫經之時代，當在戰國晚周之際，其書法亦即六國時通行之字體。今觀三字石經古文之豐中鋭末，或豐上鋭下者，與六國文字中之鳥蟲書一體深相契合，蓋必有其淵源，考在釋文矣。"又云："孔壁中書，必齊魯後學傳抄之本無疑。孔子當春秋之末世，則孔門後學必戰國時人，其寫經自是當時通行之體。是壁中書者，實六國文字，非商殷之古文也。今欲知壁中書之真僞，當於六國文字中求之。正始所刻古文皆首足鋭而中豐，與六國文字之犇公劍、吉日壬午劍、楚王酓肓盤等器極近似，自是一家眷屬。是壁中書即六國文字中之鳥篆，可斷言也。"綜上所述，可知魏石經之《尚書》古文，雖非壁中之原本，要亦與壁中本有淵源關係。杜林於光武之世傳古文《尚書》，且於西州得漆書古文《尚書》，而賈、馬、鄭皆爲之作訓解，想其所傳古文《尚書》，其篇目不至太少，否則爲何須經三家爲之注釋耶？今就魏石經殘字考之，其字與唐石經異者，每與馬、鄭本同，是魏石經之古文《尚書》，亦必與賈、馬、鄭所注之本有關矣。

四、魏石經古文《尚書》部分復原圖

此復原圖，係依石經刊刻之先後順序，其碑爲二十八，其款識爲古、篆、隸三體直下。而古文居上，篆居右，款居左之品字式次後；古、篆二體八字行者，又其次。並以唐石經《尚書》之經文，按每碑三十四行，每行二十字排入碑圖，再將魏石經《尚書》之殘字，按其應占之位置嵌入，以勘校其異同，惟三體直下式在前，而品字式，古、篆二體式列後。前者爲二十八碑，後者之碑數尚不得確知也。

古、篆、隸三體直下式

尚書

堯典

曰若稽古帝堯曰放勳欽明文思安安。允。恭克讓光
被四表格于上下克明俊德以親九。族。九族既睦平
章百姓百姓昭明協和萬邦黎民於變時。雍乃命羲
和欽若昊天歷象日月星辰敬授。人。時。分命羲仲宅
嵎夷曰暘谷寅賓出日平秩東作。日。中。星鳥以殷仲
春厥民析鳥獸孳尾申命羲叔宅。南。交。平秩南訛敬
致日。永星火以正仲夏厥民因鳥獸希革分命和仲
宅西。曰。昧谷寅餞納日平秩西成宵中星虛以殷仲
秋厥。民。夷鳥獸毛毨申命和叔宅朔方曰幽都平在
朔易。日。短星昴以正仲冬厥民隩鳥獸氄毛帝曰咨

皋繇謨

曰若稽古皋繇曰允廸厥德謨明弼諧禹曰俞如何
皋繇曰都愼厥身修思永惇敘九族庶明勵翼邇可
遠在玆禹拜昌言曰俞皋繇曰都在知人在安民禹
曰吁咸若時惟帝其難之知人則哲能官人安民則
惠黎民懷之能哲而惠何憂乎驩兜何遷乎有苗何
畏乎巧言令色孔壬皋繇曰都亦行有九德亦言其
人有德乃言曰載采采禹曰何皋繇曰寬而栗柔而
立愿而恭亂而敬擾而毅直而溫簡而廉剛而塞彊
而義彰厥有常吉哉日宣三德夙夜浚明有家日嚴
祗敬六德亮采有邦翕受敷施九德咸事俊乂在官
百僚師師百工惟時撫于五辰庶績其凝無教逸欲
有邦兢兢業業一日二日萬幾無曠庶官天工人其
代之天敘有典勑我五典五惇哉天敘有禮自我五
禮有庸哉同寅協恭和衷哉天命有德五服五章哉
天討有罪五刑五用哉政事懋哉懋哉天聰明自我

民聰明天明畏自我民明威達于上下敬哉有土咎
繇曰朕言惠可厎行禹曰俞乃言厎可績咎繇曰予
未有知思曰贊贊襄哉帝曰來禹汝亦昌言禹拜曰
都帝予何言予思日孜孜咎繇曰吁如何禹曰洪水
滔天浩浩懷山襄陵下民昏墊予乘四載隨山刊木
暨益奏庶鮮食予決九川距四海濬畎澮距川暨稷
播奏庶艱食鮮食懋遷有無化居烝民乃粒萬邦作
乂咎繇曰俞師汝昌言禹曰都帝慎乃在位帝曰俞
禹曰安汝止惟幾惟康其弼直惟動丕應徯志以昭
受上帝天其申命用休帝曰吁臣哉鄰哉鄰哉臣哉
禹曰俞帝曰臣作朕股肱耳目予欲左右有民汝翼
予欲宣力四方汝爲予欲觀古人之象日月星辰山
龍華蟲作會宗彝藻火粉米。黼黻絺繡以五采彰施
于五色作服汝明予欲聞六律五聲八音在治曶以
以納五言汝。聽予違汝弼汝無面從退有後言欽四
鄰庶頑讒說。若不在時侯以明之撻以記之書用識

禹貢

禹敷土隨山刊木奠高山大川冀州既載壺口治梁
及岐既修太原至于岳陽覃懷厎績至于衡漳厥土
惟白壤厥賦惟上上錯厥田惟中中恆衞既從大陸
既作島夷皮服夾右碣石入于河濟河惟兖州九河
既道雷夏既澤灉沮會同桑土既蠶是降丘宅土厥
土黑墳厥草惟繇厥木惟條厥田惟中下厥賦貞作
十有三載乃同厥貢漆絲厥篚織文浮于濟漯達于
河海岱惟青州嵎夷既略濰淄其道厥土白墳海濱
廣斥厥田惟上下厥賦中上厥貢鹽絺海物惟錯岱
畎絲枲鈆松怪石萊夷作牧厥篚檿絲浮于汶達于
濟海岱及淮惟徐州淮沂其乂蒙羽其藝大野既豬
東原厎平厥土赤埴墳草木漸包厥田惟上中厥賦
中中厥貢惟土五色羽畎夏翟嶧陽孤桐泗濱浮磬
淮夷蠙珠暨魚厥篚玄纖縞浮于淮泗達于河淮海
惟揚州彭蠡既豬陽鳥攸居三江既入震澤厎定篠
蕩既敷厥草惟夭厥木惟喬厥土惟塗泥厥田惟下
下厥賦下上上錯厥貢惟金三品瑤琨篠蕩齒革羽

毛惟木島夷卉服厥篚織貝厥包橘柚錫貢沿于江
海達于淮泗荆及衡陽惟荆州江漢朝宗于海九江
孔殷沱潛既道雲土夢作乂厥土惟塗泥厥田惟下
中厥賦上下厥貢羽毛齒革惟金三品杶榦栝柏礪
砥砮丹惟菌簵楛三邦底貢厥名包匭菁茅厥篚玄
纁璣組九江納錫大龜浮于江沱潛漢逾于洛至于
南河荆河惟豫州伊洛瀍澗既入于河滎波既豬導
菏澤被孟豬厥土惟壤下土墳壚厥田惟中上厥賦
錯上中厥貢漆枲絺紵厥篚纖纊錫貢磬錯浮于洛
達于河華陽黑水惟梁州岷嶓既藝沱潛既道蔡蒙
旅平和夷底績厥土青黎厥田惟下上厥賦下中三
錯厥貢璆鐵銀鏤砮磬熊羆狐貍織皮西傾因桓是
來浮于潛逾于沔入于渭亂于河黑水西河惟雍州
弱水既西涇屬渭汭漆沮既從灃水攸同荆岐既旅
終南惇物至于鳥鼠原隰底績至于豬野三危既宅
三苗丕敘厥土惟黃壤厥田惟上上厥賦中下厥貢
惟球琳琅玕浮于積石至于龍門西河會于渭汭織

皮崑崙析支渠搜西戎即敘導岍及岐至于荆山逾
于河壺口雷首至于太岳底柱析城至于主屋太行
恆山至于碣石入于海西傾朱圉鳥鼠至于太華熊
耳外方桐柏至于陪尾導嶓冢至于荆山內方至于
大別岷山之陽至于衡山過九江至于敷淺原導弱
水至于合黎餘波入于流沙導黑水至于三危入于
南海導河積石至于龍門南至于華陰東至于底柱
又東至于孟津東過洛汭至于大伾北過降水至于
大陸又北播爲九河同爲逆河入于海嶓冢導漾東
流爲漢又東爲滄浪之水過三澨至于大別南入于
江東匯澤爲彭蠡東爲北江入于海岷山導江東別
爲沱又東至于澧過九江至于東陵東迆北會于匯
東爲中江入于海導沇水東流爲濟入于河溢爲滎
東出于陶丘北又東至于菏又東北會于汶又北東
入于海導淮自桐柏東會于泗沂東入于海導渭自
鳥鼠同穴東會于灃又東會于涇又東過漆沮入于
河導洛自熊耳東北會于澗瀍東會于伊又東北入

于河九州攸同四隩既宅九山刊木九川滌源九澤既陂四。海會同六府孔修庶土交正底愼財賦咸則三壤成。賦中邦錫土姓祇台德先不距朕行五百里甸服百。里賦納總二百里納銍三百里納秸服四百

微　子

微子若曰父師少師殷其弗或亂正四方我祖底遂陳于上我用沈酗于酒用亂敗厥德于下殷罔不小。大好草竊姦宄卿士師師非度凡有辜罪乃罔恆。獲

金　縢

既克商二年王有疾弗豫二公曰我其爲王穆卜周公曰未可以戚我先王公乃自以爲功爲三壇同墠爲壇于南方北面周公立焉植璧秉珪乃告太王王季文王史乃册祝曰惟爾元孫某遘厲虐疾若爾三王是有丕子之責于天以旦代某之身予仁若考能多材多藝能事鬼神乃元孫不若旦多材多藝不能事鬼神乃命于帝庭敷佑四方用能定爾子孫于下地四方之民罔不祇畏嗚呼無墜天之降寶命我先王亦永有依歸今我卽命于元龜爾之許我我其以璧與珪歸俟爾命爾不許我我乃屏璧與珪乃卜三龜一習吉啓籥見書乃并是吉公曰體王其罔害予小子新命于三王惟永終是圖茲攸俟能念予一人公歸乃納册于金縢之匱中王翼曰乃瘳武王既喪管叔及其羣弟乃流言于國曰公將不利于孺子周公乃告二公曰我之弗辟我無以告我先王周公居東二年則罪人斯得于後公乃爲詩以貽王名之曰鴟鴞王亦未敢誚公秋大熟未穫天大雷電以風禾盡偃大木斯拔邦人大恐王與大夫盡弁以啓金。縢之書乃得周公所自以爲功代武王之說二公及王。乃問諸史與百執事對曰信噫公命我勿敢言王

大　誥

王若曰猷大誥爾多邦越爾御事。不。弔天降割于我

家不少延洪惟我幼冲人嗣無疆。大歷。服弗造哲廸
民康矧曰其有能格知天命已予。惟。小子若涉淵水
予惟往求朕攸濟敷賁敷前人受。命。兹不忘大功予
不敢閉于天降威用寧王遺我大。寶。龜。紹天明即命
曰有大艱于西土西土人亦不靜粤。兹。𢦔。殷小腆誕
敢紀其叙天降威知我國有疵民不康曰予復反鄙
我周邦今蠢今翼日民獻有十夫予翼。以。予。敉寧武
圖功我有大事休朕卜并吉肆予告我友。邦。君越尹
氏庶士御事曰予得吉卜予惟以爾庶。邦。于。伐殷逋
播臣爾庶邦君越庶士御事罔不反曰艱。大。民不靜
亦惟在王宮邦君室越予小子考翼不可。征。王害不
違卜肆予冲人永思艱曰嗚呼允𢦔。鰥。寡。哀哉予造
天役遺大投艱于朕身越予冲人不卬。自。卹。義爾邦
君越爾多士尹氏御事綏予曰無毖于。卹。不可不成
乃寧考圖功已予惟小子不。敢。替。上帝命天休于寧
王興我小邦周寧王惟卜用克。綏。受兹命今天其相
民矧亦惟卜用嗚呼天明畏弼。我。丕丕基王曰爾惟
舊人爾丕克遠省爾知寧王。若。勤哉天閟毖我成功
所予不敢不極卒寧王圖事。肆。予大化誘我友邦君
天棐忱辭其考我民予曷其不。于前寧人圖功攸終
天亦惟勤毖我民若有疾予。曷敢不于前寧人攸受

康誥

惟三月哉生魄周公初基作新大邑于東國洛四方
民大和會侯甸男邦采衞百工播民和見士于周周
公咸勤乃洪大誥治王若曰孟侯朕其弟小子封惟
乃丕顯考文王克明德慎罰不敢侮鰥寡庸庸祗祗
威威顯民用肇造我區夏越我一二邦以修我西土
惟時怙冒聞于上帝帝休天乃大命文王殪戎殷誕
受厥命越厥邦厥民惟時叙乃寡兄勖肆汝小子封
在兹東土王曰嗚呼封汝念哉今民將在祗遹乃文
考紹聞衣德言往敷求于殷先哲王用保乂民汝丕
遠惟商耇成人宅心知訓別求聞由克先哲王用康
保民弘于天若德裕乃身不廢在王命王曰嗚呼小

子封恫瘝乃身敬哉天畏棐忱民情大可見小人難保往盡乃心無康好逸豫乃其乂民我聞曰怨不在大亦不在小惠不惠懋不懋已汝惟小子乃服惟弘王應保殷民亦惟助王宅天命作新民王曰嗚呼封敬明乃罰人有小罪非眚乃惟終自作不典式爾有厥罪小乃不可不殺乃有大罪非終乃惟眚災適爾既道極厥辜時乃不可殺王曰嗚呼封有敘時乃大明服惟民其勑懋和若有疾惟民其畢弃咎若保赤子惟民其康乂非汝封刑人殺人無或刑人殺人非汝封又曰劓刵人無或劓刵人王曰外事汝陳時臬司師茲殷罰有倫又曰要囚服念五六日至于旬時丕蔽要囚王曰汝陳時臬事罰蔽殷彝用其義刑義殺勿庸以次汝封乃汝盡遜曰時敘惟曰未有遜事已汝惟小子未其有若汝封之心朕心朕德惟乃知凡民自得罪寇攘姦宄殺越人于貨暋不畏死罔弗憝王曰封元惡大憝矧惟不孝不友子弗祗服厥父事大傷厥考心于父不能字厥子乃疾厥子于弟弗念天顯乃弗克恭厥兄兄亦不念鞠子哀大不友于弟惟弔茲不于我政人得罪天惟與我民彝大泯亂曰乃其速由文王作罰刑茲無赦不率大戛矧惟外庶子訓人惟厥正人越小臣諸節乃別播敷造民大譽弗念弗庸瘝厥君時乃引惡惟朕憝已汝乃其速由茲義率殺亦惟君惟長不能厥家人越厥小臣外正惟威惟虐大放王命乃非德用乂汝亦罔不克敬典乃由裕民惟文王之敬忌乃裕民曰我惟有及則予一人以懌王曰封爽惟民廸吉康我時其惟殷先哲王德用康乂民作求矧今民罔廸不適不廸則罔政在厥邦王曰封予惟不可不監告汝德之說于罰之行今惟民不靜未戾厥心廸屢未同爽惟天其罰殛我我其不怨惟厥罪無在大亦無在多矧曰其尚顯聞于天　王曰嗚呼封敬哉無作怨勿用非謀非彝蔽

梓　材

王曰封以厥庶民暨厥臣達大家以厥臣達王惟邦君

汝若恆越曰我有師師司徒司馬司空尹旅曰予罔。
厲殺人亦厥君先敬勞肆徂厥敬勞肆。往。姦宄殺人。
厲人宥肆亦見厥君事戕敗人宥王啓。監厥亂爲。民。
曰無胥戕無胥虐至於敬寡至於屬婦合由以。容。
王其效邦君越御事厥命曷以引養引恬自古。王。
若茲監罔攸辟惟曰若稽田既勤敷菑惟其陳修。爲。
厥疆畎若作室家既勤垣墉惟其塗墍茨若作梓材。既。
勤樸斲惟其塗丹雘今王惟曰先王既勤用民德。懷。
爲夾庶邦享作兄弟方來亦既用明德后式典集庶邦。
丕享皇天既付中國民越厥疆土于先王肆王惟德。
用和懌先後迷民用懌先王受命已若茲監惟曰欲。
至于萬年惟王子子孫孫永保民

多　士

惟三月周公初于新邑洛用告商王士王若曰爾殷
遺多士弗弔旻天大降喪于殷我有周佑命將天明
威致王。罰勑殷命終于帝肆爾多士非我小國敢戈殷
命惟天。不畀允罔固亂弼我我其敢求位惟帝不畀
惟我下民秉爲惟天明畏我聞曰上帝引逸有夏不
適逸則惟帝降格嚮于時夏弗克庸帝大淫泆有辭
惟時天罔念聞厥惟廢元命降致罰乃命爾先祖成
湯革夏俊民甸四方自成湯至于帝乙罔不明德恤
祀亦惟天丕建保乂有殷殷王亦罔敢失帝罔不配天
其。澤。在。今。後。嗣。王。誕。罔顯于天矧曰其有能聽念于先
王。勤。家。誕。淫。厥。逸。罔。顧于天顯民祇惟時上帝不保降
茲。若。大。喪。惟。天。弗。畀。不明厥德凡四方小大邦喪罔
非。有。辭。于。罰。王。若。曰。爾殷多士今惟我周王丕靈承
帝。事。有。命。曰。割。殷。告。勑于帝惟我事不貳適惟爾王
家。我。適。予。其。曰。惟。爾。洪無度我不爾動自乃邑予亦
念天卽。于。殷。大。戾。肆。不正王曰猷告爾多士予惟時
其遷居西。爾。非。我。一人奉德不康寧時惟天命無違
朕不敢有後。王。曰。繇。告爾多士無我怨惟爾知惟殷先
人有冊有典殷。革。夏。命今爾又曰夏廸簡在王庭有服
在百僚予一人。惟。聽用德肆予敢求爾于天邑商予

惟率肆矜爾非予罪時惟天命王曰多士昔朕來自
奄予大降爾四國民命我乃明致天罰移爾遐逖比
事臣我宗多遜王曰告爾殷多士今予惟不爾殺予
惟時命。有申今朕作大邑于茲洛予惟四方罔攸賓
亦惟爾。多士攸服奔走臣我多遜爾乃尚有爾土爾
乃尚寧幹止爾克敬天惟畀矜爾爾不克敬爾不啻
不有爾土予亦致天之罰于爾躬今爾惟時宅爾邑
繼爾居爾厥有幹有年于茲洛爾小子乃興從爾遷
王曰又曰時予乃或言爾攸居

無　逸

周公曰嗚呼君子所其無逸。先。知稼穡之艱難乃逸
則知小人之依相小人厥父母勤勞稼穡厥子乃不
知稼穡之艱難乃逸乃諺既誕否則侮厥父母曰昔
之人無聞知周公曰嗚呼我聞曰昔在殷王中宗嚴恭
寅畏天命自度治民祇懼不敢荒。寧肆中宗之饗。國
七十有五年其在高宗時舊勞于外爰暨小人作。其。
即位乃或亮陰三年不言其惟不言言乃雍不敢荒
寧嘉靖殷邦至于小大無時或怨肆高宗之享國。五。
十有九年其在祖甲不義惟王舊爲小人作其即位
爰知小人之依。能保惠于庶民不敢侮鰥寡肆祖甲
之享國三十有三年自是厥後立王生則逸生。則逸不知
稼穡之艱難不聞小人之勞惟耽樂之從自是厥。後
亦罔或克壽或十年或七八年或五六年或四三年
周。公。曰。烏。虖。厥。亦。惟。我周太王王季克自。抑畏文王
卑。服。即。康。功。田。功。徽。柔懿恭懷保小民惠。鮮鰥寡自
朝。至。于。日。中。昃。不。皇。暇食用咸和萬民。文。王不敢盤
于。遊。于。田。以。庶。邦。惟。正。之供文王受命。惟。中身厥享
國。五。十。年。周。公。曰。烏。虖。繼自今嗣王則。其無淫于觀
于。逸。于。遊。于。田。以。萬。民。惟。正之供無皇曰今日耽樂
乃。非。民。所。訓。非。天。所。若。時。人丕則有愆無若殷王受
之。迷。亂。酗。于。酒。德。才。周。公曰嗚呼我聞曰古之人猶
胥。訓。告。胥。保。惠。庶。教。誨。民無或胥譸張爲幻此厥不
聽。人。乃。訓。之。乃。變。亂。先。王之正刑至于小。大民否則

用厥心韋怨不則用厥口詛祝周公曰烏呼自殷王仲宗及高宗及祖甲及我周文王茲四人廸哲厥或告之曰小人怨女詈女則皇自敬德厥僁曰朕之愆兄若時不啻不敢含怒此厥不聽人乃或譸張爲幻曰小人怨女詈女則信之則若時不永念厥辟不寬紹厥心亂罰無辠殺無辜怨有同是叢于厥身周公曰烏虖嗣王其監于茲

君奭

周公若曰君奭不弔天降喪于殷殷既墜厥命我有周既受我弗敢智厥基永孚于休若天不忱我亦不敢智曰其崇出於不祥烏呼君已曰時我我亦不敢寧于上帝命弗永遠念天畏越我民罔郵違惟人在我後嗣子孫大弗克襲上下遏佚前人光在家不知天命不易天難忱乃其隧命弗克經歷嗣前人恭明德在今予小子非克有正廸惟前人光施于我冲子又曰天不可信我廸惟寧王德延天弗庸釋于文王受命公曰君我聞在昔成湯既受命時則有若伊尹格于皇天在大甲時則有若保衡在大戊時則有若伊陟臣扈格于上帝巫咸乂王家在祖乙時則有若巫賢在武丁時則有若甘盤衛惟茲有陳保乂有殷故殷禮陟配天多歷年所天惟純右命則商實百姓王人罔不秉德明恤小臣屏侯甸矤咸奔惟茲惟德稱用乂厥辟故一人事于四方若卜筮罔不是孚公曰君奭天壽平格保乂有殷有殷嗣天滅畏今汝永念則有固命厥亂明我新造邦公曰君奭在昔上帝割申勸寧王之德其集大命于厥躬惟文王尚克修和我有夏亦惟有若虢叔有若閎夭有若散宜生有若泰顛有若南宮括又曰無能往來茲廸彝教文王蔑德降于國人亦惟純佑秉德廸知天畏乃惟時昭文王廸見冒聞于上帝惟時受有殷命才武王惟茲四人尚廸有祿後暨武王誕將天威咸劉厥敵惟茲四人昭武王惟冒丕單稱德今在予小子若游大川予往暨汝奭其濟小子同未在位誕無我責收罔勖不

及耇造德不降我則鳴鳥不聞矧。曰。其。有。能。狢。公曰
嗚呼君肆其監于茲我受命無疆。惟。休。亦。大。惟。艱告
君乃猷裕。我不以後人迷公曰前。人。敷。乃。心。乃。悉命
汝作汝民。極曰汝明勖偶王在亶。乘。茲。大。命。惟。文王
德丕承無疆之恤公曰君告汝朕。允。保。奭。其。汝。克敬
以予監于殷喪大否肆念我天畏。予。不。允。惟。若。茲誥
予惟曰襄我二人汝有合哉言曰在時二人天休滋
至惟時二人弗戡其汝克敬德明我俊民在讓後人
于丕時嗚呼篤棐時二人我式克至于今日休我咸
成文王功于不怠丕冒海隅出日罔不率俾公曰君
予不惠若茲多誥予惟用閔于天越民。公曰嗚呼君
惟乃知民德亦罔不能厥初惟其終祗。若茲往敬用
治

多　　方

惟五月丁亥王來自奄王。至。于宗周周公曰王若曰
猷告爾四國多方惟爾殷。侯。尹民我惟大降爾命爾

罔不知洪惟圖天之命弗。永寅念于祀惟帝降格于
夏有夏誕厥逸不肯慼言于民乃大淫昏不克終日
勸于帝之廸乃爾攸聞厥圖帝之命不克開于民之
麗乃大降罰崇亂有夏甲因。于內亂不克靈承于旅
罔丕惟進之恭洪舒于民亦。惟有夏之民叨懫日欽
劓割夏邑天惟時求民主乃。大降顯。休。命于成湯刑
殄有夏惟天不畀純乃惟以。爾多方。之。義民不克永
于多享惟夏之恭多士大不。克明保。享。于民乃胥惟
虐于民至于百爲大不克開乃惟成湯。克以爾多方
簡代夏作民。主。慎。厥。麗。乃。勸。厥。民。刑用勸以至于帝
乙罔不明德。慎。罰。亦。克。用。勸。要。囚。殄戮多罪亦克用
勸開釋無辜。亦。克。用。勸。今。至。于。爾。辟弗克以爾多方
享天之命烏。虖。王。若。曰。誥。告。爾。多。方非天庸釋有夏
非天庸釋有。殷。乃。惟。爾。辟。以。爾。多方大淫圖天之命
屑有辭乃惟。有。夏。圖。厥。政。不。集。于享天降時喪有邦
間之乃惟爾。商。後。王。逸。厥。逸。圖。厥政不蠲烝天惟降
時喪惟聖罔。念。作。狂。惟。狂。克。念。作聖天惟五年須暇

之子孫誕作。民。主。罔。可。念。聽。天。惟求爾多方大動以
威開厥顧天。惟。爾。多。方。罔。堪。顧。之惟我周王靈承于
旅克堪用德。惟。典。神。天。天。惟。式。教我用休簡畀殷命
尹爾多方今。我。曷。敢。多。誥。我。惟大降爾四國民命爾
曷不忱裕之。于。爾。多。方。爾。曷。不夾介乂我周王享天
之命今爾尚。宅。爾。宅。畋。爾。田。爾曷不惠王熙天之命
爾乃廸屢不。靜。爾。心。未。愛。爾乃不大宅天命爾乃屑

立　政

周公若曰拜手稽首告嗣天子王矣用咸戒于王曰
王左右常伯常任準人綴衣虎賁周公曰嗚呼休茲
知恤鮮哉古之人廸惟有夏乃有室大競籲俊尊上
帝廸知忱恂于九德之行乃敢告教厥后曰拜手稽
首后矣曰宅乃事宅乃牧宅乃準茲惟后矣謀面用
丕訓德則乃宅人茲乃三宅無義民桀德惟乃弗作
往任是惟暴德罔後亦越成湯陟丕釐上帝之耿命
乃用三有宅克即宅曰三有俊克即俊嚴惟丕式克
用三宅三俊其在商邑用協于厥邑其在四方用丕
式見德嗚呼其在受德暋惟羞刑暴德之人同于厥
邦乃惟庶習逸德之人同于厥政帝欽罰之乃伻我
有夏式商受命奄甸萬姓亦越文王武王克。知三有
宅心灼見三有俊心以敬事上帝立民長伯。立政任
人準夫牧作三事虎賁綴衣趣馬小尹左右携僕百
司庶府大都小伯藝人表臣百司太史尹伯庶。常吉
士司徒司馬司空亞旅夷微盧烝三亳阪尹文。王。惟
克厥宅心乃克立茲常事司牧人以克俊有德文王。罔。攸
兼于庶言庶獄庶慎惟有司之牧夫是訓用違庶獄
庶慎文王罔敢知于茲亦越武王率惟敉功不敢替
厥義德率惟謀從容德以並受此丕丕基嗚呼孺子
王矣繼自今我其立政立事準人牧夫我其克灼知
厥若丕乃俾亂相我受民和我庶獄庶慎時則勿有
間之自一話一言我則末惟成德之彥以乂我受民
嗚呼予旦已受人之徽言咸告孺子王矣繼自今文
子文孫其勿誤于庶獄庶慎惟正是乂之自古商人

亦越我周文王立政立事牧夫準人則克宅之克由繹之兹乃俾乂國則罔有立政用憸人不訓于德是罔顯在厥世繼自今立政其勿以憸人其惟吉士用勱相我國家今文子文孫孺子王矣其勿誤于庶獄惟有司之牧夫其克詰爾戎兵以陟。禹之迹方行天下至于海表罔有不服以覲文王之。耿光以揚武王之大烈嗚呼繼自今後王立。政其惟克用常人周公若曰太史司寇蘇公式敬爾由獄以長我王國兹式有慎以列用中罰

顧命

惟四月哉生魄王不懌甲子王乃洮頮水相被冕服憑玉几乃同召太保奭芮。伯。彤伯畢公衞侯毛公師氏虎臣百尹御事王曰嗚虖。疾大漸惟幾病日臻既彌留恐不獲誓言嗣兹予審。訓命汝昔君文王武王

呂刑

惟呂命王享國百年耄荒度作刑以詰四方王曰若古有訓蚩尤惟始作亂延及于平民罔不寇賊鴟義姦宄奪攘矯虔苗民弗用靈制以刑惟作五虐之刑曰法殺戮無辜爰始淫爲劓刵椓黥越兹麗刑幷制罔差有辭民興胥漸泯泯棼棼罔中于信以覆詛盟虐威庶戮方告無辜于上上帝監民罔有馨香德刑發聞惟腥皇帝哀矜庶戮之不辜報虐以威遏絕苗民無世在下乃命重黎絕地天通罔有降格羣后之逮在下明明棐常鰥寡無蓋皇帝清問下民鰥寡有辭于苗德威惟畏德明惟明乃命三后恤功于民伯夷降典折民惟刑禹平水土主名山川稷降播種農殖嘉穀三后成功惟殷于民士制百姓于刑之中以教祗德穆穆在上明明在下灼于四方罔不惟德之勤故乃明于刑之中率乂于民棐彝典獄非訖于威惟訖于富敬忌罔有擇言在身惟克天德自作元命配享在下王曰嗟四方司政典獄非爾惟作天牧今爾何監非時伯夷播刑之廸其今爾何懲惟時苗民

匪察于獄之麗罔擇吉人觀于五刑之中惟時庶威
奪貨斷制五行以亂無辜上帝不蠲降咎于苗苗民
無辭于罰乃絕厥世王曰嗚呼念之哉伯父伯兄仲
叔季弟幼子童孫皆聽朕言庶有格命今爾罔不由
慰日勤爾罔或戒不勤天齊于民俾我一日非終惟
終在人爾尚敬逆天命以奉我一人雖畏勿畏雖休
勿休惟敬五刑以成三德一人有慶兆民賴之其寧
惟永王曰吁來有邦有土告爾祥刑在今爾安百姓
何擇非人何敬非刑何度非及兩造具備師聽五辭
五辭簡孚正于五刑五刑不簡正于五罰五罰不服
正于五過五過之疵惟官惟反惟內惟貨惟來其罪
惟鈞其審克之五刑之疑有赦五罰之疑有赦其審
克之簡孚有衆惟貌有稽無簡不聽具嚴天威墨辟
疑赦其罰百鍰閱實其罪劓辟疑赦其罰惟倍閱實
其罰剕辟疑赦其罰倍差閱實其罪宮辟疑赦其罰
六百鍰閱實其罪大辟疑赦其罰千鍰閱實其罪墨
罰之屬千劓罰之屬千剕罰之屬五百宮罰之屬三
百大辟之罰其屬二百五。刑。之屬三千上下比罪無
僭亂辭勿用不行惟察惟。灋。其審克之上刑適輕下
服下刑適重上服輕重諸。罰。有。權刑罰世輕世重惟
齊非齊有倫有要罰懲非。死。人極于病非佞折獄惟
良折獄罔非在中察辭于差。非。從惟從哀敬折獄明

啓刑書胥占咸庶中正其。刑。其。罰其審克之獄成而
孚輸而孚其刑上備有并。兩。刑王曰嗚呼敬之哉官
伯族姓朕言多懼朕敬于刑有德惟刑今天相民作
配在下明清于單辭民之亂。無。不中聽獄之兩辭無
或私家于獄之兩辭獄貨非。寶。惟。府。辜功報以庶尤
永畏惟罰非天不中惟人在。命。天。罰不極庶民罔有
令。正。在于天下王曰嗚呼嗣。孫。今。往。何監非德于
民。之。中。尚明聽之哉哲人惟刑無疆之辭屬于五極
咸。中有慶受王嘉師監于茲祥刑

文侯之命

王。若。曰。父義和丕顯文武克愼明德昭升于上敷聞
在。下。惟。時。上帝集厥命于文王亦惟先正克左右昭
事。厥。辟。粤。小大謀猷罔不率從肆先祖懷在位嗚呼
閔。予。小。子。嗣造天丕愆殄資澤于下民侵戎我國
家。純。卽。我。御。事罔或耆壽俊在厥服予則罔克曰惟
祖。惟。父。其。伊。恤朕躬嗚呼有績予一人永綏在位父
義。和。女。克。昭。乃顯祖汝肇刑文武用會紹乃辟追
孝。于。前。文。人汝多修扞我于艱若汝予嘉王曰父義
和。其。歸。視。爾。師。寧爾邦用賚爾秬鬯一卣彤弓一彤
矢。百。盧。弓。一。旅。矢百馬四匹父往哉柔遠能邇惠康
小民無荒。寧。簡。恤爾都用成爾顯德

古篆隸品字式

堯　典

神人以和夔。曰於予。擊石拊石百獸率舞帝曰龍朕堲讒說殄行震驚朕師命汝作納言夙夜出
納朕命惟允。帝。曰咨汝廿有二人欽哉惟時亮天。功三載考績三考黜陟幽明庶績咸熙分北三
苗舜生卅。登。庸卅在位五十載陟方乃死

皋陶謨

曰若稽古皋陶曰允廸厥德謨明弼諧禹曰俞如何皋陶曰都愼厥身修思永惇敘九族庶明勵
翼邇可遠在玆禹拜昌言曰俞皋陶曰都在知人在安民禹曰吁咸若時惟帝其難之知人則哲
能官人安民則惠黎民懷之能哲而惠何憂乎驩兜何遷乎有苗何畏乎巧。言令色孔壬皋陶曰
都亦行有九德亦言其人有德乃言曰載采采禹曰何。皋陶曰。寬。而。栗。柔。而。立。愿而恭亂而敬擾
而毅直而溫簡而廉剛而塞彊而義彰厥有常吉哉日。宣三。德。夙。夜。浚。明。有。家。日嚴祗敬六德亮
采有邦翕受敷施九德咸事俊乂在官百僚師師百。工。惟。時。撫。于。五。辰。庶。績。其。凝無教逸欲有邦
兢兢業業一日二日萬幾無曠庶官天工人其代之天敘。有。典。勑。我。五。典。五。惇哉天敘有禮自我
五禮有庸哉同寅協恭和衷哉天命有德五服五章哉天討有罪五刑五。用。哉政事懋哉懋哉天
聰明自我民聰明天明畏自我民明威達於上下敬哉有土。咎。繇。曰。朕。言。惠。可底行禹曰俞乃言
底可績皋陶曰予未有知思曰贊贊襄哉帝曰來禹汝亦昌言禹。拜。曰。都。帝。予。何。言予思日孜孜皋
陶曰吁如何禹曰洪水滔天浩浩懷山襄陵下民昏墊予乘四。載隨山刊木。泉。益奏庶鮮食予決
九。川距四海濬畎澮距川暨稷播奏庶艱食鮮食懋遷有無。化居烝民乃粒萬邦作乂皋陶曰俞
師。汝昌言禹曰都帝愼乃在位帝曰俞禹曰安汝止惟幾惟。康其弼直惟動丕應。徯志以昭受。上帝天
其申命用休帝曰吁臣哉鄰哉鄰哉臣。哉禹曰俞帝曰臣。作朕股肱耳目予欲。左。右。有。民。女。翼。予。
欲宣力四方汝爲予欲觀古人之象日月星辰山龍華蟲。作會宗彝藻火粉絑。黼。黻。絺。繡。以五。介。
彰施于五色作服汝明予欲聞六律五聲八音在治曶。以。出。納五言汝聽予違女。弼。女。毋。面從退。
有後言欽四鄰庶頑讒說若不在時侯以明之撻以記。之書用識哉欲並生才。工以內。言。時。而颺
之格則承之庸之否則威之禹曰俞哉帝光天之下至于海隅蒼生萬邦黎。獻共惟帝臣。惟帝時

古篆二體八字行

禹　貢

禹。敷。土。隨山刊木奠
高山。大。川。冀州既載
壺。口。治梁及岐既修

古、篆、隸三體直下五字行

高宗肜日

高宗。肜日越

有雊。雉祖己

曰惟。先格王

五、魏石經《尚書》殘字與今本經文之比較

（一）三體直下式

《堯典》：先以今本（僞孔本）《尚書》經文按每行（古篆隸三體直下）三十字排入，再嵌入魏石經殘字，部分經文字數尚無不同之處。

《皋陶謨》：魏石經僅有“汝”“説”二字並列，以今本排比，知“欽四鄰庶頑讒説”之前，經文相同。

《禹貢》：魏石經僅有“四”“成”“百”三殘字並列，以今本排比，知“五百里甸服”之前，經文相同。

《微子》：魏石經僅有“小”“恒獲”三殘字，以今本排比，知“凡有辜罪乃罔恒獲”之前，經文相同。

《金縢》：魏石經僅有“金”“王”二殘字並列，以今本排比，知“金縢書”之前，今本少二字；“王”字之前，今本多一字。

《大誥》：今本“弗弔”，魏石經作“不弔”。今本“越爾御事”之“越”字，魏石經作“粤”。今本“越兹蠢”，魏石經作“粤兹截”。今本“越庶士”之“越”字，魏石經亦作“粤”。今本“允蠢鰥寡”之“蠢”字，魏石經亦作“截”。今本“不卬自恤”“無毖于恤”之“恤”字，魏石經俱作“䘏”。且自“王若曰猷”至“若有疾”，其間字數相同。

《康誥》：魏石經有“静”“惟”“曰”三殘字並列，“静”字之前，今本多二字。蓋“逸豫”之“豫”字，“越厥小臣”之“厥”字，爲石經所無。今本二字疑衍。“惟”“曰”二字間今本少一字，疑魏石經作“其尚能顯聞于天”。

《梓材》：魏石經前存“肆往”“啓”三殘字，據近年出土之殘石，知“罔”字之前，今本多一字。“爲民”之後，“以容”之前，今本少一字。“以容”之後，“古王”之前，今本少一字。“修爲”以後，“材既”之前，今本多一字。“德懷”之後，

“邦”之前,今本多一字。其下方有“第十七”三大字,係碑之號數。

《多士》:魏石經殘字“王”“天”並列,以今本排比,知“致王罰”與“惟命不畀”之間,今本多一字。“惟命不畀”至“罔不配天其澤”之間,今本多一字。由“在今後嗣王”至“先王勤家”,其間今本多一字。由“誕淫厥逸”至“若兹大喪”,其間今本多一字。魏石經“逸”字“弗”字,今本作“泆”作“不”。魏石經“西爾非我”至“後王曰繇”,其間今本多一字;王國維云“余謂魏石經疑作‘時惟天命無違朕不敢後’”,説可從;蓋無“有”字較妥。魏石經“繇”字,今本作“猷”。魏石經“王曰繇”至“殷革夏”,其間今本多一字。王國維云:“恐今本‘惟殷先人有册有典’之‘惟’字石經無之耳。”

《無逸》:魏石經殘字有“逸先”及“荒”字,其間今本多一字。魏石經“饗國”之“饗”,今本作“享”,或衛包所改歟!魏石經殘字有“能保惠”之“能”字,及下文第二句“生則逸”之“逸”字,其間今本多一字;此字蓋今本作“三十有三年”,而魏石經疑作“卅有三年”。自“生則逸”之“逸”字,至下文“自是厥後”之“後”字,其間今本溢出一字。魏石經有“烏虖”,今本作“嗚呼”。魏石經“日中䀿不皇”,今本作“日中昃不遑”。魏石經“非天所若”,今本作“非天攸若”。魏石經“用厥心韋怨不則用厥”,今本作“厥心違怨否則厥”,今本無二“用”字。王國維云:“韋作違,不作否。案韋、違古今字,不即丕字也。《康誥》云‘丕則敏德’,上文云‘時人丕則有愆’,作否者非。”魏石經“怨女詈女”,今本作“怨汝詈汝”。魏石經“侃言”字今本作“愆”,蓋古今字也。魏石經“兄若時”,今本作“允若時”。魏石經“紹厥心”,今本作“綽厥心”,“紹”“綽”二字古音同部,魏石經蓋假“紹”爲“綽”。魏石經“罰無辠”,今本作“罰無罪”,“辠”“罪”古今字也。

《君奭》:魏石經殘字“不弔”,今本作“弗弔”。魏石經“我弗敢智”,今本作“我不敢知曰”,多“曰”字。魏石經“不”字殘石,今本作“棐”。魏石經“其崇出於不祥”,今本作“其終出于不祥”。按“崇”“終”古音同部,《釋文》云:“馬本作崇,云:充也。”“罔尤違”之“尤”字魏石經作“郵”,今本作“尤”。魏石經“弗永遠念天畏”,今本“畏”作“威”。魏石經“大弗克龔上下”,今本“龔”作“恭”。魏石經“在家”至“命不易”中間有二字,今本作“不知天”三字。蓋多“天”字。《漢書・王莽傳》引《書》“命不易”,亦無“天”字,蓋魏石經古文與今文《尚書》同。魏石經“天難忱,乃其隧命”,今本“忱”作“諶”,“隧”作“墜”。魏石經“在今予小子,非克有正”,今本“子”下有“旦”字。魏石經“我廸惟寧王德”,今本“廸”作“道”。《釋文》云:“道,馬本作廸。”魏石經“天弗庸釋”,今本“弗”作

“不”。魏石經“公曰君”,今本作“公曰君奭”,魏石經“徦于上帝”,今本“徦”作“格”。魏石經“衛惟兹”,今本“衛”作“率”。魏石經“天惟純右命”,今本“右”作“佑”。魏石經“弜咸奔”,今本作“矧咸奔走”。魏石經“故一人事于四方”,今本作“故一人有事于四方”,按《文選》王褒《四子講德論》引《書》“廸一人使四方”,古文“事”“使”一字,即“廸一人事四方”也。是今文《尚書》、石經古文均無“有”字。魏石經“天壽平徦”,今本“徦”作“格”。魏石經“天滅畏”,今本“畏”作“威”。魏石經“廸知天畏”,今本“畏”作“威”。魏石經“有殷命才”,今本“才”作“哉”。魏石經“其有能徦”,今本“徦”作“格”。魏石經“朕兄”,今本“兄”作“允”。魏石經“予不兄”,今本“兄”作“允”。

《多方》:魏石經“王至”,今本無“王”字。魏石經殘石“因”“亦”並列。蓋作“甲因于内亂”,今本作“因甲于内亂”。魏石經“烏虖”,今本作“嗚呼”。魏石經“惟爾多方”,今本“方”作“士”,蓋僞孔之抄誤,作“方”字較勝。

《立政》:魏石經自“文王”至“王罔”,其間共十八字,今本爲二十字。

《顧命》:魏石經僅有“芮伯”之“伯”,“嗚虖”之“虖”,“兹予審訓命汝”之“審”三殘字,以今本經文排比,知“兹予審”之前,經文相同。

《吕刑》:魏石經“惟灋”,今本作“惟法”。魏石經“令正”,今本作“令政”。魏石經自“嗣孫今往”至“民之中”,其間應爲六字,今本爲五字者,非此間經文有異,蓋其異文應在篇中。按《禮記·表記》引《甫刑》曰:“敬忌而罔有擇言在躬”,今本作“敬忌罔有擇言在身”,疑魏石經《尚書》與《表記》同有“而”字。

《文侯之命》:魏石經“粤”字,今本作“越”。魏石經“小子嗣”至“家純”,其間應爲十五字,今本僅十四字。魏石經自“義和女克昭”至“孝于前文人”,其間應爲十四字,今本十三字。魏石經“女”字,今本作“汝”。魏石經“旅矢”之“旅”,今本作“盧”。

(二)品字式

《堯典》:先以今本經文按每行(古篆隸品字式三字占二空)三十七字排入,再嵌入魏石經殘字,其全篇字數尚無不同之處。惟魏石經殘字“登庸”,今本“登”作“徵”。鄭玄注引作“登庸”,蓋鄭本與魏石經本相同也。

《臯陶謨》:魏石經殘字“巧言”之“巧”作“丂”,羅振玉云:“丂字今本作巧,《説文》丂注:丂古文以爲亏字,又以爲巧字。今殘字正作丂,可爲許説之證。”魏石經“夙夜竣明有家”,今本“竣”作“浚”。魏石經“咎繇曰”,今本作“臯陶曰”。魏石經由“朕言惠”至“禹拜曰”,其間三十一空,今本三十二字;魏石經之“贊贊”蓋作“贊”，故少一字。魏石經“臮益”，今本作“暨益”。“臮”或作“洎”，或作“暨”，蓋古今字也。魏石經自“師汝昌言”之“師”字至“丕應”之“應”字，其間二十七空，今本二十九字。魏石經“粉米”之“米”作“絲”，今本作“米”。《説文》絲字注云“黼文如聚細米也”，即據《尚書》爲説，徐仙民本尚作“絲”字。魏石經“五采”之“采”作“介”，今本作“五采”。魏石經“在治忽”之“忽”字作“曶”，今本作“忽”，與鄭注本同。魏石經“女弼女毋”，今本作“汝弼女無”。魏石經“生哉”之“哉”作“才”，今本作“哉”。“内言”，今本作“納言”。

（三）二體八字行

《禹貢》：以今本經文按每行（古、篆二體）八字排入，再嵌以魏石經殘字，因殘字僅七，無由觀其異同。

（四）三體直下五字行

《高宗肜日》：以今本經文按每行（古、篆、隸三體直下）五字排入，再嵌以魏石經殘字，因殘字僅五，無由校其異同。

六、由魏石經殘字推知古文《尚書》之梗概

（一）由魏石經出土之殘字（三體直下式）觀之，有《堯典》《咎繇謨》《禹貢》《微子》《金縢》《大誥》《康誥》《梓材》《多士》《無逸》《君奭》《多方》《立政》《顧命》《吕刑》《文侯之命》等十六篇，其篇目順序蓋與今文之小夏侯本同，而經字則多異。小夏侯本爲漢石經《尚書》之藍本，其中有《泰誓》之篇存焉，而魏石經二十九篇之中亦必有《泰誓》之篇，此由漢魏石經之殘石排比而可確知無疑者，且漢魏石經中之《泰誓》經文蓋相同。魏石經之《秦誓》具古、篆、隸三體，知其僞造之時代，當在戰國之末世，魏人似無此本領能爲《泰誓》造科斗文也。

（二）魏石經復原之結果，每篇經文之字數，大致與唐石經所勒之僞孔本同，知僞孔本中二十八篇真古文（《泰誓》除外）與魏石經有淵源關係。且魏石經殘字有“登”字，即今本（唐石經僞孔本）《堯典篇》“舜生三十徵庸”之“徵”字異文，鄭康成讀此經即爲“登庸”。《臯陶謨》殘字有“絲”字，《説文》徐本即作“絲”。殘字有“曶”字，與鄭注本同。《君奭》殘字有“其祟出於不祥”，《釋文》云“馬本作祟”，今本作“終”。殘字有“我廸惟寧王德延”，今本“廸”作“道”，《釋文》云馬本作“廸”。由上所列異文，可知魏石經與僞孔本異者，反與馬融、

鄭玄、許慎之本相同，則馬、鄭之本必與魏石經本相近也。

（三）孔安國曾傳壁中古文《尚書》，其篇數較今文二十九篇多十六篇，今以魏石經殘字覘之，蓋自東漢僅傳與今文相同篇目之二十九篇，其餘十六似未併傳。又《後漢書・儒林傳》云："扶風杜林，傳古文《尚書》，林同郡賈逵爲之作訓，馬融作傳，鄭玄注解，由是古文遂顯于世。"孔穎達《尚書正義・堯典篇》云："鄭注《尚書》與夏侯等同，而經字多異。"清王鳴盛《尚書後案》及王先謙《尚書孔傳參正》皆謂：漢末大儒，如賈逵、馬融、鄭玄雖皆傳古文；而三家之注《尚書》，則但注與今文相同諸篇，於古文則述而不注，蓋皆信而有徵矣。

（四）魏石經殘字有"君奭"篇題，其下無第幾字樣，亦不題《周書》，蓋古文《尚書》原本如此也。今本（唐石經）每篇之首某某第幾某書與以《書序》分冠篇首皆僞孔所爲也。其云《虞夏書》二十篇，《商書》四十篇，《周書》四十篇者乃鄭玄注《書序》之説，未必每篇之下題某書。《正義》所云鄭本《湯誓》第二十九，《柴誓》第九十七，亦以《序》中百篇之次言，未必署第幾也。

（五）近年出土三體直下式《梓材篇》殘石，碑號書第十七。由《尚書》第一碑至第十六碑，如每碑平均爲三十三行，則十六碑應爲五二八行。今減去由《堯典》至《酒誥》之字數字，約爲四九六行，則尚餘三十二行，故知魏三體石經應有僞漢《泰誓》在十六碑之内，約占一碑。

原載《尚書研究論集》

魏三體石經《尚書》考述

○ 邱德修

【本文提要】

斯篇也，係拙作《魏三體石經考述》一書寫作計劃之第一部分，共分爲：緒論，名稱，經目、卷數，淵源——兼論古文經與魏石經古文之關係，書石者誰，碑數、字數、字體，古文《尚書》之篇目及其次第，碑之遷徙及其存廢，碑之出土、傳拓及其著録，以及餘論等十節。

一、緒　　論

實物資料中有關《尚書》部分，今所見者，約略而言，捨敦煌寫卷殘卷外，尚有漢熹平石經、魏三體石經二種。漢熹平石經方面，已有屈翼鵬先生從事撢研，成就爲《漢石經尚書殘字集證》一書。唯魏三體石經方面之考究，迄今尚付闕如。漢石經所刊者屬於今文家歐陽(生)本《尚書》，其於漢學今文一派之研究，裨益顯著，極富價值。[①] 然於古文本《尚書》而言，迄猶冥晦而不彰，甚爲可惜。倘若欲明古文本《尚書》之真相，縷列兩漢經學家法淵源，及其傳授流别，或可得其概貌。而晚近魏三體石經之出土發現，其經類有《尚書》《春秋經》《春秋左氏傳》三種。[②] 每種均保存古文經之原貌。倘若吾人善加利用，以溯其源，以徵其實，或有所助益焉。乃不揣謭陋，藉由魏三體石經之殘

---

① 詳拙作《漢熹平石經的新發現及其價值》與《漢熹平石經集成》，前者刊於《"國立"編譯館館刊》第十九卷第一期、第二期，後者出版於五南圖書出版公司。

② 王國維云："其經數則《尚書》《春秋》外，《左傳》本未刊成，故六朝及唐初人記載均未之及，及唐宋以後，搜求殘石及遺拓始及之。"(《魏石經考二》，收入《觀堂集林》，卷二〇，頁四下）拙作亦嘗言及之，曰："魏石經捨《春秋》《尚書》二經外，尚有《春秋左氏傳》一書。"(《魏石經初撢》，頁三五）

拓,推溯古文本《尚書》之本源,蠡測其真相,或有一得焉。至於補苴隙漏,批謬糾譑者,唯國内碩彦、海外鴻儒爾。

二、名　稱

魏三體石經刊立於三國魏、曹王芳正始年間。① 其名稱多種,或曰正始石經,②或曰三字石經、三種字石經,③或曰三體石經,④或曰魏石經,⑤其實一也。今觀殘碑,知其書式,其一字凡列古文、小篆、隸書三種字體。其排列格式,或作"品"字式,上列古文,而以左隸右篆二體並書於下,如下圖所示者:

	古　文	
隸　書		小　篆

圖一

或作直下式,以古文爲上,小篆居中,隸書在下之書寫格式,其情形如下圖所表示者:

古　文
小　篆
隸　書

圖二

由是觀之,故名爲魏石經、正始石經者,取其時代;名曰三字石經者,似以字數

① 根據拙見:魏三體石經之刊刻,經始於曹魏齊王芳元年(二四〇年),至正始二年三月(二四一年)已刻至《尚書》第十七石《梓材篇》。根據孫海波與拙見確定《春秋》與《尚書》各二十八面,《左氏傳》七石十四面,二經一傳,凡七十面。以每月刻一點一三面的速度計算,七十面需六一點九四月。換言之,將魏三體石經三十五碑七十面刊刻完竣需五年又二月之時間。由是可知,是二經一傳之完工約在正始六年初左右。至於蔣善國以爲係在正始二年刊立者(《尚書綜述》,頁三八〇);商承祚之考證以爲刊於魏齊王正始四年(二四三年)(《石刻篆文編・石刻目》,頁七);是二説也,皆有待商榷。

② 張國淦云:"魏石經因其刊立在正始中,故通稱爲正始石經。"(《歷代石經考》,頁二六六)

③ 三字石經者,《晉書・衛恒傳》云:"魏初傳古文者出於邯鄲淳,至正始中,立三字石經。"羅振玉亦稱之爲三字石經,有《魏三字石經尚書殘石跋》一文可證。三種字石經者,楊衒之《洛陽伽藍記》云"聞陽門外御道東,有漢國子學堂,堂前有三種字石經二十五碑"可證。

④ 《丹鉛總録》《石墨鐫華》二書均謂"三體石經"。

⑤ 劉傳瑩《魏石經》(收入《漢魏石經考》内),又拙作《魏石經初撢》,即是其例。

定之；凡此種種，然皆未若名之爲三體石經爲正當，蓋取其名實相符合也。是以商氏承祚曰：

魏石經，舊日書上都作"魏三字石經"，我認爲"三字"的稱謂不够確切，不如改用"三體"更切合實際。①

洵爲知言。因以"三體石經"定稱，於是本論文遂言之曰《魏三體石經尚書考述》。

三、經 目、卷 數

關於魏三體石經之内容，言之綦詳者，約有二家：

戴延之《西征記》云：

國子堂前有列碑，南北行三十五枚，刻之表裏，書《春秋經》《尚書》二部，大篆、隸、科斗三種字。碑長八尺，今有十八枚存，餘皆崩。②

楊衒之《洛陽伽藍記》云：

開陽門外御道東，有漢國子學堂，堂前有三種字石經二十五碑。表裏刻之，寫《春秋》《尚書》二部，作篆、科斗、隸三種字。③

吕振端《魏三體石經殘字集證》云：

以余考之，魏石經蓋分二次刊刻，先刻《尚書》（包括品字式）、《春秋》，其後續刻《左氏傳》。以出土殘字驗之，其證甚多。今就《復原圖》覘之，《尚書》《春秋》爲一組石，共二十八碑：碑陽爲三體直下式《尚書》，碑陰爲《春秋》，末置品字式《堯典》《皋陶謨》二面；另一組石爲《左氏傳》，共七碑。此即《西征記》所云南北行之三十五版者也。④

今據出土資料顯示：魏三體石經有直下式碑，兩面皆刊刻經文，一面爲《尚書·無逸》及《君奭篇》，一面爲春秋僖公、文公經，每字咸作古文、小篆、隸書

① 《石刻篆文編·自序》，頁三下。
② 《太平御覽·碑部》卷五八九引戴延之《西征記》。
③ 《洛陽伽藍記校注》卷三《城南》"報德寺"條，頁一四五。
④ 《魏三體石經殘字集證》，頁三七。

三種字體。此外,《尚書》又有《堯典》《皋繇謨》《禹貢》《高宗肜日》《微子》《金滕》《康誥》《梓材》《多士》《多方》《立政》《顧命》《吕刑》諸殘石;《春秋》又有《桓公》《莊公》《宣公》《成公》《襄公》諸經文;《左氏傳》則有《隱公》《桓公》諸殘石;又有《論語》及不知何經何篇者若干殘石,並分藏各家,[1]另三體石經品字式者,刻有《尚書・堯典》《皋繇謨》等殘石。[2] 由是可知,魏三體石經所刊刻者非止限於戴、楊二氏所説《尚書》《春秋》二經而已,尚有《左氏傳》《論語》及不知何經何篇者在焉。唯以今日出土實物所見而言,魏三體石經係以《尚書》《春秋經》《左氏傳》三經爲主要,似可斷言。

至於《尚書》卷數,見於史志者如左:

《隋書・經籍志》云:"三字石經《尚書》九卷(原注:梁有十三卷),三字《尚書》五卷。"[3]

《舊唐書・藝文志》云:"三字石經《尚書》古篆三卷。"[4]

《通志・藝文略》云:"三字石經《尚書》古篆三卷,三字石經《尚書》九卷。"[5]

考《隋志》所謂九卷、五卷、三卷之殊,諸家各有異説,例如:

孫星衍以爲"《御覽》引《西征記》,《春秋經》《尚書》二部,大篆、隸、科斗三種字,是時止見二種。魏齊先後徙洛陽石經於鄴都,多没於水。隋開皇時,又徙於長安,以亂廢爲柱礎。但有傳拓之本,存於秘府,故《隋志》載三字石經,唯《尚書》九卷、七卷,……比之《七録》所有卷數,且失大半。"[6]

此爲一説也。

章太炎以爲"蓋相傳臨摹之本,不皆拓於石也"。[7]

此又一説也。

---

① 至於《左氏傳》是獨立自三體石經直下式《尚書》《春秋》二十八碑之外,其書式亦爲直下式,但兩面具書《左氏傳》凡七碑而已。請參考前引吕氏之説。

② 《石刻篆文編・采用石刻目》,頁七。

③ 點校本《隋書》卷三十二,頁九四六。

④ 點校本《舊唐書》卷四六,頁一九八七。

⑤ 《通志・藝文略》卷十七,頁六九二。

⑥ 《魏三體石經遺字考・叙》,頁一。

⑦ 《新出三體石經考》,頁一二。

> 劉傳瑩以爲“三字石經《尚書》九卷、五卷，此即一書而分卷有多寡耳”。[①]

此又一説也。

> 王國維以爲“《隋志》載梁有三字石經《尚書》十三卷，……此蓋魏石經……足本。十三卷者，後來僞孔傳之卷數，與馬融、王肅注本之十一卷，鄭玄注本之九卷，分卷略同；而與歐陽、大小夏侯之二十九卷或三十一卷，及壁中書之五十八篇爲四十六卷者絶異，乃漢、魏間分卷之法”。[②]

此又一説也。

以上所引述各家之説，大多依理推之，缺乏實證，唯有存疑，當俟諸來日出土魏石經資料齊備之後，或可得而言。至於《通志》既云“三字石經”，復謂“古篆”者，王國維以爲：“唐人就三字拓本中，專録其古、篆二體。”[③]此其揣測之辭，似有不實之處；蓋“今日發見之魏石經，除三字直下之石爲最多者外，則有品字式、三字直下五字行、古篆二體、古文一體、篆書一體、隸書一體諸石”。[④] 由是則知，《通志》所謂“古篆”者，爲魏古篆二體石經之殘存，殆非王氏所謂唐人所專録成書者也。王氏撰寫《魏石經考》時，[⑤]所見未廣，石經出土不多，致有此説也。

四、淵源——兼論古文經與魏石經古文之關係

考“古文經”之名，實緣於“今文經”而起。[⑥] 初，在嬴秦之前，六經之中原本無“古文經”與“今文經”之别異。至暴秦之季，燔《詩》《書》，坑術士，《六藝》

---

① 《漢魏石經考》中篇，頁四下。

② 《魏石經考》三，收入《觀堂集林》卷二十，頁六。

③ 《魏石經考》四，收入《觀堂集林》卷二十，頁八下—頁九。

④ 孫海波《魏三字石經集録・源流》，頁四。

⑤ 王國維之作《魏石經考》蓋在一九一六年（丙辰），王氏予羅振玉書中，自云：“近日寫《毛公鼎考釋》畢，後又修改《魏石經考》，尚須重寫一次，其中《魏石經經本考》一篇，幾全行改易，其子目爲：《漢石經經數石數考》《魏石經經數石數考》《魏石經經本考》《魏石經拓本考》《魏石經經文考》《魏石經篇題考》《魏石經古文考》《魏石經書法考》，共八篇，分爲二卷，附以碑圖七，此次殆可爲定稿矣。”（《觀堂書札》第九札，刊於《中國歷史文獻研究集刊》，第一集，頁十三）由此書札可覘知，王氏之作《魏石經考》係在民國五年。

⑥ 考《隋書》卷三十二《經籍志》載有“古文尚書十三卷”“今字尚書十四卷”頁十，可見“古文”與“今字（文）”二詞本係相對稱。又詳拙作《漢熹平石經集成序》。

從此缺矣。[①] 加諸楚、漢相争,逐鹿中原,項王扇火咸陽,長達三月而不絶,致使官藏典籍,亦有回禄之恨。[②]

漢興,至孝惠之世,天下晏安,始除挾書之令,[③]開獻書之路,置寫書之官,儒學因之微振。然漢初,高祖猶以干戈平定四海,未遑庠序之事。[④] 至吕后時,公卿皆爲有功之臣,文帝本好刑名之言,及至文、景之世亦不甚任用儒者。[⑤] 迨武帝時,始招方正、賢良、文學之士,而設立《詩》《書》《禮》《易》《春秋》等五經凡今文十四博士。是時儒士均以漢世通行之"隸書"寫定經文,以爲"教授"及"課試"之資焉。斯時也,傳"今文五經"者爲:

> 言《詩》於魯則申培公,於齊則轅固生,於燕則韓太傅。言《尚書》自濟南伏生。言《禮》自魯高堂生。言《易》自菑川田生。言《春秋》於齊、魯胡母生,於趙自董仲舒。[⑥]

據此可知,漢初傳"今文五經"者多是齊魯之儒,是故史遷以爲:

> 夫齊、魯之間於文學,自古以來,其天性也。故漢興,然後諸儒始得修其經藝,講習大射、鄉飲之禮。[⑦]

太史公如此云云,自是通達之論。

自此之後,"今文經"因得盡立學官而咸有博士之席凡十四所焉,遂定五經經學於一尊,歷任經學博士均爲今文學家所淹有。晚至漢平帝始立古文《尚書》、《毛詩》、逸《禮》、《樂經》、《左氏春秋》等古文博士。[⑧] 因此,平帝時增"五經"爲"六經"博士而已。自是迄後漢之末葉,六經博士略無所增損。[⑨]

此全漢官方儒學設立博士之概況。

---

① 見《史記·儒林傳·序》(卷一二一),頁二;又《漢書·儒林傳·序》(卷八八),説與史遷同。

② 見《史記·項羽本紀》云:"項羽引兵西屠咸陽,殺秦降王子嬰,燒秦宫室,火三月不滅。……項王見秦宫室,皆以燒殘破。"(《史記會注考證》,卷七,頁三五—三六)

③ 見《漢書·楚元王傳》,卷三六,頁三二。

④ 見《史記·儒林傳序》(卷一二一),頁二;又《漢書·儒林傳序》(卷八八),説與史遷同。

⑤ 同上。

⑥ 《史記·儒林傳序》(卷一二一),頁二;又《漢書·儒林傳序》(卷八八),説與史遷同;《史記會注考證》卷一二一,頁七一八。

⑦ 《史記·儒林傳序》(卷一二一),頁二;又《漢書·儒林傳序》(卷八八),説與史遷同;《史記會注考證》卷一二一,頁六。

⑧ 事見《漢書·儒林傳贊》;又見王國維《漢魏博士考》,收入《觀堂集林》,卷四,頁一〇。修案:唯此古文經博士立後不久即廢,請參考周予同《經今古文學》一文,收入《周予同經學史論著選集》,頁一—三九。

⑨ 見《漢魏博士考》,收入《觀堂集林》卷四,頁一一。

唯“古文經”在漢平帝入學官之前，早已出土或發見。今即見於《史記》《漢書》《説文解字》《論衡》諸書所載者，拈出數則，徵引於下，以爲驗證者焉：

《史記·儒林傳》：“孔氏有古文《尚書》，而安國以‘今文’讀之，因以起其家。逸《禮》得十餘篇，蓋《尚書》滋多於是矣。”①

劉歆《移太常博士書》：“及魯恭王壞孔子宅，欲以爲宫，而得‘古文’於壞壁之中，逸《禮》有三十九篇②，《書》十六篇。天漢之後，孔安國獻之，遭巫蠱倉卒之難，未及施行。及《春秋》，左氏丘明所修，皆‘古文’舊書。多者二十餘通，藏於秘府，伏而未發。孝成皇帝閔學殘文缺，稍離其真，乃陳發秘藏，校理舊文，得此三事③。”④

《漢書·河間獻王傳》：“獻王所得書，皆‘古文’先秦舊書，《周官》《尚書》《禮》《禮記》《孟子》《老子》之屬。”⑤

《漢書·魯恭王傳》：“恭王初好治宫室，壞孔子舊宅，以廣其宫，聞鐘磬琴瑟之聲，遂不敢復壞，於其中得‘古文’經傳。”⑥

《漢書·藝文志》：“古文《尚書》者，出孔子壁中。武帝末，魯共王⑦壞孔子宅，欲以廣其宫，而得古文《尚書》及《禮記》《論語》《孝經》，凡數十篇，皆‘古字’也。……孔安國者，孔子後也。悉得其書，以考二十九篇，得多十六篇。安國獻之，遭巫蠱事，未列於學官。”⑧

許慎《説文解字叙》：“及亡新居攝，使大司空甄豐等校文書之部，自以爲應制作，頗⑨改定‘古文’。時有六書：一曰古文，孔子壁中書也。二曰奇字，即古文而異者也。……壁中書者，魯恭王壞孔子宅，而得《禮記》《尚書》《春秋》《論語》《孝經》。又北平侯張蒼獻《左氏傳》。郡國亦往往

① 《史記》，卷一二一，頁九。
② 修案：“三十九篇”之“篇”字，依《漢書補注》補足之。
③ 所謂“三事”者，修案：王先謙《補注》云：“三事，謂《左氏春秋》、古文《尚書》、逸《禮》也。”（卷三六，頁三三下）
④ 《漢書·楚元王傳》引，卷三六，頁三三。
⑤ 《漢書》卷五三，頁一。
⑥ 《漢書》卷五三，頁四。
⑦ 修案：“魯共王”即“魯恭王”，蓋“恭”從共得聲，上古凡形聲字與所從之聲母同時，彼此間往往可以假借，是故古籍或借“共”爲“恭”字。
⑧ 《漢書》卷三十，頁七。
⑨ 段注云：“頗者，閒見之辭，於古文閒有改定，如‘疊’從三‘日’大盛改爲三‘田’，是其一也。”（《説文解字注》，卷一五上，頁一六下）

於山川得鼎彝，其銘即前代之'古文'，皆自相似。"①

《論衡・佚文篇》："孝武皇帝封弟爲魯恭王。恭王壞孔子宅以爲宫，得佚《尚書》百篇、《禮》三百、《春秋》三百篇②、《論語》二十一篇。"③

《論衡・正説篇》："孝景帝時，魯恭王壞孔子教授堂以爲殿，得百篇《尚書》於牆壁中。武帝使使者取視，莫能讀者，遂秘於中，外不復見。"④

《論衡・正説》："至孝宣皇帝之時，河内女子發老屋得逸《易》《禮》《尚書》各益一篇，奏之。宣帝下示博士，然後《易》《禮》《尚書》各益一篇，而《尚書》二十九篇始定矣。至孝景帝時，魯共王壞孔子教授堂以爲殿，得百篇《尚書》於牆壁中。武帝使使者取視，莫能讀者，遂秘於中，外不得見。至孝成皇帝時，徵爲古文《尚書》學，⑤東海張霸案百篇之序，空造百兩之篇，獻之成帝。帝出秘百篇以校之，皆不相應。"⑥

孔子教授堂"壁中古文"之發見，今據《史記》《漢書》《説文》《論衡》所載，實無可疑。唯孔安國獻書之事，於時事未符，遂有疑其爲僞者。今依閻若璩之考證，當爲"其家子孫獻之"，其言曰：

竊疑天漢後，安國死已久，或其家子孫獻之，非必其身，而苦無明證。越數載，讀荀悦《漢紀・成帝紀》云："魯恭王壞孔子宅，得古文《尚書》，多十六篇。武帝時，孔安國家獻之。會巫蠱事，未列於學官。"於"安國"下，增一"家"字，足補《漢書》之漏。⑦

閻氏之説出，則可使斯種疑惑，涣然冰釋矣。是故壁中書古文經中有《尚書》《春秋經》《左氏傳》等古文紀傳，似無疑問。

再者，據王國維之考證，知漢時所見儒家古文本經傳：凡十種，共計十又五本。試將其目，列表如下，俾供參考：⑧

① 《説文解字》卷十五上，頁三。

② 《春秋》三百篇者，屈翼鵬先生以爲"百"字，當作"十"，並云："蓋孔壁所出者，《春秋》三十篇，而無《左傳》。"（《古籍導讀》，頁一八五）

③ 《論衡校釋》卷二十，頁八六〇—八六一。

④ 《論衡校釋》卷二八，頁一一二五。

⑤ 《漢書・藝文志》云："至成帝時，以書頗亡，使謁者陳農求遺書於天下。"（卷三十，頁一）

⑥ 《論衡校釋》，卷二八，頁一一二四—一一二六。

⑦ 《尚書古文疏證》，卷二，頁四。收入《皇清經解續編》册一。

⑧ 《漢時古文本諸經傳考》，收入《觀堂集林》卷七，頁八下—一二。

編號	經　名	古文本名稱	出　　處
一	周　易	（一）中古文本	《漢書·藝文志》
		（二）費氏本	《後漢書·儒林傳》
二	尚　書	（一）伏氏本	《史記·儒林傳》
		（二）孔壁本	《漢書·藝文志》:《尚書》古文經四十六卷
		（三）河間本	《漢書·景十三王傳》
三	毛　詩		《漢書·藝文志》:《毛詩》二十九卷
四	禮　經	（一）淹中本	《漢書·藝文志》
		（二）孔壁本	《漢書·藝文志》
		（三）河間本	《漢書·景十三王傳》
五	禮　記		《漢書·景十三王傳》
六	周　官		《漢書·景十三王傳》
七	春秋經		《漢書·藝文志》:《春秋》古經十二篇
八	春秋左氏傳		《論衡·案書篇》《漢書·劉歆傳》
九	論　語	孔壁本	《漢書·藝文志》:《論語》古廿一篇,出孔壁中
十	孝　經	孔壁本	《漢書·藝文志》:《孝經》古孔氏一篇,廿二章 《説文解字叙》

王氏之結論以爲:

> 以上十種,十有五本,其存於後漢者,惟孔壁中書及《左氏傳》。故後漢以後,"古文"之名,遂爲"壁中書"所專矣。①

衡諸王氏之説,試與前文所徵引子長、孟堅、叔重、仲任之書合而觀之,則知彼此若合符節,實可確信而足以成立矣。

此係古文經之出土或發見,載諸簡策,藏諸秘府,可得而説者。至於流落民間,爲秦令所未及者,亦或有之,吾人以爲:

> 當秦火之焚,天下知藏書於壁中者,未必止孔氏一家而已。至漢惠文之際,除挾書之律,開獻書之路,鄉野老屋,皆有古文經之出世,亦未必止孔壁一處而已。魯恭王之壞孔壁者,或以發書爲最夥,因乃見諸記載,

① 見《漢時古文本諸經傳考》,收入《觀堂集林》卷七,頁一二。

非謂此外"别無古文"也。[1] 孔壁所得,安國當時未立即獻諸朝廷,其後又深藏於秘府,伏而未發,是世人罕見其書矣。倘使别無古經傳本,劉歆時何來魯國桓公、趙國貫公、膠東庸生之遺學?且自東遷之後,民間"古文學"已盛行,至於官學相抗,勢非一蹴而就,而其來有自,傳本不一一者,蓋可以想見也。是則漢、魏間所見古文資料,必不在少,惟後世失傳爲甚可惜也。[2]

此即純理論推之,可得而説者也。至於實例,王國維亦有説焉,其言曰:

然如鄭玄平生未嘗窺中秘,而其注《尚書》《周官》頗引逸《書》。又其注《禮經》也,不獨以"古文"校"今文";且其所據之"古文"亦非一本。如:《聘禮》"繅三采",注云"古文繅或作藻",今文作"璪"。《公食大夫禮》"設洗如饗",又"皆如饗拜",注皆云:"古文饗或作鄉。"《士喪禮》"設決麗于掔",注云:"古文麗亦爲連。"《既夕禮》"夷牀輁軸",注云:"古文輁或作拱。"《士虞禮》"祝入尸謖",注云:"古文謖或爲休。"又"明日以其班祔",注云:"古文班或爲辨。"又"中月而禫",注云:"古文禫或爲導。"凡言某古文或爲某者八,是其所據"古文"必非一本,且皆非中秘之本。夫兩漢人未聞有傳古文《禮》者,而傳世之古文《禮》尚有數本;則古文《尚書》《左氏傳》等民間本有是學者,其有别本可知。[3]

此即實例而言,"古文經"有流落民間,爲秦令所未及者在焉。

綜而觀之,兩漢之間"古文經"之來源有二:一係世傳之"古文經",以流傳於民間者爲主,此爲"民間本";一爲孔宅壁中書之"古文經",以收藏於秘中者爲主,此爲"秘府本"。此一事實,唐蘭亦曾闡發之,其言曰:

這時候,[4]最重要的一件事,是古文經的重新發現。古文經的來源,有兩類:一類是傳世的古書,如《周易》《毛詩》《左氏傳》;一類是孔子宅壁中拆出來的舊本,如:古文《尚書》、《禮》古經、古文《論語》等。流傳到劉向父子校中秘書,纔發現它們的可貴。劉歆因而創立他的"古文經學"。[5]

---

① 《魏石經考三》,刊於《觀堂集林》卷二十,頁七下。
② 《魏石經古文釋形考述叙》,頁六一七。
③ 《漢書古文諸經有轉寫本説》,收入《觀堂集林》,卷七,頁一三。
④ 修案:指西漢。
⑤ 《中國文字學》,頁一四。本節亦可參看拙作《説文解字古文釋形考述》,《古文源流》章,頁一九一三三。

其説可證本文上述所論，實屬確然可信。

至於古文經著諸竹帛是在何時？此一問題，如能加以擬測，則有助於古文構形及其淵源之了解。今自葬於西漢初年之馬王堆三號墓[①]所出土帛書《老子》甲、乙本及卷前、後古佚書推之，是筆道家之書蓋寫定於六國時代，而《老子》甲本之文字形構尚留存於篆、隸之間。至若儒家經典既由孔子所整理以傳授諸弟子，則知儒家典册係於孔子時或稍蚤即已著諸竹帛。不然，孔子以五十以學《易》，[②]何能致韋編三絶？[③] 又有《詩》"三百，一言以蔽之，曰思無邪"之語，[④]如不著諸竹帛，何有"三百"之數？再如"子曰：《書》云孝乎？"[⑤]子所雅言者，指《詩》、《書》、執禮而言。[⑥] 至若興《詩》，立《禮》，成《樂》；[⑦]子自衛反魯，然後《樂》正，《雅》《頌》各得其所；[⑧]誦《詩》三百，授之以政；[⑨]孔子教鯉，不學《詩》，無以言；不學《禮》，無以立；[⑩]《詩》，可興，可觀，可羣，可怨等語。[⑪]由是可知，孔子所稱《易》《詩》《書》《禮》《樂》諸經，均已著諸竹帛，而成就典籍，非徒口耳相傳者也。是故史遷云：

> 孔子以《詩》《書》《禮》《樂》教，弟子蓋三千焉。[⑫]

由此徵知，孔子教授弟子時，舉凡《詩》《書》《禮》《樂》《易》等經書，自有定本。既有定本，則必著諸竹帛，編成典册，遂致"韋編三絶"，以爲故實。斯時也，既已將五經著諸簡縑，所用字體必是以春秋時所通行之文字寫定，方符常理。

至於《春秋經》一書，則係孔子本自魯國史記加以筆削而成，亦當是以春秋時所通行之文字筆植於簡帛者也。孟子以爲是時世衰道微，邪説暴行有作，孔子懼，作《春秋》。[⑬] 又曰："王者之迹熄而《詩》亡，《詩》亡然後《春秋》

---

① 據研究稱：該墓係葬於漢文帝前十二年（前一六八年）。
② 見《論語・述而篇》。
③ 見《史記・孔子世家》，卷四七，頁二三下。
④ 《論語・爲政篇》。
⑤ 《論語・爲政篇》，《論語》引《尚書》語。
⑥ 見《論語・述而篇》。
⑦ 見《論語・泰伯篇》。
⑧ 見《論語・子罕篇》。
⑨ 見《論語・子路篇》。
⑩ 見《論語・陽貨篇》。
⑪ 同上。
⑫ 《史記・孔子世家》，卷四七，頁二三下。
⑬ 見《孟子・滕文公下》，卷三，頁九〇—九一。

作。”[①]是故無論《春秋》或五經，至孔子均係“集大成”者；既是“集大成也者”，自然可以“金聲而玉振之也”。[②]

自春秋而有六國，由六國而有秦漢，六經中或有傳抄本、再抄本，或三抄本，然則其所依據之底本理應是孔子所删定編寫之教本，則其文字大體而言亦必係春秋時之通行字體，抄者容或失真，惟字形結構自是不差。是故西漢初年以來，孔壁所出，河間女子所獻，杜林所得漆書，蓋皆春秋時代文字之孑遺，其形體多相類似之“古文經典”也。即因其字體形構與有漢通行之隸書相去有間，以致漢“武帝使使者取視（修案：指壁中書古文經），莫能讀者”。[③] 職是之故，漢儒爲出土或發見之六國以前之經典寫本與武帝時伏生口授隸定之經典寫本有所區别，遂生“古文”與“今文”之名，而致有古文經與今文經之異耳；並非謂秦火之前即已有“古文”與“今文”之説，或是今文經及古文經之别異也。至東漢許叔重著《説文解字》一書，其中網羅古文經上之“古文”至豐且富，每將其置於“正篆”之下，輒説解曰“古文某”，或“古文作某”云云。凡此爲其表示“重文”之體例也。又因許書係以形體爲準之字書，既謂有“古文某”，相對而言，勢必有“籀文某”“篆文某”及“俗作某”之殊異，同時呈現於一書之上。此種殊異現象，蓋炎漢之世，通行隸書後（隸書者，即兩漢人心目中所謂之“今文”，爲當時通行之字體也），所作之區别而已。上溯先秦，本無“古文”“籀文”“篆文”之諸多區别名；自然亦無“古文”“今文”之歧異也。既然無“古文”與“今文”之異同，勢必無今文經與古文經之殊差矣。

再者依《論衡》所載，漢成帝時（前三十二年—前二十九年）官藏古文經猶在秘中，是故得以取之與張霸百兩篇相校，遂致偵破其所呈獻之《尚書》爲僞作。[④] 又《漢書·藝文志》載平帝詔劉向父子校書秘府事，其言曰：

> 迄孝武世（前一四〇年—前八七年），書缺簡脱，禮壞樂崩，聖上喟然而稱曰：“朕甚閔焉。”於是建藏書之策，置寫書之官，下及諸子傳説，皆充秘府。至成帝時，以書頗亡，使謁者陳農求遺書於天下，詔光禄大夫劉向校經傳、諸子、詩賦，……每一書已，向輒條其篇目，撮其指意，録而奏之。會向卒。哀帝（前六年—前一年）復使向子侍中奉車都尉歆卒父業，歆於

① 《孟子·離婁下》，卷四，頁一二六—一二七。
② 《孟子·萬章下》，頁一四二。
③ 《論衡·王説篇》，《校釋》卷二八，頁一一二五。
④ 《論衡·王説篇》，《校釋》卷二八，頁一一二五—一一二六。

是總羣書而奏其《七略》。①

綜上可知，官方秘中古文經經由劉向父子一一校録之後，始復面世。如此重要之古文經，其在秘中伏而未發，殆已垂百四十年之久矣。此爲在秦火後，古文經首次由政府正式董理而有成就者也。劉歆在其《移太常博士書》一文中，强調古文經之特徵，適足以正今文經脱簡間篇之失，其言曰：

孝成皇帝閔學殘文缺，稍離其真。乃陳發秘藏，校理舊文，得此三事。② 召考學官所傳，經或脱簡，傳或間編。③

劉氏之説，足徵古文經之價值甚高，且有可觀者焉。惜乎斯時也，"抑而未施"，致使古文經中之古文《尚書》、逸《禮》、《左氏春秋》、《毛詩》等無法立於學官，成立博士；則誠難與今文經相抗衡，互砥礪矣。迨漢平帝時（一年—五年）始立古文《尚書》、《毛詩》、逸《禮》、《樂經》、《左氏春秋》於學官，成立博士。④然則，古文經之入學官已晚今文經長達百餘年矣。至此，始得與今文經分庭抗禮，判其軒輊。後因"今文家"之抗争，旋廢。事實上，官方藏於秘中之古文經，雖皆伏而未發；唯民間流傳古文經之事實，亦不容置疑，即劉歆所謂傳問民間者⑤，則有魯國柏（桓）公⑥、趙國貫公、膠東庸生之遺學；貫公傳《左氏春秋》於賈誼，庸生傳古文《尚書》於都尉朝，桓公即桓生傳逸《禮》於徐生者。⑦凡此諸人，即是著例。他若史傳所未備載而實際流傳於民間之古文經學家，則又不知尚有凡幾。

漢平帝時，古文經既得以立於學官，傳遞古文經之命脈者已由民間轉入官方，爲當時衆所公認之學派矣。晚至後漢熹平四年（一七五年），今文經始刻石於洛陽太學講堂前，成就爲我國經學史上有名之漢熹平石經。至曹魏立《穀梁春秋》《禮記》於學官；而"古文家經"，如：費《易》、古文《尚書》、《毛詩》、

① 《漢書》卷三十，頁一一二上。

② 所謂"三事"者，修案：王先謙《補注》云："三事，謂《左氏春秋》、古文《尚書》、逸《禮》也。"（卷三六，頁三三下）

③ 《漢書·楚元王傳》，卷三六，頁三三下。又《漢志》云："劉向以中古文校歐陽、大小夏侯三家經文，〈酒誥〉脱簡一，〈召誥〉脱簡一。率簡二十五字者，脱亦二十五字；簡二十二字者，亦脱二十二字；文字異者七百有餘，脱字數十。"（卷十）此又足與《楚元王傳》所云相互印證者矣。

④ 見《漢書·藝文志》（卷十）、《儒林傳》（卷八十八）、《王莽傳》（卷九九）。

⑤ 修案："劉歆所謂傳問民間者"之"傳"字，王先謙《漢書補注》曰："《文選》'傳'作'博'字。"

⑥ 修案："魯國柏公"的"柏"字，王先謙《漢書補注》曰："柏當作桓，閩本、官本不誤。宋人'桓'缺末筆遂誤爲'柏'字。"

⑦ 見《漢書·儒林傳》（卷八八）及王氏《補注》。

《周禮》、《左氏春秋》,遂皆得立於學官。[1] 由此可見,古文經之勢力已非前漢之伏而未發,抑而不施之態勢;而是天運循環,無往不復,恭逢其時,日興月盛者矣。王國維曾對當時古、今文經彼此交替,互相易勢之概況,詳加析論之,其言曰:

自董卓之亂,京洛爲墟,獻帝托命曹氏,未遑庠序之事,博士失其官守,垂三十年。"今文學"日微,而民間"古文之學"乃日興月盛。逮魏初復立太學博士,已無復昔人。……而漢家四百年學官,"今文之統"已爲"古文學家"取而代之矣。……魏時,除《左傳》杜注未成,《尚書》孔傳未出外,《易》有鄭氏、賈氏,《書》有賈、馬、鄭、王氏,《詩》及"三禮"鄭氏、王氏,《春秋左傳》服氏、王氏,《公羊》顔氏、何氏,《穀梁》尹氏,適得十九家,與博士十九人之數相當。……此十九博士中,惟《禮記》《公》《穀》三家爲"今學",餘皆"古學"。於是西京施、孟、梁丘、京氏之《易》,歐陽、大小夏侯之《書》,齊、魯、韓之《詩》,慶氏、大戴之《禮》,嚴氏之《春秋》,皆廢於此數十年之間。不待永嘉之亂而其亡可決矣。學術變遷之在上者,莫劇於三國之際,而自來無能質言之者,此可異也。[2]

後來,周予同亦有類似之看法,其言曰:

"今文學"的衰落,固然由於今、古文家法的混亂;但實在還有一個基本的原因,那便是當時的社會秩序太不安定,使專門學術的傳授漸漸斷絶的緣故。漢末,黄巾起義,董卓叛亂,接著三國鼎立紛争,和西晉五胡南侵,綿延幾達一百五十年(黄巾起義於靈帝中平元年,當公元一八四年;西晉亡於愍帝建興四年,當公元三一六年)。當時學者流離失所,經、傳焚毁滅裂,人民救死惟恐不及,那能説到古籍的保存和研究呢!據史籍記載,《齊詩》魏時已亡;永嘉(三一一年)之亂,《易》亡施氏、梁丘,《書》亡歐陽、大小夏侯,《詩》亡《魯詩》《韓詩》;孟氏《易》、京氏《易》無傳人;《春秋公羊傳》《穀梁傳》漸衰,雖存若亡。到東晉元帝設立博士,《易》王氏(弼),《尚書》鄭氏、古文《尚書》孔氏(僞孔安國),《毛詩》鄭氏,《周官》《禮記》鄭氏,《春秋左傳》杜氏(預)、服氏(虔),《論語》《孝經》鄭氏;所謂

① 王國維《漢魏博士考》,收入《觀堂集林》卷四,頁一一。
② 王國維《漢魏博士考》,收入《觀堂集林》卷四,頁一二—一三。

西漢今文十四博士，已無一存，而“今文學”也已“澌滅殆盡”了。[①]

試將王、周二氏之説比較觀之，王氏主張今文經之“澌滅殆盡”係在曹魏時代已是如此；周氏則認今文經之“澌滅殆盡”則在東晉元帝之時。二家對“澌滅殆盡”之時間看法互異，然今文經之“澌滅殆盡”之基調則頗爲一致。吾人傾向贊成王氏之主張。蓋三國鼎立，天下紛争，今文經於戰亂中逐漸失傳。至曹氏立國稱王，自然非依賴民間古文經來補救“官學”之闕失不可，此係曹魏古文經興盛，而今文經“澌滅殆盡”之主因。基於此一客觀事實，迨三國之後，古文經之聲勢已凌駕今文經之上，實爲不可遏抑之態勢，是故魏齊王芳正始元年之碑刻石於太學時，非以古文經爲主要不可，此乃時勢所趨，潮流所至爾。

此兩漢古今文經學彼此替代之大要。

綜觀漢魏經學發展史，漢初首重今文經，傳“今文家學”。至西漢末葉成帝之時，始詔劉向父子校理秘中古文經，遲至平帝時方得立“古文五經”（無《易》）於學官（旋廢）。此後，直抵東漢末季，今古文之争，愈演愈烈，有增無損。[②] 迄曹魏之時，古文經大盛於朝廷，十九位經學博士中有十六位係“古文學家”，已占總數百分之八十四强，其强弱易勢，彼此替代之劇烈，實甚可觀矣。是故，後漢熹平四年（一七五年）刊刻經書於石時，係採用今文經爲官方課本，而至曹魏正始元年（二四〇年）則以古文經勒石，以之爲官定課本。如此主從易位，以“古文”替代“今文”之現象並非無因，實亦時代趨勢所致，所不得不然者也。總之，即今古文經學之發展而言，今文經係先盛而後衰，古文經則爲先抑而後揚也。

至於東漢古文經典之書寫形式爲何？章太炎曾加以擬測，其言曰：

> 由今觀之，馬、鄭皆稱“古文”而文字多異，蓋皆訓讀之字，若原本則盡依壁經，斷無歧異之想。恐當時説經，與宋人鐘鼎款識相近，首列“摹本”，次列“真書”，後列“釋文”，行款雖不必同而三者必皆完備。“摹本”者，即移寫壁經也；“真書”者，即以己意訓讀之本也；“釋文”者，即己所作傳注也。是故，馬、鄭本見於《經典釋文》者，皆其訓讀之本，而非移寫壁經之本也。[③]

---

① 周予同《經今古文學》，頁一七。
② 關於今古文學之争，凡有四起，詳周予同《經今古文學》，頁九—一四。
③ 章太炎《與弟子吴承仕論三體石經書》，《華國月刊》第二期第三册，頁三。

章氏之説，啓發性之價值甚高。是説也，適足以作三體石經何以經文一字而有古文、隸書二種不同字體之注脚。至於“古文”與“隸書”間之小篆如何産生，則章氏未作説明，誠屬美中不足。魏三體石經每一經文字所以呈現古文、小篆、隸書三種字體同時出現者，正是古文經歷經西漢而新莽，由新莽而東漢諸多轉折之實際寫照；同時，亦呈現出古文經學家於兩漢之世辛勤耕耘古文經之明確實録。蓋“壁中經”原本係以“古文”一體書之者也；迨西漢初，“小篆”猶流傳於民間乃至官府，[①]與“隸書”並行於世；是故民間或官方之古文經學家即以“小篆”附於“古文”之下，以爲“對譯”，便於兩相對照，以爲“教授”或“課試”之用。此一事實，於東漢服虔解誼《左襄二十五年傳》時，猶見“古文”與“小篆”相互對譯之古文左傳本，其言曰：“古文、篆書一簡，八字。”[②]此一實録，可爲余説作佐證。是故王國維云：

> 蓋子慎之時，其（修案：指《春秋左氏傳》一書）原本或傳寫古文之本，猶有存焉者矣。[③]

漢武帝以後，今文經日新月盛，且夫“隸書”已風行天下，“小篆”日漸被“隸書”（今文）取代而逐漸式微，則古文家以“小篆”與“古文”對照之古文經亦已寖漸不便時人通讀矣，古文經師爲順應潮流，及時趕上今文經，遂又於“小篆”之下附上“隸書”以爲對譯，便於與“小篆”對照。如此一來，既利於古文經之“教授”“課試”與“閱讀”，又便於使之普及於民間。逮之東漢，由於日就月將，逐漸堆積，致使所有古文經典册均係以古、篆、隸三體對照之形式出之，遂形成古文經全貌之一大特色。其與今文經悉數以今文（隸書）隸定者截然不同，是故王國維以爲：

> 由此觀之，兩漢古文學家與小學家實有不可分之勢，此足證所傳經本多爲古文，至改用隸定之本，當在賈、馬、鄭以後，而非兩漢之事實矣。[④]

其説是也。由東漢而曹魏，此種古文、小篆、隸書三體具在之古文經書寫形式始終未嘗或易。至魏正始元年，勒刻古文《尚書》、《春秋經》、《左氏傳》於洛陽

① 修案：晚近出土大批西漢璽印、封泥均以“小篆”出之，青銅器銘文亦多以“小篆”書之，請參閱羅福頤《璽印文字徵》、容庚《金文續編》二書；又漢代册命之文皆用篆文，見《獨斷》與《通典》。
② 見馬國翰輯《春秋左氏傳解誼》卷三，頁二十九。
③ 王國維《漢時古文本諸經傳考》，收入《觀堂集林》卷七，頁一一。
④ 王國維《西漢古文學家多小學家説》，收入《觀堂集林》卷七，頁一六下。

太學前石碑時，亦悉仍舊制，遂有古、篆、隸三體具出於經文一字之上之事實存焉。魏齊王芳所以如此不憚其煩難，按照古文經原貌勒碑者，蓋旨在存古文經典之本真也。魏三體石經保存經文一字而有古文、小篆、隸書三種字體之事實，不僅如劉氏《漢魏石經考》所云，謂其有存字體之用而已，其實尚具有保存古文經書寫形式原貌之功在焉。

至於魏石經《尚書》古、篆、隸三體書寫形式之淵源，黄彰健教授亦有説焉，其言曰：

> 由三體石經殘石看來，古文的結體與小篆及隸書大異。小篆與隸書之區别在：小篆用筆圓，而隸書方整。小篆、隸書的結體大部分相同，僅小部分有異，如隸書“西”字而小篆作“”。但小篆在漢代仍通行，現已收入《倉頡》《爰歷》及《博學》三篇，爲閭里書師用以教人，而漢代策命諸侯王，仍用篆書，①碑誌題額仍用篆字，故人們於篆字並不難識。秦始皇既書同文，罷六國文字，於是六國文字成爲“古文”。但《書經》在秦代立於學官，伏生爲秦博士，則其所授《尚書》當已用小篆書寫。至漢代以隸書通行，學者改寫以隸書。故孔安國欲識孔壁本古文《尚書》，勢需以伏生所傳二十八篇本《尚書》與之校讀，由隸體認識篆體，由篆體認識二十八篇中之古文，然後用以認識二十八篇以外之《尚書》各篇的古文，因此認識逸《書》十六篇。《史記·儒林傳》説：“秦時焚書，伏生壁藏之。……漢定，伏生求其書，亡數十篇，獨得二十九篇（即今文二十八篇，加二十八篇《書序》一篇，爲二十九篇，……），即以教於齊、魯之間。……孔氏有古文《尚書》，而安國以今文讀之，因起其家逸《書》，得十餘篇，蓋《尚書》滋多於是矣。”《史記索隱》説：“以今文讎古、篆、隸，推科斗以定餘五十餘篇。……《藝文志》曰：安國悉得其書，以考二十九篇，得多十六篇。起者，謂起發以以出也。”②

---

① 黄書原注一六云：“《後漢書·光武帝紀》第一上（《集解》，頁一七）李賢注引《漢制度》説：‘帝下之書有四：一曰策書，二曰制書，三曰詔書，四曰誡敕。策書者，編簡也。其制長二尺，短者半之，篆書，起年、月、日，稱皇帝以命諸侯王。三公以罪免，亦賜策，而以隸書，用尺一木，兩行，惟此爲異也。’《通典》卷七十一，‘策拜諸王’條：‘北齊策拜諸王，……册軸一枚長二尺，以白練衣之，用竹簡十二枚，六枚與軸等，六枚長尺二寸，文出集書，書皆篆字。’”（《經今古文學問題新論》，頁五八一）

② 黄書原注一七云：“起”，亦即《論語》“起予者商也”之“起”。孔子與子夏言《詩》，而子夏所言使孔子有所起發，對《詩》有新的了解，故“起”字可引申而有領悟之意。《尚書正義》引劉向《别録》説：“武帝末，民間有得《泰誓》，獻之，與博士，使讀説之，數月皆起。”此《泰誓》爲僞古文《泰誓》，因其字體爲古文，故博士讀之，需花數月，始能了解。（《經今古文學問題新論》，頁五八三）

《史記・儒林傳》所記"以今文讀",是指以篆文《尚書》、隸文《尚書》與古文《尚書》校讀,因而認識這些結體迥然不同的壁中本古文《尚書》,而三體石經以三體並列,很可能即是根據孔安國以今文校讀而流傳下來的本子。①

黄氏所云,係指官方傳授古文《尚書》所以擁有古、篆、隸三種字體之緣由,或可供拙説之佐證也。

五、書石者誰

魏石書《尚書》書石者誰? 自古迄今,争論不休,衆説紛紜,莫衷一是,尚無定論。唯斯石也,蓋非一人所能書,亦非一時所能刻,則可定矣。兹羅列各家之説於下,分數端論之,或可臧否是非,得其懸解爾。

一云邯鄲淳書

《魏書・江式傳》云:

延昌三年,式上疏云:"魏陳留邯鄲淳特善《倉》、《雅》、許氏《字指》、八體六書,精究閑理,以書教諸皇子。又建三字石經於漢碑之西,其文炳蔚,三體復宣,校之《説文》,篆、隸大同,而古字少異。"②

閻若璩《尚書古文疏證》云:

魏邵陵厲公正始中,邯鄲淳書石,亦立於大學,此所謂三字石經也。③

姚晉圻《漢魏石經考序》云:

魏石經爲邯鄲淳書。……考《搜神記》言火浣布,魏文著之《典論》,明其不然之事。及明帝立,詔三公曰:先帝昔著《典論》,不朽之格言,其刊石廟門外及大學,與石經並示來世。至景初三年,西域獻火浣布,於是刊滅此論。今將干寶斯言準之,景初三年,是爲正始元年,《典論》夙已刊

① 《經今古文學問題新論》,頁五三三—五三五。

② 點校本《魏書》卷九一,頁一九六一—一九六三,《北史・江式傳》同。《隋書・經籍志》云:"魏正始中,又立《一字石經》相承,以爲七經正字。"(卷三十二,頁三六下)《經義考》以"一"字,當屬"三"字之訛,其説是也。

③ 《尚書古文疏證》卷二,頁二八。

成矣。上距太和明帝下詔之日，多及十年，下詔即云“與石經永示來世”，則石經托始在先可知也。魚豢謂黄初元年後，新主乃始掃除大學之灰炭，補舊碑之闕壞。是刻石經當始黄初，淳時正爲博士耳。①

修案：以上所引述三家之説，均主邯鄲淳書寫魏三體石經者，其中尤以姚説引證繁多，論述綦詳，可供參考。

一云非邯鄲淳書

《晉書・衛恒傳》云：

魏初，傳古文者出於邯鄲淳。……至正始中，立三字石經，轉失淳法。②

《水經・穀水注》云：

魏初，傳古文，出邯鄲淳，石經古文轉失淳法。③

洪适《隸續》云：

《北史・江式》云：“魏邯鄲淳以書教皇子，建三字石經於漢碑西。”按：此碑以正始年中立，《漢書》云元嘉元年，度尚命邯鄲淳作曹娥碑。時淳已弱冠，自元嘉至正始亦九十餘年。式以“三字”爲魏碑，則是；謂之鄲邯所書，則非也。④

胡三省《資治通鑑注》云：

此碑以正始年中立，《漢書》元嘉元年，度尚命邯鄲淳作曹娥碑。時淳已弱冠。自元嘉至正始，亦九十餘年。或以“三字”爲魏碑，則是；謂之邯鄲淳所書，非也。⑤

顧炎武《金石文字記》云：

《魏書・江式傳》謂魏三字石經立於漢碑之西，爲邯鄲淳書，則不考衛恒之言而失之者也。⑥

---

① 《漢魏石經考・序》頁三—四上。
② 點校本《晉書・衛恒傳》卷三六，頁一〇六一。
③ 《水經注》卷七，頁一七。
④ 《隸續・樊敏碑跋》卷五，頁二。
⑤ 新校《資治通鑑注》册三，頁一八三六。
⑥ 《金石文字記》卷一，頁二六。

劉傳瑩《漢魏石經考》云：

江式身在洛陽，目驗石經，其碑上必有古人姓氏，何以妄語？想因古文《尚書》出自邯鄲竺，故以意推本言之，而不覺其非也。又案：合《衛恒》《趙至傳》及《隸續》證之，魏石經决非竺書。①

朱彝尊《經義考》云：

世傳經爲邯鄲淳所書，而《晉書·衛恒傳》謂：正始中立三字石經，轉失淳法，其非淳所書明矣。②

周貞亮《魏三體石經殘石拓本跋》云：

世謂三體石經即出淳書，《魏書·江式傳》詳載之。不知淳傳古文之人，非書石經之人也。觀衛恒《四體書勢》稱魏初傳古文者，出邯鄲淳。至正始中，立三體石經，轉失淳法，則書經之不出於淳可知。曰因名而遂效其形，則並不以經字作科斗形爲是可知。……自元嘉至正始，(淳)閲九十餘年，則經淳書可以斷定。③

修案：以上徵引諸家之説，均以爲至正始時，邯鄲淳已年高九十餘，則魏三體石經並非淳一老人所能書。蓋"淳傳古文之人，非書石經之人也"，此説爲可信據。

一云衛覬(敬侯)書

《晉書·衛恒傳》云：

漢武時，魯恭王壞孔子宅，得《尚書》《春秋》《論語》《孝經》，時人以不復知有古文，謂之"科斗書"。漢世秘藏，希得見之。魏初，傳古文者出於邯鄲淳，恒祖敬叔寫淳《尚書》，後以示淳，而淳不别。至正始中，立三字石經，轉失淳法，因"科斗"之名，遂效其形。④

杭世駿《石經考異》云：

魏始具三體，據《衛恒傳》，亦非邯鄲淳，乃敬侯也。衛恒《書勢》亦不言淳書，當得其實。則《隋志》《魏書》，不足信耳。⑤

① 《漢魏石經考》中篇，頁二下。
② 《經義考》卷二八八，《刊石》二，頁二下。
③ 《歷代石經考·魏石經》，頁九引。
④ 點校本《晉書·衛恒傳》卷三六，頁一〇六一。
⑤ 《石經考異》卷二，頁四。

修案：衛覬生瓘，瓘生恒，覬字敬叔，瓘字伯玉，恒字巨山，祖孫三代均以書法名家。杭氏以爲魏三體石經係衛敬侯（即敬叔）所爲，實受到《晉書·衛恒傳》所謂"恒祖敬叔寫淳《尚書》，後以示淳，而淳不别"之説所得暗示而立論者。揆諸《晉書》原意，恒祖敬侯係抄寫邯鄲淳所摹古文《尚書》之人，而非書寫三體石經之人也。

一云淳書古文經爲正始石經之宗祧

全祖望《石經考異序》云：

> 衛恒《四體書勢》謂：魏初傳古文者，皆出於淳，正始所立，轉失淳法。則淳於補正熹平隸字之外，别用壁中書寫一本，爲正始之祖。①

孫星衍《魏三體石經遺字考叙》云：

> 考孔子壁中書有《禮記》《尚書》《春秋》《論語》《孝經》，皆科斗古文。漢世藏於秘府，亡於永嘉之亂。魏初，邯鄲淳得目睹而手摹之，故《四體書勢》稱淳爲傳古文，又謂正始立石失淳法，則淳書實孔壁古文也。②

杭世駿《石經考異》云：

> 魚豢《魏略》以董遇、賈洪、邯鄲淳、薛夏、隗禧、蘇林、樂祥等七人爲《儒宗傳》。其《序》曰："黄初元年之後，新主乃復始掃除太學之灰炭，補舊石碑之缺壞。"又《邯鄲淳傳》云："黄初，初以淳爲博士給事中，淳作《投壺賦》千餘言奏之；文帝以爲工，賜帛千疋。"度淳在當時，未必甚老。或寫於黄初，而刻於正始，亦未可定。③

劉傳瑩《漢魏石經考》云：

> 《衛恒傳》：恒作《四體書勢序》，云魏初傳古文者出於邯鄲竺，恒祖敬侯（名覬）寫竺《尚書》。是淳於《尚書》有古文定本，正始石經《尚書》必祖是書。④

章太炎《與于右任論三體石經書》云：

---

① 全文收入《鮚埼亭集外編》，又見於《杭氏石經考異序》，收入《石經叢刊》册二，頁二一四—二一五。

② 《魏三體石經遺字考叙》，頁一，收入《平津館叢書》中。

③ 《石經考異》，卷二，頁四下。

④ 《漢魏石經考》中篇，頁一。

石經非邯鄲原筆,《書勢》已有其文。然既云"轉失淳法",則明其追本於淳。若絶不相系者,又何"失法"之有?《書勢》之作,所以窮究篆法,而非辨章六書。篆書用筆不如淳,則以爲"轉失淳法",故其下言"因科斗之名,遂效其形"。言筆勢微傷於鋭也,豈謂形體點畫之間,有所訛誤乎?[①]

章太炎《新出土三體石經考》云:

《魏志·潁川邯鄲淳附王粲傳》注引《魏略》:淳,一名竺,字子叔[②],善《蒼》、《雅》、蟲篆,許氏《字指》,四體書勢。又稱建初中,扶風曹喜篆書,少異李斯,而亦稱善,邯鄲淳師焉,略究其妙,韋誕師淳而不及也。蔡邕亦采斯、喜之法,爲古今雜形,然精密閑理不如淳。[③] 此則淳書獨步漢、魏,嘗寫壁經,而弟子移以入石,其筆法淵茂,弟子所不能至。故云"轉失淳法",非謂字體有失也。[④]

邕在漢立一字石經,淳從後開三字石經,然淳與邕年齒則相若。……石經古文本淳所寫,及正始中立石,又在黄初後二十餘年,[⑤]淳宜已前卒。雖在,亦老耄不能書丹,可知也。然去博士授經之時未遠,其弟子見淳寫經,親承指畫者甚衆,因以移書上石。……故江式直稱:淳建三字石經於漢碑西,以故書本出淳手,而立碑亦淳遺意也。[⑥]

修案:考邯鄲淳之年齒者以章氏所論證爲最詳審,則知淳書古文《尚書》與三體石經之作,確係一脈相承者也。或主淳書石者,似蒙於淳之年歲考據未詳;或主非淳書者,則又昧於古文《尚書》傳承之淵源也。前引各家之説,可謂折中"邯鄲淳書"與"非邯鄲淳書"二家之説,遂有書古文《尚書》者確係邯鄲淳,勒石上碑者則是另有傳人而非淳筆,則可斷言也。

一云嵇康書

《晉書·趙至傳》云:

---

① 《與于右任論三體石經書》,《華國月刊》第四期《學術》,頁五三五。

② 修案:原注云:《後漢書》引《會稽典録》云:"淳,字子禮。"

③ 修案:原注云:按"建初"爲章帝年號,淳與邕皆不逮事師喜者,師其筆迹耳。

④ 修案:原注云:《四體書勢》之作,本爲評定書法,非爲檢定字體,讀全文可知。所云"轉失淳法"者,正謂兩端纖鋭,效法科斗而已。

⑤ 修案:依章氏所考:黄初改元,歲在庚子,時淳年八十九,至正始中,淳已是百一十餘歲矣。

⑥ 《新出三體石經考》,頁三下一六。

至年十四，詣洛陽，游太學遇嵇康於學，寫石經，徘徊視之，不能去，而請問姓名。康曰："年少何以問耶？"曰："觀君風器非常，所以問耳！"康異而告之。①

朱彝尊《經義考》云：

嵇紹亦云："至入太學，睹先君在學寫石經古文。"然則正始石經，實康等所書也。②

全祖望《杭氏石經考異序》云：

熹平石經始於蔡邕諸公，而邯鄲淳修之；正始石經亦出於淳，而嵇康等祖之。③

劉傳瑩《漢魏石經考》云：

《晉書·趙至傳》：年十四，詣洛，游太學，遇嵇康於學寫石經。瑩案：此書正始石經也。④

俞復《三體石經未裂本》云：

至其書丹之主屬何人？則據《晉書·趙至傳》云詣洛陽，游太學，遇嵇康於學，寫石經。據此則實爲摹寫之人。⑤

修案：考《世説新語·言語篇》注引嵇紹《趙至叙》曰："至，字景真，代郡人。……年十四，入太學觀，時先君在學，寫石經古文。事訖去，遂隨車問先君姓名。先君曰：'年少何以問我？'至曰：'觀君風器非常，故問耳。'先君具告之。"⑥此節記載可與《晉書》所云合而觀之。前引各家之説均本《晉書·趙至傳》與《世説新語·言語篇》注而來，咸主魏三體石經古文爲嵇康所書者云。

一云非嵇康書

姚晉圻《漢魏石經考》云：

《世説·言語篇》注作"嵇紹《趙至叙》"。又本文云"寫石經古文"，是

① 點校本《晉書》卷九二，頁二三七七。
② 《經義考》卷二八八，《刊石》二，頁二下。
③ 《杭氏石經考異序》，頁二一四。
④ 《漢魏石經考》中篇，頁一。
⑤ 《三體石經未裂本》，頁三下。
⑥ 楊勇《世説新語校箋》上，頁五七。

乃如范史"摹寫"之"寫",與書石經不同。不然,一碑三體,康何以獨書其古文?①

田明昶《漢魏石經考》云:

石季龍《載記》:"遣國子博士詣洛陽寫石經。"明昶謹案:據此,則嵇康於學,寫石經,正是摹寫耳。②

修案:前引二家之説,均疑"寫石經古文"之"寫",並非書丹上石之"寫",而是純粹"摹寫"之"寫"耳。其説若然,由是可知,嵇康非書丹上石之人,自不待辨而明也。

一云張揖書

王獻唐《漢魏石經殘字叙》云:

今考《汗簡·略叙》:"《北齊·江式傳》:魏初博士,清河張揖所著二字石經於漢碑之西。書,記也。"别以正始石經爲張揖書寫。顔師古《漢書叙例》:揖,在魏太和中爲博士。"太和"距"正始"十年,稚讓書石,時次亦正合。惟郭氏所引多誤"二字",當爲"三字",末句亦有脱訛。《江式傳》見《魏書》《北史》,爲魏延昌正光間人。其云"《北齊·江式傳》"未識何意?《北齊書》因無《式傳》也。江氏《請修古今文字表》,載在本傳,内論正始石經,或爲《略叙》所出,惟文句不符。

即《魏書》《北史》二書,亦多異文。《魏書·表》云:"魏初博士清河張揖,著《埤倉》《廣雅》《古今字詁》。究諸《埤》《廣》,綴拾遺漏,增長事類,抑亦於文爲益者。然其《字詁》,方之《許慎篇》(《北史》無"慎"字),古今體用,或得或失矣(《北史》無"矣"字)。陳留邯鄲淳,亦與揖同時(《北史》脱"時"字),博古開藝(《北史》作"博開古藝"),特善《倉》、《雅》,許氏《字詁》,八體六書,精究閑理,有名於揖。以書教諸皇子,又建三字石經於漢碑之西(《北史》無"之"字),其文蔚炳(《北史》"炳"作"焕"),三體復宣。校之《説文》,篆隸大同,而古字少異。"……頗疑今本《表》文,中有脱譌,前後段次,亦或顛倒不合。其"有名於揖"一句,雖可釋爲名亞於揖,究嫌牽附。原本"揖"字,或連下讀,上文"於"下脱一"世"或"時"字,原爲"有

① 《漢魏石經考》中篇,頁一。
② 《漢魏石經考》中篇,頁一下。

名於世”，或“有名於時”。接云“揖以書教諸皇子，又建三字石經於漢碑之西”，以石經爲揖所建，與郭氏所引正合；與邯鄲不書石經之誼亦合；江氏詞旨，於以證知不誤，與式之家學、身世又合。今本“揖”字當連上讀，句讀甚明。上讀，則石經爲淳所建；下讀，則稚讓所建。郭氏如引《表》文，是直以“揖”字下讀，必其所見原本，與今不同，上有“世”或“時”字，得以連下讀之。或其所據别爲一書，不爲《魏書》《北史》舊説如此，從而著録。恕先通儒，不至昧於句讀，疏誤若是。要之，稚讓既通古今書體，又時爲博士，其書寫石經，固在事理中也。①

修案：王氏校勘江氏《請修古今文字表》一文，花費心思頗多，可見其對學術之忠誠及其用心之細膩。王氏並認爲張揖係書寫魏石經者之一，依其推論，不無可能。

綜觀以上論述，魏石經《尚書》書石者誰？凡有數種説法，試摘要如下，俾供參考：

一云邯鄲淳書；

一云非邯鄲淳書；

一云衛覬（敬侯）書；

一云淳書古文經爲正始石經之宗祧；

一云嵇康書；

一云非嵇康書；

一云張揖書。

綜之，以上各家之説，均有一錯誤之觀念，以爲魏石經確係一人所書。以此錯誤觀念類推之，遂生“舉一概餘”之病，止得一端或一偏而已。揆諸原始，魏正始中書石經之丹者本非一人，立石亦非一時也。主張此説者，有王國維、俞復、張國淦、王獻唐、孫海波等人。彼等均嘗立論言之，兹縷陳諸家之説於左，俾供參考：

王國維云：

此次所出魏石經中，最可注目者，則《尚書・臯陶謨》十七石中，與《高宗肜日》以下諸石行款不同是也。“帝言”以下諸石，皆一格之中，上列古文

① 《漢魏石經殘字・叙》頁三一五下。

而以篆、隸二體並列於下，成品字形；《高宗肜日》諸石則古文、篆、隸三體直下，與《隸釋》所録者同。……此二種非一人所書。品字式者，古文、篆、隸三體似出一手；直下式者，則三體似由三人分别書之。而書品字式古文，與書直下式古文者亦非一手，不獨書人不同，即文字亦不畫一；如："克"字，古文《臯陶謨》作，而《君奭》作；"帝"字，《臯陶謨》作，而《君奭》及《春秋》均作；"予"字，古文《臯陶謨》作，而《多士》《君奭》作；又"攴"字偏旁，《臯陶謨》作，而《周書》《春秋》皆作；"水"字偏旁，《臯陶謨》作，而《周書》《春秋》多作。此事雖細，然可知《尚書》《春秋》在魏時，雖或有古文原本，而上石時，絶非一一照原本摹本，則可斷也。①

俞復云：

據此(修案：指《晉書・趙至傳》)則康實爲摹寫之人，但亦恐非盡出康一人之手。②

張國淦云：

案：正始書經有衛覬、邯鄲淳、嵇康三人之不同。原石未見書丹者姓名，爲衛覬、爲邯鄲淳、爲嵇康，今亦無從斷定。如王氏説，非一人所書，蓋可知也。③

王獻唐云：

《江表》又云："魏有京兆韋誕，河東衛凱二家，並號能篆。當時臺觀、榜題、寶器之銘，悉是誕書。"凱又嘗寫邯鄲淳古文《尚書》，見《晉書・衛恒傳》。嵇康亦寫石經古文，見《晉書》《世説》注。審時揆勢，或韋、嵇諸人，並在書石之列。正始刻經，與熹平略同，經傳字繁，書出多手，不能舉一概餘，此又屬於書石者也。④

孫海波云：

正始書經有衛覬、邯鄲淳、嵇康三人之不同。……如王氏説，非一人所書，自較以上三説爲妥。然吾就殘石觀之，除三字直下諸石外，餘如品

① 《魏正始石經殘石考》，刊於《王觀堂先生全集》册九，頁三三〇三—三三〇五。
② 《三體石經未裂本》，頁三下。
③ 《歷代石經考・魏石經》，頁一三。
④ 《漢魏石經殘字・叙》，頁五下。

字式、二體、一體等，其字體大小既不相同，書法工劣亦甚殊異；則魏石經不惟非一人所書，其亦非一時所立，此又可以測知者也。①

由是可知，衛覬（凱）、邯鄲淳、嵇康、張揖等均嘗手書古文《尚書》。淳爲博士給事中時，必以古文《尚書》授其弟子，其弟子見淳寫經，親承指畫者甚衆。因此，魏石經古文雖非淳親書，必是淳之弟子所作，雖非淳一人所能書，亦必出自淳之衆弟子所爲也。即今魏石經古文考之，如《春秋》一經之古文即非一人所書，而《尚書》古文有一刻乃至四刻者，其益非一人之力所可以，亦非一時所能及也。要之，魏時古文《尚書》既有官府秘本與民間藏本之别異，是故其中古文因傳本之殊差而其形構自互有異同。至於書石者僅依其原本之結體而加以摹寫耳。據本文前章之論述，古文經之祖本自然可遠溯孔子時所作之教本，然而由於師徒相傳，原本分歧寖多，流傳既久，抄者匪鮮，以致雖同是一經文字，亦有形體互異之例在焉，如王國維所云者也。依熹平石經之例，石經之立，必有序文，及太學弟子贊，甚至書丹、刻石臣工悉列。惜乎！魏石經出土迄今尚無緣見之。惟孫氏《魏三字石經集録・拓本附録》收有隸書一石，銘作“留一株”（圖三）三字：留者，劉也，其姓氏；一株者，其名也。此或是當時鐫刻魏石經之工人姓氏之碩果僅有者，亦未可知也。

六、碑數、字數、字體

魏石經之碑數，言之至蚤者，爲《水經・穀水注》《西征記》《洛陽伽藍記》，然三家之記數皆各殊焉：

酈道元《水經・穀水注》云：

> 魏正始中，又立古、篆、隸三字石經。……樹之於堂西，石長八尺，廣四尺，列石於其下。碑石四十八枚，廣三十丈。②

戴延之《西征記》云：

> 國子堂前有列碑，南北行，三十五枚，刻之表裏，書《春秋》《尚書》二部，大篆、隸、科斗三種字。碑長八尺。今有十八枚存，餘皆崩。③

① 《魏三字石經集録・源流》，頁六一七。
② 《水經注》卷七，頁一七。
③ 《太平御覽・碑部》卷五九八，頁七上引。

楊衒之《洛陽伽藍記》云：

> 開陽門御道東有漢國子學堂。堂前有三種字石經二十五碑，表裏刻之。寫《春秋》《尚書》二部，作篆、科斗、隸三種字。……猶有十八碑，餘皆殘毀。①

以上三説，前賢從《西征記》説者有孫星衍、②王國維二家。其中尤以王氏推闡發明最爲詳盡，其以唐石經所載《尚書》《春秋》《左氏傳》字數，與魏石經行款、字數推算所得，以爲西征記所載碑數與事實冥合，遂判斷此三説中，以《西征記》爲最精確。其言曰：

> 考唐石經：《尚書》二萬七千一百三十四字，《春秋左氏傳》十九萬八千九百四十五字，共得二十二萬六千又七十九字。除僞古文二十五篇並孔安國序八千四百八十四字，杜預序一千六百又七字，共一萬又九十一字，計得二十一萬五千九百八十八字。每字三體，當得六十四萬七千九百六十四字。……余就黄縣丁氏所藏魏石經殘石，以經文排比之，則每行得六十字。更以此行款排比《隸續》所録魏石經《尚書》《春秋》殘字，亦無一不合。知每石皆每行六十字。又量其字之長短，則每八字當漢建初尺一尺弱，六十字當得建初尺七尺有半，碑之上下當有餘地，則與《西征記》及《水經注》所云石長八尺者合矣。《水經注》復云石長八尺，廣四尺。八尺之長，除上下餘地得六十字，則四尺之廣，不止容三十字，當得三十四五字。今以每碑三十五行，行六十字計之，則每碑得二千一百字，加以表裏刻字，則得四千二百字。故《尚書》《春秋》《左傳》三經字數，須一百五十五石乃能容之。此不獨與古書所記石數無一相合，亦恐非正始數年中所能辦。……《隸續》所録《左傳》文，乃桓公末年事。案：《左氏》隱、桓二公《傳》，共九千三百三十九字，加以《尚書》一萬八千六百五十字，《春秋》一萬六千五百七十二字，共四萬四千五百六十一字；每字三體，得十有三萬三千六百八十三字。今依《西征記》三十五碑字數計之，得十有四萬七千字。蓋所刊《左氏傳》當至莊公中葉而止。若如《洛陽伽藍記》所云二十五碑，則尚不足容《尚書》《春秋》二經字數。而《水經注》之四十八

① 《洛陽伽藍記校注》卷三《城南》，頁一四五。
② 見《魏三體石經遺字考·叙》，頁一下。

碑，實爲漢石經石數。故魏石經石數，當以《西征記》爲最確也。①

羅振玉以壬戌秋（民國十一年，即一九二二年）出土於去洛陽城東三十里之大郊東朱家圪墇之魏石經殘石，以驗證王説爲不謬，其言曰：

> 依每行存字驗其起訖，知每行二十字，合三體得六十字。往歲吾友王静安徵君作《魏石經考》，根據宋人所録，及黄縣丁氏所藏《君奭篇》殘石，定爲每行六十字，今實驗，果不謬。②

由是觀之，王、羅之説，皆與事實相符，亦與實驗結果相吻合。

此外，章太炎主張應以百六十餘碑始能容《尚書》《春秋》經傳之字數。其所言每碑行數、字數則與王説有異，並主魏石經凡四十八碑，殆採《水經注》之説以爲張本。其言曰：

> 以今所見論之，……一碑所録經文一千二百八十字，《春秋》十二經，《尚書》二十九篇，無慮三萬餘字，通古文、篆、隸略十萬字，刻以三十五碑則有餘。然依《唐·藝文志》有三字石經《左傳》古、篆書十二卷，……《左氏》全傳十八萬言，合之《春秋經》《尚書》，凡二十一萬有餘字，三體重複，則四十八碑猶不贍，蓋一百六十餘碑而後足容古文、篆、隸六十四萬字。意者經、傳别行，以《左傳》施工未畢，故止於四十八碑歟！晉惠帝時，裴頠復請刻工寫經，蓋亦以繼正始之緒也。後更八王劉石之亂，大學蕪廢，自戴氏在晉末已不獲見全石。魏、齊二代，此與漢石經並徙鄴都，周、隋、唐復徙之關中者，則又其緒餘也。③

他若劉傳瑩則主魏石經每碑容三千餘字，多則須二百碑，少亦須百碑始足以容之。其言曰：

> 據隋、唐《志》，《隸續》殘碑，三體書系《尚書》《左傳》二部，共有二十一二萬字，三體書三倍之，則六十六萬餘字。以漢碑表裏書，每碑容三千餘字計之，須二百碑；即其小於漢石經之半，亦須百碑。《水經注》四十八枚，恐是除毁壞不計耳。④

---

① 《魏石經考》（二），收入《觀堂集林》卷二〇，頁三下—頁四下。
② 《魏正始石經殘字跋》，刊於《國立北京大學國學季刊》一卷三號，頁五一四。
③ 《新出三體石經考》，頁一二—一三。
④ 《漢魏石經考》中篇，頁三。

至若張國淦從王國維説，其言曰：

案：此石數，王氏考以《西征記》爲準。兹從王氏。[①]

張氏又曰：

案：劉氏以《尚書》《春秋》二部須百餘碑；王氏以三十五碑容《尚書》、《春秋》、《左氏傳》莊公止；章氏以百六十餘碑容《尚書》、《春秋》經傳；故行數，字數均不同。兹從王氏。[②]

其説是也。唯王説雖有見地，但由於當時所見出土石經尚鮮，所論未爲周備。迨孫海波之説出始有所修正，以爲魏石經係以三字直下式爲主，乃先行刊刻者；三字品式者爲輔，則屬後刻者；並定三字直下式石經凡廿八碑。其進而提出魏石經係經數次刊刻而後止之作品。其言曰：

今日發見之石經，除三字直下之石爲最多者外，則有品字式，三字直下五字行，古篆二體、古文一體、篆書一體、隸書一體諸石。其行款既不畫齊，則石數亦當分别論之。王氏以三字直下接品字式者，蓋以三字直下無《堯典》。今山東圖書館藏三字直下《堯典》《禹貢》諸石，知三字直下之經，自爲别列，而品字式不與矣。《高宗肜日》一石，依經文排之，每行只五字，與他石之行二十字者不符，知此亦另所刊刻矣。又海城于省吾藏三體本《禹貢》，每行只八字，此與一體者皆後人所續補，不能與三字直下之石共排列。故吾謂居今日而欲側知魏石經之石數，當以三字直下之經文爲考證之資。然則三字直下之碑果若干乎？余於丙子[③]之春，獲見刊刻碑數之殘石拓本二紙，適爲一石表裏所刊之字，一面爲《書・君奭篇》之經文，刊號曰“第廿一”，他面爲《春秋・宣公》經文，刊號曰“第八”（圖四—五）。[④]因就排其碑圖，適得二十八石之數：

---

① 《歷代石經考・魏石經》，頁五下。

② 《歷代石經考・魏石經》，頁八。

③ 修案，丙子，即民國二十五年，一九三六年。

④ 有關此一殘石之來由，周肇祥嘗跋之云：白堅甫自滬來，示我魏三體石經殘石一，兩面刻，云從東瀛買回，旋覓吴俊坡爲精拓，余得一本。……此石一面爲《春秋・宣公》（修案：當作“僖公”）經文，刊有“第八”字。一面爲《尚書・君奭篇》經文，刊有“第廿一”字。……二面刊“第八”、“第廿一”，當是每經所記版數，而非全石之數。第八品示左上有隸書“第”字，比經文爲大；左下角煺泐處，有一“前”字。第廿一題字左有殘字，亦似隸書“第”字結體用筆頗近漢石經，此外泐痕隱隱有字迹。（《跋魏三體石經殘石》，《國學叢刊》第六册）由是可證，孫説誠非杜撰者也。又孫海波自云：“石歸白堅，係由日本購歸者。”（《集録・源流》，頁五）修案：斯石拓本曾刊於日本平凡社《書道全集》第三卷，圖六十五及一六八插圖。

《尚書》	一	二	三	四	五	六	七	八	九	十	十一	十二	十三	十四	十五	十六	十七	十八	十九	二〇	二一	二二	
	二八	二七	二六	二五	二四	二三	二二	二一	二〇	一九	一八	一七	一六	一五	一四	一三	一二	一一	一〇	九	八	七	《春秋》

按：石經刻字每面約三十二至三十四行，每行二十字或二十一字不等。今每碑姑以三十三行，行二十字起算，則每石當刻六百六十字，每石表裏共録經文一千三百二十字，則二十八碑，合書三萬六千九百六十字。案《尚書》一萬八千六百五十字，合《春秋》一萬六千五百七十二字，共三萬五千二百二十二字。以三萬六千九百六十字減之，餘一千七百三十八字，再加各篇之題目與空行，知二十八石，適容《尚書》《春秋》二經之字數。故知三字直下之碑，當爲二十八枚無疑。此二十八石者，乃正始中所建，即三字石經之初刻也。若品字式、二體、一體、五字行本，及《左氏傳》，既非二十八石所能容，則必爲正始或稍後所補刻。①

至若後續所刻者爲品字式、二體、一體等石經，爲何而刻也？孫海波亦有解説，其言曰：

余意漢魏之世，經傳傳抄不一，書體或異，同爲一字：此經作此體，彼經作彼體者，在在而有，觀《許書》《汗簡》所引，同爲一經，文不相符可證。正始所刻，或爲當時古文學公定之本，而同時流傳之本，文字有異者，則又賡續刻之。省時減工，改爲"二體"，後又改爲"一體"；其經傳古文之有殘缺者，則僅寫"隸書"，空其古文，如"隸書一體"者是。又或經傳之有散佚者，則僅就其所有者刻之，如《左氏傳》之未刻成而罷。其操切不卒可以知矣。②

孫氏依魏石經中刻有"刊號"第幾石之拓本來推算，確定正始三體石經三字直下式者凡二十八枚，乃隸屬於正始初刻者。至於品字式、二體、一體，五字行本及《左氏傳》爲賡續刻之者。其所推論，思想綿密，合情合理，較諸其他各家，實更科學，更周密，足以採信。孫氏進而論之，魏石經以《尚書》一經即有初刻、再刻、三刻、四刻之歧異，復舉三證以確定正始初刊石經爲《尚書》《春秋》二經，其石數凡二十八枚即是矣。其言曰：

① 《魏三字石經集録·源流》，頁四—五；又同書《碑圖》，頁一。
② 同上。

依余考之,正始石經乃數次所刊刻。其第一次刊立之石,爲《尚書》《春秋》二經,款識則三字直下,石數爲二十八枚。而品字式以下諸體,當爲以後續刻。……驗之實物,其證甚多。……其有新出之品,爲舊説所未及者,列之于下:

品字式《堯典》《皋陶謨》□石

三字直下五字行《高宗肜日》□石

古文一體□石

古篆二體□石,中有八字行《禹貢》

篆文一體□石

隸書一體□石

其中若《尚書》一經,已有再刻(品字式)、三刻(五字行)、四刻(二體)之本。而字體之大小,書法之工劣,迥然不同。且有所刻之字,在經文以外者(如"留一株"是),倘使諸石爲一時所刻,不應紛沓複見若是。故吾曰:正始石經,當係數次分刻。……

夫石既爲兩次刊刻,其碑數當分别論之,則第一次所刊之經,當以三字直下爲主,其碑數可由經文證之:

今按:《尚書》一萬八千六百五十字,合以《春秋》一萬六千五百七十二字,共三萬五千二百二十二字,以每行二十字計之,共得一七一六行(題篇不計),而魏石經每石每面約三十二至三十四行不等,表裏合書,姑以一面三十三行計之,則一碑合六十六行,二十八碑共一八四八行。以一八四八行減經文之行數尚餘八十七行,再加以每篇之題名,知《尚書》《春秋》二經,非二十八碑不能容。此可證者一也。

石經刻字,每石約三十二至三十四行,行二十字,或二十一字不等,姑以每碑三十三行、行二十字計之,則每石當刻六百六十字,表裏共録經文一千三百二十字,則二十八碑共容三萬六千九百六十字,以三六九六零字減經文之字數,尚餘一千七百三十八字。再加以每篇之題名,知二經之字數,非二十八碑不能盡。此可證者二也。

丙子春日,獲見刊刻碑數殘石拓本二紙(石歸白堅,係由日本購歸者),適爲一石之表裏,所刊之字,一面爲《君奭篇》之經文,刊號曰"第二十一";他面爲《春秋·宣公》經文,刊號曰"第八"。因就此排其碑圖,適得二十八石之數。此可證者三也。

> 由此三證，則知正始初刊之石經，其款識爲三字直下式，其經文爲《尚書》《春秋》二書，其石數爲二十八枚，其行款則每石表裏約六十六行、行二十字。此其確無可疑者也。至以後補刻之石，若品式、三字直下五字本、古篆二體、一體諸式，《左氏傳》文，其石數雖不可確知，就其體言之，非十八石不能盡，再加以三字直下之二十八石，庶或如《西征記》所紀之數乎！①

孫説若然，則三體石經碑數、字數似可確知而有定論矣。孫海波依魏石經刻有"刊號"者而推論之，定正始三體石經三字直下式石數凡二十八枚，乃正始中初刻者；至於品字式、二體、一體、五字直行本及《左氏傳》爲賡續刻之者。孫氏進而論之，以《尚書》一經即有初刻、再刻、三刻、四刻者爲證，復羅舉三證以證正始初刻三體石經止有《尚書》《春秋》二經，其石數則爲二十八枚也。② 今以一九五七年六月於陝西西安市出土之魏三體石經直下式《尚書·梓材篇》一石，正面下方刊有石經刊號曰"第十七石"四大字者核之，則證孫説益發可信(圖六)。③ 依唐石經《尚書》篇次，《梓材》之後，爲《召誥》《洛誥》《多士》《無逸》四篇，分別刊刻於魏三體石經直下式之第十八、十九、廿石，凡三石。再由白堅所藏刊刻《尚書》碑數之"刊號"石爲《君奭篇》正屬第二十一石，則第十七石與第二十一石之間，石經石數與《尚書》篇數既能前後銜接。就其内容而言，自亦彼此繫聯，又是天衣無縫。再試以《尚書》第二十一石，爲《春秋經》第八石推之，得知《尚書》第十七石，即爲《春秋經》第十二石，屬於《成公》經文。④ 此一實驗，與孫説亦可彼此密合。今以後出魏石經"刊號"石以證孫氏定三體直下式石經爲二十八石之説，益足使人確信其説爲鐵案如山，誠不可易。試將《尚書》與《春秋》二經二十八石刊號對照表，表示如下，俾供

---

① 《魏三字石經集録·源流》，頁六一七。

② 見《魏三字石經集録·源流》，頁六一七。

③ 見《(陝西省)魏三體石經在長安出土》，刊於《文物參考資料》一九五七年第九期，頁七八—七九。

④ 所以知"第十七石"之背文爲《春秋·成公》經文者，係依殘石銘文有《春秋·成公》元年、二年殘文十行五十字，起首行"無冰"二字，止末行"郗人"之"郗"字(《文參》一九五七年第九期，頁七八)之綫索。考《春秋經》有"無冰"一詞者凡三見，一是《桓公十四年經》，一是《成公元年經》，一是《襄公二十八年經》。巧合者是三條經文之後數行均出見"郗人"一詞。唯魏石經銘文既有"元年""二年"之約束，自然將《桓公》《襄公》二經排除在外，由知此石宜隸屬於《成公》者也。此其一。又自《春秋經》凡二十八碑推算，其第八碑爲《宣公》(詳前)，由知其第十二碑則非歸諸《成公》莫屬。此其二。再由吕振端教授所編《魏石經碑圖》觀之，其《春秋經》第十二碑亦是在《成公》之範疇之内(詳《魏三體石經殘字集證》，頁四六)。此其三。吕教授云："成公第八，右爲《成公元年》至《二年》殘字，《書道全集》第三卷、《書品》一六五期著録(日本雜誌)，在《復原圖》第四十葉。一九五七年西安市出土，陝西省博物館藏。"(《集證》頁二七一)此其四。基此四證，吾輩定《尚書》第十七碑之反面係第十二碑爲《春秋·宣公》經。

參考：

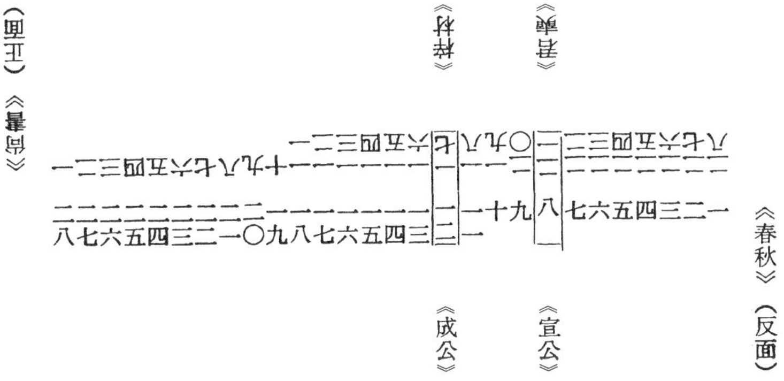

再由魏石經第十七石右邊有“始二年三”四小字徵之，該石係刊於曹魏邵陵厲公曹芳正始二年（二四一年）三月。由是觀之，正始石經首刊三體直下式，其内容係《尚書》《春秋》二經，其碑數確爲二十八石，其刊刻時間則係於正始元年始刊之，至正始二年三月已刊刻至第十七石爲《尚書·梓材》矣。凡此石經内容，刊刻石數、刊刻時間，均已考證明確，可成定論。至若魏石經所刊刻之字體，因刊刻之前後時代有殊，而其字體亦互有異同：三體直下式與品字式者，皆爲古文、小篆、隸書三者具備；古、篆二體者，則僅存古文、小篆；一體者，或古、或篆，或止得隸書耳。即魏石經古文書法一端而論，王國維以爲豐中鋭末，或豐上鋭下，遂依傍科斗之名而有之也。其言曰：

> 宋初槧刊《説文》，篆文當出徐鉉手，古、籀二體當出句中正與王惟恭之手。此種書體，在唐以前不能徵之。自宋以後，則郭忠恕之《汗簡》，夏竦之《古文四聲韻》，吕大臨、王楚、王俅、薛尚功輩所摹之三代彝器，皆其一系。洎近世古器大出，拓本流行，然後知三代文字决無此體。今溯此體之源，當自三字石經始矣。衛恒《四體書勢》，謂魏初傳古文者出於邯鄲淳，至正始中立三字石經，轉失淳法，因科斗之名，遂效其形。然則魏石經殘字之豐中鋭末，或豐上鋭下者，乃依傍科斗之名而爲之，前無此也。自此以後，所謂“古文”者，殆專用此體。郭忠恕輩之所集，决非其所自創，而當爲六朝以來相傳之舊體也。①

其説信而有徵，足以闡明事實。唯其中微中瑕疵，有待説解者，即王氏謂魏石

① 《魏石經考五》，刊於《觀堂集林》卷二〇，頁一〇下。

經古文係“依傍科斗之名而爲之,前無此也”一論,王獻唐曾作考證,並加以詮釋。其言曰:

> 石經古文筆畫,類多豐中鋭末,或豐上鋭下,與今兩周金文、秦漢篆書,多不相合,學者疑之。福山王氏天壤閣,舊藏鳥篆劍格,亦多豐上鋭下,其“用自”二字,下與石經古文,體勢悉同。吉日壬午劍文,中有數字,筆畫亦然。姬周兵器文字,修細繁縟者,用筆時與古文相近。不能以其稀見,謂無此體也。魯介齊、楚之間,齊書鋭細,楚體尤甚,近歲秦州出土彝器、玉鉩文字,最爲可證。魯之金文,初時略同王朝,派衍西周,自與俱來。後以齊、楚兩地之車書交馳,薰習演變,流爲尖鋭體式。孔門以之寫書,奕世轉録,漸瀉真形。正始刻石,復拘於“科斗”一名,故求形似,畫中愈豐,起落愈鋭。證以齊、楚金文,其體勢筆畫,固嘗息息相通,不可誣也。……
>
> 故孔壁古文之豐中鋭末,半由齊、楚書體之薰習,半出刀刻筆畫之格禁,終則誤於“科斗”一名。於中求法,轉乖古制。①

獻唐之説,則可補海寧王氏之未備。近歲於山西侯馬所出土之盟書,其字筆畫每每豐中鋭末,或豐上鋭下,益可證此説爲不誣也。②

他若魏三體石經長、寬、廣之數據,古籍亦有刊載,兹摘録如下,俾供參考:

戴延之《西征記》:碑長八尺。③

酈道元《水經·穀水注》:石長八尺,廣四尺,列石於其下。碑石四十八枚,廣三十丈。④

> 羅振玉《魏正始石經殘字跋》:此石以壬戌秋出於距洛陽城東三十里之大郊東朱家圪壋,乃全石之上截,廣約建初尺四尺一寸强。⑤

由是可知,魏石經其碑石長八尺,寬四尺一寸,廣三十丈,諸家多無異説。⑥今試以三國魏一尺與公尺爲一與〇·二三八之比推之,⑦則知魏石經碑高爲一·

---

① 《漢魏石經殘字叙》,頁七下一頁八上。

② 見《侯馬盟書》。

③ 見《太平御覽·碑部》卷五百九十八,頁七上引。

④ 見《水經注校》卷十六,頁五五〇。

⑤ 見《魏正始石經殘字跋》,刊於《國立北京大學國學季刊》一卷三號,頁五一四。

⑥ 如王國維《魏石經考一》,即同意這種説法(《觀堂集林》卷二十,頁一),即是著例。

⑦ 知三國魏之一尺爲零點二三八公尺者,係依據三國魏二隻骨尺之長,悉爲〇·二三八公尺(即二三·八公分)之實物而來,詳《中國古代度量衡圖集》,頁一五。

九〇四公尺，寬爲〇·九七五八公尺，四十八枚碑石全廣爲七十一·四公尺。

七、古文《尚書》之篇目及其次第

凡欲考知魏石經之古文《尚書》篇目，勢必先了解今文《尚書》之篇目。相傳先秦《尚書》凡百篇之夥，[①]後遭秦火，又遇項羽火焚咸陽之城，遂僅殘存二十九篇。《史記·儒林傳》云：

> 伏生者，濟南人也，故爲秦博士。孝文帝時，欲求能治《尚書》者，天下無有。乃聞伏生能治，欲召之。是時伏生年九十餘，老不能行。於是乃詔太常，使掌故朝錯往受之。秦時焚書，伏生壁藏之。其後兵大起，流亡。漢定，伏生求其書，亡數十篇，獨得二十九篇，即以教于齊、魯之間。學者由是頗能言《尚書》，諸山東大師無不涉《尚書》以教矣。[②]

由知伏生之《尚書》，原係壁藏而來，然此二十九篇，其文字宜爲六國古文。至於"朝錯受書時，必以隸書寫之"，[③]蓋朝錯雖據伏生之古本，其必以漢時通行之今文（隸書）書之，則可斷言，遂成爲後來所稱今文《尚書》之所自出。然則"伏生所傳之二十九篇，爲今文《尚書》之祖本"，[④]亦是理之固然也。至於伏生所傳二十九篇今文《尚書》篇目爲何？今據王先謙《尚書孔傳參正·序例》考知，得其目録如左：

> 伏生之二十九篇，《堯典》一（原注：連"慎徽五典"以下），《皋陶謨》二（原注：連"帝曰來禹"以下），《禹貢》三，《甘誓》四，《湯誓》五，《盤庚》六，《高宗肜日》七，《西伯戡黎》八，《微子》九，《坶誓》十，《鴻範》十一，《大誥》十二，《金縢》十三，《康誥》十四，《酒誥》十五，《梓材》十六，《召誥》十七，《雒誥》十八，《多士》十九，《無佚》二十，《君奭》二十一，《多方》二十二，《立政》二十三，《顧命》二十四，《康王之誥》二十五，《粊誓》二十六，《甫刑》二十七，《文侯之命》二十八，《秦誓》二十九。[⑤]

---

① 關於《尚書》百篇之説者，有：《漢書·藝文志》："故《書》之所起遠矣，至孔子纂焉，上斷自堯，下訖於秦，凡百篇而爲之序。"《論衡·正説篇》："魯共王壞孔子教授堂以爲殿，得百篇《尚書》於牆壁中。"

② 《史記會注考證》卷一二一，頁一九一二一。

③ 見屈翼鵬先生《古籍導讀》下編，頁一三九。

④ 同上。

⑤ 《尚書孔傳參正·序例》，頁一。

王氏以爲伏生所傳今文《尚書》二十九篇，係分《顧命》與《康王之誥》爲二。又王充《論衡·正説篇》云：

至孝宣皇帝之時，河内女子發老屋，得逸《易》《禮》《尚書》各一篇，奏之。宣帝下示博士，然後《易》《禮》《尚書》各益一篇，而《尚書》二十九篇始定矣。①

至若《尚書》所益者何篇？劉盼遂云：

逸《書》一篇，則自來認爲《太誓》。《隋書·經籍志》及《經典釋文·敘録》皆明言之，可云無疑。②

關於劉氏此説，陳夢家有補充説明，其言曰：

武帝末（或太始元年）民間（或在河内）壁中出《太誓》，獻之，帝下博士集而讚説之；數月皆成家授經，遂充學。自此以後，今文二十九篇内《顧命》與《康王之誥》合爲一篇，以補《太誓》。此河内本即漢世充學的《太誓》，其時代或成于先秦晚周，其通行地域當在晉、秦諸國。③

綜觀劉、陳二家之説，由知河内女子所得《尚書》一篇當爲《太誓》。揆諸王充之意，未益之前，伏生所云者當爲二十八篇本（以《康王之誥》合於《顧命》），故增入《太誓》之後，可得二十九篇。至若東漢諸儒所見歐陽、大小夏侯本，皆有《太誓》，此亦今文《尚書》合爲二十九篇之明證也。

以上所論述，乃今文《尚書》篇目之大要。

至於古文《尚書》之篇目，《漢書·藝文志》云：

古文《尚書》者，出孔子壁中。武帝末，魯共王壞孔子宅，欲以廣其宫，而得古文《尚書》，……凡數十篇，皆古字也。……孔安國者，孔子後也，悉得其書，以考二十九篇，得多十六篇。……劉向以中古文校歐陽、大小夏侯三家經文，《酒誥》脱簡一，《召誥》脱簡二。率簡二十五字者，脱亦二十五字；簡二十二字者，脱亦二十二字。文字異者七百有餘，脱字數十。④

① 《論衡校釋》卷二八，頁一一二四。
② 同上。
③ 《尚書通論》，頁五四。
④ 點校本《漢書·藝文志》卷三〇，頁一七〇六。

由知古文《尚書》係出孔壁中，至於經文篇數，校諸今文《尚書》，得多十六篇。就其内容而言，尤爲完備，適可正今文《尚書》脱簡訛字之失。此十六篇者何？孔穎達《尚書正義》引鄭玄《書序》注云：

《舜典》一，《汩作》二，《九共》九篇十一，《大禹謨》十二，《益稷》十三，《五子之歌》十四，《胤征》十五，《湯誥》十六，《咸有一德》十七，《典寶》十八，伊訓《十九》，《肆命》二十，《原命》二十一，《武成》二十二，《旅獒》二十三，《冏命》二十四。以此二十四爲十六卷，以《九共》九篇，其卷除八篇，故爲十六。①

凡此十六篇者，乃真古文也。所遺憾者，真古文《尚書》既出，"安國獻之，遭巫蠱事，未列學官"，②遂遭朝廷忽略，導致建武之時，《武成》一篇遂亡。其餘十五篇，亦全亡於永嘉之亂，今已不可復見。至於《漢書·藝文志》著録《尚書》古文經四十六卷，班氏自注云"爲五十七篇"③一説，則與"五十八"之見相牴觸。王先謙《尚書孔傳參正·序例》云：

四十六卷者，據《藝文志》云："孔安國所得壁中古文，以考伏生二十九篇，得多十六篇，共四十五卷。"《釋文》云："馬、鄭之徒，百篇之序，總爲一卷。"以一加四十五，是四十六也。④

所論蓋是。關於此一題目，陳夢家亦有説解，其言曰：

案壁内所得孔爲傳者凡五十八篇爲四十六卷，三十三篇與鄭注同，二十五篇增多鄭注也。其二十五篇者

表二：

《大禹謨》一　《五子之歌》二　《胤征》三　《仲虺之誥》四　《湯誥》五　《伊訓》六　《太甲》三篇九　《咸有一德》十　《説命》三篇十三　《泰誓》三篇十六　《武成》十七　《旅獒》十八　《微子之命》十九　《蔡仲之命》二十　《周官》二十一　《君陳》二十二　《畢命》二十三　《君牙》二十四　《冏命》二十五

---

① 《尚書注疏》卷一《堯典第一》題目下疏，頁二下。
② 點校本《漢書·藝文志》卷三〇，頁一七〇六。
③ 點校本《漢書·藝文志》卷三〇，頁一七〇五。
④ 《尚書孔傳參正·序例》，頁一。

但孔君所傳，值巫蠱不行，以終前漢，諸儒知孔本有五十八篇，不見《孔傳》，遂有張霸之徒于鄭注之外僞造《尚書》凡二十四篇以足鄭注三十四篇爲五十八篇。其數雖與孔同，其篇有異。孔則于伏生所傳二十九篇内無古文《泰誓》，除《序》尚二十八篇，分出《舜典》《益稷》《盤庚》二篇、《康王之誥》爲三十三，增二十五篇爲五十八篇。鄭玄則于伏生二十九篇之内分出《盤庚》二篇、《康王之誥》，又《泰誓》三篇爲三十四篇，更增益僞書二十四篇爲五十八。所增益二十四篇者則鄭注《書序》(當如表三)。

表三：

《舜典》一　《汨作》二　《九共》九篇十一　《大禹謨》十二　《益稷》十三　《五子之歌》十四　《胤征》十五　《湯誥》十六　《咸有一德》十七　《典寶》十八　《伊訓》十九　《肆命》二十　《原命》二十一　《武成》二十二　《旅獒》二十三　《冏命》二十四

以此二十四爲十六卷，以《九共》九篇共卷，除十八篇故爲十六。[①]

王、陳二家所論甚是。至若班注云"爲五十七篇"者，乃伏生今文《尚書》之二十九篇，加分出之《盤庚》二篇；再加後出之《太誓》三篇，凡三十四篇；更加孔壁古文二十四篇爲五十八篇。明明五十八篇者，何以班氏以爲五十七篇耶？王先謙曾作解説，其言曰：

桓譚《新論》所云"古文《尚書》，舊有四十五卷，爲五十八篇"，是也。云四十五者，除《序》言之也。後又亡其一篇，僞《武成》疏引鄭云"《武成》逸書，建武之際亡"，是也。譚没於世祖時，在建武前，《武成》未亡，故云"五十八"。班氏作《漢書》，在顯宗時，《武成》已亡，故云"五十七"也。[②]

由是觀之，班云"五十七篇"者，蓋不計《武成》在内爾。

綜上所述，漢代所傳古文《尚書》之篇(卷)數，計有四十五、四十六、五十七及五十八篇諸説。姑以《漢志》四十五卷論之，《武成》一篇亡於建武之際，其餘十五篇亡佚於永嘉之亂。據此可知，曹芳正始刻石之時，凡此十五篇真古文《尚書》尚存於世，則可斷言。然則正始所刊刻者，究竟本孔壁之原數？抑或一仍漢石經《尚書》篇數？不無疑問。關於此一題目，王國維已注意及之，其言曰：

① 《尚書通論》，頁四九一五〇。
② 《漢書補注》卷三〇，頁六。

壁中《尚書》五十八篇，爲四十六卷。而魏石經據《隋志》注僅十三卷，且壁中本尚有逸《書》十六篇（原注：建武時，亡《武成》一篇，爲十五篇）。而魏石經若數逸篇，則三十五碑，不能刊至《左傳》桓、莊間，是其篇數當與馬、鄭本同，是卷數、篇數均異於壁中本也。又石經《尚書》十三卷，雖若與梅賾本卷數同，然無梅本所增之二十五篇；此亦可以石數、字數證之。又梅本《書序》分冠各篇之首，而石經殘字中，《吕刑》與《文侯之命》相接處，除《文侯之命》相接處，除《文侯之命》篇題外，無容《書序》之餘地。故知石經《書序》亦自爲一卷，與馬、鄭本同，而與梅本絶異也。

要之，漢魏石經皆取立於學官者刊之。漢博士所授者皆今文，故刊今文經；魏學官所立《尚書》爲馬、鄭、王三家，故但刊三家所注之三十四篇。其逸篇絶無師説，又不立學官，且當時亦未必有，故不復刊。亦猶《尚書》、逸《禮》、《春秋左氏傳》同爲古文，逸《禮》絶無師説，又不立學官，故僅刊古文《尚書》及《春秋左氏傳》也。其刊此三經者，以漢世所未刊；其不刊逸《書》及逸《禮》者，以學官所不立。[①]

王氏所論，信而有徵，可以信從。今試就所得出土魏石經《尚書》殘字及復原後之《尚書》碑圖覘之，迄今爲止未嘗發見真古文逸《書》十六篇之隻字片羽，由知正始刊刻古文《尚書》，其篇目確係一仍漢石經《尚書》之原篇數之舊，刻之以古文經，凡二十九篇也。此一發見，亦可爲王氏作一佐證也。吕振端博士以爲：

就篇第言，以所得殘字排比之後，與碑陰之《春秋》殘字互核之，已灼然可知其篇目及篇第，即：《堯典》一、《皋陶謨》二、《禹貢》三、《甘誓》四、《湯誓》五、《盤庚》六、《高宗肜日》七、《西伯戡黎》八、《微子》九、《泰誓》十、《牧誓》十一、《洪範》十二、《金縢》十三、《大誥》十四、《康誥》十五、《酒誥》十六、《梓材》十七、《召誥》十八、《洛誥》十九、《多士》二十、《無逸》二十一、《君奭》二十二、《多方》二十三、《立政》二十四、《費誓》二十五、《吕刑》二十六、《文侯之命》二十七、《顧命》二十八、《秦誓》二十九。[②]

其説若然，則可以之與漢石經、唐石經之篇目，次第作一比較，列表於下，俾供參考：

---

① 《魏石經考三》，收入《觀堂集林》卷二十，頁七下一頁八上。

② 《魏三體石經殘字集證》，頁五五。

編號	漢石經本篇第	魏石經本			唐石經本篇第	備考
		篇第	石數	字數		
01	堯典	堯典(一)	二	四五	堯典(一) 舜典(二)	僞古文本《尚書》分今文本《堯典》爲《堯典》《舜典》二篇;又於《舜典》前加二十八字
02	臯陶謨	臯陶謨(二)	一	二	臯陶謨(一) 益稷(二)	僞古文本《尚書》分"帝曰來禹"以下爲《益稷》
03	禹貢	禹貢(三)	一	四	禹貢	
04	甘誓	甘誓(四)			甘誓	
05	湯誓	湯誓(五)			湯誓	
06	盤庚	盤庚(六、七、八)			盤庚	僞古文本《尚書》分《盤庚》爲三篇
07	高宗肜日	高宗肜日(九)			高宗肜日	
08	西伯戡黎	西伯戡黎(十)			西伯戡黎	
09	微子	微子(十一)	一	五	微子	
10	太誓	太誓(十二、十三、十四)			泰誓	(一)"太"或作"泰";(二)僞古本《尚書》《泰誓》係僞作。
11	牧誓	牧誓(十五)			牧誓	
12	鴻範	洪範(十六)			洪範	
13	金縢	金縢(十七)	一	三	金縢	
14	大誥	大誥(十八)			大誥	
15	康誥	康誥(十九)	一	二	康誥	
16	酒誥	酒誥(二〇)			酒誥	
17	梓材	梓材(二一)	三	五二	梓材	
18	召誥	召誥(二二)			召誥	
19	雒誥	洛誥(二三)			洛誥	
20	多士	多士(二四)	三	一八九	多士	
21	毋佚	無逸(二五)	八	三八	無逸	

(續表)

<table>
<tr><th rowspan="2">編號</th><th rowspan="2">漢石經本篇第</th><th colspan="3">魏石經本</th><th rowspan="2">唐石經本篇第</th><th rowspan="2">備　考</th></tr>
<tr><th>篇　第</th><th>石　數</th><th>字　數</th></tr>
<tr><td>22</td><td>君奭</td><td>君奭(二六)</td><td rowspan="2">一
(未裂本)</td><td>九四六</td><td>君奭</td><td>未裂本:包括《無逸》與《君奭》二篇殘石</td></tr>
<tr><td>23</td><td>多方</td><td>多方(二七)</td><td>四四〇
三七五</td><td>多方</td><td></td></tr>
<tr><td></td><td></td><td></td><td>八
四</td><td></td><td></td><td></td></tr>
<tr><td>24</td><td>立政</td><td>立政(二八)
費誓(三一)</td><td>五</td><td>二九</td><td>立政</td><td></td></tr>
<tr><td>25</td><td>顧命</td><td>康王之誥(三〇)</td><td></td><td></td><td>顧命</td><td>僞古文本《尚書》分"王出在應門之内"以下爲《康王之誥》</td></tr>
<tr><td>26</td><td>肹費</td><td>吕刑(三二)</td><td></td><td></td><td>吕刑</td><td></td></tr>
<tr><td>27</td><td>甫刑</td><td>文侯之命(三三)</td><td></td><td></td><td>文侯之命</td><td></td></tr>
<tr><td>28</td><td>文侯之命</td><td>顧命(二九)</td><td>三</td><td>二〇</td><td>費誓</td><td></td></tr>
<tr><td>29</td><td>秦誓</td><td>秦誓(三四)</td><td></td><td></td><td>秦誓</td><td></td></tr>
<tr><td>總計</td><td>二九</td><td>二九(三四)</td><td>四十二塊</td><td>二一五〇字</td><td></td><td></td></tr>
</table>

從上表可以覘之:漢、魏、唐石經《尚書》之篇第均略有不同。至於魏石經《尚書》之篇名,捨《君奭》與《文侯之命》有原殘石可證之外,餘皆襲自唐石經者也。屈萬里先生以爲:

> 僞古文本不取今文本《太誓》(即河内女子所得之《太誓》),而别撰《泰誓》三篇。於其餘二十八篇,又分《堯典》爲《堯典》《舜典》,分《皋陶謨》爲《皋陶謨》《益稷》,分《盤庚》爲三篇,復由《顧命》析出《康王之誥》,遂爲三十三篇。又於《肹誓》至《文侯之命》三篇,變亂其次第。更加僞撰之二十五篇,即欺世千餘年之五十八篇本也。①

屈先生之説簡明扼要,一語道破僞古文《尚書》之廬山之真面目也。兹附其説於后,俾供參考。

① 《漢石經尚書殘字集證》卷一,頁二十九下一頁三〇上。

八、碑之遷徙及其存廢

魏三體石經至晉永嘉之世，悉多崩敗。依《西征記》所載，三十五版經碑中，幸存十八版而已。其言曰：

> 國子堂前有刻碑三十五版，寫《尚書》《春秋》二部，今有十八版存，餘皆崩。①

考其崩敗之因，殆出於兵燹所致，《水經・穀水注》云：

> 漢石經北，有晉辟雍行禮碑，是太始二年立，其碑中折。但世代不同，物不停故，石經淪缺，存半毀幾。（王國維校云"當作存毁幾半"，是也。）駕言永久，諒用憮焉。考古有三雍之文，今靈臺太學，並無辟雍處。晉永嘉中，王彌、劉曜入洛，焚毁二學，尚髣髴前基矣。②

據此可知：晉永嘉中，王彌、劉曜揮兵入洛，焚毁二學，則魏石經《尚書》自亦遭池魚之殃而波及之也。因此石經崩敗多達十七版之鉅，至爲可惜。

迨北魏，馮熙、常伯夫相繼爲洛州刺史，魏石經則遭廢毁分用，無所不用其極，遂致頹落殆盡矣。今試檢查典籍，條分縷析，陳述如下，俾供參考：

> 石季龍《載記》：遣國子博士詣洛陽寫石經。③
>
> 《魏書・高祖紀》：太和十七年九月，壬申，觀洛橋，幸太學，觀石經。④
>
> 《魏書・太宗紀》：泰常八年夏四月，帝至洛陽，觀石經。⑤
>
> 《魏書・馮熙傳》：洛陽雖經破亂，而舊三字石經，宛然猶在。至熙與常伯夫相繼爲州，廢毁分用，大至頹落。⑥
>
> 《魏書・鄭道昭傳》：昭表：城南大學，漢魏石經，丘墟殘毁，藜藿蕪穢，……求重敕尚書、門下，考論營制之模，則五雍可翹立而興，毁銘可不日而就。不從。⑦

---

① 戴延之《西征記》，《太平御覽・碑部》卷五八九引。
② 《水經注校》卷一六，頁五五一。
③ 《漢魏石經考》，中篇，頁一下引。
④ 點校本《魏書》卷七下，頁一七三。
⑤ 點校本《魏書》卷三，頁六三。
⑥ 點校本《魏書》卷八三〈外戚〉(上)，頁一八一九。
⑦ 點校本《魏書》卷四四，頁一二四〇——二四一。

《魏書·崔光傳》：神龜元年，光表：時致火燎，由是石經彌減，文字增缺。……今求遣國子博士一人，……專主周視，驅禁田牧，制其踐穢，料閱碑牒所失次第，量厥補綴。於後，靈太后廢，遂寢。[1]

考《馮熙傳》所謂"廢毁分用，大至頽落"一節，《資治通鑑》載之綦詳，可作注脚。其言曰：

初，洛陽有漢[2]所立三字石經，雖屢經喪亂，而初無損失。及魏馮熙、常伯夫相繼爲洛州刺史，毁取以建浮圖精舍，遂大致頽落。所存者委于榛莽，道俗隨意取之。侍中領國子祭酒崔光請遣官守視，命國子博士李郁等補其殘缺，胡太后許之。會元乂、劉騰作亂，事遂寢。[3]

屈萬里先生亦云："所謂'廢毁分用'，據《魏書·崔光傳》，知爲修建浮圖寺廟。"[4]其説是也。考馮熙篤信佛法，自出家財，在諸州城鎮廣建佛圖精舍，合七十二處。[5] 迨其至洛州爲刺史，建造佛圖精舍，遂就地取材，以魏石經質堅面夷，屬上選石料，以致廢毁分用，在所不惜。馮、常二人相繼爲洛州刺史，事在延興年間(四七一年—四七五年)，去正始五年，不過二百三十一年耳。魏石經《尚書》係國家之經典，天下之重器，淪毁若是，酈道元遂有"世代不同，物不停故，石經淪缺，存毁幾半"之嘆！[6]

迨東魏武定四年(五四七年)，魏石經《尚書》自洛陽徙鄴，值河陽崩岸，多没於水。此一事實，史籍載之綦詳焉。例如：

《東魏書·孝帝静紀》：武定四年八月，移洛陽漢魏石經於鄴。[7]

《洛陽伽藍記》：三種字石經二十五碑，……猶有十八碑，餘皆殘毁……武定四年，大將軍遷石經於鄴。[8]

---

① 點校本《魏書》卷五五，頁一四九五。

② 修案：《通鑑》同隋唐史傳之誤，"漢"當作"魏"。胡注云："酈道元曰：蔡邕正定五經文字，刻石立於太學門外。魏正始中，又立古、篆、隸三字石經。"

③ 《新校資治通鑑注》册八，卷一四八，頁四六三九。

④ 《漢石經周易殘字集證》卷一，頁六下。

⑤ 《魏書·馮熙傳》，其言曰："熙爲政不能仁厚，而信佛法，自出家財，在諸州鎮建佛圖精舍，合七十二處，寫一十六部一切經。延致名德沙門，日與講論，精勤不倦，所費亦不貲。"(點校本，卷八十三上，頁一八一九)

⑥ 《水經注校》卷一六，頁五五一。

⑦ 點校本《魏書》卷一二，頁三〇八。

⑧ 《洛陽伽藍記校注》卷三《城南》，頁一四五—一四六。

《隋書·經籍志》：後魏之末，齊神武執政，自洛陽徙於鄴都，行至洛陽，值岸崩，遂没於水。其至鄴者，不盈大半。①

魏石經《尚書》經歷如此諸多浩劫，毁敗幾絶。又至北周大象元年（五七九年），復將魏石經自鄴徙返洛陽，事見《北周書·宣帝紀》，其言曰：

大象元年二月，詔徙鄴城石經於洛陽。②

至隋開皇六年（五八六年），魏石經又自洛陽轉徙長安，旋因亂廢爲柱礎。此一史事，《隋書·經籍志》有明文記之，其言曰：

隋開皇六年，又自鄴京載入長安，置於秘書内省，議欲補緝，立於國學。尋屬隋亂，事遂寢廢，營造之司，因用爲柱礎。③

《隋書·儒林·劉焯傳》亦言及之，曰：

六年，運洛陽石經至京師，文字磨滅，莫能知者，奉敕與劉炫等考定。④

其後，唐貞觀初，魏徵收集漢魏石經，參詳考驗，十不存一。三字石經凡十數段，置於九成宫秘書監内。後武后移置於著作院。此一史實，徵諸史籍，猶可考見。例如：

《隋書·經籍志》：貞觀初，秘書監魏徵始收集之，十不存一。⑤

《西京新記》：貞觀中，秘書監魏徵參詳考驗蔡邕三字石經，凡十數段，請於九成宫秘書監内置之。後天后移於著作院。⑥

修案：文中所謂"蔡邕三字石經"即指魏三體石經是也。

《西谿叢語》：唐秘書省内有蔡邕石經數十段。後魏末，自洛陽徙至東宫，又移將作坊内。貞觀四年（六三〇年），魏徵奏於京師秘書内省置。武后復徙於秘書省，未知其"一字"與"三字"也。⑦

修案：此云魏徵所奏置者，依前引諸文證之，當即《西京新記》所云係三字石經。

① 武英殿本《隋書》卷三二，頁三六下。
② 點校本《周書·宣帝紀》卷七，頁一一九；又《資治通鑑》同。
③ 武英殿本《隋書》卷三二，頁三六下。
④ 點校本《隋書》卷七五，頁一七一八。
⑤ 點校本《隋書·經籍志》卷三二，頁九四七。
⑥ 見《汗簡·略叙目録》引，卷七，頁八五。
⑦ 見姚寬《西谿叢語》，《歷代石經考·魏石經》頁一八引。

《魏三體石經遺字考·叙》：唐貞觀中，魏徵請置三字石經十數段於九成宫秘書監。武后時，移於著作院，或鄴都、長安之餘。

以上所述，係魏石經《尚書》由刊立而臻於毁滅之歷程也。爰列一表，以明白其毁敗、遷徙之來龍去脈，以清眉目，俾供參考：

① 魏正始元年刊立三體石經(《尚書》《春秋》《左氏傳》)→② 永嘉之亂毁石十七版尚殘存十八版→③ 馮熙、常伯夫爲洛州刺史毁取石經以建浮圖精舍→④ 劉騰亂，原石殘廢過半→⑤ 東魏武定四年自洛徙鄴多没於水→⑥ 北周大象元年復自鄴徙洛，多有磨損→⑦ 隋開皇六年又自洛徙長安，文字磨滅→⑧ 隋亂，營造司廢爲柱礎→⑨ 唐貞觀四年，魏徵收集三體石經凡十數段置九成宫秘書監→⑩ 武后時，移置於著作院。

九、碑之出土、傳拓及其著録

安史亂後，魏三體石經已十不一存。是故屈翼鵬先生云："爾後，即此僅存之些許，亦不聞消息。蓋漢魏石經此後即毁廢净盡矣。"[①]其説是也。直至趙宋之時，高紳爲湖北轉運使得其殘石，後歸趙竦所有。事見《集古録》與《金石録》二書。

歐陽棐《集古録目》云：

高紳爲湖北轉運史，道中聞砧聲清遠，因得此本於其覆，而已斷裂矣。遂載以歸，完理綴輯，櫝藏之。[②]

趙明誠《金石録》云：

石本舊藏高紳學士家，《集古録》云紳死，其子弟以石質錢於富人，而富人家失火遂焚其石，非也。元祐間，余侍親官徐州，時故郎中趙竦被旨開吕梁洪，挈此石隨行，已斷裂，用木爲匣貯之。竦没，今遂不知所歸。[③]

其後，歷經元、明二代，魏石經《尚書》久經沈霾而不復可出，遂杳無消息矣。

---

① 《漢石經周易殘字集證》卷一，頁八下。

② 嚴耕望編《石刻史料叢編》乙編之一，四八函。張國淦云："案：《寰宇訪碑録》陝西華陰有高紳謁祠記，咸平四年(一〇〇一年)閏十二月，是紳宋真宗時人。但宋無大曆十四年。"(見《歷代石經考·魏石經》，頁一八)

③ 《歷代石經考·魏石經》，頁一八下引。

迨清光緒時，洛陽龍虎灘黄占鼇得《尚書・君奭篇》殘石一塊，旋歸黄縣丁樹楨，後歸建德周進（季木）。學術界此一大發見，王國維、羅振玉、章太炎、王廣慶諸家均有載記，兹叙於下，以爲參證：

王國維云：

余就黄縣丁氏所藏魏石經殘石。

王氏雙行小字自注云：

此石光緒間，出洛陽，濰縣估人范某得之洛陽某村路傍茶肆。其面已遭椎擊，范估見其似有字迹，而不存筆畫。摸索石背，則字迹顯然。乃以五千錢購歸，售諸黄縣丁氏。此范估親爲羅叔言參事（修案：即指羅振玉）言者。①

羅振玉云：

正始石經《尚書・君奭篇》殘字百二十二言，全字百有十，半字十有二。光緒中葉，出洛陽，尋歸黄縣丁氏。三體石經之傳人間者僅此。……此石今尚得之洛陽，知徙鄴時實已霝落，未盡徙也。②

章太炎云：

《隋・經籍志》稱梁《七録》所載三字石經卷本：《尚書》十三卷，《春秋經》十三卷；隋，則《尚書》九卷，《春秋》三卷，視梁時傳本，已不及半；唐世，則存石十餘段耳。由是觀之，魏、齊未徙以前，其石散在洛陽，或供次舍、橋樑之用，或藏棄民家者，當復不少。今乃復自洛陽得之，宜矣。③

章氏又云：

民國十年，友人螣衝李根源以長安肆中所得石本《君奭》古文、篆、隸一百有十字贈余，獨出《隸續》外。余甚奇之，恨已剪截成册，無由識碑石形狀。久之，知其石出洛陽龍虎灘民家，嘗以繫牛。印師劉克明始識之，卒歸黄縣丁氏。後得攝影本，於是識其行列部伍也。④

① 《魏石經考二》，收入《觀堂集林》卷二十，頁三下。
② 《吉石盦叢書・正始石經跋》，收入《羅雪堂先生全集》初編，册一四，頁五五六七。
③ 《新出三體石經考》，頁一二。
④ 《新出三體經考》，頁一。

王廣慶云：

光緒乙未（修案：即光緒二十一年，一八九五年）三月初七日，洛陽白馬寺劉克明爲村南龍虎灘黄占鼇刻名章，携有《六書通》。黄披視，謂字形奇古，余牛舍瓦礫中有殘石一角，刻文與此相類，偕劉往質。劉知石爲異物，取黄子耀坤習字紙，以淡墨摹之，粗識者以爲蔡中郎遺迹也。龍虎灘，在今洛陽城東二十里，位伊、洛會流處之北岸。洛水未北徙以前，當係古開陽門附近地，去漢時太學故址不遠。此石必先自殘佚，魏齊未及移徙者。由是拓本流傳，邑人知有三體石經矣。惟黄氏不自矜惜，未幾即以四十金售之古玩商党廉聞。党係山東黄縣丁樹楨資遣來收古物者。歸，遺丁，丁色然喜，向所與八百金，不復與校。越數年，石又歸他人。今傳爲建德周季木所有也。（原注：案周季木，名進。）趙漢臣謂：石之始出，係黄耀坤之父，雨後見自厠牏壁上，經某廣文審爲漢物。石雖出售，摹本尚可得，則《尚書·君奭篇》遺文。原石背文應尚有《春秋經》文，但石缺半面，不復可見矣。①

方若《校碑隨筆》云：

三體石經古、篆、隸書，每字作三體，存十一行，行一二三四字不等，歸黄縣丁氏。石河南洛陽出土。其年有云：光緒二十二年丙申。此石四周殘。②

以上係有關清光緒廿一年，洛陽龍虎灘出土魏三體石經《君奭篇》之記載，其中尤以王廣慶者爲最精審翔實矣。

至民國十一年十二月二日，洛陽太學故址復得《尚書·無逸》《君奭篇》與《春秋·僖公》《文公經》，又有《尚書·多士篇》與《春秋·文公經》表裏書之殘石。石先典藏於河南省開封圖書館，後轉徙藏諸開封市河南省博物館。學術界此一大發見，羅振玉、章太炎、王廣慶、馬衡、王獻唐、孫海波、商承祚諸人均有作文論之。兹抄録於下，俾供參考：

羅振玉云：

此石以壬戌秋出於距洛陽城東二十里之大郊東朱家古墩，乃全石之

① 《洛陽先後出土正始石經記》，《歷代石經考》頁三〇一—三〇二引。
② 《歷代石經考》，頁三〇二引。

上截，廣約建初尺四尺一寸强，高不及五尺。乃農家耕地得之，以售於賈人。賈欲密運出城，而石重大，懼爲人所知，乃中剖爲二，以便轉携，致損字一行。石表裏刻之，一面刻《尚書·無逸》《君奭》，計三十四行；他面刻《春秋·僖公》《文公》計三十三行。①

羅氏又云：

《尚書·多士》殘石，存十一行。《春秋·文公》存十行。與《無逸·君奭》及《春秋·僖公》《文公》一石，同時出土，亦表裏刻之，上下皆有闕損。②

羅氏又云：

此石既中剖，前半《僖公》十五行，《尚書》十六行，歸張某；他半石，歸洛陽縣署。③

羅氏又云：

昨有人自洛歸，言此石及中剖之大石，已運至開封圖書館，不知又有損壞否也？④

章太炎云：

（民國）十二年，新安張鈁又屬三原于右任以石經拓本六紙未裝者贈余。……以書問所從來？鈁答曰："民國十一年十二月二日，洛陽東南碑樓莊下朱圪塔邨民斸藥，得石經於土中，爲巨石一，其文表裏刻之。以其重，斵爲二，他碎石亦一散於公私，手摹者鈁也。"余視諸石，上下不完。此表刻《無逸》《君奭》者爲上段，丁氏所得《君奭》石乃其下段不全者；其裏，則《春秋》僖、文經也。⑤

王廣慶云：

洛陽碑賈郭玉堂言石經出土事，傳係十一年十二月，鄉人朱姓等取簍根製藥，掘地四五尺，得巨石，修廣約三尺許，又一小石則尺許，表裏刻

① 《魏正始石經殘字陳氏景本跋》，《歷代石經考》頁三〇二引。
② 同上。
③ 同上。
④ 同上。
⑤ 《新出三體石經考》，頁一一二。

《尚書》《春秋》文，驚爲異物。聞者走相告，爲土豪黄某所知，諷朱等五百金爲壽，不者將加禍。朱等恐，醵資與之。經石發見地，在碑樓莊朱家圪塔大橋之間，北臨洛水，與龍虎灘隔岸二三里，亦古洛陽附郭地。時石尚未斷也，未幾爲城内謝榮章購去。石重不便秘載，且以分售之，可居奇也。令石工白姓乘夜鑿爲二。事聞於省大吏，檄洛令並委員提取。而其石自謝榮章處移出，分置洛陽縣署及余家街新安官鑛局。①

馬衡云：

漢魏石經，其所立之地，同在大學。其立之之時，前後相距不過七十年。是以後世之發見此殘石也，二者亦同時同地：第一次之發見，在北宋時，其地爲洛陽，御史臺中，有漢石經二千一百餘字，魏石經八百餘字。第二次之發見，在清光緒末年，其地爲洛陽故城中之龍虎灘，僅有魏石經《尚書》百餘字。第三次之發見，在中華民國十一年之冬，其地爲洛陽故城南之朱圪塔壋村，有殘碑半殘截及一小塊，皆爲魏石經，一面《尚書》，一面《春秋》，約千九百餘字。②

王國維云：

癸亥春(修案：民國十二年，即一九二三年)，乃聞洛陽復出魏石經殘石一，兩面分刻《尚書·無逸》《君奭》二篇，《春秋》僖文二公，字數至千餘。三月中，始得拓本，則已剖而爲二。又見《尚書·多士》《春秋·文公》一小石，亦二百餘字。③

孫海波云：

民國十一年十二月二日，洛陽東南碑樓莊民朱某劚藥，得石經於土中，爲巨石一。洛陽碑賈郭玉堂言：初出土時，得巨石，修廣約三尺許，又小石則尺許，表裏刻《尚書》《春秋》文。未幾，爲城内謝榮章購去。石大不便密載，且以分售之，可居奇也。令石工白姓者乘夜鑿爲二。事爲省吏所知，檄洛令並委員提取。而其石自謝榮章處移出，分置洛陽縣署

① 《洛陽先後出土正始三體石經記》，《歷代石經考》頁三〇三—三〇四引：修案：孫海波《魏三字石經集録·源流》，頁八，亦採王氏之説。
② 《集拓新出漢魏石經殘字序》，《歷代石經考》，頁三〇四引。
③ 《魏石經考自序》，收入《觀堂別集》卷四，頁一四三五。

及余家街新安官鑛局，旋運置河洛圖書館。[1]

商承祚云：

魏齊王正始四年（二四三年），碑刻兩面，一面爲《尚書·無逸》及《君奭篇》，一面爲《春秋經·僖公》《文公》，每一字寫作古文、篆文、隸書三種字體。一九二二年，河南省洛陽市砼碚村出土，爲盜運者中剖爲二。石藏河南省開封市河南省博物館。[2]

魏石經第八石所刊，[3]即是此次出土者。賈人重利，剖石分售，所損及古代文物不知幾許，何止石經而已。是故羅振玉以爲"此等惡傖，其罪浮於殺人殆倍蓰矣"，良可慨嘆也歟！

魏石經《尚書》拓本四處散出，研究者日益風行，名家如：王國維、羅振玉、章炳麟、孫海波、屈翼鵬，均有著作傳世，遂成顯學。其中《尚書》一面，適可與光緒乙未所出土者彼此相銜接，此一大奇迹，此一大發見，章太炎、王廣慶、俞復均有説焉，兹摘録其説如下，俾供參考：

章太炎云：

余視諸石，上下不完，此表刻《無逸》《君奭》者爲上段；丁氏所得《君奭》石乃其下段不全者。[4]

王廣慶云：

（民國十二年）四月杪，伯英[5]以拓本來，並加工拓二份，分贈章太炎、于右任兩先生。太炎先生出其得自李師泉所贈已裝本質對，《尚書·君奭篇》文，猶自銜接，珠聯璧合，什襲藏之。除作考語五千餘言，斷爲邯鄲淳書[6]，及詮釋百餘字外，並賦五律一章，有"八體追秦刻，千金笑華碑"之句。[7]

俞復云：

---

① 《魏三字石經集録·源流》，頁八。修案：孫文"洛陽縣"下脱一"署"字，今依《洛陽先後出土正始三體石經記》補。

② 《石刻篆文編·石刻目》，頁七。

③ 見拙作《魏石經初撢》，《碑圖》章，頁一〇九—一三二。

④ 《章氏叢書》下册，頁一〇七一。

⑤ 修案：伯英者，即張鈁之字也。

⑥ 修案：章氏此説已有修正，請看拙作《魏石經初撢·書石》一章，頁四七—五八。

⑦ 《洛陽先後出土正始三體石經記》，頁二。

三體石經未裂本：光緒乙未所出之殘石，《尚書》十一行，每行最多者十三字，首行止三字又半，末行已及石邊，其文字亦爲《君奭篇》，且適與新出半段石《君奭篇》第六行下，文字相連續。其十二行"率惟兹有陳"句，兩邊殘泐處，竟可凑合；上迄"惟"字古文，下起"惟"字篆文，不缺一字。其發見時，先後相距二十八年。① 其發見地，南北相距約二三里，中間且隔洛水巨川。近出者，掘地及四五尺得之。前出者，則在牛舍瓦礫中。此石之分離何年？何緣而移徙至二三里外？俱不可得而知。且石之《春秋》一面已殘泐，僅存其表，而竟有第十二行之能湊裂縫，不缺一字，斯亦奇矣！②

其後，白堅自東瀛購得魏石經殘石爲《尚書·君奭》碑之下底，亦隸屬第八碑第二十八行至三十四行之末三字或二字者③。如此一來，使此碑由此三殘石綴合爲一，尤幾近完整；由知《尚書》碑，每碑有三十四行，行二十字之説，益可確信矣。此爲魏石經《尚書》殘碑綴合之始也。

一九五七年六月，陝西省西安市青年路西段發掘下水道工程時，出土魏三體石經一石，高四十一公分，寬三十一公分，厚十六·五公分。表裏刻有文字，其正面爲《尚書·梓材篇》，十行三十字，起於"予罔厲"之"罔"字，末行終於"欲至萬年"之"萬"字；背面爲《春秋》成公元年、二年經（圖七），十行五十字，首行爲"無冰"二字，末行終於"邾人"之"邾"字，正面左下刻有"第十七石"四大字，字右方刊有"始二年三"直書小字。④ 此石之出土，其於魏石經《尚書》之碑數及其刊刻之年月，具有決定性作用，可謂係一重大發見。魏石經既已在西安市出土，則可證李唐徙石經至長安之説爲可信據。凡此之後，魏石經出土之消息，遂多渺茫不可復聞矣。

至於私家收藏魏石經殘石者則有：徐鴻寶得五十五石，馬衡得七十三石，吴寶煒得一石，柯昌泗得二石，陳承修得二石，黄立猷得十石，凡殘石百四十有三塊。⑤ 此外，馬衡得洛中碎石約二百塊，與徐森玉分購藏之，⑥又周進

① 修案：清光緒乙未爲一八九五年，民國十一年爲一九二二年，兩相加減，得前後相距二十八年之數據。

② 《三體石經未裂本》，頁五。

③ 修案：三字者，屬於原殘石第二十九至三十一行。

④ 見《魏三體石經在長安出土》，《文物參考資料》一九五七年第九期，頁七八—七九。又見日本平凡社《書道全集》(26)中國(15)《補遺》："新出竹、木簡、石刻について"，頁一二—一三。

⑤ 見《歷代石經考·魏石經》，頁一七下。

⑥ 見《集拓新出漢魏石經殘字序》。

購有二塊,[①]洛陽又新出殘石若干塊。[②] 是故孫海波云:

> 自是而後,[③]小塊殘石,日有所獲,迄乎今日,碎石不下三四百方,亦一散於公私。[④]

總之,晚近魏石經《尚書》殘石之出土,其價值之高,王國維以爲"今幸《周書》殘石出於洛陽,我輩始得見正始原刻,固足傲歐、洪[⑤]諸君於千載之上矣!"[⑥]王氏之論,誠屬千古不易之卓見也。

最後,有關魏石經《尚書》之傳拓及其著録,亦不容吾輩忽略。唐初秘府,猶有魏石經傳拓之本,《隋書·經籍志》載:貞觀初,秘書監臣魏徵始收聚之,十不存一。其相承傳拓之本,猶在秘府,三字石經《尚書》九卷,三字石經《尚書》五卷,三字石經《春秋》三卷是已。唯至開元中,僅存十三紙。《汗簡·略叙目録》云:

> 唐開元五年(七一七年),得三字石經《春秋》。臣儀縫石經面題云:"臣鍾紹享一十三紙。"又有開元字印、翰林院印,尾有許公蘇頲、梁公姚崇、昭文學士馬懷素、崇文學士褚无量列名,左金吾長史魏哲、左驍衛兵曹陸元悌、左司禦録事劉懷信、直秘書監王昭逸、陪戎副尉張善裝。至建中二年(七八一年),知書樓直官賀幽奇、劉逸已等檢校,内寺伯宋游環,掖庭令茹蘭芳跋狀尾焉。其真本即太子賓客致仕馬胤孫家藏之。周顯德中(九五四年—九六〇年),嗣太子借其本傳寫在焉。[⑦]

趙宋皇祐中(一〇四九年——〇五四年),有洛陽蘇望者,於故相王文康家得《左氏傳》拓本數紙,重爲摹刻,即唐時舊藏十三紙。[⑧] 王國維云:

> 竇臮《述書賦》注云:今見三字石經打本四紙,石既尋毁,其本最希。唐中葉後,魏石經拓本見於紀載者,惟此而已。宋皇祐癸巳(一〇五三

---

① 見《魏石經考自序》,收入《觀堂别集》,卷四,頁一四三五。

② 王國維云:"《尚書·無逸》則有鄞縣馬氏所藏'小烏'一石(原注:其背爲《春秋》僖公二三年經文),《春秋》則有某氏所藏'姬遇'一石(原注:莊公卅年),徐氏所藏'趙敷'一石(原注:文公八年),共十餘石。"(《魏石經考自序》,頁一四三五——四三六)《大公報文學副刊》云:"去冬,中州新出魏三字石經一殘石,共六十餘字,現尚居奇待售。"(第六十一期)陳恒恪云:"近年洛中發現殘石,……魏石……其陸續出土,在《集拓本》外,只數十小塊。"修案:後二則又見《歷代石經考》,頁三〇五—三〇六引。

③ 修案:指洛陽朱圪塔村出土魏石經以後。

④ 《魏三字石經集録·源流》,頁八。

⑤ 修案:歐指歐陽脩《集古録》,洪指洪适《隸續》而言。

⑥ 見《魏石經考四》,收入《觀堂集林》卷二十,頁一〇。

⑦ 《汗簡》卷七,頁八五。

⑧ 見拙作《魏石經初撢·歷代拓本考》,頁九七。

年)，洛陽蘇望得拓本於故相王文康家，刊以行世。……余疑其即開元内府之十三紙，何則？《隸續》所録蘇氏刊本，今詳加分析，則《尚書》六段，《春秋》七段，《左傳》一段，共十四段，與開元之十三紙止差一紙，其中當有兩段在一紙上者。且開元十三紙，後周時尚在馬胤孫家，至宋初尚存，郭忠恕見之，句中正亦見之。王文康家之本，當即馬本，蘇氏刊之，而遺其跋尾，遂使人昧其所出耳。厥後，胡宗愈復據蘇本刊之錦官西樓。洪适於會稽蓬萊閣亦刊數十字。今蘇、胡、洪三刻皆已不可見。惟《隸續》所録者尚無恙。然則魏石經拓本，自開元以後迄於有宋之初，除竇臮所見四紙外，只此十三紙。郭忠恕《汗簡》引魏石經一百二十二字，其見於蘇刻者七十四字，夏竦《古文四聲韻》引一百十四字，其見於蘇刻者六十三字，餘皆出《汗簡》。其在蘇刻及《汗簡》外者，僅十二字。而郭、夏二書中蘇刻所無之字，頗有蘇刻所遺者，亦有《尚書》《春秋》《左傳》三書中本無此字者，則亦未必盡出石經，郭、夏所見未必遽多於此矣。[①]

綜之，有宋一代關於魏石經之拓本有：皇祐時，蘇望有王文康《左氏傳》摹本，夏竦亦有摹本[②]。元祐時，趙竦有斷石摹本，[③]胡宗愈有成都故家拓本，[④]洪适有三體數十字本。[⑤] 凡此五種。至清光緒時，丁樹楨有《尚書》殘石拓本。[⑥]民國以來，晚近洛陽出土魏石經殘石，而有《尚書》《春秋》表裏書拓本，[⑦]徐鴻寶有諸家集拓本，周進有《尚書》殘石拓本，[⑧]吴寶煒有集拓本，許光宇有集拓本，王獻唐有集拓本，陳乃乾有《魏正始石經殘字》，蘇州顧氏影印《三字石經未斷本》，孫海波有《魏三字石經集録》，商承祚有《石刻篆文編》等著作。[⑨]

魏石經《尚書》其重刻者，則有蘇望洛陽本，[⑩]胡宗愈成都西樓本，[⑪]洪适

① 《魏石經考四》，收入《觀堂集林》卷二十，頁九下—頁一〇。
② 見歐陽棐《集古録目》與洪适《隸續》。
③ 見趙明誠《金石録》。
④ 修案：即鐫成都西樓底本，或云：即蘇氏本。見宇文紹奕《重刻石經遺字跋》。
⑤ 修案：即鐫會稽蓬萊閣底本。見《隸續》。
⑥ 見羅振玉《正始石經景本跋》。
⑦ 見羅振玉《魏石經殘字陳氏景本跋》。
⑧ 見馬氏《集拓新出漢魏石經殘字目》與陳氏《魏正始石經殘字景印本》。
⑨ 見拙作《魏石經初撢・歷代拓本考》，頁一〇五—一〇七。
⑩ 修案：即王文康本，見《集古録目》《隸續》《漢隸字原》《寶刻類編》等書。
⑪ 見《重刻石經遺文跋》《漢魏石經考》《觀堂集林》等書。

會稽蓬萊閣本。[①] 惜乎！今具不存，亦未得見其拓本也。[②]

十、餘　　論

魏石經《尚書》考述既已完成，或曰其價值何在？約略而言，其有三方面之價值在焉，兹條分縷析，論述如下，俾供參考：

一曰字樣學之價值。

我國近兩千年來，所謂“科斗文”，學者争訟，衆説紛紜，莫衷一是。近來，由於魏石經《尚書》殘石之出土，殘石上之古文即是“科斗文”之濫觴，是故王國維曰：

> 然則魏石經殘字之豐中鋭末，或豐上鋭下者，乃依傍“科斗”之名而爲之，前無此也。自此以後，所謂“古文”者，殆專用此體。郭忠恕輩之所集，决非其所自創，而當爲今朝以來相傳之舊體也。自宋以後，句中正輩用以書《説文》古文，吕大臨輩用以摹古彝器。至國朝《西清古鑑》等書所摹古款識，猶用是體。蓋行於世者幾二千年，源其體勢，不得不以魏石經爲濫觴矣。[③]

由是觀之，若非魏石經《尚書》殘石之出土，吾輩尚無法一明“科斗文”真相之究竟也。

一曰與熹平石經《尚書》之比較研究。

由於熹平石經與魏石經均刊刻《尚書》一經，前者爲今文經之代表作，而後者則爲古文經之標準本，倘能將此二者作一比較研究，勢必可突破研究今古文之争之盲點。關於此一方面之研究，蔣善國已取得初步成果，其言曰：

> 一、由漢、魏石經刊立的年代方面看，漢石經是熹平四年刊的，魏石經是正始的時候，相隔只是六十年。漢石經曾在黄初時補刊，由黄初到正始，只相隔二十年，當時石經完整無缺，而正始時却新刊石經《尚書》，這必是因漢石經所刊的是今文《尚書》，與當時所習古文經字不同，因而才另刊古文《尚書》，當作標準經字。

---

① 見《隸續》。
② 見《金石文字記》《魏三體石經遺字考叙》《觀堂集林》等書。
③ 《魏石經考五》，收入《觀堂集林》卷二十，頁一〇下—一一上。

> 二、由學風來看，熹平時刊立漢石經，鄭學方興，鄭玄以後，學術界所争的已不是今、古文，而是鄭、王（王肅）學，鄭、王兩家所注《尚書》，均據古文《尚書》經文。魏石經是正始二年刊立的，[①]當時今文已衰，因而是古文獨尊的時候刊立的。
>
> 三、由經文所用字體方面看，漢石經是用隸字寫的，魏石經是用古文，小篆和隸字三體寫的。隸字是漢時通行的文字，用隸字寫今文經，正是今文的本色。魏石經除通行的隸字外，並與古文和小篆兩體對照，從字體範圍的擴大方面看，魏石經至少不專於今文經，却表現出以古文爲主。[②]

蔣氏之説，爲初步之研究成果，吾輩倘能將漢石經《尚書》與魏石經《尚書》兩相比較，作更深層之探索，勢必會有極其豐碩之成果呈見矣。

三曰曹魏所以專刻二經一傳之問題。

今文經學家於熹平石經凡刊刻七經，其目爲《詩》《書》《易》《禮》《春秋》《公羊》《論語》；[③]爲何曹魏止專刻《尚書》《春秋》《左傳》三經耶？此一“二經一傳”問題，吕振端教授有説解焉，其言曰：

> 迨正始初年，乃仿漢刻石經。所以不同者，一爲今文，一爲古文；一爲隸書，一備古、篆、隸三體；可謂一正經文，一存字體。然則魏何以僅刻二經一傳？史既未載，實難揣測。所可知者，明帝崩後，政權寖歸司馬懿，曹氏君權旁落，一如建安局面。據此，則正始間之刊二經一傳，或有其政治目的。蓋《尚書》《春秋》《左氏傳》，深含儒家政治思想，或言王道，或正名分，乃封建專制主義具體之典型，亦爲儒家所强調之王道及君臣名分之政治思想之具體表現。而曹魏政權，或欲借此以貶低司馬氏之勢力，似亦可能也。[④]

吕氏之説，富有啓發性，吾輩宜依此理念進而加以分析研究，以期能水落石出，真相大白而後止也。

以上所揭櫫者，僅是魏石經《尚書》諸多價值中之一部分而已，旨在抛磚引玉，觸發學界對魏石經研究之興趣，進而群策群力，全力以赴，作出成績，俾供治經學史者參考之用。倘能如此，於願足矣！

---

① 據拙見，三字直下式《尚書》石經當爲正始元年（二四〇年）始刊之，至正始二年三月已刊刻至《尚書》第十七石；以此刊刻速度推算之，《尚書》《春秋》《左氏傳》三經凡三十五石刊刻完畢約在正始六年前後。

② 《尚書綜述》，頁三八〇。

③ 詳拙作《漢熹平石經集成》一書。

④ 《魏三體石經殘字集證》，頁六二。

圖一　魏石經品字式《尚書》拓本

圖二 （1）魏石經直下式《尚書》碑影

圖二　(2) 魏石經直下式《尚書》拓本

圖三　魏石經“留一株”殘石拓本

圖四　魏石經《尚書·君奭》刊號“第廿一”石拓本

圖五　魏石經《春秋·宣公經》刊號"第八"石拓本

圖六　魏石經《尚書·梓材》刊號"第十七"石拓本

圖七　魏石經《春秋・成公經》(即第十七石之背面)拓本

原載臺灣《"國立"編譯館館刊》一九九四年六月第二十三卷第一期

一方未見著録的魏三字石經殘石

——史語所藏《尚書・多士》殘石簡介

◎ 邢義田　陳昭容

正面　　背面

附圖一

史語所倉庫有不少等待刊佈的寶貝。負責倉庫工作的林玉雲小姐去年十一月在整理藏品時,赫然發現一方魏正始三字石經殘石(藏品編號R23684,附圖一)。

這方殘石爲灰褐色,略呈梯形,左側爲斜邊,右側爲直角。上寬約九公分,下寬二十三公分,殘高約二十二・五公分。正面平整,背面凹凸不平,最厚處約十四公分。除緣邊者外,刻字及格綫基本完好。其上《尚書・多士》殘文共計九行,古、篆、隸三體完整者十二字,不完整者十五字,其中三字僅存少許,一字尚難確辨。據孫海波《魏三字石經集録》(考古學社石印本,一九三七年)之碑圖,此石屬第廿石。廿石正面有《尚書・多士》《無逸》,背面爲《春秋・僖公》經文,惜背刻全殘,不餘一字。

茲先移録正面殘文如下(字殘者加〔　〕):

1	2	3	4
	于	天	
于	天	顯	〔民〕
明	厥	德	凡
殷	多	士	今
〔于〕	帝	惟	我
	度	我	不
	〔王〕	曰	猷
		不	康
			〔怨〕

另二方早已著録之《多士》殘石之下。舊有二石上下相接,與此石之間則有一至四字之缺隔。我們於傅斯年圖書館找得上方二石拓片(19533－28、10901－4),影印後比對綴合,使原碑之復原得以稍進一步(附圖二)。[①] 此石之刊佈或值一説者,有以下數事:

1. 一石出土歷半世紀餘而無人知之,誠爲異數。孫海波《集録》頁八論源流云:民國十一年十二月洛陽東南碑樓莊民朱某得石經於土中。初出土時,爲巨石一,修廣約三尺許,小石一則尺許,表裏刻《尚書》《春秋》。不久,爲謝榮章所購。以石大不便,令石工鑿之,欲居奇分售之。事爲省吏所知,取其石分置洛陽縣及余家街新安官礦局,旋運置河洛圖書館。"自是而後,小塊殘石日有所獲,迄乎今日,碎石不下三四百方,亦一散於公私。"散於公私之殘石雖有周進、徐鴻寶、吴寶煒、許光宇、王獻唐、陳乃乾等氏奮力搜求,孫氏復集其大成,匯爲《集録》,仍不免遺珠。本所前輩屈萬里先生嘗致力於石經,有專著行世,唯似不知此石之存在於所内。晚近吕振端作《魏三體石經殘字集證》(學海出版社,一九八一年)、朱廷獻著《尚書研究》(商務印書館,一九八七年)、劉起釪刊《尚書源流及傳本》(遼寧大學出版社,一九九七年),於石經殘文網羅殆盡,皆不及此石。可知此石確爲諸家所未見。

2. 史語所入藏此石之經過目前仍無資料可查。傅斯年檔案保存不少民國十七年成立後至二十餘年間,搜購金石拓片文物之記録。據記録可知,當

① 第廿石另有"命爾"二字殘石存世,合計此碑殘石可考者共四石。

時爲籌備歷史博物館以及後來的"中央"博物院,曾極力搜求文物。經查傅檔已經整理開放的部分,其中並無與石經相關之片語隻字。林玉雲曾翻查倉庫藏品之入藏記録,清册除登記有石經一件,也無其他綫索。爲此日前曾就教於本所前輩石璋如先生,先生謂此石或係董作賓、李濟於民國二十一年三月赴洛陽太學遺址調查時所購,另一可能則係史語所於二十二年自北平南遷上海前所買。總之,傅檔整理完畢後,希望能從中找到較明確的入藏資料。

3. 此石來歷雖待考,據我目驗石質、書體、刻工並與其他二石拓本比勘,其爲原石,非碑賈僞作應可確定。① 如是,其於《尚書》學或不無一用。魏石經《尚書》先後經王國維、馬衡、孫海波等氏精勤勘考,大體面貌已得世人共許,然非無歧異。以《多士》篇而言,王國維、孫海波之碑圖復原即小有不同。如本石首行王國維所補經文有"其有能聽"句,孫氏作"其有聽"。又第八、九行,二氏排列有異:

王國維:其遷居西爾非我一人奉
德不康寧時惟天命無違
朕不敢有後王曰繇告爾多
士無我怨惟爾知惟殷先

孫海波:其遷居西爾非我一人奉德
不康寧時惟天命無違朕

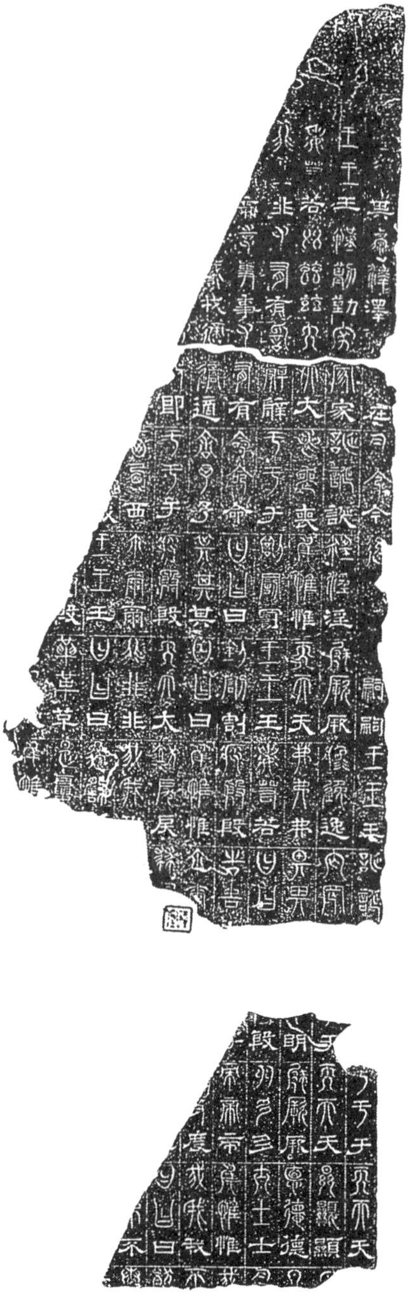

附圖二

① 魏石經有僞作者至少二件,參商承祚《孫氏〈魏三字石經集録〉校正》,《清華學報》一九四一年第十三卷第二期,頁二。

不敢有後王曰繇告爾多士無我怨惟爾知惟殷先

王氏謂"魏石經疑作'時惟天命,無違,朕不敢後',則上下文義貫通無滯。石經古文不必與今文同。第九行'王曰繇'今本無此句。繇,即今本上文'猷告爾多士'之猷字。"(《觀堂集林·魏正始石經殘石考》,收入《王觀堂先生全集》册九,文華出版公司,一九六八年,頁3307—3308)孫氏保留"有"字,而將"朕"字移至上一行末,因而在"康我"二字處得到和王氏相同的排列。如二氏之説屬實,則本石古文"康"[4(8)]字左側之古文應爲"我"字。可是細審本石最末一字[4(9)]殘劃以及與格綫的相對位置,與同石另三"我"字之古文("于帝惟我""度我不""西爾非我")無論在字形和位置上都相差甚多。"康"左側之字應非"我"字。如此,此行經文字句究竟如何,又如何排列,得重新推敲。

如果以阮元十三經注疏本《尚書》、孫星衍《尚書今古文注疏》比對王、孫此段經文,則知在"朕不敢有後"句後,王、孫多"告爾多士"四字。商承祚校正孫著,於此處無説。[①] 吕振端《魏三體石經殘字集證》卷三,石經碑復原圖(頁三一二)無此四字。吕氏所作排列如下:

其遷居西爾非我一人奉德不康寧時惟天命無違朕
不敢有後王曰繇無我怨惟爾知惟殷先人

從石經的刊刻格式而言,三字石經每行皆二十字,每字三式,偶會因版本不同而有一字出入,唯有每篇的最後一行,在文字結束後會有空下來的位置。吕振端的排法以今本《尚書》爲底本,少去"告爾多士"四字,使得這一行底下有四字之缺,這樣的排法不合其他復原圖一般慣例。所以,這個殘筆不應該是"惟爾知惟殷先人"的"知"字之古文。

關於第九行最後的殘筆,有以下幾個推測,很不成熟,也没根據,只是姑且想想:

1. 據王國維及孫海波的排法,這個殘筆應該是"我"字。但是"我"字古文的寫法上面一横筆平直,與石經殘筆略下斜不類。

2. 殘筆有兩處,上方有一右下斜的筆畫,斜筆的下方似有一"ㄱ",由於石面沿著筆畫崩塌,上横筆已成爲崩塌的邊緣,僅右邊一直筆還殘存,且因崩塌

① 參商承祚《孫氏〈魏三字石經集録〉校正》,《清華學報》一九四一年第十三卷,第二期,頁一一九。

而顯得有點外擴。假如這個觀察可以成立，那麽這個字有可能是“無我怨”的“怨”字，怨古文作[illegible]，可參看三體石經《無逸篇》三個“怨”字。殘留的筆畫正是𠆢的右邊及[illegible]的最右筆畫。

3. 如果這個殘字可能是“無我怨”的“怨”字，則“無我怨”有可能和《多方》“無我怨”毛本作“無怨我”一樣（《尚書注疏校勘記》卷十七頁四上），如此則“怨”字的位置正與“康寧”的“康”字並排。依王國維的排法，八、九行應是：

其遷居西爾非我一人奉德不康寧時爲天命無違
朕不敢後王曰繇告爾多士無怨我惟爾知殷先人

4. 假定殘字是“怨”可能成立，對於經文的内容及位置安排還有其他的可能性：(1)“王曰繇，告爾多士無怨”；(2)“王曰繇，爾多士無我怨”，依照王國維的排法，八、九行應是：

其遷居西爾非我一人奉德不康寧時爲天命無違
朕不敢後王曰繇告爾多士無怨惟爾知惟殷先人

或是

其遷居西爾非我一人奉德不康寧時爲天命無違
朕不敢後王曰繇爾多士無我怨惟爾知惟殷先人

“爾多士”及“無怨”亦經文習見。以上純屬想象，請大家指教。

補白

《一方未見著録的魏三字石經殘石——史語所藏〈尚書·多士〉殘石簡介》

邢義田　陳昭容
（“中央”研究院歷史語言研究所）

我們在《古今論衡》第二期（一九九九年）介紹史語所所藏魏石經殘石時，因當時没有找到這方殘石入藏的原始記録，語焉不詳，也有些錯誤。最近負責管理倉庫的林玉雲小姐終於在一册《考古館標本儀器總目録》中找到進一步的綫索。這本《總目録》是一九七三年六月六日由原經管倉庫的李光宇先生移交給接任的何世坤先生的。在《總目録》購品類第四頁登録有“殘三體石經石刻一件”，並注明爲“南京接收”。換言之，殘石入藏時間已可追溯到一九四六年十一月本所遷回南京雞鳴寺原址以後。當時是由李光宇先生管理庫房。

從何接收而來,仍待查考。一個綫索是徐中舒在一九三六年十二月一日寫給傅斯年先生的一封説明劉體智贈青銅器拓本的信件(傅斯年檔:元498-6-43)裏,提到"陶瓦約數十箱,有甚精品,尚有三體石經數小石亦在内"。這裏所説的"數小石"未明確説明數目、大小或内容。如果這"數小石"包括我們現在所見的這一石,則知其原爲劉體智藏品,本所入藏當在一九三六年。本所自南京西遷,許多藏品未及帶走:石經笨重,或即留置。遷返南京後,才又接收回來。然而這只是一個猜測。我們所見的一石和徐信中所説的"數小石"到底是否爲同一物?爲何不見其餘的小石?又如原爲劉體智藏品,爲何善齋金石出版品甚多,却不見此石的著録?即使不及著録,劉爲著名藏家,其藏有石經亦不應爲研究石經者所不知,而未爲同時代的人所提及。可見,疑問仍多,問題還待解决。

現在可以確定的是:《尚書·多士》殘石並非本所考古調查時所獲之發掘品。

原載《古今論衡》一九九六年第二期,《補白》見二〇〇〇年第四期

唐開成石經

唐石經跋己丑

◯ 陳漢章

《舊唐書》稱石經字乖師法，故亭林多舉其誤字。而錢竹汀、王西莊、武授堂極力辨之。然如《周易・小畜》"輿説輻"不作"輹"，不知輻非可脱之物。輹者，車伏兔也。有革縛之，故可脱。石本明白，非乾符重修、朱梁補刻及北宋旁注者，此一條恐不能爲左袒矣。

《尚書・泰誓》"予有亂"下，旁注"臣"字。《左昭廿四年傳》及《論語》旁注同。而《襄廿八年傳》却無注。竹汀概謂北宋人旁注，亦未必然。

《毛詩》《禮記》並用鄭氏本，即改其字。"涼曰不可"，用箋義改"諒"。"之其所親愛而辟焉"，用注義改"譬"，非誤字。

《金石萃編》屢嗤亭林、竹垞以明人補刻字爲石經原文，乃獨稱引《月令》"正月之節……曉壁中"，驗今石本，"曉壁"二字已泐。《太平御覽》引《唐月令》作"曉心中"，李林甫注：曉時心星正當午位。是石經原文作"曉心中"無疑，明人補缺字，乃作"曉壁"。蘭泉何不自見其睫乎？晁公武稱孟蜀石經亦首《月令》，不獨避唐諱，爲不忘唐之一端也。

亭林校《左氏・隱十年》"伐戴"云："戴，誤載。"而校《公羊》云："載誤作戴。"授堂謂其自相戾，不知《左氏釋文》作戴，《公羊》作載，開成石經互易之，致與陸德明本不合，故校語不同，非不知載、戴二字例得通借而授人以隙也。明人補刻石題卜大臣刊，西莊作"卜大慶"，亦非。

《穀梁隱元年傳》"貝玉曰含"，貝字上半已泐。明人補刻"珠"字，大謬。珠玉曰含，不見禮文，貝字尚可諦審得之。

《論語・陽貨篇》"子曰巧言令色鮮矣仁"九字重出。竹汀謂宋人增注。據皇本無之。案：今皇本出自日本者，稱即北宋所傳，何宋人刻皇本無之，而必據俗本以增石經乎？其謂宋人妄注亂臣字，而北宋劉侍讀即據俗本有子無臣母之解，亦可疑也。

張參《五經文字序》作於大曆十一年，有今制國子監置書學博士之文。《唐書·選舉志》："凡書學試《説文》《字林》二十條。"而《百官志》書學博士注但云："武德初廢，貞觀二年復，顯慶三年又廢，龍朔二年復。"《南部新書》乃稱大曆十一年制，國子監置書博士，立《説文》、石經、《字林》之學，歲登下之，則參《序》所謂今制者，即指作《序》之年，自天寶至永泰，當又中廢此官矣。得此可補《唐書》之闕。

參《序》又云："十年夏六月，詔委國子儒官勘校經本。""十年"之上字已泐。明訓導王元吉、生員馬攀龍補闕，加"貞觀"二字。蘭泉斥之。自貞觀十年至大曆十一年，凡百四十歲，固非其時。然蘭泉定爲天寶十年，亦非也。孟浩然以開元末年卒，《送張參明經舉》詩曰："十五彩衣年。"時參尚童子，至天寶十年，參不過二十餘歲。錢起《送張參及第還家》詩曰："太學三年聞琢玉，東堂一舉早成名。"起於天寶十年登進士第，詩中書參之名，參爲起後輩可知。即參亦以其年舉明經及第，亦安得驟爲司業乎？萬氏《群書疑辨》此經書壁在大曆十一年，上距天寶十年二十六年，參校定在天寶，而書壁則在大曆。蘭泉蓋即據萬説。然萬氏又云："參在天寶已爲司業，必無閲二十六年仍守一官之理。"考《唐書·常衮傳》：衮始當國，議增給百官俸，韓滉惡國子業，張參少給之。衮以大曆十二年作相，參爲司業，何止二十六年？萬氏已不能自堅其説。王氏拾其牙慧，並引封演之言，以證不知。《聞見記》明云"大曆十年詔儒臣校定經文"，正未嘗言天寶十年也。馬曰璐刻是書，稱依宋拓本傳寫。王氏痛詆其竄改，然此《序》但作"十年"，"十"字上作"矣"字。今驗石刻，"矣"下半猶存。然則貞觀十年、天寶十年，皆爲妄添之字，蘭泉所見本不及馬本遠矣。

卷下後云："乾符三年，孫《毛詩》博士自牧，以家本重校勘定。"萬氏《疑辨》讀作："《毛詩》博士孫自牧。"驗石本"孫"字小書，"自牧"二字愈小，乃張參之孫，非一人姓孫，名自牧也。其謂重校勘定，明非乾符三年始刻，萬氏又誤會刻在僖宗朝，反疑陳振孫謂大曆中刻之非。不知其下刻字人魚宗會刻參校本，非刻自牧重校之本也。自牧記題九月十八日，不紀干支，有違古法。《舊唐書》紀志之文多如此，蓋亦一時風尚耳。

唐玄度《九經字樣》後國子監奏云："准太和漆年十二月五日敕，覆定九經字體。"又中書門下有開成二年八月十二日牒可考見，唐刻石經始卒年月。《舊唐書·文宗紀》："開成二年，上又令唐玄度復校字體。"非也。令玄度在太和七年，鄭覃尚未作相之前，若開成二年復校者，據《册府元龜》，乃率更令韓泉，非參也。《唐會要》太和七年二月，敕唐玄度覆定石經字體，亦十二月之誤。蘭泉以爲始事於太和九年，但據《舊書・覃傳》耳，謂開成元年拓成，亦未核也。

原載《綴學堂初稿》，《陳漢章全集》第十八册

開成石經公羊文字校例

◎ 黄有敏

諸本所訛唐石經獨正例

僖公二十年："西宫災，何以書，記災也。"唐石經、鄂本作"記災"，諸本作"異"，誤。文公十三年："周公用白牲。"閩本、監、毛同誤，唐石經作"白牡"。案《史記·三王世家》云："周公祭天命郊，故魯有白牡騂犅之牲。"《禮記·明堂位》云："以褅禮祀周公於太廟，牲用白牡。"諸本作"白牲"，形近而訛。定公元年："不蓑城也。"閩、監、毛本同。唐石經"蓑"作"衰"。《經義雜記》曰："《五行志》'不衰城'，師古曰：'衰城，謂以差次受功賦也。衰，音初爲反。一曰衰讀爲蓑，蓑城謂以草覆城也。蓑音先和反。'按《釋文》及《漢志》，知《公羊》本作'不衰城'。《説文》：'衰，艸雨衣。從衣，象形。'何注用《説文》本義。作'蓑'，俗字也。'衰城'義當從師古説。"通義本作"衰"，云："董仲舒讀傳文如是。"是衰分之"衰"，師古謂以差次受功賦也。何劭公讀爲"蓑"，云："若以草衣城然。"今本竟作"蓑"字者，誤也，定從開成石經作"衰"。定公二年："時災者兩觀。"唐石經作"主災者兩觀"。諸本皆誤作"時"。孫志祖云："《左傳》疏引作'主'。"

諸本所奪唐石經獨存例

隱公十一年："子不復讎，非子也。"唐石經、鄂本"不復讎"上並有"子"字。閩本、監本、毛本無。孫志祖云："《左傳·莊十二年》疏、《困學紀聞》七，並有'子'字。"莊公七年："何以知夜之中星反也。"諸本同。唐石經、鄂本"何"上有"則"字，當據補。莊公九年："其取之何。"唐石經作"其言取之何"。諸本誤脱

“言”字。莊公十有二年:“舍孔父荀息無累者乎?”鄂本無“者”,唐石經有“者”字。僖公十七年:“十有二月乙亥。”唐石經“十”上有“冬”字,諸本誤脱。按去“冬”字,何氏無説明。“冬”爲脱文。文公六年(案校勘記脱“六年”二字):“是月,非常月也。”唐石經、鄂本皆叠“是月”二字。文公十有三年:“自正月不雨至于秋七月。”唐石經、鄂本皆作“至于秋月”。案《五行志》中之上:“十三年自正月不雨至于秋七月。”亦有“于”字。文公十三年:“魯拜乎後。”唐石經作“魯公拜乎後”,《禮記·明堂位》正義引有“公”字。文公十七年:“公子遂如齊。”唐石經、鄂本上有“冬”字,諸本脱。成公十年:“冬十月。”鄂本、閩本、毛本皆脱,惟唐石經有之。襄公廿七年:“子苟納我。”唐石經作“子苟欲納我”,諸本脱“欲”字。《石經考文提要》云:“宋景德本、鄂泮官書本《春秋集傳釋義》皆作子苟欲納我。”昭公廿五年:“終弑而敗焉。”唐石經作“終弑之而敗焉”,諸本脱“之”字。案疏標經題云“終弑之者”,有“之”字,與石經合。

諸本所有唐石經獨無例

隱公二年:“婦人謂嫁曰歸。”《毛詩傳》本作“婦人謂嫁歸”,無“曰”字。陸德明本有“曰”字,謂依《公羊傳》文。唐石經《公羊》“婦人”以下損缺,以每行十字計之不當有“曰”字,若有“曰”字,則此行十一字矣。考何注云“故謂嫁曰歸”,“曰”字恐因注衍也。案《詩·周南·葛覃篇》:“言告師氏,言告言歸。”傳:“婦人謂嫁曰歸。”疏云:“定本歸上無曰字。”蓋《毛傳》文古,故其語如是。無“曰”字者,當合古傳文例。《莊公十八年傳》:“公追戎于濟西。此未有言伐者,其言追何?大其爲中國追也。”何注曰:“公追齊師至嶲,舉齊侵也。”王引之曰:“‘此未有言伐者’,‘言’字後人所加。《傳》意謂此時未有伐魯者,而經言追。則大其非爲己追,而爲中國追也。僖二十六年:‘齊人侵我西鄙。’則有伐者矣。有伐者而言追,是爲已追。此未有伐者而言追,是爲中國追也。下文‘此未有伐中國者,則其言爲中國追何’,與‘此未有伐者’文義正同。又《十九年傳》:‘此未伐有者,其言梁亡何?’《三十一年傳》:‘此未有伐曹者,則其言取之曹何?’與此文義亦同。乃謂此時未有伐之事,非謂經文未有言伐者也。‘伐’上不當有‘言’字。唐石經無。(僖二十六年疏引此有“言”字,蓋後人據誤本加之。)”莊公二十七年:“通乎季子之私行也。”諸本同。唐石經無“乎”字。僖公元年:“齊師、宋師、曹師次于聶北,救邢。”“救邢”,宋閩、監、毛本同。唐石經、鄂本“救邢”不叠是。

誤始於唐石經例

莊公二十有六年:“公伐戎。”諸本同。吕氏祖謙《集解》云:“《公羊》無春字。”按唐石經“公伐戎”之上損缺,然以每行十字計之,無“春”字。盧文弨曰:“疏標經文云‘春,公伐戎’。是疏本有春,自石經始脱耳。”《經義述聞》曰:“《文公十三年傳》:‘封魯公以爲周公主。則周公曷爲不之魯?’家大人曰:‘主’字涉上文‘爲周公主’而衍。案上文云:‘封魯公以爲周公也,周公拜乎前。魯公拜乎後。曰:生以養周公,死以爲周公主。’封魯公以爲周公,兼生養死祭言之,非專指爲祭主一事也。且‘爲周公主’,‘爲’字讀平聲。‘封魯公以爲周公’,‘爲’字讀去聲。此文‘封魯公以爲周公’,是復述上文之詞,若於‘爲周公’下加一‘主’字,則謬以千里矣。自唐石經始衍‘主’字,而各本遂沿其誤。定四年《左傳》正義引此無‘主’字。”定公十四年:“三月辛巳,楚公子結、陳公子佗人帥師滅頓,以頓子牄歸。”王引之云:“‘三’當爲‘二’,《左氏》《穀梁》並作‘二’。據杜預《長曆》,是年二月己未朔,辛巳二十三日也。若三月,則戊子朔,不得有辛巳矣。《釋文》但言‘公子佗人’,二《傳》作‘公孫佗人’。‘牄’,二《傳》作‘牂’,而不言‘三月’,二《傳》作‘二月’,則此《傳》亦作‘二月’,可知唐石經始誤爲‘三’。”

誤不始於唐石經例

隱公元年:“會猶最也。”何注:“最,聚也。直自若平時聚會,無他深淺意也。最之爲言聚,若今聚民爲投最。”《釋文》“最”字無音。按正文及注“最”字皆當作“冣”。“冣”與“聚”聲義同,故曰“冣之爲言聚也”。今本“冣”皆訛作“最”。此傳《釋文》不爲“冣”字作音,則唐初已誤爲“最”,不始於開成石經矣。文公元年:“二月癸亥朔,日有食之。”《漢書·五行志》載此經無“朔”字,而引董仲舒、劉向之説於下。仲舒傳《公羊》,向傳《穀梁》,其皆無“朔”字,可知也。自顔師古注《漢書·劉向傳》“日食三十六”引《春秋·文元年》“二月癸亥朔”,則唐初已衍“朔”字,不始於開成石經。

原刻訛誤磨改訂正例

隱公三年:"秋,武氏子來求賻。"唐石經原刻脱"子"字。後磨改補,故此行十一字。閔公元年:"孰弑子般。"唐石經之"弑"字磨改,當是本作"殺"。按此作"殺"非也。又"盍弑之矣",《釋文》作"盍殺"。唐石經此"弑"字磨改,亦本作"殺"。按此作"弑"是也。僖公二年:"曷爲不言城衛。"解云:"舊本'曷爲'之下,有'不言'二字。今無者,脱也。"案石經"曷爲"下,原刻作"城",後磨改爲"不",則不作"曷爲城衛","不言"二字係磨改補入。故此行及次行皆十一字,其迹可覆也。哀公十有三年:"見于旦。"諸本同,唐石經"于"字磨改。當本作"乎"。解云:"'于'字有作'乎'字者,誤。"

原刻不誤磨改致誤例

《春秋公羊經傳解詁》:"隱公第一,何休學。"唐石經:"桓公第二,何休學。"原刻作"何氏",後磨改作"何休"。臧禮堂曰:"何氏題何休非也,當從原刻作'何氏'。"僖公二十八年:"則何以得爲伯討。"唐石經原刻作"執",後磨改作"討"。案下之"歸于者非執之于天子之側者也",則此當從原刻作"執"。又"故於是立",唐石經原刻作"爲是",後磨改作"於"。定公三年:"三月辛卯。"唐石經原刻"三月",磨改作"二月"。解云:"《公羊》《穀梁》皆作'三月',《左氏》作'二月',未知孰正。"案此當從唐石經原刻。〔阮元〕定公八年:"睋而鋟其板。"石經原刻作"俄",後改"睋"。下同。《釋文》作睋。案《桓二年傳》"俄而可以爲其有矣",《莊三十二年傳》"俄而牙弑械成",字皆作"俄"。何注:"桓公二年之俄者,謂須臾之間,創得之頃也。"此從目,非,當從原刻作"俄"。

磨改從今本例

僖公十有八年:"春秋伐者爲客,伐者爲主。"唐石經原刻作"春秋伐者爲客,而不伐者爲主",後磨改从今本。僖公二十有一年:"君雖不言國,國固臣之國也。"唐石經原刻,"言"下不叠"國"字,後磨改同今本。此行及前一行皆本九字。此行後磨改亦十字,讀"君雖不言"句、"國固臣之國也"句。

唐石經有不及注征本例

成公十年:"冬十月。"鄂本、閩本、監本、毛本皆脱"冬"字,唯唐石經有之。嚴杰曰:"《左》《穀》皆有此三字,與《公羊經》異。錢大昕曰:'何注云"去冬者惡成公",然則石經有此三字,非何意也。'故知唐石經未必是,歷代版本未必非也。"襄公七年:"鄭伯髡原如會。"唐石經作"髡原"。《釋文》:"髡原,《左氏》作髡頑。"寫本作"髡頑"。解云:"正本作'頑'字,一本作'原',非也。"案疏文所據之本,多得其正。襄公廿五年:"吴子謁伐楚。"唐石經、諸本同,《釋文》云:"謁,《左氏》作遏。"按疏本作"遏",云:"亦有一本作'謁'字。"作"遏"則與《左氏》合,而陸氏乃區别之。義疏所據之本,往往勝於《釋文》。《公羊疏》非唐人所爲也,後人不省,往往據石經改訂疏本。群經各疏,詳高郵王氏《經義述聞》"後人改疏、《釋文》"一章,兹不另例綴述。

唐石經異文例

石經異文有同音假借者。文公十二年:"秦伯使遂來聘。"解云:"《左氏》《穀梁》皆作'術'字,經亦有作'術'者。"案古書"遂""術"音同通假,有作或體者。莊公元年:"搚幹而殺之。"唐石經、諸本同。《釋文》作"拹幹",云:"本又作拹,亦作拉。"按《詩·南山》正義引作"拉幹而殺之",《玉篇》引作"拉公幹而殺之",皆作"拉"字。段玉裁云:"依《説文》當作'拹',許云:'摺也,从手,劦聲。'作搚者,或體也。有從隸渻者。"桓公二年:"督將弑殤公。"唐石經"督"作"督"。《五經文字》云:"《説文》从目。隸省从日。"有作俗字者。隱公二年:"始滅,昉於此乎。"唐石經、諸本同。惠棟《公羊古義》云:"五年《傳》云:'始僭諸公,昉於此乎。'蔡邕石經《公羊》'昉'作'放'。鄭注《考工》云:'旊讀如放於此乎之放。'"是漢時《公羊》"昉"皆作"放"也,皆以放爲正,"昉"俗字耳。

開成石經刻經始末具詳新舊《唐書·文宗本紀》《鄭覃傳》。舊《傳》覃長於經學,稽古守正,因九經訛謬,請立石經校正文字。與其事者皆一時專業經生,其爲精審自無疑義。雖經唐玄度乖亂字體,然六朝以前舊本,皆托此石以傳。昆山顧寧人《金石文字記》,乃據明人世俗裝潢本揚劉昫之焰,横加訾毁,幾於鹵莽。其詳駁具見錢大昕《金石跋尾》、武憶《授堂金石跋》、王鳴盛《蛾術編》説經等文，皆依經文逐句逐字引證辯正，顧氏庶幾無可置喙。其他專致此經文字者，有王朝榘《唐石經考正》、嚴可均《唐石經校文》、馮登府《石經補考》、魏錫曾《唐石經圖考》。諸人考訂，各有精到，然污漫零星，苦無滙歸。乃總括諸家爲發凡例，先取《公羊》一種成《開成石經公羊文字校例》一文，雖非采山之銅，庶有蛾聚之效。若云經學，則真不免東塾浮躁之譏矣。有敏誌。

原載《斯文》一九四二年第二卷第十七、十八期

明拓唐石經考

◎ 周梅泉

中國雕板之術，始於五代，自茲以前，皆以寫本流通，石經之作，所以防傳寫訛誤者有所就正，自漢熹平、魏正始以迄有清，立石經者凡七次，今原存於世者，僅唐開成石經一種而已。石在今西安府學，顧經歷代兵燹地震，其剥蝕殘泐亦多，且有經後人補改者，故舊拓本爲可貴也。

石立於唐文宗開成二年，九經三傳而外，益以《孝經》《爾雅》，附以張參《五經文字》、唐玄度《九經字樣》。迄天祐中，築新城，石爲韓建所棄，劉鄩守長安。幕吏尹玉羽，請輦入城。鄩謂非急務。玉羽紿之曰，一旦虜兵臨城，碎爲矢石，亦足以助戰。鄩然之，移置尚書舊省。顧已有殘泐，玉羽補之。文字與原石頗有異同，此一厄也。明嘉靖乙卯地震，石經倒損。西安府學生員王堯惠等，按舊文集其闕字别刻小石，立於碑旁，以便摹補。惟所據爲監本，頗多紕繆。此唐石經之又一厄也。後來碑估拓墨，每拓一次，必鑿損數字，以表其所拓在前，故今西安原石，文字已遠不如乾嘉時之多，更無論明拓本矣。

此本爲長沙黄氏三長物齋舊藏明拓本。每册有"三長物齋長物"印章，黄氏收藏金石頗富，散氏盤未入御府以前，即藏其家，亦即三長物之一也。黄氏所藏開成石經，亦不止一種，且有地震前未斷本。是否即此本，未及細校，惟以之校乾嘉以前所拓本，則所存之字較多也。

原載《工讀周刊》一九三五年

唐石經與宋本

◎ 封思毅

宋本諸經，承唐石經而來，前人已有記載，[①]嚴可均嘗云："石經者，古本之終，今本之始。"[②]惟考石經之刻，前於宋者，初則漢熹平刻石于太學鴻都，繼有魏正始立三體石經，唐開成立十二石經，孟蜀廣政立十三石經。熹平、正始之經，至宋業已散佚無存；尚稱完好者，唯開成石經爲最早。[③] 故宋本諸經之鏤刻，多以之爲藍本，餘復兼取後唐長興監本及孟蜀廣政石經。而後唐長興監本與孟蜀廣政石經兩者，實同原於開成石經。若細别之，宋本之精者，直出唐碑，其粗者當本蜀碑與唐版。宋本與唐石經之關係，密切有如此者。欲求深悉宋本諸經，須先推本溯源，對唐石經有所認識。

兹試觀由唐至宋，碑版演變之經過——

《舊唐書・文宗紀》：開成二年，宰臣判國子祭酒鄭覃，進石壁九經一百六十卷。時上好文，鄭覃以經義啓導，稍折文學之士，遂奏置五經博士，依漢蔡邕刊碑於太學，創立石壁九經，諸儒校正訛謬。

《新唐書・鄭覃傳》：始，覃以經籍刓謬，博士陋淺不能正，建言："願與鉅學鴻生共力讎刊，準漢舊事，鏤石太學，示萬世法。"詔可。覃乃表周墀、崔球、張次宗、孔温業等是正其文，刻于石。

《唐會要》：太和七年二月五日，敕唐玄度覆定石經字體，十二月敕於國子監講論堂兩廊，創立石壁九經並《孝經》《論語》《爾雅》共一百五十九卷，《字樣》四十卷。開成二年八月，國子監奏，覆定五經字體官，翰林待詔唐玄度狀，

---

① 葉德輝《書林清話》卷六，《宋刻書字句不盡同古本》有云："北宋蜀刻諸經之可貴者，貴其源出唐、蜀石經也。"又，島田翰《古文舊書考》中，《宋槧本考》一文，述之最爲明晰。

② 見所著《唐石經校文・叙例》。

③ 唐開成石經，太和四年始事，開成元年拓成。故後文亦有以太和石經稱之者。

準太和七年二月五日敕，覆定九經字體，今所詳覆，多因司業張參《五經文字》爲準。[①] 其舊字樣，歲月將久，點畫參差，傳寫相承，漸致訛誤，今依字樣參詳改正。諸經別有疑闕，舊字樣未載者，古今體異，雖篆隸不同，總據《說文》；即古體驚俗，近代文字或傳寫乖訛，今與校勘官取其適中，纂録爲新加《九經字樣》一卷，[②]請附於五經字樣之末。從之。（據顧炎武《石經考》引文）

《五代史》：長興三年二月，中書門下奏請依石經文字，刻九經印版。敕令國子監，集博士儒徒，將西京石經本，各以所業本經，廣爲抄寫，仔細看讀，然後雇召能雕字匠人，各部隨帙刻印板，廣頒天下。如諸色人要寫經書，並須依所印敕本，不得更使雜本交錯。

王明清《揮麈録》：後唐平蜀，明宗命太學博士李鍔（《玉海》作鶚）書五經，仿其製作，刊板於國子監。[③]

晁公武《石經考異序》：唐太和中刻十二經，立石國學。後唐長興中，詔國子博士田敏與其僚校諸經，鏤之板。故今世六學之傳，獨此二本爾。

又：按趙清獻公《成都記》："僞蜀相毋昭裔捐俸金，取九經琢石於學宫，依太和舊本，令張德釗書……"然蜀人之立石，蓋十經，其書者不獨德釗，而能盡用太和本，固已可嘉。凡歷八年，其石千數，裔獨辦之，尤偉然也。

王明清《揮麈録》：蜀相毋公，蒲津人，……顯於蜀，……復雕九經諸史，兩蜀文字由此大興。洎蜀歸宋……會藝祖好書，命使盡取蜀文集諸印本歸闕……是時其書遍於海内。

綜上所引諸文，唐石經爲今本之始，其義由斯演變，得以大明，後之學者，對此祖本備加重視，自屬理之當然。如云："經之有版，昉於後唐。彼時依石本句度抄寫，相沿迄兹，是今人所讀者，無論非魏六朝之舊，亦非陸元朗、孔穎

---

① 吴翌鳳《古歡堂經籍舉要》："《五經文字》三卷，唐國子司業張參撰。大曆十年，參奉詔與儒官校正經典，乃取蔡邕石經、吕忱《字林》、陸德明《釋文》，抄撮疑誤，以類相從，凡一百六十部、三千二百三十五字、分爲三卷。十一年六月自序，初書於太學論堂之壁，日久剥壞，乃更土塗以木版，關其背，使負墉相比而書其表，語詳劉禹錫《國學新脩五經壁經記》。陳直齋謂：大曆刻石長安太學，誤矣。及開成二年，國子監九經石壁成，敕字官唐玄度，復於補參所略，爲《九經字樣》，始刻於石經之後焉。"

② 吴翌鳳《古歡堂經籍舉要》："新加《九經字樣》一卷，唐沔、王友翰、林待詔、唐玄度撰。文宗朝，玄度奉敕覆定石經字體。以張參《五經文字》所不載者，作此書，凡七十六部，四百二十一文。其偏旁上下，本部無者，乃纂爲雜辨部以統之。若體畫全虧者一則引文以證解。開成二年自序、中書省狀進……"

③ 王國維《觀堂集林》卷廿一《覆五代刊本〈爾雅〉跋》有云："案後唐始刻九經，據《册府元龜》所載：馮道李愚等奏，固發端於吴蜀印板文字，然以爲仿蜀毋昭裔文選製作，則大不然……《通鑑》載：昭裔開學館刻九經（即蜀大字本九經，與蜀石經無涉），在廣政十六年，即周廣順三年，正田敏九經板成之歲。昭裔所刊，當仿其製。近人或廣王仲言之説，謂蜀本九經先於監本者，尤乖事實也。"

達所據之本。句皆石經之句，字皆石經之字，讀經而不讀石經，非飲水而忘其源乎？"[1]於是，藏書家論宋本，咸以同於唐石經爲佳槧，蓋有由矣。

瞿鏞《鐵琴銅劍樓藏書目録》"春秋經傳集解——宋刊殘本"云："此宋槧小字不全本……分卷同唐石經。"

又"春秋穀梁傳——宋刊殘本"云："原書十二卷，每公爲一卷，與唐石經合。"

又"毛詩——宋刊本"云："此南宋巾箱本，分卷與唐石經同……是本勝處，往往與唐石經及宋小字本、相臺本合。"

瞿鏞《鐵琴銅劍樓宋元善本書影》"春秋經傳集解——宋刊本"云："分卷同唐石經……蓋淳熙三年麻沙本也。"

丁氏善本《盋山書影》"詩集傳""拜經樓藏書題跋記"云："右不全宋本，止八卷，經文悉與唐石經同。"

又"監本附音春秋穀梁注疏""善本書室藏書志"云："經、傳不别，與石經合。"

潘宗周《寶禮堂宋本書録》"春秋公羊經傳解詁"云："公羊注疏，傳者均二十八卷，此分十二卷，猶是唐石經之舊。"

吴壽暘虞臣《拜經樓藏書題跋》云："詩集傳（不全宋本）經文悉與唐石經同，注文悉存文公原本。"

陳鱣跋《經籍跋文》云："咸淳本周易本義，宋相臺岳氏本，合唐石經。"

又"宋本尚書孔傳，宋相臺岳氏本，合唐石經。"

又"宋本周禮注，合唐石經。"

又"宋本儀禮注，合唐石經。"

錢泰吉《曝書雜記》"宋本禮記"云："張公謂：'此本經文，與開成石經本每合。'"

乾嘉以來，佞宋之於藏書家，相習成風，蓋以宋本近古，每引爲校證之資；況復與唐石經同，即不異於古本（或祖本），尤足以之訂補坊刻流俗謬誤。

楊紹和《楹書隅録》題"宋本詩説"云："阮文達亦稱：'大叔于田'，今本脱大字。此書與唐石經注疏本同，可證近世坊刻之謬。"

瞿鏞《鐵琴銅劍樓藏書目録》題"周易宋刊本"云："是卷，凡無字，除引經旡妄等，皆不作旡，與唐石經合，視岳本更爲近古。經惟易爲完書，流俗傳刊，日失其舊，是正文字，賴有宋槧。而是本足資訂補，尤非他宋槧可及，故以弁冕群籍焉。"

---

① 引自《續修四庫全書提要》，江瀚撰《嚴可均唐石經校文》一文中。

黄蕘圃《百宋一廛賦》注云:"夫書之言宋槧,猶導河言積石也。……及今遠者千年、近者猶數百年,所存乃千百之一二耳。幸而得之,以校後本,其有未經竄改者鮮矣。夫君子不空作,必有依據;宋槧者亦讀書之依據也。"

潘宗周《寶禮堂宋本書録》"周禮鄭注五册",楊守敬跋云:"……如《天官·大宰》'九兩'注,'疾病相扶',無'持'字。《小宰》'八成貸子',不作'貸予'。……凡此皆一字千金。其他勝今本處,不可勝紀。"

宋本介乎唐石經與流俗坊刻之間,果足以承擔正訛之責乎?是當明其真相,知所别擇,故對歷來所生唐石經之議論,須加一述。

唐石經刻立之當時,政府掌理其事者,與學者之間,即已發生重大歧見,致石經備受漠視。如《舊唐書·文宗紀》有云:"開成二年,宰臣判國子祭酒鄭覃,進石壁九經一百六十卷。……遂奏置五經博士,依漢蔡邕刊碑列於太學,創立石壁九經,諸儒校正訛謬。上又令翰林勒字官唐玄度,復校字體,又乖師法。故石經立後數十年,名儒皆不窺之,以爲蕪累甚矣。"

概略説來,先是玄宗喜增改古書,文宗刻石,因循未即是正,猶存竄亂之迹,[①]故石經所本,已有疵病。況又涉及文字今古不同,石經"往往以俗字易舊文"。[②]版本非古本,而採通行之經注本。[③] 加之官學私學之争,餘波盪漾,[④]有此四

① 宋李燾《續資治通鑑》長卷八十五云:"(大中祥符八年九月)己未,龍圖待制孫奭上言:'伏以《禮記》舊《月令》一篇,後漢司農鄭康成、盧、馬之徒本而爲注,又作《周官》及《儀禮》注,並列學官……洎唐李林甫作相,乃抉擿微瑕,蔑棄先典。明皇因附益時事,改易舊文,謂之《御删定月令》,林甫等爲注解,仍升其篇卷,冠於《禮記》,誠非古也。當今大興儒業,博考前經,宜復舊規,式貽前訓……'"清王昶《金石萃編》卷一百十《石刻十二經跋一》復云:"玄宗喜增改古書……師心自用,爲後世所譏……文宗刻石時,因循未改,故至今猶存竄亂之迹焉。"

② 岳例云:"字學不講久矣,今文非古,訛以傳訛,魏晋以來、則又厭樸拙,耆姿媚,隨意遷改,義訓混淆,漫不可考……唐人統承西魏,尤爲謬亂,至開元所書五經,往往以俗字易舊文,如以頗爲陂,以便爲平之類更多。"

③ 《海寧王静安遺書·五代兩宋監本考》云:"考六朝以後行世者,只有經注本,無單經本。唐石經雖單刊經文,其所據亦經注本。如《周易》前題王弼注,《尚書》題孔氏傳,《毛詩》題鄭氏箋,《周禮》《儀禮》《禮記》均題鄭氏注,《左傳》上題春秋經傳集解,下題杜氏,《公羊》上題春秋公羊傳解詁,下題何休學。《穀梁》題范寧集解,《孝經》題御製序及注。《論語》題何晏集解,《爾雅》題郭璞注。又注家略例序文,無不載入。是石經祖本,本有注文,但刊時病其文繁,故存其序例,刊落其注耳。"又,丁溶:嚴氏(可均)《唐石經校文叙》(民國皕忍堂刻本)有云:"夫經之有版本,昉於後唐。彼時依石本句度抄寫,相沿至今。是今人所讀者,毋論非漢魏六朝之舊,亦非陸、孔所據之本矣……然而鄭、唐之功不可没,而鄭、唐之咎亦難辭。所據者不過唐季通行本,而不能斟酌陸、孔所見之本也。字體唯知有張參《五經文字》,而不能宗仰許氏《説文》也。致令終古不識古本,昧於本字,惜已。"

④ 如島田翰《古文舊書考》卷第二"毛詩正義——殘紹興刊本"有云:"夫舊本授受確有淵源,故所習異,則所傳者亦不同,陸氏所守之經,又非孔賈所守之本;孔賈所守之經,不必符於敕行定本也……"又,吴翌鳳《古歡堂經籍舉要》亦載:"孝經注一卷,唐玄宗皇帝注。……唐注盛行,古文遂廢……"均可見出官學私學之異。

種原因,故石經遭逢當時冷遇,可謂理所當然。

唐代而後,後梁、北宋各對石經續有補刊,添注,復使之漸失舊觀。[①] 到南宋時,經晁公武校讎,據其《石經考異序》,曾云:

公武異時守三榮,嘗對國子監所模長興板本讀之,其差誤益多矣。昔議者謂太和石本,授寫非精,時人弗之許,而世以長興板本爲便。國初遂頒天下,收向日民間寫本不用。然有訛舛,無由參校,孰知其謬?猶以爲官既刊定,難於獨改。由是而觀,石經固脱錯,而監本亦難盡從。公武至少城,寒暑一再易節,暇日因令學官校讎之,石本《周易·説卦》'乾健也'以下,有韓康伯注,略例有邢璹注,《禮記·月令》從唐李林甫改定者,皆不取外,《周易》經文不同者五科,《尚書》十科,《毛詩》四十七科,《周禮》五十二科,《儀禮》三十一科,《禮記》三十二科,《春秋左氏傳》四十六科,《公羊傳》二十一科,《穀梁傳》一十三科,《孝經》四科,《論語》八科,《爾雅》五科,《孟子》二十七科,其傳注不同者尤多,不可勝紀。獨計經文,猶三百二科……[②]

降至清代,萬斯同得唐石經本,復加詳校,據其所撰《石經考》(知不足齋抄本),載及脱(衍)誤之者,共計二百三十四處。如云:

《舊唐書·文宗紀》"……石經立後數十年,名儒皆不窺之,以爲蕪累甚矣。"舊史之評如此,愚初讀而疑之。又見《新唐書》無貶辭,以爲石壁九經,雖不逮古人,亦何遽不賢於寺碑冢碣,及得其而詳校之,乃知經中之謬戾非一,而劉昫之言不誣也,略識於下:

周易　其脱(或衍)誤者十一處。其與今文不同而兩通者六處。一字前後不同者二字。其旁注者二字。其先誤而後改者三字。

尚書　其脱(或衍)誤者八處。其與今文不同而兩通者一字。其旁注者四字。

---

① 陶福履《唐石經考正序》云:"今者,惟唐石經尚稱完備,然修改於乾符,補刊於後梁,添注於北宋……字訛文異,浸失其舊。"另,畢沅《關中金石記》,亦曾有云:"石經内有旁改字,有添注字,如《書》'予有亂十人',添一'臣'字。《左傳·昭二十二年》'辛丑伐京,毁其西南',下添'子朝奔郊'四字。《論語·陽貨篇》,添'子曰:巧言令色,鮮矣仁'節,誣謬之至。或云即張參孫自牧所改,或云宋晁公武據蜀石經增入。吾鄉惠徵君棟以爲是晁,未知何所據。或以爲即明王堯惠等所爲,然其中亦有從古本改正極是處,恐堯惠並不能也。"

② 《玉海》云:"僞蜀相毋昭裔取唐太和本,刻石於成都學宫,與後唐版本,不無小異。乾道中,晁公武參校二本,取經文不同者三百二科,著《石經考異》。"

詩　其訛誤者十一處。其與今文不同而兩通者十一處。其旁注者三字。其先誤而後改者七字。

周禮　其訛誤者二十處。其與今文不同而兩通者多四字。

儀禮　其脱誤者十九處。其與今文不同而兩通者三字。

禮記　其脱(或衍)誤者二十二處。其與今文不同而兩通者十三處。其先誤而後改者二字。

春秋左傳　其脱(或衍)誤者九十處。其與今文不同而兩通者二字。其續添者四字。

春秋公羊傳　其脱(或衍)誤者三十處。其與今文不同而兩通者十三處。其先誤而後改者六字。

春秋穀梁傳　其脱(或衍)誤者十五處。其與今文不同而兩通者三字。(原文:其先誤而後改者甚多,不具載。)

論語　其脱(或衍)誤者十三處,其先脱而後添注者一字。

爾雅　其衍誤者十七處。

石經本身之脱誤,既如上述,設復經先後失校,臆改之類疏謬,面目更非,則宋本雖云上據石經刻印,非盡可據。

茲選録數家所見如下:

倦翁云:"開元所書五經,往往以俗字易舊文。五季而後,鏤版傳印,經籍之傳雖廣,而點畫義訓,訛舛自若。"蓋宋時刊書,多出坊賈,俗文破體,大抵類然。(楊紹和《楹書隅録·宋本周禮》)

《舊唐書》謂石經立後數十年,名儒皆不窺之,以爲蕪累。其評雖不盡然,……或以影訛,或以聲誤,皆當時書石者,不通禮制,於此書全未寓目,故臨時致多謬戾如此。他如《論語》之脱"貧而樂道"道字,使後人因循不改,未必非此書之作俑。(畢沅《關中金石記》)

予見宋本多矣,大抵諸經,以唐開成石經爲藍本,而編注之用貞觀定本……是故校之於開成石經,經文之異同多相若,而注語則互不相同(唐之定本注語則無刻石,故傳寫互不相同)。至於若夫諸經之有異同者,則是入梓時,依臆所校改,非始如此也。(島田翰《古文舊書考·宋槧本考》)

《儀禮》一經,……自鄭玄作注,參用今古文後,至隋末陸德明始作《釋文》,校其同異。今《釋文》本亦多爲唐宋人所亂,唐開成石經所校,未

盡精審,世多朱梁補刻,……宋張淳校刻浙本,去取復據臆見。……(江瀚《續修四庫全書提要·阮元儀禮石經校勘記》)

藏書貴宋本,人人知之矣。然宋本亦有不盡可據者,經如《四書》朱注本,不合於單注單疏也。其他《易程傳》《書蔡傳》《詩集傳》《春秋胡傳》,其經文沿誤,大都異於唐蜀石經及北宋蜀刻。宋以來儒者,但求義理,於字句多不校勘。其書即屬宋版精雕,衹可爲賞玩之資,不足供校讎之用。(葉德輝《書林清話》卷六《宋刻書字句不盡同古本》)

漢唐傳經以石,五代始有木刻,至宋而重監本。然校對多疏,展轉致誤,至於十行本……隨意更改,更不逮矣。(《"國立"故宫博物院宋本圖録·纂圖互注毛詩》)

此對石經與宋本之疵責,爲一部分人士之所見。另則以爲石經雖有可議,或因後人鑿改雕版致誤,仍較宋本爲佳,設能深求古義,刊正積非,當不失其應有之價值。兹録兩家解釋如下:

是刻十二經,以校陸氏《釋文》,頗多異同。蓋如《易》《書》《詩》、三《禮》、三《傳》多用《正義》本,《正義》與《釋文》,已有字句不同之處,故石刻亦然。然《正義》成於唐初,自宋以來,絶鮮善本,今世所行,庸有踳駁,惟石刻歷久不易,雖經後人鑿改一二,而唐時諸經,真面尚存,得以考知古本,良可寶也。嘗論經籍流傳數千百年來……輾轉寫刻,亥豕必多。况漢魏以降,異學紛争,王肅、劉炫之徒,非薄前人,棼亂舊典,加以耑輒造字。沿及齊梁,天下喪亂,南北分門,學者家自爲説,人自爲師,章句日繁,而經義益雜。至陸德明始就各本同異,著《經典釋文》,賈公彦、孔穎達又爲之疏,自此群議稍息。而從前謬本,間存於世,學士大夫,喜新厭故,猶多尊而信之,即注疏定本,亦可私意點竄,鄭覃所云:博士相沿,難爲改正者,至是始請勒石,永爲準則。迨至孟蜀、趙宋刊刻石經,尚承開成之舊,則是刻之有功經學,政非淺鮮。即其所校經文,不從注疏者,亦皆有所依據。劉史譏其蕪累,已非實録。而後儒不復深求古義,動言石經之誤,豈其然乎。(王昶《金石萃編》卷一百十《石刻十二經跋一》)

十二經及《五經文字》《九經字樣》讀皆竟,即不無蕪累,至其佳處,實賢于宋槧本多矣。夫唐代四部之富,埒于梁隋,而鄭覃、唐玄度輩皆通儒,頗見古本,苟能刊正積非,歸于真是,即方駕熹平不難,而僅止于是。

> 今也古本皆亡,欲復舊觀,已難爲力,可慨也。然而後唐雕版,實依石經,句度抄寫,歷宋元明,轉刻轉誤。而石本幸存,縱不足與復古,以匡今繆有餘也。(嚴可均《唐石經校文叙例》)

兩家之論,爲石經辨,言而有徵。另在上述正反見解之間,尚有第三種説法,承認當年所云石經之"蕪累",洵屬事實,而以時間言,留存至今,甚爲不易,允宜珍視,如云:

> 夫今人得宋槧本,尚知寶而愛之,此經刻於唐世,同時儒者,議其蕪累,固所不免,越今已及千年,世間不復見有唐本,而此石巋然獨存,乃以謬戾譏之,甚矣其惑也。(錢大昕《潛研堂金石跋尾續》)
>
> 唐石經,當時學者以爲蕪累,至於今日,已爲老成典型矣,乃《儀禮》亦不免多誤,逮補字承訛,則又□□□□□□□□□□監本,遂並及之。(張爾岐《儀禮石本誤字》)

在文字上,此第三説有似調和,實際予石經肯定之成分爲多,純出於尊古意識,與本題所欲論究之主旨無關,以後人對唐石經有此一説,姑録而存之耳。

綜合而言,唐石經之創始,以及演變爲宋本之經過,大略如此。惟佞宋之士,設以宋本同於唐石經,用之從事校勘,愚則以爲未可輕加置信,務須慎重。石經所存,久有變動,故先宜審校石經無誤之處,而後以之論定宋本,再推而讎正其他版刻,庶幾乎可。① 噫! 校勘之學,甚難言也。今由唐石經與宋本之同異,當可見及。

原載《"國立中央"圖書館館刊》一九七九年第二期

① 王秉恩《彊敩宧雜著·石經賦》賦唐石經云:"……溯雕刻於開成,羅萬卷自成束。陽冰創論於石臺,鄭覃建議於朝局。遂乃禀元元皇帝之八分,摎𠫤𠫤周書之秘籙。羌碧珉之可刊,實寒石之可劚。本歐虞之法,十人共事以同心;參分隸之形,九經於焉以相屬。□誤爲楊,正義敷陳;□訛爲麢,謬文滋縟。粗舉崖略,以見耑倪;語厥精詳,何能殫矚。是誠後世斠詮經籍之所宗,當參覽焉而勿徒抱蜀……"。(著者手定底稿本、"國立中央"圖書館藏)文中道及誤訛舉其崖略,斠詮當知參覽兩點,對於後世運用唐石經從事校勘、提請注意,足供考鑑。

談唐石經

◯ 于大成

去年，我曾在《孔孟月刊》八卷十一期，寫過一篇《談漢石經》。前一期（八卷十期），友人史墨卿兄的《論語集成總目提要》裏，曾提到了唐開成石經《論語》。漢石經是秦火以後，經書第一次的標準本。唐石經則是唐初《五經正義》頒行以後的又一次標準本，而爲宋以後群經鏤板之所自出，其影響於後世經學者最大。所以，我想在這裏，把唐石經的情形再來談一談。

唐承六朝之弊，文治武功，前世莫比，而歷葉君主，尤多能稽古右文。太宗自語："貞觀以來，手不釋卷"，真德秀亦云："後世人主之好學者，莫如唐太宗。當戰攻未息之餘，已留情於經術，召名儒學士以講磨之，此三代以下之無有也。"太宗既留情經術，故亦特重經籍，因有考定五經及撰定《五經正義》之舉，《貞觀政要·崇儒學篇》，有如下的一段記載：

> 貞觀四年，太宗以經籍去聖久遠，文字訛謬，詔前中書侍郎顔師古，於秘書省考定五經。及功畢，復詔尚書左僕射房玄齡，集諸儒重加詳議。……頒其所定書於天下，令學者習焉。太宗又以文學多門，章句繁雜，詔師古與國子祭酒孔穎達等諸儒，撰定五經疏義，凡一百八十卷，名曰《五經正義》，付國學施行。

顔師古之考定五經，是五經文字的標準本（《五經正義》引之，名曰定本），孔穎達之撰定《五經正義》，是五經義訓的標準本。文字和義訓既都有了標準，照理可以"五經一定，争者用息"了，但可惜其時刻板刷印之術尚未盛行，故不久又致經籍刓繆。所以，爲經書定一個能垂諸久遠的標準本，是一件很多人共有的想法。

唐代第一個建言刊立石經的，是文字學家李陽冰，《唐文粹》卷八十二收

其《上李大夫論古篆書》,有云:

> 常痛孔壁遺文、汲冢舊簡,年代浸遠,謬誤滋多。蔡中郎以豊同豐,李丞相將東爲束,魚魯一惑,涇渭同流,學者相承,靡所遷復。每一念至,未嘗不廢食雪泣,攬筆長嘆焉。……皇唐聖運,逮兹八葉,天生剋復之主,人樂惟新之令,以淳古爲務,以文明爲理,欽若典謨,疇兹故實。誠願刻石作篆,備書六經,立於明堂,爲不刊之典,號曰大唐石經。使百代之後,無所損益。

因爲李陽冰是篆書名家,所以他主張以篆書刻石。此論雖未見諸施行,然實爲唐刻石經的先聲。

到了代宗大曆十年(七七五年),上以五經文字,訛替特多,因詔委國子儒官勘校經本,送尚書省。國子司業張參,乃與二三儒者,分經鈎考,而共决之。又以前古字少,後代稍異之,故經典音字,多有假借。陸德明之《經典釋文》,自南徂北,遍通衆家之學,分析音訓,特爲詳舉,故以之取正。既卒業,乃以所刊,書于長安務本坊國子監講論堂東西厢之壁,此即所謂唐壁經者是。

但張參所書壁經,係以土塗,過了四十多年,漸呈污穢不鮮。所以憲宗元和十四年(八一九年),祭酒鄭餘慶乃有奏修壁經之議。雖當時未及施行,但到敬宗寶曆初(八二五年)祭酒齊皞,太常博士韋公肅,終又再新壁書,析堅木負墉而比之。劉禹錫《夢得文集》二十六,有國學新修五經壁記(亦見《唐文粹》七十二),記此事甚詳,節録如下:

> 初,大曆中,名儒張參爲國子司業,始詳定五經,書于論堂東西厢之壁,辨齊魯之音取其宜,考古今之文取其正。繇是諸生之師心曲學,偏聽臆説,咸束之而歸于大同。揭揭高懸,積六十歲,崩剥污衊,澳然不鮮。今天子尚文章,尊典籍,於苑囿不加尺椽,而成均以治學上言,遽賜千萬。時祭酒皞實尸之,博士公肅實佐之。國庠重嚴,過者必式,遂以羨贏,再新壁書。懲前土塗不克以壽,乃析堅木,負墉而比之。其製如版牘而高廣,其平如粉澤而潔滑。背施陰關,使衆如一,附離之際,無迹而尋。堂皇靚深,兩廡相照。申命國子能通法書者,分章揆日,遜其業而繕寫焉。筆削既成,讎校既精,白黑彬斑,瞭然飛動。

但不問爲土塗,爲析木,終不能垂久遠,以是而有鄭覃刻石之議,據《舊唐書·鄭覃傳》云：

覃從容奏曰："經籍訛謬，博士相沿，難爲改正。請召宿儒奥學，校定六籍，準後漢故事，勒石於太學，永代作則，以正其闕。"從之。

事在文宗太和四年（八三〇年）。又據《唐會要》云：

太和七年二月五日，敕唐玄度覆定石經字體。十二月，敕於國子監講論堂兩廊，創立九經，并《孝經》《論語》《爾雅》，共一百五十九卷，《字様》四十卷。

又《舊唐書·文宗紀》云：

（開成二年冬十月）癸卯，宰臣判國子祭酒鄭覃，進石壁九經一百六十卷。

是知此次石經，自太和七年（八三三年）始，至開成二年（八三八年）蕆事，前後歷時四年。凡十二經，皆白文無注，但每卷卷題次行皆書"某某注"，此乃以明所據之本。兹依所書，照録如下：

周易九卷　上下經用王弼注本，繫傳、説卦用韓康伯注本。附易略例一卷。

尚書十三卷　孔安國傳本。並載詩序。

毛詩二十卷　鄭玄箋本。並載書序。

周禮十二卷　鄭玄注本。

儀禮十七卷　鄭玄注本。

禮記二十卷　鄭玄注本。唯以《月令》爲首篇，則從玄宗删定、李林甫注本，非鄭氏之舊。

春秋左傳三十卷　杜預集解本。

公羊傳十一卷　何休學本。

穀梁傳十二卷　范寧集解本。

孝經一卷　唐玄宗御注本。

論語十卷　何晏集解本。

爾雅三卷　郭璞注本。

唯《公羊傳》初刻時分十二卷，後據《漢書·藝文志》併閔公於莊公，遂僅十一卷。

據朱彝尊所撰《唐國子學石經跋》(《曝書亭集》五十),諸經字數,計:《易》二萬四千四百三十七字,《書》二萬七千一百三十四字,《詩》四萬八百四十八字,《周禮》四萬九千五百十六字,《儀禮》五萬七千一百十一字,《禮記》九萬八千九百九十四字,《左傳》十九萬八千九百四十五字,《公羊傳》四萬四千七百四十八字,《穀梁傳》四萬二千八十九字,《孝經》三千十三字,《論語》一萬六千五百九字,《爾雅》一萬七百九十一字。計六十一萬二千一百二十六字。十二經後,又附《五經文字》三卷,《九經字樣》一卷。凡刻二百二十七石。

所謂《五經文字》,乃大曆十年書壁經時,張參所序定,據《文獻通考》一百八十五引《崇文總目》云:

> 初,參拜詔與儒官正經典,乃取漢蔡邕石經、許慎《説文》、吕忱《字林》、陸德明《釋文》,命孝廉生顔傳經抄撮,疑云取定儒師。部爲一百六十。非緣經見者,皆略而不集。

《九經字樣》,則唐玄度所撰,補《五經文字》之闕者也。《唐會要》云:

> 開成二年八月,國子監奏,覆定五經字體官翰林待唐玄度狀:"準太和七年二月五日敕,覆定九經字體,今所詳覆,多因司業張參五經字爲準。其舊字樣,歲月將久,點畫參差,傳寫相承,漸致爲誤。今依字樣參詳改正。諸經别有疑闕,舊字樣未載者,古今體異,雖篆隸不同,總據《説文》。即古體驚俗,近代文字,或傳寫乖訛。今與校勘官取其適中。纂録爲新加《九經字樣》一卷。請附于《五經字樣》之末。"從之。

《五經文字》凡一百六十部,三千二百三十五字。《九經字樣》凡七十六部,四百二十一字,又因字之偏旁上下,本部所無者,另纂爲雜辨部以統之。二書合三千六百五十有六字。性質相當于後來的十三經不二字。即對于石經中所有的每一個字,給它定一個標準寫法,作爲字體書寫的標準。其石經正文,則爲經文的標準本。

唐石經之經文,皆用正楷,字體略近虞世南、歐陽詢,唯各卷題首及各經後字數一行爲隸書。參與此一工作的,書石者爲艾居晦、陳玠、段絳,又文學館明經一人,以碑字泐損失其名;校勘兼看書上石者爲柏暠、陳莊士;覆定字體者爲唐玄度;校勘官兼專知都勘定經書檢校刊勒上石者爲章師道、楊敬之;

都校勘者爲鄭覃。共十人,俱題名于石。而據兩唐書,則鄭覃、曾表、周墀、崔球、張次宗、孔温業等校定文字,又《册府元龜》載,文宗命韓泉充詳定官。

石經所刊,計十二經,無《孟子》。蓋以其時《孟子》尚儕諸子,不列于經。至清康熙七年(一六六八年),陜西巡撫賈漢復才加以補刻,所據本爲朱子集注本。

唐石經之刊立,自太和七年開始,至開成二年蕆事,但因校勘之故,其經文當時已隨刻隨改。僖宗乾符三年(八六七年),張參之後人自牧,又頗磨修旁增。唐末,朱温之亂,韓建、劉鄩移碑石,石經多佚失。朱梁時曾加補刻,故《儀禮·士昏禮》、《左傳》文、宣二公,《穀梁》襄、昭、定、哀四公,計六石字稍濫惡;又成、城等字皆缺末筆,即避後梁烈祖諱也。明嘉靖二十四年(一五五五年)地震,經石撲損。萬曆十六年(一五八八年),西安府學官葉時榮、生員王堯惠等,案舊文集其缺字,别刻小石立于碑旁。意雖甚美,却不無訛謬。後之裝裱者,每多以補刻文字嵌入正本缺文中,雖大儒如顧炎武,亦爲所欺,所著《金石文字記》中,即每詆唐石經之誤。所幸嚴可均據新拓未剪裱之拓片,發見了個中消息,撰爲《唐石經校文》十卷,于是乾符之修改、後梁之補刊、北宋之添注,以及堯惠之謬作者,乃釐然可辨。

唐石經今存西安碑林中,但拓本殊不易得。日本松崎明復有縮翻本,依宋本《禮記》,更刻《月令》,以復鄭玄注本之舊。民國十五年,張宗昌在山東時,曾接受李繼璋(傅斯年先生姑丈)之建議,也翻刻過一次,是由陶湘爲之刻印,凡十二經、《五經文字》、《九經字樣》,附賈漢復補刻《孟子》和嚴可均《石經校文》,共爲十四函七十四册。於經文泐損處,則據阮元覆刻宋十行注疏本,以雙鉤補入。一共印了二百部。張並且把他黄金鑄的九斤重"上將軍"印,交給陶湘,要他逐部蓋印。這方大印,前後放在陶氏身邊一月,陶懼遺失,爲之寢饋難安,夜間就寢,則抱于懷中以卧,然二百部亦未能全部蓋完。張氏山東掖縣人,堂號皕忍,故此本亦稱皕忍堂本。一九五三年間,世界書局曾就皕忍堂本,附松崎明復刻《月令》,影印行世。而《五經文字》、《九經字樣》、嚴氏《校文》則從删削。

《舊唐書·文宗紀》,於開成二年云:

> 上又令翰林勒字官唐玄度,復校字體,又乖師法。故石經立後數十年,名儒皆不窺之,以爲蕪累甚矣。

似乎劉昫之意，唐石經甚無價值。其實，以吾人今日的眼光看起來，唐石經不但不能算是蕪累，且爲經書之第一善本。嚴可均《石經校文·叙例》説得好：

唐大和石壁二百廿七石，巋然獨存，此天地間經本之最完最舊者也。即不無蕪累，至其佳處，實賢於宋槧本多矣。夫唐代四部之富，埒於梁、隋，而鄭覃、唐玄度輩，皆通儒，頗見古本。苟能刊正積非，歸於真是，即方駕熹平不難，而僅止於是！今也古本皆亡，欲復舊觀，已難爲力，可慨也！然而後唐雕板，實依石經句度抄寫，歷宋、元、明，轉刻轉誤。而石本幸存，縱不足與復古，以匡今謬有餘也。嗚乎！石經者，古本之終，今本之祖。治經不及見古本，而並荒石經，匪直荒之，又交口誣之，豈經之幸哉！

皮錫瑞在所著《經學歷史》中也説：

漢熹平刊石經之後，越五百餘年，而有唐開成石經。此一代之盛舉，群經之遺則也。惟唐不重經術，故以文宗右文之主，鄭覃以經術位宰相，而所刊石經，不滿人意，史臣以爲名儒不窺。當時並無名儒，窺不窺無足論。而自熹平石經散亡之後，惟開成石經爲完備，以視兩宋刻本，尤爲近古。雖校刊不盡善，豈無佳處足證今本爲訛脱者！顧炎武考監本《儀禮》，脱誤尤多，《士昏禮》脱"壻授綏"一節十四字，賴有長安石經可據以補。此開成石經有功經學之一證也。

至於談到唐石經的價值，大體可從兩方面來説：

第一，唐石經爲後來印板經書之所自出。《揮塵餘話》載：

蜀相毋公，先爲布衣，常從人借《文選》《初學記》，多有難色。公嘆曰："恨余貧不能力致，他日稍達，願刻板印之，庶及天下學者。"後公果貴顯於蜀，乃命工日夜雕板，印成二書。復雕九經、諸史。

而《玉海》四十三卷"後唐九經刻板"條載："僞蜀相毋昭裔，取唐太和本，琢石於成都學官。"毋相琢石既依太和本，則其所雕九經印板，自必亦然。又《五代會要》載後唐明宗：

長興三年二月，中書門下奏請依石經文字，刻九經印板，敕命國子監集博士生徒，收西京石經本，各以所業本經，廣爲抄寫，仔細看讀，然後僱召能雕字匠人，各部隨帙刻印，廣頒天下。

又云：

周廣順三年六月，尚書左丞兼判國子監事田敏，進印板九經書、《五經文字》《九經字樣》各二部，一百三十册。

則後唐、後周所刻九經，亦皆以唐石經爲底本。至北宋蜀刻諸經，亦源出唐、蜀石經。然則宋以後展轉諸刻，推其根源，皆以唐石經爲之祖。而書經翻刻，愈晚而其誤愈多。葉德輝《書林清話》六云：

宋本亦有不盡可據者：經如《四書》朱注本，不合於單注單疏也；其他《易程傳》《書蔡傳》《詩集傳》《春秋胡傳》，其經文沿誤，大都異於唐、蜀石經及北宋蜀刻。南宋刻書最有名者，爲岳珂相臺家塾所刻《九經三傳》，别有總例，似乎審定極精。而取唐、蜀石經校之，往往彼長此短。

下面，我們舉一個例子，來説明唐石經經文之古。

《論語·述而篇》："子曰：三人行，必有我師焉。"

唐石經作"子曰：我三人行，必得我師焉"。據何晏注"言我三人行，本無賢愚，擇善從之，不善改之，故無常師也"，邢昺疏亦云"言我三人行，本無賢愚相懸，但敵體耳"，可知自魏晉至宋人所見《論語》，"三"上皆有"我"字，"必有"作"必得"，《史記·孔子世家》亦作"必得我師"。皇侃疏本、《經典釋文》本此二句皆作"我三人行，必得我師焉"。因此，我們可以斷定，唐朝以前的本子，此二句皆作"我三人行，必得我師焉"，唐石經正與古本相合。我們現在的本子，倒恐怕是錯的了。

第二，唐石經爲後來楷書之書寫標準，前面提到，《五經文字》和《九經字樣》，是把十二經中的每一個字摘出來，給他定一個標準寫法。所以，唐石經的字體，是後來楷書點畫的最早標準。考吾國文字，由篆變隸，大失造字之意，方其演變途中，本無一定的寫法，此在漢碑中可以見之。蔡邕等之漢石經，不但是當時經文的標準本，同時亦可視爲文字書寫的標準本，可惜爲時不久，即遭董卓之亂，此後寖假至于散亡。魏石經因只刻了《尚書》《春秋》兩種，又因連年戰亂，未能發生何等影響。在由隸書變到楷書的過程中，南北朝則通行所謂俗書。實則所謂俗書，乃是由後世的人根據後世的標準所加的名稱。猶之乎秦代以前,六國各有其通用之文字,亦無所謂孰是孰非。迨李斯制定小篆,然後籀文、古文皆廢。六朝至唐,楷書猶在逐漸形成中,本無固定寫法。今人於敦煌卷子中經生的字,則視之爲俗書,於歐陽詢、褚遂良等書法家的字,則美名曰帖寫,實爲不通之論。歐、褚諸公之書之所以異乎經生者,不過以其具有美術的成分,較經生之字爲美觀。至其不合于所謂正書,彼此並無二致。推其所以不合于正書者,蓋以其時本無標準書體在。亦猶蔡邕刻石太學之前,隸書本無固定寫法一也。據此,則開成石經之刊刻,不唯是石經的標準本,同時亦是爲當時的文字定出了一個標準。而此一標準,影響之大,又非李斯、蔡邕所可同年而語。因爲篆、隸的通行,爲時並不太長,而楷書則至今猶在沿用,而且在看得見的將來,也仍舊還要沿用下去的。不過,由于後世之人的不學,文字已錯得越來越離譜,今天,不但市招上常常有錯字,即印書的鉛字,也有許多寫錯了的。青年終日目之所見,皆是此等誤文,其手之所書,如何能求其正確!所以,我建議,主管教育當局,應將《五經文字》和《九經字樣》影印出來,頒行各級學校,使一體遵循,庶不致長此沿誤下去。據楊先生家駱見告,其所編著的《中華大辭典》,係取唐石經之文字作爲標準,不取今所通行的鉛字,這真是一件最有意義的事。希望後此的字典、辭典,亦能仿效此一作法,則中華文化之所寄托的文字,或者能有反之于正而歸于一統的希望罷。

原載《經學論文集》

唐開成石經補字概述

◎ 盧桂蘭

西安碑林保存着一套石刻的儒家經典著作——十三經。凡一百三十一石，六十八萬餘字，被譽爲我國最大的一座石質書庫。這十三經刻石，除一部《孟子》爲清康熙年間刻立外，《周易》《尚書》《詩經》《周禮》《儀禮》《禮記》《左傳》《公羊傳》《穀梁傳》《孝經》《論語》《爾雅》十二部經書均爲唐文宗開成年間刊刻，故史稱"開成石經"，與開成石經同時刻立的還有唐人張參和唐玄度分別編寫的《五經文字》和《九經字樣》兩部有助於讀經的著作。

開成石經原立於唐長安城務本坊國子監講論堂之兩廊。唐末，黄巢起義軍的叛將朱温脅迫唐昭宗遷都洛陽，唐都長安城遭到朱温的破壞，當年國子們就學讀經的聖地——國子監（國學、太學）已不復存在，開成石經遂棄於郊野。後經韓建、劉鄩主持，先後陸續將其移於原唐尚書省之西隅（今西安市廣濟街以東）。北宋哲宗元祐二年（一〇八七年）陝西轉運副使吕大忠又將石經由地勢低窪、地雜民居的原唐尚書省之西隅遷往京兆府城之西南。北宋崇寧二年（一一〇三年），京兆府府帥虞策主持將文廟、府學及開成石經一并移至"府城之東南隅"——西安碑林現址。（關於開成石經幾次搬遷的詳細情況，請參看路遠先生《西安碑林初創時期若干問題的再探討》，《文博》一九九五年第三期。）

開成石經遷至今址以後，歷經的金、元兩朝，雖爲少數民族建立的政權，但統治者爲收買儒生，鞏固政權，仍然是以傳統的儒家思想作爲精神支柱，地方官們爲表示其"尊經重道"的態度，對開成石經這批珍貴的文化遺産也曾采取措施加以保護。可以説，至明嘉靖三十四年（一五五五年）以前這套規模宏大的石刻經書，保存是基本完好的。

明嘉靖三十四至三十七年間（一五五五—一五五八），陝西關中地區連續發生强烈地震，據《明史・五行志》記載：嘉靖"三十四年十二月壬寅，山西、陝西、河南同時地震,聲如雷。渭南、華州、朝邑、三原、蒲城等處尤甚。或地裂泉涌,中有魚物,或城廓房屋,陷入地中,或平地突成山阜,或一日數震,或累日震不止。河、渭大泛,華嶽、終南山鳴,河清數日。官吏、軍民壓死八十三萬有奇。""三十七年庚申,陝西地震。……十月丙午,華州地震,聲如雷,至壬子又震,戊午復大震,傾陷廬舍甚多。"在這一次接一次的强烈地震中,立於西安文廟之後的開成石經必然在劫難逃。從石經的現存情况看,有的爲兩截粘接,幾乎大部分刻石的邊沿文字殘缺,内容無法通讀。目前雖無直接資料記述石經被震災破壞的情况,但如此嚴重的損壞,當爲地震所致無疑。

自嘉靖年間地震以後,至明萬曆初年的三十餘年間,可能對傾倒及殘斷之石經也曾進行過一些小規模的整修,但并未徹底改變震後之慘狀。萬曆十六年(一五八八年),由陝西地方官主持,對石經進行了一次大規模的整修,將殘缺之字一一補刻。如果説當年刻立十二經是一項彪炳千秋的文化偉業,那麽,此次的十二經補字也算是一個前赴後繼的壯舉。

關於開成石經補字工程的有關情况,西安碑林裏保存的明萬曆十七年刻立的《重修孔廟石經記》碑記述得較爲詳細。碑文在叙述了石經的搬遷經過、現存位置及重要地位之後,接着記述了當時的現狀及整修工作情况:"歲月既久,印摹者多,漸有磨滅殘闕不可讀之庇。左布政使今寧夏巡撫姚公閲之,嘆曰:'經,所以載道也。字,所以翼經也。文字既殘,經籍就敝,道斯因之墜矣。好古之士得一器物,尚珍之以爲奇,矧石經乎?乃今瓦礫視之,殆非右人文崇教化意也。'遂於其事請於撫、按兩臺,詢於藩、臬諸司。計於府縣,命督工修復焉。凡點畫失真者正之,苔蘚污者新之,泐而欲敧者理之,文義斷闕者稽群書補之。凡五閲月而經完。"碑文在最後還記述了參與石經補字工程的各級人員:"伐石紀言,永兹令名,則行取知縣咸寧李君生芳,長安荆君州俊,今咸寧李君宗延,長安王君立賢。督視鍥刻,則咸寧、長安縣丞張鳴雷、張大成、主簿李莊、陳道,隆典史馬好義、和朱焜。訂補殘缺,西安學教授曹光啓,訓導葉時榮、薛繼愚、趙宋、牛國賓、稍一本。咸寧教諭石可大、訓導管繹如、楊千庭。長安學訓導王吉元、郝邦宰。"在補字刻石的跋文中也多處出現"訂補殘缺"的人員的名字,與《重修孔廟石經記》碑文中的記述相吻合。另外,大概由於便於工作質量的檢驗,在補字的一些刻石上還刻有西安、咸寧和長安三學的部分生員的名字及刻字匠的名字。目前能辨識清楚的有生員王堯典、鄭丞恩、馬攀龍、王汝魁的名字。刻字匠的名字有卜大臣、卜大慶、張尚德、張尚信、高應魁、李界、李介等七人。

有關石經補字工程的進展時間問題，碑文中只講“凡五閲月而經完”，并未説明起止時間，而在《儀禮》補缺的最後一塊石上刻有這樣的一段跋文：“大明萬曆戊子春三月吉日，補經府學官葉時榮，蜀綿州人。生員王堯典、王汝魁，鐫字匠卜大臣。”由此可知，《儀禮》補字完工的時間是在萬曆十六年三月。那麽，我們據此可以作如下的推測：如果其他十一經的補字完工的時間與《儀禮》相同，工程開工的時間就是在萬曆十五年的十月以後，如果《儀禮》補字是最早完成的一部，那麽整個工程至遲也是在萬曆十六年八月份以前結束。

石經補字共九十六塊石，每石尺寸大小不等，形狀也不盡相同，可能是當時石料來源不太充足之故。大多數石爲一面刻字，其中十七塊石爲兩面刻字，共一百一十三面。補刻字數約五萬三千字（因一部分刻石有殘損，部分文字漫漶無法辨認和統計），以可看清的文字統計，各經補字數目如下：

《周易》九百〇四字

《尚書》一千六百九十七字

《詩經》一千八百十九字

《周禮》三千五百八十八字

《儀禮》四千三百三十五字

《禮記》四千六百九十六字

《左傳》二萬一千八百〇五字

《公羊傳》六千二百四十一字

《穀梁傳》三千九百九十一字

《孝經》三百三十四字

《論語》二千二百八十二字

《爾雅》九百六十五字

《五經文字》二百十一字

《九經字様》八字

補字刻石的排列方式與石經相同，每石若干排，每排若干行，滿行十字。字體風格及大小與開成石經也基本相似。凡唐刻石經中所諱之字，補字仍諱，如“虎”爲“虍”，“淵”爲“渆”，“民”爲“巳”，“純”爲“紅”等。

石經補字刻成後，想必當時是依次立於石經之旁，以便於士子們閲讀和查對。

而現今碑林第一室開成石經之旁陳列之補字刻石，分别鑲砌於青磚墻的兩側，東部三堵墻，西部八堵墻，宏觀還較整齊，但微觀就發現大部分石是排列無序，往往一經之補字，一部分在東，而另一部分在西，爲研究和核查工作造成一定的困難。考其原因，大概有二：其一，部分石兩面刻不同經文的補字，安裝時照顧到正面則無法顧及背面的順序。其二，補字刻石自明萬曆年間刻立後，歷經清和民國年間的多次碑林整修和碑石調整，改變了其原來的安放位置。那麽，究竟是哪次整修確定了現在的安放位置呢？根據有關的檔案資料反映，一九三七年四月至一九三八年三月由陝西省政府主持對碑林的整修，規模最爲宏大，房屋重新設計，一改以往簡陋的建築，碑石重新安放，按類别以時代爲順序陳列。另據三十年代常在碑林里拓拓片，現年九十三歲的老拓印工趙敏生老先生講："原來石經和石經補字都不是這樣放的，民國二十六年碑林大修了一次，現在碑林的陳列室就是那一年建的，石經和石經補字也是那次安放的。自那以後，碑林第一室的碑子再没改動過位置。"從而得知石經補字是一九三七至一九三八年整修碑林時如此安放的，由於它是鑲砌在磚墻裹，所以改動就不是輕而易舉的事情了。筆者根據石經補字刻石、拓片及石經原文相互對照，整理出各經補字的石數、順序及安放位置，兹以下圖及表予以標示。

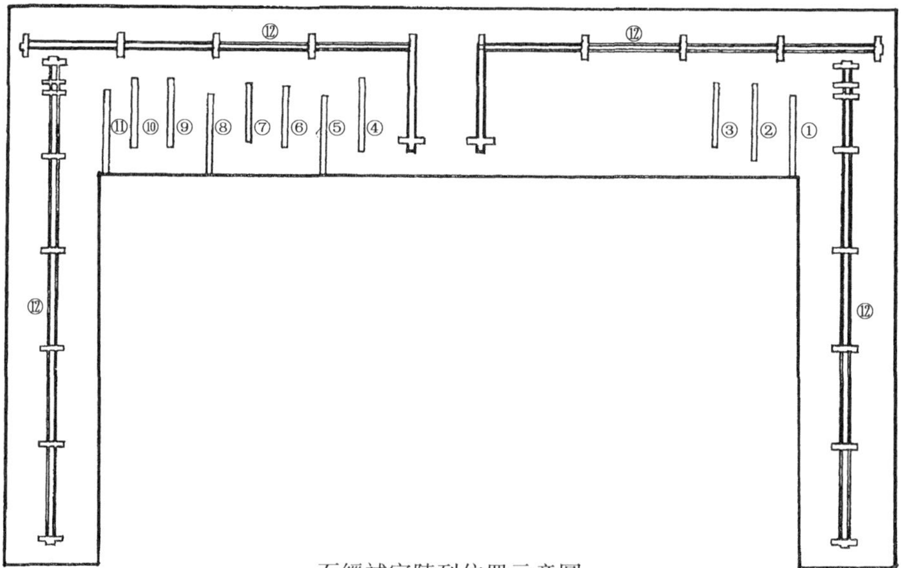

石經補字陳列位置示意圖

① 東一排 ② 東二排 ③ 東三排 ④ 西一排 ⑤ 西二排 ⑥ 西三排 ⑦ 西四排 ⑧ 西五排 ⑨ 西六排 ⑩ 西七排 ⑪ 西八排 ⑫ 開成石經

開成石經補字情況表釋

石經名稱	刻石序號	尺寸（cm）	補刻字數	跋　　文	展出位置	展室編號	備　　注
《周易》	1	56×90	570		東二排東側	東 14	
	2	52×87	334		西二排西側	西 30	與《孝經》補字同刻一面
《尚書》	1	56×88	472		西三排西側	西 32	
	2	120×80	800		東三排西側	東 35	
	3	85×97	425	西安府學官葉時榮，生員王堯典、王汝魁，鎸字卜大慶	東三排西側	東 34	與《儀禮》補字共刻一面石
《詩經》	1	55×88	385		西七排西側	西 71	
	2	52×86	468		西二排西側	西 21	
	3	53×95	508	張尚德刻	西八排東側	西 80	
	4	54×96	458	西安府學訓導薛繼愚，生員王堯典，張尚德鎸	東一排西側	東 13	
《周禮》	1	54×94	466	張尚德刊	東一排東側	東 1	
	2	30×92	260		東一排東側	東 3	
	3	30×100	297	張尚德刊	東一排東側	東 4	
	4	86×77	693		東一排東側	東 2	
	5	83×86	585	張尚德刊	東一排東側	東 5	
	6	88×83	730	張尚德刊	西三排西側	西 29	
	7	82×74	557	萬曆戊子西安府學訓導薛繼愚，生員王堯典，張尚德刻	東一排東側	東 6	
《儀禮》	1	85×79	35		東三排西側	東 34	與《尚書》共刻一面石
	2	58×92	495		東一排東側	東 7	
	3	56×95	483	高應魁刻	東二排西側	東 19	
	4	120×82	768		東三排東側	東 27	
	5	56×93	491	李介刊	東二排西側	東 20	
	6	55×87	448		東二排西側	東 21	

（續表）

石經名稱	刻石序號	尺寸（cm）	補刻字數	跋文	展出位置	展室編號	備注
《儀禮》	7	55×87	444		東二排西側	東22	
	8	56×93	504	高應魁刻	東二排西側	東23	
	9	70×96	529		東三排東側	東29	背面刻《尚書》和《儀禮》東34號
	10	55×90	138	大明萬曆戊子春三月吉日補經府學官葉時榮，蜀綿州人。生員王堯典、王汝魁，鎸字匠卜大臣	東二排西側	東24	
《禮記》	1	30×93	247		東三排東側	東28	背面刊《左傳》12號
	2	55×92	522		西五排西側	西57	
	3	54×74	508		西五排西側	西56	
	4	55×95	569	生鄭　卜大慶刊	東二排東側	東15	
	5	55×95	577	生鄭　卜大慶刊	東二排東側	東16	
	6	56×97	537	生鄭　卜大慶刊	東二排東側	東17	
	7	56×94	459	卜大慶刊	東二排東側	東18	
	8	55×95	441	生鄭　卜大慶刊	東三排西側	東31	
	9	55×97	458	卜大慶刊	東三排西側	東32	
	10	53×83	378	咸寧學訓導管繹如，生員鄭承恩，卜大慶鎸	東三排東側	東30	
《左傳》	1	79×82	814		西一排東側	西1	
	2	53×93	527		西一排東側	西2	
	3	56×92	534		西一排東側	西3	
	4	90×83	726		西一排東側	西6	
	5	54×88	500		西一排東側	西4	
	6	52×84	453		西二排東側	西12	
	7	30×70	194		西一排東側	西5	
	8	52×88	434		西二排東側	西13	
	9	26×132	300		西二排東側	西15	

（續表）

石經名稱	刻石序號	尺寸（cm）	補刻字數	跋　文	展出位置	展室編號	備　注
《左傳》	10	30×132	350	卜大臣刊	西二排東側	西 16	
	11	28×138	396		西二排東側	西 17	
	12	30×93	252		東三排西側	東 33	背後刻東 28 號《禮記》
	13	54×92	193		西二排東側	西 19	
	14	27×83	224		西一排東側	西 8	
	15	72×77	519		西二排東側	西 10	
	16	54×91	526		西二排東側	西 14	
	17	54×92	391		西二排東側	西 20	同面刻《公羊傳》7 號
	18	77×78	509		西一排東側	西 10	
	19	54×90	524		西三排東側	西 23	
	20	40×62	145		西五排東側	西 54	
	21	54×88	482		西三排東側	西 28	
	22	58×85	485		西三排東側	西 24	
	23	55×86	249		西三排東側	西 25	
	24	70×90	561		西三排東側	西 22	
	25	54×90	532	卜大臣刊	西二排東側	西 18	
	26	54×87	476		西四排西側	西 44	
	27	78×85	750		西三排東側	西 27	
	28	32×88	166	王信	西三排東側	西 26	
	29	54×88	389	生鄭　卜大慶刊	西四排東側	西 34	
	30	46×83	210	生鄭　卜大慶刊	西四排東側	西 35	
	31	54×90	473		西四排東側	西 40	
	32	54×92	495		西四排東側	西 33	
	33	30×138	431		西四排東側	西 37	
	34	55×88	331		西四排西側	西 42	
	35	28×132	400		西四排西側	西 38	

(續表)

石經名稱	刻石序號	尺寸(cm)	補刻字數	跋　文	展出位置	展室編號	備　注
《左傳》	36	52×81	431	生王　卜大慶刊	西四排東側	西 41	
	37	54×88	478		西四排東側	西 39	
	38	64×77	396	生王　卜大慶刊	西五排東側	西 45	
	39	55×90	515		西五排東側	西 46	
	40	68×147	708		西四排東側	西 36	
	41	55×90	515		西五排東側	西 49	
	42	45×187	33	咸寧儒學訓導楊千庭,生員王堯典	西六排東側	西 60	與《公羊傳》3 號在同一面石上
	43	52×84	418		西五排東側	西 47	
	44	55×90	469		西五排東側	西 50	
	45	30×132	388		西六排東側	西 59	
	46	55×90	498		西五排東側	西 51	
	47	75×85	673		西五排東側	西 48	
	48	30×145	363		西六排東側	西 58	
	49	50×92	535		西五排東側	西 53	
	50	50×86	444		西五排東側	西 52	
《公羊傳》	1	55×98	541	咸寧儒學訓導楊千庭、陳倉人,張尚德刊	西七排東側	西 64	
	2	54×87	458	張尚德刊	西七排東側	西 65	
	3	30×187	421		西六排東側	西 60	與《左傳》42 號在一面石上
	4	53×160	686	鄭馬	西六排東側	西 61	與《穀梁傳》11 號在一面石上
	5	86×89	748		西七排東側	西 63	
	6	54×90	582		西七排東側	西 66	
	7	54×92	57		西二排東側	西 20	與《左傳》17 號在一面石上
	8	53×92	530		西三排西側	西 31	

（續表）

石經名稱	刻石序號	尺寸（cm）	補刻字數	跋　　文	展出位置	展室編號	備　　注
《公羊傳》	9	30×170	515	高應魁刻	西六排東側	西 62	
	10	78×83	705	張文刊　張尚德刊	西一排西側	西 11	
	11	55×108	487		西七排東側	西 67	
	12	53×88	511	張尚德刊　卜大臣刊	西七排東側	西 68	
《穀梁傳》	1	30×80	196	咸寧儒學訓導楊千庭、陳倉人	西七排東側	西 69	
	2	54×88	464		西七排東側	西 70	
	3	35×91	273	李界刊	西八排東側	西 72	
	4	30×91	270		西八排東側	西 78	
	5	35×138	397		西八排東側	西 75	
	6	35×138	307	李界刊	西八排東側	西 76	
	7	55×93	440		西八排東側	西 73	
	8	55×93	399		西八排東側	西 74	
	9	28×95	495		西八排東側	西 77	
	10	28×95	499		西八排東側	西 79	
	11	53×160	251		西六排東側	西 61	與《公羊傳》4 號同刻一面石上
《孝經》	1	52×87	193		西三排西側	西 30	與《周易》2 號同刻一面石上
	2	55×90	141		東二排西側	東 25	與《五經文字》同刻一面石上
《論語》	1	55×90	459		西五排西側	西 55	
	2	53×98	571		東一排西側	東 11	
	3	53×98	465		東一排西側	東 12	
	4	60×136	787		西四排西側	西 43	
《爾雅》	1	53×96	477		東一排西側	東 9	
	2	53×96	488		東一排西側	東 10	

（續表）

石經名稱	刻石序號	尺寸（cm）	補刻字數	跋文	展出位置	展室編號	備注
《五經文字》	1	55×88	165		東三排東側	東 26	
	2	55×88	46	長安學訓導王吉元修補	東二排西側	東 25	與《九經字樣》1 號,《孝經》2 號刻在一面石上
《九經字樣》	1	55×88	8	生員馬攀龍,張尚信鐫	東二排西側	東 25	與《五經文字》2 號,《孝經》2 號在一面石上

原載《碑林集刊》一九九五年第三輯

關於《五經文字》

◯ 施安昌

顔元孫的《干禄字書》成於唐代前期。作爲唐人正字活動的另一項重要成果《五經文字》及《新加九經字樣》,則出現在唐代的中期。

一、開成石經補考

歷朝統治者爲了利用和傳授經典,都要做校定經典的工作。唐大曆十年(七七五年),朝廷認爲"經典不正,取捨莫準",於是詔儒官校定經本。當時,名儒張參官國子司業,則主持其事。① 張參在《五經文字序例》中説(圖一):

> 十年夏六月,有司以職事之病,上言其狀。詔委國子儒官勘校經本送尚書省。參幸承詔旨,得與二三儒分經鉤考而共决之。

這便是張參校定經典的起因。

校定後的經本最初書於太學論堂東西廂壁上,而後刻於木版并刻成石經。關於這個變遷有一些史料記載。這里再作一點補考。

1. 制版的時間

劉禹錫《國學新修五經壁記》云:

> 初,大曆中,名儒張參爲國子司業,始定五經,書於論堂東西廂之壁。

① 關於張參,其姓名見於《唐書·宰相世系表》和《藝文志》,無傳記。錢大昕《潛研堂金石文跋尾》云:"考《唐書·李勉傳》:'嘗引李巡、張參在幕府,後二人卒,至宴飲仍設虚位沃饋之。'又《常袞傳》:'袞始當國,議增給百官俸,時韓滉使度支,與袞皆任情輕重,滉惡國子司業張參,袞惡太子少詹趙基,皆少給之。'吾於《勉傳》見參之見重友朋,又於《袞傳》見參之不阿貴近。參雖無傳,未爲不幸也。"(《李勉傳》見《唐書》列傳八一,《常袞傳》見列傳六九)

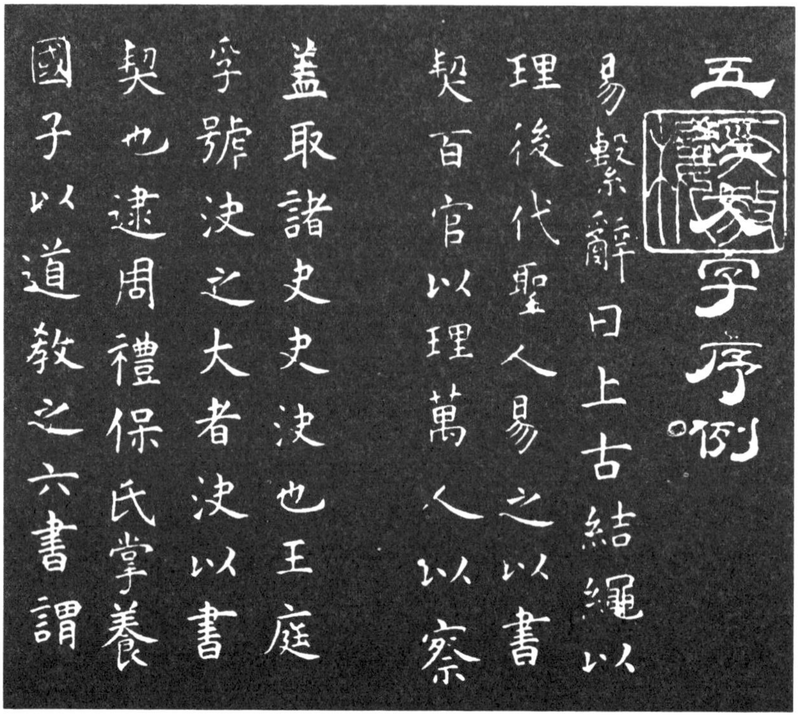

五經文字序例

易繫辭曰上古結繩以理後代聖人易之以書契百官以理萬人以察蓋取諸夬夬決也王庭孚號決之大者決以書契也逮周禮保氏掌養國子以道教之六書謂

圖一 《五經文字·序例》

辨齊魯之音取其宜,考古今之文取其正。繇是諸生之師心曲學、偏聽臆説,咸束之而歸於大同。揭揭高懸,積六十歲,崩剥污蔑,渙然不鮮。今天子尚文章尊典籍,於苑囿不加尺椽,而成均以治學上言,遽賜千萬。時祭酒皞實尸之、博士公肅實佐之。國庠重嚴,過者必式。遂以羨贏,再新壁書。懲前土塗不克以壽,乃析堅木負墉而比之。其制如版牘而高廣,其平如粉澤而潔滑。背施陰關,使衆如一;附離之際,無迹可尋。堂皇靚深,兩廡相照。申命國子能通法書者,分章揆日,遜其業而繕寫焉。

這段文字中,開始談張參校經書壁,"今天子"以下談制版之事。"祭酒皞"是齊皞,"博士公肅"是韋公肅,爲主持制版者。此《記》末雖無撰文時間,[1]但文中云"積六十載",即大曆十年後六十年,説明應是文宗大和年間(八三五年左右)。而制版在此時也已完成。

① 《劉禹錫集》(上海人民出版社,一九七五年)未説明此文的時間。

2. 刻石經時間

開成石經最後落的年款是"開成二年(八三七年)丁巳",這是石經完成的時間。石經開始的時間,在石刻上并無説明。

據《唐會要》,"大和七年二月敕唐玄度覆定石經字體,十二月敕於國子監講論堂兩廊創立石九經"。大和七年(八三三年),應是始建石經的時間。石經總計六十五萬二千〇五十二字,浩大而莊重的刻石工程,自然要花費幾年時間。①

3. 制版與刻石的關係

前人在這方面有如下記述:

"是書自土涂而木版,自木版而刊石,字已三易,恐非參所書矣。"(見朱彝尊《曝書亭集》)

"《五經文字》初書於屋壁,其後易以木版,至開成年間乃易石刻也。"(見《四庫全書總目提要》)

其餘相類,不復詳引。對三者關係,他們以爲:壁書損易於版,版書損易於石,一刻再刻。然而,壁書損易於版是事實,版書損易於石却没有根據。對此,有再推敲的必要。

前已説明,制版在八三五年左右,刻石在八三三至八三七年之間。因此,兩者幾乎是同時并舉的,并非版損而刻石。前者在室内,後者在室外;前者是對張參壁書的修復,後者是仿效漢魏石經而爲之。這確表現出當時"尚文章,尊典籍"的風氣了。

《新加九經字樣》前面的奏文中有這樣一句話:"其舊字樣歲月將久,畫點參差,傳寫相承,漸致乖誤。"

這可能是引起前人上述説法的一個原因。但是這裏只説"舊字樣",并未説是"版書字樣"。既然"歲月將久",那就不可能是新修的版書,只能是六十多年前的壁書了。故石經與制版同是初刻,不是再刻,一般説來,初刻比再刻要準確。

① 開成石經爲《周易》《尚書》《毛詩》《周禮》《儀禮》《禮記》《春秋左傳》《公羊傳》《穀梁傳》《孝經》《論語》《爾雅》十二經。清代賈漢復又補刻《孟子》附於其後。

二、《五經文字・序例》説明

張參於《五經文字》前撰《序例》一篇(見附録)其内容大體有四個方面:(1) 文字之始與造字之本——六書;(2) 自漢以後整理文字的主要事迹;(3) 作者校定經本書於屋壁;(4) 撰寫《五經文字》的原因,方法與體例。

關於(1),作者沿用了《説文解字叙》中的觀點,簡而述之。關於(2),作者略談了許慎撰《説文解字》,蔡邕創太學石經,吕忱著《字林》[①]幾事。關於(3),在本文前面已談。下面想對(4)作些説明。

1. 寫《五經文字》的原因

《序例》云:(括號中是原刻小字注文,圖二)

> 經典之文六十餘萬,既字帶惑體(若"羃""冪"同物,《禮經》相舛;"蔿""遠"同姓,《春秋》互出;"詁""故"同義,《詩》題交錯之類),音非一讀(若"鄉原"之"鄉"爲嚮,"取材"之"材"爲哉,兩音出於一家而不决其當否)。學者傳授,義有所存,離之若有失,合之則難并,至當之餘,但朱發其旁而已。猶慮歲月滋久,官曹代易,倘復蕪污,失其本真。乃命孝廉生顔傳經收集疑文互體,受法師儒,以爲定例。凡一百六十部,三千二百三十五字,分爲三卷。

簡單説來,即作者在校定經典時發現許多同字異體和一字多音的問題,需要辨析考證。本來是用硃筆直接注在經文旁邊,但怕時間長了塗抹不清,於是讓學生顔傳經專門匯集寫成了《五經文字》三卷。

這便是《五經文字》的成因,在開成石經中,《五經文字》附刻在十二經之後。

2. 方法

對同字異體的情況,説明何者爲正,何者爲訛,這是《五經文字》的主要一項内容。那麽作者採用什麽方法來判定一字的正訛呢?

作者確定了四條標準(括號内爲原刻注文):

---

① 《字林》,晉人吕忱著,部目依據《説文》分五百四十部,收字一萬二千八百二十四,爲補《説文》漏略而作。唐以前與《説文》并重,後不傳。清任大椿有《字林考逸》八卷,陶方琦有《〈字林考逸〉補本》一卷。

第一條標準。《序例》云："《説文》體包古今,先得'六書'之要。(若古文作"明",篆文作"朙";古文作"坐",篆文作"㘸"之類,古體經典通行,不必改而從篆。)"

第二條標準。"有不備者,求之《字林》。(若"桃禰""逍遥"之類,《説文》漏略,今得之於《字林》)"

第三條標準。"其或古體難明,衆情驚懵者,助以石經之餘,比之爲助。(若"宜"變爲"宜","習"變爲"習"之類,《説文》"宜習"人所難識,石經遺文"宜"與"習"代之。)"

第四條標準。"石經湮没,所存者寡,通以經典及《釋文》相承隸省,引而申之,不敢專也。(若"𠭥"變爲"壽","㮚"變爲"栗"之類。石經湮没,經典及《釋文》相承作耳。)"

上述引文中,"有不備者",指《説文》未收入的字。"石經"是指漢熹平石經與魏正始三體石經,唐時也都毁而不全了。"經典"是指石經之外的歷代傳抄下來的比較可靠的經本。《釋文》即唐陸德明撰《經典釋文》三十卷。

作者就用這四條標準,逐條衡量。凡符合標準之一者,就是正字;一條也不符合的爲訛字。古代經典歷代傳抄,文字異體與傳訛很多,有此準則,就可論其是非了。

下面,就從《五經文字》中若干字例及注文來看作者是如何運用四條標準的:

稺,穉(并丈利反,幼禾也,上《説文》,下《字林》)。

準(從水傍隼,《字林》作准,平也)。

桃,桃(上《説文》,下石經,凡字从兆者皆倣此)。

築,築(上《説文》,下石經)。

楫(音接,經典和《釋文》或作檝)。

柏(巴革反,經典相承亦作栢)。

以上各例,所舉皆正字,只是標準不同。括號内是注文。

揖(一入反,从咠,作捐訛)。

攝(作攝訛)。

牢(作窂訛)。

犨(尺由反,作犫訛)。

以上各例,先舉正字,再舉訛字。

蕫(或作董)。

阱(又作穽,陷獸塹也)。

此兩例都是正字,僅異體。《五經文字》字例注文還有辨形近字、假借字等情況。字例中首字,往往符合《說文》,注文不再點明。

3. 偏旁部首

《五經文字》在體例上采用按偏旁分類排列。《序例》云:“近代字樣,多依四聲,傳寫之後,偏旁漸失。今則採《說文》《字林》諸部,以類相從,務於易了,不必舊次。”

張參恢復了按偏旁排列的體例,而且在偏旁確定上與《說文》有很大差别(圖二)。

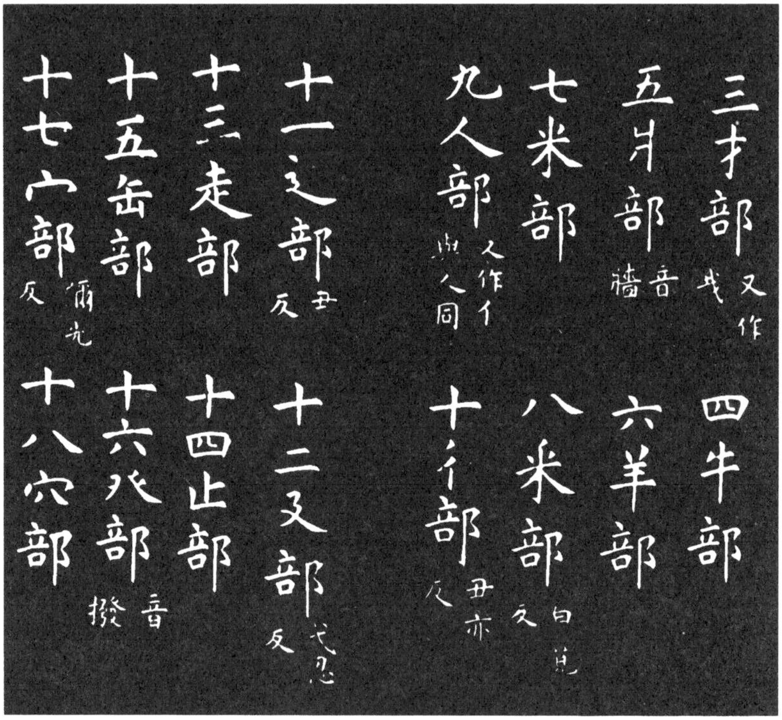

圖二　五經文字分部

附帶說一下《新加九經字樣》。

《新加九經字樣》一卷是在《五經文字》之後撰寫的,作者唐玄度,開成年間官翰林待詔，著作的目的是對《五經文字》補闕。後來二書同刻於開成石經之末，“二書相輔而行”。

《新加九經字樣》前有《序》，并有奏牒，申明緣由。牒文云：“古今體異，隸變不同。如總據《説文》，即古體驚俗，若依近代文字，或傳寫乖訛。今與校勘官同商較是非、取其適中，纂録爲《新加九經字樣》一卷。”（詳見附録）

作者明白地主張：參考古今之變、取其適中。這比《五經文字》認爲只有《説文》和古代經典相承纔可靠，是進了一步。

此書體例仿《五經文字》，分七十六部凡四百二十一字。

三、《五經文字》的刻本

明嘉靖三十四年（一五五五年），石經因地震斷裂損闕。此時離開成年代已七百餘年了。

世傳開成石經的拓本，多是嘉靖之後的明清拓本。儘管已有損闕，但還是比較完整的，可見七百年間保護甚好。這與《干禄字書》刻石的情況迥然不同。馬衡説：“歷代石經除最近之清石經外，當以此爲最完矣。”（馬衡《中國金石學概要》）

《五經文字》的雕版在五代時已有。《四庫全書總目提要》云：“考《册府元龜》，稱周顯德二年尚書左丞兼判國子監事田敏，獻印版書《五經文字》，奏稱：臣等自長興三年校勘雕印九經書籍。”顯德二年是九五五年，長興三年是九三二年。

清代馬曰璐雕板刊印《五經文字》，有《小玲瓏山館叢書》本、廣州刻《小學匯函》本。其他版本還有微波榭本、西安石本、日本縮刻石本、常熟鮑氏後知不足齋本。[1]

北京圖書館收藏有清初席氏釀華草堂影宋抄本，爲天津周氏捐贈。

《五經文字》原石尚存，好的拓本、刻本存世較多，所以校勘情況略。

原載《善本碑帖論集》

① 范希曾《書目答問補正》；《北京圖書館館藏善本書目》。

蜀廣政石經

宋拓蜀石經跋

◯ 劉體乾

石經肇於東漢熹平石經無注，久毁。宋時得殘拓數葉，已極珍貴。當時多覆刻本。如越州石氏錦官城、蓬萊閣之類。清孫淵如、黄小松所得之《尚書》《論語》各二紙，自以爲原石，其實即宋刻本。翁正三又覆刻于江西，蔡松原所得之殘葉，錢梅溪之雙鈎本刻石，更無足論矣。唐開成石經亦無注，雖存西安，然已斷裂，多爲後人補鑿。魏三體石經，光緒中葉山東黄氏曾得片石，論者謂其字體僞造，即此片石中亦有誤字。蜀廣政石經共十經，經、注並刻。《左傳》刻至十七卷，十八卷以下及《公》《穀》皆宋刻，至皇祐始畢工。《孟子》席益補刻，今無片石，殆殘燬於宋末元初。曹學佺《四川名勝志》謂合州賓館有《禮記》數段，張從伸《錦里新編》謂乾隆時修城得有殘石數十片，皆不足據。北宋嘉祐篆、楷二體石經，乾隆中僅存《周易》《周禮》《尚書》數石，近亦不知尚在否。拓本流傳之多者，以山陽丁儉卿所得爲最，有二百餘葉。南宋高宗御書石經，石亦殘缺，仍有在杭州者。本朝石經蔣衡湘帆所書，雖刻石太學，當時即有異議，無關經學。此歷代石經之大略也。蜀石經元明著録無聞，最初，乾隆年吴縣陳芳林有《左傳》二十卷三十五行，黄松石小松之尊人有《毛詩·召南》及《邶風》一萬二千五百餘字，趙晉齋有《周禮·夏官》三十六行，此三殘本屢見著録。洪、楊亂後，不知流落何許。《毛詩》《左傳》，陳雪峰曾以影寫本刻木，近亦罕見。宣統庚戌十月，徐積餘自京師返金陵，告余云：有蜀石經《左傳》卷十五一册五十三葉又半，在陶榘林處。又有《周禮》卷九、卷十一册七十五葉又半，首尾略缺。《穀梁》卷九二葉，在陳詒重處，托翰文齋書賈求售。蓋即楊幼雲舊藏，後歸張叔憲，庚子歸李亦元者也。越日大雪，聞陶榘林自九江來省，冒雪往觀，既屬張東甫購得之。辛亥正月入都詢翰文齋《周禮》《穀梁》，賈人韓子元支吾其詞。二月再入都，晤羅叔韞，云："《周禮》《穀梁》皆在翰文齋，何云無之?”遂同往海王村,韓子元不能復隱,允如其價出《周禮》交余,云《穀梁》尚在陳詒重所,一二日内當取來交余。旋以事往湖南,月餘返北京,再問《穀梁》,韓子元云,伊欲另售與劉聚卿,故不即交。五月,余再至長沙,言其事於瞿止盦相國。相國爲電其次郎希馬,使以己意言于詒重,且云《左傳》本在余處,使三經劍合亦佳話也。詒重復電,始以《穀梁》交希馬。非相國厚愛,則幾不爲我有矣。九月長沙之變,倉卒來滬,亦携以行。壬子正月,又收得《周禮》卷十二二十二葉,《公羊》卷二十九葉,即陳頌南舊藏也。經注都四萬六千四百餘字,皆道光、咸豐間所出,在諸家著録之外者也。今冬寂居無俚,因述其緣由如此。至經注與今本多異同,吾友繆筱珊曾爲作校記,茲不贅言。丙辰十月廬江劉體乾跋。

原載《四存月刊》一九二一年第五期

蜀石經《春秋穀梁傳》殘石跋

◯ 羅振玉

孟蜀石經《穀梁》殘石十有九行，楊幼雲太守繼振舊藏，蜀三經之一。三經者：一《周禮》卷九、卷十，二《左傳》卷十六，三即《穀梁》也。光緒中，由楊氏後人歸湘中李亦園部郎希聖，部郎没，懸價待售，後歸廬江劉氏。此十九行者，予在京師時所影照。方三經未歸劉氏時，予曾與約，君能付剞劂以傳之者，當爲之介，劉慨然許諾。予時以爲此三經者行且有刊本矣，他兩經遂不復影寫，但手校異同而已。

辛亥以後，聞劉氏復得陳頌南侍御所藏《周禮・考工》及《公羊・桓公》，七年至十五年五千餘言。予避地東土不得見也。蜀石經之傳人間者，楊、陳二家所藏外，尚有《左傳》卷十五，起襄公十年至十五年。鄭世允所藏，見何子貞太史《金石跋尾》。合之士禮居影橅之《毛詩》，車秋舲傳橅之《左傳》，都計得五經，天壤所存殆盡于是。鄭氏所藏今未知存否，楊、陳所藏固近在滬江。荏苒垂十年，中更喪亂，刊刻之約不可復尋。予念孤本之易佚，因取陳雪峰先生所刊《毛詩》《左傳》，重付影印，並取此殘字十九行者，與正始、嘉祐殘石同印入《吉石庵叢書》。雖一鱗片甲，不足厭吾初意，然今不印行，則此戔戔者，且與他經同歸湮没，夫豈可以十九行少之歟？

楊幼雲太守撰《蜀石經考異》三卷，鮑子年爲之跋，見《觀古閣續叢稿》，今亦不知存否。附記於此，以告世之言蜀石經故事者。丁巳閏月清明節。

原載《雪堂校刊群書叙録》,《羅振玉學術論著集》第九集

蜀石經《春秋穀梁傳·文公》第六殘葉跋

○ 羅振玉

孟蜀石經原石久佚，僅明内閣存拓本全部，見《文淵閣書目》及萬曆間張萱撰《内閣書目》，尚完全無缺。萱所撰《疑耀》，亦記之甚詳。本朝藏書家僅見《毛詩》殘卷，金陵陳雪峰明經曾據橅本鋟木。嗣閩江陳氏、漢軍楊氏藏《周禮》《左傳》《穀梁》殘卷，展轉歸廬江劉氏。曩曾寓目，前均有"東宫書府"朱印。此《文公》殘葉，僅存首五行，亦有此印。知楊氏、陳氏所藏三經亦爲内閣佚出者，人間無二本也。予此本，得之大庫殘籍中。先是滿洲某君亦得《穀梁》殘卷數十行於内閣大庫，劉君健之既已重金購致，擬寫影以傳，移書乞此，因題後以歸之。丙寅仲夏。

原載《貞松老人遺稿》(甲集)

蜀石經殘拓本跋

◎ 王國維

孟蜀石經存《周禮》卷九、前闕，存三十八葉。卷十、後闕，存三十七葉。卷十二，前後闕，存二十三葉。《春秋左氏傳》卷十五、全，共五十三葉。卷二十，存中間三葉。《公羊傳》卷二，前後闕，存十九葉。《穀梁傳》卷六、僅存首半葉。卷八、存首三葉半。卷九，存中間二葉，又二葉。現均在廬江劉氏。其中《周禮》卷九、卷十，《左氏傳》卷十五，《穀梁傳》卷九前二葉，並漢軍楊幼雲繼振舊藏。《周禮》卷十二、《公羊傳》卷二，則陳頌南舊藏。《左氏傳》卷二十，則陳芳林舊藏。《穀梁傳》卷六、卷八及卷九後二葉，則新自内閣大庫出者也。孟氏刻經，宋晁子止《郡齋讀書志》、曾宏父《石刻鋪叙》著録最詳，然元明以來罕見紀録，蓋碑石毁於蒙古寇蜀之役。故拓本傳世甚希，惟明内閣藏有全拓。《文淵閣書目》卷十三辰字號第一厨有石刻《周易》三册、《尚書》三册、《毛詩》八册、《周禮》八册、《儀禮》八册、《禮記》十四册、《左氏傳》三十册、《公羊傳》七册、《穀梁傳》七册、《論語》三册、《孝經》一册、《孟子》三册、《爾雅》三册、《石刻異考》據《内閣圖書目録》當作《石經考異》。一册，共百有一册，下皆注“完全”字。别有“石刻《春秋經傳》二十九册，完全”，蓋即《左氏傳》之副本。凡此諸經，每經上但冠以“石刻”字，不明著其爲蜀刻，然有《孟子》及《石經考異》而無《五經文字》《九經字樣》，其爲蜀刻而非唐刻，明矣。而萬曆三十三年，張萱等撰《内閣圖書目録》始注明“成都石刻”，所録諸經册數並與《文淵目》同，惟闕重出之《春秋經傳》二十九册。萱所撰《疑耀》卷一亦云：“余承乏西省，校閲秘閣藏書，及見蜀本石經《周易》三册，《尚書》三册，《毛詩》八册，《左氏春秋》三十册，《公羊》七册，《穀梁》七册，《禮記》十四册，《周禮》八册，《儀禮》十册，《孝經》一册，《論語》三册，《孟子》三册，《爾雅》三册，完好如故。其紙墨之精，拓法之妙，真希世寶也。把玩一月，不忍釋手”云云。是萬曆時，閣書雖多殘缺，而此拓獨完，而光緒中所編

《内閣大庫存書檔册》則已無一册，嗣後長白某君於内閣廢紙中檢得《穀梁傳》卷八、卷九殘葉，上虞羅叔言參事亦於所購内閣廢紙中檢得《穀梁傳》卷六首半葉，卷首並有篆書“東宫書府”方印，而楊幼雲舊藏《左氏傳》卷十五首葉亦有此印，知《左傳》亦早自内閣流出者，其餘殘卷並闕首葉。惟《周禮》卷十首葉尚存，却無此印。但此卷本與卷九合爲一册，原裝如此。故其印當在卷九之首，蓋與黄松石、黄蕘圃所藏之《毛詩》殘卷、陳頌南所藏之《周禮》《左傳》殘卷並出内閣，此外别無他拓也。即明末徐惟和、謝在杭所遞藏之《左氏傳》，亦疑係内閣副本，故《文淵閣書目》，《左氏傳》有二十九册、三十册二部，而《萬曆内閣書目》止存三十册一部，疑徐、謝所藏即二十九册者。是蜀石經一綫之傳，皆出於明内閣也。“東宫書府”一印，於古經籍書畫中俱未經見，惟宋人所編《南唐二主詞》其《阮郎歸》一闋下注“呈鄭王十二弟，後有隸書‘東宫府書’印”。案“隸書”當是“篆書”，“東宫府書”當是“東宫書府”之訛。考《南唐二主詞》一書，係宋人從總集及真迹輯録，於《應天長》下注云：“後主云，先皇御製歌詞，墨迹在晁公留家。”陳振孫《直齋書録解題》云：南唐二主詞卷首四闋，《應天長》《望遠行》各一，《浣溪沙》二，中主所作。重光嘗書之於麥光紙上，作撥鐙書，墨迹在盱江晁氏。於《浪淘沙》下注云：“傳自池州夏氏。”於《采桑子》下注云：“二詞墨迹，在王季宫判院家。”於《玉樓春》下注云：“已後二詞傳自曹功顯節度家。”於《謝新恩》下注云：“已下六首真迹，在孟郡王家。”案：王季宫，未詳其名。曹功顯即曹勛，孟郡王即孟忠厚。《宋史·曹勛傳》，勛以紹興二十九年拜昭信軍節度使，孝宗朝加太尉，提舉皇城司，開府儀同三司。淳熙元年卒，贈少保。又《外戚傳》孟忠厚以紹興七年封信安郡王，二十七年卒。以此推之，則編輯者當在紹興之季，曹功顯已拜節度之後，未加太尉之前也。而其所見後主真迹，已有“東宫書府”印，則此印必是東都之物，而蜀石經《公》《穀》二傳成於仁宗皇祐二年，《孟子》成於宣和六年，則“東宫書府”一印，當是欽宗青宫之物。然内閣所藏，又有孝宗乾道二年所刻之《石經考異》，此一册在經文一百册外，或係後來增入。今《考異》一册已亡，無由徵其有此印與否矣。果爾，則内閣蜀十三經均係北宋末舊拓，或於靖康之亂已爲金人輦至燕山，後復以《石經考異》足之。今南宋拓本皆亡，而此拓獨存殘卷，則秘府保存古物之功，誠不可没矣。丙寅仲冬朔。

原載《實學》一九二七年第七期

蜀石經考異叙録

◯ 吴檢齋

孟蜀廣政初年，毋昭裔據太和九經舊本，刻石於成都學宫，建置之費，皆昭裔捐奉爲之也。趙抃《成都記》、席益《成都府學石經堂圖記》、王應麟《玉海》、吴任臣《十國春秋》。《孝經》不題書人。《論語》《爾雅》，張德釗書，廣政七年甲辰刊成。《周易》，楊鈞、孫逢吉書，十四年辛亥刊成。《尚書》，周德貞書，《毛詩》，張紹文書，《周禮》，孫朋古書，《儀禮》《禮記》，張紹文書，卷末並不署年月。《春秋經傳集釋》三十卷，蜀鎸至十七卷而止。十七卷以後，及《公羊》《穀梁》二傳，則田況所補刻，訖工於皇祐元年九月，上距廣政元年肇始之日，凡百十二禩矣。趙《記》、席《記》、范成大《石經始末記》、晁公武《石經考異序》、《玉海》等。元祐初，胡宗愈帥蜀，作堂於孔子殿之東西隅，以貯石經，謂之石經堂。《宋史》本傳、席《記》。又三十餘年，爲宣和五年癸卯，蜀帥席貢，又補刻《孟子》十二卷，運判彭慥繼成之，范《記》、曾宏父《石經鋪叙》。亦不署書者氏名。《玉海》。於是蜀刻十三經始備。又四十七年，爲乾道六年庚寅，晁公武取宋次道王仲至所傳古文《尚書》三卷，亦刻於石。又以後唐版本校蜀石經，著其同異，並自序一篇，凡刻石二十一枚，以附諸經後云。晁《叙》、范《記》、《玉海》。(以上蜀石經始末。)

趙《記》詳列經注字數，於《爾雅》則云，不題經注字數若干，可知趙氏所記者，本之石刻卷末原文，非趙氏所自記也。而曾氏《鋪叙》所列，視趙《記》頗多違牾，有差至萬千數以上者。或爲傳寫之訛，未可知也。兹以趙記爲準，而以曾叙校之。

《周易》十卷，經注六萬六千八百四十四字，經二萬四千五百十二字，注四萬二千七百九十二字，按曾《叙》都數與趙《記》合。

《尚書》十二卷，經注並序，八萬一千九百四十四字。按曾《叙》經二萬六千二百八十六字，注四萬八千九百八十二字，共七萬五千二百六十八字，差數甚鉅。

《毛詩》二十卷，經注十四萬六千七百四十字，按曾《叙》經四萬一千二十一字，注十萬五千七百一十九字，共十四萬六千八百十二字。

《儀禮》十七卷，經注十六萬五百七十三字，按曾《叙》經五萬二千八百二字，注七萬七千八百五十一字，共十三萬六百九十三字，差數甚鉅。疑趙《記》一十六萬，爲一十三萬之訛。

《周禮》十二卷，經注一十六萬三千一百三字，按曾《叙》經五萬五百八字，注十一萬二千五百九十五字，與趙《記》相應。

《禮記》二十卷，經注一十九萬六千七百五十一字，按曾《叙》經九萬八千五百四十五字，注十萬六千四十九字，共二十萬四千五百九十四字，差數甚大。

《春秋經傳集解》三十卷，經注並序三十四萬五千八百四十四字，按曾《叙》序一千八百一十七字，經傳十九萬七千二百六十五字，注四萬六千九百六十二字，共二十四萬五千八百四十四字，疑趙《記》三十四萬，三字爲二之訛。

《公羊傳》十二卷，經注一十三萬一千五百一十四字，按曾《叙》傳四萬四千七百三十八字，注七萬七千三十七字，共十二萬一千七百七十五字，疑趙《記》十三萬三字爲二之訛。

《穀梁傳》十二卷，經注八萬一千六百二十字，按曾《叙》傳四萬八千一百九十字，注三萬九千七百三十字，兩數適相應。

《論語》十四卷，經注並序三萬五千三百六十八字。按曾《叙》序三百七十二字，經一萬五千九百十三字，注一萬九千四百十四字，共三萬五千七百三十九字，大數略同。

《孝經》一卷，經注並序四千九百八十五字，按曾《叙》序四百三十九字，經一千七百九十八字，注二千七百四十八字，兩數適相應。

《爾雅》三卷，不題經注字數若干。

前乎此者，有熹平、正始、開成，後乎此者，有嘉祐一體、紹興御書，要皆止録經文，不及箋注。唯廣政刻石，傳注於經，斯爲獨勝。假令漢魏二經，下同五季，則施、孟、梁丘、歐陽、夏侯、嚴、顔、賈、馬之緒餘，或得考見一二，非後生之大幸耶？惜唐撰《正義》，南北之學，定於一尊，蜀石經注雖存，劣能比度訛文，未足上窺異義也。（以上蜀石經注字數。）

宋乾道間，晁公武爲《石經考異》，略謂《周易》經文不同者五科，《尚書》十科，《毛詩》四十七科，《周禮》四十二科，《儀禮》三十一科，《春秋左氏傳》四十六科，《公羊傳》二十一科，《穀梁傳》一十三科，《孝經》四科，《論語》五科，《爾雅》五科，《孟子》二十七科，其傳注不同者，不可勝紀。晁氏《考異自序》。張㚟又校注文同異，爲《石經注文考異》四十卷。《玉海》説如此，明張氏續晁書而作也。《宋史·藝文志》，有張㚟《石經考異》四十卷，不言蜀石經是其疏失。朱熹《集注論語》，嘗引晁氏《石經説》以定異文，謂孟蜀石經也。楊慎説。宋人每引廣政本而不及開成本者，蓋以唐經無注。又南渡後，陜本不至江左，故當時學宫獨行之本，皆蜀經也。全祖望説。自全宋來，歐、趙既不著録，南渡以訖元明，唯洪邁、陸游、王應麟、陶宗儀、楊慎等，稍見稱述。自王氏以下，親見原石以不，已難證知。然則成都學宫千有餘石，晁氏《序》云千有餘石。六百年間，殘毁殆盡，即拓本之流傳于世者，亦如祥麟威鳳不可數見矣。

《晁氏考異》二十一石，散亡來久。唯其自序，略舉《尚書》異文二事、《左傳》異文一事、《論語》異文三事及《讀書志》舉《論語》異文一事而已。元明以後，經術益衰，即令碑石見存，恐亦無人齒及矣。

張邦新《錦里新編》云，蜀石經，明季燬於火。乾隆四十四年，福康安修成都城，什邡令任思任得數十片於土中，字尚完好。任貴州人，罷官後，輦歸黔中，不知此數十石，皆何經也。曹學佺《四川名勝志》云，合州賓館中，有孔子弟子畫像，及《禮記》數段。案張説别無旁證，又趙、席、晁、曾各家，皆不言蜀石有畫像。合州賓館，何緣得之？疑曹氏所述，未足深信。

蜀經原石久佚，僅明内閣尚存拓本全部，見《文淵閣書目》及萬曆間張萱所撰《内閣書目》。萱撰《疑耀》，亦記之甚詳。羅振玉説。清末從内閣大庫中，發見一二，即明代舊物也。

兹將蜀經纍拓殘本流傳始末，略譜於左方。

一事，《毛詩》存第一卷後半及卷二，經注都一萬二千五百四十一字。經文起《鵲巢》"之子於歸，百兩御之，"訖《二子乘舟》"願言思子，不瑕不害。"《毛詩鄭箋》起"爵位故以興焉，訖有何不可而不去乎"。

此本清雍乾間，藏錢唐黄樹穀字松石。廣仁義學中。本自《周南序》起。乾隆七年臘月之末，其鄉人趙谷林，招厲樊榭、丁龍泓、全謝山諸人共觀，賦詩題記，俱見各人集中。樹穀既没，義學亦廢，遂爲王溥所得。溥字容大，亦杭人。嘉慶九年歸蘇州黄丕烈之士禮居，自卷首訖《鵲巢》序，皆已闕遺。王昶《金石萃編》所校録，則從吴中摹得者也。段玉裁、王昶説。馮登府亦有校勘記，後歸程南邨。太平軍起，南邨死難，王文熹説。此本不知流落何所。

金陵陳雪峰、吴門唐仲冕，並有景刊本，今亦不可見。葉名澧、朱游、朱學勤等説。

段玉裁云，昔在蜀見錢唐張賓鶴云，親見松石蜀經《毛詩》全部，"昔恐有鞠"無下育字，"夭夭是椓，"作"夭夭"叠字，與世間絶異。據此，似黄氏所藏，不止二《南》及《邶風》而已，片言無證，且從蓋闕。

二事，《周禮》第八殘卷，起《夏官》"齊右陪乘"字，訖《校人》"種馬一物一"字，凡三十六行。此本乃仁和趙魏字晉齋舊臧，有手摹景刊本，後歸汪季培，馮登府説。今存佚不可知。

三事，《周禮》第九殘卷，起《秋官叙官》蜡氏注"《月令》曰"，訖卷末計經注字數，凡三十八葉。《周禮》卷第十，起《秋官·司寇下·布憲》，訖《掌客》注"車秉有五籔""有"字，凡三十九葉。兩卷都七十七葉。此二册，清光緒初爲楊繼震字幼雲所臧。壬辰年，歸吴興張叔憲。庚子之亂，流入廠肆，爲李希聖字亦園、陳毅字治重所得。宣統庚戌，歸廬江劉體乾，繆荃孫作校勘記。有石印本。

四事，《周禮》第十二殘卷，起《玉人》注"守男守蒲璧""璧"字，訖《匠人》"墻厚"，凡二十二葉。此本清咸豐初，爲晉江陳慶鏞所藏，慶鏞字頌南。旋歸青陽吴履敬字子肅、式訓字子迪兄弟。民國元年，歸劉體乾。陳慶鏞、繆荃孫，皆作校勘記。有石印本。陳記見《籀經堂類稿》。

五事，《春秋經傳集解》襄二第十五卷，訖卷末計經注字數止。首尾完具，凡五十四頁。此册清咸豐六七年間，爲鄭親王□□所藏，後歸大興鄭世允。何治基、羅振玉説。光緒初，歸楊継震，後歸張叔憲，後歸陶榘林，宣統二年，歸劉體乾，繆荃孫作校勘記。有石印本。

六事，《春秋經傳集解》第二十殘卷，起《昭公二年傳》"君子也""子"字，訖"其罪之不恤，而又何請焉""而"字，凡三十五行。此本清乾隆間，爲吴縣陳樹華字芳林所藏，錢大昕、翁方綱等爲跋尾。嘉慶初歸唐陶山。道光中，歸福州梁章鉅，光緒初歸楊廷傳，後歸力鈞。民國七年，歸劉體乾。有石印本。

七事，《春秋公羊傳》第二殘卷，起《桓公六年傳》"猶曰是人來也""來"字，訖《十五年經》"公會齊侯于鄗""齊"字，凡十九頁。此本清嘉慶間，爲陳慶鏞所藏。慶鏞及吴履敬、繆荃孫，並作校勘記。民國元年，歸劉體乾。拓本及陳、繆二記有石印本。

八事,《春秋穀梁傳》第六殘卷,首行《春秋穀梁傳》第六,次行范甯集解,次行"元年春王正月"云云,訖"叔服來會葬"止。計半頁五行。此半頁爲上虞羅振玉於内閣大庫殘籍中檢得,民國十五年,歸劉體乾。有石印本。

九事,《春秋穀梁·成公》第九殘卷,首行爛脱,次行范甯集解,次行"元年春王正月"云云,訖《二年傳》"舉其貴者也""其"字,凡四頁。此亦内閣大庫舊物,爲滿人彦德所得,民國十四年歸劉體乾。有石印本。

十事,《春秋穀梁傳》第九殘卷,起襄公十八年冬十月"公會晉侯""晉"字,訖十九年"晉匄帥師侵齊至穀""至"字,凡十九行。此本清光緒初爲楊繼震所藏,後歸張叔憲,庚子亂後,歸李希聖、陳毅,宣統三年,歸劉體乾。有石印本。

十一事,《春秋穀梁》襄公殘卷,起二十六年"公會晉人""公"字,訖二十七年注見"獻公之惡也""惡"字,凡二葉,多闕蝕此。亦内閣大庫物,爲彦德所得。民國十四年,歸劉體乾,並作校勘記。有石印本。(以上蜀石經拓本存佚。)

自晁氏《考異》,下訖諸家《校記》,所見不同,互有中失。今撰爲一編,辨章是非,敷陳疑滯,名曰《蜀石經考異》,贊篇章,正文字者,或有取於是焉。清儒或謂蜀經足爲金石家寶玩之具,於經術無與也;或又謂驚心動魄,一字千金。核而論之,石經異文,爲數甚夥,其足以是正板本者,蓋寥寥無幾,至於"者""也"助句之字,或增或消,同異尤多,唐人寫書,大抵如是,以其不關宏旨,故不具出。

原載《國學論衡》一九三五年第五期

蜀石經殘石跋

◎ 羅希成

世之論石經者，漢熹平石經、魏三體石經、唐開成石經，皆有經無注，惟蜀廣政石經，經注並刻，視前代爲尤備。其時悉選士大夫善書者，模丹入石，據晁公武《郡齋讀書志》所載：《孝經》《論語》《爾雅》，秘書省校書郎張德釗書。《周易》，楊鈞、孫逢吉書。《尚書》，周德貞書。《周禮》，孫用吉書。《毛詩》《禮記》《儀禮》，張紹文書。字皆精謹。當五代之季，天下大亂，典章文物，蔽壞已極，孟氏據有兩川，獨能崇尚儒術，舉諸經刻石以嘉惠學者。自是人文蔚起，蜀儒文學名天下，孟氏實有以啓之，不爲無功也。其拓片傳世皆北宋本，有《毛詩》《周官》《左傳》《公羊》《穀梁》五經，遞藏於黄松石、趙谷林、趙晉齋、陳芳林、楊幼雲、陳頌南、吴子迪昆季、張叔憲、李亦元諸家。後至癸亥，内閣庫書叢殘八千袋逸出，羅振玉以巨資獲得，中有《穀梁》卷六前半葉五行，除黄松石所藏《毛詩》及晉齋所藏《周官》第八卷未識存佚外，其餘悉歸盧江劉健之體乾收藏，并閒齋庋藏，遍徵時賢題識，誠一時盛事。至言蜀石經之始末者，溯自宋迄清有席氏益、晁氏公武、洪氏邁、趙氏希弁、曾氏洪父、王氏應麟、顧氏炎武、萬氏斯同、吴氏任臣、杭氏世駿、翁氏方綱、何氏紹基、朱氏竹垞、繆氏荃孫均有記述，而獨不言其石亡佚何時，故皆意斷原石毁于宋末元初，因元明金石家無言之者，始有此論斷也。按曹能始《四川名勝志》稱石經《禮記》有數段在合州賓館，劉燕庭有手批錢竹汀日記，自述爲蜀臬時，聞乾隆四十四年制軍福安康脩成，都城什邡令任思任得蜀石經數十片于土壕中，字尚完好，任令貴州人，罷官後，原石輦歸黔中矣。余訪求竟無所得云云。捨此而外，蓋無存者矣。己卯春，舊僕劉某供役黔中，稔知余有嗜古之癖，展轉托人運殘石一片貽余，睹之狂喜不已，蓋蜀石經《毛詩》原石也。函詢其來源，只云偶然拾得，亦不知其所自來。考其所得石之地，正與劉燕庭所記相合，不意千年古物，尤巍然獨存，自宋經元明清而昔賢皆未經見者，今余一旦獨得見之，較錢竹汀見梁茝鄰所藏《左傳》殘拓兩本，嘆爲衰年樂事，更難能而可貴也。嗣余因事赴蓉，當五月四日渝中爲倭機狂炸，余妻繩穎於烈火濃烟中，倉皇出走，僅抱此石與身免，後携來蓉，復與張溥泉、嚴谷聲兩先生手自拓墨，此又爲千數百年來金石家所未有之快，况亂離作此，較太平文賞尤爲消憂。

祖同案：往歲予館廬江劉氏善齋，校讀所藏碑目，知傳世蜀石經拓本均歸其兄健之先生處，後乞得景本讀之，凡《左傳》卷十五襄公二十年至十五年全卷五十三葉，卷二十昭公二年三葉三十五行；《公羊傳》卷二桓公六年至十五年二十九葉；《穀梁傳》卷六文公元年首半葉五行，卷八卷九成公元年二年、襄公二十六年二十七年三十五行，卷九襄公十八十九二年二葉十九行；《周禮》卷九卷十兩卷七十五葉又半，卷十二《考工記》二十二葉，都凡四經。昔黄丕烈摹《毛詩》殘本，錢大昕摹《左傳》昭二年殘本，趙氏景刊《周禮·夏官》殘本，嘉、道間重視蜀石經拓本，蓋已如是，乃内閣大庫之珍秘，一旦盡歸篋中，劉氏之得意，亦從可知矣。今羅希成先生復得其原石，此天下瑰寶，何怪其婦護之逾如頭目也。而繆荃孫謂蜀石于宋末與文翁石同燬，不信貴州任大令載歸殘石之説，亦不攻自破矣。

原載《説文月刊》一九四〇年第二卷第四期

附　顧頡剛《題蜀石經毛詩殘石》跋

爐縣羅希成先生好古博文，收藏之力又足以副之，故金石書畫圖籍之富稱雄於時。近以避空襲，將所藏大部遷回故鄉，而猶留一小部分於成都北郊。郊居附近有一碾房，其下波瀾洶涌，未至一里，即聞急湍之聲，愛其蕩滌塵思，因自號曰碾齋。日前頡剛得嚴谷生先生之介，獲見如林之珍，爲之徘徊而不忍去。翌日，先生來，袖出所拓蜀石經見貽。按石凡一方，質係蜀中常見之黄石，兩面刻文，雕琢絶整，書字勁挺，極似開成石經，以淪没久，上左右三端俱殘泐。一面爲《周頌》之《桓》與《賚》，始於鄭箋之“桓有威武之武王”，迄於篇題之“六句”，凡存正文五十一字，傳箋文百三十八字。别一面爲《魯頌》之《駉》，始於鄭箋之“則駉駉然”，迄於經之“思無斁”，凡存正文五十七字，傳箋文百九字。以相臺本校之，則此石《賚》箋“當而受之”，相臺本“當”上多一“我”字;《駉》傳“倉白雜毛”，相臺本“倉”作“蒼”;又“倉祺曰騏”，相臺本上二字作“蒼騏”。若能多多發現，其可資校勘者當不少也。先生得此石後，即剜二印，一曰“天下惟我有此石”，一曰“當有蜀石經殘石之家”，中心之樂可想而知。見贈拓本，手寫題文於上，因請而刊之。知海内外學人聞此消息，必群額手稱慶。而希成先生伉儷護惜古物，握持弗離，乃得救此石於濃烟烈火之中，不爲敵餤所毀，願他日之續金石學録者大書以紀之，永綿此佳話於藝苑中也。民國二十九年九月八日，顧頡剛記。

原載《責善半月刊》一九四〇年第一卷第十七期

蜀石經和北宋二體石經

◯ 徐森玉

古代在印刷術尚未發明，或還不普及的時候，士人學子所應用的書籍都是轉相傳抄的。其中不免有錯誤和遺漏。漢熹平石經的刊刻，其目的就是以此爲標準本，使大家可以去校對。漢以後的幾種主要石經是：魏正始石經、唐開成石經、後蜀廣政石經、北宋嘉祐石經、南宋紹興御書石經及清乾隆石經。它們上石的經數，都是當時的統治階級認爲迫切需要的，而其所據的底本則又都是屬于執政者所喜愛的。但是不管歷代統治階級勒刻石經的意圖如何，它們總是研究我國古代經學史及刻石發展的極重要資料。

可惜在這七種主要的石經中，除唐石經及清石經的刻石尚保存外，其他各種石經的原石和拓本都早已損毁和散佚。因而收集和保存各種石經的原石及拓本，是我們文物工作者的工作任務之一。

解放以後，上海市文物保護單位在黨的正確領導下，重視石經原石和拓本的收集工作。近年來上海徵集到的後蜀廣政石經宋拓《毛詩》殘本及北宋嘉祐石經宋拓珍本等都是非常難得的。

蜀石經自後蜀廣政元年開始刊刻，終廣政二十八年間共刻《孝經》、《論語》、《爾雅》、《周易》、《毛詩》、《尚書》、《儀禮》、《禮記》、《周禮》、《春秋左氏傳》（十七卷止）十經。後蜀亡，入宋續刻《左傳》十八卷至三十卷、《穀梁傳》《公羊傳》及《孟子》。

後蜀石經和以前各種石經的區别之一，是後者都僅有經文而前者在經文之下尚有注。宋人在引用經文時，很多都用蜀石經本爲標準，這是由于漢及魏石經早已散佚，唐貞觀元年魏徵收集石經時，就已十不存一。唐石經雖然一直到現在仍然保存在西安碑林内，但在南渡後的讀書人來説，就很難看到了。除了這個原因外，宋人引用蜀石經爲準的主要原因之一，就是因爲蜀石經有注文。

蜀石經的經石在宋末以後就亡佚了，元代和明代，都不見有任何發現經石的記載，清乾隆時任思任得數十片，此外，迄今還未知有無其他發現。它的拓本，據曾宏父《石刻鋪敘》的記載，知當時有全本。明代萬曆間，内閣尚存全套拓本，但從明徐𤊹《紅雨樓題跋》的石經《左氏傳》一則看，當時蜀石經的拓本就已極珍貴了。入清以後，陸續發現了一些殘拓本，其中大部分曾歸劉體乾，劉氏有影印本八册。

上海圖書館所藏宋拓蜀石經《毛詩》殘本（圖一），共拓本四十一頁，存"二南"、《邶風》二卷之一卷半，自《召南》首章《鵲巢》的"維鵲有巢，維鳩居之"的鄭箋開始，至《召南·騶虞章》結束，及《毛詩》卷二《邶風》全部。在清乾隆時，原爲錢塘黄樹穀廣仁義學藏本，樹穀是黄易之父，他在其所居杭州武林門外，開設廣仁義學，四處募集圖書，以供各地士人來杭閲讀。凡是廣仁義學的圖書，都有"此書義助于浙江杭州府武林門外廣仁義學永遠爲有志之士公讀者"二十八字的方圖章。黄樹穀死後，廣仁義學的圖書就星散，這本宋拓《毛詩》殘本曾于乾隆壬戌臘月在杭州趙昱家中，經厲鶚、丁敬、全祖望等共同欣賞并各有詩跋。不久即歸黄蕘圃。但在自趙昱歸黄蕘圃的過程中，曾一度歸太倉

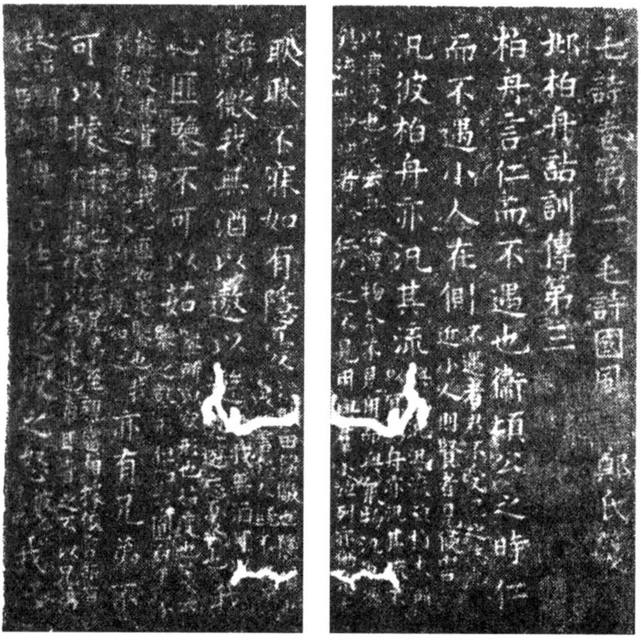

圖一　後蜀廣政石經宋拓毛詩殘本

王溥及仁和魏鉞，而就在此時，這個《毛詩》殘本由原來的"二南"、《邶風》二卷又佚去了《周南》十一篇。最後歸嘉興程文榮。程死後，此册就没有人再看見過，很多人都認爲已經散佚。解放後，上海市文物保管委員會自程家後人手中徵集得來。這本湮没了一百年的宋拓蜀石經《毛詩》殘本，得以重見天日。更不同的是，它不再輾轉於地主官僚之手，而是收藏在人民的圖書館内。

蜀石經所刻各經主要依據唐大和本，只是增加了注文。《毛詩》部分當然也不例外。從我們這個宋拓殘本來看，其中凡遇書"淵""世""民"三字處都是闕筆，以避唐高祖、太宗諱，也證實了它是根據唐大和本所出。至於其中"察"字作"𥦗"，却是值得我們注意的。關於這一點，黄蕘圃在跋語中提到："察皆作𥦗，前人未有言及者，辛楣先生以爲避其祖諱，特父諱道，而道不避，或《五代史記》之作道，不如《蜀檮杌》之作巘其説爲確耳。"

《毛詩》蜀石經本，當然不能算《毛詩》最好的本子，但是清代某些學者，如阮元等把它評得一無足取處，也是不公正的。其中有很多字的不同，如經文《江有汜》的"之子歸"都作"之子於歸"，《何彼穠矣》的"曷不肅雝"之"雝"字作"雍"，《柏舟》的"以敖以游"之"敖"字作"遨"，《雄雉》的"泄泄其羽"作"洩洩其羽"等等，都并不是蜀石經的錯誤，而是有其一定依據的，也正由於這個原因，它應被看作《毛詩》的一個重要别本而給予重視。

從黄蕘圃的跋語來看，士禮居當初獲得此書時尚爲宋裝："……是册猶爲舊裝，復背俱系宋紙，四圍亦以宋時皂紙副之，惜已蠹蝕破損，不得不爲之重裝……"我們不能看到宋代原裝，當然可惜，但士禮居的舊裝却也是不易多得的。册内有李福書、厲鶚、丁敬、趙昱及全祖望的詩文跋語，及錢大昕給黄蕘圃的手札一通，并有蕘圃長跋及長篇七言古詩及七律。卷首有葉志詵觀款，程文榮本人並無跋文。此册木函亦爲士禮居故物，這個木盒的本身亦有保存的價值。

北宋嘉祐石經自慶曆元年開始刊刻，至嘉祐六年完成。所刻經數爲《周易》《詩經》《尚書》《周禮》《禮記》《春秋》《孝經》《論語》《孟子》九經。由於經石一行楷書，一行篆書，因而一般稱北宋石經爲二體石經，以别於漢熹平的一字石經和魏正始的三體石經。

北宋二體石經的經石久已散佚，拓本亦極罕見。顧亭林、萬季野二家《石經考》雖都列嘉祐石經之名，但他們却并没有見到過石經及其拓本。朱彝尊認爲經石已沉黄河淤泥之下，而杭大宗肯定原石亡在元末，這些都是帶有猜測的想法。至於《金石存》《中州金石記》《寰宇訪碑録》及《攈古録》等書籍雖都有了石經殘石的記載，但這些資料在目前説來亦只能供我們的參考了。

二體石經的拓本，在清代最著名的有：彭元瑞的《周禮》殘石拓本，馮登府的《周禮》《禮記》殘石拓本，丁晏的《周易》《尚書》《毛詩》《春秋》《禮記》《周禮》《孟子》殘石拓本。其中以丁晏所藏爲最富。丁氏得到拓本的經過及其詳細考證都記載在《北宋汴學二體石經記》中。

丁晏藏本中的一大發現是《孟子》的殘拓本。《玉海》所載嘉祐石經僅爲《易》《詩》《書》《周禮》《禮記》《春秋》《孝經》，不見《孟子》。漢熹平、魏正始及唐開成石經都不收《孟子》，蜀石經的《孟子》則又是宋人所刻，因而可以證明尊孟之風，入宋才大盛。

丁晏所得共三百九十一張，每張八行，每行十字，約存三萬三百字。另他將全部所得，除重複的殘字寄給其子外，餘裱成四大册。庚子以後，丁氏族人將這四册二體石經的宋拓本携來上海售給劉世珩，傳聞後入合肥李家。當時丁氏將名人題記另裝一卷，未和四册相連，因而没有被劉世珩所得。最近上海發現了這個名人題記的卷子，且附有宋拓石經殘字五紙（圖二），一并爲上

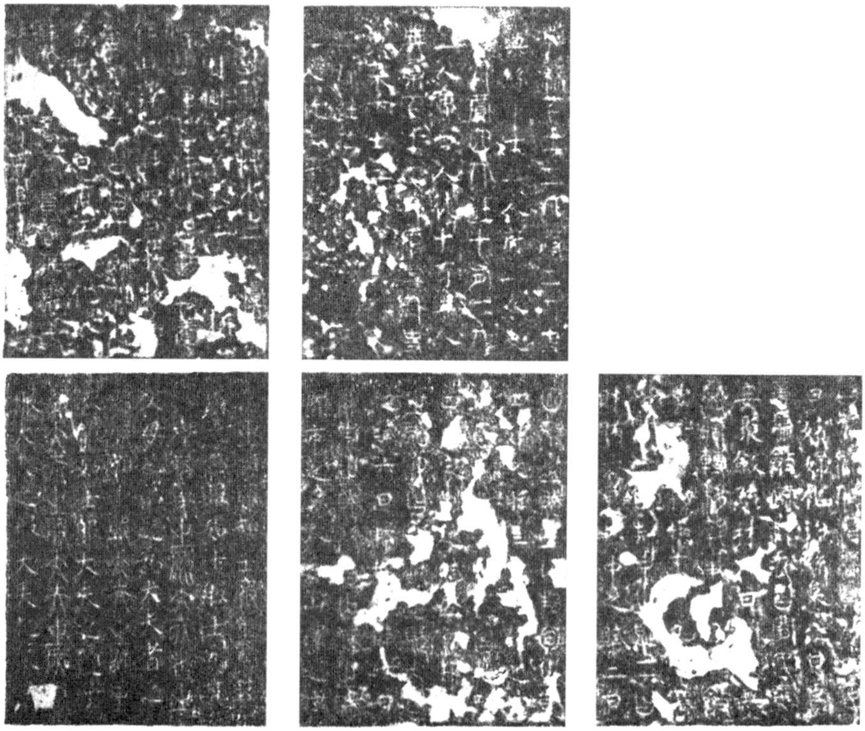

圖二　丁晏所藏二體石經之題名卷附殘存之五紙二體石經宋拓本

海圖書館入藏。這裏所存的五紙殘字是：《周禮・天官冢宰》自“典絲下士”起存正、篆各三十六字，及“〔二〕曰園圃毓草木”起至“八曰山澤之賦”止二十四行。《禮記・雜記上》正、篆各四十字。此卷前有祁寯藻之題首，朱琦題籤，後有何紹基親筆所書長賦及丁晏自書所和長篇；其子丁壽昌書丁晏之《北宋汴學二體石經記》全文及朱琦、葉名澧、楊傳第、湯修題及孔憲彝書孔憲庚題詞與李汝鈞、孔憲瑴跋。最後有丁氏後裔丁賜福的題識。

上海圖書館所藏二體石經之另一佳拓珍本（圖三、圖四），是劉體乾於北京

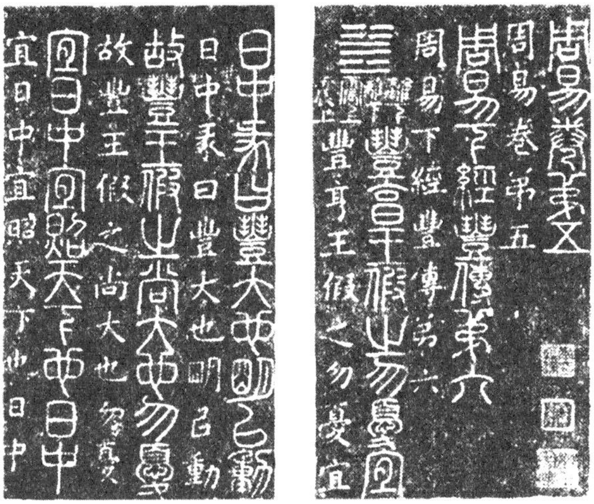

圖三　二體石經　周易

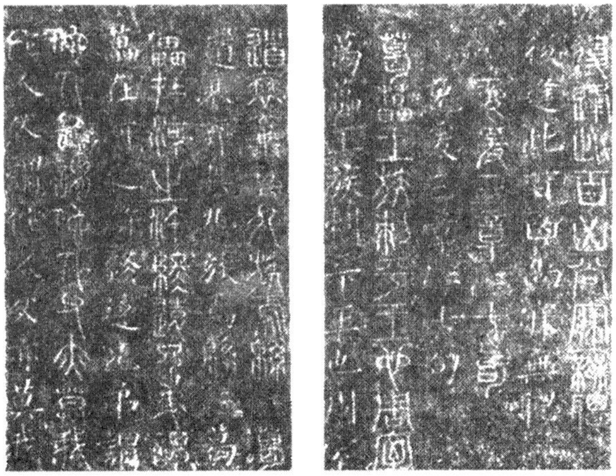

圖四　二體石經　毛詩

所得之四厚册，共約二萬四千字。其中《周易》一册，四十八頁，《升》《困》《井》《革》《鼎》五卦有殘缺，且裝裱前後有錯亂；《豐》《旅》《巽》《兑》《涣》《節》《中孚》《小過》《既濟》九卦都全；《未濟》卦缺後三爻。《尚書》一册，五十六頁半。《堯典》全；《舜典》稍缺；《泰誓》《牧誓》缺較多；《洪範》中段稍缺；《旅獒》全；《金縢》少缺；《大誥》自後小半"爾庶邦君越爾"起缺。及《書序・分器》《巢命》。

《毛詩》一册，五十三頁半。從現存的拓本來看，這四册中以《毛詩》的經石損裂較多，我將主要的部分作了初步的校勘，或將對研究經石損毁時期及拓本的早晚等可供參考。這裏《國風》存：《衛》，《木瓜》章(第一章，缺"投我以木瓜"五字)。《王》，《黍離》《君子于役》《君子陽陽》《揚之水》《中谷有蓷》《兔爰》《葛藟》除略損字外，基本上完整。《采葛》存頭十字(正、篆)。《鄭》，殘存《叔于田》("巷無居人"之"居人"起至末)，其中"叔于狩"之"于狩"起經石裂壞，因而"于""狩""巷""無""飲"五字正楷損；"豈"字二體均全泐；"無飲酒"三字篆體損大半，正楷全泐；"不如叔也"四字篆體全泐，正楷"不""如""也"三字稍見左小半字劃；"洵美且好"四字篆體除"且"存大半外，余均全泐，楷體"洵""美"見左半大部分，"且好"兩字隱見左半小部分筆劃；"叔適野"三字篆體俱泐，楷體隱見左傍筆劃；"巷無服馬"之"巷無"兩字篆體"巷"全泐，無損上半，楷體"巷"損；"豈無服馬"之"豈""服"兩字二體俱略損，"無"字篆體略損，"馬"字篆體略損、楷體損下段；"不如叔也"篆體後三字略損左傍，楷體除"也"字稍見左下傍外余俱泐；"洵美且武"，篆體完好，楷體"洵"及"武"兩字均略損右傍。《大叔于田》，其中"大叔于田"四字篆損右半，楷體略損後三字；"叔多才而好勇"六字，"叔"字正、篆俱損，"多"字二體均完好，後四字篆體全泐，楷體"而"字全泐，餘三字可見；"不義而"三字篆體損極大；"大叔于"三字楷體"于"字全泐，"大叔"兩字絶大部分不見；"如組"兩字之"組"字二體均全泐；"兩驂如舞……獻于公所"十九字中，篆體僅隱見"驂""如""舞""叔""舉""襢""公"字之末損筆劃，"所"字完好，餘均全泐，楷體"如""舞""具""舉""暴""虎""所"字均損，"襢""裼"完好，餘均全泐，自"將叔無狃"起至"兩驂鴈行"之"兩驂"止，拓本無，自"鴈行"至末基本上完好；《清人》，序僅楷體"衆散而歸"止，篆體至"公子素惡高克"止，其中："遠之而不能使高""禦狄于竟陳其""河上久而不召"十九字，篆體前幾字稍見外，餘幾全泐，楷體僅隱見"高""而""不"之未損筆劃，"召"字未損，餘均全泐。

《小雅》，《六月》存"國、比物四驪"起至"既多受祉，來歸"止。《我行其野》

僅存最後之楷體十字。《斯干》略缺。《無羊》全。《四月》亦有缺。《北山》中段少缺。《無將大車》全。《小明》缺後半。《頍弁》僅存最後一章及第二章最後七字。《車舝》存不多。

至于《大雅》部分,僅見《蕩之什·雲漢》之殘字。

《周頌》,《清廟》詩全。《維天之命》缺後半。《維清》全。《烈文》末稍缺。《天作》全。《昊天有成命》全。《我將》全。《時邁》全。《執競》全。《思文》全。《臣工》全。《噫嘻》全。

《春秋》十一頁及《禮記》三十二頁半合爲一册。《春秋》自昭公"十有三年春"起迄"二十有二年十有二日癸酉朔日有食之"止。《春秋》部分的楷體和其他各經不同,它比起篆體來顯得特别小,而《周易》的楷體雖一般比篆體小一號,但比《春秋》部分却大得多了。《毛詩》部分正、篆二體有時幾乎一般大小。

《禮記·檀弓》,存"問諸子游曰"起至"尚行夫子之志哉、婦人"止。其中有一頁顛倒裝裱,經石損壞程度較《毛詩》部分爲少。

從拓本的墨色來看,《周易》之册墨色較濃,字口清晰。《春秋》部分雖亦爲濃墨拓,但看來不如前者。其他各種墨色較淡。以時代來看,這四册和丁晏殘存的那五紙相比,就顯得稍晚了一些,但也决不能相差過大。在《毛詩》册面板後,有"表背匠李之用"的長方圖記,以這種裝裱工人的圖記和這四册的裝裱式樣及紙張來看,這四厚册應該至少是元代的舊裝,至于其拓本的年代可定在宋末到元之間。

原載《文物》一九六二年第一期

近代出土的蜀石經殘石

○ 周萼生

後蜀廣政石經的情況和東漢熹平、曹魏正始、唐開成、北宋嘉祐、南宋紹興、清乾隆各石經相比，有好些不同的地方。第一，蜀石經有注文。第二，蜀石經工程較巨，碑石上千數。第三，蜀石經施工時間長，從後蜀孟昶廣政元年（九三八年）蜀相毋昭裔經始，到南宋孝宗趙昚乾道六年（一一七〇年）晁公武刻《石經考異》、古文《尚書》爲止，前後共經歷了四個朝代，二百三十二年。第四，自宋哲宗趙煦時（一〇八六至一一〇〇），蜀帥尚書右丞胡宗愈在成都府學禮殿東南隅作石經堂貯存後（晁公武尚于乾道六年刻過《石經考異》和古文《尚書》），又亡佚得那麽突然，究屬何時與何種原因，今亦無從斷定。第五，關于蜀石經殘石的記載，過去僅有明清間曹學佺（一五七四至一六四七）《四川名勝志》所載"諸石刻今皆不存，所存者，石經《禮記》有數段，在合州賓館中"和清代劉燕庭手批《錢竹汀日記》自述"爲蜀臬時，聞乾隆四十四年（一七七九年）制軍福康安修成都城，什邡令任思任得蜀石經數十片于土壕中，字尚完好，當時據爲己有，未肯留置學宫，爲可惜也。任令貴州人，罷官後，原石輦歸黔中矣，余訪求竟無所見云云"兩則。但劉燕庭僅得諸傳聞，當時川黔交通險阻，以人力背負碑石數十片之多，亦至不易，况清代乾隆朝經學和金石學都已昌明，蜀石經宋拓殘本已有人珍藏研究，何至合州賓館及任令所得之石迄今未見拓本流傳，所以王懿榮《蜀石經殘本跋》"迄今未見原拓，何耶"和繆荃孫《劉氏蜀石經景本跋》"所傳合州賓館有《禮記》數石，貴州任大令載歸數十片之説，皆不足據也"的説法，都是不爲無因的。第六，清代以來，考蜀石經者多以未見原石及拓本爲憾。吾人在抗日戰争以前，就未見過蜀石經原刻實物。

抗日戰争期間，敵機自一九三八年起即入川肆虐，成都人士遇空襲時紛紛逃往郊外躲避，當時因城門擁擠，特將老南門城門洞拆除以利疏散。即于此一時期（一九三八年）在南門外發現蜀石經殘石約十片左右。璧山江鶴笙得其半數以上，因顔其所居曰孟蜀石經樓。據江氏云："當日所得《毛詩》不止一石，有一石因故失去，爲羅希成所得，此石解放後歸前川西文教廳，于一九五一年四月在蓉展出，又于同年運渝，參加前西南軍政委員會文教部十月份所主辦的西南區文物展覽，今屬成都四川省博物館。"陳儉十得《儀禮》一片，解放後歸前西南博物院，今爲重慶市博物館，此石現陳列于北京中國歷史博物館。新都王氏亦藏《毛詩》二石，郫縣陳達高亦有二石，一爲古文《尚書》，一不知何經，均不明下落。

蜀石經係取唐大和本爲藍本，故字體與開成石經頗相近，亦類歐、虞，然書法秀整腴勁，確有貞觀遺風，較之開成石經尤爲優美。按書《毛詩》《禮記》《儀禮》者爲將仕郎試秘書省校書郎張紹文，乃當時所選士大夫善書者之一，《毛詩》鎸工爲張延族。孟蜀時代，據險一隅，所轄地方比較安定，不受兵禍。孟昶本人既有文學，又饒文士，上下好文，當時的名書與名鎸又相結合，宜其精謹若此。

蜀石經和開成石經一樣，也是分排書刻，照顧到拓本裝褙的方便。今將石本殘文照録于下，半字和殘存筆畫亦録成全字，以便排印。

江氏所餘《毛詩》一石係兩面刻，一面爲《鄭風》，另一面爲《曹風》，殘石通高二十九釐米、寬二十二・五釐米。《鄭風》爲碑石的左上角，上沿及左邊平齊，右方及下方殘缺。《曹風》爲碑石的右上角，上沿及右邊平齊，左方及下方殘缺。兩面除殘缺處外，字尚完好。

《叔于田》三章章五句

大叔于田刺莊公也叔多

不义而得众也　　大

馬叔之从公田也执轡如組两

箋云如組者如織組之为也在旁曰驂叔在

禽之府也烈列也具俱也箋云列人持火俱举言众同心

所襢裼肉袒也暴虎空手之箋云献于公所进於

伤女狃习也箋云狃复也請叔无复者爱也

《鄭風》殘文

《鄭風》殘存八行，大字爲每行十四字，字徑約一・五至二釐米。毛傳、鄭箋小字雙行夾注，每注文三字，約占大字二格，但横格不完全整齊。第一行爲篇末詩題“《叔于田》三章，章五句”。大字低一格，第二行小序大字提行，第三行接小序下空二格，爲經文。第六行爲傳文，如烈，列也，具，俱也，較板本多一也字，更覺明白易解（板本作“烈，列。具，俱也”）。

第二行按每行十四字計算，“多”字下應是“才而好勇”四字，可正舊説“好”爲衍文之非。

《曹風》殘存七行，第一行《鳲鳩》起鄭箋，第二行首偏右處有“五十六”小號一個。第三行接注文下，空二格大字僅存“鳲”字和“鳩”字的左上角筆畫。第四行提行大字《下泉》篇首小序。第六行提行經文。第七行全爲注文，字多殘泐。

四国之长言
任为候伯 鳲鳩在

子正是国人正是

正长也能长人
則人欲其寿考 鳲鳩

下泉思治也曹人疾共

不得其所憂而思明王賢

洌彼下泉浸彼苞稂兴也
下流也

粱非溉草得水而病也箋□□者喻其
政教徒困病其民稂当作

《曹風》殘文

七行鄭箋“徒困病其民”的“民”字不缺末筆，不避唐諱。孟昶廣政元年，已承襲其父知祥所稱帝號三年，在中原已是後晉高祖石敬瑭天福三年，故無避唐諱的必要了。

四川省博物館所藏《毛詩》殘石存字最多，通高三十七釐米、寬二十三・五釐米，爲碑之最下一列，一面爲《周頌》，一面爲《魯頌》。

《周頌》一面殘存十行，每行大字十四字。首行起《桓》篇“克定厥家”句下之鄭箋夾注，三行接鄭箋下空二格大字題“《桓》一章九句”，四行提行别起大字題《賚》篇首小序，五行接毛傳下空二格寫經文，末行大字低一格題《賚》篇末“賚一章六句”，“賚一章”三字已損。

二行鄭箋“天以武王代之”，“代”字宋刊巾箱本作“伐”，七行鄭箋“當而受之”，板本作“我當而受之”，多一“我”字。“能陳繹而行之”，“能”字板本作“既”。

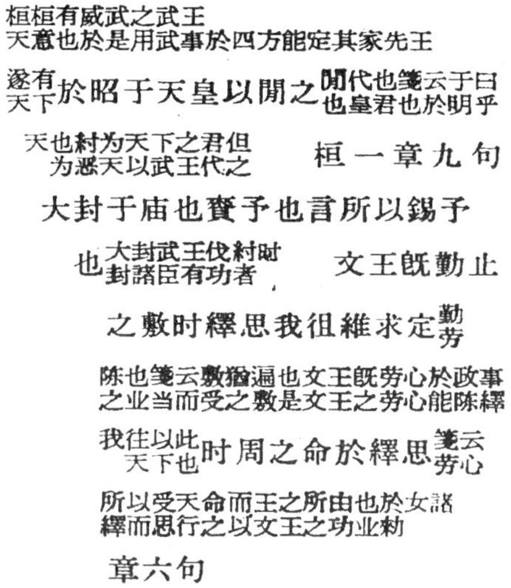
桓桓有威武之武王
天意也於是用武事於四方能定其家先王
遂有
天下於昭于天皇以閒之閒代也箋云于曰
也皇君也於明乎
天也紂为天下之君但
为惡天以武王代之　桓一章九句
大封于庙也賚予也言所以錫予
也大封武王伐紂时
封諸臣有功者　文王旣勤止
之敷时繹思我徂維求定勤
劳
陈也箋云敷猶遍也文王旣劳心於政事
之业当而受之敷是文王之劳心能陈繹
我往以此
天下也时周之命於繹思箋云
劳心
所以受天命而王之所由也於女諸
繹而思行之以文王之功业勑
章六句

《周頌》殘文

《魯頌》一面亦殘存十行，行亦十四字。一行起《駉》篇首章“以車彭彭”句下之毛傳，末行迄三章“思無繹”三字。

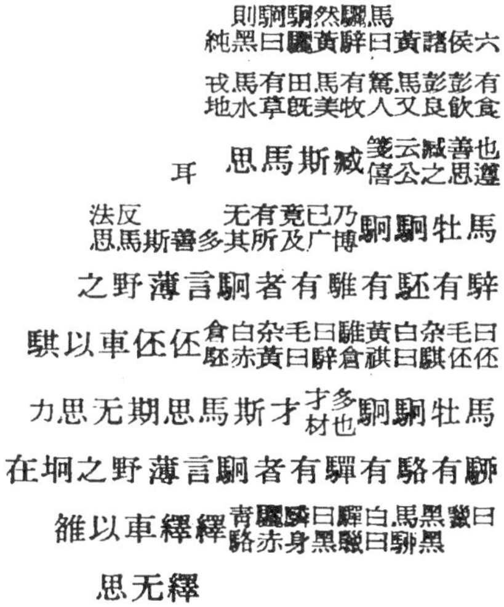
則駉駉然驪馬
純黑曰驪黄騂曰黄諸侯六
戎馬有田馬有駑馬彭彭有
地水草既美牧人又良飲食
思馬斯臧箋云臧善也
耳　僖公之思遵
法反　无有竟已乃
思馬斯善多其所及广博駉駉牡馬
之野薄言駉者有騅有駓有騂
騏以車伾伾倉白杂毛曰騅黄白杂毛曰
駓赤黄曰騂倉祺曰騏伾伾
力思无期思馬斯才才多
材也駉駉牡馬
在坰之野薄言駉者有驒有駱有駵
雒以車繹繹青驪驎曰驒白馬黑鬣曰
駱赤身黑鬣曰駵黑
思无繹

《魯頌》殘文

四行鄭箋“多其所及廣博”，“博”字板本作“傅”，便有點講不通。

重慶市博物館所藏《儀禮》一石，通高二十七・五釐米、寬二十一・五釐米，亦係兩面刻，文均爲《特牲饋食禮》，一面爲碑之右上角，另一面爲碑之左上角。

圖一　蜀石經《儀禮・特牲饋食禮》

圖二　蜀石經《儀禮・特牲饋食禮》

左边一面殘存六行，剥蝕較甚，可辨之字不多，今將其可看出的殘文照録于下：

三献如初

止此爵者三
室中是以奠

鋪之西
房中来　主妇

人拜受爵

今
酌爵　宗妇贊

設两豆两籩　初贊亚
薦两

二行夾注“尸止此爵者”，板本作“尸止爵者”，少一“此”字。三行夾注少一“中”字。

左上角一面殘存七行，可見之字較多。

答拜焉　□肝受
每拜答之

其文耳古文
备为复　□奠洗酌

答拜尸祭酒啐酒奠

者答其欲酢己也奠之者复
嗣子齿于子姓凡非主人升

子洗酌于东方之尊

觶于长兄弟如主人酬

人告祭脀　脀俎也所告者众
献时設薦

四行夾注"嗣子齒于子姓",板本作"嗣齒于子姓",脱一"子"字,便不及石本易于理解。按《儀禮》亦張紹文書,今以《毛詩》石本和《儀禮》石本對照,筆迹確實相同。

此外伴出兩小石,無標題,俱傳注《毛詩》經文中叠字,可能爲宋張㮚所著《石經注文考異》。一石存《伐木》篇一條、《采薇》篇三條。另一石存《蓼蕭》篇一條、《湛露》篇三條。今分别照録其文如下:

蹲蹲
　　兴舞蹲蹲然

烈烈　采薇憂心烈烈傳
　　烈烈憂貌

業業　采薇四牡業業傳
　　業業然壯也

騤騤　采薇四牡騤騤傳
　　騤騤彊也

忡忡　蓼蕭鞗革忡忡傳
　　忡忡垂飾貌

湛湛　湛露湛湛露斯傳
　　湛湛露茂盛貌

厭厭　湛露厭厭夜飲傳
　　厭厭安也

離離　湛露其实離離傳
　　離離垂也

"蹲蹲"條下所缺一行,以其餘各條例推,可能爲"伐木蹲蹲舞我傳"數字,果如是,則與板本作"蹲蹲舞貌箋云……爲我興舞蹲蹲然"有所不同。"烈烈"條板本作"箋云烈烈憂貌",與此石作"傳"亦有差異。

前人得一部宋板書籍,即視爲善本,珍若拱璧,蜀石經乃五代十國時所刊,比宋板書籍還早,就此一兩片殘石上的文字和宋板書籍比較,已經有好幾處比宋板書籍好得多,可見蜀石經的價值。

蜀石經的亡佚,究屬何時與何種原因,雖都無從斷定,但以福康安修城,任思任得數十片于土壕中的傳説和拆除老南門發現殘石這一事實相印證,推想蜀石經的亡佚,或與修城工事有關,因成都城區爲盆地平原,不易就地取得石料,這上千數的碑石,也可能和洛陽一部分漢魏石經的遭遇一樣,在某一次修城的緊急工役中被利用來作爲建築材料了。

承重慶市博物館惠借《儀禮》拓本及曾祐生先生惠寄《儀禮》、古文《尚書》拓本,并見告出土和分藏情况,王家祐先生惠寄《毛詩·周頌》《魯頌》拓本、照片,均此致謝。

一九六二年三月二十七日

原載《文物》一九六三年第七期

孟蜀石經殘石

◎ 袁曙光

孟蜀石經，又稱爲廣政石經，始刻於後蜀孟昶廣政七年(九四四年)。蜀相毋昭裔按校訂過的雍都舊本(大和本)九經，并選集經注刊刻石碑上，至廣政十七年鎸成九經。北宋田况作蜀帥補刻三經。直到南宋乾道六年(一一七〇年)晁公武刻《石經考異》、古文《尚書》，前後共二百三十餘年，立於漢周公禮殿，後人統稱爲孟蜀石經。

石經，即是刻在石碑上的經書。在唐代以前，印刷術尚未發明，先生教授學生讀經，主要憑着言傳口授，課本是輾轉傳抄的手抄本。因經師分屬不同的學派，各有不同的傳授，經書版本存在不少分歧。抄書費時費事，經書文字常遺漏和錯誤，爲了解决這個問題，封建國家用石刻經書，立於京城作爲標準本頒布天下。歷代所刻石經共有七種，它們是：漢熹平石經、魏正始石經、唐開成石經、五代廣政石經、南宋御書石經、清乾隆石經。

孟蜀石經置於“石經堂”，即今成都文廟前街的“石室中學”。石室中學取名於西漢文翁“石室”。西漢景帝末年，文翁爲蜀守，在他任職期間很重視教育，曾挑選郡縣小吏中聰敏有才幹者，留學長安，受業於五經博士，學成歸來委以重任。並在成都市中“立文學，精舍講堂，作石室，在城南”，即文翁石室。漢代首先興辦地方官學的人，應推文翁。嗣後漢武帝下令“天下郡國皆立學校官”，致使蜀學比於齊魯。東漢蜀郡太守高眹於石室東面作“禮殿堂”。以後各代，“石室”一直是“郡學”“州學”中心。

孟蜀石經的刊刻起因十分感人。毋昭裔少年家貧，向人借《文選》《初學記》，人家有難色，他發奮曰：“他年若能顯達，願刻版印此兩書，以便學子。”毋昭裔做了蜀相後，不忘早年心願，出資雇工匠刻印《文選》《初學記》兩書，并主持了著名的孟蜀石經的鎸刻，刻成，立於成都學宫。

孟蜀石經與其他各經相比，自有它的優越之處。孟蜀石經分排書刻，款式與開成石經相同，拓本便於裱褙裝訂成册，携帶方便。根據我館現存石經殘石推算，每排在二十六至二十八釐米左右。經注并刻，經文下雙行注文，便於理解和引用，南宋人寫文章多以蜀石經本爲標準。石經出自當時名書家名刻家之手，書、刻珠聯璧合，尤爲優美。據記載，《孝經》《論語》《爾雅》張德釗書，《周易》楊鈞、孫逢吉書，《毛詩》《禮記》《儀禮》張紹文書，《尚書》周德正書，《周禮》孫朋吉書。《毛詩》鎸工爲張延族。所以孟蜀石經也堪稱書法藝術之精品。石經各經有序列編號，篇次清楚。孟蜀石經的亡佚，衆説不一，無從確斷。亡佚時間一般推測可能在宋末元初。明曹學佺《蜀中名勝記》載"以上諸刻今皆不存"，孟蜀石經宋拓本在明代已極爲珍貴，清乾嘉年間始見著録，已有人珍藏研究。

四川省博物館收藏孟蜀石經殘石六塊，其中《毛詩》一石、《周易》二石、《尚書》二石、古文《尚書》一石。殘石據傳均在一九三八年出自成都南校場城墻外側，幾經周折，五六十年代先後歸於四川省博物館。現僅取二三作一簡略介紹。

《毛詩》殘石(圖一)，高四十釐米，寬二十四釐米，厚六・五釐米。殘石爲碑石最下一排，此排推算高約二十七・五釐米，下額高八・五釐米。雙面刻詩經。《周頌》(圖二,1)一面殘存十行，經文大字五十一，注文小字雙行共一

圖二,1　《毛詩・周頌》殘石拓片

圖二,2　《毛詩・魯頌》殘石拓片

百四十四字(包括殘字在内,下同)。第三行接《酌》章最後一句鄭箋下空兩格,"桓一章九句"下空一格。第五行《桓》章第三句毛傳下空兩格寫經文。最末行"賚一章六句"。《魯頌》(圖二,2)一面殘存十行,起於《駉》篇首章"以車彭彭"句下毛傳,末行至"思無斁"三字,經文大字五十九,注文一百一十字。此石是現存孟蜀石經殘石中最大的存字最多的一塊。據周蕚生《近代出土的蜀石經殘石》(《文物》一九六三年第七期)一文考證,僅《毛詩》殘石經文、注文與宋版本書籍比較,就有好幾處比宋版本好得多,可見蜀石經價值。

《周易》殘石,高二十五釐米,寬二十二・五釐米,厚七釐米。殘石爲碑石的左上角,上額高八・五釐米,側邊寬四釐米,此排推測高二十五・五釐米。兩面均刻《中孚》,每面均刻七行。正面起於"乘木舟虚也"一句之下的王弼注文雙行八字,末行迄至"吾與爾靡之"後的注文。背面緊接正面末行注文,末行到"六四月幾望"。兩面共存經文五十五,注文一百一十六字。殘石的經文内容是銜接的。殘石背面側邊靠注文處,刻有"易五十旌"四個小字,這可能是碑石編號。孟蜀石經碑石究竟有多大?每石有幾排文字?每兩排間相距多少?以及書刻次序等有關原碑石的規格和面貌問題,此殘石給我們有益的啓示。

古文《尚書》殘石,高十九・五釐米,寬二十四釐米,厚八釐米。殘石爲碑石中部一側,側邊寬七・五釐米。一面内容爲《禹貢》(圖三,1),存經文三十字。另一面刻《多士》(圖三,2),存經文三十三字,無注文,和其他各經一樣是分排書刻的,此排高約二十六釐米。自秦朝以來,我國文字經過了幾度變革,

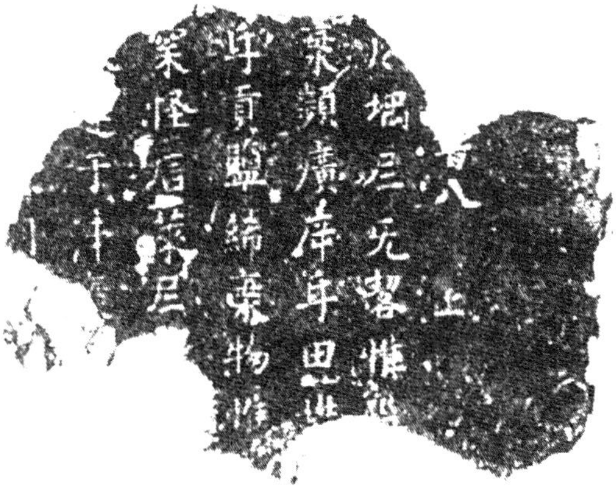

圖三,1 《古文尚書・禹貢》殘石拓片

圖三,2　古文《尚書・多士》殘石拓片

經書自然也經歷了各種字體的轉寫,而《尚書》的關於"今文""古文""僞古文"這些版本上的問題又非常複雜,它是我國學術史上糾紛最多、争論最大的一樁公案。唐玄宗天寶三年(七四四年)命學者將僞孔傳古文《尚書》全部改寫爲楷書,開成石經中的《尚書》就用的這個本子。孟蜀石經中這塊古文《尚書》殘石,應是南宋乾道六年(一一七〇年)晁公武刻,經文中保留不少古文字體結構。

原載《文物天地》一九八九年第五期

孟蜀石經

◎ 王家祐　李復華

孟蜀（九三四年—九六五年）石經，因刻於廣政年中，又稱廣政石經。始刻於孟昶廣政初年（九三八年），由蜀相毋昭裔主持。廣政七年刻成《孝經》《論語》《爾雅》，由簡州平泉令張德釗書丹。廣政十四年又刻成《毛詩》《禮記》《儀禮》，由秘書郎張紹文書丹。《周易》，由國子博士孫逢吉書丹。《尚書》，由校書郎周德貞（《十國春秋》貞作"政"）書丹。《周禮》，由校書郎孫朋吉書丹。又《左傳》前十七卷，未著書寫人名。後蜀廣政中共刻成九經。曹學佺《蜀中名勝記》卷一引宋趙抃《成都記》則直稱"刻……《左傳》，凡十經於石"。

兩蜀偏處西南，較中原安定，文化興盛。前蜀宰相王鍇家藏書數千卷，文學、藝術興盛一時。後蜀宰相毋昭裔廣搜典籍，刊書刻經。毋昭裔按校訂過的"雍都舊本"九經（唐文宗大和始刊，完成於開成，立於西安市），聘用著名書法家、精湛刻工刊石。廣政十經刊石千餘，列立於益州州學（成都府學），即漢代的文翁石室，今之石室中學（南門文廟前街第四中學）。石室中原有《益州州學廟堂頌》，唐神龍二年，史燾撰。又有唐開元中周灝撰的《益州孔子廟堂碑》、宋席益撰的《府學石經堂圖籍記》。

宋王朝繼孟蜀十經又補刊有三經（合爲"十三經"），又續完《左傳》十八至三十卷，另刻有《孟子》（北宋中葉始立於學官，上升爲經）。即由田況主刻的《左傳》（一記爲《春秋經傳集解》）續補十八至三十卷、《公羊傳》《穀梁傳》，三經完成於皇祐元年（一一四九年）。晁公武主刻的古文《尚書》、《石經考異》完成於乾道六年（一一七〇年）。席貢、彭慥補刻的《孟子》鐫成於宣和五年（一一二三年）。今文《尚書》與古文《尚書》算一種，合成十三經（《孝經》《論語》《爾雅》《毛詩》《禮記》《儀禮》《周易》《尚書》《周禮》《左傳》《公羊傳》《穀梁傳》《孟子》）。另有《石經考異》，加上兩種《尚書》，共十五典。《石刻鋪叙》詳記了各書刻工姓名及數字。今鎸工姓名見於《毛詩》殘石有“張延族”。

蜀石經的毁亡約在宋末元初。一説爲修城利用，今城墻拆除中未見，此説不成立。一説爲抗元時作爲炮石擊侵略者，但僅於城邊發現十餘塊，亦有疑問。十三經正文六十四萬七千五百餘字，注解又當倍於正文。千餘石碑碎作炮石必有近萬散塊，何止十餘石。故其毁亡之故，尚待探索。宋拓本蜀石經在明代已極珍貴。清朝乾隆、嘉慶間始見著録，爲人們珍藏研究，學者頌其“端方精謹”“謹嚴遒峻”。蜀石經刊刻精整，各經有序列編號，篇次清楚。各經句下以雙行小字刊列注解，讀用方便。南宋人寫文章多以蜀石經爲標準。朱熹引用則多據此本。堪稱爲石經中範本。其書法與刊刻皆出於名家高手，亦爲藝苑珍品。

石經歷朝所刻有八種：① 東漢熹平石經，成於熹平年間（一七二年—一七七年）。② 魏正始石經，因列古文、篆、隸三體，又稱三體石經。③ 唐天寶石經。④ 唐開成石經（大和本）。⑤ 五代、後蜀廣政石經。⑥ 北宋嘉祐石經，采楷篆二體石經。⑦ 南宋高宗御書石經（立於杭州）。⑧ 清乾隆間蔣衡摩刻十三經（立於北京）。今僅有西安碑林開成石經、清石經尚存在。其他六種皆佚毁，僅偶見殘石。

清吴任臣《十國春秋》云：“蜀土自唐末以來，學校廢絶。（毋）昭裔出私財營學宫，立黌舍，且請後主鏤板印九經，由是文學復盛，又令門人孫逢吉、句中正書《文選》《初學記》《白氏六帖》，鏤板印之。”葉夢得《石林燕語》以“今天下印書以杭州爲上，蜀本次之，福建最下”。毋昭裔以私財辦學、刻書，更主持有注解的石刻十經工程，遺惠後代，百世流芳，可敬、可贊。石經源流情況見於馮登府《石經彙函》、桂馥《石經考略》，此不重述。孟蜀石經拓本今存劉體乾（健之）於一九二六年影印《宋拓本蜀石經》，殘卷有《周禮》三十八卷、《左傳》三十六卷、《公羊傳》二卷、《穀梁傳》二十三卷，爲現存殘拓最多、最早拓本。現存北京圖書館。又《宋拓本蜀石經・毛詩》殘卷，現藏上海市圖書館。蜀石經原石殘塊，乾隆四十年福安康修築成都城時曾得數十片。後爲什邡令任思任（《什邡縣志》作思正）運歸貴州。抗日戰爭中又出土有近十塊。現僅知有《儀禮・特牲饋食禮》殘石在中國歷史博物館（由重慶博物館調去）。又有《毛詩・鄭風與豳風》拓片，可能原殘石尚存。今列述四川省博物館所藏孟蜀石經殘石六塊於次（注明登記號）：

1.《毛詩》（三五三四）高三十六釐米、寬二十四釐米、厚六・五釐米。雙面刻《詩經》。一面是《周頌》十行，包括《酌》一章九句之末句、《桓》一章九句、《賚》一章六句之題名。有經文大字五十一，注文小字一百四十四。另一面《魯頌》十行，包括駉之什首章至三章“思無斁”句。共有經文大字五十九，注文小字一百一十。此石在殘石中最大，字亦最多。

2.《周易·中孚》(一〇三四二)高二十五釐米、寬二二·五釐米、厚七釐米。兩面各刊七行。一面起自“九二，鳴鶴在陰”注文，至“六四，月幾望”。有經文大字二十三，注文小字五十九。另一面起自“乘木舟虚也”小字注，至“吾與爾靡之”下小字注。有經文大字三十二，注文小字五十七。前一面“鳴鶴在陰”句外側邊有“易五十簇”標號刻字。按蠶簇一叢猶如鮮花一簇。由此知蜀石經編號及其每簇(塊石)規格。

3.《周易·履卦》與《否卦》(一〇三四二二)高二十七·三釐米、寬二十八·三釐米、厚約七釐米。一面刻《履卦》十八行。起自“六三……咥人凶，武人爲於大君”。止於“上九……視履……”注文(及“元吉在上”之吉字)。經文大字四十三，注文小字八十一。另一面刻《否卦》十七行。自《泰卦》末小注四行起，有《否卦》爻象(第五與六行)，止於“初六，拔茅其彙，貞吉亨”下小字注。有經文大字四十八，注文小字三十六。《否卦》卦象六爻。

4.《尚書·君奭》與《說命中》(三五三五)高十九釐米、寬二十釐米、厚約七釐米。一面起自《說命中》“唯以亂民”至“官不及私”句。存經文大字二十五，注文小字因蝕漫不清，可識者四十六(有二十九字不明)。另一面起自《君奭》“朕允保奭”句下小字注，至“不惠若兹，多誥予，惟……”。存經文大字二十九，注文小字五十九。

5.《尚書·禹貢》(一〇三四二四)高二十六釐米、寬二十二釐米、厚約七釐米。一面刻《禹貢》。起自“治梁及岐”注文，至“夾石碣石、入於河”注文。存經文大字二十六，注文小字一百零四。

6. 古文《尚書·禹貢》與《多士》(一一三五二四)高十九·五釐米、寬二十四釐米、厚八釐米。一面爲《禹貢》經文三十字。另一面爲《多士》經文三十三字。皆無注文。

原載《四川文物》一九九二年第六期

蜀石經述略

◎ 李志嘉　樊　一

石經，顧名思義，是刻在石碑上的經書。在封建時代，它是由官方統一制定，立於各朝首都太學，供士子學習和校寫經書所依據的標準文字，在歷史上曾產生過很大影響。

我國歷代所刻石經凡七種：東漢熹平石經、魏正始石經、唐開成石經、後蜀廣政石經、北宋嘉祐石經、南宋高宗御書石經、清乾隆石經。上述石經，除唐石經（今存西安）、清石經（今存北京）尚基本完好外，其他石經則僅有極少量殘石出土和小部分拓本傳世。本文擬對其中蜀石經的鎸刻及流傳始末作一概述，并擬對迄今爲止有關蜀石經的諸問題及其研究等情况作些綜述。

一、蜀石經的鎸刻經過

我國雕版印刷術的發明，一般認爲始自唐初。至五代，方大行於世，這主要表現在經書的刊印上。《舊五代史·後唐明宗紀》載："長興三年（九三二年）二月，中書奏：'請依石經文字刻九經印版。'從之。"此爲我國雕版印制經書之始。迄後周廣順三年（九五三年）六月，九經始刻成，歷時二十二年。是爲宋人所稱之"五代監本"，亦即我國最早的"（國子）監本"。政府的提倡，有力地促進了當時中原地區民間雕版業的發展。

受到這種影響，蜀中的雕版業亦開始大興。其間，後蜀宰相毋昭裔以私財辦學，并開創我國私人刻書的歷史，對蜀中文化的發展起了很大的推動作用，以至影響到趙宋。作爲一個封建官僚，毋氏能有上述善舉，確屬難能可貴。昭裔不僅以私財辦學刻書，還領導了蜀石經的鎸刻工程。

蜀石經的鎸刻肇始於後蜀廣政初。宋曾宏父《石刻鋪叙》云："益郡石經，肇於孟蜀廣政。悉選士大夫善書者模丹入石。七年甲辰,《孝經》《論語》《爾雅》先成,時晉出帝改元開運。至十四年辛亥,《周易》繼之,實周太祖廣順元年。《詩》、《書》、三《禮》,不書歲月。逮《春秋》三傳,則皇祐元年九月訖工。時我宋有天下已九十九年矣。通蜀廣政元年肇始之日,凡一百一十二祀。成之若是其艱。"又説《論語》《孝經》亦爲平泉令張德釗書,足補《容齋續筆》之未備。

《石刻鋪叙》又謂蜀石經《左傳》三十卷,"蜀鎸至十七卷止"(按:石經卷次與近世通行本不同)。意者後十三卷爲宋人補刻。宋范成大《石經始末記》引晁公武《石經考異序》云:"《左氏傳》不志何人書,而詳觀其字畫,亦必爲蜀人所書。然則蜀之立石蓋十經。"公武此説本無前十七卷與後十三卷之分,後人推衍其説,有認定後十三卷亦爲蜀刻者。清乾隆末年,翁方綱云:"《左傳》十七卷以前,蜀所鎸。十八卷至三十卷,入宋以後所鎸也。然是至宋始畢工,非宋刻補附也。"又云:"《左傳》是蜀原刻無疑,第其後十三卷成於入宋之日耳。"(按以下所引諸人説,未著明引書者,均見近人劉體乾《宋拓蜀石經》所附各題跋。)嘉慶間,錢大昕亦云:"《詩》《書》《禮記》《周禮》皆有書人姓名,而無刊石年月。……大約諸經書石,本同一時,而卷帙有多寡,故鎸成有先後之殊。工成或在宋代,字畫實皆蜀刻。《左傳》於諸經中文字最繁,鎸成亦最在後。唯《公》《穀》二傳,廣政中未有寫本,直待田況續成之耳。"翁、錢二氏所述,足備一説。

田況撫蜀時所補刻之《春秋公羊》《穀梁》二傳,至宋仁宗皇祐元年(一〇四九年)畢工,已見宋趙抃《成都記》、吕陶《經史閣記》等所載。今見宋拓殘本(劉體乾影印本,以下簡稱"劉本"),字亦屬歐法,與蜀刻諸經同,惟款式稍異。劉體乾云:"《周禮》《左傳》每半葉六行,似是原碑十二行或二十四行爲一層;《公羊》《穀梁》每半葉五行,似是原碑十行或二十行爲一層。行款已變更蜀刻之舊。"劉氏認爲可證《公》《穀》"爲田況所刻"。清咸豐間,吴敬履、式訓昆季在評價《公》《穀》時説:"元均(田況)所刻,僅據當時善本,已非太和之舊,雖校寫精審,終不及蜀刻《周禮》之能存古本也。"

至於《孟子》,因其北宋中葉始立於學官,上升爲"經",故晚至徽宗宣和五年(一一二三年),方由蜀帥席貢、運判彭慥等鎸石。至此,蜀刻"十三經"全部畢工。自後蜀廣政初年計起,歷時凡一百八十七年。

及至南宋孝宗乾道間,晁公武鎮蜀,又取北宋元豐本古文《尚書》以入石,附於《孟子》之後。并校諸經(正文)異同,著《石經考異》并《序》,鐫成二十一碑。張奐又校諸經注文異同,撰成《石經注文考異》四十卷,今與蜀石經并佚,惜不能見(參見《石經始末記》、清李調元《蜀碑記補》、馬衡先生《凡將齋金石叢稿》等)。

二、蜀石經的特點

歷代石經皆無注,惟蜀石經有之。經注并行,相映生輝,此可謂其最著之特點。

衆所周知,在印刷術發明之前,書籍僅靠傳抄,流布不廣。爾後雕版印刷術的出現,自然大大促進了文化的發展及書籍之傳播。然木板亦難耐久,輾轉相沿,自不能免其"魯魚亥豕"之訛誤。《石林燕語》云:"唐以前,凡書籍皆寫本,未有模印之法,人以藏書爲貴,不多有。而藏者精於讎對,故往往皆有善本。"蜀石經鐫成於我國印刷術發明及大興之初,其所存古、善本及在校勘學上之價值,自毋庸待言矣。當年,晁公武便將蜀石經與當時的通行本相校勘,校出經文異同三百餘處,謂兩者"傳注不同者尤多,不可勝記"(見《石經始末記》引《石經考異序》)。又晁氏《郡齋讀書志》載:"石經《周禮》,僞蜀孫朋吉書。以監本是正,其注或羨或脱或不同至千數。"

此僅就《周禮》一書而言者。清咸豐間,吴敬履、式訓昆季跋《周禮》殘拓本云:"今以阮氏(阮元)所刻宋本《周禮注疏》校之,異同之處二百餘科。其精確不移者,足訂今本之舛。"復舉出不少蜀刻勝今本的例子。又云:"至其詆誤,雖亦不免,然毋氏(昭裔)據太和舊本刊石,見《石經考異序》。疑以傳疑,不加刊削者亦足昭古人之敬慎,非若後世鹵莽滅裂,私竄古經也。"此説可謂識議精賅,深得校勘學之精髓。又咸豐間,馮志沂云:"《周禮》僅存六千餘字,異同至二百餘;《公羊》亦五千字,異同僅二十餘。則以《周禮》是蜀刻,《公羊》是宋人補刻也。"又同時之楊寶臣云:"蜀石經悉遵太和本,爲唐代傳寫之遺。開成(唐石經)僅刻經文,孟氏并鐫各注,故可寶貴。"又同時之朱學勤謂蜀石經"其是者可訂俗本之訛,其非者亦足以廣異聞。惜乎晁氏《石經考異》已佚,無由盡睹其異同也。"

清季,楊守敬對蜀石經更是推崇備至:"竊謂漢魏石經久佚。巍然獨存者惟唐石經,而當時學者已有異議,故兩宋經書不盡以爲準則,且有經無注。後來北宋之‘二體’,南宋之‘御書’,亦皆然。惟蜀石經經注并刻,宏工巨制,可謂絶後空前。”前代學者重視蜀石經若此。

有清一代,言石經者,有顧炎武《石經考》,詳漢魏而略唐宋。萬斯同《石經考》乃採録諸家之説,以相證明。杭世駿《石經考異》、馮登府《石經補考》,皆補顧之未備,與萬互有詳略。而爲蜀石經殘拓本作校勘者,則先後有陳慶鏞、繆荃孫諸人。

蜀石經嚴謹的體例和峻美的書法,則是其另一特點。對此,前人早有定評。

宋洪邁《容齋續筆》謂其“字體亦皆精謹”“猶有貞觀遺風”,而諸經中,又歷來以《左傳》最爲人稱道。清咸豐間,何紹基跋宋拓《左傳》第十五卷,曾占一絶曰:“書律深嚴近率更,卷終字數見專精。如何不著誰人筆,輸與張楊後世名。”又贊其“字有歐法,古味殊勝”。同時之沈如霖亦説《左傳》“端方精謹,與唐石經如出一手,或當時寫經字體類如此也”。吴敬履、式訓昆季則稱蜀刻“書法謹嚴,筆致遒峻”。皆能一語破的,道出蜀石經之精藴。今見宋拓《左傳》第十五卷末注出:“經七千九十三字。注五千二十四字。”又《周禮》第九卷末:“經四千二百六十字。注七千七百四十字。”確可見其嚴謹不苟之體例。何紹基以“專精”二字稱之,明白切要,洵非虚美。

就蜀石經的書法造詣而言,現存拓本足可爲後人臨池摹寫,列諸唐碑中無愧;其所表現出的古人嚴謹敬慎的治學態度,亦可以昭來世,爲今人所效法學習。

三、蜀石經的存佚

(一)蜀石經亡佚之年代

歷代石經除唐、清兩種外,均佚,已如上述。至於其中蜀石經亡佚之年代,清朝的一些學者認爲是在宋末元初。

咸豐間,楊寳臣云:“宋末,蜀石湮滅,元、明無聞。”朱學勤并論及亡佚之原因:“無名氏《寳刻類編》,作於宋理宗朝,石經尚入著録。其後僅見於陶氏宗儀(按爲元末人)、趙氏均(按爲明末人)二家之書。然其所據,恐出自傳拓之本,未必原石尚在。故以楊氏慎之博雅好事,未嘗一言及之,以誇其鄉邦文物之盛。……故妄斷以謂亡於元初。特當其時士大夫高談性命,不復以是措意，卒至淪没而不可考見爾。”吴敬履、式訓昆季亦云：“蜀石經亡於南宋之末，故元明諸儒無言及之者。”清季，繆荃孫則謂：“蜀石於宋末與文翁石室同毁。元明金石家無言之者。所傳合州賓館有《禮記》數石；嘗訪碑於合州，得唐宋刻數十種，無此石。貴州任大令載歸數十片之説，皆不足據也。”

近人劉體乾補充上説，謂蜀石經拓本尚見明人著録，萬曆間徐𤊹《紅雨樓題跋》載有“石經《左氏傳》一則”，“足徵蜀石經拓本在明代已爲珍貴矣”。（按今人所説，詳見後文。）

（二）蜀石經拓本

蜀石經拓本清初罕聞，至乾嘉間始見諸家著録。今見劉本所載諸跋，以翁方綱乾隆五十二年（一七八七年）及錢大昕嘉慶七年（一八〇二年）二跋較早；均跋吴縣陳芳林藏《左傳·昭公二年》（第二十卷）。他如錢塘黄松石之《毛詩·二南》《邶風》，仁和趙晉齋之《周禮·夏官》（第八卷）等，亦大約在此時出現。咸豐間，楊寶臣云：“宋末，蜀石湮滅，元、明無聞。國朝黄松石始得《毛詩》（《周南》《召南》《邶風》）。後歸黄蕘圃，又佚《周南》及《鵲巢序》。陳芳林得《左傳·昭二年》殘本，僅六百餘字。……壬子（一八五二年）冬，息於親家陳頌南（慶鏞）給諫處，見《周禮·考工記》（第十二卷）殘本六千餘字，《公羊》殘本五千餘字。”在這之後，見於諸家著録，又出現了《左傳》第十五卷、《穀梁》第九卷、《周禮》第九、第十卷等殘拓本。以上各本，遞藏於黄松石、趙谷林、趙晉齋、陳芳林、楊幼雲、吴子肅（敬履）、子迪（式訓）、張叔憲、李亦元諸家。及至一九二三年，蜀石經拓本尚有自内閣大庫逸出者，如上虞羅氏、長白彦氏等即從内庫書叢殘中獲《穀梁》第六、第八卷殘拓本。上述各本，除原黄松石之《毛詩》及原趙晉齋之《周禮》外，後來均爲劉體乾所得。

羅振玉云：“孟蜀石經原石久佚，僅明内閣存拓本全部，見《文淵閣書目》及萬曆間張萱撰《内閣書目》，尚完全無闕。……本朝藏書家僅見《毛詩》殘卷。金陵陳雪峰（宗彝）明經曾據撫本鋟木（按：此書《販書偶記》卷三有著録，係摹《毛詩》及《左傳》殘字）。嗣閩江陳氏（慶鏞）、漢軍楊氏（幼雲）藏《周禮》《穀梁》殘卷，輾轉歸廬江劉氏（體乾）。曩曾寓目，前均有‘東宫書府’朱印。此文公殘卷（《穀梁》第六卷），僅存首五行，亦有此印，知三經亦爲内閣佚出者，人間殆無二本也。”王國維考證“東宫書府”印爲北宋之物，謂“蜀石經并有此印，當是北宋拓本”。

近世收藏蜀石經拓本最備者，當推劉體乾（健之）。一九二六年，劉氏將歷年嘔心瀝血收集的《周禮》及《春秋》三傳殘拓本付印以傳世，裝爲八大册。付印之前，遍徵當時學者及名人題跋，加之原本在流傳過程中，早有不少著名學者或作題記，或留歌咏，全篇題跋竟達三百數十首。故墨沈淋漓，與蜀石經拓本交相輝映，亦同屬翰墨之珍了。兹將此本所收蜀石經拓本之書名、卷次及存佚等統計如下表。

書　名	卷　數	篇名及編年	存　　葉
《周禮》	九	秋官司寇	三十七葉餘(殘)
同上	十	同上	三十八葉餘(殘)
同上	十二	冬官考工記	二十二葉(殘)
《左傳》	十五	襄公十年至十五年	五十三葉半(全)
同上	二十	昭公二年	三葉(殘)
《公羊傳》	二	桓公六年至十五年	十九葉(殘)
《穀梁傳》	六	文公元年	半葉(殘)
同上	八	成公元、二年	三葉半(殘)
同上	九	襄公十八、十九、二十六、二十七年	四葉(殘)

以上共約一百八十三葉，存經注凡五萬字左右。約占蜀刻"十三經"(包括宋代補刻)全部經注字數的百分之三强。

又，見於劉本所載清人及近人題跋，蜀石經拓本爲劉本所未收及當時莫知下落者尚有：原黄松石藏《毛詩·召南》《邶風》殘卷；原趙晉齋藏《周禮·夏官》三十六行。近人肖方駿謂其曾見《尚書·堯典》一篇，"經注皆全，乃在魏子鶴山莊，此物不知歸何所"。又云："鄉人劉雲門藏有《詩經》，至今未能寓目。"

據今人徐森玉先生《蜀石經和北宋二體石經》一文載，解放後，上海市文物管理部門曾徵集到宋拓蜀石經《毛詩》殘卷，"共拓本四十一頁，存'二南'、《邶風》二卷之一卷半。自《召南》首章《鵲巢》的'維鵲有巢，維鳩居之'的鄭箋開始，至《召南·騶虞》結束，及《毛詩》卷二《邶風》全部。"徐先生又詳述其流傳經過云：此本最早爲黄樹穀(松石)所得，藏於當時黄氏所創辦的杭州廣仁義學。樹谷歿後，義學圖籍星散。此本曾於乾隆壬戌(一七四二年)臘月在杭州趙昱家中，經厲鶚、丁敬、全祖望等共同欣賞并各有詩跋。不久即歸黄蕘圃(丕烈)，但在自趙昱歸黄蕘圃的過程中，曾一度歸太倉王溥及仁和魏鉞，而就在此時，此本又佚去了《周南》及《鵲巢序》。最後歸嘉興程文榮。程氏歿後，此本就没有人再看見過。很多人都認爲已經散佚了。徐先生又云:“解放後,上海市文物保管委員會自程氏後人手中徵集得來。這本湮滅了一百年的宋拓蜀石經《毛詩》殘本,得以重見天日。”(見《文物》一九六二年一期)

按以上僅就劉本所收及徐先生一文所記而言。至後數十年迄今,蜀石經拓本是否繼有發現,筆者囿於聞見,不得而知。又,據今人張彦生先生云,上述二種拓本,劉本今歸北京圖書館,《毛詩》殘拓本今藏上海圖書館(見《善本碑帖録》,中華書局一九八三年版)。

(三)蜀石經原石

馬衡先生云:“蜀石經刻於成都,締造艱難,歷時最久。而其澌滅之迹,史傳無徵。曹學佺《蜀中名勝記》云:‘石經《禮記》數段在合州賓館中。’劉喜海《讀竹汀日記劄記》云:‘聞乾隆四十年,制軍福康安修成都城,什坊令任思任(馬按《什坊縣志》作任思正,字廣平,遵義人)得蜀石經數十片於土中,字尚完好。當時據爲己有,未肯留置學舍。任令,貴州人。罷官後,原石輦歸黔中。’(見李慈銘《越縵堂日記》甲集。)近有人自貴陽買得《毛詩》殘石者,或即任氏之物。合州賓館之《禮記》,則存佚不可知矣。”(按繆荃孫謂曹、劉之説不可據,已見上文。)

馬氏又云:“(石經)在漢末所作禮殿之東南隅石經堂,堂爲胡宗愈(北宋人)所建,可見兩宋人對此之重視。且如此巨制,縱經兵燹,亦不至片石無存。乃自晁公武、張㚟之後,闃然無聞。……抗日戰争初期,余至成都,嘗以此促學術界注意。及成都遭受敵機空襲,疏散市民,拆除城垣缺口多處,以通行人,果得殘石若干片。惜皆歸私人所有,流傳不廣。余所得見者,有《毛詩》《儀禮》各二段。不知尚有他經否? 此古文《尚書・禹貢》《多士》各一段,聞亦其時所出。然則摧毁原由,或即以修築城垣之故。摧毁之時,或在元代也。”(以上并見《凡將齋金石叢稿》。)

今人言蜀石經者,有周萼生《近代出土的蜀石經殘石》一文(載《文物》一九六三年七期)。叙述其事甚詳,且附有照片八張。周文略云:

“抗日戰争期間(一九三八年),……在(成都)南門外發現蜀石經殘石約十片左右。壁山江鶴笙得其半數以上,因顔其居曰‘孟蜀石經樓’。據江氏云:‘當時所得《毛詩》不止一石,有一石因故失去,爲黄希成(按即羅希成)所得,……今屬四川省博物館。’陳儉十得《儀禮》一片,解放後歸前西南博物院,今爲重慶市博物館,此石現陳列於北京中國歷史博物館。新都王氏亦藏《毛詩》二石。郫縣陳達高亦有二石，一爲古文《尚書》，一不知何經，均不明下落。”

按上面周文轉述江氏所説，與羅希成所記不同。羅氏在《蜀石經殘石跋》一文中，自述其所得《毛詩》殘石原委云：“己卯（一九三九年）春，舊僕劉某供役黔中，稔知余有好古之癖，輾轉托人運殘石一片貽余。睹之，狂喜不已，蓋蜀石經《毛詩》原石矣。函詢其來源，只云偶然拾得，亦不知其所自來。考其得石之地，與劉燕庭（喜海）所記正合。”（見《説文月刊》二卷四期，一九四〇年七月，附金祖同跋。又見《責善半月刊》一卷十七期，一九四〇年十一月，附顧頡剛跋。）羅氏自謂得之於黔中，殆即馬衡先生所謂“近有人自貴陽買得《毛詩》殘石者”歟？今細觀羅氏文中所載照片，確與後來四川省博物館所藏同。此石一面刻《周頌・桓》《賚》（殘存十行），一面刻《魯頌・駉》（殘存十行）。若羅氏所述可信，則可證劉燕庭（喜海）所記不虚。若江氏所述可信，則此《毛詩》殘石不出黔中，乃抗戰初出成都老南門城垣，而劉燕庭“輦歸黔中”之説，仍無實物佐證。

周文又云：江鶴笙所藏《毛詩》一石，係兩面刻。一面刻《鄭風・叔于田》（殘存八行）；一面刻《曹風・鳲鳩》《下泉》（殘存七行）。重慶市博物館藏《儀禮》一石，兩面均刻《特牲饋食禮》（一存六行、一存七行）。

周文又云：“此外伴出兩小石，無標題，俱傳注《毛詩》經文中叠字。可能爲宋張奐所著《石經注文考異》。一石存《伐木》篇一條，《採薇》篇三條。另一石存《蓼蕭》篇一條，《湛露》篇三條。”（按周文又詳載殘石尺寸，并全録文字，間附考證。讀者自可參閲。）

對於蜀石經亡佚之原因，周文所持意見與馬衡先生略同，認爲：“以福康安修城，任思任得數十片於土壕中的傳説和拆除老南門發現殘石這一事實相印證，推想蜀石經的亡佚，或與修城工事有關。因成都城區爲盆地平原，不易就地取得石料，這上千數的碑石，也可能和洛陽的一部分漢魏石經的遭遇一樣，在某一次修城的緊急工役中被利用來作爲建築材料了。”

近據調查，四川省博物館現共藏有蜀石經殘石六塊。其中《毛詩・周頌》《魯頌》一石（羅希成一九五一年捐贈），已見上文。其他五塊殘石計爲：

1.《尚書》一石。此殘石最長二〇・四公分，最寬二一・四公分，厚六・六公分。一面刻《説命》，八行，存經傳數十字。因石面磨損較爲嚴重，故僅能勉强辨認出其中的四十餘字。自“（惟以）亂民”起，至“（惟治亂在）庶官”止。

另一面刻《君奭》,七行,存經傳約八十餘字。自傳"(日益至)矣"起,至傳"冒海隅日所出之地"止。此石爲陳達高一九五一年捐贈。

2. 古文《尚書》一石。此殘石長十九・五公分,寬二十四公分,厚八公分。一面刻《禹貢》,六行,約存三十字。自"嵎夷既略"起,至"達於濟"止。又,經文旁邊鎸有原碑之編次數碼,可辨認殘留的"八""上"二字。另一面刻《多士》,六行,約存三十四字。自"(惟天)不畀"起,至"惟廢元命,降致(罰)"止。此石亦爲陳達高一九五一年捐贈。

按此石恐即爲馬衡先生抗戰初所見之"古文《尚書・禹貢》《多士》各一段。"

又按,周萼生一文中所説:"郫縣陳達高亦有二石,一爲古文《尚書》,一不知何經,均不明下落。"至此,情況已明如上述。

3.《尚書》一石。此殘石長二十六公分,寬二十三・五公分,厚六・二公分。單面刻《禹貢》,八行,存經傳一百十四字。自傳"從東循山,治水而西"起,至傳"此州帝都,不説境(界)"止。另一面無文字,經過仔細觀察,可以肯定原即如此。由此可知,現存蜀石經殘石雖大都爲兩面刻,亦間有例外。

此石爲江鶴笙家中一九六五年捐贈。

4.《周易》一石。此殘石長二十五公分,寬二十二・五公分。兩面均刻《中孚》。一面七行,存經注約八十餘字。自王弼注"以涉難"起,至注"立誠篤"止。另一面七行,存經注約八十餘字。自注"故曰鳴鶴在陰"起,至"(六四,月)幾望"止。此石亦爲江鶴笙家中一九六五年捐贈。

5.《周易》一石。此殘石長二十八・三公分,寬二十九公分。一面刻《履》,十二行,存經注約一百十七字。自"(咥)人凶"起,至注"高而(不危)"止。另一面刻《泰》《否》,共十二行,存經注約八十餘字。其中《泰》存二行,僅餘篇末"(否)道已成,(命)不行也"。

此石亦爲江鶴笙家中捐贈。

按,見於周萼生一文中所提及,至今尚不明下落的蜀石經殘石計有:原江鶴笙藏《毛詩・鄭風》《曹風》一石,又"可能爲宋張㚟所著《石經注文考異》"二小石,又"新都王氏藏《毛詩》二石"。

綜上所述,就筆者所知,蜀石經殘石(包括晁公武等刻)今爲四川省博物館所藏凡六:《周易》二、《尚書》二、古文《尚書》一、《毛詩》一。重慶市博物館藏《儀禮》一。同時,不明下落者五(見上文)。此外,抗戰初成都出土的蜀石經殘石是否還有爲公家或私人所收藏者,筆者識見有限,敬俟諸同志指教。

有關蜀石經,尚有一些問題有待澄清。我們認爲,其中有兩點較爲重要。

一是蜀石經的亡佚原因。雖然馬衡先生提出了毀於修城之説(周萼生同志亦持此論),此説亦有出土殘石爲證,但是,除了僅見於清乾隆間一則記載(即所謂福康安修城發現殘石,任思任輦歸黔中之説)和抗戰初出土十數塊殘石外,他不聞見。蜀石經原碑即已是"石逾千數",若以碎裂之殘石計,更當有數千塊之多。成都城垣迄今已拆除殆盡,未聞有繼出。而毀碑以築城,亦似乎令人難以盡信。然則蜀石經亡佚之真正原因,似有進一步研討之必要。

二是蜀石經原碑的規格尺寸。今見宋拓殘本,早已是裁割成册,自不能窺其原大。而抗戰初所出土者,亦全系殘片。蜀石經原碑究竟有多大,每石有幾層文字,每層文字又有多少行,今均不知曉。若能弄清這些問題,對於蜀石經之研究及其新發現,自大有裨益。

附記:筆者在調查四川省博物館藏蜀石經殘石的過程中,承蒙袁曙光同志熱情支持,謹此致謝。

原載《文獻》一九八九年第二期

宋嘉祐石經

宋嘉祐石經異説考

◎ 陳漢章

考石經惟宋二體之刻多異説，當代已不甚稱道。靖康而後，或曰移置燕京，或曰沈没河水。輯録諸家言，以補顧亭林、萬季野、杭大宗、朱竹垞、王蘭泉、丁儉卿、馮柳泉諸考所未及。

葉適《水心詩集》："石經《春秋》，一代奇寶，王氏爲熙豐學，廢不用。瑞安沈彬老，拓而有之，其孫體仁，閣以庋焉。予爲名曰深明。"案：楊簡《深明閣記》，彬老爲仲一族，曾王父。仲一，即體仁之字。《詩》曰："喟昔洛門初上石，未久翻遭焚書厄。"

案：此爲宋當代人説。全祖望修《宋元學案》，於《太學沈石經先生躬行傳》亦云："王氏廢《春秋》，先生獨手摹石經藏於家。"而《鲒埼亭集外編》辨之云："嘉祐開封石經，片紙隻字，不存人間，並不得如成都孟蜀之本，尚見於藏書之目，亦異事也。然予考嘉祐本，當宋時流傳亦寡，不特《春秋》。水心特因荆公不解《春秋》，而遂以此尤之。其實荆公斷爛朝報之言，出於人所附會，尹和靖嘗辯之矣。且荆公不解《春秋》，而何嘗要廢石經之《春秋》？後人有誤解水心之詩者，將復增荆公一過，可不辯與？"案：宋亡後，周密《癸辛雜識》猶云羅壽可游太學，即昔時太學舊址，"九經石板，堆積如山，一行篆字，一行真字"，顧考引之，黄叔儆《中州金石考》亦引之。則熙寧間自無毁棄之理。蓋彬老在太學時，曾摹其《春秋經》，歸藏之家耳。諸家考未及此。

《金史·劉彦宗傳》："再伐宋，已圍汴京，彦宗謂宗翰、宗望曰：'蕭何入關，秋毫無犯，惟收圖籍。遼太宗入汴，載路車、法服、石經以歸，皆令則也。'二帥嘉納之，執二帝以歸。"

《明一統志》：石經文碑，在舊南城白紙坊，一作在舊燕城南。乃金舊國子學，殿堂門廡皆毁。惟餘石碑二通，上刻《春秋》經傳及《禮記》，文多磨滅不完。

于奕正《天下金石志》：崇禎壬申成書。“金石經碑在舊燕城南，今國子學碑一，案：當是金國子學碑二。刻《春秋》《禮記》，磨滅不完。”

孫承澤《春明夢餘録》：“元王惲《修理大都南京石經事狀》：‘竊見大都、南京廟學所有九經石刻，刊琢極精。近年以來舊制既廢，舉皆散亂於荒煙草棘間，日就摧圮，甚可寶惜。且經之遺制，自漢唐至今，歷代聖王無不尊崇修理，蓋重夫經世大法故也。今海宇混一，方息馬論道之時，據上項石經理合修立，以彰國容。’按九經石刻，舊在汴梁學宫，金人移置於燕，今不復存矣。”

《日下舊聞考》：卷一百五十五存疑。“石經文碑，碑在舊南城白紙坊，乃金舊國子學，殿堂門廡皆毁，惟餘石碑二通，上刻《春秋》經傳及《禮記》，文多磨滅不完。原注：《圖經志書》。臣等謹案：金時石經文碑，據《明圖經志書》在白紙坊，是此碑明時尚存，今佚。又案：金國子學稱在白紙坊，則其故址當在今都城之西南隅。但白紙坊自明嘉靖中築外城後，坊地劃而爲兩，其在城内、城外，已無可考。”

孫星衍《京畿金石考》：“宋石經，碑刻《春秋》《禮記》，今磨滅不完，在舊燕城南金國子學。見《天下金石志》。又《春明夢餘録》云：‘九經石刻，舊在汴梁，金人移置於燕。’”

馮登府《石經閣金石跋文·金石經跋》：“金朝石經存《堯典》《舜典》《大禹謨》，朞作期，咈字無口旁，二十有八載作廿字。行書，似《懷仁集聖教序》，有標《堯典》八分書。嚴厚民得之，趙晉齋從拓本鉤出贈余者。考《明一統志》言金國子學碑二，在舊燕城南。于奕正曰：‘金石經刻《春秋》《禮記》，今磨滅不完。’據王惲《修理大都南京石經事狀》，則當時所刻有九經，刊琢極精。近年以來，舉皆散亂，理合修立以彰國容云云。安世鳳説正隆四年耶律隆曾修《宋嘉祐石經》，而金石經之立於何年，書於何人，皆無可考。疑當時所修立者，即北宋所立國子學者，然不可知矣。”

朱一新《京師坊巷志稿》：“案《日下舊聞》引《明北平圖經志書》與《明一統志》略同。石經舊在汴梁，金人移置於此。元王惲《秋澗集》有《修理大都南京石經事狀》，其後日就湮没，至明季已不復存矣！張遠《隩志》，南城諸坊白紙坊最大，元於此設税副使，自嘉靖築新城後，坊劃而爲兩，金國學之遺址限於城外與否，亦莫可考也。”

右皆移置燕京之説。

杭氏《石經考異》引錢唐王延年説宋開封石經竟無片石傳於人間，意二帝北狩時，盡爲金人攜去。以劉彦宗之言爲徵。又引江都汪祚説謂開封石板之亡，當在元末，未得據《金史》之言爲證，不知《金史》劉彦宗言遼太宗入汴，載石經，萬氏《石經考》已詳辨之，曰："漢魏石經俱在洛陽，後由洛陽遷鄴下，由鄴下遷長安，無在汴梁者。"若唐石經刻在長安，亦未移至汴梁，不知遼德光所移者何物，或所載者他石刻，而非石經，則彦宗之説粘罕斡離鉢二帥，猶在疑信之間，並疑此石經果爲金人攜去。金人鮮有語及者，是《金史》未可爲據，明矣。《鮚埼亭外編》又有《答杭堇浦石經雜問》云："問開封石經，今隻字不存。同年王延年謂金人載之去，説似有據。"答曰："劉彦宗言妄，略如萬氏考。臨安亡，而石經尚存。據《癸辛雜識》説。當亡於元末之亂。不然，明有周邸藺桐，其地世擅風雅，不應及見遺經而聽其忽焉以亡也。"案：此答語與江都汪祚語同。今杭氏《考異》，乃僅載汪語，而不及全氏，何耶？杭氏考補顧氏《石經考》所未及，蓋未及見萬氏考語。但萬氏謂金以後人鮮語及者，則尚不知有耶律隆、王惲、于奕正、孫承澤諸語，蓋金人入汴時，亦嘗携石經數碑以去，故至元明間，猶有《春秋》《禮記》數石。若嚴杰所有行書書經，稱爲金石經，明非宋一篆一真之舊，馮柳泉遽信之，抑又何也？

李師聖《修復汴梁石經記》："汴梁舊有六經《論語》《孝經》石本，殘缺漫剥，蓋不啻十之五六。今參政公也先帖木兒，一見而病之，慨然以完復爲己任，義聲所激附和者衆，不數月復還舊觀，奈何《孟子》七篇，猶闕遺焉！公習讀四書而明於大義者也，亟欲增置，而期會拘迫，有司請爲後圖。"

朱彝尊《經義考》：卷二百八十九刊石。"陳頎曰：開封宋建都處，予署府庠事，見諸碑刻多宋時太學中石經，皆磨滅破碎，罕有完者。周視齋廡見石礎俱斷，碑隱然文字在上。按宋太學石經在開封，陳永之猶及見之，惜未有好事者摩拓。今則沈於黄河淤泥之下矣！"案：李富孫《金石學》、翟灝《四書考異》並止引竹垞按語，幾令人不知陳永之名頎。又《經義考》引陳頎説在顧起元後，顧起元但考胡恢本沈括《筆談》，朱翌猗《覺寮雜記》附識於此。

陳頎，長洲人，《清河書畫坊》卷五有頎《跋宋五公手札》。辛酉歲馬氏兄弟曾以陳永之爲問。《清河書畫坊》卷十一又有陳頎《跋王蒙聽雨樓詩畫》，題成化庚子，與沈□南同時人。又卷七，陳君永之大父孟敷飱紹，是杜瓊説。

《天一閣書目·子部》，《關中古今録》二卷，明陳頎撰，並序云："陽武爲開封屬邑,境無山川名勝可以登眺望。士惟務舉子業,不樂吟詠談嘯,予職在分教,有掌學者,又總其要。故日與童冠之生二十餘人,點檢課業之外,率多閑暇,而無所事焉。因録古今之事迹,且平昔之睹聞,有可以對懲,有可以優喜者,萃爲一編,名之曰《關中古今録》,今聊以藏諸篋笥。”

全祖望《鮚埼亭集卷三十八·明開封府學石經碑贊跋》:“嘉祐開封石經入明,歸於學宫,殘斷不完。河南按察使廬陵陳鳳梧嘗立石,記其本末,今亦無矣。予從天一閣得見之,其略曰:‘篆變而隸,隸變而楷,去古失真,魯魚亥豕。漢唐崇文,乃立石經,字體漸正,大義未明,五星聚宋,大儒篤生。啓關抽鑰,昭映日星,重勒石經,版之太學。天球《河圖》,龍翔鳳躍,陵谷變遷,學淪於水,殘編斷章,所餘無幾。皇明右文,視如石鼓,遷之郡庠,爰置兩廡。’按是碑以宋刻石歸美於諸儒,其考據未核。方勒石時,楊南仲、胡恢、邵必之徒爲之,諸儒尚未出也。惟汴京太學淪水一事,非是碑無以知之。爰録其語,而爲之跋,附入石經之尾。”

右皆沈没河水之説。

《河南通志》卷三十一《職官》,按察使題名正德間有陳鳳梧,注:“江西泰和人,進士。”全氏作廬陵,小誤。其任按察在陳頎署府學教授之後,蓋明代開封府學三次圮於河。順治《開封府志》卷十五云:“儒學舊在府東南隅,元以宋國子監故址,建爲汴梁路學。元也先帖木兒修石經,仍因宋舊學。洪武三年,改爲開封府儒學。三十三年夏圮於水。永樂五年,徙於麗景門西北,即今所也。天順五年,廟學又圮於水。明末闖寇决河,學宫遂淪於泥沙中。惟大成殿存。”然則陳鳳梧於正德間作《碑贊》,言學淪於水,遷之郡庠,指洪武、天順間事。朱氏所謂沈於淤泥之下,又指崇禎末年言之。但宜於陳頎前先引陳鳳梧《贊》,考宋石經顛末始備。今止引陳永之語,失之矣。

吴玉搢《金石存卷五·宋二體石經〈周易〉〈尚書〉殘碑跋》:“《周易》二碑、《尚書》三碑,凡五碑,往嘗見四大册於吴門薄自昆家,乃《尚書》《周禮》《禮記》《孟子》文,今又得此五碑,亭林《石經攷》不言今時尚有傳本。案:顧考但引《玉海》及《癸辛雜識》二條。趙子函《石墨鐫華》遺此,賈顔印榜爲余言,此石現在開封府學,彼親至碑下拓以遺餘者,惜乎不得見其全。”又《宋二體石經〈周禮〉殘碑跋》:“今又得此三碑,合向得五碑共有八紙。碑在今河南陳留縣,僅存《周禮》卷一及卷五中數石,内餘經悉亡,蓋修學宫時用作瓴甋矣!惜哉!”

案:其書乾隆三年叙。

黄叔璥《中州金石考·二體石經〈易〉〈書〉殘碑跋》:"三碑凡六排,各三十六行字,剥損過半。今在府學東廡。《易》二,《書》一。"其跋引《癸辛雜識》及《宣和書譜》,與他書同。又引《佩文齋書畫譜》同《玉海》。

《潛研堂文金石編文跋尾》卷十三有《二體石經〈周禮〉殘字》。

案:其書乾隆辛酉三月,叙在乾隆六年。

畢沅《中州金石記》:"石經《周易》殘碑二,《尚書》殘碑一,《禮記·檀弓》殘碑一,予撫中州釋奠黌宫,即詢是刻,不可得。學官云:'修學時用作瓴甋矣!'僅存此及陳留數石,豈不惜哉?"

案:光緒新修《祥符縣志》卷二十二亦僅引此記。

翁方綱《復初齋集卷十六·跋嘉祐石經殘本》:"宋國子監石經,仁宗嘉祐六年篆刻成,凡九經,案:《宋史·藝文志》:"楊南仲《石經》七十五卷。"《玉海》引《書目》,《周易》十、《書》十三、《詩》二十、《春秋》十二、《禮記》二十,是止五經,蓋合《周禮》《論語》《孝經》《孟子》爲九經。翁説未晰,附考於此。爲篆、楷二體書,其篆章友直、楊南仲、胡恢手迹也。"《玉海》載書人皇姪右屯衛大將軍克繼。又云:"楊南仲書具真篆二體,則南仲亦作楷矣。石皆沈於黄河,惟此數幅僅存。朱竹垞《經義考》概以佚目之,未盡然也。《周禮·司尊彝》'昨',注讀爲'酢',此《石經》篆作'醋'。《説文》:'醋,客酌主人也。''酢,醶[①]也。'今俗誤以'酢'爲酬酢之'酢','醋'爲醫醋之'醋'。徐氏校《説文》時已如此。然陸元朗在唐初,鄭康成在漢末,已相沿作'酢'矣。惜嘉祐石經皆不存,無由盡取諸經之字一一核證之耳。"又《跋宋石經檀弓》:"嘉慶丁卯,案:十二年。河南汴梁城内佛寺碑陰得宋嘉祐石經《檀弓》一石,縣丞孫星衡言於大吏,移置開封學宫,石已極泐。此一石凡六層,上層'曾子曰小功不税'節起,至下層'曾子吊於負夏節'止。於野、於寢、於門,於,篆皆作烏。投其、杖問其疾,其,皆作箕。《經義考》概言已佚,不知今尚存此殘石也。或冀他日尚有似此續出者。"卷二十五《嘉祐石經跋》:"宋嘉祐石經篆、楷二體,各一行,今僅存《書·洪範》《周禮·天官》《春官》殘字耳。去年於練留佛寺又得《禮記·檀弓》殘字一石,則篆、楷皆不及前矣。知當時非出一手書也。《天官》《春官》二石楷法,實本虞永興廟堂碑之上,雖唐開成石經亦用虞楷意,而不及此遠矣。昔鄭康成於禮堂寫經,蓋爲校正經文,非爲筆勢也。以校定經文言之,則莫善於《書·洪範》曰'晢,晢從日也',今板本皆從口,不

---

① 《説文解字義證》醶爲醶。

知此字即《易》'明辨晰也'、《詩》'明星晰晰'字，今板本《易》《詩》皆作'晰'，日旁加析，無此字也。白晳之'晳'，下從白，又非此矣。《詩》或'晳或謀'，亦當從日，與'既明且哲'不同。賴此石經以正定之。案：馮氏登府《石經考異》引翁氏此文。而《洪範》一石，予昔嘗見其拓本，今必尚在開封學舍，宜多拓以傳之。若《春官》'諸臣之所昨也'，依鄭作'酢'，此石經篆作'醋'，是亦足證許、鄭之合，而近人轉有謂許、鄭異者，徒多其詞説耳。"又《跋宋嘉祐石經拓本》："《春官・司尊彝》注：'昨讀爲酢。'《釋文》：'此酬酢之酢，古本作醋。'徐鉉曰：'今俗以醋爲倉故切。'宋石經猶以'酬酢'字篆作'醋'，具見六書本指，已有存者，而秀水朱氏以宋石經爲佚，豈知今所存者尚有關古訓如此，豈得全謂之佚乎？"

案：翁氏《經義考補正》亦云："宋嘉祐石經内《尚書》《周官》石尚有存者，愚嘗得其拓本，不可全謂佚也。"

彭元瑞《知聖道齋讀書跋》卷二："北宋嘉祐石經存者計十二版，《周禮・序官》《大宰》《小宰》《大宗伯》《小宗伯》《肆師》《司尊彝》《典瑞》《典命》《典祀》《世婦》《墓大夫》，訖《大司樂》。北宋石經向來記石刻者不之及，即《河南志・古迹》有翟母碑，而無宋石經，亦可慨也。讀朱竹垞、萬季野兩家考，亦未見此十二版。萬之致疑於金人攜以北，並未見周公謹、陳永之之説。近始出土中，邵學士晉涵拓以貽予，偶作一詩，意在紀其梗概，附裝册末：'赤脚仙人下當宁，韓范富歐名世輔。是時海寓久乂安，文治張皇垂掌故。寫經鎸石立汴都，判者宋祁後王洙。下逮草澤上皇姪，趙克繼楊南仲張次立謝飶章友直暨胡恢。一行小篆一行隸，貴以古文存古意。點畫猶講《説文》書，體裁不襲經生字。豈意於今六百年，十二版耳僅流傳。小長蘆叟季野氏，二三策未見《周官》。法帖譜系蘭亭考，好事氈蠟競搜討。書家但解八法工，俗學安知六經寶。一從大盜塞洪流，難向黄河沙底求。獨怪當年刻甫畢，使行新法廢《春秋》。'"

案：馮氏《石經考異》云："彭尚書元瑞曾得《周禮》殘本凡十二葉，三百五十四行，惜僅載起訖，不復考證同異，惟吴山夫《金石存》載顔、賈親向開封府學拓得《周易》二碑、《尚書》三碑。迨畢尚書撫中州詢之開封學官，碑已無存，惟陳留僅存《周禮》卷一及卷五而已。錢氏大昕《金石文跋尾》所言，亦同彭本。此卷余從苕溪孫茂才衍慶得之，共二百六十九行，較彭所得本少八十三行，有出於畢尚書所見外者。又從方履籛得《禮記》殘碑。履籛藏有《易》《書》二殘本，云得之開封府學，惜未及寄示，竢它日索之。"是馮氏未見《易》《書》，故所考止《周禮》《禮記》二殘碑，又從《金石存》《尚書》"哲"作"晳"、《孟子》

“超”作“起”二遺字而已。

羅振玉《面城精舍文乙編·北宋石經〈禮記〉〈中庸〉殘石跋》:“宋嘉祐石經久殘毁,吴山夫《金石存》、孫伯淵《寰宇訪碑録》曾著録《周易》《尚書》《周禮》殘碑,吾鄉邵二雲亦曾以《周禮》殘碑贈彭文勤公。文勤《跋》云:是當時出土至畢尚書撫中州時,則僅存《周禮》卷一、卷五二石,它已不存。案:《中州金石記》,似尚有《易》《書》《禮記》。今則並《周禮》二石,亦不見傳本矣。宇内拓本以山陰丁儉卿晏所藏爲最多,《易》二十八,《書》四十二,《詩》二十,《春秋》二十四,《禮記》二百十二,《周禮》二十八,《孟子》三十七,共三百九十一紙,每紙八行,行十字。爲海内巨觀,次則文勤所藏之《周禮》殘碑,凡三百五十四行,亦爲僅見。案:文勤《跋》:《周禮》止十二紙。吾鄉馮柳東《石經補考》所得吴興某氏本《周禮》,則僅二百許行,校彭本又少八十餘行。由嘉祐距今才六七百年,由乾嘉距今才百年,傳本日希,如此可慨也。此《禮記》《中庸》殘石一紙,乃吴縣蔣君觀宸手拓見贈。石在開封東嶽廟,乃近年新出者,騏驥一毛,虬龍片甲,可寶甚矣。甲午夏五書。自注:程克齋譏蜀石經《春秋》中癸卯誤作葵卯,今此刻“《詩》云”誤作“《詩》雲”,並可發一笑也。又注:翁覃溪《嘉祐石經跋》稱陳留佛寺碑陰有《檀弓》一石,案《復初齋集》:“《檀弓》一石,乃得於汴梁城内練留佛寺,非陳留佛寺,《金石存·中州金石記》言陳留所存,是《周禮》殘碑耳。”凡六層,已極泐。又云曾見《洪範》。玉案:此二石今亦無拓本,殆亦散佚。

案:丁氏《北宋汴學二體石經記》略云:“顧亭林、萬季野、朱兄竹垞謂沈於黄河,杭大宗謂元末石板亡,吴山夫有拓本只《周易》《尚書》《周禮》共五碑。李芝齡案語謂碑在今陳留縣,僅存《周禮》卷一及卷五數石,石刻亡佚有年矣。咸豐丁巳七年夏五月,偶過書肆,見墨拓石經殘破一束,亟購歸,黏綴爲四大册,乃元以前人拓本。”道州何紹基、葉名澧爲詩文以張之,豈即吴山夫所見吴門薄自昆家之四大册耶?薄家所有亦止《尚書》《周禮》《禮記》《孟子》而已,而丁氏四大册乃有《周易》《春秋》合《書》《禮》《孟子》爲六經,是淮安書肆所有,非即薄本也。今即丁所考者,與馮氏《補考異》對勘,《周禮》“冪人”作“幎人”,《禮記》“寢”作“寑”、“飲”作“歙”,皆合。惟《尚書》“明作哲”,而石經作“晰”。丁云:“案唐開成石經及劉三吾《書傳會選》,皆作哲。”《會選》云:“哲,之列反,字與晰同,當從日,從口非。”《説文》日部:“晢,昭①晰,明也。從日,折聲。”然

① 《説文解字義證》晰爲晢。

翁方綱《復初齋集》則稱《洪範》石拓本作“哲”,並非作“晣”,折在上、在左,字不合矣。又《尚書》“鳴呼”作“烏呼”,丁云:“《漢書》烏虖皆不從口,古文也。”案:宋王觀國《學林新編》明云“後漢蔡邕篆石經用於乎字,本朝章友直篆石經用烏虖,字義亦皆通”,是宋石經正同《漢書》作“烏虖”,不作“烏呼”。“呼”“虖”字又不合,以此校之,丁所得殘拓有未可信爲真本已。

原載《陳漢章全集》第十八册

北宋嘉祐石經《周禮》《禮記》殘本跋

◎ 羅振玉

汴學石經，《寰宇訪碑録》載陳留有《周禮》殘石，祥符有《周易》《尚書》殘石，《攟古録》目同，而增《檀弓》一石，均不記石數及諸經所存行數。惟彭文勤公《知聖道齋讀書跋》記所藏十二版、三百五十四行。“周禮卷第一”迄“序官宫正”三十行，“序官凌人”迄“掌舍府二人史”三十行，“序官九嬪”迄“逢人女御八人女”三十行，“太宰五曰保庸”迄“八曰山澤之賦”三十行，“小宰曰廉辨”迄“而觀治”廿四行，“大宗伯禮若王不與祭”迄“小宗伯辨吉凶”三十行，“肆師牲繫於牢”迄“類造上”三十行，“司尊彝享祼用虎彝蜼彝”迄“司几筵如莞席紛純”三十行，“典瑞玉器而奉之”迄“典命凡諸侯之適子”三十行，“典祀司隸而役之”迄“世婦有捧事於婦”三十行，“墓大夫所供職喪”迄“大司樂大合”三十行。所述至詳，顧不及《易》與《書》。

予三十年中求汴學石經，得新舊三本：曰《周禮・檀弓》《中庸》、《孝經》，亦無《周易》與《尚書》。嘗以予所藏以校文勤所記《周禮》行數，知文勤亦有小舛：文勤記“凌人”以下三十行，今詳核之，實是二十八行。“序官九嬪”迄“逢人”實是二十行，則文勤藏本實三百四十二行。予所藏本“太宰五曰保庸”以下但存二十六行，“太宰小治”以下但存二十八行，“小宰曰廉辨”以下但存二十一行，視文勤藏本又損泐九行矣。予所藏《檀弓》存六十行，當即是《攟古》所著録。《中庸》存五十行，《孝經》存四十一行，殆晚近所出，前人未及見者。合計都數得四百八十餘行。予往歲游中州，但聞《孝經》一石在開封圖書館，他石不知所在。《易》《書》二石則存佚不可知矣。

予既影印魏、蜀石經殘字，因取藏本同印行。《易》《書》殘石，當托同好訪之，若幸存天壤，異日補印於後。至山陽丁氏所藏舊本三千一百二十有八行，今歸皖中劉聚卿京師。曩在京師屢得披玩，已移書聚卿，商借影印，聚卿倘不我拒乎？丁巳閏月。

原載《雪堂校刊群書叙録》，《羅振玉學術論著集》第九集

汴學石經《禮記·檀弓》殘石初拓本跋

◎ 羅振玉

汴學石經《禮記·檀弓》一石，最晚出。予往歲得海豐吴氏石蓮闇藏本，文字可辨者僅六十行，而摩滅不可辨者又三之一。求初出土時打本，垂十年不可得。今年春影印魏、蜀、北宋三朝石經，遂取吴氏本付印，意善本不復可得矣。比者養痾春申浦，忽得一本于某故家。整紙初拓，凡六列，每列三十三行，都計得百九十有八行。去漫漶不可辨者六十餘行，尚得百三十餘行。較吴本存字殆逾倍，爲之驚喜。乃復印入《吉石庵叢書》四集中，俾世之治歷代石經者有所稽焉。宣統丁巳中秋。

原載《雪堂校刊群書叙録》，《羅振玉學術論著集》第九集

汴學石經宋拓殘本跋

◎ 羅振玉

汴學石經，予往在海東，曾以《周禮》《禮記》舊拓本縮印入《吉石盦叢書》中。及由海東返國，寓津沽，復得山陽丁氏所藏宋拓複葉《易》八行、《書》五十九行、《詩》十六行、《禮記》六十九行、《周禮》七十行，影印以補舊印所缺。此四經中僅《周禮》七十行中之八行今尚存，餘均已佚者也。近年復得宋拓殘紙總百七十八行，計《書》四行，《詩》八行，《周禮》卷一百十行、卷二四十行，《禮記》十六行，與前册稍有複重，殆亦出自丁氏所藏也。予既取付裝池，乃與舊藏合爲一册而記其後。

原載《貞松老人遺稿》(甲集)

記開封新收集的北宋石經

◎ 安金槐

自開封市解放以來，在黨和人民政府對文物保護工作的重視下，把收集北宋石經的原石，作爲文物保護工作中的重要部分之一。市文教局隨着文物保護政策的廣泛宣傳和配合市的基本建設工程，曾先後在開封舊城内發現和收集了北宋石經殘石四石，皆爲篆楷二體。其中計有《周易》二石，《尚書》和《禮記》各一石，加上解放前出土的《孝經》一石，現共有五石。現除《周易》一石，已于一九六一年九月隨河南省博物館由開封遷來鄭州展出外，其餘四石皆保存在開封市三聖廟街前河南省博物館歷代石刻院舊址内（現爲開封市展覽館）。

一九六一年六月，我在開封河南省博物館内，看到了此五石，曾向石經發現人和單位，瞭解了這批石經的出土地點和發現經過。并由同去的馬志祥同志幫助，對解放後新發現的四石進行了傳拓。同年十二月又由王興魁同志前往開封傳拓《孝經》一石。據瞭解殘石發現的經過，除《孝經》一石是一九二二年發現于開封文廟街府學崇聖祠下（府學址即文廟）以外，其餘四石是解放後在北城門外和文廟舊址内發現的。《孝經》一石出土後，原存于今刷絨街開封圖書館，一九二三年即移存于今三聖廟街的前河南省博物館舊址石刻院内，①并鑲嵌于該院西廊房下，編爲館藏石刻〈〇七三五〉號。《禮記》一石，係一九五四年八月，開封市文教局在配合該市修築北城門一帶的馬路工程調查文物時，在北城門外約十米的浮石中發現的。②《周易》二石和《尚書》一石，係開封市第二中學，于一九五四年和一九五六年間，在擴建該校校址（即文廟

① 熊伯履、井鴻鈞《開封勝迹志》，河南人民出版社一九五八年版。

② 井鴻鈞《開封市發現北宋石經及明代興學碑》。《河南日報》一九五四年九月一日第三版。

舊址)工程中,在大成殿及其附近陸續發現的。

現存北宋石經五石,除《尚書》一石保存較完整外,其餘各石皆殘損嚴重,有的石面遭受了石灰的嚴重剥蝕;有的石面文字被鑿毁,以致字迹多已漫漶不清。

《周易》二石,皆殘斷爲兩截。從兩石的殘存情况看,只有一面刻有文字,另一面有鍛鑿痕,没有發現文字。兩石由于遭到嚴重的鑿毁,所以難以知其寬度。其中一石殘長一・九一米,殘寬〇・三六至〇・四二米,厚〇・二二米。石面殘存文字六列,每列殘留篆楷文字的行數不等,多者十六行,少者七行,除篇首外,每行十字。刻文内容屬《繫辭》,自"周易繫辭上第七,天尊地卑,乾坤定矣"起至"樞機之發,榮辱之主也,言行君子,之"止(圖二)。

《周易》的另一石,殘長一・六七米,殘寬〇・四三米,厚〇・二二米。石面殘存文字六列,每列殘存篆楷文字行數不等,多者十六行,少者十五行,行十字。屬《節》《中孚》《小過》《既濟》《未濟》卦的部分(圖三)。

《尚書》殘石,爲所獲的五石中保存石面較大的一石,殘長一・五米,殘寬〇・八六米,厚〇・二二米。它曾被當作石材鋪于文廟大成殿的御道上,石經的一面有後世增刻的龍形紋飾,文字全部泯滅。另一面則由于長期俯蓋于地面,爲石灰所剥蝕,文字損毁也很嚴重。其字迹尚可辨出者,共六列,每列三十四行,每行十字,篆楷二體,内容屬《康誥》篇,自"曰,封,爽惟民,廸吉"起,至篇終止。其下接《酒誥》篇,自篇首起,至"有斯民享,乃不用我教辭,惟我一人恤,弗蠲"止(圖四)。

《禮記》一石,爲所獲五石之中,殘存最小的一石。殘長〇・九二米,殘寬〇・二一米,厚〇・二二米,兩面皆刻有經文。惟一面文字保存較好,另一面爲後人所鑿,如今鑿痕斑斑,存字無幾。就殘存的文字内容看,屬《王制》《表記》篇中的兩節。《王制》篇能辨識者爲二列,上列殘存十行,每行十字,下列幾乎全被鑿毁,只存一二字,刻文内容爲"九年耕,必有三□之□,□三十年之通,雖有凶旱水□□無菜色,然後天子食,□舉以樂。天□□□□□,□月而葬,諸侯五日"以下殘缺。《表記》篇殘存三列,其上列存字很少;下二列,每列八行,每行十字。刻文内容爲"雖有過,其不甚矣,夫恭寡過,情可信,儉易容也"起,至"是故君子衰絰則有哀色,端冕則有敬色"止。其間文字殘缺更多(圖一)。

圖一　二體石經《禮記》殘石

圖二　二體石經《周易》殘石之一

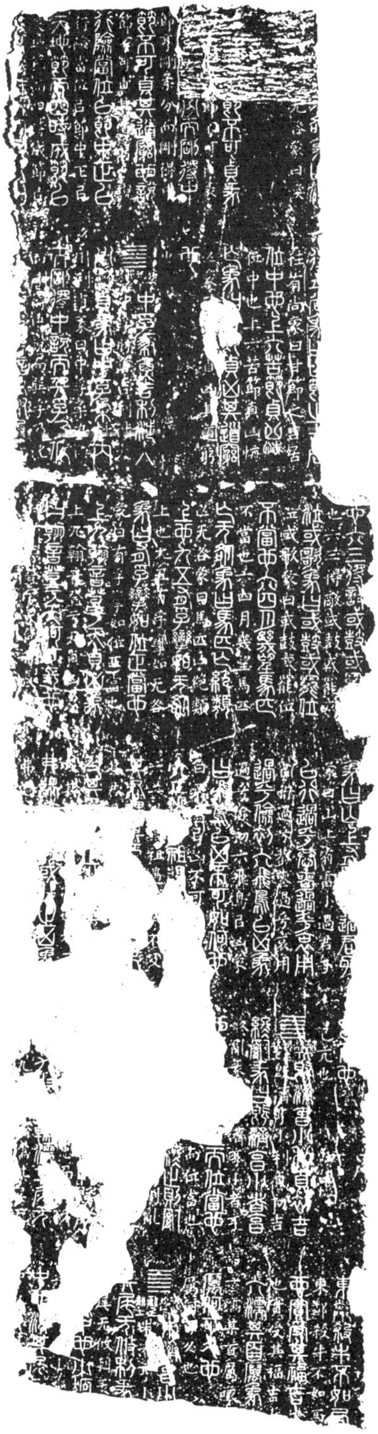

圖三　二體石經《周易》殘石之二

圖四　二體石經《尚書》殘石

《孝經》一石,殘長〇・五五米,寬〇・五二米,因已鑲嵌于墻壁上,厚度不詳。石面現殘存文字二列,上列篆楷二十一行,下列殘存篆楷二十行,除章末外,每行皆十字。刻文内容屬《紀孝行》章尾部分,即"……醜□□□□,□□□□□日用三牲之養,猶爲不孝也",和《五刑》章(全)、《廣要道》章(後缺),《廣至德》章(全);以及《廣揚名》章的前一部分(後缺)。

就開封所獲北宋石經五石來看,《禮記》一石係正背兩面刻文,其他四石因被鑿損或改爲他用,有的鑲嵌于壁間,看不出原石的另一面,是否也有刻文。根據過去記載:《周禮》殘石亦衹一碑,上下六截,皆《周禮》文,而一面《天官》,一面《春官》,蓋當石板相接并而立,兩面刻字。背面較正面繞數石而回復原處,故如比其遠距也。① 這次我們所發現的《禮記》一石,也是正背兩面刻文。因此確知北宋石經中有正背兩面皆有刻文者。

北宋石經的書刊,始于慶曆元年,竣工于嘉祐六年。② 字體皆爲篆楷二體,至于"仁宗命國子監取《易》《詩》《書》《周禮》《禮記》《春秋》《孝經》爲篆隸二體"的記載中的"隸"字,恐係"楷"字之誤。因爲至今還没有發現篆隸二體的北宋石經。或者是仁宗時原打算把石經書爲篆隸二體,因故未成,即改爲篆楷二體了。關于石經的行列字數,根據許多文獻記載和此次所獲保存較完整的《尚書》一石來看,每石上下六列,每列篆楷三十四行,每行十字。但每列的行數,也可能有因石面的寬窄不同,而有差異。據瞭解也有每列二十六行的。

關于北宋石經的書寫者,正史上記載得較少,而多是從書寫石經人的傳記上得到的材料。根據文獻記載,北宋石經的書寫者有趙克繼、楊南仲、章友宜、張次立、胡恢和謝飶等人。他們都是當時知名的大書法家。③ 但是其中有的善篆隸,有的善楷書。由于石經的書寫非出一人之手,所以全部石經的字體和大小也就表現得不够一致。

北宋石經的損毁,自北宋末年已經開始,歷經金、元、明、清和民國年間迭有損壞。其損毁的原因可能是多方面的:有説金人侵入汴京時,曾將石經劫運到燕京。④ 有人説由于開封在北宋以來,屢遭黄河水害,石經多被淤埋于

① 參見《汴學二體石經考》稿(抄本)第十七頁。
② 參見張國淦《歷代石經考・北宋石經考》。
③ 參見朱翌《猗覺寮雜記》,《宋史・謝飶傳》,《玉海》。
④ 參見《金史・劉彦宗傳》。

泥中。開封屢遭黄河水害,石經損毁,這是很自然的。此外,由于太學地址的數次變遷,石經搬移,也應該是造成石經損毁的原因之一。據載:“建隆中,藝祖于南宫城立太學。……金貞祐時,以其地當改築汴城,徙之東南城下,廢缺爲多。至元改爲汴梁路,太學之規制盡廢。洪武三年,改爲開封儒學,後圮于水。永樂五年,乃遷府學于景麗門内西北,而太學諸碑刻皆移于其中。”①“清順治九年(一六五二年),知府朱之瑶改建于城内東北隅,左爲文廟,右爲儒學,即現在文廟街地址。”②據此説明北宋石經之損毁,當以金貞祐時,元至元時和明洪武時的三個時期中,損毁得較爲嚴重。又載“宋末元初,汴學九經石板,堆積如山”③,正是説明宋末元初石經損毁的嚴重情况,但當時還保留着不少九經石板。而到了明代由于黄河决口,湮没開封,石經的損毁就更爲嚴重了。

從北宋太學以至明清的汴學和府學地址的屢遭變遷,這確給我們提出來了探索石經下落的重要資料。同時從現在所獲石經的地點來看,也是與太學的地點變遷是有密切關係的。如前引述景麗門,即今開封的曹門,因而在曹門内可能發現北宋石經。據嚴鐵橋《金石跋》載,清嘉慶七年,在曹門内發現清康熙年間所刻的《重修觀音堂記》碑,其石材就是用北宋嘉祐石經的《禮記》石改刻的。發現後即運到府學文廟内,與《易》《書》二碑并樹一起。④ 現存石經五石,其中四石就是發現于文廟内,即開封府學舊址。所以對北宋石經的探尋,應對太學或府學的原址附近進行勘察。再者也應該從明清兩代的其他碑記上去探索。據説開封有一清代的碑,記載着有關明代黄河决口搜集開封城内石碑,運往北城外築堤防洪事。而一九五四年,開封市文教局確在城北門外發現了《禮記》一石。所以我們今後在開封市探索北宋石經也應該從多方面入手。

原載《文物》一九六二年第十期

① 《汴京遺迹志》卷三,第十七頁,“太學”。
② 熊伯履、井鴻鈞《開封勝迹志》,河南人民出版社一九五八年版。
③ 《癸辛雜識别集》。
④ 參見《汴學二體石經考》稿(抄本)第十七頁。

河南開封陳留發現北宋二體石經一件

○ 張子英

一九八二年十月下旬,開封縣陳留公社農機修造廠在基建施工中發現碑石數件。其中一件爲篆、楷兩種書體的古碑,出土於前陳留專署大禮堂地下墻基部分。這件古碑爲北宋嘉祐石經中《周禮》的第一塊經石。碑版比較完整,碑面雖有剥蝕、脱落,但大部文字完好。由這塊經石可以推想《周禮》經石的規模和碑面寫刻的形制。

北宋嘉祐二體石經始刻於仁宗慶曆初年,竣工於仁宗嘉祐六年(1061年),歷時二十多年。所刻石經有《易》《詩》《書》《周禮》《禮記》《春秋左氏傳》和《孝經》。石經采用篆、楷兩種書體寫刻,故後人名之曰"二體石經"。書寫石經者多爲當時著名的書法家,可考知的有楊南仲、章友直、張次立、胡恢等人。其中篆書部分可能出自楊南仲、章友直和張次立的手筆。①

嘉祐石經刻成後幾近千年,經石已經散佚。清代朱彝尊《經籍考》認爲已經全佚;畢沅曾於河南陳留見到《周禮》殘石;孫星衍在開封一佛寺碑陰見到《檀弓》一段,孫氏在《寰宇訪碑録》中并稱《周易》《尚書》殘石在祥符縣(今開封市);丁晏曾藏有嘉祐石經《周易》《周禮》《孟子》拓本,拓本現藏北京圖書館,另有拓本連屬的名人題記一卷藏上海圖書館。②

一九二二年在開封市文廟街府學(即文廟舊址)崇聖祠下,發現《孝經》一石。這是近代發現二體石經之始。一九五四年八月開封市北門外發現《禮記》經石一件。一九五四、一九五六年開封市二中擴建校舍時,又相繼發現《周易》經石二件和《尚書》經石一件。但因出土經石大多殘損嚴重,很難據以估量石經

---

① 見顧炎武《石經考》,《續資治通鑒》卷五十九。

② 見《碑帖叙録》。

版面全貌。

圖一　二體石經正、背面

此次陳留出土的《周禮》經石，殘長一・七六米、寬〇・八五米、厚〇・二〇米，正、背兩面均刻篆、楷二體書法的經文。正、背均爲每面六列，每列三十行，每行十字，字徑二厘米。兩面相較，背面文字較完好。碑版正面經文爲《周禮・天官冢宰第一》中的片段，可以識出的有五列。第一列是"天官冢宰第一　惟王建國……胥四人，徒四十人"；第二列是"凌人下士二人……下史四人，府二人，史"；第三列是"九嬪、世婦……女御八人，女"；第四列是《大宰》中的"曰園圃……一曰邦中之賦，二曰"；第五列爲"誅賞之……邦之六典、八法、八"。背面經文爲《周禮・春官宗伯》中十八至廿二諸卷中的片斷。第一列是《大宗伯》中"禮，若王不與祭祀……乃頒祀於邦國都家鄉邑"，《小宗伯》中"小宗伯之職……辨吉凶"；第二列是《肆師》中"牲繫於牢……用牲於社宗，則爲位，類造上"；第三列是《司尊彝》中"享，祼用虎彝……大旅亦如之"，《司几筵》中"司几筵掌五凡……加莞席紛純"；第四列是《典瑞》中"其玉器而奉之……凡玉器出，則共奉之"，《典命》中"典命掌……凡諸侯之適子"；第五列是《典祀》中"司隸而役之……師其屬而守其厲禁而蹕之"，《守祧》中"守祧掌……與其服"，《世婦》中"世婦掌……凡王后有拜事於婦"；第六列是《大司樂》中"大司樂……五聲、八音、六舞。大"。文字與阮刻本未見有出入。

圖二　二體石經拓片(局部)

從已發現的二體石經看,《尚書》《周易》《周禮》三種經石上下皆爲六列,《尚書》經石每列爲三十四行,而《周禮》經石每列爲三十行。其他幾件經石,因碑版殘損嚴重,無從稽考。但每行十字,字徑二厘米左右,先篆後楷,則爲已發現的五經六石所同。嘉祐石經版面每石爲六列文字,每列約三十行,每行十字,似爲通例。以陳留所發現的《周禮》經石考察,正面第一列與第二列之間脱文爲三百四十一字,第二列與第三列之間脱文爲三百五十八字;背面第一列與第二列之間脱文爲四百二十一字,第二列與第三列之間脱文爲四百一十字,第三列與第四列之間脱文爲四百十五字,第四列與第五列之間脱文爲四百二十一字。由此推算,可能三塊石碑拼接相當於一頁。從已發現的《尚書》《禮記》《周禮》經石來看,嘉祐石經或許均爲正、背兩面刻寫經文。

原載《文物》一九八五年第一期

南宋紹興石經

南宋石經跋戊子

◎ 陳漢章

《周易》二石,《尚書》七石,《毛詩》十石,《禮記・中庸》一石,《春秋左傳》四十石,《論語》七石,《孟子》十一石,都七十八石。邑侯鄒芷汀先生出所藏本,求爲題跋。校其數,與朱竹垞、王蘭泉、錢竹汀、阮芸臺所記互有異同。經文亦或彼此有無,隨各石記其起止,亦足資考證矣。思陵書結體皆法晉人,下筆多誤。本作夲、祇作祗,貳作貮、篤作萬、簡作蕳,並違六書義例。《玉海》云:"紹興十三年六月始刊,至十六年五月刻成。"秦檜《記》作於癸亥。《書》《詩》《左傳》《論語》通同用之。或題紹興十三年,或題癸亥歲,非皆於是年竣功也。《玉海》十六年五月,上又書《論語》《孟子》,明非十三年所書,而《論語》末一石,秦檜《記》亦題癸亥歲,斯爲通用之明證。《繫年要録》稱紹興十三年上寫六經、《語》《孟》,皆畢。《群書會元截江網》又謂紹興九年上所寫皆畢,俱未核也。《中庸》末有篆書"御筆之印"四字,乃紹興五年九月賜汪應辰者。十三年刊五經時,原未上石,猶以《大學》賜趙逵,《學記》賜王十朋,《儒行》賜王佐,《經解》賜梁克家,皆諸臣藏之私家。至淳熙四年二月,趙磻老乃奏請搜訪舊本,重行摹勒,以補禮經之闕。所謂舊本者,即前賜新及第諸人之紙本。蘭泉反疑太學原别有石刻,眥《玉海》之語未晰,以不誤爲誤矣。蘭泉自云:"在武林躬詣府學,全拓以歸,諦審數過,乃'御筆之印'作'御筆之寶',不獨所記各石起止有誤,何其不審如是?"芸臺校勘記引南宋石經辟如四時之錯行,驗石本同上作譬如。竹汀《跋尾》謂今《論語》皆從《朱子集注》本作"無求生以害仁",驗石本"仁"字尚存,下半亦不作"害人"。蓋不審者不獨蘭泉一人也。明人吴訥、文徵明、郎瑛並言紹興二年有御書《孝經》。蘭泉糾《錢塘縣志》言《孝經》乃《易經》之誤。案:張鉉《金陵新志》:"高宗御書《孝經》,守臣晁謙之刻石。"徐獻忠《吴興掌故》:"御書《孝經》,太守張宇立石。"又《毘陵志》:"御書

《孝經》石刻,淳熙中,守臣林祖洽立。”豈建康府及湖、常二州刻石反不刻於太學乎?《元史·申屠致遠傳》稱高宗所書九經石刻,畢氏《續通鑑》從之。今所傳止七經,無九經,蓋當有《孝經》及他經,而其石已泐。猶《大學》《學記》《儒行》《經解》四石無傳本矣。丙戌叩杭州府學,欲觀此經,而門閉不得入。今得拓本從容校勘,過眼雲煙,亦書生眼福也。

原載《綴學堂初稿》,《陳漢章全集》第十八册

舊杭州府學南宋石經考

◎ 張　崟

舊杭州府學宋石經，前人考訂頗詳，近人蒲圻張國淦更彙合衆説，折衷己意，爲《南宋石經考》，尤能提綱挈領，集各家之大成。然耳聞不如目見，目睹尤貴求真，成説非諶，則不免盲從沿誤，而目睹未真，則所得之果，亦終類臧穀亡羊耳。故石經《周易》行字，原爲每列五十六行，行十八字者，而諸家並作每行十七字，此其明證。碑首及偏旁本有數字刻紀，而"自《玉海》以下諸書，皆不言當時刻石共若干碑"，尚奚論"今存八十七碑之外，……亡者實有幾何"哉？蓋彼其所據，並依拓本，不知拓工畏煩，偷工省料，容有簡汰，氈椎之際，但拓正文，於石次有關之數字，每忽如也。如此而徵文考獻，又烏得而不失邱山于目睫？余客杭不久，素無志于金石之學，僅從郡志諸書知杭府學有南宋石經而已。而府學何在，碑今奚若，更屬茫然。一九三三年冬，省立杭州師範學校擇定文廟爲黌舍，拆卸改造之謠甚囂塵上，關心文獻之士，競起呼籲，尤亟亟以檽星門內兩廡宋石經爲慮。教育廳乃派員蹈勘，即以宋石經之考察屬諸省立圖書館，于時愚以承乏筆研故，得躬與其役。府學廟在杭城西南隅運司河下，余以是年冬偕夏君定域，冒雨瞻謁宫墻，時明倫堂方爲學校女生宿舍，大成殿爲手工教室，殿宇失修，階陛傾側，璧水不流，堂塗荆棘，檽星門內所謂左右各二十二楹之兩廡，尤頽瓦殘垣，不蔽風雨。石經雖尚嵌壁，而漫漶殘泐，于今益烈矣。與夏君披衰草踐瓦礫，捫碑循視，提槧握鉛，約略記其起訖字句碑數行列等，歸草報告，以爲館方呈覆教廳之資。然以碑字漫滅，目力難辨，既未有拓本可供勘對，亦未携前人紀載，驗其存佚也。

昱歲春日，館務稍暇，乃約夏君挾阮芸臺《兩浙金石志》詣府學廟觀宋石經。隨視隨記，漸覺比前稍詳；且知阮《志》等未載碑額及偏旁列數之失。顧碑多模糊，有非椎拓不可辨者，即有一鱗半爪尚可仿佛，亦非熟讀群經，無從知其即與阮《志》所著録者合;况阮《志》不無有舛訛乎?既已心有所憚,復人事卒卒,遂用擱手;惟竊竊自維:安得當世伏生,或有能以索引新法遍索群經者助予爲快乎?不謂曾無幾時,而葉君紹鈞之《十三經索引》預約廣告即在報端披露,不禁令余有實獲我心之喜。翹企以待,越半載其書始出版,但猶苦未備石經拓片,輒復從拓工處物色得之。既復牽率庶事,未遑理董,因循逮是,始得重治舊稿,目營心織,勉成兹篇。雖此題作者,固已前有古人,然拾遺補闕,堪稱結帳式之考撰,則區區是文,未敢多讓。

陳述南宋之石經,不能不先序其顛末。關于此事,張國淦先生《歷代石經考》中之《南宋石經考》,爲最能擷衆説菁英。兹特撮要總述,以明梗概,然後再詳述石經之過去與現在焉。

南宋石經,舊稱紹興御書石經(《石刻鋪叙》),亦名宋高宗御書石經(顧氏《石經考》),以其爲紹興間宋高宗御書也;亦名宋太學御書石經(朱氏《經義考》),則以儲所著。經數凡七:《易》《詩》《書》《春秋左氏傳》《論語》《孟子》及《禮記》。《中庸》《大學》《學記》《儒行》《經解》五篇。(見王深寧《玉海》暨曾幼卿《石刻鋪叙》)别有《孝經》一石,亦見《玉海》及康熙《錢唐縣志》;新修《杭州府志》且稱其石迄今猶存,惟余實未見,殆不在嵌壁列也?

附記:張氏《歷代石經考》不信有《孝經》,據稱“又考新修《杭州府志》云諸家皆不言御書有《孝經》,此有《孝經》而無《易經》,必是《孝經》即《易經》之訛,且御書頒於紹興十三年非二年,皆《志》誤也”。案:新修《杭志》實謂有《孝經》,詳見《金石一·宋高宗御書石經》案語,此所云云,蓋未確。

其寫刊既非一時,亦非盡出宋高宗一手。蓋紹興五年九月,已以御書石刻《中庸》篇賜汪應辰等。(見《玉海》及《宋史·汪應辰傳》),九年刊《論語》《孟子》(據《經義考》引《截江網》。馮登府《石經考異》謂《論》《孟》立石在二十六年,不知何據。)十三年六月出御書《周易》,與同年二月所出御書《左氏春秋》之二部分同委由知臨安府事張澂刊石。十四年正月出御書《尚書》,十月出《毛詩》,十六年五月又出御書《春秋左傳》(並據《玉海》),于是石刻《左氏傳》得成完帙(《石刻鋪叙》云高宗親御翰墨作爲小楷,以書《周易》《尚書》《毛詩》《春秋左傳》全帙)。惟所節録之《禮記》五篇,除《中庸》外,《儒行》《學記》《經解》《大學》四篇,不詳寫刊時期。康熙《錢唐志》紹興二年説,似嫌稍早。以意度之,當與《中庸》相先後耳。或謂《禮經》五篇不在太學石經之數,至南宋淳熙中趙磻老始奏請訪舊本重行摹勒者，則現存之石經，誠可謂刊始于紹興，畢工于淳熙矣。字體並不一例，《易》《書》《詩》《春秋左傳》及《禮記》五篇，真書；《論》《孟》章草（《石刻鋪叙》云然，今觀原石果爾），結體較大；《中庸》次之。（插圖第二面説明微誤，其中"論語孟子"與"中庸"二字應互調，因攝製銅圖時，《中庸》之尺寸不與《毛詩》《論語》成正比例故也。）碑型及行列亦有參差，七經中除《禮記》五篇由《中庸》一石可推知石均五列，列四十行，行十四字，碑特高大（約較他經高尺許外），餘並每石四列；惟行字互歧，今表于次，以見各經石刻之異同：（參插圖）

	《易》	《書》	《詩》	《春秋》	《論語》	《孟子》	《中庸》
每石列數	四	四	四	四	四	四	五
每行列數	五六	四二	四五	四五	二七	二八	四〇
每行字數	一八	二七	二八	一八	十五/六	一五 一六字不等 一七	一四
字　　體	楷書	同上	同上	同上	行書字較大	同上	行書字較《論》《孟》略小

至經字雖稱高宗御書，但頗羼有皇后吴氏之手筆在，葉紹翁《四朝聞見録》謂："高宗御書六經，嘗以賜國子監及石本于諸州庠。上親御翰墨，稍倦，即命憲聖續書，至今皆莫能辨。"《錢唐縣志》因有"内有憲聖代書"之語，《金石萃編》稱"憲聖者，吴皇后也。史傳載后頗知書，博習書史，善翰墨"云。《咸淳臨安志》又載西湖石人嶺下有后書《金剛經》石刻。皆其證也。

石數現存八十六石，殘佚幾何？因自宋浚儀王應麟以迄今蒲圻張國淦止，並但依拓本，以考經文，既不得悉其原數，故遂亦無由辨亡逸之多寡。依余今考，則《易》應殘四，《書》當亡三，《毛詩》《論語》，亦同此數，《禮記》則三闕其二，《孟子》則廿二佚其半，而以《春秋》逸十五石爲最多焉（以全部比例言，《孟子》當居最）。經石在南宋初藏太學首善閣及大成殿後三禮堂之廊廡，至孝宗淳熙四年二月，知臨安府趙磻老奉命建光堯石經閣于太學西北隅以奉安石經（《玉海》及《宋鑑》），而儲墨本于其上（《咸淳臨安志》）。迨元覆宋社，太學廢爲肅政廉訪司治所，西僧楊璉真伽造白塔于行宫故址，取經石爲浮屠基，賴杭州路推官申屠致遠力争，始免全毁，然已損其什一（據《曝書亭集》）。至元二十八年，學改爲西湖書院，稍稍收拾宋學書版及石刻，然歲久閣廢，石經已頗有斷折零落矣。迄明"洪武十二年，即書院爲仁和學，末年，復徙學於城隅之貢院，石經亦舁致焉。龜趺螭首，十缺其五。宣德元年，侍御史吴訥屬郡縣收緝，凡得全碑及碎折者百片，（《歷代石經考》引《碧溪文集》稱訥所收百片之數殆舉成數而言云，今案萬曆《杭州府志》引楊一清記宋廷佐遷石經事可參證。）置之大成殿後兩廡”。（《兩浙金石志》引孔繼涵《石經記》。案：新修《杭州府志》引楊一清《遷石經及十三贊記》作宣德二年。）越十一年，巡按監察御史宋廷佐，檄知府留志叔遷仁和縣學石經於戟門外櫺星門北之兩偏，覆以周廊，左右各二十二楹。（據萬曆《杭州府志》載楊一清《記》，郎仁實《七修類稿》則屬之正德十三年。）崇禎末，廊圮，乃嵌諸壁中（《經義考》）。“爲遷徙變置者五，其殘壞散佚，皆由於此。”（《石經記》）清順治五年，巡臺諸司始捐金修葺。康熙二十三年，知府事顧岱再度捐修，二十四年，巡撫趙士麟斥帑重造廊廊（新修《杭州府志》）。“乾隆三十六年，重修學宫，增建廊廡，而碑之嵌壁，益加完整。”（《碧溪文集》）

附記：杭世駿《新修杭州府儒學記》稱當時“建廊四十六間”爲“前此修學者所未計及也”云。

當時排列之次序，據朱竹垞《經義考》稱：“左壁：《易》二石，《書》六石，《詩》十二石，《禮記》惟《中庸》一石，《論語》七石，《孟子》十一石；右壁：《春秋左傳》四十八石；共八十七石。”蓋仍明季之舊，而今日序列之所由也。然今考嵌壁之石，雖大體如昔，而頗失倫次有如後述，又讀碑順序，由北而南，於是東壁諸經，不能緊接，有若圖示：

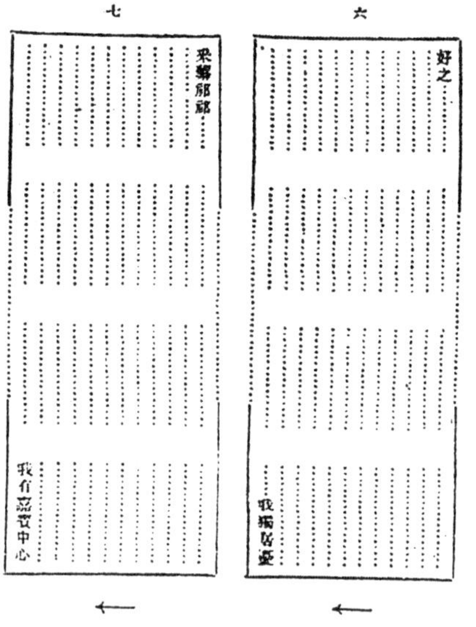

不知曷故？案乾隆以後，阮文達公撫浙，亦曾繕治廊廡（事在嘉慶八年），且登之《兩浙金石志》，何以任其乖錯，不予釐定？豈仍明之舊，不欲更張；抑赭寇亂後重修時更置致然耶？竹垞又稱"東壁南有理宗《御製序》四碑"，今未見，惟附有元《西湖書院記》及明嘉靖宸翰《程子四箴》等碑多石（詳見後），則似頗改其朔也。

以上述南宋石經之建置與其遷變竟，玆就現狀，核之阮《志》，以見其異同，並考其原次與殘佚之數，以補前人所未及：

一、《周易》二石　兩石除第一石三四兩列有裂痕三道，及第二石首列損泐較甚外，字尚完好，大抵無甚殊于清嘉慶間阮芸臺之所見者。惟第一石左旁以日一至月四標記列數，第二石以月一至月四記列數，爲阮《志》所未道。又馮氏《考異》及阮《志》、《張考》，並謂《易》每行十七字，今案實十八字也。自《離》卦"何可久也"起以下悉闕，以現存兩石之行款推之，蓋佚四石，爲定其起訖如次：

第三石　起《離》"何可久也"訖《困》"利用祭祀"。

第四石　起《困》"象曰劓刖志未得也"訖"《繫辭上》"，以《周易》上經另題一行例之，此三字亦當自成一行，以後仿此。

第五石　起《繫辭上》"天尊天卑"訖《繫辭上》"損先難而後易益"。

第六石　起《繫辭下》"長裕而不設"至末。

二、《尚書》七石　行列字數悉同阮《志》，惟嵌壁次序益顛倒失倫，計：

第一石　首列字已全泐，僅"帝其念哉"，"（皋陶方）祗厥序""乃歌曰"若干字可仞，次列亦泐，三四兩列較清晰；惟末列又有自右上至左下斜行裂痕，旁刻列數號碼爲五至八，知爲原刻宋石經《尚書》第二石，而阮《志》所著録之第一石也。

第二石　字極清明，起《泰誓下》"武惟朕文考無罪"，訖"知我國有（疵）"，與阮《志》第三石同，列數號碼爲十七至二十，爲原第五石之證。

第三石　第三列旁注數字"十五"，知爲原第四石，第四列末"惟我有周誕受多方予克受非武"，尚可與阮《志》第二石相應證，惟首列漫滅，已成没字碑，視阮文達所謂"第一列多泐"者，又有甚矣。

第四石　三四兩列旁記號碼爲"二十三""二十四"，第一列首闕六行，與阮《志》第四石云云同，當起"疵民不康"訖"若翼日乙（卯）"也。次列闕右上角，並有裂痕，第三列右方有縱裂文，末列中部有斜裂紋。

第五石　首二三列稍泐，末列左右方及中部各有泐損一二處，惟字尚極清楚，起“卯周公朝至于洛”，訖《君奭》“若天棐忱我亦不敢知止”，與阮《志》第五石同。列數爲“二十五”至“二十八”。

第六石　首二兩列漫漶，三四兩列起十行猶完好，其旁注列數“三十一”“三十二”，一望可辨。起句不明，終《周官》“五服一朝”，知即阮《志》第六石，而原第八石也。

第七石　漫滅已甚，惟首列“敬之哉”“今天（相民）”，及末句“獄貨非（室）”，次列《費誓》兩“汝則有常刑”句，尚可仞，又第三列左八九行亦尚清晰，旁注列數“三十九”，可知其爲原第十石，即《尚書》最末一石，而阮《志》“羣后之逮在下，至末”之第七石也。當時已稱“上二列皆漫滅”，但猶可記其起訖，則應視今爲差勝矣。所闕三石，爲推定如次：

第一石　《虞書》首至《益稷謨》“欽四隣庶（頑讒説）”。

第三石　起《仲虺之誥》“室家相慶曰徯予后”訖《般庚中》“高后丕乃崇降”。

第九石　《周官》“又六年王乃時巡”至《吕刑》“罔有降格”。

三、《毛詩》十石　自《毛詩》以迄《春秋左氏傳》各碑，多有原刻列數及碑數字在，於稽核原石次第極便（二者具一即可），前人僅依拓本，故均未知。今就現存可辨者，一一拈出之：

第一石　字極清明，列數旁注一至四，起《周南》訖《邶風・日月》“報我不述”，與阮《志》首石同。

第二石　通體完好同前，列數爲第“十三”至“十六”，原《毛詩》第四石之證，起《鄭風・子衿》“悠悠我思”，訖《唐風・羔裘》“羔裘豹”，即阮《志》第三石也。

第三石　首列稍漫漶，餘俱清晰；起《衛風・氓》“送子涉淇”，訖《鄭風・子衿》“青青子佩”，尚可辨其即爲阮《志》次石。旁注列數雖已莫辨，而核以詩句，固可知其爲原第三石耳。

第四石　碑首鐫有“五”字，原碑次也，以後仿此。字多漫滅，第四列殘闕。首列《唐風・采苓》“人之爲言胡□焉……舍旃舍旃”尚約略可仞，其爲阮《志》第四石起“褎自我人究究”至《陳風・澤陂》“輾轉伏枕”無疑。

第五石　碑首有“六”字，首列左上角闕，第三列旁注列數“二十三”尚清朗，知與阮《志》第五石“采蘩祈祈”（《邠風・七月》）起，至“我有嘉賓中心”

(《小雅·彤弓》)止同也。

第六石　額鏤"七"字,首二列清晰,三四列稍泐,起"好之",訖《節南山之什·十月之交》"獨我居憂",與阮《志》第六石同。

第七石　額有"九"字,首列旁記列數"三十三"。首列通體清爽,中部漫漶,二三兩列模糊,末列完好。起"(以啓其)毛取其血膋"訖"何草",與阮《志》第七石同。

第八石　額有"十"字,列數"三十七"至"四十";字極清晰,惟末列右方稍泐,起"不玄"止《公劉》"于時言言于",即阮《志》第八石。

第九石　額記"十二",起《大雅·韓奕》"入覲以其介圭",訖《魯頌·駉》"有驒有",同阮《志》第九石。

第十石　額字已滅,列數亦僅第三列"五十一"可辨,爲原第十三石之證。全碑字迹清明,起"駱有騂有駱"至末,與阮《志》第十石同。末列紹興癸亥九月秦檜跋,猶通體清疏可誦,絶勝《左傳》《論語》末所刻之已漫滅難仞。不圖鉅奸遺迹,托兹以傳!已爲吴訥椎去(見《曝書亭集》)云何哉?

由此可知《毛詩》原本十三石,今闕第二第八及十一三石,爲推定如次:

第二石　起《邶風·終風》,訖《衛風·氓》"來即我謀"。

第八石　起《十月之交》"民莫不逸",訖《谷風之什·信南山》"以啓其"。

第十一石　起《公劉》"時語語",訖《大雅·蕩之什·韓奕》"孔修且將韓侯"。

四、《論語》七石　字作章草,結體較《易》《書》《詩》《春秋左傳》等爲大,碑首鏤有"語一""語二"……以識石次,亦前此金石學諸家所失載者。

第一石至第四石　額有"語一""語二""語三""語四"刻記,字頗清楚,起訖石次與阮《志》著録同。

第五石　額有"語五",字頗漫滅,然参以上石,知即阮《志》之第五石,起《鄉黨》"餒而肉敗不食",至《顔淵》"司馬牛問君子子曰君子不"。

第六石　原石次"語八",碑裂字泐,惟起句"不忠信行不篤敬……"字尚爽目,與阮《志》第六石同。第三四列左下方,均漫滅不堪。

第七石　原石次"語十",首二三三列字尚清朗,起"(可)者與之其不可者拒之",至末止;與阮《志》第七石同。碑尾有紹興癸亥九月甲子秦檜跋,字體較經文略小,頗模糊;察其文字,知與刻在《詩》末者同。

所闕原石第六第七第九三石,今推定如下:

原第六石　起《顔淵》"（君子不）憂不懼"，訖《子路》"子曰不占而已矣"。

原第七石　起"子曰君子和而不同"，訖《衛靈公》"雖蠻貊之邦行矣言"。

因《論語》每行十六字，間亦有作十五字者，故第六石之訖句與第七石之起句，容有三數字之出入。

原第九石　起"（戒）之在得"訖《子張》"子張曰子夏云何對曰子夏曰可"。

五、《中庸》一石　《禮經》五篇僅存一石，形特高大，凡五列，列四十行，行十四字，與阮《志》著録同；雖字已稍損，而較諸他經，固已豁目多多矣。《中庸》碑數幾何，前人未及，今觀此石起"必自邇譬如登高必自卑"至末（碑尾剩七行刊有"御書之寶"方記），則自"辟如行遠"以上，總共尚有八百六十八字，而依現存一石行款計算，全石應得二千八百字，則《中庸》一篇刻一石太多，刊二石又嫌太寡，（照上八六八字計十四字一行，僅得六十二行，連題"中庸"一行亦不過六十三行，占二列而差耳。）如謂兩石行款不同，字體洪纖有别，則同篇兩寫，必無是理。予忖度之，殆上半篇必與他篇相聯接刊石之故。前不謂淳熙時重摹《禮經》五篇乎？此上殆與《學記》及《經解》蟬連。（惟以字數計似又溢出，因以《學記》二三〇二字，應得每十四字一行者一百五十一行。《經解》一篇七二四字，得五十二行，合共已二〇三行，尚須加題目各一行也。——其上或更題"禮經第幾"一行，亦未可知。）《儒行》與《大學》則以字數論，適堪合刊一石，（《儒行》一〇三二字，《大學》一七六三字，題在外。）是《禮經》五篇原石，至少當有三塊，今僅孑遺《中庸》一片石耳。

六、《孟子》十一石　行款如阮《志》，近人蒲圻張氏乃沿馮柳東之誤，謂《孟子》每行二十六字或十五十七字不等云。每石碑及邊闌存有原來石次列次之數字，而拓本均失之，詒誤金石學家不鮮也。原當二十二石，今僅存其半，所闕：第一、二、五、十至十四、十八、二十、廿二等石，除第五（《公孫丑下》"之功可復許乎"至"綢繆牖户"）、十八（《告子上》"之心不若人則不知惡"至《告子下》"名實未加于上"）、二十（《盡心上》"得也求在我者也"至"以其小者信其大者奚可哉"）、廿二（《盡心下》"婦者善博虎"至末）四石可以完全定其起訖外，餘則以行字有十五六七字不等之故，殊難肊决，僅其首末兩石之最初起句及最末終句終可推定而已。今皆付之區蓋焉。

第一石　首鏤"三"字，列次"孟九"至"孟十二"，大體尚清爽，起《梁惠王上》"（弱國）不可以敵强"，訖《梁惠王下》"則何爲不行王（曰寡人有疾）"，與阮《志》第一石同。

第二石　上右角殘,起句不明,訖《公孫丑上》"夫子當路于齊管仲晏子",核以阮《志》,知即其"曰人寡有疾起夫子當路于齊……止"之第二石,而原第四石也。《志》稱首列多泐,今除上右角外,尚清晰可觀。

第三石　起《公孫丑下》"今此下民或敢侮予",訖"故爲兵餽"止,清明可辨。即阮《志》第三石,原第六石。三四兩列,偏右漫泐較甚,字已莫辨。

第四石　通體清明,僅右邊有縱向斜裂紋一綫,末右下方稍泐數字,一望而知其即阮《志》起"之予何爲不受",訖《滕文公上》"夫道一而已矣"之第四石。原石次第七。

第五石　首二列清朗,三四兩列稍泐,起"成覸謂齊景公曰",訖"大哉堯之爲君",與阮《志》第五石同。原石次第八。

第六石　額鎸"九"字,泐甚。起"惟天爲大惟堯則之",與阮《志》第六石同;當時已稱"此石多泐",訖語不明,但云"似至湯使人遺之牛羊葛止",今案末第三行"湯居(亳)",第三行"(使人)問(之)"三字推之,誠然。今全石一二兩列尚多可讀,三四兩列,漫滅最甚,左下方且有自左上至右下斜裂痕。

第七石　額鎸"十五",雖多損泐,首尾尚可辨仞。起《萬章上》"堯舜之道焉非其義也",訖《萬章下》"是天子而友匹夫也",與阮《志》第七石同。

第八石　額刻"十六",除末列有兩大損泐處外,通體可讀,與阮《志》第八石同。

第九石　原石次"十七",通石損泐,惟可仞之字,斷斷續續,尚近千數。首句已不可辨,末句"指不若人則知惡",因知其即起《告子上》"告子曰食色"之阮《志》第九石。

第十石　原石次"十九",通體清明,僅第三列稍有漫滅,而無損于字,起《告子章句下》"下而去之仁者固如此乎"訖《盡心章句上》"舍則失之是求有益于",與阮《志》第十石同。

第十一石　首鎸"廿一",首列殘右上角,三四兩列損泐,末列尤甚。字多漫滅,除右上角佚去約十五字外,碑已裂爲四塊,湊補嵌壁,乃成今狀。然上三列字猶完好,一二兩列幾同新槧。起"(桃應問)舜爲天子皋陶爲士"首三字殘,訖亦不明,参以阮《志》第十一石,蓋止于《盡心章句下》"是爲馮婦也晉人有馮"句。

附記：此下錯列明世宗宸翰《程子視聽言動四箴》(嘉靖八年詔建)、

元大德某年詔旨碑、明吴訥《石經歌》、元季刊《太上感應靈篇》(阮《志》卷十六云"此元季所刻""舊在湖山堂不知何時徙杭郡庠")、南宋刊《寧遠記》(宋嘉定元年重修義塚碑見阮《志》卷十一)、元《西湖書院記》及書院重整書目碑(見同上卷十五末)又《書院增置田記》(同上)、《武林弭災之記》,又明世宗宸翰《宋儒范浚心箴》(案嘉靖八年詔建),又已全泐宸翰一石(殆嘉靖《御製敬一箴》),又清光緒十七年立《三學局義阡碑記》。

七、《春秋左傳》四十八石　《春秋左氏傳》石經嵌壁失次,兹就見存,件繫説明;並考定佚石起訖及今石原序,與阮《志》著録次第,簡表于後:

第一石　首有"二字",字極清楚。惟末列右底稍有闕落,起"父之子嘉父",訖桓二年"周内史聞之曰臧孫"止,與阮《志》第二石同。

第二石　首有"五"字,起"及瓜而代",至"冬十有二月葬鄭",與阮《志》第四石同。頗有損泐,末列尤漫滅。

第三石　原石次第"六",首二列旁注列數"二十二""二十三"尚可辨。末列漫漶,拓本失之。以是僅知其起莊"傳二十一年春胥命于弭",據阮《志》第五石當訖"豈不懷歸畏"也。(阮《志》誤作"厲公傳二十一年起"。)

第四石　原石次"七",首三列清晰,末列大損。首列列次"二十五"尚可識。起"此簡書",訖"其娣生卓子及將",已泐損不可仞,即阮《志》第六石也。

第五石　原碑次"八",通體清晰。起"立夷齊",訖《僖十年傳》"夷齊無禮",與阮《志》第七石同。

第六石　原石次第"十"字極清明,二三四列列次爲"三十八"至"四十一"。起僖十七年"也夏晉太子圉爲質于秦",訖"晉侯無親外内",即阮《志》第八石。

第七石　原第"十一"石,列次"四十一"至"四十四",除三四兩列少有損泐外,通體清晰,即阮《志》"惡之我聞姬姓起以靖國也。靖諸内止"第九石。

第八石　原第"十二"石,列次"四十五"至"四十八"。稍有漫滅,首列尤完好。起"而敗諸外",訖"九月甲午晉",同阮《志》第十石。

第九石　原第"十三"石,列次"四十九"至"五十二",略有泐處,末列較甚。起"侯秦伯圍鄭以其無禮于晉",訖句"以報殽之役二"已損,阮《志》列第十一。

第十石　原石次“十四”，列數“五十三”至“五十六”。首三列中有大裂痕作人字形，惟通體字尚清晰，起“月晉侯禦之”，訖“敗秦師于令狐至于”；與阮《志》第十二石同。

第十一石　原第“十五”石，列次“五十七”至“六十”。起“刳首”，至“衛侯會公于沓請平”，即阮《志》第十三石；惟末句已全泐。三四兩列有漫滅處，末列尤甚。

第十二石　原第“十六”石。漫漶甚，惟首尾及中間數處尚可辨仞；即阮《志》“于晉公還起而使歜僕止”之第十四石。

第十三石　首刻“十七”當起“納閻職之妻”，與阮《志》第十五石同，阮《志》已云“此石漫滅難辨，惟末列尚有可審者，每列闕十行，似至‘與之蘭而御之’止”。今案末列“及昭公子”四字，尚依稀可仞。

第十四石　額刻石次“十九”，第一列列次“七十三”次列“七十四”，起宣十二“晉師救鄭”，訖《十四年經》“夏五月壬申”，同阮《志》第十七石。通體清晰，惟三四兩列中間有裂痕，作倒人字狀。

第十五石　額字已殘，首列列次“八十一”三字尚存，則當爲原第二十一石也。起“退我此乃止且告車來甚衆”，與阮《志》第十七石相當，首列左上角次列左下角有殘闕，三四兩列漫滅甚。以行列計，當止成三年，“其誰敢德王（曰）”。

第十六石　額刻“二十二”，甚模糊，惟字猶多可辨。首列第一行“……我對曰臣不任受……”句尚可仿佛，知其即阮《志》第十八石所謂“此石亦漫滅，可辨者甚少”，每列闕十餘行，似“曰子歸何以報我起”也。此所謂闕，實係漫滅之代詞，非果亡佚也。訖何處，阮文達時已不明，今由第四列末逆數第四行“思啓封疆以利社稷者”二句推之，當止“文子不可曰君命無貳（失信不立）”（《成八年傳》）也。

第十七石　額鎸“二十四”，列次“九十三”至“九十六”，起“（東道之）不通則是康公絶我好也”，訖“射而中”，（此句今已模糊）即阮《志》第十九石。次列有自右上至左下斜裂紋，首列極清晰，末列漫滅，但猶可得辨仞。

第十八石　額有原碑次“二十五”字，次列旁刊“九十八”三字尚存，首列漫滅，拓工棄之，第三列有自右上斜向左下裂痕，惟與第二列字畫俱猶清晰，訖成十八年“使荀（罃）”，核以阮《志》第二十石，當起“（中）之退入于泥”也。

第十九石　原石次“二十六”，稍漫漶。起“罄士魴逆周子于京師而立之”尚清明可辨，訖“晉侯享公公”；“晉”以下四字已泐不可仞。即阮《志》第二十一石。

第二十石　額鎸“二十七”，首列旁刻“百五”二字，首三字尚清楚，末列左下方漫滅甚。全石偏右，有自上至下縱行裂痕一條。起“(公)請屬鄫晉侯不許”，訖不明，阮《志》著録第二十二石已謂其“末列殘泐，似至具綆缶備止”云。

第廿一石　額鎸“二十八”，漫滅已極，拓手棄之。揆以碑次，當起《襄九年傳》“水器量輕重”，而似訖于十年“牲用備具王”。

第廿二石　額字已損，列次爲“百二十九”至“百三十二”，則當爲原第三十三石；起字不明，訖“爾以帑免，我將死其”，與阮《志》起“在臺後樂氏乘公門”之第廿五石同。右下角清嘉慶時已闕。

第廿三石　首列“三十二”，列次“百二十五”至“百二十八”。字尚清朗可讀。起“與之邑其從者皆有賜焉”，訖“豹自後擊而殺之范氏之徒”。阮《志》第廿四石訛作“豹自後而擊之范氏之止”。次列有横泐一道，末列少有縱泐。

第廿四石　首刻“三”字，頗模糊，惟猶多可誦。起“(臧孫)達其有後於魯乎”，訖“有寵于莊公莊公”，即阮《志》之第三石。

第廿五石　額刻“三十四”，首末二列字尚清明，中二列斜泐多道。第一列旁記數字爲“一百三十□”，“三”字損泐，乍視易訛爲“二”。當爲第一百三十三列也。

第廿六石　額刻“三十五”，右下角破裂，字尚清晰，起“鄭伯賦緇衣”，訖“使叔向侍言焉子木”，與阮《志》第廿七石同。

第廿七石　額刻“三十六”，起“亦不能對也”，訖“而爲之備宋公遂”，同阮《志》第二十八石。

第廿八石　額刻“三十七”，列次“一百四十五”至“一百四十八”，首列有自左上方斜向右下裂痕，三四兩列頗有損泐。起“反楚屈建卒”，訖“其君弱植公”，同阮《志》第二十九石。

第廿九石　額刻“三十八”，列次“一百四十九”至“一百五十二”。起“子侈太子卑”，訖“我小人也衣服附”；同阮《志》第三十石。

第三十石　額刻“三十九”，二三兩列有自右上至左下斜裂一條，惟字猶清楚。起“在我身”，訖“趙孟曰其□□”；與阮《志》第三十一石同。

第三十一石　首列全泐，以下尚佳；次列起“之聞也此皆然矣”，訖末列“味旦丕顯後”，正與阮《志》第三十二石同；而爲起“對曰鍼聞之”之原第四十石也。

第三十二石　額刊“四十一”，列次“百六十一”至“百六十四”，尚依稀可辨。首列字猶清爽，二四兩列稍泐；第三列大損。起“（後）世有怠况日不悛”，迄“黑而上僂深目”止，即阮《志》第三十三石。

第三十三石　額刻“四十五”首尾漫漶，二三兩列尚明朗可誦。從首列“……不能救蔡也蔡小而順”推之，知此石當起昭十一年“（是以無）拯不可復振”；再由末列“……知擠于溝壑矣”句，得推知此石當訖于十三年“而乞師於諸侯王”，即阮《志》第三十石也。

第三十四石　漫滅已極，阮《志》已云：“上二列略存影迹……此下又闕一石”，（第三十五）今從首列“神所立也”句而觀，察亦昭十三年文，應起“（王）曰皆叛矣”。以下三列字句雖無能辨仞，而依行字推度，當訖于《昭十五年經》“六月丁（巳朔日有食之）”。蓋原第四十六石，而阮《志》第三十五石也。

第三十五石　額刻“四十八”全泐，拓工棄之。阮《志》已稱“此石漫滅，惟末列尚有清晰者，每列亦闕（?）十行”，馮氏《考異》亦云“多泐未詳”。今案當起“（丁）巳朔日有食之”，訖《昭二十年傳》“鴻駵魋駟乘于公”。

第三十六石　額刻“四十九”，三四兩列旁刊“百九十五”“百九十六”。昭二十年“以攻萑苻之盜”，“苻”作“蒲”，二十一年“器以鍾之”之“鍾”作“鐘”，知即阮《志》“公載寶以出起費無極取貨于東国而謂蔡人止”之第三十七石矣。

第三十七石　全泐，阮《志》第三十八石“子車曰衆可止”云“此石殘剥亦甚”，起已不明，當即是此石，合以行字推算，當起《昭廿四年傳》“（甲）戌津人得諸河上”，蓋原第五十一石也。

第三十八石　額刻“五十三”，二三四别，悉漫滅不可仞；首列左方尚清明可誦，據“居利思義，在約思純”兩句觀之，知係《哀公傳廿八年》文，而當即阮《志》所謂“（夏六）月晉殺祁盈及揚食我起君必逐之荀止”之第三十九石。

第三十九石　額刻“五十四”，音列旁刻數字“二百十六”，尚可仿佛。通體惟首列清爽，起“躒以晉侯之命唁公”，餘三列全泐。核以阮《志》，即止于“晉人假羽旄於鄭”之第四十石。

第四十石　額鏤“五十五”，首列列次刻字尚依稀可辨其爲“三百十七”，除第三列較好外，餘甚模糊，但可仞字尚不下數百。核以阮《志》，則即“（鄭）人與之明日或旆以會起子必使往他止”之第四十一石。惟末句檢定六年八月文，實作“必使子往他（日）”耳。

第四十一石　額刻“五十六”，字尚清楚；僅三四兩列間有損泐處。起“（他）日公謂樂祁曰”，訖“公若必曰誰之劍也我稱子以”，與阮志第四十二石合。惟今末句字已損。

第四十二石　左上角闕，首列漫滅至不可辨；餘三列不乏數百可仞字。由第二列“遂墮費”及末列“其容俯”諸句，可知其即阮《志》第四十三石“告必觀之起殺斟灌以伐斟鄩止”也。然則當爲原第五十七石無疑。

第四十三石　額有“五十八”三字，僅存三列，字極模糊。惟哀二年“乃立輒”等字尚可仞。核以上石，知當起“滅夏后相”而訖于哀六年“二子者禍矣恃得君（而欲謀二三子）”，與阮《志》第四十四石合。

第四十四石　已破裂，一二兩列，止剩中段，字猶清楚。首列存“（王）曰然則死也”，至“若我不可不必亡一公子”，左闕十行，右闕九行；次列存“公會吴于鄫”至“（負瑕故有）繹邾茅夷……”，左闕十二行，右闕八行。額字已殘，第三列所記列次“二百三十五”尚存，足爲原第五十九石之證。此列字亦清明。末列末第六行云“經十有一年春齊國書帥師伐我……”，可知其即阮《志》之第四十五石也。惟文達當日僅據拓片，未加深考，遽謂“‘不如死棄盟逃讎亦不如死’起‘國書高無丕帥師伐我’止”，實則較以行數當起“而欲謀二三子”也。

第四十五石　額鐫“六十”，列次約略可辨其爲“二百三十七”至“二百四十”。首句“及清季孫謂其宰冉求”已泐盡，末列亦漫滅，惟尚可辨其訖哀十四年“由弗能齊簡公之在（魯也）”，與阮《志》第四十六石合。

第四十六石　額字及旁注列次數字並殘。首列起訖尚明，中部有泐痕。二三兩列雖漫漶，而字仍無碍于目。核與阮《志》“（民知不死）其亦有奮心起懿子曰君愎而（虐）止”之第四十七石同，蓋原第六十二石矣。

第四十七石　額鐫“六十三”，剥泐已甚，惟第二列字尚約略可仞，中有“以國之多難未女恤也”“馬不出者助之鞭之”句，則哀二十七年文，即阮《志》第四十八石，而原來最末之第六十三石也。碑尾秦檜跋尚存，惟字極漫滅，而由“比屋可封者”“撥亂世返之正”“頒其本遍賜泮宫”諸語而觀，則與《毛詩》

《魯論》跋尾全符。

第四十八石　額鐫“一”字，已極剥泐，中惟“祭伯來非王命也”諸句尚稍清楚。又首行“春秋經傳第一”，次行“傳惠公元妃孟子孟子卒繼室以聲子”亦依稀可仞。阮《志》著録第一石時已稱“此石漫滅甚多，每列又闕數行，《隱元年傳》‘修惠公之好也’正作‘脩’後並同”今此“脩”字尚可仞。其起訖當自首至《六年傳》“翼九宗五正頃(父之子嘉父)”。

闕十一石考定如後：

第四石　起《桓十一年》“使爲卿”，訖《莊八年》“瓜時而往”。

第九石　起《僖十年》“余得請於帝矣”，訖《十七年》“以報娶林之役”。

第十八石　起《宣三年傳》“辭曰妾不才”，訖《十二年》“子良出質夏六月”。

第二十石　起《宣十四年經》“曹伯壽卒”，訖成《二年》“子以衆(退)”。

第廿三石　起《成八年》“失信不立”，訖《十三年》“東道之(不通)”。

第廿九石　起《襄十年》“(王)賴之”，訖《十四年》“於是齊崔杼宋華閱仲”。

第三十石　起“江會伐秦”，訖《十七年》“以辟燥濕”。

第三十一石　起“寒暑今君爲一臺而不速成”，訖《廿一年》“子以姬氏妻之而”。阮《志》第二十三石云“……此石下又闕二三石至‘子以姬氏妻之’而止”，推算未核。

第四十二石　起《昭四年》“而豭喙”，訖《六年》“華合比曰我殺”。

第四十三石　起“之柳聞之乃坎用牲埋書”，訖《八年經》冬“葬陳哀公”。

第四十四石　起《昭八年傳》，訖十一年“是以無(拯)”。

第四十七石　起《昭十三傳》“(王)曰皆叛矣”，訖《十五年經》“六月丁(巳朔日有食之)”。

第五十石　起《昭廿一年》“曰朱不用命於楚”，訖《廿四年》“王子朝用成周之寶沈于河甲(戌)”。

第五十二石　起《昭二十六年》“(衆可)懼也而不可怒也”，訖《廿八年》“乃殺之夏六(月晉殺祁盈及揚食我)”。

第六十一石　起《哀十四年》“魯也”，訖《十七年》“民知不死”。

由上考訂，得知南宋石經所刻七經，《禮》本不全，原共一百二十有七石，現存八十六片，所佚不過四十有一石。歷載八百(自宋紹興五年迄今年止恰八百周歲,然則此文可謂宋石八百年紀念文矣),尚得大半完聚如此,可見銘諸金石,究可永傳,而歷來翼護修整是刻諸先賢之功爲亦可念也。宋槧,書存版佚,世猶矜貴,况兹歷劫猶存之真宋刻? 而時賢顧多忽之,廊圮壁傾,莫或肯治,是誠可詫異矣。

關于此石經本身之價值,阮文達公已謂:“頗足校正今本之誤。如《毛詩》‘予尾脩脩’,今作‘翛翛’,爲訛字。《左傳》‘不闕秦焉取之’,今‘不’上有‘若’,‘焉’上有‘將’,爲衍文。《禮》‘吾所未見者六焉’,今無‘所’字,爲脱。此多與唐石經同。可見南宋時經猶爲善本。考古者宜所寶貴矣。”且“以毛氏汲古閣本詳校其文,間爲考證”。今原書具在,學者覆按,即知其諦,無煩贅墨。惟願本省賢有司覽我此文,有以感七經宋刻之亟須整緝,或出一言,或輸公帑,庶不讓吴思菴(訥)專美于明代耳。

附一:南宋石經今昔碑次比較簡表

此表一以爲上文作概括之結束,二可以備異日重整學宫碑廊之參考。兹處次第,一準現狀,而列原來碑次(1. 2. ……)及《兩浙金石志》所著録程序((1)(2)……)于下,庶用瞭然云爾。

《易》	一 2.(1)	二 2.(2)					
《書》	一 1.(1)	二 5.(3)	三 4.(2)	四 6.(4)	五 7.(5)	六 8.(6)	七 10.(7)
《詩》	一 1.(1)	二 4.(3)	三 3.(2)	四 5.(4)	五 6.(5)	六 7.(6)	七 9.(7)
	八 10.(8)	九 12.(9)	十 13.(10)				
《論語》	一 1.(1)	二 2.(2)	三 3.(3)	四 4.(4)	五 5.(5)	六 8.(6)	七 10.(7)
《中庸》	一 1.(1)						
《孟子》	一 3.(1)	二 4.(2)	三 6.(3)	四 7.(4)	五 8.(5)	六 9.(6)	七 15.(7)
	八 16.(8)	九 17.(9)	十 19.(10)	十一 21.(11)			

《春秋左傳》:

一 1.(2)	二 5.(4)	三 6.(5)	四 7.(6)	五 8.(7)	六 10.(8)	七 11.(9)
八 12.(10)	九 13.(11)	一〇 14.(12)	一一 15.(13)	一二 16.(14)	一三 17.(15)	一四 19.(16)
一五 21.(17)	一六 22.(18)	一七 24.(19)	一八 25.(20)	一九 26.(21)	二〇 27.(22)	二一 28.(29)
二二 33.(25)	二三 32.(24)	二四 3.(3)	二五 34.(26)	二六 35.(27)	二七 36.(28)	二八 37.(29)
二九 38.(30)	三〇 39.(31)	三一 40.(32)	三二 41.(33)	三三 45.(34)	三四 46.(35)	三五 48.(36)
三六 49.(37)	三七 51.(38)	三八 53.(39)	三九 54.(40)	四〇 55.(41)	四一 56.(42)	四二 57.(43)
四三 58.(44)	四四 59.(45)	四五 60.(46)	四六 62.(47)	四七 63.(48)	四八 1.(1)	

附二：南宋石經存佚簡表

石經名	原石數	現　存　石　數	亡佚石數
易	六	二(一—二)	四(三—六)
書	一〇	七(二、四—八、一〇)	三(一、三、九)
詩	一三	一〇(一、三—七、九—一〇、一二—一三)	三(二、八、一一)
春秋左傳	六三	四八(一—三、五—八、一〇—一七、一九、二一—二二、二四—二八、三二—四一、四五—四六、四八—四九、五一、五三—六〇、六二—六三)	一五(四、九、一八、二〇、二三、二九—三一、四二—四四、四七、五〇、五二、六一)
中庸	三(?)	一(二)	二(一、三?)
論語	一〇	七(一—五、八、十)	三(六—七、九)
孟子	二二	一一(三、四、六—九、一五—一七、一九、二一)	一一(一—二、五、一〇—一四、一八、二〇、二二)

附三：明清以來南宋石經存數異說表

	《易》	《書》	《詩》	《中庸》	《論語》	《孟子》	《春秋左傳》	備　　考
明吳訥說	二	七	一〇		一九（《中庸》《論語》《孟子》合計）		四八	有《石經歌》，刻石現存。修葺石經事詳《府志》及阮《志》。
清朱彝尊說	二	六	一二	一	七	一一	四八	参《曝書亭集》及《經義考》。
清朱文藻說	二	七	一〇	一	七	一一	四九	見《碧溪集》。
清王昶說	二	七	一〇	一	七	一一	四九	見《金石萃編》，案《萃編》所舉《春秋》第四十八石云“上層、中二層、下層俱模糊莫辨”疑是石或本非《左氏傳》，王氏誤耳。
清馮登府說	二	七	一〇	一	七	一一	四八	著有《石經考異》。
清阮元說	二	七	一〇	一	七	一一	四八	著有《兩浙金石志》。
現存實數	二	七	一〇	一	七	一一	四八	

原載《浙江省立圖書館館刊》，一九三五年第四卷第一期

宋高宗御書石經

◯ 于大成

經書刻石,始於東漢靈帝之熹平石經。蓋古人未有刻板印刷之術,欲爲士子讀經定一標準本,不得不刻諸石碑。歷朝石經之立於太學者,漢石經之外,有魏之正始、唐之開成、孟蜀之廣政、北宋之嘉祐、南宋之紹興、清之乾隆,凡七刻,其不立於太學者不與焉。凡此諸刻,一切校讎書寫之役,都是出於臣子之手,帝王不過大力支持,樂觀厥成而已。惟有南宋的紹興石經,却是由高宗皇帝一筆御書,並不假手他人。這在經學歷史上,倒也算得是一樁極爲特殊的事情,值得向喜歡讀經的青年朋友們介紹一下的。

宋高宗是一個稽古右文之主,雖說信用奸臣秦檜,忘祖宗家國之仇,其行良無足取,但他在倉皇渡江,喘息未定之際,即建學養士,力倡文教,使南宋一百五十年間,社會安定,文化丕興,却也不無相當的貢獻。紹興十二年十二月庚辰,他對臣下說:"朕一無所好,惟閱書作字,自然無倦,《尚書》《史記》《孟子》俱寫畢,《尚書》寫兩過,《左傳》亦節一本"(見《玉海》三十四),對於書法,他似乎自幼便深深地喜好,至於老而不倦,在他所著的《翰墨志》一書中,曾說過,"頃自束髮,即喜攬筆作字。凡五十年間,非大利害相妨,未始一日捨筆墨"。因此,對於書法的意趣神理,他很能有所體會,他說:"余自魏晉以來至六朝筆法,無不臨摹,或蕭散,或枯瘦,或遒勁而不回,或秀異而特立,衆體備於筆下,意簡猶存於取捨。至若《禊帖》(即王羲之《蘭亭叙》)則測之益深,擬之益嚴,姿態橫生,莫造其原,詳觀點畫,以至成誦,不少去懷也。"對於自己的書法,他也相當自負,他自稱"晚年得趣,横斜平直,隨意所適。至作尺餘大字,肆筆皆成,每不介意"。孝宗稱頌其書云:"光堯皇帝高蹈羲皇之上,游戲翰墨之間,初若無意,而筆力所到,自得之妙,集于大成,如春雲行空,千狀萬態。固知天縱之能,心與神會,非衆庶曲學之所可及也。"(《跋高宗真行草書十卷》)兒子頌父,固不免阿其所好,然陸放翁稱帝書"妙悟八法,留神古雅",則孝宗之語,實亦不爲溢美。高宗之書,初學黄山谷,所書佛頂光明塔碑,全是黄體。其後學米元章,《賜梁汝嘉勑》有得於米之縱逸,惟於米之沉着厚重,則似猶隔一間。至於晚年,乃由智永、褚遂良而上探羲、獻父子,手追心摹,雖於二王蕭散之趣,容有未逮,而面目良是,如故宫所藏其《千字文》《賜岳飛手勑》,謂非二王之嫡子,不可也。

高宗寫字,尤其喜歡抄書,他曾對輔臣説:"學寫字不如便寫經書,不惟可以學字,又得經書不忘。"(《玉海》四十三)又嘗書《後漢書·光武紀》,以賜諫議大夫徐俯,曰:"朕思讀之十過,未若書一遍之爲愈。"(同上三十四)可知他是借了寫字來温習故業的。王應麟《玉海》三十四卷記載,他以御書經史詩文頒賜臣下,爲數甚多,但以經書文字而言,便有下列諸次:

紹興五年九月二十日庚寅,賜趙鼎御書《尚書》一部。

十月三日壬寅,書《車攻詩》賜宰臣趙鼎等。

十月庚戌,右相張浚入見,上親書《周易·否》《泰卦》賜之。

七年九月戊寅(二十三日),賜御書秦檜《羊祜傳》,沈與求《車攻詩》,吕頤浩《樂毅論》,向子諲《孝經》《蘭亭記》。

九年六月辛丑,書《孝經》賜秦檜。

十年五月十六日,御書《中庸》賜秦檜。

十四年六月十四日,上書《乾卦》賜龍圖學士秦梓。

又自紹興五年開始,凡進士登第,則賜以御書經文,其見於《玉海》者,有下列七事。

五年九月,賜汪應辰以下御書石刻《中庸篇》。廷試畢賜御書自此始(案此賜實是御筆親書,並非石刻,詳後)。

十二年,賜陳誠之《周官》。

十八年六月三日,御書《儒行篇》賜進士王佐等。

二十一年五月,賜趙達夫《大學》。

二十四年,賜張孝祥等《臯陶謨》。

二十七年,賜王十朋等《學記》。

三十年四月,賜梁克家等《經解篇》。

至於他的親書石經,則是由於他以所書經文宣示館職,而臣下遂請刻諸貞石,其經過情形,依《玉海》四十三卷的記載,是這樣的:

> (紹興)十三年二月,内出御書《左氏春秋》及《史記》列傳,宣示館職。六月,内出御書《周易》。九月四日,上諭輔臣曰:"學寫字不如便寫經書,不惟可以學字,又得經書不忘。"既而《尚書》委知臨安府張澄刊石,頒諸州學。十四年正月,出御書《尚書》。十月,出御書《毛詩》。十六年五月,又出御書《春秋左傳》。皆就本省宣示館職,作詩以進。上又書《論語》《孟子》,皆刊石立于太學首善閣,及大成殿後三禮堂之廊廡。

先是紹興十三年九月四日,御書《尚書》終篇,曾經刊石,至十一月刻成,宣示從臣,並頒諸州學。秦檜因請將御書諸經皆刊石國學,並以墨本賜諸路州學,詔可。秦檜還作了一篇記文,附刻在《左傳》和《論語》的碑末。

秦檜的記文,作於紹興十三年九月,中有"仰惟主上以天錫勇智,撥亂世反之正,又於投戈之隙,親御翰墨,盡書六經,以及《論語》《孟子》《左氏傳》,朝夕從事,爲諸儒倡。□因得請刊石于國子監,頒其本遍賜泮宫"之語。但據上面所引《玉海》之文看起來,其時已刻的,充其量不過止有《左傳》與《周易》二經(十六年五月又出御書《春秋左傳》,則不知立於太學的《左傳》,是十三年之本,抑十六年之本),至《尚書》以下諸經,乃十四年至十六年陸續刻成。大約此舉工程浩大,非一年半載所可完成,故隨寫隨刻,至十六年以後方始漸次刻成。不過高宗既已可秦檜之請,所以秦記中便已有盡書六經、《論》《孟》《左氏傳》,與夫刊石國子監,遍賜泮宫的話了。

秦檜記所謂"刊石于國子監"的國子監,即是太學,在錢塘縣西,本是岳飛的宅第。紹興十一年十二月,岳飛遇害,十三年正月,臨安守王喚請以岳飛宅爲太學,是年六月建學成,御書石經即置其中的首善閣及大成殿後三禮堂之廊廡。至孝宗淳熙四年二月十九日,詔知臨安府趙磻老於太學西北隅建閣,奉安石經,置碑石於閣下,墨本於閣上,以"光堯石經之閣"爲名,六月十三日,孝宗並親自書匾,懸之閣上。

據秦檜記文所云,高宗所書,爲"六經以及《論語》《孟子》《左氏傳》",而據前引《玉海》之文,則實止《易》《書》《詩》《春秋左傳》《論語》《孟子》六種。《玉海》又云:"(淳熙四年)五月二十四日,磻老奏閣將就緒,其石經《易》《詩》《書》《春秋左氏傳》《論語》《孟子》外,尚有御書《禮記·中庸》《大學》《學記》《儒行》《經解》五篇,不在太學石經之數。今搜訪舊本,重行摹勒,以補禮經之闕。從之",是《周易》等六種之外,尚有《禮記》五篇也。而此五篇,大約是高宗昔年御書之賞賜在外者，乃趙磻老自外間搜訪所得，本不在太學之石經數。而秦檜所謂之“六經”，不過泛指群經而言，並非實指其數也。

高宗御書石經，當時共刻石若干碑，今不可確考，歷時久遠，頗有殘缺。清乾隆四十七年，王昶在杭州修《西湖志》，曾親往拓得一全份，計《易》二碑，《書》七碑，《詩》十碑，《中庸》一碑，《論語》七碑，《孟子》十一碑，《左傳》四十九碑，合共八十七碑。另外還有理宗的序四碑，則合計現存者得九十一碑。至於諸經的行款，則彼此並不一致，依清人馮登府的《石經考異》説，是《周易》每石四列，每列五十六行，每行十七字；《尚書》每石四層，每層四十二行，行二十七字；《詩》每石四列，列四十五行，行二十八字；《春秋左傳》每石四列，列四十五行，行二十八字；《論語》每石四列，列二十七行，行二十六行字；《孟子》每石四列，列二十八行，行二十六字，或十五字、十七字不等。

至石經之所以殘缺的原因，其事亦可得而言。宋少帝㬎德祐二年，元丞相伯顔入臨安，以帝歸於元都，太學廢，元爲肅政廉訪司治所。元世祖至元二十五年二月，從丞相桑哥及西僧楊璉真伽之請，凡宋故宫的宫殿郊廟，悉毁爲寺，楊璉真伽又欲取高宗石經壘爲佛塔，幸賴杭州總管府推官申屠致遠力拒之，乃止。二十八年，肅政廉訪使徐炎即治所西偏爲西湖書院，後爲尊經閣，歲久，閣廢，石經斷折零落。明洪武十二年，以書院所在爲仁和學。末年復徙仁和學於城隅之貢院，而石經也跟着搬遷過去。宣宗宣德元年夏，侍御史吴訥巡按浙江，見石經踣卧草莽間，“小者𢭏墻布行徑，大者顛倒横溝渠”，爲之慨嘆，急命知府盧玉潤率教官生員收拾補湊，輦致大成殿後及兩廡，並作長歌備載其事，刻石附於石經之後。英宗天順三年，改建縣學，石經又跟着遷運於新址。武宗正德十二年，巡按宋廷佐又命杭州知府留志叔把石經通置於府學櫺星門北之兩偏，覆以周廊，左右屋各二十二楹。崇禎甲申後，廊屋圮毁，乃將諸石嵌置壁中。由以上的叙述，可知石經屢次遷徙變置，其間不能無損毁，甚至可能有人乘機攘竊，所以碑石殘缺甚多，其存者字亦多殘剥漫漶也。

高宗御書石經，《易》《書》《詩》《禮記》《左傳》爲小楷，結體整秀，直逼晉人，《論》《孟》字體較大，而勢稍縱逸，結體在真行之間。碑雖曰高宗御書，但據葉紹翁《四朝聞見録》説“上親御翰墨，稍倦，即命憲聖續書，至今皆莫能辨”，憲聖者，吴皇后也。《宋史》載其博習書史，善翰墨。《咸淳臨安志》卷七十九載，九里松石人嶺下時思薦福寺，爲憲聖皇后家墳寺，中有后書《金剛經》石刻。則后之續書諸經，理固宜然。大約其書頗受高宗影響，故其續書諸經，與帝書無辨。南宋帝后之工於書者，高宗吴皇后外，又有寧宗楊皇后，楊后之書，多署"楊妹子"，以其認永陽郡王楊次山爲兄故也，故宫所藏馬遠、馬麟父子的畫上，多有其所書詩句。又董其昌《戲鴻堂法帖》中，亦收其所書二詩。書風頗與寧宗爲近。高宗既精擅翰墨，常以所書賜臣下，故後世書迹流傳，頗亦不鮮。即以寫經而言，今日所能見到的《毛詩》真迹，便不止一本，其中有一本字迹較小者，大有褚遂良風神，置之唐人書中，亦毫不遜色。又有一種有圖的本子，帝每書一詩之後，即有一幅名畫家馬和之的圖，書畫合璧，殊足引人入勝。《戲鴻堂帖》中也收有帝書《毛詩》數首，則字體較大，疏朗秀美，足見翰墨精絶。取此等書日事臨摹，真所謂"不惟可以學字，又得經書不忘"者也。

吾人讀經，目的在於明古聖先賢之道，義理自爲首要。但所以明道者，端賴文詞。而所有的經書都是兩三千年以前的古書，歷代傳寫，不能保證其中没有錯誤。所以漢末的熹平石經，在刻石之前，先由蔡邕諸儒對經文加以校勘的工夫，而唐代的開成石經，也經宰相鄭覃等人的仔細整理，目的都是在於爲經書定出一個較可信據的本子，作爲士子讀經的標準。宋高宗御書石經，不過是他個人萬機餘暇的讀書寫字日課，起先並不爲刻石垂後計，當然並未經過認真的校勘工夫，然而他的時代，去唐石經、蜀石經還不太遠，也還在朱子集注群經之前，所以其中有部分的經文，仍舊同於唐石經，而較後來的本子爲勝。清儒錢大昕在他所著的《潛研堂金石文跋尾》中，便曾舉出過若干條，例如：

> 泉源在左，淇水在右，女子有行，遠兄弟父母。(《詩·衛風·竹竿》)

此詩以右、母爲韻(古韻之咍部)。後出的本子，末句作"遠父母兄弟"，則失其韻矣。

> 園有桃，其實之殽。心之憂矣，我歌且謡。不我知者，謂我士也驕。
>
> 園有棘，其實之食。心之憂矣，聊以行國。不我知者，謂我士也罔極。(《魏風·園有桃》)

兩句"不我知者"，因爲鄭玄箋説："不知所爲歌謡之意者，及謂我於君事驕逸故"，後來的本子，都改成了"不知我者"。此尚存唐石經之舊，未妄改也。

> 武王有亂十人。(《左傳·襄公二十八年》)

今本作"武王有亂臣十人"，唐石經無"臣"字(初刻有臣字，後改正磨去)。又昭公二十四年引《太誓》、《尚書·泰誓》中篇、《論語·泰伯篇》皆有"予有亂十人”之文，三處唐石經本亦皆無“臣”字(後人都在“亂”字旁邊添上了“臣”字)，今本則皆有。《論語》皇侃義疏云“亂，理也。武王曰：我有共理天下者，有十人也”，可見皇本並無“臣”字。陸德明《論語》釋文出文亦無“臣”字，云“本或作‘亂臣十人’，非”，知陸本亦無“臣”字也。高宗御書無“臣”字，與唐石經相同，較今本爲善。

高宗御書石經之刻，始於紹興十三年，由知臨安府張澄主其事，至孝宗淳熙四年，趙磻老又補刻《禮記》五篇，與紹興所刻諸經，並奉安於太學光堯石經之閣。但在此之前，帝書經文早已有過刻石之事。《玉海》三十四卷有如下的一段話：

> (紹興)九年七月辛丑，書《孝經》賜秦檜。十三日庚戌(一云辛酉)，秦檜乞以上所賜御書真草《孝經》刻之金石，以翼扶世教。上曰：“十八章乃聖人精微之學。”從之。十三年，頒御書《孝經》《周官》《中庸》《羊祜傳》于天下州學。十四年七月辛未，詔諸州以御書《孝經》刊石。

其中《晉書·羊祜傳》是七年九月賞賜秦檜的，《孝經》亦賜秦檜之本。唯《周官》和《中庸》則不知係賜何人之本。而前面提到的十三年九月四日所刻的《尚書》，也不是立於太學的本子，可知帝書諸經之施諸石者，實在爲數甚多。《孝經》爲真、草二體，秦檜既取以刻石，至十四年乃詔諸州皆加翻刻，以廣流傳，當時諸州皆有刻本，立於州學，今所存者，則止四川遂寧、廣東南海、湖北陽新三本而已。經文後又有秦檜一跋，後人惡其人，多將之磨去，然磨之亦未能盡。《玉海》所記“九年六月辛丑”，細審碑文，實是“辛酉”，則《玉海》誤也。

前面曾根據《玉海》提到紹興五年九月，賜汪應辰以下御書石刻《中庸篇》，爲新進士賜御書之始。但此所賜，實是御筆親書，並非石刻。考《宋史·汪應辰傳》，“紹興五年進士第一人年甫十八，上初覽其對，意其爲老成之士；及唱第，乃年少子，引見者掖而前，上甚異之。舊進士第一人賜以御詩，及是特書《中庸篇》以賜”，既云“特書”，可知是御筆親書，而非石刻，《玉海》所記蓋誤。應辰最喜蘇東坡書，刻意搜求，有所得即刻之石，置諸成都西樓，隨得隨刻，前後積至三十卷。但全本殊不易得，陸放翁得十卷，葆愛逾恒，日置案頭，遇遠行即携以相隨，題曰“東坡書髓”。清末端方得十卷，不知是否即是放翁所藏的十卷，此本曾經在上海影印，今亦不易得。我藏有一部，時時取閱，既賞坡公之書，又上想此刻書之十八歲狀元，覺得古代讀書人的風雅，真不可及。

附録　南宋石經新拓之一斑

（一）《毛詩》

（二）《中庸》

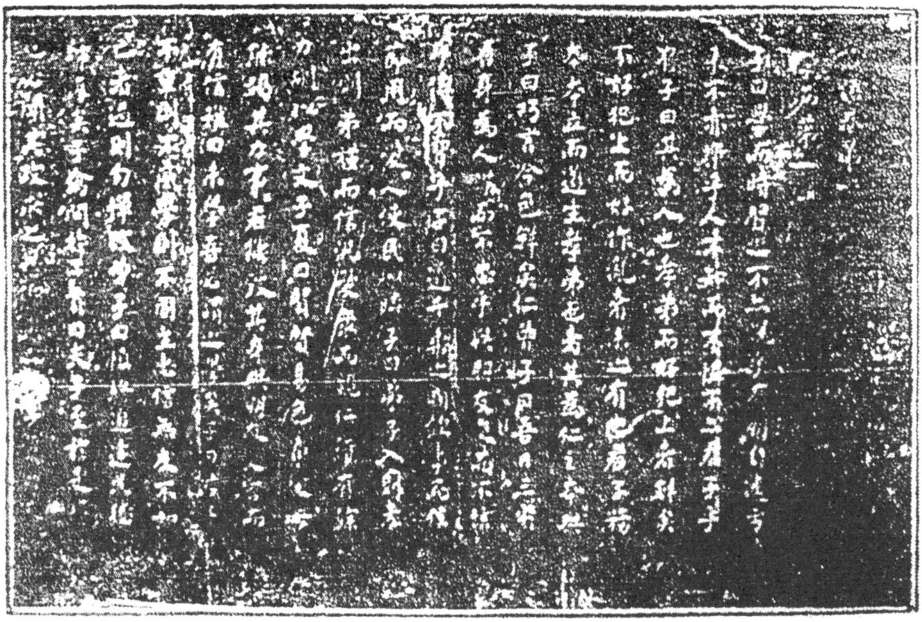

（三）《論語》

南宋太學石經（現存杭州舊府學），始刊于紹興，畢工于淳熙，流傳至今，已逾八百年。原一百二十七石，現殘存八十六石。雖勉留明清嵌壁之舊，而碑廊失修，不蔽風雨，勢已岌岌可虞。（參閱上圖）碑字：《中庸》行書，結體較大。《論語》《孟子》次之，《易》《書》《詩》《左傳》俱小楷，兹特檢取新拓之最清晰者《論語》（第一石），首列起十九行《毛詩》（第二石，次列右廿三行），《中庸》（第三列，右第九行至二十三行）各一段，攝製銅圖刊此，以示宋石之字體及現狀。

原載《孔孟月刊》一九八〇年第十八卷第十期

南宋石經考述

◎ 陳光熙　陳　進

杭州南宋石經又稱“宋高宗御書石經”或“南宋太學石經”。現存杭州碑林（原杭州孔廟），共八十五石。作者經核驗實物、參閱典籍，考述如下：

一、南宋石經實物現狀

現存八十五石南宋石經中有：《易》二石、《尚書》七石、《詩經》十石、《春秋》四十八石、《論語》七石、《孟子》十石、《中庸》一石。碑石石材質地細膩，色澤偏白，堪稱優良。各經用石大小略有不同，寬在〇・九八米至一・二二米之間，高約一・六米左右，厚約〇・二五米左右。唯年代久遠，石經多遭變故，至今較爲完整的有二十七石，經過拼補的有五十八石。從石刻文字看，字迹尚清楚的有三十石，其中《毛詩》編號四，《中庸》編號二，《春秋》編號八、六十二，《孟子》編號十七、十九諸石字迹清晰。字迹嚴重破損、漫滅的有三十餘石。其餘皆有不同程度的剥蝕漫漶。各經經石刻文情況是：

《易》二石，正楷，字徑約一厘米，每石縱四列，每列五十六行，每行十七至十八字不等，與《兩浙金石志》載“行十七字”略有不符。經文上部分别刻有“易一”、“易二”大字編號。“易一”每列右旁刻小字“日”，“易二”每列右旁刻小字“月”。“日”“月”字下標刻該列的序數字。

《尚書》七石，正楷，字徑約一厘米，每石縱四列，每列四十二行，每行十七字。經文上部刻數字編號，每列右旁標刻該列的序數字。編號爲“十”的一石，已將《尚書》經文刻完，結束後刻有秦檜六十一字跋文。

《詩經》十石，正楷，字徑約一厘米，每石縱四列，每列四十五行，每行十八字。經文上部刻數字編號，每列右旁刻小字“詩”，“詩”字下標刻該列的序數字。編號爲"十三"的一石,已將《詩經》經文刻完,經文後刻有秦檜跋文。

《中庸》一石,正楷,字徑稍大,約一·二厘米,縱四列,每列四十行,每行十四字。經文上部未刻數字編號,而每列右旁刻小字"中庸","中庸"字下依次標刻數字"三"至"七"。此石已將《中庸》經文刻完,經文後無秦檜跋文。

《春秋》四十八石,正楷,字徑約一厘米,每石縱四列,每列四十五行,每行十八字。經文上部刻數字編號,每列右旁刻小字"春秋","春秋"字下標刻該列的序數字。編號爲"六十三"的一石,已將《春秋左傳》經文刻完,經文後秦檜六十一字跋文僅有幾字可辨。

《論語》七石,書體以楷爲主,夾以行書。與清代杭世駿《石經考異》卷下所引《石刻鋪叙》:"高宗……親御翰墨作小楷以書《周易》《尚書》《毛詩》《春秋左傳》全帙,又節《禮記》:中庸、儒行、大學、經解、學記五篇,章草《語》《孟》。"文中"章草《語》《孟》"之説與事實不符,但也不如清孔涌孟《石經記》所云"其字《論語》《孟子》皆行書"。石經《論語》字徑約一·五厘米,爲南宋石經字結體最大者。每石縱四列,每列二十七行,每行十五至十六字不等。經文上部刻數字編號,每列右旁刻小字"語","語"字下標刻該列的序數字。編號爲"十"的一石,已將《論語》刻完,經文後刻有秦檜跋文。

《孟子》十石,書體、字徑與《論語》相同。每石縱四列,每列二十八行,每行十六字,也有十五字及十七字。經文上部刻數字編號,每列右旁按《千字文》"天地玄黄、宇宙洪荒、日月盈昃、辰宿列張……"順序標刻。

二、南宋石經刊刻時間考

明代楊一清《遷石經碑記》云:"(宋高宗)紹興二年(一一三二年),手書《易》《書》《詩》《春秋》《論》《孟》《中庸》《儒行》諸篇。刻石於學,京兆尹趙磻老建尊經閣以儲之。"《康熙杭州府志》載:"紹興十三年(一一四三年)秋七日,太學刻御書石經。"

據《續資治通鑒長編》卷一二六記載,紹興十三年正月"詔以錢塘縣西岳飛宅爲國子監太學",秋七月"奉安至聖文宣王於國子監大成殿,命太師秦檜行禮,時學初成,帝自題賜書閣榜曰首善"。紹興二年太學未建,楊一清"刻石於學"之説不確。又據南宋李心傳《建炎以來繫年要録》卷一四八記載,紹興十三年十一月丁卯,"秦檜奏前日蒙附出御書《尚書》,來日欲宣示侍從官,不惟觀陛下書法之妙,又令知陛下聖學不倦如此”,“時上所寫六經與《論語》《孟子》之書皆畢,檜因請刊石於國子監,仍頒墨本賜諸路州學,詔可”。由此可見,定下在太學刊刻宋高宗御書石經這件事,時間已在紹興十三年十一月。《康熙杭州府志》“紹興十三年秋七月,太學刻御書石經”之説同樣有誤。其實,南宋石經刊石太學先後經歷高宗、孝宗兩朝:“紹興十四年正月出御書《尚書》,十月出御書《毛詩》、十六年五月又出《春秋左傳》”(南宋王應麟《玉海》卷三四);“淳熙四年(一一七七年)二月十八日(宋孝宗)詔知臨安府趙磻老於太學建閣奉安石經”“五月二十四日磻老奏閣將就緒,其石經《易》《詩》《書》《春秋左傳》《論語》《孟子》外,尚有御書《禮記·中庸》《大學》《學記》《儒行》《經解》五篇不在太學石經之數,今搜訪舊本重行摹勒,以補禮經之闕。從之。六月御書‘光堯御書石經之閣’牌賜國子監”(《玉海》卷一一三)。

總上所述,南宋石經刊石太學當在高宗紹興十三年十一月之後。在孝宗淳熙四年五月石經閣建成之前太學石經已有《易》《詩》《書》《春秋左傳》《論語》《孟子》全帙,石經閣建成之後始補刻《禮記·中庸》《大學》《學記》《儒行》《經解》五篇。

三、南宋石經總數考

南宋潛説友編纂的《咸淳臨安志》在“光堯石經之閣”記御書石經有“《易》、《詩》、《書》、《左氏春秋》、《禮記》五篇:《中庸》《大學》《學記》《儒行》《經解》及《論語》《孟子》”。從淳熙四年建石經閣到咸淳年間(一二六五——一二七四)僅 90 餘年,其間南宋太學未遭變故,自孝宗後對老祖宗的聖文御書,各朝是尊奉有加。《咸淳臨安志》關於御書石經的記載是完全可信的,這也與本文南宋石經刊刻時間考中所論一致。經查:《易》二·四萬字,《詩》一·九萬字,《書》二·六萬字,《左氏春秋》十九·七萬字,《禮記》五篇〇·九萬字,《論語》一·四萬字,《孟子》三·九萬字。由此可計算出全部南宋石經文字總量爲三十四·三萬字。但南宋石經究竟刊刻了多少碑石,至今未見確數記載。明代吴訥《石經歌》云“琢成豐碑凡二百,一一摹刻無遺餘”。按此説,南宋太學石經總數約二百石。但這是詩歌語言,難以爲憑。如按現存八十五石文字量已達二十四·八萬字來看,僅比南宋石經文字總量三十四·三萬字少十萬字的情况看,南宋石經總數不可能會超過現存八十五石的一倍。换言之，現存南宋石經已占全部南宋石經總數的大半，應該是無疑的。

下面從查驗南宋石經八十五石實物再作進一步推斷：

《易》約〇・三八萬字，按《易》總字數二・四萬字計，需用七石刻完，現存二石，推算石經《易》尚缺五石。

《書》現存七石，編號爲二、四、五、六、七、八、十，其中編號爲十的一石已刻完經文，推知石經《書》尚缺編號爲一、三、九，三石。

《詩》現存十石，其中編號爲十三的一石已刻完經文，推知《詩》尚缺三石，其編號爲二、八、十一。

《中庸》現存一石，字數約〇・二八萬字，此石已刻完經文，而經文每列右旁有“三”至“七”的編號，據此石經《中庸》尚缺列的編號爲“一”至“二”的另一石。

《春秋》現存四十八石，其中編號爲六十三的一石已刻完經文，推知《春秋》尚缺十五石，其編號爲：四、九、十八、二十、二十三、二十九、三十、三十一、四十二、四十三、四十四、四十七、五十、五十二、六十一。

《論語》現存七石，其中編號爲十的一石已刻完經文，推知《論語》尚缺三石，其編號爲：六、七、九。

《孟子》現存十石，其中編號爲二十一的一石已接近刻完經文，推知石經《孟子》總共應有二十二石，尚缺十二石，其編號爲：一、二、三、五、十、十一、十二、十三、十四、十八、二十、二十二。

如果以上據實物的推斷不謬，則現缺《易》五石、《書》三石、《詩》三石、《中庸》一石、《春秋》十五石、《論語》三石、《孟子》十二石，共缺四十二石。又查得《大學》《學記》《儒行》《經解》各篇數字均不足〇・二萬字，比照《中庸》一石就刻〇・二八萬字，則以上各篇只需一石即可刻完，四篇僅需四石。由此可以較爲準確的估算出南宋石經至今缺失四十六石，也即南宋石經總數當爲現存八十五石加缺失四十六石，共計一百三十一石。

四、南宋石經的歷史文化價值

刊刻石經是中國古代封建統治者炫耀文治的一種手段，客觀上石經有規範漢字字體、字形的功能，常被用以刊正經籍。南宋石經當時立石太學并將石刻墨本頒賜各州學，起到的是標準教科書的作用。現在這些作用已經消亡,但作爲漢民族古代輝煌的一種文化現象,距今八百五十年前的尚存實物南宋石經,它的歷史價值應該得到珍視。再則,杭州是國務院首批公布的歷史文化名城,杭州作爲南宋故都,遺存的實物已鳳毛麟角,至今杭州碑林中,作爲文物保存的南宋石經數量如此之多,足以給歷史名城增光生色。“千秋留故迹,光彩耀殘碑”,南宋石經雖非足本,字迹至今也多有殘剥,但其書法甚工,具有極高的藝術觀賞價值。宋孝宗自己擅長字畫,他稱高宗“字畫蓋出天縱”“冠絶古今”;南宋博學的文學家洪邁,推崇石經書法“端正嚴重,肅如神明”;明代大學士楊一清認爲“高宗之書精麗有法,置之名家中,亦烏可棄哉”;與楊一清同時代的中國書法名家文徵明也稱贊説:“楷法端重,結構渾成。”清代,到杭州府學摹拓南宋石經的文人學子人數衆多,其場景當時甚至有“一字萬人摹”的夸張描寫;有的還以南宋石經拓文作爲高雅禮品向外地師友鄉誼贈送。這固然由於南宋石經書法造詣自有相當高度,加之石本由“良工鎸刻”刻工精妙的緣故,也是因爲經文書寫出自南宋一朝精於書畫的帝王之手,使人更感可貴。另有一種説法是高宗與吴皇后共寫,如南宋葉紹翁《四朝聞見録》載:“高宗御書六經嘗以賜國子監,親御翰墨,稍倦,即命憲聖(吴皇后)續書,至今皆莫能辨。”

原載《浙江學刊》一九九八年第一期

清乾隆石經

乾隆石經考文提要書後

◎ 傅增湘

此《石經考文提要》，彭文勤元瑞奉旨所撰。書成於乾隆五十九年九月，進呈後，高宗嘉賞，御製序文冠於篇首，此册則文勤當日所書之副本也。舊爲楊幼雲繼振所藏，幼雲以隸書題籤曰："乾隆御定考文提要經進副本。"旁注曰："南昌相國手校。宋刻面目，藉此以存。學者守之。爰得寶！"所以珍惜之者甚至。光緒時，歸於徐梧生監丞。徐書散出，余於廠肆得之。每經各自爲卷，凡十三卷。每葉十行，經文標以大字，各本異同，雙行分注於下。每行十八字，大字一占小字四，間有朱筆增入某本某書，則文勤續有考訂，隨時加注於行間者。即舉《周易》一經言之：經文舊本，自唐宋石經、宋本九經、元至善堂九經、宋本注疏、岳珂本、巾箱本之外，復歷引唐宋以來説《易》諸家，如李鼎祚、楊萬里、朱震、張浚以至元之吴澄、梁寅凡二十餘家，旁徵廣索，以定一字之是非。其涉覽之博，辨析之精，考據之勤，可謂不遺餘力矣！然當時見嫉於和相，幾興大獄。雖賴高宗調護，而其書竟不得勒石。嘉慶初年，文勤再疏申請詳察，僅將碑字略加修補，初議迄未能行，亦可見此書之遭逢厄運矣！其時阮文達撫浙，乃屬門人許宗彦刻之。考宗彦刻書序署嘉慶四年，而文勤疏請察核爲嘉慶八年，似面奉日行刊刻論在先，而疏請修補在後也。近歲吴振棫督學蜀中，又重刻焉。後學始稍稍得見其書。吁！可慨矣！余幸藏此副本，乃考之《實録》，參以《宫史》，并旁考姚元之《竹葉亭雜記》、吴振棫《養吉齋叢録》二書所記，述其原委，附諸篇末。此亦一代典制所關，非儒士丹鉛餘録所得而儗，故不辭瑣屑而詳誌之焉。

乾隆五年，江南金壇恩貢生蔣衡，以六十後手書十三經上於朝，賜國子監學正。令内廷翰林詳核舛訛，藏於懋勤殿。洎五十六年，高宗以歷年創建辟雍，重刻石鼓，獨十三經祇有武英殿本，未經勒石，乃議取衡所寫刊之石版，列於太學。於是開石經館,以和珅、王杰爲總裁,董誥、劉墉、金簡、彭元瑞副之。命金士松、沈初、阮元、瑚圖禮、那彦成隨同校勘。又以卷帙繁多,令再遴派三人,以足校勘八員之數。五十七年刻成,凡一百九十碑。五十九年夏,高宗幸避暑山莊,文勤以校正石經事未隨扈。命每晨携筆硯到乾清宫,金勤恪簡爲之備食。於是文勤得盡觀天禄琳瑯所藏宋元槧各經,多人間未見之本,與監本坊本考其同異,著爲一書,名曰《乾隆石經考文提要》,凡衡書不合於古者,俱改正之。書成,高宗大爲嘉賞,有"校訂釐正皆係彭元瑞專司其事"之諭,遂特加太子少保銜,賞大緞二匹,并御製序冠於卷首。命仿《五經文字》《九經字樣》之例,刊置於末,頒行天下。和致齋相國深嫉之,大毁《提要》不善,併言:"非天子不考文",宜議元瑞以重罪。高宗諭曰:"彭元瑞本以'乾隆御定石經'加其上,何得目爲私書?"和譖不行,乃招門下客,爲撰《考文提要舉正》,分訓詁、偏旁、諧聲三門,以爲己作。奏進之。盡翻文勤説,謂衡書非誤,考文不足據,且訾其不合坊本,不便士子,請飭禁銷毁,併命文勤不得私藏。高宗嘆曰:"留爲後人聚訟之資,亦無不可!"其事始寝。然考《實録》九月十七日諭旨言:"《考文提要》一書,簡核明備,無難家誦户習。著鐫版頒行天下。并定三科後考試命題,俱照頒發者改正。倘再沿用坊本,考官分别議處,士子停科。"所以鋭意推行者甚至。及十月十五日諭旨乃言:"該書呈覽,抽閲數條,不過字句書體間有異同,於聖賢經義初無出入。"又言"士子操觚携藝,不必以一二字之增損,偏旁之同異爲去取。著總裁等折衷妥議"云云。就兩次諭旨觀之,其詞旨顯有矛盾。蓋當寧已入和珅之讒,王言亦竟反汚矣。今試披檢書中考正文字,其關於微言大義者正多,固不僅沾沾於偏旁點畫之字體也。自奉折衷再議之旨後,和珅乃密令人將碑中糾正之字一夜盡挖改之,而《提要》亦遂擱置不議矣。仁宗即位,和珅既誅,文勤以《考文提要》事深歉於心,八年六月上奏,略謂"石經碑文與聖祖高宗御纂欽定各書間有異同,請詳加察核",奉諭令董誥、朱珪、紀昀、戴衢亨、那彦成將石經與各書悉心查對,有無異同。八月,董誥等奏"石經全部,公同詳細校勘,除曾奉旨改刊各條外,實無違背更改之處。"奉旨,石經早已刊行,毋庸改易。其遺漏筆畫及鐫刻草率各條,著查照修補以臻完善。蓋文字繁重,憚於改正,仁宗未曾留意文事,祇作平淡數語,聊以解紛耳。然文勤亦奉面諭,準其原書自行刊刻。此阮氏浙刻所由來也。説者謂文勤校石經時,所見内府宋刻群經,多當世所罕覯,每一經所引,薈萃至數十本之多。嘉慶二年,乾清宫災,天禄琳瑯歷代珍儲宋本咸付一炬,尚賴

《提要》引證得以存其大略。是此書之作,校經之功固勤,而因是藉存宋刻經書之面目,其爲功尤偉。此後學不可不知者也。

夫聖經賢傳,自古師儒傳習,文字已不免異同。故鴻都刻石,昭示萬世,實爲一朝之大典。參稽考辨,不厭求詳。漢魏石經尚矣。至唐代兩宋,已不免有遺議。近世學者謂唐之石經"于""干"不辨,"尃""尃"莫明。兩宋所刻,南仲以"豐"配"禮",光堯易"陂"作"頗"。此類差訛,咸爲世詬。今蔣衡乃鄉曲儒生,既未聞深研訓詁,亦未得多見舊刊,所據以傳録者,不外監本坊書,其疑誤後學自所難免。清高宗當承平之時,創修鉅製,正宜廣延鴻傳,題之國門,群言淆亂衷諸聖,此其時也。顧乃就衡所進本遽付雕鎸,勒限二年,取其易以集事。時洪稚存編修預收掌詳覆之事,有上石經館總裁書,主張畫一校讎,義例期於精善。所舉經注參錯,前後倒置,脱文衍字,别體俗書,凡二十四則。并請於漢唐兩宋石經之外,搜羅宋元舊刻,以俟參詳。其言可謂深切著明。同時總裁正副雖六人,而文勤奉旨實專其任。稚存所陳,多從其説。《考文》一書,引據既極博通,而考訂亦號精審。其《春秋》三傳所正字體,較他經爲多,則邵二雲一人之功也。夫以文勤之通才博學,佐以伯元、二雲、稚存三人,皆經術湛深之士,竭三年之力以成是書,論其有功經學,實足與毛氏之《六經正誤》、岳氏之《九經三傳沿革例》齊驅并駕,附刊經末,寧復多慚。顧當時見嫉權奸,造爲異論,事遂中沮。實則高宗年登耄耋,急欲觀成;臣工仰承意旨,艱於改作,遂進調停兩可之詞。高宗亦陰喻其意,故有留爲後人聚訟之諭。嗚呼!當國家全盛之時,修千秋不朽之業,典其事者又皆一時鴻生鉅儒,宜可以掃群經之榛莽,懸日月而不刊,乃事雜言龐,機緘反覆,匪特不能竟勘正之功,幾欲毁棄其書,使不留貽於天壤,事之駭怪,無逾於此!此文勤所以深憂宿憤,又九年而有再請察核之疏,雖碑未改刊,而書許傳播,亦聊足慰情矣。今彭書盛行,習經者人手一編,刊繆正俗,奉爲準繩。而和相所刻《舉正》一書,早已湮滅無存。所刊《禮記注疏》,爲門客所給,以十行本僞托紹熙本,留爲後人笑端,與賈秋壑、廖瑩中輩同爲遺臭而已,寧不可痛嘆也哉!

各卷鈐印,有"楊繼振印""楊繼振""羊舌繼振""鐵雲""繼振""下官繼振""幼雲父印""楊彦起""彦起""叔重珍賞""宏農楊氏家藏""星鳳堂收藏圖籍祕本""宏農蘇齋""蘇齋墨緣""蘇陸齋""廣正三石經厂""蜀三石經室""石經厂印""宏農得寶""半緣道人""繼芳暫守""戎馬書生""過江人物",皆楊幼雲所鈐。其人蓋有印癖歟?其"南昌彭氏""東壇"二朱文印,則文勤所自鈐也。

附録　阮芸臺與劉端臨書

憶在京師，暫晤道顔，足慰渴慕。嗣因文旌遽反江南，未得備聆雅教，至今歉然。比想起居清吉，著述日富！吾鄉言學者尚多，求其精確而公明者，惟先生與懷祖先生足爲師法也。元庸才末學，過蒙聖恩超用，私心輒爲惶恐。近又奉敕校勘石經。以元之孤陋庸愚，曷克勝任！今已分得《儀禮》一經。此經唐石經經文謬誤，似尚不少。近金公曰追《考訛》，已有校正偏旁及監本之處。此外似尚不少。如《士相見禮》言忠信慈祥，以《大戴禮》注校之，多忠信二字；《喪服傳》冠繩纓條屬右縫，以《釋文》校之，多右縫二字。此外似尚不少。元識鈍學淺，不能有所訂正。且係官事，具有程限，亦未能緩緩研求。素稔先生於《禮經》之學尤爲深邃，其於經文訛誤訂正必多，字畫邊旁，不少更正。務祈賜一詳扎備言之！將來此扎可存大集中，使後世知某經某字由用某人説而正訂之也。再元校勘此經，亦有底稿，如用某人説，皆自注於下，不敢掠美。斯亦博訪通人之義也。今特遣小价渡江候取賜書，想必備示無隱，無辜元數千里就問有道之意也。至段若膺先生，由敝同年段公玉成寄去。金輔之先生，元亦各具書問之。如若膺先生現在鎮江，即同此致問，即示覆音。此次石經之事，聖意極爲鄭重。其碑制工程刻法，一切元等酌定，尚可施行。碑長六尺，寬三尺餘，陰陽二面刻，每面六排，每排七段，每段五行，每行十字，計用碑一百五十八座。但此係官事，終不比吾等自爲校書者可比，未免人各有見。今邵侍講晉涵分校"三傳"，汪司成廷珍分校《周禮》、《論語》、《孝經》。其餘經皆金少宰士松、沈少宰初、瑚司成圖禮。那侍講彦成分校。其體未知若何？元惟盡其在己，悉心校理本經而已。謹此奉達。並候福安！元在後學之列，因與令弟同譜，故稱謂妄附，尚希宥之，以見相親之至意。端臨先生。同年後學年愚弟阮元頓首。十二月十八日。

右阮芸臺與劉端臨書，其墨本藏新會陳援庵先生處。芸臺先生此書，即述校勘石經事，與沅叔先生文有關，今徵得援庵先生同意，特録其文於此。同禮附識。

原載《圖書季刊》一九四一年第三、四期合刊

綜　　合

談石經

◎ 張汝舟

提要:

一、石經所在地,及碑之數目,與排列之方式。

二、碑之大小,及每碑行款與字數。

三、各代石經所收經部不同。

四、石經鎸刻之時代,及參與之人物。

五、各代石經之優劣。

六、石經崩毁之經過。

七、石經之殘餘及發現。

八、關於石經錯誤記載之糾正。

石經在洛陽南,開陽門外,御道東。立於太學講堂東側者,一字石經也。立於堂西者,三字石經也。(《水經·穀水注》《後漢書·蔡邕傳》引《洛陽記》《洛陽伽藍記》)據《洛陽記》,一字石經本碑四十六枚。《水經注》《伽藍記》言四十八枚,殆連讚學碑之類計之耳。其排列,西行,《周易》《尚書》《公羊傳》二十八碑;南行,《禮記》十五碑(實爲《儀禮》,非《禮記》也,見下);東行,《論語》三碑。據戴延之《西征記》,一字石經三十五碑,(《伽藍記》作二十五,以《尚書》《春秋》字數核之,當是三十五碑。)其排列爲南北行。

案此當言自北而南,排成一字行,非謂南一行,北一行也。一字石經,有南行無北行者,免礙户牖也,三字石經亦當同此,所以不曰南行幾碑,北行幾碑,而概稱之曰,南北行三十五版也。

一字石經爲漢隸。三字石經爲古文、秦篆、漢隸,依次排列。一行之内,每字皆先列古文,次篆,次隸。一字石經,計《易》《書》《魯詩》《儀禮》《春秋公羊傳》《論語》六經。(《隋志》及《隸釋》)《洛陽記》不言《魯詩》《儀禮》，而曰《禮記》者，以南行十五碑、西行《魯詩》部分，既皆崩壞，遂臆定之耳。《伽藍記》《西征記》，其誤並同。三字石經，計《尚書》《春秋經》二種。

一字石經，洪适推定，每行七十三字。民國十一年秋，洛陽城東三十里朱家屹壋，發現一字石經殘石，爲《論語·堯曰篇》殘字，第一行存“繼絶”二字，“繼”字殘；第二行存“費勞而”三字，“而”字略殘；第三行存“亦泰而”三字；第四行存“司”字，“司”字下一圓點，點下殘字，馬衡據《釋文》《隸釋》，定爲“凡”字。

何晏集解本《堯曰篇》，“謂之有司”下有“孔子曰，不知命，無以爲君子也”一章。今此半字，既非“孔”字，又不類“子”字，必非此章之文。惟《經典釋文》云，《魯論》無此章，今從古。依《八佾》《陽貨》篇(見《隸釋》)計章之例，此半字當是“凡”字。“凡”下所闕，當爲二章二字，以此篇僅《堯曰》《子張問》二章也。(《國學季刊》一卷三號)

今以此殘石推之，一字石經每行七十三字，無疑也。民國十一年，又於同地發現三字石經殘碑一段，廣約建初尺四尺一寸强，高不及五尺。農人耕地得之，售於賈人。賈人直擊爲二，以便密運，致損字一行。石表裏刻之，爲《春秋經》及《尚書》之殘文，先此三十年，黄縣丁氏亦得有《君奭篇》殘石，與此密合。王國維推定三字石經，每行二十字(合古、篆、隸計之，則六十字)，以殘石驗之，正合。每碑三十四行。一字石經，行數未詳。以《論語》一萬五千七百字(據《隸釋·論語》石經所記)核之，三碑表裏刻之，每行七十三字，則每面亦當有三十五六行。

碑高或曰丈許。

朱超石《與兄書》云：“石經文都似，碑高丈許，廣四尺，駢羅相接。”(《後漢書·儒林傳注》引)

或曰八尺(《水經注》《西征記》)，宋人洪适，婁機(見《漢隸字源》)折衷之曰一丈。碑廣四尺，諸説無異。以殘碑核之，高不及五尺。《尚書》每行存字最多者，三十四字。《春秋》每行存字最多者三十二字。以六十字計之，再加碑額，則碑之高，或竟幾及一丈也。

一字石經，爲漢靈帝熹平四年蔡邕等受詔所刻，及光和六年功竣，前後九年。參與其事者，據《邕傳》，有堂谿典、楊賜、馬日磾、張馴、韓説、單颺等。據《隸釋》，《公羊》殘碑末存"谿典，諫議大夫臣馬日磾，臣趙䮐，議郎臣□□，臣劉弘，郎中臣張文，臣傅楨，雜"三十字，中缺二字，亦人名也。《論語》殘碑後存"詔書與博士臣左立、郎中臣孫表"十三字，另行存工陳興刻四字，則刻工之名也。是殘碑所記之人，浮於《邕傳》者六人，即趙䮐、劉弘、張文、傅楨、左立、孫表是也。三字石經，刻於魏正始中，相傳書丹者爲邯鄲淳，朱彝尊則以爲嵇康等所書。

按魏石經本屬三字，惟《典論》一卷，乃一字耳。世傳經爲邯鄲淳所書。而《晉書·衛恒傳》謂正始中立三字石經，轉失淳法，其非淳書明矣。《趙至傳》云，年十四詣洛陽，游太學，遇嵇康於學寫石經，徘徊視之，不能去。嵇紹亦云，至入太學，睹先君在學寫石經古文。（參見《世説注》）然則正始石經，實康等所書也。（《經義考》二八八）

自《後漢書·儒林傳》，誤以熹平石經爲三體，《伽藍記》《隋志》多沿其誤，並以三字屬漢，一字屬魏，皆緣未察本碑耳。惟《水經注》不誤，趙明誠、洪适辨之晰矣。

石經崩頹之狀況，略有數種紀載。

國子堂前，有列碑，南北行三十五版。刻之表裏，書《春秋經》《尚書》二部。大篆、隸、科斗三種字。碑長八尺。今有十八版存，餘皆崩。太學前石碑四十版，亦表裏隸書《尚書》《周易》《公羊傳》《禮記》四部。石質粗，多崩敗。魏文帝《典論》六碑，四存二敗。（戴祚《西征記》，《御覽》五八九）

太學在洛陽城南，開陽門外。講堂長十丈，廣二丈。堂前石經四部，本碑凡四十六枚。頭行《周易》《尚書》《公羊傳》，十六碑存，十二碑毁。南行《禮記》十五碑悉崩壞。東行《論語》三碑，二碑毁，《禮記》碑上有諫議大夫馬日磾，議郎蔡邕名。（《洛陽記》）

東漢靈帝光和六年，刻石鏤碑，載五經，立於太學講堂前，悉在東側。蔡邕以熹平四年，與五官中郎將堂谿典，光禄大夫楊賜，諫議大夫馬日磾，議郎張馴、韓説，太史令單颺等，奏求正定六經文字，靈帝許之。邕乃自書丹於碑，使工鐫刻，立於太學門外。（語同《邕傳》）今碑上悉銘刻蔡邕等名。魏正始中，又立古、篆、隸三字石經。魏初傳古文出邯鄲淳，石經古文，轉失淳法，樹之於堂西。（語同《晉·衛恒傳》）石長八尺，廣四尺,列石於其下。碑石四十八枚,廣三十丈。魏明帝又刊《典論》六碑,附於其次。陸機言《太學贊》别一碑,在講堂西,下列石龜,載蔡邕、韓説、堂谿典等名。《太學弟子贊》復一碑,在外門中。今二碑並無。石經東有一碑,是漢順帝陽嘉元年立。碑南面刻頌,表裏鏤字,猶存不破。漢石經北,有晉辟雝行禮碑,是太始二年立,其碑中折。石經淪缺,存半毁幾。駕言永久,諒用憮焉。(《水經注》)

開陽門外,御道東,有漢國子學堂。堂前有三種字石經二十五碑,表裏刻之,寫《春秋》《尚書》二部,作篆、科斗、隸三種字,漢右中郎將蔡邕筆之遺迹也。猶有十八碑,餘皆毁。復有石碑,四十八枚,亦表裏隸書,寫《周易》《尚書》《公羊》《禮記》四部。又讃書碑一所,並在堂前。魏文帝作《典論》六碑,至太和十七年,猶有四存。武定四年,大將軍遷石經於鄴。(《洛陽伽藍記》)

高祖(即孝文帝)即位,文明太后(即馮太后)臨朝。太后以熙(太后之兄)爲侍中、太師、中書監、領秘書事。熙以頻履師傅,又中宫之寵,爲群情所駭,心不自安,乞轉外任,除洛州刺史。洛陽雖經破亂,而舊三字石經,宛然猶在。至熙與常伯夫相繼爲州,廢毁分用,大至頽落。熙爲政不能仁厚,而信佛法。自出家財在諸州鎮,建佛圖精舍,合七十二處。(《魏書·馮熙傳》)

光領國子祭酒,神龜元年夏,表曰,石經之作,起自炎劉,繼以曹氏《典論》。昔來雖屢經戎亂,猶未大崩侵。如聞往者刺史臨州,多構圖寺,道俗諸用,稍有發掘。基蹠泥灰,或出於此。皇都始遷,尚可補復,軍國務殷,遂不存檢。官私顯隱,漸加剥撤。由是經石彌減,文字增缺。(下略,《魏書·崔光傳》)

後漢鎸刻七經,魏正始中,又立一字石經。後魏之末,齊神武執政,自洛陽徙於鄴都。行至河陽,值岸崩,遂没於水。其得至鄴者,不盈大半。至隋開皇六年,又自鄴京,載入長安,置於秘書内省,議欲補緝,立於國學。尋屬隋亂,事逾寢廢,營造之司,因用爲柱礎。貞觀初,秘書監魏徵始收聚之,十不存一。其相承傳拓之本,猶在秘府。(《隋志》)貞觀中,秘書監魏徵,參詳考驗蔡邕三字石經凡十數段,請於九成宫秘書監内置之。後天后移于著作院。(韋述《兩京新記》,今殘本無此文,據《經義考》二八七)

武定四年,移洛陽漢魏石經於鄴,河陽岸崩,遂没於水。其得至鄴者,殆不得其半。周大象中(《周書宣帝紀》作大象元年)詔徙鄴城石經於洛,時爲軍人破毁,至有竊載還鄴者。船壞没溺,不勝其衆。其後得者,盡破爲橋基。開皇六年,自鄴京載入長安。(《廣川書跋》,按《隋書·劉焯傳》云,開皇六年,運洛陽石經至京師。)

總上材料:(參所附年表)

甲、據《西征記》,劉宋以前,三字石經,存十八版,語未及一字石經之毁,不過少記八碑。

乙、據《洛陽記》孝文以前,一字石經,西行存十六碑,東行存一碑。

章懷引《洛陽記》,未著作者。隋唐《志》著録有陸機《洛陽記》,戴祚《洛陽記》,北魏《洛陽記》。昔人皆以章懷所引爲陸機,而朱彝尊則以爲楊龍驤。楊書《後漢·儒林傳》注引之。《隋志》有楊佺期《洛陽圖》,佺期曾爲龍驤將軍,似圖亦稱記。按章懷引楊書,著其名,則知《邕傳》不著名之《洛陽記》,必不出於楊。説與《西征記》不合,則亦不出於戴。《光武紀》引此首三語,明題陸機《洛陽記》,則《邕傳》所引,其必機之書乎。《晉書·機傳》,不言作是書。况機之時,密邇正始,石經不應殘毁至此。按《水經》所引機言,當出《洛陽記》。道元之時,書已流布,其人至遲當不能在孝文即位之後。

丙、據《伽藍記》,則武定之時,三字石經,與劉宋以前,完全相同。一字石經,則完全未毁。

丁、據《馮熙》《崔光傳》,孝文即位以前,石經猶未大崩侵。三字石經,宛然猶在。

案馮熙爲洛州刺史,蓋在承明太和間。常伯夫爲洛州刺史,似更在前。伯夫事見《魏·外戚傳》。

戊、又據《馮熙》《崔光傳》,孝文初年,有常伯夫、馮熙,摧殘石經。

己、據《崔光傳》,孝文帝遷都以後,神龜元年以前,於此二十餘年間,石經頗有殘毁。

其餘記載,都無討論。惟此六條,乖互實多。今乃一一參證,竊疑武定以前,三字石經三十五碑,完全未毁。一字石經,但存十七。《北齊·文宣帝紀》明載石經五十二枚,其數可核也。《洛陽記》所載一字石經之殘毁,詳明可據,此所毁之三十一碑,當在五胡亂際。及太武以後,國勢方張,河洛無事。孝文雅好斯文,推揚聖教,宣武之年,亦崇庠序。(參下年表)石經不崩於戎亂之時,而殘於右文之國，則無是理也。《典論》六碑，劉宋以前，已殘其二。而太和十七年，猶有四存。則常伯夫、馮熙之徒，《典論》猶未加摧毀，而謂其曾毀經乎？通體觀之，自劉宋以後，武定之前，石經並無若何摧損。即或有之，亦不過文字之剥落已耳。其崩頽者，則《典論》《讚書碑》《太學讚》之類，未嘗害及本碑也。

各家記載，皆以一字石經有《禮記》而無《儀禮》、《魯詩》，殆碑既殘毁，六朝人遂憑其時尚之學而妄臆之。

《北史·儒林傳》，諸生盡通《小戴禮》，於周、儀《禮》兼通者，十二三焉。案魏高貴鄉公幸太學時，所問已是《小戴記》，則由來久矣。

足證《洛陽記》所載甚確，南行十五碑之毁，殆已久矣。

六朝人自范曄以下，皆不辨漢魏石經，多以三字石經歸之於漢。崔光上表，根本不知有魏。則其時保存二字石經，必更加意。此三字石經，巍然獨存之故乎？

《西征記》《伽藍記》皆言三字石經存十八碑，而於一字石經，未言殘毁。其不合有四：

子、《馮熙傳》明言三字石經，宛然猶在。

丑、《洛陽記》，詳述一字石經之殘。

寅、無以解六朝誤認一字石經有《禮記》之故。

卯、三字石經有十八，一字石經四十八全存，共六十六碑，不符《文》《宣帝紀》所載五十二碑之數。

《西征記》《伽藍記》所以致誤者，殆一字石經，完碑尚存十七，但南行則猶殘一碑，但存碑末題名則實存十八碑矣，《西征記》《伽藍記》遂張冠李戴耳。稽參徵驗之餘，深知戴、楊所録，不如《洛陽記》之近於情實也，故捨彼而從此。

總上所論，石經之有殘毁，當在拓拔氏有國以前。嗣後未加補治，剥蝕容或有之。終魏之世，五十二碑，似無虧損，武定以後，南北東西，幾經轉運。延及唐初，十不存一矣。

宋初，一字石經，殘石猶散見人間，而張燾所得較多。

黄伯思曰：石刻本在洛宫前御史臺中，年久摧散。洛人好事者，時時得之，若騏驥一毛，虬龍片甲。今張燾龍圖家，有十版最多。張氏壻家有五六版。王晉玉家有小塊。洛中所有者止此，予皆得其拓本。《論語》之末，題云："詔書與博士臣左立郎中臣。""書"上"臣"下皆缺。又有《公羊》一版，不知誰氏所得。其末云："谿典諫議大夫臣馬日磾臣趙䳄議郎臣劉弘郎中臣張文臣蘇陵臣傅楨雜。""雜"下"谿"上缺。(《東觀餘論》。按《經義考》引方匋曰，《公羊》碑一段在長安，其上有馬日磾等名號。碑石不在洛陽，故雪林不知其在誰氏也。)

三字石經。北宋洛陽蘇望，得拓本刻之，爲《左傳》殘字，世疑其僞。

歐陽棐曰：皇祐中，有蘇望者，得模本《左傳》於故相王文康家，取其完者而刻之，莫辨其真僞也。(《集古目録》)

洪适曰：魏三體石經《左傳》，皇祐癸巳年，洛陽蘇望氏所刻。蘇君有言曰：後漢熹平四年，鐫石立於太學，今石不存，本亦罕見收者。近於故相王文康家，得《左氏傳》拓本數紙，其石斷剥，字多亡缺。取其存者摹刻之，凡八百一十九，題曰《石經遺字》。(《隸續》)

此二種遺字，並存洪适《隸續》中。三字石經，古文存三百七字，篆文存二百十七字，隸書存二百九十五字。一字石經，《尚書》存五百四十七字，《魯詩》存百七十三字，《儀禮》存四十五字，《公羊》存三百七十五字，《論語》存九百七十一字。

三字石經殘石，舊藏高紳家，後歸趙竦，北宋之末，遂致湮絶，不知王文康拓本，出於此否也。

趙明誠曰：石本舊藏高紳學士家。《集古録》云："紳死，其子弟以石，質錢於富人，而富人家失火，遂焚其石。"非也。元祐間，余侍親官徐州時，故郎中趙竦被旨開吕梁洪，挈此石隨行，已斷裂，用木爲匣貯之，竦尤珍惜。親友有求墨本者，必手摹以遺之。竦没，今遂不知所歸。(《金石録》)

然則民十一，朱家屹塯所發現，其價值殆可知矣。

繼漢、魏石經，則有唐石經。提議者，國子祭酒鄭覃。據《覃傳》，參與校定者，有周墀、崔球、張次宗、孔温業等。其見於碑者，書石學生有艾居晦、陳玠、□□□等。書石官爲段絳。校勘兼看書上石官爲柏嵩、陳莊士。覆定字體官爲唐玄度。校勘官兼專知都勘定經書檢校刊勒上石，爲章師道、楊敬之。都校官爲鄭覃。而墀等四人，不載於碑。創始於唐文宗太和七年十二月(《唐會要》)，竣工於開成二年十月(《通鑑》)。前後四年，草率甚矣。

顧炎武曰:《舊唐書·文宗紀》謂"石壁九經字乖師法,石經立後數十年,名儒皆不窺之。"愚初讀而疑焉,又見《新書》無貶辭,以爲石壁九經,雖不逮古文,亦何遽不賢於寺碑家碣。及得其本而詳校之,乃知經中之繆戾非一,而劉昫之言不誣也。(《金石文字記》五)

按《後漢書·蔡邕傳》言"碑始立,觀視及摹寫者,車乘日千餘兩,填塞街陌。"以視開成石經立後數十年,名儒皆不窺之者,其相去亦何遠哉。

計《周易》《尚書》《毛詩》《周禮》《儀禮》《禮記》《春秋左氏傳》《公羊傳》《穀梁傳》《孝經》《論語》《爾雅》,共十二經。附刻《五經文字》《九經字樣》二種。今碑存西安府學。

再次則蜀石經,孟昶據蜀時所刻。其始末,曾宏父述之詳矣。

益郡石經,肇於孟蜀廣政,悉選士大夫善書者模丹入石。七年甲辰,《孝經》《論語》《爾雅》先成,時晉出帝改元開運。至十四年辛亥,《周易》繼之,實周太祖廣順元年。《詩》、《書》、三《禮》,不書歲月。逮《春秋》三傳,則皇祐元年九月訖工,時我宋有天下已九十九年矣。通蜀廣政元年肇始之日,凡一百一十二祀,成之若是其難。又七十五年,宣和五年癸卯,益帥席貢始奏鐫《孟子》,運判彭慥繼其成。乾道六年庚寅,晁公武又鐫古文《尚書》暨諸經考略(疑即《石經考異》),洪文敏公邁謂孟蜀所鐫,字體清謹,有正觀遺風。續補經傳,殊不逮前。(《石刻鋪敘》)

據趙清獻《成都記》,蜀石經一依太和舊本,則紕繆當同。

晁公武曰:公武異時守三營,嘗對國子監所摹長興板本讀之,其差誤蓋多矣。昔議者謂太和石本,校寫非精,時人弗之許,而世以長興板本爲便,國初,遂頒布天下,收嚮日民間寫本不用。(《石經考異序》)

據《郡齋讀書附志》,其書丹者,《周易》爲楊鈞、孫逢吉,《尚書》爲周德貞,《儀禮》《禮記》《毛詩》爲張紹文,《周禮》爲孫朋吉,《論語》《爾雅》爲張德釗。三《傳》、《孝經》,不題書者姓名。《孝經》與《論語》《爾雅》同時刻石,《石刻鋪敍》言亦德釗書,是或然也。三《傳》成於宋皇祐,田況知成都日補刻,未出高手,故未題名。又《左傳》避祥字諱,則亦刻於蜀時,元均續成之耳。

孟蜀石經,殆毀於蒙古寇蜀之時。拓本零落,大部現歸廬江劉氏。《周禮》存卷九、卷十、卷十二;《左氏傳》存卷十五卷二十;《公羊傳》存卷二;《穀梁傳》存卷六、卷八、卷九。其中又只有《左氏傳》卷十五全，餘亦殘闕。《毛詩》殘拓，錢氏《養新録》言尚存《召南》《邶風》全，吴中黄蕘圃所得。不知猶在人間否也。

《觀堂集林》二十，考漢石經者一，考魏石經者四，跋蜀石經者一。與本文頗有出入。其尤者，如《水經注》（引見前）自"魏正始中"至"樹之於堂西"，乃插注之文。"石長八尺"以下，仍接前文。不然，不特碑數張冠李戴，而下文云，明帝刊《典論》，附於其次。明帝在正始前，酈氏之誤，何至於此。静安先生言《水經注》謂魏石經之數四十八，此有誤讀也。又《洛陽記》明注本碑二字，則專指刻經文者。而熹平一代大典，關於此事豈無刻石紀載。其浮出本碑以外之二碑，自是可能之事。《水經注》《伽藍記》皆言四十八碑，與《洛陽記》所載，正可相足。先生執四十六碑之數，斯不然矣。又謂魏晉以前，以今之《儀禮》爲《禮記》，舉鄭箋《毛詩》，郭注《爾雅》爲證，按鄭之時，《記》存二百十四篇。郭之時，《大戴》猶爲完書。安知其所引《儀禮》之文不兼出於《記》耶。况此又不能用以解釋齊梁以後。爾時，《儀禮》《禮記》各有專名，合《周官》以稱"三禮"，當時從無混淆。諸家稱一字石經有《禮記》，自是因碑殘妄臆之故。不然，何以又不提及《魯詩》耶。其外尚有徵異之處，舉其大者，附誌於此。

附北魏年表

魏明元帝泰常	元年	戴祚從劉裕西征
	五年	南朝，晉亡宋代。
	八年	
太武帝共二十八年	始光四 神䴥四 延和三 太延五 太平真君十一 正平一	魏道武（拓跋珪）初定中原，便以經術爲先，立太學，置五經博士，生員千有餘人。天興二年春，增國子太學生員，至三千人。明元時，改國子爲中書學，立教授博士。太武始光三年春，起太學於城東。令州郡各舉才學，於是人多砥尚儒術。太安初，詔立鄉學。（《北史・儒林傳序》）
文成帝共十四年	興安一 興元二 太安二 和平六	
獻文帝共四年	聖興四	
孝文帝延興	元年	

	二年	
	三年	詔以孔子二十八世孫孔乘爲崇聖大夫,給十户以供灑掃。
	四年	
	五年	
承明	元年	太上皇崩,馮太后稱制,帝年十歲。
太和	元年	十一月懷州民叛,洛州刺史馮熙討平之。
	二年	
	三年	南朝,宋亡齊代。
	四年	
	五年	
	六年	崔光拜中書博士著作郎。
	七年	
	八年	
	九年	正月詔禁圖讖秘緯。
	十年	
	十一年	
	十二年	
	十三年	
	十四年	九月馮太后薨。
	十五年	
	十六年	二月改謚宣尼曰文聖尼父,告謚孔廟。
	十七年	還都洛陽。九月,幸太學觀石經。
	十八年	革衣服之制。
	十九年	馮熙卒。四月,幸魯城,親祀孔子。詔選諸孔宗子一人,封崇聖侯,邑一百户,以奉孔子祀。命兖州爲孔子起園柏,修飾墳隴,更建碑銘,褒揚聖德。
	二十年	正月,詔改姓元氏。
	廿一年	
	廿二年	
	廿三年	帝崩。
宣武帝景明	元年	
	二年	
	三年	南朝,齊亡梁代。
	四年	
正始	元年	十一月,詔依漢魏舊章,營繕國學。
	二年	
	三年	魏收生。
	四年	六月,勑有司準訪前式,置國子,立太學,樹小學於四門。

永平	元年	
	二年	
	三年	
	四年	
延昌	元年	二月,敕有司,國子學孟冬使成,太學四門學,明年暮春令就。
	二年	
	三年	三月,江式表請纂集古今文字,帝許之。
	四年	
孝明帝熙平	元年	
	二年	
神龜	元年	崔光表請修補石經,帝許之。
	二年	
正光	元年	
	二年	
	三年	
	四年	
	五年	
孝昌	元年	
	二年	
	三年	酈道元卒。
武泰	元年	帝崩。
東海王建明	元年	
節閔帝普泰	元年	
孝武帝永熙	元年	高歡討爾朱氏。
	二年	
東魏孝静帝天平	元年	
	二年	西魏文帝立,魏分東西。
	三年	
	四年	
元象	元年	
興和	元年	
	二年	
	三年	
	四年	
武定	元年	高歡、宇文泰戰於邙山。
	二年	
	三年	

四年	移洛陽石經於鄴。
五年	楊衒之行役洛陽。高歡卒。
六年	
七年	東魏亡,北齊代。

二三,七,六,寫定於皖六中

原載《學風》一九三五年第五卷第七期

《尚書》與歷代石經

◯ 劉起釪

我國最古的史書《尚書》，它兩千多年來被尊奉爲儒家的經典，現在它與儒家群經都恢復了它們作爲重要古代史料的地位。爲了研究《尚書》這部重要史料，需要瞭解它各種情況，首先是它的版本情況。而它的版本始終與群經版本結合在一起。它們的版本又有一個特點，就是在版刻本流傳以前，都有一個長時期的石經刻本的時代，後來的版刻本就是從石經出來的。當石經時代，所有讀書人讀它們時，要到太學去抄石經，或仿抄它的傳抄本。而由於群經有今古文之異，不同時代的石經反映了不同的文本，所以歷代石經有着頗爲複雜的情況。加上歷時久遠，前面幾次石經早經毁壞，而它的文字對尋索群經原來的面貌關係甚大，因此對研究這些史料來説，有關石經情況的瞭解就成了一個重要的課題。

過去考訂石經源流的，較著的有顧炎武、萬斯同、朱彝尊、杭世駿、錢大昕、厲鶚、桂馥、瞿中溶、劉傳瑩、楊寶鏞等，直到羅振玉、王國維，前後不下十餘人，他們的著作將在本篇中隨文提到，而以最後出的於一九三〇年刊行的張國淦《歷代石經考》比較最爲完備，要對石經有所瞭解，主要應閲讀這部著作。至於考校石經文字異同的，各家著作更多，本文都按所校的各經分别著録在有關石經的下面。

石經原是還没有版刻時期的産物，用意在於統一各種傳寫本文字的紛歧，作爲各封建王朝立於學官各經的國家定本和考試時所憑以依據的法定本，如漢、魏、唐石經都起了這一作用。到版刻既已興起以後，作爲國家法定本的是各代監本，比起石經來更要便利得多，因爲可以頒行天下，使讀書人手裏都有定本，不必大家再到太學裏去抄寫石經，因此以後再刻石已經没有必要了。但是宋以後各代仍有繼續刻立的，不過是虚循故實來點綴文化活動，表示也尊崇“經學”。但由於他們刻立時還要表示鄭重其事，因此多半還要進行校勘，寫出校記之類的東西(例如清代的《石經考文提要》)。這樣的校記，和經過校勘後所刻石經的拓本，對於群經文字的校訂，還是有一些參考的用處，因此這裏仍對以後所刻各石經照樣加以著録。

至於《尚書》石經，更是《尚書》今古文各派遞嬗演變的反映。漢、魏、唐三刻，就是今文、古文、僞古文三派遞據學壇的歷史見證，各爲該派奄有一段歷史時代以後所歸結而成的定本。三者的源流大要略如次：

一、戰國時儒、墨諸家傳習的《尚書》本，因秦代的焚禁和楚漢的戰亂而遭到損失，由於一些博士儒生的保存，再加以口耳的傳授，終於形成西漢伏生學派的歐陽、大、小夏侯三家用漢代流行隸書所寫的本子，那就是今文《尚書》本(其來源可能是秦國官本)。《史記》、《漢書》、其他漢人著作、漢代碑刻以及漢代的緯書所引用的，也就是今文《尚書》。同時其他今文諸經，《易》爲施、孟、梁丘、京四家，《詩》爲魯、齊、韓三家，《禮》爲大、小戴二家，《春秋》爲《公羊傳》嚴、顔二家，後又立《穀梁春秋》。最後諸家文字定於一，刻爲熹平漢石經。

二、相傳西漢時孔子裔孫孔安國保存有孔子家傳本，又傳在孔子壁中發現了先秦的《尚書》本，孔安國以今文讀之，這一本子就叫孔氏古文《尚書》(其來源可能是戰國時魯國本)。漢室中秘也曾藏有古文本，後經喪亂，不知散失到了什麽地方。劉歆曾請將古文《尚書》和《左氏春秋》《毛詩》《逸禮》都立於學官，遭到今文家反對。漢平帝時曾一度立於學官，其後又遭罷黜。東漢杜林在西州得漆書古文《尚書》，加以傳授。許慎《説文》也常引有漆書古文，但稱爲壁中古文。經漢末馬融、鄭玄和魏王肅都做了注，這本漆書古文《尚書》，就大行於世。但因幾經輾轉抄録，致文字彼此又有異同，最後統一爲魏三體石經中的《尚書》的古文。

三、西晉永嘉大亂，東晉南遷，今文經、古文經都亡失了。偏安的政局穩定以後，爲乞靈於儒家思想，又徵集經典，便有梅賾所獻的僞古文《尚書》出現，像魚目混珠一樣，奪據了《尚書》正席一千幾百年。當初北朝原保存了些古文經，經過不斷的戰爭，使所存的古文經也殘缺了。隋朝統一後，便承用南朝尊用的僞古文，一直流傳下來。它的本子又分爲二支：(一) 隸古定本。復分爲原僞本與僞中之僞本二種：(甲) 原僞本，稱爲宋齊舊本，是沿自六朝所傳梅賾舊本，諸如敦煌本中的大部分唐寫本、日本所存大部分古寫本，都屬此本。(乙) 僞中之僞本，在唐以前已出現，宋薛季宣《書古文訓》保存了其全部文字。（二）楷寫本亦稱今字本。晉范甯曾將隸古定本改寫爲今字本，已失傳，後有唐玄宗命衛包將隸古定本改寫成今字後的定本，到開成年間把它刻成爲唐石經（詳起釪撰《尚書的隸古定本古寫本》一文）。

現將上述三個源流系統簡列如下：

（一）戰國本（皆古籀文）—西漢三家今文本（始用隸書）——《史記》《漢書》及漢碑漢文所引用今文本—最後爲漢熹平石經（隸書）。

（二）西漢古文本（孔氏家傳本、中秘本、劉歆鼓吹孔壁本）—東漢傳聞古文本（河間獻王本）—杜林漆書古文本—《説文》所引古文本—馬融、鄭玄、王肅等用隸書所注古文本——魏邯鄲淳、衛覬所寫古文本—最後爲魏三體石經中的古文（新創的科斗文）。

（三）僞古文《尚書》本兩種：（甲）隸古定本，又分爲二：（a）宋齊舊本—唐寫本（敦煌本，日本古寫本亦從唐寫本出）；（b）陸德明所見隋唐多隸古奇字之本（僞中之僞本）——唐寫本（敦煌本中的一部分）—五代郭忠恕本—宋吕大防本—晁公武本—薛季宣本；（乙）今字本，也分爲二：（a）晉范寧寫本（已失傳，敦煌本中之今字本可能與之有關）；（b）唐衛包改寫本—最後爲唐開成石經（楷書）。

唐石經一方面是《尚書》今、古文學遞嬗時期諸石經本的殿後者，一方面又是僞古文定於一尊後各種版刻本的開山祖。因五代根據唐石經來版刻群經，以後各種版刻都從五代刻本發展出來。今日所得見常供閲覽的各種版本，它的經文可以説都是唐石經的直接或間接的翻刻本。由此可見石經對版刻本所起的作用，也可見校勘版刻本《尚書》時唐石經的重要性。

本篇只以《尚書》爲中心著録群經的石經，《尚書》的各種隸古定本，另撰《尚書的隸古定本古寫本》，已發表在《史學史資料》一九八〇年第三期上；對各種版刻本，則另撰《尚書及群經版本録》，已摘其前面叙述部分題爲《尚書與群經版本綜述》，發表在《史學史研究》一九八二年第二期上。

本篇的寫成，不在進行考訂，而只是集中有關石經的各種資料，加以系統、條理，以便綜覽歷代石經全貌，便於檢索。著録的順序是：一、漢石經，二、魏石經，三、北魏石经，四、唐石經，五、蜀石經，六、北宋石經，七、南宋石經，八、明石經，九、清石經。

另《晉書·裴頠傳》有晉石經，萬斯同、瞿中溶以爲曾有其議，但未刻；《南齊書·魏虜傳》言魏太武時有石經，謂在平城西三里刻石寫"五經"及其國記，於鄴取石虎文石屋基六十枚以充用。杭世駿以爲不足據,疑是從洛陽徙去的三字石經。《明一統志》有金太學石經,朱彝尊以爲是從汴京移去的北宋石經。所以都不録。

所録各刻,大抵都先略叙源流、情況,然後録其拓本,再録其影印本,最後録其文字著録及考訂本。

今唐石經拓本還基本很完整,唐以後的各石刻比較不甚重要,并且有拓本或考證本流傳。只有其前的漢、魏兩石經,對文字的校勘關係巨大,而所存文字又非常殘亂,所以特將二石經的《尚書》殘拓另撰《漢石經〈尚書〉殘存文字表》《魏石經〈尚書〉殘存文字表》二種,以備校核。又另撰《石經簡表》一種,以便檢尋。因篇幅關係,此處皆不録。

一、漢石經

漢石經又專稱熹平石經、一字石經、今字石經、鴻都石經。

此石經於東漢熹平四年(一七五年)開始刻於洛陽太學,地在當時洛城南開陽門外御道東(今河南偃師縣佃莊公社太學村),光和六年(一八一年)刻成。共六十四石。刻《易》《書》《詩》《儀禮》《春秋》等五經及《公羊》《論語》,共七種。因當時應博士試甲乙科的,爲争第高下,至有進行賄賂改蘭臺漆書經字以合其私文的。所以詔蔡邕、堂谿典、馬日磾等統一它的文字,刻成石經,使經文確定。所依據的是立於學官的漢代今文經,所以用隸書一體書寫。各經都以一家本爲主,在全經後另撰有《校記》保存其餘幾家的異文。《尚書》用歐陽氏本,凡二十九篇,後面刻《書序》,《康誥》《酒誥》《梓材》合序,故爲廿七序。各序合爲一卷,又它的《盤庚》分三篇,故總數合於歐陽氏經文卅二卷之數。全經共一萬八千六百五十字,後面的《校記》存大、小夏侯兩家的異文。其餘諸經所用者,《易》爲梁丘氏本,《詩》爲《魯詩》,《儀禮》爲大戴本,《春秋》及《公羊》皆嚴氏本,《論語》用張侯本,各校以其他數家。歷經變亂,到魏黄初(二二〇—二二五)間曾補其缺壞。晉永嘉(三〇七—三一二)後多已崩毁,北朝時或曾遷徙到鄴,或又遷還洛陽,一説隋時并曾遷徙一部分到長安。唐初已毁滅殆盡,魏徵曾得《尚書》等經各百餘字,以後又散失了。其後因館舍修建,於鴻都學遺址發掘得石經殘石,洛中人家往往有之(見李綽《尚書故實》)。北宋初,第一次與魏石經同時出土於洛陽唐御史臺,共十餘石,計漢石經二千餘字。居民也有陸續拾得殘石的，長安也得到《公羊》殘石一段。嘉祐中（一〇五六—一〇六五），居民復有得碎石的（見黄伯思《東觀餘論》、董逌《廣川書跋》、方勺《泊宅編》）。洪适《隸釋》盡著録所出各石的文字，其中《尚書》計五百四十七字。到現代一九二二年後，又有殘石出土，歸北京大學、北海圖書館及馬衡、徐鴻寶等公私藏家十二處，共碎石七十二（見顧受佶《碩軒隨録》、又《漢石經諸家藏石記》及《集拓》《續編》《三編》）。又有歸開封圖書館者，并續有殘石出土。其後馬衡集中公私所藏拓片加以著録，共得八千數百餘字，其中《尚書》八百零九字。一九六二年冬和一九六八年冬，河南偃師佃莊公社太學村社員在漢代太學遺址近兩米深的土層裏發現漢石經殘石多塊，七十年代考古研究所洛陽工作隊收集得之。其中《儀禮》殘石一片，兩面合計二百餘字；《尚書》殘石兩片，每片兩面各數十字，經文大抵清晰，而《書序》等漫漶過甚，綜計共得二百十七字。其中《堯典》三十七字，《臯陶謨》六十八字，《禹貢》十二字，《秦誓》五字，《校記》八十三字，《書序》一石有字近百，磨損太甚，勉可識者十七字。（據《考古學報》一九八一年第二期）又一九七三年考古研究所洛陽工作隊在太學村探得漢魏太學遺址，一九八〇年春在遺址中發掘出漢石經殘石六百餘塊，其中有字殘石九十六塊，計三塊保存原兩面有字，餘皆只保留碑石的一面。每片保存十餘字至數字不等，共得三百六十六字，確切可認者二百九十三字，計《儀禮》二百二十八字，《魯詩》三十八字，《春秋》十四字，《論語》十三字，而無《尚書》（《考古》一九八二年第四期）。綜計近年新得漢石經殘字七百餘。合舊有共九千數百字，其中《尚書》一〇二六字，分屬二十三篇。（近聞臺灣存一殘石達六百餘字，不詳何經。）

漢石經各本情況如下：

（一）拓本

唐初，魏徵所得殘石的傳拓本，曾存於皇室秘府。《隋書·經籍志》載當時所存一字石經共卅三卷，計《尚書》六卷，《易》一卷，《魯詩》六卷，《儀禮》九卷，《春秋》一卷，《公羊傳》九卷，《論語》一卷。唐中宗（六八四—七〇九）以後，因賞賜公主、駙馬，致有散佚。（王國維《魏石經考四》據徐浩《古迹記》）開元中（七一三—七四一）内府所藏本，有“開元”二字小印。（《東觀餘論》《經義考》）

宋時，鄧堯卿得洛陽拓本。（《泊宅編》）

政和（一一一一—一一一七）時，黄伯思得洛中張氏、王氏所藏《尚書》《儀

禮》《公羊》《論語》四經殘石拓本。(《東觀餘論》)

趙明誠也得同上的四經及《魯詩》殘石遺字(《金石録》),亦洛本(《歷代石經考》)。

胡宗愈得成都故家殘本。(胡氏《重刻石經遺文跋》)

洪适也得同上的《尚書》等五種殘本計一千九百餘字,其中《尚書》五百四十七字。(《隸釋》)

石熙明也有拓本。(《蘇齋題跋》謂即洪氏本)

元時,吴萊有王氏拓本。(吴萊《存心堂遺集》)

明、清時,只有重刻石的拓本,未見原石的傳拓本。

一九二二年及其後出土殘石的拓本有:

開封圖書館藏石拓本。(《書目答問補》)

徐鴻寶諸家藏石拓本。(《碩軒隨録》)

孫壯搜集、馬衡編:《集拓新出漢魏石經殘字》。只拓三十份。係據徐鴻寶、馬衡等八家所藏石的拓本編成。計漢、魏石經二百十四石,一千零九十八字,其中《漢石經》七十二石,五百二十六字。

羅振玉得武進陶祖光拓本十四紙,海寧趙萬里拓本二百七十二紙,閩陳承修拓本二紙。(《漢熹平石經殘字集録序》《續編序》)

一九六二、一九六八、一九八〇年出土殘石拓本,計七百餘字,其中《尚書》二百十七字,《儀禮》四百餘字,《詩》三十八字,《春秋》《論語》各十餘字。有中國社會科學院考古研究所洛陽工作隊拓本。(《考古學報》一九八一年第二期許景元文,《考古》一九八二年第四期段鵬奇文)

(二)重刻石和重刻石拓本

宋胡宗愈成都西樓刻石,其拓本稱胡氏西樓本。

元祐間(一〇八六—一〇九三),胡氏以所得成都故家殘本二千二百七十餘字爲底本,重刻於成都府西園的西樓。胡稱錦官西樓。(胡氏《重刻石經遺文跋》、宇文紹奕《又跋》,《隸辨》)。

南宋洪适會稽蓬萊閣刻石,其拓本稱洪氏蓬萊閣本。

乾道中(一一六五—一一七三),洪适據所得《尚書》《魯詩》《儀禮》《公羊》《論語》五經殘石千九百餘字拓本爲底本,重刻於會稽蓬萊閣,共八石。(《隸釋》)

南宋石熙明越州刻石,其拓本稱越州本,或越州石氏本。石氏據其所藏

《尚書》《論語》殘字拓本重刻於越州。(方若《校碑隨筆》)洪适《隸續》略謂稽山石熙明聚碑頗富,亡後假之其子,故能成書於越。翁方綱據此謂石氏所刻,與洪氏蓬萊閣本當不相遠。(《兩漢金石記》)石氏所刻碑目見於陳思《寶刻叢編》。

明廣西靖江王府刻石,其拓本稱靖江王府本。靖江王刻石事,見黄易《漢石經殘字跋》,翁方綱《蘇齋題跋》,瞿中溶《漢石經考異補正》。此數者今俱不存。(《歷代石經考》)

(三)重刻石拓本的流傳本

元時,有宋紙拓《尚書・盤庚》五行卅餘字,《論語・爲政》八行、《堯曰》四行合百餘字,共三段。藏者鈐有蒙古文印。(《歷代石經考》)

明時,趙殿撰家有蔡邕《石經遺字》三卷。(《經義考》引楊慎語)今未見,想也是重刻拓本。(《歷代石經考》)

清時,馬曰琯得鈐有蒙古文印的元人藏本《尚書・論語》三段,共一百二十餘字。歷董元鏡手歸黄易小蓬萊閣,稱小蓬萊閣藏本。其後又歷藏沈樹鏞、萬航、端方、衡永等人手。江藩、陳宗彝等都以爲此即洪氏蓬萊閣本,翁方綱則以《爲政》篇有"女"字,和洪氏本不同。

清鄒平張氏藏有拓本一,存《尚書・盤庚》六行三十餘字,《論語・爲政》《堯曰》共十二行百餘字。爲顧亭林所見,以爲不過洪氏《隸釋》所存的什之一。(《金石文字記》)

清京師孫退谷亦藏有一本,所存字全同鄒平張氏本,兩本同爲顧亭林所見。此本稱爲孫退谷硯山齋藏本。孫氏自以爲就是原拓本。它和黄易小蓬萊閣本相同,惟多《盤庚》篇"凶德綏績"四字。歷藏王鴻緒、孫星衍、沈樹鏞、萬航、端方、衡永等人手。何焯以爲即越州石氏本,江藩以爲即洪氏本,翁方綱以爲石氏本即洪氏本,由於此二本無大區别的原故。(《歷代石經考》)

清丹徒蔡嘉有一拓本,歷藏阮元、南湖漁者子膺、端方、衡永等人手。江藩以爲與孫氏硯山齋本點畫波磔一一相同,也是洪氏本。(《歷代石經考》)

此三者究是洪氏本,還是石氏本,無可考斷。(《歷代石經考》)

胡氏(宗愈)所集所翻之本,今皆不存。(瞿中溶《漢石經考異補正》)

石熙明、靖江王府刻石未見,想亦不存。(《歷代石經考》)

乾隆時,錢泳尚有雙鈎本及墨本,日本博文堂且據以影印。羅振玉及張國淦都説是僞本。(《歷代石經考》)

（四）據重刻石拓本再摹刻上石之本

清如皋姜任修本，即摹刻孫氏硯山齋本。

北京翁方綱小蓬萊閣本，即摹黄易本，增孫本“凶德綏績”四字。由翁氏自摹文字，屬張燕昌替他勒石，仍出工匠手。

翁方綱刻於南昌府學本，即摹黄易本并錢泳雙鈎書。共石四塊，六百七十五字。郎園藏有乾隆五十三年南昌府學重刻本。

錢泳摹刻於會稽郡學本，據其自藏雙鈎本手自摹刻。

錢塘黄易會稽蓬萊閣本，即摹其自藏鈐有蒙古印之本。刻於小蓬萊金石文字翻刻諸漢碑中。

海鹽張燕昌石鼓亭本，即摹黄易本於其家之石鼓亭中。

漢軍李亨特摹刻於紹興府學本，用翁氏南昌府學本重摹。

陝西申兆定摹刻於關中碑林本，亦摹黄易本。

張之洞武昌重刻本，以孫退谷、黄易兩本合刻於湖北存古學堂，又借蔡本增刻在一起。

以上爲各家題識序跋所載，都爲《歷代石經考》所引。

（五）據拓本影刻及影印本

陳宗彝影刻本，係據黄易小蓬萊閣藏本影刻上木。复分二本：

《漢石經〈尚書〉〈論語〉殘字》一卷，清陳宗彝輯。1. 陳氏《獨抱廬叢刻》本，道光八年刻。（《書目答問》）此本所刻《漢石經〈尚書〉〈論語〉殘字》一卷和《蜀石經〈毛詩〉〈春秋傳〉殘字》一卷合訂一册。2. 陳乃乾輯《百一廬金石叢書》本，一九二一年影印。此本有“熹平”二字冠“石經”上。

羅振玉影印諸本，係據一九二二年及以後出土殘石拓本鈎勒影印。計有：

《漢熹平石經殘字集録》一至四編共四卷、各卷《補遺》亦四卷。

一九二〇、一九三〇年上虞羅氏石印《松翁居遼後所著書》本。

《漢熹平石經集録續補》一卷，一九三三年上虞羅氏遼東石印《遼居雜著》乙編本。

《漢熹平石經集録續編》一卷《續拾》一卷，一九三四年上虞羅氏七經堪石印《遼居雜著》丙編本。

《漢熹平石經殘字集録》二卷，一九三八年增訂，一九四三年羅福頤排印《貞松老人遺稿》乙集本。

其他石印影印諸本：

《漢石經》一册，光緒卅四年上海點石齋拓印本。

《漢石經殘字》，民國初年上海有正書局石印本。

《漢石經殘石》，劉承幹輯，劉氏自印《希古樓金石萃編》本。

《漢石經殘石集》一卷，白堅輯，一九三〇年白堅影印本。

《漢熹平周易石經殘碑録》，文素松輯，一九三〇年文素松影印本。

《漢熹平石經》一卷，柯維越輯，一九三一年神州國光社影印本。

《漢魏石經殘字》，山東圖書館編《海嶽樓金石叢編》第二輯，一九三四年山東省立圖書館石印。

《漢石經集存·拓本圖版》，馬衡輯，一九五七年科學出版社影印。

《郎園目》有翁方綱《漢熹平石經殘字》本，似拓本而非印本。

（六）文字著録及考訂本

《金石録》三十卷，宋趙明誠撰，金石學要著，有版本六七種，附校記者有：光緒中《結一廬朱氏叢書》本（附繆荃孫札記）《四部叢刊·續編》本（附張元濟校勘記）。

《隸釋》（二十七卷）卷十四，宋洪适撰，明萬曆戊子廣陵王云鷺刊本，清乾隆間樓松書屋汪氏刊本，《四庫全書·史部》抄本。另有抄本三四種，見《四庫簡目標注》。

江寧洪氏晦木齋刊本。（與《隸續》合刻，附《刊誤》）

《四部叢刊·三編》本，附張元濟校勘記一卷，黄丕烈撰有《汪本隸釋勘誤》一卷，有《士禮居叢書》本、洪氏《晦木齋叢書》本、《叢書集成初編》本。

《東觀餘論（二卷）·〈尚書〉〈論語〉字》，宋黄伯思撰，宋刊本（紹興十行本）。明項氏萬卷樓仿宋九行本，《王氏書畫苑》本，明刊本、影刻明刊本《津逮秘書》第六集，汲古閣本、景印汲古閣本，《四庫全書·子部》抄本，《學津討原》第十三集，嘉慶刊本、景嘉慶刊本《邵武徐民叢書》初刻本。

《太學石經》一卷，《百川學海》重輯本·甲集，《説郛》宛委山堂本卷一。

《石經》一卷，清王謨輯，王氏《漢魏遺書钞》本。

《石經尚書》一卷，清馬國翰輯，馬氏《玉函山房輯佚書》本，嫏嬛館本、重印本、楚南書局本。

此叢書内尚有石經《魯詩》《儀禮》《公羊》《論語》各一卷。石經《魯詩》，郭沫若并有考訂，在郭氏《古代銘刻彙考四種·漢代石刻二種》中。

《漢石經殘字考》十二段，清翁方綱《兩漢金石記》本。

《漢石經殘字》一卷，清翁方綱撰，翁氏《蘇齋叢書》本，乾隆嘉慶刊本、影乾隆嘉慶刊本，《復初齋集》本原刊本，鮑廷博《後知不足齋叢書》本，《晦庵金石叢書》本，王秉恩輯《石經彙函》本，光緒間四川尊經書局刊本，《叢書集成初編》本。

《漢石經考異》二卷，清馮登府撰，馮氏《石經補考》卷一、二，道光八年刊本，咸豐補刊《清經解》本（學海堂原本無此書），又有鴻寶齋、點石齋兩石印本，《石經匯函》本（刊《石經補考》全書），清瞿中溶有《漢石經考異補正》二卷，係考源流者。

《熹平石經遺文考》一卷，清魏秀仁撰，原刊本。

《洛陽漢魏石經考》一卷，清魏秀仁撰，原刊本。

《漢石經殘字證異》一册，清孔廣牧撰，抄本，藏科學院圖書館。

《新出漢魏石經考》（四卷）卷一，吴維孝撰，一九二七年上海文瑞樓書局石印本。

《漢石經殘石集》，白堅輯，一九三〇年鉛印本（文字著録考訂部分）。

《集拓新出漢魏石經殘字目·漢石經》，馬衡原編，一九三〇年張國淦《歷代石經考》鉛印本轉録。

《漢熹平石經殘字集録》一至四編及各編《補遺》，附《編外》，羅振玉原編鈎勒本，一九三〇年張國淦《歷代石經考》鉛印本轉録。

《漢石經碑圖》，張國淦撰，一九三〇年鉛印本，《考古》一九八二年第四期載中國社會科學院考古研究所洛陽工作隊《漢魏洛陽故城太學遺址新出土的漢石經殘石》文中，根據新出漢石經殘石的四種情況，校正碑圖有失誤處，尤以《儀禮》碑圖爲突出，因碑圖以《儀禮》刻有傳文而石經實無傳文。

《新出漢熹平〈春秋〉石經校記》，王獻唐撰，一九四二年《説文月刊》三卷八期。

《漢石經彙考》，余祥森撰，一九四三年《真知學報》三卷一期。

《漢石經尚书殘字集證》，屈萬里撰。

《漢石經周易殘字集證》，屈萬里撰。

《漢石經〈周易〉爲梁丘氏考》，屈萬里撰，一九四七年《中央圖書館館刊》復刊一號。

《漢石經集存》，馬衡撰，一九五七年科學出版社鉛印本，爲集大成較完備之本。

此外著録者尚多，或衹録目，或衹加題識，或也著録考校文字而頗殘缺，或在其書中占很小篇幅，有了馬衡《漢石經集存》，這些書都用不着參考。現略存其書如下：歐陽棐《集古録目》、陳思《寶刻叢編》、孫承澤《庚子消夏記》、顧炎武《金石文字記》、朱彝尊《金石文字跋尾》、朱楓《雍州金石記餘》、葉奕苞《金石録補》、阮元《兩浙金石志》、畢沅《中州金石記》、翁方綱《蘇齋題跋》、王昶《金石萃編》、武億《授堂金石跋》、洪頤煊《平津讀碑再續》，馬邦玉《漢碑録文》、梁章鉅《退庵金石書畫跋》、朱士瑞《宜禄堂金石記》、杜春生《越中金石記》等，楊殿珣《石刻題跋索引》曾有著録。此外還有清人魏秀仁《陔南石經考》四卷等。上舉各書中有誤以重刻石或摹本爲原拓的，或二者不辨的，現都不詳列。

二、魏石經

魏石經又專稱正始石經、三體石經、三字石經。

此石經於魏正始（二四〇—二四八）中立於漢石經的西面，共三十五石（王國維依《西征記》之説）。其中作三體直下式的共二十八石（白緄、孫海波説），刻《尚書》《春秋》及《左傳》至莊公中葉止。因當時立於學官的是古文，而太學舊有漢石經爲今文，所以補刊這兩種古文經及傳。《尚書》用馬融本參以鄭玄、王肅本，計三十四篇，也是一萬八千六百五十字。其卷數爲十三，與後來《隋志》所録古文《尚書》的卷數相同。即僞孔氏卷數之所本，其字體同時用了古文、篆書、隸書三體（三體合計五萬五千九百五十字）。《尚書》有重出的《堯典》《臯陶謨》二碑，其三體字成品字式。大約當初用此式，後來感到太費石或者覺得不便，刻二石後便不再刻，全體改用三體直下式。又間有三體不全之石，或衹有古、篆二體，或三體中止用一體，馬衡説是刻工試刻。所用古文出自所謂壁中本（實爲漆書本），或其三寫四寫之本。王國維説，即使出於當時字指學家之手，總還是用的壁中文字，實際根據漆書古文。凡漆書用毛筆寫，与金文契刻篆籀形體不同，先秦也有用毛筆寫文字（如寫在石圭上的盟書），其筆致也和金文契刻有别，往往一筆由粗到細，帶有筆鋒，但出于自然寫成，魏石經古文的筆致則出于造作。當如舊説，爲衛覬據邯鄲淳所書古文本上石。由於當時誤認壁中書爲科斗字，以致造作爲科斗形，或者豐中鋭末，或者豐上鋭下，都是依傍科斗之名字成的。自後所謂“古文”如郭忠恕、吕大臨、夏竦輩都用此體。于省吾以爲這種古文同於汲冢竹簡，爲六國時漆書古文；孫海波以爲是沿壁中本之舊，出於齊魯孔門後學所用戰國時六國文字鳥篆體。(俱見《魏石經集録》)謂鳥篆體，非；謂出于六國文字則是，不过他們加工改造成新筆致了。

這些刻石北魏初期猶保存較好，至魏獻文帝時，馮熙、常伯夫相繼爲洛州刺史，毁取以建寺廟，大遭破壞，剩餘者棄置荒亂，佛寺、居民都隨意取用。(《魏書・馮熙傳》《崔光傳》)到唐初已毁失净盡，魏徵曾得殘石十數段，後來也散亡了。宋時與漢石經第一次同出於洛陽御史臺，計魏石經八百餘字。高紳曾在旅途中得到一石，元祐間轉歸趙竦。(《集古録》《金石録》)第二次係光緒末年出土於洛陽龍虎灘，僅魏石經《尚書・君奭》十一行，三體共一百零九字。背面爲《春秋僖公經》，歸黄縣丁樹楨，後歸周進。第三次爲一九二二年，於洛陽朱疙塔壋村出土石碑上半截，爲《尚書・無逸》及《君奭》卅四行，背面爲《春秋・僖公》及《文公》卅二行，正面是黄縣丁氏所得石的上段。碑販爲便於偷運并圖分售多價，乘夜把碑石鑿爲兩半，致損《君奭》篇題一行。於是《無逸》部分歸洛陽縣署，後移於開封圖書館。《君奭》部分歸於礦局，後歸張鈁收藏。又同時出一小石爲《尚書・多士》十一行，背面爲《春秋・文公》九行，後來也歸於開封圖書館。這次所出殘石共一千九百餘字。另外也有人得到些小殘石。(吴寶煒《魏三體石經録》)一九二三年以後，洛陽陸續有殘石二百餘片出土，爲徐鴻寶、馬衡等七八家所分藏。(以上據《歷代石經考》及馬衡《集拓新出漢魏石經殘字序》)又有《多方》一石計十五行，背面《春秋・僖公》十四行，曾被運到上海，後不知所在；又有《立政》一石十四行，背面《僖公》十三行，藏西充白堅氏與石居。日本中村不折藏有《君奭》一石十五行，背面爲《春秋》僖公廿七、廿八年；大阪淺野竹石山房有《尚書》第廿一石下半殘塊，存《君奭》卅四字，背面《春秋》第八石，存《僖公廿八年》十九字，正爲黄縣丁氏所得石之後半角，後由白堅購歸。(以上據白組〔即白堅〕《魏正始三體石經五碑殘石記》)至一九四五年，西安市出土三體石經《尚書・康誥篇》殘石，不詳多少字。至一九五七年六月，陝西省農業廳續在西安市青年路西段挖下水道時，在上一殘石出土地點南北相距不到二百米處，又發現另一塊三體石經殘石。據《文物參考資料》一九五七年第九期報導，正面刻《尚書・梓材篇》十行三十字，計從“罔厲”之“罔”起，至“惟曰欲”之“欲”止，存中間各句處於每行之末的一字或二字，反面爲

《春秋成公經》十行五十字，計從"無冰"起至"邾"止。《梓材》文左下方有"第十七石"("石"字殘)、右下方有"始二年三"字樣。既知此石經爲正始二年所刻，又因《春秋》刻在《尚書》背面，則自成公以下尚有十七石。又過去發現魏石經碑大多爲上半部，此爲碑石的基部。在同年第三期《人文雜誌》有劉安國《西安市出土的正始三體石經殘石》一文作了闡述。至一九六六年出版的《西安碑林》書中圖版十七—十八載該石經拓片。細審爲十一行，其二至九行最末一字"人、民、容、王、爲、既、懷、邦"三體皆全，後二行之"德、欲"二字皆存隸書殘體，首行末"罔"字存篆、隸二體之左半。其倒數第二字，三行之"爲"存隸殘體，四、七、八行之"以、材、德"皆存篆、隸，五、六行之"古修"存三體面殘。實計共存《梓材》經文十七字(三體合計四十一字)，綜計魏石經現殘存經文三千餘字，其中《尚書》經文共一千一百五十八字(三體合計二千三百八十四字)，分屬《尚書》十七篇。

魏石經各本情況如下：

(一) 拓本

唐初，魏徵所得殘石的傳拓本也存秘府，中宗以後亦隨之散佚，遭遇與漢石經同。竇蒙曾見打本四紙。(竇蒙《述書賦・注》)開元時，得《春秋》十三紙，直傳至後周顯德中尚存馬胤孫手，周嗣太子借其本抄寫了副本。(《漢簡略敘目録》王國維《魏石經考》)

宋皇祐(一〇四九—一〇五三)時，洛陽蘇望得《左氏傳》拓本(實則其中有《尚書》殘字)於故相王文康家，三體共八百十九字。(《集古録目》《隸續》)王國維以爲即開元時的十三紙。(《魏石經考四》)

慶曆(一〇四一—一〇四八)中，夏竦也得摹本，與蘇本有出入。(《隸續》《魏石經考》)

元祐時(一〇八六—一〇九三)，趙竦有斷石摹本，以贈親友。(《金石録》)

胡宗愈得成都故家拓本八百十九字，也作爲他重刻的底本。(宇文紹奕《重刻石經遺字跋》)王國維以爲亦即蘇氏本。(《魏石經考》)

南宋時，洪适也有三體數十字本，作爲刻會稽蓬萊閣的底本。(《隸續》)

明時，豐坊家出正始本《大學》石經，僞。正始没有刻過《大學》，豐坊又慣於造僞書，不足辯。

清光緒時黄縣丁樹楨所藏《君奭》石下半段有拓本。背面爲《春秋・僖公經》(亦有拓本)。(羅振玉《正始石經影本跋》)

一九二二年所出土《尚書・君奭》及《無逸》，他面《春秋・僖公》《文公》之拓本有二：一爲洛陽原拓没有鑿爲兩半時之本，當時共衹拓十餘紙，故宫博物院圖書館現存其一，有王國維題識。另有會稽顧燮光金佳石好樓據洛陽郭氏藏影印本；一爲被碑販鑿損《君奭》篇題及《春秋·僖公》一行中分爲二之拓本，各家影印多據此本。（羅振玉《魏石經殘字陳氏影本跋》）

一九二三年徐、馬諸人所得零星殘石集拓爲《集拓漢魏石經殘字》本。周進有《皋陶謨》《益稷》《多士》等殘石拓本。尚有吴寶煒集拓本、白堅集拓本、許光宇集拓本、山東圖書館王獻唐集拓本等。

（二）重刻石本

宋蘇望洛陽刻石，稱蘇望洛陽本。蘇氏於皇祐癸巳（一〇五三年）取王文康家拓本刻石於洛陽。計八百十九字，題爲《石經遺字》。（《漢隸字源》引）歐陽棐《集古録目》曾有著録；《寶刻類編》亦加著録，題爲《三體石經遺字》，注明"八百二十九字"。婁機《漢隸字源》録爲《魏三體石經〈左傳〉遺字》。他不知道其中多有《尚書》文字。

胡宗愈成都西樓石刻，稱胡氏西樓本。也是據蘇望本刻石於成都西樓。仍爲八百十九字。（劉傳瑩《漢魏石經考》、王國維《魏石經考》）

南宋洪适會稽蓬萊刻石，稱洪氏蓬萊閣本，洪氏於刻熹平石經後，又取所存三體石經數十字刻於會稽蓬萊閣所鐫《隸纂》中。（《隸續》）今蘇、胡、洪三刻，都不可見。（王氏《魏石經考四》）也不見拓本。（顧炎武《金石文字記》）

（三）文字摹刻木板本

《汗簡》三卷《目録叙略》一卷，五代郭忠恕撰集。周顯德中，郭忠恕據周嗣太子所傳抄的開元十三紙本，取其中完整古文一百二十二字録入他所集字書《汗簡》中，摹刻成書。此書五代原刻已不可見，今見明以後刊本、抄本：康熙癸未汪立名一隅草堂仿宋刻本，爲六卷本。乾隆間汪啓淑重刊本，《四庫全書》抄本（另有馮已蓉、孫本芝二抄本，見《愛日精廬藏書志》）。光緒間《廣雅書局叢書》本，爲鄭珍箋正《汗簡》七卷本。又《黔南叢書别集》本和《巢經巢全集》本，也屬鄭珍《汗簡箋正》七卷本。

《古文四聲韻》五卷，宋夏竦撰集。夏竦於慶曆中得三體石經摹本，採其中古文一百十四字入其所纂此韻書中。羅振玉謂此書刊本流傳至罕，衹有汪氏一隅草堂本與方氏廣州刊本，也非常難得。今録其本如次：宋紹興乙丑（一一四五年）浮屠寶達重刊本（僧翻本），天一閣藏一本，題爲《集古文韻》五卷。全祖望有借抄本；汪立名一隅草堂本；乾隆己亥汪啓淑刊本；《四庫全書》

抄本;《芋園叢書》本;《碧琳琅館叢書》本,此本題《新集古文四聲韻》;羅振玉影印汪啓淑刊本。

《隸續》(廿一卷)第四卷,宋洪适撰。蘇望所得與夏竦所得非同本,蘇氏既摹刻石於洛陽,度适乃以其摹本收入此書第四卷中,共八百十九字,計古文三百零七字,篆文二百十七字。都是摹刻。其原有隸書二百九十五字,依其《隸釋》《隸續》著録之例,一律改爲楷書。總題爲《三體石經左傳遺字》,與《漢隸字源》所題同。其本有單刻者,有與《隸釋》合刻者。顧千里影校宋刊本(止十四卷),見《愛日精廬藏書志》。元泰定乙丑刊本(止前七卷),亦見《愛日精廬志》明刊本,竄改已多。楝亭曹寅揚州詩局刊本,乾隆間樓松書局汪氏刊本,與《隸釋》合刊。《四庫全書》抄本與《隸釋》同抄江寧洪氏《晦木齋叢書》本,與《隸釋》合刻附《正誤》。日本文化元年(一八〇四年)浪花河内屋喜兵衛刊本,葉奕苞《金石録補》轉録有《隸續》此段文字,孫海波《魏三字石經集録》卷後附影印此八百十九字之原刻頁。

《魏三體石經遺字考》一卷,清孫星衍撰。自蘇望誤以所得三體石經盡爲《左傳》遺字,誤者相承。直至清臧琳《經義雜記》,始析出其中《尚書》文字凡六段,分屬《大誥》《吕刑》《文侯之命》三篇。孫星衍進而撰成此書,摹刻原字,隨字或句注明原文,然後對三體石經殘字之認識始確。有下列各種版本:孫氏《平津館叢書》本,嘉慶原刊本。光緒甲申吴縣朱記榮刊於孫溪槐廬家塾,金陵五松書屋藏版本。《石經彙函》本。《叢書集成初編》影印本。

(四) 影印本

《吉石庵叢書》三集,《尚書·君奭》篇影本,羅振玉輯。一九一七年羅氏據光緒間黄縣丁氏所得石拓本影印。

《魏正始石經殘字影本》,《尚書》一卷,《春秋》一卷,陳乃乾輯。一九二三年陳氏慎初堂據一九二二年所出殘石拓本影印。

《魏正始三體石經尚書殘石》(并《春秋殘石》)劉承幹輯。劉承幹自印《希古樓金石萃編》(卷八)本。

《魏正始三體石經五碑殘石記》,五石影本,白經(即白堅)輯。一九三六年西充白氏與石居據一九二二至一九三六年間所出五石又一石拓本影印。

《魏三字石經集録·拓本》孫海波輯。一九三七年北平大業印刷局影印《考古學社專集》第十七種本。

《石經殘石(魏正始三體石經)》,堅甫輯。一九四一年《國藝》三卷二期。

（五）文字著録及考訂本

《隸續》第四卷，宋洪适纂。（見前）

《三字石經尚書》一卷，清馬國翰輯，馬氏《玉函山房輯佚書》本，并有《三字石經春秋》一卷。

《魏三體石經遺字考》一卷，清孫星衍撰。（見前）

《魏石經考異》一卷，清馮登府撰，馮氏《石經補考》卷三、四，版本同《漢石經考異》。

《魏三體石經殘字跋》清楊守敬撰，楊氏《壬癸金石跋》。

《正始石經遺文考》一卷，清魏秀仁撰，原刊本。

《洛陽汉魏石經考》一卷，清魏秀仁撰，原刊本。

《三體石經時代辨誤》二卷，清末王照撰，原刊本。

《魏三體石經録》一卷附《續録》，吴寶煒撰，一九二三年石印本。

《新出漢魏石經考》卷二、三、四，吴維孝撰，一九二七年上海文瑞樓影印《愙齋叢書》本，劉承幹《希古樓金石萃編》卷八并轉録吴維孝《漢魏石經殘字考》。

《魏石經考》二卷附《碑圖》一卷，王國維撰《廣倉學宭叢書》甲類第一集。按此文後改寫爲二：其考訂源流諸章，删存爲《魏石經考》一至五篇，收入《觀堂集林》中；其考訂文字者，改爲《魏正始石經殘石考》，後收入《遺書》中，見下。

《魏正始石經殘石考》一卷附《隸釋所録魏石經碑圖》一卷，王國維撰，《海寧王忠慤公遺書》第二集，《海寧王静安先生遺書》本。

《集拓新出漢魏石經殘字目・魏石經》，馬衡原編。一九三〇年張國淦《歷代石經考》鉛印本轉録。

《新出三體石經考》一卷，章炳麟撰。《章氏叢書續編》之六，一九三三年北平刊本，成都覆刊本。

《魏三字石經集録》，孫海波編，一九三七年北平大業印刷局鉛印。此書爲搜集較備之本，自稱已得出土殘石什之八。商承祚有《校正》載一九四一年《清華學報》十三卷二期。

《論魏三體石經古文之來源并及兩漢經古文寫本的問題》，孫次舟撰，一九四〇年《齊大國學季刊》新一卷一期。

《跋顧鰲藏魏正始石經》，金祖同撰，一九四〇年《説文月刊》二卷四期。

《魏三體石經在长安出土》，田野撰，一九五七年，《文物参考資料》本年第九期。

《西安市出土的正始三體石經殘石》，劉安國撰，一九五七年《人文杂志》第三期。

三、北 魏 石 經

北魏石經刻成後不久即毁，故無專稱。

《南齊書・魏虜傳》云："佛狸（魏世祖太武帝拓拔燾）……截平城西爲宫城。……城西三里，刻石寫五經及其《國記》，於鄴取石虎文石屋基六十枚，皆長丈餘以充用。"杭世駿《石經考異》以爲不足據，疑是從洛陽徙去的三字石經。但是據《魏書・崔浩傳》載，世祖（拓拔燾）時，浩監秘書事，撰成魏史《國書》，"立石銘，刊載《國書》，並勒所注五經"。可知崔浩原注五經，以其在北魏勛位之隆，得與他爲魏王朝所撰國史同時刻石，足證《南齊書》所載確有所據，北魏在平城（今大同）刻有石經原是事實，杭世駿之推斷不確。

北魏石經所刻者爲崔浩所注五經，其中自包括《尚書》。而且由崔浩當時刻石用意來看，除刻有經文外，似必刻有他所作的注文。則這是漢、魏二石經所没有的，以後只有蜀石經也刻注文，這是這兩部石經的特點。但崔浩終因《國書》事觸犯北魏統治者之大忌而遭族誅之禍，他作的五經之注被廢黜，所刻的《國書》和石經也全部毁掉了。很可能當時毁滅得很徹底，没有任何痕迹留下來，所以北魏石經不聞有任何殘石出現，也不見有任何著録，也根本無可考了。

四、唐 石 經

唐石經，又專稱開成石經、雍石經。

此石經開始刻於唐大和七年（八三三年），成於開成二年（八三七年）。立於長安國子監太學，共二百二十七石。刻《易》、《書》、《毛詩》、三《禮》、《春秋》三《傳》等九經及《孝經》《論語》《爾雅》共十二種，計一百六十卷。附《五經文字》《九經字樣》二種。（至清康熙三年陝撫賈漢復補刻《孟子》九石，康熙廿二年，麻爾圖又刻《大學》《中庸》二石。但《孟子》在唐時列於子而不列於經，《大學》《中庸》則原刻在《禮記》中。）《尚書》用根據唐玄宗命衛包改隸古定文字爲楷體今字的本子。全石都用楷書一體書寫，各經標題及卷數和字數仍用隸書。書寫者爲艾居晦、陳玠等人。各經祇刻正文，但所根據的仍是某一家的注本，標題後的第二行寫某氏注，就是所據的本子。《尚書》據《孔氏傳》本，十三卷，計二萬七千一百三十四字。初刻時，由於鄭覃、唐玄度等的校訂，已有磨改的文字，至乾符（八七四—八七九）時復有修改，後梁時又有補刻，北宋時有據監本旁改添注之處。明嘉靖卅四年（一五五五年）地震，石經倒損，萬曆戊子（一五八八年）時生員王堯惠集其缺字，别刻小石立於碑旁。全石今在西安市碑林，基本完好無缺。（《五經文字》原由張參書寫于太學講堂之壁，稱爲“壁經”。刻唐石經時與《字樣》并附刻之。）

前此唐玄宗以小隸書寫《孝經》，刻石立於學官，稱石臺《孝經》，不在開成石經之内。又李陽冰篆書《易·謙卦》，刻石於蕪湖，明嘉靖間張大用重摹刻之，尤不在開成石經之内。

唐石經各本情況如下：

（一）拓本及摹刻本

明時，東文豸家有嘉靖乙卯拓本（明趙崡《石墨鐫華》）。

清初，坊間裱册拓本，有爲裱匠取王堯惠小石之字綴入原碑文中者，顧亭林曾見一本，誤以王補字爲原正本而疑石經有誤字。清初舊拓無《孟子》。（邵懿辰《四庫簡目標注》）吴騫《唐開成石經考異》著録爲“退補齋本”一百六十卷，當即係其本。嚴可均撰《唐石經校文》時，曾用此種本，是爲乾隆以前未裝册摹本。

嘉慶間西安碑林石拓本，有《孟子》，共一百六十六卷，附録五卷，附《五經文字》《九經字樣》。《書目答問》題作“西安府學石本”。

一九二二年皕忍堂張氏《模刻唐開成石壁十二經》係據拓本臨摹上本，刻爲陽文，其殘泐所補之字用雙鈎，亦附《孟子》及《五經文字》《九經字樣》。

日本縮刻本，天保十五年（一八四四年）甲辰，日本松崎明復縮刻本。

（二）文字著録及考訂本

《金石文字記》（六卷），卷五《國子學石經》，清顧炎武撰。《亭林十種》本，《亭林遺書》本，《顧亭林先生遺書》本，《四庫全書》抄本，清張海鵬《借月山房匯抄》本，清錢熙祚《指海》本，清陳璜《澤古齋叢抄》本，清錢熙祚《式古居匯抄》本，清葛氏學古齋刊本。

《唐開成石經考異》二卷，清吴騫撰，趙詒琛、王大隆輯《丁丑叢編》本。

《唐石經考異》不分卷附《考異補》一卷，清錢大昕撰、臧鏞補，孫毓修輯《涵芬樓秘笈》第六集本。

《唐石經考正》一卷，清王朝矩撰，嘉慶五年尋孔顏樂處自刊本（附《十三經拾遺》後），《王氏遺書》本，陶福履輯《豫章叢書》本，《叢書集成初編》本。

《唐石經校文》十卷，清嚴可均撰，嘉慶年刊《四録堂類集》本，《石經匯函》本，吴氏二百蘭亭齋重印《四録堂類集》本，《皕忍堂模刻唐開成石壁十二經》附印本。

《唐石經考異》一卷，清馮登府撰，咸豐補刊《清經解》本，又鴻寶齋、點石齋兩石印本。

《唐石經誤字辨》一卷，清馮登府撰，馮氏《石經補考》卷五。道光八年刊本，《石經彙函本》本（刊《石經補考》全書）。

《唐石經考正》不分卷，清王朝榘撰《王氏遺書》嘉慶五年寫定稿本，存上海圖書館。

《開成石經圖考》一卷，清魏錫曾撰，《藕香零拾》本。

《開成石經校文》十二卷，《西安開成石經考》一卷，清魏秀仁撰，原刊本。魏氏另有《石經訂顧録》一卷，當係訂正顧炎武《石經説》之作。

《開成石經〈公羊〉文字校例》，近人黄有敏撰，一九四二年《斯文》二卷十七、十八期。

《唐石經校訛》，不著撰人，日本佐倉成德書院刻，文求堂發行本。

對唐石經曾有著録或題識或考訂的有關各書如下：趙崡《石墨鎸華》，朱彝尊《金石文字跋尾》，李光暎《歡妙齋金石文字考略》，林侗《來齋金石刻考略》，林楓《雍州金石記》，葉奕苞《金石録補》，武億《金石二跋》，畢沅《關中金石記》，錢大昕《潛研堂金石文字跋尾》，王昶《金石萃編》，洪頤煊《平津讀碑記》，朱楓《雍州金石記餘》，朱士瑞《宜禄堂金石記》，毛鳳枝《關中金石文字存逸考》，吕世宜《愛吾廬題跋》，黄本驥《隋唐石刻拾遺》，陸耀遹《金石續編》，陸增祥《八瓊室金石補正》等等。并可參看《石刻題跋索引》。既有唐石經全拓在，又有嚴可均《校文》，上列諸書皆不必參考。

五、蜀石經

蜀石經，又專稱廣政石經、孟蜀石經、後蜀石經、成都石經、益都石經、石室十三經。

此石經開始刻於後蜀孟昶廣政元年(九三八年),成於宋宣和六年(一一二四年),歷時百數十年。石立於成都學宫,共有碑石千數。計蜀時刻《孝經》、《論語》、《爾雅》、《易》、《毛詩》、《書》、三《禮》及《春秋左傳》十七卷以前,或稱九經,或稱十經。入宋後,刻《左傳》十八卷以下及《公羊》《穀梁》,乃合稱十二經。宣和間,成都官員席益仿北宋嘉祐石經并刻《孟子》,共十三種。開始是由蜀相毋昭裔據唐石經原本鎸刻,於經文外又刻注文。《尚書》用《孔氏傳》,計十三卷,經二萬六千二百八十六字,注四萬八千九百八十二字,都是楷書體,比開成石經字體略小。書寫者孫逢吉諸人,《尚書》由周德貞書寫。乾道(一一六五——一一七三)間,晁公武又以國子監所模長興板刻本校此石經,校出不同經文共三百零二處,撰成《石經考異》,也刻於石,附於全石之後。張㚟又校勘注文同異,爲《石經注文考異》,現都亡失了。全石南宋時尚完好,亡於嘉熙、淳祐(一二三七——一二五二)以後。王國維以爲毁於蒙古進攻四川的時候,所以元明時不曾有關於此石經的記載。較晚約當明季時,有人在合州賓館中見有《禮記》殘石數段(曹學佺《四川名勝志》);清乾隆時,修成都城墻得數十片於土中,爲當事者私自取歸貴州(王懿榮《蜀石經殘本跋》)。現在都不存。至一九四一年,成都拆南城時發現殘石三塊,其中二塊爲蜀石經,其一爲《尚書·説命》經文三十字,《孔傳》六十九字;背面爲《君奭》經文二十九字,《孔傳》五十八字。又一爲《詩·周頌·桓》《賚》兩章,背面爲《魯頌·駉》一章殘文。其另一塊爲晁公武所刻之隸古定古文《尚書·禹貢》"青州"三十三字,背面爲《多士》三十八字。現三石均藏成都四川省博物館。

按宋乾道六年庚寅(一一七〇年),晁公武撰《石經考異》時,曾經要把從成都學宫所得的所謂隸古定本《古文尚書》三卷附刻於石經之列,但没有成功,就叫張㚟另刻於石。(晁氏《古文尚書序》)有人誤將此并稱爲蜀石經(如馮登府《石經考異》)。曾宏父以爲此三卷是唐天寶未廢古書以前的傳本,汲郡吕大防得於宋次道、王仲至家,於元豐五年壬戌(一〇八二年)鏤板,晁把它另刻於石。(《石刻鋪叙》)不在蜀廣政石經以内。(此即薛季宣《書古文訓》所據之隸古定本)

蜀石經各本情況如下:

(一)拓本

宋時,有拓本九十六册,(曾宏父《石刻鋪叙》)尤袤曾藏有成都石刻九經

《論語》《孟子》《爾雅》。(《遂初堂書目》)

明時,内閣還存有拓本全部,合計百又一册。另有複本《春秋》經傳二十九册,完全。(《文淵閣書目・法帖類》)王國維考定各經都是北宋拓本,曾藏於宋欽宗青宫,故各册卷首皆有"東宫書府"印。(《蜀石經殘石跋》)到萬曆年間,張萱等登記内閣圖書,百〇一册仍全,惟重出的《春秋》經傳二十九册已佚。(明《内閣書目・金石類》)

萬曆三十五年(一六〇七年),閩縣徐氏紅雨樓記所得蜀石經《春秋左傳》三十卷。(徐𤊹《紅雨樓題跋》)没有説明來源,大約即内閣逸出之本。(明時太監多閩人,或者即爲所偷出。)

清代編内閣大庫存書檔册時,蜀石經已無一册。惟内府藏《詩經》半部(瞿中溶《左氏傳昭二年殘本題詩注》)。有滿人於内閣廢紙中檢得《穀梁傳》兩卷殘頁。羅振玉亦於所購内閣廢紙中檢得《穀梁傳》半卷,都歸廬江劉體乾。(王國維《蜀石經殘拓本跋》)

乾隆年間起,即有《毛詩》《周禮》《左傳》《穀梁》《公羊》等宋拓本流傳於各收藏家之手,其卷首都有"東宫書府"四字印,顯然都從明内閣流出。(各記所見者共數十家,都見《歷代石經考》引。)

又有《尚書》殘石三十六字,藏陳蕚卿處。(王樹柟《劉氏蜀石經齋記》)後亦不知存佚。

各經拓本分藏之家甚爲繁多,最後多歸劉體乾,就以其所居名叫"蜀石經齋"以貯各經。計其所得爲《周禮》九、十、十二共三殘卷,《左傳》十五、二十共二殘卷,《公羊》卷二殘卷,《穀梁》六、八、九共三殘卷。劉把拓本影印後原拓轉歸李經邁。

其未歸劉體乾的拓本有二:一爲《周禮》卷八殘本,曾藏仁和趙魏、蕭山汪繼培兩家;一爲《毛詩》首二卷,曾藏黄樹穀、趙昱乾、王溥、魏叔子、黄丕烈、張敦仁、程文榮諸家。除有摹本外,此兩原拓都已不知所在。

一九四一年所出石二塊,有四川博物館拓片四幀。計《尚書》經文五十九字,傳文一百二十七字。《毛詩》經文一百七十四字,傳箋二百五十三字,另晁公武石刻《古文尚書》殘石拓本二幀,經文七十一字。

(二) 摹寫本、影刻本及影印本

未歸劉體乾的《周禮》殘卷,藏趙魏手時曾有木刻影刊本。

未歸劉體乾的《毛詩》殘卷,藏王溥手時曾有摹寫本。藏黄丕烈手時,曾有黄氏士禮居摹寫本，曾以一本贈陳鱣；又有吴騫傳抄本。存張敦仁手時復有摹寫本。

歸於劉體乾之《周禮》卷九、十，《左傳》卷十五，《穀梁》卷九，曾迭藏六家，當藏楊繼振手時有摹寫本（楊并撰《蜀石經考異》）。

歸於劉體乾之《左傳》卷二十，曾迭藏九家，原藏錢大昕手時曾有摹寫本，藏車持謙手時亦有摹寫本。

道光時，陳宗彝取黄丕烈《毛詩》摹本、楊繼振與車持謙兩家《左傳》摹本，木刻摹印爲《蜀石經毛詩春秋傳殘字》一卷。有道光八年陳氏《獨抱廬叢刻》本，又有一九一七年羅振玉影印本，又有一九二一年陳乃乾《百一廬金石叢書》影印本。

一九一七年，羅振玉將交劉體乾以前所攝得之《穀梁》卷九原拓十九行之照片影印於《吉石庵叢書》第三集中。

一九二六年，劉體乾盡以所得拓本匯爲《蜀石經影本》影印之。附有劉氏所撰《校語》，清陳慶鏞所撰《考異補》，繆荃孫所撰《校記》。

（三）文字著録及考訂本

《蜀石經考異》二卷，清馮登府撰，馮氏《石經補考》卷六、七，版本同《漢石經考異》。

《蜀石經考異補》一卷，清陳慶鏞撰，一九二六年劉體乾《蜀石經影本》附。

《蜀石經校記》一卷，繆荃孫撰，一九一三年上海神州國光社《古學彙刊》第一集本，一九二六年劉體乾《蜀石經影本》附。

《蜀石經考異》三卷，清楊繼振撰，稿本，未見刊本。（見羅振玉一九一七年影印《穀梁》十九行本《跋》）

又，清王昶撰《後蜀毛詩石經殘本》一卷，王昶《金石萃編》本，學海堂《經義叢抄》本，《石經彙函》本。

清吴騫撰《蜀石經毛詩考異》二卷，《拜經樓叢書》本（影乾隆嘉慶本）。

清梁章鉅輯《蜀石經左氏傳殘本》（附《詩》），梁章鉅《退庵金石書畫跋》本。

前此錢大昕《潛研堂金石文跋尾》有《石經左傳殘字》亦著録蜀石經。

近人羅希成撰《題蜀石經〈毛詩〉殘石》，一九四〇年《責善半月刊》一卷十七期。

又羅希成撰《蜀石經殘石跋》（附金祖同跋），一九四〇年《説文月刊》二卷四期。

六、北宋石經

北宋石經，又專稱嘉祐石經、二字石經、開封府石經、國子監石經、汴學石經。

此石經開始刻於宋慶曆元年（一〇四一年），成於嘉祐六年（一〇六一年）。立於汴京國子監，石數不詳。（周密《癸辛雜識》云："太學九經石版，堆積如山。"）刻《易》《詩》《周禮》《禮記》《春秋》《孝經》《論語》《孟子》共九經。（宋代纔以《孟子》升爲經，和《論語》《孝經》爲三小經，合六經爲九經。見葉名灃《北宋汴學二體石經跋》。）五經七十五卷，其中《尚書》十三卷。只刻各經正文，都用篆書、楷書二體，兩行并寫。書寫者楊南仲、趙克繼、章友直等六人。《尚書・堯典》冠以《小序》，以後皆載《書序》。（見丁晏《北宋汴學二體石經記》）歷宋代中葉的變化，石經殘毁，有説金人曾移至燕京的，但也有據《癸辛雜識》所載以爲臨安亡而經石尚存的。金、元時曾先後修復，大約亡於元末。明景泰中（一四五〇—一四五六），殘石有淪爲石礎用的。清乾隆時，朱彝尊説石已沉黄河淤泥之下。（《經義考》）按河南祥符（今開封）曾有《尚書》三碑（存卷六至卷八即《牧誓》至《酒誥》諸篇）及《周易》殘碑，吴玉搢著録於《金石存》。畢沅在河南陳留亦曾見到《周禮》殘石，但他撰《中州金石記》時，説諸殘石已因修學宫用作瓴甋而告毁失。然孫星衍撰《寰宇訪碑録》及吴式棻撰《攈古録》時，對祥符諸殘碑又有記載，而孫在祥符又見到《檀弓》一段。近年在河南陳留存有《周禮》卷一及卷五的殘石數塊，開封圖書館存有《禮記・中庸》殘石一小塊，俱見羅振玉《嘉祐石室周禮禮記殘石跋》。至一九二二年，在開封市文廟街府學崇聖祠下，發現《孝經》一石。其後一九五四年八月，開封市北門外發現《禮記》經石一塊。一九五四、一九五六年開封市二中擴建校舍，又發現《周易》二塊、《尚書》一塊。惟殘損嚴重難以辨識。一九八二年十月，開封陳留公社農機廠在施工中發現數碑石，其中一長一・七六、寬〇・八五米的巨碑，正、背面皆篆隸二體的《周禮》經文。每面六例，每列三十行，每行十字。正面爲《周禮》第一石《天官・冢宰》大段，背面爲《春官・宗伯》卷十八至二十的大段。除第六例外字皆較完好。（見《文物》一九八五年第一期張子英《河南開封陳留發現北宋二體石經一件》。）

按淳化三年（九九二年），宋太宗書《孝經》一卷刻石秘閣；《宋史・藝文志》又有《三體孝經》，記爲楊南仲書；又云句中正以大小篆八分三體書刻石。

又有李師德元祐間在吳江縣學所刻《孝經》。這些都不在嘉祐石經以内。(《經義考》《歷代石經考》)

北宋石經各本情況如下：

(一) 拓本

宋時，有瑞安沈彬志藏《春秋》拓本(見葉適《石經春秋詩》)。葉謂時王安石方禁《春秋》學，石經甫刻即廢，沈賂守者摹藏之。全祖望《鮚埼亭集·外編》辨之，謂自諸經現有版本，石經遂多不見，斯亦自然之勢，非關禁廢。

清吳縣薄自毗家有《尚書》《周禮》《禮記》《孟子》拓本四大册。(吳玉搢《金石存》)

吳玉搢有《周易》二碑、《尚書》三碑及《周禮》三碑拓本共八紙。(吳氏《金石存》)

彭元瑞有《周禮》十二版拓本三百五十四行。(彭氏《知聖道齋續書跋》)羅振玉謂實祗三百四十二行。(《吉石庵叢書》三集，《北宋嘉祐石經影本跋》)

馮登府有《周禮》九頁拓本計二百六十九行及《禮記》拓本四十五行。(馮氏《石經考異》)

孫氏《問字堂書目》有《宋二體石經尚書》二册。(邵懿辰《四庫簡目標注》)

丁晏於淮安書肆得《尚書》拓本四十二頁及《周易》《毛詩》《春秋》《禮記》《周禮》《孟子》拓本三百四十九頁，共三千一百二十八行，爲元以前拓本。乃裝訂成四大册。又將重出之三十八頁複本另裝爲一册寄與其子。(丁晏《北宋汴學二體石經記》及《與子書》)四大册後歸劉世珩，再歸李經邁。另册流出，後爲羅振玉所得。《碑帖叙録》謂丁晏藏《易》《禮》《孟子》拓本現歸北京圖書館，另有拓本連名入題記一卷，藏上海圖書館。

劉體乾有《尚書》拓本五十六頁半，及《易》《書》《春秋》《禮記》一百三十五頁半。爲元代原裝訂本四册。(劉體乾《嘉祐石經殘本跋》)

羅振玉又得海豐吳氏石蓮庵所藏拓本《周禮》三百三十三行，《禮記·檀弓》六十行，《中庸》五十行，《孝經》四十一行。(《吉石庵叢書》三集《北宋嘉祐石經影印本跋》)一九一七年秋又自滬上故家得初出土拓本《禮記·檀弓》一百九十八行，其中完整者百卅餘行。(《吉石庵叢書》四集《北宋石經影本跋》)

(二) 影印本

《北宋嘉祐石經〈周禮〉〈禮記〉殘石》影本，羅振玉輯印《吉石庵叢書》第三集，一九一七年羅振玉取得自吳氏之《周禮》三百三十三行與《檀弓》六十行影印。

《北宋二體石經〈禮記·檀弓〉殘石》影本，羅振玉輯印《吉石庵叢書》第四集，一九一七年秋羅氏取得自滬上之初出土拓本《檀弓》一百九十八行影印。

《北宋二體石經宋拓殘本》，羅振玉輯印。一九二三年羅振玉得丁晏寄與其子之另册三十八頁之本，計《易》八行、《書》五十九行，《詩》十六行，《禮記》六十九行，《周禮》七十行，因據以影印。後附印丁晏寄其子丁壽昌的信。羅振玉又於一九一七年向劉世珩商借影印其所藏丁晏原藏本四大册，後未見其本。

（三）文字校訂本

《北宋石經考異》一卷，清馮登府撰。馮氏《石經補考》卷八，版本同《漢石經考異》。

《北宋汴學二體石經記》一卷，清丁晏撰。六藝堂自刻本，《頤志齋叢書》本，《石經匯函》本。

另外有關北宋石經著録題識各書如下：錢大昕《潛研堂金石文跋尾》，吴玉搢《金石存》，畢沅《中州金石記》，嚴可均《鐵橋金石跋》，何紹基《東州草堂金石跋》，朱士瑞《宜禄堂金石記》，陸增祥《八瓊室金石補正》，吴士鑒《九鐘精舍金石跋尾》，徐樹鈞《寶鴨齋題跋》等。

七、南宋石經

南宋石經，又專稱紹興御書石經、宋高宗石經、宋太學御書石經、光堯石經、臨安石經。

此石經開始刻於南宋紹興五年（一一三五年），完成於淳熙四年（一一七七年）。立於臨安（今杭州）太學。原石總數不詳。刻《易》《詩》《書》《春秋左傳》《論語》《孟子》《禮記》（《中庸》等五篇）七種，皆宋高宗趙構所書，據云亦有其吴后所書。五經爲楷書，《論語》《孟子》爲行書。《尚書》不標卷次、篇次及虞、夏書等字樣。淳熙四年碑成後，建“光堯石經之閣”以儲經石，并以墨本置閣上。宋亡後，經石漸損落。元初西僧楊璉真伽建白塔，曾取經石为塔基，虽被阻而已毁其什之一。太學廢爲公廨，後爲西湖書院。明改爲仁和學。天順三年（一四五九年），遷於城隅貢院，石經移損大半。正德十二年（一五一七年），移置諸石於杭州府學，亦即西湖書院宋太學原址，覆以周廊。崇禎末廊圮，乃嵌於壁中。至近代還保存八十六石，其中《尚書》七石。

另有宋高宗所書《孝經》，書體是真草相間，賞給秦檜，檜撰《跋》附後。紹興十四年（一一四四年）詔令各州刊石。各州所刻見於記載的，自紹興至淳熙間（一一四四——一一八九）有建康府學、湖州學、常州學、廣州學、興國州學及吴郡學等。又宋秘閣刻有宋高宗所書賜李至之《孝經》一石，吉安府學亦有未題何人書之真楷小字《孝經》刻石。這些都不在宋太學石經之内。（《經義考》《歷代石經考》）又有宋高宗所書《易·乾卦》及群臣所書諸卦《繫辭》的刻石，立於溧陽，朱彝尊時已未見。臨安府又有南宋刻司馬光所書的《易·家人卦》摩崖石刻，旁有《禮記·樂記》摩崖和《中庸》摩崖二刻，現還遺存。又休陽縣有摩崖《兑卦》，常德及婺源有朱熹所寫《易·繫辭》石刻，昌州有六十四卦《象辭》石刻，及古文《孝經》石刻，浙江有張栻所書《孝經》石刻，粤西彈子崖有張栻所書《論語·問政章》石刻，朱彝尊時均未見。（《經義考》《石刻題跋索引》）這些也都不在宋太學石經之内。

南宋石經各本情况如下：

（一）拓本

南宋刻成時，曾以墨拓本藏光堯石經閣，并頒賜諸路、州學，現都不存。（《玉海》等書及馮登府《石經考異》）

明唐寅曾藏《易》《春秋左傳》拓本。（文徵明《跋》）

清乾隆時，王昶至西湖府學左右廊壁全拓所存各經，計得《尚書》及《易》《詩》《中庸》《論語》《孟子》《左傳》墨本，惟殘泐太甚。（《金石萃編》）

阮元校十三經時，曾有《臨安石經·尚書》卷三、卷五至卷八殘本。（阮氏《尚書注疏校勘記序目》）

孫星衍《問字堂書目》有《宋高宗石經尚書》二册。嘉慶時，馮登府有拓本。經數同王昶所拓，但更漫泐。（馮《考異》）

舊拓不可得，近時拓本，字更泐損。（《碩軒隨録》）

（二）文字著録及考訂本

《南宋石經考異》一卷《遺字》一卷，清馮登府撰。馮氏《石經補考》卷九、十，版本《同漢石經考異》。

《南宋石經考殘字》一卷，清魏秀仁撰，原刊本。《臨安石經考》一卷，魏秀仁撰，原刊本。

其著録題識之者，尚有丁敬《武林金石記》，朱彝尊《金石文字跋尾》，錢大昕《潛研堂金石文字跋尾》，阮元《兩浙金石志》，王昶《金石萃編》江藩《半氈齋題跋》等。

八、明石經

明石經,非統一完整之刻,故無專稱。

按明代國子學未曾石刻群經,祇有官員自己刊立的刻石。計有三刻:(一)太僕寺刻《尚書·冏命篇》。萬曆二年甲戌(一五七四年),立石於太僕寺公廨,吴人周天球所書,爲古文《孔氏傳》本,全篇二百四十字。(二)國子監《孝經》刻石一,係萬曆間蔡毅中進《孝經注》後,又自刻於石,并以其石嵌於北京國子監西廂。(《經義考》)(三)國子監《孝經》刻石二,係天啓三年(一六二三年)國子監丞金維基等將唐代虞世南所書古文《孝經》刻石。(《凡將齋金石叢稿》)(四)南京國子監《大學》刻石,由樗寮子書,國子監祭酒程某刻之南監東序。(安世鳳《墨林快事》)太僕寺《冏命》與國子監《孝經》二刻,其石碑清代還保存;南監《大學》石刻,朱彝尊於康熙時已未見。(《經義考》)張國淦《歷代石經考》未著録此諸刻。近馬衡《凡將齋金石叢稿》卷二八十三頁記云:"明則有國子監《孝經》,爲萬曆間蔡毅中所立,今在歷史博物館。"又卷八"金石雜記"内録有國子監存明刻古文《孝經》後題字云:"唐著作即太子中舍人虞世南書。天啓三年,歲在癸亥,孟冬之吉,國子監丞金維基、博士張鳳奇、徐牧、□洞開、助教董天胤、姚士儒、孫士恪、党修吉、學正(二人)、典簿(一人)、典□(一人)同泐石,禮部儒士吴郡吴尚端集鎸。"後附校正奪字二、衍字二、誤字二。下加編者按:"此石現藏中國歷史博物館。"

明石經各本情況如下:

(一)拓本

明太僕寺石刻《冏命》一篇,有王世貞跋語,朱彝尊撰《經義考》時曾見之。

明國子監石刻《孝經》一卷,朱彝尊撰《經義考》時亦見之。

(二)著録本

《墨林快事》安世鳳撰,朱彝尊《經義考》轉引,記南京國子監《大學》石刻。

《經義考》卷二九一,朱彝尊撰,全書三百卷,除原刊一百六十七卷外,流行刊本皆缺二八六、二九九、三三〇卷。乾隆十九年甲戌盧見曾、馬日琯刊本,乾隆二十年乙亥盧見曾雅雨堂刊本,光緒二十三年丁酉浙江書局刊本,《四部備要》本。

九、清石經

清石經又專稱乾隆石經、蔣衡書石經。

此石經開始刻於清乾隆五十六年(一七九一年),完成於乾隆五十九年(一七九四年)。石立於北京國子監太學。共碑石一百八十九塊,其中《尚書》八石,計刻《易》、《書》、《詩》、《三禮》、《春秋》三傳、《論語》、《孝經》、《爾雅》、《孟子》共十三經的正文。《尚書》用《孔氏傳》本十三卷,惟《書序》依馬、鄭本列於經後爲另一卷。諸經由蔣衡一人用楷體書寫。付刻前依據開成石經,校以各善本,於經文有所訂正,所以文字與通行刊本有異。當時負校訂釐正之責者爲彭元瑞,撰《石經考文提要》一書,闡明校改理由,頗爲詳細。惟當時鎸刻急於竣事,没有完全照改。到嘉慶八年(一八〇三年),才據以磨改原刻。今石存北京國子監,全部完好無殘缺。

前面提到的康熙間賈漢復刻《孟子》係補唐石經,麻爾圖所刻《大學》《中庸》亦補經性質,都不屬清乾隆石經。

又國子監學生錢泳曾以隸書寫《孝經》《論語》二種刻石,并立之於曲阜孔子宅。見阮元《石刻〈孝經〉〈論語〉記》,尤不在乾隆石經之内。

清石經各本情況如下:

(一) 拓本

乾隆拓國子監石本。

嘉慶拓本,與乾隆拓本時有異同。

(二) 文字考訂本

《石經考文提要》十三卷,清彭元瑞撰。嘉慶四年許宗彦刊本,咸豐元年吴振棫刊本,光緒十六年《石經彙函》四川尊經書院刊本,胡思敬輯《豫章叢書》本。

《國朝石經考異》一卷,清馮登府撰。馮氏《石經補考》卷十一,版本同《漢石經考異》。

另有阮元撰《儀禮校勘記》四卷有《文選樓叢書》本,《石經彙函》本,《粤雅堂叢書》本。

原載《史學史研究》一九八三年第三期

石經辨疑

◯ 黄競新

一、前　　言

漢魏石經爲中國經學瑰寶，惜歷遭戰亂摧殘，遷移亡失，或改而作基礎，或用以建浮圖，幾已蕩然無存，至其原來之壯觀，則僅能於四部古籍中之零星記載求之，惟四部古籍迄今散佚缺奪者多，故歷來研究者多却步。至唐魏徵始作收集，然已十不存一，宋歐陽修雖以"集古"見稱，惟其《集古録》跋尾不及漢魏石經，非無因也。迄明清之世，始稍爲學者注意。清末民初，太學故址殘石漸次出土，王國維、孫海波、馬衡、章太炎等乃撰文研究，諸家論斷，恍成定讞。雖大陸近年出土殘石漸多，惟亦多作爲專題報導而已，至若干懸而未决之問題，則仍乏專論。筆者非專研石經，歷年因收集資料之便，亦漸成篋，值系中主辦魏晉南北朝文學與思想學術研討會，同人等力促撰文附驥，以晉亦曾擬立石經，尚可勉强配合大會主題，乃整理所得而草率成篇，惟一者古籍遺留有限，且文多缺奪，其次亦爲時空學養所限，錯漏當屬難免，濫竽之作，尚祈方家多予正焉。

清顧藹吉《隸辨》"石經論語殘碑"條云：

> 石經之傳疑有二，五經、六經、七經之不同也，漢魏一字、三字之不分也，《靈帝紀》云詔諸儒正五經文字，刻石立於太學門外；……而《蔡邕傳》云奏求正定六經文字。①

是《靈帝紀》云五經而《邕傳》謂六經也。同上書"石經尚書殘碑"條又云：

---

① 清顧藹吉《隸辨》卷七，頁四七，"石經論語殘碑"條。

《後漢書·靈帝紀》云立於太學門外;《水經注》云立於太學講堂前;《洛陽記》云太學在洛陽城南開陽門外。①

依上説則知文獻載石經刻立之地亦有不同,又顧炎武於《金石文字記》已言之云:

……合而考之,其不同有四焉:一曰漢五、六、七經之不同,二曰魏石經三體、一體之不同,三曰堂西所立石爲魏爲漢之不同,四曰後魏所存石諸經之不同。②

炎武謂考其不同者有四,藹吉云"傳疑有二",實則疑者尚不止此,僅就可疑諸點分别析論,冀能有所補苴焉。

二、熹平石經倡刻者探討

《後漢書·靈帝紀》曰:

(熹平)四年,春三月,詔諸儒正五經文字,刻石立於太學門外。③

又同書《儒林傳序》亦云:

(熹平)四年,靈帝乃詔諸儒,正定五經,刊於石碑,爲古文、篆、隸三體書法,以相參檢,樹之學門,使天下咸取則焉。④

是《帝紀》與《傳序》皆謂立石刻經之事乃靈帝所主導,而同書《蔡邕傳》則有不同之説:

邕以經籍去聖久遠,文學多謬,俗儒穿鑿,疑誤後學,熹平四年,乃與五官中郎將堂谿典,光禄大夫楊賜,諫議大夫馬日磾,議郎張馴、韓説,太史令單颺等,奏求正定六經文字,靈帝許之。邕乃自書册於碑,使工鐫刻立於太學門外,於是後儒晚學,咸取正焉。及碑始立,其觀視及摹寫者,車乘日千餘兩,填塞街陌。⑤

① 清顧藹吉《隸辨》卷七,頁四四。
② 明顧炎武《金石文字記》卷一"石經"條(引見《石刻史料新編》十二册總頁九二〇三)。
③ 劉宋范曄《後漢書·靈帝紀》卷八,頁五。
④ 劉宋范曄《後漢書·靈帝紀》卷七九上,頁二。
⑤ 劉宋范曄《後漢書·靈帝紀》卷六〇下,頁七。

又《後漢書·儒林傳·張馴傳》曰：

> 張馴字子儁，濟陰定陶人也，少游太學，能誦《春秋左氏傳》，以大夏侯《尚書》教授辟公府，舉高第，拜議郎，與蔡邕共奏定六經文字。[①]

《靈帝紀》及《儒林傳序》云主詔正五經文字者爲靈帝。而《蔡邕傳》及《張馴傳》則云由邕等奏求正定六經，且由邕自書丹於碑，兩者所載已有别，而同書《宦者·吕强傳》又云：

> 吕强，字漢盛，河南成皋人也。少以宦者爲小黄門，再遷中常侍，爲人清忠奉公。靈帝時，例封宦者……時宦者濟陰丁肅，下邳徐衍，南陽郭耽，汝陽李巡，北海趙祐等五人，稱爲清忠，皆在里巷，不争威權。巡以爲諸博士試甲乙科，争第高下，更相告言，至有行賂定蘭臺漆書經字，以合其私文者。乃白帝與諸儒共刻五經文於石，於是詔蔡邕等正其文字，自後五經一定，争者用息。[②]

文中明謂帝詔邕等正其文字，此與邕等"奏求"顯有大别，而最重要者乃在於李巡附於《吕强傳》中，且言因李巡"白帝"與諸儒共刻五經文字於石，然後帝始詔邕等正定之。由是言之，則始奏刻經立石者乃李巡也，是同出一書而所紀之事大别如此。故顧藹吉疑《儒林傳序》曾爲劉昭所改具，顧氏云：

> 相傳梁劉昭補《後漢書》十志，而昭之自序云："序或未周，志遂全闕。"天才富博猶俟改具，則昭不特補志序，亦有改具者。《儒林傳序》豈昭之所改具耶。[③]

實則"詔定"與"奏求"乃先後次第之事，至孰先孰後，翁方綱曾折中其説云：

> 《靈帝紀》所云詔諸儒正五經者，乃渾舉之詞，《蔡邕傳》所云奏求正定六經者，則核實之文也。[④]

如翁氏之説，是詔正五經文字於前，而邕等奏求六經，乃於靈帝核實之後，此與酈道元《水經注·穀水篇》云："蔡邕以熹平四年……奏求正定六經文字，靈

---

① 劉宋范曄《後漢書·靈帝紀》卷七九上，頁九。
② 劉宋范曄《後漢書·靈帝紀》卷七八，頁一四一一七。
③ 清顧藹吉《隸辨》卷七，頁四九。
④ 清翁方綱《兩漢金石記》卷三，頁一三。

帝許之"[1]意同,故以《靈帝紀》及《邕傳》論之,邕等奏求在後也,惟以《宦者·吕强傳》析之,始倡刻經者實爲李巡也,此劉承幹論之甚詳,劉氏云:

數年前曾在洛陽漢太學故址,掘得一石,有隸書九行……今年太學址又出一石,存字凡八行,其中殘文云,《傳》《記》《論語》即韶所校定,案韶疑即邊韶。《後漢書·文苑傳》云,"韶自云腹便便、五經笥,徵拜太中大夫,著作東觀"云云。碑又云:"巡欲鑿石正書經字,立于太學。"案《宦者·吕强傳》云:"時宦者濟陰丁肅、下邳徐衍、南陽郭耽、汝陽李巡、北海趙裕等五人,稱爲清忠,皆在里巷,不争威權。巡以爲諸博士試甲乙科,争第高下,更相告言,至有行賂,定蘭臺桼書經字,以合其私文者。乃白帝與諸儒共刻五經文字於石,於是詔蔡邕等正其文字,自後五經一定。"此殘文之巡定爲李巡,所言欲鑿石正書經字,與《宦者傳》所云正合,後人以熹平石經皆歸功於伯喈,而不知建議者實爲李巡,幸賴殘石尚存,得以證明史傳,殊可寶矣。[2]

馬衡於《漢石經集存》中亦云:

石經後記殘碑中又有"巡欲鑿石正書經字立於太學"之語,此碑之巡,當即《宦者·吕强傳》之李巡,刻石太學爲巡所主張,亦可以史傳相參證。[3]

二氏之論至確,今得出土殘石及史傳相斠,更不可易,則倡刻經文者實爲李巡,應可定論。

三、一體三體辨疑

漢刻石經,立於太學,《後漢書·儒林傳序》云:"爲古文、篆、隸三體書法。"此語引起後世争論至烈。究熹平石經爲三體抑一體?見解固非一致,是否全爲蔡邕所書,亦多争議。今特臚列相關史料及諸家異説,以爲析論。

以熹平石經爲三體者,首見於《後漢書·儒林傳序》。後魏楊衒之《洛陽伽藍記》復云:

---

① 後魏酈道元《水經注·穀水》卷一六,頁二八(世界書局版)。
② 劉承幹《希古樓金石萃編》七,石二,頁二一四,"漢石經叙殘石"條。
③ 馬衡《漢石經集存·概述》(《考古學報》第十册)。

漢國子堂前有三種字石經，二十五碑，表裏刻之，作篆、科斗、隸三種，蔡邕筆之遺迹也。①

《北史·劉芳傳》亦云：

昔漢世造三字石經於太學，學者文字不正，多往質焉。②

此皆隋唐之前以漢石經爲三體之説。惟石經歷受摧毁，或破用净盡，洎乎唐貞觀年間，魏徵始作收集，然已亡失難求，十不存一矣。③ 直至宋代，此埋沉土中千餘年之石經殘石始稍現，遺字凡八百二十九，歐陽棐《集古録目·石經遺字》中云：

石經遺字在古文、篆、隸三體，凡八百二十九字，後漢熹平中校定五經，使蔡邕以三體書，今其石亡失皆盡，皇祐中有蘇望者，得模本《左傳》於故相王文康家，取其完者而刻之，莫辨其真僞也。④

是三書皆謂漢石經有三體，楊衒之、歐陽棐更以三體皆爲蔡邕所書，此事殊有可商，一如馬衡所云：

即令邕是善書名家，以一人之力而寫四十六碑兩面之字，事實上恐不可能。⑤

此固從人力爲論，而自張縯《石經跋》所云，則其可疑之處更多，張氏云：

今六經字體不一，當時書丹者，亦不獨邕也。⑥

又王昶《金石萃編·石經殘字》末云：

以昶得見宋拓殘字驗之，《尚書》《論語》二經，字體已有不同處。⑦

是張縯、王昶二氏所見石經之字體皆不一，其非出自一人之手，不辨自明。惟王氏仍以洪适《隸釋》及顧藹吉《隸辨》之論無確據，而宗《儒林傳序》，謂漢石經確有三體，王氏云：

① 後魏楊衒之《洛陽伽藍記》卷三，頁三。
② 唐李延壽《北史·劉芳傳》卷四二，頁五。
③ 長孫無忌等撰《隋書·經籍志》卷三二，頁三六。
④ 宋歐陽棐《集古録目》卷二，頁一"石經遺字"(收《石刻史料新編》二一册)。
⑤ 馬衡《漢石經集存·概述》(《考古學報》第十册)
⑥ 宋張縯《石經跋》(引見王昶《金石萃編》卷一六，頁二六)。
⑦ 清王昶《金石萃編·石經殘字》卷一六，頁四十九。

又按一字、三字之異，衆説紛然，今考《後漢書》紀傳，詔立五經無一字、三字之説，惟《儒林傳序》稱石經爲古文、篆、隸三體書法。《魏書·劉芳傳》云："漢世造三字石經於太學，是一體爲一字，所謂三字者，古文爲一，篆爲二，隸爲三。疑三體石經皆熹平中同時所刻，故《儒林傳》有古文篆隸之語……"洪氏适、顧氏藹吉謂漢石經止有一體，並無三體，皆無確切實據，未敢據以爲信也。①

而董逌亦從三體之説云：

予謂魏一字，漢爲三字，此其得相亂邪。②

凡此皆沿《後漢書·儒林傳叙》，以漢石經爲古文、篆、隸三體而不疑。

漢熹平石經，因《後漢書》紀傳但云詔立五經，並無一字三字之説，故亦有主漢魏石經同屬三字者，如顧炎武云"按三體石經，漢魏皆嘗立之"。③ 萬斯同《石經考》更肯定其説而謂："兩朝石刻，皆用古文、篆、隸三體，無可疑矣。"又云："愚謂《儒林傳》所言必不誣……，後人疑漢疑魏，豈若前人目睹之可據哉！"④由上觀之，諸儒有言石經作古文、篆、隸三體者，亦有言漢魏俱作三體者，然率多從《後漢書·儒林傳叙》爲説，且以《集古録目》蘇望得摹本《左傳》爲邕三體書，更以爲確不可移，惟《集古録目》，洪适曾加以辨正，《隸釋》云：

凡集古所藏，歐陽公未嘗無説，獨三體石經置而弗論，豈有所疑而未决乎，叔弼遂定作漢刻，蓋爲《儒林傳》所誤。⑤

又云：

按《後漢書·儒林傳叙》云，爲古文、篆、隸三體者，非也，蓋邕所書乃八分，而三體石經乃魏時所建也。⑥

又洪适《隸續》云：

---

① 清王昶《金石萃編·石經殘字》卷一六，頁四十八—四十九。

② 宋董逌《廣川書跋》卷五"石經尚書"條云。收文淵閣《四庫全書》八一三册，臺灣商務印書館。

③ 明顧炎武《金石文字記》卷一，"石經"條。案顧氏"石經"條曾云："合而考之……二曰魏石經三體一體之不同……"未考漢石經究爲三體抑一體，或認定漢爲一體矣。説並收王昶《金石萃編》卷一六，頁二七，文中三誤作二，云"按二體石經，漢魏皆嘗立之"。今從嘉慶張鵬校本改正爲"三"字。

④ 清萬斯同《石經考》卷上，頁四二至四三。

⑤ 宋洪适《隸釋》卷二三，頁二二。

⑥ 宋洪适《隸釋》卷二五，頁八。

近世方勺作《泊宅編》，載其弟匋所跋石經，亦爲范史隋志所惑，指三體爲漢字。①

趙明誠於《金石録》中辨之更詳，其於"漢石經遺字"條中云：

右漢石經遺字者，藏洛陽及長安人家，蓋靈帝熹平四年所立，其字則蔡邕小字八分書也，其後屢經遷徙，故散落不存，今所有者才數千字，皆土壤埋没之餘，摩滅而僅存者爾。按《後漢書・儒林傳叙》云"爲古文、篆、隸三體"者，非也。蓋邕所書乃八分，而三體石經，乃魏時所建也。②

朱彝尊更綜合諸家之説，以爲析論，證漢石經只一字，而三字者屬魏刻，其於《經義考》云：

按漢立石經，蔡邕所書本一字，惟因范史《儒林傳》云"爲古文、篆、隸三體書法，以相參檢，樹之學門"。而楊衒之《雒陽伽藍記》，《北史・劉芳傳》因之，唐竇蒙，宋郭忠恕、蘇望、方匋、歐陽棐、董逌、姚寬等均仍其誤。獨張縯謂邕以三體參檢其文，而書丹於碑，則定爲隸，其義爲允。載考《衛恒》及《江式傳》，酈道元《水經注》，皆以一字爲漢石經，趙明誠《金石録》，洪适《隸釋》《隸續》，辨之甚詳，足以徵信……又史家體例，以時代爲前後，《隋・經籍志》列一字石經於前，次魏文帝《典論》，然後叙三字石經於後，是一字爲漢，而三字屬魏，不待解説始明。③

朱文中云張縯所言之義爲允，而張縯《石經跋》云：

蔡邕本傳稱邕自書丹於碑，不言爲何體書，今世所傳皆爲隸體，至《儒林傳序》則云"爲古文、篆、隸三體書法，以相參檢"，注言古文，謂孔氏壁中書，以縯考之，孔壁所藏皆科斗文字，孔安國當武帝之世，已稱科斗書無能知者，其承詔爲《尚書》五十九篇，作篆爲隸古定，不復從科斗古文，邕安能獨具三體書法於安國之後三百年哉？……或者邕以三體參校其文，而書丹於碑則定爲隸。④

朱氏以史家體例推論《隋書・經籍志》所載，定漢石經爲一字，實至精確。而

① 宋洪适《隸續》卷四，頁四，"魏三體石經左傳遺字"條。
② 宋趙明誠《金石録》卷一六，頁一〇"漢石經遺字"條。
③ 清朱彝尊《經義考》(引見王昶《金石萃編》卷一六，頁三〇)。
④ 宋張縯《石經跋》(引見王昶《金石萃編》卷一六，頁二六)。

張縯謂"邕或以三體參校其文而書丹於碑",亦合常理。實則歷來主漢石經有三字者,皆緣范史《儒林傳》之誤導也,故雖續有殘石出土,亦多未敢作斷。至云漢三體,魏乃一字,又正始立三字石經,其刊始及工竣年月雖不可考,惟經前賢考據及以日後出土殘石一體與三體比刊,魏正始所立經乃三體,正始中立一體,當無疑問(詳見下文)。故《隸辨》云:

> 若以魏立者爲一字,而公羊碑上,乃有馬日磾等名,諸史訛錯,衆説舛謬。惟趙明誠、洪适皆以一字者爲漢,三字者魏,不易之論也。①

至《隋書·經籍志》云:"魏正始中又立一字石經,相承以爲七經正字。"朱彝尊《經義考》辨曰:"蓋雕本相沿,偶譌三而爲一爾。"則朱氏仍未詳考也。至魏正始石經爲古篆隸三體,近人如孫海波②、王國維③、章炳麟④、馬叔平⑤皆辨之甚詳,實則漢魏石經一體與三體之問題,顧藹吉一語亦已判定,《隸辨》云:

> 以愚考之,若曰漢魏所立皆爲三字,而一字者立於何時?若曰一字三字皆爲漢刻,而正始中所立者何在?若曰魏立者一字而公羊碑上乃有馬日磾等名,諸史譌錯,衆説舛謬⑥。

是漢石經爲一字也,魏及正始乃立三字,而後《隋書·經籍志》又言:"正始中又再立一字石經。"當可依信。

---

① 清顧藹吉《隸辨》卷七,頁五〇。

② 孫海波《魏三字石經集録》,其自序首句即云:"三字石經者,魏正始中所建立。"至辨魏一字石經,集二源流云:"余意漢魏之世,經傳傳抄不一,書體或異,同爲一字,此經作此體,彼經作彼體者,在在而有,觀許書、《汗簡》所引,同爲一經,文不相符可證,正始所刻,或爲當時古文學家公定之本,而同時流傳之本,文字有異者,則又賡續刻之,省時減工,改爲二體,後又改爲一體,其經傳古文之有殘缺者,則僅寫隸書,空其古文,如隸書一體者是,又或經傳之有散佚者,則僅就其所有者刻之,如《左氏傳》之未刻成而罷,其操切不卒,可以知矣。"案孫氏之辨甚新,亦有其參考之價值。蓋正始石經,迄今所發,獨見《尚書》《春秋》,皇祐蘇望所摹者,春秋桓公亦有傳文,左氏全傳十七萬餘言,《春秋經》《尚書》,幾二十一萬字,三體重複,則四十八碑猶不贍蓋,一百六十餘碑而後足容古文篆隸六十三萬字也。(見章炳麟《新出三體石經考》云)則其工作艱鉅可見。

③ 王國維《魏石經考》,皆以魏爲三字,漢一字,見《觀堂集林》。

④ 詳見章炳麟《新出三體石經考》(《華國月刊》第一卷第一、二期),與于右任《論三體石經書》(《華國月刊》第一卷第四期),《與弟子吴承仕論三體石經書》(《華國月刊》第二期第四册)。案章氏主"一字石經立於漢,三字石經立於魏",又云"范曄去正始幾二百年,以三體歸之於邕,傳聞之與目睹,虚實易辨,不須博徵也"。

⑤ 馬衡《漢石經集存·概述》。案馬著《概述》云:"范曄《後漢書》對此事叙之雖詳,而有一極大錯誤,即《儒林傳序》認石經'爲古文、篆、隸三體書法',致啓後世之紛争。"又馬著《漢石經集存》,臺灣亦有著者曰馬無咎,惟其概述即馬衡之全文,故今以馬衡所著爲定。

⑥ 清顧藹吉《隸辨》卷七,頁四七,"石經論語殘碑"條。

四、五經六經七經辨正

顧炎武《金石文字記》云：

> 合而考之，其不同有四焉，一曰漢五、六、七經之不同。①

《隸辨》亦云：

> 石經之傳疑有二，五經、六經、七經之不同也……②

上二書皆以漢五、六、七經不同列爲考核存疑之首，於斯可見刻石之經數各識不一。案《後漢書・靈帝紀》《盧植傳》及《儒林傳序》等皆云"正定五經文字"，而靈帝爲何詔諸儒正五經文字，《宦者・吕强傳》已載其事首尾。此外，《水經注》《洛陽伽藍記》，亦皆同言漢立五經。至云六經者，則見《後漢書》蔡邕及張馴二傳。《蔡邕傳》云：

> 邕以經籍去聖久遠，文學多謬，俗儒穿鑿，疑誤後學。熹平四年，乃與五官中郎將堂谿典，光禄大夫楊賜，諫議大夫馬日磾，議郎張馴、韓説，太史令單颺等，奏求正定六經文字，靈帝許之。邕乃自書册於碑，使工鐫刻立於太學門外。③

《張馴傳》亦云："與邕奏求六經文字"，是蔡、張二傳與《靈帝紀》《盧植傳》《吕强傳》《儒林傳序》等不合也。惟既云五經，又云六經，雖有差殊，然其俱指熹平石經，當無疑問。至云七經，始見於《隋書・經籍志》，志云：

> 又後漢鐫刻七經，著於石碑，皆蔡邕所書。魏正始中，又立一字石經，相承以爲七經正字。④

《隋書・經籍志》不僅云後漢鐫刻七經於石，且附經目，其目計有一字石經《周易》一卷、《尚書》六卷、《魯詩》六卷、《儀禮》九卷、《春秋》一卷、《公羊傳》一卷、

① 明顧炎武《金石文字記》卷一"石經"條。

② 清顧藹吉《隸辨》卷七，頁四七"石經論語殘碑"條。

③ 見劉宋范曄《後漢書》六十下，頁七《蔡邕傳》。案《集解》引何焯曰："册當依《水經注》作丹。"此從原文。劉宋范曄《後漢書・靈帝紀》卷六十下，頁七。

④ 唐長孫無忌撰《隋書・經籍志》卷三二，頁三六。

《論語》一卷，復謂“魏正始中又立一字石經，相承以爲七經正字”[①]。既以魏連於漢，且云“又立”，則又不止七經矣，疑惑混淆，實難辨析。是以顧藹吉特列爲傳疑之首，《隸辨》云：

《靈帝紀》云，詔諸儒正五經文字，刻石立於太學門外。《儒林傳》云：“正定五經，刊於石碑。”《宦者傳》云：“與諸儒共刻五經文字於石。”《盧植傳》云：“時始立太學石經，以正五經文字。”而《蔡邕傳》云：“奏求正定六經文字。”《張馴傳》云：“與蔡邕共奏定六經文字。”《後漢書》所載五經、六經已自不同，《隋書·經籍志》云：“後漢鐫刻七經，著於石碑。”則又以爲七經，其目有一字石經《周易》一卷、《尚書》六卷、《魯詩》六卷、《儀禮》九卷、《春秋》一卷、《公羊傳》九卷、《論語》一卷。而《蔡邕傳》注所引《洛陽記》，則有《尚書》《周易》《公羊》《禮記》《論語》，而無《魯詩》《儀禮》《春秋》。乃多一《禮記》，則又不止七經矣。[②]

案范書紀、傳所云五經、六經，僅言刻石用以正文字，並未列所刻經目，《蔡邕傳》注引《洛陽記》，則有《尚書》《周易》《公羊傳》《禮記》及《論語》五經，《洛陽記》所舉經目，既無《魯詩》，亦無《儀禮》與《春秋》，而《隋書·經籍志》之經目，則明載有《魯詩》九卷、《儀禮》九卷與《春秋》一卷，《洛陽記》不獨缺此，反而多出《禮記》，此正如《隸辨》云“又不止七經”矣。惟《儀禮》《禮記》，王國維又另有新説，其於《魏石經考》一云：

魏晉以前，亦以今之《儀禮》爲《禮記》，非指小戴《記》之四十九篇，以經字證之，《禮記》九萬八千九百九十九字，(據唐石經)非漢石十五碑所能容，(以漢石經每碑字數計須十有九碑)惟《儀禮》五萬七千一百一十一字，則需十一碑，其餘當爲校記題名。此南行十五碑之《禮記》，實爲《儀禮》之證也。又案《儀禮》經文僅需十一碑，加以校記亦不過十二碑，而有十五碑者，疑他三碑乃表奏之屬，《後漢書》注引陸機《洛陽記》云，《禮記》碑上有馬日磾、蔡邕名。今洛陽所出殘石有一石有劉寬、堂谿典諸人名，其裏面又有諸經博士郎中姓名，其文甚長，或非一碑所能容，當在十五碑中也。[③]

---

① 唐長孫無忌撰《隋書·經籍志》卷三二，頁三六。
② 清顧藹吉《隸辨》卷七，頁四四。
③ 王國維《魏石經考一》(《觀堂集林》卷二十)總頁九五六(《王國維先生全集初編》三)。

案王氏語,“魏晉以前,亦即以今之《儀禮》爲《禮記》”,仍欠詳析,趙鐵寒《讀熹平石經殘碑記》謂其:“不知所據”。[①]

今案《隸釋》與《隸辨》二書所刊之石經殘碑,均爲《儀禮》《公羊》《論語》《魯詩》及《尚書》,二者皆有《儀禮》與《魯詩》,而無《周易》,其經目與《洛陽伽藍記》差别甚大,此或仍藏埋土中,洪、顧二氏未及目睹之故[②]。

漢立五經與六經,數既不同,經目又有出入,其糾纏不决久矣。《蔡邕傳》“奏求正定六經文字。”王先謙《集解》曰:“意熹平四年,邕等所奏求者六經,暨光和六年書丹立石,只五經耳。”此王氏所疑者,惟亦非全無理由,蓋書丹鐫刻,實非一蹴可幾。至《隸辨》云:“《蔡邕》《張馴傳》所云六經者,益以《論語》而爲六也。”[③]顧氏斯言,無異認定六經已刻竣,蓋洪氏《隸釋》及顧氏《隸辨》云俱有《論語》殘石,《洛陽記》五經目亦含《論語》,夫如是則益以《論語》而爲之六,其餘五經謂何經?豈顧氏以《論語》乃傳,不入經數而云乎?抑漢人引《論語》多稱傳,以其不在六藝之中?惟趙岐《孟子題辭》云乃“五經之錧鎋,六藝之喉衿也”,復“爲專經者以習”,且“置博士”[④],而爲六經目之,時已立於學官乎?則有可商榷者也。至《洛陽記》經目中之《禮記》及《公羊》,翁方綱亦曾辨之,《兩漢金石記》云:

> 《春秋》用《公羊傳》,宜也,《禮記》不立學官,何以得與諸經並刻。及考洪氏石經殘碑,有《儀禮》而無《禮記》,乃知《洛陽記》之誤,且記不言《詩經》,而洪氏《隸釋》及《隋·經籍志》有《魯詩》六卷,則是此記所遺也。[⑤]

---

① 趙鐵寒《讀熹平石經殘碑記》(《大陸雜誌》卷一〇第五期)

② 案屈師翼鵬曰:“宋代雖有漢石經殘石之發現,然未見《周易》隻字,民國十一年後,漢石經《周易》殘石,始陸續出土,迄抗戰軍興之前,各家所著録者,已達千字以上。”(見屈萬里《漢石經周易殘字集證自序》)。

③ 清顧藹吉《隸辨》卷七,頁四八。

④ 案後漢趙岐《孟子題辭》云:“孝文皇帝欲廣游學之路,《論語》《孝經》《孟子》《爾雅》皆置博士,後罷傳記、博士,獨立五經而已。”又馬宗霍《中國經學史》云:“《論語》《孝經》《孟子》《爾雅》皆置博士,此則《史記》《漢書》並未之及,其爲實録以否,不可知矣。”又皮錫瑞《經學歷史·經學昌明時代》亦曰:“如趙氏言,則漢初四經已立學矣。後世以此四經並列爲十三經,或即趙氏之言啓之。但其言有可疑者。《史記》《漢書》《儒林傳》皆云:‘文帝好刑名,博士具官,未有進者。’即云具官,豈復增置;五經未備,何及傳記。漢人皆無此説,惟劉歆《移博士書》有孝文時諸子傳説立於學官之語。趙氏此説當本於劉歆,恐非實録。”是趙氏之語,恐不足信。若其時《論語》不及學官,其能與諸經並刻乎?案漢《禮》之大小戴二博士,所傳皆《儀禮》,亦止有《儀禮》。(詳見皮錫瑞《經學歷史》)萬季野《石經考》亦言東漢時“三《禮》但用《儀禮》,有大小戴二家。”故益以《論語》而爲之六,與缺《儀禮》均有可商之處。

⑤ 清翁方綱《兩漢金石記》卷三,頁一三。

方氏云五經《春秋》用《公羊》宜也者，實緣東漢《春秋》但用《公羊》，蓋《公羊傳》屬今文學，有嚴、顏二家，以當時博士所教習而刻之固宜。而洛陽五經有《禮記》無《儀禮》，復缺《魯詩》，翁氏已言其遺誤，今據近世出土殘碑考之，《洛陽記》實遺《魯詩》與《儀禮》也。

自一九七三年開始至一九八〇年四月，大陸中國社會科學院考古研究所洛陽工作隊在魏洛陽城太學遺址發掘、收穫甚豐，出土石經殘石計六百餘件，殘石字數保存量最多者爲編號八〇〇三號石，陽陰兩面共二十六字，據簡表所列，有字殘石自八〇〇一號開始至八〇九四號，除十餘石僅一單字不能作據外，餘皆爲《儀禮》及《魯詩》殘石①，此一發現，可證者有二：其一，《洛陽記》確實遺漏《魯詩》。其二，《洛陽記》五經目中之《禮記》，應屬《儀禮》，而觀堂所云魏晉以前亦以今之《儀禮》爲《禮記》之說，又有可商。

又上海市博物館亦有兩塊未經著録之熹平石經《詩》殘石，據范邦瑾云可能先藏於民間，未及著録，近三四十年間始購自修民堂書店。該二殘石較大，正背皆鎸刻，甲石共有一百三十四字，乙石共有百零五字，據作者云："經廣泛查證，知二石均未曾見於著録，流傳情形不明。……現據已發現的熹平石經《詩·校記》殘石來看，其中屢有齊言、韓言等字，可知石經《詩》正是《魯詩》無疑。"②

又民國二十三年洛陽城出土之《公羊》經殘石，碑陽起僖公十三年，訖三十三年。碑陰起昭公三年，終二十一年，正背兩面共六百餘字，趙鐵寒云："唐宋以來，石經之出土者，無此鉅觀也。"該碑現存臺灣，亦可證《洛陽記》經目之《公羊》不誤。③

綜而言之，漢刻石經，其數究爲五經、六經或七經，論者固多，惟今據先儒所記與近世出土殘石證之，其目當爲《易》《魯詩》《書》《儀禮》《公羊傳》《論語》及《春秋》無疑。王國維則析之云：

> 其目則《洛陽記》舉《尚書》《周易》《公羊傳》《禮記》《論語》五種；《洛陽伽藍記》舉《周易》《尚書》《公羊》《禮記》四種；《隋志》則有《周易》《尚

① 詳見中國社會科學院考古研究所洛陽工作隊《漢魏洛陽故城太學遺址新出土的漢石經殘石》一文。(《考古》一九八二年第四期)

② 參見范邦瑾《兩塊未見著録的"熹平石經、詩"殘石的校釋和綴接》一文。(《文物》一九八六年第五期)

③ 參見趙鐵寒《讀熹平石經殘碑記》(《大陸雜誌》第十卷第五期)。

書》《魯詩》《儀禮》《春秋》《公羊傳》《論語》七種；宋時存《詩》《書》《儀禮》《公羊傳》《論語》五種，此先儒所謂五六七經之不同，不可得而詳者也①。

馬衡亦於《漢石經集存·概述》中云：

> 舉經目者，如《西征記》《洛陽伽藍記》舉《周易》《尚書》《公羊傳》《禮記》四部；《洛陽記》舉《尚書》《周易》《公羊傳》《禮記》《論語》五經；《隋書·經籍志》舉《周易》一卷、《尚書》六卷、《魯詩》六卷、《儀禮》九卷、《春秋》一卷、《公羊傳》九卷、《論語》一卷。以上所記，大抵皆根據原碑爲説，惟《隋志》記卷數，乃據"相承傳拓"之本，故較詳。宋時出土者有《詩》《書》《禮》《公羊》《論語》五經，近時所出者於五經之外，又有《易》及《春秋》，其數與目悉與《隋志》相合。故知數五經者不數《公羊》《論語》二傳，數六經者以《公羊傳》合於《春秋》，數七經者數其全數，要之皆是也。②

又《隸辨》引《邵氏聞見記後録》云：

> 洛陽張氏發地所得，亦有《禮記》，而《隋書》失之者。按《洛陽記》云，《禮記》十五碑悉崩壞，豈當時無傳拓之本，故不得列於其目耶？以愚論之，《靈帝紀》《儒林傳》《宦者傳》《盧植傳》所云五經者，蓋以《儀禮》《禮記》爲一經，《春秋》《公羊》爲一經，與《周易》《尚書》《魯詩》而爲五經，實則七經也。唐開成時立石壁九經，《新唐書·儒學傳序》止云，文宗定五經鑱之石。張參是正訛文三卷，亦曰五經文字，蓋《禮》兼三《禮》，《春秋》兼三《傳》，故曰五經。漢之七經爲五經，猶唐之九經爲五經也。③

顧氏雖以《禮》兼三《禮》，《春秋》兼三《傳》而云漢之七經爲五經，猶唐之九經爲五經。惟不無可疑者，其一，二記俱不記《儀禮》，惟今出土殘石則確有《儀禮》；其二，四古籍唯《洛陽記》與《伽藍記》具經目，然《伽藍記》記四經，言五經，以出之實物言之，則所缺之一經當爲《魯詩》，應可定論，惟《洛陽記》亦無《魯詩》之目，豈陸、楊二氏確未見《魯詩》碑文乎？然近代出土殘石則有大量《魯詩》殘石也，此疑則難決矣。

---

① 王國維《魏石經考一》，《觀堂集林》卷二十（《王國維先生全集初編》三）總頁九五三。
② 馬衡《漢石經概述》（《考古學報》第十册），案馬衡云"舉經目者爲西征記"馬氏或據御覽碑引云，惟學者多不取。
③ 清顧藹吉《隸辨》卷七，頁四八。

五、碑數與立石方位決疑

有關漢魏石經刻立之位置及其碑數問題，近人孫海波氏於《魏三字石經集録》云：

> 三字石經之石數，《西征記》云："國子堂前有刻碑，南北行，三十五版，古篆、隸、科斗三種字。"《水經·穀水注》："魏正始中，又立古、篆、隸三字石經，碑石四十八枚。"《洛陽伽藍記》："開陽門外有漢國子學堂，堂前有三種字石經，二十五碑，作篆、科文、隸三種字。"據上所述，則石經碑數，凡有三説，究以何者爲是，諸家聚訟紛紜，莫可一是。①

案孫氏但舉三説，而先儒述漢魏石經之碑數及方位者實不止此也。後魏酈道元《水經注》云：

> 東漢靈帝光和六年，刻石鏤碑，載五經，立於太學講堂前，悉在東側。蔡邕以熹平四年，與五官中郎將堂谿典，光禄大夫楊賜，諫議大夫馬日磾，議郎張馴、韓説，太史令單颺等，奏求正定六經文字，靈帝許之。邕乃自書丹於碑，使工鐫刻，立於太學門外，於是後儒晚學，咸取正焉。及碑始立，其觀視及筆寫者，車乘日千餘兩，填塞街陌矣。今碑上悉銘刻蔡邕等名。魏正始中，又立古、篆、隸三字石經。古文出於黄帝之世，倉頡本鳥迹爲字，取其孳乳相生，故文字有六義焉。自秦用篆書，焚燒先典，古文絶矣。魯恭王得孔子宅書，不知有古文，謂之科斗書，蓋因科斗之名，遂效其形耳。言大篆出於周宣之時，史籀創著，平王東遷，文字乖錯，秦之李斯及胡母敬，又改籀書，謂之小篆，故有大篆、小篆焉。然許氏字説，專釋於篆而不本古文，言古隸之書，起於秦代，而篆字文繁，無會劇務，故用隸人之省，謂之隸書，或云即程邈於雲陽增損者，是言隸者，篆捷也。孫暢之嘗見青州刺史傅弘仁説，臨淄人發古冢，得桐棺，前和外隱爲隸字，言齊太公六世孫胡公之棺也。惟三字是古，餘同今書，證知隸自出古，非始於秦。魏初傳古文出邯鄲淳石經，古文轉失淳法，樹之於堂西，石長八尺，廣四尺，列石於其下，碑石四十八枚。②

---

① 孫海波《魏三字石經集録·源流》，頁三。
② 後魏酈道元《水經注·穀水篇》卷一六（總頁二一八）："又東過河南縣北，東南入於洛"條。

楊衒之《洛陽伽藍記》云：

開陽門，有漢國子學堂，堂前有三種字石經，二十五碑，表裏刻之，寫《春秋》《尚書》二部，作篆、科斗、隸三種字，漢右中郎將蔡邕筆之遺迹也。①

又接上句續云：

猶有十八碑，餘皆殘毀。復有石碑四十八枚，亦表裏隸書寫《周易》《尚書》《公羊》《禮記》四部。②

戴延之《西征記》云：

國子堂前有刻碑，南北行，三十五版，古篆、隸、科斗三種字。③

《蔡邕傳》"使工鐫刻立於太學門外"下，章懷太子引《洛陽記》注云：

《洛陽記》曰：太學在洛城南開陽門外，講堂長十丈，廣三丈，堂上石經四部本，碑凡四十六枚，元魏時，西行《尚書》《周易》《公羊傳》，十六碑存，十二碑毀；南行，《禮記》十五碑，悉毀壞；東行；《論語》三碑，二碑毀；《禮記》碑上有諫議大夫馬日磾、議郎蔡邕名。④

又《北史·齊本紀》中第七《文宣皇帝紀》云：

（天保元年）八月，詔郡國修立黌序，廣延髦俊，敦述儒風。其國子學生亦依舊銓補，服膺師説，研習《禮經》。往者文襄皇帝所運蔡邕石經五十二枚，移置學館，依次修立。⑤

從上五説，已略知石經梗概，惟石經之方位則各説皆異，碑數差别亦大。《洛陽伽藍記》與《水經注》但云立於堂前，《西征記》云南北行，三十五枚，《洛陽記》載向東西南行而無北行。若以二《記》之方向及碑數合而考之，既《洛陽記》云南行爲十五，是知《西征記》北行之碑數爲二十，再加《洛陽記》之碑數，則四行之碑數應爲六十六，惟先儒無一言碑數爲六十六者。

---

① 《四部備要》史部魏楊衒之《洛陽伽藍記》卷三，頁三"御道東"。案上引文兩段本連綴爲文，今分割之爲二，詳見下文述説。

② 同上。

③ 戴延之《西征記》引見孫海波《魏三字石經集録》源流，頁三。

④ 劉宋范曄《後漢書》六十下《蔡邕傳》頁八注。案萬斯同《石經考》舉洛陽記文云"廣二丈"，邕注作"廣一丈"。"堂有石經四部本"，萬考作"堂前石經四部"，又"悉崩壞"，萬本作"悉毁"。未知孰是，今從邕注。

⑤ 唐李延壽《北史·齊本紀》卷七，頁五。

至石經立於何處,《洛陽伽藍記》言"堂前"有二十五碑。《洛陽記》則云"堂有石經",是謂石經立於堂内之意,惟下文明言講堂長十丈、廣一丈,故若納之於堂内,恐亦難容,且講堂亦非立碑之所,若連下文之猶有十八碑及四十八枚一併言之,則更無法包容,故應從《水經注》《洛陽伽藍記》及《西征記》所言之"堂前"爲是,而將具有校經正字功能之碑刻立於國子學堂前,亦合常理,此固無可置疑之事也。惟其分布於四向則疑點甚多,依《洛陽記》云,石經共四部,分東南西走,既有四部,理宜分向四方而行,且《西征記》中亦有朝北行者,惟《洛陽記》四十六碑僅朝東南西三向,而又詳列五經之目,夫如是,則北行之經目究爲何經? 其或即《魯詩》乎?

復以上文諸家論之,陸機生於吴永安三年,太康末(二八九年)與弟雲入洛,機之《洛陽記》,或可能成於其時。戴延之、酈道元、楊衒之皆後魏人,若以時代言,陸機見碑早於戴、酈、楊三人,陸入洛與東漢光和六年(一八三年)立一體石經,相距已百年,然陸所見爲四十六枚,而楊衒之所見竟達七十三枚[①],以時間延後已二百五十年,所見反多,則其中必有後刻者。

《水經注》云碑石四十八枚,王觀堂謂皆漢石[②],然魏正始所立之石何去? 則未論及,果真四十八碑如王氏云皆爲漢一字石經,則與陸機所見之碑數亦同(詳見下文),與楊《記》表裏隸書之四十八碑亦合也。惟楊衒之别有三字石經二十五碑之記,其爲中郎手筆與否姑不論,惟酈當亦見之,爲何酈僅見漢一字之四十八枚而不見魏三字石經? 而戴氏又爲何僅見魏三字而不見漢一字石經? 同時代之人能如是乎?[③] 此足以使人置疑者也。章太炎云:

> 《水經注》謂酈四十八枚,戴延之在酈氏前,乃云三十五枚,以時代古今相校,不應若是,則知戴、酈皆有少誤,有不可執以相稽者矣。[④]

章氏以戴延之在酈道元之前,見碑三十五,酈見四十八,已云"不應若是",此乃章氏誤以酈見之四十八碑爲魏三字石經之疏。而《伽藍記》所見之和竟又

① 案楊記七十三碑,或仍不止此數,此七十三乃二十五碑,與四十八碑之和,云"不止此數"者見下文。

② 見王國維《魏石經考二》云:"水經注之四十八碑,實爲漢石經石數,故魏石經石數,當以《西征記》爲最確也。"王氏此論,純以《洛陽伽藍記》所云:"二十五碑,則尚不足容《尚書》《春秋》二經字數"而立論,然《伽藍記》之"猶有十八碑……"之文,則恍若未睹而弗計算,此亦王氏之疏矣。

③ 案酈、戴、楊三人,唯酈有傳,戴、楊生卒不詳。

④ 章炳麟《與于右任論三體石經書》,《華國月刊》第一卷第四期,民國十三年一月上海華國月刊社出版。

幾多出一倍,此實使人費解。惟以上疑問,先儒俱少論及,則更使人費解矣。

石經雖或屢遭破壞,然正如王觀堂云:"陸機時,漢石經當未崩毀。"① 萬斯同云:"獻帝西遷之後,陸機作記之前,洛陽無大兵革。"② 且魏初黄初元年(二二〇年)因董卓之亂而殘損之碑石經修補後,當已復原。③ 酈爲河南尹,匪獨能見太學之碑石,且亦常見之,漢石經既無大崩壞,魏又立三字石經,若言四十八枚爲漢石經,則魏石經又何去?戴延之僅見三體石經三十五碑,則漢之石經又何去?至云馮熙、常伯夫相繼爲州而廢毀分用,則事在酈、楊之後也。④ 要之,若以四十八枚爲漢一體經,正始所立魏之一體與三體石經,四人俱當見之,陸、酈又爲何僅記四十八枚漢碑而忽視其他也?凡此種種,歷古以來,久懸未決,欲求碑數,則捨上舉之四本古籍無他途。今細味酈氏《水經注》記石碑之全文,實毫無倫次,時間亦先後倒置,故其中必有錯簡或缺奪。注中之熹平四年至立於太學門外,與東漢靈帝光和六年至悉在東側,時間與層次不合,二段應前後倒置爲是,蓋詔許於熹平,而碑成則在光和也。且在"東側",是明言結果與原定"立於太學門外"原意不符之句,故云應移下也。"三字石經"至"魏初"一段,中隔二百五十餘字,該段幾全部與正文脱節,故"魏初……淳法"句,亦應移於"魏正始中"之上,始合叙事層次。且僅記碑四十八枚,而與楊所記碑之總數不合。故疑酈文該段有脱簡或經删削。

此外,《洛陽伽藍記》"猶有十八碑"句之上,疑有奪文,否則"亦表裏隸書"之"亦"爲衍字矣。一,漢魏石經凡三,即漢一體之熹平石經,曹魏邯鄲淳正始三字石經與正始中所立之一字石經。而楊文所記,自"開陽門外"至"遺迹也"爲一段落,乃記三體石經。其下文"復有石碑四十八"至"禮記四部",乃記漢熹平所立之一體石經也,則缺記正始一體石經。其二,楊文本記漢魏三類石經之事,今但見其二而遺其一,豈其時曹魏之一字石經全毁乎?即全毁亦必識之。而《伽藍記》中亦無涉及其事者,因疑文中"猶有十八碑"之前必有奪

---

① 王國維《魏石經考》一,《觀堂集林》卷二十(《王國維先生全集初編》三)總頁九五四。

② 見萬斯同《石經考》卷上,頁十。

③ 案《三國志集解》《魏書·王肅傳》注,《魏略》曰"至黄初元年之後,新主乃復始掃除太學之灰炭,補舊石碑之缺壞。"據今新出土之殘字驗之,《魯詩》《春秋》皆有補刻之字可證。

④ 考《魏書·馮熙傳》熙爲文明太后兄,幼爲姚氏魏母所養,因戰亂後母携至氐羌中撫育,及文明太后使人外訪,知熙所在而徵赴京師,歷任官,其後乞轉外任爲洛州刺史。其時洛陽雖經破亂,而舊三字石經宛然猶在,至熙與常伯夫相繼爲州,廢毀分用,大致頽廢。案《魏書·后妃傳》,文成文明皇后馮氏爲高宗文成帝后,高宗崩(四九九年),爲皇太后後始訪馮熙,熙又歷任高官甚久,酈卒於五二七年,《伽藍記》寫於武定五年間,可知酈、楊《記》之時,熙仍未乞轉外任,且廢毀分用之前,舊三字石經宛然猶在也。

文。而該奪文應置於“猶有”之上，或即記曹魏正始一體石經之句，蓋上文“遺迹也”已爲完成之句法，當告一段落，則“猶有”一辭已非連上文而言，且其上文已明言“堂前有”，於文義上已確定其存在矣。下記熹平四十八碑“亦表裏隸書”之作用頗大，其“亦”字蓋因上文之正始中一體石經爲隸書故，否則無必用“亦”字之理？以此論之，足見其文爲記三類碑文並叙三事者，惟後儒未加詳審，顧藹吉《隸辨》引《伽藍記》文，竟棄中段不顧，未究原文“猶有……殘毁”二句[①]，顧亭林《石經考·石經歷史存毁之迹》中，雖引《洛陽伽藍記》，惟未注意及之，致使後之鑽研石經者，以爲先儒已論定，實則誤矣。

至云“猶有十八碑上必有奪文”之理由，除上文所云外，碑數之問題亦大，因四行之碑數應爲六十六，此六十六碑之數乃“十八碑”與其下四十八碑之和也。故其奪文應以魏正始中所立之一字石經而言，蓋《伽藍記》爲記三類碑而叙三事也，今見其二而缺一，其非魏一字石經莫屬，亦爲必然之事。於此可知：一、魏正始中所立之一字經，其時猶有十八碑存。二、亦可知凡隸書之碑，皆集中於一處，且《洛陽記》無北行之碑，其置諸堂前而北行，亦較合理，惟亦非全無可疑[②]，上文云六十六碑，其數乃以《西征記》之北行碑數加《洛陽記》碑數而成，惟《西征記》三十五碑乃三體者，若以之加進而云其北行乃魏一字石經，顯有不是：一、此或《西征記》之“三十五版”下有奪文，蓋《伽藍記》明載三體石經之數爲二十五；二、二《記》相差十碑，恐《西征記》之三十五版，非指三體而言也。魏三體石經，仍以《伽藍記》二十五碑爲確[③]；三、下文考《洛陽記》四十六枚乃四十八枚之誤，如四十八加《西征記》北行之二十碑，則碑數

① 案《隸辨》七頁四九“石經論語殘碑”條内云：“《洛陽伽藍記》云：‘國子堂前有三種字石經二十五碑，表裏刻之，作篆、科斗、隸三種，蔡邕筆之遺迹也。復有石碑四十八枚，亦表裏隸書。’”其捨原文中段可知。

② 案此亦不無牴牾之處，既《水經注》云“樹之於堂西”，碑凡四十八枚，其爲漢爲魏已争論不下，今以二記而定爲四十八，且皆爲漢一體，三數既相合，王觀堂亦考定爲漢碑，若云漢與曹魏之一體悉在東側，則曹魏三字應在西而成對稱之狀，豈《水經注》之“石長八尺，廣四尺，列石其下，碑石四十八枚”之文倒置，應在“悉在東側”之下乎？姑存之待考。

③ 王國維《魏石經考二》云：“而《水經注》之四十八碑，實爲漢石經石數，故魏石經石數，當以《西征記》爲最確也。”案王氏認爲“《洛陽伽藍記》所云二十五碑，則尚不足容《尚書》《春秋》二經字數。”案章炳麟《新出三體石經考續》云：“皇佑蘇望所摹者，春秋桓公亦有傳文，左氏全傳十七萬餘言，合之《春秋》《尚書》，幾二十一萬字，三體重複則四十八碑猶不能贍蓋，一百六十餘碑而後足容古文篆隸六十三萬字。”（《華國月刊》第一卷第二期）。孫海波云：“今依《西征記》三十五碑字數計之……魏石經字數，當以《西征記》爲最確也。”又云：“欲測知魏石經之石數，當以三字直下之一經文爲考正之資。”因而孫氏表列考之，而謂“故知三字直下之碑，當爲二十八枚無疑。”又云：“又或經傳之有散佚者，則僅就其所有者刻之，如左氏傳之未刻成而罷，其操切不卒，可以知矣。”故王氏以字數而算謂《西征記》爲最確，殊不可靠，今以孫氏之表列，亦僅止於二十八碑，蓋離散則不刻，故謂魏三體仍以《伽藍記》二十五碑爲是。

又變爲六十八矣，此亦唯有在殘碑中求之，雖殘之程度已無可知，惟《伽藍記》云“猶有十八碑，餘皆殘毁”，則顯有其餘而不止於十八碑之數，或其時完整與毁壞之碑石雜廁，數碑者或以石之殘、整而定其取拾，故難有確數，惟捨此恐無他法釋之矣。今以《伽藍記》所叙較《西征記》爲詳，乃依《伽藍記》“猶有十八碑”説而云漢魏一體碑數爲六十六，然究爲六十六抑六十八，亦姑存之以待考。

復以《洛陽記》言之，《邕傳》注引《洛陽記》云：“碑凡四十六枚”，若審視之，其“六”字或經後人竄改，蓋陸文“存”“毁”俱自爲一數，觀之“十六碑存，十二碑毁”，上無“二十八碑”之文可知，而“論語三碑”下或缺一“存”“毁”字，是以凡碑數不論存毁，陸文俱一應計算，而“二碑”亦應算在數中，故其碑數實爲四十八枚，且與楊、酈所記亦合，故其記四十六，實古本失落不可睹，即見之亦未必仍舊觀，今三《記》之數皆同，楊文又云四十八枚表裏隸書，有此發現，則四十八枚爲漢一體石經，可無疑矣。

惟《水經注》與《洛陽記》皆記漢一字經，則魏石經何在？此爲問題之焦點。《魏書》卷十二《孝静紀》云武定四年“八月，移洛陽漢魏石經於鄴”。《隋書經籍志》云：

> 又後漢鐫刻七經著於石碑，皆蔡邕所書，魏正始中又立一字石經，相承以爲七經正字。後魏之末，齊神武執政，自洛陽徙于鄴都，行至河陽，值岸崩，遂没于水，其得至鄴者，不盈太半。①

今以魏、隋二書之文及《馮熙傳》中“舊三字石經，宛然猶在”句合而論之。魏武定五年爲公元五四七年，其時楊衒之已行役洛陽（永熙之亂爲公元五三四年），雖戰亂或有摧殘，石經尚未遷鄴，惟楊氏重覽洛陽之前亦必得睹。酈則卒於公元五二七年，當更能見之，惟僅記四十八枚，故云其有錯簡或脱奪也。且其後運鄴之石經，有漢有魏，《魏書》已明言漢魏石經矣②，故雖没於水，天保元年亦有五十二枚移置學館。而於武定四年移鄴之石經，因“魏正始中又立一字石經，相承以爲七經正字”，故其全屬隸書一體，此可以《馮熙傳》“舊三字石經，宛然猶在”作爲輔證，是移鄴不採三體魏石經亦明。故自民國後，太學遺址出土之殘字，皆爲三體，漢一體則少見，因疑馮熙、常伯夫廢毁分用者實乃三體石經也。

---

① 長孫無忌等撰《隋書·經籍志》卷三二，頁三六。

② 北齊魏收《魏書》卷一二，頁一一，《孝静紀》武定四年云：“八月，移洛陽漢魏石經於鄴。”可知移鄴之石經有漢有魏。

綜而言之,《西征記》所云之三十五枚乃魏三字石經,或仍有脱奪,蓋未及漢一字石經故,惟書已佚,不可得知,或戴延之在酈後,故所見僅三體石經。實則戴延之生卒年不詳,是否在馮熙後亦未可知。是故楊衒之所記之碑數當最準確。蓋漢光和立石四十八,其後魏正始又立三字石經,且又繼立一字石經,而"猶有"之前應有脱文,故應將十八碑加之於七十三枚一體、三體石碑中,則其碑數應爲九十一枚,此復可證《隋書·經籍志》"其得至鄴者,不盈大半"不誤。而天保元年運返洛陽學館者仍有五十二枚之事當亦可信,蓋以《馮熙傳》既云"舊三體石經,宛然猶在",而運鄴四十八枚又毀其半,而移返時竟有五十二枚,於理不合,故以《洛陽伽藍記》爲最準確也。至陸機所見止於四十八枚,乃據《蔡邕傳》"使之鐫刻,立於太學門外"之唐章懷太子注而已,若以之作斷,則不免以偏概全之嫌矣!

六、晉奏鏤石經臆測

漢立石經於熹平,其後六十年,曹魏又立石經於正始,[①]不旋踵而晉又奏刻石經,惟以史籍記載不多,則晉曾否鏤刻,仍待商榷,且迄今仍無實物以證之。晉擬刻經之事亦僅見《晉書·裴頠傳》云:

> 時天下暫寧,頠奏修國學,刻石寫經。

又注云:

> 《書鈔》六十七,《類聚》三十八,晉諸公贊曰:"裴頠惠帝時,拜爲國子祭酒,奏立國子太學,起講堂、築門闕、刻石以寫五經。"[②]

案《藝文類聚》"學校"條中云:

> 晉諸公贊曰:"惠帝時,裴頠爲國子祭酒,奏立國子太學,起講堂、築門闕、刻石寫經。"[③]

《類聚》及《裴傳》皆云"刻石寫經"而非如注文之"刻石以寫五經"。此當辨别。又《晉書·趙至傳》曰:

① 案曹魏刻石經事,陳壽《三國志》無説,《晉書·衛恒傳》則記之甚詳。
② 《晉書斠注》卷三五,頁一二。
③ 唐歐陽詢《藝文類聚》卷三八。

趙至，字景真，代郡人也，寓居洛陽，……年十四，詣洛陽，游太學，遇嵇康於學寫石經，徘徊視之不能去。①

此明言嵇康寫石經於學，又《世説新語・言語》第二注，嵇紹《趙至叙》曰："（趙至）年十四，入太學觀，時先君在學寫石經古文。"②晉擬刻石經之事，相關史料亦僅上四見而已。至裴頠奏刻石寫經，惠帝詔許與否，《裴傳》無説，其他史籍亦未提及，案晉惠帝在位十六年，當二九一—三〇六年，而陸機曾與弟雲入洛，時爲公元二八九年，其時若有刻石經事，陸機當必知之，且漢石經早於《洛陽記》已見經目凡五。而曹魏又於正始中立一字石經，相承以爲七經正字（見《隋書・經籍志》），又刻三體字石經《春秋》《尚書》，則立石刻經之事至此已達大成。而裴頠所奏刻石寫經，究欲刻何經？或擬刻古、篆、隸三體《春秋》《尚書》以外之石經？此實爲千古疑案也。案嵇紹《趙至叙》言嵇康在太學寫古文石經，《趙至傳》云趙游太學時，曾目睹嵇康於學寫石經古文。惟趙至卒於太康中，太康乃武帝司馬炎年號，則趙至卒時，裴頠仍未奏刻石寫經可知。再而言之，"寫經"之"寫"字應有二義：一爲摹寫，一爲書丹，雖兩者皆用墨，惟摹寫乃學習之方法，書丹則用之以爲刻石。孫海波云："嵇康於學寫石經，正是摹寫耳。"③且裴頠在嵇康、趙至後，當不能混爲一談，况其時七經正字已備，三體復有《春秋》《尚書》，故裴頠之奏，恐難如願。惟其奏請刻石寫經，亦必有因，一爲補刻三體石經，蓋三體僅刻《春秋》《尚書》二經而已；④一爲刻楷書石經，蓋晉世已流行楷體故。

經本無今古文之分，若孔壁書不出，亦無今古文之名，故所謂今文與古文也者，實際言之，乃指學派而言，應與文字無關，更不能以文字形體而區分之，蓋孔子爲一人，經亦當無今古之别，因門户家法與詮釋不同，始有今文家與古文家而已。漢通行隸書，故以隸書爲今文。且"今""古"之義，恒隨時代改變，設若秦世立小篆石經，則秦人視之爲今文，漢人視之爲古文耳，故漢刻石經用隸書，其意爲正定當時文字而使學子有所遵循，後有今古文之争，始有以古文

① 《晉書斠注》卷九二，頁一一。

② 《世説新語・言語》。

③ 孫海波《魏三字石經集録・源流》頁六。

④ 案魏三體石經，除《尚書》《春秋》二經外，尚有《左氏傳》文，宋蘇望得殘本摹之，始知爲《左氏傳・桓公》傳文也，故六朝及唐初均未及記載。又據王國維《魏石經考二》云："有《桓七年傳》九字，《桓十七年傳》二十六字。"然孫海波《魏三字石經集録・源流》云："桓十七年傳文二十六字，乃係一行直下，石之崩裂作一長行者，似無此理，此石之真贋以否，尚屬疑問。"故本文但採魏刻三字經爲《春秋》《尚書》二經説，且宋蘇望所得之摹本《左傳》，歐陽棐亦云"莫辨其真僞也"。

刻石經，惟仍附以篆隸而成三體，以便於研習故也。中國文字形體多變，由秦漢之隸演進至晉之楷後，晉人當擬以其時流通之楷書讀經，此一如吾人今日不以篆籀書寫經文，其理一也。且西晉書法，上承鍾太傅，下啓王右軍，别有其輝煌璀璨之成就，時勢所趨，則裴頠奏請刻石經之原因，或擬以楷書刻經也。惟迄今並未發現楷體石經，則裴頠曾否刻經仍屬存疑。

七、結　　語

漢魏石經之一體與三體，聚訟紛紜，今集諸家異説，知魏立三字復立一字無誤。而漢刻石經，前賢已論實源自李巡之奏，今以出土殘石證之，《吕强傳》言不誤也。至古籍中所記有缺《魯詩》《儀禮》者，亦一一賴新出土殘石，得證石經並存《魯詩》及《儀禮》，乃前賢而已。惟凡此皆整理之作，實不敢掠前人之美。至熹平石經數量多寡，歷來難決，今以《洛陽記》云"論語碑三，二碑毁"之"二碑"，皆應計算在内，則"四十六"應爲"四十八"之誤。復由《伽藍記》"表裏隸書"之四十八枚知爲漢一體石經，今三記漢碑數皆合，則漢熹平所立之一體石經爲四十八枚，可成定論矣。而王觀堂《石經考一》云："其石數則《西征記》云四十枚[①]，《洛陽記》云四十六枚，《洛陽伽藍記》云四十八碑，《水經注·穀水篇》復以四十八碑爲魏三字石經，《北齊書·文宣帝紀》云五十二枚，此亦先儒所謂不可得而詳者也。"實則王觀堂集中於刻存數量之計算，以每行納若干字，每碑能容若干字，進而探討石經碑數，此亦難免疏漏。今據碑之行向，以《洛陽記》《西征記》二書所得之四向數，可知碑數存毁可睹者爲六十六枚，而此數則爲《伽藍記》"猶有十八碑""復有石碑四十八枚"之和，亦於此可知曹魏一字石經，當時猶有十八碑，故其後齊神武自洛遷鄴雖有没于水者，惟所謂"其得至鄴者，不盈太半"，亦不無誇張失實之嫌。且《伽藍記》云"餘皆殘毁"；而其殘者或有修補，因之，文宣帝時仍有五十二枚之移置，此久懸而不能決之碑數，亦可一一決之矣。

至晉擬立石經，雖今仍未見殘石出土，而文獻記者亦少，惟與書體有關，當無疑問。總而言之，漢魏立今古文石經，純因今古文學派之争而起，此於熹平立經、盧植被摒棄可知，其後古文學家擡頭而立三體字，《春秋》《尚書》二

① 案此乃王氏據《太平御覽》卷五八九引。《西征記》既云三十五，又云四十，此四十之數先儒亦不採，故仍從三十五之説。

經，以古文居首而下附篆、隸，惟士子所學習者爲經，三體文字異形，一一辨之不易。此三體其僅見《春秋》《尚書》亦未必無因。晉或爲便士子學習故，擬以當代流行之楷書而刻經，亦爲意料中事也。

以上拙見，其事實是否如此，亦唯有賴鑽研者之共同訂正，是厚望焉。

本文既題以“辨疑”，當亦以“疑”爲出發，然石經可疑者多，絶非此一短文可及，惟以本篇僅擬就倡刻者、字體、經數、碑數及刻石方位等作一概括性之探討，故亦不避寬泛之譏。

圖版一

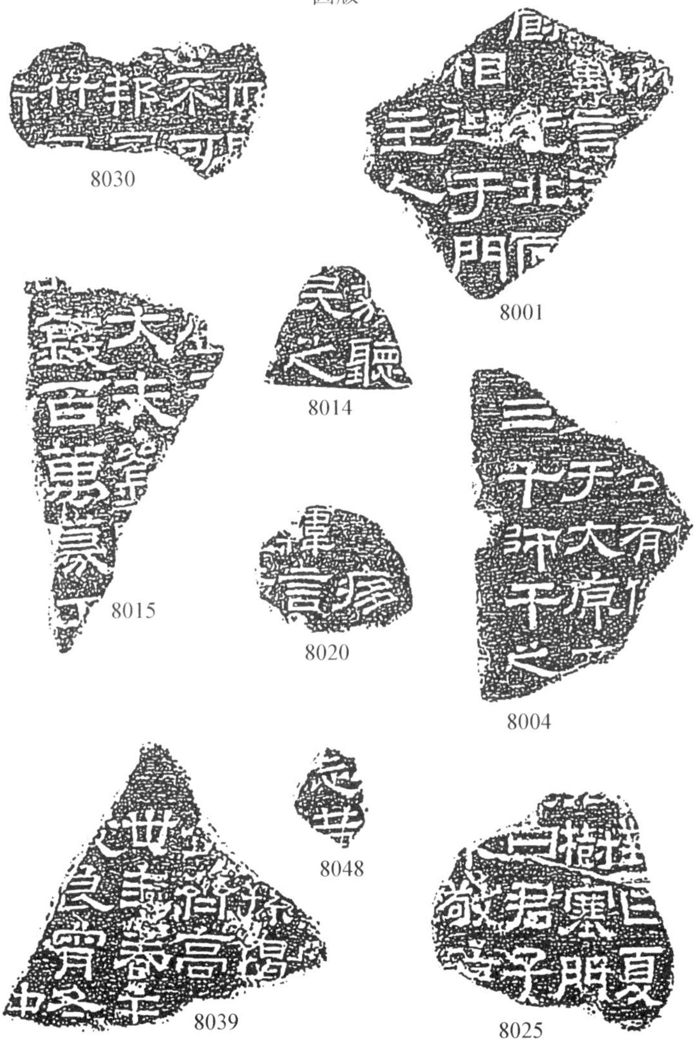

（輯自《漢魏洛陽故城太學遺址新出土漢石經殘石》）

圖版二

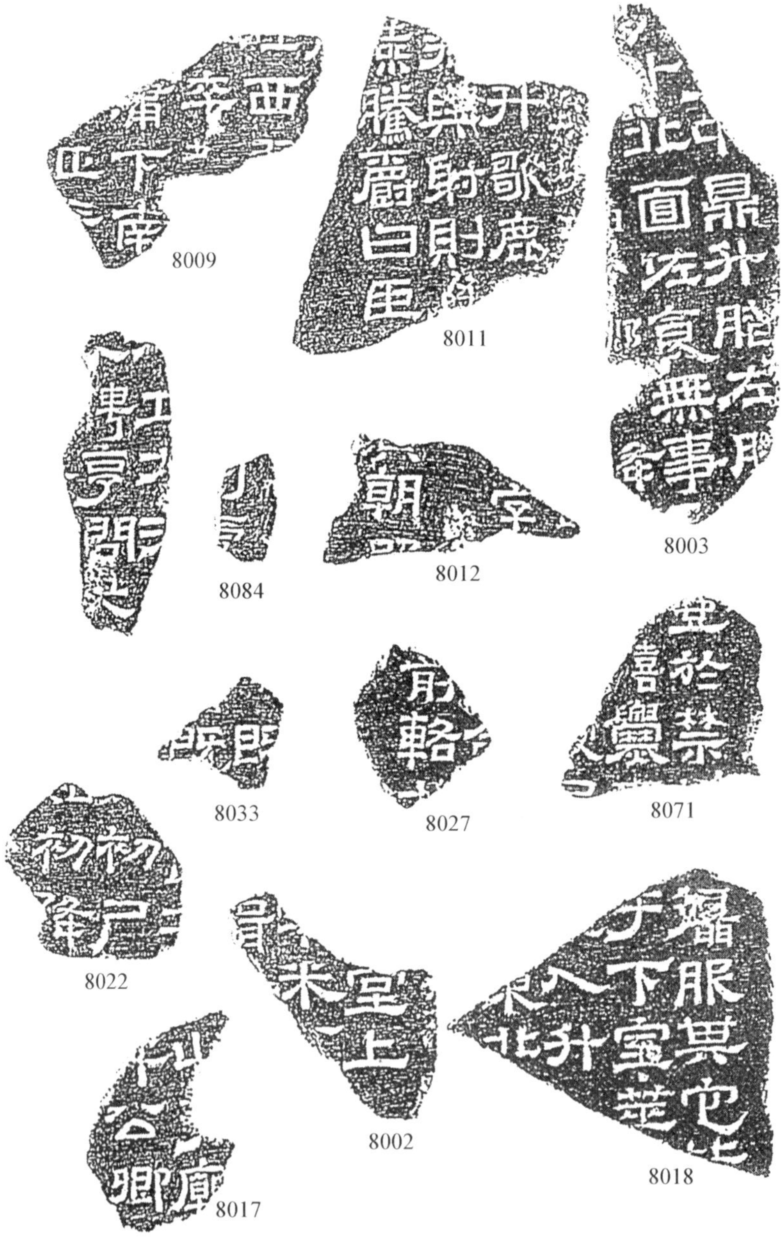

圖版三

甲石正面拓面

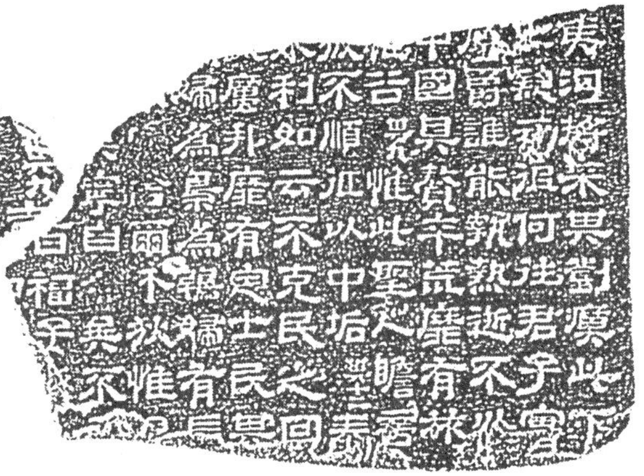

甲石背面拓片

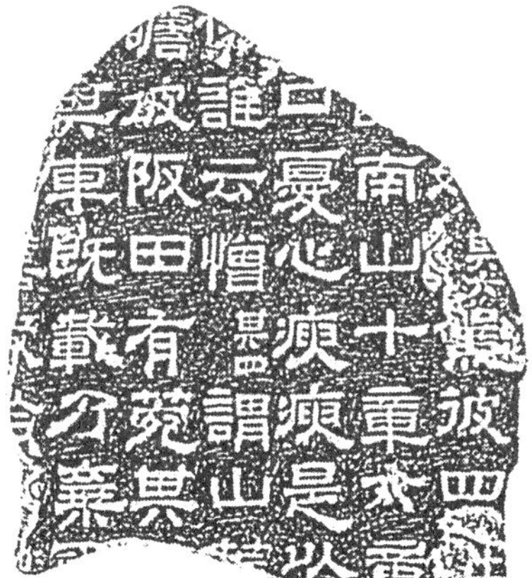

乙石正面拓片

乙石背面拓片

（輯自《兩塊未見著録的熹平石經〈詩〉殘石的校釋及綴接》）

圖版四

古、篆二體

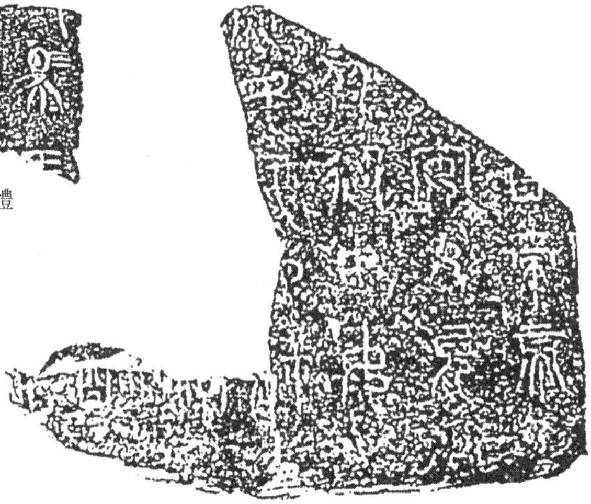

古、篆二體

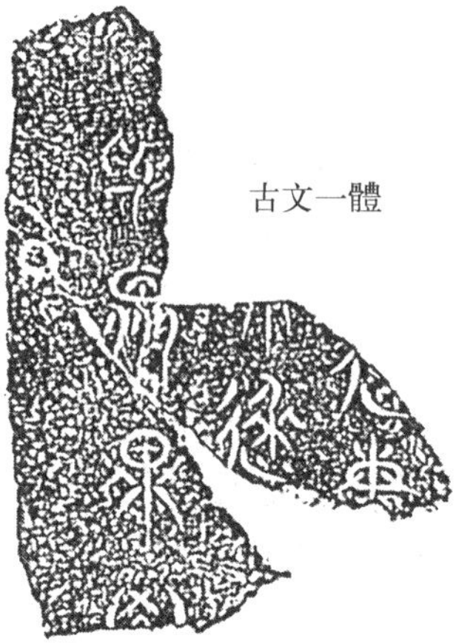

古文一體

篆一體

（輯自孫海波《魏三體石經集録》）

圖版五

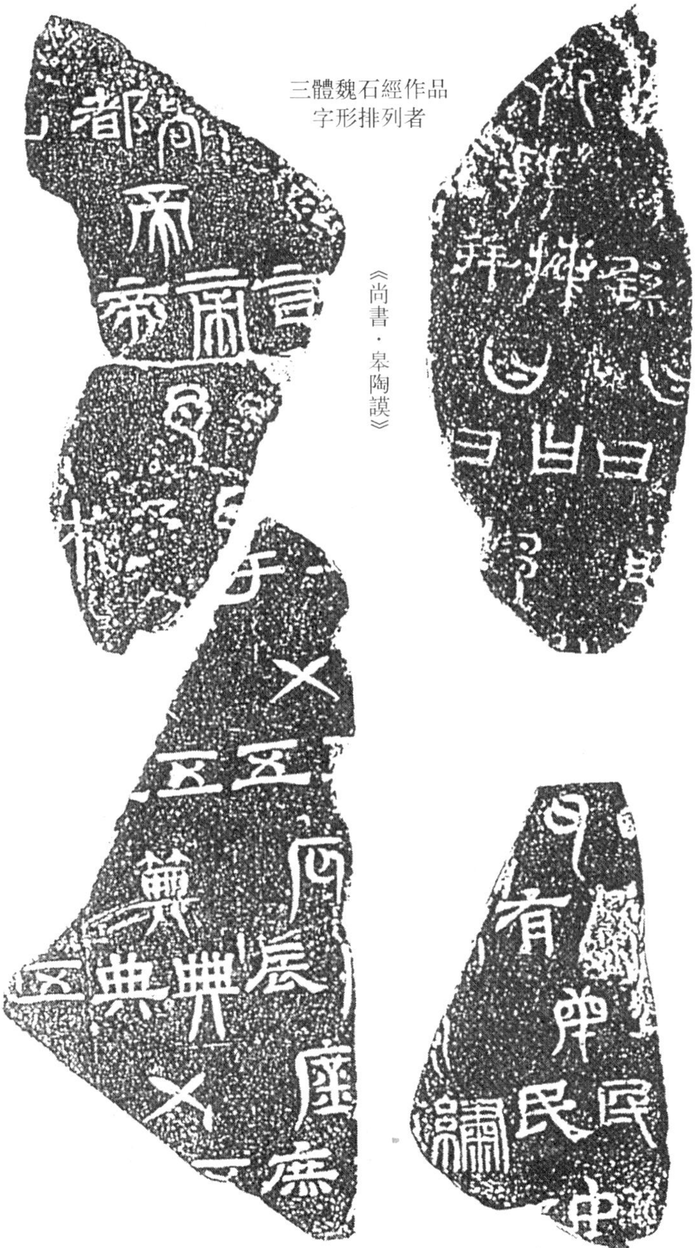

三體魏石經作品字形排列者

《尚書·皋陶謨》

(輯自孫海波《魏三體石經集録》)

圖版六

魏三體石經《多士》經文

三體石經作縱行排列者

（輯自孫海波《魏三體石經集録》）

圖版七
魏三體石經《僖公》經文

（輯自孫海波《魏三體石經集録》）

圖版八
魏三體石經《僖公》經文

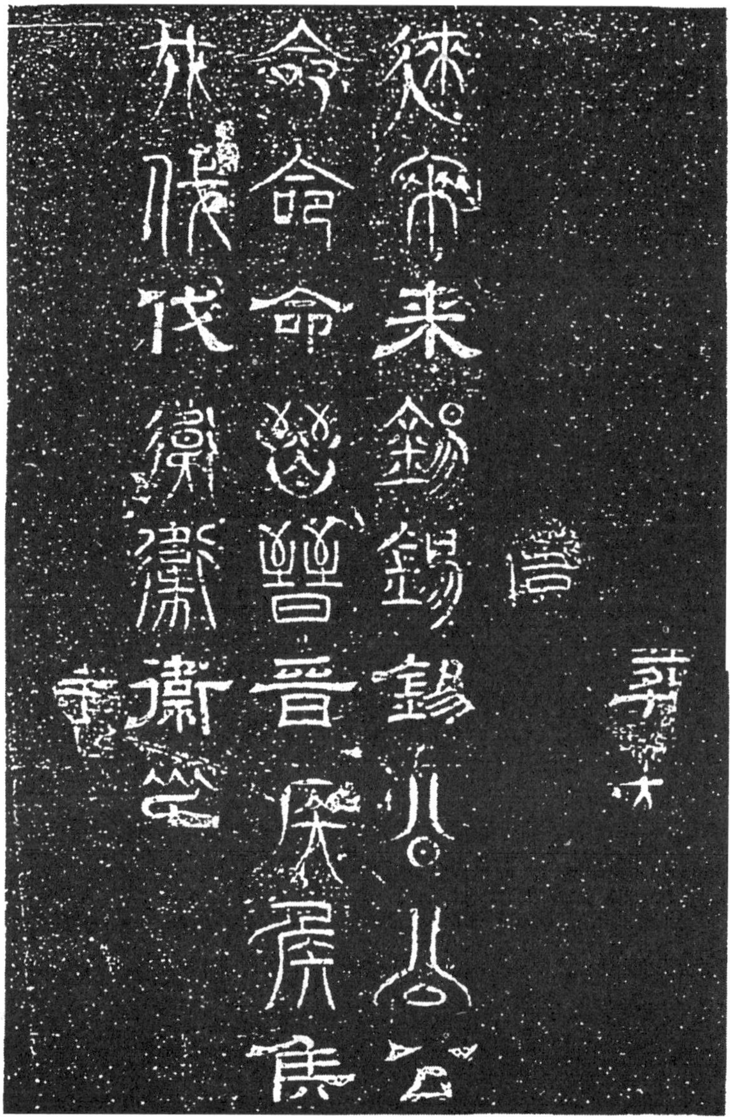

（輯自孫海波《魏三體石經集録》）

圖版九

魏三體石經《文公》經文

（輯自孫海波《魏三體石經集録》）

圖版十
魏三體石經《文公》經文

（輯自孫海波《魏三體石經集録》）

原載《魏晉南北朝文學與思想學術研討會論文集》

後　記

如果要追溯與石經第一面之緣，那應該是二十世紀七十年代末在上海圖書館借閱屈萬里《漢石經周易殘字集證》和《漢石經尚書殘字集證》二書。當時翻閱，並没有仔細體會，瀏覽一過，買櫝還珠，對其用殘石復原碑圖甚感好奇，於石經並無特别印象。十多年後，我步趨屈先生復原碑圖之方法——時並未知王國維、羅振玉、張國淦已復原在先，考釋復原過幾片敦煌寫刻本殘卷，引起敦煌學界注意，由是而自鳴得意過一陣。本世紀初，我研究上博簡《緇衣》，援用唐石經校勘《緇衣》，因爲是唐代石經，在異文上雖無收穫，但却引起我對石經之興趣，於是轉身研究漢石經《魯詩》，申請國家哲社課題獲准，撰寫《從石經魯詩異文看清人四家〈詩〉研究》一書。在撰諸過程中，深感石經於儒家經典傳承關係之密切，而石經題跋、書籍、拓本難找難見，遂萌發匯集歷代石經研究資料之想法。二〇一三年獲准立項後，即全面展開工作。

漢魏石經研究雖然宋代已經開始，但真正作爲石經學的系統研究則集中在二十世紀。當年隨著漢魏石經殘石之出土，曾出現過一股石經研究熱潮，但歷經搜集、傳拓、匯聚之後，至少在大陸學界已偃旗息鼓。屈萬里在臺灣繼續了這項工作，並指導學生將熹平七經全部重新研究。大陸在五六十年代續有殘石發現，八十年代在河南洛陽也發掘出一批殘石，但只有一二篇研究報道，其他也只是零星文章，不成氣候。究其原因，學界的熱點已從石經轉向甲骨、金文以至簡牘中的戰國文字，而二十世紀上半葉發表在舊雜志上的論文基本被塵封在圖書館中，不易借閱，也是造成石經學冷落的客觀原因。隨著簡牘學的興起，尤其是郭店簡、上博簡以至清華簡的面世，很多學者去追溯討論儒家經典的原貌與原始文本。我覺得要追溯經典的原始文本，深深烙下經今古文文本印記的漢魏石經決不可棄置不顧，所以想先將這一百年中重要的石經論文都爲一集，展示其價值，以供學界借鑒參考。於是思考編例，收集資料。當我將此一設想與童力軍副總編交流後，他欣然表示可以接受，使我很感欣慰。之後，這個計劃又得到上海新聞出版局的支持。正當我要著手編集時，被家事拖累，無法進行，旋又去臺灣大學客座講學半年，停頓一年有餘。二〇一六年八月回滬，我躲在書齋二個多月，收集選編，形成初編文稿。由於編選的文章長達一個世紀，各文刊出時的樣貌差異很大，繁簡字體不同，圈斷標點異轍，横竪版式各樣，必須在排版前做一次編輯加工，於是由友生馬濤、侯金滿、徐煒君、張濤、郭妍伶、陸駿元先分頭統一格式，規整字體、標點等，再交互複審，然後送交出版社。選編過程中，幾篇臺灣學者論文，多承郭妍伶幫我尋找複印；編選之後，張濤曾爲撿尋缺漏，略有調整。但有些文章限於各種原因，没有收録，只能俟之續編。

石經文章特别之處，即有很多圖片，這些圖片有殘石拓本，也有復原圖，復原圖有手寫，也有排版，形式多様，且因年月久長，大多模糊不清。所以書稿送到出版社，仍留有許多問題。出版社三審后，我亦曾率馬濤、徐煒君、侯金滿、陸駿元到出版社，集中處理文稿中的各種問題。《專論》雖由我選編，但確是與友生和出版社編輯一起共同完成的。因石經内容需要和文章時代性，我們保留了一些原有字形，並未全部用一種標準規整。當然書中仍不免有不盡如人意甚至錯誤的地方，這個責任應由我來承擔。

這是一本匯聚了二十世紀最重要的石經論文集，我在書前正對所收論文作了粗略的概述，由於一百年來對七朝石經研究的不平衡性，所作概述也呈顯出詳略輕重的不同，且限於篇幅，無法追溯、關聯前人與同時代人研究的脉絡，但藉此可以觀照這一百年中的石經研究走向和深度。願學界閲讀、利用此書，不僅去瞭解石經研究的過去，更望能够想到石經研究的未來——將石經與經典原始面貌、今古文文本、戰國文字、同音通假、歷朝正字、四書形成、碑刻形制演變等聯繫起來，在統觀的層面上作深入的思考和研究，這是筆者編纂此書的一個素願。

二〇一八年八月寫於榆枋齋

圖書在版編目(CIP)數據

二十世紀七朝石經專論 / 虞萬里編著. —上海:上海辭書出版社,2018.12

ISBN 978-7-5326-5194-8

Ⅰ.①二… Ⅱ.①虞… Ⅲ.①石經—研究—洛陽—漢代 Ⅳ.①K877.43

中國版本圖書館 CIP 數據核字(2018)第 202054 號

二十世紀七朝石經專論

虞萬里 編著

責任編輯 王 瑩
裝幀設計 楊鍾瑋

出版發行 上海世紀出版集團
上海辭書出版社(www.cishu.com.cn)
地 址 上海市陝西北路 457 號(200040)
印 刷 蘇州市越洋印刷有限公司
開 本 720×1000 毫米 1/16
印 張 88.5
字 數 1 500 000
版 次 2018 年 12 月第 1 版 2018 年 12 月第 1 次印刷
書 號 ISBN 978-7-5326-5194-8/K•1107
定 價 480.00 元

本書如有質量問題,請與承印廠聯繫。T: 0512-68180638